Bundesausbildungsförderungsgesetz (BAföG)

mit Erläuterungen

Deutsches Studierendenwerk (Hrsg.)

Bundesausbildungsförderungsgesetz mit Erläuterungen

Verwaltungsvorschriften, Rechtsverordnungen, Nebengesetze unter Berücksichtigung der Rechtsprechung

herausgegeben vom Deutschen Studierendenwerk

begründet von
Horst Bachmann, Rechtsanwalt in Bonn
bearbeitet von
Rechtsanwalt **Bernhard Börsel** (Deutsches Studierendenwerk),
Susanne Schroeder (Deutsches Studierendenwerk) und
Ass. jur. **Matthias Müller** (Leiter der Abteilung Ausbildungsförderung beim Studentenwerk Halle)

29., komplett überarbeitete Auflage
Rechtsstand: 29. BAföGÄndG vom 19. Juli 2024 (BGBl. 2024 I Nr. 249)
Rechtsstand der Verwaltungsvorschriften, Rechtsverordnungen und Nebengesetze: 1. Juli 2024

In Kooperation mit

Deutscher Bundes-Verlag
Bundesanzeiger Verlag

Deutsches Studierendenwerk

Bibliografische Information der Deutschen Nationalbibliothek
Die Deutsche Nationalbibliothek verzeichnet diese Publikation in der Deutschen Nationalbibliografie; detaillierte bibliografische Daten sind im Internet über http://dnb.d-nb.de abrufbar.

Anregungen, Kritik und Hinweise werden gerne unter
Bafoeg-textausgabe@studierendenwerke.de entgegengenommen.

Deutscher Bundes Verlag-GmbH
Amsterdamer Str. 192
50735 Köln

www.bundesanzeiger-verlag.de

Beratung und Bestellung:

Tel.: +49 (0) 221 97668-8600
E-Mail: vertrieb@bundesanzeiger.de

ISBN (Print): 978-3-935064-97-2
ISBN (E-Book): 978-3-935064-98-9

Satz: Cicero Computer GmbH, Bonn
Druck und buchbinderische Verarbeitung: Appel & Klinger Druck und Medien GmbH, Schneckenlohe

Printed in Germany

Vorwort des Herausgebers

Das Bundesausbildungsförderungsgesetz (BAföG) bedarf einer Reform. Dieses Vorhaben ist Teil des Koalitionsvertrags von 2021 und wurde 2022 mit der 27. BAföG-Novelle eingeleitet, welche jedoch nicht alle geplanten Änderungen umsetzte. Die darauffolgende 28. BAföG-Novelle im selben Jahr, die speziell für nationale Notfälle entwickelt wurde, formulierte lediglich einen Rahmen für eine genau gleichverlaufende COVID-19-Pandemie.

Im 23. BAföG-Bericht der Bundesregierung vom Dezember 2023 werden für den Anpassungszeitraum 2022-2024 folgende Daten aufgeführt: Die Nettolöhne und -gehälter sind um etwa 12,2 Prozent gestiegen, während die Verbraucherpreise um etwa 8,7 Prozent zugenommen haben. Im Vergleich dazu werden die BAföG-Freibeträge jetzt um 5,25 Prozent und die Bedarfssätze um 5 Prozent angehoben. Das zeigt, dass wir ein Umsetzungsdefizit haben.

Die 29. BAföG-Novelle wird zum Wintersemester 2024/2025 folgende Anpassungen mit sich bringen:

- Die BAföG-Freibeträge (Abzugsposten vom Einkommen) steigen um 5,25 %.
- Der BAföG-Grundbedarf erhöht sich um 5 %; der BAföG-Wohnbedarf außerhalb des Elternhauses steigt um 20 €, während der Bedarf für bei den Eltern wohnende Studierende bei 59 € unverändert bleibt; die BAföG-Kranken- und Pflegeversicherungszuschläge werden aktualisiert.
- Für die Einkommensberechnung werden die Sozialpauschalen (für den gestiegenen Aufwand der sozialen Sicherung) aktualisiert.
- Minijobs der Studierenden bleiben beim BAföG anrechnungsfrei. Die seit 2024 höhere Minijob-Grenze wird ab Herbst nachvollzogen und vorzeitig für 2025 angewendet. Zukünftig wird die jeweilige Minijob-Grenze im BAföG per BMBF-Verordnung angepasst.
- Die BAföG-Förderungshöchstdauer entspricht künftig der Regelstudienzeit plus einem „Flexibilitätssemester", das entweder im Bachelor- oder im Masterstudium genutzt werden kann.
- Ein Fachrichtungswechsel oder Studienabbruch kann künftig ein Semester später erfolgen („wichtiger Grund" bis zum Beginn des 5. Fachsemesters), ohne die BAföG-Förderung für ein anderes Studium zu verhindern.
- Einkommen von Geschwistern unter 18 Jahren, deren Ausbildung nicht BAföG-förderfähig ist, wird nicht angerechnet.

- Einführung einer einmaligen Studienstarthilfe von 1.000 € als Zuschuss für unter 25-jährige Erstsemester aus Bedarfsgemeinschaften, sofern im Vormonat vor Studienbeginn eine von acht Sozialleistungen bezogen wurde (z. B. Bürgergeld oder Asylbewerberleistungsgesetz). Eine digitale Antragstellung ist hierbei zwingend erforderlich.

Für eine BAföG-Reform ab dem Wintersemester 2024/2025 sollen statt der vom Bundestags-Haushaltsausschuss im Jahr 2024 bereitgestellten 150 Millionen Euro nur 95 Millionen Euro ausgegeben werden. Auch mit der 29. BAföG-Novelle werden die avisierten Vorhaben nicht vollständig umgesetzt. Das Umsetzungsdefizit bleibt somit bestehen:

- Direktauszahlung von Kindergeld/Garantiebetrag an volljährige Auszubildende
- Automatische Anpassung (Dynamisierung) der Einkommensobergrenze beim BAföG an die Minijob-Grenze statt einer manuellen Änderung per BMBF-Verordnung
- Absenkung des BAföG-Darlehensanteils
- Förderzeitverlängerung für die Pflege naher Angehöriger (bereits ab Pflegegrad 2, statt wie bisher ab Pflegegrad 3)
- Förderfähigkeit eines Teilzeitstudiums
- Abschaffung des BAföG-Leistungsnachweises
- Verfahrensvereinfachungen und -beschleunigungen
- Starke Reduzierung der Entscheidungsdauer
- Entwicklung von Informationsangeboten, die die Studienentscheidung beeinflussen
- Verstärkte zielgerichtete BAföG-Werbung, z.B. Kampagnen bereits in Schulen
- Information von den Hochschulen über Studienfinanzierung zusammen mit der Studienplatzzusage

Es erscheint fraglich, ob diese Vorhaben noch in der laufenden 20. Legislaturperiode (bis Sommer 2025) umgesetzt werden können.

Dem Bundesverfassungsgericht liegen zwei Vorlagebeschlüsse zur Frage der Verfassungsgemäßheit der BAföG-Bedarfssätze vor. Sowohl das Bundesverwaltungsgericht (Beschluss vom 20. Mai 2021) als auch das Verwaltungsgericht Berlin (Beschluss vom 5. Juni 2024) halten die BAföG-Bedarfssätze für eindeutig zu niedrig. Das Bundesverfassungsgericht plant, 2024 über die Vorlagefrage des Bundesverwaltungsgerichts zu entscheiden. Abhängig von der Entscheidung könnte eine weitere BAföG-Novelle notwendig werden.

Für diese Neuauflage möchte ich mich bei der Bearbeiterin dieser Textausgabe, Frau Susanne Schroeder, und den Bearbeitern, Herrn Bernhard Börsel und Herrn Matthias Müller, sowie bei allen Mitarbeiterinnen und Mitarbeitern der DSW-Geschäftsstelle und dem Verband bedanken. Auch Frau Silke Lohmar vom Bundesanzeiger-Verlag gilt ein herzliches Dankeschön.

Berlin, im August 2024

Prof. Dr. Beate Schücking

Präsidentin des Deutschen Studierendenwerks

Entschließung des Deutschen Bundestages vom 23.6.2022 (Bundesrats-Drucksache zu 289/22)

I. Der Bundestag stellt fest: Gerechter Zugang zu Bildung und Ausbildung ist eine Grundvoraussetzung für eine Gesellschaft, die Chancen auf Selbstverwirklichung und Selbstbestimmung für alle bereithält. Ein zentrales Element, diesen Zugang zu Bildung und Ausbildung zu verwirklichen, stellt seit über 50 Jahren das Bundesausbildungsförderungsgesetz (BAföG) dar.

In der letzten Dekade ist die Zahl der BAföG-Empfängerinnen und Empfänger kontinuierlich gesunken. Die vorangegangenen BAföG-Reformen konnten diesen Trend nicht stoppen. Das BAföG konnte somit sein Aufstiegsversprechen immer weniger einlösen. Mit der 27. BAföG-Novelle werden erste Schritte gegangen, um diesen Trend umzukehren.

Die Einkommensfreibeträge werden deutlich erhöht und das BAföG wird wieder stärker für die Breite der Gesellschaft geöffnet. Das BAföG wird dadurch elternunabhängiger und kann wieder mehr junge Menschen erreichen. Die Bedarfssätze, der Kinderbetreuungszuschlag und der Wohnzuschlag werden angehoben, sodass der Förderungshöchstbetrag steigt. Dies ist erforderlich, damit Studium und Ausbildung auch vor dem Hintergrund steigender Wohn- und Lebenshaltungskosten finanzierbar bleiben. Die Altersgrenzen für den Beginn einer förderungsfähigen Ausbildung werden einheitlich auf 45 Jahre angehoben. Wenn unsere Gesellschaft lebensbegleitendes Lernen als Wert anerkennen möchte, dann müssen auch später im Leben getroffene Entscheidungen, sich weiter zu qualifizieren, unterstützt werden. Die Neuregelung eines Restschuldenerlasses nach 20 Jahren eröffnet jenen die Möglichkeit, einen Schlussstrich zu ziehen, die sich auch nach langer Zeit aus eigener Kraft nicht von den BAföG-Altschulden befreien konnten – insbesondere jene, die die in der 26. BAföG-Novelle angelegte zeitlich befristete Möglichkeit mangels Kenntnis schlicht versäumt hatten.

Das BAföG war zu seiner Zeit eine bahnbrechende soziale Innovation. Mit der medienbruchfreien digitalen Antragstellung durch den Verzicht auf das Schriftformerfordernis wird das BAföG ein Vorbild für gelungene Verwaltungsmodernisierung und Digitalisierung.

Es wurden darüber hinaus bereits relevante Verbesserungen für Studierende durch die Bundesregierung beschlossen. Ukrainische Studierende erhalten ab

Juni 2022 die Möglichkeit, BAföG-Leistungen zu beziehen, damit sie in Deutschland nach ihrer Flucht ihr Studium fortsetzen können. Auch der Heizkostenzuschuss für Empfängerinnen und Empfänger von BAföG ist eine erforderliche Entlastung während der zuletzt enormen Erhöhung der Energiekosten. Dies und die Reformen der 27. BAföG-Novelle sind aber nur der Anfang. Viele Schülerinnen und Schüler sowie Studierende haben in der Corona-Pandemie ihre Arbeitsplätze verloren. Viele von ihnen brauchen einen Hinzuverdienst neben Studium und Ausbildung, um ihren Lebensunterhalt zu sichern. Ob mit oder ohne Bezug von BAföG – alle Schülerinnen und Schüler sowie Studierende sollen künftig durch den geplanten Nothilfemechanismus bei bundesweiten Notlagen geschützt werden. In einem weiteren Reformschritt wird das BAföG grundlegend reformiert, um die Lebensrealität junger Menschen besser abzudecken und es elternunabhängiger zu gestalten. Freibeträge und Bedarfssätze sollen regelmäßig überprüft und weiter angehoben werden. Wer Ausbildung oder Studium abseits von Regelausbildungszeiten und Pflichtlehrplänen gestalten kann, wer Fehler in seiner Bildungslaufbahn machen kann, ohne dafür mit schweren Nachteilen abgestraft zu werden, lernt Eigenverantwortlichkeit und Selbstbestimmung nicht nur für den Beruf, sondern für das Leben. Dem soll Rechnung getragen werden, indem die Förderungshöchstdauer verlängert und Studienfachwechsel erleichtert werden. Junge Menschen aus Bedarfsgemeinschaften, die den Wunsch haben zu studieren, sollen künftig nicht dadurch abgehalten werden, dass sie sich zum Studienstart Notebook, Lehrbücher oder den Umzug zum Studienort nicht leisten können. Eine nicht zurückzuzahlende Studienstarthilfe soll ihnen helfen, die Anfangsinvestitionen zu Beginn des Studiums zu stemmen. Wir streben die Absenkung des Darlehensanteils sowie die Öffnung des zinsfreien Volldarlehens für alle Studierende an. Die kommenden Änderungen am BAföG werden die Situation von Studierenden Schritt für Schritt deutlich verbessern.

II. Der Deutsche Bundestag begrüßt,

1. dass mit der deutlichen Erhöhung der Freibeträge wieder mehr Schülerinnen und Schüler sowie Studierende vom BAföG erreicht werden;

2. dass Schülerinnen und Schüler sowie Studierende aufgrund der Anhebung der Bedarfssätze bedarfsgerechter gefördert werden;

3. dass die Altersgrenzen für den Bezug von BAföG auf 45 Jahre und damit deutlich angehoben werden, sodass ein Studium auch später im Leben ermöglicht wird. Das BAföG wird damit für die Menschen in der Mitte des Lebens geöffnet;

4. dass das anrechnungsfreie Vermögen der Auszubildenden erheblich und altersgerecht angehoben wird. Dieser Schritt ist angesichts der deutlichen Anhebung der Altersgrenzen für eine Förderung folgerichtig;
5. dass der Restschuldenerlass auf alle Darlehensnehmenden ausgedehnt und in einem unbürokratischen Verfahren zugänglich gemacht wird;
6. den Verzicht auf das Schriftformerfordernis, sodass BAföG nun auch medienbruchfrei digital beantragt werden kann;
7. die Anhebung der Einkommensfreibeträge für Auszubildende, wodurch diese in noch größerem Umfang einen Hinzuverdienst neben dem Studium erzielen können, ohne dass ihr BAföG-Anspruch geschmälert wird;
8. das Vorhaben der Bundesregierung, einen Nothilfemechanismus für Schülerinnen und Schüler sowie Studierende für Krisenzeiten im BAföG zu schaffen. In der Corona-Pandemie haben viele Schülerinnen und Schüler sowie Studierende ihre Nebenjobs verloren. Jene, die keine oder nur sehr wenige BAföG-Leistungen erhalten konnten, sind dadurch in erhebliche wirtschaftliche Schwierigkeiten geraten. Dies soll sich in Zukunft nicht wiederholen. Wer auch nach der BAföG-Reform keinen Anspruch auf BAföG hat, soll in der Krise durch den Nothilfemechanismus abgesichert werden. Solche Krisensituationen, für die die Schülerinnen und Schüler sowie Studierenden nicht verantwortlich sind, dürfen nicht ihre Ausbildung und ihre Chancen im Leben beeinträchtigen. Hierdurch wird das deutsche Bildungssystem resilienter gegenüber Krisen, Brüche in Bildungsbiografien können verhindert werden;
9. dass geflüchteten Studierenden aus der Ukraine der Zugang zum BAföG und die Fortsetzung des Studiums in Deutschland ermöglicht wird;
10. dass die Empfängerinnen und Empfänger von BAföG einen einmaligen Heizkostenzuschuss in Höhe von 230 Euro erhalten und somit spürbar von den Energiekosten entlastet werden, die aufgrund des völkerrechtswidrigen Angriffskrieges auf die Ukraine zuletzt stark angestiegen waren.

III. Der Deutsche Bundestag fordert die Bundesregierung auf, im Rahmen der verfügbaren Haushaltsmittel weitere Reformschritte einzuleiten, insbesondere

1. eine Studienstarthilfe für Studierende aus Bedarfsgemeinschaften als neue Leistung im BAföG zu etablieren. Diese Studierenden sollen eine Einmalzahlung erhalten, die nicht auf das Haushaltseinkommen angerechnet wird. Die Auszahlung soll unbürokratisch mit dem BAföG erfolgen. Die Entscheidung für ein Studium darf nicht davon abhängig sein, ob die Stu-

dierenden die Anfangsinvestitionen für ein Studium wie IT-Ausstattung, Lehrbücher oder Umzug erbringen können oder nicht;

2. die Leistungen des BAföG für Schülerinnen und Schüler sowie Studierende eltern- und geschwisterunabhängiger auszugestalten. Der elternunabhängige Garantiebetrag im Rahmen der Kindergrundsicherung soll künftig direkt an volljährige Anspruchsberechtigte in Ausbildung und Studium ausgezahlt werden. Die Freibeträge und Bedarfssätze sollen noch weiter angehoben und künftig regelmäßig angepasst werden. Das BMBF wird gebeten ein Verfahren zur regelmäßigen Anpassung der Freibeträge und Bedarfssätze zu entwickeln. Zudem sollen die Freibeträge für Hinzuverdienste für BAföG-Empfängerinnen und -Empfänger künftig automatisch an die Entwicklung der Minijob-Grenze gekoppelt werden. Wir streben eine Absenkung des Darlehensanteils und eine Öffnung des zinsfreien BAföG-Volldarlehens für alle Studierenden an;

3. die Voraussetzungen für einen Bezug von BAföG auch nach Ausbildungsabbruch oder Wechsel der Fachrichtung weiter zu erleichtern. Die eigenen Fähigkeiten, Talente und Neigungen zu entdecken, gehört zu den Kernherausforderungen eines jungen Menschen. Eine Ausbildungsförderung, die den Einzelnen stärken will, muss daher zulassen, dass junge Menschen Neues ausprobieren und sich umorientieren können. Um lebensbegleitendes Lernen zu erleichtern und Menschen bei der Entwicklung neuer beruflicher Perspektiven zu unterstützen, soll auch das Aufstiegs-BAföG ausgebaut werden;

4. die Förderungshöchstdauer zu verlängern. Ausbildung und Studium sind nicht mehr nur Zeiten des Erlernens eines bestimmten Berufs, sondern sie dienen auch der Entwicklung der Persönlichkeit und der Erkundung des angestrebten eigenen Lebensentwurfs. Die derzeitige Festlegung der Förderungshöchstdauer auf die Regelstudienzeit entspricht in vielen Fällen nicht der Lebensrealität Studierender und erzeugt einen erheblichen und zusätzlichen Leistungsdruck. Finanzielle Nöte kurz vor dem Abschluss des Studiums können sich zudem massiv negativ auf die Prüfungsleistungen auswirken. Neben den bisherigen Möglichkeiten der Ausdehnung der Förderungsdauer soll es daher zukünftig möglich sein, die Förderhöchstdauer noch weiter anzuheben, etwa weil Fremdsprachenkenntnisse erst erworben werden müssen. Darüber hinaus soll die Verlängerung der individuellen Förderungsdauer erweitert werden auf den Fall, dass nahe Angehörige (bereits ab Pflegegrad 2) gepflegt werden;

5. das Erfordernis zur Erbringung von Leistungsnachweisen flexibler auszugestalten. Studierende sollen bereits zu Studienbeginn erkennen können,

welche Leistungsnachweise sie bis zu welchem Fachsemester zu erbringen haben. Bei der Ausgestaltung der Nachweispflichten sind den Studierenden die nach Hochschulrecht zustehenden Wiederholungsversuche bei Prüfungsleistung zu berücksichtigen. Förderungslücken sollen grundsätzlich vermieden werden. Im Rahmen einer ganzheitlichen Anpassung des Systems der Ausbildungsförderung soll geprüft werden, ob Nachweispflichten perspektivisch ganz entfallen können;

6. die bestehenden Regelungen zur Förderung von Auslandsaufenthalten mit BAföG für Schülerinnen und Schüler zu überprüfen, um ihnen unabhängig von Schulform und Elternhaus eine Auslandserfahrung zu ermöglichen;

7. die bestehenden Regelungen zur Förderung von Ausbildung und Studium in Teilzeit einer kritischen Prüfung zu unterziehen und ggf. zu flexibilisieren. Dem BAföG liegt heute noch die ursprüngliche Annahme zugrunde, dass Menschen in jungen Jahren eine Ausbildung oder ein Studium in Vollzeit absolvieren. Die Lebenswirklichkeit ist allerdings, dass sich immer mehr Menschen in der Mitte des Lebens für eine Weiterqualifikation entscheiden;

8. weitere Verfahrensvereinfachungen und -beschleunigungen, insbesondere auch im Bereich Digitalisierung in der Antragsbearbeitung, gemeinsam mit den Länderverwaltungen zu prüfen und auf eine Umsetzung durch die Länder hinzuwirken. Die Dauer zwischen Antragstellung und der Entscheidung des BAföG-Amts soll stark reduziert werden. Im Wege des digitalen Antragsverfahrens soll erkennbar sein, mit welcher Leistungshöhe voraussichtlich zu rechnen ist;

9. neue Informationsangebote zu entwickeln, die Unsicherheiten bei der Studienfinanzierung begegnen. Die Entscheidung für ein Studium wird erleichtert, wenn Klarheit über die Finanzierung besteht;

10. noch stärker und zielgerichteter für das BAföG zu werben, sodass mehr Menschen von den bestehenden Möglichkeiten einer ihrer Lebenslage entsprechenden Förderung Gebrauch machen können. Mit einer Kampagne sollen Studieninteressierte bereits im Rahmen der Berufsorientierung in der Schule über die Möglichkeiten zur Studienfinanzierung informiert werden. Wir regen an, dass die Hochschulen mit der Studienzusage auch Informationen zur Studienfinanzierung bereitstellen.

Inhaltsverzeichnis

Vorwort V
Entschließung des Deutschen Bundestages vom 23.6.2022 IX
Abkürzungen XXIII
Einführung XXIX

Bundesgesetz über individuelle Förderung der Ausbildung (Bundesausbildungsförderungsgesetz – BAföG) 1

§ 1 Grundsatz 3

Abschnitt I
Förderungsfähige Ausbildung

§ 2 Ausbildungsstätten 4
§ 3 Fernunterricht 21
§ 4 Ausbildung im Inland 25
§ 5 Ausbildung im Ausland 27
§ 5a Unberücksichtigte Ausbildungszeiten 37
§ 6 Förderung der Deutschen im Ausland 40
§ 7 Erstausbildung, weitere Ausbildung 46

Abschnitt II
Persönliche Voraussetzungen

§ 8 Staatsangehörigkeit 66
§ 9 Eignung 82
§ 10 Alter 86

Abschnitt III
Leistungen

§ 11 Umfang der Ausbildungsförderung 90
§ 12 Bedarf für Schüler 97
§ 13 Bedarf für Studierende 101
§ 13a Kranken- und Pflegeversicherungszuschlag 105
§ 14 Bedarf für Praktikanten 108
§ 14a Zusatzleistungen in Härtefällen 110

§ 14b Zusatzleistung für Auszubildende mit Kind (Kinderbetreuungszuschlag) 113
§ 15 Förderungsdauer 115
§ 15a Förderungshöchstdauer, Verordnungsermächtigung 127
§ 15b Aufnahme und Beendigung der Ausbildung 131
§ 16 Förderungsdauer im Ausland 135
§ 17 Förderungsarten 139
§ 18 Darlehensbedingungen 143
§ 18a Einkommensabhängige Rückzahlung 148
§ 18b Teilerlass des Darlehens 151
§ 18c Bankdarlehen 155
§ 18d Kreditanstalt für Wiederaufbau 158
§ 19 Aufrechnung 160
§ 20 Rückzahlungspflicht 163

Abschnitt IV
Einkommensanrechnung

§ 21 Einkommensbegriff 168
§ 22 Berechnungszeitraum für das Einkommen des Auszubildenden 189
§ 23 Freibeträge vom Einkommen des Auszubildenden 191
§ 24 Berechnungszeitraum für das Einkommen der Eltern und des Ehegatten oder Lebenspartners 196
§ 25 Freibeträge vom Einkommen der Eltern und des Ehegatten oder Lebenspartners 200

Abschnitt V
Vermögensanrechnung

§ 26 Umfang der Vermögensanrechnung 207
§ 27 Vermögensbegriff 210
§ 28 Wertbestimmung des Vermögens 217
§ 29 Freibeträge vom Vermögen 223
§ 30 Monatlicher Anrechnungsbetrag 228
§§ 31 bis 34 (weggefallen) 230

Abschnitt VI

§ 35 Anpassung der Bedarfssätze und Freibeträge 231

Abschnitt VII
Vorausleistung und Anspruchsübergang

§ 36 Vorausleistung von Ausbildungsförderung 232
§ 37 Übergang von Unterhaltsansprüchen 240
§ 38 Übergang von anderen Ansprüchen 251

Abschnitt VIII
Organisation

§ 39 Auftragsverwaltung 253
§ 40 Ämter für Ausbildungsförderung 255
§ 40a Landesämter für Ausbildungsförderung 257
§ 41 Aufgaben der Ämter für Ausbildungsförderung 259
§ 42 (weggefallen) 262
§ 43 (weggefallen) 263
§ 44 Beirat für Ausbildungsförderung 264

Abschnitt IX
Verfahren

§ 45 Örtliche Zuständigkeit 266
§ 45a Wechsel in der Zuständigkeit 272
§ 46 Antrag 276
§ 47 Auskunftspflichten 280
§ 47a Ersatzpflicht des Ehegatten oder Lebenspartners und der Eltern 283
§ 48 Mitwirkung von Ausbildungsstätten 286
§ 49 Feststellung der Voraussetzungen der Förderung im Ausland 293
§ 50 Bescheid 295
§ 51 Zahlweise 300
§ 52 (weggefallen) 303
§ 53 Änderung des Bescheides 304
§ 54 Rechtsweg 307
§ 55 Statistik 308

Abschnitt X
Studienstarthilfe

§ 56 Leistungsberechtigte, Verfahren, Zuständigkeit; Verordnungsermächtigung 311
§ 56a Förderungsart und Umfang; Datenabgleich 314
§ 56b Nichtanrechnung 315

Abschnitt XI

§ 57 Aufbringung der Mittel 316

Abschnitt XII
Bußgeldvorschriften, Übergangs- und Schlussvorschriften

§ 58 Ordnungswidrigkeiten 317
§ 59 Verordnungsermächtigung für Fälle bundesweiter Notlagen 320
§ 60 Opfer politischer Verfolgung durch SED-Unrecht 322
§ 61 Förderung von Ausländerinnen und Ausländern mit einer Aufenthaltserlaubnis oder einer entsprechenden Fiktionsbescheinigung 323
§ 62 (weggefallen) 324
§ 63 (weggefallen) 325
§ 64 (weggefallen) 326
§ 65 Weitergeltende Vorschriften 327
§ 66 Übergangsregelung aus Anlass des Gesetzes zur Regelung des Sozialen Entschädigungsrechts 329
§ 66a Übergangs- und Anwendungsvorschrift; Verordnungsermächtigung 330
§ 66b Übergangsvorschrift aus Anlass des Endes des Übergangszeitraums nach dem Abkommen über den Austritt des Vereinigten Königreichs Großbritannien und Nordirland aus der Europäischen Union und der Europäischen Atomgemeinschaft 332
§ 67 (weggefallen) 333
§ 68 Inkrafttreten 334

Weitere Gesetze und Verordnungen

1a Verordnung über die Ausbildungsförderung für Medizinalfachberufe und für Pflegeberufe (BAföG-Medizinalfach- und Pflegeberufe-Verordnung – BAföG-MedPflegbV) 335

1b Verordnung über die Ausbildungsförderung für die Teilnahme an Vorkursen zur Vorbereitung des Besuchs von Kollegs und Hochschulen (AföGVorkHSV) 339

1c Verordnung über die Ausbildungsförderung für den Besuch von Instituten zur Ausbildung von Fachlehrern und Sportlehrern (BAföG-FachlehrerV) 341

1d Verordnung über die Ausbildungsförderung für den Besuch von Ausbildungsstätten für kirchliche Berufe (KirchenberufeV) 343

1e Verordnung über die Ausbildungsförderung für den Besuch von Ausbildungsstätten für Psychotherapie und Kinder- und Jugendlichenpsychotherapie (PsychThV) 345

1f Verordnung über die Ausbildungsförderung für den Besuch von Ausbildungsstätten, an denen Schulversuche durchgeführt werden (SchulversucheV) 347

1g Verordnung über die Ausbildungsförderung für den Besuch der Trainerakademie Köln (TrainerV) 349

1h Verordnung über die Ausbildungsförderung für den Besuch von Ausbildungsstätten für landwirtschaftlich-technische, milchwirtschaftlich-technische und biologisch-technische Assistentinnen und Assistenten (AfögLTAV) 351

2 Verordnung zur Bezeichnung der als Einkommen geltenden sonstigen Einnahmen nach § 21 Abs. 3 Nr. 4 des Bundesausbildungsförderungsgesetzes (BAföG-EinkommensV) 353

3 Verordnung über die sozialversicherungsrechtliche Beurteilung von Zuwendungen des Arbeitgebers als Arbeitsentgelt (Sozialversicherungsentgeltverordnung – SvEV) 357

4 Allgemeine Verwaltungsvorschrift zur Bestimmung der Formblätter nach § 46 Absatz 3 des Bundesausbildungsförderungsgesetzes (BAföG-FormblattVwV 2020) 363

5 Verordnung über Zusatzleistungen in Härtefällen nach dem Bundesausbildungsförderungsgesetz (HärteV) 395
6 Verordnung über die örtliche Zuständigkeit für Ausbildungsförderung im Ausland (BAföG-AuslandszuständigkeitsV) 397
7 Verordnung über die Zuschläge zu dem Bedarf nach dem Bundesausbildungsförderungsgesetz bei einer Ausbildung im Ausland (BAföG-AuslandszuschlagsV) 401
7a Bundesbesoldungsgesetz (BBesG) 405
8 Verordnung über die Einziehung der nach dem Bundesausbildungsförderungsgesetz geleisteten Darlehen (Darlehensverordnung – DarlehensV) 407
8a Verordnung über den leistungsabhängigen Teilerlaß von Ausbildungsförderungsdarlehen (BAföG-TeilerlaßV) 415
9 Gesetz zur Schaffung eines nationalen Stipendienprogramms (Stipendienprogramm-Gesetz – StipG) 421
9a Verordnung zur Durchführung des Stipendienprogramm-Gesetzes (Stipendienprogramm-Verordnung – StipV) 427
9b Verordnung über die Erreichung der Höchstgrenze nach dem Stipendienprogramm-Gesetz (Stipendiengrogramm-Höchstgrenzen-Verordnung – StipHV) 431
10 Sozialgesetzbuch (SGB) Erstes Buch (I) – Allgemeiner Teil 433
11 Sozialgesetzbuch (SGB) Zweites Buch (II) – Grundsicherung für Arbeitsuchende 465
12 Sozialgesetzbuch (SGB) Drittes Buch (III) – Arbeitsförderung 473
13 Sozialgesetzbuch (SGB) Fünftes Buch (V) – Gesetzliche Krankenversicherung 497
14 Sozialgesetzbuch (SGB) Neuntes Buch (IX) – Rehabilitation und Teilhabe behinderter Menschen 505
15 Zehntes Buch Sozialgesetzbuch – Sozialverwaltungsverfahren und Sozialdatenschutz – 507
16 Sozialgesetzbuch (SGB) – Elftes Buch (XI) – Soziale Pflegeversicherung 589
17 Sozialgesetzbuch (SGB) Zwölftes Buch (XII) – Sozialhilfe 597

18 Sozialgesetzbuch Vierzehntes Buch – Soziale Entschädigung – (Vierzehntes Buch Sozialgesetzbuch – SGB XIV) 605
18a Gesetz über die Versorgung der Opfer des Krieges (BVG) 621
19 Gesetz zur Förderung der beruflichen Aufstiegsfortbildung (Aufstiegsfortbildungsförderungsgesetz – AFBG) 625
20 Einkommensteuergesetz (EStG) 651
21 Abgabenordnung (AO) 737
22 Wohngeldgesetz (WoGG) 745
22a Allgemeine Verwaltungsvorschrift zur Neuregelung der Allgemeinen Verwaltungsvorschrift zur Durchführung des Wohngeldgesetzes (Wohngeld-Verwaltungsvorschrift – WoGVwV) 751
23 Gesetz zum Elterngeld und zur Elternzeit (Bundeselterngeld- und Elternzeitgesetz – BEEG) 753
24 Gesetz über den Aufenthalt, die Erwerbstätigkeit und die Integration von Ausländern im Bundesgebiet (AufenthG) 755
25 Gesetz über die allgemeine Freizügigkeit von Unionsbürgern (Freizügigkeitsgesetz/EU – FreizügG/EU) 795
26 Hochschulrahmengesetz (HRG) 811
27 Bürgerliches Gesetzbuch (BGB) 813
28 Verwaltungsgerichtsordnung (VwGO) 845
29 Verwaltungs-Vollstreckungsgesetz (VwVG) 847
30 Grundgesetz für die Bundesrepublik Deutschland (GG) 857
31 Gesetz über Ordnungswidrigkeiten (OWiG) 861
32 Strafgesetzbuch (StGB) 867

Stichwortverzeichnis 869

Abkürzungsverzeichnis

a. A.	anderer Ansicht
Abs.	Absatz
AFBG	Gesetz zur Förderung der beruflichen Aufstiegsfortbildung
AFBGÄndG	Gesetz zur Änderung des Aufstiegsfortbildungsförderungsgesetzes
AFG	Arbeitsförderungsgesetz
AfögLTAV	Verordnung über die Ausbildungsförderung für den Besuch von Ausbildungsstätten für landwirtschaftlich-technische, milchwirtschaftlich-technische und biologisch-technische Assistentinnen und Assistenten
AfögVorkHSV	Verordnung über die Ausbildungsförderung für die Teilnahme an Vorkursen zur Vorbereitung des Besuchs von Kollegs und Hochschulen
AG	Amtsgericht
Allg. VerwRecht	Allgemeines Verwaltungsrecht
Allg. VwV	Allgemeine Verwaltungsvorschrift
ÄndG	Änderungsgesetz
AO	Abgabenordnung
Art.	Artikel
AufenthG	Gesetz über den Aufenthalt, die Erwerbstätigkeit und die Integration von Ausländern im Bundesgebiet (Aufenthaltsgesetz)
AuslG	Ausländergesetz
Az.	Aktenzeichen
B	Beschluss
BAföG	Bundesausbildungsförderungsgesetz
BAföGÄndG	Gesetz zur Änderung des BAföG
BAföGÄndVwV	Allgemeine Verwaltungsvorschrift zur Änderung der Allgemeinen Verwaltungsvorschrift zum Bundesausbildungsförderungsgesetz
BAföG-AuslandszuschlagsV	Verordnung über die Zuschläge zu dem Bedarf nach dem Bundesausbildungsförderungsgesetz bei einer Ausbildung im Ausland
BAföG-AuslandszuständigkeitsV	Verordnung über die örtliche Zuständigkeit für Ausbildungsförderung im Ausland
BAföG-EinkommensV	Verordnung zur Bezeichnung der als Einkommen geltenden sonstigen Einnahmen nach § 21 Abs. 3 Nr. 4 des Bundesausbildungsförderungsgesetzes

BAföG-FachlehrerV	Verordnung über die Ausbildungsförderung für den Besuch von Instituten zur Ausbildung von Fachlehrern und Sportlehrern
BAföG-FormblattVwV	Allgemeine Verwaltungsvorschrift zur Bestimmung der Formblätter nach § 46 Absatz 3 des Bundesausbildungsförderungsgesetzes
BAföG-MedPflegbV	Verordnung über die Ausbildungsförderung für Medizinalfachberufe und für Pflegeberufe
BAföG-TeilerlaßV	Verordnung über den leistungsabhängigen Teilerlaß von Ausbildungsförderungsdarlehen
BAföGVwV	Allgemeine Verwaltungsvorschrift zum BAföG
BayVGH	Bayerischer Verwaltungsgerichtshof
BBesG	Bundesbesoldungsgesetz
BBG	Bundesbeamtengesetz
BBiG	Berufsbildungsgesetz
BEG	Bundesentschädigungsgesetz
BEEG	Gesetz zum Elterngeld und zur Elternzeit (Bundeselterngeld- und Elternzeitgesetz)
BewG	Bewertungsgesetz
ber.	berichtigt
BFH	Bundesfinanzhof
BGB	Bürgerliches Gesetzbuch
BGBl.	Bundesgesetzblatt
BGH	Bundesgerichtshof
BKGG	Bundeskindergeldgesetz
BMBF	Bundesministerium für Bildung und Forschung
BR-Drucks.	Bundesratsdrucksache
BSG	Bundessozialgericht
BSHG	Bundessozialhilfegesetz
BT-Drucks.	Bundestagsdrucksache
BVA	Bundesverwaltungsamt
BVerfG	Bundesverfassungsgericht
BVerfGE	Sammlung der Entscheidungen des BVerfG
BVerfGG	Bundesverfassungsgerichtsgesetz
BVerwG	Bundesverwaltungsgericht
BVerwGE	Entscheidungssammlung des Bundesverwaltungsgerichts
BVFG	Gesetz über die Angelegenheiten der Vertriebenen und Flüchtlinge (Bundesvertriebenengesetz)
BVG	Gesetz über die Versorgung der Opfer des Krieges (Bundesversorgungsgesetz)
BWZ	Bewilligungszeitraum

DAAD	Deutscher Akademischer Austauschdienst
DarlehensV	Verordnung über die Einziehung der nach dem Bundesausbildungsförderungsgesetz geleisteten Darlehen
DöV	Die Öffentliche Verwaltung (Zeitschrift)
EG	– Einführungsgesetz – Europäische Gemeinschaft
EGBGB	Einführungsgesetz zum Bürgerlichen Gesetzbuch
EStG	Einkommensteuergesetz
EuGH	Europäischer Gerichtshof
EURIBOR	Euro Interbank Offered Rate
EWR	Europäischer Wirtschaftsraum
FamRZ	Zeitschrift für das gesamte Familienrecht
FernUSG	Gesetz zum Schutz der Teilnehmer am Fernunterricht (Fernunterrichtsschutzgesetz)
FreizüG/EU	Gesetz über die allgemeine Freizügigkeit von Unionsbürgern
GABD	Die Gesamte Ausbildungsförderung in der Bundesrepublik Deutschland, bearbeitet von Jaron u. a.
GBl.	Gesetzblatt
gem.	gemäß
GG	Grundgesetz
GMBl.	Gemeinsames Ministerialblatt
GVBl.	Gesetz- und Verordnungsblatt
HärteV	Verordnung über Zusatzleistungen in Härtefällen nach dem Bundesausbildungsförderungsgesetz
HessVGH	Hessischer Verwaltungsgerichtshof
HRG	Hochschulrahmengesetz
i. d. F.	in der Fassung
i. S. d.	im Sinne des
i. S. v.	im Sinne von
i. V. m.	in Verbindung mit
KfW	Kreditanstalt für Wiederaufbau
KG	Kammergericht
KirchenberufeV	Verordnung über die Ausbildungsförderung für den Besuch von Ausbildungsstätten für kirchliche Berufe

LAG	Lastenausgleichsgesetz
LArbG	Landesarbeitsgericht
LG	Landgericht
LSG	Landessozialgericht
NJW	Neue Juristische Wochenschrift
Nr.	Nummer
NRW	Nordrhein-Westfalen
NVwZ	Neue Zeitschrift für Verwaltungsrecht
NVwZ-RR	Neue Zeitschrift für Verwaltungsrecht (Rechtsprechungs-Report Verwaltungsrecht)
NWVBl.	Nordrhein-Westfälische Verwaltungsblätter
OEG	Gesetz über die Entschädigung für Opfer von Gewalttaten
OLG	Oberlandesgericht
OVG	Oberverwaltungsgericht
OWiG	Ordnungswidrigkeitengesetz
PsychThV	Verordnung über die Ausbildungsförderung für den Besuch von Ausbildungsstätten für Psychotherapie und Kinder- und Jugendlichenpsychotherapie
RGBl.	Reichsgesetzblatt
S.	Seite
SchulversucheV	Verordnung über die Ausbildungsförderung für den Besuch von Ausbildungsstätten, an denen Schulversuche durchgeführt werden
SG	– Sozialgericht – Gesetz über die Rechtsstellung der Soldaten (Soldatengesetz
SGB	Sozialgesetzbuch
StipG	Gesetz zur Schaffung eines nationalen Stipendienprogramms (Stipendienprogramm-Gesetz)
StipHV	Verordnung über die Erreichung der Höchstgrenze nach dem Stipendienprogramm-Gesetz
StipV	Verordnung zur Durchführung des Stipendienprogramm-Gesetzes
StPO	Strafprozessordnung
StVollzG	Gesetz über den Vollzug der Freiheitsstrafe und der freiheitsentziehenden Maßregeln der Besserung und Sicherung
SvEV	Verordnung über die sozialversicherungsrechtliche Beurteilung von Zuwendungen des Arbeitgebers als Arbeitsentgelt

TrainerV	Verordnung über die Ausbildungsförderung für den Besuch der Trainerakademie Köln
Tz	Teilziffer
U	Urteil
USG	Gesetz über die Leistungen an Reservistendienst Leistende und zur Sicherung des Unterhalts der Angehörigen von freiwilligen Wehrdienst Leistenden (Unterhaltssicherungsgesetz)
U v.	Urteil vom
V	Verordnung
VBL	Versorgungsanstalt des Bundes und der Länder
VerwRecht	Verwaltungsrecht
VG	Verwaltungsgericht
VGH	Verwaltungsgerichtshof
vgl.	vergleiche
VO	Verordnung
VwGO	Verwaltungsgerichtsordnung
VwVG	Verwaltungs-Vollstreckungsgesetz
WoGG	Wohngeldgesetz
WoGVwV	Allgemeine Verwaltungsvorschrift zur Neuregelung der Allgemeinen Verwaltungsvorschrift zur Durchführung des Wohngeldgesetzes
ZPO	Zivilprozessordnung

Einführung

Die vorliegende Textsammlung ist im Teil 1 in

- Gesetzestext,
- dazugehörige Verwaltungsvorschriften und
- Erläuterungen

gegliedert.

Im Anhang (ab Ziffer 1a ff.) sind Rechtsverordnungen sowie einschlägige Auszüge aus Gesetzen abgedruckt, die für das BAföG maßgeblich sind.

Das BAföG hat den Rechtsstand des 29. BAföGÄndG vom 19. Juli 2024. Der Rechtsstand aller anderen Vorschriften ist der 1. Juli 2024, mit Ausnahme des Sozialgesetzbuches – 3. Buch, das durch das 29. BAföGÄndG geändert wurde.

Die „Allgemeine Verwaltungsvorschrift zum BAföG" von 2013 ist aufgrund ihrer unveränderten Gültigkeit von 11 Jahren mittlerweile kaum noch praxistauglich. Sie entspricht nicht mehr den seitdem vorgenommenen 20 Änderungen und insbesondere nicht den fünf Novellen des BAföG-Gesetzes. Das Gefüge Gesetz – Verwaltungsvorschrift ist nicht mehr stimmig.

Die Erläuterungen stammen vom Bearbeiter, Herrn Ass. jur. Matthias Müller, und enthalten Verweise und persönliche Meinungsäußerungen, die rechtlich nicht bindend sind. Sofern sich diese Erläuterungen auf Rechtsprechung berufen, ist nur die Kernaussage der jeweiligen Entscheidung gemeint. Es bleibt also zu prüfen, ob Teile der Gerichtsentscheidungen durch spätere Gesetzesänderungen nicht mehr relevant sind.

Zusätzlich zu den oben genannten Texten existieren

- Erlasse (allgemein) und Weisungen (konkret einzelfallbezogen) des Bundesministeriums für Bildung und Forschung als Oberste Bundesbehörde für Ausbildungsförderung
- Erlasse (allgemein) und Weisungen (konkret einzelfallbezogen) der 16 jeweiligen Landesministerien als Oberste Landesbehörden für Ausbildungsförderung oder – landesspezifisch – einer Landesmittelbehörde als Obere Landesbehörde für Ausbildungsförderung.

Diese Verwaltungsinterna im hierarchischen System haben keine Außenwirkung. Durch neue Erlasse werden manchmal Teile bestehender Erlasse außer Kraft gesetzt. Das System aus Erlassen unterschiedlicher Bundes- und Landesherkunft ist letztlich landesspezifisch und deshalb nicht übergeordnet bundesweit darstellbar.

Seit dem 1. Januar 2015 ist – bis auf Änderungen der BAföG-Abschnitte VIII „Organisation" und IX „Verfahren" – keine Zustimmung des Bundesrates bei der BAföG-Gesetzgebung mehr erforderlich. Der Bund hat also weitgehend alleinige Änderungsrechte und damit zugleich die Verantwortung für die BAföG-Förderung. Dies setzt sich fort.

Bisher war in § 46 Abs. 3 BAföG geregelt, dass die anspruchsbegründenden Tatsachen auf den Formblättern anzugeben sind, die die Bundesregierung durch Allgemeine Verwaltungsvorschrift mit Zustimmung des Bundesrates bestimmt hat. Das ist nun mit der 29. BAföG-Novelle weggefallen; vom Bund hervorgehoben als Verwaltungsvereinfachung. Gemäß § 46 Abs. 2 Satz 2 BAföG sind nunmehr die anspruchsbegründenden Tatsachen auf den Formblättern anzugeben – soweit solche vorgesehen sind.

Versetzen wir uns in die Lage der Bürger*innen: Wo könnte denn verbindlich stehen, dass und welche Formblätter vorgesehen sind? Sind es allein die auf der BAföG-Insellösung www.bafoeg-digital.de verfügbaren?

Dazu diametral verhält sich der Bund hinsichtlich der Digitalisierung von Anträgen und Abläufen. Bei der BAföG-Antragsplattform www.bafoeg-digital.de haben Bund und Länder kooperiert. Jetzt werden die Bundesländer gesetzlich verpflichtet, die BAföG-Insellösung zu nutzen, was die Länder monieren. Die Idee des Onlinezugangsgesetzes ist, dass es keine Portal-Insellösungen pro Gesetz gibt, sondern Antragsplattformen als Verbünde geschaffen werden. Das hat Vorteile. Wenn gar nicht mehr klar ist, ob es sich um eine Sozialleistung mit besonderem Sozialdatenschutz handelt, sondern um irgendeine Verwaltungsleistung, wird eine bidirektionale Kommunikation ermöglicht.

Die dem Digitalantrag folgenden Prozesse werden je BAföG-Fachanwendung der Länder digitalisiert: 11 Länder werden dieselbe eAkte haben, zwei Länder eine andere eAkte und die anderen drei Länder lediglich Datenmanagementsysteme (DMS), in NRW sogar ein DMS je BAföG-Amt.

Der Bundesrechnungshof hat im Juli 2023 eine Koordinationsfunktion des Bundes für notwendig erachtet, da es sich beim BAföG um ein Bundesgesetz handelt. Dennoch beharrt der Bund darauf, dass die eAkte alleinige Zuständigkeit der Länder sei. Gleichzeitig erlegt er den Ländern durch die 29. BAföG-Novelle neue Pflichten auf:

- Laut neuem § 56 Abs. 3 S. 3 BAföG haben die Länder in jedem einzelnen BAföG-Amt einen von der BAföG-IT abgetrennten internetfähigen Extra-Computer für eine Antragstellung auf Studienstarthilfe plus Räumlichkeit zu finanzieren. Da für die Antragstellung mindestens die Einrichtung einer

Mailadresse oder einer BundesID erforderlich ist, muss das BAföG-Amt eventuell auch hier personell unterstützen.

- Seite 36 des Gesetzentwurfs einer 29. BAföG-Novelle (Begründung nur Motive, keine Gesetzeskraft): „Anträge auf Studienstarthilfe sind daher vorrangig zu bearbeiten."

Wer die Kompetenz hätte, in solche Details der Länderausführung hineinzuregieren, ist auch – wie der Bundesrechnungshof im Juli 2023 bestätigte – für die Realisierung einer bundesweit austauschbaren eAkte für das Bundesgesetz mitverantwortlich.

Die Bearbeiter*innen

Bundesgesetz über individuelle Förderung der Ausbildung (Bundesausbildungsförderungsgesetz – BAföG)

In der Fassung der Bekanntmachung vom 7.12.2010 (BGBl. I S. 1952),

geändert durch Art. 11 Abs. 3 Gesetz zur Umsetzung aufenthaltsrechtlicher Richtlinien der Europäischen Union und zur Anpassung nationaler Rechtsvorschriften an den EU-Visakodex v. 22.11.2011 (BGBl. I S. 2258), Art. 1 Vierundzwanzigstes Gesetz zur Änderung des Bundesausbildungsförderungsgesetzes v. 6.12.2011 (BGBl. I S. 2569), Art. 19 Gesetz zur Umsetzung der Beitreibungsrichtlinie sowie zur Änderung steuerlicher Vorschriften (Beitreibungsrichtlinie-Umsetzungsgesetz – BeitrRLUmsG) v. 7.12.2011 (BGBl. I S. 2592), Art. 31 Gesetz zur Verbesserung der Eingliederungschancen am Arbeitsmarkt v. 20.12.2011 (BGBl. I S. 2854), Berichtigung der Bekanntmachung der Neufassung des Bundesausbildungsförderungsgesetzes v. 7.2.2012 (BGBl. I S. 197), Art. 5 Gesetz zur Verbesserung der Rechte von international Schutzberechtigten und ausländischen Arbeitnehmern v. 29.8.2013 (BGBl. I S. 3484, ber. S. 3899), Art. 1 Fünfundzwanzigstes Gesetz zur Änderung des Bundesausbildungsförderungsgesetzes (25. BAföGÄndG) v. 23.12.2014 (BGBl. I S. 2475), Art. 6 Gesetz zur Neubestimmung des Bleiberechts und der Aufenthaltsbeendigung v. 27.7.2015 (BGBl. I. S. 1386), Art. 7 Gesetz zur Änderung des Zwölften Buches Sozialgesetzbuch und weiterer Vorschriften v. 21.12.2015 (BGBl. I S. 2557), Art. 71 Gesetz zum Abbau verzichtbarer Anordnungen der Schriftform im Verwaltungsrecht des Bundes v. 29. März 2017 (BGBl. I S. 626), Art. 2 Gesetz zur Neuregelung des Familiennachzugs zu subsidiär Schutzberechtigten (Familiennachzugsneuregelungsgesetz) v. 12. Juli 2018 (BGBl. I S. 1147), Art. 3 Gesetz zu Übergangsregelungen in den Bereichen Arbeit, Bildung, Gesundheit, Soziales und Staatsangehörigkeit nach dem Austritt des Vereinigten Königreichs Großbritannien und Nordirland aus der Europäischen Union v. 8.4.2019 (BGBl. I S. 418), Sechsundzwanzigstes Gesetz zur Änderung des Bundesausbildungsförderungsgesetzes (26. BAföGÄndG) v. 8.7.2019 (BGBl. I S. 1048), Art. 51 Gesetz zur Regelung des Sozialen Entschädigungsrechts v. 12.12.2019 (BGBl. I S. 2652), Art. 13 Gesetz für bessere und unabhängigere Prüfungen (MDK-Reformgesetz) v. 14.12.2019 (BGBl. I S. 2789), Art. 5 Gesetz zum Ausgleich COVID-19 bedingter finanzieller Belastungen der Krankenhäuser und weiterer Gesundheitseinrichtungen (COVID-19-Krankenhausentlastungsgesetz) v. 27.3.2020 (BGBl. I S. 580), Art. 2 Gesetz zur Unterstützung von Wissenschaft und Studierenden aufgrund der COVID-19-Pandemie (Wissenschafts- und Studierendenunterstützungsgesetz) v. 25.5.2020 (BGBl. I S. 1073), Art. 4 Gesetz zur aktuellen Anpassung des Freizügigkeitsgesetzes/EU und weiterer Vorschriften an das Unionsrecht v. 12.11.2020 (BGBl. I S. 2416), Art. 82 und 83 Gesetz über die Entschädigung der Soldatinnen und Soldaten und zur Neuordnung des Soldatenversorgungsrechts v. 20.8.2021 (BGBl. I S. 3932), Art. 15 Gesetz zur Änderung des Infektionsschutzgesetzes und weiterer Gesetze anlässlich der Aufhebung der Feststellung der epidemischen Lage von nationaler Tragweite v. 22.11.2021 (BGBl. I S. 4906), Art. 8 Gesetz zur Regelung eines Sofortzuschlages und einer Einmalzahlung in den sozialen Mindestsicherungssystemen sowie zur Änderung des Finanzausgleichsgesetzes und weiterer Gesetze v. 23.5.2022 (BGBl. I S. 760), Siebenundzwanzigstes Gesetz zur Änderung des Bundesausbildungsförderungsgesetzes (27. BAföG-ÄndG) v. 15.7.2022 (BGBl. I S. 1150), Achtundzwanzigstes Gesetz zur Änderung des Bundesausbildungsförderungsgesetzes (28. BAföGÄndG) vom 19.10.2022 (BGBl. I S. 1796), Art. 3 Gesetz zur Einführung eines Chancen-Aufenthaltsrechts vom 21.12.2022 (BGBl. I S. 2847), Art. 18 Gesetz zur Anpassung des Zwölften und des Vierzehnten Buches Sozialgesetzbuch und weiterer Gesetze vom 22.12.2023 (BGBl. 2023 I Nr. 408), Neunundzwanzigstes Gesetz zur Änderung des Bundesausbildungsförderungsgesetzes (29. BAföGÄndG) vom 19.7.2024 (BGBl. 2024 I Nr. 249).

§ 1 Grundsatz

Auf individuelle Ausbildungsförderung besteht für eine der Neigung, Eignung und Leistung entsprechende Ausbildung ein Rechtsanspruch nach Maßgabe dieses Gesetzes, wenn dem Auszubildenden die für seinen Lebensunterhalt und seine Ausbildung erforderlichen Mittel anderweitig nicht zur Verfügung stehen.

Abschnitt I
Förderungsfähige Ausbildung

§ 2 Ausbildungsstätten

(1) [1]Ausbildungsförderung wird geleistet für den Besuch von

1. weiterführenden allgemeinbildenden Schulen und Berufsfachschulen, einschließlich der Klassen aller Formen der beruflichen Grundbildung, ab Klasse 10 sowie von Fach- und Fachoberschulklassen, deren Besuch eine abgeschlossene Berufsausbildung nicht voraussetzt, wenn der Auszubildende die Voraussetzungen des Absatzes 1a erfüllt,
2. Berufsfachschulklassen und Fachschulklassen, deren Besuch eine abgeschlossene Berufsausbildung nicht voraussetzt, sofern sie in einem zumindest zweijährigen Bildungsgang einen berufsqualifizierenden Abschluss vermitteln,
3. Fach- und Fachoberschulklassen, deren Besuch eine abgeschlossene Berufsausbildung voraussetzt,
4. Abendhauptschulen, Berufsaufbauschulen, Abendrealschulen, Abendgymnasien und Kollegs,
5. Höheren Fachschulen sowie von Akademien, die Abschlüsse verleihen, die nicht nach Landesrecht Hochschulabschlüssen gleichgestellt sind,
6. Hochschulen sowie von Akademien, die Abschlüsse verleihen, die nach Landesrecht Hochschulabschlüssen gleichgestellt sind.

[2]Maßgebend für die Zuordnung sind Art und Inhalt der Ausbildung. [3]Ausbildungsförderung wird geleistet, wenn die Ausbildung an einer öffentlichen Einrichtung – mit Ausnahme nichtstaatlicher Hochschulen – oder einer genehmigten Ersatzschule durchgeführt wird.

(1a) [1]Für den Besuch der in Absatz 1 Nummer 1 bezeichneten Ausbildungsstätten wird Ausbildungsförderung nur geleistet, wenn der Auszubildende nicht bei seinen Eltern wohnt und

1. von der Wohnung der Eltern aus eine entsprechende zumutbare Ausbildungsstätte nicht erreichbar ist,
2. einen eigenen Haushalt führt und verheiratet oder in einer Lebenspartnerschaft verbunden ist oder war,
3. einen eigenen Haushalt führt und mit mindestens einem Kind zusammenlebt.

[2]Die Bundesregierung kann durch Rechtsverordnung ohne Zustimmung des Bundesrates bestimmen, dass über Satz 1 hinaus Ausbildungsförderung für den Besuch der in Absatz 1 Nummer 1 bezeichneten Ausbildungsstätten auch in Fällen geleistet wird, in denen die Verweisung des Auszubildenden auf die Wohnung der Eltern aus schwerwiegenden sozialen Gründen unzumutbar ist.

(2) [1]Für den Besuch von Ergänzungsschulen und nichtstaatlichen Hochschulen sowie von nichtstaatlichen Akademien im Sinne des Absatzes 1 Satz 1 Nummer 6 wird Ausbildungsförderung nur geleistet, wenn die zuständige Landesbehörde anerkennt, dass der Besuch der Ausbildungsstätte dem Besuch einer in Absatz 1 bezeichneten Ausbildungsstätte gleichwertig ist. [2]Die Prüfung der Gleichwertigkeit nach Satz 1 erfolgt von Amts wegen im Rahmen des Bewilligungsverfahrens oder auf Antrag der Ausbildungsstätte.

(3) Das Bundesministerium für Bildung und Forschung kann durch Rechtsverordnung[1] ohne Zustimmung des Bundesrates bestimmen, dass Ausbildungsförderung geleistet wird für den Besuch von

1. Ausbildungsstätten, die nicht in den Absätzen 1 und 2 bezeichnet sind,[2]
2. Ausbildungsstätten, an denen Schulversuche durchgeführt werden,

wenn er dem Besuch der in den Absätzen 1 und 2 bezeichneten Ausbildungsstätten[3] gleichwertig ist.

(4) [1]Ausbildungsförderung wird auch für die Teilnahme an einem Praktikum geleistet, das in Zusammenhang mit dem Besuch einer der in den Absätzen 1 und 2 bezeichneten oder nach Absatz 3 bestimmten Ausbildungsstätten gefordert wird und dessen Inhalt in Ausbildungsbestimmungen geregelt ist. [2]Wird das Praktikum in Zusammenhang mit dem Besuch einer in Absatz 1 Nummer 1 bezeichneten Ausbildungsstätte gefordert, wird Ausbildungsförderung nur geleistet, wenn der Auszubildende nicht bei seinen Eltern wohnt.

(5) [1]Ausbildungsförderung wird nur geleistet, wenn

1. der Ausbildungsabschnitt mindestens ein Schul- oder Studienhalbjahr dauert und
2. die Ausbildung die Arbeitskraft des Auszubildenden im Allgemeinen voll in Anspruch nimmt.

[2]Ausbildungsabschnitt im Sinne dieses Gesetzes ist die Zeit, die an Ausbildungsstätten einer Ausbildungsstättenart einschließlich der im Zusammenhang hiermit geforderten Praktika bis zu einem Abschluss oder Abbruch verbracht wird. [3]Ein Masterstudiengang nach § 7 Absatz 1a gilt im Verhältnis zu dem Studiengang, auf den er aufbaut, in jedem Fall als eigener Ausbildungsabschnitt.

(6) Ausbildungsförderung wird nicht geleistet, wenn der Auszubildende

1. Unterhaltsgeld, Arbeitslosengeld bei beruflicher Weiterbildung nach dem Dritten Buch Sozialgesetzbuch oder Bürgergeld bei beruflicher Weiterbildung nach dem Zweiten Buch Sozialgesetzbuch erhält,

---

1 Siehe hierzu: Verordnungen aufgrund des § 2 Abs. 3 BAföG **(Nr. 1a bis 1i)**.
2 Siehe hierzu: Vorkurseverordnung **(Nr. 1b)**.
3 Siehe hierzu: SchulversucheV **(Nr. 1f)**

2. Leistungen von den Begabtenförderungswerken erhält,
3. als Beschäftigter im öffentlichen Dienst Anwärterbezüge oder ähnliche Leistungen aus öffentlichen Mitteln erhält oder
4. als Strafgefangener Anspruch auf Ausbildungsbeihilfe nach einer Landesvorschrift für den Strafvollzug hat.

Allgemeine Verwaltungsvorschrift

Zu Absatz 1

2.1.1 In den Förderungsbereich des Gesetzes sind unmittelbar nur solche Ausbildungsstätten einbezogen, die nach dem jeweiligen Landesrecht Schulen oder Hochschulen sind. Für den Besuch anderer Ausbildungsstätten kann Ausbildungsförderung nur geleistet werden, soweit sie durch eine Rechtsverordnung nach § 2 Abs. 3 des Gesetzes in den Förderungsbereich einbezogen sind.

2.1.2 Die Ausbildungsstätten sind für den Vollzug des Gesetzes den in § 2 Abs. 1 Satz 1 im Einzelnen bezeichneten Arten von Ausbildungsstätten nach Maßgabe der folgenden Tz 2.1.4 bis 2.1.19 zuzuordnen. Dabei ist der Weiterentwicklung des Bildungswesens Rechnung zu tragen. Bei der Zuordnung zu den in Tz 2.1.4 bis 2.1.19 genannten Arten von Ausbildungsstätten ist von dem Ausbildungsstättenverzeichnis des Landes auszugehen, in dessen Zuständigkeitsbereich die Ausbildungsstätte liegt.

2.1.3 Weiterführende allgemeinbildende Schulen i. S. v. § 2 Abs. 1 Nr. 1 sind, soweit sie derzeit in den Förderungsbereich des Gesetzes fallen: die Hauptschule, die Realschule, das Gymnasium, die integrierte Gesamtschule und Schulen mit mehreren Bildungsgängen. Teile von kooperativen Gesamtschulen entsprechen der jeweiligen Schulform des gegliederten Schulwesens.

2.1.4 Die Hauptschule vermittelt eine grundlegende allgemeine Bildung. Sie endet mit der Jahrgangsstufe 9 oder 10 und führt zu einem ersten allgemeinbildenden Schulabschluss am Ende der Jahrgangsstufe 9 (z.B. Hauptschulabschluss, Berufsreife). Am Ende der Jahrgangsstufe 10 kann sie zu einem mittleren Schulabschluss führen.

2.1.5 Die Realschule vermittelt eine erweiterte allgemeine Bildung. Sie endet mit der Jahrgangsstufe 10 und führt zu einem mittleren Schulabschluss.

2.1.6 Das Gymnasium vermittelt eine vertiefte allgemeine Bildung. Es führt im achtjährigen Bildungsgang nach der Jahrgangsstufe 12 und im neunjährigen Bildungsgang nach der Jahrgangsstufe 13 zur allgemeinen Hochschulreife. Am Ende der Jahrgangstufe 10 kann es einen mittleren Schulabschluss vermitteln. Die gymnasiale Oberstufe umfasst drei Jahrgangsstufen: im achtjährigen Bildungsgang die Jahrgangsstufen 10 bis 12, im neunjährigen Bildungsgang die Jahrgangsstufen 11 bis 13.

2.1.7 Die integrierte Gesamtschule ist eine Bildungseinrichtung, die Bildungsangebote der Orientierungsstufe, der Hauptschule, der Realschule und des Gymnasiums umfasst. Sie kann ferner Aufgaben der beruflichen Ausbildung erfüllen.

Die integrierte Gesamtschule endet mit der Jahrgangsstufe 10. Ihr kann eine gymnasiale Oberstufe angegliedert sein.

Sie vermittelt die Abschlüsse nach den Tz 2.1.4, 2.1.5 und 2.1.6 und kann auch zu Abschlüssen des beruflichen Schulwesens führen.

2.1.7a Schulen mit mehreren Bildungsgängen fassen verschiedene Schularten pädagogisch und organisatorisch zusammen. Sie können in den Bundesländern unterschiedlich ausgestaltet sein.

2.1.8 Die Fachoberschule baut auf einem mittleren Schulabschluss auf und vermittelt allgemeine, fachtheoretische und fachpraktische Kenntnisse, Fähigkeiten und Fertigkeiten. Sie umfasst die Jahrgangsstufen 11 und 12 und führt zur Fachhochschulreife. Die Jahrgangsstufe 11 beinhaltet Unterricht und fachpraktische Ausbildung. Der Besuch der Jahrgangsstufe 11 kann durch eine einschlägige Berufsausbildung ersetzt werden.

Der Unterricht in der Jahrgangsstufe 12 wird grundsätzlich in Vollzeit erteilt. Er kann auch in Teilzeit mit entsprechend längerer Dauer erteilt werden.

Die Länder können auch eine Jahrgangsstufe 13 einrichten. Nach Abschluss dieser Jahrgangsstufe kann die fachgebundene bzw. allgemeine Hochschulreife erreicht werden. Tz 2.1.13 ist zu beachten.

Den Auszubildenden an Fachoberschulen sind Auszubildende am einjährigen Berufskolleg in Baden-Württemberg zur Erlangung der Fachhochschulreife sowie an der Berufsoberschule in Rheinland-Pfalz gleichgestellt.

2.1.9 Die Abendhauptschule führt Berufstätige, die während der Vollzeitschulpflicht die Hauptschulausbildung nicht abgeschlossen haben, in mindestens einjährigen Kursen zu einem ersten allgemeinbildenden Schulabschluss (z.B. Hauptschulabschluss, Berufsreife).

2.1.10 Die Berufsaufbauschule ist eine Schule, die neben einer Berufsschule oder nach erfüllter Berufsschulpflicht von Jugendlichen besucht wird, die in einer Berufsausbildung stehen oder eine solche abgeschlossen haben. Sie vermittelt eine über das Ziel der Berufsschule hinausgehende allgemeine und fachtheoretische Bildung und führt zu einem mittleren Schulabschluss. Der Bildungsgang umfasst in Vollzeit mindestens ein Jahr. Die Fachoberschulklassen 11 und 12 im Land Berlin, deren Besuch den Hauptschulabschluss und eine abgeschlossene Berufsausbildung voraussetzt, gelten als Berufsaufbauschule.

2.1.11 Die Abendrealschule führt Berufstätige, die die Vollzeitschulpflicht erfüllt haben, zu einem mittleren Schulabschluss. In den letzten zwei Schulhalbjahren vor der Abschlussprüfung sind die Auszubildenden in der Regel von der Verpflichtung zur Ausübung einer Berufstätigkeit befreit.

2.1.12 Das Abendgymnasium führt Berufstätige zur allgemeinen oder zu einer fachgebundenen Hochschulreife. Aufnahmevoraussetzung ist eine abgeschlossene Berufsausbildung oder eine mindestens zweijährige Berufstätigkeit sowie ein Mindestalter von 18 Jahren. Auszubildende ohne mittleren Schulabschluss oder eine gleichwertige Vorbildung müssen einen mindestens halbjährigen Vorkurs erfolgreich absolviert haben. Die Ausbildungsdauer beträgt in der Regel drei und höchstens vier Jahre. In den letzten drei Schulhalbjahren vor der Reifeprüfung sind die Auszubildenden von der Verpflichtung zur Ausübung einer Berufstätigkeit befreit.

2.1.13 Das Kolleg führt in einem Bildungsgang von in der Regel drei und höchstens vier Jahren zur allgemeinen oder zu einer fachgebundenen Hochschulreife. Aufnahmevoraussetzungen sind eine abgeschlossene Berufsausbildung oder eine mindestens zweijährige Berufstätigkeit sowie ein Mindestalter von 18 Jahren. Auszubildende, die keinen mittleren Schulabschluss nachweisen können, müssen zusätzlich eine Eignungsprüfung oder einen mindestens halbjährigen Vorkurs erfolgreich absolviert haben.

Den Auszubildenden an Kollegs gleichgestellt sind Auszubildende anderer Schulformen, deren Aufnahmevoraussetzungen und deren Ausbildung nach der Feststellung des jeweils zuständigen Bundeslandes einer Kollegausbildung entsprechen.

Die Auszubildenden in den als Vorstufe eingerichteten einjährigen Klassen an den Berufsoberschulen in Bayern sind den Auszubildenden an Berufsaufbauschulen gleichgestellt.

2.1.14 Die Berufsfachschule ist eine Schule von mindestens einjähriger Dauer bei Vollzeitunterricht, für deren Besuch keine Berufsausbildung oder berufliche Tätigkeit vorausgesetzt wird. Sie hat die Aufgabe, allgemeine und fachliche Lehrinhalte zu vermitteln. Die Berufsfachschule kann zu verschiedenen schulischen und/oder beruflichen Bildungsabschlüssen führen. Je nach Ausbildungsdauer und dem vermittelten Abschluss erfolgt eine Förderung nach § 2 Abs. 1 Nr. 1 oder Nr. 2.

2.1.15 Berufsfachschule im Sinne des Gesetzes sind auch die mindestens einjährigen Klassen aller Formen der beruflichen Grundbildung; dies sind z.B.:

a) das Berufsgrundbildungsjahr im Sinne der Anrechnungsverordnungen nach § 7 des Berufsbildungsgesetzes bzw. § 27a Abs. 1 der Handwerksordnung, dessen Besuch einen Teil einer Ausbildung in Betrieben oder an überbetrieblichen Ausbildungsstätten ersetzt,

b) das Berufsvorbereitungsjahr, eine Sonderform der beruflichen Grundbildung insbesondere für solche Jugendliche, die die Voraussetzungen für eine qualifizierte Berufsausbildung noch nicht erfüllen,

c) der berufsbefähigende Bildungsgang (Zusammenfassung der Teilzeitberufsschulpflicht auf ein Jahr), der Jugendlichen ohne Ausbildungsverhältnis oder ohne Ausbildung in einer beruflichen Vollzeitschule eine berufliche Grundbildung vermittelt und

d) die berufliche Grundbildung lern- bzw. geistig behinderter Schülerinnen und Schüler an Förderschulen (z.B. Werkstufe, Berufsorientierungsstufe).

Für die Teilnahme an einem kooperativen Berufsgrundbildungsjahr, in dem die Ausbildung gleichzeitig in Schule und Betrieb stattfindet, wird Ausbildungsförderung nicht geleistet.

2.1.16 Die Fachschule vermittelt eine vertiefte berufliche Fachbildung und fördert die Allgemeinbildung. Sie setzt grundsätzlich den Abschluss einer einschlägigen Berufsausbildung oder eine entsprechende praktische Tätigkeit voraus. Als weitere Voraussetzung kann eine zusätzliche Berufsausübung gefordert werden.

Bildungsgänge an Fachschulen in Vollzeit dauern in der Regel mindestens ein Jahr, Bildungsgänge an Fachschulen in Teilzeit dauern entsprechend länger.

Je nachdem, ob für den Besuch der Fachschule eine abgeschlossene Berufsausbildung vorausgesetzt und welcher Bildungsabschluss vermittelt wird, erfolgt eine Förderung für den Besuch einer Schule nach § 2 Abs. 1 Nr. 1, 2 oder 3.

Zur Definition von Fachschulklassen, deren Besuch eine abgeschlossene Berufsausbildung voraussetzt, vgl. Tz 13.1.1.

2.1.17 Die Höhere Fachschule baut auf einem mittleren Bildungsabschluss oder einer gleichwertigen Vorbildung auf. Sie führt in vier bis sechs Halbjahren zu einem Abschluss, der in der Regel durch eine staatliche Prüfung erlangt wird. Er ermöglicht den unmittelbaren Eintritt in einen Beruf gehobener Position und führt unter besonderen Umständen zur allgemeinen oder zu einer fachgebundenen Hochschulreife.

2.1.18 Akademien sind berufliche Ausbildungsstätten, die keine Hochschulen sind. Sie können nach Erwerb eines mittleren Bildungsabschlusses sowie nach einer abgeschlossenen Berufsausbildung, nach einem zweijährigen Praktikum oder nach mehrjähriger beruflicher Tätigkeit besucht werden. Der Bildungsgang an einer Akademie dauert mindestens fünf Halbjahre und führt zu einem gehobenen Berufsabschluss, der mit Bestehen einer staatlichen Prüfung erreicht wird. Akademien sind auch die staatlichen Berufsakademien.

2.1.19 Hochschulen bereiten auf Tätigkeiten vor, die die Anwendung wissenschaftlicher Erkenntnisse und Methoden oder die Fähigkeit zu künstlerischer Gestaltung erfordern. Voraussetzung der Zulassung ist der Nachweis der für das gewählte Studium erforderlichen Qualifikation (insbesondere allgemeine oder fachgebundene Hochschulreife, Fachhochschulreife). Der Begriff Hochschule im Sinne dieses Gesetzes umfasst Hochschulen jeder Art und jeder Organisationsform. Die Förderungsfähigkeit einer Ausbildung an nichtstaatlichen Hochschulen richtet sich nach § 2 Abs. 2.

2.1.20 Für den Besuch von Sonderschulen bzw. Förderschulen wird Ausbildungsförderung geleistet, soweit sie – unter Berücksichtigung der besonderen Lage der betreffenden Schülerinnen und Schüler – denselben Lehrstoff vermitteln und zu denselben Ausbildungszielen führen wie die in Tz 2.1.4 bis 2.1.15 genannten Ausbildungsstätten.

2.1.21 Ob eine Ausbildungsstätte eine öffentliche Einrichtung ist, bestimmt sich nach dem jeweiligen Landesrecht.

2.1.22 Ersatzschulen sind die als solche nach dem jeweiligen Landesrecht genehmigten oder anerkannten Privatschulen, an denen – auch in Erfüllung der Schulpflicht – dieselben Bildungsabschlüsse erzielt werden können wie an staatlichen Schulen.

2.1.23 Schüler einer Klasse sind förderungsrechtlich gleichzubehandeln. Maßgebend sind die für den Besuch der Ausbildungsstätte/Klasse allgemein vorgeschriebenen Zugangsvoraussetzungen; auf die individuelle Vorbildung des einzelnen Auszubildenden kommt es nicht an.

Zu Absatz 1a

2.1a.1 Die Voraussetzungen des § 2 Abs. 1a Satz 1 Nr. 1 sind nur erfüllt für Auszubildende, die von der Wohnung ihrer Eltern oder des Elternteils aus, dem sie rechtlich oder tatsächlich zugeordnet sind, infolge räumlicher Entfernung eine entsprechende zumutbare Ausbildungsstätte in einer angemessenen Zeit nicht erreichen können. Auszubildende wohnen nur dann bei ihren Eltern, wenn sie mit ihnen in einer häuslichen Gemeinschaft leben. § 12 Abs. 3a findet im Rahmen des § 2 Abs. 1a keine Anwendung.

Andere Gründe als die räumliche Entfernung, etwa Erwerbstätigkeit eines alleinstehenden Elternteils, unzureichende Wohnverhältnisse, Gefährdung durch Umwelteinflüsse oder besondere soziale oder medizinische Betreuungsbedürftigkeit erfüllen die Voraussetzungen des § 2 Abs. 1a Satz 1 Nr. 1 nicht.

2.1a.2 Hat der Auszubildende seinen ständigen Wohnsitz im Ausland und besucht er eine im Inland gelegene Ausbildungsstätte, so liegen die Voraussetzungen des § 2 Abs. 1a dann nicht vor, wenn von der Wohnung der Eltern in dem fremden Staat aus eine entsprechende zumutbare, auch fremdsprachige Ausbildungsstätte besucht werden kann.

2.1a.3 Für die Frage, ob eine Ausbildungsstätte von der Wohnung der Eltern aus in angemessener Zeit erreicht werden kann, ist die durchschnittliche tägliche Wegzeit maßgebend, nicht die Wegstrecke. Eine Ausbildungsstätte ist nicht in einer angemessenen Zeit erreichbar, wenn bei Benutzung der günstigsten Verkehrsverbindungen mindestens an drei Wochentagen für Hin- und Rückweg eine Wegzeit von mehr als zwei Stunden benötigt wird.

Zu der Wegzeit gehören auch Wege zwischen der Haltestelle des Verkehrsmittels und der Ausbildungsstätte bzw. Wohnung sowie die notwendigen Wartezeiten vor und nach dem Unterricht. Umsteigezeiten zwischen verschiedenen Verkehrsmitteln gelten als Wartezeit. Nach Addition von Hin- und Rückweg ist jeder angefangene Kilometer Fußweg mit 15 Minuten zu berechnen. Maßgebend sind die regelmäßigen Verkehrsverhältnisse im Bewilligungszeitraum.

2.1a.4 Erreichbar ist eine Ausbildungsstätte ferner nicht, wenn Auszubildenden der Weg aus einem in ihrer Person liegenden Grund (z.B. Krankheit, Behinderung) nicht zuzumuten ist. In Zweifelsfällen ist das zuständige Gesundheitsamt im Wege der Amtshilfe gutachtlich zu hören.

2.1a.5 Die Prüfung nach § 2 Abs. 1a Nr. 1 entfällt bei Vollwaisen oder wenn der Aufenthaltsort der Eltern nicht bekannt ist.

2.1a.6 Die erforderliche räumliche Nähe zwischen Elternwohnung und Ausbildungsstätte ist auch dann nicht gegeben, wenn

a) die auszubildende Person rechtlich gehindert ist, in der Wohnung ihrer Eltern oder eines Elternteils zu wohnen und der Hinderungsgrund nicht von der auszubildenden Person zu vertreten ist (z.B. Sorgerecht nach Ehescheidung liegt bei dem anderen Elternteil; ein Elternteil befindet sich in einem Pflegeheim oder in Strafhaft; ein Elternteil steht unter rechtlicher Betreuung, die Betreuung umfasst die Sorge für Wohnungsangelegenheiten und die betreuende Person hat die Aufnahme der auszubildenden Person in die Wohnung des Elternteils abgelehnt);

b) die volljährige auszubildende Person als Minderjährige aufgrund der Bestimmung Dritter (nicht ihrer Eltern) rechtlich gehindert war, in der Wohnung ihrer Eltern oder eines Elternteils zu wohnen. In diesen Fällen gilt sie auch nach Erreichen der Volljährigkeit als rechtlich gehindert, bei ihren Eltern zu wohnen. Bei nichtehelichen Kindern oder Kindern geschiedener Eltern ist auch nach Eintritt der Volljährigkeit von der bestehenden rechtlichen Zuordnung auszugehen. Maßgeblich ist weiterhin allein die Wohnung des vor Eintritt der Volljährigkeit sorgeberechtigten Elternteils.

2.1a.7 Sofern die Unterbringung von Auszubildenden außerhalb ihres Elternhauses nach Maßgabe des SGB VIII erfolgt, steht dies einer Erreichbarkeit der Ausbildungsstätte von der elterlichen Wohnung nicht entgegen, solange den Eltern oder einem Elternteil der Auszubildenden das Sorgerecht bzw. das Aufenthaltsbestimmungsrecht nicht entzogen worden ist. Ausbildungsförderung ist wegen der allein erziehungsbedingten auswärtigen Unterbringung nicht gerechtfertigt.

Dagegen steht eine auswärtige Unterbringung nach Maßgabe des SGB VIII außerhalb des Elternhauses einer Erreichbarkeit der Ausbildungsstätte entgegen, sofern

- die Sorgeberechtigten gestorben sind (vgl. Tz 2.1a.5) oder
- den Eltern bzw. dem bisher sorgeberechtigten Elternteil das Aufenthaltsbestimmungsrecht entzogen ist (vgl. Tz 2.1a.6).

2.1a.8 Eine entsprechende Ausbildungsstätte ist vorhanden, wenn sie nach Lehrstoff und Bildungsgang zu dem angestrebten Ausbildungs- und Erziehungsziel führt.

Berufsbildende Ausbildungsstätten, die sich nach schulrechtlichen Bestimmungen in den angebotenen Fachrichtungen unterscheiden, sind keine einander entsprechenden Ausbildungsstätten.

Auf ein besonderes Erziehungsziel kann sich eine auszubildende Person jedoch nur berufen, wenn

- für sie eine an das Erziehungsziel gebundene berufliche Vorbildung für die Ausübung des angestrebten Berufes von Bedeutung ist oder
- sie aus konfessionellen oder weltanschaulichen Gründen auf das besondere Erziehungsziel Wert legt.

2.1a.9 Gymnasien verschiedenen Typs sind keine einander entsprechenden Ausbildungsstätten.

Gymnasien sind z.B. dann verschiedenen Typs, wenn sie unterschiedliche Aufnahmevoraussetzungen haben oder sich aufgrund eines nicht unerheblichen Anteils spezieller, über den üblichen Fächerkanon hinausgehender sprach- bzw. berufsspezifischer Unterrichtsangebote unterscheiden, die der Schule insgesamt eine besondere Prägung geben.

Lediglich unterschiedliche Schwerpunkte reichen nicht aus. Auch die Sprachenfolge innerhalb eines gymnasialen Typs (welche Fremdsprachen ab welcher Jahrgangsstufe unterrichtet werden) ist unerheblich.

2.1a.10 Weiterführende allgemeinbildende Schulen desselben Typs sind in der gymnasialen Oberstufe grundsätzlich auch dann einander entsprechende Ausbildungsstätten, wenn die Lernangebote in Leistungs- und/oder Grundkursen nicht deckungsgleich sind. Eine entsprechende Ausbildungsstätte ist nicht vorhanden, wenn an der besuchten Ausbildungsstätte oder an einer anderen erreichbaren Ausbildungsstätte

a) die Teilnahme an Kursen in einem Leistungsfach, das zur Fortsetzung eines Ausbildungsschwerpunktes der Mittelstufe gewählt wurde, nicht möglich ist oder

b) ein gewünschter beruflicher Schwerpunkt nicht angeboten wird.

2.1a.11 Eine Ausbildungsstätte, an der der Auszubildende an einem Schulversuch teilnehmen müsste, ist eine entsprechende Ausbildungsstätte, soweit nicht durch den Schulversuch Lerninhalt, Schulstruktur oder Bildungsgang wesentlich verändert werden.

2.1a.12 Für behinderte Personen ist eine nicht auf die jeweilige Behinderung eingerichtete Ausbildungsstätte keine entsprechende zumutbare Ausbildungsstätte i. S. d. Absatzes 1a. Die Tz 14a.0.1 bis 14a.0.3 sind anzuwenden.

2.1a.13 Wenn die Aufnahme des Auszubildenden rechtlich zulässig ist, ist eine entsprechende Ausbildungsstätte vorhanden, unabhängig davon, ob sie koedukativ ist oder nicht und ob sie als Ganztagsschule geführt wird oder nicht.

2.1a.14 Eine entsprechende Ausbildungsstätte gilt im Sinne dieser Vorschrift als nicht vorhanden, wenn sie Neuaufnahmen allgemein oder in dem zur Entscheidung stehenden Fall wegen Überfüllung abgelehnt hat. Dabei wird vorausgesetzt, dass ein eventuell vorgegebener Meldetermin eingehalten worden ist.

2.1a.15 Der Besuch einer Ausbildungsstätte ist der auszubildenden Person nicht zumutbar, wenn dadurch die Ausbildung wesentlich beeinträchtigt würde.

Eine wesentliche Beeinträchtigung liegt z.B. vor, wenn die auszubildende Person infolge einer Veränderung ihrer Lebensverhältnisse und der ihrer Eltern während des letzten Schuljahres oder bei Gymnasien während der letzten beiden Schuljahre vor Abschluss des Ausbildungsabschnitts auf eine andere Ausbildungsstätte wechseln müsste.

2.1a.16 Auszubildenden ist der Wechsel auf ein Gymnasium anderen Typs, auf ein Gymnasium desselben Typs mit anderer Sprachenfolge sowie der Wechsel von einer integrierten Gesamtschule auf ein Gymnasium oder umgekehrt nicht zumutbar. Satz 1 gilt nicht, wenn der Typ der Ausbildungsstätte im Laufe der Ausbildungszeit geändert wird.

2.1a.17 Der Besuch einer öffentlichen oder einer weltanschaulich neutralen, privaten Ausbildungsstätte ist grundsätzlich zumutbar.

2.1a.18 Der Besuch einer weltanschaulich oder konfessionell geprägten Ausbildungsstätte ist für Auszubildende anderer Weltanschauung oder Konfession nicht zumutbar.

2.1a.19 Eine entsprechende Ausbildungsstätte ist weiter nicht vorhanden, wenn die von der Wohnung der Eltern aus erreichbare Ausbildungsstätte

- Schulgeld in einer Höhe erhebt, das sich als ein Hindernis darstellt, die angestrebte Ausbildung an der in der Nähe der Elternwohnung gelegenen Ausbildungsstätte aufzunehmen,
- die auszubildende Person nur als Internatsschüler aufnimmt,
- leistungsbezogen strengere Zugangsvoraussetzungen hat.

2.1a.20 Als Kinder nach Nummer 3 gelten die in Tz 25.5.1 genannten Personen.

Zu Absatz 2

2.2.1 Die Einstufung privater Ausbildungsstätten als Ergänzungsschulen bestimmt sich nach Landesrecht. Es ist nicht erforderlich, daß sie im Lehrgegenstand einer öffentlichen Schule entsprechen.

2.2.2 Die Anerkennung der Gleichwertigkeit des Besuchs von Ergänzungsschulen und nichtstaatlichen Hochschulen setzt voraus, daß es sich dabei nach Landesrecht um Schulen oder Hochschulen handelt.

2.2.3 Maßstab für die Gleichwertigkeitsprüfung sind die Zugangsvoraussetzungen, der Lehrplan, die fachliche und pädagogische Eignung der Lehrkräfte, die Qualität der vermittelten Ausbildung und der Ausbildungsabschluß; sie müssen der Ausbildung an einer öffentlichen Einrichtung oder genehmigten Ersatzschule derselben Ausbildungsstättenart gleichwertig sein. Die Prüfung der Gleichwertigkeit ist auf Praktika zu erstrecken, soweit sie in Zusammenhang mit dem Besuch dieser Ausbildungsstätten stehen.

Zu Absatz 4

2.4.1 Praktikum ist nur eine fachpraktische Ausbildung, deren zeitliche Dauer und inhaltliche Ausgestaltung in Ausbildungsbestimmungen geregelt ist.

Das Praktikum darf keine selbständige, in sich abgeschlossene Ausbildung sein. Es muss vielmehr auf eine Ausbildung an einer Ausbildungsstätte nach § 2 Abs. 1 bis 3 vorbereiten oder diese ergänzen.

Ein im Inland durchgeführtes Praktikum ist auch dann förderungsfähig, wenn es im Zusammenhang mit einer vollständig im Ausland durchgeführten Ausbildung gefordert wird, die nach § 5 Abs. 2 förderungsfähig ist (vgl. zur Zuständigkeit Tz 45.4.1 und 45.4.4).

Freiwillige Praktika können als solche nicht gefördert werden. Werden sie neben einer förderungsfähigen Ausbildung absolviert, gilt Tz 2.5.5.

2.4.2 Es ist unerheblich, ob das Praktikum vor, während oder nach dem schulischen bzw. hochschulischen Teil der Ausbildung abzuleisten ist.

Unerheblich ist ferner, ob das Praktikum eine Voraussetzung für die Zulassung zum Besuch der Ausbildungsstätte oder Teil der schulischen Ausbildung oder Hochschulausbildung ist.

2.4.3 Ein Praktikum ist erforderlich, wenn es die einzige Möglichkeit oder eine von mehreren zwingend vorgeschriebenen Möglichkeiten der Vorbereitung oder Ergänzung einer Ausbildung ist.

2.4.4 Die Förderung beschränkt sich auf die vorgeschriebene Mindestdauer des Praktikums.

2.4.5 Praktikantinnen und Praktikanten sind förderungsrechtlich den Auszubildenden an den Ausbildungsstätten gleichzustellen, deren Besuch das Praktikum erforderlich macht.

Ob die Praktikumsstelle im Einzelfall die Anforderungen der Ausbildungsbestimmungen erfüllt, soll aufgrund einer entsprechenden Bescheinigung einer Ausbildungsstätte oder einer anderen Stelle entschieden werden.

2.4.5a Bei Praktikantinnen und Praktikanten, die außerhalb des Elternhauses untergebracht sind, ist die Erreichbarkeit der Praktikumsstelle von der Wohnung der Eltern nicht zu prüfen.

Bei unterrichtsbegleitenden Praktikumszeiten wie z.B. in der Jahrgangsstufe 11 der Fachoberschule gilt dies nur, soweit in der Ausbildung bzw. dem betreffenden Teilzeitraum der Ausbildung eine praktische Ausbildung außerhalb der Ausbildungsstätte überwiegt (z.B. drei Tage Praktikum im Betrieb und zwei Tage Unterricht/fachpraktische Ausbildung in der Schule).

2.4.6 Während eines Vor-Praktikums, das in Ausbildungsbestimmungen unterschiedlicher Ausbildungsstättenarten zeitlich und inhaltlich in gleicher Weise geregelt ist, ist die förderungsrechtliche Stellung des Auszubildenden nach seiner Erklärung darüber zu bestimmen, welche Ausbildungsstätte (Art von Ausbildungsstätten) er anschließend zu besuchen beabsichtigt.

2.4.7 (Aufgehoben)

2.4.8 Wird das Praktikum nach dem Erwerb der Hochschul- oder Fachhochschulreife als Zugangsvoraussetzung zum Studium einer bestimmten Fachrichtung oder als Prüfungsvoraussetzung gefordert, so steht es im Zusammenhang mit der beabsichtigten Ausbildung an der Hochschule.

2.4.9 Ergänzt das Praktikum eine Schulausbildung, die allein zum Besuch einer anderen Schule oder Hochschule nicht ausreicht, so steht es im Zusammenhang mit dieser Schulausbildung.

2.4.10 Maßgebend ist das Recht des Landes, in dem die Ausbildungsstätte liegt. Auf das Recht des Landes, in dem das Praktikum durchgeführt wird, kommt es nicht an.

Zu Absatz 5

2.5.1 Ein Wechsel der konkreten Ausbildungsstätte innerhalb derselben Ausbildungsstättenart (vgl. Tz 2.1.2) lässt die Fortdauer des Ausbildungsabschnitts unberührt. Ein einheitlicher Ausbildungsabschnitt liegt auch beim Wechsel von einer Teilzeit- zu einer Vollzeitausbildung an derselben Ausbildungsstättenart vor.

2.5.2 Die Arbeitskraft der Auszubildenden wird durch die Ausbildung voll in Anspruch genommen, wenn nach den Ausbildungsbestimmungen oder der allgemeinen Erfahrung die Ausbildung (Unterricht, Vorlesung, Praktika, Vor- und Nachbereitung) 40 Wochenstunden erfordert.

Im schulischen Bereich ist eine Vollzeitausbildung nur anzunehmen, wenn die Unterrichtszeit mindestens 20 Wochenstunden beträgt. Der Religionsunterricht ist mitzuzählen, auch wenn Auszubildende im Einzelfall daran nicht teilnehmen. Zu welcher Tageszeit der Unterricht erteilt wird, ist unerheblich.

An Hochschulen kann eine Vollzeitausbildung grundsätzlich angenommen werden, wenn im Durchschnitt pro Semester 30 ECTS-Leistungspunkte vergeben werden. Teilzeitausbildungen sind nicht förderungsfähig.

2.5.3 Bei Hochschulausbildungen ist grundsätzlich von einer Vollzeitausbildung auszugehen, wenn dies in der Bescheinigung nach § 9 bestätigt wird.

Dies gilt auch bei dualen Studiengängen (vgl. Tz 7.1.10).

2.5.4 Abweichend von Tz 2.5.2 wird grundsätzlich angenommen, dass die Ausbildung die Arbeitskraft nicht voll in Anspruch nimmt, wenn eine gleichzeitige Berufstätigkeit vorgeschrieben ist. Diese Annahme gilt auch dann, wenn der Auszubildende aus in seiner Person liegenden Gründen von der vorgeschriebenen Berufstätigkeit befreit ist.

2.5.5 Wenn die Ausbildung die Arbeitskraft im Allgemeinen voll in Anspruch nimmt, ist eine daneben ausgeübte Beschäftigung förderungsunschädlich.

2.5.6 Eine kurzfristige, von der auszubildenden Person nicht zu vertretende Verminderung der Unterrichts-, Vorlesungs-, Praktikums- oder Vor- und Nachbereitungszeit steht der Leistung von Ausbildungsförderung nicht entgegen.

Zu Absatz 6

2.6.1
und
2.6.2 (weggefallen)

2.6.3 Teilnehmende an vollzeitschulischen Fortbildungsmaßnahmen an staatlichen oder staatlich anerkannten Schulen haben ein Wahlrecht zwischen den Leistungen nach dem Gesetz zur Förderung der beruflichen Aufstiegsfortbildung (AFBG) und den Leistungen nach diesem Gesetz.

Erhält die auszubildende Person für eine Ausbildung Leistungen nach dem AFBG, ist ein Anspruch auf BAföG-Förderung für eine zeitlich überlappende andere Ausbildung nicht ausgeschlossen. Der Unterhaltsbeitrag nach dem AFBG ist in einem solchen Fall voll als bedarfsminderndes Einkommen gemäß § 21 Abs. 3 Nr. 2 in Verbindung mit § 23 Abs. 4 Nr. 2 anzurechnen (vgl. Tz 21.3.6a).

Wird für die Fortbildungsmaßnahme BAföG-Förderung in Anspruch genommen, so kann die gleiche Maßnahme unabhängig von Art und Umfang der bezogenen Leistungen nicht nach dem AFBG gefördert werden.

2.6.4 Begabtenförderungswerke im Sinne dieser Vorschrift sind:[4]

a) Cusanuswerk
Bischöfliche Studienförderung
Baumschulallee 5
53115 Bonn

b) Evangelisches Studienwerk e.V. Haus Villigst
Iserlohner Str. 25
58239 Schwerte

c) Friedrich-Ebert-Stiftung e. V.
Godesberger Allee 149
53175 Bonn

d) Friedrich-Naumann-Stiftung für die Freiheit
Begabtenförderung
Karl-Marx-Str. 2
14482 Potsdam

e) Hans-Böckler-Stiftung
Hans-Böckler-Str. 39
40476 Düsseldorf

4 Seit dem 16.07.2013 gibt es ein weiteres Begabtenförderungswerk im Sinne der Vorschrift: Avicenna Studienwerk, Kamp 81/83, 49074 Osnabrück.

f) Förderungswerk Hanns-Seidel-Stiftung e.V.
Lazarettstraße 33
80636 München

g) Konrad-Adenauer-Stiftung e.V.
Rathausallee 12
53757 St. Augustin

h) Stiftung der Deutschen Wirtschaft im Haus der Deutschen Wirtschaft
Breite Str. 29
10178 Berlin

i) Heinrich-Böll-Stiftung e.V.
Schumannstr. 8
10117 Berlin

j) Studienstiftung des Deutschen Volkes
Ahrstr. 41
53175 Bonn

k) Bundesstiftung Rosa Luxemburg e.V.
Franz-Mehring-Platz 1
10243 Berlin

l) Ernst Ludwig Ehrlich Studienwerk (ELES)
Am Neuen Palais 10
14469 Potsdam

m) Stiftung Begabtenförderung berufliche Bildung (SBB)
Lievelingsweg 102–104
53119 Bonn

Diese Institutionen werden nur insoweit als Begabtenförderungswerk tätig, als sie hierfür öffentliche Mittel einsetzen.

2.6.4a Der Leistungsausschluss nach Nummer 2 gilt erst dann, wenn Auszubildende tatsächlich Leistungen eines Begabtenförderungswerkes erhalten (z.B. Büchergeld, Leistungen zum Lebensunterhalt), und nicht bereits, wenn sie lediglich in das Förderprogramm aufgenommen worden sind.

2.6.5 Unter § 2 Abs. 6 Nr. 3 fallen insbesondere

a) Beamtinnen und Beamte auf Widerruf im Vorbereitungsdienst und

b) ihnen gleichgestellte Anwärterinnen und Anwärter in einem Dienstverhältnis außerhalb des Beamtenverhältnisses, die Anwärterbezüge (§ 59 BBesG) oder eine vergleichbare Ausbildungsvergütung erhalten.

§ 2 Abs. 6 Nr. 3 bezieht sich nicht auf Auszubildende, die im Zusammenhang mit dem Besuch einer Ausbildungsstätte im Sinne des § 2 ein Praktikum ableisten (z.B. Sozialarbeiter), auch wenn sie dafür eine Praktikantenvergütung aus öffentlichen Kassen erhalten.

2.6.6 (weggefallen)

Erläuterungen

1. Die Förderungsfähigkeit einer Ausbildung richtet sich nach ihrer Struktur.
Förderungsfähig sind Ausbildungen, welche die Arbeitskraft nach dem Ausbildungsplan voll in Anspruch nehmen (20 Wochenstunden Unterricht bzw. 20 Semesterwochenstunden). Die Lernorte gehören entweder zu dem staatlichen Ausbildungsangebot der Länder, das in § 2 aufgeführt ist oder es muss sich um nichtstaatliche Lernorte handeln, die den staatlichen gleichwertig sind. Die nichtstaatlichen Lernorte sind erst mit der Anerkennung durch die zuständige Landesbehörde förderungsfähig.
BVerwG FamRZ 1981, 822

2. Die vom Gesetzgeber angeordnete Mindestdauer von mindestens zwei Jahren ist durch das gesetzgeberische Ziel gedeckt, Schülern mit Hochschulzugangsberechtigung eine Alternative zum Studium zu bieten. Es ist daher gemäß § 2 Abs. 1 Nr. 2 gerechtfertigt, kürzere Kurse an Berufsfachschulen vom Kreis der förderungsfähigen Ausbildungen auszuschließen.
OVG *Münster FamRZ 2011, 1183*

3. Alle Fachhochschulen für Verwaltung des Bundes und der Länder gehören zu den förderungsfähigen Hochschulen i. S. von § 2 Abs. 1 S. 1 Nr. 6.
vgl. BVerwG FamRZ 1982, 537; 1987, 976

4. Die Förderungsfähigkeit der Ausbildung kann durch das persönliche Verhalten des Antragstellers nicht beeinflusst werden, z. B. sind die ersten anderthalb Jahre des Unterrichts am Abendgymnasium nicht förderungsfähig, weil sie nicht 20 Wochenstunden Unterricht vorsehen. Ein Schüler, der sich auch in dieser Zeit voll dem Unterricht widmet, weil er arbeitslos ist, befindet sich dennoch in keiner förderungsfähigen Ausbildung.
BVerwGE, 49, 279

5. Ein Studium ist dann nicht förderungsfähig, wenn es neben einer Volltagsbeschäftigung als abendliche Weiterbildung betrieben wird.
BVerwG FamRZ 1989, 217

   Um Missbrauch dieser Entscheidung zu verhindern, kann dies nur gelten, wenn der Student sozialversicherungsrechtlich im Beschäftigungsverhältnis eingebunden ist und weder die studentische Krankenkasse noch sonstige studentische Vorteile in Anspruch genommen hat. In diesem Sinne bei ablehnender Haltung zum Urteil des Bundesverwaltungsgerichts.
   OVG Berlin, U v. 25.2.1999, OVG 6B 48.95

6. Teilzeitstudiengänge, gleichgültig ob mit zusätzlicher Berufstätigkeit verbunden oder nicht, sind nicht förderungsfähig.

7. Maßgeblich für die Zuordnung einer Ausbildungsstätte sind die Merkmale, die die in § 2 Abs. 1 Satz 1 BAföG aufgeführten Arten von Ausbildungsstätten hinsichtlich der Art und des Inhalts der Ausbildung kennzeichnen und voneinander unterscheiden.
OVG Lüneburg, FamRZ 2016, 755

8. Die Förderungsfähigkeit eines Studiums ist nicht davon abhängig, ob es zu einer Zeit oder in einem Land durchgeführt wird, in dem das BAföG nicht galt.

9. Vorrangige Förderungsbestimmungen, wie die des III. Buches des SGB, sowie die der Begabtenförderungswerke, lassen die Förderungsfähigkeit der Ausbildung nach dem BAföG unberührt.
BVerwG FamRZ 1981, 1014

10. Rechtsfolgen bei dem Grunde nach nicht förderungsfähigem Studium:

    a) Keine Semesteranrechnung auf die Regelstudienzeit, z. B. keine Folgen nach § 17 Abs. 3 Nr. 2.

    b) Kein Beginn des Ausbildungsabschnitts, z. B. bei den §§ 10, 11.

11. Es ist erforderlich, aber auch ausreichend, dass die im Rahmen des § 7 Abs. 1 Satz 1 BAföG auf den Mindestumfang von drei Schul- oder Studienjahren anzurechnenden vorangegangenen Ausbildungen die abstrakten Voraussetzungen erfüllen, die an eine nach dem Bundesausbildungsförderungsgesetz förderungsfähige Ausbildung zu stellen sind.
    BVerwG, NVwZ-RR 2015, 737

12. Eine neben dem gymnasialen Unterricht durchgeführte berufsspezifische Zusatzausbildung ist jedenfalls bei dem im Rahmen der Entsprechensprüfung des § 2 Abs. 1a Satz 1 Nr. 1 BAföG vorzunehmenden Vergleich des Lehrstoffs zu berücksichtigen. Eine solche Zusatzausbildung kann die Wahl einer auswärtigen Ausbildungsstätte rechtfertigen, wenn sie der förderungsfähigen auswärtigen Ausbildungsstätte zuzurechnen und objektiv geeignet ist, den künftigen beruflichen Werdegang des Auszubildenden erheblich zu fördern.
    BVerwG, Urteil vom 14.08.2018, 5 C 6.17, www.bverwg.de/rechtsprechung

13. Die gesetzliche Differenzierung zwischen Fachoberschulklassen, deren Besuch eine abgeschlossene Berufsausbildung voraussetzt und solchen, deren Besuch eine abgeschlossene Berufsausbildung nicht voraussetzt, stellt allein auf objektive Merkmale der jeweiligen Klassenarten ab und nimmt keine Rücksicht auf den individuellen Ausbildungswerdegang der Schüler. Damit ist keine verfassungswidrige Ungleichbehandlung verbunden.
    OVG Münster, Beschluss vom 27. Februar 2018 – 12 E 244/17 –, juris

14. Wurden von dem Schulträger in einer Fachoberschulklasse sowohl Aufsteiger aus Klasse 11 als auch Neuzugänger mit Berufsausbildung zusammengefasst, so handelt es sich bei der Fachoberschulklasse um eine solche, deren Besuch eine abgeschlossene Berufsausbildung nicht voraussetzt, so dass Ausbildungsförderung nur unter der Voraussetzung gewährt wird, dass der Schüler nicht mehr bei den Eltern wohnt. Auch wenn ein Schüler in einer „gemischten" Fachoberschulklasse über eine abgeschlossene Berufsausbildung verfügt, führt dies nicht zur individuellen Förderungsfähigkeit.
    VG Frankfurt, Urteil vom 19. Januar 2018 – 3 K 1878/16.F –, juris

15. Ein zumindest zweijähriger Bildungsgang im Sinne von § 2 Abs 1 S 1 Nr 2 BAföG liegt vor, wenn der Bildungsgang nach den Ausbildungsbestimmungen objektiv auf zwei Jahre oder mehr angelegt ist. Die Verkürzung der tatsächlichen Ausbildungsdauer aufgrund von vom Auszubildenden individuell erfüllten besonderen Zugangsvoraussetzungen ist für die Zuordnung zu einem zweijährigen Bildungsgang im Sinne von § 2 Abs 1 S 1 Nr 2 BAföG ohne Belang.
    OVG Lüneburg, Beschluss vom 18. Juli 2016 – 4 LB 179/14 –, juris

16. Auch die spezielle Ausrichtung einer Ausbildungsstätte am Förderbedarf von Migranten kann bei der Prüfung der Regelung des § 2 Abs. 1 a Nr. 1 BAfäG grundsätzlich einen relevanten, ausbildungsbezogenen Unterschied zwischen zwei Ausbildungsstätten ausmachen. Bietet die wohnortnahe Schule, die den gleichen Schulabschluss vermittelt wie die gewählte Ausbildungsstätte, etwa spezielle Sprachförderung für Migranten oder Aussiedler, die migrationstypische Defizite ausgleicht, nicht an, kann je nach Ausgestaltung der migrationstypischen Förderung im Einzelfall die Annahme einer entsprechenden Ausbildungsstätte als widerlegt angesehen werden.
    OVG Münster, Urteil vom 03. Mai 2016 – 12 A 1739/14 –, juris

§ 3 Fernunterricht

(1) Ausbildungsförderung wird für die Teilnahme an Fernunterrichtslehrgängen geleistet, soweit sie unter denselben Zugangsvoraussetzungen auf denselben Abschluss vorbereiten wie die in § 2 Absatz 1 bezeichneten oder nach § 2 Absatz 3 bestimmten Ausbildungsstätten.

(2) Ausbildungsförderung wird nur für die Teilnahme an Lehrgängen geleistet, die nach § 12 des Fernunterrichtsschutzgesetzes zugelassen sind oder, ohne unter die Bestimmungen des Fernunterrichtsschutzgesetzes zu fallen, von einem öffentlich-rechtlichen Träger veranstaltet werden.

(3) [1]Ausbildungsförderung wird nur geleistet, wenn

1. der Auszubildende in den sechs Monaten vor Beginn des Bewilligungszeitraumes erfolgreich an dem Lehrgang teilgenommen hat und er die Vorbereitung auf den Ausbildungsabschluss in längstens zwölf Monaten beenden kann,
2. die Teilnahme an dem Lehrgang die Arbeitskraft des Auszubildenden voll in Anspruch nimmt und diese Zeit zumindest drei aufeinanderfolgende Kalendermonate dauert.

[2]Das ist durch eine Bescheinigung des Fernlehrinstituts nachzuweisen.

(4) [1]Die zuständige Landesbehörde entscheidet, den Auszubildenden welcher Ausbildungsstättenart die Teilnehmer an dem jeweiligen Fernunterrichtslehrgang gleichzustellen sind. [2]Auszubildende, die an Lehrgängen teilnehmen, die

1. auf den Hauptschulabschluss vorbereiten, werden nach Vollendung des 17. Lebensjahres den Schülern von Abendhauptschulen,
2. auf den Realschulabschluss vorbereiten, werden nach Vollendung des 18. Lebensjahres den Schülern von Abendrealschulen,
3. auf die Fachhochschulreife vorbereiten, werden nach Vollendung des 19. Lebensjahres den Schülern von Fachoberschulklassen, deren Besuch eine abgeschlossene Berufsausbildung voraussetzt,
4. auf die allgemeine oder eine fachgebundene Hochschulreife vorbereiten, werden nach Vollendung des 21. Lebensjahres den Schülern von Abendgymnasien

gleichgestellt.

(5) § 2 Absatz 4 und 6 ist entsprechend anzuwenden.

Allgemeine Verwaltungsvorschrift

Zu Absatz 1

3.1.1 § 3 ist nur auf die Teilnahme an Lehrgängen anzuwenden, die nicht als Besuch von Ausbildungsstätten im Sinne des § 2 anzusehen ist. Ein Fernstudium, für das der Auszubildende an einer Hochschule immatrikuliert ist (z. B. Fernuniversität Hagen), ist ein Fernunterrichtslehrgang, fällt aber nicht unter § 3. Vgl. auch Tz 4.0.4.

3.1.2 Fernunterricht ist die Vermittlung von Kenntnissen und Fertigkeiten

- auf vertraglicher Grundlage,
- gegen Entgelt,
- die ausschließlich oder überwiegend über eine räumliche Trennung erfolgt,
- bei der der Lehrende oder die von ihm beauftragte Person den Lernerfolg überwachen.

Die Voraussetzungen müssen kumulativ vorliegen.

Im Falle ausdrücklicher Festlegung kann der Fernunterricht unentgeltlich erteilt werden.

3.1.3 Daß der Fernunterrichtslehrgang unter denselben Zugangsvoraussetzungen auf denselben Abschluß wie eine der in § 2 Abs. 1 bezeichneten oder nach § 2 Abs. 3 bestimmten Ausbildungsstätten vorbereitet, ist anzunehmen, wenn die in den Ausbildungsbestimmungen des Bundes oder eines der Länder festgesetzten Anforderungen erfüllt sind.

3.1.4 Ob die Voraussetzungen nach Absatz 1 vorliegen entscheidet die zuständige Landesbehörde zusammen mit der nach Absatz 4 zu treffenden Entscheidung.

3.1.5 Teilnehmer an Fernlehrgängen, die den in § 2 Abs. 1 Nr. 1 genannten Auszubildenden gleichzustellen sind, werden gefördert, wenn sie außerhalb des Elternhauses untergebracht sind. § 2 Abs. 1a findet keine Anwendung.

Zu Absatz 2

3.2.1 Für die Teilnahme an Lehrgängen, die nach Maßgabe des § 14 Abs. 3 FernUSG fortgeführt werden, ist Ausbildungsförderung auch dann zu leisten, wenn die Zulassung innerhalb der sechs Monate vor Beginn des Bewilligungszeitraums oder im Laufe des Bewilligungszeitraums erloschen, widerrufen oder zurückgenommen worden ist.

Zu Absatz 3

3.3.1 Erfolgreich hat ein Auszubildender dann an dem Lehrgang teilgenommen, wenn seine nachgewiesenen Leistungen erwarten lassen, daß er das angestrebte Ausbildungsziel erreicht.

3.3.2 Ob der Auszubildende die Vorbereitung auf den Ausbildungsabschluß in längstens 12 Monaten beenden kann, ist nach seinem Leistungsstand und der Anlage des Lehrgangs zu beurteilen.

3.3.3 Ausbildungsförderung wird nur geleistet, wenn die in Absatz 3 Nr. 1 und 2 bezeichneten Voraussetzungen gleichzeitig vorliegen.

3.3.4 Ausbildungsförderung wird nur geleistet, solange die Arbeitskraft des Auszubildenden voll in Anspruch genommen wird. Tz 2.5.2 bis 2.5.6 sind anzuwenden. Die Gesamtdauer der Förderung beträgt höchstens 12 Kalendermonate.

3.3.5 Das Amt erkennt die Bescheinigung nach Absatz 3 nur an, wenn sie von dem hauptberuflichen Mitarbeiter des Fernlehrinstituts, der den Lehrgang pädagogisch betreut, unterschrieben ist.

3.3.6 Das Amt soll die zuständige Landesbehörde unterrichten, wenn es Zweifel an der Richtigkeit der Bescheinigung eines Fernlehrinstituts hat.

Zu Absatz 4

3.4.1 Für die Gleichstellung der Teilnehmer an einem Lehrgang mit den Auszubildenden an einer Art von Ausbildungsstätten ist von den Tz 2.1.4 bis 2.1.19 auszugehen. Die schulrechtlichen Bestimmungen des Landes, in dessen Gebiet das Fernlehrinstitut seinen Hauptsitz für den Geltungsbereich des Gesetzes hat, sind ggf. ergänzend heranzuziehen.

Erläuterungen

1. Zeiten eines vorangegangenen Teilzeitstudiums können in der Regel in der Weise umgerechnet werden, dass zwei Semestern Teilzeitstudium ein Semester Vollzeitstudium entspricht.
   BVerwG FamRZ 1994, 331; ebenso VGH Hessen FamRZ 88, 1324
2. Ist ein Auszubildender an zwei örtlich getrennten Hochschulen eingeschrieben, liegt kein Fernstudium i. S. d. § 3 BAföG vor.
   OVG Rheinland-Pfalz FamRZ 1982, 433
3. Die Förderungsvoraussetzungen für den Besuch von Fernstudiengängen im In- und Ausland sind in einem Protokoll der OBLBAfö vom 25./26.11.2014 sehr ausführlich beschrieben. Regelungen – auch über die Zuständigkeit von In- oder Auslandsamt – wurden insbesondere für folgende Konstellationen getroffen:
   a. Förderung eines Fernstudiums bei Inlandswohnsitz
      aa) Teilnahme am inländischen Fernstudiengang bei Inlandswohnsitz
      bb) Teilnahme an einem ausländischen Fernstudiengang bei Inlandswohnsitz
   b. Förderung eines Fernstudiums bei Auslandswohnsitz
      aa) Teilnahme am inländischen Fernstudiengang bei Wohnsitz in der EU (oder Schweiz)
      bb) Teilnahme an einem ausländischen Fernstudiengang bei Wohnsitz in der EU (oder Schweiz)
      cc) Teilnahme an einem in- oder ausländischen Fernstudiengang bei Wohnsitz außerhalb der EU
      Rundschreiben des BMBF an die Landesministerien vom 16.01.2015

§ 4 Ausbildung im Inland

Ausbildungsförderung wird vorbehaltlich der §§ 5 und 6 für die Ausbildung im Inland geleistet.

Allgemeine Verwaltungsvorschrift

4.0.1 (weggefallen)

4.0.2 Eine Ausbildung findet im Inland statt, wenn die besuchte Ausbildungsstätte im Inland liegt. Auf den ständigen Wohnsitz der auszubildenden Person kommt es nicht an.

4.0.3 (Aufgehoben)

4.0.4 Ein Auszubildender nimmt an Fernunterrichtslehrgängen im Inland nur dann teil, wenn das Fernlehrinstitut seinen Sitz und der Auszubildende seinen ständigen Wohnsitz in diesem Gebiet haben.

4.0.5 Die Inlandsausbildung im Rahmen einer Auslandsausbildung ist grundsätzlich förderungsfähig zu Inlandsbedarfssätzen. Dies gilt jedoch nur, wenn die Inlandsausbildung auf die Auslandsausbildung angerechnet wird.

4.0.6 Für Abschlussarbeiten, die ohne Immatrikulation an einer ausländischen Hochschule und ohne Einbindung in den ausländischen Studienbetrieb geschrieben werden, kann Inlandsförderung bei fortbestehender Immatrikulation und Betreuung im Inland gewährt werden. Bei Studien- und Projektarbeiten gilt dies nur dann, wenn sie in der vorlesungsfreien Zeit im Ausland angefertigt werden. Siehe auch Tz 5.2.4.

§ 5 Ausbildung im Ausland

(1) Der ständige Wohnsitz im Sinne dieses Gesetzes ist an dem Ort begründet, der nicht nur vorübergehend Mittelpunkt der Lebensbeziehungen ist, ohne dass es auf den Willen zur ständigen Niederlassung ankommt; wer sich lediglich zum Zwecke der Ausbildung an einem Ort aufhält, hat dort nicht seinen ständigen Wohnsitz begründet.

(2) [1]Auszubildenden, die ihren ständigen Wohnsitz im Inland haben, wird Ausbildungsförderung geleistet für den Besuch einer im Ausland gelegenen Ausbildungsstätte, wenn

1. er der Ausbildung nach dem Ausbildungsstand förderlich ist und außer bei Schulen mit gymnasialer Oberstufe und bei Fachoberschulen zumindest ein Teil dieser Ausbildung auf die vorgeschriebene oder übliche Ausbildungszeit angerechnet werden kann oder
2. im Rahmen der grenzüberschreitenden Zusammenarbeit einer deutschen und mindestens einer ausländischen Ausbildungsstätte die aufeinander aufbauenden Lehrveranstaltungen einer einheitlichen Ausbildung abwechselnd von den beteiligten deutschen und ausländischen Ausbildungsstätten angeboten werden oder
3. eine Ausbildung an einer Ausbildungsstätte in einem Mitgliedstaat der Europäischen Union oder in der Schweiz aufgenommen oder fortgesetzt wird oder
4. die Ausbildung nach einer der Regelstudienzeit nach § 10 Absatz 2 des Hochschulrahmengesetzes vergleichbaren Festsetzung regelmäßig innerhalb eines Jahres abgeschlossen werden kann.

[2]Die Ausbildung muss mindestens sechs Monate oder ein Semester dauern; findet sie im Rahmen einer mit der besuchten Ausbildungsstätte vereinbarten Kooperation statt, muss sie mindestens zwölf Wochen dauern. [3]Satz 2 gilt nicht für die in § 8 Absatz 1 Nummer 1 bis 5 bezeichneten Auszubildenden beim Besuch einer Ausbildungsstätte in Mitgliedstaaten der Europäischen Union, sofern eine vergleichbare Ausbildung im Inland förderungsfähig wäre. [4]Satz 1 ist auf die in § 8 Absatz 1 Nummer 1 bis 5 bezeichneten Auszubildenden auch dann anzuwenden, wenn sie ihren ständigen Wohnsitz nicht im Inland haben, aber nach den besonderen Umständen des Einzelfalls ihre hinreichende Verbundenheit zum Inland anderweitig nachweisen. [5]Satz 1 Nummer 3 gilt für die in § 8 Absatz 1 Nummer 6 und 7, Absatz 2 und 3 bezeichneten Auszubildenden nur, wenn sie die Zugangsvoraussetzungen für die geförderte Ausbildung im Inland erworben haben oder eine Aufenthaltserlaubnis nach § 25 Absatz 1 und 2 des Aufenthaltsgesetzes besitzen.

(3) (weggefallen)

(4) [1]Absatz 2 Nummer 1 und 2 gilt nur für den Besuch von Ausbildungsstätten, der dem Besuch von folgenden im Inland gelegenen Ausbildungsstätten nach § 2 gleichwertig ist:

1. Schulen mit gymnasialer Oberstufe ab Klasse 11,
2. Schulen mit gymnasialer Oberstufe ab Klasse 10, soweit die Hochschulzugangsberechtigung nach 12 Schuljahren erworben werden kann,
3. Berufsfachschulen,
4. Fach- und Fachoberschulklassen,
5. Höheren Fachschulen, Akademien oder Hochschulen;

Absatz 2 Nummer 3 gilt nur für den Besuch von Ausbildungsstätten, der dem Besuch der Ausbildungsstätten in den Nummern 3 bis 5 gleichwertig ist, wobei die Fachoberschulklassen ausgenommen sind. [2]Die Prüfung der Gleichwertigkeit erfolgt von Amts wegen im Rahmen des Bewilligungsverfahrens.

(5) [1]Wird im Zusammenhang mit dem Besuch einer im Inland gelegenen Berufsfachschule, einer Fachschulklasse, einer Höheren Fachschule, Akademie oder Hochschule oder mit dem nach Absatz 2 Satz 1 Nummer 3 geförderten Besuch einer in einem Mitgliedstaat der Europäischen Union gelegenen vergleichbaren Ausbildungsstätte ein Praktikum gefordert, so wird für die Teilnahme an einem Praktikum im Ausland Ausbildungsförderung nur geleistet, wenn die Ausbildungsstätte oder die zuständige Prüfungsstelle anerkennt, dass diese fachpraktische Ausbildung den Anforderungen der Prüfungsordnung an die Praktikantenstelle genügt. [2]Das Praktikum im Ausland muss der Ausbildung nach dem Ausbildungsstand förderlich sein und mindestens zwölf Wochen dauern. [3]Satz 2 gilt nicht für die in § 8 Absatz 1 Nummer 1 bis 5 bezeichneten Auszubildenden bei einem Praktikum in Mitgliedstaaten der Europäischen Union, sofern ein vergleichbares Praktikum im Inland förderungsfähig wäre.

Allgemeine Verwaltungsvorschrift

Zu Absatz 1

5.1.1 Für die Ermittlung des ständigen Wohnsitzes ist allein auf den Gesetzeswortlaut abzustellen. Ein Wohnsitz im Sinne der Meldegesetze der Länder ist lediglich Anhaltspunkt, reicht aber für sich allein für die Feststellung des ständigen Wohnsitzes nicht aus.

Auszubildende, die sich ausschließlich zum Zweck der Ausbildung in einem ausländischen Staat aufhalten, haben weiterhin ihren ständigen Wohnsitz im Inland.

Haben deutsche Auszubildende keinen ständigen Wohnsitz im Inland, kommt Ausbildungsförderung ausschließlich unter den Maßgaben des § 6 in Betracht.

5.1.2 (Aufgehoben)

5.1.3 (Aufgehoben)

Zu Absatz 2

5.2.1 Absatz 2 Satz 2 enthält nur insoweit eine Einschränkung der Förderung des Besuches einer Berufsfachschule oder einer Fachschule im Ausland, als es sich um eine Förderung nach Absatz 2 Satz 1 Nummer 1 handelt; die Förderung nach Absatz 2 Satz 1 Nummer 3 für Ausbildungen, die vollständig innerhalb der EU oder in der Schweiz durchgeführt werden, bleibt hiervon unberührt.

5.2.2 (weggefallen)

5.2.3 (Aufgehoben)

5.2.4 Liegen die Voraussetzungen für die Leistung von Ausbildungsförderung nach Absatz 2 nicht vor, wird Ausbildungsförderung auch dann nicht geleistet, wenn die auszubildende Person für eine Ausbildung im Ausland nur den Bedarf für eine Ausbildung im Inland in Anspruch nehmen will.

Abweichend kann für höchstens zwölf Monate Inlandsförderung gewährt werden, wenn Auszubildende

a) zum Zweck der Anfertigung einer für die Erlangung des Ausbildungsziels bestimmten Abschlussarbeit (z.B. Diplom-, Bachelor- oder Masterarbeit) eine Bildungseinrichtung oder einen Betrieb im Ausland besuchen,

b) die Immatrikulation weiterhin ausschließlich im Inland erfolgt und

c) das Vorhaben in das weiterhin förderungsfähige Inlandsstudium eingebunden ist (vgl. zur Zuständigkeit Tz 45.4.4).

Hinsichtlich des Besuches der Ausbildungsstätte oder der Teilnahme an einem Betriebspraktikum gilt Tz 9.2.2.

Studien- und Projektarbeiten für ein Inlandsstudium, die in der vorlesungsfreien Zeit im Ausland angefertigt werden, stehen der nach § 15 Abs. 2 durchgängigen

Förderung des Inlandsstudiums nicht entgegen, wenn sie nicht ihrerseits unter den Voraussetzungen des § 5 einen Anspruch auf Auslandsförderung begründen.

Zu Nummer 1

5.2.5 Nach dem Ausbildungsstand förderlich ist eine Ausbildung, wenn die auszubildende Person die Grundkenntnisse in der gewählten Fachrichtung während einer zumindest einjährigen Ausbildung im Inland oder bei befristeten Drittstaatsaufenthalten nach Absatz 2 Nummer 1 im Rahmen einer Ausbildung im Ausland nach Absatz 2 Nummer 3 zuvor im EU-Ausland oder der Schweiz bereits erlangt hat, wobei diese einjährige Ausbildung auch in Teilzeit absolviert worden sein kann.

Förderlich ist eine Ausbildung im Ausland auch, wenn

- diese für einen früheren Zeitpunkt in den Ausbildungsbestimmungen vorgeschrieben ist oder
- die entsendende Hochschule die Förderlichkeit besonders bestätigt.

5.2.6 Erfolgt der Besuch der ausländischen Ausbildungsstätte unmittelbar nach dem Realschulabschluss, ist die Förderlichkeit im Sinne des Absatzes 2 Satz 1 Nummer 1 gegeben, wenn von einer Schule mit gymnasialer Oberstufe oder einer Fachoberschule bestätigt wird, dass die auszubildende Person dort nach Rückkehr aus dem Ausland aufgenommen werden kann.

5.2.7 Wird nach dem Abschluss eines Bachelorstudienganges ein Masterstudium in einem Land außerhalb der Europäischen Union oder der Schweiz aufgenommen, das im Inland, der Europäischen Union oder der Schweiz abgeschlossen werden soll, ist die Förderlichkeit im Sinne des Absatzes 2 Satz 1 Nummer 1 gegeben, wenn ein Jahr des Bachelorstudienganges im Inland oder in einem Mitgliedsstaat der Europäischen Union oder in der Schweiz absolviert wurde.

5.2.8 Liegt in den Fällen des Absatzes 2 Satz 1 Nummer 1 und 3 bis zum Beginn der Auslandsausbildung keine Immatrikulationsbescheinigung entsprechend Tz 9.2.2 vor, kann Ausbildungsförderung bewilligt werden, wenn eine konkrete Ausbildungsplatzzusage vorgelegt wird.

Es ist darauf hinzuweisen, dass der Bewilligungsbescheid aufgehoben werden kann, wenn die Immatrikulationsbescheinigung nicht innerhalb von drei Monaten nach Beginn der Auslandsausbildung vorgelegt wird.

5.2.9 Es ist grundsätzlich davon auszugehen, dass ein Teil der Ausbildung auf die vorgeschriebene oder übliche Ausbildungszeit angerechnet werden kann.

5.2.9a Die Mindestdauer nach Satz 3 ist auch erfüllt, wenn statt Semester Quarters vorgesehen sind und der Aufenthalt mindestens zwei Quarters dauert oder wenn ein Trimester entsprechend der Ausbildungstaktung vor Ort absolviert wird, sofern die tatsächlichen Vorlesungszeiten der Dauer der inländischen Vorlesungszeiten eines Semesters im Wesentlichen entsprechen.

Als Semester gelten auch Schulhalbjahre bei schulischen Ausbildungen.

Zu Nummer 2

5.2.9b
bis
5.2.15 (weggefallen)

5.2.16 Bei integrierten Studiengängen erfolgt eine Förderung unabhängig davon, ob die Ausbildung an der deutschen oder der ausländischen Ausbildungsstätte begonnen oder fortgesetzt wird.

5.2.17 Bei integrierten Bachelor-/Masterstudiengangkombinationen ist die Förderung des Bachelorstudiengangs bis zum Abschluss im Ausland möglich, wenn der Masterstudiengang im Inland durchgeführt wird. Dem Bachelorstudiengang steht der Baccalaureusstudiengang, dem Masterstudiengang der Magisterstudiengang oder der postgraduale Diplomstudiengang gleich.

Zu Nummer 3

5.2.18 Ausbildungsförderung wird auch für den Besuch von Ausbildungsstätten in mehreren EU- Mitgliedstaaten oder der Schweiz bis zum berufsqualifizierenden Abschluss in einem EU- Mitgliedstaat, in der Schweiz oder in Deutschland geleistet.

5.2.19 (Aufgehoben)

5.2.20 Die Auslandsausbildung wird regelmäßig zunächst nach § 5 Abs. 2 Nr. 1 gefördert. Ein Wechsel in § 5 Abs. 2 Nr. 3 erfolgt, wenn der Auszubildende von einem Mitgliedstaat der Europäischen Union in einen anderen wechselt oder seine Ausbildung ohne die Gründe des § 16 Abs. 2 länger als ein Jahr oder ansonsten länger als die nach § 16 Abs. 2 gewährte Zeit in einem Mitgliedstaat der Europäischen Union fortsetzt.

5.2.21 Wechselt ein Auszubildender aus einem Mitgliedstaat der Europäischen Union für einen begrenzten Zeitraum in ein Land außerhalb der Europäischen Union, so ist davon auszugehen, dass er von Beginn seines ersten Auslandsaufenthaltes an nach § 5 Abs. 2 Nr. 3 gefördert wurde.

5.2.22 Eine Kooperationsvereinbarung ist nur dann anzuerkennen, wenn sie in schriftlicher Form geschlossen oder im Rahmen einer mehrjährigen Praxis umgesetzt wurde. Absprachen zwischen einzelnen Beschäftigten der Ausbildungsstätten, die nicht von der jeweiligen Ausbildungsstätte legitimiert wurden, stellen keine Kooperationsvereinbarung dar.

Zu Absatz 3

5.3.1 (Aufgehoben)

5.3.2
bis
5.3.12 (weggefallen)

Zu Absatz 4

5.4.1 Der Besuch einer Ausbildungsstätte ist gleichwertig, wenn er unter entsprechenden Zugangsvoraussetzungen und bei vergleichbarer Qualität der vermittelten Ausbildung zu einem Ausbildungsabschluss führt, der einem durch den Besuch der im Inland gelegenen Ausbildungsstätte erzielten Abschluss gleichwertig ist.

Für den Vergleich zur Beurteilung der Gleichwertigkeit des Besuchs der ausländischen Ausbildungsstätte sind dabei nicht der konkrete Ausbildungsgang oder einzelne besuchte Lehrveranstaltungen maßgeblich, sondern die Art der Ausbildungsstätte (institutionelle Gleichwertigkeit). Die Art der ausländischen Ausbildungsstätte muss einer der in § 2 genannten Ausbildungsstätten zugeordnet werden können. Maßgeblich für diese Zuordnung sind Art und Inhalt der Ausbildung (§ 2 Abs. 1 Satz 3). Damit kann im Rahmen der Studierendenförderung ein Förderungsanspruch beispielsweise auch bestehen, wenn an der ausländischen Hochschule Kurse in einem Bachelor-Studiengang belegt werden, die der inländischen Hochschulausbildung in einem Masterstudiengang förderlich sind und zumindest teilweise auf die vorgeschriebene oder übliche Ausbildungszeit des inländischen Masterstudiengangs angerechnet werden können (vgl. § 5 Abs. 2 Satz 1 Nr. 1).

Wurde z.B. im Bereich der Schülerförderung die Gleichwertigkeit des Besuchs einer ausländischen Ausbildungsstätte festgestellt, kommt es nicht mehr darauf an, ob die Ausbildung in Deutschland auf demselben Niveau durchgeführt wird (z.B. Lehrerausbildung an einer Fachschule) und der Ausbildungsabschluss in Deutschland anerkannt werden kann bzw. die Ausbildung zu einer Berufsbefähigung in Deutschland führt.

5.4.2 Maßstab für die Gleichwertigkeit sind die Definitionen der Ausbildungsstättenarten in Tz 2.1.6 bis 2.1.8, 2.1.14 und 2.1.16 bis 2.1.19. Besonderheiten der landesrechtlichen Bestimmungen des Landes, in dem das zuständige Amt seinen Sitz hat, bleiben außer Betracht.

5.4.3 Der Besuch der Ausbildungsstätte gilt grundsätzlich als gleichwertig, wenn die Ausbildung in ein Stipendien- oder Austauschprogramm des DAAD oder ein anderes, vom zuständigen Bundesministerium im Einvernehmen mit den zuständigen Landesministern als besonders förderungswürdig anerkanntes Stipendienprogramm einbezogen ist. Dies gilt nicht für Sprachausbildungen.

5.4.4 (weggefallen)

5.4.5 Soweit das zuständige Amt nicht in der Lage ist, die Entscheidung aus eigener Sachkenntnis zu treffen, kann es die Auskunft der Zentralstelle für das ausländische Bildungswesen bei der Ständigen Konferenz der Kultusminister oder des DAAD einschließlich seiner Zweigstellen einholen.

5.4.6 Ausbildungsförderung für den Besuch von Ausbildungsstätten, die Abendgymnasien und Kollegs gleichwertig sind, kann nach Absatz 2 nicht geleistet werden.

5.4.7 Bei einer Ausbildung im Ausland nach Absatz 2 i. V. m. Absatz 4 Nummer 1 oder Nummer 2 entfällt eine Prüfung der Voraussetzungen des § 2 Abs. 1a.

Zu Absatz 5

5.5.1 Ein Auslandspraktikum kann nach Absatz 5 nur gefördert werden, wenn die Voraussetzungen des § 2 Abs. 4 erfüllt sind. Tz 5.2.5 ist anzuwenden. Vorpraktika im Ausland sind nicht förderlich und können daher nicht gefördert werden.

5.5.2 Über die Förderung kann erst nach Vorlage der Anerkennungsbescheinigung nach § 5 Abs. 5 entschieden werden.

5.5.3 (Aufgehoben)

5.5.4 (Aufgehoben)

Erläuterungen

1. Ein Auslandsstudium kann in begründeten Fällen der Ausbildung „nach dem Ausbildungsstand förderlich" sein, wenn der Auszubildende die Grundkenntnisse in der gewählten Fachrichtung schon während einer einsemestrigen Ausbildung in der Bundesrepublik erlangt hat.
   HessVGH FamRZ 1992, 866

2. Ein Förderungsanspruch nach § 5 Abs. 2 S. 1 BAföG setzt voraus, dass die gesamte Ausbildung eine Inlandsausbildung darstellt. Maßgeblich für die Beurteilung des Vorliegens einer solchen inländischen Ausbildung ist die objektiv durchführbare Ausbildungsplanung des Auszubildenden in dem Zeitraum, für den die Förderung der Ausbildung im Ausland begehrt wird.
   OVG Münster FamRZ 1996, 830

3. Ein Semester i. S. von § 5 Abs. 2 S. 3 kann auch ein Trimester sein, wenn das akademische Jahr in Trimester gegliedert ist und in diesem Zeitraum eine sinnvolle Teilausbildung betrieben werden kann.
   OVG Bremen FamRZ 2012, 748.
   Vgl. aber Tz 5.2.9a, wonach das Trimester dem Lerninhalt nach einem Semester entsprechen muss.

4. Die Art. 20 AEUV und 21 AEUV sind dahin auszulegen, dass sie einer mitgliedstaatlichen Regelung entgegenstehen, nach der die Gewährung einer Förderung für eine Ausbildung in einem anderen Mitgliedstaat grundsätzlich von der alleinigen Voraussetzung, dass im Inland vor Beginn dieser Ausbildung für eine Dauer von mindestens drei Jahren ein ständiger Wohnsitz im Sinne dieser Regelung begründet worden ist, abhängt.
   EuGH, NJW 2014, 1077

   Aufgrund dieser Rechtsprechung wurden mit dem 25. BAföGÄndG die §§ 5 Abs. 2 Satz 3 und 16 Abs. 3 BAföG geändert; als weiteres Kriterium neben dem Wohnsitz im Inland wurde in § 5 Abs. 2 Satz 3 BAföG die „hinreichende Verbundenheit zum Inland" eingefügt. Diese ist nach einem Erlass des BMBF vom 20.11.2013 immer dann anzunehmen, wenn

   a) die Zugangsberechtigung für die zu fördernde Ausbildung oder ein beruflicher Abschluss im Inland erworben wurde **oder**

   b) mindestens 4 Jahre der Schulzeit im Inland verbracht wurden **oder**

   c) in den letzten 10 Jahren für eine ununterbrochene Dauer von mindestens 2 Jahren ein ständiger Wohnsitz im Inland vorgelegen hat **oder**

   d) durch ihn oder wenigstens durch einen unterhaltsverpflichteten Elternteil bzw. Ehegatten oder Lebenspartner der auszubildenden Person für die Dauer von mindestens 3 der letzten 6 Jahre im Inland eine Erwerbstätigkeit ausgeübt wurde.

5. Ein minderjähriger Auszubildender teilt regelmäßig den ständigen Wohnsitz der sorgeberechtigten Eltern oder des allein personensorgeberechtigten Elternteils, sofern nicht für das Kind ein anderweitiger ständiger Wohnsitz begründet worden ist.
   OVG Lüneburg, DÖV 2014, 47

6. Nach § 7 Abs. 1a Satz 1 Nr. 1 2. Alternative BAföG kann ein Masterstudiengang oder vergleichbarer Studiengang in einem Mitgliedstaat der Europäischen Union auch dann gefördert werden, wenn er auf einem noch nicht abgeschlossenen einstufigen Inlandsstudium aufbaut, das von der aufnehmenden Hochschule als einem Bachelorabschluss entsprechend anerkannt wird. Es muss sich hierbei um einen einstufigen Diplom-, Magister- oder Staatsexamensstudiengang im Inland handeln.
   OVG Rheinland-Pfalz, NVwZ-RR 2014, 230

7. Die Gleichwertigkeit des Besuchs der ausländischen Ausbildungsstätte (§ 5 Abs. 4 Satz 1 BAföG) ist nicht auf den konkreten Studiengang oder einzelne besuchte Lehrveranstaltungen bezogen, sondern auf die Art der Ausbildungsstätte, an der die Ausbildung stattfindet (institutionelle Gleichwertigkeit). Ein Förderungsanspruch kann danach auch bestehen, wenn an der ausländischen Hochschule zwar Kurse in einem Bachelorstudiengang belegt werden, diese Ausbildung aber für die inländische Hochschulausbildung in einem Masterstudiengang förderlich ist und zumindest teilweise auf die vorgeschriebene oder übliche Ausbildungszeit im Inland angerechnet werden kann.
   BVerwGE 143, 314-325

8. Eine besondere Förderlichkeit eines Praktikums liegt auch nicht vor, wenn sich ein vergleichbarer Nutzen für die Ausbildung auch bei einem Praktikum in Deutschland oder im europäischen Ausland erzielen lässt.
   BVerwG FamRZ 1998, 1143

9. Eine im Ausland gelegene Ausbildungsstätte im Sinne von § 5 Abs. 2 Satz 1 BAföG liegt nur vor, wenn die vermittelte Ausbildung dieser Einrichtung förderungsrechtlich zuzurechnen ist, sodass diese sich insoweit als selbstständig erweist, was anhand einer materiellen, auf die Ausbildungsinhalte bezogenen Betrachtungsweise festzustellen ist.
   BVerwG, Urteil vom 17.10.2018, 5 C 8.17, www.bverwg.de/rechtsprechung

10. Für die Annahme des „Besuchs" einer Ausbildungsstätte im Sinne von § 5 Abs. 2 BAföG ist es unerheblich, dass dieser in der Ableistung eines Forschungspraktikums besteht, da aktive Forschung essentieller Bestandteil eines Hochschulstudiums ist.
    BayVGH, Beschluss vom 1. Februar 2017 – 12 ZB 16.1581 –, juris; VG Mainz, Urteil vom 27. Juli 2017 – 1 K 1244/16.MZ –, juris

11. Die organisationsrechtliche Zuordnung zu einer ausländischen Ausbildungsstätte kann im Einzelfall auch bei einer Einschreibung als „graduate/visiting student" bzw. „exchange scholar" angenommen werden, solange der Auszubildende einheimischen Studierenden seines Ausbildungsstands im Wesentlichen gleichgestellt ist und sein Besuch ansonsten nur zeitlich beschränkt ist.
    VG Hamburg, Urteil vom 04. Mai 2017 – 2 K 1667/16 –, juris; VG Mainz, Urteil vom 27. Juli 2017 – 1 K 1244/16.MZ –, juris

12. Die auf den Besuch der jeweiligen Ausbildungsstätte bezogene Mindestaufenthaltsdauer des § 5 Abs. 2 Satz 3 Halbs. 1 BAföG ist mit dem unionsrechtlichen Freizügigkeitsrecht nicht vereinbar und findet auf den Besuch von Ausbildungsstätten in Mitgliedstaaten der Europäischen Union keine Anwendung.
    BVerwG, Urteil vom 17. Juli 2019 – 5 C 8/18 –, BVerwGE 166, 180-188

    Die Entscheidung wurde durch Aufnahme entsprechender Regelungen in das Gesetz (§ 5 Abs. 2 S. 3 und § 5 Abs. 5 S. 3) mit Inkrafttreten des 27. BAföGÄndG umgesetzt. Außerdem regelte der Bund in Anlehnung an die Entscheidung, dass § 5 Abs. 2 S. 1 Nr. 2 BAföG nicht zwingend eine an der einheitlichen Ausbildung beteiligte deutsche Ausbildungsstätte voraussetzt, sondern statt dieser auch eine Ausbildungsstätte aus einem anderen EU-Mitgliedstaat an der Zusammenarbeit mit der (anderen) ausländischen Ausbildungsstätte beteiligt sein kann.
    Erlass des BMBF vom 30.05.2022

13. Eine im Ausland gelegene Ausbildungsstätte im Sinne von § 5 Abs. 2 Satz 1 BAföG liegt nur vor, wenn die vermittelte Ausbildung dieser Einrichtung förderungsrechtlich zuzurechnen ist, sodass diese sich insoweit als selbstständig erweist, was anhand einer materiellen, auf die Ausbildungsinhalte bezogenen Betrachtungsweise festzustellen ist.
    BVerwGE 163, 252-256

Den Umgang mit dieser Entscheidung hat der Bund in Bezug auf den Umgang mit allen Niederlassungen und nicht hochschulischen Kooperationspartnern von Hochschulen im In- und Ausland im Rahmen eines Erlasses geregelt.
Erlass des BMBF vom 03.06.2020

§ 5a Unberücksichtigte Ausbildungszeiten

[1]Bei der Leistung von Ausbildungsförderung für eine Ausbildung im Inland bleibt die Zeit einer Ausbildung, die der Auszubildende im Ausland durchgeführt hat, längstens jedoch bis zu einem Jahr, unberücksichtigt. [2]Wenn während einer Ausbildung, die im Inland begonnen wurde und nach § 5 Absatz 2 Nummer 1 im Ausland fortgesetzt wird, die Förderungshöchstdauer oder die Förderungsdauer nach § 15 Absatz 3 oder 4 erreicht würde, verlängert sich diese um die im Ausland verbrachte Ausbildungszeit, höchstens jedoch um ein Jahr. [3]Insgesamt bleibt nach den Sätzen 1 und 2 höchstens ein Jahr unberücksichtigt; dies gilt auch bei mehrfachem Wechsel zwischen In- und Ausland. [4]Die Sätze 1 und 2 gelten nicht, wenn der Auslandsaufenthalt in Ausbildungsbestimmungen als ein notwendig im Ausland durchzuführender Teil der Ausbildung vorgeschrieben ist.

Allgemeine Verwaltungsvorschrift

5a.0.1 Ob der Auslandsaufenthalt als ein notwendig im Ausland durchzuführender Teil der Ausbildung im Sinne des Satzes 4 vorgeschrieben ist, ist unter Berücksichtigung der Ausbildungsbestimmungen der inländischen Hochschule zu ermitteln. Nicht als ein notwendig im Ausland durchzuführender Teil der Ausbildung gilt ein Auslandsaufenthalt, wenn die Ausbildungsbestimmungen der inländischen Hochschule zu einem Zwei- oder Mehrfächerstudiengang die Ausbildung in nur einem der Fächer als notwendig im Ausland durchzuführen festlegen.

5a.0.1a § 5a findet keine Anwendung auf Auslandsaufenthalte, die nach Tz 5.2.4 mit Inlandsförderung gefördert werden.

5a.0.2 Eine positive oder negative Entscheidung eines Antrags auf Ausbildungsförderung für eine Auslandsausbildung hat keine Bindungswirkung im Sinne des § 50 Abs. 1 Satz 4 für die Förderung einer anschließenden Ausbildung im Inland. § 5a geht als Spezialnorm der Regelung in § 50 Abs. 1 Satz 4 vor.

Während einer anschließenden Ausbildung im Inland bleibt das erste Jahr der Ausbildung im Ausland unberücksichtigt

a) bei der Zählung der Fachsemester für die Vorlage der Eignungsnachweise nach § 48 sowie für die Festsetzung des Endes der Förderungshöchstdauer,

b) bei der Prüfung, ob die auszubildende Person die Fachrichtung gewechselt oder die Ausbildung abgebrochen hat.

5a.0.3 Die Förderungshöchstdauer bzw. das Ende der Förderungszeit nach § 15 Abs. 3 verschiebt sich immer um die Ausbildungszeit(en) im Ausland, wenn der (die) Auslandsaufenthalt(e) innerhalb der Förderungshöchstdauer bzw. vor dem Ende der Förderungszeit nach § 15 Abs. 3 begonnen wurde(n). Die auszubildende Person kann die Verschiebung im In- und/oder Ausland in Anspruch nehmen. Die Verschiebung entspricht aber in jedem Fall insgesamt nur der (Gesamt-) Dauer der Ausbildungsaufenthalte im Ausland und ist zudem innerhalb desselben Ausbildungsabschnitts auf ein Jahr begrenzt.

5a.0.4 Satz 1 und 2 finden nur auf Aufenthalte im Ausland Anwendung, in denen eine Ausbildungsstätte der in § 5 Abs. 4 bezeichneten Art besucht wird. Für den Besuch einer Praktikumsstelle gilt ausschließlich die Regelung des Satzes 1. Tz 5a.0.1 und § 5a Satz 4 sind zu beachten.

5a.0.5 Tz 5a.0.2 gilt unabhängig davon, ob die auszubildende Person in der Zeit der Ausbildung im Ausland gefördert worden ist oder nicht.

5a.0.6 (Aufgehoben)

5a.0.7 Während eines Ausbildungsabschnitts kann die Vergünstigung des § 5a nur einmal in Anspruch genommen werden. Dies gilt auch, wenn sich der Zeitraum von bis zu einem Jahr aus mehreren Auslandsaufenthalten zusammensetzt.

5a.0.8 Zur Förderungsart vgl. Tz 17.1.1.

5a.0.9 (weggefallen)

Erläuterungen

1. Für ausländische Studierende, die ihr nach der Reifeprüfung im Ausland aufgenommenes Studium abbrechen, um anschließend im Geltungsbereich des Gesetzes zu studieren, gilt § 5 a nicht uneingeschränkt. Näheres hierzu regeln die Erlasse des BMBF vom 22.01.2024 sowie vom 02.03.2023.

2. Die Eignungsvermutung nach § 9 Abs. 2 BAföG ist nicht bereits dann als widerlegt anzusehen, wenn ein Auszubildender nach einem ohne Erfolg betriebenen Auslandsstudium die Ausbildung im Inland in einem bereits durchlaufenen Stadium fortsetzt; das Auslandsstudium ist jedoch abzüglich eines Zeitraums von längstens einem Jahr bei der Zählung der Fachsemester für die Vorlage des Eignungsnachweises nach § 48 Abs. 1 BAföG zu berücksichtigen.
   OVG Münster NJW 1983, 2654

3. Die Förderungshöchstdauer verlängert sich entgegen § 5a Satz 2 BAföG nicht um eine im Ausland verbrachte Ausbildungszeit (höchstens um ein Jahr), wenn der Auslandsaufenthalt in den Ausbildungsbestimmungen als ein notwendig im Ausland durchzuführender Teil der Ausbildung vorgeschrieben ist.
   VGH Mannheim, DÖV 2019, 164; i.d.S. auch VGH Kassel, NVwZ-RR 2014, 100

§ 6 Förderung der Deutschen im Ausland

[1]Deutschen im Sinne des Grundgesetzes, die ihren ständigen Wohnsitz in einem ausländischen Staat haben und dort oder von dort aus in einem Nachbarstaat eine Ausbildungsstätte besuchen, ohne dass ein Anspruch nach § 5 besteht, kann Ausbildungsförderung geleistet werden, wenn die besonderen Umstände des Einzelfalles dies rechtfertigen. [2]Art und Dauer der Leistungen sowie die Anrechnung des Einkommens und Vermögens richten sich nach den besonderen Verhältnissen im Aufenthaltsland. [3]§ 9 Absatz 1 und 2 sowie § 48 sind entsprechend, die §§ 36 bis 38 sind nicht anzuwenden.

Allgemeine Verwaltungsvorschrift

6.0.1 Im Regelfall wird Deutschen mit ständigem Wohnsitz im Ausland für eine Ausbildung im Ausland Ausbildungsförderung nicht geleistet. Sie haben vorrangig Förderungsleistungen des Aufenthaltslandes in Anspruch zu nehmen.

Im Rahmen einer ermessensabhängigen Ausbildungsförderungsentscheidung nach § 6 sind die anderen Vorschriften des Gesetzes uneingeschränkt anzuwenden, soweit nicht im Folgenden Ausnahmen vorgesehen sind.

Die Entscheidung über die Leistung von Ausbildungsförderung nach § 6 ist – abweichend von dem Grundsatz über den Rechtsanspruch auf Förderungsleistungen – in das pflichtgemäße Ermessen des Amtes gestellt. Die Leistung kann nur ausnahmsweise gewährt werden, wenn im Einzelfall besondere Umstände vorliegen. Auszubildende mit ständigem Wohnsitz in einem ausländischen Staat sind vorrangig auf die Durchführung der Ausbildung im Inland zu verweisen.

An das Vorliegen der besonderen Umstände des Einzelfalls sind strenge Anforderungen zu stellen. Sie müssen zu den allgemeinen Leistungsvoraussetzungen, deren Erfüllung für die Leistung von Ausbildungsförderung für den Besuch einer im Inland gelegenen Ausbildungsstätte erforderlich ist, hinzutreten.

Das Vorliegen besonderer Umstände kann grundsätzlich bejaht werden, wenn der auszubildenden Person die Durchführung der Ausbildung im Inland nicht zuzumuten ist. Dies ist in der Regel anzunehmen bei Auszubildenden, deren Bedarf sich nach § 12 bestimmt.

Hinsichtlich der Unzumutbarkeit für Auszubildende, deren Bedarf sich nach § 13 bestimmt, vgl. Tz 6.0.12.

6.0.2 Für eine Förderungsentscheidung nach § 6 müssen Auszubildende durch Vorlage einer Bescheinigung oder anderer amtlicher Unterlagen nachweisen, dass und in welcher Höhe sie Förderungsleistungen des Aufenthaltslandes erhalten oder dass ihr Förderungsantrag abgelehnt worden ist.

Auf eine Bescheinigung darüber, dass nach dem Förderungsrecht des Aufenthaltslandes kein Anspruch auf Förderungsleistungen besteht, kann verzichtet werden, wenn eine solche im Aufenthaltsland nicht ausgestellt wird; in diesem Zusammenhang gilt das Erklärungsprinzip.

Ausländische Förderungsleistungen jeder Art, die die auszubildende Person bezieht, sind auf den Bedarf nach diesem Gesetz voll ohne Gewährung von Freibeträgen anzurechnen.

6.0.3 Zum Begriff „Deutscher im Sinne des Grundgesetzes" vgl. Tz 8.1.1.

6.0.4 Zum Begriff „ständiger Wohnsitz" vgl. § 5 Abs. 1 i. V. m. Tz 5.1.1.

6.0.5 Als Deutsche mit ständigem Wohnsitz in einem ausländischen Staat sind auch die deutschen Familienangehörigen folgender Personengruppen anzusehen, die von ihrem im Inland ansässigen Dienstherrn oder Arbeitgeber für eine berufliche Tätigkeit ins Ausland entsandt werden:

a) Angehörige von diplomatischen und berufskonsularischen Vertretungen der Bundesrepublik Deutschland,

b) Bundeswehrangehörige an militärischen und zivilen Dienststellen,

c) sonstige Angehörige des öffentlichen Dienstes,

d) Angehörige der über- und zwischenstaatlichen Institutionen,

e) Angehörige von Kirchen- und Religionsgesellschaften des öffentlichen Rechts sowie der Verbände der freien Wohlfahrtspflege,

f) Angehörige von Firmen mit Hauptniederlassung im Inland.

6.0.6 Gemäß § 11 BGB teilt ein minderjähriger Auszubildender grundsätzlich den ständigen Wohnsitz der Eltern, eines Elternteils oder der Person, der er rechtlich oder tatsächlich zugeordnet ist. Hiervon wird für die Anwendung des § 6 abgesehen bei einem minderjährigen Auszubildenden, der bereits einmal in einem ausländischen Staat einen ständigen Wohnsitz begründet hat, wenn die Eltern ihren ständigen Wohnsitz in einen anderen Staat verlegen; für ihn bleibt sein Aufenthaltsort sein ständiger Wohnsitz, bis er durch ihn selbst aufgegeben wird.

6.0.7 (weggefallen)

6.0.7a Der Besuch einer Ausbildungsstätte in einem ebenfalls ausländischen Nachbarstaat kann nur dann gefördert werden,

a) wenn eine entsprechende zumutbare Ausbildungsstätte im Wohnsitzstaat nicht vorhanden ist oder

b) die Verkehrsverbindungen zu der Ausbildungsstätte im Nachbarstaat wesentlich günstiger sind als zu einer vergleichbaren Ausbildungsstätte im Aufenthaltsstaat. Ein täglicher Grenzübertritt ist nicht zu verlangen.

6.0.8 Ausbildungsförderung wird für den Besuch von Ausbildungsstätten geleistet, die den

a) in § 2 Abs. 1 bezeichneten oder

b) durch Rechtsverordnungen nach § 2 Abs. 3 in den Förderungsbereich einbezogenen

Ausbildungsstätten im Inland entsprechen, soweit nach § 2 Abs. 1 und 1a eine Förderung im Inland zulässig wäre. Das ist der Fall, wenn sie nach Zugangsvoraussetzungen, Art und Inhalt der Ausbildung sowie nach dem vermittelten Ausbildungsabschluss den im Inland maßgeblichen Ausbildungsstättenarten (vgl. Tz 2.1.4 bis 2.1.19) vergleichbar sind; den besonderen Verhältnissen der Bildungseinrichtungen im Aufenthaltsland kann Rechnung getragen werden.

Gefördert wird der Besuch von öffentlichen und privaten Ausbildungsstätten; letztere müssen einer öffentlichen fachlichen Aufsicht im ausländischen Staat unterstehen oder einen öffentlich anerkannten Ausbildungsabschluss vermitteln. Das Amt erhält insofern Amtshilfe von den diplomatischen und berufskonsularischen Vertretungen der Bundesrepublik Deutschland im Ausland. § 2 Abs. 1 Satz 3 und Absatz 2 des Gesetzes findet keine Anwendung.

6.0.9 Ausbildungsförderung für die Teilnahme an einem Praktikum und Fernunterrichtslehrgang wird nicht geleistet.

6.0.10 (Aufgehoben)

6.0.11 (Aufgehoben)

6.0.12 Die Unzumutbarkeit der Durchführung der Ausbildung im Inland kann sich für Auszubildende, deren Bedarf sich nach § 13 bestimmt, z.B. ergeben

a) aus Gründen, die in der auszubildenden Person selbst liegen: z.B. die auszubildende Person ist krank oder behindert und bedarf daher der Betreuung durch ihre Eltern oder nahe Verwandte oder der Unterbringung in einem ausländischen Heim;

b) aus ihrer engen persönlichen oder familiären Umgebung: z.B. die Eltern oder andere nahe Angehörige der Auszubildenden sind krank, behindert oder gebrechlich und bedürfen deshalb zur Betreuung ihrer Anwesenheit;

c) aus Ausbildungsgründen: z.B. die Auszubildenden besuchen im Aufenthaltsland eine deutsche Ausbildungsstätte, die nach Zugangsvoraussetzungen, Art und Inhalt der Ausbildung sowie nach vermitteltem Ausbildungsabschluss den im Inland maßgeblichen Ausbildungsstättenarten (vgl. Tz 2.1.12, 2.1.13 und 2.1.16 bis 2.1.19) gleichwertig ist;

d) aus wirtschaftlichen Gründen: z.B. die Eltern der Auszubildenden oder diese selbst geraten während des Ausbildungsabschnitts in eine nicht voraussehbare wirtschaftliche Notlage (Hilfsbedürftigkeit im Sinne des SGB II oder SGB XII) und ein daher drohender Abbruch der Ausbildung in dem ausländischen Staat bzw. eine Fortsetzung der Ausbildung im Inland würde eine Härte darstellen;

e) aus der Familienzugehörigkeit zu einer der in Tz 6.0.5 aufgeführten Personengruppen, wenn diese Personen auf Weisung oder Veranlassung ihres Dienstherrn oder Arbeitgebers aus dem Inland in einen ausländischen Staat verzogen sind.

6.0.13 Die Höhe des monatlich zu leistenden Bedarfs bestimmt sich nach § 12 Abs. 1 und 2 und § 13 Abs. 1 und 2 (Tz 6.0.8 ist zu beachten).

6.0.14 Leistungen nach der HärteV und der BAföG-AuslandszuschlagsV sind nicht zulässig. Nach den besonderen Verhältnissen im Aufenthaltsland unabweisbar notwendige Ausbildungsaufwendungen können berücksichtigt werden. An den Nachweis sind strenge Anforderungen zu stellen.

6.0.15 Die Dauer der Förderung ist in entsprechender Anwendung der §§ 15, 15a und 15b festzusetzen.

Der Auszubildende hat in jedem Fall die Regelstudienzeit oder eine vergleichbare Festsetzung durch eine Bescheinigung der von ihm besuchten Ausbildungsstätte nachzuweisen.

6.0.16 Für die Anrechnung des Einkommens und Vermögens des Auszubildenden, seines Ehegatten und seiner Eltern gelten die Vorschriften der §§ 21 bis 30 und der EinkommensV entsprechend, soweit die folgenden Bestimmungen keine Ausnahmen vorsehen.

6.0.17 Zur Ermittlung des Einkommens vgl. Tz 21.1.7.

Vorbehaltlich des § 3 BAföG-EinkommensV sind Kaufkraftausgleichszulagen, Einrichtungsbeihilfen sowie andere Zulagen für erhöhte Lebenshaltungskosten, die ein in Tz 6.0.5 bezeichneter Einkommensbezieher erhält und die nicht dem deutschen Einkommensteuerrecht unterliegen, bei der Feststellung der Bruttoeinnahmen außer Ansatz zu lassen.

6.0.18 Bei der Anrechnung des Einkommens der Eltern, des Ehegatten bzw. des Lebenspartners kann von der Regelung des § 24 Abs. 1 abgewichen werden, wenn sie ihren ständigen Wohnsitz in einem ausländischen Staat haben, dessen Inflationsrate im Jahr vor Beginn des Bewilligungszeitraums mindestens 24 Prozent betragen hat. In diesen Fällen können bei der Anrechnung die Einkommensverhältnisse im Bewilligungszeitraum zugrunde gelegt werden. Im Fall der Tz 6.0.12 Buchstabe d) ist immer von den Einkommensverhältnissen im Bewilligungszeitraum auszugehen. Ausbildungsförderung wird in diesen Fällen unter dem „Vorbehalt der Nachprüfung innerhalb von drei Jahren nach dem Ende des Bewilligungszeitraums" geleistet. Bis zum Ablauf der Frist kann das Amt über den Antrag erneut entscheiden, wenn eine Nachprüfung ergibt, dass das tatsächlich im Bewilligungszeitraum erzielte Einkommen von dem der Berechnung zugrunde gelegten Einkommen wesentlich abweicht.

6.0.19 (Aufgehoben)

6.0.20 (Aufgehoben)

6.0.21 (Aufgehoben)

6.0.22 § 58 ist im Ausland nicht anzuwenden.

Erläuterungen

1. Die Art. 20 AEUV und 21 AEUV sind dahin auszulegen, dass sie einer Regelung eines Mitgliedstaats entgegenstehen, nach der einer Staatsangehörigen dieses Mitgliedstaats, die dort ihren Wohnsitz hat, eine Ausbildungsförderung für das Studium in einem anderen Mitgliedstaat nur gewährt wird, wenn diese Ausbildung einen berufsqualifizierenden Abschluss vermittelt, der den Abschlüssen entspricht, die im Leistungsstaat in Berufsfachschulen nach einem mindestens zweijährigen Ausbildungsgang vermittelt werden, obwohl der Betroffenen aufgrund ihrer besonderen Lage Ausbildungsförderung gewährt worden wäre, wenn sie sich dazu entschlossen hätte, im Leistungsstaat eine Ausbildung von weniger als zwei Jahren zu absolvieren, die derjenigen entspricht, die sie in einem anderen Mitgliedstaat absolvieren wollte.

   Eine solche Regelung stellt nämlich unter Berücksichtigung der Auswirkungen, die die Ausübung dieser Freiheit auf das Recht auf Ausbildungsförderung haben kann, eine Beschränkung im Sinne von Art. 21 AEUV dar.
   EuGH, Urteil vom 24. Oktober 2013, NJW 2014, 1077

   Aufgrund der Vorgaben des EuGH ist der Rechtsbegriff der „hinreichenden Verbundenheit zum Inland" in § 5 Abs. 2 BAföG aufgenommen worden (vgl. auch die Erläuterung Nr. 4 zu § 5 BAföG). Erst bei Verneinung der entsprechenden Voraussetzungen ist der Anwendungsbereich des § 6 BAföG eröffnet.

2. Besondere Umstände des Einzelfalles rechtfertigen die Förderung des Besuchs einer Ausbildungsstätte im Ausland, wenn es dem deutschen Auszubildenden, der seinen ständigen Wohnsitz in einem ausländischen Staat hat, nicht zuzumuten ist, sich auf die Durchführung der Ausbildung im Geltungsbereich des Bundesausbildungsförderungsgesetzes verweisen zu lassen.
   BVerwG FamRZ 1980, 290

3. Besondere Umstände des Einzelfalles i.S. von § 6 BAföG liegen nur vor, wenn die beabsichtigte Ausbildung im Inland entweder überhaupt nicht oder nur unter unzumutbaren Bedingungen durchgeführt werden kann.
   Dabei ist das Maß des Zumutbaren grundsätzlich hoch anzusetzen.
   Fehlende oder unzureichende Beherrschung der deutschen Sprache oder das Fehlen einer im Inland anerkannten Hochschulzugangsberechtigung sind bei Auslandsdeutschen keine ungewöhnlichen Umstände. Deutschen mit ständigem Wohnsitz im Ausland kann es daher in aller Regel zugemutet werden, zum Zwecke der Aufnahme eines Inlandsstudiums die deutsche Sprache zu erlernen und sich einem Anerkennungsverfahren z. B. nach Maßgabe der Qualifikationsverordnung über ausländische Vorbildungsnachweise des Landes Nordrhein-Westfalen zu unterziehen.
   OVG Münster FamRZ 1993, 495

4. Es ist mit Art. 3 Abs. 1 GG vereinbar, dass § 6 S. 1 BAföG mit dem Tatbestandsmerkmal der „besonderen Umstände des Einzelfalles" die Voraussetzungen eines Anspruchs auf Ausbildungsförderung für Deutsche mit ständigem Wohnsitz im Ausland enger eingrenzt, als dies nach § 5 Abs. 2 BAföG für deutsche Studenten im Ausland mit ständigem Wohnsitz im Inland der Fall ist.
   BVerwG NJW 1993, 43

§ 7 Erstausbildung, weitere Ausbildung

(1) [1]Ausbildungsförderung wird für die weiterführende allgemeinbildende und zumindest für drei Schul- oder Studienjahre berufsbildender Ausbildung im Sinne der §§ 2 und 3 bis zu einem daran anschließenden berufsqualifizierenden Abschluss geleistet, längstens bis zum Erwerb eines Hochschulabschlusses oder eines damit gleichgestellten Abschlusses. [2]Berufsqualifizierend ist ein Ausbildungsabschluss auch dann, wenn er im Ausland erworben wurde und dort zur Berufsausübung befähigt. [3]Satz 2 ist nicht anzuwenden, wenn der Auszubildende eine im Inland begonnene Ausbildung fortsetzt, nachdem er im Zusammenhang mit einer nach § 5 Absatz 2 Nummer 1 und 2 dem Grunde nach förderungsfähigen Ausbildung einen berufsqualifizierenden Abschluss erworben hat.

(1a) [1]Für einen Master- oder Magisterstudiengang oder für einen postgradualen Diplomstudiengang sowie jeweils für vergleichbare Studiengänge in Mitgliedstaaten der Europäischen Union und der Schweiz wird Ausbildungsförderung geleistet, wenn

1. er auf einem Bachelor- oder Bakkalaureusabschluss aufbaut oder im Rahmen einer Ausbildung nach § 5 Absatz 2 Nummer 1 oder 3 erfolgt und auf einem noch nicht abgeschlossenen einstufigen Inlandsstudium aufbaut, das von der aufnehmenden Hochschule oder der aufnehmenden Akademie im Sinne des § 2 Absatz 1 Satz 1 Nummer 6 als einem Bachelorabschluss entsprechend anerkannt wird, und
2. der Auszubildende bislang ausschließlich einen Bachelor- oder Bakkalaureusstudiengang abgeschlossen oder im Sinne der Nummer 1 eine Anerkennung des bisherigen Studiums als einem solchen Abschluss entsprechend erreicht hat.

[2]Für nach Satz 1 förderungsfähige Ausbildungen findet Absatz 3 Satz 1 Nummer 1 keine Anwendung. [3]Auszubildenden, die von der Ausbildungsstätte auf Grund vorläufiger Zulassung für einen nach Satz 1 förderungsfähigen Studiengang eingeschrieben worden sind, wird für die Dauer der vorläufigen Zulassung, längstens jedoch für zwölf Monate, Ausbildungsförderung unter dem Vorbehalt der Rückforderung für den Fall geleistet, dass bis dahin keine endgültige Zulassung erfolgt. [4]Der Rückforderungsvorbehalt gilt nur für den Zeitraum nach Ablauf der für den noch nicht abgeschlossenen Bachelor- oder Bakkalaureusstudiengang geltenden Förderungshöchstdauer oder der nach § 15 Absatz 3 oder 4 verlängerten Förderungsdauer.

(1b) [1]Für einen Studiengang, der ganz oder teilweise mit einer staatlichen Prüfung abschließt (Staatsexamensstudiengang), wird Ausbildungsförderung auch geleistet, nachdem Auszubildende einen Bachelor- oder Bakkalaureusstudiengang abgeschlossen haben. [2]Voraussetzung der Leistung ist, dass der Studiengang durch Studien- oder Prüfungsordnung in der Weise vollständig in den Staatsexamensstudiengang integriert ist, dass innerhalb der Regelstudienzeit des Bachelor- oder Bakkalaureusstudiengangs auch sämtliche Ausbildungs- und Prüfungsleistungen zu erbringen sind, die für den Staatsexamensstudiengang in der Studien- oder Prüfungsordnung für denselben Zeitraum vorgesehen sind.

(2) [1]Für eine einzige weitere Ausbildung wird Ausbildungsförderung längstens bis zu einem berufsqualifizierenden Abschluss geleistet,

1. (weggefallen)
2. wenn sie eine Hochschulausbildung oder eine dieser nach Landesrecht gleichgestellte Ausbildung insoweit ergänzt, als dies für die Aufnahme des angestrebten Berufs rechtlich erforderlich ist,
3. wenn im Zusammenhang mit der vorhergehenden Ausbildung der Zugang zu ihr eröffnet worden ist, sie in sich selbständig ist und in derselben Richtung fachlich weiterführt,
4. wenn der Auszubildende
   a) eine Fachoberschulklasse, deren Besuch eine abgeschlossene Berufsausbildung voraussetzt, eine Abendhauptschule, eine Berufsaufbauschule, eine Abendrealschule, ein Abendgymnasium oder ein Kolleg besucht oder
   b) die Zugangsvoraussetzungen für die zu fördernde weitere Ausbildung an einer in Buchstabe a genannten Ausbildungsstätte, durch eine Nichtschülerprüfung oder durch eine Zugangsprüfung zu einer Hochschule oder zu einer Akademie im Sinne des § 2 Absatz 1 Satz 1 Nummer 6 erworben hat oder
5. wenn der Auszubildende als erste berufsbildende eine zumindest dreijährige Ausbildung an einer Berufsfachschule oder in einer Fachschulklasse, deren Besuch eine abgeschlossene Berufsausbildung nicht voraussetzt, abgeschlossen hat.

[2]Im Übrigen wird Ausbildungsförderung für eine einzige weitere Ausbildung nur geleistet, wenn die besonderen Umstände des Einzelfalles, insbesondere das angestrebte Ausbildungsziel, dies erfordern.

(3) [1]Hat der Auszubildende

1. aus wichtigem Grund oder
2. aus unabweisbarem Grund

die Ausbildung abgebrochen oder die Fachrichtung gewechselt, so wird Ausbildungsförderung für eine andere Ausbildung geleistet; bei Auszubildenden an Höheren Fachschulen, Akademien und Hochschulen gilt Nummer 1 nur bis zum Beginn des fünften Fachsemesters. [2]Ein Auszubildender bricht die Ausbildung ab, wenn er den Besuch von Ausbildungsstätten einer Ausbildungsstättenart einschließlich der im Zusammenhang hiermit geforderten Praktika endgültig aufgibt. [3]Ein Auszubildender wechselt die Fachrichtung, wenn er einen anderen berufsqualifizierenden Abschluss oder ein anderes bestimmtes Ausbildungsziel eines rechtlich geregelten Ausbildungsganges an einer Ausbildungsstätte derselben Ausbildungsstättenart anstrebt. [4]Beim erstmaligen Fachrichtungswechsel oder Abbruch der Ausbildung wird in der Regel vermutet, dass die Voraussetzungen nach Nummer 1 erfüllt sind; bei Auszubildenden an Höheren Fachschulen, Akademien und Hochschulen gilt dies nur, wenn der Wechsel oder Abbruch bis zum Beginn des vierten Fachsemesters erfolgt. [5]Bei der Bestimmung des nach den Sätzen 1 und 4 maßgeblichen Fachsemesters wird die Zahl der Semester abgezogen, die nach Entscheidung der Ausbildungsstätte aus der ursprünglich betriebenen Fachrichtung auf den neuen Studiengang angerechnet werden.

(4) (weggefallen)

Allgemeine Verwaltungsvorschrift

Zu Absatz 1

7.1.1 Ausbildung ist die auf mindestens ein halbes Jahr bzw. ein Schul- oder Studienhalbjahr angelegte, planmäßig geordnete Vermittlung allgemeiner und/oder beruflicher und/oder wissenschaftlicher Kenntnisse oder Fertigkeiten durch hierzu qualifizierte Personen.

Eine Ausbildung im Sinne des Absatzes 1 kann auch ein Studiengang nach Absatz 1a sein, wenn der Grundförderanspruch nach Absatz 1 noch nicht ausgeschöpft ist und die sonstigen Voraussetzungen vorliegen.

7.1.2 Zu den Ausbildungen im Sinne der §§ 2 und 3 gehören nicht berufliche Ausbildungen in Betrieben oder an überbetrieblichen Ausbildungsstätten.

7.1.3 Für die Beurteilung, ob vorhergehende Ausbildungen berufsbildend im Sinne des Absatzes 1 waren, kommt es allein darauf an, ob es sich hierbei um Ausbildungen im Sinne der §§ 2 und 3 gehandelt hat, die gemäß § 2 Abs. 5 in Vollzeit durchgeführt wurden. Unerheblich ist, ob die Voraussetzungen des § 2 Abs. 1a vorgelegen haben.

7.1.4 Die Dauer der Ausbildung richtet sich grundsätzlich nach den Ausbildungsbestimmungen. Verlängerungen oder Verkürzungen der Ausbildungsdauer im Einzelfall sind zu berücksichtigen. Verkürzungen der Ausbildungsdauer aufgrund der Anrechnung eines schulischen Berufsgrundbildungsjahres oder einer Berufsfachschule bleiben unberücksichtigt.

7.1.5 Der Besuch einer Berufsfachschule, auch wenn er nicht zu einem berufsqualifizierenden Abschluß führt, sowie der Klassen aller Formen der beruflichen Grundbildung (vgl. Tz 2.1.15) ist berufsbildende Ausbildung im Sinne des Absatzes 1.

7.1.6 Werden in weniger als drei Schul- oder Studienjahren ein oder mehrere berufsqualifizierende Abschlüsse erreicht, so wird Ausbildungsförderung für die weitere berufsbildende Ausbildung bis zu einem berufsqualifizierenden Abschluss geleistet, auch wenn mit der weiteren Ausbildung die Gesamtdauer von drei Jahren überschritten wird.

7.1.7 Berufsqualifizierend ist eine Ausbildung nur abgeschlossen, wenn eine als Zugangsvoraussetzung für einen Beruf durch Rechts- oder Verwaltungsvorschriften des Staates oder einer öffentlich-rechtlichen Körperschaft (z. B. Kirchen, Handwerkskammern) vorgesehene Prüfung bestanden ist.

Ist eine derartige Prüfung nicht Zugangsvoraussetzung oder überhaupt nicht vorgesehen, so gilt die Ausbildung mit der tatsächlichen planmäßigen Beendigung als berufsqualifizierend abgeschlossen.

7.1.8 Der Besuch von Haupt- und Realschulen, von Gymnasien, von Fachoberschulen, von Abendhaupt- und Abendrealschulen, von Berufsaufbauschulen, von

Abendgymnasien und Kollegs führt in der Regel nicht zu einem berufsqualifizierenden Abschluss.

Eine Doppelqualifikation (Schulabschluss und Berufsqualifikation) ist ein berufsqualifizierender Abschluss im Sinne des Absatzes 1. Zur weiteren Förderung in diesen Fällen, wenn der Grundanspruch nach § 7 Absatz 1 ausgeschöpft ist, vgl. § 7 Abs. 2 Nr. 5.

7.1.9 Bei Berufsfachschulen ist im Einzelfall zu prüfen, ob ihr Abschluß berufsqualifizierend ist.

7.1.10 Studiengänge, in die eine berufsbildende betriebliche oder schulische Ausbildung aufgrund einer einheitlichen Prüfungsordnung fest integriert ist (duale Studiengänge), gelten als eine einheitliche Ausbildung.

Duale Studiengänge werden während der Dauer der Immatrikulation in einen Vollzeitstudiengang immer nach § 13 Abs. 1 Nr. 2, Abs. 2 gefördert (vgl. Tz 2.5.3).

Wird der eine Teil des dualen Studiengangs (z.B. die betriebliche oder die schulische Ausbildung) berufsqualifizierend abgeschlossen, so hat dies keine Auswirkungen auf die weitere Förderungsfähigkeit des dualen Studiengangs.

7.1.11 Wird innerhalb der Förderungshöchstdauer nach der Promotion ein Staatsexamen angestrebt, so gilt die Promotion nicht als Abschluß der Ausbildung.

7.1.12 (weggefallen)

7.1.13 Ist im Anschluß an die Abschlußprüfung ein Praktikum vorgeschrieben, so ist die Ausbildung erst mit der Ableistung dieses Praktikums abgeschlossen.

7.1.14 Werden mehrere Ausbildungen gleichzeitig durchgeführt, wird Ausbildungsförderung nur für eine Ausbildung geleistet. Es ist anzugeben, für welche Ausbildung Ausbildungsförderung beantragt wird.

Wird Ausbildungsförderung für einen anderen als den ursprünglich geförderten Studiengang beantragt, so ist eine Förderung nur unter den Voraussetzungen des § 7 Abs. 3 möglich. Tz 7.3.4 ist zu berücksichtigen.

Mit einem berufsqualifizierenden Abschluss in einer anderen Ausbildung ist der Förderungsanspruch nach Absatz 1, wenn dessen Voraussetzungen im Übrigen erfüllt sind, ausgeschöpft. Für duale Studiengänge gilt Tz 7.1.10.

7.1.15 Absatz 1 Satz 2 ist nicht anwendbar auf Personen, deren ausländischer berufsqualifizierender Abschluss im Inland nicht anerkannt oder vom Amt für Ausbildungsförderung (ggf. unter Einschaltung der ZAB) nicht für materiell gleichwertig erklärt werden kann und für die ein Verweis auf eine Berufsausübung im Ausland unzumutbar ist. Diese Personen werden behandelt wie Auszubildende, die ihre erste berufsqualifizierende Ausbildung im Ausland noch nicht abgeschlossen haben.

Eine Förderung im Rahmen des Absatzes 1 i. V. m. Absatz 3 (vgl. Tz 7.3.19) ist für diese Personen grundsätzlich möglich, wenn sie sich bei Aufnahme ihrer im

Ausland absolvierten Ausbildung nicht frei entscheiden konnten, diese Ausbildung stattdessen in Deutschland zu absolvieren („offene Wahlmöglichkeit"). Hierbei sind nur rechtliche Restriktionen des Ausreiselandes zu berücksichtigen. Einreisebestimmungen, hochschul- oder ausbildungsrechtliche Regelungen sowie bloße innerfamiliäre, wirtschaftliche oder sprachliche Gründe sind unbeachtlich.

Bei der Prüfung der offenen Wahlmöglichkeit ist Folgendes zu berücksichtigen:

a) Bei ausländischen, nicht EU- Staatsangehörigen Ehegatten von Deutschen oder im Inland erwerbstätigen EU-Bürgern, die ihren ausländischen, berufsqualifizierenden Abschluss vor der Eheschließung erworben haben, ist davon auszugehen, dass die offene Wahlmöglichkeit erst mit der Eheschließung entstanden ist. Für eine Förderungsfähigkeit im Rahmen des Absatzes 1 ist ein Zusammenhang zwischen der Eheschließung und der Ausreise, Aus- oder Übersiedlung sowie der Aufnahme der inländischen Ausbildung erforderlich.

b) Bei Berechtigten nach dem Gesetz über die Angelegenheiten der Vertriebenen und Flüchtlinge (Bundesvertriebenengesetz – BVFG), bei Flüchtlingen im Sinne des § 8 Abs. 1 Nr. 6, bei Heimatlosen im Sinne des § 8 Abs. 1 Nr. 7 und bei anerkannten Asylberechtigten ist davon auszugehen, dass die offene Wahlmöglichkeit erst mit der Ausreise entstanden ist.

Konnte der ausländische berufsqualifizierende Abschluss im Inland anerkannt oder als materiell gleichwertig bewertet werden oder bestand bereits bei Aufnahme der im Ausland absolvierten Ausbildung die offene Wahlmöglichkeit, diese Ausbildung stattdessen in Deutschland zu absolvieren, ist eine Förderung nach Absatz 2 zu prüfen (vgl. dazu Tz 7.2.22).

7.1.16 Satz 3 gilt auch, wenn der berufsqualifizierende Abschluss in einem Land der Europäischen Union oder in der Schweiz erworben wurde und die Auslandsausbildung nach § 5 Abs. 2 Nr. 1 oder 2 förderungsfähig war.

Zu Absatz 1a

7.1a.1 (Aufgehoben)

7.1a.2 Ein Masterstudiengang kann auch ohne Vorliegen des Bachelorabschlusszeugnisses gefördert werden, wenn alle Prüfungsleistungen des Bachelorstudiengangs mit Erfolg (ggf. mit der erforderlichen Note) erbracht wurden (vgl. § 15b Abs. 3) und die Hochschule dies bescheinigt.

Die (ggf. rückwirkende) Förderung ist dann bereits ab dem Zeitpunkt möglich, zu dem der letzte Prüfungsteil des Bachelorstudiengangs abgelegt wurde, frühestens jedoch ab Antragstellung.

7.1a.3 Ein Master- oder ein sonstiger in § 7 Abs. 1a Satz 1 bezeichneter Studiengang kann auch gefördert werden, wenn

a) bereits mehr als ein Bachelorstudiengang abgeschlossen wurde oder

b) nach dem Abschluss eines Bachelorstudiengangs zunächst ein weiterer Bachelor- oder ein anderer grundständiger Studiengang begonnen, aber nicht abgeschlossen wurde.

Die Förderung eines Master- oder eines sonstigen in Absatz 1a Satz 1 bezeichneten Studiengangs ist dagegen nicht möglich, wenn zuvor bereits ein Diplom-, Staatsexamens-, Magister- oder anderer Masterstudiengang abgeschlossen wurde.

7.1a.4 Die Förderung eines Masterstudiengangs im Anschluss an einen Bachelorstudiengang erfolgt immer nach Absatz 1a. Dies gilt unabhängig davon, ob und wenn ja nach welchen Bestimmungen der vorherige Bachelorstudiengang gefördert wurde oder hätte gefördert werden können.

Sofern die Voraussetzungen des Absatzes 1a erfüllt sind, ist die Berechtigung von Fachrichtungswechseln oder Ausbildungsabbrüchen im Zuge vorangegangener Ausbildungen nach § 7 Abs. 1 oder Abs. 2 nicht mehr zu prüfen.

Zu Absatz 2

7.2.1 Eine weitere Ausbildung im Sinne des Absatzes 2 ist eine Ausbildung (vgl. 7.1.1), durch die zusätzliche Kenntnisse und Fertigkeiten in erheblichem Umfang vermittelt werden und die vorhandene berufliche Qualifikation erweitert wird. Dies ist regelmäßig der Fall, wenn die Ausbildung mit einer Prüfung und der Erteilung eines Zeugnisses abschließt. Auch ein Masterstudium kann grundsätzlich eine Ausbildung i. S. d. Absatzes 2 darstellen (vgl. aber Tz 7.1a.4).

Absatz 2 ist nur anzuwenden, wenn der Grundanspruch des Absatzes 1 ausgeschöpft ist.

Auch eine fachlich weiterführende Ausbildung oder eine Ausbildung an Kollegs, Abendgymnasien usw. kann noch im Rahmen von Absatz 1 liegen.

7.2.2 Nach Absatz 2 wird nur eine einzige weitere Ausbildung gefördert.

Sofern die Voraussetzungen des Absatzes 2 erfüllt sind, ist die Berechtigung von Fachrichtungswechseln oder Ausbildungsabbrüchen, die im Zuge vorangegangener Ausbildungen nach Absatz 1 vorgenommen wurden, nicht mehr zu prüfen.

7.2.3 Wenn nach Ausschöpfung des Grundanspruchs (§ 7 Abs. 1) bereits eine weitere (Vollzeit-) Ausbildung im Sinne der §§ 2 und 3 absolviert wurde, die zudem die Voraussetzungen des Absatzes 2 erfüllt hat, besteht kein weiterer Förderungsanspruch nach Absatz 2.

Für Masterstudiengänge kommt ggf. noch eine Förderung nach Absatz 1a in Betracht (vgl. Tz 7.1a.4).

7.2.4 Die Vorbereitung der Promotion nach einem berufsqualifizierenden Abschluß (vgl. Tz 7.1.7 bis 7.1.13) ist keine weitere Ausbildung im Sinne des Absatzes 2.

Zu Satz 1 Nr. 1

7.2.5
bis
7.2.10 (weggefallen)

Zu Satz 1 Nr. 2

7.2.11 Erforderlich im Sinne der Nummer 2 ist die weitere Ausbildung für Auszubildende, die nach dem von ihnen erreichten Ausbildungsstand den Zugang zu dem Beruf nur durch diese Ausbildung erreichen können.

Beispiele: Zusatzausbildung für das Lehramt an Berufsschulen nach einem Fachhochschulabschluss, Zusatzausbildung nach der Ersten Lehrerprüfung für das Lehramt an Sonderschulen.

Nicht erforderlich im Sinne der Nummer 2 ist eine weitere Ausbildung, wenn durch sie lediglich eine höhere Qualifikation im gleichen Ausbildungsberuf erreicht werden kann.

7.2.12 Die Zugangsbedingung zu dem angestrebten Beruf muß in einer Rechtsvorschrift (z. B. Gesetz, Rechtsverordnung) geregelt sein; Verwaltungsvorschriften oder eine Einstellungspraxis in der Wirtschaft oder von Behörden begründen die rechtliche Erforderlichkeit nicht.

7.2.12a Nur ergänzende (z. B. Aufbau-, Vertiefungs- und Zusatzstudiengänge), nicht in sich selbstständige Ausbildungsgänge sind von Nr. 2 erfasst (zu den in sich selbstständigen weiteren Ausbildungen vgl. Tz 7.2.15).

Für die Beurteilung der Frage, ob der Auszubildende einen bestimmten Beruf anstrebt, ist seine Erklärung maßgeblich.

Zu Satz 1 Nr. 3

7.2.13 Vorhergehende Ausbildung im Sinne der Nummer 3 ist nicht jede frühere, sondern nur die letzte vorhergehende.

7.2.14 Im Zusammenhang mit einer vorhergehenden Ausbildung wird der Zugang zu einer weiteren Ausbildung eröffnet, wenn deren Zugangsvoraussetzungen durch das Bestehen einer Zwischenprüfung, der Abschlussprüfung oder dem Erreichen eines bestimmten Leistungsstandes der vorhergehenden Ausbildung erfüllt werden. Beispiel: Erwerb der allgemeinen oder fachgebundenen Hochschulreife durch Bestehen der Zwischen- oder Abschlussprüfung an einer Fachhochschule.

Das gilt auch dann, wenn zu diesem Zweck eine Zusatzprüfung erforderlich ist. Beispiel: Erwerb der Fachhochschulreife mit Abschluss der Fachschule.

7.2.15 In sich selbständig ist eine Ausbildung, wenn sie alle Kenntnisse und Fertigkeiten vermittelt, die zur Erlangung eines berufsqualifizierenden Abschlusses erforderlich sind.

Ergänzende Ausbildungsgänge (vgl. Tz 7.2.12a), z.B. Aufbau-, Vertiefungs- oder Zusatzstudiengänge, erfüllen diese Voraussetzungen nicht.

7.2.16 Eine Ausbildung führt in derselben Fachrichtung weiter, wenn sie zusätzliche Kenntnisse und/oder Fertigkeiten aus demselben materiellen Wissenssachgebiet vermittelt. Eine Ergänzung in derselben Fachrichtung liegt z. B. vor bei Fortsetzung und Vertiefung

a) auf der vollen Breite der früheren Ausbildung; neue Stoffgebiete in geringerem Umfang sind für die Förderung unschädlich;

b) auf einem die vorhergehende Ausbildung prägenden Teilgebiet.

Zu Satz 1 Nr. 4

7.2.17 Die Ausbildung an einer der in Absatz 2 Satz 1 Nr. 4 genannten Ausbildungsstätten bildet zusammen mit dem durch den Abschluss ermöglichten Besuch einer der in § 2 genannten Ausbildungsstätten eine weitere Ausbildung im Sinne des § 7 Abs. 2.

Zu Satz 1 Nr. 5

7.2.18 Eine Ausbildung im Sinne von Nummer 5 ist nur gegeben, wenn die auszubildende Person nach insgesamt mindestens drei Jahren berufsbildender Ausbildung ihren Grundanspruch nach § 7 Abs. 1 ausgeschöpft hat, indem sie ihren ersten berufsqualifizierenden Abschluss an einer Berufsfachschule oder in einer Fachschulklasse erworben hat, deren Besuch eine abgeschlossene Berufsausbildung nicht voraussetzt.

Eine weitere Ausbildung kann nach Nummer 5 nicht gefördert werden, wenn die auszubildende Person an einer Berufsfachschule oder in einer Fachschulklasse bereits mehr als einen berufsqualifizierenden Abschluss erworben hat. Etwas anderes gilt nur dann, wenn der erste dieser berufsqualifizierenden Abschlüsse unabdingbare Voraussetzung für den zweiten berufsqualifizierenden Abschluss ist.

Die Förderung nach Nummer 5 schließt allgemeinbildende Ausbildungsabschnitte wie etwa den Besuch eines Wirtschaftsgymnasiums ein, die die schulischen Voraussetzungen für die weitere berufsbildende Ausbildung vermitteln.

7.2.19 Wird mit dem Abschluß an einer weiterführenden allgemeinbildenden Schule ein berufsqualifizierter Abschluß erreicht, so gilt dieser als berufsqualifizierender Abschluß an einer Berufsfachschule.

Zu Satz 2

7.2.20 Ausbildungsförderung nach Satz 2 kann nur geleistet werden, wenn der Auszubildende noch keine nach Satz 1 förderungsfähige Ausbildung durchgeführt hat (vgl. Tz 7.2.2).

7.2.21 Gefördert werden kann sowohl eine in sich selbstständige (vgl. Tz 7.2.15) als auch eine ergänzende (vgl. Tz 7.2.12 a) Ausbildung, unabhängig von ihrer Dauer und der Art der Ausbildungsstätte, an der sie durchgeführt wird. Eine in sich selbstständige Ausbildung ist grundsätzlich nicht förderungsfähig, wenn zusammen mit der vorhergehenden Ausbildung eine ergänzende Ausbildung für eine angemessene berufliche Tätigkeit genügt.

7.2.22 Die besonderen Umstände des Einzelfalles im Sinne des Satzes 2 liegen z.B. vor, wenn

a) die weitere Ausbildung zusammen mit der vorhergehenden Ausbildung die Ausübung eines Berufs erst ermöglicht (z.B. Mund-, Kiefer-, Gesichtschirurg, Schulpsychologe) oder

b) Auszubildende Flüchtlinge, Heimatlose, Aussiedler, Spätaussiedler, anerkannte Asylberechtigte und ausländische Ehegatten von Deutschen oder im Inland erwerbstätigen EU-Bürgern sind, die nicht bereits nach Absatz 1 nach den Maßgaben der Tz 7.1.15 und Tz 7.3.19 gefördert werden können, und die für die Anerkennung ihres im Aussiedlungsland/Herkunftsland erworbenen Berufsabschlusses eine ergänzende oder mangels objektiver Verwertbarkeit dieses Berufsabschlusses eine weitere Ausbildung im Inland benötigen.

Erforderlich ist die weitere Ausbildung nur, wenn das angestrebte Ausbildungsziel objektiv nicht auf eine andere Weise erreicht werden kann.

7.2.23 Die besonderen Umstände liegen auch vor, wenn ein unabweisbarer Grund der Ausübung des Berufs entgegensteht, zu dem die frühere Ausbildung qualifiziert hat. Tz 7.3.16 ist zu beachten. Zum Begriff „unabweisbarer Grund" vgl. Tz 7.3.16a.

Zu Absatz 3

7.3.1 § 7 Abs. 3 gilt nur für den Fachrichtungswechsel oder Abbruch einer nach den §§ 2 und 3 förderungsfähigen Ausbildung. Zeiten einer Auslandsausbildung, die nach § 5a außer Betracht bleiben, sind für eine Anwendung des Absatzes 3 nicht zu berücksichtigen.

7.3.2 Fachrichtung ist ein durch Lehrpläne, Ausbildungs-(Studien-)Ordnungen und/oder Prüfungsordnungen geregelter Ausbildungsgang, der auf einen bestimmten, berufsqualifizierenden Abschluß oder ein bestimmtes Ausbildungsziel ausgerichtet ist und für den in der Regel die Mindestdauer sowie Zahl und Art der Unterrichts-(Lehr-)Veranstaltungen festgelegt sind.

7.3.3 Auszubildende wechseln die Fachrichtung, wenn sie z.B. vom Medizin- zum Theologiestudium wechseln oder von einer Fachoberschule für Wirtschaft zu einer Fachoberschule für Technik.

Bei Lehramtsstudiengängen ist der Wechsel von einem Studium für ein bestimmtes Lehramt in ein Studium für ein anderes Lehramt ebenfalls ein Fachrichtungswechsel, z.B. vom Lehramt an Realschulen zum Lehramt an Gymnasien oder umgekehrt oder von einem Lehramt mit einem Wahlfach zu einem Lehramt mit zwei Wahlfächern oder umgekehrt.

Kein Fachrichtungswechsel liegt vor bei einem Wechsel von einem Bachelor- oder Masterstudiengang an einer Fachhochschule in einen Studiengang der gleichen Fachrichtung an einer Universität oder umgekehrt. Zeitverluste durch Nichtanrechnung von Studienleistungen begründen keinen Anspruch auf Förderungsverlängerung (vgl. Tz 15.3.3).

7.3.3a Nach einem Fachrichtungswechsel beginnt kein neuer Ausbildungsabschnitt.

Wird nach Abschluss eines Bachelorstudiengangs ein weiterer Bachelor- oder anderer grundständiger Studiengang begonnen, aber nicht abgeschlossen und wird dann ein Masterstudiengang aufgenommen, sind die Voraussetzungen eines Fachrichtungswechsels für die Förderungsfähigkeit des Masterstudiums nicht zu prüfen (vgl. Tz 7.1a.4).

Mit der Aufnahme des Masterstudiums beginnt auch in diesen Fällen entsprechend § 2 Abs. 5 Satz 3 immer ein neuer Ausbildungsabschnitt.

7.3.4 Kein Fachrichtungswechsel, sondern lediglich eine Schwerpunktverlagerung liegt vor, wenn

a) sich aus den entsprechenden Ausbildungsbestimmungen ergibt, daß die betroffenen Studiengänge bis zum Wechsel identisch sind, oder darin vorgeschrieben ist, daß die im zunächst durchgeführten Studiengang erbrachten Semester auf den anderen Studiengang voll angerechnet werden, oder

b) der Auszubildende eine Bescheinigung der zuständigen Stelle vorlegt, in der bestätigt wird, daß die im zunächst durchgeführten Studiengang verbrachten Semester auf den anderen Studiengang im Einzelfall des Auszubildenden voll angerechnet werden.

7.3.5 Bei Studiengängen mit mehreren Fächern gilt Folgendes:

a) Der Wechsel, die Hinzunahme oder die Aufgabe von einzelnen Fächern ist ein Fachrichtungswechsel. Bei Lehramtsstudiengängen gilt dies nicht für den Wechsel, die Hinzunahme oder die Aufgabe eines für den Erwerb der Lehrbefähigung nicht erforderlichen Faches.

b) Ein Fächerkombinationswechsel im Rahmen der Nebenfächer ist als Schwerpunktverlagerung anzusehen, wenn er nicht zu Verzögerungen führt.

7.3.6 Auch wenn vor dem Abbruch der Ausbildung oder dem Wechsel der Fachrichtung Ausbildungsförderung nicht geleistet wurde, kann Ausbildungsförderung für eine andere Ausbildung nur bei Vorliegen eines wichtigen bzw. unabweisbaren Grundes geleistet werden.

7.3.7 Ein wichtiger Grund für einen Abbruch der Ausbildung oder Wechsel der Fachrichtung ist gegeben, wenn dem Auszubildenden die Fortsetzung der bisherigen Ausbildung nach verständigem Urteil unter Berücksichtigung aller im Rahmen des Gesetzes erheblichen Umstände einschließlich der mit der Förderung verbundenen persönlichen und öffentlichen Interessen nicht mehr zugemutet werden kann.

7.3.8 (weggefallen)

7.3.9 Ein wichtiger Grund für einen Abbruch oder Wechsel ist z.B. mangelnde intellektuelle, psychische oder körperliche Eignung für die Berufsausbildung oder -ausübung. Bei weltanschaulich gebundenen Berufen ist ein wichtiger Grund der Wandel der Weltanschauung oder Konfession.

Ein wichtiger Grund ist ferner ein Neigungswandel so schwerwiegender und grundsätzlicher Art, dass die Fortsetzung der Ausbildung der auszubildenden Person nicht mehr zugemutet werden kann.

7.3.10 Ein wichtiger Grund ist in der Regel anzunehmen im Falle des Wechsels von einer Ausbildungsstätte der in § 2 Abs. 1 Nr. 1 bis 4 bezeichneten Arten zu einer anderen der dort bezeichneten Arten. Dies gilt auch für einen Wechsel innerhalb derselben Ausbildungsstättenart (z.B. Wechsel von der Berufsfachschule für technische Assistenten zur Schule für Krankengymnastik). Mehrfache Wechsel erhöhen die Prüfungsanforderungen für das Vorliegen eines wichtigen Grundes.

7.3.11 (weggefallen)

7.3.12 Ein wichtiger Grund kann gegeben sein, wenn die auszubildende Person zu einem früheren Zeitpunkt zu der Ausbildung an einer Hochschule aus Kapazitätsgründen nicht zugelassen worden ist, für die sie nach Abbruch der zunächst begonnenen Ausbildung oder Wechsel der Fachrichtung gefördert werden will.

Dies gilt nur, wenn die auszubildende Person

a) die nach Abbruch der bisherigen Ausbildung oder Wechsel der Fachrichtung aufgenommene Hochschulausbildung von Anfang an angestrebt hatte,

b) ausschließlich aufgrund der rechtlichen Beschränkungen bei der Vergabe von Studienplätzen gehindert war, die Ausbildung bereits zu einem früheren Zeitpunkt zu beginnen,

c) ohne Unterbrechung die ihr zur Verfügung stehenden Bewerbungsmöglichkeiten genutzt hat, um einen Studienplatz in ihrem Wunschstudiengang zu erhalten und dies durch eine angemessene Anzahl erfolgloser Bewerbungen nachweist und

d) die bisherige Ausbildung für den Fall der Nichtzulassung zum Wunschstudium auch berufsqualifizierend abschließen wollte. Dies ist nicht der Fall, wenn die bisherige Ausbildung lediglich zur Überbrückung notwendiger Wartezeiten bis zur sicheren Zulassung zum Wunschstudium aufgenommen wurde.

Von dem Erfordernis lückenloser Bewerbungen kann nur aus zwingenden Gründen abgewichen werden, z.B.

- bei Bestätigung der Hochschule oder sonstigen Zulassungsstelle, dass die unterlassene Bewerbung keinesfalls zum Erfolg geführt hätte,
- wenn die auszubildende Person mit den Bewerbungen für den Wunschstudiengang aussetzen musste, weil anderenfalls eine Zulassung zu dem ebenfalls zulassungsbeschränkten Alternativstudium nicht zu erreichen gewesen wäre,
- während der Ableistung des Wehr- oder Zivildienstes, des freiwilligen sozialen oder ökologischen Jahres sowie vergleichbarer Dienste (z.B. Dienste nach dem Bundesfreiwilligendienstgesetz, der freiwillige Wehrdienst nach § 54 Wehrpflichtgesetz, der „Entwicklungsdienst" nach § 13b Wehrpflichtgesetz und „andere Dienste im Ausland" nach §§ 14a, 14b Zivildienstgesetz).

7.3.12a (Aufgehoben)

7.3.13 Bei Vorliegen der Voraussetzungen der Tz 7.3.12 ist ein wichtiger Grund stets zu bejahen, wenn Auszubildende aus einer Krankenpflegeausbildung in einen medizinischen Studiengang wechseln.

7.3.14 Als wichtiger Grund genügt nicht eine allgemeine Verschlechterung der Berufsaussichten.

7.3.15 Findet während einer weiteren Ausbildung (vgl. Tz 7.2.1) ein Abbruch der Ausbildung oder ein Fachrichtungswechsel statt, wird Ausbildungsförderung nur geleistet, wenn für die Ausbildung in der neuen Fachrichtung sowohl die Voraussetzungen des § 7 Abs. 2 als auch des § 7 Abs. 3 erfüllt sind. Tz 7.1a.4 Satz 3 und Tz 7.3.3a Satz 2 sind zu beachten.

7.3.15a Eine Förderung nach einem Fachrichtungswechsel oder Studienabbruch innerhalb eines Studiengangs nach Absatz 1a setzt einen unabweisbaren Grund voraus (vgl. § 7 Abs. 1a Satz 2).

7.3.16 Unbeschadet von Tz 7.3.12 und 7.3.13 kann eine Tatsache nur dann als wichtiger oder unabweisbarer Grund beachtlich sein, wenn sie dem Auszubildenden vor Aufnahme der bisher betriebenen Ausbildung nicht bekannt war oder in ihrer Bedeutung nicht bewusst sein konnte.

Hat der Auszubildende nicht unverzüglich die Ausbildung abgebrochen oder die Fachrichtung gewechselt, nachdem ihm die als wichtiger oder unabweisbarer Grund zu wertende Tatsache bekannt oder in ihrer Bedeutung bewusst geworden ist, so ist eine spätere Berufung auf diese Tatsache förderungsrechtlich nicht beachtlich.

7.3.16a Unabweisbar ist ein Grund, der eine Wahl zwischen der Fortsetzung der bisherigen Ausbildung und ihrem Abbruch oder dem Wechsel aus der bisherigen Fachrichtung nicht zulässt. Ein unabweisbarer Grund ist z.B. eine unerwartete – etwa als Unfallfolge eingetretene – Behinderung oder Allergie gegen bestimmte Stoffe, die die Ausbildung oder die Ausübung des bisher angestrebten Berufs unmöglich macht.

Das endgültige Nichtbestehen der Zwischen- oder Abschlussprüfung ist kein unabweisbarer Grund.

7.3.17 Der Zeitpunkt des Abbruchs der Ausbildung oder des Wechsels der Fachrichtung ist anhand geeigneter Unterlagen festzustellen.

Werden Auszubildende bei bestehenden Zulassungsbeschränkungen von einer Zulassungsstelle erst verspätet nach Beginn des vierten Fachsemesters für dieses laufende Semester im neuen Wunschstudium zugelassen, so gilt der Wechsel als zum Beginn des Semesters vollzogen.

7.3.18 Ob eine auszubildende Person die Ausbildung abbricht oder die Fachrichtung wechselt, ist anhand ihrer Angaben und ihres Verhaltens zu prüfen. Hierzu können vorherige schriftliche Erklärungen der auszubildenden Person herangezogen werden.

7.3.19 Für die Förderung der in Tz 7.1.15 genannten Personen gilt Folgendes:

Wird die Ausbildung in derselben Fachrichtung im Inland fortgesetzt, sind unverschuldete Verzögerungen (z.B. keine volle Anrechnung der förderungsrechtlich für das Studium relevanten Semester, Überschreiten der Förderungshöchstdauer, verspätete Vorlage des Nachweises nach § 48) nach § 15 Abs. 3 Nr. 1 zu beurteilen.

Wird im Inland eine Ausbildung in einer anderen Fachrichtung aufgenommen, ist der Wechsel nur dann förderungsunschädlich, wenn – je nach Zeitpunkt – ein wichtiger oder unabweisbarer Grund für den Wechsel anzunehmen ist. Zur Bestimmung des Zeitpunkts des Wechsels gilt Folgendes:

- Im Ausland verbrachte Ausbildungszeiten sind grundsätzlich zu berücksichtigen, wenn die besuchte ausländische Ausbildungsstätte den in § 2 Abs. 1 und 2 bezeichneten oder nach Abs. 3 bestimmten Ausbildungsstätten nach Zugangsvoraussetzungen, Art und Inhalt der Ausbildung sowie nach dem vermittelten Ausbildungsabschluss gleichwertig ist.
- Ein Jahr der Auslandsausbildung ist gemäß § 5a abzuziehen.
- Abzuziehen sind ferner die Semester eines ausländischen Hochschulstudiums, die zusammen mit der ausländischen Reifeprüfung erst als Zugangsvoraussetzung für die Aufnahme eines Hochschulstudiums zu bewerten sind.

Ein unabweisbarer Grund ist nur dann anzunehmen, wenn die Ausbildung in Deutschland nicht in einer der bisherigen Ausbildung ggf. auch nur in Teilen vergleichbaren Ausbildung fortgesetzt werden kann.

Je nachdem, ob ein wichtiger oder unabweisbarer Grund für den Wechsel/Abbruch anzunehmen ist, hat dies auch Auswirkungen auf die Förderungsart nach § 17 (vgl. Tz 17.3.4 und 17.3.5).

7.3.20 Ob die Ausbildung entsprechend der Immatrikulation auch tatsächlich betrieben wird, ist für die Semesterzählung unerheblich. Zur Semesterzählung vgl. auch Tz 17.3.3, 17.3.4 und 48.1.5.

Zu Satz 5

7.3.21 Für die Bestimmung der Anzahl der Semester, die nach Entscheidung der Ausbildungsstätte aus der ursprünglich betriebenen auf die neue Fachrichtung angerechnet werden, ist die Fachsemesterzahl zugrunde zu legen, die in der Bescheinigung nach § 9 bzw. in der Anrechnungsentscheidung der Hochschule genannt ist. Dies gilt auch bei Mehrfächerstudiengängen bezogen auf jedes einzelne Fach. Zur Abgrenzung zwischen Fachrichtungswechsel und Schwerpunktverlagerung vgl. Tz 7.3.5.

Zu evtl. Auswirkungen des Fachrichtungswechsels auf den Zeitpunkt der Vorlage des Leistungsnachweises nach § 48, insbesondere bei modularisierten Mehrfächerstudiengängen, vgl. Tz 48.1.2b und Tz 48.1.8.

Erläuterungen

1. Es ist erforderlich, aber auch ausreichend, dass die im Rahmen des § 7 Abs. 1 Satz 1 BAföG auf den Mindestumfang von drei Schul- oder Studienjahren anzurechnenden vorangegangenen Ausbildungen die abstrakten Voraussetzungen erfüllen, die an eine nach dem Bundesausbildungsförderungsgesetz förderungsfähige Ausbildung zu stellen sind. Dies gilt insbesondere für Ausbildungen an Ausbildungsstätten nach § 2 Abs. 1 Nr. 1 BAföG, und zwar auch dann, wenn für die konkrete Ausbildung aufgrund der Vorgaben des § 2 Abs. 1 a BAföG Ausbildungsförderung nicht geleistet wurde.
   BVerwG, FamRZ 2015, 1494

2. Der Anspruch des § 7 Abs. 1 wird auch durch zwei aufeinander folgende berufsqualifizierende Ausbildungen ausgeschöpft, von denen nur die zweite abgeschlossen wird, z. B. einem aus wichtigem Grund abgebrochenen Studium folgt eine zweijährige Berufsfachschulqualifikation.
   BVerwG FamRZ 1994, 726

3. Verlangt die Ausbildungsordnung einen zweijährigen Schulbesuch mit anschließendem einjährigen Berufspraktikum, liegt eine Ausbildung vor, die mit dem Praktikum abgeschlossen ist.
   BVerwG FamRZ 1986, 395

4. Die Anrechnung einer Ausbildung auf den Förderungsanspruch nach § 7 BAföG ist vom Vorliegen der Voraussetzungen des § 2 Abs 5 S 1 Halbs 2 BAföG abhängig. Dies bedeutet, dass eine vollständig in Teilzeitform durchgeführte und deshalb gemäß § 2 Abs 5 S 1 Halbs 2 BAföG nicht förderungsfähige Ausbildung im Rahmen des § 7 Abs 1 BAföG keine Berücksichtigung findet.
   Hamburgisches OVG, Beschluss vom 24. Januar 2019, 4 Bs 83/18, juris
   Bayerischer VGH, Beschluss vom 27. Juli 2020 – 12 CE 20.1558 –, juris

5. Ausländische Berufsqualifikationen an Bildungsinstitutionen, die inländischen nach § 2 BAföG vergleichbar sind, gelten für Aussiedler und Flüchtlinge dann nicht als berufsqualifizierend, wenn sie im Inland nicht zur Berufsausübung berechtigen.
   BVerwG FamRZ 1997, 897, 1439

6. Ein Lehramtsstudium in Russland ist mit einem inländischen Studium nicht vergleichbar. Ein inländisches Studium kann daher nach § 7 Abs. 1 Satz 1 gefördert werden.
   OVG Münster FamRZ 2008, 1664

7. Hat ein deutscher Antragsteller im Ausland einen Bachelor erworben, der dort berufsqualifizierend ist, ist damit der Grundanspruch nach § 7 Abs. 1 Satz 2 ausgeschöpft.
   OVG Hamburg FamRZ 2004, 1756

8. § 7 Abs. 1 Satz 2 BAföG ist nicht auf im Ausland berufsqualifizierende, aber nicht zu einer Berufsausübung im Inland berechtigende Ausbildungsabschlüsse anwendbar, wenn die Betroffenen bei objektiver Betrachtung keine Wahlmöglichkeit hatten, eine entsprechende inländische Ausbildung zu absolvieren und später ein qualifiziertes Aufenthaltsrecht erlangt haben, das ihre persönliche Förderungsberechtigung begründet und es für sie unzumutbar macht, sie auf eine Berufsausübung im Herkunftsland zu verweisen.
   Die teleologische Reduktion des § 7 Abs. 1 Satz 2 BAföG setzt nicht voraus, dass die Gründe, welche die Verweisung auf die Auslandsausbildung unzumutbar machen, in einem zeitlich-kausalen Zusammenhang mit der Aufenthaltsbegründung und Ausbildungsaufnahme in Deutschland stehen.
   In den Fällen der teleologischen Reduktion des § 7 Abs. 1 Satz 2 BAföG ist die Aufnahme eines anderen Studienfaches in Deutschland nach berufsqualifizierendem Ausbildungsabschluss im

Ausland förderungsrechtlich nicht als Abbruch der bisherigen und Aufnahme einer anderen Ausbildung im Sinne von § 7 Abs. 3 Satz 1 BAföG zu bewerten.
BVerwGE 166, 205-219; das BMBF hat das Urteil und weitere Entwicklungen im Bereich der Anerkennung ausländischer berufsqualifizierender Abschlüsse zum Anlass genommen,mit verschiedenen Erlassen – zuletzt sämtlich zusammengefasst im Erlass vom 22.01.2024 – Vorgaben für die Umsetzung in der Praxis zu treffen.

9. Zur Gleichwertigkeitsfeststellung bzgl. ausländischer Bildungsabschlüsse i.S.d. § 7 Abs. 1 Nr. 2 BAföG hat das BMBF ausführliche Hinweise verfasst.
zuletzt im Erlass vom 22.01.2024

10. Ein ausländischer berufsqualifizierender Abschluss schließt den Anspruch auf Förderung der „Erstausbildung" (§ 7 Abs. 1 Satz 1 BAföG) auch dann nicht aus, wenn der Betroffene vor Abschluss der Auslandsausbildung keine Wahlmöglichkeit hatte, seine Ausbildung stattdessen in der Bundesrepublik Deutschland zu absolvieren, sofern der im Ausland erworbene Abschluss in der Bundesrepublik Deutschland nicht als zur Berufsausübung befähigender, gleichwertiger Abschluss anerkannt ist und wenn es dem Auszubildenden zudem nicht mehr zuzumuten ist, seine Qualifikation zu einer Berufsausübung im Ausland einzusetzen.
OVG des Saarlandes, Urteil vom 18. März 2019 – 2 A 295/18 –, juris; vgl. zu allem auch den bereits o.a. Erlass vom 22.01.2024

11. Der bloße Erwerb des Bachelor-Grades ohne ein entsprechendes grundständiges Studium ist keine Basis für die Förderung einer anschließenden Masterausbildung.
VerwG Hamburg FamRZ 2012, 1599

12. Wer nach einem Bachelor-Abschluss zunächst eine dreijährige Berufsfachschule abschließt und dann ein Masterstudium beginnt, kann hierfür nach § 7 Abs. 1a gefördert werden, Tz 7.1a.5 (sogenannter Rücksprung).

13. Ein im Ausland erworbener Hochschulabschluss als Bachelor ist darauf zu überprüfen, ob er berufsqualifizierend ist. Viele derartige Abschlüsse sind nicht berufsqualifizierend.
VGH BaWü FamRZ 1998, 519
Fehlt es an der Berufsqualifizierung, kann die inländische Ausbildung nach § 7 Abs. 1 BAföG gefördert werden, selbst wenn eine Masterausbildung nach § 19 HRG begonnen wird.

14. Studienzeiten auf Grund einer vorläufigen Zulassung zu einem Masterstudium im Sinne des § 7 Abs. 1a S. 3 BAföG werden nicht auf die Förderungshöchstdauer eines später erneut begonnenen Masterstudiums angerechnet, wenn die Zulassung wegen nicht rechtzeitigen Nachweises des Bachelorabschlusses erlischt.
Oberverwaltungsgericht Berlin-Brandenburg, Urteil vom 31. Januar 2024 – OVG 6 B 11/23 –, juris

15. Die Anwendung von § 7 Abs. 2 S. 1 Nr. 3 setzt voraus, dass zwischen der ersten und der zweiten Ausbildung eine Identität des Wissenssachgebietes gegeben ist.
BVerwG FamRZ 1978, 544
Hauptanwendungsfall: Fortsetzung eines FH-Studiums in identischer Fachrichtung auf der Hochschule. Bei Fortsetzung und Vertiefung auf einem die vorherige Ausbildung prägenden Teilgebiet vgl. Tz 7.2.16b.

16. § 7 Abs. 2 S. 1 Nr. 4 Buchstabe b setzt voraus, dass die Ausbildung, deren Zugang auf dem Zweiten Bildungsweg erworben wurde, die zweite und nicht die dritte berufsqualifizierende Ausbildung ist.
Hess VGH FamRZ 1988, 442

17. Die privilegierte Förderungsmöglichkeit für eine weitere Ausbildung nach § 7 Abs. 2 Satz 1 Nr. 4 Buchst. b BAföG kann nicht im Wege der richterlichen Rechtsfortbildung auf Auszubildende er-

streckt werden, die nach landesrechtlichem Hochschulrecht allein aufgrund des Erwerbs eines Fachschulabschlusses zum Studium an einer Hochschule berechtigt sind.

Die norminterpretierende Verwaltungsvorschrift 7.2.18 BAföGVwV bindet die Gerichte hinsichtlich der Anwendung des § 7 Abs. 2 Satz 1 Nr. 5 BAföG nicht und kann dem Gesetz keinen Inhalt zuschreiben, der mit der objektiven Rechtslage unvereinbar ist
BVerwG, Urteile vom 29.03.2018, 5 C 14.16 und 5 C 14.17, www.bverwg.de/rechtsprechung

18. § 7 Abs. 2 S. 1 Nr. 5 ist nur anwendbar, wenn § 7 Abs. 1 nicht bereits durch zwei förderungsfähige Ausbildungen berufsqualifizierend abgeschlossen wurde.
BVerwG FamRZ 1990, 564
Endete die erste berufsqualifizierende Ausbildung dagegen ohne Abschluss, z. B. dem einjährigen Besuch einer Kinderkrankenschule schloss sich eine zweijährige Berufsfachschulausbildung an, bleibt Förderung für ein Studium nach § 7 Abs. 2 S. 1 Nr. 5 möglich.
BVerwG FamRZ 1988, 1105

19. Die besonderen Umstände des Einzelfalles liegen bei zwei Berufen vor, die zwei Studien voraussetzen:

    a) Der Kieferchirurg, OVG Münster FamRZ 1980, 515

    b) Der Schulpsychologe, OVG Berlin FamRZ 1983, 426

20. Auszubildende, die nach dem Erwerb eines berufsqualifizierenden Bachelorgrades ihre Hochschulausbildung infolge der vollständigen Anrechnung ihrer im Bachelorstudium erbrachten Leistungen mittels Quereinstiegs in ein höheres Fachsemester eines grundständigen Diplomstudiums in derselben Fachrichtung fortsetzen, haben für die Dauer der Regelstudienzeit des Diplomstudiengangs einen Anspruch auf Ausbildungsförderung nach § 7 Abs. 2 Satz 2 BAföG.
BVerwG, Urteil vom 29.11.2018, 5 C 10.17, www.bverwg.de/rechtsprechung
Das o.a. Urteil des BVerwG ist auch in entsprechenden Fällen des Quereinstiegs in einen Staatsexamens- oder einstufigen Magisterstudiengang anzuwenden.
Erlass des BMBF vom 18.03.2019

21. Die Studien der Rechtswissenschaften und des Public Health ergeben zusammen kein fest umrissenes Berufsbild, das eine Förderung nach § 7 Abs. 2 Satz 2 rechtfertigen würde.
OVG Bremen FamRZ 2011, 411

22. Die Berücksichtigung mangelnder Eignung oder eines ernsthaften Neigungswandels setzt voraus, dass der Auszubildende bei sorgfältiger Prüfung davon ausgehen durfte, er besitze für das zunächst gewählte Fach die erforderliche Eignung.
OVG Saarlouis FamRZ 2011, 1184

23. Fachwechsel bei Zweifächerstudiengängen: Die bisher in vielen Ämtern übliche Quotelung bei Aufgabe eines Faches in Zweifächerstudiengängen muss mit der neuen Verwaltungsvorschrift aufgegeben werden. Nach Tz 7.3.21 ist der wichtige Grund für den Fachwechsel für jedes Fach getrennt zu prüfen und nicht nach dem Semesterverlust für die Studienrichtung insgesamt.

24. § 7 Abs. 3 Satz 5 BAföG setzt zwingend eine Anerkennungsentscheidung der hierfür zuständigen Stelle der Hochschule voraus. Diese Entscheidung kann nicht durch das Amt für Ausbildungsförderung oder – im Rechtsstreit über Leistungen nach dem Bundesausbildungsförderungsgesetz – das Verwaltungsgericht ersetzt werden.
BVerwG, Urteil vom 6. Februar 2020 – 5 C 10/18 –, juris

25. Kein Fachwechsel bei Wechsel von Fachhochschule zur Universität: Der Wechsel von der Fachhochschule zur Universität in der gleichen Fachrichtung soll nicht mehr als Fachwechsel angesehen werden. Beispiel. Die Studentin A wechselt nach drei Semestern Architektur im Bachelor-

Studiengang an der Fachhochschule zum Bachelor-Studiengang an der Technischen Hochschule, wo sie im ersten Semester neu beginnen muss. Förderungsrechtlich liegt nach Tz 7.3.3. kein Fachwechsel vor. Die weitere Förderung über das vierte Semester hinaus bleibt allerdings verschlossen. Sie wäre nur möglich, wenn der Wechsel der Hochschulebene als schwerwiegender Grund nach § 15 Abs. 3 Nr. 1 anerkannt werden könnte. Dies ist jedoch nach der bisher anerkannten Rechtsprechung des Bundesverwaltungsgerichts nicht möglich.
BVerwG FamRZ 1983, 102

26. Schließt sich eine dreijährige Berufsfachschulausbildung an ein achtsemestriges Studium an, das ohne unabweisbaren Grund abgebrochen wurde, und beginnt der Student ein anderes Studium, so bleiben die Fachsemester des ersten Wechsels unberücksichtigt, Tz 7.2.2.

27. Auch familiäre Gründe, wie der berufsbedingte Ortswechsel des Ehepartners können einen wichtigen Grund für einen Fachwechsel ergeben.
BVerwG FamRZ 2000, 642

28. Die in der Tz. 7.3.12 BAföGVwV entwickelten Grundsätze für den Wechsel von Park- zur Wunschausbildung hat das BMBF im Hinblick auf ein Auslandsstudium ~~folgt~~ angepasst:
Erlass des BMBF vom 03.03.2022

29. Die Frage, ob ein Fachwechsel unverzüglich erfolgt, unterliegt einer semesterweisen Betrachtungsweise.
OVG Brandenburg FamRZ 2000, 918; VGH Baden-Württemberg FamRZ 1995, 511

30. Eine im Ausland abgebrochene Ausbildung, die an einer Hochschule durchgeführt wurde, die im Sinne von § 2 BAföG einer inländischen vergleichbar ist, ist als förderungsfähige Ausbildung einzustufen. Wechselt der Auszubildende die Fachrichtung im Inland, liegt ein Fachrichtungswechsel vor. Dabei sind jedoch die Fachsemester abzuziehen, die für die Anerkennung des Studiums als allgemeine Hochschulreife aufgewendet werden müssen. Das sind bei Studiengängen aus der ehemaligen Sowjetunion in der Regel vier Semester.
BVerwG FamRZ 1998, 710 -

siehe zu Studienabbrüchen im Ausland auch den Erlass des BMBF vom 22.01.2024

31. Alleinerziehende Mütter können aus wichtigem Grund zum Fachwechsel gezwungen sein, z.B. weil sie keine bezahlte Praktikumsstelle am bisherigen Studienort finden.
BVerfG FamRZ 2003, 1263

32. Das endgültige Nichtbestehen einer Vor- und Zwischenprüfung ist kein unabweisbarer Grund für einen Fachwechsel.
BVerwG FamRZ 2004, 1675

33. Ein unabweisbarer Grund kann auch in dem durch Heirat bedingten Studienortwechsel liegen, wenn sich am neuen Hochschulort kein passendes Studienangebot findet.
VG Stuttgart FamRZ 2003, 1605

34. Das vierte Fachsemester beginnt mit dem Verwaltungssemester. Dies ist bei Universitäten regelmäßig der 1. April bzw. der 1. Oktober eines Jahres. Ein anderes Kriterium, das den Beginn des Semesters hinreichend allgemein, eindeutig und klar bestimmen könnte, ist nicht ersichtlich. Insbesondere wird der Beginn des vierten Semesters nicht hinreichend allgemein, klar und eindeutig bestimmt, wenn auf den Beginn der Lehrveranstaltungen abgestellt wird.
OVG Bautzen, SächsVBl 2015, 86;– die Überlegungen des OVG sind nach Inkrafttreten des 29. BAföGÄndG auf den Beginn des 5. Fachsemesters übertragbar

35. Ein unabweisbarer Grund für einen Fachrichtungswechsel liegt vor, wenn es einem Studenten aus gesundheitlichen Gründen wegen einer zwanghaften Persönlichkeitsstörung unmöglich ist, ein aufgenommenes Studium fortzusetzen.
OVG Bautzen, Urteil vom 05.12.2012, Az. 1 A 166/09

36. Die Sperrwirkung des § 7 Abs. 3 Satz 1 BAföG für einen Bachelorstudiengang erstreckt sich auch auf einen darauf aufbauenden Masterstudiengang; beide bilden eine „andere Ausbildung" im Sinne dieser Vorschrift.
BVerwG, Beschluss vom 11.04.2018, 5 B 5.18, www.bverwg.de/rechtsprechung
Dieser Rechtsprechung ist der Gesetzgeber im Zuge des 26. BAföG-Änderungsgesetzes entgegengetreten, indem er den Wortlaut des § 7 Abs. 1 a BAföG verändert hat. Statt auf einem „Bachelorstudiengang" muss das Masterstudium nun auf einem „Bachelorstudienabschluss" aufbauen, um förderungsfähig zu sein. Durch die geänderte Wortwahl soll deutlich werden, dass es sich bei Bachelor und Master um jeweils eigenständige Ausbildungsabschnitte handelt (vgl. § 2 Abs. 5 S.2 BAföG).

37. Grundsätzlich sind Zeitverluste, die der Auszubildende erleidet, der unter Beibehaltung des Studiengangs die Hochschule wechselt, unerheblich; von dem Auszubildenden muss erwartet werden, dass er sich vor dem Wechsel der Hochschule erkundigt, ob die Organisation des Studiums und der Prüfungen einen zügigen Fortgang des Studiums nach dem Hochschulwechsel erlaubt.Die aus dem Studienortwechsel resultierenden Verzögerungen könnten allenfalls dann im Sinne von § 15 Abs. 3 Nr. 1 BAföG gerechtfertigt sein, wenn der konkrete Studienortwechsel unabweisbar und damit die Verzögerung zwangsläufig war. Derartiges kann beispielsweise angenommen werden, wenn der Hochschulwechsel gerade dazu dient, das Studium erfolgreich zum Abschluss zu bringen oder eine berufliche Verwertbarkeit des Studiums sicherzustellen.
OVG Münster, Urteil vom 12. Dezember 2022 – 12 A 3854/19 –, juris

Abschnitt II
Persönliche Voraussetzungen

§ 8 Staatsangehörigkeit

(1) Ausbildungsförderung wird geleistet

1. Deutschen im Sinne des Grundgesetzes,
2. Unionsbürgern sowie deren Familienangehörigen im Sinne von § 1 Absatz 2 Nummer 3 des Freizügigkeitsgesetzes/EU und nahestehenden Personen im Sinne von § 1 Absatz 2 Nummer 4 des Freizügigkeitsgesetzes/EU, die ein Recht auf Daueraufenthalt im Sinne des Freizügigkeitsgesetzes/EU besitzen sowie Ausländern, die eine Niederlassungserlaubnis oder eine Erlaubnis zum Daueraufenthalt – EU nach dem Aufenthaltsgesetz besitzen,
3. Unionsbürgern, die nach § 2 Absatz 2 des Freizügigkeitsgesetzes/EU als Arbeitnehmer oder Selbständige unionsrechtlich freizügigkeitsberechtigt sind, sowie deren Familienangehörigen im Sinne von § 1 Absatz 2 Nr. 3 des Freizügigkeitsgesetzes/EU und nahestehenden Personen im Sinne von § 1 Absatz 2 Nr. 4 des Freizügigkeitsgesetzes/EU, wenn sie ein Aufenthaltsrecht nach dem Freizügigkeitsgesetz/EU besitzen, oder denen diese Rechte als Kinder nur deshalb nicht zustehen, weil sie 21 Jahre oder älter sind und von ihren Eltern oder deren Ehegatten oder Lebenspartnern keinen Unterhalt erhalten, die unter den Voraussetzungen des § 3 Absatz 1 und 3 des Freizügigkeitsgesetzes/EU unionsrechtlich freizügigkeitsberechtigt sind oder denen diese Rechte als Kinder nur deshalb nicht zustehen, weil sie 21 Jahre oder älter sind und von ihren Eltern oder deren Ehegatten oder Lebenspartnern keinen Unterhalt erhalten,
4. Unionsbürgern, die vor dem Beginn der Ausbildung im Inland in einem Beschäftigungsverhältnis gestanden haben, dessen Gegenstand mit dem der Ausbildung in inhaltlichem Zusammenhang steht,
5. Staatsangehörigen eines anderen Vertragsstaates des Abkommens über den Europäischen Wirtschaftsraum sowie deren Familienangehörigen im Sinne von § 1 Absatz 2 Nummer 3 des Freizügigkeitsgesetzes/EU und nahestehenden Personen im Sinne von § 1 Absatz 2 Nummer 4 des Freizügigkeitsgesetzes/EU unter den Voraussetzungen der Nummern 2 bis 4,
6. Ausländern, die ihren gewöhnlichen Aufenthalt im Inland haben und die außerhalb des Bundesgebiets als Flüchtlinge im Sinne des Abkommens über die Rechtsstellung der Flüchtlinge vom 28. Juli 1951 (BGBl. 1953 II S. 559) anerkannt und im Gebiet der Bundesrepublik Deutschland nicht nur vorübergehend zum Aufenthalt berechtigt sind,
7. heimatlosen Ausländern im Sinne des Gesetzes über die Rechtsstellung heimatloser Ausländer im Bundesgebiet in der im Bundesgesetzblatt Teil III, Gliederungsnummer 243-1, veröffentlichten bereinigten Fassung, zuletzt geändert durch Artikel 7 des Gesetzes vom 30. Juli 2004 (BGBl. I S. 1950).

(2) Anderen Ausländern wird Ausbildungsförderung geleistet, wenn sie ihren ständigen Wohnsitz im Inland haben und

1. eine Aufenthaltserlaubnis nach den §§ 22, 23 Absatz 1, 2 oder 4, den §§ 23a, 25 Absatz 1 oder 2, den §§ 25a, 25b, 28, 37, 38 Absatz 1 Nummer 2, den §§ 104a, 104c oder als Ehegatte oder Lebenspartner oder Kind eines Ausländers mit Niederlassungserlaubnis oder Erlaubnis zum Daueraufenthalt – EU nach dem Aufenthaltsgesetz eine Aufenthaltserlaubnis nach § 30 oder den §§ 32 bis 34 oder § 36 Absatz 2 des Aufenthaltsgesetzes besitzen,
2. eine Aufenthaltserlaubnis nach § 25 Absatz 3, Absatz 4 Satz 2 oder Absatz 5, § 31 des Aufenthaltsgesetzes oder als Ehegatte oder Lebenspartner oder Kind eines Ausländers mit Aufenthaltserlaubnis eine Aufenthaltserlaubnis nach § 30, den §§ 32 bis 34, § 36 Absatz 2 oder nach § 36a des Aufenthaltsgesetzes besitzen und sich seit mindestens 15 Monaten in Deutschland ununterbrochen rechtmäßig, gestattet oder geduldet aufhalten.

(2a) Geduldeten Ausländern (§ 60a des Aufenthaltsgesetzes), die ihren ständigen Wohnsitz im Inland haben, wird Ausbildungsförderung geleistet, wenn sie sich seit mindestens 15 Monaten ununterbrochen rechtmäßig, gestattet oder geduldet im Bundesgebiet aufhalten.

(3) [1]Im Übrigen wird Ausländern Ausbildungsförderung geleistet, wenn

1. sie selbst sich vor Beginn des förderungsfähigen Teils des Ausbildungsabschnitts insgesamt fünf Jahre im Inland aufgehalten haben und rechtmäßig erwerbstätig gewesen sind oder
2. zumindest ein Elternteil während der letzten sechs Jahre vor Beginn des förderungsfähigen Teils des Ausbildungsabschnitts sich insgesamt drei Jahre im Inland aufgehalten hat und rechtmäßig erwerbstätig gewesen ist, im Übrigen von dem Zeitpunkt an, in dem im weiteren Verlauf des Ausbildungsabschnitts diese Voraussetzungen vorgelegen haben. [2]Die Voraussetzungen gelten auch für einen einzigen weiteren Ausbildungsabschnitt als erfüllt, wenn der Auszubildende in dem vorhergehenden Ausbildungsabschnitt die Zugangsvoraussetzungen erworben hat und danach unverzüglich den Ausbildungsabschnitt beginnt. [3]Von dem Erfordernis der Erwerbstätigkeit des Elternteils während der letzten sechs Jahre kann abgesehen werden, wenn sie aus einem von ihm nicht zu vertretenden Grunde nicht ausgeübt worden ist und er im Inland mindestens sechs Monate erwerbstätig gewesen ist.

(4) Auszubildende, die nach Absatz 1 oder 2 als Ehegatten oder Lebenspartner persönlich förderungsberechtigt sind, verlieren den Anspruch auf Ausbildungsförderung nicht dadurch, dass sie dauernd getrennt leben oder die Ehe oder Lebenspartnerschaft aufgelöst worden ist, wenn sie sich weiterhin rechtmäßig in Deutschland aufhalten.

(5) Rechts- und Verwaltungsvorschriften, nach denen anderen Ausländern Ausbildungsförderung zu leisten ist, bleiben unberührt.

Allgemeine Verwaltungsvorschrift

8.0.1[1] *Deutscher im Sinne des Grundgesetzes ist*

a) *wer die deutsche Staatsangehörigkeit besitzt,*

b) *wer als Flüchtling oder Vertriebener deutscher Volkszugehörigkeit oder als dessen Ehegatte oder Abkömmling in dem Gebiet des Deutschen Reiches nach dem Stande vom 31. Dezember 1937 Aufnahme gefunden hat (Deutscher ohne deutsche Staatsangehörigkeit).*

8.0.2 *Ausländer ist jeder, der nicht Deutscher im Sinne des Artikels 116 Abs. 1 des Grundgesetzes ist (§ 1 Abs. 2 AuslG).*

Zu Absatz 1

Zu Absatz 1 Nummer 1

8.1.1 Deutsche im Sinne des Grundgesetzes (vgl. Artikel 116 Abs. 1 GG) sind Personen, die

a) die deutsche Staatsangehörigkeit oder

b) vorübergehend die Rechtsstellung als (Status-) Deutsche ohne deutsche Staatsangehörigkeit (betrifft als Hauptanwendungsfall Spätaussiedler, die kurzfristig mit Ausstellung der Bescheinigung nach § 15 BVFG die deutsche Staatsangehörigkeit erwerben) besitzen.

8.1.2 Grundsätzlich reicht die Erklärung der auszubildenden Person über ihre deutsche Staatsangehörigkeit aus. Im Zweifel kann sie durch Vorlage eines gültigen Reisepasses oder eines gültigen Personalausweises der Bundesrepublik Deutschland nachgewiesen werden.

Personen, die vorübergehend die Rechtsstellung als (Status-)Deutsche besitzen, weisen diese durch Vorlage eines gültigen Ausweises über die Rechtsstellung als Deutsche nach.

Zu Absatz 1 Nummer 2

8.1.3 Ein Recht auf Daueraufenthalt ergibt sich aus § 4a FreizügG/EU. Erfasst sind im Wesentlichen Unionsbürger, die sich seit mindestens fünf Jahren ständig rechtmäßig im Bundesgebiet aufgehalten haben (§ 4a Abs. 1 FreizügG/EU).

Vor Ablauf von fünf Jahren haben Unionsbürger das Daueraufenthaltsrecht unter den Voraussetzungen des § 4a Abs. 2 FreizügG/EU.

---

1 Teilziffern 8.0.1 und 8.0.2 mit BMBF-Erlass vom 28.11.2013 (414 – 42531 – § 8) für nicht anwendbar erklärt.

Unionsbürger können außerdem als Familienangehörige von freizügigkeitsberechtigten Unionsbürgern vor Ablauf von fünf Jahren unter bestimmten Voraussetzungen ein Daueraufenthaltsrecht erwerben:

a) Familienangehörige eines verstorbenen Unionsbürgers im Sinne des § 2 Abs. 2 Nr. 1 bis 3 FreizügG/EU, die im Zeitpunkt seines Todes bei ihm ihren ständigen Aufenthalt hatten (§ 4a Abs. 3 FreizügG/EU unter den dort genannten weiteren Voraussetzungen),

b) Familienangehörige eines Unionsbürgers, der das Daueraufenthaltsrecht nach § 4a Abs. 2 FreizügG/EU erworben hat, wenn sie bei dem Unionsbürger ihren ständigen Aufenthalt haben (§ 4a Abs. 4 FreizügG/EU).

8.1.4 Den Nachweis des Daueraufenthaltsrechts erbringen Unionsbürger und ihre Familienangehörigen mit Staatsangehörigkeit eines Mitgliedsstaats der Europäischen Union durch Vorlage einer Daueraufenthaltsbescheinigung nach § 5 Abs. 5 FreizügG/EU.

Ein unbefristetes Aufenthaltsrecht kann von einem Unionsbürger ferner durch folgende Bescheinigungen nachgewiesen werden:

- die nach § 7a AufenthG/EWG (alt) erteilte „unbefristete Aufenthaltserlaubnis-EG";
- eine Bescheinigung nach § 5 Abs. 1 FreizügG/EU (alt) mit dem nachträglich angefügten Zusatz: „i. V. m. § 4a FreizügG/EU".

Freizügigkeitsberechtigte Unionsbürger, die Ehegatten oder Lebenspartner von Deutschen sind, können nach § 8 Abs. 2 BAföG förderungsberechtigt sein (vgl. Tz 8.2.2 Buchstabe g).

Dies gilt auch für freizügigkeitsberechtigte Unionsbürger, die Elternteil eines Kindes mit deutscher Staatsbürgerschaft sind.

8.1.5 Eine Niederlassungserlaubnis erhalten Ausländer nach §§ 9, 18b, 19 Abs. 1, 19a Abs. 6, 21 Abs. 4 Satz 2, 23 Abs. 2, 26 Abs. 3 und 4, 28 Abs. 2, 31 Abs. 3, 35 Abs. 1 sowie § 38 Abs. 1 Satz 1 Nr. 1 AufenthG.

Eine Niederlassungserlaubnis ist ein zeitlich und räumlich unbeschränkter Aufenthaltstitel und wird Angehörigen aus Staaten erteilt, die nicht zum Europäischen Wirtschaftsraum (EWR) oder der Schweiz gehören. Der Nachweis erfolgt durch Vorlage des Aufenthaltstitels, in dem die Art des Titels und die jeweils einschlägige Vorschrift eingetragen sind.

Einer Prüfung der Niederlassungserlaubnis bedarf es nicht.

8.1.6 Die Erlaubnis zum Daueraufenthalt-EG wird unter den in § 9a Abs. 2 AufenthG genannten Voraussetzungen erteilt. Der Nachweis erfolgt durch Vorlage des Aufenthaltstitels, in dem die Art des Titels und die jeweils einschlägige Vorschrift eingetragen sind.

8.1.7 Staatsangehörige der Schweiz, denen aufgrund des Gesetzes zum Abkommen zwischen der Europäischen Gemeinschaft und ihrer Mitgliedsstaaten einerseits und der Schweizerischen Eidgenossenschaft andererseits über die Freizügigkeit vom 2. September 2001 (BGBl. II S. 810) in entsprechender Anwendung der Nummer 2 Ausbildungsförderung geleistet wird, weisen die Berechtigung durch Vorlage der Aufenthaltserlaubnis nach. Staatsangehörige der Schweiz, die das 16. Lebensjahr noch nicht vollendet haben, haben einen Nachweis zu erbringen, dass ihre Eltern eine Aufenthaltserlaubnis besitzen.

Zu Absatz 1 Nummer 3

8.1.8 Es ist unerheblich, welche Staatsangehörigkeit die Auszubildenden besitzen.

8.1.9 Der Anspruch auf Ausbildungsförderung von Auszubildenden nach § 3 Abs. 4 FreizügG/EU besteht unabhängig davon, ob der Unionsbürger, von dem das Freizügigkeitsrecht abgeleitet wird, nach Beginn der Ausbildung verstorben ist oder das Bundesgebiet verlassen hat, bis zum Ende der Ausbildung, sofern die Auszubildenden sich im Bundesgebiet aufhalten.

8.1.10 Der Förderungsanspruch von mindestens 21 Jahre alten Auszubildenden setzt voraus, dass bis zur Vollendung des 21. Lebensjahres oder bis zum Wegfall der Unterhaltsleistung ein abgeleitetes Freizügigkeitsrecht bestanden hat.

8.1.11 Freizügigkeitsberechtigte Familienangehörige, die nicht Unionsbürger sind, erbringen den Nachweis über ihr Aufenthaltsrecht durch Vorlage der Aufenthaltskarte gemäß § 5 Abs. 1 FreizügG/EU, die innerhalb von sechs Monaten nach Abgabe der erforderlichen Angaben in der Regel für die Dauer von fünf Jahren ausgestellt wird.

Der Nachweis kann ferner durch Vorlage der nach § 7a AufenthG/EWG (alt) erteilten unbefristeten Aufenthaltserlaubnis-EG erbracht werden.

Freizügigkeitsberechtigte Familienangehörige, die selbst Unionsbürger sind und ihr Recht auf Aufenthalt ableiten, erbringen den Nachweis über ihr Aufenthaltsrecht durch Vorlage eines anerkannten oder sonst zugelassenen gültigen Pass oder Passersatzes sowie durch Vorlage eines Nachweises über das Bestehen der familiären Beziehung und einer Meldebestätigung des Unionsbürgers, den die Familienangehörigen begleiten oder dem sie nachziehen (vgl. § 5a Abs. 2 FreizügG/EU).

8.1.11a[1] *Die Voraussetzungen des § 8 Abs. 1 Nr. 5 erfüllt, wer auf Grund des Abkommens vom 28. Juli 1951 über die Rechtsstellung der Flüchtlinge (BGBl. 1953 II S. 559) oder nach dem Protokoll über die Rechtsstellung der Flüchtlinge vom 31. Januar 1967 (BGBl. 1969 II S. 1293) außerhalb der Bundesrepublik Deutschland als Flüchtling anerkannt und im Gebiet der Bundesrepublik Deutschland nicht nur vorübergehend zum Aufenthalt berechtigt ist.*

8.1.11b *Die Eigenschaft als in die deutsche Obhut genommener Flüchtling kann der Auszubildende glaubhaft machen durch folgenden Eintrag der Ausländerbe-*

1 Teilziffern 8.1.11a bis 8.1.11d mit BMBF-Erlass vom 28.11.2013 (414 – 42531 – § 8) für nicht anwendbar erklärt.

hörde im Paß oder Paßersatz: „Der Inhaber dieses Passes/Reiseausweises hat außerhalb des Gebietes der Bundesrepublik Deutschland Anerkennung als Flüchtling nach dem Abkommen über die Rechtsstellung der Flüchtlinge gefunden."

8.1.11c *Die Voraussetzungen des § 8 Abs. 1 Nr. 6 erfüllt, wer als Ausländer seinen gewöhnlichen Aufenthalt im Inland hat, durch unanfechtbare Feststellung der Voraussetzungen des § 51 Abs. 1 AuslG durch das Bundesamt für die Anerkennung ausländischer Flüchtlinge oder durch ein Gericht innerhalb der Bundesrepublik Deutschland als Flüchtling anerkannt und hier nicht nur vorübergehend zum Aufenthalt berechtigt ist. Die Befristung der Aufenthaltsbefugnis reicht allein nicht für die Annahme aus, der Ausländer sei nur vorübergehend zum Aufenthalt berechtigt. Diese Annahme setzt vielmehr voraus, dass ein Ende des berechtigten Aufenthaltes abzusehen ist.*

8.1.11d *Dass für den Auszubildenden Abschiebungsschutz nach § 51 Abs. 1 AuslG besteht, kann er glaubhaft machen durch folgenden Eintrag der Ausländerbehörde im Pass oder Passersatz: „Der Inhaber dieses Passes/Reiseausweises ist Flüchtling im Sinne des Abkommens über die Rechtsstellung der Flüchtlinge."*

Zu Absatz 1 Nummer 4

8.1.12 Ein Beschäftigungsverhältnis liegt vor, wenn ein Arbeitnehmer im Sinne des Gemeinschaftsrechts für einen anderen nach dessen Weisung Leistungen gegen eine Vergütung erbringt, dies können auch Ausbildungsverhältnisse, z.B. duale Berufsausbildungen, sein. Die Vergütung muss nicht zum Bestreiten des Lebensunterhalts ausreichen. Zur Vermeidung missbräuchlicher Inanspruchnahme von Förderungsmitteln muss es sich jedenfalls um eine tatsächliche und echte Tätigkeit von wirtschaftlichem Wert handeln, die keinen derartig geringen Umfang hat, dass sie sich als völlig untergeordnet und marginal darstellt.

Ein Beschäftigungsverhältnis im Sinne des Absatzes 1 Nummer 4 kann ansonsten in der Regel ohne Weiteres bejaht werden, wenn das Arbeitsverhältnis mindestens sechs Monate andauert.

8.1.13 Der inhaltliche Zusammenhang erfordert, dass bei objektiver Betrachtung Berufstätigkeit und Ausbildung in fachlicher, d. h. branchenspezifischer Hinsicht verwandt sind. Ausnahmsweise ist von diesem Erfordernis abzusehen bei unfreiwillig arbeitslos Gewordenen, die durch die Lage auf dem Arbeitsmarkt zu einer beruflichen Umschulung in einem anderen Berufszweig gezwungen sind.

Zu Absatz 1 Nummer 5

8.1.14 Erfasst sind Staatsangehörige Norwegens, Islands, Liechtensteins und der Schweiz sowie deren Ehegatten, Lebenspartner und Kinder, die selbst nicht die Staatsangehörigkeit eines EWR-Staates oder der Schweiz besitzen.

Zu Absatz 1 Nummer 6

8.1.15 Die Eigenschaft eines nach Artikel 28 Abs. 1 Satz 2 der Genfer Flüchtlingskonvention in deutscher Obhut befindlichen Flüchtlings wird durch einen entsprechenden Eintrag im Pass oder die Vorlage eines Reiseausweises für Flüchtlinge (§ 1 Abs. 3 Nr. 2, § 4 Abs. 1 Satz 1 Nr. 3, § 58 Satz 1 Nr. 7 Aufenthaltsverordnung) glaubhaft gemacht.

Zu Absatz 1 Nummer 7

8.1.16 Heimatlose Ausländer sind fremde Staatsangehörige oder Staatenlose, die die Rechtsstellung eines heimatlosen Ausländers im Bundesgebiet nach dem bezeichneten Gesetz erworben und diese Rechtsstellung nicht verloren oder sie nach dem Verlust wiedererlangt haben. Einem heimatlosen Ausländer ist gleichgestellt, wer seine Staatsangehörigkeit von einer solchen Person ableitet und am 1. Januar 1991 rechtmäßig seinen gewöhnlichen Aufenthalt im Geltungsbereich dieses Gesetzes hatte. Eine Förderung nach Nummer 7 setzt einen amtlichen Nachweis oder Eintrag im Pass oder im Passersatz über den Status als heimatloser Ausländer voraus.

Zu Absatz 2

8.2.1 Der Nachweis über den Besitz der Aufenthaltserlaubnis erfolgt durch Vorlage des aufenthaltsrechtlichen Dokuments, im dem die Art des Titels und die jeweils einschlägige Vorschrift eingetragen sind.

Zu Absatz 2 Nummer 1

8.2.2 Die aufgeführten Aufenthaltstitel werden typischerweise nur bei Bestehen einer aufenthaltsrechtlichen Verfestigungsperspektive gewährt, die regelmäßig an einen mehrjährigen ununterbrochenen Aufenthalt im Bundesgebiet anknüpft oder ungeachtet einer vorhergehenden Mindestaufenthaltsdauer aus anderen Gründen anzunehmen ist und die Verleihung des Aufenthaltstitels rechtfertigt.

Förderungsrechtlicher Prüfungsmaßstab ist allein das Vorliegen des entsprechenden Aufenthaltstitels; eine inhaltliche Überprüfung der mit dessen Ausstellung unterstellten Verfestigungsperspektive findet nicht statt.

a) Zu § 22 AufenthG

Die Aufenthaltserlaubnis wird Ausländern für die Aufnahme aus dem Ausland aus völkerrechtlichen oder dringenden humanitären Gründen bzw. zur Wahrung politischer Interessen der Bundesrepublik Deutschland erteilt.

b) Zu § 23 AufenthG

Die Vorschrift gibt den Obersten Landesbehörden die Möglichkeit, aus völkerrechtlichen oder humanitären Gründen oder zur Wahrung politischer Interessen der Bundesrepublik Deutschland eine Aufenthaltserlaubnis anzuordnen. Absatz 2 betrifft die Aufnahmezusage durch das Bundesamt für Migration und Flüchtlinge an Ausländer aus bestimmten Staaten oder in sonstiger Weise bestimmten Ausländergruppen zur Wahrung besonders gelagerter Interessen der Bundesrepublik Deutschland.

c) Zu § 23a AufenthG

Die Vorschrift bietet die Grundlage für die Erteilung einer Aufenthaltserlaubnis an vollziehbar ausreisepflichtige Ausländer in besonders gelagerten Härtefällen, wenn eine von der Landesregierung eingerichtete Härtefallkommission darum ersucht.

d) Zu § 25 Abs. 1 AufenthG

Die Vorschrift regelt die Erteilung einer Aufenthaltserlaubnis für Asylberechtigte nach Artikel 16a GG.

e) Zu § 25 Abs. 2 AufenthG

Die Vorschrift regelt die Erteilung einer Aufenthaltserlaubnis für Flüchtlinge nach der Genfer Flüchtlingskonvention.

f) Zu § 25a AufenthG

Die Vorschrift regelt die Erteilung einer Aufenthaltserlaubnis für gut integrierte Jugendliche und Heranwachsende, wenn diese unter anderem einen sechsjährigen ununterbrochenen Aufenthalt sowie einen sechsjährigen erfolgreichen Schulbesuch oder den Erwerb eines anerkannten Schul- oder Berufsabschlusses im Bundesgebiet nachweisen können.

g) Zu § 28 AufenthG

Diese Vorschrift regelt die Erteilung von Aufenthaltserlaubnissen für den Nachzug zu Deutschen. Die Aufenthaltserlaubnis ist dem ausländischen Ehegatten eines Deutschen, dem minderjährigen ledigen Kind eines Deutschen oder dem Elternteil eines minderjährigen ledigen Deutschen zur Ausübung der Personensorge zu erteilen, wenn der Deutsche seinen gewöhnlichen Aufenthalt im Bundesgebiet hat. Ist der Ehegatte des Deutschen EU-Bürger, erhält er als Freizügigkeitsberechtigter keine Aufenthaltserlaubnis nach § 28 AufenthG; daher ist die Förderungsberechtigung durch Vorlage einer Heiratsurkunde, aus der sich die Eheschließung mit einem Deutschen ergibt, nachzuweisen.

h) Zu § 37 AufenthG

Eine Aufenthaltserlaubnis unter dem Gesichtspunkt des Rechts auf Wiederkehr in das Bundesgebiet erhalten junge Ausländer, die sich neben weiteren Voraussetzungen vor der Ausreise mindestens acht Jahre lang rechtmäßig im Bundesgebiet aufgehalten und sechs Jahre im Bundesgebiet eine Schule besucht haben.

i) Zu § 38 Abs. 1 Satz 1 Nr. 2 AufenthG

Die Vorschrift regelt die Erteilung einer Aufenthaltserlaubnis für ehemalige Deutsche, die bei Verlust der deutschen Staatsangehörigkeit seit mindestens einem Jahr den gewöhnlichen Aufenthalt im Bundesgebiet hatten.

j) Zu § 30 AufenthG

Diese Vorschrift regelt die Erteilung von Aufenthaltserlaubnissen zum Ehegattennachzug. Voraussetzung ist unter anderem, dass beide Ehegatten bzw. Lebenspartner mindestens 18 Jahre alt sind und sich der Ehegatte bzw. Lebenspartner zumindest auf einfache Art in deutscher Sprache verständigen kann. Der Förderungsanspruch besteht nur, wenn der Ehegatte oder Lebenspartner, zu dem der Nachzug stattfindet, im Besitz einer Niederlassungserlaubnis ist. Der einmal entstandene Förderungsanspruch bleibt gemäß § 8 Abs. 4 von einer nachträglichen dauernden Trennung der Ehegatten bzw. Lebenspartner oder der Auflösung der Ehe bzw. der Aufhebung der Lebenspartnerschaft unberührt.

k) Zu den §§ 32, 33 und 34 AufenthG

Diese Vorschriften regeln die Erteilung von Aufenthaltserlaubnissen zum Nachzug eines Kindes, wobei auf den Besitz einer Niederlassungserlaubnis seitens der Eltern oder eines personensorgeberechtigten Elternteils abgestellt wird.

Zu Absatz 2 Nummer 2

8.2.3 Bei den hier genannten Aufenthaltstiteln ist nicht bereits ohne Weiteres von einer dauerhaften Verfestigung des Aufenthalts auszugehen. Deshalb ist insoweit eine Mindestdauer von vier Jahren eines erlaubten Aufenthalts im Bundesgebiet zusätzliche Förderungsvoraussetzung.

a) Zu § 25 Abs. 3 AufenthG

Die Vorschrift regelt die Erteilung einer Aufenthaltserlaubnis bei Vorliegen von Abschiebungsverboten nach § 60 Abs. 2, 3, 5 oder Abs. 7 AufenthG, z.B. wenn eine konkrete Gefahr für Leib, Leben oder Freiheit besteht.

b) Zu § 25 Abs. 4 Satz 2 AufenthG

Diese Vorschrift betrifft die Verlängerung einer bereits erteilten befristeten Aufenthaltserlaubnis, wenn das Verlassen des Bundesgebiets für den Ausländer aufgrund besonderer Umstände des Einzelfalls eine außergewöhnliche Härte bedeuten würde.

c) Zu § 25 Abs. 5 AufenthG

Die Vorschrift regelt die Erteilung einer Aufenthaltserlaubnis an vollziehbar ausreisepflichtige Ausländer, wenn die Ausreise aus rechtlichen Gründen (z.B. Krankheit oder Schutz von Ehe und Familie) oder tatsächlichen Gründen (z.B. fehlende Verkehrsverbindungen) unmöglich ist und mit dem Wegfall der Ausreisehindernisse in absehbarer Zeit nicht zu rechnen ist. Sie darf nur erteilt werden, wenn der Ausländer unverschuldet an der Ausreise gehindert ist.

d) Zu § 31 AufenthG

Im Falle der Aufhebung der ehelichen Lebensgemeinschaft wird die Aufenthaltserlaubnis des Ehegatten bei Vorliegen bestimmter Voraussetzungen als eigenständiges zum Zweck des Ehegattennachzuges unabhängiges Aufenthaltsrecht verlängert.

e) Zu den §§ 30, 32, 33 und 34 AufenthG

Für die nach diesen Vorschriften erteilte Aufenthaltserlaubnis gelten die Ausführungen unter Tz 8.2.2 Buchstaben j) und k) entsprechend, wobei der Besitz einer Aufenthaltserlaubnis des Ehegatten, Lebenspartners, der Eltern oder des personensorgeberechtigten Elternteils, zu dem der Nachzug stattfindet, ausreichend ist.

8.2.4[1] *Verbleiben bei der Feststellung des Gesamtzeitraums des Aufenthalts und der Erwerbstätigkeit einzelne Tage, so gelten sie als voller Monat.*

8.2.5 (weggefallen)

8.2.6 *Erwerbstätig ist eine Person, die eine selbstständige oder nichtselbstständige Tätigkeit ausübt und in der Lage ist, sich aus dem Ertrag dieser Tätigkeit selbst zu unterhalten. Teilzeit- und Ferienarbeit während der Ausbildung gelten nicht als Erwerbstätigkeit. Nicht als erwerbstätig gelten Auszubildende, die im Rahmen des Ausbildungsverhältnisses ein Entgelt erhalten.*

Als Erwerbstätigkeit gilt auch die Haushaltsführung eines Elternteils, wenn er selbst im Inland mindestens 6 Monate erwerbstätig war und nach dieser Zeit zumindest ein Kind (Tz 25.5.1) unter 10 Jahren oder ein Kind, das behindert und auf Hilfe angewiesen ist, im eigenen Haushalt zu versorgen hat.

8.2.7 *Nicht als erwerbstätig gelten Mitglieder von ausländischen Stationierungsstreitkräften in der Bundesrepublik Deutschland, ausländische Mitglieder des Zivilen Gefolges sowie ausländische Angehörige dieser vorgenannten Personengruppen, es sei denn, daß Steuern nach dem Einkommensteuergesetz entrichtet worden sind.*

8.2.8 *Nicht als erwerbstätig gelten ferner ausländische Mitglieder ausländischer Vertretungen in der Bundesrepublik Deutschland (diplomatische Missionen, konsularische Vertretungen und Handelsvertretungen), ausländische Mitglieder supranationaler und internationaler Organisationen sowie ausländische Angehörige dieses Personenkreises.*

1 Teilziffern 8.2.4 sowie 8.2.6 bis 8.2.11 mit BMBF-Erlass vom 28.11.2013 (414 – 42531 – § 8) für nicht anwendbar erklärt.

Das gilt nicht für ausländische Staatsangehörige, die als sog. Ortskräfte an einer der vorbezeichneten Vertretungen bzw. Organisationen beschäftigt sind, wenn sie ihren ständigen Wohnsitz im Inland haben. Diese Ortskräfte weisen sich durch besondere Ausweise aus, die vom auswärtigen Amt bzw. der zuständigen Landesbehörde ausgestellt werden.

8.2.9 *Die rechtmäßige Erwerbstätigkeit kann ein Ausländer nachweisen*

a) *als Arbeitnehmer durch Vorlage einer Legitimationskarte (nur von Bedeutung in den Fällen der Tz 8.2.11), einer Niederschrift der Vertragsbedingungen des Arbeitsverhältnisses nach § 2 des Gesetzes über den Nachweis der für ein Arbeitsverhältnis geltenden wesentlichen Bedingungen (NachwG) oder einer Arbeitsgenehmigung des zuständigen Arbeitsamtes und einer Bescheinigung des Arbeitgebers. Soweit er eine Beschäftigung ausgeübt hat, die nach § 284 Abs. 1 Satz 2 Nr. 2 SGB III genehmigungsfrei war, z. B. weil er eine Aufenthaltsberechtigung nach § 27 des Ausländergesetzes besaß, genügt die Vorlage einer Bescheinigung des Arbeitgebers,*

b) *als Selbstständiger durch eine Bescheinigung des Ordnungsamtes oder der berufsständischen Vertretung (z. B. Industrie- und Handelskammer, Handwerkskammer, Landwirtschaftskammer, Ärztekammer, Apothekenkammer) und durch Vorlage von Mehrwertsteuerbescheiden oder auf andere geeignete Weise.*

8.2.10 *Ein Elternteil, der mindestens sechs Monate erwerbstätig war, übt aus von ihm nicht zu vertretenden Gründen eine Erwerbstätigkeit nicht aus in Zeiten*

a) *der mit Arbeitsunfähigkeit verbundenen Krankheit,*

b) *der Mutterschutzfrist nach dem Mutterschutzgesetz und des Erziehungsurlaubs nach dem Bundeserziehungsgeldgesetz,*

c) *der Erwerbsunfähigkeit,*

d) *nach Erreichen des Ruhestandsalters (vgl. Tz 21.2.2 a),*

e) *der Teilnahme an einer nach den für den jeweils zuständigen Träger geltenden Vorschriften geförderten Maßnahme zur medizinischen oder beruflichen Rehabilitation,*

f) *der Teilnahme an einer Fortbildung oder Umschulung nach den §§ 41 bis 47 AFG in der bis zum 31. Dezember 1997 geltenden Fassung bzw. nach §§ 77 ff. SGB III oder einer Vollzeitausbildung nach dem AFBG,*

g) *der Arbeitslosigkeit, in denen er einen Anspruch auf Arbeitslosengeld oder -hilfe nach den §§ 100 ff. AFG in der bis zum 31. 12. 1997 geltenden Fassung bzw. auf eine dieser Leistung entsprechenden Entgeltersatzleistung nach §§ 116 ff. SGB III, auf Altersübergangsgeld nach § 249e AFG in der bis zum 31. 12. 1997 geltenden Fassung bzw. der entsprechenden Entgeltersatzleistung nach §§ 116 ff. SGB III oder auf Anpassungsgeld nach den Richtlinien über die Gewährung von Anpassungsgeld an Arbeitnehmer des Steinkohlebergbaus hat,*

h) *des Vorruhestands.*

Die nach Satz 3 unabweisbar notwendige Phase einer sechsmonatigen Erwerbstätigkeit kann auch ganz oder teilweise vor den grundsätzlich maßgeblichen sechs Jahren liegen.

8.2.11 *Die Voraussetzungen des § 8 Abs. 2 Nr. 2 sind auch dann als erfüllt anzusehen, wenn ein Elternteil nach einer im Inland ausgeübten mindestens sechsmonatigen Erwerbstätigkeit verstorben ist und deshalb den Mindestzeitraum von drei Jahren an Aufenthalt und rechtmäßiger Erwerbstätigkeit innerhalb der letzten sechs Jahre vor Beginn des förderungsfähigen Teils des Ausbildungsabschnitts nicht erreicht hat. Tz 8.2.10 gilt entsprechend.*

Zu Absatz 2a

8.2a.1 Der Nachweis der Duldung wird durch Vorlage der Duldungsbescheinigung nach § 60a Abs. 4 AufenthG erbracht.

Zu Absatz 3

8.3.1 Ausländer weisen sich durch einen gültigen Pass oder Passersatz aus, sofern sie nicht von der Passpflicht durch Rechtsverordnung befreit sind (§ 3 Abs. 1 AufenthG). Die Ausweispflicht wird im Bundesgebiet auch durch den Besitz eines Ausweisersatzes erfüllt (§ 3 Abs. 1 Satz 2 AufenthG). In Ermanglung eines Passes oder Passersatzes genügt die Vorlage der Bescheinigung über den Aufenthaltstitel oder die Aussetzung der Abschiebung, wenn die Bescheinigung mit den Angaben zur Person und einem Lichtbild versehen sowie als Ausweisersatz bezeichnet ist (§ 48 Abs. 2 AufenthG).

8.3.2 Der nach Nummer 1 bzw. Nummer 2 erforderliche Zeitraum von insgesamt drei bzw. fünf Jahren ist auch dann erreicht, wenn sich dieser aus mehreren Teilzeiträumen zusammensetzt; Unterbrechungen des Aufenthalts und der Erwerbstätigkeit im Inland sind insofern unschädlich. Setzt sich der Zeitraum aus Teilzeiträumen zusammen, so gelten jeweils 30 Tage als ein Monat.

8.3.3 Verbleiben bei der Feststellung des Gesamtzeitraums des Aufenthalts und der Erwerbstätigkeit einzelne Tage, so gelten sie als voller Monat.

8.3.4 Die Voraussetzungen der Nummer 2 gelten auch als erfüllt, wenn ein Elternteil nach einer im Inland ausgeübten mindestens sechsmonatigen Erwerbstätigkeit verstorben ist und deshalb den Mindestzeitraum von drei Jahren an Aufenthalt und rechtmäßiger Erwerbstätigkeit innerhalb der letzten sechs Jahre vor Beginn des förderungsfähigen Teils des Ausbildungsabschnitts nicht erreicht hat. Tz 8.3.9 gilt entsprechend.

8.3.5 Erwerbstätig ist eine Person, die eine selbständige oder nichtselbständige Tätigkeit ausübt und in der Lage ist, sich aus dem Ertrag dieser Tätigkeit selbst zu unterhalten (vgl. Tz 11.3.5 und 11.3.6). Nicht als erwerbstätig gelten Auszubildende, die ausschließlich im Rahmen des Ausbildungsverhältnisses ein Entgelt erhalten.

Als Erwerbstätigkeit gilt auch die Haushaltsführung eines Elternteils, wenn er selbst im Inland mindestens sechs Monate erwerbstätig war und nach dieser Zeit zumindest ein Kind (Tz 25.5.1) unter zehn Jahren oder ein Kind, das behindert und auf Hilfe angewiesen ist, im eigenen Haushalt zu versorgen hat.

8.3.6 Nicht als erwerbstätig gelten Mitglieder von ausländischen Stationierungsstreitkräften in der Bundesrepublik Deutschland, ausländische Mitglieder des Zivilen Gefolges sowie ausländische Angehörige dieser vorgenannten Personengruppen, es sei denn, dass Steuern nach dem Einkommensteuergesetz entrichtet worden sind.

8.3.7 Nicht als erwerbstätig gelten ferner ausländische Mitglieder ausländischer Vertretungen in der Bundesrepublik Deutschland (diplomatische Missionen, konsularische Vertretungen und Handelsvertretungen), ausländische Mitglieder supranationaler und internationaler Organisationen sowie ausländische Angehörige dieses Personenkreises.

Als erwerbstätig gelten jedoch ausländische Staatsangehörige, die als sogenannte Ortskräfte in einer der vorbezeichneten Vertretungen bzw. Organisationen beschäftigt sind, wenn sie ihren ständigen Wohnsitz im Inland haben. Diese Ortskräfte weisen sich durch besondere Ausweise aus, die vom Auswärtigen Amt bzw. von der zuständigen Landesbehörde ausgestellt werden.

8.3.8 Die Zeiten rechtmäßiger Erwerbstätigkeit sind durch Vorlage der Aufenthaltstitel/Arbeitsgenehmigungen und einer Bestätigung des Arbeitgebers bzw. einer Bescheinigung der berufsständischen Vertretung und durch Vorlage des Umsatzsteuerbescheides zu belegen.

Für die angegebenen Zeiten ist die jeweilige Höhe des Verdienstes nachzuweisen, z.B. durch Versicherungsunterlagen, Steuerbescheide, Bescheinigungen des Arbeitgebers u. Ä.

Zeiten, in denen eine Erwerbstätigkeit von dem nach Nummer 2 maßgeblichen Elternteil nicht ausgeübt werden konnte (z.B. wegen Erwerbsminderung, Krankheit, Arbeitslosigkeit, Beschäftigungsverbot nach den Mutterschutzbestimmungen), sind zu belegen.

8.3.9 Ein Elternteil, der mindestens sechs Monate erwerbstätig war, hat es nicht zu vertreten, wenn er eine Erwerbstätigkeit nicht ausübt in Zeiten

a) der mit Arbeitsunfähigkeit verbundenen Krankheit,

b) der Mutterschutzfrist nach dem Mutterschutzgesetz und der Elternzeit nach dem Bundeselterngeld- und Elternzeitgesetz,

c) der Erwerbsminderung,

d) nach Erreichen des Ruhestandsalters (vgl. Tz 21.2.2a),

e) der Teilnahme an einer nach den für den jeweils zuständigen Träger geltenden Vorschriften geförderten Maßnahme zur medizinischen oder beruflichen Rehabilitation,

f) der Teilnahme an einer beruflichen Weiterbildung nach dem SGB III oder einer Vollzeitausbildung nach dem AFBG,

g) der Arbeitslosigkeit, in denen er einen Anspruch auf Arbeitslosengeld nach dem SGB III hat,

h) des Vorruhestands,

i) des Bezugs von Knappschaftsausgleichsleistungen nach dem SGB VI.

Die nach Satz 3 unabweisbar notwendige sechsmonatige Erwerbstätigkeit ist auch erfüllt, wenn sie ganz oder teilweise vor den grundsätzlich maßgeblichen sechs Jahren ausgeübt wurde.

Zeiten des Bezugs von Leistungen nach dem SGB II zur Sicherung des Lebensunterhalts (Arbeitslosengeld II und Sozialgeld) zählen nicht als Zeiten der Erwerbstätigkeit.

8.4.1 Die Anwendung des Absatzes 4 setzt voraus, dass die dem Grunde nach förderungsfähige Ausbildung aufgenommen wurde, als die Ehe oder Lebenspartnerschaft bestand.

Erläuterungen

1. Asylberechtigten gleichgestellt sind ausländische Flüchtlinge nach § 51 AuslG.
BVerwG FamRZ 1996, 254; Tz 8.1.11c BAföG VwV

2. Nach einem Erlass des BMBF vom 09.01.2015 ist die EU-Arbeitnehmereigenschaft im Sinne des § 8 Abs. 1 Nr. 3 BAföG regelmäßig zu bejahen, wenn der Auszubildende im Rahmen eines Weisungsverhältnisses und gegen Entgelt eine Tätigkeit im Umfang von durchschnittlich 12 Wochenstunden Arbeitszeit ausübt. Diese Tätigkeit muss vor der (Erst-) Antragstellung bereits seit mindestens 10 Wochen ausgeübt worden sein.

   Die Annahme der EU-Selbständigeneigenschaft setzt nach dem o.a. Erlass Folgendes voraus:

   a) Die selbständige Tätigkeit muss tatsächlich und echt aufgenommen und ausgeübt werden (Gefahr des Missbrauchs durch Anmeldung eines Scheingewerbes).

   b) Die Tätigkeit muss auf Dauer angelegt sein und sich dabei von einer „vorübergehenden" Leistungserbringung im Rahmen der Dienstleistungsfreiheit abgrenzen.

   c) Die Tätigkeit darf nicht von völlig untergeordneter Bedeutung sein. Es muss jedenfalls ein Umsatz verzeichnet werden, der auf einen Geschäftsbetrieb von einem gewissen Umfang schließen lässt, wobei nicht zwingend ein tatsächlicher Gewinn erzielt werden muss.

   Kritisch zu einigen der in dem Erlass genannten Voraussetzungen sowohl in Hinblick auf die Arbeitnehmer- als auch Selbständigeneigenschaft äußern sich das VG Osnabrück im Urteil vom 10.12.2015, Az. 4 A 253/14 und das VG Hannover im Beschluss vom 08. März 2018 – 3 A 8742/17 –, juris. Das BMBF lässt zwischenzeitlich eine umfassende Einzelfallprüfung zu (vgl. u.a. den Erlass vom 11.10.2016): In den Fällen, in denen die o.a. Vorgaben nicht vollumfänglich erfüllt werden, können weitere Kriterien zur Klärung herangezogen werden, wie etwa ein Anspruch auf bezahlten Urlaub und Lohnfortzahlung im Krankheitsfall sowie die Anwendung eines gültigen Tarifvertrags der Branche auf das Beschäftigungsverhältnis. Außerdem ist ein nach § 53 S. 1 Nr. 1 BAföG zu beurteilendes „Hineinwachsen" in die EU-Arbeitnehmereigenschaft möglich, wenn die Tätigkeit bei der Stellung des (Erst-)Antrages noch nicht 10 Wochen angedauert hat.

3. Die Arbeitnehmereigenschaft nach § 2 Abs. 2 Nr. 1 FreizügG/EU liegt jedenfalls bei geringfügiger Beschäftigung im Umfang von lediglich 12 Stunden/Monat nicht vor.
OVG Berlin-Brandenburg, Beschluss vom 19. Januar 2021 – 6 N 98/20 –, juris, mit weiteren Hinweisen zur Beurteilung der Arbeitnehmereigenschaft

4. Wird durch das BAMF die Asylberechtigten – oder Flüchtlingseigenschaft anerkannt, setzt der Förderungsanspruch bereits zu dem Zeitpunkt der Anerkennung als Asylberechtigter oder Flüchtling ein. Auf den Zeitpunkt der Ausstellung einer Fiktionsbescheinigung durch die zuständige Ausländerbehörde kommt es nicht an.
VG Gera, Beschluss vom 06.01.2016, 6 E 1179/15 Ge

5. Wegen der § 8 Abs. 2a BAföG zugrunde liegenden Integrationserwartung verleiht die Bestimmung demjenigen keinen Anspruch, der im Sinne des § 18a Abs. 1 Nr. 7 AufenthG verurteilt worden ist.
BVerwG, NVwZ-RR 2014, 601

6. Die Eltern erfüllen auch die Bedingungen des § 8 Abs. 2 (jetzt Abs. 3) S. 1 Nr. 2, wenn ihre Berufstätigkeit, z. B. als Selbständige, nur typischerweise auf die Erzielung von dem Lebensunterhalt sichernden Gewinn ausgerichtet ist. Im Einzelfall ist es nicht schädlich, wenn die Erträge nicht zum Lebensunterhalt ausreichen.
OVG Münster FamRZ 1992, 867

7. Die Entscheidung nach § 8 Abs. 2 S. 2 (jetzt Abs. 3) ist eine Ermessensentscheidung. Sie ermöglicht auch ohne sechsmonatige Erwerbstätigkeit im Sechsjahreszeitraum eine positive Entscheidung, wenn ein Elternteil nach langjähriger Beschäftigung in der Bundesrepublik erwerbsunfähig geworden ist.
   OVG MünsterFamRZ 1984, 315

8. Die Zeit des gestatteten Aufenthalts nach § 55 Abs. 1 AsylG wird unabhängig davon angerechnet, ob der Ausländer als Asylberechtigter anerkannt wurde oder ihm internationaler Schutz im Sinne des § 1 Abs. 1 Nr. 2 AsylG zuerkannt wurde. Bei der Beurteilung der Frage, ob die Auszubildenden sich seit mindestens 15 Monaten in Deutschland ununterbrochen rechtmäßig, gestattet oder geduldet aufgehalten haben, ist dem entsprechend § 55 Abs. 3 AsylG nicht zu beachten.
   Erlass des BMBF vom 22.02.2019

9. Erwerbstätig i.S. von § 8 Abs. 2 (jetzt Abs. 3) ist nur, wer Steuern und Abgaben zahlt, als nicht selbständig Tätiger also Lohnsteuer.
   VGH Baden-Württemberg FamRZ 2004, 1827

10. Gegen die Berücksichtigung eines (ehemaligen) Stiefkindverhältnisses im Rahmen des § 8 Abs. 1 Nr. 3 BAföG spricht, dass bei der Berechnung eines BAföG-Anspruchs das Einkommen des Stiefvaters nicht berücksichtigt wird.
    VG Bayreuth, Urteil vom 8. August 2022 – B 8 K 21.1247 –, juris

11. Nach § 2 Abs. 1 UkraineAufenthÜV sind Staatsangehörige anderer Staaten als der Ukraine, die sich am 24. Februar 2022 in der Ukraine aufgehalten haben und bis zum jeweiligen Stichtag in das Bundesgebiet eingereist sind, ohne den für einen langfristigen Aufenthalt im Bundesgebiet erforderlichen Aufenthaltstitel zu besitzen, grundsätzlich auch dann für einen Zeitraum von 90 Tagen ab dem Zeitpunkt der erstmaligen Einreise in das Bundesgebiet vom Erfordernis eines Aufenthaltstitels befreit, wenn sie zuvor in ihren Heimatstaat oder ihr Herkunftsland zurückgekehrt sind und nunmehr aus anderen Gründen als die sichere Rückkehr nach Deutschland einreisen wollen.
    Hamburgisches Oberverwaltungsgericht, Beschluss vom 25. März 2024 – 6 Bs 119/23 –, juris

12. Als nahestehende Personen nach § 8 Abs. 1 Nr. 2 BAföG i.V.m. § 1 Abs. 2 Nr. 4 FreizügG/EU gelten

    1. Verwandte im Sinne des § 1589 Bürgerliches Gesetzbuch (BGB) und die Verwandten des Ehegatten oder des Lebenspartners, die nicht Familienangehörige (s.o.) sind.
    2. Ledige Kinder, die das 18. Lebensjahr noch nicht vollendet haben, unter Vormundschaft von oder in einem Pflegekindverhältnis zu der Person stehen (und keine Familienangehörigen sind, s.o.)
    3. Eine Lebensgefährtin oder ein Lebensgefährte, mit der oder dem die Person eine glaubhaft dargelegte, auf Dauer angelegte Gemeinschaft eingegangen ist, die keine weitere Lebensgemeinschaft gleicher Art zulässt, wenn die Personen beide weder verheiratet noch Lebenspartner einer Lebenspartnerschaft sind.

    Diese müssen selbst daueraufenthaltsberechtigt sein.

§ 9 Eignung

(1) Die Ausbildung wird gefördert, wenn die Leistungen des Auszubildenden erwarten lassen, dass er das angestrebte Ausbildungsziel erreicht.

(2) [1]Dies wird in der Regel angenommen, solange der Auszubildende die Ausbildungsstätte besucht oder an dem Praktikum teilnimmt und bei dem Besuch einer Höheren Fachschule, Akademie oder Hochschule die den jeweiligen Ausbildungs- und Prüfungsordnungen entsprechenden Studienfortschritte erkennen lässt. [2]Hierüber sind die nach § 48 erforderlichen Nachweise zu erbringen.

(3) Bei der Teilnahme an Fernunterrichtslehrgängen wird dies angenommen, wenn der Auszubildende die Bescheinigung nach § 3 Absatz 3 beigebracht hat.

Allgemeine Verwaltungsvorschrift

Zu Absatz 2

9.2.1 Eine Ausbildungsstätte besucht grundsätzlich nur, wer ihr organisationsrechtlich angehört und

a) bei den in § 2 Abs. 1 Nr. 1 bis 4 bezeichneten Ausbildungsstätten an dem planmäßig vorgesehenen Unterricht regelmäßig teilnimmt,

b) bei den in § 2 Abs. 1 Nr. 5 und 6 bezeichneten Ausbildungsstätten die nach der Studienordnung und dem jeweiligen Ausbildungsplan vorgesehenen Lehrveranstaltungen belegt und regelmäßig an ihnen teilnimmt. Gastschüler/Gasthörer erfüllen diese Voraussetzungen nicht.

Studierende gehören in diesem Sinne einer Ausbildungsstätte organisationsrechtlich nur an, wenn sie voll immatrikuliert sind.

Beurlaubte Studierende haben selbst dann keinen Anspruch auf Ausbildungsförderung, wenn sie aufgrund von Sonderregelungen berechtigt sind, an Lehrveranstaltungen teilzunehmen und/oder Prüfungsleistungen zu erbringen. Vgl. aber § 15b Abs. 2, Abs. 2a.

9.2.2 Den Besuch der Ausbildungsstätte oder die Teilnahme an dem Praktikum hat die auszubildende Person nachzuweisen. Der Nachweis kann durch Vorlage des Formblatts 2 oder durch eine von der jeweiligen Ausbildungsstätte erstellte Bescheinigung geführt werden, wenn diese alle im Formblatt 2 vorgesehenen Angaben enthält. Bei Examenskandidaten, die beurlaubt oder exmatrikuliert sind, kann während der beiden letzten Semester innerhalb der Förderungshöchstdauer oder der nach § 15 Abs. 3, 3a verlängerten Förderungsdauer auf die Vorlage dieser Bescheinigung verzichtet werden.

9.2.3 Dass die auszubildende Person das angestrebte Ausbildungsziel erreicht, lassen deren Leistungen auch erwarten, wenn beim Besuch einer der in § 2 Abs. 1 Nr. 1 bis 4 bezeichneten Ausbildungsstätten eine Klasse wiederholt wird. Im Fall einer zweiten Wiederholung kann von der gesetzlichen Vermutung der Eignung nur ausgegangen werden, wenn besonders schwerwiegende Gründe vorliegen.

Bleiben Auszubildende der in § 2 Abs. 1 Nr. 1 bis 4 bezeichneten Ausbildungsstätten dem Unterricht mehr als 30 Prozent der Unterrichtszeit des Schulhalbjahres unentschuldigt fern, kann von einer Eignung in der Regel nicht mehr ausgegangen werden.

9.2.4 Ausbildungsförderung wird nur für eine Ausbildung geleistet, deren Ausbildungsziel die auszubildende Person noch nicht erreicht hat. Sie wird daher nicht geleistet, wenn nur zum Zweck der Notenverbesserung ein Abschluss wiederholt wird. Etwas anderes gilt nur dann, wenn bei schulischen Ausbildungen die Ausbildungsstätte die Wiederholung eines Schuljahres/Schulhalbjahres ausdrücklich empfohlen hat.

Erläuterungen

1. Hat der Auszubildende die Ausbildung schon zweimal abgebrochen, so ist beim dritten Besuch der Ausbildungsstätte die Eignungsvermutung von § 9 Abs. 2 S. 1 BAföG widerlegt. Zum Nachweis der Eignung muss der Auszubildende nunmehr dartun, dass es für den zweimaligen Abbruch der Ausbildung Gründe von so erheblichem Gewicht gab, dass ihm damals die Fortsetzung der Ausbildung objektiv nicht zumutbar war.
VGH BaWü GABD zu § 9, 101

2. Hat ein Student die Förderungshöchstdauer bzw. Regelstudienzeit erreicht, so schließt § 9 die weitere Förderung aus, wenn die Kombination von schwerwiegenden Gründen nach § 15 Abs. 3 Nr. 1-5 und die Studienabschlussförderung nach § 15 Abs. 3a (jetzt Abs. 5) keine Förderungszeitverlängerungen ermöglichen, die zum Studienabschluss ausreichen.
BVerwG FamRZ 1980, 1163; BVerwG FamRZ 1989, 533; BVerwG FamRZ 1994, 661 (zur Studienabschlussförderung)

3. Vom Auszubildenden zu vertretende Fehlzeiten bei dem Besuch einer Ausbildungsstätte widerlegen die Eignungsvermutung des § 9 Abs. 2 S. 1 BAföG, wenn sie ein solches Ausmaß annehmen, dass die Schlussfolgerung gerechtfertigt ist, der Auszubildende strebe das Ausbildungsziel endgültig nicht mehr an.

   Eine Rückforderung von BAföG-Leistungen wegen im Nachhinein erwiesener fehlenderEignung bzw. unzulänglicher Studienfortschritte ist nicht möglich. Für die Annahme einer Unterbrechung der Ausbildung im Sinne von § 20 Abs. 2 BAföG ist das Nichterbringen ausreichender Studienfortschritte allein nicht gerechtfertigt.
Erlass des BMBF vom 04.07.2022

4. Bricht der Auszubildende die Ausbildung ohne Abschlussprüfung ab, so entfällt damit nicht rückwirkend die Eignungsvermutung. Bei einer nachträglichen Entscheidung über die Ausbildungsförderung sind die Förderungsleistungen um die Beträge zu kürzen, die der Auszubildende, sofern ihm die Ausbildungsförderung bereits gewährt worden wäre, nach § 20 Abs. 2 BAföG zurückzuzahlen hätte.
BVerwG FamRZ 1985, 841

5. Zu den Gründen für die entsprechende Anwendung des § 15 Abs. 3 Nr. 4 BAföG auf die Zwischenprüfung.
BVerwG FamRZ 1995, 1383

6. Während des Urlaubssemesters, das weder hochschulrechtlich noch förderungsrechtlich auf die Zahl der Fachsemester anzurechnen ist, dauert die förderungsfähige Ausbildung nicht fort mit der Folge, dass dem Auszubildenden insoweit Ausbildungsförderung grundsätzlich nicht zusteht; und zwar auch dann nicht, wenn der Auszubildende vor einer rückwirkend ausgesprochenen Urlaubsbewilligung Lehrveranstaltungen tatsächlich besucht hat.
BVerwGE 152, 264; siehe zum Problem auch Erl. Nr. 11

7. Ein Anspruch auf Ausbildungsförderung besteht auch für die Zeit einer krankheitsbedingten, auf Anraten der Schulleitung durchgeführten teilweisen Wiederholung einer Klasse (hier: 11. Klasse).
VGH BaWü FamRZ 1981, 212

8. Hat sich ein Auszubildender zur Vorbereitung auf die Abschlussprüfung beurlauben lassen, so steht dies einem Anspruch auf Hilfe zum Studienabschluss nach § 15 Abs. 3a S. 1 (jetzt Abs. 5) nicht entgegen. Die Förderung beginnt dann mit dem Teil der Abschlussprüfung, mit dem die Prüfungsphase beginnt, hier die universitäre Schwerpunktbereichsprüfung für Jura.
OVG Hamburg FamRZ 2012, 1599

9. Die Bewilligung von Ausbildungsförderung ist rechtswidrig, wenn der Ausbildungsförderungsempfänger die Ausbildung in einem Zwei-Fach-Studiengang von Anfang an nicht ordnungsgemäß betreibt, in dem er ein Fach dieses Studiengangs überhaupt nicht belegt, sondern sich stattdessen außercurricular dem Studium eines weiteren (dritten) Faches widmet.
OVG Münster, Beschluss vom 18. Juli 2021 – 15 E 601/20 –, juris

10. Nach einer Exmatrikulation ohne materielle Rechtsgrundlage fortgezahlte Leistungen nach dem BAföG sind nicht sachlich kongruent und nicht gleichartig mit (der unterbliebenen Zahlung von) Leistungen zur Grundsicherung für Arbeitsuchende nach dem SGB II. Ein Erstattungsanspruch des Trägers der Leistungen zur Ausbildungsförderung gegenüber dem SGB II-Leistungsträger nach § 105 SGB X besteht in einem solchen Fall nicht.
LSG Berlin-Brandenburg, Urteil vom 17. Januar 2024 – L 3 AS 320/21 –, juris

11. Wird Studierenden wegen einer krankheitsbedingten Beurlaubung vom Studium rückwirkend das BAföG gestrichen, können sie nur in Ausnahmefällen rückwirkend Bürgergeld erhalten. Voraussetzung ist, dass sie bei ihrem ursprünglichen BAföG-Antrag bewusst darauf verzichtet haben, Grundsicherungsleistungen zu beantragen. Zudem müssen sie bei einem rückwirkend aufgehobenen BAföG-Bescheid „unverzüglich" Hartz-IV-Leistungen oder das heutige Bürgergeld beim Jobcenter beantragen.
BSG, Urteil vom 11.07.2024, Az.: B 4 AS 11/23 R

§ 10 Alter

(1) (weggefallen)

(2) (weggefallen)

(3) [1]Ausbildungsförderung wird nicht geleistet, wenn Auszubildende bei Beginn des Ausbildungsabschnitts, für den sie Ausbildungsförderung beantragen, das 45. Lebensjahr vollendet haben. [2]Satz 1 gilt nicht, wenn

1. der Auszubildende die Zugangsvoraussetzungen für die zu fördernde Ausbildung an einer in § 7 Absatz 2 Satz 1 Nummer 4 Buchstabe a genannten Ausbildungsstätte, durch eine Nichtschülerprüfung oder durch eine Zugangsprüfung zu einer Hochschule oder zu einer Akademie im Sinne des § 2 Absatz 1 Satz 1 Nummer 6 erworben hat,

1a. der Auszubildende ohne Hochschulzugangsberechtigung auf Grund seiner beruflichen Qualifikation an einer Hochschule oder an einer Akademie im Sinne des § 2 Absatz 1 Satz 1 Nummer 6 eingeschrieben worden ist,

1b. der Auszubildende eine weitere Ausbildung nach § 7 Absatz 2 Nummer 2 oder 3 aufnimmt,

2. Auszubildende, die das 45. Lebensjahr während eines zuvor abgeschlossenen Bachelor- oder Bakkalaureusstudiengangs vollendet haben, danach unverzüglich einen nach § 7 Absatz 1a förderungsfähigen Studiengang beginnen,

3. Auszubildende aus persönlichen oder familiären Gründen gehindert waren, den Ausbildungsabschnitt rechtzeitig zu beginnen; dies ist insbesondere der Fall, wenn sie bei Erreichen der Altersgrenzen bis zur Aufnahme der Ausbildung ein eigenes Kind unter 14 Jahren ohne Unterbrechung erziehen und während dieser Zeit bis zu höchstens 30 Wochenstunden im Monatsdurchschnitt erwerbstätig sind; Alleinerziehende dürfen auch mehr als 30 Wochenstunden erwerbstätig sein, um dadurch Unterstützung durch Leistungen der Grundsicherung zu vermeiden, oder

4. der Auszubildende infolge einer einschneidenden Veränderung seiner persönlichen Verhältnisse bedürftig geworden ist und noch keine Ausbildung, die nach diesem Gesetz gefördert werden kann, berufsqualifizierend abgeschlossen hat.

[3]Satz 2 Nummer 1, 1b, 3 und 4 gilt nur, wenn der Auszubildende die Ausbildung unverzüglich nach Erreichen der Zugangsvoraussetzungen, dem Wegfall der Hinderungsgründe oder dem Eintritt einer Bedürftigkeit infolge einschneidender Veränderungen seiner persönlichen Verhältnisse aufnimmt.

Allgemeine Verwaltungsvorschrift

10.1.1 (weggefallen)

10.2.1 (weggefallen)

Zu Absatz 3

10.3.1 Liegen bei der Aufnahme eines Bachelorstudiums nach vollendetem 30. Lebensjahr Gründe nach Absatz 3 Satz 2 vor, ist bei einem anschließend unverzüglich aufgenommenen Masterstudiengang die Überschreitung auch der Altersgrenze von 35 Jahren unschädlich.

Dies gilt auch für ein Masterstudium im Anschluss an ein nach Nr. 1a gefördertes Bachelorstudium.

Ein Grund nach § 10 Abs. 3 Satz 2 Nr. 1a BAföG liegt z.B. vor, wenn Auszubildende den Hochschulzugang durch eine Meisterprüfung, den Abschluss als staatlich geprüfter Techniker oder Betriebswirt erlangt haben.

10.3.2 Unverzüglich handelt, wer ohne schuldhaftes Zögern die Ausbildung aufnimmt.

10.3.3 (Aufgehoben)

10.3.4 Persönliche oder familiäre Gründe, die eine Förderung nach unverschuldetem Überschreiten der Altersgrenze rechtfertigen, sind z.B. Schwangerschaft, Kindererziehung, Erkrankung, Behinderung, Nichtzulassung zur gewählten Ausbildung im Auswahlverfahren, Betreuung von behinderten oder aus anderen Gründen auf Hilfe angewiesenen Kindern.

Wird während der Kinderziehung die Altersgrenze erreicht und nach Wegfall dieses Hinderungsgrundes die Ausbildung unverzüglich aufgenommen, ist nicht zu prüfen, ob die Ausbildung früher hätte aufgenommen werden können.

10.3.4a Persönliche Gründe, die eine Förderung der Ausbildung nach Überschreiten der Altersgrenze rechtfertigen, sind auch anzunehmen, wenn die Auszubildenden zu einer der in Tz 7.2.22 genannten Personengruppen gehören und für die Anerkennung ihres im Aussiedlungsland/Herkunftsland erworbenen Berufsabschlusses eine ergänzende oder mangels Verwertbarkeit dieses Berufsabschlusses eine weitere Ausbildung im Inland benötigen.

Diesen Auszubildenden ist auch ein angemessener Zeitraum zur Erlangung ausreichender Sprachkenntnisse einzuräumen.

10.3.5 Eine einschneidende Veränderung der persönlichen Verhältnisse liegt bei Auszubildenden vor, die durch ein unerwartetes Ereignis von besonderem Gewicht gezwungen wurden, ihre bisherige Lebensführung unversehens völlig zu ändern (z.B. Scheidung oder Tod des Ehegatten oder Lebenspartners).

10.3.6 Auszubildende sind bedürftig, wenn sie weder über einzusetzendes Vermögen im Sinne von § 90 SGB XII noch über ein monatliches Einkommen nach § 85 SGB XII verfügen.

10.3.7 (weggefallen)

Erläuterungen

1. Die Bemessung der Altersgrenze richtet sich nach dem Beginn der Ausbildung, also dem verwaltungsmäßigen Schul- oder Semesterbeginn. Ohne Bedeutung ist, ob frühere Ausbildungszeiten auf die neue Ausbildung angerechnet werden können.
   OVG Berlin, U v. 5.3.1987, 7B 160/86; OVG Hamburg FamRZ 1984, 1163
2. Die neben der Hochschulreife erforderliche künstlerische Eignungsprüfung fällt nicht unter § 10 Abs. 3 S. 2 Nr. 1.
   OVG Bremen FamRZ 1994, 62
3. Wer sich zweimal vergeblich bei der ZVS um einen Studienplatz beworben hat und dann eine andere Fachrichtung wählt, handelt noch unverzüglich.
   BVerwG FamRZ 1993, 1004
4. Die Altersgrenze gilt nach einem Bachelor-Abschluss für das Masterstudium erneut, da ein neuer Ausbildungsabschnitt beginnt.
   OVG Lüneburg FamRZ 2006, 1486
5. Auch bei Flüchtlingen und Asylberechtigten ist zu prüfen, ob im Heimatland persönliche, vom Auszubildenden zu vertretende Gründe die Aufnahme eines Studiums verhindert haben, wie z.B. das Nichtbestehen einer Aufnahmeprüfung. In diesem Fall wäre § 10 Abs. 3 Nr. 3 zu verneinen.
   BVerwG FamRZ 1998, 1398
   In Deutschland ist jedoch ein angemessener Zeitraum zu gewähren, um die Sprache zu erlernen. Verfolgungsbedingte Gründe, ein Studium aufzunehmen, sind anzurechnen.
6. Die persönlichen Hinderungsgründe nach § 10 Abs. 3 Nr. 3 müssen den Zeitraum zwischen der ersten Möglichkeit, die Ausbildung aufzunehmen und dem jetzigen Beginn lückenlos ausfüllen.
   BVerwG FamRZ 1992, 990
   Diese Rechtsprechung bezieht sich nicht auf die Fälle der (seinerzeit noch nicht privilegierten) Pflege und Erziehung von Kindern, siehe auch
   OVG Bremen, FamRZ 2018, 473 sowie Tz. 10.3.4. Satz 2
7. Einer alleinerziehenden Mutter kann die Berufstätigkeit zum Unterhalt ihres Kindes nicht entgegen gehalten werden.
   BVerfG FamRZ 2000, 476
8. Droht der Ehemann seinen Arbeitsplatz zu verlieren, und muss die Ehefrau deshalb arbeiten, kann also erst später mit dem Studium beginnen, so ist dies nach § 10 Abs. 3 Nr. 3 anzuerkennen.
   VGH Baden-Württemberg FamRZ 2006, 1487
9. § 10 Abs. 3 S. 2 Nr. 3 ist analog auf Nichtalleinerziehende anzuwenden, wenn diese auf die Aufnahme einer Volltagstätigkeit angewiesen sind, um ihrer gesetzlichen Unterhaltsverpflichtung gegenüber einem Kind nachzukommen, und wenn dadurch eine Unterstützung durch Leistungen der Grundsicherung ganz oder teilweise vermieden werden kann.
   OVG Hamburg FamRZ 2013, 1076
10. Die unverzügliche Studienaufnahme setzt ein umfassendes Bemühen voraus, die Studienzulassung zu erhalten.
    Daher verlangt die Rechtsprechung eine Bewerbung bei allen möglichen Studienplätzen.
    VG Berlin, U v. 22.4.1998, VG 32 A 133.98 für das Fach Theaterwissenschaften
    VG Berlin B v. 6.4.1998 VG 18 A 153.98, für das Fach Sozialarbeit
    VG Berlin B v. 27.6.1997, OVG 6 11 13.97

11. Arbeitsplatzverlust und Krankheit, Unmöglichkeit im bisherigen Beruf zu arbeiten, stellen eine einschneidende Veränderung dar. Beim Arbeitsplatzverlust muss dies durch eigene vergebliche Bewerbungen nachgewiesen werden.
BVerwG FamRZ 2003, 1185

12. Wird das erste Kind kurz nach dem Erreichen der Altersgrenze geboren, reicht die bei Überschreiten der Altersgrenze bestehende Schwangerschaft für sich allein nicht aus, um die Voraussetzungen des § 10 Abs. 3 Nr. 3 BAföG bejahen zu können. Erforderlich für die Anwendung der Norm ist vielmehr, dass im Zeitpunkt des Überschreitens der Altersgrenze bereits ein eigenes Kind unter 10 Jahren betreut wird.
OVG Weimar, Urteil vom 17.02.2015, Az. 1 KO 641/14

13. Die Ausnahmeregelung des § 10 Abs. 3 S. 2 Nr. 1 BAföG greift dann nicht ein, wenn der Auszubildende bei einem planmäßigen Abschluss der Ausbildung, für die er Ausbildungsförderung beansprucht, bereits das Rentenalter erreicht haben wird.
BVerwG, Urteil vom 10. Dezember 2021 – 5 C 8/20 –, juris

14. Die Pflege und Betreuung eines autistischen Kindes kann unabhängig von dessen Lebensalter nach § 10 Abs. 3 Satz 2 Nr. 3 BAföG einen persönlichen oder familiären Hinderungsgrund darstellen, einen Ausbildungsabschnitt rechtzeitig zu beginnen.
Bayerischer VGH, Beschluss vom 27. Januar 2021 – 12 B 20.2073 –, juris

Abschnitt III
Leistungen

§ 11 Umfang der Ausbildungsförderung

(1) Ausbildungsförderung wird für den Lebensunterhalt und die Ausbildung geleistet (Bedarf).

(2) [1]Auf den Bedarf sind nach Maßgabe der folgenden Vorschriften Einkommen und Vermögen des Auszubildenden sowie Einkommen seines Ehegatten oder Lebenspartners und seiner Eltern in dieser Reihenfolge anzurechnen; die Anrechnung erfolgt zunächst auf den nach § 17 Absatz 2 Satz 1 als Zuschuss und Darlehen, dann auf den nach § 17 Absatz 3 als Darlehen und anschließend auf den nach § 17 Absatz 1 als Zuschuss zu leistenden Teil des Bedarfs. [2]Als Ehegatte oder Lebenspartner im Sinne dieses Gesetzes gilt der nicht dauernd Getrenntlebende, sofern dieses Gesetz nichts anderes bestimmt.

(2a) Einkommen der Eltern bleibt außer Betracht, wenn ihr Aufenthaltsort nicht bekannt ist oder sie rechtlich oder tatsächlich gehindert sind, im Inland Unterhalt zu leisten.

(3) [1]Einkommen der Eltern bleibt ferner außer Betracht, wenn der Auszubildende

1. ein Abendgymnasium oder Kolleg besucht,
2. bei Beginn des Ausbildungsabschnitts das 30. Lebensjahr vollendet hat,
3. bei Beginn des Ausbildungsabschnitts nach Vollendung des 18. Lebensjahres fünf Jahre erwerbstätig war oder
4. bei Beginn des Ausbildungsabschnitts nach Abschluss einer vorhergehenden, zumindest dreijährigen berufsqualifizierenden Ausbildung drei Jahre oder im Falle einer kürzeren Ausbildung entsprechend länger erwerbstätig war.

[2]Satz 1 Nummer 3 und 4 gilt nur, wenn der Auszubildende in den Jahren seiner Erwerbstätigkeit in der Lage war, sich aus deren Ertrag selbst zu unterhalten.

(4) [1]Ist Einkommen des Ehegatten oder Lebenspartners, der Eltern oder eines Elternteils außer auf den Bedarf des Antragstellers auch auf den anderer Auszubildender anzurechnen, die in einer Ausbildung stehen, die nach diesem Gesetz oder nach § 56 des Dritten Buches Sozialgesetzbuch gefördert werden kann, so wird es zu gleichen Teilen angerechnet. [2]Dabei sind auch die Kinder des Einkommensbeziehers zu berücksichtigen, die Ausbildungsförderung ohne Anrechnung des Einkommens der Eltern erhalten können und nicht ein Abendgymnasium oder Kolleg besuchen oder bei Beginn der Ausbildung das 30. Lebensjahr vollendet haben. [3]Nicht zu berücksichtigen sind Auszubildende, die eine Universität der Bundeswehr oder Verwaltungsfachhochschule besuchen, sofern diese als Beschäftigte im öffentlichen Dienst Anwärterbezüge oder ähnliche Leistungen aus öffentlichen Mitteln erhalten.

Allgemeine Verwaltungsvorschrift

Zu Absatz 1

11.1.1 Ausbildungsförderung für den Regelbedarf wird nur nach Maßgabe der Pauschalen in § 12 Abs. 1 und 2 und § 13 Abs. 1 und 2 geleistet. Dieser Bedarf umfasst die Aufwendungen, die nach Art der Ausbildung und Unterbringung typischerweise erforderlich sind, und in einer Höhe, wie sie hierfür üblicherweise anfallen.

11.1.2 Zur Abgeltung eines besonderen Bedarfs kann Ausbildungsförderung für eine Ausbildung im Inland nur nach Maßgabe der §§ 13a Abs. 1 und 2, 14b und der HärteV, bei einer Ausbildung im Ausland nur nach den §§ 12 Abs. 4, 13 Abs. 4, 13a Abs. 2, 14b und der BAföG-AuslandszuschlagsV geleistet werden.

Zu Absatz 2

11.2.1 Eltern sind die leiblichen Eltern oder, wenn die auszubildende Person adoptiert ist, allein die Adoptiveltern. Lebenspartner im Sinne des BAföG sind nur solche nach § 1 LPartG.

11.2.2 (Aufgehoben)

11.2.3 Für den Vollzug des Gesetzes ist in der Regel davon auszugehen, dass die Eltern den bei der Ermittlung des Förderanspruchs angerechneten Teil ihres Einkommens ihrem Kind für die Ausbildung zur Verfügung stellen.

11.2.4 Ehegatten/Lebenspartner leben dauernd getrennt, wenn zwischen ihnen eine häusliche Gemeinschaft nicht besteht und ein Ehegatte/Lebenspartner sie erkennbar nicht herstellen will, weil er die Lebensgemeinschaft ablehnt. Die häusliche Gemeinschaft besteht auch dann nicht mehr, wenn die Ehegatten/Lebenspartner innerhalb der gemeinsamen Wohnung getrennt leben.

11.2.5 Soweit Einkommen und Vermögen auf den nach § 17 Abs. 2 Satz 1 jeweils zur Hälfte als Zuschuss und Darlehen zu leistenden Bedarf oder Teil des Bedarfs anzurechnen sind, werden Darlehens- und Zuschussanteil gleichmäßig gemindert.

11.2.6 Sind die Eltern der auszubildenden Person nicht miteinander verheiratet oder leben sie dauernd getrennt, erfolgt die Anrechnung anteilig entsprechend den Einkommensverhältnissen des jeweiligen Elternteils und unter Berücksichtigung der für sie jeweils geltenden Freibeträge.

In den Fällen des § 36 Abs. 2 vgl. jedoch auch die Sonderregelung in Tz 36.2.2 Satz 2.

Zu Absatz 2a

11.2a.1 Voraussetzung für die Annahme eines unbekannten Aufenthaltsortes der Eltern oder eines Elternteils ist allein, dass dieser dem Amt für Ausbildungsförderung nicht bekannt ist und nicht z.B. durch Einschaltung von Einwohnermeldeämtern oder der Datenstelle der Träger der Rentenversicherung ermittelt werden kann.

11.2a.2 Die auszubildende Person hat schriftlich zu versichern, dass

- ihr der Aufenthaltsort der Eltern oder eines Elternteils nicht bekannt ist,
- sie keine Kontaktperson der Eltern oder des Elternteils kennt und
- sie auch keinen Unterhalt von den Eltern oder dem Elternteil bezieht.

Ein Aufenthaltsort im Ausland gilt als nicht ermittelbar, sofern innerhalb von zwei Monaten keine Reaktion der vom Amt per Auslandsrückschein angeschriebenen Eltern oder des Elternteils erfolgt und der Auslandsrückschein überhaupt nicht oder mit Unzustellbarkeitsvermerk wieder beim Amt eingeht.

11.2a.3 Ein Hinderungsgrund im Sinne des Abs. 2a liegt z.B. vor, wenn

- Devisenbestimmungen eines ausländischen Staates einer auch nur teilweisen Unterhaltsleistung entgegenstehen,
- die im Heimatland verbliebenen Eltern bei finanzieller Unterstützung der auszubildenden Person selbst politische Verfolgungsmaßnahmen oder Folgen befürchten müssen, die ein Abschiebungshindernis nach § 60 Abs. 2, 3, 5 oder 7 AufenthG begründen würden,
- glaubhaft gemacht wird, dass der Aufenthaltsort der auszubildenden Person nicht bekannt werden darf, weil sie nachweislich mit schweren Straftaten bedroht wird, insbesondere bei Gefahr für Leib und Leben oder Zwangsverheiratung.

11.2a.4 Absatz 2a ist analog anzuwenden, wenn der Aufenthaltsort des Ehegatten/Lebenspartners der auszubildenden Person nicht bekannt ist oder wenn diese rechtlich oder tatsächlich gehindert sind, im Inland Unterhalt zu leisten.

Zu Absatz 3

11.3.1 Die Vorschrift enthält eine Ausnahme von dem Grundsatz der elternabhängigen Förderung. Sie ist eng auszulegen.

11.3.2 Steht fest, dass die Voraussetzungen des Absatzes 3 erfüllt sind, sind die Eltern der auszubildenden Person nicht mitwirkungspflichtig nach § 47 Abs. 4.

Zu Nummer 1

11.3.3 Zum Besuch eines Kollegs vgl. Tz 2.1.13 Satz 4.

Die Teilnahme an einem Vorkurs des Kollegs stellt noch keinen Besuch eines Kollegs dar.

Zu Nummer 3

11.3.4 Die vorgeschriebene Zeit einer Erwerbstätigkeit hat ein Auszubildender auch dann erreicht, wenn sie sich aus mehreren Teilzeiträumen zusammensetzt. Setzt sich der Zeitraum der Erwerbstätigkeit aus Teilzeiträumen zusammen, so gelten jeweils 30 Tage als ein Monat.

Verbleiben bei der Feststellung des Gesamtzeitraums einzelne Tage, so gelten sie als voller Monat.

11.3.5 Eine den Lebensunterhalt sichernde Erwerbstätigkeit ist dann gegeben, wenn der durchschnittliche Bruttomonatslohn der anrechenbaren Zeiträume eines Kalenderjahres den Bedarf nach § 13 Abs. 1 Nr. 2 und Abs. 2 Nr. 2 zuzüglich 20 Prozent erreicht.

Es ist unerheblich, ob das Einkommen aufgrund einer Vollzeit- oder Teilzeitbeschäftigung erzielt wurde. Bei unterschiedlichen Bedarfssätzen in einem Kalenderjahr oder schwankendem Einkommen sind jeweils durchschnittliche Monatsbeträge zu ermitteln und gegenüberzustellen.

11.3.6 Erwerbstätig ist eine Person, die eine selbständige oder nicht selbständige Tätigkeit ausübt.

Nicht als erwerbstätig sind regelmäßig Personen anzusehen, die eine nach diesem Gesetz oder nach § 56 SGB III förderungsfähige Ausbildung betreiben, es sei denn, sie verfügen während dieser Zeit über Einkünfte in Höhe der sich aus Tz 11.3.5 ergebenden Beträge, die sich aus einer eigenen, nicht auf die Ferienzeiten beschränkten Tätigkeit außerhalb der Ausbildung ergeben.

Bei Selbstständigen ist grundsätzlich von einer den Lebensunterhalt sichernden Tätigkeit auszugehen, sofern von diesen nicht überwiegend Leistungen nach dem SGB II zur Sicherung des eigenen Lebensunterhalts bezogen werden.

11.3.6a Als den Lebensunterhalt sichernde Erwerbstätigkeit gilt auch die Betreuung eines Kindes (Tz 25.5.1) unter zehn Jahren oder eines älteren Kindes, das behindert und auf Hilfe angewiesen ist, im eigenen Haushalt. Nicht berücksichtigungsfähig sind Betreuungszeiten, neben denen gleichzeitig eine nach diesem Gesetz oder nach § 56 SGB III förderungsfähige Ausbildung betrieben wird.

11.3.7 Als Zeit der den Lebensunterhalt sichernden Erwerbstätigkeit gelten die Ableistung

a) des Wehrdienstes,

b) des Zivildienstes,

c) des Bundesfreiwilligendienstes,

d) der gleichgestellten Dienste (z.B. nach § 13b Wehrpflichtgesetz, §§ 14a, 14b Zivildienstgesetz der „Entwicklungsdienst" und „andere Dienste im Ausland"),

e) des freiwilligen sozialen oder ökologischen Jahres nach dem Jugendfreiwilligendienstgesetz.

11.3.8 Zu den Zeiten der Erwerbstätigkeit zählen auch Zeiten

a) der mit Arbeitsunfähigkeit verbundenen Krankheit,

b) der Mutterschutzfrist nach dem Mutterschutzgesetz,

c) der vollen oder teilweisen Erwerbsminderung,

d) der Arbeitslosigkeit, soweit während dieser Zeit nicht eine nach diesem Gesetz förderungsfähige Ausbildung stattgefunden hat und die auszubildende Person der Arbeitsvermittlung daher nicht zur Verfügung stand,

e) der Teilnahme an einer nach den für den jeweils zuständigen Träger geltenden Vorschriften geförderten Maßnahme zur medizinischen oder beruflichen Rehabilitation,

f) der Teilnahme an Maßnahmen der beruflichen Weiterbildung nach den §§ 81 ff. SGB III,

wenn die auszubildende Person während dieser Zeiten entsprechende Leistungen (z.B. Krankengeld, Arbeitslosengeld nach SGB I, Rente und Grundsicherung wegen Erwerbsminderung) erhielt.

Die Zeit während des ausschließlichen Bezugs von Leistungen nach dem SGB II zur Sicherung des Lebensunterhalts zählt nicht als Zeit der Erwerbstätigkeit, Tz 11.3.6a bleibt unberührt.

Tz 11.3.5 ist anzuwenden mit der Maßgabe, dass während der in Satz 1 Buchstaben a bis f genannten Zeiten das Einkommen ohne den Zuschlag von 20 Prozent als ausreichend anzusehen ist.

Zu Nummer 4

11.3.9 Zum Begriff „Abschluss einer berufsqualifizierenden Ausbildung" vgl. Tz 7.1.1 und 7.1.3 bis 7.1.13. Auf die Berechnung der Zeit der Erwerbstätigkeit finden Tz 11.3.4 bis 11.3.8 Anwendung. Ein sachlicher Zusammenhang zwischen dem berufsqualifizierenden Abschluss und der nachfolgenden Erwerbstätigkeit ist nicht erforderlich.

11.3.10 Berufsqualifizierend im Sinne dieser Vorschrift ist auch die Berufsausbildung in einem anerkannten Ausbildungsberuf (siehe Verzeichnis der anerkannten Ausbildungsberufe in der jeweiligen Bekanntmachung im Bundesanzeiger).

Zu Nummer 5

11.3.10a
bis
11.3.16 (weggefallen)

Zu Absatz 4

11.4.1 Eltern sind im Sinne des Absatzes 4 als ein Einkommensbezieher anzusehen, wenn sie miteinander verheiratet oder in Lebenspartnerschaft verbunden sind und nicht dauernd getrennt leben; das gilt auch, wenn beide Elternteile erwerbstätig sind.

11.4.2 Für die Anwendung des Absatzes 4 kommt es grundsätzlich darauf an, dass die Ausbildung der anderen Person abstrakt förderungsfähig ist, also in den Förderungsbereich des § 2 Abs. 1, 2 bis 4 bzw. des § 56 SGB III einbezogen ist. Die besonderen Regelungen der Tz 25.3.1 sind zu beachten. Als abstrakt förderungsfähig gelten Ausbildungsgänge auch während einer Beurlaubung und auch ein Promotionsstudium.

Es kommt nicht darauf an, ob tatsächlich Förderungsleistungen gewährt werden.

Ein in der Ausbildung befindlicher Ehegatte oder Lebenspartner des Einkommensbeziehers ist bei der Einkommensaufteilung zu berücksichtigen. Zu berücksichtigen sind auch Kinder, die nur Kind eines Elternteils der auszubildenden Person sind (Halbgeschwister), wenn die Eltern der auszubildenden Person miteinander verheiratet oder Lebenspartner sind und nicht dauernd getrennt leben. Sonstige Kinder i. S. d. § 25 Abs. 5 Nr. 1 bis 3 (z.B. Stiefgeschwister) sind nicht zu berücksichtigen.

11.4.3 (weggefallen)

11.4.4 (weggefallen)

Erläuterungen

1. Erwerbstätig ist nur jemand, der einer Tätigkeit nachgeht, um Einkommen zu erzielen. Aus dem unterhaltsrechtlichen Sinn der Vorschrift ergibt sich, dass hier nur Erwerbstätigkeiten gemeint sind, die eine weitere Unterhaltspflicht der Eltern ausschließen, und daher muss der Verdienst ausreichen, sich selbst zu unterhalten.
   BVerwG FamRZ 1994, 1138
   Zeiten des Leistungsbezuges nach dem SGB II können nicht Zeiten von Lohnersatzleistungen gleichgestellt werden.
   Beschluss des VG Berlin, VG 18 A 244.07

2. Die Voraussetzungen des § 11 Abs. 3 Nr. 1-4 müssen vor Beginn des Ausbildungsabschnitts erfüllt sein. Bei in der Vergangenheit liegenden Vorstudien, die von Erwerbstätigkeit abgelöst wurden, kommt es daher entscheidend darauf an, ob der damalige Ausbildungsabschnitt abgebrochen oder nur unterbrochen wurde. Hierbei sind objektive Kriterien wie der Zeitablauf und der erkennbare Wille des Auszubildenden beachtlich, sein Studium endgültig aufzugeben.
   BVerwG FamRZ 1988, 327
   Die Wiederaufnahme des Studiums nach einer Jahresfrist wird in der Regel als Unterbrechung zu werten sein.
   OVG Berlin, B v. 28.7.1993, OVG 6 S 71.93

3. Reichen die erzielten Einkünfte zum Selbsterhalt nicht aus, können sie durch Ersparnisse aus vorangegangener Erwerbstätigkeit ergänzt werden. In der Praxis kommt dies insbesondere bei der Anrechnung von Arbeitslosigkeitszeiten vor. Diese können allerdings nur anerkannt werden, wenn auch Lohnersatzleistungen in Form von Arbeitslosengeld oder Arbeitslosenhilfe bezogen werden. Sperrzeiten des Arbeitsamtes zählen nicht.
   VG Berlin, B v. 6.7.1995, VG 8 A 337.95; BVerwG FamRZ 1994, 1493
   Das BMBF hat jedoch die Länder angewiesen, dieses Urteil nicht anzuwenden und nur zum Lebensunterhalt ausreichende Lohnersatzleistungen anzuerkennen.

4. Die Fähigkeit, sich selbst zu unterhalten, richtet sich bei Selbständigen nicht allein nach dem Steuerbescheid.
   VG Freiburg FamRZ 2000, 919; vgl. auch Tz. 11.3.6 Satz 3

5. Aus der Rechtsprechung folgt, dass der alleinige Lebensunterhalt aus sogenannten passiven Einnahmen wie Vermietung und Verpachtung oder der Selbsterhalt durch das Aufbrauchen von Vermögen nicht als Erwerbstätigkeit gilt.

6. Nicht als Erwerbstätigkeit zählt ebenfalls die Ausbildungsvergütung, selbst wenn der Ausbildungsunterhalt ausreichend ist. Dies ist insbesondere bei zwei Ausbildungen relevant, die nacheinander abgeschlossen werden. Dagegen können Erwerbstätigkeitszeiten neben der Ausbildung, z. B. während des Besuches von Schulen des Zweiten Bildungsweges, anerkannt werden.
   BVerwG FamRZ 1994, 127
   Voraussetzung ist allerdings, dass der Verdienst zur Lebensgrundlage ausreicht.
   Die Berufsausbildung muss tatsächlich, nicht nur nach dem Ausbildungsplan drei Jahre gedauert haben.
   BVerwG FamRZ 1994, 927
   Allerdings bleibt die Fiktion einer dreijährigen Ausbildung dann erhalten, wenn die Prüfung üblicherweise zwei Monate vorher endet. Schließt sich an das Ausbildungsende eine weitere Berufstätigkeit an, zählt nach allgemeiner Praxis nur die Berufstätigkeit (*vgl. auch Rothe-Blanke, Rn. 28.1)*.

§ 12 Bedarf für Schüler

(1) Als monatlicher Bedarf gelten für Schüler

1. von Berufsfachschulen und Fachschulklassen, deren Besuch eine abgeschlossene Berufsausbildung nicht voraussetzt, 276 Euro,
2. von Abendhauptschulen, Berufsaufbauschulen, Abendrealschulen und von Fachoberschulklassen, deren Besuch eine abgeschlossene Berufsausbildung voraussetzt, 498 Euro.

(2) Als monatlicher Bedarf gelten, wenn der Auszubildende nicht bei seinen Eltern wohnt, für Schüler

1. von weiterführenden allgemeinbildenden Schulen und Berufsfachschulen sowie von Fach- und Fachoberschulklassen, deren Besuch eine abgeschlossene Berufsausbildung nicht voraussetzt, 666 Euro,
2. von Abendhauptschulen, Berufsaufbauschulen, Abendrealschulen und von Fachoberschulklassen, deren Besuch eine abgeschlossene Berufsausbildung voraussetzt, 775 Euro.

(3) (weggefallen)

(3a) Ein Auszubildender wohnt auch dann bei seinen Eltern, wenn der von ihm bewohnte Raum im Eigentum der Eltern steht.

(4) [1]Bei einer Ausbildung im Ausland wird für die Hinreise zum Ausbildungsort sowie für eine Rückreise ein Reisekostenzuschlag geleistet. [2]Der Reisekostenzuschlag beträgt jeweils 250 Euro bei einer Reise innerhalb Europas, sonst jeweils 500 Euro. [3]In besonderen Härtefällen können die notwendigen Aufwendungen für eine weitere Hin- und Rückreise geleistet werden.

Allgemeine Verwaltungsvorschrift

Zu Absatz 1

12.1.1 Scheidet der Bedarf nach Absatz 2 Nr. 1 nur wegen der Regelung des Absatzes 3a aus, ist der Bedarf nach Absatz 1 Nr. 1 maßgebend.

12.1.2 Schüler einer Klasse können nur einheitlich einer in § 12 oder § 13 Abs. 1 genannten Schulart oder Klasse zugeordnet werden. Der Bedarfssatz kann nur nach der Art der Unterbringung differenziert werden.

12.1.3 (weggefallen)

12.1.4 Zu den Fachoberschulklassen, deren Besuch eine abgeschlossene Berufsausbildung voraussetzt, gehören alle Klassen 12, in die Auszubildende aufgrund ihrer beruflichen Vorbildung ohne vorherigen Besuch der Klasse 11 aufgenommen werden.

Zu Absatz 2

12.2.0 Bei einer Ausbildung im Ausland nach § 5 Abs. 2 i. V. m. Abs. 4 Nr. 1 oder 2 entfällt die Prüfung nach § 2 Abs. 1a.

12.2.0a Zur Definition von Fachschulklassen, deren Besuch eine abgeschlossene Berufsausbildung voraussetzt, vgl. Tz 13.1.1.

12.2.0b (Aufgehoben)

12.2.1 Bei Praktikantinnen und Praktikanten, die außerhalb des Elternhauses untergebracht sind, entfällt die Prüfung nach § 2 Abs. 1a.

12.2.2 Zum Bedarf von Auszubildenden mit Behinderung vgl. Tz 14a.0.1 bis 14a.0.3.

12.2.3 Wird einem nach Maßgabe des Kinder- und Jugendhilfegesetzes außerhalb des Elternhauses untergebrachten Auszubildenden der erhöhte Bedarf für auswärtige Unterbringung gewährt (vgl. Tz 2.1a.7), kommen Zusatzleistungen nach der HärteV nicht in Betracht.

12.2.3a
bis
12.2.18 (weggefallen)

12.2.19 (Aufgehoben)

12.2.20 Die auswärtige Unterbringung ist nachzuweisen, z.B. durch Mietvertrag, Meldebescheinigung oder Bescheinigung der Person, bei der die auszubildende Person wohnt.

12.2.21 § 12 Abs. 2 Nr. 1 gilt für Auszubildende an weiterführenden allgemeinbildenden Schulen sowie an Berufsfachschulen und Fach- und Fachoberschulklassen im Sinne des § 2 Abs. 1 Nr. 1 nur unter den zusätzlichen Voraussetzungen des § 2 Abs. 1a. Steht die Wohnung im Eigentum der Eltern, gilt der Bedarf nach § 12 Abs. 1 (vgl. Tz 12.1.1).

Zu Absatz 3

12.3.1 (Aufgehoben)

Zu Absatz 3a

12.3a.1 Bei Miteigentum der Eltern oder eines Elternteils an der von der auszubildenden Person genutzten Wohnung ist § 12 Abs. 3a nur anzuwenden, wenn der Miteigentumsanteil mindestens 50 Prozent beträgt.

12.3a.2 Zu den in § 2 Abs. 1 Nr. 1 bezeichneten Ausbildungsstätten vgl. Tz 12.2.21 und 12.1.1.

Zu Absatz 4

12.4.1
und
12.4.2 (weggefallen)

12.4.3 (Aufgehoben)

12.4.4 (Aufgehoben)

12.4.5 Ein besonderer Härtefall liegt vor, wenn ein Verbleiben im Ausland nicht zumutbar ist. Dies kann insbesondere angenommen werden bei Tod, Unfall oder unerwarteter schwerer Erkrankung naher Angehöriger sowie bei einem Unfall oder einer schweren Erkrankung der auszubildenden Person selbst.

Erläuterungen

1. Unter Wohnung der Eltern sind die Räumlichkeiten zu verstehen, in denen die Eltern des Auszubildenden ihre auf eine gewisse Dauer abzielende Unterkunft nehmen, unabhängig davon, ob sie tatsächlich oder rechtlich in der Lage sind, den Auszubildenden bei sich aufzunehmen.
   BVerwG FamRZ 1980, 506 sowie BVerwG FamRZ 1979, 540
2. Die unterschiedliche Förderung von Fachoberschülern mit abgeschlossener Berufsausbildung, je nachdem ob sie in besonderen Klassen zusammengefasst sind oder nicht, verstößt nicht gegen den Gleichheitsgrundsatz.
   BayVGH FamRZ 1975, 430, so auch Beschluss des BVerfG FamRZ 1978, 446
3. Aus Systematik und Entstehungsgeschichte des BAföG ergibt sich, dass die Bedarfssätze stets nach der besuchten Ausbildungsstätte und nicht nach der jeweiligen Vorbildung des Auszubildenden bemessen sind.
   Der erhöhte Bedarf nach § 12 Abs. 1 Nr. 2 BAföG wird nur bei dem Besuch solcher Fachoberschulklassen geleistet, in die ausschließlich Schüler aufgenommen werden, die eine Berufsausbildung abgeschlossen haben, und in denen Unterrichtsgestaltung und Lehrstoff auf die abgeschlossene Berufsausbildung abgestellt sind.
   BVerwG FamRZ 1977, 209
4. Der Ansatz eines erhöhten Bedarfs für Schüler von Fachoberschulklassen, deren Besuch eine abgeschlossene Berufsausbildung voraussetzt, ist davon abhängig, dass diese Klassen sich nach objektiven Merkmalen von Fachoberschulklassen unterscheiden, die „Aufsteigern" aus der Klasse 11 zugänglich sind.
   BVerwG FamRZ 1976, 245
5. Sinn und Zweck der Vorschrift des § 13 Abs. 3a BAföG ist es, einen Vermietergewinn der Eltern des Auszubildenden von der Förderung auszunehmen. Eine daran orientierte einschränkende Auslegung der Regelung ist durch den Wortlaut jedenfalls für den besonderen Fall nicht ausgeschlossen, in dem die Eltern seit vielen Jahren einer Auszubildenden und deren Kind eine in ihrem Eigentum stehende Wohnung zu den gleichen Bedingungen zur Verfügung stellen wie Personen, die nicht in gerader Linie mit ihnen verwandt sind.
   BVerfG, Kammerbeschluss vom 14.07.1997, 1 BvL 60/87
   Da § 12 Abs. 3 a BAföG denselben Wortlaut hat wie § 13 Abs. 3a BAföG, dürfte die Entscheidung auf beide Regelungen zutreffen.
6. Mit Wirkung ab dem 01.08.2016 wurden insbesondere für Schüler und bei den Eltern wohnende Studierende die Möglichkeiten ergänzender bzw. zusätzlicher Leistungen nach dem SGB II deutlich erweitert. Der mit Ausnahme der Leistungen nach § 27 SGB II bestehende Leistungsausschluss gilt nicht für Auszubildende,
   a. die aufgrund von § 2 Absatz 1a des Bundesausbildungsförderungsgesetzes keinen Anspruch auf Ausbildungsförderung haben,
   b. deren Bedarf sich nach den §§ 12, 13 Absatz 1 in Verbindung mit Absatz 2 Nummer 1 oder nach § 13 Absatz 1 Nummer 1 in Verbindung mit Absatz 2 Nummer 2 des Bundesausbildungsförderungsgesetzes bemisst und die Leistungen nach dem Bundesausbildungsförderungsgesetz erhalten oder nur wegen der Vorschriften zur Berücksichtigung von Einkommen und Vermögen nicht erhalten oder beantragt haben und über deren Antrag das zuständige Amt für Ausbildungsförderung noch nicht entschieden hat
   c. die eine Abendhauptschule, eine Abendrealschule oder ein Abendgymnasium besuchen, sofern sie aufgrund des § 10 Absatz 3 des Bundesausbildungsförderungsgesetzes keinen Anspruch auf Ausbildungsförderung haben.

§ 13 Bedarf für Studierende

(1) Als monatlicher Bedarf gelten für Auszubildende in

1. Fachschulklassen, deren Besuch eine abgeschlossene Berufsausbildung voraussetzt, Abendgymnasien und Kollegs 442 Euro,
2. Höheren Fachschulen, Akademien und Hochschulen 475 Euro.

(2) Die Bedarfe nach Absatz 1 erhöhen sich für die Unterkunft, wenn der Auszubildende

1. bei seinen Eltern wohnt, um monatlich 59 Euro,
2. nicht bei seinen Eltern wohnt, um monatlich 380 Euro.

(3) (weggefallen)

(3a) Ein Auszubildender wohnt auch dann bei seinen Eltern, wenn der von ihm bewohnte Raum im Eigentum der Eltern steht.

(4) Bei einer Ausbildung im Ausland nach § 5 Absatz 2 wird, soweit die Lebens- und Ausbildungsverhältnisse im Ausbildungsland dies erfordern, bei dem Bedarf ein Zu- oder Abschlag vorgenommen, dessen Höhe die Bundesregierung durch Rechtsverordnung[1] ohne Zustimmung des Bundesrates bestimmt.

1 Siehe hierzu: BAföG-AuslandszuschlagsV **(Nr. 7)**.

Allgemeine Verwaltungsvorschrift

Zu Absatz 1

13.1.1 Fachschulklassen, deren Besuch eine abgeschlossene Berufsausbildung voraussetzt, sind nur diejenigen, die nach Ausbildungsinhalt und Ausbildungsmethode eine vertiefte berufliche Fachbildung, also keine Erstausbildung vermitteln. Unter der Voraussetzung des Satzes 1 schadet es nicht, wenn nach den Zugangsbedingungen ausnahmsweise die abgeschlossene Berufsausbildung durch eine einschlägige berufliche Tätigkeit oder eine sonstige geeignete Vorbereitungsmaßnahme von entsprechend längerer Dauer ersetzt werden kann, vgl. auch Tz 2.1.16.

Zu Absatz 2

13.2.1 (Aufgehoben)

13.2.2 Auszubildende wohnen bei den Eltern, wenn sie mit ihnen in häuslicher Gemeinschaft leben oder der von ihnen bewohnte Wohnraum im Eigentum der Eltern oder eines Elternteils steht. Sie leben nicht mit ihnen in häuslicher Gemeinschaft, wenn sie lediglich in Schul- oder Semesterferien bei den Eltern wohnen, sonst aber regelmäßig die Ausbildungsstätte von einer anderen eigenen Unterkunft aus besuchen.

Eine auswärtige Unterbringung ist nachzuweisen, z.B. durch Mietvertrag, Meldebescheinigung oder Bescheinigung der Person, bei der die auszubildende Person wohnt.

13.2.3 Wohnen Auszubildende während eines Pflichtpraktikums bei ihren Eltern oder einem Elternteil, behalten aber gleichzeitig ihre Wohnung am Ausbildungsort, haben sie weiterhin Anspruch auf den erhöhten Bedarf nach § 13 Abs. 2 Nr. 2. Dies gilt jedoch nur für einen Zeitraum von höchstens drei Monaten.

Zu Absatz 2a

13.2a.1
und
13.2a.2 (weggefallen)

Zu Absatz 3

13.3.1 (Aufgehoben)

13.3.2 (Aufgehoben)

Zu Absatz 3a

13.3a.1. Bei Miteigentum der Eltern oder eines Elternteils an der von der auszubildenden Person genutzten Wohnung ist § 13 Abs. 3a nur anzuwenden, wenn der Miteigentumsanteil mindestens 50 Prozent beträgt.

Zu Absatz 4

13.4.1 § 13 Abs. 4 gilt auch für Praktika gemäß § 5 Abs. 5.

13.4.2 Zuschläge zu dem Bedarf nach § 13 Abs. 4 sind unbeschadet des Satzes 3 vom Beginn des Kalendermonats an, in dem die Ausbildung im Ausland tatsächlich aufgenommen wird, bis zum Ende des Kalendermonats zu leisten, in dem die Ausbildung dort tatsächlich beendet wird. Tz 15.2.5 ist anzuwenden.

Für unterrichts- und vorlesungsfreie Zeiten vor Beginn oder nach Beendigung des Besuchs der im Ausland gelegenen Ausbildungsstätte werden Zuschläge zum Bedarf grundsätzlich nur geleistet, wenn die auszubildende Person sich tatsächlich im Ausland aufhält.

Der Zuschlag für eine Krankenversicherung nach § 5 BAföG-AuslandszuschlagsV wird geleistet, solange die auszubildende Person während des Bewilligungszeitraums an der Ausbildungsstätte im Ausland eingeschrieben ist.

13.4.3 Das für die Ausbildungsförderung im Ausland zuständige Amt hat sicherzustellen, dass Zuschläge für Studiengebühren und Reisekosten nach den §§ 3 und 4 BAföG-AuslandszuschlagsV innerhalb der jeweils geltenden Grenzen ggf. auch dann voll als Bedarf berücksichtigt werden, wenn die monatlichen Zuschläge nach § 2 BAföG-AuslandszuschlagsV nicht mehr geleistet werden.

Erläuterungen

1. Ein Wohnen bei den Eltern im Sinne von § 13 Abs. 2 Nr. 1 BAföG liegt grundsätzlich dann vor, wenn Auszubildende in häuslicher Gemeinschaft mit den Eltern oder einem Elternteil leben und die von ihnen genutzten Wohn- und Gemeinschaftsräume als einer Wohnung zugehörend anzusehen sind, ohne dass es auf die näheren Umstände des Zusammenlebens ankommt. Eine Ausnahme ist anzunehmen, wenn Auszubildende einen Elternteil in ihre nicht im Eigentum der Eltern stehende Wohnung aufnehmen und sich diese Aufnahme als Unterstützung des Elternteils darstellt.
   BVerwG, Urteil vom 08.11.2017, 5 C 11.16, www.bverwg.de/rechtsprechung

2 Der vom Auszubildenden bewohnte Raum steht im Sinne von § 13 Abs. 3 a BAföG jedenfalls dann „im Eigentum der Eltern", wenn er zu 50 v.H. oder mehr in ihrem Eigentum steht.
   BVerwG, FamRZ 1997, 455

3. vgl. zur Erweiterung des Berechtigtenkreises nach SGB II (insbesondere in Hinblick auf die bei den Eltern wohnenden Studierenden) Erläuterung Nr. 6 zu § 12

4. Die Regelung des Bundesausbildungsförderungsgesetzes (BAföG), nach der im Zeitraum von Oktober 2014 bis Februar 2015 ein monatlicher Bedarf für Studierende in Höhe von 373 Euro galt (§ 13 Abs. 1 Nr. 2 BAföG), verstößt nach Überzeugung des Bundesverwaltungsgerichts gegen den aus dem verfassungsrechtlichen Teilhaberecht auf chancengleichen Zugang zu staatlichen Ausbildungsangeboten folgenden Anspruch auf Gewährleistung des ausbildungsbezogenen Existenzminimums (Art. 12 Abs. 1, Art. 3 Abs. 1 GG in Verbindung mit dem Sozialstaatsprinzip des Art. 20 Abs. 1 GG). Das Bundesverwaltungsgericht hat deshalb beschlossen, dem Bundesverfassungsgericht die Frage der Vereinbarkeit des Bedarfssatzes mit den genannten Bestimmungen des Grundgesetzes zur Entscheidung vorzulegen.
   BVerwG 5 C 11.18 – Beschluss vom 20. Mai 2021; die Entscheidung des BVerfG zur Vorlage des BVerwG lag bei Redaktionsschluss dieser Textausgabe noch nicht vor

5. Die Festsetzung der ausbildungsförderungsrechtlichen Bedarfssätze für Auszubildende in Hochschulen nach § 13 Abs. 1 Nr. 2 BAföG und nach § 13 Abs. 2 Nr. 2 BAföG, die im streitigen Zeitraum von Oktober 2021 bis September 2022 monatlich 427 Euro (Grundbedarf) und 325 Euro (Unterkunftsbedarf) betrugen, ist nach Ansicht des VG Berlin nicht vereinbar mit dem Teilhaberecht des Art. 12 Abs. 1 GG in Verbindung mit Art. 3 Abs. 1 GG und dem Sozialstaatsprinzip des Art. 20 Abs. 1 GG. Sowohl der Grundbedarfssatz als auch der Unterkunftsbedarfssatz sind nach der Auffassung des Gerichts evident zu niedrig. Die Bedarfssätze sind nach dessen Ansicht verfahrensfehlerhaft zustande gekommen und beruhen auf verschiedenen schwerwiegenden methodischen Fehlern, wobei bereits jeder Fehler für sich genommen die Verfassungswidrigkeit des jeweiligen Bedarfssatzes begründet.
   VG Berlin, Beschluss vom 5. Juni 2024 – 18 K 342/22 –, juris (weitere Richtervorlage zum BVerfG gemäß Art. 100 Abs. 1 GG)

§ 13a Kranken- und Pflegeversicherungszuschlag

(1) [1]Für Auszubildende, die in der gesetzlichen Krankenversicherung nach § 5 Absatz 1 Nummer 9 oder 10 des Fünften Buches Sozialgesetzbuch versichert sind, erhöht sich der Bedarf um 102 Euro monatlich für ihren Krankenversicherungsbeitrag. [2]Für ihren Versicherungsbeitrag als Pflichtmitglied in der sozialen Pflegeversicherung nach § 20 Absatz 1 Nummer 9 oder 10 des Elften Buches Sozialgesetzbuch erhöht sich der Bedarf um weitere 35 Euro monatlich. [3]Für Auszubildende, die als freiwilliges Mitglied in der gesetzlichen Krankenversicherung beitragspflichtig versichert sind und deren Kranken- und Pflegeversicherungsbeiträge nach § 240 Absatz 4 Satz 2 des Fünften Buches Sozialgesetzbuch und § 57 Absatz 4 des Elften Buches Sozialgesetzbuch berechnet werden, gelten die Sätze 1 und 2 entsprechend.

(2) [1]Für Auszubildende, die – außer in den Fällen des Absatzes 1 Satz 3 – als freiwilliges Mitglied oder nach § 5 Absatz 1 Nummer 13 des Fünften Buches Sozialgesetzbuch in der gesetzlichen Krankenversicherung beitragspflichtig versichert sind, erhöht sich der Bedarf um 185 Euro monatlich. [2]Für ihren Versicherungsbeitrag als Pflichtmitglied in der sozialen Pflegeversicherung nach § 20 Absatz 1 Nummer 12 oder Absatz 3 des Elften Buches Sozialgesetzbuch – außer in den Fällen des Absatzes 1 Satz 3 – erhöht sich der Bedarf um 48 Euro monatlich.

(3) [1]Für Auszubildende, die ausschließlich:

1. beitragspflichtig bei einem privaten Krankenversicherungsunternehmen versichert sind, das die in § 257 Absatz 2a Satz 1 des Fünften Buches Sozialgesetzbuch genannten Voraussetzungen erfüllt, und
2. aus dieser Versicherung Leistungen beanspruchen können, die der Art nach den Leistungen des Fünften Buches Sozialgesetzbuch mit Ausnahme des Kranken- und Mutterschaftsgeldes entsprechen,

erhöht sich der Bedarf um 102 Euro monatlich. [2]Sind die in Satz 1 Nummer 2 genannten Leistungen auf einen bestimmten Anteil der erstattungsfähigen Kosten begrenzt, erhöht sich der Bedarf stattdessen um die nachgewiesenen Krankenversicherungsbeiträge, höchstens aber um den in Satz 1 genannten Betrag. [3]Für Auszubildende, die nach § 23 des Elften Buches Sozialgesetzbuch beitragspflichtig bei einem privaten Versicherungsunternehmen versichert sind, das die in § 61 Absatz 5 des Elften Buches Sozialgesetzbuch genannten Voraussetzungen erfüllt, erhöht sich der Bedarf um weitere 35 Euro monatlich. [4]Abweichend von den Sätzen 1 bis 3 gilt für Auszubildende, die die Altersgrenze des § 5 Absatz 1 Nummer 9 oder 10 des Fünften Buches Sozialgesetzbuch überschreiten, Absatz 2 entsprechend.

Allgemeine Verwaltungsvorschrift

Zu Absatz 1

13a.1.1 Der Krankenversicherungszuschlag wird Auszubildenden, die nach § 13a Abs. 1 Nr. 1 beitragspflichtig krankenversichert sind, zusätzlich zum Bedarf gewährt. Er wird nicht gewährt bei kostenfreier Mitversicherung durch eine Familienversicherung. Dies gilt auch, wenn zusätzlich eine beitragspflichtige Privatversicherung vorliegt.

Beginnt und/oder endet das beitragspflichtige Krankenversicherungsverhältnis während des Bewilligungszeitraums, ist der Bescheid nach Maßgabe des § 53 Satz 1 zu ändern.

13a.1.2 Bei Auszubildenden, die beitragspflichtige Mitglieder einer gesetzlichen Krankenversicherung sind, erhöht sich der Bedarf ohne weitere Prüfung um den in Absatz 1 Satz 1 genannten Betrag, da die gesetzliche Krankenversicherung immer eine Vollversicherung ist.

Bei beitragspflichtig privat versicherten Auszubildenden ist zu prüfen:

- Erfüllt das Versicherungsunternehmen die Anforderungen des § 257 Abs. 2a SGB V bzw. handelt es sich um eine beitragspflichtige Kranken- und ggf. Pflegeversicherung in der Postbeamtenkrankenkasse oder der Krankenversorgung der Bundesbahnbeamten?
- Kann der Versicherte Leistungen beanspruchen, die der Art nach den Leistungen des SGB V mit Ausnahme des Kranken- und Mutterschaftsgeldes entsprechen (keine bloße Zusatzversicherung zur gesetzlichen Krankenversicherung)?
- Handelt es sich um eine Voll- oder Teilversicherung?

Eine Vollversicherung ist anzunehmen, wenn der Vertrag grundsätzlich Erstattungssätze bis zu 100 Prozent vorsieht. Eine Selbstbeteiligung in Teilbereichen, z.B. bei Zahnbehandlung bzw. Zahnersatz, schließt die Annahme einer Vollversicherung nicht aus.

Eine Teilversicherung ist anzunehmen, wenn der Vertrag grundsätzlich Erstattungssätze von unter 100 Prozent vorsieht (z.B. 20 Prozent-Tarif für beihilfeberechtigte Kinder von Bundesbeamten).

Bei Vorliegen einer Vollversicherung erhöht sich der Bedarf ohne weitere Prüfung um den in Absatz 1 Satz 1 genannten Betrag.

Bei Vorliegen einer Teilversicherung ist noch zu prüfen, wie hoch die monatlichen Krankenversicherungskosten im Zeitpunkt der Antragstellung insgesamt waren und ob die Vertragsleistungen auch gesondert berechenbare Unterkunft (d. h. Unterkunft im Ein- und Zweibettzimmer) und wahlärztliche Leistungen bei stationärer Krankenhausbehandlung (d. h. Chefarztbehandlung) umfassen. Umfasst ein Teilversicherungsvertrag diese Sonderleistungen, erfolgt ein pauschaler Abschlag von einem Zehntel der nachgewiesenen Krankenversicherungskosten. Obergrenze für die Erstattung ist der in Absatz 1 Satz 1 genannte Betrag.

13a.1.2a Das Vorliegen der Voraussetzungen für den Krankenversicherungszuschlag ist durch eine Bescheinigung der zuständigen Krankenkasse bzw. des privaten Versicherungsunternehmens nachzuweisen. Im Falle einer Teilversicherung sind zudem die Krankenversicherungskosten nachzuweisen und es ist anzugeben, ob die Vertragsleistungen auch gesondert berechenbare Unterkunft und wahlärztliche Leistungen bei stationärer Krankenhausbehandlung umfassen. Sofern der Bescheinigung der Krankenkasse bzw. des privaten Versicherungsunternehmens nicht alle erforderlichen Voraussetzungen zu entnehmen sind, können diese durch weitere Nachweise (z.B. Versicherungspolice, Rechnung der Krankenversicherung) belegt werden.

13a.1.2b Maßgebend sind die Krankenversicherungskosten im Zeitpunkt der Antragstellung. Ein speziell auf den Zeitpunkt der Antragstellung bezogener Kostennachweis ist aber nur dann erforderlich, wenn die vorgelegte Krankenversicherungsbescheinigung Grund für die Annahme gibt, dass sich die Beitragshöhe seit der Ausstellung der Bescheinigung geändert hat. Änderungen der Beitragshöhe, die nach dem Zeitpunkt der Antragstellung eintreten, bleiben für die Dauer des Bewilligungszeitraums unberücksichtigt.

13a.1.3 Die Tz 13a.1.1 bis Tz 13a.1.2b gelten für den Krankenversicherungszuschuss gemäß § 5 AuslandszuschlagsV bei einer Ausbildung im Ausland mit der Maßgabe entsprechend, dass für die Kosten einer im Ausland abgeschlossenen Auslandskrankenversicherung keine besonderen Anforderungen an das Versicherungsunternehmen und die Art der Versicherungsleistungen zu stellen sind. Liegt eine beitragspflichtige Vollversicherung vor, wird der Zuschuss unabhängig von den Versicherungskosten geleistet. Eine Kürzung kommt nur bei Vorliegen einer Teilversicherung in Betracht.

§ 14 Bedarf für Praktikanten

[1]Als monatlicher Bedarf für Praktikanten gelten die Beträge, die für Schüler und Studenten der Ausbildungsstätten geleistet werden, mit deren Besuch das Praktikum im Zusammenhang steht. [2]§ 13 Absatz 4 ist entsprechend anzuwenden.

Allgemeine Verwaltungsvorschrift

14.0.1 Zur Förderungsfähigkeit von Praktika siehe auch § 2 Abs. 4 und § 5 Abs. 5.

§ 14a Zusatzleistungen in Härtefällen

[1]Die Bundesregierung kann durch Rechtsverordnung[1] ohne Zustimmung des Bundesrates bestimmen, dass bei einer Ausbildung im Inland Ausbildungsförderung über die Beträge nach § 12 Absatz 1 und 2, § 13 Absatz 1 und 2 sowie § 13a hinaus geleistet wird zur Deckung besonderer Aufwendungen des Auszubildenden

1. für seine Ausbildung, wenn sie hiermit in unmittelbarem Zusammenhang stehen und soweit dies zur Erreichung des Ausbildungszieles notwendig ist,
2. für seine Unterkunft, soweit dies zur Vermeidung unbilliger Härten erforderlich ist.

[2]In der Rechtsverordnung können insbesondere Regelungen getroffen werden über

1. die Ausbildungsgänge, für die ein zusätzlicher Bedarf gewährt wird,
2. die Arten der Aufwendungen, die allgemein als bedarfserhöhend berücksichtigt werden,
3. die Arten der Lern- und Arbeitsmittel, deren Anschaffungskosten als zusätzlicher Bedarf anzuerkennen sind,
4. die Verteilung des zusätzlichen Bedarfs auf den Ausbildungsabschnitt,
5. die Höhe oder die Höchstbeträge des zusätzlichen Bedarfs und die Höhe einer Selbstbeteiligung.

---

1 Siehe hierzu: VO über Zusatzleistungen in Härtefällen **(Nr. 5)**.

Allgemeine Verwaltungsvorschrift

14a.0.1 Internatskosten stehen im unmittelbaren Zusammenhang mit der Ausbildung, wenn der Besuch einer Ausbildungsstätte auch eine Internatsunterbringung erforderlich macht. Erforderlich kann eine Internatsunterbringung nur dann sein, wenn ohne sie das angestrebte Ausbildungsziel nicht erreichbar wäre. Dies ist insbesondere dann anzunehmen, wenn die Ausbildungsstätte selbst die Unterbringung im Internat zur zwingenden Voraussetzung macht oder wenn eine entsprechende Ausbildungsstätte z.B. wegen einer Behinderung der auszubildenden Person ohne die Internatsunterbringung nicht täglich besucht werden könnte.

14a.0.2 Zur Erreichung des Ausbildungszieles ist eine auswärtige Unterbringung nur notwendig, wenn eine entsprechende zumutbare Ausbildungsstätte von der Wohnung der Eltern aus nicht erreichbar ist. Ist jedoch eine Ausbildungsstätte erreichbar, an der dieses Ausbildungsziel angestrebt werden kann, ist bereits die Grundvoraussetzung für die Berücksichtigung der Internatsunterbringung nicht erfüllt.

14a.0.3 Die Kosten einer Internatsunterbringung sind Kosten im Sinne von § 14a Satz 1 Nr. 1.

Erläuterungen

1. Ein besonderer ausbildungsgeprägter behinderungsbedingter Bedarf besteht, wenn die Aufwendungen am Wohnort der Eltern nicht erforderlich geworden wären.
   BVerwG E 135, 310

2. Der sich aus §§ 14a S. 1 Nr. 1 BAföG, 6 Abs. 2 S. 1 HärteV ergebende Bedarf beschränkt sich nur auf die pädagogische Betreuung außerhalb der Unterrichtszeiten und die Gewährung der Unterkunft.
   OVG Münster FamRZ 2012, 748; Weisung des BMBF, in Berlin Rundschreiben 16/12 vom 21.11.2012

3. Die Obergrenze für die Übernahme von Internatskosten soll entgegen einem Urteil des OVG Münster vom 23.1.2012 FamRZ 2012, 748 weiter bei 70 Euro bleiben.
   Weisung des BMBF, in Berlin Rundschreiben 6/2012 vom 11.4.2012

§ 14b Zusatzleistung für Auszubildende mit Kind (Kinderbetreuungszuschlag)

(1) [1]Für Auszubildende, die mit mindestens einem eigenen Kind, das das 14. Lebensjahr noch nicht vollendet hat, in einem Haushalt leben, erhöht sich der Bedarf um monatlich 160 Euro für jedes dieser Kinder. [2]Der Zuschlag wird für denselben Zeitraum nur einem Elternteil gewährt. [3]Sind beide Elternteile nach diesem Gesetz dem Grunde nach förderungsberechtigt und leben in einem gemeinsamen Haushalt, bestimmen sie untereinander den Berechtigten.

(2) [1]Der Zuschlag nach Absatz 1 bleibt als Einkommen bei Sozialleistungen unberücksichtigt. [2]Für die Ermittlung eines Kostenbeitrags nach § 90 des Achten Buches Sozialgesetzbuch gilt dies jedoch nur, soweit der Kostenbeitrag für eine Kindertagesbetreuung an Wochentagen während der regulären Betreuungszeiten erhoben wird.

Allgemeine Verwaltungsvorschrift

14b.1.1 Der Kinderbetreuungszuschlag ist zu gewähren, wenn die auszubildende Person mit dem betreffenden Kind in einem Haushalt lebt. Nicht relevant ist, in welchem Haushalt (z.B. dem der eigenen Eltern oder in einem Mutter-Kind-Heim) sie leben. Die teilweise Fremdbetreuung des Kindes (z.B. durch Kindergarten, Tagesmutter, Angehörige) steht einer Gewährung des Kinderbetreuungszuschlags nicht entgegen.

14b.1.2 Ein Kind wohnt auch dann im Haushalt einer auszubildenden Person, wenn es aufgrund einer Behinderung wochentags in einer Einrichtung betreut wird.

14b.1.3 Für In- und Auslandsaufenthalt gilt: Ein Kind wohnt auch dann im Haushalt der auszubildenden Person, wenn diese zum Zweck der Ausbildung einen Nebenwohnsitz begründet, an dem sich das Kind nicht ständig befindet.

14b 1.4 Eigene Kinder sind auch Adoptivkinder (vgl. Tz 25.5.1). Pflegekinder, in den Haushalt aufgenommene Kinder nur der durch Ehe oder Lebenspartnerschaft verbundenen Personen oder in den Haushalt aufgenommene Enkel gelten nicht als eigene Kinder im Sinne des § 14b.

14b 1.5 Der Kinderbetreuungszuschlag kann unabhängig vom Freibetrag nach § 25 Abs. 3 Nr. 2 i. V. m. Abs. 5 Nr. 3 gewährt werden.

§ 15 Förderungsdauer

(1) Ausbildungsförderung wird vom Beginn des Monats an geleistet, in dem die Ausbildung aufgenommen wird, frühestens jedoch vom Beginn des Antragsmonats an.

(2) [1]Ausbildungsförderung wird für die Dauer der Ausbildung – einschließlich der unterrichts- und vorlesungsfreien Zeit – geleistet. [2]Abweichend von Satz 1 wird bei Studiengängen an Hochschulen und an Akademien im Sinne des § 2 Absatz 1 Satz 1 Nummer 6 Ausbildungsförderung jedoch grundsätzlich nur bis zum Ende der Förderungshöchstdauer nach § 15a geleistet. [3]Für die Teilnahme an Einrichtungen des Fernunterrichts wird Ausbildungsförderung höchstens für 12 Kalendermonate geleistet.

(2a) Ausbildungsförderung wird auch geleistet, solange die Auszubildenden infolge von Erkrankung oder Schwangerschaft gehindert sind, die Ausbildung durchzuführen, nicht jedoch über das Ende des dritten Kalendermonats hinaus.

(3) [1]Über die Förderungshöchstdauer hinaus wird für eine angemessene Zeit Ausbildungsförderung geleistet, wenn sie

1. aus schwerwiegenden Gründen,
2. infolge der in häuslicher Umgebung erfolgenden Pflege eines oder einer pflegebedürftigen nahen Angehörigen im Sinne des § 7 Absatz 3 des Pflegezeitgesetzes, der oder die nach den §§ 14 und 15 des Elften Buches Sozialgesetzbuch – Soziale Pflegeversicherung – mindestens in Pflegegrad 3 eingeordnet ist,
3. infolge einer Mitwirkung in gesetzlich oder satzungsmäßig vorgesehenen Gremien und Organen
   a) der Hochschulen und der Akademien im Sinne des § 2 Absatz 1 Satz 1 Nummer 6,
   b) der Selbstverwaltung der Studierenden an Ausbildungsstätten im Sinne des Buchstaben a,
   c) der Studentenwerke und
   d) der Länder,
4. infolge des erstmaligen Nichtbestehens der Abschlussprüfung,
5. infolge einer Behinderung, einer Schwangerschaft oder der Pflege und Erziehung eines Kindes bis zu 14 Jahren

überschritten worden ist. [2]Bei der Bestimmung der angemessenen Zeit, um die die Förderungsdauer über die Förderungshöchstdauer hinaus verlängert wird, bleibt ein Flexibilitätssemester nach Absatz 4 außer Betracht. [3]Eine bereits erfolgte Verlängerung nach Absatz 4 schließt eine Verlängerung der Förderungsdauer nach Satz 1 nicht aus.

(4) [1]Ausbildungsförderung wird Auszubildenden an Hochschulen und an Akademien im Sinne des § 2 Absatz 1 Satz 1 Nummer 6 nach Ablauf der Förderungshöchstdauer oder der Förderungsdauer nach Absatz 3 Satz 1 Nummer 1, 2, 3 oder 5 für ein weiteres sich unmittelbar anschließendes Semester gewährt (Flexibilitätssemester), wenn die Auszubildenden noch kein Flexibilitätssemester für einen früheren Ausbildungsabschnitt in Anspruch genommen haben. [2]Werden während eines Flexibilitätssemesters eingetretene Umstände im Sinne von Absatz 3 Satz 1 geltend gemacht, wird nach Ablauf des Flexibilitätssemesters für eine angemessene Zeit Ausbildungsförderung geleistet.

(5) [1]Auszubildenden an Hochschulen und an Akademien im Sinne des § 2 Absatz 1 Satz 1 Nummer 6, die sich in einem in sich selbständigen Studiengang befinden, wird als Hilfe zum Studienabschluss für höchstens zwölf Monate Ausbildungsförderung auch nach dem Ende der Förderungshöchstdauer oder der Förderungsdauer nach Absatz 3 Satz 1 Nummer 1, 2, 3 oder 5 oder Absatz 4 geleistet, wenn die Auszubildenden spätestens innerhalb von vier Semestern nach diesem Zeitpunkt zur Abschlussprüfung zugelassen worden sind und die Prüfungsstelle bescheinigt, dass sie die Ausbildung innerhalb der Dauer der Hilfe zum Studienabschluss abschließen können. [2]Ist eine Abschlussprüfung nicht vorgesehen, gilt Satz 1 unter der Voraussetzung, dass die Auszubildenden eine Bestätigung der Ausbildungsstätte darüber vorlegen, dass sie die Ausbildung innerhalb der Dauer der Hilfe zum Studienabschluss abschließen können.

Allgemeine Verwaltungsvorschrift

Zu Absatz 1

15.1.1 Ausbildungsförderung wird vom Beginn des Monats an geleistet, in dem die Ausbildung aufgenommen wird, sofern spätestens in diesem Monat ein schriftlicher Antrag gestellt worden ist.

Vorkurse, die vor dem Monat des regulären Vorlesungsbeginns durchgeführt werden, können gefördert werden, wenn sie sich als „Aufnahme der Ausbildung" darstellen. Dies setzt neben der Immatrikulation voraus, dass es sich um eine in Vollzeit und von Lehrkräften der Hochschule durchgeführte Veranstaltung handelt.

Zu Absatz 2

15.2.1 Ausbildungsförderung wird nicht geleistet, solange der Auszubildende aus einem von ihm zu vertretenden Grund die Ausbildungsstätte nicht besucht oder an dem Praktikum nicht teilnimmt.

15.2.2 Ausbildungsförderung wird in voller Höhe für den Monat geleistet, in dem der jeweilige Ausbildungsabschnitt endet.

15.2.3 Während der unterrichtsfreien Zeit kann Ausbildungsförderung nur geleistet werden, wenn diese in einem Jahr 77 Ferienwerktage nicht überschreitet. Dies gilt nicht für die vorlesungsfreie Zeit im Hochschulbereich.

Überschreitet die unterrichtsfreie Zeit in einem Jahr 77 Ferienwerktage, so wird die Dauer der Leistung von Ausbildungsförderung für jeden angefangenen Zeitraum von 26 Ferienwerktagen um einen Kalendermonat gekürzt.

15.2.4 In Kalendermonaten, für die Auszubildende beurlaubt sind, wird Ausbildungsförderung nicht geleistet. Vgl. aber Tz 9.2.2 Satz 3.

15.2.5 Ausbildungsförderung wird grundsätzlich für die Dauer der Ausbildung geleistet. Bei dem Besuch von Studiengängen an Hochschulen oder diesen nach § 2 Abs. 3 als gleichwertig bestimmten Ausbildungsstätten erfolgt eine Förderung über die Förderungshöchstdauer hinaus jedoch nur, wenn die Voraussetzungen des § 15 Abs. 3 bzw. des § 15 Abs. 3a vorliegen.

Bei Auslandsaufenthalten ist Tz 5a.0.3 zu beachten.

Zu Absatz 2a

15.2a.1 Der Monat, in den der Beginn des die Ausbildung hindernden Ereignisses fällt, wird bei der Dreimonatsfrist nicht mitgezählt.

15.2a.2 § 15 Abs. 2a findet keine Anwendung bei formeller Beurlaubung.

Zu Absatz 3

15.3.1 Angemessen ist eine Zeit, wenn sie dem Zeitverlust entspricht, der durch den die Überschreitung der Förderungshöchstdauer rechtfertigenden Grund entstanden ist.

Angemessen ist immer die Zeit der Überschreitung, die von einer zuständigen Stelle vorgeschrieben wird, z.B. eine als Voraussetzung für eine Wiederholungsprüfung festgesetzte Anzahl von Studienhalbjahren.

Bei erfolgloser Teilnahme an einem „Freischuss" ist als angemessen der gleiche Zeitraum anzusehen, der nach der jeweiligen Studien- und Prüfungsordnung auch im regulären Prüfungsverfahren als Vorbereitungszeitraum vor einer erneuten Meldung zur Abschlussprüfung vorgesehen ist. Zu fördern ist auch die sich daran anschließende erforderliche Prüfungszeit.

15.3.2 Über die Förderungshöchstdauer hinaus wird Ausbildungsförderung nach Absatz 3 nicht geleistet, wenn nach Aktenlage feststeht, dass die auszubildende Person die Ausbildung nicht innerhalb eines Zeitraums von vier Semestern nach der nach Absatz 3 verlängerten Förderungszeit berufsqualifizierend abschließen oder die Voraussetzungen für die Zulassung zur Abschlussprüfung (vgl. hierzu auch Tz 15.3a.4a und 15.3a.5) schaffen kann.

Zu Nummer 1

15.3.3 Schwerwiegende Gründe, die eine Förderung über die Förderungshöchstdauer hinaus rechtfertigen können, sind insbesondere

- eine Krankheit (die Krankheit ist durch Attest nachzuweisen, in Zweifelsfällen ist über die Erkrankung das zuständige Gesundheitsamt im Wege der Amtshilfe gutachtlich zu hören),
- eine von der auszubildenden Person nicht zu vertretende Verlängerung der Examenszeit (z.B. bei plötzlicher Erkrankung des Prüfers),
- eine verspätete Zulassung zu examensnotwendigen Lehrveranstaltungen (z.B. „interner Numerus clausus"),
- das erstmalige Nichtbestehen einer Zwischen- oder Modulprüfung, wenn sie Voraussetzung für die Weiterführung der Ausbildung ist; entsprechendes gilt für die erstmalige Wiederholung eines Studienhalbjahres wegen des Misslingens von Leistungsnachweisen, wenn anstelle einer einzelnen Zwischen- oder Modulprüfung laufend Leistungsnachweise zu erbringen sind.

Diese schwerwiegenden Gründe müssen ursächlich für die Verzögerung der Ausbildung sein. Die Verzögerung darf für die auszubildende Person nicht auf zumutbare Weise innerhalb der Förderungshöchstdauer aufzuholen sein.

15.3.3a Fehlende Sprachkenntnisse sind kein schwerwiegender Grund für die Gewährung einer Förderung über die Förderungshöchstdauer hinaus.

Außergewöhnliche Studienprojekte oder Wettbewerbe (z.B. „Moot Courts") stellen ebenfalls keinen schwerwiegenden Grund dar.

Zu Nummer 2

15.3.4 Erforderlich ist eine Gremienmitwirkung als gewähltes Mitglied.

Eine Verlängerung der Förderung um mehr als zwei Semester wegen Gremienarbeit ist in der Regel nicht mehr angemessen.

15.3.5 (weggefallen)

Zu Nummer 4

15.3.6 Nicht bestanden ist eine Abschlussprüfung dann, wenn die auszubildende Person alle Prüfungsleistungen, die sie nach den maßgeblichen Prüfungsvorschriften zu erbringen hatte, erbracht hat, insgesamt jedoch ohne Erfolg. Ein Nichtbestehen der Abschlussprüfung im Sinne des Absatzes 3 Nr. 4 liegt auch dann vor, wenn die Prüfung schon wegen des Misserfolgs in einem Prüfungsteil als nicht bestanden gilt, bevor überhaupt alle Prüfungsleistungen erbracht sind. Die Förderungsdauer wird dagegen nicht verlängert, wenn die Abschlussprüfung aus anderen Gründen (z.B. Täuschung, Fernbleiben von der Prüfung) als nicht bestanden gilt.

§ 15 Abs. 3 Nr. 4 ist entsprechend anzuwenden, wenn Auszubildende die Prüfung zum Teil bestanden haben und hinsichtlich der übrigen Teile zu einer Nachhol- oder Wiederholungsprüfung zugelassen sind.

§ 15 Abs. 3 Nr. 4 ist bei modularisierten Studiengängen nicht anzuwenden, es sei denn, eine bestimmte Modulprüfung ist verbindlich als Abschlussprüfung vorgeschrieben. Vgl. auch Tz 15.3.3.

15.3.7 Eine Förderung nach Absatz 3 Nummer 4 ist nur möglich, wenn die Abschlussprüfung innerhalb der Förderungshöchstdauer nach § 15a oder innerhalb der nach den Nummern 1, 3 und 5 verlängerten Förderungsdauer ohne Erfolg abgelegt worden ist. Im Falle des Nichtbestehens der Prüfung wegen des Misserfolgs in einem Prüfungsteil setzt die Leistung von Ausbildungsförderung voraus, dass der Auszubildende bis zur Ablegung des letzten Prüfungsteils des ersten Prüfungsversuchs hätte Ausbildungsförderung beanspruchen können.

Zu Nummer 5

15.3.8 Die Behinderung muss ursächlich für die Verzögerung der Ausbildung sein. In Zweifelsfällen ist das zuständige Versorgungsamt im Wege der Amtshilfe gutachtlich zu hören.

Bei der Feststellung einer Behinderung ist im Allgemeinen von Bescheinigungen anderer zuständiger Stellen auszugehen. Vom Amt für Ausbildungsförderung ist gesondert zu prüfen, ob die Behinderung für die Verzögerung der Ausbildung ursächlich ist.

15.3.9 Als Kinder sind auch die in Tz 25.5.1 genannten Personen zu berücksichtigen.

15.3.10 Die Schwangerschaft oder die Pflege oder Erziehung eines Kindes bis zu zehn Jahren müssen ursächlich für die Verzögerung der Ausbildung sein. Im Rahmen des § 15 Abs. 3 Nr. 5 sind stets folgende Zeiten angemessen:

- Schwangerschaft: ein Semester,
- bis zum 5. Geburtstag des Kindes: ein Semester pro Lebensjahr,
- für das 6. und 7. Lebensjahr des Kindes: insgesamt ein Semester,
- für das 8. bis 10. Lebensjahr des Kindes: insgesamt ein Semester.

Die Vergünstigung des § 15 Abs. 3 Nr. 5 darf insgesamt ein Semester für die jeweiligen Zeiträume nicht überschreiten, und zwar auch dann nicht, wenn mehrere Kinder gleichzeitig betreut werden. Sie kann auf beide studierenden Eltern verteilt werden. In diesem Fall haben die Eltern eine Erklärung darüber abzugeben, wie die Kinderbetreuung zwischen ihnen aufgeteilt wurde.

15.3.11 Der in der Verlängerungszeit der Förderungsdauer weiter bestehende Betreuungsbedarf eines Kindes ist zu berücksichtigen.

In der Verlängerung der Förderungsdauer auftretende neu hinzugekommene Verzögerungsgründe sind ebenfalls zu berücksichtigen, z.B. Erkrankung der auszubildenden Person, Schwangerschaft.

Zu Absatz 3a

15.3a.1 Hilfe zum Studienabschluss nach § 15 Abs. 3a kann nur für Studierende an Hochschulen geleistet werden, die sich in einem in sich selbständigen Studiengang befinden. Als solche gelten auch Masterstudiengänge. Für Studierende in unselbstständigen Zusatzausbildungen (z.B. nach § 7 Abs. 2 Nr. 2) findet § 15 Abs. 3a keine Anwendung.

15.3a.2 § 15 Abs. 3a regelt die Hilfe zum Studienabschluss abschließend. Sie ist auch dann zu leisten, wenn vorher keine Förderung beantragt wurde. Die Regelungen des § 15 Abs. 3 und des § 48 sind während der Abschlusshilfedauer nicht anzuwenden.

15.3a.3 Voraussetzung für die Hilfe zum Studienabschluss ist

- die Zulassung bzw. das Erreichen der Zulassungsvoraussetzungen zur Abschlussprüfung bis spätestens vier Semester nach dem Ende der Förderungshöchstdauer bzw. der nach § 15 Abs. 3 Nr. 1, 3 oder 5 verlängerten Förderungszeit und
- die Vorlage einer Bescheinigung der Ausbildungsstätte oder der Prüfungsstelle darüber, dass die Ausbildung nunmehr in spätestens zwölf Monaten abgeschlossen werden kann.

Die Förderung ist in der Regel für zwölf Monate zu bewilligen. Eine Differenzierung entsprechend der nach der Studien- und Prüfungsordnung für den einzelnen Studiengang möglichen Prüfungsdauer (etwa wenn sie kürzer als zwölf Monate ist) ist nicht vorzunehmen.

Hat das Amt Anhaltspunkte dafür, dass die auszubildende Person die Ausbildung vor Ablauf von zwölf Monaten abschließen wird, ist ein kürzerer Bewilligungszeitraum zu bilden.

15.3a.4 Die Bescheinigung ist von einem hauptamtlichen Mitglied des Lehrkörpers oder vom Prüfungsamt auszustellen.

15.3a.4a Bei sog. „gleitenden Prüfungsverfahren" mit Zulassung zur Abschlussprüfung bereits nach der Zwischenprüfung, muss die Bescheinigung der Prüfungsstelle eine Aussage darüber enthalten, ob alle wesentlichen Studienleistungen bereits tatsächlich erbracht sind; diese Feststellung ist zu begründen. Das Amt für Ausbildungsförderung hat die Bescheinigung auch unter diesem Gesichtspunkt besonders sorgfältig zu prüfen.

Bei modularisierten Studiengängen ist lediglich darauf abzustellen, dass die Ausbildung in der maximalen Förderungsdauer von zwölf Monaten abgeschlossen werden kann.

15.3a.5 In Studiengängen ohne Zulassungsverfahren gilt als Zulassung zur Abschlussprüfung im Sinne des § 15 Abs. 3a die Ausgabe der Diplom-/Magisterarbeit oder die Ladung zum Prüfungstermin.

15.3a.6 (weggefallen)

Erläuterungen

1. Der Antragsteller kann nicht durch nachträgliche Änderung des Antrags den Bewilligungszeitraum verändern. Eine Teilrücknahme des Antrags ist unzulässig. Es ist jedoch möglich, für einen künftigen Zeitraum Anträge zu stellen.
   BVerwG FamRZ 2000, 780

2. Die Anforderung von Unterlagen ist nicht als Antrag zu werten.
   OVG Münster FamRZ 1981, 713

3. Das Bestehen eines Erstattungsanspruchs des Trägers der Sozialhilfe gegen den Träger der Ausbildungsförderung nach § 104 Abs. 1 Satz 1 SGB X hängt nicht davon ab, dass Leistungen der Ausbildungsförderung nach § 46 Abs. 1 Satz 1 BAföG beantragt worden sind.
   BVerwG, NJW 2014, 1979

4. Während des Urlaubssemesters, das weder hochschulrechtlich noch förderungsrechtlich auf die Zahl der Fachsemester anzurechnen ist, dauert die förderungsfähige Ausbildung nicht fort mit der Folge, dass dem Auszubildenden insoweit Ausbildungsförderung grundsätzlich nicht zusteht; und zwar auch dann nicht, wenn der Auszubildende vor einer rückwirkend ausgesprochenen Urlaubsbewilligung Lehrveranstaltungen tatsächlich besucht hat.
   BVerwGE 152, 264

5. Während der Unterbrechung der Ausbildung entsteht kein BAföG-Anspruch.
   BVerwG FamRZ 1988, 326
   Die Auslassung von Vorlesungen eines Studenten ist jedoch keine Unterbrechung.
   BVerwG FamRZ 1975, 113

6. Erfasst von der Begünstigung des Auszubildenden, auch in unterrichts- bzw. vorlesungsfreien Zeiten Förderungsleistungen zu erhalten, sind grundsätzlich nur von Zeiten der Ausbildung umschlossene Ferienzeiten.
   VGH Mannheim, Beschluss vom 18. Oktober 2021 – 12 S 1650/20 –, juris

7. Ist der Anspruch nicht dem Grunde nach, sondern nur der Höhe nach abgelehnt worden, ist der Anspruch durch jährliche Wiederholungsanträge zu wahren.
   BVerwG FamRZ 1980, 840 und BVerwG FamRZ 1998, 647
   Bei ablehnenden Grundentscheidungen können die Anträge nachgeholt werden.

8. Aufgrund der Corona-Pandemie haben nahezu alle Bundesländer Regelungen erlassen, die eine pauschale Erhöhung der Regelstudienzeit für die Studierenden vorsehen, die in den Sommersemestern 2020 (außer Saarland+Thüringen) und 2021 und in den Wintersemestern 2020/2021 und 2021/2022 ordentlich immatrikuliert und nicht beurlaubt waren. Die entsprechenden Bestimmungen wirken sich nicht nur auf die Förderungshöchstdauer, sondern u.a. auch auf den Vorlagezeitpunkt für den Leistungsnachweis (§ 48 Abs. 1 BAföG) und – außer in den Fällen des § 7 Abs. 1 a BAföG – die Bestimmung des Zeitpunktes eines Fachrichtungswechsels aus.

9. Eine Verlängerung der Förderung scheidet aus, wenn der gerechtfertigte Leistungsrückstand nach § 15 Abs. 3 Nr. 1-5 und Abs. 3a (jetzt Abs. 5) kleiner ist als die Zeit, die noch bis zum Examen benötigt wird.
   BVerwG FamRZ 1984, 423; 1989, 553; 1994, 661; 1995, 767 (Einbeziehung der Studienabschlussförderung)

10. Schwerwiegende Studienverzögerungsgründe § 15 Abs. 3 Nr. 1: Die Rechtsprechung erkennt auch solche Ursachen an, die zwar nicht in der persönlichen Sphäre des Antragstellers liegen, ihn aber persönlich betreffen und sein Studium konkret verzögert haben.
VGH BaWü FamRZ 1977, 669; OVG Hamburg FamRZ 1977, 352;
BVerwG FamRZ 1982, 204
Für diese hochschulbedingten Verzögerungen gilt aber, falls die Studienabschlussförderung beantragt wird, Tz 15.3.3a.

11. Dauert die Prüfung unter Einbindung der rechtzeitigen Meldung und des Examenssemesters an, kann die Förderung nach § 15 Abs. 3 Nr. 1 verlängert werden.
Hess VGH FamRZ 1993, 123

12. Wird eine Prüfung, die nur einmal im Semester durchgeführt wird, aus Krankheitsgründen versäumt, kann der Antragsteller aus schwerwiegendem Grund die Prüfung im nächsten Semester wiederholen.
BVerwG FamRZ 1984, 105

13. Die Pflege von nahen Angehörigen und Freunden ist in der Regel kein schwerwiegender Grund, die Förderungszeit zu verlängern.
BVerwG FamRZ 1982, 204; OVG Koblenz FamRZ 1983, 425 – diese Entscheidungen betreffen in ihrer generellen Aussage die Rechtslage vor Einführung des § 15 Abs. 3 Nr. 2 BAföG
Bei alleinstehenden Müttern kann die Erkrankung eines Kindes die Überschreitung der Förderungshöchstdauer rechtfertigen.
OVG Hamburg FamRZ 1984, 730

14. Auch bei der Entscheidung nach § 15 Abs. 3 Nr. 5 am Ende der Förderungshöchstdauer kann künftig auch aus dem Fortbestehen einer Studienbeeinträchtigung infolge der Pflege und Erziehung desselben Kindes in der bereits bewilligten Überschreitungszeit wieder eine weitergehende Überschreitung der Förderungshöchstdauer hergeleitet werden, Tz 15.3.11. Der Bund hat damit seine lange Zeit bestehende Ablehnung, die in der Kindererziehungszeit entstehenden Verzögerungen anzuerkennen, aufgegeben.

15. Das Nichtbestehen einer Prüfung für einen einzelnen Leistungsnachweis stellt in der Regel keinen schwerwiegenden Grund im Sinne von § 15 Abs. 3 Nr. 1 BAföG dar. Etwas anderes gilt dann, wenn das (erstmalige) Nichtbestehen eines einzelnen Leistungsnachweises aufgrund der Organisation der Ausbildung zur Folge hat, dass die auszubildende Person an der Fortsetzung ihres Studiums im nächsthöheren Semester gehindert ist.
VGH Mannheim, Urteil vom 31. März 2022 – 12 S 53/20 –, juris

16. Die bewusste Wahl einer schwierigen und umfangreichen Examensarbeit rechtfertigt nicht die Überschreitung der Förderungshöchstdauer.
OVG Münster FamRZ 1983, 955

17. Eine Ausbildungsförderung über die Förderungshöchstdauer hinaus wegen eines schwerwiegenden Grundes im Sinne des § 15 Abs. 3 Nr. 1 BAföG kommt nicht in Betracht, wenn die durch einen Studienortwechsel eintretenden Verzögerungen bei rechtzeitiger Einholung von Informationen über Studienordnung und ECTS-Anerkennung zumutbar vermieden worden wären.
VG Magdeburg, Urteil vom 05. April 2018 – 6 A 344/16 –, juris; a.A. für den Fall des Innehabens eines Teilstudienplatzes in der Fachrichtung Medizin und anschließendem – zugunsten des Erhalts eines Vollstudienplatzes in derselben Fachrichtung durchgeführten – Hochschulwechsels, OVG Schleswig, Urteil vom 15. Februar 2018 – 3 LB 10/17 –, juris

18. Reicht die benötigte Überschreitung der Förderungshöchstdauer nicht aus, so kann die Förderungsdauer dann verlängert werden, wenn innerhalb der bewilligten Förderungszeit neue Verzögerungsgründe entstanden sind.
BVerwG FamRZ 1982, 544
Dies gilt z. B. auch, wenn innerhalb der Verlängerung nach § 15 Abs. 3 Nr. 5 neue Kinder geboren wurden.

19. Krankheitsbedingte Studienverzögerungen müssen sich nachvollziehbar aus ärztlichen Attesten ergeben.
VGH BaWü FamRZ 1996, 978

20. In Erweiterung der Vorgaben in Tz 15.3.10 der BAföGVwV ist für das **11. bis 14. Lebensjahr** des Kindes insgesamt **ein Semester** stets angemessen.
Einführungserlass des BMBF zum 26. BAföGÄndG vom 15.07.2019

21. Die Studienabschlussförderung kann nicht durch Urlaubssemester im Anschluss an die Förderungshöchstdauer erreicht werden.
OVG Bremen FamRZ 1997, 127

22. § 15 Abs. 3 Nr. 3
Die Mitarbeit in einem von der Studentenschaft aus aktuellem Anlass gebildeten Arbeitskreis ist keine Mitwirkung in gesetzlichen Gremien. *OVG Münster FamRZ 1979, 867*; ebensowenig die Mitarbeit in gesetzlich nicht vorgesehenen Gremien (Fachschafts-Kollektiv).
BVerwG FamRZ 1995, 1526

    Die Gremientätigkeit in einem Studienabschnitt, für den eine Bescheinigung nach § 48 Abs. 1 BAföG ausgestellt worden ist, vermag die Leistung von Ausbildungsförderung über die Förderungshöchstdauer hinaus nach § 15 Abs. 3 Nr. 3 BAföG grundsätzlich nicht zu rechtfertigen.
OVG Lüneburg, Beschluss vom 17. Februar 2021 – 4 LA 144/20 –, juris

23. § 15 Abs. 3 Nr. 4
Ausbildungsförderung ist nur möglich, wenn der Auszubildende, sein Versagen im ersten Teil der Abschlussprüfung weggedacht, alle Teile seiner Abschlussprüfung innerhalb rechtens geförderter Zeit, in der Regel innerhalb der Förderungshöchstdauer, hätte abschließen können.
BVerwG FamRZ 1985, 109

24. Vorbemerkung: Im Rahmen der nachfolgend in verkürzter Fassung dargestellten Leitsätze hat das OVG Koblenz gut handhabbare Vorgaben zum Umgang mit psychischen Beeinträchtigungen und Behinderungen auszubildender Personen erarbeitet. Die hinsichtlich des Betreibens der Ausbildung beschriebenen Grundsätze dürften nicht nur für (festgestellte) psychische Behinderungen, sondern für sämtliche Formen psychischer Beeinträchtigungen (mithin auch für Fälle des § 15 Abs. 3 Nr. 1 BAföG) von besonderer Bedeutung sein.

    Die Annahme einer Behinderung – hier: infolge fachärztlich diagnostizierter Agoraphobie mit Panikstörungen, depressiver Episoden und Somatisierungsstörungen – als Grund für eine Überschreitung der Förderungshöchstdauer scheitert nicht daran, dass der Auszubildende beim Versorgungsamt keinen Antrag auf Feststellung einer Behinderung gemäß § 69 SGB IX gestellt hat und dementsprechend kein Feststellungsbescheid zur Vorlage beim Amt für Ausbildungsförderung existiert. (Anm.: Rechtsgrundlage wurde geändert, jetzt § 152 SGB IX)

    Von einem tatsächlichen Betreiben der Ausbildung kann bei einem Auszubildenden in der Studienphase grundsätzlich ausgegangen werden, wenn er regelmäßig an den Lehrveranstaltungen beziehungsweise an dem planmäßig vorgesehenen Unterricht teilnimmt.

    Allerdings genügt allein eine Teilnahme an den vorgesehenen Lehrveranstaltungen ohne erkennbare Befassung mit den Inhalten der Ausbildung nicht, um diese voranzubringen.

Die Anforderungen an das tatsächliche Betreiben der Ausbildung sind unter Berücksichtigung einer Behinderung des Auszubildenden zu bestimmen.

Mithin sind insbesondere an die Geschwindigkeit des Voranschreitens nicht dieselben Anforderungen zu stellen, wie bei einem Förderungsempfänger ohne ausgleichsbedürftige Beeinträchtigung.

Das Vorliegen einer Behinderung befreit den Auszubildenden indessen nicht davon, die Ausbildungsstätte im Sinne des § 2 Abs. 1 Satz 1 BAföG zu besuchen, mithin das Studium – zwar unter Berücksichtigung seiner Behinderung – überhaupt voranzubringen.

Fehlt es an jeglichem Ausbildungsfortschritt, weil der Auszubildende letztlich krankheits- oder behinderungsbedingt (zeitweise) studierunfähig ist und dauert diese Studierunfähigkeit länger als drei Monate an, liegt eine förderungsschädliche Unterbrechung der Ausbildung vor.

Liegt eine Studierunfähigkeit in diesem Sinne vor, hat der Auszubildende die notwendigen förderungsrechtlichen Konsequenzen zu ziehen und sich – gegebenenfalls rückwirkend – beurlauben zu lassen.

Eine Höchstzahl an Verlängerungssemestern – etwa im Verhältnis zur Förderungshöchstdauer – sieht das Gesetz nicht vor, so dass die Angemessenheit bei einer andauernden Behinderung nicht an einer bestimmten Grenze endet und insbesondere nicht eine Studierfähigkeit von mindestens 50 % zu verlangen, sondern eine Verlängerung über die Förderungshöchstdauer hinaus vielmehr davon abhängig ist, dass die sonstigen Förderungsvoraussetzungen bejaht werden können.
OVG Koblenz, Urteil vom 25. Oktober 2017 – 7 A 10935/17 –, juris

25 Die Studienabschlussförderung darf nicht um die hochschulbedingten Zeitverzögerungen gekürzt werden.
BVerwG FamRZ 2000, 125

26. Bei einem Versagen im Examen während der Zeit der Studienabschlussförderung ist dann eine Weiterförderung nicht mehr möglich, wenn die Prüfungsdauer die 12 Monatsgrenze überschreiten würde.
Bayer VGH FamRZ 1992, 1239

27. Wird die mit der Studienabschlussförderung verbundene Examensplanung nicht eingehalten, ist dies kein Rückforderungsgrund nach § 53.
BVerwG FamRZ 1999, 683
§ 15 Abs. 2a bleibt allerdings anwendbar, mehr als dreimonatige Erkrankungen führen also zum Verlust des Förderungsanspruches ab dem vierten Kalendermonat.

28. Bei gleitenden Prüfungsverfahren ist allein die Prognose des Prüfungsamtes maßgebend, die Prüfung werde innerhalb eines Jahres abgeschlossen.
BVerwG FamRZ 1994, 661

29. Die Gewährung von Studienabschlusshilfe zwingt keineswegs zu einer engen, an der grammatikalischen Bedeutung orientierten Auslegung des § 15 Abs. 3a (jetzt Abs. 5) BAföG, mit der Folge, dass eine Förderung nur bei Vorlage eines förmlichen Prüfungszulassungsbescheides des Prüfungsamtes in Betracht käme; ausreichend ist ein dem Erfordernis der Zulassung entsprechender Sachverhalt.
OVG Magdeburg, Urteil vom 28.10.2005, Az. 3 M 35/05

30. Besteht eine Abschlussprüfung aus mehreren Teilen, zu denen jeweils gesondert zugelassen wird, und bilden die einzelnen Teile ungeachtet ihrer etwaigen prüfungsverfahrensrechtlich eigenständigen Ausgestaltung bei einer Gesamtbetrachtung eine zeitliche und sachliche Einheit, sind Auszubildende zu der Abschlussprüfung im Sinne des § 15 Abs. 3a Satz 1 BAföG (jetzt

Abs. 5 Satz 1) grundsätzlich zugelassen, sobald sie zu deren ersten Teil zugelassen sind. Maßgeblicher Anfangszeitpunkt für die in einem solchen Fall nach § 15 Abs. 3a Satz 1 BAföG anzustellende Prognose, dass der Auszubildende die Ausbildung innerhalb der Abschlusshilfedauer abschließen kann, ist der Beginn des Zeitraumes, für den die Leistung von Hilfe zum Studienabschluss beantragt wird.
BVerwG, NVwZ-RR 2013, 610

31. Wird nach Ablauf der Förderungshöchstdauer ein Anspruch auf Leistung von Bundesausbildungsförderung geltend gemacht, hat die Behörde in unmittelbarer Anwendung des § 15 Abs. 3 BAföG zu überprüfen, ob die Voraussetzungen für eine solche weitergehende Leistung vorliegen. Die Regelung des § 48 BAföG ist in einem solchen Fall nicht mehr einschlägig (beachte: bei Anwendung dieser Rechtsauffassung wird der in Tz. 48.2.1 vorgegebene Prognosezeitraum verlängert, weil über diesen hinaus der in § 15 Abs. 5 BAföG vorgesehene Zeitraum mit einbezogen werden kann).
OVG Lüneburg, Urteil vom 17. November 2022 – 14 LB 84/22 –, juris

32. Grundlegende Maßgaben für das in § 15 Abs. 4 BAföG geregelte Flexibilitätssemester können dem Erlass des BMBF vom 31.07.2024, Geschäftszeichen 431-42501-ÄndG/29, entnommen werden (zu finden unter https://www.bafög.de/bafoeg/de/rechtsgrundlagen/rechtsgrundlagen_node.html)

§ 15a Förderungshöchstdauer, Verordnungsermächtigung

(1) Die Förderungshöchstdauer entspricht vorbehaltlich der Absätze 1a und 1b der Regelstudienzeit nach § 10 Absatz 2 des Hochschulrahmengesetzes oder einer vergleichbaren Festsetzung.[1]

(1a) Für die Bestimmung der Förderungshöchstdauer sind Verlängerungen der Regelstudienzeit nicht zu berücksichtigen, die als Ausnahme von hochschulrechtlichen Vorgaben zur Berücksichtigung vorübergehender außergewöhnlicher Beeinträchtigungen des Lehrbetriebs festgesetzt werden.

(1b) Die Bundesregierung darf abweichend von Absatz 1 durch Rechtsverordnung mit Zustimmung des Bundesrates bestimmen, dass die Förderungshöchstdauer über die Regelstudienzeit nach Absatz 1 hinaus um einen bestimmten Zeitraum verlängert wird, soweit der Studien- und Lehrbetrieb an Ausbildungsstätten gemäß § 2 Absatz 1 Nummer 6 erheblich beeinträchtigt ist.

(2) [1]Auf die Förderungshöchstdauer sind anzurechnen

1. Zeiten, die der Auszubildende vor Förderungsbeginn in der zu fördernden Ausbildung verbracht hat,
2. Zeiten, die durch die zuständige Stelle auf Grund einer vorangegangenen Ausbildung oder berufspraktischen Tätigkeit oder eines vorangegangenen Praktikums für die zu fördernde Ausbildung anerkannt werden,
3. in Fällen der Förderung eines nach dem 31. Dezember 2007 aufgenommenen Masterstudiengangs nach § 5 Absatz 2 Nummer 1 und 3 Zeiten, die der Auszubildende in einem gemäß § 7 Absatz 1a Nummer 1 als einem Bachelorabschluss entsprechend anerkannten einstufigen Studiengang über das achte Fachsemester hinaus verbracht hat.

[2]Zeiten, in denen der Auszubildende eine Teilzeitausbildung durchgeführt hat, sind in Vollzeitausbildungszeiten umzurechnen. [3]Legt der Auszubildende eine Anerkennungsentscheidung im Sinne des Satzes 1 Nummer 2 nicht vor, setzt das Amt für Ausbildungsförderung die anzurechnenden Zeiten unter Berücksichtigung der jeweiligen Studien- und Prüfungsordnungen sowie der Umstände des Einzelfalles fest. [4]Weicht eine spätere Anerkennungsentscheidung der zuständigen Stelle von der Festsetzung nach Satz 3 ab, so ist sie zu berücksichtigen, wenn der Auszubildende nachweist, dass er den Antrag auf Anerkennung zu dem für ihn frühestmöglichen Zeitpunkt gestellt hat.

(3) [1]Setzt ein Studiengang Sprachkenntnisse über die Sprachen Deutsch, Englisch, Französisch oder Latein hinaus voraus und werden diese Kenntnisse von dem Auszubildenden während des Besuchs der Hochschule erworben, verlängert sich die Förderungshöchstdauer für jede Sprache um ein Semester. [2]Satz 1 gilt für

---

1 Seit 29.11.2019 ist die Änderung der Regelstudienzeit Rechtswissenschaften durch das 5. Gesetz zur Änderung des Deutschen Richtergesetzes in Kraft.

Auszubildende, die die Hochschulzugangsberechtigung vor dem 1. Oktober 2001 in dem in Artikel 3 des Einigungsvertrages genannten Gebiet erworben haben, mit der Maßgabe, dass auch der Erwerb erforderlicher Lateinkenntnisse während des Besuchs der Hochschule zu einer Verlängerung der Förderungshöchstdauer führt.

Allgemeine Verwaltungsvorschrift

Zu Absatz 1

15a.1.1 Die Förderungshöchstdauer gilt nur für Studiengänge und entspricht grundsätzlich der Regelstudienzeit nach § 10 Abs. 2 HRG. Ist für einen Studiengang eine Regelstudienzeit nach § 10 Abs. 2 HRG nicht vorgesehen, weil es sich beispielsweise um das Studienangebot einer privaten Einrichtung handelt, die nicht Hochschule im Sinne des Hochschulrahmengesetzes ist (z.B. Ausbildungsstätten nach dem Psychotherapeutengesetz), oder um das Studienangebot einer ausländischen Hochschule, ist an eine der Regelstudienzeit vergleichbare Festsetzung anzuknüpfen. Dies kann beispielsweise die Festlegung der Studiendauer in einem Gesetz sein, das einen bestimmten Berufszweig regelt (z.B. Mindestausbildungsdauer für Psychologische Psychotherapeuten und Kinder- und Jugendlichen Psychotherapeuten nach dem Psychotherapeutengesetz). Eine vergleichbare Festsetzung liegt jedoch nur vor, wenn die maßgebliche Studienzeit, entsprechend der Regelstudienzeit, auch Zeiten einer in den Studiengang eingeordneten berufspraktischen Tätigkeit, praktische Studiensemester und Prüfungszeiten umfasst.

15a.1.2 Da Bachelor- und Masterstudiengänge je eigene Ausbildungsabschnitte sind, werden diese für die Bemessung der Förderungshöchstdauer gesondert betrachtet. Förderung ist somit also auch Studierenden zu gewähren, die ein siebensemestriges Bachelorstudium abgeschlossen und sich danach in einen viersemestrigen Masterstudiengang immatrikuliert haben, auch wenn sie dadurch die in § 19 HRG vorgesehene Semesterhöchstgrenze von zehn Semestern überschreiten.

Zu Absatz 2

15a.2.1 Die Förderungshöchstdauer ergibt sich stets aus § 15a. Die Anrechnung früherer Ausbildungszeiten führt dazu, dass die abstrakt gleichbleibende Förderungshöchstdauer früher endet. Nehmen Auszubildende nach einem Ausbildungsabbruch eine andere Ausbildung auf oder wechseln sie die Fachrichtung, so ergeht ein neuer Bescheid, in dem das neue Ende der Förderungshöchstdauer gemäß § 50 Abs. 2 Satz 4 anzugeben ist.

15a.2.2 Die Zeiten einer Doppelimmatrikulation beim Übergang vom Bachelor- zum Masterstudiengang sind auf die Förderungshöchstdauer des Masterstudienganges anzurechnen.

Zu Absatz 2a

15a.2a.1
und
15a.2a.2 (weggefallen)

Zu Absatz 3

15a.3.1 Sehen die Landeshochschulgesetze bzw. die Studien- und Prüfungsordnungen eine Verlängerung der Regelstudienzeit für den Erwerb von Sprachkenntnissen vor, richtet sich die Förderungshöchstdauer nach der verlängerten Regelstudienzeit. Eine zusätzliche Verlängerung der Förderungshöchstdauer nach Absatz 3 kommt in diesen Fällen nicht in Betracht.

Ansonsten verlängert sich die Förderungshöchstdauer nur, wenn ein Studiengang bestimmte Sprachkenntnisse voraussetzt, die nicht Inhalt der Ausbildung sind und die während des Besuchs der Hochschule erworben werden.

15a.3.2 Schreibt die Studienordnung des Masterstudiengangs für bestimmte Bachelorabsolventen als zusätzliche Zugangsvoraussetzung verbindlich vor, dass propädeutische Vorsemester abzuleisten sind, und sind die Studierenden während dieser Vorsemester bereits an der Hochschule immatrikuliert, verlängert sich dadurch die Förderungshöchstdauer des Masterstudienganges.

Das Gleiche gilt, wenn während des Masterstudienganges Brückensemester absolviert werden müssen, die zwar nicht Zugangsvoraussetzung zum Masterstudium sind, aber zur Erlangung des Mastergrades nachgewiesen werden müssen.

15a.3.3 (weggefallen)

§ 15b Aufnahme und Beendigung der Ausbildung

(1) Die Ausbildung gilt im Sinne dieses Gesetzes als mit dem Anfang des Monats aufgenommen, in dem Unterricht oder Vorlesungen tatsächlich begonnen werden.

(2) [1]Liegt zwischen dem Ende eines Ausbildungsabschnitts und dem Beginn eines anderen nur ein Monat, so gilt die Ausbildung abweichend von Absatz 1 als bereits zu Beginn dieses Monats aufgenommen. [2]Der Kalendermonat ist in den ersten Bewilligungszeitraum des späteren Ausbildungsabschnitts einzubeziehen.

(2a) [1]Besucht ein Auszubildender zwischen dem Ende einer Ausbildung im Ausland und dem frühestmöglichen Beginn der anschließenden Ausbildung im Inland für längstens vier Monate keine Ausbildungsstätte, so wird ihm längstens für die Dauer der beiden Monate vor Beginn der anschließenden Ausbildung Ausbildungsförderung geleistet. [2]Die beiden Kalendermonate sind in den folgenden Bewilligungszeitraum einzubeziehen.

(3) [1]Die Ausbildung endet mit dem Ablauf des Monats, in dem die Abschlussprüfung des Ausbildungsabschnitts bestanden wurde, oder, wenn eine solche nicht vorgesehen ist, mit dem Ablauf des Monats, in dem der Ausbildungsabschnitt tatsächlich planmäßig geendet hat. [2]Abweichend von Satz 1 ist, sofern ein Prüfungs- oder Abgangszeugnis erteilt wird, das Datum dieses Zeugnisses maßgebend. [3]Eine Hochschulausbildung ist abweichend von den Sätzen 1 und 2 mit Ablauf des Monats beendet, in dem der erfolgreiche Abschluss des Ausbildungsabschnitts dem Auszubildenden erstmals bekanntgegeben ist, spätestens jedoch mit Ablauf des zweiten Monats nach dem Monat, in dem der letzte Prüfungsteil abgelegt wurde.

(4) Die Ausbildung ist ferner beendet, wenn der Auszubildende die Ausbildung abbricht (§ 7 Absatz 3 Satz 2) und sie nicht an einer Ausbildungsstätte einer anderen Ausbildungsstättenart weiterführt.

Allgemeine Verwaltungsvorschrift

Zu Absatz 2

15b.2.1 Die Vorschrift ist wegen § 15 Abs. 1 nur anwendbar, wenn der Antrag für den neuen Ausbildungsabschnitt spätestens im Zwischenmonat gestellt wird.

15b.2.2 Absatz 2 gilt analog, wenn innerhalb desselben Ausbildungsabschnitts die Ausbildungsstätte und/oder aus wichtigem bzw. unabweisbarem Grund die Fachrichtung gewechselt wird, ohne dass die neue Ausbildung nahtlos anschließt, z.B. aufgrund eines Wechsels während der unterrichts- bzw. vorlesungsfreien Zeit.

Zu Absatz 2a

15b.2a.1 Zuständig sind die für die Weiterförderung im Inland zuständigen Ämter für Ausbildungsförderung.

15b.2a.2 Entstehende Förderungslücken zwischen dem Ende der Inlandsausbildung wegen Beurlaubung und dem Beginn der Auslandsausbildung können durch Inlandsförderung geschlossen werden. Dabei können bei einem ausbildungslosen Übergangszeitraum von maximal vier Monaten höchstens zwei Monate im Anschluss an die Inlandsausbildung gefördert werden. Zuständig ist das für die Inlandsausbildung zuständige Inlandsförderungsamt.

15b.2a.3 Absatz 2a gilt auch für Auszubildende, die zwischen dem Ende einer Ausbildung im Ausland und dem frühestmöglichen Beginn einer anschließenden förderungsfähigen Ausbildung in einem anderen Land längstens für vier Monate keine Ausbildungsstätte besuchen. Zuständig ist in diesen Fällen das für die Weiterförderung in dem anderen Land zuständige Amt für Ausbildungsförderung.

Zu Absatz 3

15b.3.1 Ist vorgeschrieben, dass die schriftliche Prüfungsarbeit nach der mündlichen Prüfung abzuliefern ist, so wird Ausbildungsförderung bis zum Ende des Monats geleistet, in dem die Prüfungsarbeit zu dem festgesetzten Zeitpunkt abzuliefern war.

Bei modularisierten Studiengängen gilt als letzter Prüfungsteil die Erbringung der letzten zum erfolgreichen Abschluss erforderlichen ECTS-Leistungspunkte.

15b.3.2 Zum Begriff des Ausbildungsabschnitts vgl. § 2 Abs. 5.

Zu Absatz 4

15b.4.1 Muss die Ausbildung infolge des endgültigen Nichtbestehens einer Vor-/Zwischenprüfung oder eines Moduls eingestellt werden, so endet der Anspruch auf Förderung dieser Ausbildung mit Ablauf des Monats der Bekanntgabe des betreffenden Prüfungsergebnisses. Vgl. aber Tz 15.3.6.

Der anschließende Zeitraum bis zur Exmatrikulation gehört nicht mehr zum förderfähigen Teil der Ausbildung, selbst dann nicht, wenn die auszubildende Person an der Hochschule immatrikuliert bleibt und ihre Ausbildung im Folgesemester in einer anderen Fachrichtung fortsetzt.

Erläuterungen

1. Der Beginn der Vorlesungen kann auch in dem Besuch von „Vorkursen" bestehen, die vor dem eigentlichen Beginn des Vorlesungsbetriebs angeboten werden, um Studienanfängern den Einstieg in das Studium zu erleichtern.
   OVG Münster FamRZ 1994, 1359

2. Die Regelung des § 15b Abs. 2a gilt für drei Fälle analog.
   Voraussetzung ist immer, dass die Zeit zwischen zwei Studiengängen nicht mehr als vier Monate beträgt:

   a. Endet die Inlandsförderung im Juli und die Auslandsförderung beginnt im November, kann die Inlandsförderung um zwei Monate verlängert werden. Der Monat Oktober kann nicht gefördert werden, Tz 15b.2a.2.

   b. Bei einem Wechsel von einem Auslandsstudium in ein anderes, kann die Förderung vom bisher zuständigen Amt innerhalb des Viermonatezeitraums um zwei Monate verlängert werden, Tz 15b.2a.3.

   c. Ebenfalls zwei Monate Förderung kann vom bisherigen Amt gewährt werden, wenn bei Fachwechsel im Inland die neue Ausbildung bis zu vier Monate nach der alten beginnt, Tz 15b.2.2.

   Keine analoge Anwendung findet § 15b Abs. 2a, wenn die erste Ausbildung im Inland endgültig nicht bestanden ist. Auch bei weiter bestehender Immatrikulation endet hier die Förderung mit der Bekanntgabe des Nichtbestehens und beginnt erst mit dem Beginn des neuen Studiums, Tz 15b.4.1.

3. Im Falle endgültigen Nichtbestehens einer Zwischenprüfung (hier: Vordiplom) ist eine Hochschulausbildung förderungsrechtlich im Zeitpunkt der Bekanntgabe der Bewertung der Prüfungsleistungen durch Aushang beendet, sofern das maßgebliche Prüfungsrecht nicht eine konstitutive Feststellung des Nichtbestehens vorsieht.
   BVerwG FamRZ 2004, 1907

4. Mit dem Bestehen der letzten Prüfung und der damit verbundenen Gewissheit, das Studium erfolgreich abgeschlossen zu haben, endet die Förderung. Für die Bekanntgabe i.S.d. § 15 b Abs. 3 Satz 3 BAföG genügt es, die Studierenden über das erfolgreiche Bestehen des Abschlussversuchs zu informieren, wobei an Form und Zeitpunkt der Unterrichtung keine besonderen Anforderungen gestellt werden (vgl. BTDrucks. 18/2663, S. 42: Bekanntgabe des Gesamtergebnisses z. B. mündlich unmittelbar im Anschluss an den letzten Prüfungsteil oder aber auch ggf. erst durch Erhalt des Abschlusszeugnisses selbst).
   OVG Magdeburg, Urteil vom 5. Mai 2022 – 4 L 80/21 –, juris; OVG Lüneburg, Urteil vom 17. November 2022 – 14 LC 83/22 –, juris

§ 16 Förderungsdauer im Ausland

(1) [1]Für eine Ausbildung im Ausland nach § 5 Absatz 2 Nummer 1 oder Absatz 5 wird Ausbildungsförderung längstens für die Dauer eines Jahres geleistet. [2]Innerhalb eines Ausbildungsabschnitts gilt Satz 1 nur für einen einzigen zusammenhängenden Zeitraum, soweit nicht der Besuch von Ausbildungsstätten in mehreren Ländern für die Ausbildung von besonderer Bedeutung ist.

(2) Darüber hinaus kann in den Fällen einer Ausbildung im Ausland im Sinne des § 5 Abs. 2 Satz 1 Nummer 1 während drei weiterer Semester Ausbildungsförderung geleistet werden für den Besuch einer Ausbildungsstätte, die den im Inland gelegenen Hochschulen gleichwertig ist, wenn er für die Ausbildung von besonderer Bedeutung ist.

(3) In den Fällen des § 5 Absatz 2 Nummer 2 und 3 wird Ausbildungsförderung ohne die zeitliche Begrenzung der Absätze 1 und 2 geleistet.

Allgemeine Verwaltungsvorschrift

Zu Absatz 1

16.1.1 Ausbildungsförderung nach Absatz 1 kann unabhängig von der Dauer grundsätzlich nur für einen zusammenhängenden Zeitraum geleistet werden.

Absatz 1 ist auf eine Ausbildung in einem Land der EU oder der Schweiz nicht anwendbar, da dort zweite Aufenthalte, die mit einem ersten Auslandsaufenthalt keinen zusammenhängenden Zeitraum bilden, stets nach § 5 Abs. 2 Nr. 3 zu behandeln sind.

16.1.2 Ein zusammenhängender Zeitraum ist auch dann gegeben, wenn ein förderungsfähiges Studium und ein förderungsfähiges Praktikum in einem zeitlichen Zusammenhang in demselben Land durchgeführt werden. Ob die Auslandsphase mit dem Studium oder dem Praktikum beginnt ist unerheblich.

16.1.3 Der einzige zusammenhängende Zeitraum im Sinne des Absatzes 1 Satz 2 wird nicht durch Zeiten unterbrochen, die nicht Bestandteil der eigentlichen Ausbildung im Ausland sind (z.B. Summer Session). Diese Zeiten sind – auch in Hinblick auf einen durchgängigen Förderungsanspruch – wie unterrichts- und vorlesungsfreie Zeiten im Sinne der Tz 15.2.3 zu behandeln.

16.1.4 Zu der Gewährung von Zuschlägen nach § 13 Abs. 4 siehe die Tz 13.4.1, 13.4.2 und 13.4.3.

16.1.5 Die besondere Bedeutung kann sich aus der Art der Ausbildung ergeben, wenn z.B. mehrere Sprachen zu erlernen oder ein Studienaufenthalt im Ausland und zusätzlich ein Auslandspraktikum vorgeschrieben sind.

Zu Absatz 2

16.2.0 Eine Förderung nach Absatz 2 ist bei ausnahmsweise förderungsfähigen weiteren Auslandsaufenthalten, die nicht in einem zusammenhängenden Zeitraum mit dem vorangegangenen Aufenthalt stehen, auch möglich, wenn die Förderung nach Absatz 1 weniger als ein Jahr betragen hat.

16.2.1 (Aufgehoben)

16.2.2 Absatz 2 ist als Ausnahmevorschrift eng auszulegen. Liegen keine besonderen Umstände vor, so kann auch für den Besuch einer Hochschule Ausbildungsförderung nur nach Absatz 1 für ein Jahr geleistet werden.

16.2.3 Die besondere Bedeutung ist anzunehmen, wenn

a) der Auszubildende eine wissenschaftliche Arbeit unternommen hat, die in dem ersten Jahr nicht angemessen zu Ende geführt werden konnte,

b) nach den Umständen des Einzelfalles die Fortsetzung der Ausbildung im Ausland für die Ausbildung objektiv erforderlich ist,

c) (weggefallen)

d) innerhalb der zusätzlichen Förderungsdauer ein Ausbildungsabschluss in einem Mitgliedstaat der Europäischen Union oder in einem anderen Vertragsstaat des Abkommens über den Europäischen Wirtschaftsraum erlangt wird.

In den Fällen a), b) und d) hat der Auszubildende die besondere Bedeutung durch eine gutachtliche Stellungnahme eines hauptamtlichen Mitgliedes des Lehrkörpers der Ausbildungsstätte nachzuweisen, die er während des ersten Jahres der Ausbildung im Ausland besucht hat.

16.2.4 Ausbildungsförderung ist nur während des Teiles eines weiteren Jahres zu leisten, in dem die Voraussetzungen dieser Vorschrift (vgl. Tz 16.2.3) vorliegen.

16.2.5 (Aufgehoben)

Erläuterungen

1. Bei der Ausbildung im Ausland muss der „einzige zusammenhängende Zeitraum" grundsätzlich in einem einzigen Land absolviert werden, um förderungsfähig zu sein. Von einer besonderen Bedeutung des Besuchs von Ausbildungsstätten im Ausland ist nur dann auszugehen, wenn in der Studienordnung ausdrücklich bestimmt ist, dass mehrere Auslands-Studiensemester in verschiedenen Ländern abzuleisten sind oder wenn Hauptgegenstand des Studiums mehrere Länder des Auslands oder mehrere Fremdsprachen sind.
   HessVGH FamRZ 1997, 320, OVG Berlin-Brandenburg, NVwZ 2018, 840; a.A. offenbar OVG Koblenz, FamRZ 2007, 1845

2. Die folgende Rechtsprechung bezieht sich auf die alte Fassung des § 16 Abs. 2 BAföG, der auf ein weiteres Semester abstellte. Mit dem 18. BAföGÄndG wurde der Entscheidungsrahmen auf drei weitere Semester erweitert:
   Ein zweites Jahr der Ausbildung im Ausland ist u. a. dann von „besonderer Bedeutung" i.S. von § 16 Abs. 2 BAföG, wenn die Vermittlung des besonderen Wissensstoffes, der die Förderlichkeit des Auslandsstudiums begründet hat, programmgemäß erst im zweiten Studienjahr abgeschlossen werden kann (hier: Lehrgang für Gobelintechnik bzw. Vollstudium der dekorativen Gestaltung und Textil an der Hochschule für angewandte Kunst in Wien, um sodann wieder zu dem ursprünglichen Studium – hier: Produktdesign, Studienrichtung Textildesign/Fachhochschule – zurückzukehren und darin die Abschlussprüfung abzulegen).
   OVG Münster FamRZ 1989, 556

3. Die „besondere Bedeutung" i.S. des § 16 Abs. 2 BAföG für ein im dritten und vierten Semester im Ausland betriebenes Studium ist dann gegeben, wenn dem Auszubildenden – wegen der fehlenden Anrechenbarkeit der in den beiden ersten im Ausland verbrachten Studiensemester auf eine inländische Ausbildung rechtswidrig – für diese ersten beiden Semester Ausbildungsförderung bewilligt worden ist und die durch § 5 Abs. 2 S. 1 Nr. 1 BAföG geforderte Anrechnung der im Ausland verbrachten Studienzeit auf eine inländische Ausbildung erst nach einer Studienzeit von vier Semestern im Ausland erfolgen kann.
   OVG Münster FamRZ 1996, 830

4. Von besonderer Bedeutung ist die Ausbildung in mehreren Ländern vor allem dann, wenn in der maßgeblichen Studienordnung das Ableisten mehrerer Auslandssemester in verschiedenen Ländern vorgeschrieben ist oder Hauptgegenstand des Studiums mehrere Länder des Auslands oder mehrere Fremdsprachen sind. Letzteres kann sich bei wertender Betrachtung des Einzelfalls auch objektiv aus dem Gegenstand des Studiums bzw. dem Inhalt der Studienordnung ergeben. Eine „besondere Bedeutung" kann allerdings nicht schon dann angenommen werden, wenn sich ein Auslandsaufenthalt für die Ausbildung als nützlich oder förderlich erweist.
   VGH Mannheim, Urteil vom 29. Juni 2021 – 12 S 1820/18 –, juris

§ 17 Förderungsarten

(1) Ausbildungsförderung wird vorbehaltlich der Absätze 2 und 3 als Zuschuss geleistet.

(2) [1]Bei dem Besuch von Höheren Fachschulen, Akademien und Hochschulen sowie bei der Teilnahme an einem Praktikum, das im Zusammenhang mit dem Besuch dieser Ausbildungsstätten steht, wird der monatliche Förderungsbetrag vorbehaltlich des Absatzes 3 zur Hälfte als Darlehen geleistet. [2]Satz 1 gilt nicht

1. für den Zuschlag zum Bedarf nach § 13 Absatz 4 für nachweisbar notwendige Studiengebühren,
2. für die Ausbildungsförderung, die nach § 15 Absatz 3 Nummer 5 über die Förderungshöchstdauer hinaus geleistet wird,
3. für den Kinderbetreuungszuschlag nach § 14b.

(3) [1]Bei dem Besuch von Höheren Fachschulen, Akademien und Hochschulen sowie bei der Teilnahme an einem Praktikum, das im Zusammenhang mit dem Besuch dieser Ausbildungsstätten steht, erhält der Auszubildende Ausbildungsförderung ausschließlich als Darlehen

1. (weggefallen)
2. für eine andere Ausbildung nach § 7 Absatz 3, soweit die Semesterzahl der hierfür maßgeblichen Förderungshöchstdauer, die um die Fachsemester der vorangegangenen, nicht abgeschlossenen Ausbildung zu kürzen ist, überschritten wird,
3. nach Überschreiten der Förderungshöchstdauer oder der Förderungsdauer nach § 15 Absatz 3 Satz 1 Nummer 1, 2, 3 oder 5 oder Absatz 4 in den Fällen des § 15 Absatz 5.

[2]Nummer 2 gilt nicht, wenn der Auszubildende erstmalig aus wichtigem Grund oder aus unabweisbarem Grund die Ausbildung abgebrochen oder die Fachrichtung gewechselt hat. [3]Satz 1 gilt nicht für den Kinderbetreuungszuschlag nach § 14b. [4]Satz 1 Nummer 2 gilt auch nicht für die Ausbildungsförderung, die nach § 15 Absatz 3 oder 4 über die Förderungshöchstdauer hinaus geleistet wird.

Allgemeine Verwaltungsvorschrift

Zu Absatz 1

17.1.1 Für Auslandsaufenthalte, die nach § 5a unberücksichtigt bleiben, wird grundsätzlich Regelförderung nach § 17 Abs. 2 Satz 1 gewährt. Dies gilt auch für Studierende, die nach § 17 Abs. 3 Satz 1 Nr. 2 aufgrund eines Fachrichtungswechsels bereits die Bankdarlehensphase erreicht haben bzw. während des Auslandsaufenthalts erreichen würden.

Auch Auszubildende, die nach den §§ 15 Abs. 3 Nr. 5, 17 Abs. 2 Satz 2 mit Vollzuschuss gefördert werden, erhalten für die genannten Auslandsaufenthalte Regelförderung. Anschließend setzt sich die Vollzuschussphase fort.

Satz 1 gilt dagegen nicht für Auszubildende, denen nach § 17 Abs. 3 Satz 1 Nr. 1 für ihr vollständiges Studium Förderung als Bankdarlehen geleistet wird. Diese Auszubildenden werden auch für Auslandsaufenthalte, die nach § 5a unberücksichtigt bleiben, weiter mit Bankdarlehen gefördert.

Zu Absatz 2

17.2.1 Wird Ausbildungsförderung für eine komplette Auslandsausbildung gemäß § 17 Abs. 3 als Bankdarlehen (§ 18c) gewährt, wird abweichend von § 17 Abs. 2 Satz 2 Nr. 1 der dort genannte Zuschlag ebenfalls als Bankdarlehen geleistet. Dies ergibt sich aus § 17 Abs. 3 Satz 3.

17.2.2 Die Darlehensdeckelung nach § 17 Abs. 2 Satz 1 wird nur relevant, wenn der Darlehensnehmer trotz etwaiger vorheriger Nachlasse und Teilerlasse (§ 18 Abs. 5b, 18b) einen Betrag zurückzahlen müsste, der den genannten Gesamtbetrag überschreitet. In diesem Fall wird der Restbetrag erlassen, sobald der im Gesetz genannte Gesamtbetrag zurückgezahlt wurde.

Zu Absatz 3

17.3.1 Mit Beginn eines Zeitraums, der mit Bankdarlehen zu fördern ist, ist ein eigener Bewilligungszeitraum zu bilden.

17.3.1a Auch bei einer Förderung mit Bankdarlehen sind die Vorschriften zur Einkommens- und Vermögensanrechnung zu beachten.

17.3.2 Für Ausbildungen ohne festgelegte Förderungshöchstdauer findet nur § 17 Abs. 3 Satz 1 Nr. 1 Anwendung.

Zu Nummer 2

17.3.3 Fachsemester ist jedes Semester, in dem die Ausbildung in der gewählten Fachrichtung erfolgt.

17.3.4 Zur Bestimmung der Semester, für die noch Regelförderung bewilligt werden kann, gilt Folgendes:

Die Semesterzahl der für die neue Ausbildung maßgeblichen Förderungshöchstdauer ist, vorbehaltlich der Tz 17.3.5, um die Zahl nicht anrechenbarer Fachsemester der vorangegangen Ausbildung bzw. Ausbildungen zu kürzen. Hierbei sind nur verwaltungsmäßig volle Semester zu berücksichtigen.

17.3.5 § 17 Abs. 3 Satz 1 Nr. 2 findet keine Anwendung in folgenden Fällen:

- Für die vorangegangene, nicht abgeschlossene Ausbildung galt keine Förderungshöchstdauer. Eine Förderungshöchstdauer ist in der Regel nur im Hochschulbereich normiert.
- Der Abbruch oder Wechsel der Ausbildung erfolgte erstmalig aus wichtigem Grund. Bei mehrmaligen Fachrichtungswechseln bleibt jeweils auch der erste Fachrichtungswechsel aus wichtigem Grund für die Berechnung der Dauer der Regelförderung unberücksichtigt.
- Der Abbruch oder Wechsel der Ausbildung erfolgte aus unabweisbarem Grund (vgl. Tz 7.3.16a).
- Die auszubildende Person hat die vorangegangene Ausbildung vor Ablauf des ersten Fachsemesters aufgegeben.
- Die auszubildende Person befindet sich in einer Ausbildung nach § 7 Abs. 1a oder 2 und der betreffende Fachrichtungswechsel oder Ausbildungsabbruch erfolgte im Zuge einer Ausbildung nach § 7 Abs. 1 (vgl. Tz 7.2.2).

17.3.6 Auszubildende, die aufgrund eines Fachrichtungswechsels bei Erreichen der Förderungshöchstdauer mit Bankdarlehen gefördert werden, erhalten abweichend während der Verlängerungszeiten nach § 15 Abs. 3 Nr. 1 bis 4 Regelförderung.

Zu Absatz 4

17.4.1
bis
17.4.6 (weggefallen)

Erläuterungen

1. Die durch das 18. BAföGÄndG bewirkte Umstellung der Ausbildungsförderung für Studenten auf ein verzinsliches Bankdarlehen nach § 18c BAföG für die Fallgruppe des § 17 Abs. 3 S. 1 Nr. 2 (Fachrichtungswechselfälle) ist verfassungsrechtlich nicht zu beanstanden.
   BVerwG FamRZ 1998, 1207; BVerwG FamRZ 1999, 539

2. Die teilweise Umstellung auf verzinsliche Darlehensförderung ist verfassungsrechtlich unbedenklich, wenn das Leistungsniveau aufrechterhalten wird.
   BVerfG FamRZ 2002, 1463

3. Bei der Berechnung nach § 17 Abs. 3 S. 1 Nr. 2 sind für die Bankdarlehensphase nur die Fachsemester des zweiten Fachwechsels zu berücksichtigen. Die anders lautende Entscheidung des Bundesverwaltungsgerichts ist durch das 23. Änderungsgesetz obsolet, vgl. BVerwG FamRZ2011, 1731 und Tz 7.3.3 BAföG VwV. Die nach Tz 7.2.2. unberücksichtigt bleibenden Semester bleiben auch bei der Bankdarlehensphase unberücksichtigt, Weisung des BMBF, in Berlin Rundschreiben 14/2011 vom 4.3.2011.

4. Der Empfänger von Ausbildungsförderung kann mit dem Einwand, es habe gegen Verfassungsrecht verstoßen, dass ihm Ausbildungsförderungsleistungen zum Teil nur als Darlehen und nicht insgesamt als Zuschuss gewährt worden seien, im Anfechtungsprozess gegen den Feststellungs- und Rückzahlungsbescheid nicht gehört werden, wenn er sämtliche der Darlehensschuld zugrunde liegenden Bewilligungsbescheide des Ausbildungsförderungsamtes hat bestandskräftig werden lassen.
   OVG Münster, Beschluss vom 09. Oktober 2017 – 12 A 768/17 –, juris

§ 18 Darlehensbedingungen

(1) Für

1. nach § 17 Absatz 2 Satz 1 geleistete Darlehen gelten die Absätze 2 bis 14 und die §§ 18a und 18b,
2. nach § 17 Absatz 3 Satz 1 geleistete Darlehen oder für Ausbildungsförderung, die nach einer Rechtsverordnung nach § 59 ausschließlich als Darlehen geleistet wird, gelten die Absätze 2 bis 12, 14 und § 18a.

(2) [1]Die Darlehen sind nicht zu verzinsen. [2]Wenn Darlehensnehmende einen Zahlungstermin um mehr als 45 Tage überschritten haben, ist abweichend von Satz 1 jeweils der gesamte bis zu diesem Zeitpunkt noch nicht getilgte Betrag, höchstens jedoch der nach Maßgabe des Absatzes 13 Satz 1 zu tilgende Rückzahlungsbetrag – vorbehaltlich des Gleichbleibens der Rechtslage – mit 6 vom Hundert für das Jahr zu verzinsen. [3]Für nach § 17 Absatz 3 Satz 1 geleistete Darlehen gilt die Pflicht zur Verzinsung für den gesamten noch zu tilgenden Rückzahlungsbetrag. [4]Kosten für die Geltendmachung der Darlehensforderung sind durch die Verzinsung nicht abgegolten.

(3) [1]Die Darlehen sind – vorbehaltlich des Gleichbleibens der Rechtslage – in gleichbleibenden monatlichen Raten von mindestens 130 Euro innerhalb von 20 Jahren zurückzuzahlen. [2]Für die Rückzahlung gelten als ein Darlehen jeweils alle nach § 17 Absatz 2 Satz 1 und alle nach § 17 Absatz 3 Satz 1 geleisteten Darlehen. [3]Von der Verpflichtung zur Rückzahlung sind Darlehensnehmende auf Antrag freizustellen, solange sie Leistungen nach diesem Gesetz erhalten.

(4) [1]Für die Tilgung des nach § 17 Absatz 2 Satz 1 geleisteten Darlehens ist die erste Rate

1. bei einer Ausbildung an einer Hochschule oder an einer Akademie im Sinne des § 2 Absatz 1 Satz 1 Nummer 6 fünf Jahre nach dem Ende der Förderungshöchstdauer,
2. bei einer Ausbildung an einer höheren Fachschule oder an einer Akademie im Sinne des § 2 Absatz 1 Satz 1 Nummer 5 fünf Jahre nach dem Ende der in der Ausbildungs- und Prüfungsordnung vorgesehenen Ausbildungszeit

zu zahlen. [2]Maßgeblich ist jeweils der zuletzt mit Darlehen geförderte Ausbildungs- oder Studiengang. [3]Wurden Darlehensbeträge nach § 17 Absatz 2 Satz 1 in mehreren Ausbildungsabschnitten geleistet, ist jeweils das Ende derjenigen Förderungshöchstdauer oder vorgesehenen Ausbildungszeit maßgeblich, die für den ersten Ausbildungsabschnitt zuletzt gegolten hat. [4]Wurde die Darlehensschuld für den ersten Ausbildungsabschnitt bereits vollständig getilgt und wird nach vollständiger Tilgung für einen neuen Ausbildungsabschnitt eine weitere Förderung nach § 17 Absatz 2 Satz 1 festgesetzt, so ist die erste Rate für den neuen Ausbildungsabschnitt unbeschadet der Regelungen in Absatz 3 Satz 1 und 2 drei Jahre nach dem Ende der Förderungshöchstdauer oder vorgesehenen Ausbildungszeit des neuen Ausbildungsabschnitts zu zahlen.

(5) Wurden ausschließlich nach § 17 Absatz 3 Satz 1 Darlehen geleistet, so ist die erste Rate drei Jahre nach dem Ende der Förderungshöchstdauer oder der vorgesehenen Ausbildungszeit zu zahlen.

(6) [1]Wurden sowohl nach § 17 Absatz 2 Satz 1 als auch nach § 17 Absatz 3 Satz 1 Darlehen geleistet, ist zunächst das nach § 17 Absatz 2 Satz 1 geleistete Darlehen zurückzahlen. [2]Die erste Rate des nach § 17 Absatz 3 Satz 1 geleisteten Darlehens ist in diesem Fall in dem Monat zu leisten, der auf die Fälligkeit der letzten Rate des nach § 17 Absatz 2 Satz 1 geleisteten Darlehens folgt.

(7) Nach Aufforderung durch das Bundesverwaltungsamt sind die Raten für jeweils drei aufeinanderfolgende Monate in einer Summe zu entrichten.

(8) Die Zinsen nach Absatz 2 sind sofort fällig.

(9) [1]Nach dem Ende der Förderungshöchstdauer erteilt das Bundesverwaltungsamt den Darlehensnehmenden – unbeschadet der Fälligkeit nach den Absätzen 4 bis 6 – jeweils einen Bescheid, in dem die Höhe der Darlehensschuld und die Förderungshöchstdauer festgestellt werden. [2]Nach Eintritt der Unanfechtbarkeit des Bescheides sind diese Feststellungen nicht mehr zu überprüfen; insbesondere gelten die Vorschriften des § 44 des Zehnten Buches Sozialgesetzbuch nicht. [3]Ist für ein Kalenderjahr ein Betrag geleistet worden, auf das sich die Feststellung der Höhe der Darlehensschuld nach Satz 1 nicht erstreckt, so wird diese insoweit durch einen ergänzenden Bescheid festgestellt; Satz 2 gilt entsprechend.

(10) [1]Die nach § 17 Absatz 2 Satz 1 oder Absatz 3 Satz 1 geleisteten Darlehen können jeweils ganz oder teilweise vorzeitig zurückgezahlt werden. [2]Auf Antrag ist ein Nachlass auf die verbleibende Darlehensschuld zu gewähren.

(11) Mit dem Tod der Darlehensnehmenden erlischt die verbliebene Darlehensschuld einschließlich damit verbundener Kosten und Zinsen.

(12) [1]Darlehensnehmenden, die während des Rückzahlungszeitraums nach Absatz 3 Satz 1 nicht oder nur in geringfügigem Umfang gegen ihre Zahlungs- oder Mitwirkungspflichten verstoßen haben, ist die verbleibende Darlehensschuld einschließlich damit verbundener Kosten und Zinsen zu erlassen. [2]Sind die Voraussetzungen des Satzes 1 nicht erfüllt, ist dies durch Bescheid festzustellen. [3]Die Sätze 1 und 2 gelten für Darlehensnehmende, denen Förderung mit Darlehen nach § 17 in einer vor dem 1. September 2019 geltenden Fassung, mit Ausnahme von Bankdarlehen nach § 18c, gewährt wurde, auch wenn sie eine Erklärung nach § 66a Absatz 7 Satz 1 abgegeben haben, mit der Maßgabe, dass ihnen die verbleibende Darlehensschuld einschließlich damit verbundener Kosten und Zinsen 20 Jahre nach Beginn des für sie geltenden Rückzahlungszeitraums erlassen wird. Der Erlass nach Satz 3 erfolgt für Darlehensnehmende, die die 20 Jahre bereits vor dem 22. Juli 2022 überschritten haben, zum 1. Oktober 2022.

(13) [1]Bereits vor Ablauf der nach Absatz 3 je nach Höhe der Darlehensschuld planmäßigen Rückzahlungsdauer ist Darlehensnehmenden, die Tilgungsleistungen in 77 monatlichen Raten in jeweils der nach Absatz 3 geschuldeten Höhe erbracht haben, die noch verbleibende Darlehensschuld zu erlassen. [2]Für Zeiträume, in denen eine Freistellung nach § 18a Absatz 1 mit verminderter Ratenzahlung gewährt wurde, genügen für einen Erlass nach Satz 1 Tilgungsleistungen jeweils in Höhe der vom Bundesverwaltungsamt zugleich festgesetzten verminderten Rückzahlungsraten; Absatz 10 bleibt unberührt.

(14) Das Bundesministerium für Bildung und Forschung kann durch Rechtsverordnung[2] ohne Zustimmung des Bundesrates für die Aufgaben gemäß § 39 Absatz 2 das Nähere bestimmen über

1. den Beginn und das Ende der Verzinsung sowie den Verzicht auf Zinsen aus besonderen Gründen,
2. das Verfahren zur Verwaltung und Einziehung der Darlehen – einschließlich der erforderlichen Nachweise oder der Zulässigkeit des Glaubhaftmachens mittels der Versicherung an Eides statt sowie der Maßnahmen zur Sicherung der Rückzahlungsansprüche – sowie zur Rückleitung der eingezogenen Beträge an Bund und Länder,
3. die Erhebung von Kostenpauschalen für die Ermittlung der jeweiligen Anschrift der Darlehensnehmenden und für das Mahnverfahren und
4. die Voraussetzungen für das Vorliegen eines geringfügigen Verstoßes gegen die Zahlungs- und Mitwirkungspflichten im Sinne des Absatzes 12 Satz 1.

(15) [1]Darlehensnehmende werden während der Rückzahlungsfrist des § 18 Absatz 3 Satz 1 mit Beginn des Monats, in dem die Mitteilung nach § 94 Absatz 4 Satz 1 des Vierzehnten Buches Sozialgesetzbuch zugeht, von der Verpflichtung zur Rückzahlung freigestellt. [2]Rückwirkend erfolgt die Freistellung für längstens vier Monate vor Zugang der Mitteilung nach Satz 1. [3]Die Freistellung endet

1. mit der vollständigen Tilgung der Darlehensschuld durch den Träger der Sozialen Entschädigung nach § 94 Absatz 1 des Vierzehnten Buches Sozialgesetzbuch,
2. mit Beginn des Monats, in dem die Mitteilung nach § 94 Absatz 4 Satz 2 des Vierzehnten Buches Sozialgesetzbuch über eine vollständige Ablehnung zugeht oder
3. mit Beginn des Monats, in dem neben der Mitteilung nach § 94 Absatz 4 Satz 2 des Vierzehnten Buches Sozialgesetzbuch über die teilweise Rückzahlung des Darlehens die Tilgung in dieser Höhe erfolgt ist.
4. § 18a Absatz 4 Satz 1 gilt entsprechend.

---

2 Siehe hierzu: DarlehensV **(Nr. 8)**.

Allgemeine Verwaltungsvorschrift

Zu Absatz 5a

18.5a.1 Ein unanfechtbarer Feststellungs- und Rückzahlungsbescheid nach § 18 Abs. 5a sowie darauf bereits geleistete Zahlungen des Darlehensnehmers stehen dem Erlass eines Rückforderungsbescheides durch das Amt für Ausbildungsförderung nach (teilweiser) Aufhebung des Bewilligungsbescheides nicht entgegen.

Mit der (teilweisen) Aufhebung der Bewilligungsbescheide erlischt für den entsprechenden Teil der geleisteten Ausbildungsförderung das unmittelbar kraft Gesetz entstandene Darlehensverhältnis rückwirkend. Eventuell erfolgte – rechtsgrundlose – Geldflüsse zwischen der auszubildenden Person und dem Bundesverwaltungsamt sind in diesem Verhältnis abzuwickeln.

Erläuterungen

1. Die Veränderung der Rückzahlungsraten für Geförderte oder die Verminderung der prozentualen Erlassraten liegt im Ermessen des Gesetzgebers.
   BVerwG FamRZ 1993, 1376
2. Die Feststellung der Förderungshöchstdauer im Feststellungsbescheid des BVA bindet auch das erlassende Amt für Ausbildungsförderung.
   OVG Münster FamRZ 1987, 420
   Dies gilt jedoch nur für den Fall, dass das Amt für Ausbildungsförderung selbst keine verbindliche Regelung getroffen hat.
   BVerwG FamRZ 1993, 1373
   Dies kann auch durch eine Entscheidung nach § 15 Abs. 3 inzidenter geschehen.
   OVG Münster FamRZ 1996, 768
3. Gegen die Pflicht, übergeleitete Unterhaltsansprüche geltend zu machen, wird verstoßen, wenn das Amt für Ausbildungsförderung zwar ein Urteil erwirkt, aber nicht in zumutbarer Weise aus diesem Titel vollstreckt hat.
   BVerwG FamRZ 1991, 996
4. Ist der Auszubildende mit der Förderungsart nicht einverstanden, so ist es nicht zulässig, einen solchen Einwand entgegen den Feststellungs- und Rückzahlungsbescheid zu erheben.
   BVerfG FamRZ 1997, 152
5. Der Darlehensnehmer darf sich auf den Mangel der ordnungsgemäßen Bekanntgabe eines Bescheides des BVA nicht berufen, wenn er die Zustellung treuwidrig durch Verstoß gegen die Meldepflicht vereitelt hat.
   OVG Münster FamRZ 1988, 776
6. Auch während der Freistellungszeit nach § 18a läuft die Verzinsung nach § 18 Abs. 2 S. 2 weiter.
   BVerwG FamRZ 2000, 127
7. Die Einreichung eines Verrechnungsschecks per Post wahrt die Zahlungsfrist.
   BVerwG FamRZ 2000, 643
8. Die Fälligkeit der ersten Rückzahlungsrate ergibt sich aus dem Gesetz und bedarf keiner Fristsetzung durch Bescheid.
   OVG Münster FamRZ 2000, 780
9. Die Vierteljahresrate ist erst am Ende des Vierteljahreszeitraumes fällig.
   OVG Münster FamRZ 2008, 1983

§ 18a Einkommensabhängige Rückzahlung

(1) [1]Auf Antrag sind Darlehensnehmende während der Rückzahlungsfrist des § 18 Absatz 3 Satz 1 bis spätestens zu deren Ablauf von der Verpflichtung zur Rückzahlung freizustellen, soweit ihr Einkommen monatlich jeweils den Betrag von 1 690 Euro nicht um mindestens 42 Euro übersteigt. [2]Der in Satz 1 bezeichnete Betrag erhöht sich für

1. Ehegattinnen, Ehegatten, Lebenspartnerinnen oder Lebenspartner um 850 Euro
2. jedes Kind der Darlehensnehmenden um 770 Euro,

wenn sie nicht in einer Ausbildung stehen, die nach diesem Gesetz oder nach § 56 des Dritten Buches Sozialgesetzbuch gefördert werden kann. [3]Die Beträge nach Satz 2 mindern sich um das Einkommen der Ehegattinnen, Ehegatten, Lebenspartnerinnen oder Lebenspartner und volljährigen Kinder. [4]Als Kinder gelten insoweit außer eigenen Kindern der Darlehensnehmenden die in § 25 Absatz 5 Nummer 1 bis 3 bezeichneten Personen. [5]§ 47 Absatz 4 und 5 gilt entsprechend.

(2) Auf besonderen Antrag erhöht sich der in Absatz 1 Satz 1 bezeichnete Betrag

1. bei behinderten Menschen um den Betrag der behinderungsbedingten Aufwendungen entsprechend § 33b des Einkommensteuergesetzes,
2. bei Alleinstehenden um den Betrag der notwendigen Aufwendungen für die Dienstleistungen zur Betreuung eines zum Haushalt gehörenden Kindes, das das 16. Lebensjahr noch nicht vollendet hat, bis zur Höhe von monatlich 175 Euro für das erste und je 85 Euro für jedes weitere Kind.

(3) [1]Auf den Antrag nach Absatz 1 Satz 1 erfolgt die Freistellung vom Beginn des Antragsmonats an in der Regel für ein Jahr, rückwirkend erfolgt sie für längstens vier Monate vor dem Antragsmonat (Freistellungszeitraum). [2]Bei erstmaliger Bewilligung einer Freistellung nach Absatz 1 Satz 1 erfolgt die Freistellung abweichend von Satz 1 in der Regel für zwei Jahre. [3]Das im Antragsmonat erzielte Einkommen gilt vorbehaltlich des Absatzes 4 als monatliches Einkommen für alle Monate des Freistellungszeitraums. [4]Die Darlehensnehmenden haben das Vorliegen der Freistellungsvoraussetzungen nachzuweisen, soweit nicht durch Rechtsverordnung auf Grund des § 18 Absatz 14 Nummer 2 etwas Abweichendes geregelt ist. [5]Soweit eine Glaubhaftmachung mittels der Versicherung an Eides statt zugelassen ist, ist das Bundesverwaltungsamt für die Abnahme derselben zuständig.

(4) [1]Ändert sich ein für die Freistellung maßgeblicher Umstand nach der Antragstellung, so wird der Bescheid vom Beginn des Monats an geändert, in dem die Änderung eingetreten ist. [2]Nicht als Änderung im Sinne des Satzes 1 gelten Regelanpassungen gesetzlicher Renten und Versorgungsbezüge.

Allgemeine Verwaltungsvorschrift

Zu Absatz 1

18a.1.1 Zum Begriff „eigenes Kind des Darlehensnehmers" vgl. Tz 25.5.1.

Erläuterungen

1. Es ist mit dem Grundgesetz vereinbar, nur die gesetzlichen Unterhaltspflichten gegenüber dem Ehegatten und den gemeinsamen Kindern zu berücksichtigen.
   BVerwG Buchholz 436.36 § 18a BAföG Nr. 2

2. Eine rückwirkende Freistellung kommt nur in Betracht, wenn das zu berücksichtigende Einkommen in der zurückliegenden Zeit im Wesentlichen mit dem Einkommen im Antragsmonat übereinstimmt.
   OVG Münster FamRZ 1998, 1471

3. Über das Freistellungsverfahren hinaus können im Einzelfall im Stundungsverfahren besondere Umstände des Einzelfalles Berücksichtigung finden (z. B. Schulden, erhöhte, steuerlich nicht absetzbare Werbungskosten eines Beziehers von Arbeitslosengeld).
   OVG Münster FamRZ 1996, 446

§ 18b Teilerlass des Darlehens

(1) (weggefallen)

(2) [1]Auszubildenden, die die Abschlussprüfung bis zum 31. Dezember 2012 bestanden haben und nach ihrem Ergebnis zu den ersten 30 vom Hundert aller Prüfungsabsolventen gehören, die diese Prüfung in demselben Kalenderjahr abgeschlossen haben, wird auf Antrag der für diesen Ausbildungsabschnitt geleistete Darlehensbetrag teilweise erlassen. [2]Der Erlass beträgt von dem nach dem 31. Dezember 1983 für diesen Ausbildungsabschnitt geleisteten Darlehensbetrag

1. 25 vom Hundert, wenn innerhalb der Förderungshöchstdauer,
2. 20 vom Hundert, wenn innerhalb von sechs Monaten nach dem Ende der Förderungshöchstdauer,
3. 15 vom Hundert, wenn innerhalb von zwölf Monaten nach dem Ende der Förderungshöchstdauer

die Abschlussprüfung bestanden wurde. [3]Der Antrag ist innerhalb eines Monats nach Bekanntgabe des Bescheids nach § 18 Absatz 9 zu stellen. [4]Abweichend von Satz 1 erhalten Auszubildende, die zu den ersten 30 vom Hundert der Geförderten gehören, unter den dort genannten Voraussetzungen den Erlass

a) in Ausbildungs- und Studiengängen, in denen als Gesamtergebnis der Abschlussprüfung nur das Bestehen festgestellt wird, nach den in dieser Prüfung erbrachten Leistungen,
b) in Ausbildungs- und Studiengängen ohne Abschlussprüfung nach den am Ende der planmäßig abgeschlossenen Ausbildung ausgewiesenen Leistungen; dabei ist eine differenzierte Bewertung über die Zuordnung zu den ersten 30 vom Hundert der Geförderten hinaus nicht erforderlich.

[5]Auszubildende, die ihre Ausbildung an einer im Ausland gelegenen Ausbildungsstätte bestanden haben, erhalten den Teilerlass nicht. [6]Abweichend von Satz 5 wird den Auszubildenden, die eine nach § 5 Absatz 1 oder 3 in der bis zum 31. Dezember 2007 geltenden Fassung des Gesetzes oder eine nach § 6 förderungsfähige Ausbildung vor dem 1. April 2001 aufgenommen haben, die Abschlussprüfung an einer im Ausland gelegenen Ausbildungsstätte bestanden haben und zu den ersten 30 vom Hundert der Geförderten gehören, der Teilerlass nach Satz 1 gewährt, wenn der Besuch der im Ausland gelegenen Ausbildungsstätte dem einer im Inland gelegenen Höheren Fachschule, Akademie oder Hochschule gleichwertig ist. [7]Die Funktion der Prüfungsstelle nimmt in diesen Fällen das nach § 45 zuständige Amt für Ausbildungsförderung wahr.

(2a) Für Auszubildende an Akademien gilt Absatz 2 mit der Maßgabe, dass der Teilerlass unabhängig vom Zeitpunkt des Bestehens der Abschlussprüfung 20 vom Hundert beträgt.

(3) [1]Beendet der Auszubildende bis zum 31. Dezember 2012 die Ausbildung vier Monate vor dem Ende der Förderungshöchstdauer mit dem Bestehen der Ab-

schlussprüfung oder, wenn eine solche nicht vorgesehen ist, nach den Ausbildungsvorschriften planmäßig, so werden auf seinen Antrag 2 560 Euro des Darlehens erlassen. [2]Beträgt der in Satz 1 genannte Zeitraum nur zwei Monate, werden 1 025 Euro erlassen. [3]Der Antrag ist innerhalb eines Monats nach Bekanntgabe des Bescheides nach § 18 Absatz 9 zu stellen.

(4) [1]Ist für eine Ausbildung eine Mindestausbildungszeit im Sinne von Absatz 5 festgelegt und liegen zwischen deren Ende und dem Ende der Förderungshöchstdauer weniger als vier Monate, wird auf Antrag der Erlass nach Absatz 3 Satz 1 auch gewährt, wenn die Ausbildung mit Ablauf der Mindestausbildungszeit beendet wurde. [2]Der Erlass nach Absatz 3 Satz 2 wird auf Antrag auch gewährt, wenn die Mindestausbildungszeit um höchstens zwei Monate überschritten wurde. [3]Der Antrag ist innerhalb eines Monats nach Bekanntgabe des Bescheides nach § 18 Absatz 9 zu stellen. [4]Ist der Bescheid vor dem 21. Juni 2011 nicht bestandskräftig oder rechtskräftig geworden, aber vor dem 13. Dezember 2011 bekannt gegeben worden, ist der Antrag bis zum 13. Januar 2012 zu stellen.

(5) [1]Mindestausbildungszeit ist die durch Rechtsvorschrift festgelegte Zeit, vor deren Ablauf die Ausbildung nicht durch Abschlussprüfung oder sonst planmäßig beendet werden kann. [2]Bei Ausbildungen, für die eine Mindeststudienzeit im Sinne von Satz 3 bestimmt ist und zugleich eine Abschlussprüfung vorgeschrieben ist, die insgesamt oder hinsichtlich bestimmter Prüfungsteile erst nach der Mindeststudienzeit begonnen werden darf, gilt die Mindeststudienzeit zuzüglich der Prüfungszeit im Sinne von Satz 4 als Mindestausbildungszeit. [3]Mindeststudienzeit ist die durch Rechtsvorschrift festgelegte Mindestzeit für die reinen Ausbildungsleistungen, einschließlich geforderter Praktika, ohne Abschlussprüfung. [4]Prüfungszeit ist die Zeit, die ab dem frühestmöglichen Beginn der Prüfung oder der bestimmten Prüfungsteile bis zum letzten Prüfungsteil regelmäßig erforderlich ist; wenn die Prüfungszeit nicht durch Rechtsvorschrift festgelegt ist, wird vermutet, dass sie drei Monate beträgt.

(5a) Absatz 4 ist nicht anzuwenden, wenn über die Gewährung eines Teilerlasses nach Absatz 3 vor dem 21. Juni 2011 bestandskräftig oder rechtskräftig entschieden worden ist.

(6) [1]Das Bundesministerium für Bildung und Forschung bestimmt durch Rechtsverordnung[2] ohne Zustimmung des Bundesrates das Nähere über das Verfahren, insbesondere über die Mitwirkung der Prüfungsstellen. [2]Diese sind zur Auskunft und Mitwirkung verpflichtet, soweit dies für die Durchführung dieses Gesetzes erforderlich ist.

2 Siehe hierzu BAföG-TeilerlassV **(Nr. 8a)**.

Allgemeine Verwaltungsvorschrift

Zu Absatz 2

18b.2.1 (weggefallen)

Zu Absatz 2a

18b.2a.1 Für Auszubildende an Höheren Fachschulen gilt Absatz 2a entsprechend.

Zu Absatz 5

18b.5.1 (Aufgehoben)

Erläuterungen

1. Eine gerundete Prüfungsnote i.S. von § 6 Abs. 2 BAföG TeilerlassV liegt auch dann vor, wenn die Note durch Weglassen von Dezimalstellen hinter dem Komma entgegen mathematischen Rundungsregeln gebildet worden ist und die landesrechtliche Prüfungsordnung diesen Vorgang ausdrücklich nicht als Rundung ansieht.
   BVerwG FamRZ 1995, 575

2. Bei der einstufigen Juristenausbildung in Bayern ist nur die juristische Zwischenprüfung die maßgebliche Abschlussprüfung i.S. des § 18b Abs. 1 BAföG.
   OVG Münster FamRZ 1996, 511

3. Die Antragsfrist für einen leistungsabhängigen Teilerlass beginnt bei einer Zweitausbildung mit dem beide Ausbildungen berücksichtigenden Feststellungsbescheid.
   BVerwG FamRZ 2000, 451

4. Die Tätigkeit als Beamter auf Widerruf im juristischen Vorbereitungsdienst ist keine unwesentliche Tätigkeit.
   OVG Münster FamRZ 1996, 1578

5. § 18b Abs. 3 S. 1 BAföG ist mit Art. 3 Abs. 1 GG unvereinbar, soweit es Studierenden wegen Rechtsvorschriften zu einer Mindeststudienzeit einerseits und zur Förderungshöchstdauer andererseits objektiv unmöglich ist, einen großen Teilerlass zu erhalten, *BVerfG FamRZ 2011, 1367*. Der Gesetzgeber hat das Urteil durch das 24. Änderungsgesetz umgesetzt. (BGBl. I 2011, S. 2569). Im Ergebnis können daher in Studiengängen mit entsprechend langen Mindestausbildungszeiten alle Studierenden, die überhaupt in der für ihre Ausbildung vorgeschriebenen Mindestausbildungszeit erfolgreich abschließen, in den Genuss des großen Teilerlasses kommen. Wer die Mindeststudienzeit um bis zu zwei Monate überschreitet, kann den kleinen Teilerlass erhalten. Die Regelung endet mit allen Abschlüssen, die bis zum 31.12.2012 erworben wurden.
   Rundschreiben des BMBF, in Berlin Rundschreiben 1/2012 vom 9.1.2012

§ 18c Bankdarlehen

(1) Bankdarlehen der Kreditanstalt für Wiederaufbau für Förderungsleistungen im Sinne des § 17 Absatz 3 Satz 1 in der am 31. Juli 2019 geltenden Fassung sind nach Maßgabe der Absätze 1a bis 11 zurückzuzahlen.

(1a) Auszubildende und die Kreditanstalt für Wiederaufbau können von den Absätzen 2 bis 11 abweichende Darlehensbedingungen vereinbaren.

(2) [1]Das Bankdarlehen nach Absatz 1 ist von der Auszahlung an zu verzinsen. [2]Bis zum Beginn der Rückzahlung werden die Zinsen gestundet. [3]Die Darlehensschuld erhöht sich jeweils zum 31. März und 30. September um die gestundeten Zinsen.

(3) [1]Als Zinssatz für den jeweiligen Darlehensgesamtbetrag gelten – vorbehaltlich des Gleichbleibens der Rechtslage – ab 1. April und 1. Oktober jeweils für ein halbes Jahr die Euro Interbank Offered Rate-Sätze für die Beschaffung von Sechsmonatsgeld von ersten Adressen in den Teilnehmerstaaten der Europäischen Währungsunion (EURIBOR) mit einer Laufzeit von sechs Monaten zuzüglich eines Aufschlags von 1 vom Hundert. [2]Falls die in Satz 1 genannten Termine nicht auf einen Tag fallen, an dem ein EURIBOR-Satz ermittelt wird, so gilt der nächste festgelegte EURIBOR-Satz.

(4) [1]Vom Beginn der Rückzahlung an ist auf Antrag des Darlehensnehmers ein Festzins für die (Rest-)Laufzeit, längstens jedoch für zehn Jahre zu vereinbaren. [2]Der Antrag kann jeweils zum 1. April und 1. Oktober gestellt werden und muss einen Monat im Voraus bei der Kreditanstalt für Wiederaufbau eingegangen sein. [3]Es gilt – vorbehaltlich des Gleichbleibens der Rechtslage – der Zinssatz für Bankschuldverschreibungen mit entsprechender Laufzeit, zuzüglich eines Aufschlags von eins vom Hundert.

(5) [1]§ 18 Absatz 3 Satz 3 und Absatz 11 und Absatz 15 ist entsprechend anzuwenden. [2]Für die Rückzahlung gelten alle nach § 17 Absatz 3 Satz 1 in der am 31. Juli 2019 geltenden Fassung geleisteten Darlehen als ein Darlehen.

(6) [1]Das Bankdarlehen ist einschließlich der Zinsen – vorbehaltlich des Gleichbleibens der Rechtslage – in möglichst gleichbleibenden monatlichen Raten von mindestens 130 Euro innerhalb von 20 Jahren zurückzuzahlen. [2]Die erste Rate ist 18 Monate nach dem Ende des Monats, für den der Auszubildende zuletzt mit Bankdarlehen gefördert worden ist, zu zahlen.

(7) [1]Hat jemand ein in Absatz 1 bezeichnetes Darlehen und ein in § 18 Absatz 1 Nummer 1 bezeichnetes Darlehen erhalten, ist deren Rückzahlung so aufeinander abzustimmen, dass ein in Absatz 1 bezeichnetes Darlehen vor einem in § 18 Absatz 1 Nummer 1 bezeichneten Darlehen und beide Darlehen einschließlich der Zinsen in möglichst gleichbleibenden monatlichen Raten von – vorbehaltlich des Gleichbleibens der Rechtslage – mindestens 130 Euro innerhalb von 22 Jahren zurückzuzahlen sind. [2]Die erste Rate des in § 18 Absatz 1 Nummer 1 bezeichneten Darlehens ist in dem Monat zu leisten, der auf die Fälligkeit der letzten Rate des

in Absatz 1 bezeichneten Darlehens folgt. [3]Wird das in Absatz 1 bezeichnete Darlehen vor diesem Zeitpunkt getilgt, ist die erste Rate des in § 18 Absatz 1 Nummer 1 bezeichneten Darlehens am Ende des Monats zu leisten, der auf den Monat der Tilgung folgt. [4]§ 18 Absatz 4 bleibt unberührt.

(8) [1]Vor Beginn der Rückzahlung teilt die Kreditanstalt für Wiederaufbau dem Darlehensnehmer – unbeschadet der Fälligkeit nach Absatz 6 – die Höhe der Darlehensschuld und der gestundeten Zinsen, die für ihn geltende Zinsregelung, die Höhe der monatlichen Zahlungsbeträge sowie den Rückzahlungszeitraum mit. [2]Nach Aufforderung durch die Kreditanstalt für Wiederaufbau sind die Raten für jeweils drei aufeinanderfolgende Monate in einer Summe zu entrichten.

(9) Das Darlehen kann jederzeit ganz oder teilweise zurückgezahlt werden.

(10) [1]Auf Verlangen der Kreditanstalt für Wiederaufbau ist ihr die Darlehens- und Zinsschuld eines Darlehensnehmers zu zahlen, von dem eine termingerechte Zahlung nicht zu erwarten ist. [2]Dies ist insbesondere der Fall, wenn

1. der Darlehensnehmer fällige Rückzahlungsraten für sechs aufeinanderfolgende Monate nicht geleistet hat oder für diesen Zeitraum mit einem Betrag in Höhe des vierfachen der monatlichen Rückzahlungsrate im Rückstand ist,
2. der Darlehensvertrag von der Kreditanstalt für Wiederaufbau entsprechend den gesetzlichen Bestimmungen wirksam gekündigt worden ist,
3. die Rückzahlung des Darlehens infolge der Erwerbs- oder Arbeitsunfähigkeit oder einer Erkrankung des Darlehensnehmers von mehr als einem Jahr Dauer nachhaltig erschwert oder unmöglich geworden ist,
4. der Darlehensnehmer zahlungsunfähig geworden ist oder seit mindestens einem Jahr Hilfe zum Lebensunterhalt nach dem Zwölften Buch Sozialgesetzbuch oder Leistungen zur Sicherung des Lebensunterhalts nach dem Zweiten Buch Sozialgesetzbuch erhält oder
5. der Aufenthalt des Darlehensnehmers seit mehr als sechs Monaten nicht ermittelt werden konnte.

[3]Mit der Zahlung nach Satz 1 geht der Anspruch aus dem Darlehensvertrag auf den Bund über.

(11) Das Bundesministerium für Bildung und Forschung bestimmt durch Rechtsverordnung ohne Zustimmung des Bundesrates das Nähere über die Anpassung der Höhe der Aufschläge nach den Absätzen 3 und 4 an die tatsächlichen Kosten.

Allgemeine Verwaltungsvorschrift

Zu Absatz 10

18c.10.1 Von einem Darlehensnehmer, der auf Grund einer Änderung des Bewilligungsbescheides anstatt des Anspruchs auf Bankdarlehen einen Anspruch auf Staatsdarlehen/Zuschuß bzw. Vollzuschuß hat und nach der (teilweisen) Kündigung des Darlehensvertrages zur Rückzahlung des Darlehens verpflichtet ist, ist die termingerechte Zahlung der Zinsschuld nicht zu erwarten.

18c.10.2 Von einem Darlehensnehmer, der nach dem Anspruch auf Bankdarlehen einen Anspruch auf Vollzuschussförderung nach § 15 Abs. 3 Nr. 5, § 17 Abs. 2 Satz 2 Nr. 2 hat, ist für den Zeitraum der Vollzuschussförderung eine termingerechte Zahlung der Zinsschuld aus dem Bankdarlehen nicht zu erwarten.

18c.10.3 Von Bankdarlehensnehmern, denen der Darlehensbetrag nach § 60 Nr. 3 erlassen wurde, ist eine termingerechte Zahlung nicht zu erwarten.

§ 18d Kreditanstalt für Wiederaufbau

(1) Die nach § 18c Absatz 10 auf den Bund übergegangenen Darlehensbeträge werden von der Kreditanstalt für Wiederaufbau verwaltet und eingezogen.

(2) Der Kreditanstalt für Wiederaufbau werden erstattet:

1. die Darlehensbeträge, die in entsprechender Anwendung von § 18 Absatz 11 erlöschen, und
2. die Darlehens- und Zinsbeträge nach § 18c Absatz 10 Satz 1.

(3) Verwaltungskosten werden der Kreditanstalt für Wiederaufbau nur für die Verwaltung der nach § 18c Absatz 10 auf den Bund übergegangenen Darlehensbeträge erstattet, soweit die Kosten nicht von den Darlehensnehmern getragen werden.

(4) [1]Die Kreditanstalt für Wiederaufbau übermittelt den Ländern nach Ablauf eines Kalenderjahres eine Aufstellung sowohl über die Höhe der nach Absatz 1 für den Bund eingezogenen Beträge und Zinsen aus den Darlehen, deren Erstattung nach Absatz 2 sie bis zum 31. Dezember 2014 verlangt hat, als auch über deren Aufteilung nach Maßgabe des § 56 Absatz 2a. [2]Sie zahlt zum Ende des jeweiligen Kalenderjahres jedem Land einen Abschlag in Höhe des ihm voraussichtlich zustehenden Betrages, bis zum 30. Juni des folgenden Jahres den Restbetrag.

Allgemeine Verwaltungsvorschrift

18d.0.1 Die Bank teilt Bund und Ländern jeweils zum 30. November eines jeden Jahres die ihr zum 30. Dezember eines jeden Jahres nach den Absätzen 2 und 3 voraussichtlich zu erstattenden Beträge zuzüglich zu entrichtender Umsatzsteuer mit.

65 Prozent dieser Beträge werden ihr zum Stand 30. Dezember eines jeden Jahres vom Bund erstattet; 35 Prozent dieser Beträge werden der Bank entsprechend von den Ländern nach Maßgabe der auf die in den jeweiligen Ländern vergebenen Darlehen entfallenden Anteile erstattet.

Die Überweisungen von Bund und Ländern erfolgen auf ein von der Bank angegebenes Konto.

§ 19 Aufrechnung

[1]Mit einem Anspruch auf Erstattung von Ausbildungsförderung (§ 50 des Zehnten Buches Sozialgesetzbuch und § 20) kann gegen den Anspruch auf Ausbildungsförderung für abgelaufene Monate abweichend von § 51 des Ersten Buches Sozialgesetzbuch in voller Höhe aufgerechnet werden. [2]Ist der Anspruch auf Ausbildungsförderung von einem Auszubildenden an einen Träger der Sozialhilfe zum Ausgleich seiner Aufwendungen abgetreten worden, kann das Amt für Ausbildungsförderung gegenüber dem Träger der Sozialhilfe mit einem Anspruch auf Erstattung von Ausbildungsförderung nicht aufrechnen. [3]Die Sätze 1 und 2 gelten nicht für Bankdarlehen nach § 18c.

Allgemeine Verwaltungsvorschrift

19.0.1 Abgelaufene Monate im Sinne dieser Vorschrift sind solche, für die die Förderungsleistung im Zeitpunkt der Bekanntgabe des Bewilligungsbescheides mit der Aufrechnungserklärung bereits fällig geworden ist. Für den Zeitpunkt der Fälligkeit sind § 41 SGB I und § 51 Abs. 1 BAföG i.V.m. Tz 51.1.2 maßgebend.

Eine Aufrechnung mit Zahlungen für den laufenden Monat erfolgt nicht.

Erläuterungen

1. Die Aufrechnung mit einer Gegenforderung stellt keine Vollziehung eines die betreffende Forderung konkretisierenden Leistungsbescheides dar. Eine Handlung, die – wie hier die Aufrechnungserklärung – der Erfüllung der eigenen Verbindlichkeit dient und dabei gleichzeitig die Befriedigung der eigenen Forderung bewirkt, ist keine Maßnahme, durch die der Verwaltungsakt vollzogen wird.
   OVG Magdeburg, Beschluss vom 27.06.2007, Az. 3 M 146/06

§ 20 Rückzahlungspflicht

(1) [1]Haben die Voraussetzungen für die Leistung von Ausbildungsförderung an keinem Tage des Kalendermonats vorgelegen, für den sie gezahlt worden ist, so ist – außer in den Fällen der §§ 44 bis 50 des Zehnten Buches Sozialgesetzbuch – insoweit der Bewilligungsbescheid aufzuheben und der Förderungsbetrag zu erstatten, als

1. (weggefallen)
2. (weggefallen)
3. der Auszubildende Einkommen im Sinne des § 21 erzielt hat, das bei der Bewilligung der Ausbildungsförderung nicht berücksichtigt worden ist; Regelanpassungen gesetzlicher Renten und Versorgungsbezüge bleiben hierbei außer Betracht,
4. Ausbildungsförderung unter dem Vorbehalt der Rückforderung geleistet worden ist.

[2]Die Regelung über die Erstattungspflicht gilt nicht für Bankdarlehen nach § 18c.

(2) [1]Der Förderungsbetrag ist für den Kalendermonat oder den Teil eines Kalendermonats zurückzuzahlen, in dem der Auszubildende die Ausbildung aus einem von ihm zu vertretenden Grund unterbrochen hat. [2]Die Regelung über die Erstattungspflicht gilt nicht für Bankdarlehen nach § 18c.

Allgemeine Verwaltungsvorschrift

Zu Absatz 1

20.1.1 Die Voraussetzungen des § 45 SGB X i.V.m. § 50 SGB X, des § 20 Abs. 1 Nr. 3 und 4 BAföG oder des § 53 BAföG i.V.m. § 50 SGB X müssen erfüllt sein, um

a) einen Verwaltungsakt aufzuheben und die gewährten Leistungen zurückzufordern und

b) rückwirkend die Förderungsart geleisteter Förderungsbeträge aufgrund eines Bewilligungsbescheides von Zuschuss in Darlehen zu ändern.

Ist eine Rückforderung des geleisteten Darlehensanteils nach den o.g. Vorschriften nicht möglich, bleibt es (insoweit) bei der in dem rechtswidrigen Bewilligungsbescheid festgesetzten Darlehenshöhe. Dies gilt nicht, wenn sich ein (gegenüber dem rechtswidrigen Bewilligungsbescheid) höherer Zuschussbetrag ergibt.

Ist eine Rückforderung des geleisteten Darlehensanteils nach den o.g. Vorschriften dagegen möglich, ist ergänzend Tz 18.5a.1 zu berücksichtigen.

20.1.2 Unabhängig von Tz 20.1.1 Buchstabe a ist unter den Voraussetzungen des § 47a ein Ersatzanspruch gegen die Eltern der auszubildenden Person oder gegen die mit ihr in Ehe- oder Lebenspartnerschaft verbundene Person geltend zu machen.

20.1.3 (Aufgehoben)

20.1.4 Unter dem Vorbehalt der Rückforderung ist Ausbildungsförderung nur geleistet, wenn die Rückforderung in dem Bewilligungsbescheid nach § 24 Abs. 2 und 3 sowie § 51 Abs. 2 ausdrücklich vorbehalten worden ist oder die Leistung auf § 50 Abs. 4 (vgl. Tz 50.4.2) beruht.

Nach § 20 Abs. 1 Nr. 4 können nur solche Gründe zur Rückforderung führen, die Gegenstand des Vorbehalts gewesen sind.

Zu Absatz 2

20.2.1 Die Ausbildung wird unterbrochen, wenn sie – trotz der Absicht, sie in absehbarer Zeit weiterzuführen – aus einem Grund nicht betrieben wird, den die auszubildende Person zu vertreten hat.

Eine Unterbrechung der Ausbildung an den in § 2 Abs. 1 Nr. 1 bis 4 bezeichneten Ausbildungsstätten liegt vor, wenn nicht am planmäßig vorgesehenen Unterricht teilgenommen wird und/oder häusliche Arbeiten nicht durchgeführt werden.

Im Hochschulbereich liegt eine Unterbrechung der Ausbildung vor, wenn die auszubildende Person im Rahmen einer ordnungsgemäßen Ausbildung nicht an den vorgesehenen Ausbildungsveranstaltungen teilnimmt oder hierfür erforderliche Arbeiten nicht durchführt. Das gilt nicht, wenn sie in anderer für die besuchte Fachrichtung üblicher Weise die Ausbildung betrieben hat und damit das Ziel des Ausbildungsabschnitts erreichen kann.

Die Tz 20.2.1 und 20.2.2 gelten auch für Fernunterrichtslehrgänge.

20.2.2 Als Unterbrechung im Sinne dieser Vorschrift gilt bei Besuch

a) einer in § 2 Abs. 1 Nr. 1 bis 4 bezeichneten Ausbildungsstätte eine Unterbrechung von mehr als drei aufeinanderfolgenden Unterrichts- und Vorlesungstagen,

b) einer Hochschule eine Unterbrechung von mehr als sechs aufeinanderfolgenden Unterrichts- und Vorlesungstagen.

Aufeinander folgen Unterrichts- und Vorlesungstage im Sinne des Satzes 1 auch, wenn zwischen ihnen allgemein unterrichts- und vorlesungsfreie Tage – ausgenommen Ferienzeiten – liegen.

Als Unterbrechung i. S. d. § 20 gelten auch kürzere tageweise Unterbrechungen, wenn sie insgesamt 30 Prozent der gesamten monatlichen Unterrichtszeit erreichen.

Ob derartige Unterbrechungen die Eignung i. S. d. § 9 insgesamt in Frage stellen, richtet sich nach Tz 9.2.3.

20.2.3 Zurückzufordern ist der Betrag, der sich ergibt, wenn der Förderungsbetrag durch die Zahl der Tage des konkreten Kalendermonats geteilt und das Ergebnis mit der Zahl der Tage, während der die Ausbildung unterbrochen war, vervielfacht wird. Allgemein unterrichts- und vorlesungsfreie Tage, mit Ausnahme von Ferienzeiten, die von Tagen eingeschlossen sind, an denen die Ausbildung unterbrochen ist, sind bei der Berechnung des Rückforderungsbetrages mitzuzählen.

20.2.4 Dem Amt für Ausbildungsförderung obliegt der Nachweis der Unterbrechung.

Erläuterungen

Sorgfaltspflichten der Studenten nach §§ 45, 50 SGB X:

1. Wer die Richtigkeit der im Bescheid erläuterten Schlüsselzahlen nicht prüft, handelt grob fahrlässig.
   BVerwGE 40, 212, 218

Einzelfälle der unteren Instanzen:

2. Falsch signierter Grundbedarf für außerhalb wohnend.
   OVG Berlin, B v. 5.6.2000, OVG 6M 17.00
3. Student wohnt im Eigentum der Eltern.
   VG Berlin, U v. 30.8.1999, VG 6A 642.97
4. Bewilligung nicht beantragter Zusatzleistungen.
   VG Berlin, U v. 18.6.1985, VG 8A 218.84; OVG Berlin, U v. 21.1.1983, OVG 7B 23.82
5. Versehentliches Beibehalten der Geschwisterfreibeträge trotz angezeigten Ausbildungsendes.
   VG Berlin, U v. 8.2.1983, VG 8A 84.82
6. Stiefkinder aus zweiter Ehe des Vaters werden bei beiden leiblichen Eltern angesetzt.
   VG Berlin, U v. 20.9.1983, VG 8A 327.82

Sonstige Fälle grober Fahrlässigkeit:

7. Eine Beurlaubung wurde übersehen.
   VG Berlin, U v. 16.4.1999, VG 6A 157.96
8. Versehentliche Förderung trotz verspäteten Fachwechsels.
   VG Berlin, U v. 22.2.1983, VG 8A 86.82
9. Bei Zuständigkeitswechsel wurden die Zahlungen des vorherigen Amtes nicht berücksichtigt.
   VG Berlin, U v. 28.8.1997, VG 8A 519.93
10. Aufgrund eines Datenerfassungsfehlers wurde nur ein Zehntel des tatsächlichen mütterlichen Einkommens berücksichtigt.
    VG Berlin, U v. 29.8.1991, VG 6A 64.89
11. Versehentlich nicht signierte Unterhaltsleistungen der Eltern im Vorausleistungsverfahren.
    OVG Berlin, B v. 22.10.1990, OVG 6M 25.90
12. Doppelzahlung durch Datenerfassungsfehler.
    VG Berlin, U v. 5.2.1985, VG 8A 471.83
13. Voraussetzung für die Rückforderung nach § 20 Abs. 1 Nr. 3 BAföG ist allein, dass der Auszubildende im Bewilligungszeitraum Einkommen erzielt hat, das bisher nicht berücksichtigt wurde. Auf Behördenverschulden kommt es nicht an.
    BVerwG FamRZ 1982, 1045; BVerwG FamRZ 1989, 1363
14. Die Ausschlussfristen des § 45 Abs. 3 und 4 SGB X gelten nicht.
    BVerwG FamRZ 1989, 1363
15. Die Rückforderung von Vorbehaltsleistungen ist nur insoweit möglich wie sie die Rechtmäßigkeit des Vorbehalts erlaubt. War die Vorbehaltsbewilligung fehlerhaft, weil Teile des anrechenbaren Einkommens übersehen wurden oder wurde die Sozialpauschale irrtümlich zu hoch angesetzt, so richtet sich die Rückforderung insoweit nicht nach § 20 Abs. 1 Nr. 4, sondern allenfalls nach § 45 SGB X.
    BVerwG FamRZ 1980, 838; OVG Berlin FamRZ 1980, 949; BVerwG DöV 1992, 309

16. Wer der Hochschule nur angehört, aber die Ausbildung tatsächlich nicht betreibt, ist nach Ablauf des Berechtigungszeitraums (im Bewilligungszeitraum gilt § 53 BAföG) verpflichtet, die Förderung gemäß § 20 Abs. 2 BAföG zurückzuzahlen.
OVG Berlin FamRZ 1983, 649

17. Wer sich nachträglich im Semester beurlauben lässt, unterbricht die Ausbildung und muss die Ausbildungsförderung auch für die Zeit zurückzahlen, in der er tatsächlich studiert hat.
BVerwG FamRZ 1988, 326; vorher BVerwG FamRZ 1980, 402, 840; i.d.S. zuletzt BVerwGE 152, 264

18. § 20 Abs. 1 Nr. 4 BAföG ist eine von der Erfüllung rein objektiver Kriterien abhängende Erstattungsregelung, die der Behörde kein Ermessen hinsichtlich der Geltendmachung des Rückzahlungsverlangens einräumt. Es besteht keine Subsidiarität der Erstattungspflicht des Auszubildenden gemäß § 20 Abs. 1 Nr. 4 BAföG im Verhältnis zu einer Ersatzpflicht der Eltern nach § 47a BAföG. In den Fällen des Zusammentreffens von Erstattungspflicht und Ersatzpflicht sind auf die zueinander in einem Gesamtschuldverhältnis stehenden Forderungen §§ 421 ff. BGB entsprechend anzuwenden.
OVG Saarlouis, Beschluss vom 24.06.2014, Az. 1 D 279/14

19. Für die Beurteilung der Rechtmäßigkeit eines Aufhebungs- und Rückforderungsbescheides über die Bewilligung von Ausbildungsförderung ist es unerheblich, ob der Darlehensanteil der zunächst gewährten Ausbildungsförderung zum Zeitpunkt seines Erlasses bereits teilweise oder vollständig getilgt ist.

    Auch der Erstattungsanspruch aus § 50 SGB X wird durch eine (teilweise) Darlehenstilgung nicht berührt. Vielmehr ist der neuen Bescheidlage folgend erforderlichenfalls das Darlehensverhältnis zwischen Auszubildenden und Bundesverwaltungsamt rückabzuwickeln.
VGH Kassel, Urteil vom 20. Februar 2018 – 10 A 807/17 –, juris; vgl. auch BayrVGH, Beschluss vom 26. Februar 2018 – 12 C 17.1226 –, juris

20. § 20 Abs. Satz 1 Nr. 3 BAföG belässt dem Ausbildungsförderungsamt keine Spielräume, um auf eine Aufhebung und Rückforderung der überzahlten Ausbildungförderungsleistungen zu verzichten und stattdessen eine Erstattung gegenüber einem anderen Sozialleistungsträger nach §§ 102 ff. SGB X geltend zu machen.
OVG Berlin-Brandenburg, Beschluss vom 15. Juni 2021 – OVG 6 M 42/21 –, juris

21. Die Tatsache, dass ein Auszubildender bei der erstmaligen Beantragung von Ausbildungsförderung gegenüber der zuständigen Bewilligungsstelle monatliche Versorgungsbezüge angezeigt, die zuständige Bewilligungsstelle diese bei der Berechnung der Ausbildungsförderung allerdings nicht berücksichtigt hat, führt nicht zur Unzulässigkeit der Rückforderung gemäß § 20 Abs. 1 S. 1 Nr.3 BAföG.
OVG Bautzen, Urteil vom 12. November 2020 – 3 A 1020/19 –, juris

22. Ein Auszubildender unterbricht seine Ausbildung in förderungsrechtlichem Sinne, wenn er sie nicht nur vernachlässigt, sondern nicht mehr betreibt, indem er die Ausbildungsstätte nicht mehr besucht.
OVG Münster, Beschluss vom 27. Mai 2020 – 12 E 855/19 –, juris

Abschnitt IV
Einkommensanrechnung

§ 21 Einkommensbegriff

(1) [1]Als Einkommen gilt – vorbehaltlich des Satzes 3, der Absätze 2a, 3 und 4 – die Summe der positiven Einkünfte im Sinne des § 2 Absatz 1 und 2 des Einkommensteuergesetzes. [2]Ein Ausgleich mit Verlusten aus anderen Einkunftsarten und mit Verlusten des zusammenveranlagten Ehegatten oder Lebenspartners ist nicht zulässig. [3]Abgezogen werden können:

1. der Altersentlastungsbetrag (§ 24a des Einkommensteuergesetzes),
2. (weggefallen)
3. die für den Berechnungszeitraum zu leistende Einkommensteuer, Kirchensteuer und Gewerbesteuer,
4. die für den Berechnungszeitraum zu leistenden Pflichtbeiträge zur Sozialversicherung und zur Bundesagentur für Arbeit sowie die geleisteten freiwilligen Aufwendungen zur Sozialversicherung und für eine private Kranken-, Pflege-, Unfall- oder Lebensversicherung in angemessenem Umfang und
5. geförderte Altersvorsorgebeiträge nach § 82 des Einkommensteuergesetzes, soweit sie den Mindesteigenbeitrag nach § 86 des Einkommensteuergesetzes nicht überschreiten.

[4]Leibrenten, einschließlich Unfallrenten, und Versorgungsrenten gelten in vollem Umfang als Einnahmen aus nichtselbständiger Arbeit.

(2) [1]Zur Abgeltung der Abzüge nach Absatz 1 Nummer 4 wird von der – um die Beträge nach Absatz 1 Nummer 1 und Absatz 4 Nummer 4 geminderten – Summe der positiven Einkünfte ein Betrag in Höhe folgender Vomhundertsätze dieses Gesamtbetrages abgesetzt:

1. für rentenversicherungspflichtige Arbeitnehmer und für Auszubildende 22,3 vom Hundert, höchstens jedoch ein Betrag von jährlich 17 200 Euro,
2. für nichtrentenversicherungspflichtige Arbeitnehmer und für Personen im Ruhestandsalter, die einen Anspruch auf Alterssicherung aus einer renten- oder nichtrentenversicherungspflichtigen Beschäftigung oder Tätigkeit haben, 16,5 vom Hundert, höchstens jedoch ein Betrag von jährlich 10 200 Euro,
3. für Nichtarbeitnehmer und auf Antrag von der Versicherungspflicht befreite oder wegen geringfügiger Beschäftigung versicherungsfreie Arbeitnehmer 38,8 vom Hundert, höchstens jedoch ein Betrag von jährlich 29 500 Euro,
4. für Personen im Ruhestandsalter, soweit sie nicht erwerbstätig sind, und für sonstige Nichterwerbstätige 16,5 vom Hundert, höchstens jedoch ein Betrag von jährlich 10 200 Euro.

[2]Jeder Einkommensbezieher ist nur einer der in den Nummern 1 bis 4 bezeichneten Gruppen zuzuordnen; dies gilt auch, wenn er die Voraussetzungen nur für einen Teil des Berechnungszeitraums erfüllt. [3]Einer Gruppe kann nur zugeordnet werden, wer nicht unter eine in den jeweils vorhergehenden Nummern bezeichnete Gruppe fällt.

(2a) [1]Als Einkommen gelten auch nur ausländischem Steuerrecht unterliegende Einkünfte eines Einkommensbeziehers, der seinen ständigen Wohnsitz im Ausland hat. [2]Von dem Bruttobetrag sind in entsprechender Anwendung des Einkommensteuergesetzes Beträge entsprechend der jeweiligen Einkunftsart, gegebenenfalls mindestens Beträge in Höhe der Pauschbeträge für Werbungskosten nach § 9a des Einkommensteuergesetzes, abzuziehen. [3]Die so ermittelte Summe der positiven Einkünfte vermindert sich um die gezahlten Steuern und den nach Absatz 2 entsprechend zu bestimmenden Pauschbetrag für die soziale Sicherung.

(3) [1]Als Einkommen gelten ferner in Höhe der tatsächlich geleisteten Beträge

1. Waisenrenten und Waisengelder, die der Antragsteller bezieht,
2. Ausbildungsbeihilfen und gleichartige Leistungen, die nicht nach diesem Gesetz gewährt werden; wenn sie begabungs- und leistungsabhängig nach von dem Geber allgemeingültig erlassenen Richtlinien ohne weitere Konkretisierung des Verwendungszwecks vergeben werden, gilt dies jedoch nur, soweit sie im Berechnungszeitraum einen Gesamtbetrag übersteigen, der einem Monatsdurchschnitt von 300 Euro entspricht; Absatz 4 Nummer 4 bleibt unberührt;
3. (weggefallen)
4. sonstige Einnahmen, die zur Deckung des Lebensbedarfs bestimmt sind, mit Ausnahme der Unterhaltsleistungen der Eltern des Auszubildenden und seines Ehegatten oder Lebenspartners, soweit sie das Bundesministerium für Bildung und Forschung in einer Rechtsverordnung[1] ohne Zustimmung des Bundesrates bezeichnet hat.

[2]Die Erziehungsbeihilfe, die ein Beschädigter für ein Kind erhält (§ 145 Absatz 1 und 2 Nummer 3 des Vierzehnten Buches Sozialgesetzbuch in Verbindung mit § 27 des Bundesversorgungsgesetzes in der am 31. Dezember 2023 geltenden Fassung), gilt als Einkommen des Kindes. [3]Gleiches gilt für Leistungen nach § 84 Absatz 2 Nummer 3 des Soldatenentschädigungsgesetzes in Verbindung mit § 27 des Bundesversorgungsgesetzes in der am 31. Dezember 2023 geltenden Fassung.

(4) Nicht als Einkommen gelten

1. Entschädigungszahlungen nach Kapitel 9 des Vierzehnten Buches Sozialgesetzbuch, die Einmalzahlungen nach § 102 Absatz 4 und 5 des Vierzehnten

1 Siehe hierzu: BAföG-EinkommensV **(Nr. 2)**.

Buches Sozialgesetzbuch sowie Geldleistungen nach § 144 in Verbindung mit § 149 des Vierzehnten Buches Sozialgesetzbuch,

2. ein der monatlichen Entschädigungszahlung nach Kapitel 9 des Vierzehnten Buches Sozialgesetzbuch entsprechender Betrag, soweit der Anspruch auf Leistung nach § 8 Absatz 3 des Vierzehnten Buches Sozialgesetzbuch ruht,
3. Renten, die den Opfern nationalsozialistischer Verfolgung wegen einer durch die Verfolgung erlittenen Gesundheitsschädigung geleistet werden, bis zur Höhe des Betrages, der nach Kapitel 9 des Vierzehnten Buches Sozialgesetzbuch bei gleicher Minderung der Erwerbsfähigkeit als monatliche Entschädigungszahlung geleistet würde,
4. Einnahmen, deren Zweckbestimmung einer Anrechnung auf den Bedarf entgegensteht; dies gilt insbesondere für Einnahmen, die für einen anderen Zweck als für die Deckung des Bedarfs im Sinne dieses Gesetzes bestimmt sind,
5. (weggefallen)[2]

---

2 § 21 Abs. 4 Nr. 5 i.V.m. § 66 Abs. 8a BAföG temporäre Nichtanrechnung von Einkommen BAföG-Geförderter in systemrelevanten Bereichen zur Bekämpfung der COVID-19-Pandemie ist zum 31.12.2022 ausgelaufen. (Die Vorschrift war durch die „Verordnung von Regelungen im Zweiten Buch Sozialgesetzbuch, im Bundesausbildungsförderungsgesetz und anderen Gesetzen aus Anlass der COVID-19-Pandemie vom 10.3.2022" (BGBl. I S. 426) über den 31.3.2022 hinaus bis zum 31.12.2022 verlängert worden.)

Allgemeine Verwaltungsvorschrift

Zu Absatz 1

21.1.1 Einkünfte sind positiv, wenn

a) bei den Einkünften aus Land- und Forstwirtschaft, Gewerbebetrieb und selbständiger Arbeit ein Gewinn (§§ 4 bis 7k und § 13a EStG) erzielt wurde,

b) bei den Einkünften aus nichtselbständiger Arbeit, Vermietung und Verpachtung sowie bei sonstigen Einkünften im Sinne des § 22 EStG die Einnahmen die Werbungskosten (§§ 8 bis 9a EStG) übersteigen und

c) bei Kapitalvermögen die Einnahmen den Sparerpauschbetrag (§ 20 Abs. 9 EStG) übersteigen.

21.1.2 Die Summe der positiven Einkünfte ist die Addition der Gewinne und Überschüsse aus den einzelnen Einkunftsarten. Zu den positiven Einkünften gehören die nach dem Auslandstätigkeitserlass (BStBl. I 1983, S. 470) begünstigten Einkünfte, auch soweit sie im Steuerbescheid nicht enthalten sind.

21.1.3 Von der Summe der positiven Einkünfte sind die Betriebsausgaben (§ 4 EStG) oder die Werbungskosten (§ 9 EStG) bereits abgezogen, insbesondere:

a) von den Einkünften aus nichtselbständiger Arbeit

- die Werbungskosten, mindestens der Arbeitnehmer-Pauschbetrag nach § 9a Nr. 1a EStG,
- soweit es sich um Versorgungsbezüge handelt, der Pauschbetrag nach § 9a Nr. 1b EStG und der Versorgungsfreibetrag sowie der Zuschlag zum Versorgungsfreibetrag (§ 19 Abs. 2 EStG).

b) von den Einkünften aus Kapitalvermögen der Sparerpauschbetrag nach § 20 Abs. 9 EStG.

Hinzuzurechnen sind die Einkünfte im Sinne des § 2 Abs. 5a Satz 1 EStG (steuerlich abgegoltene Kapitalerträge, steuerfreie Teileinkünfte).

Abzuziehen sind die Kinderbetreuungskosten gemäß § 2 Abs. 5a Satz 2 i.V.m. § 10 Abs. 1 Nr. 5 EStG.

Andere Sonderausgaben und außergewöhnliche Belastungen sind nicht abgezogen (sie sind nur nach Maßgabe des Absatzes 2 und des § 25 Abs. 6 zu berücksichtigen).

21.1.4 Nicht zur Summe der positiven Einkünfte gehören

- steuerfreie Einnahmen und
- Einkommen nach Absatz 4.

21.1.5 (Aufgehoben)

21.1.6 Werden Einkünfte, die im Ausland erzielt werden, nach dem Einkommensteuerrecht der Bundesrepublik Deutschland versteuert, so sind sie in den im Einkommensteuerbescheid festgestellten Einkünften enthalten. Insoweit gelten keine Besonderheiten.

Unterliegen die Einkünfte, die im Ausland erzielt werden, jedoch nicht diesem Einkommensteuerrecht, so sind sie durch Beiziehung ausländischer Urkunden oder Bescheinigungen, die von ausländischen Behörden oder ausländischen Arbeitgebern ausgestellt werden, zu ermitteln. Die Nachweise hat der Einkommensbezieher vorzulegen.

Entsprechend ist bei Einkünften zu verfahren, die zwar im Inland erzielt, aber auf Grund von Doppelbesteuerungsabkommen im Ausland versteuert werden. Der Einkommensbezieher hat Nachweise deutscher Behörden oder Arbeitgeber vorzulegen.

21.1.7 Außerhalb des Euro-Währungsgebiets erzielte Einnahmen und darauf dort gezahlte Steuern sind nach dem von der Deutschen Bundesbank mitgeteilten durchschnittlichen Jahreswechselkurs für den Berechnungszeitraum in Euro umzurechnen.

Von den Bruttoeinnahmen sind entsprechend der jeweiligen Einkunftsart Beträge nach Maßgabe des EStG abzuziehen (vgl. Tz 21.1.3).

Von der so ermittelten Summe der positiven Einkünfte sind die in Euro umgerechneten, im Ausland gezahlten Steuern und der nach Absatz 2 entsprechend zu bestimmende Pauschbetrag für die soziale Sicherung abzuziehen. Tz 21.1.31 und die Tz 21.2.1 bis 21.2.8 gelten entsprechend.

21.1.8 (Aufgehoben)

21.1.9 Ist bei der Anrechnung des Einkommens gemäß den §§ 22 und 24 Abs. 3 von den Einkommensverhältnissen im Bewilligungszeitraum auszugehen, so ist die Umrechnung nach dem zu Beginn des Bewilligungszeitrums maßgeblichen Wechselkurs vorzunehmen. Bei der abschließenden Entscheidung nach § 24 Abs. 3 Satz 4 BAföG gilt zudem Tz 21.1.7.

21.1.10 Bei der Ermittlung der Höhe

a) der Summe der positiven Einkünfte nach § 2 Abs. 1, 2 und 5a EStG,

b) des Altersentlastungsbetrags,

c) des Sonderausgabenabzugs nach den §§ 10e und 10i EStG,

d) der zu leistenden Einkommen-, Kirchen- und Gewerbesteuer

e) des Solidaritätszuschlags

ist – soweit im Vollzug möglich – von den Feststellungen auszugehen, die die Steuerbehörden unanfechtbar getroffen haben, auch wenn dies unter dem Vorbehalt der späteren steuerlichen Neuberechnung nach § 164 Abs. 1 oder § 165 Abs. 1 AO erfolgt ist. Das gilt auch für Nullbescheide. Als solche gelten – außer bei der Anrechnung des Einkommens der auszubildenden Person – auch Nichtveranlagungsverfügungen. Zu berücksichtigen sind auch die Einkünfte aus nichtselbständiger Arbeit, die der Pauschalversteuerung unterliegen.

21.1.11 (Aufgehoben)

21.1.12 Die Steuern (einschließlich der als Kapitalertragsteuer abgegoltenen Einkommensteuer) sind in dem Verhältnis aufzuteilen, in welchem der Teil des Einkommens im Sinne des Absatz 1 Satz 1, Satz 3 Nr. 1 und 2 und Satz 5 der einen zu dem entsprechenden Teil des Einkommens der anderen gemeinsam veranlagten Person steht und aus dem Steuerbescheid oder der Bescheinigung über die Kapitalertragsteuer ersichtlich wird. Ein Verlustausgleich ist auch im Rahmen der Steueraufteilung nicht zulässig.

Hat nur eine der gemeinsam veranlagten Personen Kirchen- oder Gewerbesteuer zu entrichten, ist dieser Steuerteil ihr allein zuzurechnen und unterliegt nicht der Aufteilung.

Bei Auflösung eines Vorbehalts, der sich nur auf das Einkommen eines Elternteils der auszubildenden Person bezieht, kann auf die Anforderung einer entsprechenden Einkommenserklärung des mit diesem Elternteil zusammen veranlagten anderen Elternteils verzichtet werden. Wurden die entsprechenden Feststellungen zur Höhe des Einkommens nicht bereits bei der Bearbeitung von Weiterförderungsanträgen getroffen, ist die Steueraufteilung auf der Grundlage des Steuerbescheides vorzunehmen.

21.1.13 (Aufgehoben)

21.1.14 Bei Personen, die nicht zur Einkommensteuer veranlagt werden, sind abzuziehen:

a) von den Einnahmen aus nichtselbständiger Arbeit

– die Werbungskosten, mindestens der Arbeitnehmer-Pauschbetrag nach § 9a Nr. 1a EStG,

– soweit es sich um Versorgungsbezüge handelt, der Pauschbetrag nach § 9a Nr. 1b EStG und der Versorgungsfreibetrag sowie der Zuschlag zum Versorgungsfreibetrag (§ 19 Abs. 2 EStG),

b) von den Einnahmen aus Kapitalvermögen der Sparerpauschbetrag nach § 20 Abs. 9 EStG,

c) von den Einnahmen aus nichtselbständiger Arbeit mit Ausnahme der Versorgungsbezüge und von den Einnahmen aus Kapitalvermögen der Altersentlastungsbetrag nach § 24a EStG.

Auszugehen ist von der Bescheinigung des Arbeitgebers oder Versorgungsleistungsträgers über die Bruttoeinnahmen sowie von der Steuerbescheinigung über die Kapitaleinnahmen.

Abzuziehen sind ferner die nachgewiesenen Kinderbetreuungskosten gemäß § 2 Abs. 5a Satz 2 i.V.m. § 10 Abs. 1 Nr. 5 EStG.

21.1.15 Bei Zweifeln an der Richtigkeit der Einkommenserklärung soll die Vorlage einer Bestätigung durch das zuständige Finanzamt verlangt werden, daß eine Veranlagung nicht erfolgt. Im übrigen gilt Tz 21.1.10 Satz 3.

21.1.16 Bei den Eltern, dem Ehegatten und dem Lebenspartner der auszubildenden Person sind Werbungskosten nach § 9 EStG über den jeweiligen Pauschbetrag (§ 9a EStG) hinaus anzuerkennen, soweit sie von den Finanzbehörden anerkannt sind. Kann die Einkommen beziehende Person hierüber keine finanzamtlichen Unterlagen vorlegen, hat sie die Höhe der Werbungskosten glaubhaft zu machen.

21.1.17 Bei der auszubildenden Person ist die Entscheidung über die Anerkennung von Werbungskosten nach § 9 EStG über den Arbeitnehmer-Pauschbetrag (§ 9a Nr. 1a EStG) hinaus vom Amt zu treffen.

21.1.17a Aufwendungen für eine Ausbildung nach einem berufsqualifizierenden Abschluss können von den Einnahmen aus nichtselbständiger Arbeit als Werbungskosten abgezogen werden.

21.1.18 Erzielt der Auszubildende im Bewilligungszeitraum Ausbildungsvergütung neben Einkünften aus sonstiger nichtselbständiger Arbeit, so ist der Arbeitnehmer-Pauschbetrag vorrangig von der Ausbildungsvergütung abzuziehen. Von den Einkünften aus der anderen nichtselbständigen Arbeit ist ggf. der noch nicht ausgeschöpfte Teil des Arbeitnehmer-Pauschbetrages abzuziehen.

21.1.19 Sind in der von dem Auszubildenden erzielten Ausbildungsvergütung Familienzuschüsse oder -zuschläge enthalten, so ist die Ausbildungsvergütung um diese Beträge zu mindern, bevor der Arbeitnehmer-Pauschbetrag abgezogen wird. Die Familienzuschüsse und -zuschläge sind als zweckbestimmte Einnahmen des Auszubildenden nach § 21 Abs. 4 Nr. 4 nicht Einkommen im Sinne des Gesetzes (vgl. dazu auch Tz 21.4.7, 23.2.1 und 23.3.3).

Zu Nummer 1

21.1.20 (weggefallen)

Zu Nummer 2

21.1.21 (Aufgehoben)

21.1.22 (Aufgehoben)

21.1.23 (Aufgehoben)

21.1.23a (Aufgehoben)

21.1.24 (Aufgehoben)

21.1.25 und 21.1.25a (weggefallen)

21.1.26 (Aufgehoben)

21.1.27 (Aufgehoben)

21.1.28 (Aufgehoben)

21.1.29 (weggefallen)

Zu Nummer 3

21.1.30 Von der Summe der positiven Einkünfte der Eltern, des Ehegatten oder Lebenspartners kann nur jeweils der Betrag der Einkommen-, Kapitalertrags-, Kirchen- und Gewerbesteuer sowie des Solidaritätszuschlages abgezogen werden, der für den Berechnungszeitraum

a) nach dem Einkommensteuerbescheid bzw. dem Gewerbesteuerbescheid zu zahlen ist,

b) ausweislich der in Tz 21.1.14 bezeichneten Bescheinigungen gezahlt worden sind.

Der Betrag der Einkommen-, Kapitalertrags- und Kirchensteuer sowie des Solidaritätszuschlages, der nach Buchstabe b) gezahlt worden ist, wird um die nach einer Antragsveranlagung zur Einkommensteuer erstatteten Steuerbeträge gemindert.

21.1.31[3] Die Einkommen- und Kirchensteuer sowie der Solidaritätszuschlag, die auf den monatlichen Einkommensbetrag der auszubildenden Person (mit Ausnahme der Einkommen nach Absatz 3) entfallen, werden pauschal festgesetzt:

- für Einkommen ab Januar 2001 auf 23 Prozent der Einkünfte über 815,51 €,
- für Einkommen ab Januar 2013 auf 16 Prozent der Einkünfte über 821,– €,
- für Einkommen ab Januar 2014 auf 16 Prozent der Einkünfte über 840,– €.

21.1.32 Bei der Anrechnung des Einkommens der Kinder nach § 23 Abs. 2 sowie der Kinder und anderer Unterhaltsberechtigter nach § 25 Abs. 3 Satz 2 ist von den Bruttoeinnahmen nach Abzug eines Pauschalbetrages in Höhe von 140,– € auszugehen.[4] Mit dem Pauschalbetrag sind berücksichtigt:

---

3 Die pauschalen Festsetzungen für die Jahre danach erfolgten durch gesonderte Erlasse des BMBF. Die nach den Erlassen maßgeblichen Werte sind in Nr. 11 der Erläuterungen zu § 21 dargestellt.

4 BMBF-Erlass 431-42531-1-§ 21 vom 1.8.2022: Fortschreibung des Pauschalbetrags in Teilziffer 21.1.32 der BAföG- Verwaltungsvorschriften (BAföGVwV)
„Aufgrund der zwischenzeitlichen Entwicklung der gemäß Tz. 21.1.32 BAföGVwV zu berücksichtigenden Parameter ist eine Anpassung des bisherigen Pauschalbetrags notwendig.
Der bisherige Pauschaltbetrag von 140,- € wird daher, bei Neubewilligungen für Bewilligungszeiträume die nach dem 30.09.2022 beginnen, auf 190,- € erhöht.
Die BAföGVwV werden bei nächster Gelegenheit entsprechend angepasst."

- die steuerfreien Teile der Einnahmen,
- die zu ihrer Erzielung aufgewandten Betriebsausgaben und Werbungskosten,
- die jeweils auf die Einnahmen entfallende Einkommen-, Gewerbe- und Kirchensteuer,
- der Solidaritätszuschlag,
- die Aufwendungen für die soziale Sicherung,
- die geförderten Altersvorsorgeaufwendungen nach § 82 EStG und
- ggf. der Versorgungsfreibetrag zuzüglich Zuschlag zum Versorgungsfreibetrag.

Der Abzug dieses Pauschalbetrages ist nur bei Einkommen im Sinne des § 21 Abs. 1 zulässig. Auf Verlangen ist eine genaue Berechnung des Einkommens nach § 21 vorzunehmen.

Zu Nummer 5

21.1.33 Abgezogen werden können die tatsächlich geleisteten Altersvorsorgebeiträge entsprechend der Bescheinigung nach § 92 EStG, maximal bis zur Höhe des um die Grundzulage geminderten Höchstbetrags nach § 10a EStG (Stand 2011: 1.946 €). Dies gilt entsprechend bei Einnahmen im Sinne des Absatzes 3 Nr. 4 i.V.m. der BAföG-EinkommensV.

Maßgeblich für den Abzug ist

- bei der auszubildenden Person das Kalenderjahr vor Beginn des Bewilligungszeitraums,
- bei den Eltern, dem Ehegatten oder Lebenspartner das Kalenderjahr nach § 24 Abs. 1 BAföG oder im Falle des § 24 Abs. 3 BAföG das Kalenderjahr vor Beginn des Bewilligungszeitraums.

Zu Satz 5

21.1.34 Leibrenten im Sinne dieses Gesetzes sind

- Renten aus gesetzlicher oder privater Rentenversicherung, z.B. Renten wegen teilweiser oder voller Erwerbsminderung,
- Renten wegen Alters, Witwen-/Witwerrenten, Waisenrenten (ausgenommen die der antragstellenden Person),
- Knappschaftsausgleichsleistungen nach § 239 SGB VI,
- Renten aus landwirtschaftlichen Alterskassen,
- Renten aus Versorgungskassen von Berufsständen (z.B. Ärzten, Apothekern, Rechtsanwälten),

- Renten aus betrieblichen Alterskassen,
- Leistungen aus Lebensversicherungen auf Rentenbasis,
- Unfallrenten aus der gesetzlichen – auch wenn sie nach § 3 EStG steuerfrei gestellt sind – oder einer privaten Unfallversicherung,
- Renten nach den §§ 31 bis 34 und 41 BEG sowie
- andere wiederkehrende Bezüge, die steuerrechtlich Leibrenten sind.

Bei Unfallrenten ist Tz 21.4.6a zu beachten.

21.1.35 Versorgungsrenten sind Renten nach dem Bundesversorgungsgesetz und nach den Gesetzen, die das Bundesversorgungsgesetz für anwendbar erklären. Auf Tz 21.4.2 wird verwiesen.

21.1.36 Leibrenten und Versorgungsrenten gelten als Einkünfte aus nichtselbständiger Arbeit nach Abzug

- des Versorgungsfreibetrages,
- des Zuschlages zum Versorgungsfreibetrag nach § 19 Abs. 2 EStG,
- des Pauschbetrages nach § 9a Nr. 1b EStG.

Der Versorgungsfreibetrag ist von der gesamten Bruttorente des Jahres zu ermitteln, an das nach der Einkommensanrechnung im Sinne des BAföG (§ 24) angeknüpft wird.

Für den Prozentsatz, den Höchstbetrag des Versorgungsfreibetrages und den Zuschlag zum Versorgungsfreibetrag ist das Jahr des Rentenbeginns maßgebend.

Bei mehreren Versorgungsbezügen und/oder Leib- und/oder Versorgungsrenten mit unterschiedlichen Bezugsbeginn ist der insgesamt berücksichtigungsfähige Höchstbetrag des Versorgungsfreibetrages und des Zuschlages nach dem Jahr des Beginns des ersten Leib- oder Versorgungsrentenbezugs zu bestimmen. Der Höchstbetrag zum Versorgungsfreibetrag und der Zuschlag zum Versorgungsfreibetrag ermäßigen sich für jeden vollen Kalendermonat, für den keine Leib- oder Versorgungsrente bezogen wurde, um je ein Zwölftel.

21.1.37 Bezieht eine Person

a) sowohl Leib- oder Versorgungsrenten, die nach Absatz 1 Satz 5 als Einkünfte aus nichtselbständiger Arbeit gelten, als auch Einkünfte aus nichtselbständiger Arbeit im Sinne des Einkommensteuergesetzes oder

b) mehrere Leib- und/oder Versorgungsrenten, die nach Absatz 1 Satz 5 als Einkünfte aus nichtselbständiger Arbeit gelten,

so können die steuerlichen Abzugsbeträge nach Tz 21.1.14 und 21.1.36 nebeneinander, jeweils aber nur einmal abgezogen werden.

21.1.38 (Aufgehoben)

21.1.39 (Aufgehoben)

21.1.40 Bezieht eine Person, die nicht zur Einkommensteuer veranlagt wird, neben einer Leib- und/oder Versorgungsrente auch Arbeitslohn, so ist der Altersentlastungsbetrag nach § 24a EStG bei Vorliegen seiner Voraussetzungen nur aus dem Arbeitslohn zu ermitteln. Der für die Ermittlung des Altersentlastungsbetrages maßgebende Prozentsatz und der Höchstbetrag sind der Tabelle zu § 24a Satz 5 EStG zu entnehmen.

21.1.41 Bezieht eine Person, die zur Einkommensteuer veranlagt wird, neben Renten, die nach Absatz 1 Satz 5 in vollem Umfang als Einnahmen aus nichtselbständiger Arbeit gelten, noch andere Einkünfte der in § 2 Abs. 1 EStG bezeichneten Einkunftsarten, so erhöht sich das Einkommen nur um die Summe der positiven Einkünfte laut Einkommensteuerbescheid, die nicht aus diesen Renten resultieren.

21.1.42 (Aufgehoben)

21.1.43 Die Kapitalabfindung einer in Tz 21.1.34 bzw. Tz 21.1.35 genannten Rente stellt einschließlich des Betrages, der nicht der Besteuerung unterliegt, Einkommen im Sinne des Absatzes 1 dar.

Dies gilt jedoch nicht für solche Kapitalabfindungen, die

a) nach § 3 Nr. 3 EStG steuerfrei sind oder

b) zur Ablösung einer Rentenverpflichtung empfangen werden, deren laufende Rentenbeträge Einkünfte im Sinne des § 22 Nr. 1 Satz 3 Buchstabe a Doppelbuchstabe bb EStG darstellen.

Der Abfindungsbetrag solcher Kapitalabfindungen gilt, soweit es sich nicht um als Einkommen im Sinne des Absatzes 1 zu erfassende Einkünfte aus Kapitalvermögen handelt, nach § 27 als Vermögen. Seine Erträge gelten als Einkünfte im Sinne des EStG. Dazu ist im Einzelfall die Entscheidung des Finanzamtes zu berücksichtigen.

Zu den Absätzen 2 bis 4

21.2.1 Rentenversicherungspflichtig sind insbesondere:

a) Personen, die gegen Arbeitsentgelt oder zu ihrer Berufsausbildung beschäftigt sind (§ 1 Satz 1 Nr. 1 SGB VI),

b) auf Antrag ihres Arbeitsgebers Angehörige eines Mitgliedstaates der EU, Angehörige eines Vertragsstaates des Abkommens über den Europäischen Wirtschaftsraum oder Staatsangehörige der Schweiz, die im Ausland bei einer amtlichen Vertretung des Bundes oder der Länder oder bei einem Leiter, Mitglied oder Bediensteten einer amtlichen Vertretung des Bundes oder der Länder beschäftigt sind (§ 4 Abs. 1 Satz 2 SGB VI),

c) Hausgewerbetreibende (§ 2 Satz 1 Nr. 6 SGB VI) und Heimarbeit leistende Personen, soweit sie der Rentenversicherungspflicht unterliegen. (§ 1 Satz 1 Nr. 1 SGB VI in Verbindung mit § 12 Abs. 2 SGB IV),

d) gegen Arbeitsentgelt beschäftigte Personen, die wegen der Mitgliedschaft in einer öffentlich-rechtlichen Versorgungseinrichtung ihrer Berufsgruppe auf Antrag nach § 6 Abs. 1 Nr. 1 SGB VI von der allgemeinen Rentenversicherungspflicht befreit sind,

e) Personen, die einen Dienst nach dem Jugendfreiwilligendienstgesetz oder dem Bundesfreiwilligendienstgesetz ableisten, auch wenn die Beiträge allein vom Arbeitgeber getragen werden,

f) Personen in der Zeit, für die sie Vorruhestandsgeld beziehen, wenn sie unmittelbar vor Beginn der Leistung versicherungspflichtig waren (§ 3 Satz 1 Nr. 4 SGB VI in Verbindung mit § 170 Abs. 1 Nr. 3 SGB VI).

21.2.2 Nichtrentenversicherungspflichtig sind insbesondere:

a) Beamte und Richter auf Lebenszeit, auf Zeit oder auf Probe, Berufssoldaten und Soldaten auf Zeit sowie Beamte auf Widerruf im Vorbereitungsdienst (§ 5 Abs. 1 Nr. 1 SGB VI),

b) sonstige Beschäftigte von Körperschaften, Anstalten oder Stiftungen des öffentlichen Rechts, deren Verbänden einschließlich der Spitzenverbände oder ihrer Arbeitsgemeinschaften, wenn ihnen nach beamtenrechtlichen Vorschriften oder Grundsätzen Anwartschaft auf Versorgung bei verminderter Erwerbsfähigkeit und im Alter sowie auf Hinterbliebenenversorgung gewährleistet und die Erfüllung der Gewährleistung gesichert ist (§ 5 Abs. 1 Nr. 2 SGB VI),

c) Beschäftigte im Sinne von Buchstabe b), wenn ihnen nach kirchenrechtlichen Regelungen eine Anwartschaft im Sinne von Buchstabe b) gewährleistet und die Erfüllung der Gewährleistung gesichert ist, sowie satzungsmäßige Mitglieder geistlicher Genossenschaften, Diakonissen und Angehörige ähnlicher Gemeinschaften, wenn ihnen nach den Regeln der Gemeinschaft Anwartschaft auf die in der Gemeinschaft übliche Versorgung bei verminderter Erwerbsfähigkeit und im Alter gewährleistet und die Erfüllung der Gewährleistung gesichert ist (§ 5 Abs. 1 Nr. 3 SGB VI).

Nichtrentenversicherungspflichtigen Arbeitnehmern gleichgestellt sind Personen, die

a) eine Vollrente wegen Alters beziehen (§ 5 Abs. 4 Nr. 1 SGB VI),

b) nach beamtenrechtlichen Vorschriften oder Grundsätzen oder entsprechenden kirchenrechtlichen Regelungen oder nach den Regelungen einer berufsständischen Versorgungseinrichtung eine Versorgung nach Erreichen einer Altersgrenze beziehen oder die in der Gemeinschaft übliche Versorgung im Alter nach § 5 Abs. 1 Satz 1 Nr. 3 SGB VI erhalten (§ 5 Abs. 4 Nr. 2 SGB VI) oder

c) bis zum Erreichen der Regelaltersgrenze nicht versichert waren oder nach Erreichen der Regelaltersgrenze eine Beitragserstattung aus ihrer Versicherung erhalten haben (§ 5 Abs. 4 Nr. 3 SGB VI).

21.2.2a Personen im Ruhestandsalter sind regelmäßig Frauen und Männer nach Vollendung des in § 235 Abs. 2 Satz 1 und 2 SGB VI geregelten Lebensjahres.

21.2.2b Bei Personen im Ruhestandsalter ist ein Anspruch auf Alterssicherung im Sinne des § 21 Abs. 2 Nr. 2 dann anzunehmen, wenn sie tatsächlich Leistungen der Alterssicherung beziehen. Auf die Höhe dieser Leistungen kommt es nicht an.

21.2.3 Von der Rentenversicherungspflicht werden auf Antrag befreit:

a) Lehrer oder Erzieher, die an nichtöffentlichen Schulen oder Anstalten beschäftigt sind, wenn ihnen nach beamtenrechtlichen Grundsätzen oder entsprechenden kirchenrechtlichen Regelungen Anwartschaft auf Versorgung bei verminderter Erwerbstätigkeit und im Alter sowie auf Hinterbliebenenversorgung gewährleistet und die Erfüllung der Gewährleistung gesichert ist und wenn diese Personen die Voraussetzungen nach § 5 Abs. 1 Satz 2 Nr. 1 und 2 SGB VI erfüllen (§ 6 Abs. 1 Nr. 2 SGB VI),

b) Gewerbetreibende in Handwerksbetrieben, wenn für sie mindestens 18 Jahre lang Pflichtbeiträge gezahlt worden sind, ausgenommen bevollmächtigte Bezirksschornsteinfeger oder Bezirksschornsteinfegermeister (§ 6 Abs. 1 Nr. 4 SGB VI).

Fragen des Übergangsrechts sind in § 231 SGB VI geregelt.

21.2.4 Geringfügig Beschäftigte nach § 8 und § 8a SGB IV sind seit 2013 grundsätzlich rentenversicherungspflichtig. Sie können jedoch auf Antrag von der Versicherungspflicht befreit werden.

Für Beschäftigungsverhältnisse, die vor dem 1.1.2013 geschlossen wurden und seitdem unverändert geblieben sind, gilt die bisherige Rentenversicherungsfreiheit grundsätzlich weiter.

21.2.5 Nichtarbeitnehmer sind alle erwerbstätigen Personen, die nicht unter die in den Tz 21.2.1 bis 21.2.4 bezeichneten Gruppen von Arbeitnehmern fallen, insbesondere die ausschließlich selbständig oder freiberuflich Tätigen. Zu dieser Gruppe gehören auch die nach den §§ 2 und 1 Satz 1 Nr. 4 SGB VI versicherungspflichtigen Nichtarbeitnehmer.

21.2.6 Einkommensbezieher, die lediglich Einkünfte aus Kapitalvermögen und aus Vermietung und Verpachtung erzielen, gelten als Nichterwerbstätige.

21.2.7 (Aufgehoben)

21.2.8 Maßgebend für die Zuordnung der Eltern und des Ehegatten oder Lebenspartners zu einer der in Absatz 2 Nr. 1 bis 4 bezeichneten Gruppen sind die Verhältnisse im Berechnungszeitraum, im Falle des § 24 Abs. 3 in den Kalenderjahren, aus denen Einkommen nach § 24 Abs. 4 Satz 2 zu berücksichtigen ist.

Zu Absatz 2a

21.2a.1 Tz 21.1.7 gilt entsprechend.

Zu Absatz 3

21.3.1 Tatsächlich geleistet sind die Beträge nach Absatz 3, die der Einkommen beziehenden Person zufließen. Von diesen Einnahmen kommen Abzüge nach Absatz 1 Satz. 3 Nr. 4 i.V.m. Absatz 2 nicht in Betracht.

Zu Nummer 1

21.3.2 Unter Waisenrente sind – mit Ausnahme des Waisengeldes – alle regelmäßig wiederkehrenden Leistungen zu verstehen, die an Stelle von Unterhaltsleistungen eines verstorbenen Elternteils des Auszubildenden erbracht werden.

21.3.3 Waisengeld sind regelmäßig wiederkehrende Leistungen, die von einer öffentlichen Kasse für hinterbliebene Kinder eines verstorbenen Beamten oder Ruhestandsbeamten erbracht werden.

21.3.4 Rentenbescheide und andere Urkunden, aus denen sich die Höhe von Waisenrenten und Waisengeld ergibt, sind vorzulegen.

Zu Nummer 2

21.3.5 Ausbildungsbeihilfen und gleichartige Leistungen sind – unbeschadet des Absatzes 4 Nr. 4 – alle Zuwendungen in Geld oder Geldeswert, die die einkommensbeziehende Person für ihren Lebensunterhalt während der Ausbildungszeit oder zur Deckung von Aufwendungen im Zusammenhang mit der Ausbildung erhält und die nicht Einkünfte im Sinne des EStG sind. Dies gilt auch, soweit die Leistungen als Darlehen erbracht werden.

21.3.6 Bis zu einem Gesamtbetrag, der einem Monatsdurchschnitt von 300 € im Berechnungszeitraum (§§ 22, 24) entspricht, bleiben begabungs- und leistungsabhängige Stipendien wie z.B. das Deutschlandstipendium anrechnungsfrei.

Das Merkmal „begabungs- und leistungsabhängig" setzt voraus, dass in den für die Stipendienvergabe maßgeblichen Bedingungen entsprechende Auswahlkriterien nachvollziehbar vorgegeben werden. Dies ist nicht der Fall, wenn die Auswahl ausschließlich nach persönlichen Merkmalen wie Zugehörigkeit zu bestimmten gesellschaftlichen Gruppen oder nach Bedürftigkeit erfolgt, ohne dass innerhalb der danach grundsätzlich Berechtigten wieder nach Begabung und Leistung ausgewählt würde. Als begabungs- und leistungsabhängig vergeben gelten stets Stipendien des DAAD, der Fulbright-Kommission und der Carl-Duisberg-Gesellschaft sowie Mobilitätszuschüsse aus Stipendienprogrammen der Europäischen Kommission (z.B. Erasmus) und der Deutsch-Französischen Hochschule.

Stipendien- oder Beihilfeleistungen, die an die Erfüllung einer konkreten Gegenleistung geknüpft sind, werden nicht von der Regelung des Absatzes 3 erfasst. Es handelt sich dabei vielmehr um Einkommen nach Absatz 1. Hierzu gehören z.B. Stipendien der Bundeswehr mit einer später einzugehenden Dienstverpflichtung oder Stipendien kassenärztlicher Vereinigungen mit einer fest vereinbarten späteren Tätigkeit.

Sofern die begabungs- und leistungsabhängigen Stipendien einen Monatsdurchschnitt von 300 € übersteigen, ist der übersteigende Betrag grundsätzlich als Einkommen zu berücksichtigen. Bei Vorliegen einer besonderen Zweckbestimmung vgl. Tz 21.4.10.

21.3.6a Erziehungsbeihilfe nach § 27 des Bundesversorgungsgesetzes und Leistungen nach §§ 82 bis 85 SGB III, soweit sie für die durch das BAföG gedeckten Kosten des Lebensunterhalts und der Ausbildung bestimmt sind, der Unterhaltsbeitrag nach dem Gesetz zur Förderung der beruflichen Aufstiegsfortbildung sowie Ausbildungszuschüsse nach § 5 Abs. 4 des Soldatenversorgungsgesetzes sind Ausbildungsbeihilfen und daher anzurechnen. Nicht zweckidentische Leistungen (z.B. Schulgeld, Studiengebühren, Lern- und Arbeitsmittel, Fahrkosten) bleiben anrechnungsfrei. Unterhaltsgeld nach dem SGB III schließt die Leistung von Ausbildungsförderung nach § 2 Abs. 6 Nr. 1 aus.

Zu Nummer 3

21.3.6b (weggefallen)

Zu Nummer 4

21.3.7 Im Sinne dieser Vorschrift werden ausschließlich die sonstigen Einnahmen als zur Deckung des Lebensbedarfs bestimmt angesehen, die in der Verordnung zur Bezeichnung der als Einkommen geltenden sonstigen Einnahmen nach § 21 Abs. 3 Nr. 4 Bundesausbildungsförderungsgesetz (BAföG-EinkommensV) bezeichnet sind.

Zu Satz 2

21.3.8 (Aufgehoben)

Zu Satz 3

21.3.9 (weggefallen)

Zu Absatz 4

21.4.1 Die in den Fällen des Absatzes 4 Nr. 1 bis 3 maßgebliche Höhe der Grundrenten ergibt sich für

- Beschädigte aus § 31 BVG,
- Witwen aus § 40 BVG,
- Waisen aus § 46 BVG.

Die in den Fällen des Absatzes 4 Nr. 1 bis 3 maßgebliche Höhe der Schwerstbeschädigtenzulage ist in § 31 Abs. 4 BVG bestimmt.

§ 40 BVG gilt auch für die Versorgung der früheren Ehefrau (§ 42 BVG), die Witwerrente (§ 43 BVG), die wiederaufgelebte Witwenrente (§ 44 Abs. 2 BVG) und die Witwenbeihilfe (§ 48 BVG).

Bei der Kürzung der wiederaufgelebten Witwenrente nach § 44 Abs. 5 BVG ist der verbleibende Zahlbetrag als Grundrente zu behandeln, höchstens jedoch bis zur vollen Grundrente nach § 40 BVG. Bei der Witwenbeihilfe nach § 48 BVG wird die Grundrente nur in Höhe von zwei Dritteln der Grundrente nach § 40 BVG gewährt; Witwen von Beschädigten, die Rente eines Erwerbsunfähigen bezogen haben, und Witwen von Pflegezulageempfängern erhalten die volle Grundrente.

§ 46 BVG findet auch auf die Waisenbeihilfe (§ 48 BVG) Anwendung. Bei der Waisenbeihilfe wird die Grundrente nur in Höhe von zwei Dritteln der Grundrente nach § 46 BVG gewährt; Waisen von Beschädigten, die Rente eines Erwerbsunfähigen bezogen haben, und Waisen von Pflegezulageempfängern erhalten die volle Grundrente.

21.4.2 Grundrenten und Schwerstbeschädigtenzulagen in entsprechender Anwendung des BVG werden insbesondere aufgrund folgender Vorschriften gewährt:

a) § 80 Soldatenversorgungsgesetz (SVG),

b) § 47 Zivildienstgesetz (ZDG),

c) §§ 4, 5 Häftlingshilfegesetz (HHG),

d) § 60 Infektionsschutzgesetz (IfSG),

e) § 1 Opferentschädigungsgesetz (OEG),

f) § 21 Strafrechtliches Rehabilitationsgesetz (StrRehaG),

g) § 3 Verwaltungsrechtliches Rehabilitationsgesetz (VwRehaG).

21.4.3 Renten im Sinne des Absatzes 4 Nr. 3 sind Renten nach den §§ 31 bis 34 und 41 BEG.

21.4.4 Die Vorschrift des Absatzes 4 Nr. 4 ist nur anzuwenden auf Einnahmen nach den Absätzen 1 und 3 Nr. 1 und 2.

21.4.5 Es ist davon auszugehen, daß üblicher- und zumutbarerweise alle Einnahmen zunächst für den Lebensunterhalt und die Ausbildung des Leistungsempfängers und seiner unterhaltsberechtigten Angehörigen eingesetzt werden.

21.4.6 Die einer Anrechnung entgegenstehende Zweckbestimmung kann sich ergeben aus

a) Inhalt und Zweck der Rechtsvorschrift, aufgrund deren die Leistung erbracht wird,

b) der ausdrücklichen Erklärung des Leistungsgebers,

c) der Art der Leistung (insbesondere bei Leistungen in Geldeswert).

21.4.6a Die Verletztenrente aus der Unfallversicherung gilt bis zu dem Betrag, der bei gleicher Minderung der Erwerbsfähigkeit als Grundrente nach § 31 BVG gezahlt würde, nicht als Einkommen im Sinne des Gesetzes. Bei einem Grad von 20 v. H. ist der Betrag in Höhe von 2/3, bei einem Grad von 10 v. H. ist der Betrag in Höhe von 1/3 der Mindestgrundrente anzusetzen.

21.4.7 Leistungen an die auszubildende Person, die für den Unterhalt ihres Ehegatten oder Lebenspartners und ihrer Kinder bestimmt sind, gelten nicht als Einkommen. Sie sind auf die Freibeträge nach § 23 Abs. 1 anzurechnen (§ 23 Abs. 2).

21.4.8 Zu den Einnahmen, deren Zweckbestimmung einer Anrechnung entgegensteht, gehören insbesondere

a) Vermögenswirksame Leistungen nach dem Fünften Vermögensbildungsgesetz, die nicht nach § 11 des Gesetzes vereinbart sind, mit einem jährlichen Pauschalbetrag in Höhe von 216 €;

b) Pflegegeld nach den §§ 37, 38 SGB XI.

21.4.9 Folgende Einnahmen sind nicht Einkommen im Sinne des Gesetzes und deshalb nicht auf den Bedarf anzurechnen:

a) Leistungen nach dem SGB II und dem SGB XII;

b) Entschädigungen aufgrund des Gesetzes über die Entschädigung ehemaliger deutscher Kriegsgefangener;

c) Zulagen für fremde Führung nach § 14 BVG, Pauschbeträge für Kleider- und Wäscheverschleiß nach § 15 BVG, Leistungen für Hilfe in besonderen Lebenslagen nach § 27d BVG, Pflegezulagen nach § 35 BVG;

d) Leistungen nach dem Wohngeldgesetz;

e) Unfallausgleich nach § 35 Beamtenversorgungsgesetz, Ausgleich für Wehrdienstbeschädigung nach § 85 Soldatenversorgungsgesetz;

f) Zuschüsse zu den Aufwendungen für die Kranken- und Pflegeversicherung von Rentenbeziehern nach § 106 SGB VI;

g) das Elterngeld nach dem Bundeselterngeld- und Elternzeitgesetz (BEEG) in den Grenzen des § 10 Abs. 2 BEEG;

h) Überbrückungs- und Eigengeld nach den §§ 51, 52 StVollzG;

i) Leistungen der Stiftung Deutsche Sporthilfe bis zu einem Monatsbetrag von 150 €;

j) Leistungen aus dem Bildungskreditprogramm des Bundes, Studienbeitrags-/Studiengebührendarlehen der Länder und Ausbildungs-/Studienkredite von Kreditunternehmen;

k) das nach dem Bundesfreiwilligendienstgesetz und dem Jugendfreiwilligendienstgesetz gezahlte Taschengeld.

21.4.10 Die besondere Zweckbestimmung, die einer Anrechnung auf den Bedarf entgegensteht, muss eine andere sein als die in Absatz 3 Satz 1 Nr. 2 berücksichtigte Honorierung besonderer Leistung und Begabung und der nachweisunabhängige Ausgleich für Mehrausgaben wegen generell unterstellten begabungsbedingt höheren Lernmittelbedarfs.

Erläuterungen

1. Das Einkommensteuergesetz kennt sieben Einkunftsarten, die auch der Einkommensanrechnung nach dem BAföG zugrundeliegen, nämlich:
   1. Einkünfte aus Land- und Forstwirtschaft
   2. Einkünfte aus Gewerbebetrieb
   3. Einkünfte aus selbständiger Arbeit
   4. Einkünfte aus nichtselbständiger Arbeit
   5. Einkünfte aus Kapitalvermögen
   6. Einkünfte aus Vermietung und Verpachtung
   7. Sonstige Einkünfte nach § 22 EStG,
   Steuerfreie Teile dieser Einkunftsarten und steuerfreie Einkünfte unterliegen nur dann der Anrechnung, wenn sie in der BAföG-Einkommensverordnung erwähnt sind.
   Dies ist z. B. für Feiertagszuschläge nach § 3b EStG ebensowenig der Fall wie für die Sozialhilfeleistungen.

2. Auch wenn die positiven Einkünfte im Steuerbescheid auf einem Forderungsverzicht der Gläubiger aufgrund eines Vergleichs beruhen, steht dies der Anwendung des so entstandenen Einkommens nicht entgegen.
   OVG Berlin FamRZ 1984, 1051

3. Eine Ausnahme von der Bindung der BAföG-Ämter an die Vorgaben eines bestandskräftigen Steuerbescheides für die Einkommensermittlung gilt, wenn im Einkommensteuerbescheid der Eltern ausgewiesenes Einkommen tatsächlich nicht erzielt wurde und ein Rechtsbehelf gegen den fraglichen Einkommensteuerbescheid keine Aussicht auf Erfolg gehabt hätte. Das Einkommen hat dann zur Vermeidung einer unbilligen Härte gemäß § 25 Abs. 6 Satz 1 BAföG auf besonderen Antrag anrechnungsfrei zu bleiben.
   OVG Berlin-Brandenburg, NVwZ-RR 2018, 109; a.A. hinsichtlich der Bindungswirkung, aber mit gleichem Ergebnis zur Berücksichtigung in § 25 Abs. 6 BAföG OVG Münster, Beschluss vom 30. November 2015 – 12 A 2055/14 –, juris

4. Verlustvorträge aus vergangenen Jahren sind nicht vom Einkommen nach § 21 abzugsfähig.
   OVG Sachsen FamRZ 2007, 1135

5. Grundsätzlich ist die nach der Verwaltungsvorschrift 21.01.12 BAföG VwV vorgesehene Aufteilung der Steuerschuld zusammen veranlagter Ehegatten nach dem Verhältnis der der Schuld zugrunde liegenden Einkünfte eine geeignete Methode im Ausbildungsförderungsrecht. Diese Vorgehensweise erweist sich allerdings nicht in jeder Hinsicht als einkommensteuerkonform, weil sie die Progression des Einkommensteuertarifs nicht immer hinreichend berücksichtigt und außerdem die abzugsfähigen Beträge und Tarifermäßigungen außer Betracht lässt. Daher steht jedenfalls in den Fällen, in denen gemeinsam veranlagte Ehegatten Einkünfte aus nichtselbständiger Arbeit erzielen und insoweit ihre Lohnsteuerbescheinigungen für das maßgebliche Kalenderjahr vorlegen, nur eine Aufteilung der Steuerschuld nach dem Verhältnis der Steuerbeträge, die von den Ehegatten im Veranlagungszeitraum tatsächlich auf die gemeinsame Steuerschuld erbracht worden sind, mit den Vorgaben des § 21 Abs. 1, Satz 3 Nr. 3 BAföG in Einklang.
   OVG Magdeburg NJW 2015, 3324

6. Für § 21 BAföG gilt das Zuflussprinzip, Rentennachzahlungen werden folglich in dem Jahr angerechnet, in dem sie gezahlt wurden.
   BVerwG FamRZ 1985, 215
   Wird jedoch innerhalb eines Jahres eine Rente nachbewilligt, in dem bereits Krankengeld gezahlt wurde, so ist nach §§ 102 ff. SGB X i. V. m. Abschnitt 91 der Lohnsteuerrichtlinien der Zustand herzustellen, der bei rechtzeitiger Leistung des Rentenversicherungsträgers bestanden hätte.

Lediglich in diesem Kalenderjahr gezahlte und die Rentenleistung übersteigende Krankengeldbeträge sind gemäß § 21 Abs. 3 Satz 1 Nr. 4 BAföG zu berücksichtigen.

7. Freiwillige Leistungen Dritter (z. B. Großeltern) für die Ausbildung stellen keine Leistungen dar, die Ausbildungshilfen gleichwertig sind.
OVG Münster FamRZ 1990, 1414

8. Trainee-Vergütungen, die durch einen Betrieb der öffentlichen Hand geleistet werden, sind weder Ausbildungsvergütungen noch gleichartige Leistungen aus öffentlichen Mitteln nach § 23 Abs. 4 Nr. 2. Für die Vergütung ist daher ein Freibetrag nach § 23 Abs. 1 zu gewähren, *OVG Koblenz FamRZ 2011, 1184*

9. Nach § 21 Abs. 1 S. 3 Nr. 5 können die tatsächlich geleisteten Altersvorsorgebeiträge nach § 92 EStG abgezogen werden, Tz 21.1.33. Eine Einzelfallberechnung des Mindesteigenbetrages entfällt.
Weisung des BMBF, in Berlin Rundschreiben 1/2013 vom 25.1.2013

10. Abfindungen nach dem Einkommensteuergesetz sind als Einkünfte aus nichtselbständiger Arbeit zu besteuern und stellen damit Einkommen im Sinne des § 21 Abs 1 BAföG dar. Lediglich die in § 3 Nr 3 Buchst. a – d EStG abschließend genannten Abfindungen sind steuerfrei.
OVG Berlin-Brandenburg, Beschluss vom 08. Februar 2017 – OVG 6 M 12.17 –, juris

11. Die Tz 21.1.31 wurde seitens des Bundes im Wege verschiedener Erlasse um folgende Anstriche ergänzt:

- *für Einkommen ab Januar 2016 auf 16 Prozent der Einkünfte über 902,– €,*
- *für Einkommen ab Januar 2017 auf 16 Prozent der Einkünfte über 924,– €,*
- *für Einkommen ab Januar 2018 auf 16 Prozent der Einkünfte über 947,– €,*
- *für Einkommen ab Januar 2019 auf 16 Prozent der Einkünfte über 969,– €,*
- *für Einkommen ab Januar 2020 auf 16 Prozent der Einkünfte über 998,– €.*
- für Einkommen ab Januar 2021 auf 15 Prozent der Einkünfte über 1038,– €
- für Einkommen ab Januar 2022 auf 15 Prozent der Einkünfte über 1068,– €
- für Einkommen ab Januar 2023 auf 15 Prozent der Einkünfte über 1.191,– €,
- für Einkommen ab Januar 2024 auf 15 Prozent der Einkünfte über 1.255,– €.

12. Auszubildende haben nach § 21 Abs. 2a BAföG keinen Anspruch auf eine Berechnung der Förderungshöhe unter Berücksichtigung einer Kaufkraftbereinigung des ausländischen Einkommens eines Elternteils. Signifikant höhere Lebenshaltungskosten eines unterhaltspflichtigen Elternteils mit Auslandswohnsitz können im Einzelfall als besondere Härte nach § 25 Abs. 6 Satz 1 BAföG angesehen werden.
VG Hamburg, Urteil vom 31. August 2021 – 2 K 4715/19 –, juris

13. Leistungen nach dem Unterhaltsvorschussgesetz, die ein Auszubildender für sich selbst erhält, stellen Einkommen im Sinne des § 21 Abs. 3 S. 1 Nr. 4 BAföG dar, das dem allgemeinen Einkommensfreibetrag des § 23 Abs. 1 S. 1 Nr. 1 BAföG unterfällt.
BVerwG, Urteil vom 27. Februar 2020 – 5 C 5/19 – , juris

14. Stipendien an Medizinstudierende sind ausschließlich als Ausbildungsbeihilfen bzw. gleichartige Leistungen aus öffentlichen Mitteln gemäß § 21 Abs. 3 Nr. 2 BAföG anzusehen und als Einkommen gemäß § 23 Abs. 4 Nr. 2 BAföG in voller Höhe anzurechnen. Hiervon unberührt bleibt die

Anrechnungsfreiheit von begabungs- und leistungsabhängigen Stipendien in Höhe von 300,- € monatlich gemäß § 21 Abs. 3 Nr. 2 BAföG.
Erlass des BMBF vom 04.08.2021

15. Die Abschlagzahlung auf ein ERASMUS-Stipendium für ein Auslandspraktikum ist nach Maßgabe von § 21 Abs. 3 S. 1 Nr. 3 BAföG als Einkommen anzurechnen. Hierbei findet das Zuflussprinzip Anwendung; außerhalb des Bewilligungszeitraumes gezahlte Stipendienleistungen sind nicht einzubeziehen.
OVG Bautzen, NVwZ-RR 2016, 465

16. Da § 21 Abs. 3 S. 1 Nr. 2 BAföG bestimmt, dass auch Ausbildungsbeihilfen und gleichartige Leistungen, die nicht nach dem Bundesausbildungsförderungsgesetz geleistet werden, in Höhe der tatsächlich geleisteten Beträge als Einkommen gelten, muss ein Darlehen („postgraduate loan") der Student Finance England in vollem Umfang auf den Bedarf des Ausbildungsförderungsantragstellers angerechnet werden.
OVG Lüneburg, Beschluss vom 18. Juli 2018 – 4 ME 134/18 –, juris

17. Mit Erlass vom 01.08.2022 (431-42531-1-§21) hat das BMBF den Pauschalbetrag in Tz. 21.1.32 für alle nach dem 30.09.2022 beginnende BWZ von 140,- auf 190,- € erhöht.

§ 22 Berechnungszeitraum für das Einkommen des Auszubildenden

(1) [1]Für die Anrechnung des Einkommens des Auszubildenden sind die Einkommensverhältnisse im Bewilligungszeitraum maßgebend. [2]Sind bei ihrer Ermittlung Pauschbeträge für Werbungskosten nach § 9a des Einkommensteuergesetzes zu berücksichtigen, so ist der Betrag abzuziehen, der sich ergibt, wenn ein Zwölftel des Jahrespauschbetrages mit der Zahl der Kalendermonate des Bewilligungszeitraumes vervielfacht wird.

(2) Auf den Bedarf jedes Kalendermonats des Bewilligungszeitraums wird der Betrag angerechnet, der sich ergibt, wenn das Gesamteinkommen durch die Zahl der Kalendermonate des Bewilligungszeitraums geteilt wird.

(3) Die Absätze 1 und 2 gelten entsprechend für die Berücksichtigung des Einkommens

1. der Kinder nach § 23 Absatz 2,
2. der Kinder, der in § 25 Absatz 5 Nummer 1 bis 3 bezeichneten Personen und der sonstigen Unterhaltsberechtigten nach § 25 Absatz 3.

Allgemeine Verwaltungsvorschrift

Zu Absatz 1

22.1.1 Für jeden Kalendermonat des Bewilligungszeitraums sind abzuziehen:

a) von den Einnahmen aus nichtselbständiger Arbeit ein Betrag von 1/12 des Arbeitnehmer-Pauschbetrages gem. § 9a Satz 1 Nr. 1a EStG,

b) von den Einnahmen aus Kapitalvermögen ein Betrag von 1/12 des Sparer-Pauschbetrages gem. § 20 Abs. 9 EStG,

c) von den Einnahmen im Sinne des § 22 Nr. 1 und 1a EStG ein Betrag von 1/12 des Pauschbetrages gem. § 9a Satz 1 Nr. 3 EStG.

Werden höhere Werbungskosten nachgewiesen, sind diese im steuerrechtlich zulässigen Umfang anstelle der Pauschbeträge zu berücksichtigen. Hinsichtlich der Berücksichtigung von Werbungskosten bei Vergütungen aus bestimmten Ausbildungsverhältnissen vgl. jedoch Tz 23.3.1.

Von Einnahmen, die nach § 21 Abs. 3 in Höhe der tatsächlich geleisteten Beträge anzurechnen sind, sind keine Pauschbeträge abzuziehen.

22.1.1a Sofern vermögenswirksame Arbeitgeberleistungen in Abzug zu bringen sind, werden hierfür für jeden Monat des Bewilligungszeitraums 18,– € berücksichtigt.

Zu Absatz 3

22.3.1 Zum Begriff „Kind des Auszubildenden" vgl. Tz 25.5.1.

22.3.2 Bei Änderungen nach § 53 S. 5 BAföG ist abweichend von Absatz 2 ab dem Zeitpunkt, ab dem der Bescheid zu ändern ist, das Einkommen durch die Zahl der verbleibenden Kalendermonate des Bewilligungszeitraums zu teilen und auf diese anzurechnen.

§ 23 Freibeträge vom Einkommen des Auszubildenden

(1) [1]Vom Einkommen des Auszubildenden bleiben monatlich anrechnungsfrei

1. für den Auszubildenden selbst vorbehaltlich einer Bekanntmachung nach Absatz 6 Satz 3 353 Euro,
2. für den Ehegatten oder Lebenspartner des Auszubildenden 850 Euro,
3. für jedes Kind des Auszubildenden 770 Euro.

[2]Satz 1 Nummer 2 und 3 findet keine Anwendung auf Ehegatten oder Lebenspartner und Kinder, die in einer Ausbildung stehen, die nach diesem Gesetz oder nach § 56 des Dritten Buches Sozialgesetzbuch gefördert werden kann.

(2) Die Freibeträge nach Absatz 1 Nummer 2 und 3 mindern sich um Einnahmen des Auszubildenden sowie Einkommen des Ehegatten oder Lebenspartners und des volljährigen Kindes, die dazu bestimmt sind oder üblicher- oder zumutbarerweise dazu verwendet werden, den Unterhaltsbedarf des Ehegatten oder Lebenspartners und der volljährigen Kinder des Auszubildenden zu decken.

(3) Die Vergütung aus einem Ausbildungsverhältnis wird abweichend von den Absätzen 1 und 2 voll angerechnet.

(4) Abweichend von Absatz 1 werden

1. von der Waisenrente und dem Waisengeld der Auszubildenden, deren Bedarf sich nach § 12 Absatz 1 Nummer 1 bemisst, monatlich 270 Euro, anderer Auszubildender 190 Euro monatlich nicht angerechnet,
2. Ausbildungsbeihilfen und gleichartige Leistungen aus öffentlichen Mitteln oder von Förderungseinrichtungen, die hierfür öffentliche Mittel erhalten, sowie Förderungsleistungen ausländischer Staaten voll auf den Bedarf angerechnet; zu diesem Zweck werden Ausbildungsbeihilfen und gleichartige Leistungen, die zugleich aus öffentlichen und privaten Mitteln finanziert und dem Empfänger insgesamt als eine Leistung zugewendet werden, als einheitlich aus öffentlichen Mitteln erbracht behandelt. [2]Voll angerechnet wird auch Einkommen, das aus öffentlichen Mitteln zum Zweck der Ausbildung bezogen wird,
3. (weggefallen)
4. Unterhaltsleistungen des geschiedenen oder dauernd getrennt lebenden Ehegatten voll auf den Bedarf angerechnet; dasselbe gilt für Unterhaltsleistungen des Lebenspartners nach Aufhebung der Lebenspartnerschaft oder des dauernd getrennt lebenden Lebenspartners.

(5) Zur Vermeidung unbilliger Härten kann auf besonderen Antrag, der vor dem Ende des Bewilligungszeitraums zu stellen ist, abweichend von den Absätzen 1 und 4 ein weiterer Teil des Einkommens des Auszubildenden anrechnungsfrei gestellt werden, soweit er zur Deckung besonderer Kosten der Ausbildung erfor-

derlich ist, die nicht durch den Bedarfssatz gedeckt sind, höchstens jedoch bis zu einem Betrag von 390 Euro monatlich.

(6) [1]Der in Absatz 1 Satz 1 Nummer 1 genannte Betrag ändert sich zu dem in Satz 4 genannten Zeitpunkt in dem Maße, in dem sich seit dem 25. Juli 2024 oder in den Fällen einer späteren Festsetzung nach Satz 3 seit der jeweils unmittelbar vorausgegangenen Festsetzung dieses Betrages die Differenz aus dem Betrag nach § 8 Absatz 1a des Vierten Buches Sozialgesetzbuch abzüglich des Betrages eines Zwölftels des in § 9a Satz 1 Nummer 1 Buchstabe a des Einkommenssteuergesetzes genannten Arbeitnehmer-Pauschbetrags für Werbungskosten und abzüglich des Produkts aus dieser Differenz und dem Vomhundertsatz nach § 21 Absatz 2 Satz 1 Nummer 1 geändert hat. [2]Das Bundesministerium für Bildung und Forschung hat jeweils zum 1. Januar eines Jahres den sich nach Satz 1 ergebenden Betrag zu berechnen; der Betrag ist auf einen vollen Euro-Betrag aufzurunden. [3]Das Bundesministerium für Bildung und Forschung setzt den nach Satz 2 berechneten und aufgerundeten Betrag im Falle einer Änderung gegenüber dem in Absatz 1 Satz 1 Nummer 1 genannten Betrag oder gegenüber dem zuletzt bekanntgemachten Betrag fest und macht diesen im Bundesgesetzblatt bekannt. In der Bekanntmachung ist der Zeitpunkt festzulegen, ab dem der geänderte Betrag anzuwenden ist.

Allgemeine Verwaltungsvorschrift

Zu Absatz 1

23.1.1 Zum Begriff „Lebenspartner" vgl. Tz 11.2.1. Zum Begriff „Kind der auszubildenden Person" vgl. Tz 25.5.1.

Zu Absatz 2

23.2.1 Die die Freibeträge nach Absatz 1 mindernden Einnahmen der auszubildenden Person sind solche, die nach § 21 Abs. 4 nicht Einkommen sind, weil sie dazu bestimmt sind, den Unterhaltsbedarf der mit den entsprechenden Freibeträgen berücksichtigten Personen zu decken (vgl. Tz 21.4.7). Dies gilt nicht, soweit Leistungen nach § 10 BEEG anrechnungsfrei gestellt sind. Kindergeld ist keine Einnahme im Sinne des Absatzes 2.

23.2.2 Es ist davon auszugehen, dass der Ehegatte oder Lebenspartner und die Kinder der auszubildenden Person ihr eigenes Einkommen zunächst vollständig dazu verwenden, ihren eigenen Unterhaltsbedarf zu decken.

23.2.3 Der Freibetrag nach Absatz 1 Satz 1 Nr. 2 mindert sich um das Einkommen des Ehegatten oder Lebenspartners.

23.2.4 Der Freibetrag nach Absatz 1 Satz 1 Nr. 3, der auch dann zu gewähren ist, wenn sich auch der andere Elternteil in einer nach diesem Gesetz oder nach § 56 SGB III förderungsfähigen Ausbildung befindet, mindert sich um

a) das eigene Einkommen des Kindes,

b) den Betrag, der vom Einkommen des Ehegatten oder Lebenspartners der auszubildenden Person nach § 25 Abs. 3 für dieses Kind anrechnungsfrei bleibt (vgl. Tz 25.3.7).

23.2.5 Der Begriff des Einkommens im Sinne des Absatzes 2 Satz 1 ist in § 21 definiert. Beachte auch Tz 21.1.32.

Zu Absatz 3

23.3.1 Absatz 3 enthält eine Sonderregelung gegenüber den Absätzen 1 und 2 für die Vergütung aus einem Ausbildungsverhältnis, z.B. bei Ableistung eines Pflichtpraktikums, bei Besuch einer Krankenpflegeschule oder Betreiben eines dualen Studiums. Hierbei geltend gemachte Werbungskosten können über die in Tz 22.1.1 festgelegten Pauschbeträge hinaus nur berücksichtigt werden, wenn diese unmittelbar dem Ausbildungsbedarf zuzuordnen sind. Hierunter fallen z.B. nicht Werbungskosten für doppelte Haushaltsführung, Familienheimfahrten und Verpflegungsmehraufwendungen.

23.3.2 Soweit neben einer förderungsfähigen Ausbildung freiwillige Praktika oder Pflichtpraktika freiwillig über die vorgeschriebene Dauer hinaus abgeleistet werden, fallen die Vergütungen aus diesen Zeiten nicht unter Absatz 3; sie sind unter Berücksichtigung der Freibeträge nach Absatz 1 anzurechnen.

23.3.3 Familienzuschüsse sowie -zuschläge zur Ausbildungsvergütung bleiben anrechnungsfrei. Sie sind jedoch gegebenenfalls gemäß Absatz 2 auf die Freibeträge nach Absatz 1 anzurechnen.

Zu Absatz 4

23.4.1 Absatz 4 enthält wie Absatz 3 eine Sonderregelung gegenüber den Absätzen 1 und 2. Die in Absatz 4 bezeichneten besonderen Einkommen sind in dem Einkommen nach Absatz 1 nicht enthalten. Freibeträge nach Absatz 1 und Absatz 4 Nr. 1 können nebeneinander gewährt werden.

23.4.2 Ausbildungsbeihilfen und gleichartige Leistungen sind auf den Bedarf nur anzurechnen, soweit sie nach Maßgabe des § 21 als Einkommen gelten. Ist dies insbesondere im Hinblick auf ihre Zweckbestimmung nach § 21 Abs. 4 Nr. 4 nicht der Fall, so findet eine Anrechnung nicht statt.

23.4.3 Zum Einkommen, das aus öffentlichen Mitteln zum Zwecke der Ausbildung bezogen wird, zählen die während des Besuchs einer förderungsfähigen Ausbildungsstätte auf Grund eines öffentlich-rechtlichen Dienst- oder Beschäftigungsverhältnisses zustehenden Einkünfte (z.B. Besoldung, Entgelt).

23.4.4 (weggefallen)

Zu Absatz 5

23.5.1 Vom Einkommen nach Absatz 3 kann ein Härtefreibetrag nicht gewährt werden. Erzielt die auszubildende Person Einkommen aus selbständiger oder nichtselbständiger Arbeit oder Einkünfte im Sinne von Absatz 4, kann ein Härtefreibetrag nur in Höhe dieser Einkünfte gewährt werden, insgesamt höchstens bis zu einem Betrag von 205 Euro.

Durch den Bedarfssatz gedeckt sind z.B. Ausgaben für Arbeits- und Lernmittel, Exkursionen oder Praktika. Besondere Kosten der Ausbildung sind demgegenüber alle nicht vom Bedarfssatz gedeckten Mehraufwendungen, z.B. für Schulgelder, Studien- und Prüfungsgebühren, sofern sie nicht bereits als Werbungskosten Berücksichtigung gefunden haben. Notwendigkeit und Höhe der Aufwendungen sind nachzuweisen.

Erläuterungen

1. Die dem Ehegatten gewährten Leistungen nach dem Bundesausbildungsförderungsgesetz führen nicht nach § 23 Abs. 2 BAföG zu einer Minderung des Freibetrags. Der maßgebliche Berechnungszeitraum für das den Freibetrag mindernde Einkommen i. S. d. § 21 BAföG richtet sich bei dem Ehegatten nach § 24 Abs. 1 BAföG.
   BVerwG FamRZ 1980, 1068, 1165

2. Bei der Vergütung für ein freiwilliges Praktikum handelt es sich nicht um eine Vergütung aus einem Ausbildungsverhältnis im Sinne von § 23 Abs. 3 BAföG, die ohne Einräumung von Freibeträgen auf den Bedarf des Auszubildenden angerechnet wird.
   OVG Lüneburg, DÖV 2016, 268

3. Die Zuwendungen aus einem Studienstipendium der Kassenärztlichen Vereinigung Brandenburg nach der Landärztinnen-/Landärzte-Richtlinie sind kein Einkommen im Sinne des § 21 Abs. 1 BAföG in Verbindung mit § 2 Abs. 1 und 2 EStG. Derartige Zuwendungen sind Ausbildungsbeihilfen im Sinne des § 21 Abs. 3 Satz 1 Nr. 2 BAföG und gelten daher ausbildungsförderungsrechtlich als Einkommen. § 21 Abs. 4 Nr. 4 BAföG hindert die Anrechnung der Leistungen aus einem solchen Stipendium als ausbildungsförderungsrechtlich berücksichtigungsfähiges Einkommen nicht. Ihre Zweckbestimmung steht einer Anrechnung auf den Bedarf nicht entgegen.
   OVG Berlin-Brandenburg, Urteil vom 15. Dezember 2022 – 6 B 8/22 –, juris

§ 24 Berechnungszeitraum für das Einkommen der Eltern und des Ehegatten oder Lebenspartners

(1) Für die Anrechnung des Einkommens der Eltern und des Ehegatten oder Lebenspartners des Auszubildenden sind die Einkommensverhältnisse im vorletzten Kalenderjahr vor Beginn des Bewilligungszeitraums maßgebend.

(2) [1]Ist der Einkommensbezieher für diesen Zeitraum zur Einkommensteuer zu veranlagen, liegt jedoch der Steuerbescheid dem Amt für Ausbildungsförderung noch nicht vor, so wird unter Berücksichtigung der glaubhaft gemachten Einkommensverhältnisse über den Antrag entschieden. [2]Ausbildungsförderung wird insoweit – außer in den Fällen des § 18c – unter dem Vorbehalt der Rückforderung geleistet. [3]Sobald der Steuerbescheid dem Amt für Ausbildungsförderung vorliegt, wird über den Antrag abschließend entschieden.

(3) [1]Ist das Einkommen im Bewilligungszeitraum voraussichtlich wesentlich niedriger als in dem nach Absatz 1 maßgeblichen Zeitraum, so ist auf besonderen Antrag des Auszubildenden bei der Anrechnung von den Einkommensverhältnissen im Bewilligungszeitraum auszugehen; nach dessen Ende gestellte Anträge werden nicht berücksichtigt. [2]Der Auszubildende hat das Vorliegen der Voraussetzungen des Satzes 1 glaubhaft zu machen. [3]Ausbildungsförderung wird insoweit – außer in den Fällen des § 18c – unter dem Vorbehalt der Rückforderung geleistet. [4]Sobald sich das Einkommen in dem Bewilligungszeitraum endgültig feststellen lässt, wird über den Antrag abschließend entschieden.

(4) [1]Auf den Bedarf für jeden Kalendermonat des Bewilligungszeitraums ist ein Zwölftel des im Berechnungszeitraum erzielten Jahreseinkommens anzurechnen. [2]Abweichend von Satz 1 ist in den Fällen des Absatzes 3 der Betrag anzurechnen, der sich ergibt, wenn die Summe der Monatseinkommen des Bewilligungszeitraums durch die Zahl der Kalendermonate des Bewilligungszeitraums geteilt wird; als Monatseinkommen gilt ein Zwölftel des jeweiligen Kalenderjahreseinkommens.

Allgemeine Verwaltungsvorschrift

Zu Absatz 1a

24.1a.1 (weggefallen)

Zu Absatz 2

24.2.1 Einkommensteuerbescheid im Sinne dieser Vorschrift ist auch der:

a) gemäß § 164 AO unter dem Vorbehalt der Nachprüfung und

b) gemäß § 165 Abs. 1 AO unter dem Vorbehalt der späteren Neuberechnung

als vorläufig ergangene Steuerbescheid, wenn er unanfechtbar ist.

Ein nicht abgeschlossenes Antragsverfahren nach § 46 Abs. 2 Nr. 8 EStG führt nicht zur Anwendung des Absatzes 2. In einem solchen Fall gilt Tz 21.1.14. Wird nach der Entscheidung über den BAföG-Antrag der Einkommenssteuerbescheid vorgelegt, erfolgt keine neue Berechnung. § 44 SGB X bleibt unberührt.

24.2.2 Die Erklärung über die Einkommensverhältnisse ist auf dem entsprechenden amtlichen Formblatt abzugeben. Bei der Erklärung ist auszugehen von einem noch nicht unanfechtbaren Steuerbescheid, hilfsweise der abgegebenen Steuererklärung. Ist auch eine Steuererklärung noch nicht abgegeben, so ist von dem letzten Einkommensteuerbescheid oder von entsprechenden Einkommensnachweisen des maßgeblichen Kalenderjahres auszugehen. Der Erklärende hat darzutun, aus welchen Gründen er in seiner Erklärung auf dem entsprechenden amtlichen Formblatt von den Unterlagen, die den Ausgangspunkt seiner Erklärung bilden, abweicht.

24.2.3 Zur Glaubhaftmachung der Einkommensverhältnisse ist die schriftliche Versicherung erforderlich, daß die Angaben richtig und vollständig sind. Die Unterlagen, die den Ausgangspunkt der Erklärung bilden, sind beizufügen.

24.2.4 Der Vorbehalt der Rückforderung muss in dem Bescheid ausgesprochen werden. Ein Vorbehalt der Rückforderung ist dagegen nicht vorzusehen, sofern die Förderung nach § 18c erfolgt; wenn zugleich ein Kinderbetreuungszuschlag als Zuschuss gewährt wird, ist der Vorbehalt ggfs. auf diesen zu beschränken.

24.2.5 Das Amt hat den Einkommensbezieher anzuhalten, sein Einkommen baldmöglichst nachzuweisen. Tz 46.1.3 ist entsprechend anzuwenden.

Zu Absatz 3

24.3.1 Das Einkommen ist nur dann wesentlich niedriger, wenn sich bei Berücksichtigung der Einkommensminderung der Förderungsbetrag um den in § 51 Abs. 4 genannten Betrag monatlich erhöht. Es ist sowohl eine Erklärung der Einkommensverhältnisse in dem nach Absatz 1 vorgeschriebenen Kalenderjahr vor Beginn des Bewilligungszeitraumes als auch eine Erklärung der Einkommensverhältnisse im Bewilligungszeitraum abzugeben.

24.3.2 Die Tz 24.2.2 bis 24.2.5 sind anzuwenden.

24.3.3 Der Aktualisierungsantrag kann nur vor Bekanntgabe des Bescheides nach Absatz 3 Satz 1 zurückgenommen werden. Ab dessen Bekanntgabe kann nicht mehr verlangt werden, dass von den Einkommensverhältnissen im vorletzten Kalenderjahr vor Beginn des Bewilligungszeitraumes ausgegangen wird.

24.3.4 Die Frage, ob das Einkommen im Bewilligungszeitraum voraussichtlich niedriger sein wird, ist für jede Einkommen beziehende Person gesondert zu beurteilen. Der Bewilligungszeitraum ist deshalb lediglich bei der Einkommen beziehenden Person als Berechnungszeitraum heranzuziehen, für die eine Einkommensminderung geltend gemacht wird. Dies gilt auch für die Eltern, selbst wenn auf ihr Einkommen nach § 25 Abs. 1 Nr. 1 ein einheitlicher Freibetrag zu gewähren ist.

Liegen in den Fällen des § 25 Abs. 1 Nr. 1 Aktualisierungsanträge für beide Elternteile vor, ist auch dann für jedes Elternteil vom aktuellen Einkommen auszugehen, wenn zwar das aktuelle Einkommen des einen Elternteils jede Anrechnung entfallen ließe, sich bei isolierter Betrachtung des anderen Elternteils aber ebenfalls ein wesentlich niedrigeres Einkommen ergäbe.

Die Erhöhung des Förderungsbetrages i. S. d. Tz 24.3.1 Satz 1 kann sich entweder aus einer Einkommensaktualisierung für eine einzelne Einkommen beziehende Person oder aus der gleichzeitigen Einkommensaktualisierung für mehrere Einkommen beziehende Personen herleiten.

24.3.5 Nach Aktualisierung ist bei einer Einkommensänderung im Bewilligungszeitraum, die die Eltern, der Ehegatte, der Lebenspartner oder die auszubildende Person dem Amt mitteilen, die erforderliche Neuberechnung und Bescheidänderung bereits während des Bewilligungszeitraums durchzuführen. Die Bewilligung der Förderungsbeträge erfolgt bis zur endgültigen Berechnung weiterhin unter dem Vorbehalt der Rückforderung.

Erläuterungen

1. Nach § 24 Abs. 3 S. 1 BAföG liegt eine wesentliche Verringerung des Einkommens im Bewilligungszeitraum nur vor, wenn die Bagatellgrenze des § 51 Abs. 4 BAföG überschritten wird.
   BVerwG FamRZ 1992, 733

2. Ergibt die abschließende Entscheidung des Förderungsantrages nach § 24 Abs. 3 S. 2 BAföG eine Nachzahlung, so ist sie auch dann nicht verwirkt, wenn vier Jahre vergangen sind und der Antragsteller sein Studium bereits abgeschlossen hat.
   OVG Münster FamRZ 1986, 510
   § 44 Abs. 4 SGB X ist nicht anwendbar, da die erste Bewilligung nach § 24 Abs. 3 BAföG nur vorläufigen Charakter hat.

3. Ein nach dem Ende des Bewilligungszeitraumes gestellter Antrag auf Vorausleistungen nach § 36 Abs. 1 BAföG findet nach der Neufassung dieser Bestimmung durch das 17. BAföG-Änderungsgesetz vom 24. Juli 1995 (BGBl I S. 976) in Fällen einer abschließenden Entscheidung nach § 24 Abs. 2 oder 3 BAföG keine Berücksichtigung mehr.
   BVerwGE 136, 109

4. Stellt ein Empfänger von Leistungen nach dem Bundesausbildungsförderungsgesetz wegen einer Verminderung des Einkommens eines Elternteils einen Aktualisierungsantrag, dann ist bei der endgültigen Berechnung der Ausbildungsförderung nach Maßgabe des § 24 Abs. 2 Satz 2 BAföG auf die gesamten Einkommensverhältnisse des Elternteils in den betroffenen Kalenderjahren abzustellen. Hierbei sind nicht nur die Einkünfte, sondern auch die abzugsfähigen Pauschalbeträge zur sozialen Sicherung für die jeweiligen Kalenderjahre getrennt zu ermitteln.
   BVerwG NVwZ-RR 2014, 604

5. Aus der Regelung des § 24 Abs. 3 S. 1 BAföG, der auf die Einkommensverhältnisse im Bewilligungszeitraum abstellt, folgt nicht, dass für die Berechnung des Einkommens eines Elternteils nur derjenige Teil der Kalenderjahre zu Grunde zu legen ist, auf welchen der Bewilligungszeitraum sich tatsächlich erstreckt.
   OVG Bautzen, Urteil vom 23.11.2015, Az. 1 A 373/14

§ 25 Freibeträge vom Einkommen der Eltern und des Ehegatten oder Lebenspartners

(1) Es bleiben monatlich anrechnungsfrei

1. vom Einkommen der miteinander verheirateten oder in einer Lebenspartnerschaft verbundenen Eltern, wenn sie nicht dauernd getrennt leben, 2 540 Euro,
2. vom Einkommen jedes Elternteils in sonstigen Fällen sowie vom Einkommen des Ehegatten oder Lebenspartners des Auszubildenden je 1 690 Euro.

(2) (weggefallen)

(3) [1]Die Freibeträge des Absatzes 1 erhöhen sich

1. für den nicht in Eltern-Kind-Beziehung zum Auszubildenden stehenden Ehegatten oder Lebenspartner des Einkommensbeziehers um 850 Euro,
2. für Kinder des Einkommensbeziehers sowie für weitere dem Einkommensbezieher gegenüber nach dem bürgerlichen Recht Unterhaltsberechtigte um je 770 Euro,

wenn sie nicht in einer Ausbildung stehen, die nach diesem Gesetz oder nach § 56 des Dritten Buches Sozialgesetzbuch gefördert werden kann. [2]Die Freibeträge nach Satz 1 mindern sich um das Einkommen des Ehegatten oder Lebenspartners, des volljährigen Kindes oder des sonstigen volljährigen Unterhaltsberechtigten.

(4) Das die Freibeträge nach den Absätzen 1, 3 und 6 übersteigende Einkommen der Eltern und des Ehegatten oder Lebenspartners bleibt anrechnungsfrei

1. zu 50 vom Hundert und
2. zu 5 vom Hundert für jedes Kind, für das ein Freibetrag nach Absatz 3 gewährt wird.

(5) Als Kinder des Einkommensbeziehers gelten außer seinen eigenen Kindern

1. Pflegekinder (Personen, mit denen er durch ein familienähnliches, auf längere Dauer berechnetes Band verbunden ist, sofern er sie in seinen Haushalt aufgenommen hat und das Obhuts- und Pflegeverhältnis zu den Eltern nicht mehr besteht),
2. in seinen Haushalt aufgenommene Kinder seines Ehegatten oder Lebenspartners,
3. in seinen Haushalt aufgenommene Enkel.

(6) [1]Zur Vermeidung unbilliger Härten kann auf besonderen Antrag, der vor dem Ende des Bewilligungszeitraums zu stellen ist, abweichend von den vorstehenden Vorschriften ein weiterer Teil des Einkommens anrechnungsfrei bleiben. [2]Hierunter fallen insbesondere außergewöhnliche Belastungen nach den §§ 33 bis 33b des Einkommensteuergesetzes sowie Aufwendungen für behinderte Personen, denen der Einkommensbezieher nach dem bürgerlichen Recht unterhaltspflichtig ist.

Allgemeine Verwaltungsvorschrift

Zu Absatz 1

25.1.1 Maßgebend sind für die Berechnung der anrechnungsfreien Beträge

a) nach Absatz 1 die Einkommensverhältnisse im Berechnungszeitraum und die persönlichen Verhältnisse im Bewilligungszeitraum,

b) nach den Absätzen 3 bis 6 die Einkommens-, Ausbildungs- und persönlichen Verhältnisse im Bewilligungszeitraum.

25.1.2
bis
25.1.5 (weggefallen)

Zu Absatz 2

25.2.1 (weggefallen)

Zu Absatz 3

25.3.1 Für die Anwendung des Absatzes 3 Satz 1 kommt es darauf an, dass die Ausbildung anderer Auszubildender abstrakt nicht förderungsfähig ist, also nicht in den Förderungsbereich des § 2 Abs. 1, 2 bis 4 einbezogen ist. Beim Besuch einer Ausbildungsstätte nach § 2 Abs. 1 Nr. 1 ist von einer förderungsfähigen Ausbildung bei auswärtiger Unterbringung auszugehen. Wird jedoch für diese Ausbildung keine Förderung gewährt, weil keine der Förderungsvoraussetzungen des § 2 Abs. 1a erfüllt ist, so kann die antragstellende Person verlangen, dass stattdessen ein Freibetrag nach Absatz 3 Satz 1 gewährt wird; § 11 Abs. 4 ist dann nicht mehr anzuwenden.

Bei einer Ausbildung in Betrieben oder außerbetrieblichen Ausbildungsstätten ist von einer förderungsfähigen Ausbildung im Sinne des § 56 SGB III auszugehen, wenn die andere Person außerhalb des Haushalts der Eltern untergebracht ist. Personen, die im Rahmen der Förderung der beruflichen Eingliederung behinderter Menschen (§§ 112 ff. SGB III) und vergleichbarer Vorschriften in anderen Sozialgesetzen in einer solchen Ausbildung gefördert werden oder an berufsvorbereitenden Bildungsmaßnahmen teilnehmen, befinden sich jedoch unabhängig von der Art der Unterbringung in einer förderungsfähigen Ausbildung.

Bei einer Fortbildung, die wahlweise nach diesem Gesetz oder nach dem AFBG gefördert werden kann, ist eine förderungsfähige Ausbildung gegeben.

Dagegen handelt es sich bei einer Fortbildung, die ausschließlich nach dem AFBG förderungsfähig ist, nicht um eine förderungsfähige Ausbildung. Der nach dem AFBG gewährte Unterhaltsbeitrag ist nach § 21 Abs. 3 Satz 1 Nr. 2 i.V.m. Tz 21.3.6a Einkommen, das den Freibetrag mindert.

25.3.2 Sind die Eltern der auszubildenden Person miteinander verheiratet oder in Lebenspartnerschaft miteinander verbunden und leben sie nicht dauernd getrennt, so gilt auch das Kind, das nur Kind eines Elternteils ist (Halbgeschwister) und nicht im gemeinsamen Haushalt aufgenommen wurde, als gemeinsames Kind der Eltern.

25.3.3 Sind die Eltern der auszubildenden Person nicht in Ehe oder Lebenspartnerschaft miteinander verbunden oder leben sie dauernd getrennt, so sind zur Vermeidung des doppelten Freibetrages für ein Kind die Freibeträge für die Vollgeschwister nach Absatz 3 Nr. 2 bei dem Einkommen jedes Elternteils grundsätzlich je zur Hälfte zu berücksichtigen. Der hälftige Freibetrag ist um die Hälfte des eigenen Einkommens der Person, für die der Freibetrag gewährt wird, zu mindern.

Sofern nach Abzug des Freibetrags nach Absatz 1 Nr. 2 vom Einkommen des einen Elternteils kein anrechenbarer Restbetrag mehr verbleibt, ist der ungeschmälerte Kinderfreibetrag dem anderen Elternteil zuzuordnen. Ergibt sich bei beiden Elternteilen nach Abzug der beiden Freibeträge nach Absatz 1 Nr. 2 jeweils noch anrechenbares Einkommen und schöpft ein Elternteil seinen hälftigen Kinderfreibetrag nicht in voller Höhe aus, ist der unverbrauchte Teil dieses hälftigen Kinderfreibetrags dem anderen Elternteil zu gewähren.

Sofern ein Vorbehalt nach § 24 Abs. 2 oder 3 aufgelöst wird, der Vorbehalt sich ausschließlich auf das Einkommen des Elternteils mit dem geringeren Einkommen bezieht und sich bei der abschließenden Neuberechnung ein höheres Einkommen herausstellt, ist dem Elternteil der Kinderfreibetrag nachträglich bis zur Hälfte zu gewähren. Die Freibetragsgewährung beim anderen Elternteil bleibt davon unberührt.

Sofern ein Vorbehalt nach § 24 Abs. 2 oder 3 aufgelöst wird, der Vorbehalt sich ausschließlich auf das Einkommen des Elternteils mit dem höheren Einkommen bezieht, ist bei einer Änderung der Einkommenshöhe dem Elternteil zusätzlich zum bereits gewährten Freibetrag gegebenenfalls der ganz oder teilweise ungenutzte Freibetrag des anderen Elternteils zu gewähren.

25.3.4 Sind die Eltern der auszubildenden Person nicht in Ehe oder Lebenspartnerschaft miteinander verbunden oder leben sie dauernd getrennt, so sind die Freibeträge für Halbgeschwister der auszubildenden Person nach Absatz 3 bei dem Einkommen des betreffenden Elternteils regelmäßig in voller Höhe zu berücksichtigen.

Unterhalt, der für das Halbgeschwister innerhalb des gleichen Haushalts von einer Person geleistet wird, die kein Elternteil der auszubildenden Person ist, mindert den Freibetrag nach Absatz 3 Satz 2 nur insoweit, als es sich nachweislich um Barunterhalt handelt. Unterhalt in Form von Sachleistungen bleibt unberücksichtigt.

25.3.5 (weggefallen)

25.3.6 (weggefallen)

25.3.7 Ergibt sich bei der Anrechnung des Einkommens des Ehegatten oder Lebenspartners der auszubildenden Person nach Abzug der beiden Freibeträge nach Absatz 1 Nr. 2 und Absatz 6 noch anrechenbares Einkommen und schöpft der Ehegatte oder Lebenspartner seinen Kinderfreibetrag nach Absatz 3 nicht in voller Höhe aus, so ist der Teil des Einkommens, der die Freibeträge nach Absatz 1 Nr. 2 und Absatz 6 übersteigt, zu gleichen Teilen auf die Kinderfreibeträge nach Absatz 3 anzurechnen. Der Betrag, der danach bereits vom Einkommen des Ehegatten oder Lebenspartners für ein gemeinsames Kind anrechnungsfrei bleibt, mindert gemäß Tz 23.2.4 Buchstabe b den nach § 23 Abs. 1 Nr. 3 in Betracht kommenden Freibetrag vom Einkommen der auszubildenden Person.

25.3.8 Ist ein Freibetrag nach § 25 Abs. 3 Satz 1 nur für einen Teil des Bewilligungszeitraums zu gewähren, so ist das für diese Zeit erzielte Einkommen durch die Zahl der Kalendermonate dieses Zeitraums zu teilen und nur in den Monaten dieses Zeitraums auf den Freibetrag anzurechnen.

25.3.9 Lebt das im Rahmen des Abs. 3 Nr. 2 zu berücksichtigende Kind eines Einkommensbeziehers bei dem anderen Elternteil, mindert dessen Barunterhalt den Freibetrag.

25.3.10 (weggefallen)

25.3.11 Bei Kindern der einkommensbeziehenden Person oder sonstigen ihr gegenüber Unterhaltsberechtigten ist in den Monaten, in denen sie freiwilligen Wehrdienst leisten, ein Freibetrag nach Absatz 3 nicht zu gewähren.

25.3.12 Der Begriff des Einkommens im Sinne des Absatzes 3 Satz 2 ist in § 21 definiert. Beachte auch Tz 21.1.32.

Zu Absatz 5

25.5.1 Eigene Kinder im Sinne des Gesetzes sind auch als Kind angenommene Kinder.

Zu Absatz 6

25.6.1 Tatbestände, die steuerlich als Sonderausgaben oder durch tarifliche Freibeträge berücksichtigt werden, rechtfertigen im Regelfall nicht die Annahme einer besonderen Härte im Sinne dieser Vorschrift; es müssen vielmehr im Einzelfall besondere Umstände vorliegen.

25.6.2 Die Bestimmung ist als Ausnahmevorschrift eng auszulegen.

25.6.3 Die Bestimmung bezweckt den Ausgleich der pauschalierten Bedarfsregelung. Durch sie soll den außergewöhnlichen Belastungen – insbesondere im Sinne der §§ 33 bis 33b EStG – des Einkommensbeziehers Rechnung getragen werden.

25.6.4 Behinderte Menschen sind die in § 2 SGB IX und in § 53 Abs. 1 SGB XII bezeichneten Personen.

25.6.5 Soweit in steuerrechtlichen Vorschriften Pauschbeträge für die Abgeltung außergewöhnlicher Belastungen festgesetzt sind, ist hiervon bei der Festsetzung des Härtefreibetrages auszugehen.

Aufwendungen, die die Pauschbeträge übersteigen, sind zu berücksichtigen, soweit sie nachgewiesen werden. Maßgeblich ist der Betrag vor Abzug der steuerrechtlich zu berücksichtigenden zumutbaren Eigenbelastung.

25.6.5a Kinderbetreuungskosten sind durch die Regelungen des § 2 Abs. 5a EStG abgegolten. Hierfür kann kein Härtefreibetrag gewährt werden.

25.6.5b Ein Härtefreibetrag kann einkommensmindernd berücksichtigt werden, soweit die das Einkommen beziehende Person über einen Teil ihres Einkommens nicht verfügen kann, weil es einer gesetzlichen Verfügungsbeschränkung in Folge von Insolvenz unterliegt, und sie deshalb nicht in der Lage ist, den angerechneten Einkommensbetrag an die auszubildende Person zu leisten.

25.6.6 Aufwendungen für den Unterhalt und die Berufsausbildung einschließlich der Aufwendungen für die auswärtige Unterbringung nach § 33a Abs. 1 und 2 EStG sind nicht zu berücksichtigen.

25.6.7 Ein Antrag auf Gewährung eines Härtefreibetrags wird nur berücksichtigt, wenn er vor Ablauf des Bewilligungszeitraums gestellt wurde. Einzig bei Auflösung eines Vorbehalts nach § 24 Abs. 2 oder Abs. 3 kann ein solcher Antrag dann noch berücksichtigt werden, wenn das vom Amt abschließend festgestellte und in Ansatz gebrachte Einkommen zu einer Rückforderung führen wird, der Antrag Tatsachen enthält, die vorher nicht bekannt waren, und der Antrag unverzüglich nach Kenntniserlangung dieser Tatsachen gestellt wird, spätestens bis zum Ablauf der Rechts- behelfsfrist des eine Rückforderung aussprechenden Bescheids.

25.6.8 Außergewöhnliche Aufwendungen werden nur dann berücksichtigt, wenn die hierfür erforderlichen Zahlungen im Bewilligungszeitraum erfolgen.

25.6.9 Außergewöhnliche Aufwendungen i. S. d. § 33 EStG werden nach Absatz 6 nur berücksichtigt, soweit sie die zumutbare Belastung der Einkommen beziehenden Personen pro Monat des Bewilligungszeitraums übersteigen. Die zumutbare Belastung liegt bei zwei Prozent des maßgeblichen Freibetrages nach Absatz 1.

Von dieser Einschränkung bleiben andere Tatbestände, für die ein Härtefreibetrag gewährt werden kann, ausgenommen.

Erläuterungen

1. Für Stiefkinder erhält der leibliche Elternteil des Auszubildenden nur dann Freibeträge nach § 25 Abs. 3, wenn er sie in seinen Haushalt aufgenommen hat. Hierzu ist noch heute die Rechtsprechung des Bundessozialgerichts zu § 2 Abs. 1 S. 1 Nr. 1 BKGG, jetzt § 63 Abs. 1 S. 1 Nr. 2 EStG, anwendbar. Danach erfordert die Haushaltsaufnahme einen Willensakt des Berechtigten, bloßes Dulden oder Hinnehmen der Situation reicht nicht aus.
   BSGE 45, 67.
   Dagegen lässt die vorübergehende anderweitige Unterbringung im Rahmen einer Berufsausbildung, also auch eines Studiums, die Haushaltsaufnahme bestehen.
   BSGE25, 109

2. Ein besonderer Antrag im Sinne von § 25 Abs. 6 Satz 1 BAföG ist nur dann innerhalb des Bewilligungszeitraums gestellt, wenn er ordnungsgemäß ist. Das setzt voraus, dass vor dem Ende des Bewilligungszeitraums die deutliche Erklärung abgegeben wird, dass ein bestimmter Sachverhalt wirtschaftlich gesondert berücksichtigt werden soll, also substantiiert dargelegt wird, welche zu einem bestimmten Zeitpunkt gemachten außergewöhnlichen Aufwendungen zur Vermeidung einer unbilligen Härte gemäß § 25 Abs. 6 BAföG berücksichtigt werden sollen.

   Die Prüfung, ob Aufwendungen außergewöhnliche Belastungen im Sinne von § 25 Abs. 6 BAföG i.V.m. §§ 33 bis 33b EStG sind, obliegt dem Amt für Ausbildungsförderung eigenverantwortlich. Eine Bindung an die steuerlichen Wertungen der Finanzbehörden besteht in dieser Hinsicht nicht
   VGH Mannheim, Beschluss vom 6. Dezember 2023 – 12 S 1933/21 –, juris

3. Der den Freibetrag mindernde Unterhalt ist nur der Barunterhalt, nicht der Betreuungsunterhalt.
   BGH FamRZ 2000, 640

4. Kindern, die ein ökologisches Jahr ableisten, kann ein Freibetrag zustehen.
   VG Braunschweig FamRZ 2000, 387

5. Auch wenn einem Unterhaltsverpflichteten ein größerer Unterhaltsaufwand entsteht als in den Freibeträgen des § 25 Abs. 3 normiert ist (z. B. aufgrund eines Unterhaltsurteils), verbleibt es bei den Freibeträgen, ein Härtefall nach § 25 Abs. 6 BAföG liegt nicht vor.
   OVG Berlin FamRZ 1976, 563

6. Ein Härtefreibetrag nach § 25 Abs. 6 kann jedoch gewährt werden, wenn aufgrund nicht rechtlicher Verpflichtung Unterhalt gezahlt wird.
   BVerwG FamRZ 1987, 1313

7. Unumgängliche Aufwendungen, um wieder beruflich Fuß zu fassen, können mit einem Härtefreibetrag berücksichtigt werden.
   Hess VGH FamRZ 1990, 328

8. Bei freiwilliger Nachentrichtung von Rentenbeiträgen reichen die Pauschalen des § 21 Abs. 2 nicht aus und rechtfertigen die Anwendung von § 25 Abs. 6.
   BVerwG FamRZ 1980, 508

9. Die Regelung des § 21 Abs. 2 S. 2 BAföG, wonach die Sozialpauschale gilt, die am Beginn des Berechnungszeitraums berechtigt war, lässt keine Räume für die Anwendung des § 25 Abs. 6, wenn im überwiegenden Teil des Berechnungszeitraums selbständige Tätigkeit, bei dessen Beginn aber nichtselbständige Tätigkeit vorlag.
   OVG Berlin, U v. 7.2.1987, OVG 7 B 53.85

10. Im Rahmen der Ermessensentscheidung nach § 25 Abs. 6 kann auch berücksichtigt werden, dass das Elterneinkommen im Bewilligungszeitraum deutlich höher ist als in dem nach § 24 Abs. 1 maßgeblichen Berechnungsjahr.
BVerwG FamRZ 1998, 1630

11. Die Berücksichtigung von Schulden zur Minderung des Einkommens ist nur dann in Betracht zu ziehen, wenn die Verfügungsgewalt über das Vermögen der Eltern derart beschränkt ist, dass sie es nicht für den Lebensunterhalt oder die Ausbildung ihrer Kinder einsetzen können. Fehlgeschlagene Vermögensbildungen auszugleichen ist nicht Aufgabe der Ausbildungsförderung.
OVG Münster FamRZ 2011, 1184

12. Die bisherige Regelung in Tz 25.3.3 S.3 ist gestrichen worden. Dies bedeutet, dass auch für den Fall, dass ein Elternteil glaubhaft macht, ein gemeinsames Kind des von ihm getrennt lebenden Elternteils überwiegend zu unterhalten, kein weiterer hälftiger Freibetrag mehr gewährt wird.

13. Wird der nach Tz 25.3.3 BAföGVwV zu halbierende Freibetrag von einem Elternteil nicht ausgeschöpft, kann der andere Elternteil auch dann den vollen Freibetrag beanspruchen, wenn er den Auszubildenden nicht überwiegend unterhält.
OVG Sachsen, Urteil vom 11.08.2004, 5B 497/03; VG Berlin Urteil vom 15.03.2005, VG 18A 200.05

14. Die Rechtsprechung erkennt gegen den Widerstand des BMBF erhöhte Unterbringungskosten von geschiedenen Eltern nach § 25 Abs. 6 an.
OVG Berlin-Brandenburg, Urteil vom 14.6.2011 – 6 B16.10; BVerwG FamRZ 1981, 1202.
Das BMBF lehnt dies weiter ab, in *Berlin Rundschreiben 8/12 vom 13.4.2012.*

15. Eine Ausnahme von der Bindung der BAföG-Ämter an die Vorgaben eines bestandskräftigen Steuerbescheides für die Einkommensermittlung gilt, wenn im Einkommensteuerbescheid der Eltern ausgewiesenes Einkommen tatsächlich nicht erzielt wurde und ein Rechtsbehelf gegen den fraglichen Einkommensteuerbescheid keine Aussicht auf Erfolg gehabt hätte. Das Einkommen hat dann zur Vermeidung einer unbilligen Härte gemäß § 25 Abs. 6 Satz 1 BAföG auf besonderen Antrag anrechnungsfrei zu bleiben.
OVG Berlin-Brandenburg, NVwZ-RR 2018, 109; a.A. hinsichtlich der Bindungswirkung, aber mit gleichem Ergebnis zur Berücksichtigung in § 25 Abs. 6 BAföG OVG Münster, Beschluss vom 30. November 2015 – 12 A 2055/14 –, juris

16. Signifikant höhere Lebenshaltungskosten eines unterhaltspflichtigen Elternteils mit Auslandswohnsitz können im Einzelfall als besondere Härte nach § 25 Abs. 6 Satz 1 BAföG angesehen werden.
VG Hamburg, Urteil vom 31. August 2021 – 2 K 4715/19 –, juris

17. Der Auszubildende, dem Ausbildungsförderung unter dem Vorbehalt der Rückforderung in voller Höhe des Bedarfs gewährt worden ist, kann Härtegesichtspunkte im Sinne des § 25 Abs. 6 BAföG noch nach dem Ende des Bewilligungszeitraums geltend machen, wenn ihm vorher keine Umstände, bei deren Kenntnis er mit einer Rückforderung von Förderungsleistungen hätte rechnen müssen, bekannt geworden sind. Er muss die Härtegründe beim Amt für Ausbildungsförderung jedoch unverzüglich vorbringen, sobald er nach Ablauf des Bewilligungszeitraums von solchen Umständen Kenntnis erlangt hat.
BVerwGE 87, 103-115; vgl. hierzu auch Tz. 25.6.7 BAföG VwV

Abschnitt V
Vermögensanrechnung

§ 26 Umfang der Vermögensanrechnung

Vermögen des Auszubildenden wird nach Maßgabe der §§ 27 bis 30 angerechnet.

Allgemeine Verwaltungsvorschrift

26.2.1
bis
26.2.4 (weggefallen)

Erläuterungen

1. Vermögen des Antragstellers wird, wenn es inzwischen nicht verbraucht wurde, in jedem Bewilligungszeitraum erneut angerechnet. Rechtsmissbräuchlich verschenktes Vermögen wird weiterhin angerechnet. Missbräuchlich ist auch eine Vermögensübertragung ohne Gegenleistung.
   BVerwG FamRZ 1983, 1174

2. Die Rechtsmissbräuchlichkeit einer Vermögensübertragung des Auszubildenden an nahe Angehörige, die zeitlich vor einem Antrag auf Leistungen nach dem BAföG liegt, ist anhand objektiver Indizien zu bestimmen. In subjektiver Hinsicht ist es nicht erforderlich, dass der Auszubildende bei der Übertragung des Vermögens eine konkrete Vorstellung in Bezug auf die Beantragung von Ausbildungsförderung für eine bestimmte Ausbildung hatte. Rechtsmissbräuchlichkeit ist vielmehr auch dann anzunehmen, wenn Vermögen im Zusammenhang mit einer möglicherweise in naher Zukunft aufzunehmenden, förderungsfähigen Ausbildung unentgeltlich übertragen worden ist, weil dies den Schluss nahelegt, dass eine staatliche Förderungsoption unter Umgehung des Nachranggrundsatzes (§ 1 BAföG) gesichert werden soll.
   OVG Lüneburg, FamRZ 2019, 405

§ 27 Vermögensbegriff

(1) [1]Als Vermögen gelten alle

1. beweglichen und unbeweglichen Sachen,
2. Forderungen und sonstige Rechte.

[2]Ausgenommen sind Gegenstände, soweit der Auszubildende sie aus rechtlichen Gründen nicht verwerten kann.

(2) Nicht als Vermögen gelten

1. Rechte auf Versorgungsbezüge, auf Renten und andere wiederkehrende Leistungen,
2. Übergangsbeihilfen nach den §§ 12 und 13 des Soldatenversorgungsgesetzes in der Fassung der Bekanntmachung vom 21. April 1983 (BGBl. I S. 457) sowie die Wiedereingliederungsbeihilfe nach § 4 Absatz 1 Nummer 2 des Entwicklungshelfer-Gesetzes,
3. Nießbrauchsrechte,
4. Haushaltsgegenstände.

Allgemeine Verwaltungsvorschrift

Zu Absatz 1

27.1.1 Sachen sind körperliche Gegenstände im Sinne des § 90 BGB.

27.1.2 Eine Forderung ist ein Recht, von einer bestimmten Person eine Leistung (Tun oder Unterlassen) zu verlangen, z. B. Zahlung eines Geldbetrages, Lieferung von Waren.

27.1.3 Sonstige (vermögenswerte) Rechte können an Sachen und Rechten bestehen, z. B. Geschäftsanteile, Wertpapiere, Patentrechte, Verlags- und Urheberrechte. Für die Bewertung dieser Rechte sind die Maßstäbe des Bewertungsgesetzes zugrunde zu legen.

27.1.3a Vermögenswerte sind auch dann dem Vermögen des Auszubildenden zuzurechnen, wenn er sie rechtsmißbräuchlich übertragen hat. Dies ist der Fall, wenn der Auszubildende in zeitlichem Zusammenhang mit der Aufnahme der förderungsfähigen Ausbildung bzw. der Stellung des Antrags auf Ausbildungsförderung oder im Laufe der förderungsfähigen Ausbildung Teile seines Vermögens unentgeltlich oder ohne gleichwertige Gegenleistung an Dritte, insbesondere seine Eltern oder andere Verwandte, übertragen hat.

27.1.3b Vermögen ist der auszubildenden Person zuzurechnen, wenn es auf ihren Namen angelegt ist. Soweit eine zivilrechtlich wirksame Treuhandabrede vorliegt, sind die sich aus dieser Abrede ergebenden Rückforderungs- bzw. Herausgabeansprüche des Treugebers gegen die auszubildende Person als Treuhänder als Schuld zu berücksichtigen (vgl. Tz 28.3.2b).

27.1.3c Ein Sparbuchguthaben gehört nicht zum Vermögen, wenn das Sparbuch von einer anderen Person auf den Namen der auszubildenden Person angelegt wurde, diese aber nicht verfügungsberechtigt war, weil sich die andere Person die Verfügung über das Sparbuch vorbehalten hatte.

27.1.4 Eine Verwertung ist aus rechtlichen Gründen ausgeschlossen, wenn ein entsprechendes gesetzliches Verbot (§ 134 BGB) oder ein gesetzliches oder behördliches Veräußerungsverbot (§§ 135, 136 BGB) vorliegt, z.B.:

- Beschlagnahme nach der StPO,
- nicht nach § 2136 BGB befreite Vorerbenstellung (§§ 2100 ff. BGB),
- Pfändung im Wege der Zwangsvollstreckung (§§ 803, 804, 829 ZPO),
- Arrest (§§ 930 f. ZPO),
- einstweilige Verfügung (§ 938 Abs. 2 ZPO),
- Insolvenzeröffnung (§ 80 InsO).

Nicht jedoch fällt hierunter ein vom Eigentümer vereinbartes rechtsgeschäftliches Verfügungsverbot (§ 137 BGB).

27.1.5 Der Verwertung der Guthaben aus Bausparverträgen und prämienbegünstigten Sparverträgen stehen rechtliche Gründe nicht entgegen. Zur Berechnung vgl. Tz 28.3.4.

Zu Absatz 2

27.2.1 Als Rechte auf Versorgungsbezüge, Renten und vergleichbare wiederkehrende Leistungen sind nur die Stammrechte zu verstehen, dagegen nicht die aus den Stammrechten fließenden konkreten Ansprüche auf z. B. die monatlichen Leistungen einer Versichertenrente, Witwenrente, Waisenrente.

27.2.2 Rechte auf Versorgungsbezüge, Renten und vergleichbare wiederkehrende Leistungen sind insbesondere

- Ansprüche an Witwen-, Waisen- und Pensionskassen sowie Ansprüche auf Renten und ähnliche Bezüge, die auf ein früheres Arbeits- oder Dienstverhältnis zurückgehen;
- Ansprüche aus der Sozialversicherung (gesetzliche Kranken-, Unfall- und Rentenversicherung einschließlich der hüttenknappschaftlichen Zusatzversicherung) und der Arbeitslosenversicherung;
- Ansprüche aus einer sonstigen Kranken-, Unfall- oder Rentenversicherung;
- Ansprüche auf gesetzliche Versorgungsbezüge;
- Ansprüche auf Kriegsschadenrente nach dem Lastenausgleichsgesetz;
- Ansprüche auf Entschädigungsrenten nach dem Bundesentschädigungsgesetz;
- Ansprüche auf laufende Leistungen nach dem Flüchtlingshilfegesetz;
- Ansprüche auf laufende Leistungen nach dem Häftlingshilfegesetz;
- Ansprüche auf Renten,
  a) die auf gesetzlicher Unterhaltspflicht beruhen,
  b) die als Entschädigung für den durch Körperverletzung oder Krankheit herbeigeführten gänzlichen oder teilweisen Verlust der Erwerbsfähigkeit gewährt werden;
- Ansprüche auf laufende Leistungen aus privatrechtlichen Verträgen.

27.2.3 Ein Betrag in Höhe der an den Auszubildenden ausgezahlten Übergangsbeihilfe oder Wiedereingliederungsbeihilfe (§ 27 Abs. 2 Nr. 2) ist während der ganzen Ausbildungszeit wie ein zusätzlicher Freibetrag nach § 29 zu behandeln.

27.2.4 Nießbrauch ist das Recht, die Nutzungen aus dem belasteten Gegenstand zu ziehen.

27.2.5 Haushaltsgegenstände sind die beweglichen Sachen, die zur Einrichtung der Wohnung, Führung des Haushalts und für das Zusammenleben der Familie bestimmt sind. Regelmäßig rechnen dazu Möbel, Haushaltsgeräte, Wäsche und Geschirr, Musikinstrumente, Rundfunk- und Fernsehgeräte, Geräte der elektronischen Kommunikation.

Erläuterungen

1. Spar-Konten mit behaupteter Verfügungsbeschränkung

a) Errichten Dritte auf den Namen des Antragstellers Konten, so ist der Antragsteller, auch wenn er z. B. nicht Besitzer eines Sparbuches ist, Kontoinhaber.
VG Gera, Urteil vom 17.12.2002, 6 E 2335/02 GE
Wird ein Konto auf den Namen eines Antragstellers angelegt, spricht der Rechtsschein für eigenes Vermögen.
VG Kassel FamRZ 2006, 1067

b) Für die Kontoinhaberschaft sprechen insbesondere eigene Freistellungsanträge sowie Vollmachtserteilungen für Dritte.
VG Berlin, Beschluss vom 14.03.2003, VG 6A 23.03

c) Legt ein naher Angehöriger ein Sparbuch auf den Namen eines Kindes an, ohne das Sparbuch aus der Hand zu geben, so ist aus diesem Verhalten in der Regel zu schließen, dass der Zuwendende sich die Verfügung über das Sparguthaben bis zu seinem Tode vorbehalten will.
BGH FamRZ 2005, 510 (Aufgabe der Entscheidung BGH FamRZ 1994, 625, wonach durch Kontenanlegung die Schenkung als vollzogen galt, VG Göttingen FamRZ 2008, 1666)
Anderes dürfte gelten, wenn der Schenker zu Lebzeiten das Konto von der künftigen Erbmasse trennen will.
VG Magdeburg, Urteil vom 20.01.2003, 6 A 523/02 MD

d) Die Frage, wem das angelegte Geld gehört, ist auch eine Frage der Beweiswürdigung. Wer zum Teil eigene Sparverträge auf eigenen Namen mit den Anlagen der Angehörigen anlegt und für alle Konten Freistellungsanträge stellt, ist Kontoinhaber.
VG Berlin, Beschluss vom 14.03.2003, VG 6 A 23.03; VG Gera Urteil vom 17.12.2002, 6 E 2325/02 zu weiteren Schutzbehauptungen

e) Verfügungsbeschränkungen – Geld soll für Enkel, Heirat, Studierende etc. – ausgegeben werden, sind nach § 137 BGB kein Verwertungshindernis nach § 27 Abs. 1 Satz 2 BAföG.
VG Magdeburg, Urteil vom 22.01.2003, 6 A 229/02 MD; BVerwG FamRZ 1991, 871 (Mündelvermerk)

f) Wer Freistellungsanträge als Volljähriger unterschreibt ohne sich um die Rechtsfolgen zu kümmern, handelt grob fahrlässig.
VG Hamburg, Beschluss vom 03.02.2004, 2 E 806/04; VG Magdeburg, Urteil vom 20.01.2003, 6 A 23/02 MD; VG Magdeburg, Urteil vom 22.01.2003, 6 A 523/02 MD

2. Anerkennung von Darlehensverpflichtungen

a) Die Bedingungen einer Darlehensverpflichtung müssen wie im Steuerrecht einem Fremdvergleich standhalten.
VG Ansbach, Urteil vom 29.10.2002 AN 2 K 00.01177; VG Hannover, Urteil vom 05.07.2004, 10 A 641/04
Ein Darlehensvertrag zwischen dem Antragsteller und seinen Eltern muss nicht den Kriterien eines Fremdvergleiches entsprechen. Für das Bestehen eines Darlehensvertrages müssen aber mehrere Indizien vorliegen, wie die genaue Höhe des Darlehens, der Zeitpunkt des Vertragsabschlusses und die Rückzahlungsmodalitäten, sowie ein plausibler Grund für den Abschluss des Darlehensvertrages. Ebenfalls lässt sich als Indiz gegen einen Darlehensvertrag werten, wenn der Vertrag nicht bereits im Antragsformular aufgeführt wird.
BVerwGE 132, 10

b) Die steuerrechtlichen Kriterien sind nicht anwendbar, aber es muss eingehend geprüft werden, ob die Parteien ernsthaft eine Rückzahlungsverpflichtung vereinbart haben, und der Schuldner mit der Rückzahlung rechnen muss.
OVG Münster, FamRZ 85, 222; BayVGH, Urteil vom 20.11.2003, M 15 K 01.608; BayVGH, Urteil vom 12.11.1996, 12 B 93.2743; VG Magdeburg, Urteil vom 20.01.2003, 6 A 523/02 MD; VG Köln, Urteil vom 15.2.2005, 22 K 2301/03; OVG Berlin, Beschluss vom 15.11.2002, OVG 6 S. 209.02; OVG Hamburg, Beschluss vom 17.03.2004, 4 Bs 79/04 (geschäftsmäßige Darlehensbedingungen sind glaubhaft)

c) Wer im Antragsverfahren weder Vermögen noch Schulden gegenüber den Eltern angegeben hat, ist gehalten, dieses Verhalten schlüssig zu erklären. Gelingt ihm dies nicht, können die Schulden nicht anerkannt werden.
VG München, Urteil vom 30.01.2003, M 15 K 01.4710
Ein Darlehen der Eltern, das bis zum Ende der Ausbildung gestundet ist, kann mangels verbindlichem, bestimmtem Rückzahlungstermins nicht anerkannt werden.
VG Karlsruhe FamRZ 2006, 1067

d) Strenger: Hat der Antragsteller im Antrag die Darlehensverpflichtung nicht angegeben, rechnet er mit keiner ernsthaften Geltendmachung.
OVG Brandenburg, Beschluss vom 07.03.2005, 4 B 343/04

e) Die nach der Förderungszeit fällig werdenden Darlehensbeträge können nicht mit Vermögen während der Förderungszeit saldiert werden.
VG Kassel FamRZ 2006, 1154

f) Tz 28.3.2b erstellt vereinheitlichende Kriterien für die Anerkennung von geltend gemachten Schulden. Die von der Rechtsprechung zum Teil angesetzten steuerrechtlichen Kriterien werden damit in Übereinstimmung mit dem Bundesverwaltungsgericht aufgegeben.
Urteil des BVerwG 5 C 30.07 vom 4.9.2008

3. Verdeckte Treuhandverhältnisse

a) Ein verdecktes Treuhandverhältnis ist auch bei der Anwendung der Vorschriften des BAföG anerkennungsfähig, aber nur unter folgenden Bedingungen:

Die Parteien müssen schriftlich oder mündlich folgende drei Abreden getroffen haben:

1. Der Treunehmer verpflichtet sich, das Treugut jederzeit getrennt von seinem Vermögen zu halten.
2. Er muss bereit sein, es nach Weisung des Treugebers jederzeit zurück zu geben.
3. Der Treugeber verpflichtet sich, das Treugut auch für den Fall einer eigenen Notlage nicht zu verwenden.
BVerwGE 132, 21

b) Der Treugeber hat auch bei verdeckten Treuhandverhältnissen einen Herausgabeanspruch, der das anvertraute Vermögen vollständig saldiert.
VG Berlin, Beschluss vom 15.11.2002, VG 18 A 420.02; VG Leipzig, Beschluss vom 01.09.2003, 2K 928/03

c) Die Frage, ob eine verdeckte Treuhand vorliegt, kann dahin gestellt bleiben, wenn sich aus dem widersprüchlichen Vortrag des Antragstellers keine glaubhafte treuhänderische Verpflichtung ergibt.
OVG Berlin, Beschluss vom 19.08.2003. OVG 6S 207.03; OVG Berlin, Beschluss vom 20.02.2004, OVG 6S 476.03

d) Es kann gegen Treu und Glauben verstoßen, sich auf die zivilrechtlichen Wirkungen einer verdeckten Treuhand zu berufen, wenn sie im Antragsverfahren nicht offen gelegt wurde und daher ein widersprüchliches Verhalten vorliegt.
VG Düsseldorf, Urteil vom 31.01.2005, 11 K 7239/03, unter Berufung auf die Rechtsprechung des Bundesverwaltungsgerichts zur rechtsmissbräuchlichen Übertragung.

e) Rückabgewickeltes Vermögen aus verdeckten Treuhandverhältnissen ist nicht mehr als Vermögen des Antragstellers anzurechnen.
VG Chemnitz FamRZ 2007, 1202

4. Rechtsmissbräuchliche Übertragung

a) Ein Auszubildender ist nicht gehalten, schon etwa sechs Monate vor Aufnahme der Ausbildung und erstmaliger Stellung eines Antrages sein Vermögen bereit zu halten, es sei denn, es wird rechtsmissbräuchlich auf Dritte übertragen.
VGH Mannheim FamRZ 1995, 62

b) Wer sich durch unentgeltliche Übertragungen auf Dritte in Nähe der beginnenden Ausbildung „arm schenkt", dessen Rückforderungsanspruch nach §§ 528, 812 BGB ist Vermögen.
VG Freiburg, Urteil vom 3.7.2000, 7 K 2747/98; VG Frankfurt FamRZ 86, 733; VG Berlin, Beschluss vom 23.7.2004, VG 6 A 355.04

c) Unentgeltliche Übertragungen vor der Antragstellung berechtigten als grob fahrlässige Handlungen zur Rückforderung der gezahlten Ausbildungsförderung, die in Unkenntnis dieser Verfügung geschah.
VG Regensburg, Urteil vom 15.2.2005, RN 4K 04.1362; VG Bremen, Urteil vom 11.2.2005, 1K 2576/03

d) Kommt es vor der Antragstellung zu Vermögensübertragungen an die Eltern, besteht für den Antragsteller eine Offenbarungspflicht. Die Vermögensübertragung ist als rechtsmissbräuchlich anzusehen.
OVG Sachsen-Anhalt FamRZ 2011, 763

e) Ein volljähriger Azubi ohne berufsqualifizierenden Abschluss hat einen Unterhaltsanspruch gegen seine Eltern. Überträgt er als „Gegenleistung" für Unterhaltsleistungen, auf die er i.d.S. ohnehin Anspruch hat, Vermögen auf seine Eltern, erfolgt die Vermögensverfügung im förderungsrechtlichen Sinne unentgeltlich; sie erweist sich im Zusammenhang mit dem Ausbildungsbeginn demnach als rechtsmissbräuchlich.
BayVGH, Beschluss vom 2. Juni 2020 – 12 ZB 19.1378 –, juris

§ 28 Wertbestimmung des Vermögens

(1) Der Wert eines Gegenstandes ist zu bestimmen

1. bei Wertpapieren auf die Höhe des Kurswertes,
2. bei sonstigen Gegenständen auf die Höhe des Zeitwertes.

(2) Maßgebend ist der Wert im Zeitpunkt der Antragstellung.

(3) [1]Von dem nach den Absätzen 1 und 2 ermittelten Betrag sind die im Zeitpunkt der Antragstellung bestehenden Schulden und Lasten abzuziehen. [2]Dies gilt nicht für das nach diesem Gesetz erhaltene Darlehen.

(4) Veränderungen zwischen Antragstellung und Ende des Bewilligungszeitraums bleiben unberücksichtigt.

Allgemeine Verwaltungsvorschrift

Zu Absatz 1

28.1.1 Der Zeitwert wird durch den Preis bestimmt, der in dem Zeitpunkt, auf den sich die Ermittlung bezieht, im gewöhnlichen Geschäftsverkehr nach den rechtlichen Gegebenheiten und tatsächlichen Eigenschaften, der sonstigen Beschaffenheit und der Lage des Grundstücks oder des sonstigen Gegenstandes ohne Rücksicht auf ungewöhnliche oder persönliche Verhältnisse bei einer Veräußerung zu erzielen wäre. Auf § 9 Bewertungsgesetz wird Bezug genommen.

28.1.2 Zum Betriebsvermögen gehören alle Teile einer wirtschaftlichen Einheit, die dem Betrieb eines Gewerbes als Hauptzweck dienen, soweit die Wirtschaftsgüter dem Betriebsinhaber gehören. Als Gewerbe gilt auch die gewerbliche Bodenbewirtschaftung, z.B. der Bergbau und die Gewinnung von Torf, Steinen und Erden, jedoch nicht die Land- und Forstwirtschaft.

28.1.3 (weggefallen)

28.1.4 Wertpapiere sind insbesondere Aktien, Pfandbriefe, Schatzanweisungen, Wechsel und Schecks.

28.1.5 Bei sonstigem Vermögen ist, außer bei der Bewertung von Grundstücken und Betriebsvermögen, von den Wertangaben des Erklärenden auszugehen, soweit nicht besondere Umstände vorliegen. Bei der Bewertung von Grundstücken und Betriebsvermögen liefert die Erklärung des Auszubildenden einen Anhaltspunkt, der auf Plausibilität zu prüfen ist. Bei Auslandsvermögen sind, soweit vorhanden, in- und ausländische Besteuerungsunterlagen vorzulegen. Für die Wertbestimmung ausländischen Grund- und Betriebsvermögens gilt nach § 31 Abs. 1 BewG insbesondere der gemeine Wert (§ 9 BewG). Hierbei handelt es sich in der Regel um den Verkehrswert. Bei der Bewertung des ausländischen Grundbesitzes sind Bestandteile und Zubehör zu berücksichtigen. Zahlungsmittel, Geldforderungen, Wertpapiere und Geldschulden sind nicht einzubeziehen.

28.1.6 Die Wertbestimmung von Kraftfahrzeugen (Kfz) erfolgt auf Basis des Händlereinkaufspreises (netto). Die Angaben und Nachweise der auszubildenden Person sind auf Plausibilität zu prüfen.

Die Berücksichtigung eines Kfz als Vermögen setzt voraus, dass sich dieses im Eigentum der auszubildenden Person befindet.

Bei Verträgen mit monatlich zu erbringender Leistung und Gegenleistung (z.B. Leasing, Miete) erfolgt generell keine Anrechnung als Vermögen bzw. Verbindlichkeit.

In Fällen der Finanzierung von Kfz, bei denen das Kfz Eigentum der auszubildenden Person wird, ist das Kfz in Höhe des Zeitwertes als Vermögen, der am Tag der Antragstellung bestehende Restdarlehensbetrag als Schuld zu berücksichtigen.

In Fällen der Finanzierung von Kfz, bei denen das Kfz nicht Eigentum der auszubildenden Person wird, weil es zur Sicherung des Darlehens Dritten übereignet wurde (Sicherungsübereignung), ist das Kfz zwar nicht als Vermögen anzurechnen. Die auszubildende Person ist jedoch Inhaber einer Forderung i. S. d. § 27 Abs. 1 Nr. 2 gegenüber den darlehensgebenden Dritten (Autohandel/Bank). Die Höhe der Forderung ergibt sich aus der Differenz zwischen dem Zeitwert des Kfz und der jeweils noch bestehenden Verbindlichkeit. Ist der Zeitwert geringer als der noch bestehende Restdarlehensbetrag, stellt der Differenzbetrag eine Schuld nach Absatz 3 dar.

Zu Absatz 2

28.2.1 Der Wert des Vermögens soll für einen Zeitpunkt nachgewiesen werden, der nicht mehr als 14 Tage vom Zeitpunkt der Antragstellung abweicht.

Zu Absatz 3

28.3.1 Schulden sind alle Verbindlichkeiten zur Erbringung einer Leistung, unabhängig davon, ob mit einer Geltendmachung der Forderung im Bewilligungszeitraum ernsthaft gerechnet werden muss. Zukünftig aus einem Dauerschuldverhältnis in Abhängigkeit von noch nicht erbrachten Gegenleistungen erwachsende oder von einem noch nicht eingetretenen ungewissen Ereignis abhängige Verpflichtungen (z.B. aufgrund so genannter Bildungsfonds), sind keine Schulden.

Zu den Schulden gehören auch

- Bankdarlehen nach § 18c,
- Verbindlichkeiten aus dem Bildungskreditprogramm des Bundes,
- Studienbeitrags-/Studiengebührendarlehen der Länder,
- Ausbildungs-/Studienkredite von Kreditunternehmen.

Forderungen gegen die auszubildende Person als Gesamtschuldner sind nur entsprechend seinem Anteil an der Gesamtschuld zu berücksichtigen, weil davon auszugehen ist, dass in Höhe des darüber hinausgehenden Teils Ausgleichsforderungen gegenüber den anderen Gesamtschuldnern bestehen.

28.3.2 Zur Berücksichtigung eines fiktiven Vermögensverbrauchs sind Rückforderungen aus der nachträglichen Anrechnung von Vermögen in den folgenden Bewilligungszeiträumen wie Schulden zu behandeln, solange sie noch nicht beglichen sind.

28.3.2a Der Berücksichtigung eines Darlehens steht nicht entgegen, dass dieses unter Angehörigen gewährt worden ist, wenn eine ausreichende Abgrenzung zu einer Unterhaltsleistung oder Schenkung unter Würdigung und Gewichtung der folgenden Umstände möglich ist:

- es besteht trotz eigenen Vermögens ein plausibler Grund für die Aufnahme des Darlehens,

- der Inhalt der Abrede, insbesondere die Darlehenshöhe, die Rückzahlungsmodalitäten und der Zeitpunkt des Vertragsabschlusses sind substantiiert dargelegt,
- die Durchführung des Vertrages entspricht den geltend gemachten Vereinbarungen (z.B. abredegemäßer Geldfluss),
- die Angabe des Darlehens im Antrag auf Ausbildungsförderung.

28.3.2b Der Rückforderungs- bzw. Herausgabeanspruch eines Treugebers ist als Schuld abzugsfähig, wenn die Treuhandabrede unter Würdigung und Gewichtung der folgenden Umstände zivilrechtlich wirksam zustande gekommen ist:

- es besteht ein plausibler Grund für den Abschluss des Vertrages,
- der Inhalt der Abrede und Zeitpunkt des Vertragsabschlusses sind substantiiert dargelegt,
- die Durchführung des Vertrages entspricht den geltend gemachten Vereinbarungen (z.B. abredegemäßer Geldfluss, Abführung der erzielten Zinseinnahmen an den Treugeber),
- es besteht eine Trennung des Treugutes vom eigenen Vermögen,
- es besteht eine Kontovollmacht des Treugebers,
- im Antrag auf Ausbildungsförderung wird von vornherein auf eine treuhänderische Bindung hingewiesen.

Abweichungen von den vorstehenden Kriterien müssen nachvollziehbar begründet werden.

Nicht entscheidend ist, ob das Treuhandverhältnis im Außenverhältnis offenkundig geworden ist oder ein sogenanntes verdecktes Treuhandverhältnis vorliegt.

28.3.3 Als Lasten kommen insbesondere Verpflichtungen zu wiederkehrenden Leistungen (Renten usw.) in Betracht, die mit ihrem Gegenwartswert (Vervielfachung entsprechend der voraussichtlichen Häufigkeit und Höhe der zukünftigen Zahlungen unter Berücksichtigung der Abzinsung) abzugsfähig sind.

Auf einem Vermögensgegenstand ruhende Lasten sind nur abzugsfähig, soweit sie nicht bereits bei der Bewertung des Zeitwertes berücksichtigt worden sind. Auf Grund von Bewirtschaftungs- oder Erhaltungskosten (Grundsteuer, Versicherungsbeiträge, Instandhaltungskosten usw.) können abzugsfähige Lasten nicht entstehen.

28.3.4 Lasten sind auch die Verbindlichkeiten, die der auszubildenden Person als Rückforderung von Bausparprämien sowie durch die Nachversteuerung von Bausparbeiträgen erwachsen, weil Guthaben aus Bausparverträgen oder aus Anlageformen nach dem Vermögensbildungsgesetz nach Tz 29.3.3 vor Ablauf der Festlegungsfrist verwertet werden.

Als Lasten sind pauschal zehn Prozent des Guthabens abzuziehen. Auf Verlangen der auszubildenden Person sind jedoch die nachgewiesenen Verbindlichkeiten, die im Falle einer Verwertung vor Ablauf der Festlegungsfrist entstehen oder entstehen würden, zu berücksichtigen.

28.3.5 Von dem Vermögen sind Verbindlichkeiten nicht abzusetzen, die der Auszubildende unter den zeitlichen Voraussetzungen der Tz 27.1.3a rechtsmißbräuchlich eingegangen ist. Dies ist der Fall, wenn er für sie keine entsprechende Gegenleistung erhalten hat oder es sich um Scheingeschäfte handelt.

Erläuterungen

1. Eine noch nicht konkretisierte Forderung ist bei der Vermögensermittlung schon dann als Schuld in Abzug zu bringen, wenn der Schuldner ernstlich mit der Geltendmachung rechnen muss, hier der zu erwartende Rückforderungsbescheid wegen bisher nicht angerechneten Vermögens. *OVG Münster FamRZ 1985, 222*

2. Bei der Rücknahme von Bewilligungsbescheiden, die sich wegen verschwiegenen Vermögens später als rechtswidrig herausstellen, ist davon auszugehen, dass der Auszubildende anzurechnendes Vermögen auch tatsächlich zur Deckung des Lebensunterhalts und der Ausbildungskosten verbraucht hat. Es kann daher im folgenden Bewilligungszeitraum nicht erneut angerechnet werden. *BVerwG Buchholz 436.36 zu § 28 BAföG, Urteil vom 18.7.1986*

3. Maßgeblicher Zeitpunkt für die Bestimmung anrechenbaren Vermögens ist der Zeitpunkt des Eingangs des Antrages beim Amt für Ausbildungsförderung, *OVG Sachsen-Anhalt FamRZ 2011, 763.*

4. KfW-Kredite sind als Schulden absetzbar, *BVerwG, Urteil vom 4.9.2008, 5C 30.07,* Rundschreiben des BMBF, in Berlin Rundschreiben10/11 vom 2.2.2011, unter Aufgabe früherer Anordnung, jetzt Tz 28.3.1.

5. Die Wertbestimmung von Kraftfahrzeugen erfolgt auf Basis des Händlereinkaufpreises, Tz 28.1.6.

§ 29 Freibeträge vom Vermögen

(1) [1]Von dem Vermögen bleiben anrechnungsfrei

1. für Auszubildende, die das 30. Lebensjahr noch nicht vollendet haben, 15 000 Euro, für Auszubildende, die das 30. Lebensjahr vollendet haben, 45 000 Euro,
2. für den Ehegatten oder Lebenspartner des Auszubildenden 2 300 Euro,
3. für jedes Kind des Auszubildenden 2 300 Euro.

[2]Maßgebend sind die Verhältnisse im Zeitpunkt der Antragstellung.

(2) (weggefallen)

(3) Zur Vermeidung unbilliger Härten kann ein weiterer Teil des Vermögens anrechnungsfrei bleiben.

Allgemeine Verwaltungsvorschrift

Zu Absatz 1

29.1.1 Zum Begriff „Kind des Auszubildenden“ vgl. Tz 25.5.1.

Zu Absatz 3

29.3.1 Die Bestimmung ist als Ausnahmevorschrift eng auszulegen. Besondere Beweggründe für die Bildung sowie die Herkunft des vorhandenen Vermögens sind bei der Anrechnung des Vermögens grundsätzlich unbeachtlich.

29.3.2 Eine Härte liegt insbesondere vor,

a) soweit eine Verwertung des Vermögens ohne schwerwiegenden Verstoß gegen die Regeln der wirtschaftlichen Vernunft nicht möglich ist. Dabei ist das Maß dessen, was der auszubildenden Person bei der Verwertung ihres Vermögens wirtschaftlich zumutbar ist, nicht zu gering zu veranschlagen,

b) wenn die Vermögensverwertung zur Veräußerung oder Belastung eines im Sinne des § 90 Abs. 2 Nr. 8 SGB XII angemessenen Hausgrundstücks, besonders eines Familienheims oder einer Eigentumswohnung, die selbstbewohnt sind oder im Gesamthandseigentum stehen, führen würde.

   Die Angemessenheit bestimmt sich dabei nach der Zahl der Bewohner, dem Wohnbedarf (z.B. behinderter oder pflegebedürftiger Menschen), der Grundstücksgröße, der Hausgröße, dem Zuschnitt und der Ausstattung des Wohngebäudes sowie dem Wert des Grundstücks einschließlich des Wohngebäudes.

   Als angemessenen kann eine Wohngröße angesehen werden, wenn bei einem Vier-Personen-Haushalt die Wohnfläche eines Einfamilienhauses 130 Quadratmeter oder die einer Eigentumswohnung 120 Quadratmeter nicht übersteigt. Für jede weitere Person wird die Bezugsgröße um 20 Quadratmeter erhöht. Leben weniger als vier Personen in dem Haushalt, sind pro Person 20 Quadratmeter abzuziehen. Unterhalb des Zwei-Personen Haushalts findet kein weiterer Abzug statt,

c) wenn die Verwertung eines Grundstücks in dem Zeitraum, für den Ausbildungsförderung beantragt wird, nicht realisiert werden kann,

d) solange das Vermögen nachweislich zur baldigen Beschaffung oder Erhaltung eines Hausgrundstücks im Sinne des § 90 Abs. 2 Nr. 8 SGB XII bestimmt ist, soweit dieses Wohnzwecken behinderter oder pflegebedürftiger Menschen dient oder dienen soll und dieser Zweck durch den Einsatz oder die Verwertung des Vermögens gefährdet würde,

e) wenn die Verfügung über das einzusetzende Grundvermögen vertraglich ausgeschlossen wurde und dieses Verfügungsverbot durch eine Auflassungsvormerkung mit Rückübertragungsklausel dinglich gesichert ist,

f) soweit das Vermögen zur Milderung der Folgen einer körperlichen oder seelischen Behinderung bestimmt ist, nach einem erlittenen Personenschaden der Deckung der voraussichtlichen schädigungsbedingten Aufwendungen für die Zukunft dienen soll oder auf Schmerzensgeldzahlungen beruht,

g) bei Altersvorsorgeverträgen, die die Voraussetzungen des § 5 AltZertG erfüllen (Riester-Renten), in Höhe der geförderten Altersvorsorgeaufwendungen (also Eigenbeiträge und Zulagen) sowie der Erträge (also Zinsen) hieraus bis zu dem innerhalb der in § 10a EStG genannten jährlichen Höchstbetrag. Die jährlichen Werte sind entsprechend der Laufzeit des jeweiligen Altersvorsorgevertrages zu addieren,

h) bei einer Lebensversicherung, die nicht ausschließlich auf Verrentung ausgerichtet ist, solange der Rückkaufwert unterhalb der eingezahlten Beträge bleibt,

i) soweit es sich bei dem Vermögen um eine Rücklage handelt, die für ein begonnenes oder konkret bevorstehendes Ausbildungsvorhaben im selben Ausbildungsabschnitt benötigt wird, um notwendige ausbildungsbedingte Ausgaben bestreiten zu können, die nicht im Bedarf enthalten sind, vgl. Tz 23.5.1,

j) soweit es sich bei dem Vermögen um eine Mietkaution oder um notwendige Genossenschaftsanteile für die selbst genutzte Wohnung handelt,

k) soweit die auszubildende Person aus gesundheitlichen Gründen oder wegen der Lage von Wohnort und Ausbildungsstätte im Einzelfall auf die Benutzung eines angemessenen Kraftfahrzeuges angewiesen ist,

l) soweit die Verwertung des Vermögens wegen einer nach der Antragstellung eingetretenen Änderung der Verhältnisse nach Absatz 1 Satz 1 nicht zumutbar ist und nicht bereits ein Freibetrag hierfür gewährt wurde.

Der Bezug eines Studienkredites oder die Möglichkeit des Bezuges eines Studienkredites schließen die Gewährung des Härtefreibetrages nicht aus.

29.3.3 Nicht zu einer unbilligen Härte führt die Verwertung von Guthaben aus Anlageformen nach dem Vermögensbildungsgesetz oder dem Wohnungsbau-Prämiengesetz, auch wenn die Verwertung prämien- und/oder steuerschädlich ist.

Erläuterungen

1. Ob ein angemessenes Hausgrundstück vorliegt i.S. von § 88 Abs. 2 Nr. 7 BSHG, bestimmt sich nach der Angemessenheit für die Bewohner bei Familieneigenheimen und Eigentumswohnungen i.S. der §§ 7 und 12 des II. WoBauG. Die Wohnflächen dürfen dabei die Grenzen des § 39 Abs. 1 Nr. 1 und 3 nicht übersteigen.
   Dabei ist bei Gesamthandseigentum oder Miteigentum des Antragstellers auf das Gesamtobjekt abzustellen.
   OVG Lüneburg NJW 1995, 3202

2. Wird auf einen Bedarf für Ausbildungsförderung (§ 11 BAföG) wirtschaftlich nicht verwertbares Vermögen angerechnet (§ 11 Abs. 2 S. 1 BAföG), so stellt dies nach der fachgerichtlichen Rspr. eine unbillige Härte i.S.d. § 29 Abs. 3 BAföG dar. Zudem kann auch die Notwendigkeit, Vermögen im Wege der Zwangsversteigerung eines Hausgrundstücks einzusetzen, ein wirtschaftliches Verwertungshindernis begründen. Denn dabei entsteht regelmäßig ein erheblicher wirtschaftlicher Verlust.

   Das Willkürverbot wird durch die Versagung von BAföG-Leistungen unter Anrechnung des Wertes eines Miterbenanteils iHv 1/12 an einer vom Beschwerdeführer, seiner Mutter und seiner schulpflichtigen Brüder bewohnten Immobilie verletzt, wenn die angegriffenen Entscheidungen keine Feststellungen zu dem mit einer Zwangsversteigerung verbundenen wirtschaftlichen Verlust enthalten und das zuständige VG bzw. OVG trotz der unterstellten Notwendigkeit einer Zwangsversteigerung in nicht nachvollziehbarer Weise annimmt, es gebe keine Anhaltspunkte dafür, dass sich das hier in Rede stehende Einfamilienhaus nicht zu einem angemessenen Preis verkaufen lasse. Darüber hinaus lassen die angegriffenen Entscheidungen bei der Anwendung der Härtefallregelung des § 29 Abs. 3 BAföG völlig unberücksichtigt, dass die Mutter und die beiden Brüder des Beschwerdeführers zu einer voraussichtlich unwirtschaftlichen Verwertung ihres Anteils am gemeinsam bewohnten Hausgrundstück gezwungen würden, obwohl sie nicht zum Einsatz ihres Vermögens verpflichtet sind, um dem Beschwerdeführer ein Studium zu ermöglichen.
   BVerfG, Stattgebender Kammerbeschluss vom 21. März 2023 – 1 BvR 1620/22 –, juris

3. Die Verwertung von einem fremdvermieteten Grundstück im Gesamthandseigentum ist keine unbillige Härte.
   VG Schleswig FamRZ 1981, 504, ob dies vor dem Hintergrund der verfassungsgerichtlichen Entscheidung vom 21.03. 2023 bei Notwendigkeit einer Zwangsversteigerung entsprechender Immobilien noch haltbar ist, ist fraglich

4. Grundstücke mit Verfügungsverbot und Rückübertragungsvormerkung für den Fall der Zuwiderhadlung können nach § 29 Abs. 3 BAföG freigestellt werden.
   VG Darmstadt FamRZ 1998, 517

5. Die Verwertung eines hälftigen Grundstücksanteils, das mit dem Nießbrauch des Vaters belegt ist, ist derart erschwert, dass es nach § 29 Abs. 3 anrechnungsfrei bleiben kann.
   VGH Baden-Württemberg FamRZ 2006, 1638

6. Vermögen aus Riester-Renten sind entsprechend § 10a EStG bis zu den dortigen Höchstbeträgen kumulativ anrechnungsfrei, also für einen Riester-Vertrag ab 2008 und Antragstellung nach dem BAföG ab Oktober 2016 in Höhe von 18 900 Euro (9 × 2 100 Euro), Tz 29.3.2.

7. Die Freistellung eines weiteren Teils des Vermögens des Auszubildenden nach § 29 Abs. 3 BAföG zur Vermeidung einer unbilligen Härte kommt grundsätzlich auch dann in Betracht, wenn der Auszubildende notwendige ausbildungsbedingte Mehrkosten, die – wie Schulgeld – durch den ausbildungsförderungsrechtlichen Bedarfssatz nicht gedeckt sind, zu tragen hat, wenn der Auszubildende ferner ohne die Freistellung eines weiteren Teils seines Vermögens sein nach § 29 Abs. 1 BAföG anrechnungsfreies Vermögen zur Deckung dieser Kosten vollständig oder teilweise verwer-

ten müsste und wenn diese Verwertung des anrechnungsfreien Vermögens zugleich zu einer wesentlichen Beeinträchtigung der Lebensgrundlage des Auszubildenden führen würde.
OVG Lüneburg, Beschluss vom 24.01.2013, Az. 4 LA 290/11

§ 30 Monatlicher Anrechnungsbetrag

Auf den monatlichen Bedarf des Auszubildenden ist der Betrag anzurechnen, der sich ergibt, wenn der Betrag des anzurechnenden Vermögens durch die Zahl der Kalendermonate des Bewilligungszeitraums geteilt wird.

Allgemeine Verwaltungsvorschrift

30.0.1 Der Auszubildende hat für jeden Bewilligungszeitraum eine Vermögenserklärung abzugeben.

30.0.2 Das jeweils im Zeitpunkt der Antragstellung vorhandene und unter Berücksichtigung der Freibeträge nach § 29 anzurechnende Vermögen ist in vollem Umfang gleichmäßig auf die Monate des Bewilligungszeitraums aufzuteilen und auf den Bedarf anzurechnen. Auch wenn im Fall des § 53 der Bewilligungszeitraum verkürzt wird, bleibt es für diesen Zeitraum bei dem bisherigen monatlichen Anrechnungsbetrag.

30.0.3 Zum Begriff „Bewilligungszeitraum" vgl. Tz 50.3.1 bis 50.3.3.

§§ 31 bis 34 (weggefallen)

Abschnitt VI

§ 35 Anpassung der Bedarfssätze und Freibeträge

[1]Die Bedarfssätze, Freibeträge sowie die Vomhundertsätze und Höchstbeträge nach § 21 Absatz 2 sind alle zwei Jahre zu überprüfen und durch Gesetz gegebenenfalls neu festzusetzen. [2]Dabei ist der Entwicklung der Einkommensverhältnisse und der Vermögensbildung, den Veränderungen der Lebenshaltungskosten sowie der finanzwirtschaftlichen Entwicklung Rechnung zu tragen. [3]Die Bundesregierung hat hierüber dem Deutschen Bundestag und dem Bundesrat zu berichten.

Abschnitt VII
Vorausleistung und Anspruchsübergang

§ 36 Vorausleistung von Ausbildungsförderung

(1) Macht der Auszubildende glaubhaft, dass seine Eltern den nach den Vorschriften dieses Gesetzes angerechneten Unterhaltsbetrag nicht leisten, und ist die Ausbildung – auch unter Berücksichtigung des Einkommens des Ehegatten oder Lebenspartners im Bewilligungszeitraum – gefährdet, so wird auf Antrag nach Anhörung der Eltern Ausbildungsförderung ohne Anrechnung dieses Betrages geleistet; nach Ende des Bewilligungszeitraums gestellte Anträge werden nicht berücksichtigt.

(2) Absatz 1 ist entsprechend anzuwenden, wenn

1. der Auszubildende glaubhaft macht, dass seine Eltern den Bedarf nach den §§ 12 bis 14b nicht leisten, und die Eltern entgegen § 47 Absatz 4 die für die Anrechnung ihres Einkommens erforderlichen Auskünfte nicht erteilen oder Urkunden nicht vorlegen und darum ihr Einkommen nicht angerechnet werden kann, und wenn
2. Bußgeldfestsetzung oder Einleitung des Verwaltungszwangsverfahrens nicht innerhalb zweier Monate zur Erteilung der erforderlichen Auskünfte geführt haben oder rechtlich unzulässig sind, insbesondere weil die Eltern ihren ständigen Wohnsitz im Ausland haben.

(3) Eine Anrechnung des weitergeleiteten oder direkt ausgezahlten Kindergeldes auf den vorausgeleisteten Betrag sowie eine Anrechnung überobligatorischer Leistungen eines Elternteils auf den angerechneten Unterhaltsbetrag des anderen Elternteils findet nicht statt.

(4) Ausbildungsförderung wird nicht vorausgeleistet, soweit die Eltern bereit sind, Unterhalt entsprechend einer gemäß § 1612 Absatz 2 des Bürgerlichen Gesetzbuches getroffenen Bestimmung zu leisten.

(5) Von der Anhörung der Eltern kann aus wichtigem Grund oder, wenn der Auszubildende in demselben Ausbildungsabschnitt für den vorhergehenden Bewilligungszeitraum Leistungen nach Absatz 1 oder 2 erhalten hat, abgesehen werden.

Allgemeine Verwaltungsvorschrift

Zu Absatz 1

36.1.1 Eltern leisten den nach den Vorschriften dieses Gesetzes angerechneten Unterhaltsbetrag nicht, wenn sie weder einen Geldbetrag noch Sachleistungen in dieser Höhe erbringen oder aufwenden. Die Eltern können nach Maßgabe des § 1612 BGB die Leistungsart grundsätzlich frei wählen.

Das Amt hat Sachleistungen nach Maßgabe der Sozialversicherungsentgeltverordnung zu bewerten. Die für den ersten Monat des Bewilligungszeitraums gültige Bewertungsvorschrift ist für den ganzen Bewilligungszeitraum anzuwenden.

Der Wert der Wohnung ist mit dem in § 13 Abs. 2 Nr. 1 bestimmten Betrag, der Wert der Kranken- und Pflegeversicherung mit den nach § 13a gewährten Beträgen anzusetzen.

36.1.2 Leisten die Eltern lediglich einen Teil des angerechneten Einkommensbetrages als Unterhalt, ist die Vorausleistung auf den nicht geleisteten Teilbetrag zu beschränken.

Leistet ein Elternteil mehr als den angerechneten Einkommensbetrag als Unterhalt (Geld- und Sachleistungen), ist die Vorausleistung für den anderen Elternteil um diesen Mehrbetrag zu mindern.

Eine Berücksichtigung überobligatorischer Sachleistungen findet allerdings für den Fall nicht statt, in dem einem Schüler trotz des eigenen Einkommens oder der Geldleistungen seiner Eltern oder Dritter weniger Bargeld zur Verfügung steht als der Ausbildungskostenanteil der Förderung nach § 12 Abs. 2 Nr. 1. Der Ausbildungskostenanteil der Ausbildungsförderung beträgt pauschal 20 Prozent des Bedarfes nach § 12 Abs. 2 Nr. 1.

Die Vorausleistung ist um das weitergeleitete oder direkt an die auszubildende Person ausgezahlte Kindergeld zu mindern. Es ist, in den Fällen, bei denen die Auszahlung des Kindergeldes direkt an den Auszubildenden oder einen Dritten (nicht Elternteil) erfolgt, in dem Verhältnis aufzuteilen, wie sich die anrechenbaren Einkommensbeträge beider Elternteile einander gegenüberstehen. Auf Dauer angelegte regelmäßige Unterhaltsleistungen Dritter sind zu berücksichtigen.

36.1.3 Für die Glaubhaftmachung reicht es aus, dass der Auszubildende schriftlich versichert, dass seine Eltern den angerechneten Unterhaltsbetrag nicht leisten.

36.1.4 Einkommen und Vermögen der auszubildenden Person unterhalb der Freibeträge bleiben bei der Prüfung, ob die Ausbildung gefährdet ist, außer Betracht.

Es ist anzunehmen, dass die Ausbildung gefährdet ist, wenn der von den Eltern oder Dritten geleistete Unterhaltsbetrag hinter dem angerechneten Einkommensbetrag um mehr als den in § 51 Abs. 4 genannten Betrag monatlich zurückbleibt.

36.1.5 Die Ausbildung ist nicht gefährdet, soweit das Einkommen des Ehegatten oder des Lebenspartners im Bewilligungszeitraum nach Abzug der Freibeträge nach § 25 sein bereits angerechnetes Einkommen des vorletzten Kalenderjahres vor Beginn des Bewilligungszeitraums übersteigt (Auswirkung des Vorrangs der Unterhaltspflicht des Ehegatten oder des Lebenspartners). Das Einkommen ist nach § 21 zu ermitteln.

36.1.6 Die Ausbildung gilt als nicht gefährdet, wenn die auszubildende Person es aus tatsächlichen Gründen zu vertreten hat, dass die Zahlungen der Eltern sie nicht erreichen können, z.B. weil sie ihre Eltern nicht aufgefordert hat, Unterhalt zu leisten, oder andere für den Zahlungsverkehr notwendige Informationen unterlassen hat. Dies gilt nicht, wenn ihr die Adresse der Eltern/des Elternteils nicht bekannt ist.

36.1.7 Vorausleistung wird grundsätzlich vom Beginn des Monats an erbracht, in dem die auszubildende Person die nach Absatz 1 maßgeblichen Umstände mitgeteilt und einen Antrag auf Vorausleistung gestellt hat (Tz 36.1.3). Rückwirkend wird sie nur geleistet, wenn die auszubildende Person die Verweigerung von Unterhaltsleistungen innerhalb von zwei Monaten nach Bekanntgabe des Bescheides nach § 50 Abs. 1 mitteilt und vor Ablauf des Bewilligungszeitraums einen Antrag auf Vorausleistung stellt. Zur Fristwahrung bedarf es nicht der Verwendung des Formblattes.

Bei einer Förderung unter Vorbehalt ist eine rückwirkende Erhöhung der Vorausleistung ausgeschlossen, soweit sich bei einer abschließenden Einkommensberechnung nach Ablauf des Bewilligungszeitraums herausstellt, dass ein höheres Elterneinkommen anzurechnen gewesen wäre als ursprünglich angenommen.

36.1.8 Die Anhörung der Eltern kann schriftlich oder persönlich beim Amt durchgeführt werden. Die Aufforderung zur Anhörung ist zuzustellen. Bei der persönlichen Anhörung ist eine Niederschrift anzufertigen und von den Eltern zu unterzeichnen.

36.1.9 Im Anhörungsverfahren sind den Eltern

- die Angaben der auszubildenden Person zum Vorausleistungsantrag zur Kenntnis zu geben,
- die Folgen nach Tz 36.1.13 mitzuteilen,
- die Rechtslage zu erläutern, insbesondere die Folgen des § 37,
- im Fall mangelnder Mitwirkung gemäß § 47 die Konsequenzen aus § 58 zu verdeutlichen.

36.1.10
bis
36.1.12 *(für nicht anwendbar erklärt)*[1]

36.1.13 Geben die Eltern keine Erklärung zur Sache ab, ist davon auszugehen, daß die Angaben des Auszubildenden über die persönlichen und wirtschaftlichen Verhältnisse seiner Eltern und die von ihnen erbrachten Unterhaltsleistungen zutreffen.

36.1.14 Die Anhörung der Eltern ist für jeden Bewilligungszeitraum erneut durchzuführen, wenn nicht eine der Voraussetzungen des § 36 Abs. 4 gegeben ist.

36.1.15 Eine entsprechende Anwendung des § 36 kommt nicht in Betracht, wenn der Ehegatte oder Lebenspartner den nach den Vorschriften dieses Gesetzes angerechneten Unterhaltsbetrag nicht leistet.

36.1.16 Auf Tz 51.2.1 letzter Satz wird hingewiesen.

36.1.17 In Fällen, in denen die Eltern keinen Unterhalt leisten, ein bürgerlich rechtlicher Unterhaltsanspruch gegen sie offensichtlich nicht besteht (vgl. Tz 37.1.1) und auch nicht lediglich wegen der wirtschaftlichen Verhältnisse der Eltern verneint wird, soll – wenn noch kein Vorausleistungsbescheid erlassen wurde – anstelle von Vorausleistung Ausbildungsförderung analog § 11 Abs. 2a ohne Anrechnung des Einkommens der Eltern bzw. des Elternteils geleistet werden.

Wird nach Erlass eines Vorausleistungsbescheides festgestellt, dass kein Unterhaltsanspruch besteht, so ist § 11 Abs. 2a analog erst ab dem folgenden Bewilligungszeitraum anzuwenden. In diesem Fall sind Vorbehaltsauflösungen für die vorausgeleisteten Beträge nicht mehr durchzuführen.

36.1.18 (weggefallen)

Zu Absatz 2

Zu Satz 1 Nr. 1

36.2.1 Soweit die Eltern nach den Angaben des Auszubildenden oder glaubhaft gemachten eigenen Angaben Unterhaltsleistungen an den Auszubildenden erbringen oder im Rahmen des § 1612 BGB (vgl. Tz 36.3.1 und 36.3.2) anbieten, kommt eine Leistung des Förderungsbetrags entsprechend Absatz 1 nicht in Betracht. Tz 36.1.1 ist anzuwenden.

---

1 Die Teilziffern 36.1.10, 36.1.11 und 36.1.12 sind mit BMBF-Erlass vom 14.11.2013 (414-42511 VwV/24) für nicht anwendbar erklärt worden. Durch einen redaktionellen Übertragungsfehler ist es unterblieben, dieseTeilziffern in der BAföGÄndVwV 2013 zu streichen; formal bestehen sie daher fort. Deren Regelungen wurden jedoch bereits in die geänderten Teilziffern 36.1.8 und 36.1.9 überführt. Es ist vorgesehen, die Teilziffern bei der nächsten Änderung der BAföGVwVauch förmlich aufzuheben. Insoweit wurde von einem Abdruck der Teilziffern 36.1.10 bis 36.1.12 abgesehen.

36.2.2 In Höhe des nicht durch vorrangige Anrechnung gemäß § 11 Abs. 2 gedeckten Bedarfs ist von einem anzurechnenden Einkommen der Eltern auszugehen. Sofern die Eltern nicht miteinander verheiratet sind oder dauernd getrennt leben, ist Tz 11.2.6 mit der Maßgabe anzuwenden, dass – wenn nur ein Elternteil bei der Antragstellung nicht mitwirkt – eine Anrechnung von seinem Einkommen in voller Bedarfshöhe unterstellt wird.

36.2.3 Neben der Durchführung des Bußgeld- oder Verwaltungszwangsverfahrens hat sich das Amt zu bemühen, die erforderlichen Auskünfte durch zumutbare eigene Ermittlungen anderweitig zu erhalten.

36.2.4 (Aufgehoben)

36.2.5 Tz 36.1.3 bis 36.1.6 und 36.1.8 bis 36.1.17 sind anzuwenden.

In den Fällen des Absatz 2 ist die Vorausleistung stets vom Beginn des Bewilligungszeitraums an zu erbringen.

Zu Nummer 2

36.2.6 Maßgeblicher Zeitpunkt ist die Bekanntgabe des Bußgeldbescheides oder die nach den Verwaltungsvollstreckungsgesetzen der Länder erfolgte Androhung eines Zwangsgeldes, auch wenn diese Maßnahmen noch nicht unanfechtbar sind.

36.2.7 Bußgeld- oder Verwaltungszwangsverfahren sind mit dem Ziel, die Angaben über die Einkommensverhältnisse zu erhalten, fortzusetzen, auch wenn bereits eine Vorausleistung bewilligt ist.

36.2.8 Bei Finanzbehörden im Ausland ist davon auszugehen, daß sie keine Auskunft erteilen.

36.2.9 Verwaltungszwangsmittel werden im Ausland nicht vollzogen.

Zu Satz 2

36.2.10 *(für nicht anwendbar erklärt)*[1]

Zu Absatz 3

Zu Nummer 1

36.3.1 Eine Unterhaltsbestimmung muss gegenüber der auszubildenden Person abgegeben werden; wenn sie gegenüber Dritten wie dem Amt erfolgt, ist sie unbe-

1 Die Teilziffer 36.2.10 ist mit BMBF-Erlass vom 14.11.2013 (414-42511 VwV/24) für nicht anwendbar erklärt worden. Durch einen redaktionellen Übertragungsfehler ist es unterblieben, diese – bereits mit BMBF-Erlass vom 5.1.2005 für künftig nicht anwendbar erklärte – Teilziffer in der BAföGÄndVwV 2013 zu streichen. Formal besteht sie daher fort; es ist vorgesehen, die Teilziffer bei der nächsten Änderung der BAföGVwV auch förmlich aufzuheben. Insoweit wurde von einem Abdruck der Teilziffer 36.2.10 abgesehen.

achtlich. Eine bedingte Unterhaltsbestimmung ist unbeachtlich. Eine Unterhaltsbestimmung der Eltern gemäß § 1612 Abs. 2 BGB ist zu beachten, soweit sie nicht vom Familiengericht abgeändert worden ist. Ob die Durchführung der Ausbildung durch die Bestimmung beeinträchtigt wird, ist nicht zu prüfen. Ist die Unterhaltsbestimmung der Eltern durch das Familiengericht abgeändert worden, so ist Vorausleistung bei Vorliegen der Voraussetzungen auch vor Rechtskraft der Entscheidung zu gewähren, es sei denn, dass deren Vollziehbarkeit ausgesetzt ist.

36.3.2 Erbringen die Eltern entsprechend ihrer Bestimmung nach § 1612 Abs. 2 BGB den vollen Unterhalt in Sachleistungen (einschl. Taschengeld) oder bieten sie ihn an, so findet eine Vorausleistung nicht statt. Zu beachten ist jedoch Tz 36.1.2 Satz 3 und 4.

36.3.3 Wird nur ein Teil des Unterhalts in Sachleistungen erbracht oder angeboten, so ist ihr Wert nach Tz 36.1.1 zu bestimmen. Der Differenzbetrag zwischen dem geleisteten/angebotenen Unterhalt und dem nach diesem Gesetz angerechneten Unterhaltsbetrag ist vorauszuleisten.

36.3.4 (Aufgehoben)

36.3.5 Das Bestimmungsrecht der Eltern nach § 1612 Abs. 2 BGB besteht auch gegenüber einem volljährigen unverheirateten Kind.

Zu Nummer 2

36.3.6
bis
36.3.8 (weggefallen)

Zu Absatz 4

36.4.1 Ein wichtiger Grund, von der Anhörung abzusehen, liegt insbesondere vor, wenn

a) die Anhörung aus tatsächlichen oder rechtlichen Gründen nicht durchgeführt werden kann,

b) eine rechtskräftige Unterhaltsentscheidung vorliegt und seit deren Erlass eine wesentliche Veränderung der für einen Abänderungsantrag nach § 238 FamFG maßgebenden wirtschaftlichen und Ausbildungsverhältnisse nicht eingetreten ist. Das ist ohne Vorliegen besonderer Umstände anzunehmen, wenn die Unterhaltsentscheidung in den letzten vier Jahren vor Beginn des Bewilligungszeitraums rechtskräftig geworden ist,

c) die Eltern unabhängig von der Anhörung, schriftlich oder – bei Wiederholungsanträgen – in einer früheren Anhörung dem Amt gegenüber die Leistung des angerechneten Unterhaltsbetrages so nachdrücklich verweigert haben, dass mit einer Änderung ihrer Haltung durch die Anhörung nicht zu rechnen ist.

Erläuterungen

1. Vorausleistungen sind nicht verwirkt, wenn der Antragsteller durch eigenes Verschulden (z.B. Tätlichkeit gegen die Eltern oder chaotischen Ausbildungsverlauf mit langen Zeiten der Untätigkeit) seinen Unterhaltsanspruch verloren hat.
BVerwG FamRZ 1985, 431

2. Im Falle einer Förderung unter dem Vorbehalt der Rückforderung ist nach der endgültigen Berechnung eine rückwirkende Erhöhung der Vorausleistungen ausgeschlossen, Tz 36.1.7. Eine Erhöhung falsch berechneter Vorausleistungen ist damit aber nicht ausgeschlossen.

3. Umstritten ist, ob trotz ausdrücklichen Antragserfordernisses für Vorausleistungen im Bewilligungszeitraum, die Einrede der Vorausleistung gegen Rückforderungen unter Vorbehalt nach § 24 Abs. 2 und Abs. 3 BAföG geleisteter Zahlungen möglich bleibt.
nein: Ramsauer/Stallbaum/Sternal, Rn. 12 zu § 24
ja: Rothe-Blanke, § 36, Rn. 13.4

4. Im Rahmen der Anwendung von § 36 Abs 3 BAföG hat das Ausbildungsförderungsamt selbst umfassend zu prüfen, ob eine Unterhaltsbestimmung, die die Eltern des Auszubildenden gemäß § 1612 Abs 2 S 1 BGB getroffen haben, deshalb unwirksam ist, weil sie nicht die gebotene Rücksicht auf die Belange des Kindes nimmt.

   Eine Unterhaltsbestimmung der Eltern nimmt dann nicht die gebotene Rücksicht auf die Belange des Kindes, wenn sie darauf angelegt ist, die familiäre Lebensgemeinschaft, die zwischen dem unterhaltsberechtigten volljährigen Kind sowie dessen Partner und dem gemeinsamen Kind der beiden besteht, auseinanderzureißen.
   OVG Lüneburg, NJW 2015, 3596

   Das Sachleistungsangebot der Eltern schließt nur dann Vorausleistungen aus, wenn der gesamte Lebensbedarf angeboten wird, d. h. Unterkunft bei den Eltern, Kost und Taschengeld für den Ausbildungsunterhalt.
   BGH FamRZ 1983, 269; OLG Hamm FamRZ 1999, 404, OLG Celle FamRZ 2007, 762
   Eine hilfsweise, bedingte Bestimmung der Eltern, die lediglich der Verteidigung zur Abwehr des grundsätzlich bestrittenen Unterhaltsanspruches dient, ist rechtsunwirksam.
   OLG Hamburg FamRZ 1982, 1112

5. Bei der einem Auszubildenden nach § 36 Abs. 1 BAföG gewährten Vorauszahlung ist das ihm ausgezahlte Kindergeld mindernd zu berücksichtigen.
   BVerwG, FamRZ 2015, 574; betrifft die Rechtslage vor Inkrafttreten des 29. BAföGÄndG

   Das von den Eltern an den Auszubildenden weitergeleitete Kindergeld ist ebenfalls vorausleistungsmindernd anzurechnen.
   OVG Münster, Beschluss vom 30. Juni 2016 – 12 A 2455/15 –, juris; betrifft die Rechtslage vor Inkrafttreten des 29. BAföGÄndG

6. Für Schüler findet bei überobligatorischen Sachleistungen eines Elternteils keine Minderung der Vorausleistungen in Höhe des ungedeckten Ausbildungskostenanteils statt.
   Beschluss des BVerfG vom 7.7.2010, 1 BvR 2556/09; betrifft die Rechtslage vor Inkrafttreten des 29. BAföGÄndG

7. Auf Dauer angelegter Unterhalt Dritter (z.B. Großeltern) ist ebenfalls vorausleistungsmindernd anzurechnen.

8. Ein nach dem Ende des Bewilligungszeitraumes gestellter Antrag auf Vorausleistungen nach § 36 Abs. 1 BAföG findet nach der Neufassung dieser Bestimmung durch das 17. BAföG-Änderungs-

gesetz vom 24. Juli 1995 (BGBl I S. 976) in Fällen einer abschließenden Entscheidung nach § 24 Abs. 2 oder 3 BAföG keine Berücksichtigung mehr.
BVerwGE 136, 109

9. Der Erlass eines – vorbehaltlosen – Vorausleistungsbescheides nach § 36 Abs. 2 BAföG führt nicht zur Rechtswidrigkeit des mit einer Zwangsgeldandrohung geltend gemachten Auskunftsbegehrens des Amtes; die Zwangsgeldandrohung erledigt sich aber auf sonstige Weise. Die Pflicht der Eltern zu einer weiteren Mitwirkung entfällt in diesen Fällen nachträglich, weil es einer Berechnung des ausbildungsförderungsrechtlichen Unterhaltsbetrages der Eltern nach §§ 21 ff., 24 BAföG für die Bewilligung der Ausbildungsförderung nicht (mehr) bedarf. Die dem gesetzlichen Nachrang der Ausbildungsförderung entsprechende Berücksichtigung des elterlichen Einkommens auf die Ausbildungsförderung erfolgt dann im Wege der Geltendmachung des nach § 37 Abs. 1 BAföG auf das Amt für Ausbildungsförderung übergegangenen, zivilrechtlichen Auskunfts- und ggf. Leistungsanspruches des Auszubildenden gegen seine Eltern.
OVG Münster, Beschluss vom 01.07.2011, Az. 12 B 521/11

10. Das Elterngeld ist bis zu einer Höhe von 300 Euro nicht auf die Vorausleistung nach 36 Abs. 1 S. 1 BAföG anzurechnen. § 21 Abs. 3 S. 1 Nr. 4 BAföG i.V.m. § 1 Nr. 2 f BAföG-EinkVO enthält insoweit für Elterngeld, das den nach § 10 Absatz 1 Satz 1 BEEG anrechnungsfreien Betrag von 300 Euro nicht übersteigt, eine materielle Freibetragsregelung, die auch für die Vorausleistung von Ausbildungsförderung nach § 36 Abs. 1 S. 1 BAföG gilt.
BVerwG, Urteil vom 16. Mai 2019 – 5 C 7/18 –, juris

11. Ein Antrag auf Gewährung von Vorausleistungen gemäß § 36 BAföG kann nur auf den Unterhaltsbetrag im Rahmen der vorläufigen Gewährung von Ausbildungsförderung bezogen sein kann, er umfasst dagegen nicht einen sich künftig ergebenden Unterhaltsbetrag. Bei der Auflösung eines Vorbehaltes nach § 24 Abs. 3 BAföG ist demnach die Erhöhung der Vorausleistung ausgeschlossen.
OVG Bremen, Urteil vom 7. Mai 2019 – 1 LC 51/17 –, juris

§ 37 Übergang von Unterhaltsansprüchen

(1) [1]Hat der Auszubildende für die Zeit, für die ihm Ausbildungsförderung gezahlt wird, nach bürgerlichem Recht einen Unterhaltsanspruch gegen seine Eltern, so geht dieser zusammen mit dem unterhaltsrechtlichen Auskunftsanspruch mit der Zahlung bis zur Höhe der geleisteten Aufwendungen auf das Land über, jedoch nur soweit auf den Bedarf des Auszubildenden das Einkommen der Eltern nach diesem Gesetz anzurechnen ist. [2]Die Zahlungen, welche die Eltern auf Grund der Mitteilung über den Anspruchsübergang erbringen, werden entsprechend § 11 Absatz 2 angerechnet. [3]Die Sätze 1 und 2 gelten nicht, soweit der Auszubildende Ausbildungsförderung als Bankdarlehen nach § 18c erhalten hat.

(2) (weggefallen)

(3) (weggefallen)

(4) Für die Vergangenheit können die Eltern des Auszubildenden nur von dem Zeitpunkt an in Anspruch genommen werden, in dem

1. die Voraussetzungen des bürgerlichen Rechts vorgelegen haben oder
2. sie bei dem Antrag auf Ausbildungsförderung mitgewirkt haben oder von ihm Kenntnis erhalten haben und darüber belehrt worden sind, unter welchen Voraussetzungen dieses Gesetz eine Inanspruchnahme von Eltern ermöglicht.

(5) (weggefallen)

(6) [1]Der Anspruch ist von der Fälligkeit an mit 6 vom Hundert zu verzinsen. [2]Zinsen werden jedoch erst vom Beginn des Monats an erhoben, der auf die Mitteilung des Amtes für Ausbildungsförderung über den erfolgten Anspruchsübergang folgt.

Allgemeine Verwaltungsvorschrift

Zu Absatz 1

37.1.1 Das Amt hat den Eltern den erfolgten Anspruchsübergang stets anzuzeigen, es sei denn, dass unter Berücksichtigung der Umstände des Einzelfalls ein zivilrechtlicher Unterhaltsanspruch gegen die Eltern offensichtlich nicht besteht und auch nicht bei veränderten wirtschaftlichen Verhältnissen der Eltern wieder aufleben kann. Liegt eine rechtskräftige Unterhaltsentscheidung oder eine gerichtliche oder außergerichtliche Unterhaltsvereinbarung vor, die nicht älter als vier Jahre ist, so ist diese, soweit nicht besondere Umstände vorliegen, für die Beurteilung der Unterhaltspflicht der Eltern maßgebend. Ein in einer Unterhaltsvereinbarung vereinbarter Verzicht auf Unterhalt ist unbeachtlich (vgl. § 1614 BGB).

37.1.2 Erzielt der Ehegatte oder Lebenspartner Einkommen, das eine zivilrechtliche Unterhaltsverpflichtung der Eltern ausschließt, so ist von einer Übergangsanzeige auch dann abzusehen, wenn trotz der Regelung in Tz 36.1.5 Vorausleistungen erbracht worden sind.

37.1.3 Der Anspruchsübergang ist unabhängig davon anzuzeigen, in welcher Förderungsart die Ausbildungsförderung geleistet wird bzw. geleistet worden ist. Dies gilt nicht für das Darlehen nach § 18c.

37.1.4 Das Nichtbestehen von Unterhaltsansprüchen kann nicht entsprechend der Vermutung der Tz 36.1.13 aus den Angaben des Auszubildenden entnommen werden.

37.1.5 Der Anspruchsübergang kann auch dann angezeigt werden, wenn der Bewilligungsbescheid unter dem Vorbehalt der Rückforderung ergangen oder noch nicht unanfechtbar geworden ist.

37.1.6 Die Übergangsanzeige ergeht formlos und ist zuzustellen.

37.1.7 Eine Anzeige hat auch dann zu erfolgen, wenn die unterhaltspflichtige Person ihren ständigen Wohnsitz im Ausland hat. Sie ist zusätzlich entsprechend Absatz 4 Nr. 2 von der Antragstellung und über die Rechtslage zu unterrichten. Es ist ggf. Vorsorge dafür zu treffen, dass eine gerichtliche Geltendmachung des Unterhaltsanspruchs unverzüglich nachgeholt werden kann, wenn die unterhaltspflichtige Person ihren ständigen Wohnsitz in das Inland verlegt.

37.1.8 Die Übergangsanzeige ist zu überprüfen und ggf. zu ändern, wenn sich der Vorausleistungsbetrag geändert hat.

37.1.9 Die von den Eltern aufgrund der Übergangsanzeige geleisteten Zahlungen werden zunächst auf den zur Hälfte als Darlehen und zur Hälfte als Zuschuss (vgl. § 17 Abs. 2 Satz 1) geleisteten Teil und zuletzt auf den nach § 17 Abs. 2 Satz 2 ausschließlich als Zuschuss geleisteten Teil des Bedarfs angerechnet.

Soweit eine Anrechnung auf Darlehen erfolgt, ist das Bundesverwaltungsamt über die Darlehensminderung zu unterrichten.

37.1.10 Der übergegangene Auskunftsanspruch nach § 1605 BGB bezieht sich grundsätzlich auf die Einkommensverhältnisse des Unterhaltspflichtigen im Vorausleistungszeitraum; in Fällen schwankender Einnahmen, z. B. bei selbstständig tätigen Unternehmern oder Freiberuflern, ist abweichend in der Regel über einen Zeitraum von drei Jahren Auskunft zu verlangen. Der Auskunftsanspruch besteht nur, soweit ohne ihn der Unterhaltsanspruch nicht festgestellt werden kann. Zu fordern ist eine vom Unterhaltspflichtigen persönlich unterschriebene, systematische und belegte Aufstellung sämtlicher Einkünfte sowie des Vermögens.

37.1.11 Besteht ein Auskunftsanspruch (vgl. Tz 37.1.10) und leistet der Unterhaltsschuldner nach Zustellung der Übergangsanzeige keine Zahlungen an das Land, ist der Auskunftsanspruch unverzüglich gegenüber dem Unterhaltsschuldner geltend zu machen. Die außergerichtliche Geltendmachung des Auskunftsanspruchs ergeht formlos.

37.1.12 Ob die Eltern ihre Unterhaltspflicht gegenüber der auszubildenden Person erfüllt haben, ist nach den zivilrechtlichen Vorschriften über den Verwandtenunterhalt (§§ 1601 ff. BGB), insbesondere den §§ 1603, 1610 Abs. 2 BGB, zu beurteilen.

37.1.13 Die Eltern sind in der Regel zur Finanzierung einer angemessenen Berufsausbildung verpflichtet,

a) die der Begabung, den Fähigkeiten, dem Leistungswillen und den beachtenswerten Neigungen des Kindes am besten entspricht, ohne dass es insoweit auf Beruf oder gesellschaftliche Stellung der Eltern ankommt,

b) in einer Höhe, die ihnen nach ihrer wirtschaftlichen Leistungsfähigkeit zumutbar ist.

Es ist unerheblich, ob die Eltern während der vorhergehenden Ausbildungszeit Unterhaltsleistungen erbracht haben.

37.1.14 Die Unterhaltspflicht der Eltern ist mit dem Abschluss einer Erstausbildung ausnahmsweise noch nicht erfüllt, wenn

a) ein Berufswechsel notwendig ist, etwa aus gesundheitlichen Gründen,

b) die erste Ausbildung auf einer deutlichen Fehleinschätzung der Begabung der auszubildenden Person beruhte,

c) die auszubildende Person von den Eltern in einen unbefriedigenden, ihrer Begabung nicht hinreichend Rechnung tragenden Beruf gedrängt worden war,

d) die Ausbildungsplanung die weitere Ausbildung nach den gemeinsamen Vorstellungen der Eltern und der auszubildenden Person umfasste; dasselbe gilt, wenn die dahin gehende Ausbildungsplanung der auszubildenden Person den Eltern bekannt war und diese nicht erkennbar widersprochen haben,

e) während des ersten Teils der Ausbildung eine die Weiterbildung erfordernde besondere Begabung der auszubildenden Person deutlich geworden ist,

f) die auszubildende Person mit Hochschulreife nach einer praktischen Ausbildung (Lehre, Volontariat) ein Hochschulstudium aufnimmt und dieses mit den vorangegangenen Ausbildungsabschnitten in einem engen sachlichen und zeitlichen Zusammenhang steht. Dies gilt bei einem kontinuierlich aufeinander aufbauenden Ausbildungsverlauf auch dann, wenn die Fachhochschul-/Hochschulreife erst nach der praktischen Ausbildung (z. B. durch den Besuch einer Fachoberschule) erworben wird,

g) die auszubildende Person mit Hochschulreife – ggf. auch nach einer praktischen Ausbildung (Lehre, Volontariat) – ein Bachelorstudium und sodann ein Masterstudium aufnimmt und letzteres mit den vorangegangenen Ausbildungsabschnitten in einem engen sachlichen und zeitlichen Zusammenhang steht.

Zu Absatz 4

37.4.1 Die Eltern des Auszubildenden haben bei der Beantragung von Ausbildungsförderung „mitgewirkt", wenn sie das Formblatt, in dem die Belehrung über ihre mögliche Inanspruchnahme im Falle der Nichtleistung angerechneter Unterhaltsbeträge enthalten ist, unterzeichnet haben. Sie haben von dem Antrag auf Ausbildungsförderung „Kenntnis erhalten", wenn ihnen das Schreiben nach Tz 46.1.5 zugegangen ist.

Erläuterungen

1. Ist bei der Bewilligung von Ausbildungsförderung in der Form von Vorausleistungen die Höhe des von den Eltern des in der Ausbildung befindlichen unterhaltsberechtigten Kindes einzusetzenden Einkommens streitig, so hat das Familiengericht die Rechtmäßigkeit der von der zuständigen Behörde durchgeführten Einkommensermittlung in vollem Umfang zu überprüfen.
   BGH FamRZ 2013, 1644

2. Die Anzeige des Übergangs der elterlichen Unterhaltsansprüche erzeugt keinen Zwang des Amtes für Ausbildungsförderung, die Ansprüche gerichtlich geltend zu machen. Es ist nur seine Pflicht zu prüfen, ob berechtigte Chancen bestehen, den Unterhaltsanspruch vor Gericht durchzusetzen. Nur wenn diese Prüfung in pflichtwidriger Weise unterlassen wird, kann sich der Antragsteller gegenüber dem Bundesverwaltungsamt weigern, das Darlehen zurückzuzahlen.
   BVerwG FamRZ 1991, 996; FamRZ 1992, 486

   Der Auszubildende ist zur Rückzahlung darlehensweise nach § 36 BAföG gewährter Ausbildungsförderung nicht verpflichtet, wenn das zuständige Amt für Ausbildungsförderung es pflichtwidrig unterlassen hat, den nach § 37 Abs. 1 BAföG übergegangenen Unterhaltsanspruch des Auszubildenden gegen die Eltern geltend zu machen. Die Behörde ist jedoch nicht verpflichtet, einen Unterhaltsanspruch gegen die Eltern gerichtlich geltend zu machen, wenn sie in nachvollziehbarer Weise zu dem Ergebnis gelangt, dass ein solcher Anspruch nicht besteht und eine entsprechende Klage keine Erfolgsaussichten hat.
   OVG Münster, OVG Münster, Urteil vom 20. April 2016 – 12 A 1410/14 –, juris

3. Die unverzinsliche Darlehensförderung des BAföG ist auf den Unterhaltsanspruch anzurechnen, nicht aber die als Vorausleistung bewilligte Förderung.
   BGH FamRZ 1985, 916

4. Kindergeld ist voll vom Bedarf volljähriger Kinder abzuziehen.
   BGH FamRZ 2006, 774

5. Bei Eltern, die selbständig tätig sind, ist das Einkommen der letzten drei Jahre der Einkommensberechnung zugrunde zu legen.
   OLG Karlsruhe, FamRZ 2007, 413, früher bereits BGH FamRZ 86, 48

6. Eigenverdienst des Antragstellers ist nach dem Rechtsgedanken des § 1577 Abs. 2 BGB bei einem monatlichen Verdienst von 828 Euro allenfalls in Höhe von 250 bis 300 Euro auf den Bedarf anzurechnen.
   OLG Brandenburg, Beschluss vom 18.1.2011, 10 UF 161/10

7. Allein die Tatsache, dass ein volljähriges Kind jeglichen Kontakt zum Unterhaltspflichtigen ablehnt, führt nicht zur Verwirkung des Unterhaltsanspruchs. Die Ablehnung einer Kontaktaufnahme mit dem unterhaltspflichtigen Elternteil stellt jedenfalls dann keine schwere Verfehlung dar, wenn zuvor über einen Zeitraum von zehn Jahren überhaupt keine persönliche Begegnung stattgefunden hat.
   OLG Frankfurt, FamRZ 2021, 1041-1042

8. Zusammenfassung von Tatbeständen, in denen unter Berücksichtigung der Rechtsprechung auf die Geltendmachung der Unterhaltsansprüche im Regelfall verzichtet werden kann:

   – Der Student ist für das Studium offensichtlich ungeeignet und dies wird z. B. durch mehrmaliges Scheitern in Prüfungen dokumentiert.
     OLG Hamm FamRZ 1998, 767; zweimaliges Scheitern in der Zwischenprüfung. *OLG Karlsruhe FamRZ 1994, 1342*

- Der Antragsteller hat sich um sein Studium nur sporadisch gekümmert.
  BGH FamRZ 1987, 470
- Bei einem bloßen Nebenfachstudium wegen Nichtzulassung zum Hauptfach besteht keine Unterhaltspflicht.
  OLG Karlsruhe FamRZ 2001, 851
- Die Ausbildung wird nicht zielstrebig begonnen, sondern die Orientierungsphase zur Aufnahme einer begabungsgemäßen Ausbildung überschritten.
  BGH FamRZ 1998, 671
  Die Orientierungsphase wird unterschiedlich lang gesehen. Das OLG Frankfurt hält sie 31 Monate nach dem Abitur für beendet,
  OLG Frankfurt FamRZ 1994, 1611
  andererseits wird aber der Unterhaltsanspruch auch fünf Jahre nach dem Abitur noch bejaht.
  OLG Stuttgart FamRZ 1996, 18
- Zweieinhalb Jahre Nichtstun mindert nicht den Unterhaltsanspruch auf eine Erstausbildung nach dem Abitur.
  OLG Köln FamRZ 2005, 301
  Eine zweijährige Pause nach dem Abitur mit einer einjährigen, abgebrochenen Lehre ist keine unangemessene Orientierungsphase.
  BGH FamRZ 2001, 757
  Entscheidend gegen einen Unterhaltsanspruch dürfte eine chaotische Ausbildungsplanung mit mehreren Abbrüchen im Wechsel mit Aushilfstätigkeiten sprechen. Indiz kann sein, ob das Kindergeld noch gewährt werden kann.
- Die Unterhaltspflicht der Eltern ist begrenzt auf den Zeitraum, in dem bei der gebotenen Leistungsbereitschaft der Regelabschluss erreicht werden kann.
  OLG Hamm FamRZ 1994, 387, dies dürfte bei Überschreitung der Förderungshöchstdauer ohne schwerwiegenden Grund nicht mehr gegeben sein.
  Enger zu Regelstudienzeit *OLG Stuttgart FamRZ 1996, 1434* bei Tätigkeit im AStA, die nach § 15 Abs. 3 Nr. 3 BAföG anzuerkennen wäre.
- Wer als Student die Regelstudienzeit zu überschreiten droht, hat seine Eltern über die Verlängerungsgründe zu unterrichten und die bisher erworbenen Studienerfolge offen zu legen.
  OLG Hamm FamRZ 2005, 60
- Der Unterhaltsanspruch kann auch durch schwere Verfehlungen gegen die Eltern, z. B. schwere Beleidigungen und Tätlichkeiten, verwirkt sein. *OLG Hamm FamRZ 1993, 468;* nicht dagegen durch bloße Kontaktverweigerung *BGH FamRZ 1995, 475*
- Der Unterhaltsanspruch eines Elternteils kann der Höhe nach ausgeschlossen oder vermindert sein, weil der andere Elternteil seine Erwerbsobliegenheit nicht wahrnimmt, Hausfrauentätigkeit in zweiter Ehe ist bei volljährigen Kindern fiktiv mit einer Vergütung anzusetzen.
  BGH FamRZ 1980, 879; BGH FamRZ 1987, 472 (für Hausmann)
- Durch das Zusammenleben der Familie begründete Schulden können den Unterhaltsanspruch auch volljährigen Kindern gegenüber ausschließen.
  BGH FamRZ 1982, 23 u. 678
- Ein Unterhaltsanspruch gegen die Eltern steht einem Auszubildenden für Zeiträume, in denen er nach § 15 Abs. 3 Nr. 3 BAföG gefördert wird, grundsätzlich nicht mehr zu. Das Engagement in Gremien ist eine autonome Entscheidung des Auszubildenden und kann den Unterhaltsverpflichteten nicht dahingehend zugerechnet werden, dass sich hieraus ein weitergehender Unterhaltsanspruch ableiten lässt.
  OLG Oldenburg, Beschluss vom 10.05.2019, Az. 11 UF 45/19

9. Ein nicht geltend gemachter Unterhaltsanspruch kann grundsätzlich schon vor Eintritt der Verjährung und auch während der Hemmung nach § 207 Abs. 1 Satz 2 Nr. 2 BGB verwirkt sein. Das bloße Unterlassen der Geltendmachung des Unterhalts oder der Fortsetzung einer begonnenen Geltendmachung kann das Umstandsmoment der Verwirkung aber nicht begründen.
   BGH, Beschluss vom 31. Januar 2018 – XII ZB 133/17 –, juris

10. Eine öffentliche Aufgaben wahrnehmende Einrichtung, die im Regresswege Beträge einfordert, die sie als Unterhalt an einen Unterhaltsberechtigten gezahlt hat, dessen Ansprüche gegen den Unterhaltsverpflichteten auf sie übergegangen sind, kann begründeterweise die Zuständigkeit des Gerichts des gewöhnlichen Aufenthaltsorts des Unterhaltsberechtigten gemäß Art. 3 b der Verordnung (EG) Nr. 4/2009 des Rates vom 18. Dezember 2008 über die Zuständigkeit, das anwendbare Recht, die Anerkennung und Vollstreckung von Entscheidungen und die Zusammenarbeit in Unterhaltssachen geltend machen.
    EuGH, FamRZ 2020, 1722-1725; aufgrund dieses Urteils ist eine Geltendmachung übergegangener Unterhaltsansprüche gegen im EU-Ausland lebende Eltern wieder im Inland möglich

11. Ein Unterhaltsanspruch ist gemäß § 1611 BGB verwirkt, wenn ein Drogenabhängiger trotz von seinen Eltern finanzierter Ausbildung und Therapie immer wieder rückfällig wird und daher seine Bedürftigkeit selbst verursacht.
    AG Neuwied FamRZ 1999, 403
    Die Rauschgiftsüchtigkeit eines Unterhaltsberechtigten schließt seinen Unterhaltsanspruch nach § 1611 BGB nicht grundsätzlich aus, sondern nur dann, wenn er die Behandlung dieser Krankheit verweigert.
    OLG Frankfurt FamRZ 2011, 226
    Wer seinen Eltern regelmäßige Einkünfte verschweigt, kann seinen Unterhaltsanspruch verwirken.
    OLG Koblenz FamRZ 1999, 402

12. Fiktive BAföG-Leistungen können dem Kind bedarfsmindernd angerechnet werden, wenn es eine Antragstellung in unterhaltsrechtlich vorwerfbarer Weise unterlässt.
    OLG Hamm FamRZ 1998, 1612
    Der Verzug der Eltern i. S. von § 1613 BGB kann auch durch die endgültige Weigerung zu zahlen begründet sein.
    BGH FamRZ 1985, 155; OLG Schleswig FamRZ 1985, 734
    Die Einstellung von Unterhaltszahlungen und das Verlassen der Familienangehörigen ist eine endgültige Leistungsverweigerung; wechselnde Adressen und ein teilweiser unbekannter Aufenthalt schließen die Berufung auf fehlenden Verzug aus.
    OLG Köln FamRZ 1999, 531
    Eine Rechtswahrungsanzeige an einen nicht der deutschen Sprache mächtigen Ausländer wirkt erst ab dem Zeitpunkt, zu dem er Gelegenheit hatte, eine Übersetzung zu beschaffen.
    OLG Karlsruhe FamRZ 2000, 780

13. Bei der Bemessung des Unterhalts kann der Tatrichter zur Ermittlung des Kaufkraftunterschieds die vom Statistischen Amt der Europäischen Union (Eurostat) ermittelten „vergleichenden Preisniveaus des Endverbrauchs der privaten Haushalte einschließlich indirekter Steuern" heranziehen.
    BGH, Beschluss vom 09. Juli 2014 – XII ZB 661/12 –, juris

14. Die Entscheidung des Bundesverfassungsgerichts vom 10.11.1998, *FamRZ 1999, 357*, führt zu der Frage, ob trotzeiner abgeschlossenen Berufsausbildung die Eltern verpflichtet sind, auch ein Studium zu finanzieren.
    Zur besseren Übersichtlichkeit wird hierzu die Rechtsprechung in drei Bildungsvarianten aufgeteilt, nämlich

a) **Abitur – Lehre – Studium**

b) **Mittlere Reife – Lehre – Fachoberschule oder vergleichbare Einrichtungen – Fachhochschule**

c) **Mittlere Reife – Lehre – Institutionen des Zweiten Bildungsweges – Studium**

Abitur – Lehre – Studium

15. Der Unterhalt eines Kindes, das nach Erlangung der Hochschulreife zunächst eine praktische Ausbildung durchlaufen hat, umfasst auch die Kosten eines Hochschulstudiums, wenn dieses mit den vorangegangenen Ausbildungsabschnitten in einem engen sachlichen und zeitlichen Zusammenhang steht und die Finanzierung des Ausbildungsganges den Eltern wirtschaftlich zumutbar ist.
BGH FamRZ 1989, 853

16. Zwischen einer Berufsausbildung zum Bankkaufmann und einem Fachhochschulstudium in der Fachrichtung Wirtschaft besteht ein enger fachlicher Zusammenhang.
Der enge zeitliche Zusammenhang ist noch gewahrt, wenn der Auszubildende sich nach Beendigung der beruflichen Ausbildung zum Studium entschließt und damit zum nächstmöglichen Zeitpunkt an einer Hochschule seines Bundeslandes beginnt.
OVG Münster FamRZ 1991, 249

17. Eltern müssen ausnahmsweise ihrem Kind eine zweite Ausbildung finanzieren, wenn sie es in einen unbefriedigenden, seiner Begabung nicht hinreichend Rechnung tragenden Beruf gedrängt haben oder die Finanzierung einer begabungsgerechten Ausbildung verweigert haben.
BGH FamRZ 1991, 322

18. Der enge zeitliche Zusammenhang kann auch nach vier- bis fünfmonatiger Berufstätigkeit nach der Lehre gegeben sein.
OVG Münster FamRZ 1991, 626

19. Der enge sachliche Zusammenhang fehlt, wenn auf die Ausbildung zum Industriekaufmann ein Medizinstudium folgt.
BGH FamRZ 1991, 1045

20. Wurde die Lehre nur als Absicherung für den Fall des Scheiterns im Studium gewählt, so scheidet ein sachlicher Zusammenhang zwischen beiden Ausbildungen aus. Ein Jurastudium stellt für einen Speditionskaufmann keine fachliche Ergänzung, Weiterführung oder Vertiefung dar.
BGH FamRZ 1992, 1407

21. Zwischen einer Lehre zum Industriekaufmann und einem Maschinenbaustudium besteht kein fachlicher Zusammenhang.
BGH FamRZ 1993, 1057

22. Beginnt ein ehemaliger Soldat der Bundeswehr, der aus Gewissensgründen seine Laufbahn beendet hat, ein Studium, so sind die Eltern verpflichtet, diesen notwendigen Berufswechsel zu finanzieren.
OVG Münster FamRZ 1994, 1215

23. Zwischen der Ausbildung zum Industriekaufmann und einem rechtswissenschaftlichen Studium besteht ein sachlicher Zusammenhang.
OVG Lüneburg FamRZ 1994, 1622

24. Wird das Studium erst ein Jahr nach Abschluss der Berufsausbildung aufgenommen, ist die Zeitnähe zu verneinen.
OLG Brandenburg FamRZ 2008, 87

25. Nach einer Berufsausbildung muss der Abiturient die nächstmögliche Gelegenheit zum Studium nutzen, um seinen Unterhaltsanspruch nicht zu verlieren. Bei Numerus clausus Studiengängen ist dies die nächstmögliche Bewerbung nach dem Berufsabschluss.
OLG Frankfurt, Urteil vom 14.4.2010, 3 UF 416/09

26. Auch bei zeit- und sachnaher Studienaufnahme können weitere Umstände berücksichtigt werden, die den Unterhaltsanspruch ausschließen, wie das Alter der Unterhaltspflichtigen und des Unterhaltsberechtigten, der ein Alter erreicht hat, bei dem die Eltern ein Ende ihrer Unterhaltsverpflichtungen erwarten können (Studienbeginn mit 26 Jahren).
schriftlicher Hinweis des Kammergerichts vom 21.12.2010, 18 UF 136/10

27. Wenn die auszubildende Person mit Hochschulreife ein Bachelor-Studium abgeschlossen hat und sodann ein Master-Studium aufnimmt, das im engen zeitlichen und sachlichem Zusammenhang mit dem Bachelor-Studium steht, sind die Eltern verpflichtet , das Master-Studium zu finanzieren.
OLG Brandenburg, Urteil vom 18.1.2011, UF 161/10

28. Die Leistung von Ausbildungsunterhalt für ein Studium des Kindes kann einem Elternteil unzumutbar sein, wenn das Kind bei Studienbeginn bereits das 25. Lebensjahr vollendet und den Elternteil nach dem Abitur nicht über seine Ausbildungspläne informiert hat, so dass der Elternteil nicht mehr damit rechnen musste, noch auf Ausbildungsunterhalt in Anspruch genommen zu werden.
BGH, FamRZ 2017, 1132

Mittlere Reife – Lehre – Fachoberschule oder vergleichbare Einrichtungen

Fachhochschule

29. Ist bei Beginn der Lehre ein Studium über den Weg der Fachoberschule beabsichtigt und mit einem Elternteil abgesprochen, müssen die Eltern das Studium finanzieren.
BGH FamRZ 2006, 1100
Der einheitliche Ausbildungswille, über den Weg der Lehre und Fachhochschule zu studieren, muss nur einem Elternteil, der nicht der Unterhaltspflichtige sein muss, gegenüber geäußert werden.
OLG Celle FamRZ 2007, 929
OLG Bremen, Beschl. vom 19.10.2021 – 4 UF 59/21 -, juris

30. Eine Ausdehnung der zu den sog. Abitur – Lehre – Studium-Fällen entwickelten Grundsätze auf den Ausbildungsgang Realschule – Lehre – Fachhochschule – Studium kommt nicht in Betracht.
OVG Schleswig FamRZ 1992, 490

31. Der Unterhaltsanspruch für eine weitere Ausbildung nach Abschluss einer Lehre setzt voraus, dass die Weiterbildung den Fähigkeiten und Neigungen des Kindes entspricht Wird die Fachoberschule jedoch nur aufgrund fehlgeschlagener Bewerbungen besucht, so ist diese Voraussetzung nicht gegeben.
OLG Schleswig FamRZ 1992, 593

32. Beginnt der Auszubildende erst zweieinhalb Jahre nach Beendigung einer Betriebsschlosserlehre mit dem Besuch der Abendschule, um das Fachabitur abzulegen, so dass zwischen Beendigung der Lehre und der Aufnahme eines Maschinenbaustudiums ein Zeitraum von insgesamt sechs Jahren liegt, fehlt der zeitliche Zusammenhang zwischen den einzelnen Ausbildungsstufen und somit die Einheitlichkeit des Ausbildungsganges.
OLG Hamm FamRZ 1994, 259

33. Ein volljähriges Kind kann von seinen Eltern im allgemeinen Unterhalt für eine zweite Ausbildung wegen des fehlenden zeitlichen Zusammenhanges mit der abgeschlossenen ersten Ausbildung nicht verlangen, wenn zwischen dem Abschluss der ersten Ausbildung und dem Beginn der

zweiten Ausbildung zwei Jahre liegen, auch wenn während der letzten zehn Monate dieses Zwischenzeitraumes das Kind wegen Krankheit an der Aufnahme der Ausbildung gehindert war.
OLG Karlsruhe FamRZ 1994, 260

34. Eine mehr als zweijährige praktische Tätigkeit, die als Zugangsvoraussetzung für die Immatrikulation an einer Fachhochschule im Fach Industrial Design dient, schließt einen Unterhaltsanspruch gegenüber den Eltern nicht aus, wenn diese Tätigkeit als Ausbildungsersatz diente wie ein Volontariat.
OLG Bamberg FamRZ 1994, 1054

35. Ein einheitlicher Ausbildungsgang liegt nicht vor, wenn die schulische Ausbildung zunächst scheitert und beim Eintritt in die praktische Ausbildung weder die Absicht besteht, nach deren Abschluss die Fachoberschule zu besuchen und zu studieren, noch sonst nach der erkennbar gewordenen Begabung oder nach der Leistungsbereitschaft und dem Leistungsverhalten des Kindes eine entsprechende Weiterbildung nach Abschluss der Lehre zu erwarten ist.
BGH FamRZ 1995, 416

36. Haben Eltern ihrem Kind nach dem Hauptschulabschluss eine angemessene Berufsausbildung ermöglicht und wird der Entschluss zur weiterführenden Schulausbildung erst später gefasst, so handelt es sich um eine Zweitausbildung, die von den Eltern nicht mehr finanziert werden muss.
OLG Bamberg FamRZ 1998, 315

37. Bei der Ausbildungsabfolge Mittlere Reife – Ausbildung zur Erzieherin – Fachabitur- Studium an der Fachhochschule für Sozialarbeit kann der Entschluss zum Studium erst kurz vor Beginn des Studiums gefasst werden, um die Eltern weiter unterhaltsverpflichtet zu lassen.
OLG Frankfurt FamRZ 1995, 244

38. Auch wer sofort nach der Lehre die Fachoberschule besucht, kann nach den Grundsätzen Abitur-Lehre- Studium noch einen Unterhaltsanspruch gegen seine Eltern haben.
AG Weilburg FamRZ 1998, 768

39. Bei dem Lebenslauf über Realschule, Zimmermannslehre, Fachoberschule, Studium des Baubetriebes ist für die Unterhaltspflicht der zeitliche Abstand zwischen dem Abschluss der Lehre und dem Entschluss zum Studium zu prüfen.
OLG Karlsruhe FamRZ 2001, 852

40. Bei dem Werdegang Hauptschule, Berufsaufbauschule, Fachoberschule, Studium besteht keine Unterhaltspflicht, da das Studium nicht als Teil eines einheitlichen Plans angestrebt wurde.
OLG Koblenz FamRZ 2001, 853

41. Haben die Eltern nach dem Scheitern im Gymnasium den Umweg über die Lehre und die Fliehoberschule geplant, sind sie auch für ein Studium, gleich welcher Fachrichtung, unterhaltspflichtig.
OLG Koblenz FamRZ 2001, 1164

42. Die Aufnahme eines Fachhochschulstudiums im Bereich Mediendesign nach dem Abschluss einer Ausbildung zur kaufmännischen Assistentin stellt eine Zweitausbildung dar, weil es zwischen beiden Ausbildungen an einem engen zeitlichen und sachlichen Zusammenhang fehlt. Allein der von vornherein bestehende Wille zur Absolvierung einer Ausbildung in zwei Berufen begründet keine Unterhaltspflicht auch für die Zweitausbildung (Anschluss BGH, Urteil vom 20. Mai 1992 – XII ZR 131/91). Die Nützlichkeit der Erstausbildung für die Zweitausbildung genügt für sich genommen nicht, um eine einheitliche Ausbildung anzunehmen.
OLG Oldenburg, FamRZ 2024, 934

Mittlere Reife – Lehre – Zweiter Bildungsweg – Studium

43. Führt der Abschluss einer Lehre und einer Höheren Handelsschule zur Fachhochschulreife sind die Eltern noch zum Unterhalt verpflichtet, auch wenn kein enger sachlicher Zusammenhang zwischen Lehre und Studium besteht.
OVG Bremen NJW 2003, 3435

44. Der Besuch eines Kollegs nach einer Elektroinstallateurlehre mit dem Ziel, nach der Ablegung des Abiturs Elektrotechnik zu studieren, stellt keine Weiterbildungsmaßnahme dar, sondern eine Zweitausbildung.
OLG Koblenz FamRZ 1989, 308

45. Wer eine begabungsgerechte Ausbildung zur Arzthelferin absolviert hat und über Volkshochschullehrgänge das Abitur nachholt, um ein Lehramtsstudium zu beginnen, hat auch dann keine Unterhaltsansprüche gegen seine Eltern, wenn die Eltern für die erste Ausbildung keine finanziellen Beiträge geleistet haben.
BGH FamRZ 1981, 437

46. Wer über eine Mechanikerlehre, mehr als einjährige Berufstätigkeit und die Nichtschülerprüfung zum Studium gelangt, hat keine Unterhaltsansprüche gegen seine Eltern.
BGH FamRZ 1981, 346

47. Tritt die besondere Begabung erst während der Berufstätigkeit auf und holt der Betroffene dann über das Kolleg die allgemeine Hochschulreife nach, so müssen die Eltern ein anschließendes Studium nicht finanzieren.
BGH FamRZ 1980, 1115

48. Der Umweg über den Zweiten Bildungsweg begründet auch dann keine Unterhaltspflicht, wenn eine gelernte Zahnarzthelferin nach dem Kolleg Medizin studieren will.
OLG Koblenz FamRZ 2001, 852

§ 38 Übergang von anderen Ansprüchen

[1]Hat der Auszubildende für die Zeit, für die ihm Ausbildungsförderung gezahlt wird, gegen eine öffentlich-rechtliche Stelle, die nicht Leistungsträger ist, Anspruch auf Leistung, die auf den Bedarf anzurechnen ist oder eine Leistung nach diesem Gesetz ausschließt, geht dieser mit der Zahlung in Höhe der geleisteten Aufwendungen auf das Land über. [2]Die §§ 104 und 115 des Zehnten Buches Sozialgesetzbuch bleiben unberührt.

Allgemeine Verwaltungsvorschrift

Zu Absatz 1

38.1.1
und
38.1.2 (weggefallen)

38.1.3 Übergehen können nur Ansprüche in Höhe der Beträge, die auf den Bedarf anzurechnen sind. Nicht auf den Bedarf anzurechnen ist der nach § 23 Abs. 4 Nr. 1 anrechnungsfreie Betrag. Waisenrente und Waisengeld können daher in Höhe dieses Betrages nicht von dem Übergang erfaßt werden.

38.1.4 (weggefallen)

38.1.5 Die Höhe der Leistungen des Amtes und der Grund des Anspruchs auf Leistung gegenüber dem Drittschuldner sind bei Anspruchsübergang zu bezeichnen.

38.1.6 Der Übergang ist dem Auszubildenden zur Kenntnis zu bringen.

Abschnitt VIII
Organisation

§ 39 Auftragsverwaltung

(1) Dieses Gesetz wird vorbehaltlich des Absatzes 2 im Auftrag des Bundes von den Ländern ausgeführt.

(2) [1]Die nach § 18 Absatz 1 geleisteten Darlehen werden durch das Bundesverwaltungsamt verwaltet und eingezogen. [2]Die zuständige Bundeskasse nimmt die Aufgaben der Kasse beim Einzug der Darlehen einschließlich damit verbundener Kosten und Zinsen und deren Anmahnung für das Bundesverwaltungsamt wahr.

(3) Jedes Land bestimmt die zuständigen Behörden für die Entscheidungen nach § 2 Absatz 2 und § 3 Absatz 4 hinsichtlich der Ausbildungsstätten und Fernlehrinstitute, die ihren Sitz in diesem Land haben.

(4) Die Bundesregierung kann durch Allgemeine Verwaltungsvorschrift mit Zustimmung des Bundesrates eine einheitliche maschinelle Berechnung, Rückrechnung und Abrechnung der Leistungen nach diesem Gesetz in Form einer algorithmischen Darstellung materiellrechtlicher Regelungen (Programmablaufplan) regeln.

Allgemeine Verwaltungsvorschrift

Zu Absatz 1

39.1.1 Die Länder unterrichten das zuständige Bundesministerium über wichtige Vorgänge bei der Durchführung des Gesetzes, z. B. landesrechtliche Bestimmungen, die Einfluß auf die Durchführung des Gesetzes haben, sowie – bei allgemeiner Bedeutung – Gerichtsentscheidungen, parlamentarische Anfragen und Runderlasse der Obersten Landesbehörden und Landesämter.

39.1.2 In den Ländern wird nach einheitlichen Grundsätzen ein Verzeichnis

a) der in dem Land gelegenen Ausbildungsstätten, für deren Besuch Ausbildungsförderung nach diesem Gesetz einschließlich der Rechtsverordnungen nach § 2 Abs. 3 zu leisten ist,

b) der von einem Fernlehrinstitut, das seinen Hauptsitz in diesem Lande hat, herausgegebenen Fernunterrichtslehrgänge, über deren Gleichstellung nach § 3 Abs. 4 entschieden ist,

geführt.

Darin wird kenntlich gemacht, welcher Schulgattung die Ausbildungsstätte oder der Lehrgang zugeordnet ist sowie ob und für welche Dauer ein Praktikum nach § 2 Abs. 4 und § 3 Abs. 5 gefördert wird. Soweit wegen Überschreitung der nach Tz 15.2.3 maßgeblichen Höchstdauer förderungsunschädlicher unterrichtsfreier Zeiten keine durchgehende Ferienförderung möglich ist, sollen auch die Monate aufgeführt werden, in denen eine Förderung entfällt.

Zur Erleichterung der Bearbeitung von Altfällen oder Rückforderungen sollten Änderungen des Ausbildungsstättenverzeichnisses dokumentiert werden.

Zu Absatz 3

39.3.1 Die Länder teilen dem zuständigen Bundesministerium die von ihnen bestimmten Behörden mit.

§ 40 Ämter für Ausbildungsförderung

(1) [1]Die Länder errichten für jeden Kreis und jede kreisfreie Stadt ein Amt für Ausbildungsförderung. [2]Die Länder können für mehrere Kreise oder kreisfreie Städte ein gemeinsames Amt für Ausbildungsförderung errichten. [3]Im Land Berlin können mehrere Ämter für Ausbildungsförderung errichtet werden. [4]In den Ländern Berlin, Bremen und Hamburg kann davon abgesehen werden, Ämter für Ausbildungsförderung zu errichten.

(2) [1]Für Auszubildende, die eine im Inland gelegene Hochschule besuchen, richten die Länder abweichend von Absatz 1 Ämter für Ausbildungsförderung bei staatlichen Hochschulen oder bei Studentenwerken ein; diesen kann auch die Zuständigkeit für andere Auszubildende übertragen werden, die Ausbildungsförderung wie Studierende an Hochschulen erhalten. [2]Die Länder können bestimmen, dass ein bei einer staatlichen Hochschule errichtetes Amt für Ausbildungsförderung ein Studentenwerk zur Durchführung seiner Aufgaben heranzieht. [3]Ein Studentenwerk kann Amt für Ausbildungsförderung nur sein, wenn

1. es eine Anstalt oder Stiftung des öffentlichen Rechts ist und
2. ein Bediensteter die Befähigung zu einem Richteramt nach dem Deutschen Richtergesetz oder für den höheren allgemeinen Verwaltungsdienst hat.

(3) Für Auszubildende, die eine im Ausland gelegene Ausbildungsstätte besuchen, können die Länder abweichend von Absatz 1 Ämter für Ausbildungsförderung bei staatlichen Hochschulen, Studentenwerken oder Landesämtern für Ausbildungsförderung einrichten.

Allgemeine Verwaltungsvorschrift

Zu Absatz 1

40.1.1 Die zuständige Behörde führt bei der Durchführung dieses Gesetzes die Bezeichnung „Amt für Ausbildungsförderung".

Zu Absatz 2

40.2.1 Richten die Länder Ämter bei staatlichen Hochschulen oder bei Studentenwerken ein, so führen diese ebenfalls die Bezeichnung „Amt für Ausbildungsförderung".

40.2.2 Sofern ein Land nach Satz 2 bestimmt, daß ein bei einer staatlichen Hochschule errichtetes Amt ein Studentenwerk zur Durchführung seiner Aufgaben heranzieht, bleibt die Verantwortung für die Entscheidung bei der Hochschule; das Studentenwerk leistet dabei Erfüllungshilfe. Die Verantwortlichkeit muß gegenüber dem Adressaten der Entscheidung kenntlich gemacht werden; das Studentenwerk bringt zum Ausdruck, daß es im Auftrag eines bei einer staatlichen Hochschule errichteten Amtes tätig wird.

§ 40a Landesämter für Ausbildungsförderung

[1]Die Länder können Landesämter für Ausbildungsförderung errichten. [2]Mehrere Länder können ein gemeinsames Landesamt für Ausbildungsförderung errichten. [3]Im Falle der Errichtung eines Landesamtes für Ausbildungsförderung nach Satz 1 findet § 40 Absatz 2 Satz 3 Nummer 2 keine Anwendung.

Allgemeine Verwaltungsvorschrift

40a.0.1 Landesämter für Ausbildungsförderung können auch in eine andere Behörde eingegliedert sein.

§ 41 Aufgaben der Ämter für Ausbildungsförderung

(1) [1]Das Amt für Ausbildungsförderung nimmt die zur Durchführung dieses Gesetzes erforderlichen Aufgaben wahr, soweit sie nicht anderen Stellen übertragen sind. [2]Bei der Bearbeitung der Anträge können zentrale Verwaltungsstellen herangezogen werden.

(2) Es trifft die zur Entscheidung über den Antrag erforderlichen Feststellungen, entscheidet über den Antrag und erlässt den Bescheid hierüber.

(3) Das Amt für Ausbildungsförderung hat die Auszubildenden und ihre Eltern über die individuelle Förderung der Ausbildung nach bundes- und landesrechtlichen Vorschriften zu beraten.

(4) [1]Die Ämter für Ausbildungsförderung dürfen Personen, die Leistungen nach diesem Gesetz beziehen, auch regelmäßig im Wege des automatisierten Datenabgleichs daraufhin überprüfen, ob und welche Daten nach § 45d Absatz 1 des Einkommensteuergesetzes dem Bundeszentralamt für Steuern übermittelt worden sind. [2]Die Ämter für Ausbildungsförderung dürfen zu diesem Zweck Namen, Vornamen, Geburtsdatum und Anschrift der Personen, die Leistungen nach diesem Gesetz beziehen, sowie die Amts- und Förderungsnummer an das Bundeszentralamt für Steuern übermitteln. [3]Die Übermittlung kann auch über eine von der zuständigen Landesbehörde bestimmte zentrale Landesstelle erfolgen. [4]Das Bundeszentralamt für Steuern hat die ihm überlassenen Daten und Datenträger nach Durchführung des Abgleichs unverzüglich zurückzugeben, zu löschen oder zu vernichten. [5]Die Ämter für Ausbildungsförderung dürfen die ihnen übermittelten Daten nur zur Überprüfung nach Satz 1 nutzen. [6]Die übermittelten Daten der Personen, bei denen die Überprüfung zu keinen abweichenden Feststellungen führt, sind unverzüglich zu löschen.

Allgemeine Verwaltungsvorschrift

Zu Absatz 1

41.1.1 In dieser Vorschrift ist der Grundsatz der Allzuständigkeit des Amtes festgelegt.

41.1.2 Falls das Amt nicht zuständig ist, hat es den Antrag unverzüglich an das zuständige Amt weiterzuleiten und den Antragsteller davon zu unterrichten.

41.1.3 Es ist nicht zulässig, Ausbildungsstätten oder andere Behörden mit der Entgegennahme von Anträgen zu beauftragen. § 16 des Ersten Buches Sozialgesetzbuch bleibt unberührt.

41.1.4 Abweichend von Tz 41.1.3 nehmen die deutschen Auslandsvertretungen die Anträge entgegen und bereiten die Entscheidung über die Ausbildungsförderung eines Deutschen vor, der seinen gewöhnlichen Aufenthalt im Ausland hat und dort eine Ausbildungsstätte besucht. § 16 des Ersten Buches Sozialgesetzbuch bleibt unberührt.

41.1.5 Die Heranziehung zentraler Verwaltungsstellen, insbesondere von Rechenzentren oder Datenzentralen, regeln die Länder.

41.1.6 Erforderliche Aufgabe i. S. d. Abs. 1 ist auch die Durchführung von Anfragen an das Bundesamt für Finanzen gem. § 45d EStG.

Zu Absatz 2

41.2.1 Steht dem Auszubildenden Ausbildungsförderung als Bankdarlehen nach § 18c zu, vervollständigt das Amt den von der Bank zur Verfügung gestellten Darlehensvertragsvordruck mit den individuellen Darlehensvertragsdaten des Auszubildenden. Hierzu zählen neben den persönlichen Daten des Auszubildenden, die bewilligende Stelle, Datum und Aktenzeichen des Bewilligungsbescheides, Zahlungsbeginn und -ende, monatliche und Darlehenshöhe insgesamt sowie der am Tage der Ausfertigung der Darlehensvertragsurkunde gültige, anfängliche, effektive Jahreszins und Nominalzins.

Das Amt übersendet die vervollständigte Vertragsurkunde als Angebot der Bank gemeinsam mit dem Bewilligungsbescheid dem Auszubildenden. Das vom Auszubildenden unterschriebene Vertragsangebot, seine Erklärung, über sein Widerrufsrecht belehrt worden zu sein und eine Ausfertigung der Vertragsurkunde erhalten zu haben, sowie die Bestätigung bzw. Beglaubigung der Unterschrift des Auszubildenden nimmt das Amt entgegen und übersendet die genannten Unterlagen ergänzt um die Kontonummer der Bank bis zum letzten Werktag des dem Quartal folgenden Monats der Bank.

Das Amt übermittelt der Bank entsprechend dem jeweiligen Länderverfahren die für die Darlehensgewährung und -verwaltung erforderlichen Daten.

41.2.2 Das Amt teilt der Bank jede Änderung mit, die sich auf die Gewährung, Verwaltung oder Einziehung des Bankdarlehens auswirkt.

Zu Absatz 3

41.3.1 Die Beratungspflicht des Amtes ist beschränkt auf die individuelle Förderung der Ausbildung nach bundes- und landesrechtlichen Vorschriften. Sie umfasst nicht die Schullaufbahn- und Berufsberatung. Die §§ 13 bis 15 SGB I bleiben unberührt.

§ 42 (weggefallen)

§ 43 (weggefallen)

§ 44 Beirat für Ausbildungsförderung

(1) Das Bundesministerium für Bildung und Forschung kann durch Rechtsverordnung ohne Zustimmung des Bundesrates einen Beirat für Ausbildungsförderung bilden, der es bei

1. der Durchführung des Gesetzes,
2. der weiteren Ausgestaltung der gesetzlichen Regelung der individuellen Ausbildungsförderung und
3. der Berücksichtigung neuer Ausbildungsformen

berät.

(2) In den Beirat sind Vertreter der an der Ausführung des Gesetzes beteiligten Landes- und Gemeindebehörden, des Deutschen Studentenwerkes e. V., der Bundesagentur für Arbeit, der Lehrkörper der Ausbildungsstätten, der Auszubildenden, der Elternschaft, der Rechts-, Wirtschafts- oder Sozialwissenschaften, der Arbeitgeber sowie der Arbeitnehmer zu berufen.

Allgemeine Verwaltungsvorschrift

44.1.1 Näheres regelt die Verordnung über die Errichtung eines Beirates für Ausbildungsförderung (BeiratsV).

Abschnitt IX
Verfahren

§ 45 Örtliche Zuständigkeit

(1) [1]Für die Entscheidung über die Ausbildungsförderung ist das Amt für Ausbildungsförderung zuständig, in dessen Bezirk die Eltern des Auszubildenden oder, wenn nur noch ein Elternteil lebt, dieser den ständigen Wohnsitz haben. [2]Das Amt für Ausbildungsförderung, in dessen Bezirk der Auszubildende seinen ständigen Wohnsitz hat, ist zuständig, wenn

1. der Auszubildende verheiratet oder in einer Lebenspartnerschaft verbunden ist oder war,
2. seine Eltern nicht mehr leben,
3. dem überlebenden Elternteil die elterliche Sorge nicht zusteht oder bei Erreichen der Volljährigkeit des Auszubildenden nicht zustand,
4. nicht beide Elternteile ihren ständigen Wohnsitz in dem Bezirk desselben Amtes für Ausbildungsförderung haben,
5. kein Elternteil einen Wohnsitz im Inland hat,
6. der Auszubildende eine Fachschulklasse besucht, deren Besuch eine abgeschlossene Berufsausbildung voraussetzt,
7. der Auszubildende Ausbildungsförderung für die Teilnahme an Fernunterrichtslehrgängen erhält (§ 3).

[3]Hat in den Fällen des Satzes 2 der Auszubildende im Inland keinen ständigen Wohnsitz, so ist das Amt für Ausbildungsförderung zuständig, in dessen Bezirk die Ausbildungsstätte liegt.

(2) Abweichend von Absatz 1 ist für die Auszubildenden an

1. Abendgymnasien und Kollegs,
2. Höheren Fachschulen und Akademien

das Amt für Ausbildungsförderung zuständig, in dessen Bezirk die Ausbildungsstätte gelegen ist, die der Auszubildende besucht.

(3) [1]Abweichend von den Absätzen 1 und 2 ist das bei einer staatlichen Hochschule errichtete Amt für Ausbildungsförderung für die an dieser Hochschule immatrikulierten Auszubildenden zuständig; diese Zuständigkeit gilt auch für Auszubildende, die im Zusammenhang mit dem Hochschulbesuch ein Vor- oder Nachpraktikum ableisten. [2]Die Länder können bestimmen, dass das an einer staatlichen Hochschule errichtete Amt für Ausbildungsförderung auch zuständig ist für Auszubildende, die an anderen Hochschulen immatrikuliert sind, und andere Auszubildende, die Ausbildungsförderung wie Studierende an Hochschulen

erhalten. [3]Ist das Amt für Ausbildungsförderung bei einem Studentenwerk errichtet, so wird dessen örtliche Zuständigkeit durch das Land bestimmt.

(4) [1]Für die Entscheidung über Ausbildungsförderung für eine Ausbildung im Ausland nach § 5 Absatz 2 und 5 sowie § 6 ist ausschließlich das durch das zuständige Land bestimmte Amt für Ausbildungsförderung örtlich zuständig. [2]Das Bundesministerium für Bildung und Forschung bestimmt durch Rechtsverordnung[2] ohne Zustimmung des Bundesrates, welches Land das für alle Auszubildenden, die die in einem anderen Staat gelegenen Ausbildungsstätten besuchen, örtlich zuständige Amt bestimmt.

2 Siehe hierzu: BAföG-AuslandszuständigkeitsV **(Nr. 6)**.

Allgemeine Verwaltungsvorschrift

Zu Absatz 1

45.1.1 Zum Begriff „ständiger Wohnsitz“ vgl. § 5 Abs. 1.

45.1.1a Eltern sind die leiblichen Eltern oder bei Auszubildenden, die adoptiert sind, allein die Adoptiveltern. Pflegeeltern sind keine Eltern im Sinne dieser Vorschrift.

Lebenspartner sind allein solche nach § 1 LPartG.

45.1.2 (Aufgehoben)

45.1.3 Das Amt, in dessen Bezirk ein Elternteil seinen ständigen Wohnsitz hat, ist auch zuständig, wenn der andere Elternteil oder jedenfalls dessen Wohnsitz unbekannt ist.

Liegt der Wohnsitz des bekannten Elternteils im Ausland, wird in analoger Anwendung des Absatzes 1 Satz 2 Nr. 5 auf den ständigen Wohnsitz der auszubildenden Person abgestellt.

45.1.4 Das Amt, in dessen Bezirk die auszubildende Person ihren ständigen Wohnsitz hat, ist auch zuständig, wenn der Aufenthalt der Eltern unbekannt ist oder wenn beiden Elternteilen bzw. dem bekannten Elternteil die elterliche Sorge nicht zusteht oder bei Erreichen der Volljährigkeit der auszubildenden Person nicht zustand.

45.1.5 Ist die auszubildende Person auf Veranlassung des zuständigen Jugendamtes im Rahmen des SGB VIII auswärtig untergebracht, ist für die Zuständigkeit darauf abzustellen, ob die Eltern weiterhin das Sorgerecht (einschließlich des Aufenthaltsbestimmungsrechts) haben. Ist dies der Fall, verbleibt es bei der Zuständigkeit des Amtes für Ausbildungsförderung am Wohnort der Eltern.

Ist das Sorgerecht (einschließlich des Aufenthaltsbestimmungsrechts) auf das Jugendamt übergegangen, ist im Regelfall davon auszugehen, dass das Amt für Ausbildungsförderung am Ort des entscheidenden Jugendamtes zuständig ist. Nur wenn die auszubildende Person durch eine eindeutige Willensentscheidung den ständigen Wohnsitz am Ort der Heimunterbringung begründet, richtet sich die Zuständigkeit des Amtes für Ausbildungsförderung nach dem Ort der Heimunterbringung. Eine solche Willensäußerung ist jedoch nur beachtlich, wenn die auszubildende Person volljährig ist.

Zu Absatz 2

45.2.1 (Aufgehoben)

45.2.2 Die örtliche Zuständigkeit für Vorpraktika im Zusammenhang mit einer Ausbildung an einer Akademie richtet sich nach § 45 Abs. 1. Für Nachpraktika gilt die Zuständigkeit nach § 45 Abs. 2 soweit noch eine Zugehörigkeit zur Akademie gegeben ist. Ist diese bereits aufgehoben, findet § 45 Abs. 1 Anwendung.

Zu Absatz 3

45.3.1 Das nach § 45 Abs. 3 zuständige Amt für Ausbildungsförderung wird unabhängig von einer Antragstellung mit dem Zeitpunkt der Immatrikulation zuständig. Zu beachten sind die Tz 45a.1.1 und Tz 45a.1.2.

Das nach § 45 Abs. 3 zuständige Amt für Ausbildungsförderung ist auch zuständig für Auszubildende in dualen Studiengängen (vgl. Tz 7.1.10), sobald sie an der Hochschule immatrikuliert sind.

45.3.2 Für Examenskandidaten, die bereits exmatrikuliert sind, ist das Amt zuständig, das vor der Exmatrikulation zuletzt zuständig gewesen ist.

Dies gilt auch in anderen Fällen der Exmatrikulation, sofern keine neue dem Grunde nach förderungsfähige Ausbildung aufgenommen wird und noch Entscheidungen bzgl. des abgelaufenen Förderungszeitraums zu treffen sind (vgl. auch Tz 45a.1.8).

45.3.3 Bei förderungsfähigen Ausbildungen an inländischen Niederlassungen ausländischer Hochschulen richtet sich die Zuständigkeit nach § 45 Abs. 3.

Zu Absatz 4

45.4.1 Ausschließliche Zuständigkeit des Amtes während einer Ausbildung im Ausland bedeutet, daß – abweichend von § 45a Abs. 1 –

- die Zuständigkeit für die vorhergehende Zeit der Ausbildung im Inland nicht auf dieses Amt übergeht,
- bei Fortsetzung der Ausbildung im Inland die Zuständigkeit für die Zeit der Ausbildung im Ausland bei dem Amt verbleibt.

Für die Zeiten einer Ausbildung im Inland verbleibt es bei der allgemeinen Zuständigkeitsregelung, auch wenn der Auszubildende seine Ausbildung inzwischen im Ausland durchgeführt hat.

45.4.2 Mit Beginn der Ausbildung im Ausland ist für die Zeit des Auslandsaufenthalts ein eigener Bewilligungszeitraum zu bilden. Dies gilt auch dann, wenn auf Grund einer Änderung des Berechnungszeitraums aktuelleres Einkommen anzurechnen ist. Bei einer angezeigten Auslandsausbildung ist daher der Bewilligungszeitraum für die Ausbildung im Inland so zu begrenzen, daß der voraussichtliche Zeitraum dieser Ausbildung nicht überschritten wird; ggf. hat das Amt diesen Bewilligungszeitraum zu verkürzen.

45.4.3 Zuständig für die Förderung Studierender an ausländischen Fernhochschulen ist das jeweilige Auslandsamt.

45.4.4 Zuständig für die Förderung von Inlandspraktika im Rahmen einer Auslandsausbildung innerhalb der EU oder in der Schweiz sind die jeweils zuständigen Auslandsämter.

Zuständig für die Förderung von Auszubildenden, die ausschließlich zum Zweck der Anfertigung einer für die Erlangung des Ausbildungsziels bestimmten Abschlussarbeit (z.B. Diplom-, Bachelor- oder Masterarbeit) eine Bildungseinrichtung oder einen Betrieb im Ausland besuchen, und deren Immatrikulation weiterhin ausschließlich im Inland erfolgt, ist das Inlandsamt.

45.4.5 Zur unterschiedlich geregelten Zuständigkeit in den Fällen des § 15b Abs. 2a vgl. Tz 15b.2a.1 bis 15b.2a.3.

Erläuterungen

1. Bescheide, die ein unzuständiges Amt für Ausbildungsförderung erlässt, sind nur aufhebbar, aber nicht nichtig.
   BVerwG FamRZ 1992, 1235

2. Für Klagen gegen Bescheide der Auslandsämter sind die Verwaltungsgerichte am Sitz der Behörde zuständig, § 52 Nr. 3 S. 2 VwGO ist anwendbar.
   BVerwG FamRZ 1979, 86

3. Setzt ein Auszubildender nach einer Auslandsausbildung sein Studium im Inland fort, bleibt für Leistungen, die er für das Auslandsstudium begehrt, das Verwaltungsgericht am Sitz des Auslandsamtes zuständig.
   OVG Münster FamRZ 1984, 219

4. Auszubildende, die zum Erwerb einer in Deutschland anerkannten Hochschulzugangsberechtigung einen Vorkurs an einer im Inland gelegenen Hochschule belegen, unterfallen, sofern sie an der Hochschule immatrikuliert sind, der Zuständigkeit des für die besuchte Hochschule zuständigen Amtes für Ausbildungsförderung i.S.d. §40 Abs. 2 BAföG. Sie werden gemäß der AföG-VorkHSV wie Schüler gefördert.
   BMBF, Runderlass vom 18.10.2013

5. Die förderungsrechtliche Einordnung inländischer Niederlassungen staatlicher oder als staatlich anerkannter Hochschulen aus dem EU-Ausland bzw. von Niederlassungen deutscher staatlicher oder staatlich anerkannter Hochschulen im Ausland hat der Bund in einem Protokoll vom 14.01.2020 behandelt.
   BMBF, Runderlass vom 03.06.2020

§ 45a Wechsel in der Zuständigkeit

(1) [1]Wird ein anderes Amt für Ausbildungsförderung zuständig, so tritt dieses Amt für sämtliche Verwaltungshandlungen einschließlich des Vorverfahrens an die Stelle des bisher zuständigen Amtes. [2]§ 2 Absatz 2 des Zehnten Buches Sozialgesetzbuch bleibt unberührt.

(2) Hat die örtliche Zuständigkeit gewechselt, muss das bisher zuständige Amt die Leistungen noch solange erbringen, bis sie von dem nunmehr zuständigen Amt fortgesetzt werden.

(3) Sobald ein Amt zuständig ist, das in einem anderen Land liegt, gehen die Ansprüche nach § 50 Absatz 1 des Zehnten Buches Sozialgesetzbuch und § 20 auf dieses Land über.

Allgemeine Verwaltungsvorschrift

Zu Absatz 1

45a.1.1 Kommt ein bisher zuständiges Amt zu dem Ergebnis, daß die Zuständigkeit auf ein anderes Amt übergegangen ist, so hat es dieses Amt um Übernahme des Verfahrens zu bitten und die Akten oder bei einem Zuständigkeitswechsel aufgrund einer Auslandsausbildung eine Aktenübersicht zur Auslandsförderung zu übersenden. Soweit laufende Leistungen zu erbringen sind, hat es zugleich das nunmehr zuständige Amt um Mitteilung zu bitten, welche Fristen für dessen Zahlungsaufnahme maßgeblich sind.

Bejaht das ersuchte Amt seine Zuständigkeit, so teilt es dies dem bisher zuständigen Amt unverzüglich mit. Soweit laufende Leistungen zu erbringen sind, gibt es außerdem an, von welchem Monat an es die Förderung aufnimmt. Das übernehmende Amt soll die Förderung zum frühestmöglichen Zeitpunkt, spätestens jedoch innerhalb von drei Monaten nach Übernahme der Akten oder Zusendung der Aktenübersicht zur Auslandsförderung aufnehmen.

Verneint das ersuchte Amt seine Zuständigkeit, so teilt es dies unverzüglich unter Angabe der Gründe dem ersuchenden Amt mit und sendet die Akten oder die Aktenübersicht zur Auslandsförderung zurück. Dabei soll es bei der Ermittlung dieser Gründe bekannt gewordene, für die weitere Förderung wesentliche Tatsachen dem ersuchenden Amt mitteilen.

45a.1.2 Wird einem Amt bekannt, daß die Zuständigkeit auf es übergegangen ist, so hat es das bisher zuständige Amt unter Angabe des Zeitpunktes und der Gründe von dem Zuständigkeitsübergang zu unterrichten und bei diesem die Akten oder bei einem Zuständigkeitswechsel auf Grund einer Auslandsausbildung eine Aktenübersicht zur Auslandsförderung anzufordern. Das bisher zuständige Amt hat die Akten oder die Aktenübersicht zur Auslandsförderung unverzüglich zu übersenden.

Das Verfahren richtet sich im übrigen nach Tz 45a.1.1.

45a.1.3 Eine Verpflichtung aus Anlaß des Zuständigkeitsübergangs die von früher zuständigen Ämtern erteilten Bescheide auf Fehlerfreiheit zu überprüfen, besteht nicht. Hält das neu zuständige Amt die Änderung eines Bescheides für erforderlich, so sollte es dem damals zuständigen Amt Gelegenheit zur Stellungnahme geben.

45a.1.4 Vorverfahren ist das in den §§ 68 ff. der VwGO geregelte Widerspruchsverfahren.

45a.1.5 Der Wechsel der Zuständigkeit tritt unabhängig vom Stand des Widerspruchsverfahrens ein. Abhilfe- und Widerspruchsbescheid sind ggf. von dem neu zuständigen Amt bzw. der neu zuständigen Widerspruchsbehörde zu erlassen.

Ist in dem Bundesland des neu zuständigen Amtes die Durchführung eines Widerspruchsverfahrens ausgeschlossen, kann der Bescheid nur durch Klage angegriffen werden. Eine Umdeutung des bereits eingelegten Widerspruchs in eine Klage ist nicht möglich.

Das neu zuständige Amt soll den Widerspruchsführer über die aufgrund des Zuständigkeitswechsels geänderte Rechtslage informieren. Es gilt § 58 Abs. 2 VwGO.

45a.1.6 Das bisher zuständige Amt unterrichtet den Widerspruchsführer über den Wechsel der Zuständigkeit. Der Aktenübersendung fügt es eine Darstellung der Sach- und Rechtslage bei.

45a.1.7 Das in Tz 45a.1.1 bis 45a.1.6 geregelte Verfahren gilt auch für den Fall des Wechsels aus dem Schul- in den Hochschulbereich und umgekehrt.

45a.1.8 Hat der Auszubildende die förderungsfähige Ausbildung beendet oder wird er nicht mehr gefördert und sind noch förderungsrechtliche Entscheidungen zu treffen, so führt das Amt, das zuletzt mit einer Entscheidung in der Förderungsangelegenheit befaßt war, das Verwaltungsverfahren fort, nachdem es von dem an sich zuständig gewordenen Amt die Zustimmung gemäß § 2 Abs. 2 des Zehnten Buches Sozialgesetzbuch eingeholt hat. Das gilt auch, wenn zuletzt ein Ablehnungsbescheid erteilt worden ist, es sei denn, der Ablehnungsbescheid ist ausschließlich wegen Unzuständigkeit erteilt worden.

45a.1.9 Zur ausschließlichen Zuständigkeit für die Förderung einer Ausbildung im Ausland vgl. Tz 45.4.1.

Zu Absatz 2

45a.2.1 Das bisher zuständige Amt leistet auf Grund des bestehenden oder gemäß § 50 Abs. 4 fortwirkenden Bewilligungsbescheides bis zu dem Zeitpunkt Ausbildungsförderung, von dem an das neu zuständige Amt nach Übernahme der Akten die Förderung aufnimmt.

Zu Absatz 3

45a.3.1 Nach § 37 Abs. 1 und § 38 übergegangene Ansprüche sowie Ersatzansprüche nach § 47a verbleiben unabhängig vom Wechsel der Zuständigkeit in ein anderes Bundesland bei dem Amt, das den Übergang des Anspruchs bewirkt hat oder bei dem der Anspruch entstanden ist. Ersatzansprüche nach § 47a können trotzdem nur von dem neu zuständigen Amt für Ausbildungsförderung geltend gemacht werden.

Das jeweilige Bundesland kann durch landesinterne Bestimmungen regeln, dass anstelle des zuständigen Amtes für Ausbildungsförderung eine andere Behörde für die Geltendmachung der Ansprüche zuständig ist.

Erläuterungen

1. § 45 Abs. 3 BAföG knüpft die örtliche Zuständigkeit des Amtes für Ausbildungsförderung allein an die Immatrikulation des Auszubildenden an einer bestimmten Hochschule, so dass ein Hochschulwechsel zugleich einen Wechsel der örtlichen Zuständigkeit bewirkt. Der Zuständigkeitswechsel hängt nicht davon ab, ob der Auszubildende beim Förderungsamt am neuen Hochschulort einen Antrag auf Ausbildungsförderung gestellt hat.

   Bei Zuständigkeitswechseln über die Grenzen zwischen Bundesländern hinweg gehen Erstattungsansprüche gegen den Auszubildenden auf das Land des zuständig gewordenen Förderungsamtes über. Erstattungsbescheide des unzuständig gewordenen Amtes sind wegen mangelnder Aktivlegitimation aufzuheben.

   Die Aufhebung des Erstattungsbescheides zwingt nicht auch zur Aufhebung des mit ihm verbundenen Aufhebungsbescheides, wenn dieser nur an einem unwesentlichen Verfahrensfehler leidet. § 50 Abs. 3 Satz 2 SGB X verdrängt nicht § 42 Satz 1 SGB X.

   Bescheide eines Förderungsamtes, nach erfolgtem Zuständigkeitswechsel, sind auch dann nur aufhebbar und nicht nichtig, wenn das zuständig gewordene Amt in einem anderen Bundesland liegt.
   BVerwG, FamRZ 1992, 1235

2. Die nach § 45 a Abs. 1 S. 2 BAföG i.V.m. § 2 Abs. 2 SGB X erforderliche Zustimmung des neu zuständigen Amtes zur Bescheidung eines Widerspruchsverfahrens durch das vor dem Zuständigkeitswechsel zuständige Amt für Ausbildungsförderung unterliegt keinen Formvorschriften. Sie kann auch mündlich erteilt werden.
   VGH Mannheim, Beschluss vom 6. Dezember 2023 – 12 S 1933/21 –, juris

§ 46 Antrag

(1) [1]Über die Leistung von Ausbildungsförderung wird auf schriftlichen oder elektronischen Antrag entschieden.

(2) [1]Der Antrag ist an das örtlich zuständige Amt für Ausbildungsförderung zu richten. [2]Die zur Feststellung des Anspruchs erforderlichen Tatsachen sind auf den Formblättern anzugeben, soweit solche vorgesehen sind.

(3) (weggefallen)[1]

(4) (weggefallen)

(5) [1]Auf Antrag hat das Amt für Ausbildungsförderung dem Grunde nach vorab zu entscheiden, ob die Förderungsvoraussetzungen für eine nach Fachrichtung und Ausbildungsstätte bestimmt bezeichnete

1. Ausbildung im Ausland nach § 5 Absatz 2 und 5,
2. Ausbildung nach § 7 Absatz 1a,
3. weitere Ausbildung nach § 7 Absatz 2,
4. andere Ausbildung nach § 7 Absatz 3,
5. Ausbildung nach Überschreiten der Altersgrenze nach § 10 Absatz 3

vorliegen. [2]Die Entscheidung nach den Nummern 2 bis 5 ist für den ganzen Ausbildungsabschnitt zu treffen. [3]Das Amt ist an die Entscheidung nicht mehr gebunden, wenn der Auszubildende die Ausbildung nicht binnen eines Jahres nach Antragstellung beginnt.

---

1 Für die BAföGFormblattVwV 2020 **(Nr. 4)** existiert somit keine Ermächtigungsgrundlage mehr.

Allgemeine Verwaltungsvorschrift

Zu Absatz 1

46.1.1 Den Antrag hat die auszubildende Person oder ihr gesetzlicher Vertreter zu stellen. Der Antrag kann auch von einem nach § 95 SGB XII oder nach § 5 Abs. 3 SGB II feststellungsberechtigten Sozialhilfeträger oder einem nach § 97 SGB VIII feststellungsberechtigten Träger der öffentlichen Jugendhilfe gestellt werden, der gegen den Träger der Ausbildungsförderung einen Erstattungsanspruch nach den §§ 102 ff. SGB X hat.

46.1.1a Ein wirksamer Antrag liegt erst dann vor, wenn dieser schriftlich, d.h. von der antragstellenden Person bzw. deren gesetzlichen Vertreter eigenhändig durch Namensunterschrift unterzeichnet, beim Amt für Ausbildungsförderung eingegangen ist.

Dafür genügt auch der Eingang durch Tele- oder Computerfax, E-Mail mit eingescanntem Dokument oder als Kopie. Das unterschriebene Originaldokument muss dann regelmäßig nicht mehr nachgereicht werden.

46.1.2 Der Antrag ist für jeden Bewilligungszeitraum erneut zu stellen. Dies gilt auch dann, wenn der Antrag für den vorhergehenden Bewilligungszeitraum noch nicht beschieden wurde oder abgelehnt wurde und über einen dagegen eingelegten Rechtsbehelf noch nicht abschließend entschieden worden ist.

46.1.2a Auszubildende können bereits unmittelbar mit Antragstellung die Höhe des Bankdarlehens durch eine entsprechende Erklärung begrenzen.

46.1.3 Das Amt soll sich – außer in den in den Formblättern vorgeschriebenen Fällen – Urkunden nur dann vorlegen lassen, wenn Zweifel an der Richtigkeit der Angaben bestehen. Die Urkunden sind nach Einsichtnahme zurückzugeben.

Es ist aktenkundig zu machen, daß die Urkunden vorgelegen haben; ihr Inhalt ist durch einen Bestätigungs- bzw. Korrekturvermerk eines Bediensteten des Amtes bei den betreffenden Angaben auf den Formblättern festzustellen. Es kann eine Ablichtung einer Urkunde zu den Akten genommen werden.

Von Steuerbescheiden bzw. Bescheiden über den Lohnsteuerjahresausgleich ist stets eine Kopie zu den Akten zu nehmen.

46.1.4 Kommen Auszubildende ihren Mitwirkungspflichten nach den §§ 60 ff. SGB I nicht nach, ist nach den §§ 66 und 67 SGB I zu verfahren.

Die Frist nach § 66 Abs. 3 SGB I soll in der Regel zwei Monate nicht überschreiten.

Kann nicht festgestellt werden, ob Auszubildende Anspruch auf Ausbildungsförderung haben, weil sie die anspruchsbegründenden Tatsachen der Förderung nicht bewiesen haben (z.B. Nichtvorhandensein elterlichen Einkommens bei elternabhängiger Förderung), ist wegen der sie treffenden materiellen Beweislast der Förderungsantrag abzulehnen.

Bevor das Amt für Ausbildungsförderung den Antrag ablehnt, hat es mit allen gebotenen Mitteln die fehlenden Tatsachen aufzuklären. § 36 Abs. 2 bleibt unberührt.

46.1.5 Ist die in den Formblättern enthaltene Belehrung der Eltern des Auszubildenden über ihre mögliche Inanspruchnahme im Falle der Nichtleistung angerechneter Unterhaltsbeträge bei der Antragstellung von diesen nicht unterzeichnet worden oder hat der Auszubildende den Antrag formlos gestellt, so sind unverzüglich die Eltern durch gesondertes Schreiben entsprechend zu belehren. Das Schreiben ist förmlich zuzustellen. Dies gilt nicht, wenn ein Anspruch im Rahmen des § 36 ausgeschlossen ist.

46.1.6 Der Antrag kann bis zur Bestandskraft des Bescheides zurückgenommen werden. Ein Verzicht nach § 46 SGB I auf die Leistungen nach diesem Gesetz ist nur mit Wirkung für die Zukunft und nur durch schriftliche Erklärung gegenüber dem Amt möglich. Ein Verzicht verkürzt nicht den Bewilligungszeitraum. § 22 ist zu beachten.

Zu Absatz 5

46.5.1 In der Vorabentscheidung ist in verbindlicher Form nur darüber zu befinden, ob für die in dem Antrag des Auszubildenden bestimmt bezeichnete Ausbildung Förderung nach diesem Gesetz geleistet wird. Die Frage nach der Höhe und Art der Leistung ist nicht Gegenstand der Entscheidung. Dies ist in dem Bescheid zum Ausdruck zu bringen.

46.5.2 In den Bescheid ist ferner aufzunehmen, für welche Dauer die Entscheidung getroffen ist und dass das Amt an die Entscheidung nicht mehr gebunden ist, wenn die Ausbildung nicht innerhalb eines Jahres nach Antragstellung begonnen wird. Die Verpflichtung zu unverzüglichem Handeln nach Tz 7.3.16 Abs. 2 bleibt unberührt.

Auch einem ablehnenden Bescheid kommt Bindungswirkung zu, vgl. Tz 50.1.2.

Umfasst die weitere oder andere Ausbildung oder die Ausbildung nach Überschreiten der Altersgrenze mehrere Ausbildungsabschnitte, so ist für jeden Ausbildungsabschnitt eine gesonderte Entscheidung dem Grunde nach zu treffen.

46.5.3 In dem Antrag sind Fachrichtung (vgl. Tz 7.3.2) und Ausbildungsstätte bzw. Praktikumsstelle bestimmt zu bezeichnen.

46.5.4 Örtlich und sachlich zuständig für die Entscheidung nach Absatz 5 ist das Amt, das nach Aufnahme der Ausbildung über den Antrag auf Ausbildungsförderung zu entscheiden hat. Unterliegt die angegebene Fachrichtung der Zulassung in einem zentralen oder regionalen Vergabeverfahren und kann die Ausbildungsstätte – entgegen Tz 46.5.3 – nicht bestimmt bezeichnet werden, so richtet sich die Zuständigkeit des Amtes nach der Angabe des Auszubildenden über die erste Studienortpräferenz.

46.5.5 § 48 Abs. 5 ist zu beachten.

Erläuterungen

1. Die Rücknahme des Förderungsantrages ist jedenfalls dann bis zur Rechtskraft der Förderungsentscheidung zulässig, wenn die Leistung von Ausbildungsförderung durch Verrechnung mit künftig fällig werdenden Leistungen rückgängig gemacht werden kann.
BVerwG FamRZ 1981, 208
2. Die bloße Anforderung von Antragsunterlagen kann nicht als Förderungsantrag gesehen werden.
OVG Münster FamRZ 1981, 713
3. In der Korrespondenz eines Klageverfahrens kann ein Förderungsantrag enthalten sein.
BVerwG FamRZ 1994, 60
4. Ein Auszubildender, der einen Rechtsstreit um die Höhe seiner Förderung führt, muss zur Wahrung seiner Rechte für weitere jährliche Bewilligungszeiträume jeweils einen neuen Antrag stellen, *BVerwG FamRZ 1980, 840;* dies gilt jedoch nicht bei Rechtsstreitigkeiten, deren Streitgegenstand die Ausbildungsförderung dem Grunde nach ist.
BVerwG FamRZ 1998, 647
5. Wie beim Wiederholungsantrag muss es auch beim Erstantrag möglich sein, ihn für einen zukünftigen Zeitraum zu stellen.
BVerwG FamRZ 2000, 780
Beispiel: Auszubildender weiß, dass seine Waisenrente wegen Erreichens der Altersgrenze ausläuft und stellt vor ihrem Auslaufen einen Erstantrag, um die ununterbrochene Unterstützung seiner Ausbildung sicherzustellen.
6. Die Vorabentscheidung gilt auch nach einer anderslautenden Gesetzesänderung, da das Gesetz keinen Verweis auf die Anwendung des § 34 Abs. 3 SGB X enthält.
BVerwG FamRZ 1999, 618 (619)
7. Ein Wechsel an eine ausländische Ausbildungsstätte während eines noch laufenden Bewilligungsverfahrens erfordert einen neuen Antrag, und die lediglich für das Inland erfolgte Bewilligung gilt nicht weiter. Der Zeitpunkt, bis zu dem in einem solchen Fall die Änderung des für die Inlandsausbildung erlassenen Bescheids vorgenommen wird, ist das Ende des nach Kalendermonaten bemessenen Bewilligungszeitraums, wenn nicht bereits eine zwischenzeitlich eingetretene weitere Änderung zu berücksichtigen ist. Eine solche weitere Änderung tritt ein bei Rückkehr des Studenten (im Bewilligungszeitraum) an die inländische Ausbildungsstätte. In diesen Fällen bedarf es keines neuen (Inlands-) Antrags für den verbleibenden Teil des Bewilligungszeitraums.
OVG Bautzen, Urteil vom 5. Oktober 2022 – 5 A 898/19 –, juris

§ 47 Auskunftspflichten

(1) [1]Ausbildungsstätten, Fernlehrinstitute und Prüfungsstellen sind verpflichtet, die nach § 3 Absatz 3, § 15 Absatz 5 sowie den §§ 48 und 49 erforderlichen Bescheinigungen, Bestätigungen und gutachterlichen Stellungnahmen abzugeben. [2]Das jeweils nach Landesrecht zuständige hauptamtliche Mitglied des Lehrkörpers der Ausbildungsstätte stellt die Eignungsbescheinigung nach § 48 Absatz 1 Nummer 2 aus und legt für den Nachweis nach § 48 Absatz 1 Nummer 3 die zum jeweils maßgeblichen Zeitpunkt übliche Zahl an ECTS-Leistungspunkten fest.

(2) Ausbildungsstätten und Fernlehrinstitute sowie deren Träger sind verpflichtet, den zuständigen Behörden auf Verlangen alle Auskünfte zu erteilen und Urkunden vorzulegen sowie die Besichtigung der Ausbildungsstätte zu gestatten, soweit die Durchführung dieses Gesetzes, insbesondere des § 2 Absatz 2 und des § 3 Absatz 2 es erfordert.

(3) Ist dem Auszubildenden von einer der in § 2 Absatz 1 Nummer 1 bis 4 bezeichneten oder diesen nach § 2 Absatz 3 als gleichwertig bestimmten Ausbildungsstätten für Zwecke dieses Gesetzes bescheinigt worden, dass er sie besucht, so unterrichtet die Ausbildungsstätte das Amt für Ausbildungsförderung unverzüglich, wenn der Auszubildende die Ausbildung abbricht.

(4) § 60 des Ersten Buches Sozialgesetzbuch gilt auch für die Eltern und den Ehegatten oder Lebenspartner, auch den dauernd getrennt lebenden, des Auszubildenden.

(5) Soweit dies zur Durchführung des Gesetzes erforderlich ist, hat

1. der jeweilige Arbeitgeber auf Verlangen dem Auszubildenden, seinen Eltern und seinem Ehegatten oder Lebenspartner sowie dem Amt für Ausbildungsförderung eine Bescheinigung über den Arbeitslohn und den als Lohnsteuerabzugsmerkmal mitgeteilten Freibetrag auszustellen,
2. die jeweilige Zusatzversorgungseinrichtung des öffentlichen Dienstes oder öffentlich-rechtliche Zusatzversorgungseinrichtung dem Amt für Ausbildungsförderung Auskünfte über die von ihr geleistete Alters- und Hinterbliebenenversorgung des Auszubildenden, seiner Eltern und seines Ehegatten oder Lebenspartners zu erteilen.

(6) Das Amt für Ausbildungsförderung kann den in den Absätzen 2, 4 und 5 bezeichneten Institutionen und Personen eine angemessene Frist zur Erteilung von Auskünften und Vorlage von Urkunden setzen.

Allgemeine Verwaltungsvorschrift

Zu Absatz 1

47.1.1 Die Ämter haben zu prüfen, ob die Eignungsbescheinigung nach § 48 die Voraussetzungen des Absatzes 1 Satz 2 erfüllt.

Erläuterungen

1. Die Angaben der Ehefrau des Antragstellers sind ihm als eigene Erklärung zuzurechnen, wenn er sie zur Grundlage der Bearbeitung seines Antrages gemacht hat.
   BVerwG FamRZ 1985, 1187

2. Die Auskunftspflicht der Eltern besteht auch dann, wenn sie nicht mehr unterhaltsverpflichtet sind, dies gilt schon deswegen, weil die elternabhängige Förderung unabhängig von der Unterhaltspflicht der Eltern gewährt wird und ohne Berufsausbildung des Antragstellers auch bei hohem Einkommen der Eltern Vorausleistungen nach § 36 BAföG möglich sind.
   Auch bei abgeschlossener Berufsausbildung hat das Bundesverfassungsgericht (B v. 10.11.1998 – 1 BvL 50/92) die Möglichkeit eröffnet, Vorausleistung zu gewähren.

3. Das Auskunftsverlangen des Amtes für Ausbildungsförderung ist ein Verwaltungsakt, dem die Adressaten des Verlangens widersprechen können.
   OVG Berlin, U v. 14.1.1987, 7B 31.85; OLG Hamm FamRZ 1980, 950

4. Ist einem Elternteil eine wesentliche Verbesserung der Einkommensverhältnisse gegenüber dem bisherigen Aktualisierungsantrag erkennbar, so muss dies dem Amt für Ausbildungsförderung bereits vor Erlass des Steuerbescheides mitgeteilt werden.
   Bay OLG FamRZ 1994, 599

5. Der Erlass eines – vorbehaltlosen – Vorausleistungsbescheides nach § 36 Abs. 2 BAföG führt nicht zur Rechtswidrigkeit des mit einer Zwangsgeldandrohung geltend gemachten Auskunftsbegehrens des Amtes; die Zwangsgeldandrohung erledigt sich aber auf sonstige Weise. Die Pflicht der Eltern zu einer weiteren Mitwirkung entfällt in diesen Fällen nachträglich, weil es einer Berechnung des ausbildungsförderungsrechtlichen Unterhaltsbetrages der Eltern nach §§ 21 ff., 24 BAföG für die Bewilligung der Ausbildungsförderung nicht (mehr) bedarf. Die dem gesetzlichen Nachrang der Ausbildungsförderung entsprechende Berücksichtigung des elterlichen Einkommens auf die Ausbildungsförderung erfolgt dann im Wege der Geltendmachung des nach § 37 Abs. 1 BAföG auf das Amt für Ausbildungsförderung übergegangenen, zivilrechtlichen Auskunfts- und ggf. Leistungsanspruches des Auszubildenden gegen seine Eltern.
   OVG Münster, Beschluss vom 01.07.2011, Az. 12 B 521/11

§ 47a Ersatzpflicht des Ehegatten oder Lebenspartners und der Eltern

[1]Haben der Ehegatte oder Lebenspartner oder die Eltern des Auszubildenden die Leistung von Ausbildungsförderung an den Auszubildenden dadurch herbeigeführt, dass sie vorsätzlich oder fahrlässig falsche oder unvollständige Angaben gemacht oder eine Anzeige nach § 60 Absatz 1 Nummer 2 des Ersten Buches Sozialgesetzbuch unterlassen haben, so haben sie den Betrag, der nach § 17 für den Auszubildenden als Förderungsbetrag zu Unrecht geleistet worden ist, dem Land zu ersetzen. [2]Der Betrag ist vom Zeitpunkt der zu Unrecht erfolgten Leistung an mit 6 vom Hundert für das Jahr zu verzinsen.

Allgemeine Verwaltungsvorschrift

47a.0.1 Über die Höhe des zu ersetzenden Betrages und die entstandenen Zinsen ist ein Bescheid zu erlassen. Zinsen fallen ab dem Zeitpunkt der ersten zu Unrecht erfolgten Zahlung von Förderungsleistungen an.

Bevor ein Bescheid erlassen wird, ist den Betroffenen Gelegenheit zu geben, sich zum Sachverhalt schriftlich oder mündlich zu äußern.

Betroffene sind:

- die Ehegattin oder der Ehegatte,
- die Lebenspartnerin oder der Lebenspartner oder
- die Eltern der auszubildenden Person.

Besteht wegen der zu Unrecht erfolgten Förderleistungen sowohl ein Rückforderungs- oder Erstattungsanspruch gegenüber der auszubildenden Person selbst als auch gegenüber einer der vorgenannten betroffenen Personen, so sind beide gleichrangig zur Erstattung verpflichtet. Falls Beitreibungsmaßnahmen erforderlich sind, ist der Anspruch vorrangig nach § 47a geltend zu machen.

Zur Verrechnung mit Förderungsleistungen ist Tz 37.1.9 entsprechend anzuwenden.

47a.0.2 In den Fällen, in denen eine Änderungsanzeige nach § 60 Abs. 1 Nr. 2 SGB I unterlassen wurde, tritt eine Ersatzpflicht frühestens ab dem Zeitpunkt ein, in dem die Änderung eingetreten ist.

Erläuterungen

1. Das Amt für Ausbildungsförderung kann den Schadensersatzanspruch des § 47a geltend machen ohne den Bewilligungsbescheid aufzuheben.
   BVerwG FamRZ 1993, 739

2. Es sollte in der Regel außerdem gegenüber dem Auszubildenden bestehende Erstattungsansprüche ebenfalls nutzen. Allein gegen die Eltern vorzugehen ist nur ratsam, wenn diese vorsätzlich falsche Angaben gemacht haben.
   OVG Münster FamRZ 1984, 107

3. Ersatzansprüche nach § 47a BAföG werden von der Legalzession des § 45a Abs. 3 BAföG nicht erfasst. Sie können jedoch im Fall des Zuständigkeitswechsels nur vom danach zuständigen Amt für Ausbildungsförderung geltend gemacht werden.
   BVerwG FamRZ 1993, 739

4. Die Pflicht zum Ersatz von Ausbildungsförderungsleistung nach § 47a Satz 1 BAföG erstreckt sich nicht auf den Teil der Leistung, der bei wahrheitsgemäßen und vollständigen Angaben gegenüber dem Auszubildenden hätte erbracht werden müssen.
   BVerwG, Urteil vom 27.10:2016, 5 C 55.15, www.bverwg.de/rechtsprechung

5. Für die Annahme, dass die Leistung von Ausbildungsförderung im Sinne von § 47a Satz 1 BAföG „herbeigeführt" worden ist, ist es ausreichend, dass die unvollständigen Angaben für die Entscheidung über die Bewilligung von Ausbildungsförderung wenigstens mitursächlich gewesen sind.
   VGH Mannheim, Beschluss vom 18. Oktober 2021 – 12 S 214/20 –, juris

6. Bei einem tatbestandlichen Zusammentreffen der Ansprüche aus § 20 Abs. 1 Nr. 4 BAföG und aus § 47a BAföG haften mangels abweichender Regelungen im Bundesausbildungsförderungsgesetz oder im Sozialgesetzbuch der Leistungsempfänger und die nach § 47a BAföG Verpflichteten nach den entsprechend anwendbaren §§ 421 ff. BGB als Gesamtschuldner.
   OVG Lüneburg, Beschluss vom 8. April 2022 – 14 LA 86/22 –, juris

7. Wenn Sozialleistungen zu Unrecht ausgezahlt worden sind, entsteht der öffentlichen Hand ein Vermögensschaden. In diesen Schaden fließen – neben der rechtswidrig gewährten Leistung als solcher – auch diejenigen Aufwendungen bzw. Kosten ein, die der Verwaltung durch die schuldhaft verursachte „Vorfinanzierung" der Leistung und deren Rückforderung sowie durch den (zeitweiligen) Entzug des Vermögenswerts entstehen. Die gesetzlich angeordnete Verzinsung in § 47a Satz 2 BAföG pauschaliert den entsprechenden Schadensersatz in ähnlicher Weise, wie dies im Deliktsrecht – an das der Gesetzgeber den Ersatzanspruch aus § 47a Satz 1 BAföG anlehnen wollte – nach § 849 i. V. m. § 246 BGB (wenn auch dort mit geringerem Zinssatz) vorgesehen ist.
   OVG Münster, Beschluss vom 7. Dezember 2022 – 12 A 381/21 –, juris

§ 48 Mitwirkung von Ausbildungsstätten

(1) [1]Vom fünften Fachsemester an wird Ausbildungsförderung für den Besuch einer Höheren Fachschule, Akademie oder einer Hochschule nur von dem Zeitpunkt an geleistet, in dem der Auszubildende vorgelegt hat

1. ein Zeugnis über eine bestandene Zwischenprüfung, die nach den Ausbildungsbestimmungen erst vom Ende des dritten Fachsemesters an abgeschlossen werden kann und vor dem Ende des vierten Fachsemesters abgeschlossen worden ist,
2. eine nach Beginn des vierten Fachsemesters ausgestellte Bescheinigung der Ausbildungsstätte darüber, dass er die bei geordnetem Verlauf seiner Ausbildung bis zum Ende des jeweils erreichten Fachsemesters üblichen Leistungen erbracht hat, oder
3. einen nach Beginn des vierten Fachsemesters ausgestellten Nachweis über die bis dahin erworbene Anzahl von Leistungspunkten nach dem Europäischen System zur Anrechnung von Studienleistungen (ECTS), wenn die bei geordnetem Verlauf der Ausbildung bis zum Ende des jeweils erreichten Fachsemesters übliche Zahl an ECTS-Leistungspunkten nicht unterschritten wird.

[2]Die Nachweise gelten als zum Ende des vorhergehenden Semesters vorgelegt, wenn sie innerhalb der ersten vier Monate des folgenden Semesters vorgelegt werden und sich aus ihnen ergibt, dass die darin ausgewiesenen Leistungen bereits in dem vorhergehenden Semester erbracht worden sind.

(2) Liegen Tatsachen vor, die voraussichtlich eine spätere Überschreitung der Förderungshöchstdauer nach § 15 Absatz 3 oder eine Verlängerung der Förderungshöchstdauer nach § 15a Absatz 3 rechtfertigen, kann das Amt für Ausbildungsförderung die Vorlage der Bescheinigung zu einem entsprechend späteren Zeitpunkt zulassen.

(3) Während des Besuchs einer Höheren Fachschule, Akademie und Hochschule kann das Amt für Ausbildungsförderung bei begründeten Zweifeln an der Eignung (§ 9) des Auszubildenden für die gewählte Ausbildung eine gutachtliche Stellungnahme der Ausbildungsstätte einholen, die der Auszubildende besucht.

(4) In den Fällen des § 5 Absatz 2 Nummer 2 und 3 sind die Absätze 1 und 2 entsprechend anzuwenden.

(5) In den Fällen des § 7 Absatz 2 Satz 2 und Absatz 3 kann das Amt für Ausbildungsförderung eine gutachtliche Stellungnahme der Ausbildungsstätte einholen.

(6) Das Amt für Ausbildungsförderung kann von der gutachtlichen Stellungnahme nur aus wichtigem Grund abweichen, der dem Auszubildenden schriftlich oder elektronisch mitzuteilen ist.

Allgemeine Verwaltungsvorschrift

Zu Absatz 1

48.1.1 Für den Zeitraum nach Beendigung des vierten Fachsemesters (Verwaltungssemester) ist durch eine entsprechende Begrenzung des Bewilligungszeitraums sicherzustellen, dass Ausbildungsförderung nur dann geleistet wird, wenn eine der in Absatz 1 Satz 1 Nr. 1 bis 3 genannten Voraussetzungen erfüllt wird. Dies gilt auch dann, wenn dadurch ein neuer Berechnungszeitraum zugrunde zu legen ist.

48.1.1a Hinsichtlich der nach Absatz 1 Satz 1 Nr. 2 und 3 auszustellenden Bescheinigung der Ausbildungsstätte ist das jeweils erreichte Fachsemester dasjenige, das der Ausstellung der Bescheinigung vorangegangen ist.

Wird die Bescheinigung erst zu einem Zeitpunkt ausgestellt, zu dem Auszubildende üblicherweise auch die Leistungen des laufenden Semesters bereits vollständig erbracht haben – dies wird regelmäßig ab dem fünften Monat des Semesters anzunehmen sein –, so ist das jeweils erreichte Fachsemester das, in dem sich die auszubildende Person gerade befindet.

Es ist allerdings auch bei Vorlage einer Bescheinigung ab dem fünften Monat des Semesters auf den Leistungsstand des vorangegangenen Semesters abzustellen, wenn die auszubildende Person mit einer Bescheinigung der Ausbildungsstätte belegt, dass sie trotz ordnungsgemäßem Studienverlauf zu diesem Zeitpunkt noch nicht sämtliche Studienleistungen des laufenden Semesters erbringen konnte oder die Leistungen aus studienorganisatorischen Gründen (Prüfungstermine wurden noch nicht angeboten, Terminprobleme bei Lehrkräften etc.) noch nicht bewertet worden sind.

48.1.1b Nehmen Auszubildende vor Ablauf des verwaltungsmäßigen vierten Fachsemesters im Inland eine Auslandsausbildung im Sinne des § 5 Abs. 2 Satz 1 Nr. 1 auf und beabsichtigen sie, die Ausbildung im Inland zu beenden, ist die Vorlage eines Leistungsnachweises für die Förderung während der Ausbildung im Ausland nicht erforderlich, es sei denn, der Auslandsaufenthalt ist in den Ausbildungsbestimmungen als notwendig im Ausland durchzuführender Teil der Ausbildung vorgeschrieben.

48.1.2 In den Fällen des Absatzes 1 Satz 3 kommt es auf das Datum der Ausstellung des Nachweises sowie auf den Zeitpunkt der Leistungsfeststellung nicht an.

Werden die Nachweise nach Absatz 1 Nr. 1 bis 3 nicht innerhalb der ersten vier Monate des folgenden Semesters vorgelegt, kann Ausbildungsförderung erst wieder vom Beginn des Monats an geleistet werden, in dem die auszubildende Person entweder ein den Erfordernissen des Absatzes 1 Nr. 1 genügendes Zwischenprüfungszeugnis vorlegt oder den üblichen Leistungsstand nach Absatz 1 Nr. 2 oder Nr. 3 nachweist.

48.1.2a Die Anwendung der Nummer 3 setzt voraus, dass die Hochschule für den betreffenden Studiengang schriftlich festgelegt hat, wie viele ECTS- Punkte als üblich im Sinne des Absatzes 1 Nr. 3 BAföG anzusehen sind.

48.1.2b Bei modularisierten Mehrfächerstudiengängen entscheidet die Hochschule, ob für die Beurteilung des üblicherweise zu erwartenden Leistungsstands auf die ECTS- Leistungspunkte der einzelnen Fächer oder auf eine Gesamtpunktzahl abzustellen ist.

48.1.3 Tz 48.1.1 bis 48.1.2a gelten für das dritte und vierte Fachsemester entsprechend, wenn eine Zwischenprüfung oder ein entsprechender Leistungsnachweis nach der Ausbildungs- und/oder Prüfungsordnung bereits vor Beginn des dritte Fachsemesters verbindlich vorgeschrieben ist.

48.1.4 (Aufgehoben)

48.1.5 Fachsemester ist jedes Semester, in dem die Ausbildung in der gewählten Fachrichtung erfolgt. Es ist davon auszugehen, dass jedes Semester, das an Ausbildungsstätten mit gleichen oder vergleichbaren Zugangsvoraussetzungen innerhalb seines materiellen Wissensgebietes verbracht ist, in derselben Richtung durchgeführt ist, unabhängig davon, ob die Semester im In- oder Ausland absolviert wurden. § 5a ist zu beachten.

Auch Wiederholungssemester sind Fachsemester. Zeiten der früheren Ausbildung, die auf eine weitere oder andere Ausbildung angerechnet werden, sind ebenfalls als Fachsemester zu werten.

48.1.6 Für eine andere Ausbildung nach Abbruch der Ausbildung oder Wechsel der Fachrichtung (§ 7 Abs. 3) ist Ausbildungsförderung für zwei Semester zu leisten unabhängig davon, ob ein Leistungsnachweis nach Absatz 1 vorliegt.

Dies gilt auch in den Fällen einer weiteren Ausbildung (§ 7 Abs. 2), wenn mehr als zwei Semester als Fachsemester auf die weitere Ausbildung angerechnet werden.

Nach diesen zwei Semestern sind die Leistungen des erreichten Fachsemesters nachzuweisen (Bsp.: Wechsel nach vier Fachsemestern, neue Einstufung in das vierte, gefördert werden das vierte und fünfte Fachsemester ohne Leistungsnachweis, zum sechste Fachsemester muss ein Leistungsnachweis über fünf Semester erbracht werden).

48.1.7 Wird bei einem Lehramtsstudium mit zwei Pflichtfächern nur ein Fach gewechselt, das andere aber beibehalten, so ist zum Ende des vierten Fachsemesters in dem nicht gewechselten Fach die Eignungsbescheinigung vorzulegen. Dabei ist gleichgültig, ob das beibehaltene Fach als Haupt- oder Nebenfach studiert wird. In dem gewechselten Fach ist die Eignungsbescheinigung ebenfalls zum Ende des vierten in diesem Fach verbrachten Semesters vorzulegen. Entsprechendes gilt bei einem sonstigen Studium mit mehreren Fächern.

48.1.8 Abweichend von Tz 48.1.7 gilt bei modularisierten Studiengängen, in denen ein Nachweis für die einzelnen Fächer (Tz 48.1.2b) vorzulegen ist, Folgendes: Der Nachweis für die einzelnen Fächer ist jeweils nach dem in Absatz 1 festgelegten Zeitpunkt vorzulegen.

Stellt die Hochschule zur Feststellung des üblicherweise zu erwartenden Leistungsstands auf einen „Gesamtnachweis" ab, so ist dieser zu dem in Absatz 1 festgelegten Zeitpunkt vorzulegen.

Der Zeitpunkt der Vorlage richtet sich bei dem Wechsel eines von zwei oder mehreren Fächern nach der förderungsrechtlichen Einstufung, die bei der Entscheidung über den Fachrichtungswechsel zu treffen ist.

Zu Absatz 2

48.2.1 Liegen Tatsachen im Sinne des Absatzes 2 vor, wird Ausbildungsförderung nicht geleistet, wenn nach Aktenlage feststeht, dass die auszubildende Person den Leistungsnachweis nicht innerhalb der verlängerten Förderungszeit erbringen kann. Tz 15.3.1, 15.3.3 bis 15.3.4 und 15.3.8 bis 15.3.11 sind entsprechend anzuwenden.

48.2.2 (weggefallen)

Zu Absatz 3

48.3.1 Eine gutachtliche Stellungnahme ist insbesondere einzuholen, wenn

Bedenken bestehen, ob die auszubildende Person körperlich in der Lage ist, eine Ausbildung in der gewählten Fachrichtung durchzuführen,

nach den bisher erbrachten Leistungen Bedenken bestehen, dass die auszubildende Person das angestrebte Ausbildungsziel erreicht.

48.3.2 Ist nach der gutachtlichen Stellungnahme nicht zu erwarten, dass die auszubildende Person das angestrebte Ausbildungsziel erreicht, liegen die persönlichen Voraussetzungen für die Leistung von Ausbildungsförderung (§ 9) nicht vor.

48.3.3 (Aufgehoben)

Zu Absatz 4

48.4.1 Im Rahmen von Absatz 4 bleiben bei der Zählung der Fachsemester Zeiten einer nach § 5 Abs. 2 Nr. 1 förderungsfähigen Ausbildung unberücksichtigt. Auf die Tz 5.2.20 und 48.1.1b wird verwiesen.

48.4.2 Über die Eignung ist ein Nachweis der Ausbildungsstätte vorzulegen, die die auszubildende Person im Ausland besucht.

48.4.3 (Aufgehoben)

48.4.4 (weggefallen)

48.4.5 Ist nach den erbrachten Nachweisen insgesamt nicht zu erwarten, dass die auszubildende Person das angestrebte Ausbildungsziel erreicht, so ist der Bewilligungsbescheid unverzüglich aufzuheben und die Leistung der Ausbildungsförderung einzustellen.

Zu Absatz 5

48.5.1 Das Amt kann eine gutachtliche Stellungnahme einholen, wenn es aus eigener Sachkunde das Vorliegen der Voraussetzungen für die Leistung von Ausbildungsförderung für eine Zweitausbildung oder eine andere Ausbildung nicht beurteilen kann.

Es kann auch eine zusätzliche Auskunft der Ausbildungsstätte, die der Auszubildende bisher besucht hat, anfordern, wenn die aufnehmende Ausbildungsstätte keine ausreichende Auskunft über die Zweitausbildung, den Fachrichtungswechsel oder den Abbruch der Ausbildung unter gleichzeitiger Neuaufnahme einer anderen Ausbildung geben kann.

48.5.2 (Aufgehoben)

48.5.3 (Aufgehoben)

Zu Absatz 6

48.6.1 Ein wichtiger Grund liegt insbesondere vor, wenn die Ausbildungsstätte offensichtlich von unrichtigen Voraussetzungen tatsächlicher oder rechtlicher Art ausgegangen ist.

Erläuterungen

1. Maßgeblich für den Leistungsnachweis ist das Ende des vierten Fachsemesters; werden Teile der Leistungen erst im 5. Fachsemester erbracht, scheitert der Leistungsnachweis.
BVerwG Urt. V. 23.9.1982 – 5 C 93/80 – in FamRZ 1983, 102

2. Es ist nicht möglich, die Frist für den Eignungsnachweis durch das Einlegen von Urlaubssemestern nach dem 4. Fachsemester zu umgehen und in diesem Semester die fehlenden Leistungen zu erbringen.
BVerwG FamRZ 1993, 121

3. Wer nach dem vierten Semester eine Auslandsausbildung beginnt, ist verpflichtet den Leistungsnachweis dennoch vor dem Auslandsstudium vorzulegen.
VGH Baden-Württemberg FamRZ 2004, 1070; beachte bei Beginn der Auslandsausbildung vor dem verwaltungsmäßigen Ende des 4. Fachsemesters aber Tz. 48.1.1b

4. Als Fachsemester zählen auch im Ausland verbrachte Semester in identischer Fachrichtung mit. (aber § 5a samt Übergangsregelung beachten)
BVerwG FamRZ 1998, 991

5. Die Eignungsbescheinigung muss von einem ausgewählten Mitglied des Lehrkörpers ausgestellt werden. Nicht alle Hochschullehrer sind hierzu automatisch befugt.
OVG Berlin FamRZ 1983, 843

6. Wer den Hochschulort wechselt und dabei durch Rückstufung Fachsemester verliert, kann die Rückstufung nicht als Grund für eine Verschiebung des Leistungsnachweises geltend machen.
BVerwG FamRZ 1983, 102

   Ausnahmsweise können aus einem Studienortwechsel resultierende Verzögerungen dann gerechtfertigt sein, wenn der konkrete Studienortwechsel unabweisbar und damit die Verzögerung zwangsläufig war. Derartiges kann beispielsweise angenommen werden, wenn der Hochschulwechsel gerade dazu dient, das Studium erfolgreich zum Abschluss zu bringen oder eine berufliche Verwertbarkeit des Studiums sicherzustellen.
Oberverwaltungsgericht Münster, Urteil vom 12. Dezember 2022 – 12 A 3854/19 –, juris

7. Ein Nichtbestehen von nach § 48 Abs. 1 Satz 1 Nr. 2 BAföG maßgeblichen Leistungsanforderungen, das erstmals zu einer wegen der Ausbildungsbestimmungen oder sonst aus studienorganisatorischen Gründen zwingenden Wiederholung von Semestern führt, ist unabhängig von der Anzahl der nicht erbrachten Leistungsnachweise als schwerwiegender Grund im Sinne von § 15 Abs. 3 Nr. 1 BAföG anzusehen. Der nach § 48 Abs. 2 BAföG relevante spätere Zeitpunkt der Vorlage der Bescheinigung nach § 48 Abs. 1 Satz 1 Nr. 2 BAföG ermittelt sich im Fall des § 15 Abs. 3 BAföG nach dem Umfang des Zeitverlusts, der durch den die Überschreitung der Förderungshöchstdauer rechtfertigenden Grund entstanden ist. Die Entscheidung über die Vorlage der Bescheinigung zu einem späteren Zeitpunkt nach § 48 Abs. 2 BAföG steht nicht im Ermessen des Amtes für Ausbildungsförderung.
BVerwG, Urteil vom 3. März 2023 – 5 C 6/21 –, BVerwGE 178, 34-46

8. Das Nichtbestehen von Leistungsklausuren im Vorstudium kann als Verschiebungsgrund für den Leistungsnachweis anerkannt werden.
OVG Sachsen FamRZ 2006, 1233

9. Üblich im Sinne von § 48 Abs. 1 Satz 1 Nr. 2 BAföG sind diejenigen Leistungen, die nach den für den gewählten Studiengang geltenden normativen Vorgaben, insbesondere nach den einschlägigen Ausbildungs- und Prüfungsordnungen der Hochschule, erwartet werden. In Ermangelung entsprechender Bestimmungen bestimmt sich die Üblichkeit der Leistungen nach den sonstigen

nicht förmlichen Vorgaben der Hochschule, die von den Auszubildenden als Verhaltensmaßregeln oder Richtlinien erkannt werden können und deren Einhaltung von der Hochschule als erforderlich angesehen und empfohlen wird, um die Ausbildung erfolgreich durchführen und abschließen zu können.
BVerwG, Urteil vom 25.08.2016, 5 C 54.15, www.bverwg.de/rechtsprechung

10. Die spätere Vorlage der Leistungsbescheinigung nach § 48 Abs. 1 Satz 1 BAföG darf nur zugelassen werden, wenn die Prognose gestellt werden kann, dass es dem Auszubildenden möglich ist, innerhalb des nach § 48 Abs. 2 BAföG angemessenen Zeitraums die nach § 48 Abs. 1 BAföG zum Ende des 4. Fachsemesters erforderlichen Leistungen zu erbringen, bzw. wenn – bei einer Entscheidung nach Ablauf des angemessenen Zeitraums – aufgrund der tatsächlichen Ausbildungsentwicklung die Feststellung getroffen werden kann, dass die erforderlichen Leistungen für den Nachweis nach § 48 Abs. 1 BAföG erbracht worden sind.
OVG Lüneburg, DÖV 2019, 247

11. Ist über die Verschiebung des Vorlagezeitpunktes für den Leistungsnachweis ex post zu entscheiden, hat das Amt keine Prognose zu treffen, sondern die zwischenzeitlich eingetretene tatsächliche Entwicklung zugrunde zu legen.
OVG Bautzen, Urteil vom 22. März 2023 – 5 A 150/22 –, juris

12. Wird nach Ablauf der Förderungshöchstdauer ein Anspruch auf Leistung von Bundesausbildungsförderung geltend gemacht, hat die Behörde in unmittelbarer Anwendung des § 15 Abs. 3 BAföG zu überprüfen, ob die Voraussetzungen für eine solche weitergehende Leistung vorliegen. Die Regelung des § 48 BAföG ist in einem solchen Fall nicht mehr einschlägig (beachte: bei Anwendung dieser Rechtsauffassung wird der in Tz. 48.2.1 vorgegebene Prognosezeitraum verlängert, weil über diesen hinaus der in § 15 Abs. 5 BAföG vorgesehene Zeitraum mit einbezogen werden kann).
OVG Lüneburg, Urteil vom 17. November 2022 – 14 LB 84/22 –, juris

§ 49 Feststellung der Voraussetzungen der Förderung im Ausland

(1) Der Auszubildende hat auf Verlangen des Amtes für Ausbildungsförderung eine gutachtliche Stellungnahme der Ausbildungsstätte, die er bisher besucht hat, darüber beizubringen, dass

1. die fachlichen Voraussetzungen für eine Ausbildung im Ausland vorliegen (§ 5 Absatz 2 Nummer 1),
2. (weggefallen)
3. der Besuch einer im Ausland gelegenen Hochschule während drei weiterer Semester für die Ausbildung von besonderer Bedeutung ist (§ 16 Absatz 2).

(1a) Der Auszubildende hat eine Bescheinigung der Ausbildungsstätte, die er besuchen will oder besucht hat, oder der zuständigen Prüfungsstelle darüber beizubringen, dass das von ihm beabsichtigte Auslandspraktikum den Erfordernissen des § 5 Absatz 5 entspricht.

(2) § 48 Absatz 6 ist anzuwenden.

Allgemeine Verwaltungsvorschrift

Zu Absatz 1

49.1.1 Die Vorlage einer gutachtlichen Stellungnahme ist jedenfalls dann nicht erforderlich, wenn

a) die Voraussetzungen für die Leistung von Ausbildungsförderung nach § 5 Abs. 2 Nr. 1 sowie § 16 Abs. 2 offensichtlich nicht vorliegen,

b) nicht zu erwarten ist, daß die Ausbildungsstätte die erforderliche Auskunft erteilen kann.

49.1.2 (Aufgehoben)

49.1.3 (Aufgehoben)

49.1.4 Legt die auszubildende Person auf Verlangen des Amtes die gutachtliche Stellungnahme nicht vor, ist sie auf die Möglichkeit der Ablehnung des Antrags nach § 66 Abs. 1 SGB I hinzuweisen. Dies gilt nicht in den Fällen der Tz 49.1.1.

49.1.5 (Aufgehoben)

Zu Absatz 1a

49.1a.1 Es handelt sich hierbei nicht um eine gutachtliche Stellungnahme im Sinne des § 49 Abs. 1, so daß § 48 Abs. 6 insofern keine Anwendung findet.

Zu Absatz 3

49.3.1 (Aufgehoben)

49.3.2 (Aufgehoben)

49.3.3 (Aufgehoben)

§ 50 Bescheid

(1) [1]Die Entscheidung ist dem Antragsteller schriftlich oder elektronisch mitzuteilen (Bescheid). [2]Unter dem Vorbehalt der Rückforderung kann ein Bescheid nur ergehen, soweit dies in diesem Gesetz vorgesehen ist. [3]Ist in einem Bescheid dem Grunde nach über

1. eine Ausbildung nach § 7 Absatz 1a,
2. eine weitere Ausbildung nach § 7 Absatz 2,
3. eine andere Ausbildung nach § 7 Absatz 3 oder
4. eine Ausbildung nach Überschreiten der Altersgrenze nach § 10 Absatz 3

entschieden worden, so gilt diese Entscheidung für den ganzen Ausbildungsabschnitt.

(2) [1]In dem Bescheid sind anzugeben

1. die Höhe und Zusammensetzung des Bedarfs,
2. die Höhe des Einkommens des Auszubildenden, seines Ehegatten oder Lebenspartners und seiner Eltern sowie des Vermögens des Auszubildenden,
3. die Höhe der bei der Ermittlung des Einkommens berücksichtigten Steuern und Abzüge zur Abgeltung der Aufwendungen für die soziale Sicherung,
4. die Höhe der gewährten Freibeträge und des nach § 11 Absatz 4 auf den Bedarf anderer Auszubildender angerechneten Einkommens des Ehegatten oder Lebenspartners und der Eltern,
5. die Höhe der auf den Bedarf angerechneten Beträge von Einkommen und Vermögen des Auszubildenden sowie vom Einkommen seines Ehegatten oder Lebenspartners und seiner Eltern.

[2]Satz 1 gilt nicht, wenn der Antrag auf Ausbildungsförderung dem Grunde nach abgelehnt wird. [3]Auf Verlangen eines Elternteils oder des Ehegatten oder Lebenspartners, für das Gründe anzugeben sind, entfallen die Angaben über das Einkommen dieser Personen mit Ausnahme des Betrages des angerechneten Einkommens; dies gilt nicht, soweit der Auszubildende im Zusammenhang mit der Geltendmachung seines Anspruchs auf Leistungen nach diesem Gesetz ein besonderes berechtigtes Interesse an der Kenntnis hat. [4]Besucht der Auszubildende eine Hochschule oder eine Akademie im Sinne des § 2 Absatz 1 Satz 1 Nummer 6, so ist in jedem Bescheid das Ende der Förderungshöchstdauer anzugeben.

(3) Über die Ausbildungsförderung wird in der Regel für ein Jahr (Bewilligungszeitraum) entschieden.

(4) [1]Endet ein Bewilligungszeitraum und ist ein neuer Bescheid nicht ergangen, so wird innerhalb desselben Ausbildungsabschnitts Ausbildungsförderung nach Maßgabe des früheren Bewilligungsbescheids unter dem Vorbehalt der Rückfor-

derung geleistet. [2]Dies gilt nur, wenn der neue Antrag im Wesentlichen vollständig zwei Kalendermonate vor Ablauf des Bewilligungszeitraums gestellt war und ihm die erforderlichen Nachweise beigefügt wurden.

Allgemeine Verwaltungsvorschrift

Zu Absatz 1

50.1.0 Damit die Bewilligung der ermittelten Darlehenshöhe nach § 18c wirksam wird, muss der Darlehensvertrag nach § 18c Abs. 1 auch im Falle einer Anfechtung des Bewilligungsbescheides innerhalb eines Monats nach der Bekanntgabe des Bewilligungsbescheides abgeschlossen werden. Ansonsten wird der Bewilligungsbescheid insoweit unwirksam. Durch den dadurch bewirkten Verzicht auf das Bankdarlehen wird jedoch nicht auch auf einen ggf. zustehenden Kinderbetreuungszuschlag verzichtet.

50.1.1 Liegen die Voraussetzungen für die Leistung von Ausbildungsförderung unter dem Vorbehalt der Rückforderung vor, so muß der Vorbehalt in dem Bescheid ausgesprochen werden.

50.1.2 Die Bindungswirkung tritt auch bei einer ablehnenden Entscheidung ein. Absatz 1 enthält keine die Rücknahmevorschriften des SGB X verdrängende Regelung, insbesondere bleiben die §§ 44 und 45 SGB X unberührt.

50.1.3 (Aufgehoben)

50.1.4 (weggefallen)

Zu Absatz 2

50.2.1 Im Bewilligungsbescheid ist darauf hinzuweisen, dass jede Änderung unverzüglich anzuzeigen ist. Der Bescheid ist mit einem Hinweis auf § 60 Abs. 1 SGB I und § 58 BAföG zu versehen.

50.2.2 Die für ein Verlangen nach Satz 2 anzugebenden Gründe sind im Einzelnen nicht nachzuprüfen.

50.2.3 Das Verlangen ist aktenkundig zu machen.

50.2.4 Die auszubildende Person muss darlegen, warum ein besonderes berechtigtes Interesse an der Kenntnis der Einkommensverhältnisse besteht. Es muss ein Zusammenhang mit der Höhe des Anspruchs auf Ausbildungsförderung bestehen.

Dabei dürfen vom Amt nur Daten offenbart werden, die notwendig sind, um die Einkommensberechnung überprüfen zu können.

50.2.5 (Aufgehoben)

50.2.6 Die nach Absatz 2 Satz 4 vorgesehene Angabe der Förderungshöchstdauer im Bescheid nach Absatz 1 Satz 1 hat lediglich nachrichtlichen Charakter.

Zu Absatz 3

50.3.1 Das Amt bestimmt nach Maßgabe des § 15 Abs. 1 und § 15b den Zeitraum, für den über die Leistung von Ausbildungsförderung entschieden wird. Im Regelfall ist über den Antrag für die Dauer des Schuljahres oder von zwei Semestern zu entscheiden; das gilt nicht, wenn im Einzelfall aus rechtlichen oder verwaltungstechnischen Gründen ein anderer Zeitraum angeraten ist (vgl. z. B. Tz 17.3.1, 45.4.2 und 48.1.1).

50.3.2 Über den Antrag auf Ausbildungsförderung ist abweichend von Tz 50.3.1 für einen kürzeren Zeitraum zu entscheiden, wenn der Ausbildungsabschnitt voraussichtlich vor Ablauf des Regelzeitraums beendet wird.

50.3.3 Über den Antrag auf Ausbildungsförderung ist abweichend von Tz 50.3.1 für einen längeren Zeitraum – höchstens jedoch 15 Monate – zu entscheiden, z. B. wenn der Ausbildungsabschnitt voraussichtlich in dieser Zeit beendet sein wird.

Zu Absatz 4

50.4.1 Unverzichtbare Nachweise sind

a) die Einkommenserklärung und die Vermögenserklärung der auszubildenden Person,

b) die Einkommenserklärung der Ehegattin/des Ehegatten bzw. der Lebenspartnerin/des Lebenspartners der auszubildenden Person,

c) die Einkommenserklärung der Eltern außer in den Fällen des § 11 Abs. 2a, Abs. 3 sowie des § 36 Abs. 2,

d) für die Förderung der Teilnahme an einem Praktikum im Ausland die Bescheinigung nach § 49 Abs. 1a,

e) für die Förderung vom fünften bzw. dritten Fachsemesters an ggf. die in § 48 Abs. 1 bezeichneten Leistungsnachweise.

50.4.2 Wird Ausbildungsförderung nach Maßgabe des früheren Bewilligungsbescheides weitergeleistet, ist der auszubildenden Person schriftlich mitzuteilen, dass Ausbildungsförderung unter dem Vorbehalt der Rückforderung geleistet wird. Eine Mitteilung ist nicht notwendig, wenn dies bereits auf dem früheren Bescheid vermerkt ist.

50.4.3 (Aufgehoben)

50.4.4 Das Amt hat sicherzustellen, daß bei rechtzeitiger und im wesentlichen vollständiger Antragstellung Ausbildungsförderung nach Maßgabe des früheren Bescheides weitergeleistet wird, wenn eine endgültige Entscheidung nicht rechtzeitig getroffen werden kann.

Erläuterungen

1. Ergeht ein Bescheid, der die Höhe der Ausbildungsförderung regelt, kann der Antragsteller davon ausgehen, dass damit auch die notwendige positive Grundentscheidung (z. B. die Entscheidung über einen Fachwechsel) getroffen ist, obwohl eine Entscheidung in Wahrheit nicht ergangen ist.
BVerwG FamRZ 1990, 564; OVG Münster FamRZ 1983, 1067

2. Wechselt die Zuständigkeit, ist auch das nunmehr zuständige Amt an eine Grundentscheidung der bisher zuständigen Behörde gebunden.
OVG Münster FamRZ 1983, 220

3. Die Rücknahme einer Grundentscheidung ist nach § 45 Abs. 2 SGB X möglich, wenn die Interessenabwägung ergibt, dass die schutzwürdigen Interessen des Antragstellers nachrangig sind.
BVerwG FamRZ 1990, 106

4. Wird eine negative Grundentscheidung im Verwaltungsgerichtsprozess nach Jahren aufgehoben, kann der Antragsteller die bisher unterlassenen Formularanträge nachreichen.
BVerwG FamRZ 1998, 647

5. Der Hinweis auf die Förderungshöchstdauer ist in der Regel kein anfechtbarer Verwaltungsakt
OVG Münster FamRZ 1987, 1203

6. Eine Entscheidung dem Grunde nach bindet nur hinsichtlich der entschiedenen Frage. Andere Förderungsvoraussetzungen, z. B. das tatsächliche Vorliegen einer Vollzeitausbildung im Sinne des § 2 Abs. 5 BAföG, sind nicht von der Entscheidung nach § 50 Abs. 1 Satz 4 BAföG umfasst.
VG Halle, Beschluss vom 15.03.2011, Az. 5 B 26/11

§ 51 Zahlweise

(1) [1]Der Förderungsbetrag ist unbar monatlich im Voraus zu zahlen.

(2) Können bei der erstmaligen Antragstellung in einem Ausbildungsabschnitt oder nach einer Unterbrechung der Ausbildung die zur Entscheidung über den Antrag erforderlichen Feststellungen nicht binnen sechs Kalenderwochen getroffen oder Zahlungen nicht binnen zehn Kalenderwochen geleistet werden, so wird für vier Monate Ausbildungsförderung bis zur Höhe von monatlich vier Fünfteln des für die zu fördernde Ausbildung nach § 12 Absatz 1 und 2, § 13 Absatz 1 und 2 sowie nach den §§ 13a und 14b voraussichtlich zustehenden Bedarfs unter dem Vorbehalt der Rückforderung geleistet.

(3) Monatliche Förderungsbeträge, die nicht volle Euro ergeben, sind bei Restbeträgen bis zu 0,49 Euro abzurunden und von 0,50 Euro an aufzurunden.

(4) Nicht geleistet werden monatliche Förderungsbeträge unter 10 Euro.

Allgemeine Verwaltungsvorschrift

Zu Absatz 1

51.1.1 Postbarzahlungen sind keine unbaren Zahlungen im Sinne dieses Gesetzes.

51.1.2 Die Zahlung ist so rechtzeitig vorzunehmen, daß der Betrag dem Auszubildenden jeweils am letzten Tag des Vormonats zur Verfügung steht.

51.1.3 (weggefallen)

51.1.4 Soweit die Durchführung der Ausbildung es erfordert, können Abschlagszahlungen auf den Förderungsbetrag der restlichen Kalendermonate des Bewilligungszeitraumes nur in Höhe des besonderen Bedarfs nach den §§ 12 Abs. 4 und 13a des Gesetzes sowie den §§ 3, 4 und 5 BAföG-AuslandszuschlagsV geleistet werden.

Zu Absatz 2

51.2.1 Ausbildungsförderung nach § 51 Abs. 2 ist von dem Zeitpunkt an zu leisten, in dem das Amt erkennt, dass die Zahlungen nicht innerhalb von zehn Kalenderwochen aufgenommen oder die zur Entscheidung über den Antrag erforderlichen Feststellungen nicht innerhalb von sechs Kalenderwochen getroffen werden können, obwohl die antragstellende Person ihren Mitwirkungspflichten nach § 60 SGB I nachgekommen ist.

Ausbildungsförderung nach Absatz 2 kann frühestens ab der Aufnahme der förderungsfähigen Ausbildung geleistet werden.

In den Fällen des § 36 können Leistungen nach dieser Vorschrift auch vor Durchführung der Anhörung erbracht werden.

51.2.2 Der Förderungsbetrag ist um ein Fünftel gegenüber demjenigen Betrag zu kürzen, der sich nach den dem Antrag beigefügten Angaben voraussichtlich ergibt.

51.2.3 Ist nach den vorliegenden Antragsunterlagen eine Vorausschätzung der Höhe des Förderungsbetrages nicht möglich, so ist in der Regel davon auszugehen, dass Ausbildungsförderung in voller Höhe zu leisten ist. In diesen Fällen ist der nach der Art der Ausbildung und Unterbringung vorgesehene Bedarfssatz inklusive etwaiger Zuschläge nach den §§ 13a und 14b zu vier Fünftel auszuzahlen. Der in Absatz 2 bezeichnete Höchstbetrag darf jedoch nicht überschritten werden.

51.2.4 Ausbildungsförderung nach § 51 Abs. 2 kann in keinem Fall über den Zeitraum von vier Monaten hinaus geleistet werden, unabhängig davon, auf welchen Gründen die Verzögerung beruht.

51.2.5 Der Vorbehalt der Rückforderung ist schriftlich mitzuteilen.

Zu Absatz 4

51.4.1 (weggefallen)

Erläuterungen

1. Die Bagatellgrenze des § 51 Abs. 4 wird sowohl zur Auslegung des Begriffes „wesentlich niedriger" in § 24 Abs. 3 als auch zur Auslegung des Begriffs der „Gefährdung der Ausbildung" in § 36 herangezogen.
   vgl. BVerwG FamRZ 1992, 733; für § 24 Abs. 3, Tz 36.1.4 BAföG VwV

2. Die Bagatellgrenze ist mit dem Grundgesetz vereinbar.
   BVerwG FamRZ 1984, 521

§ 52 (weggefallen)

§ 53 Änderung des Bescheides

[1]Ändert sich ein für die Leistung der Ausbildungsförderung maßgeblicher Umstand, so wird der Bescheid geändert

1. zugunsten des Auszubildenden vom Beginn des Monats an, in dem die Änderung eingetreten ist, rückwirkend jedoch höchstens für die drei Monate vor dem Monat, in dem sie dem Amt mitgeteilt wurde,
2. zuungunsten des Auszubildenden vom Beginn des Monats an, der auf den Eintritt der Änderung folgt.

[2]Nicht als Änderung im Sinne des Satzes 1 gelten Regelanpassungen gesetzlicher Renten und Versorgungsbezüge. [3]§ 48 des Zehnten Buches Sozialgesetzbuch findet keine Anwendung; Erstattungen richten sich nach § 50 des Zehnten Buches Sozialgesetzbuch. [4]Abweichend von Satz 1 wird der Bescheid vom Beginn des Bewilligungszeitraums an geändert, wenn in den Fällen des § 22 Absatz 1 und des § 24 Absatz 3 eine Änderung des Einkommens oder in den Fällen des § 25 Absatz 6 eine Änderung des Freibetrages eingetreten ist. [5]In den Fällen des § 22 Absatz 3 gilt Satz 1 mit der Maßgabe, dass das Einkommen ab dem Zeitpunkt, ab dem der Bescheid zu ändern ist, durch die Zahl der verbleibenden Kalendermonate des Bewilligungszeitraums geteilt und auf diese angerechnet wird.

Allgemeine Verwaltungsvorschrift

53.0.1 (weggefallen)

53.0.2 Änderungen der maßgeblichen Umstände aus dem Verantwortungsbereich der Auszubildenden, die zu einer Erhöhung des Förderungsbetrages führen, werden nur berücksichtigt, wenn sie dem Amt für Ausbildungsförderung mitgeteilt werden.

Änderungen der maßgeblichen Umstände, die zu einer Minderung des Förderungsbetrages führen, sind von Amts wegen zu berücksichtigen.

53.0.3 Ermittlungen von Amts wegen sind anzustellen, wenn auf den Einzelfall bezogene Anhaltspunkte dafür vorhanden sind, daß sich die Tatsachen geändert haben können, die für die Bewilligung von Ausbildungsförderung von Bedeutung sind.

53.0.4 (Aufgehoben)

53.0.5 Zuungunsten ist der Bescheid zum nächstfolgenden Monat nach dem Eintritt des maßgeblichen Umstandes zu ändern. Änderungen, die zum Monatswechsel wirksam werden (z.B. Aufnahme einer Ausbildung zum 1. September), sind bereits ab diesem Zeitpunkt (also zum 1. September) zu berücksichtigen.

53.0.6 Ist nach dem geänderten Bescheid ein höherer Förderungsbetrag als nach dem vorherigen Bescheid zu zahlen, so wird der Differenzbetrag nachgezahlt.

Ist nach dem geänderten Bescheid ein gegenüber dem vorherigen Bescheid geringerer Förderungsbetrag zu zahlen, so ist der überzahlte Betrag nach den §§ 20 und 53 i.V.m. § 50 Abs. 1 SGB X zurückzufordern. Bei Vorliegen der Voraussetzungen ist § 20 Abs. 1 Nr. 3 vorrangig anzuwenden.

53.0.7 Steht ein Freibetrag nach § 25 Abs. 3 nur für einen Teil des Bewilligungszeitraums zu, so richtet sich

a) die Änderung des Bescheides nach § 53 Satz 1 und

b) die Berechnung des den Freibetrag mindernden Einkommens nach § 22 Abs. 3. Beachte auch Tz 25.3.8.

Erläuterungen

1. Bei Änderungen im Bewilligungszeitraum zuungunsten des Antragstellers exakt zum Monatswechsel, z. B. neuer Mietvertrag zum 1.4 oder Eintritt des studierenden Bruders in den Zivildienst zum 1.12., wird die Tatsache auch zum Monatswechsel berücksichtigt.
   OVG Berlin U v. 18.7.1991, OVG 6 B 61.90; OVG Saarlouis, U. v. 25.02.2015, Az. 1 A 377/14

2. Der Ausschluss von § 48 SGB X ist bei der verfassungskonformen Auslegung des § 53 als Rückforderungstatbestand zu berücksichtigen. Deshalb ist Vertrauensschutz in den engen Grenzen des verfassungsrechtlich Unabdingbaren zu gewähren.
   BVerwG U v. 16.12.1992, 11 C 6.92
   Dies dürfte insbesondere dann geboten sein, wenn durch die Anwendung von §§ 22, 25 Abs. 3 BAföG für den Antragsteller unvorhersehbar bisher gewährte Geschwisterfreibeträge ab Beginn des Bewilligungszeitraumes wegfallen, ebenso Rothe-Blanke, § 53, Rn. 23.1.

3. Ein Auszubildender kann auch dann nach § 53 Satz 1 Nr. 2 BAföG zur Rückzahlung verpflichtet sein, wenn er seine Ausbildung aus Gründen unterbricht – wie der Inanspruchnahme eines Urlaubssemesters wegen Krankheit –, die er nicht zu vertreten hat. § 20 Abs. 2 Satz 1 BAföG stellt sich insoweit nicht als Regelung dar, die als vorrangiges Spezialgesetz die Anwendbarkeit des § 53 Satz 1 Nr. 2 BAföG ausschließt.
   BVerwGE 152, 264

4. Die Rückforderung von Ausbildungsförderungsleistungen kann sowohl bei einem Ausbildungsabbruch als auch im Fall einer Unterbrechung der Ausbildung auf der Grundlage des § 53 Satz 1 Nr. 2 BAföG erfolgen. Erfasst von der Begünstigung des Auszubildenden, auch in unterrichts- bzw. vorlesungsfreien Zeiten Förderungsleistungen zu erhalten, sind grundsätzlich nur von Zeiten der Ausbildung umschlossene Ferienzeiten.
   VGH Mannheim, Beschluss vom 18. Oktober 2021 – 12 S 1650/20 –, juris

5. Ein maßgeblicher Umstand ändert sich nach Erlass des Bewilligungsbescheids u. a. dann, wenn in den Ausbildungsverhältnissen eine Änderung eintritt. Dies ist der Fall, wenn die Ausbildung im Ausland fortgesetzt wird. Die Gleichstellung der Aufnahme einer Auslandsausbildung mit der Beendigung oder der Unterbrechung einer geförderten Ausbildung ist gerechtfertigt, weil die Auslandsförderung gegenüber der Inlandsförderung ein sogenanntes „aliud" ist. Ein Wechsel an eine ausländische Ausbildungsstätte während eines noch laufenden Bewilligungsverfahrens erfordert einen neuen Antrag, und die lediglich für das Inland erfolgte Bewilligung gilt nicht weiter. Der Zeitpunkt, bis zu dem die Änderung des Bescheids vorgenommen wird, ist das Ende des nach Kalendermonaten bemessenen Bewilligungszeitraums, wenn nicht bereits eine zwischenzeitlich eingetretene weitere Änderung zu berücksichtigen ist. Eine solche weitere Änderung tritt ein bei Rückkehr des Studenten (im Bewilligungszeitraum) an die inländische Ausbildungsstätte. In diesen Fällen bedarf es keines neuen (Inlands-)Antrags für den verbleibenden Teil des Bewilligungszeitraums.
   Oberverwaltungsgericht Bautzen, Urteil vom 5. Oktober 2022 – 5 A 898/19 –, juris

§ 54 Rechtsweg

Für öffentlich-rechtliche Streitigkeiten aus diesem Gesetz ist der Verwaltungsrechtsweg gegeben.

§ 55 Statistik

(1) Über die Ausbildungsförderung nach diesem Gesetz wird eine Bundesstatistik durchgeführt.

(2) Die Statistik erfasst jährlich für das vorausgegangene Kalenderjahr für jeden geförderten Auszubildenden folgende Erhebungsmerkmale:

1. von dem Auszubildenden: Geschlecht, Geburtsjahr, Staatsangehörigkeit, Familienstand, Unterhaltsberechtigtenverhältnis der Kinder, Wohnung während der Ausbildung, Art eines berufsqualifizierenden Ausbildungsabschlusses, Ausbildungsstätte nach Art und rechtlicher Stellung, Klasse bzw. (Fach-) Semester, Monat und Jahr des Endes der Förderungshöchstdauer, Bewilligung eines Flexibilitätssemesters, Bewilligung einer Studienstarthilfe, Höhe und Zusammensetzung des Einkommens nach § 21 und den Freibetrag nach § 23 Absatz 1 Satz 2 sowie, wenn eine Vermögensanrechnung erfolgt, die Höhe des Vermögens nach § 27 und des Härtefreibetrags nach § 29 Absatz 3,
2. von dem Ehegatten oder Lebenspartner des Auszubildenden: Berufstätigkeit oder Art der Ausbildung, Höhe und Zusammensetzung des Einkommens nach § 21 und des Härtefreibetrags nach § 25 Absatz 6, Unterhaltsberechtigtenverhältnis der Kinder und der weiteren nach dem bürgerlichen Recht Unterhaltsberechtigten, für die ein Freibetrag nach diesem Gesetz gewährt wird,
3. von den Eltern des Auszubildenden: Familienstand, Bestehen einer Ehe oder Lebenspartnerschaft zwischen den Eltern, Berufstätigkeit, Höhe und Zusammensetzung des Einkommens nach § 21 und des Härtefreibetrags nach § 25 Absatz 6, Unterhaltsberechtigtenverhältnis und Art der Ausbildung der weiteren unterhaltsberechtigten Kinder sowie der nach dem bürgerlichen Recht Unterhaltsberechtigten, für die ein Freibetrag nach diesem Gesetz gewährt wird,
4. Höhe und Zusammensetzung des monatlichen Gesamtbedarfs des Auszubildenden, Kennzeichnung, ob das Einkommen der Eltern bei der Berechnung des Bedarfs außer Betracht zu bleiben hatte, auf den Bedarf anzurechnende Beträge vom Einkommen und Vermögen des Auszubildenden sowie vom Einkommen seines Ehegatten oder Lebenspartners und seiner Eltern, von den Eltern tatsächlich geleistete Unterhaltsbeträge, Monat und Jahr des Beginns und Endes des Bewilligungszeitraums, Monat des Zuständigkeitswechsels im Berichtszeitraum sowie Art und Höhe des Förderungsbetrags, gegliedert nach Monaten.

(2a) Die Statistik erfasst jährlich für das vorausgegangene Kalenderjahr für jeden mit Ausbildungsförderung für den Studienstart (Studienstarthilfe) geförderten Auszubildenden folgende Erhebungsmerkmale: Geschlecht, Geburtsjahr sowie die Art des nach § 56 Absatz 1 zugrundeliegenden Sozialleistungsbezugs.

(3) Hilfsmerkmale sind Name und Anschrift der Ämter für Ausbildungsförderung.

(4) [1]Für die Durchführung der Statistik besteht Auskunftspflicht. [2]Auskunftspflichtig sind vorbehaltlich des Satzes 3 die Ämter für Ausbildungsförderung. [3]Für das Erhebungsmerkmal Bewilligung einer Studienstarthilfe nach Absatz 2 Nummer 1 sowie die Merkmale nach Absatz 2a sind die nach Landesrecht zuständigen Stellen auskunftspfichtig, sofern sie auf Grund einer Rechtsverordnung nach § 56 Absatz 4 abweichend von den §§ 40, 41 Absatz 1 mit der Durchführung dieser Aufgabe betraut wurden.

Allgemeine Verwaltungsvorschrift

Zu Absatz 1

55.1.1 Für das abgelaufene Kalenderjahr sind jeweils an Hand eines bundeseinheitlichen Programms von der amtlichen Statistik Tabellen zu erstellen, aus denen der Umfang und die Zusammensetzung des in den einzelnen Monaten dieses Jahres geförderten Personenkreises, die Höhe der Förderungsbeträge und die dementsprechenden monatlichen Gesamtaufwendungen zu ersehen sind.

55.1.2 Die Erhebung, Sicherung und Übertragung der statistischen Daten erfolgt bundeseinheitlich nach den Vorgaben des Statistischen Bundesamtes.

55.1.3 Die Daten für ein Kalenderjahr (12 Monatsbestände) sind jeweils zum 1. Juni des folgenden Jahres über das regional zuständige Statistische Landesamt an das Statistische Bundesamt zu liefern.

Abschnitt X Studienstarthilfe

§ 56 Leistungsberechtigte, Verfahren, Zuständigkeit; Verordnungsermächtigung

(1) Auszubildenden, die sich erstmalig an einer Ausbildungsstätte nach § 2 Absatz 1 Satz 1 Nummer 6 oder an einer nichtstaatlichen Hochschule oder Akademie nach § 2 Absatz 2 immatrikulieren und das 25. Lebensjahr bei Beginn des Ausbildungsabschnitts, für den sie die Leistung beantragen, noch nicht vollendet haben, wird auf Antrag Ausbildungsförderung zum Studienstart (Studienstarthilfe) geleistet, sofern sie im Monat vor dem Ausbildungsbeginn

1. Leistungen nach dem Zweiten Buch Sozialgesetzbuch,
2. Leistungen der Hilfe zum Lebensunterhalt nach dem Dritten Kapitel des Zwölften Buches Sozialgesetzbuch,
3. Leistungen der Grundsicherung im Alter und bei Erwerbsminderung nach dem Vierten Kapitel des Zwölften Buches Sozialgesetzbuch,
4. Leistungen zum Lebensunterhalt nach § 93 des Vierzehnten Buches Sozialgesetzbuch,
5. Ergänzende Hilfe zum Lebensunterhalt nach § 145 Absatz 1 des Vierzehnten Buches Sozialgesetzbuch in Verbindung mit § 27a des Bundesversorgungsgesetzes in der am 31. Dezember 2023 geltenden Fassung,
6. Leistungen nach dem Asylbewerberleistungsgesetz,
7. selbst oder ihre Eltern für sie Kinderzuschlag nach dem Bundeskindergeldgesetz oder
8. selbst oder als Haushaltsmitglied Wohngeld nach dem Wohngeldgesetz

beziehen. [2]Studienstarthilfe wird auch für den Besuch einer Ausbildungsstätte nach § 5 Absatz 2 Satz 1 Nummer 3 in Verbindung mit § 5 Absatz 4 Satz 1 Nummer 5 und Satz 2 geleistet, mit Ausnahme der Höheren Fachschulen. [3]§ 2 Absatz 5 Satz 1 bleibt unberührt. [4]Studienstarthilfe wird auch gewährt, wenn Auszubildenden nach Satz 1 eine in § 91 Absatz 1 des Achten Buches Sozialgesetzbuch genannte Leistung der Kinder- und Jugendhilfe gewährt wird und die Elternteile nicht nach der Verordnung zur Festsetzung der Kostenbeiträge für Leistungen und vorläufige Maßnahmen in der Kinder- und Jugendhilfe aus ihrem Einkommen zu den Kosten herangezogen werden.

(2) § 2 Absatz 6 Nummer 1 und 2, § 8 sowie § 11 Absatz 2 finden keine Anwendung.

(3) [1]Der Antrag kann bis zum Ende des Monats, der auf den Monat des Ausbildungsbeginns folgt, gestellt werden. [2]Der Antrag ist elektronisch über das Portal

„BAföG Digital" zu stellen. [3]Auszubildende, denen eine elektronische Antragstellung nicht möglich ist, werden durch das nach Absatz 4 zuständige Amt für Ausbildungsförderung oder die andere vom Land mit der Durchführung betraute Stelle unterstützt. [4]Dem Antrag ist der Nachweis über den Bezug einer der in Absatz 1 Satz 1 Nummer 1 bis 6 genannten Leistungen, des Kinderzuschlags, von Wohngeld oder einer in Absatz 1 Satz 4 genannten Leistung im Monat vor dem Ausbildungsbeginn sowie der Immatrikulation beizufügen.

(4) Die Landesregierungen werden ermächtigt, abweichend von den §§ 40, 41 Absatz 1 durch Rechtsverordnung andere Stellen als die Ämter für Ausbildungsförderung mit der Durchführung der Studienstarthilfe zu betrauen.

(5) Für die Entscheidung über die Studienstarthilfe ist das im Zeitpunkt der Antragstellung örtlich zuständige Amt für Ausbildungsförderung oder die im Zeitpunkt der Antragstellung örtlich zuständige mit der Durchführung betraute Stelle zuständig.

Erläuterungen

Die nachstehenden Erläuterungen, die sich auf nicht direkt dem Gesetzeswortlaut entnehmbare Voraussetzungen beschränken, ergeben sich im Wesentlichen aus dem Erlass des BMBF vom 31.07.2024, Geschäftszeichen 431-42501-ÄndG/29, in den noch weiteren vertiefenden Einzelheiten zu finden sind:

1. Der erstmalige Besuch einer Hochschule im Sinne des § 56 Abs. 1 BAföG umfasst begrifflich den erstmaligen Besuch einer Ausbildungsstätte nach § 2 Abs. 1 S. 1 Nr. 6 **im Inland, in einem Mitgliedsstaat der Europäischen Union oder der Schweiz** (Hochschule oder Akademie im tertiären Bereich).
2. Nach Auslegung des BMBF knüpft der für die **Altersgrenze** maßgebliche Ausbildungsbeginn – entsprechend § 15 b Abs. 1 – an den Beginn der lehrplanmäßigen Vorlesungen an. Es kommt danach für die Altersgrenze abstrakt auf den Beginn der Vorlesungen an, unabhängig davon, ob für den Antragsteller der Studienstarthilfe die Voraussetzungen des Anspruchs im Übrigen bereits vorliegen.
3. Personen, die für die Teilnahme eines **Vorkurses** gemäß § 1 Absatz 1 Nummer 2 der Verordnung über die Ausbildungsförderung für die Teilnahme an Vorkursen zur Vorbereitung des Besuchs von Kollegs und Hochschulen (AfögVorkHSV) bereits zu Beginn des Vorkurses nach den jeweiligen landesrechtlichen Regelungen an einer Hochschule als Studierende immatrikuliert werden, können die Studienstarthilfe bereits zu Beginn des Vorkurses beantragen. Eine Beantragung erst zu Beginn der Studienaufnahme scheitert ansonsten in diesen Fällen regelmäßig am fehlenden vorangegangen Sozialleistungsbezug gemäß § 56 Absatz 1. Dies gilt auch für die BAföG-förderfähigen Vorkurse gemäß Teilziffer 15.1.1 BAföG-VwV. Ausbildungsbeginn ist in diesen Fällen jeweils der Beginn des Vorkurses.
4. Der Bewilligungszeitraum für die Sozialleistung, die zum Bezug der Studienstarthilfe berechtigt, muss den **Vormonat des Ausbildungsbeginns** umfassen. Liegt die Bewilligung der Sozialleistung bei Antragstellung länger als sechs Monate zurück, verlangt das BMBF mit dem o.a. Erlass, dass eine aktuelle Bestätigung über den Bezug im maßgeblichen Zeitpunkt anzufordern ist. Bei Zweifeln an der Aktualität des Sozialleistungsbezugs kann danach auch bei kürzer zurückliegenden Bewilligungen eine solche Bestätigung angefordert werden.
5. Auszubildenden, denen eine **elektronische Antragstellung nicht möglich** ist, werden durch das zuständige Amt in geeigneter Weise unterstützt. Antragstellende sind durch das zuständige Amt bei Glaubhaftmachung der fehlenden elektronischen Antragsmöglichkeit auf den Vordruck 00 zu verweisen. Für die Glaubhaftmachung genügt die schriftliche Erklärung des oder der Antragstellenden, dass er/sie in dem für die fristwahrende Antragstellung maßgeblichen Zeitraum nicht über die IT-technischen Voraussetzungen verfügt, um den Antrag online im Portal zu stellen.
6. Die **Bescheidung** eines Antrages auf Studienstarthilfe einschließlich der Anweisung der Auszahlung des Zuschussbetrags soll in der Regel innerhalb von 2 Wochen nach Eingang der vollständigen Unterlagen erfolgen.
7. Dasjenige Amt für Ausbildungsförderung, welches im Zeitpunkt der Antragstellung im Antrags-Portal BAföG Digital für die Bewilligung **zuständig** ist, bleibt für alle Entscheidungen im Zusammenhang mit der Studienstarthilfe zuständig, auch wenn der oder die Antragstellende die Ausbildung schließlich an einer anderen Ausbildungsstätte aufnimmt. Ein **Wechsel in der Zuständigkeit** und eine Übertagung des Verfahrens auf ein anderes Amt nach § 45a **findet** auch dann **nicht statt**, wenn über die Studienstarthilfe noch nicht entschieden wurde.

§ 56a Förderungsart und Umfang; Datenabgleich

(1) Die Studienstarthilfe wird einmalig als Zuschuss zum Beginn der Ausbildung in Höhe von 1 000 Euro geleistet.

(2) [1]Um eine mehrfache Beantragung und Auszahlung der Studienstarthilfe zu vermeiden, führt die für das Antragsportal „BAföG Digital" zuständige Stelle vor Weiterleitung der Anträge an das zuständige Amt für Ausbildungsförderung oder die vom Land mit der Durchführung betraute Stelle einen automatischen Abgleich von den im Rahmen der Antragstellung angegebenen Daten des Antragstellers mit den Daten von bisherigen Antragstellern der Studienstarthilfe durch. [2]Zu diesem Zweck speichert die für das Antragsportal zuständige Stelle folgende Daten aus dem Antrag:

1. Name und Vorname sowie Geburtsname,

2. Geburtsort und Geburtsdatum,

und führt mit den Daten bei Antragstellung den in Satz 1 genannten Abgleich durch. [3]Die für das Antragsportal zuständige Stelle speichert für jeden Antrag auch das nach § 56 Absatz 5 zuständige Amt oder die betraute Stelle. [4]Die nach Satz 2 gespeicherten Daten dürfen außer zu ihrer Übermittlung im Rahmen der Antragstellung ausschließlich für den Zweck des Datenabgleichs nach Satz 1 verwendet werden und sind nach Ablauf von drei Jahren zu löschen. [5]Sofern mit den in Satz 2 genannten Daten bereits ein Antrag auf Studienstarthilfe im Antragsportal gespeichert ist, ist die erneute Antragstellung ausgeschlossen, der Antragsteller ist im Antragsportal darauf hinzuweisen und an das zuständige Amt für Ausbildungsförderung oder die mit der Durchführung der Studienstarthilfe betraute Stelle zu verweisen. [6]Die Möglichkeit der Datenkorrektur durch erneute Eingabe der Antragsdaten bleibt unberührt. [7]Besteht nach Prüfung des Amtes oder der zuständigen Stelle trotz des Ergebnisses des Datenabgleichs ein Anspruch auf Studienstarthilfe, ist dem Antrag stattzugeben.

§ 56b Nichtanrechnung

(1) [1]Die Studienstarthilfe ist bei der Gewährung von einkommensabhängigen Sozialleistungen und von Leistungen nach dem Asylbewerberleistungsgesetz nicht als Einkommen zu berücksichtigen. [2]Die Studienstarthilfe ist weder Einkommen nach § 93 Absatz 1 Satz 1 des Achten Buches Sozialgesetzbuch noch als zweckgleiche Leistung nach § 93 Absatz 1 Satz 3 des Achten Buches Sozialgesetzbuch einzusetzen.

(2) Die Studienstarthilfe ist nicht auf leistungs- oder begabungsabhängige Stipendienleistungen aus öffentlichen Mitteln anzurechnen.

Abschnitt XI

§ 57 Aufbringung der Mittel

(1) [1]Die für die Ausführung dieses Gesetzes erforderlichen Mittel, einschließlich der Erstattungsbeträge an die Kreditanstalt für Wiederaufbau nach § 18d Absatz 2, trägt der Bund. [2]Die Mittel für die Darlehen nach § 17 Absatz 2 und 3 Satz 1 können von der Kreditanstalt für Wiederaufbau bereitgestellt werden. [3]In diesen Fällen trägt der Bund die der Kreditanstalt für Wiederaufbau entstehenden Aufwendungen für die Bereitstellung der Mittel und das Ausfallrisiko.

(2) [1]Das Bundesverwaltungsamt hat von den ab dem Jahr 2015 eingezogenen Beträgen und Zinsen aus Darlehen nach § 17 Absatz 2 Satz 1 insgesamt 2,058 Milliarden Euro an die Länder abzuführen. [2]Dies hat in jährlichen Raten in Höhe des Betrages zu erfolgen, der für die Kalenderjahre 2012 bis 2014 nach der vor dem 1. Januar 2015 gültigen Fassung dieses Absatzes im Jahresdurchschnitt an die Länder weitergeleitet worden ist, höchstens jedoch in Höhe von jeweils 35 vom Hundert der in einem Kalenderjahr vom Bundesverwaltungsamt insgesamt eingezogenen Beträge und Zinsen. [3]Bleibt in einem Kalenderjahr wegen der vorgesehenen Begrenzung nach Satz 2 ein Differenzbetrag bis zum maßgeblichen Durchschnittsbetrag der Kalenderjahre 2012 bis 2014 offen, ist die Differenz im jeweils nächsten Kalenderjahr zusätzlich an die Länder abzuführen; für den Betrag, der daneben für dieses jeweils nächste Kalenderjahr abzuführen ist, bleibt Satz 2 unberührt. [4]Das Bundesverwaltungsamt hat den so ermittelten jährlich abzuführenden Gesamtbetrag jeweils in dem Verhältnis an die Länder abzuführen, in dem die in den Jahren 2012 bis 2014 an das Bundesverwaltungsamt gemeldeten Darlehensleistungen der einzelnen Länder zueinander stehen.

(2a) Die Kreditanstalt für Wiederaufbau hat 35 vom Hundert der von ihr nach § 18d Absatz 1 für den Bund eingezogenen Beträge und Zinsen aus Darlehen, die ihr bis zum 31. Dezember 2014 erstattet wurden, in dem Verhältnis an die Länder abzuführen, in dem die auf Bewilligungsbescheide der Ämter aus den Jahren 2012 bis 2014 gezahlten Darlehensbeträge zueinander stehen.

(3) Das Land führt die auf Grund des § 50 des Zehnten Buches Sozialgesetzbuch sowie der §§ 20, 37, 38 und 47a eingezogenen Beträge an den Bund ab.

(4) Im Falle einer vor dem Jahr 2015 geleisteten Förderung nach § 5 Absatz 2 bis 5 erstattet das Land, in dem der Auszubildende seinen ständigen Wohnsitz hat, dem nach der Rechtsverordnung auf Grund des § 45 Absatz 4 Satz 2 zuständigen Land 35 vom Hundert der Ausgaben.

Abschnitt XII Bußgeldvorschriften, Übergangs- und Schlussvorschriften

§ 58 Ordnungswidrigkeiten

(1) Ordnungswidrig handelt, wer vorsätzlich oder fahrlässig

1. entgegen § 60 Absatz 1 des Ersten Buches Sozialgesetzbuch, jeweils auch in Verbindung mit § 47 Absatz 4, eine Angabe oder eine Änderungsmitteilung nicht, nicht richtig, nicht vollständig oder nicht rechtzeitig macht oder eine Beweisurkunde nicht, nicht richtig, nicht vollständig oder nicht rechtzeitig vorlegt;
2. entgegen § 47 Absatz 2 oder 5 Nummer 1 eine Auskunft nicht, nicht richtig, nicht vollständig oder nicht rechtzeitig erteilt oder eine Urkunde nicht oder nicht rechtzeitig vorlegt oder nicht oder nicht rechtzeitig ausstellt;

2a. entgegen § 47 Absatz 3 das Amt für Ausbildungsförderung nicht oder nicht rechtzeitig unterrichtet oder

3. einer Rechtsverordnung nach § 18 Absatz 14 Nummer 2 zuwiderhandelt, soweit sie für einen bestimmten Tatbestand auf diese Bußgeldvorschrift verweist.

(2) Die Ordnungswidrigkeit kann mit einer Geldbuße bis zu 2 500 Euro geahndet werden.

(3) Verwaltungsbehörde im Sinne des § 36 Absatz 1 Nummer 1 des Gesetzes über Ordnungswidrigkeiten ist in den Fällen des Absatzes 1 Nummer 1, 2 und 2a das Amt für Ausbildungsförderung oder die auf Grund einer Rechtsverordnung nach § 56 Absatz 4 mit der Durchführung der Studienstarthilfe betraute Stelle, in den Fällen des Absatzes 1 Nummer 3 das Bundesverwaltungsamt.

Allgemeine Verwaltungsvorschrift

58.1.1 Die Verjährung der Ordnungswidrigkeiten im Sinne des § 58 bestimmt sich nach den §§ 31 ff. des Gesetzes über Ordnungswidrigkeiten (OWiG). Eine etwaige Strafbarkeit nach § 263 StGB (Betrug) bleibt hiervon unberührt.

Werden bei Antragstellung unrichtige oder unvollständige Angaben gemacht (vgl. § 58 Abs. 1 Nr. 1 BAföG i.V.m. § 60 Abs. 1 Nr. 1 SGB I), beginnt die Verjährungsfrist mit dem Eingang des Antrags beim Amt für Ausbildungsförderung (§ 31 Abs. 3 OWiG).

Eine Verfolgungsverjährung nach § 31 OWiG wirkt sich nicht auf die Möglichkeit der nachträglichen Aufhebung des Leistungsbescheides und daraus resultierender Rückforderungsansprüche aus.

Zu Absatz 2

58.2.1 Das Nähere über die Höhe der Geldbuße, über die Differenzierung bei vorsätzlichem und fahrlässigem Handeln und über die Grundlagen für die Zumessung der Geldbuße ist in § 17 OWiG geregelt.

Zu Absatz 3

58.3.1 Örtlich zuständig ist gemäß § 37 OWiG das Amt, in dessen Bezirk

a) die Ordnungswidrigkeit begangen oder entdeckt worden ist oder

b) der Betroffene zur Zeit der Einleitung des Bußgeldverfahrens seinen Wohnsitz hat.

Sind hiernach mehrere Ämter zuständig, so soll das Amt tätig werden, das über den Förderungsantrag entscheidet.

Erläuterungen

1. Die vom Amt für Ausbildungsförderung an die Eltern eines Auszubildenden gerichtete Aufforderung zur Erteilung von Auskünften über die wirtschaftlichen Verhältnisse ist ein nach den Vorschriften der VwGO anfechtbarer Verwaltungsakt.
   Die Eltern eines Auszubildenden handeln nicht ordnungswidrig i.S. des § 58 Abs. 1 Nr. 1 BAföG, solange sie noch jederzeit durch Einlegung eines Widerspruchs oder Erhebung der Anfechtungsklage die aufschiebende Wirkung der an sie ergangenen Aufforderung des Amtes für Ausbildungsförderung herbeiführen können.
   OLG Hamm FamRZ 1980, 950
2. Die Bußgeldbewehrung der Auskunftspflicht der Eltern nach dem BAföG ist rechtens.
   OLG Köln FamRZ 1980, 197
3. Die Verjährung bei falschen oder unvollständigen Vermögensangaben beginnt mit dem Eingang des Antrages und endet nach einem Jahr § 31 OWiG, Weisung des BMBF, in Berlin Rundschreiben 33/2011 vom 4.11.2011. Andere Ansichten aus 2003 werden aufgegeben, Tz 58.1.1.
4. Bei einem fahrlässigen Unterlassungsdelikt endet die Vorwerfbarkeit erst dann, wenn der Täter die Pflicht zum Handeln nicht mehr im Gedächtnis haben kann. Erst zu diesem Zeitpunkt beginnt die (nach § 58 Abs. 2 BAföG i.V.m. § 31 Abs. 1 Nr. 3 OwiG einjährige) Verjährungsfrist.
   LG Halle, Urteil vom 19.02.2016 – 8 c Ns 139/15, nicht veröffentlicht, für den Fall eines nicht angezeigten Urlaubssemesters – die Verjährung der Ordnungswidrigkeit begann nach Auffassung des Gerichts erst 2 Jahre nach dem Ende des Urlaubssemesters

§ 59 Verordnungsermächtigung für Fälle bundesweiter Notlagen

(1) [1]Die Bundesregierung wird ermächtigt, durch Rechtsverordnung ohne Zustimmung des Bundesrates im Fall einer vom Deutschen Bundestag auf Antrag der Bundesregierung durch Beschluss festgestellten bundesweiten Notlage für Auszubildende im Hinblick auf erhebliche Nachfrageeinbrüche auf dem Arbeitsmarkt für ausbildungsbegleitende Erwerbstätigkeiten (Notlage) den Kreis der Förderungsberechtigten nach diesem Gesetz vorübergehend auszuweiten. [2]Der Deutsche Bundestag hat die Feststellung der Notlage wieder aufzuheben, wenn die Voraussetzungen nach Satz 1 nicht mehr vorliegen. [3]Die Feststellung der Notlage gilt als aufgehoben, sofern der Deutsche Bundestag nicht spätestens drei Monate nach der Feststellung nach Satz 1 auf Antrag der Bundesregierung das Fortbestehen der Notlage feststellt.

(2) [1]Eine Rechtsverordnung nach Absatz 1 Satz 1 ist unverzüglich nach ihrer Verkündung dem Deutschen Bundestag mitzuteilen. [2]Die Rechtsverordnung ist unverzüglich aufzuheben oder zu ändern, soweit es der Deutsche Bundestag binnen vier Wochen nach Verkündung der Rechtsverordnung verlangt.

(3) [1]In der Rechtsverordnung nach Absatz 1 Satz 1 kann insbesondere für Auszubildende, die an einer Ausbildungsstätte nach § 2 im Inland ausgebildet werden, bestimmt werden, dass Förderungsvoraussetzungen nach § 2 Absatz 5 Satz 1 Nummer 2 und den §§ 7, 10, 11 und 15 Absatz 2 Satz 1 und nach § 48 nicht anzuwenden sind.

(4) In der Rechtsverordnung nach Absatz 1 Satz 1 ist vorzusehen,

1. dass im Einzelfall nur unter der Voraussetzung des Nachweises einer individuellen Betroffenheit von der Notlage
   a) Ausbildungsförderung nach § 17 Absatz 1 oder
   b) im Fall des Besuchs höherer Fachschulen, Akademien oder Hochschulen sowie bei Praktika im Zusammenhang mit solchen Ausbildungen Ausbildungsförderung nach § 17 Absatz 2

   geleistet wird, und
2. wie der nach Nummer 1 erforderliche Nachweis zu führen ist.

(5) [1]In der Rechtsverordnung nach Absatz 1 Satz 1 kann vorgesehen werden, dass ohne Nachweis einer individuellen Betroffenheit von der Notlage im Sinne des Absatzes 4 abweichend von § 17 Absatz 1 oder 2 Ausbildungsförderung ausschließlich als Darlehen geleistet wird. [2]Sobald der Deutsche Bundestag das Fortbestehen der Notlage in zwei aufeinander folgenden Beschlüssen festgestellt hat, kann in der Rechtsverordnung abweichend von Absatz 4 vorgesehen werden, dass Ausbildungsförderung nur nach Satz 1 geleistet wird.

(6) In der Rechtsverordnung nach Absatz 1 Satz 1 kann ferner vorgesehen werden,

1. dass kürzere Bewilligungszeiträume als nach § 50 Absatz 3 für den Regelfall bestimmt anzuwenden sind,
2. dass die Höhe der Förderung abweichend von § 11 Absatz 1 auf einen in der Rechtsverordnung festgesetzten monatlichen Höchstbetrag begrenzt ist,
3. dass die Antragstellenden im Fall der Förderung nach Absatz 5 die Höhe der monatlichen Auszahlungsrate bis zu einem in der Rechtsverordnung festgesetzten Höchstbetrag selbst bestimmen können.

(7) Eine Rechtsverordnung nach Absatz 1 Satz 1 tritt spätestens mit dem Ende des Monats außer Kraft, der auf die Aufhebung der Notlage durch den Deutschen Bundestag folgt.

(8) Eine Förderung auf Grundlage einer Rechtsverordnung nach Absatz 1 Satz 1 ist zusätzlich zu § 55 Absatz 2 als weiteres Erhebungsmerkmal zu erfassen.

§ 60 Opfer politischer Verfolgung durch SED-Unrecht

Verfolgten nach § 1 des Beruflichen Rehabilitierungsgesetzes oder verfolgten Schülern nach § 3 des Beruflichen Rehabilitierungsgesetzes wird für Ausbildungsabschnitte, die vor dem 1. Januar 2003 beginnen,

1. Ausbildungsförderung ohne Anwendung der Altersgrenze des § 10 Absatz 3 Satz 1 geleistet, sofern sie eine Bescheinigung nach § 17 oder § 18 des Beruflichen Rehabilitierungsgesetzes erhalten haben; § 10 Absatz 3 Satz 2 Nummer 3 bleibt unberührt,
2. auf Antrag der nach dem 31. Dezember 1990 nach § 17 Absatz 2 geleistete Darlehensbetrag erlassen, sofern in der Bescheinigung nach § 17 des Beruflichen Rehabilitierungsgesetzes eine Verfolgungszeit oder verfolgungsbedingte Unterbrechung der Ausbildung vor dem 3. Oktober 1990 von insgesamt mehr als drei Jahren festgestellt wird; der Antrag ist innerhalb eines Monats nach Bekanntgabe des Bescheides nach § 18 Absatz 9 zu stellen,
3. auf Antrag der nach dem 31. Juli 1996 nach § 17 Absatz 3 in der am 31. Juli 2019 geltenden Fassung geleistete Darlehensbetrag unter den Voraussetzungen der Nummer 2 erlassen; der Antrag ist innerhalb eines Monats nach Erhalt der Mitteilung nach § 18c Absatz 8 an die Kreditanstalt für Wiederaufbau zu richten.

§ 61 Förderung von Ausländerinnen und Ausländern mit einer Aufenthaltserlaubnis oder einer entsprechenden Fiktionsbescheinigung[1]

(1) Ergänzend zu § 8 Absatz 2 Nummer 1 wird Ausländerinnen und Ausländern Ausbildungsförderung auch geleistet, die gemäß § 49 des Aufenthaltsgesetzes erkennungsdienstlich behandelt worden sind, ihren ständigen Wohnsitz im Inland haben und

1. denen eine Aufenthaltserlaubnis nach § 24 Absatz 1 des Aufenthaltsgesetzes erteilt worden ist oder
2. die eine Aufenthaltserlaubnis nach § 24 Absatz 1 des Aufenthaltsgesetzes beantragt haben und denen ausgestellt worden ist
   a) eine entsprechende Fiktionsbescheinigung nach § 81 Absatz 5 in Verbindung mit Absatz 3 des Aufenthaltsgesetzes oder
   b) eine entsprechende Fiktionsbescheinigung nach § 81 Absatz 5 in Verbindung mit Absatz 4 des Aufenthaltsgesetzes.

(2) § 74 Absatz 3 und 4 des Zweiten Buches Sozialgesetzbuch gilt entsprechend.

(3) § 5 Absatz 2 Satz 4 gilt entsprechend.

---

1 Im Jahr 2021 wurde mit dem neuen § 61 BAföG eine Förderungsmöglichkeit für geflüchtete Studierende aus der Ukraine (Rechtskreiswechsel) geschaffen.
Nunmehr ist die Fortgeltung der aufgrund § 24 Abs. 1 AufenthaltsG erteilten Aufenthaltserlaubnisse im Bundesgesetzblatt: Verordnung zur Regelung der Fortgeltung der gemäß § 24 Absatz 1 Aufenthaltsgesetz erteilten Aufenthaltserlaubnisse für vorübergehend Schutzberechtigte aus der Ukraine (Ukraine-Aufenthaltserlaubnis-Fortgeltungsverordnung – UkraineAufenthFGV) vom 28.11.2023 (BGBl. 2023 I Nr. 334)
Verkürzt dargestellt bedeutet das, dass ab 1.2.2024 der ursprünglich für zwei Jahre ausgestellte, dann ggf. auslaufende Aufenthaltstitel nicht verlängert werden muss, sondern diese Verlängerung automatisch bis zum 4.3.2025 gilt.

§ 62 (weggefallen)

§ 63 (weggefallen)

§ 64 (weggefallen)

§ 65 Weitergeltende Vorschriften

(1) Die Vorschriften über die Leistung individueller Förderung der Ausbildung nach

1. dem Vierzehnten Buch Sozialgesetzbuch,
2. den Gesetzen, die das Vierzehnte Buch Sozialgesetzbuch für anwendbar erklären,
3. (weggefallen)
4. dem Bundesentschädigungsgesetz sowie
5. dem Häftlingshilfegesetz in der Fassung der Bekanntmachung vom 2. Juni 1993 (BGBl. I S. 838), zuletzt geändert durch Artikel 4 des Gesetzes vom 17. Dezember 1999 (BGBl. I S. 2662)

werden durch dieses Gesetz nicht berührt.

(2) Die in Absatz 1 Nummer 2, 4 und 5 bezeichneten Vorschriften haben Vorrang vor diesem Gesetz.

Allgemeine Verwaltungsvorschrift

Zu Absatz 1

65.1.1 (weggefallen)

65.1.2 Die vorrangig erbrachten Leistungen können nach diesem Gesetz aufgestockt werden.

Zu Absatz 3

65.3.1
und
65.3.2 (weggefallen)

§ 66 Übergangsregelung aus Anlass des Gesetzes zur Regelung des Sozialen Entschädigungsrechts

Für Personen, die Leistungen nach dem Soldatenversorgungsgesetz in Verbindung mit dem Bundesversorgungsgesetz erhalten, gelten § 21 Absatz 3 Satz 2 und Absatz 4 Nummer 1 und 2 und § 65 Absatz 1 Nummer 1 und 2 in der bis zum 31. Dezember 2023 geltenden Fassung weiter.

§ 66a Übergangs- und Anwendungsvorschrift; Verordnungsermächtigung

(1) [1]Für Auszubildende, denen bis zum 31. Juli 2016 nach zuvor bereits erworbenem Hochschulabschluss die Leistung von Ausbildungsförderung nach § 7 Absatz 1 bewilligt wurde, ist diese Vorschrift bis zum Ende des Ausbildungsabschnitts in der bis zum 31. Juli 2016 geltenden Fassung weiter anzuwenden. [2]Für Auszubildende, deren Bewilligungszeitraum vor dem 1. August 2016 begonnen hat, ist § 45 Absatz 1 Satz 2 Nummer 6 bis zum Ende des Ausbildungsabschnitts in der bis zum 31. Juli 2016 geltenden Fassung weiter anzuwenden.

(2) Die §§ 12, 13, 13a, 18a, 21 Absatz 2 sowie die §§ 23, 25 und 36 in der durch Artikel 1 des Gesetzes vom 19. Juli 2024 (BGBl. 2024 I Nr. 249) geänderten Fassung sind erst ab dem 1. August 2024 anzuwenden, soweit nachstehend nichts anderes bestimmt ist.

(3) [1]Für Bewilligungszeiträume, die vor dem 1. August 2024 begonnen haben, sind vorbehaltlich des Satzes 2 auch ab dem in Absatz 2 genannten Stichtag die §§ 12, 13, 13a, 18a, 21 Absatz 2 sowie die §§ 23, 25 und 36 in der am 24. Juli 2024 geltenden Fassung weiter anzuwenden. [2]Ab dem 1. Oktober 2024 sind die in Satz 1 genannten Vorschriften in der am 25. Juli 2024 geltenden Fassung auch für Bewilligungszeiträume anzuwenden, die vor dem 1. August 2024 begonnen haben.

(4) (weggefallen)

(5) [1]Für Auszubildende, denen für einen vor dem 1. August 2019 begonnenen Ausbildungsabschnitt Förderung geleistet wurde für den Besuch einer staatlichen Akademie, welche Abschlüsse verleiht, die nach Landesrecht Hochschulabschlüssen gleichgestellt sind, sind bis zum Ende dieses Ausbildungsabschnitts § 15 Absatz 2 Satz 1 und § 50 Absatz 2 Satz 4 in der am 31. Juli 2019 geltenden Fassung weiter anzuwenden. [2]§ 18 Absatz 4 Satz 1 in der ab dem 1. September 2019 geltenden Fassung gilt für sie mit der Maßgabe, dass ausschließlich die Nummer 2 anzuwenden ist.

(6) [1]Für Darlehensnehmende, denen vor dem 1. September 2019 Förderung nach § 17 Absatz 2 Satz 1 in der am 31. August 2019 anzuwendenden Fassung geleistet wurde, sind diese Regelung, § 18 mit Ausnahme des Absatzes 3 Satz 1, des Absatzes 4 Satz 4 und des Absatzes 5c sowie § 18a Absatz 5, die §§ 18b, 58 Absatz 1 Nummer 3 und § 60 Nummer 2 in der am 31. August 2019 geltenden Fassung weiter anzuwenden; dies gilt auch, soweit die Förderungsleistungen jeweils auch noch über den 31. August 2019 hinaus erbracht werden. [2]Abweichend von Satz 1 ist § 18 Absatz 14 in der ab dem 26. Oktober 2022 geltenden Fassung anzuwenden.

(7) [1]Für Auszubildende, deren Förderungshöchstdauer für den laufenden Ausbildungsabschnitt vor dem 25. Juli 2024 endet, ist § 15 für diesen Ausbildungsabschnitt in der am 25. Juli 2024 geltenden Fassung weiter anzuwenden. [2]Satz 1 gilt

nicht für Auszubildende, die am 25. Juli 2024 Förderung nach § 15 Absatz 3 beziehen oder nur deshalb nicht beziehen, weil über ihren Antrag auf Förderung nach § 15 Absatz 3 noch nicht entschieden worden ist.

(8) [1]Für Auszubildende an Höheren Fachschulen, Akademien und Hochschulen, die bis zum für ihre jeweilige Ausbildung geltenden Beginn des Semesters, der vor dem 25. Juli 2024 liegt, im Sinne von § 7 Absatz 3 Satz 3 die Fachrichtung gewechselt oder im Sinne von § 7 Absatz 3 Satz 2 die Ausbildung abgebrochen haben, ist § 7 Absatz 3 in der am 24. Juli 2024 geltenden Fassung für diesen Fachrichtungswechsel oder Abbruch der Ausbildung weiter anzuwenden. [2]Satz 1 gilt auch, wenn der Fachrichtungswechsel oder der Abbruch der Ausbildung zum Beginn des Semesters, der vor dem 25. Juli 2024 liegt, als vollzogen gilt.

(8a) (weggefallen)

(8b) (weggefallen)

(9) (weggefallen)

(10) (weggefallen)

§ 66b Übergangsvorschrift aus Anlass des Endes des Übergangszeitraums nach dem Abkommen über den Austritt des Vereinigten Königreichs Großbritannien und Nordirland aus der Europäischen Union und der Europäischen Atomgemeinschaft

Auszubildenden, die bis zum Ende des Übergangszeitraums nach Teil Vier des Abkommens über den Austritt des Vereinigten Königreichs Großbritannien und Nordirland aus der Europäischen Union und der Europäischen Atomgemeinschaft vom 24. Januar 2020 (ABl. L 29 vom 31.1.2020, S. 7) einen Ausbildungsabschnitt an einer Ausbildungsstätte im Vereinigten Königreich Großbritannien und Nordirland beginnen oder fortsetzen, wird Ausbildungsförderung nach § 5 Absatz 2 Satz 1 Nummer 3 noch bis zum Abschluss oder Abbruch dieses Ausbildungsabschnitts an einer dortigen Ausbildungsstätte nach Maßgabe der im Übrigen unverändert geltenden sonstigen Förderungsvoraussetzungen dieses Gesetzes gewährt.

§ 67 (weggefallen)

§ 68 Inkrafttreten

(Inkrafttreten)

Verordnung über die Ausbildungsförderung für Medizinalfachberufe und für Pflegeberufe (BAföG-Medizinalfach- und Pflegeberufe-Verordnung – BAföG-MedPflegbV)

vom 20. Mai 2022 (BGBl I. S. 787)

Auf Grund des § 2 Absatz 3 des Bundesausbildungsförderungsgesetzes in der Fassung der Bekanntmachung vom 7. Dezember 2010 (BGBl. I S. 1952; 2012 I S. 197), der durch Artikel 1 Nummer 29 des Gesetzes vom 23. Dezember 2014 (BGBl. I S. 2475) geändert worden ist, verordnet das Bundesministerium für Bildung und Forschung:

§ 1 Ausbildungsstätten

(1) Ausbildungsförderung nach dem Bundesausbildungsförderungsgesetz wird nach Maßgabe des

Absatzes 2 geleistet für den Besuch von

1. Lehranstalten für Assistenz in der Zytologie,
2. Lehranstalten für ernährungsmedizinische Beratung,
3. Lehranstalten für Gesundheitsaufsicht und Hygienekontrolle,
4. Lehranstalten für Kardiotechnik,
5. Lehranstalten für medizinische Dokumentationsassistenz,
6. Lehranstalten für Podologie,
7. Lehranstalten für medizinische Sektions- und Präparationsassistenz,
8. Lehranstalten für pharmazeutisch-technische Assistenz,
9. Schulen für Ergotherapie,
10. Schulen für Diätassistenz,
11. Schulen für Fachkrankenpflegepersonal,
12. Schulen für Krankenpflegehilfe und für Altenpflegehilfe,
13. Schulen für Lehrkräfte für Medizinalfachberufe,
14. Schulen für Logopädie,
15. Schulen für Masseurinnen und Masseure sowie medizinische Bademeisterinnen und medizinische Bademeister,
16. Schulen für Medizinalfachkräfte für leitende Funktionen,
17. Schulen für medizinische Dokumentation,

18. Schulen für Orthoptik,
19. Schulen für Physiotherapie,
20. Schulen für Notfallsanitäterinnen und -sanitäter,
21. Schulen für Sprachtherapie,
22. Schulen für technische Assistenz in der Medizin in den Bereichen Laboratoriumsmedizin, Radiologie, Funktionsdiagnostik und Veterinärmedizin,
23. Schulen für Hebammen und Entbindungspflege,
24. Krankenpflege- und Kinderkrankenpflegeschulen sowie Altenpflegeschulen,
25. Schulen für Dorfhelferinnen und -helfer,
26. Schulen für Haus-, Familien- und Heilerziehungspflege,
27. Pflegeschulen nach dem Pflegeberufegesetz,
28. Schulen für Pflegehilfe- und -assistenz,
29. Schulen für Medizinische Technologinnen und Medizinische Technologen in den Bereichen Laboratoriumsanalytik, Radiologie, Funktionsdiagnostik und Veterinärmedizin,
30. Schulen für anästhesietechnische Assistenz,
31. Schulen für operationstechnische Assistenz.

(2) Ausbildungsförderung wird nur geleistet, wenn die Ausbildung an einer durch die zuständige Landesbehörde als zur Ausbildung geeigneten staatlich anerkannten, staatlich genehmigten oder ermächtigten Ausbildungsstätte durchgeführt wird.

§ 2 Förderungsrechtliche Stellung der Auszubildenden

Die Auszubildenden an den in § 1 § 1 Absatz 1 bezeichneten Ausbildungsstätten erhalten Ausbildungsförderung wie Auszubildende an Fachschulen, wenn der Besuch der Ausbildungsstätte eine abgeschlossene Berufsausbildung voraussetzt, im Übrigen wie Auszubildende an Berufsfachschulen.

§ 3 Übergangsregelungen; Anwendungsbestimmungen

(1) Für Ausbildungen, die vor dem 28. Mai 2022 begonnen worden sind, sind die Verordnung über die Ausbildungsförderung für Medizinalfachberufe vom 25. Mai 1995 (BGBl. I S. 768) sowie die Verordnung über die Ausbildungsförderung für soziale Pflegeberufe vom 30. August 1974 (BGBl. I S. 2157), die zuletzt durch Artikel 9 des Gesetzes vom 17. Juli 2017 (BGBl. I S. 2581) geändert worden ist, in der am 27. Mai 2022 jeweils geltenden Fassung weiter anzuwenden.

(2) Nicht mehr anzuwenden sind:

1. § 1 Absatz 1 Nummer 22 ab dem 1. Januar 2027,
2. § 1 Absatz 1 Nummer 23 ab dem 1. Januar 2028 und
3. § 1 Absatz 1 Nummer 24 ab dem 1. Januar 2025.

§ 4 Inkrafttreten, Außerkrafttreten

(1) Diese Verordnung tritt am Tag nach der Verkündung in Kraft.

(2) Gleichzeitig treten die Verordnung über die Ausbildungsförderung für Medizinalfachberufe vom 25. Mai 1995 (BGBl. I S. 768) sowie die Verordnung über die Ausbildungsförderung für soziale Pflegeberufe vom 30. August 1974 (BGBl. I S. 2157), die zuletzt durch Artikel 9 des Gesetzes vom 17. Juli 2017 (BGBl. I S. 2581) geändert worden ist, außer Kraft.

Verordnung über die Ausbildungsförderung für die Teilnahme an Vorkursen zur Vorbereitung des Besuchs von Kollegs und Hochschulen (AföGVorkHSV)

vom 6. September 1971 (BGBl. I S. 1542)

Auf Grund des § 2 Abs. 2 des Ausbildungsförderungsgesetzes vom 19. September 1969 (Bundesgesetzbl. I S. 1719), zuletzt geändert durch das Dritte Gesetz zur Änderung des Ausbildungsförderungsgesetzes vom 14. Mai 1971 (Bundesgesetzbl. I S. 666), verordnet die Bundesregierung mit Zustimmung des Bundesrates:

§ 1 Vorkurse

(1) [1]Ausbildungsförderung nach dem Ausbildungsförderungsgesetz wird geleistet für die Teilnahme an Vorkursen von einer Mindestdauer von sechs Monaten, die die Zulassung

1. zu einem Kolleg oder
2. zu einer Hochschule

ermöglichen oder in geeigneter Weise vorbereiten. [2]Werden Vorkurse nach Nummer 2 in Volkshochschulen durchgeführt, müssen sie von den anderen Lehrveranstaltungen organisatorisch getrennt sein.

(2) [1]Ausbildungsförderung wird nur geleistet, wenn die Ausbildung an einer öffentlichen oder an einer durch die zuständige Landesbehörde staatlich anerkannten oder genehmigten Einrichtung durchgeführt wird. [2]Dasselbe gilt, wenn die zuständige Landesbehörde anerkennt, daß der Besuch der Einrichtung dem Besuch der in Satz 1 bezeichneten Einrichtungen gleichwertig ist.

§ 2 Förderungsrechtliche Stellung der Auszubildenden

Die Auszubildenden erhalten Ausbildungsförderung

a) in den in § 1 Abs. 1 Nr. 1 bezeichneten Vorkursen wie Schüler von Berufsaufbauschulen,

b) in den in § 1 Abs. 1 Nr. 2 bezeichneten Vorkursen wie Schüler von Berufsaufbauschulen, soweit der Besuch der Vorkurse eine abgeschlossene Berufsausbildung oder eine mehrjährige Berufstätigkeit voraussetzt,

c) in den in § 1 Abs. 1 Nr. 2 bezeichneten Vorkursen wie Schüler von weiterführenden allgemeinbildenden Schulen, soweit der Besuch der Vorkurse eine abgeschlossene Berufsausbildung oder eine mehrjährige Berufstätigkeit nicht voraussetzt.

§ 3 Berlin-Klausel

Diese Verordnung gilt nach § 14 des Dritten Überleitungsgesetzes vom 4. Januar 1952 (Bundesgesetzblatt I S. 1) in Verbindung mit § 42 des Ausbildungsförderungsgesetzes auch im Land Berlin.

§ 4 Inkrafttreten

Diese Verordnung tritt mit Wirkung vom 1. Januar 1971 in Kraft.

Verordnung über die Ausbildungsförderung für den Besuch von Instituten zur Ausbildung von Fachlehrern und Sportlehrern (BAföG-FachlehrerV)

vom 20. Oktober 1983 (BGBl. I S. 1310)

Auf Grund des § 2 Abs. 3 Nr. 1 des Bundesausbildungsförderungsgesetzes in der Fassung der Bekanntmachung vom 6. Juni 1983 (BGBl. I S. 645) wird mit Zustimmung des Bundesrates verordnet:

§ 1 Ausbildungsstätten

(1) Ausbildungsförderung nach dem Bundesausbildungsförderungsgesetz wird geleistet für den Besuch

1. von Instituten und Einrichtungen zur fachlichen Ausbildung künftiger Fachlehrer,
2. von Instituten zur pädagogischen Ausbildung künftiger Fachlehrer,
3. von Instituten zur Ausbildung von Pädagogischen Assistenten,
4. des Lehrgangs mit dem Ausbildungsziel „Sportlehrer im freien Beruf" im Sportzentrum der Technischen Universität München,
5. des Lehrgangs mit dem Ausbildungsziel „Staatlich geprüfter Sportlehrer" im Sportzentrum der Universität Trier,
6. des Lehrgangs mit dem Ausbildungsziel „Staatlich geprüfter Fußball-Lehrer" an der Deutschen Sporthochschule Köln.

(2) Ausbildungsförderung wird nur geleistet, wenn die Ausbildung in einer öffentlichen oder in einer durch die zuständige Landesbehörde staatlich anerkannten oder genehmigten Einrichtung durchgeführt wird oder wenn die zuständige Landesbehörde anerkennt, daß der Besuch der Einrichtung dem Besuch der in Absatz 1 bezeichneten Einrichtungen gleichwertig ist.

§ 2 Förderungsrechtliche Stellung der Auszubildenden

[1]Die Auszubildenden der in § 1 Abs. 1 Nr. 2 genannten Ausbildungsstätten in den Fächern „Handarbeit" und „Hauswirtschaft" erhalten Ausbildungsförderung wie Auszubildende von Fachschulklassen, deren Besuch eine abgeschlossene Berufsausbildung voraussetzt (§ 13 Abs. 1 Nr. 1 BAföG). [2]Im übrigen erhalten die nach dieser Verordnung zu fördernden Auszubildenden Ausbildungsförderung wie Schüler an Berufsfachschulen.

§ 3 Berlin-Klausel

Diese Verordnung gilt nach § 14 des Dritten Überleitungsgesetzes in Verbindung mit § 67 des Bundesausbildungsförderungsgesetzes auch im Land Berlin.

§ 4 Inkrafttreten

Diese Verordnung tritt mit Wirkung vom 1. August 1983 in Kraft.

Verordnung über die Ausbildungsförderung für den Besuch von Ausbildungsstätten für kirchliche Berufe (KirchenberufeV)

vom 8. Juni 1972 (BGBl. I S. 885), die durch Artikel 2 nach Maßgabe des Artikel 4 der Verordnung vom 11. Juli 1980 (BGBl. I S. 1001) geändert worden ist

Auf Grund des § 2 Abs. 3 des Bundesausbildungsförderungsgesetzes vom 26. August 1971 (Bundesgesetzbl. I S. 1409) verordnet die Bundesregierung mit Zustimmung des Bundesrates:

§ 1 Ausbildungsstätten

(1) Ausbildungsförderung nach dem Bundesausbildungsförderungsgesetz wird geleistet für den Besuch von Ausbildungsstätten für

1. Diakone,
2. Gemeindehelfer, kirchliche Jugend- und Jugendbildungssekretäre, Katecheten, Missionsanwärter und Seelsorgehelfer,
3. Kirchenmusiker mit A- und B-Ausbildung,
4. Missionare, Pastoren, Pfarrvikare, Pfarrverwalter und Prediger.

(2) Ausbildungsförderung wird nur geleistet, wenn die zuständige Landesbehörde anerkennt, daß der Besuch der Ausbildungsstätte dem Besuch einer öffentlichen Einrichtung oder einer genehmigten Ersatzschule gleichwertig ist.

§ 2 Förderungsrechtliche Stellung des Auszubildenden

[1]Die Auszubildenden erhalten Ausbildungsförderung für den Besuch der in

1. § 1 Abs. 1 Nr. 1 und 2 bezeichneten Ausbildungsstätten wie Schüler von Fachschulen,
2. § 1 Abs. 1 Nr. 3 bezeichneten Ausbildungsstätten wie Studierende an Höheren Fachschulen,
3. § 1 Abs. 1 Nr. 4 bezeichneten Ausbildungsstätten in den ersten beiden Ausbildungsjahren wie Schüler von Berufsaufbauschulen, in den anschließenden Ausbildungsjahren wie Studierende an Höheren Fachschulen.

[2]Abweichend von Satz 1 Nr. 3 erhalten Auszubildende an den Evangelischen freikirchlichen theologischen Seminaren in Hamburg, Dietzhölztal und Reutlingen im ersten Ausbildungsjahr Ausbildungsförderung wie Schüler von Fachoberschulklassen, deren Besuch eine abgeschlossene Berufsausbildung voraussetzt, in den anschließenden Ausbildungsjahren wie Studenten an Hochschulen.

§ 3 Berlin-Klausel

Diese Verordnung gilt nach § 14 des Dritten Überleitungsgesetzes vom 4. Januar 1952 (Bundesgesetzbl. I S. 1) in Verbindung mit § 67 des Bundesausbildungsförderungsgesetzes auch im Land Berlin.

§ 4 Inkrafttreten

Diese Verordnung tritt mit Wirkung vom 1. Oktober 1971 in Kraft.

Verordnung über die Ausbildungsförderung für den Besuch von Ausbildungsstätten für Psychotherapie und Kinder- und Jugendlichenpsychotherapie (PsychThV)

vom 27. Juli 2000 (BGBl. I S. 1237)

Auf Grund des § 2 Abs. 3 Nr. 1 des Bundesausbildungsförderungsgesetzes in der Fassung der Bekanntmachung vom 6. Juni 1983 (BGBl. I S. 645, 1680), der zuletzt durch Artikel 1 Nr. 12 des Zwanzigsten Gesetzes zur Änderung des Bundesausbildungsförderungsgesetzes vom 7. Mai 1999 (BGBl. I S. 850) geändert worden ist, verordnet das Bundesministerium für Bildung und Forschung:

§ 1 Ausbildungsstätten

(1) Ausbildungsförderung nach dem Bundesausbildungsförderungsgesetz wird geleistet für den Besuch von Ausbildungsstätten für Psychotherapie und Kinder- und Jugendlichenpsychotherapie, die andere Einrichtungen im Sinne des § 6 des Psychotherapeutengesetzes vom 16. Juni 1998 (BGBl. I S. 1311) sind.

(2) Ausbildungsförderung wird nur geleistet, wenn die Ausbildung an einer durch die zuständige Landesbehörde staatlich anerkannten Einrichtung durchgeführt wird.

§ 2 Förderungsrechtliche Stellung der Auszubildenden

Die Auszubildenden erhalten Ausbildungsförderung wie Studierende an Hochschulen.

§ 3 Inkrafttreten

Diese Verordnung tritt am Tag nach der Verkündung in Kraft.

Verordnung über die Ausbildungsförderung für den Besuch von Ausbildungsstätten, an denen Schulversuche durchgeführt werden (SchulversucheV)

vom 27. Juni 1979 (BGBl. I S. 834), die durch Artikel 1 der Verordnung vom 14. Dezember 1990 (BGBl. I S. 2828) geändert worden ist

Auf Grund des § 2 Abs. 3 Nr. 2 des Bundesausbildungsförderungsgesetzes in der Fassung der Bekanntmachung vom 9. April 1976 (BGBl. I S. 989) verordnet die Bundesregierung mit Zustimmung des Bundesrates:

§ 1 Ausbildungsstätten

(1) Ausbildungsförderung nach dem Bundesausbildungsförderungsgesetz wird geleistet für den Besuch

1. von Ausbildungsstätten, in denen Schüler in einem differenzierten Unterrichtssystem ohne Zuordnung zu unterschiedlichen Schulformen in studien- und berufsbezogenen Bildungsgängen zu Abschlüssen der Sekundarstufe II geführt werden,
2. von staatlichen Einrichtungen mit Versuchscharakter, die in einem einheitlichen vierjährigen Ausbildungsgang auf den Erwerb der allgemeinen Hochschulreife vorbereiten und zugleich Studieninhalte der Eingangssemester der wissenschaftlichen Hochschule vermitteln.

(2) Ausbildungsförderung wird nur geleistet, wenn die Ausbildung im Rahmen eines von der zuständigen Landesbehörde genehmigten Schulversuchs oder an einer zugelassenen Versuchsschule durchgeführt wird.

§ 2 Förderungsrechtliche Stellung der Auszubildenden

(1) [1]Die Auszubildenden an den in § 1 Nr. 1 bezeichneten Ausbildungsstätten erhalten Ausbildungsförderung

1. in der Jahrgangsstufe 10 – vorbehaltlich der Nummer 3 – wie Schüler von Berufsfachschulen,
2. ab Jahrgangsstufe 11 – vorbehaltlich der Nummer 3 – wie Schüler von weiterführenden allgemeinbildenden Schulen; in mindestens dreijährigen Bildungsgängen, die einen berufsqualifizierenden Abschluß vermitteln, in den letzten beiden Jahren des Schulbesuchs wie Schüler von Berufsfachschulen im Sinne des § 2 Abs. 1 Nr. 2 des Gesetzes,
3. wenn sie überwiegend in Kursen unterrichtet werden, deren Besuch eine abgeschlossene Berufsausbildung oder eine mehrjährige Erwerbstätigkeit voraussetzt, wie Schüler von Berufsaufbauschulen.

[2]Für die Teilnahme an einem Praktikum im Sinne des § 2 Abs. 4 des Gesetzes, das in Zusammenhang mit dem Besuch eines in Satz 1 Nr. 2 genannten, mindestens dreijährigen

Bildungsganges zu leisten ist, wird der Auszubildende wie ein Schüler einer Berufsfachschule im Sinne des § 2 Abs. 1 Nr. 2 des Gesetzes gefördert.

(2) Die Auszubildenden an den in § 1 Nr. 2 bezeichneten Ausbildungsstätten erhalten Ausbildungsförderung

1. in den ersten drei Ausbildungsjahren wie Schüler von weiterführenden allgemeinbildenden Schulen,
2. im vierten Ausbildungsjahr wie Studenten an Hochschulen.

§ 3 Berlin-Klausel

Diese Verordnung gilt nach § 14 des Dritten Überleitungsgesetzes in Verbindung mit § 67 des Bundesausbildungsförderungsgesetzes auch im Land Berlin.

§ 4 Inkrafttreten

Diese Verordnung tritt am 1. August 1979 in Kraft.

Verordnung über die Ausbildungsförderung für den Besuch der Trainerakademie Köln (TrainerV)

vom 27. Dezember 1978 (BGBl. I S. 2094)

Auf Grund des § 2 Abs. 3 Nr. 1 des Bundesausbildungsförderungsgesetzes in der Fassung der Bekanntmachung vom 9. April 1976 (BGBl. I S. 989) verordnet die Bundesregierung mit Zustimmung des Bundesrates:

§ 1 Ausbildungsstätte

(1) Ausbildungsförderung nach dem Bundesausbildungsförderungsgesetz wird für den Besuch der Trainerakademie Köln e.V. geleistet.

(2) Ausbildungsförderung wird nur geleistet, wenn die Ausbildung nach der von der zuständigen Landesbehörde erlassenen Studien- und Prüfungsordnung für staatlich geprüfte Trainer durchgeführt wird.

§ 2 Förderungsrechtliche Stellung der Auszubildenden

Die Auszubildenden an der in § 1 bezeichneten Ausbildungsstätte erhalten Ausbildungsförderung wie Studierende an Akademien.

§ 3 Berlin-Klausel

Diese Verordnung gilt nach § 14 des Dritten Überleitungsgesetzes in Verbindung mit § 67 des Bundesausbildungsförderungsgesetzes auch im Land Berlin.

§ 4 Inkrafttreten

Diese Verordnung tritt am 1. Januar 1979 in Kraft.

Verordnung über die Ausbildungsförderung für den Besuch von Ausbildungsstätten für landwirtschaftlich-technische, milchwirtschaftlich-technische und biologisch-technische Assistentinnen und Assistenten (AfögLTAV)

vom 22. September 1971 (BGBl. I S. 1606)

Auf Grund des § 2 Abs. 2 des Ausbildungsförderungsgesetzes vom 19. September 1969 (Bundesgesetzbl. I S. 1719), zuletzt geändert durch das Dritte Gesetz zur Änderung des Ausbildungsförderungsgesetzes vom 14. Mai 1971 (Bundesgesetzbl. I S. 666), verordnet die Bundesregierung mit Zustimmung des Bundesrates:

§ 1 Ausbildungsstätten

(1) Ausbildungsförderung nach dem Ausbildungsförderungsgesetz wird geleistet für den Besuch von Ausbildungsstätten für

1. landwirtschaftlich-technische Assistentinnen und Assistenten,
2. milchwirtschaftlich-technische Assistentinnen und Assistenten,
3. biologisch-technische Assistentinnen und Assistenten.

(2) [1]Ausbildungsförderung wird nur geleistet, wenn die Ausbildung an einer öffentlichen oder an einer durch die zuständige Landesbehörde staatlich anerkannten oder genehmigten Einrichtung durchgeführt wird. [2]Diesen Einrichtungen sind Ausbildungsstätten von Bundesforschungsanstalten gleichgestellt, sofern die Ausbildung nach den Ausbildungs- und Prüfungsbestimmungen der Länder durchgeführt wird.

§ 2 Förderungsrechtliche Stellung der Auszubildenden

Die Auszubildenden an den in § 1 bezeichneten Ausbildungsstätten erhalten Ausbildungsförderung wie Schüler von Berufsfachschulen.

§ 3 Berlin-Klausel

Diese Verordnung gilt nach § 14 des Dritten Überleitungsgesetzes vom 4. Januar 1952 (Bundesgesetzblatt I S. 1) in Verbindung mit § 42 des Ausbildungsförderungsgesetzes auch im Land Berlin.

§ 4 Inkrafttreten

Diese Verordnung tritt mit Wirkung vom 1. Juli 1970 in Kraft.

Verordnung zur Bezeichnung der als Einkommen geltenden sonstigen Einnahmen nach § 21 Abs. 3 Nr. 4 des Bundesausbildungsförderungsgesetzes (BAföG-EinkommensV)

vom 5. April 1988 (BGBl. I S. 505), die zuletzt durch Artikel 84 des Gesetzes vom 20. August 2021 (BGBl. I S. 3932) geändert worden ist

Auf Grund des § 21 Abs. 3 Satz 1 Nr. 4 des Bundesausbildungsförderungsgesetzes in der Fassung der Bekanntmachung vom 6. Juni 1983 (BGBl. I S. 645) verordnet der Bundesminister für Bildung und Wissenschaft mit Zustimmung des Bundesrates:

§ 1 Leistungen der sozialen Sicherung

Als Einnahmen, die zur Deckung des Lebensbedarfs bestimmt sind, gelten folgende Leistungen der sozialen Sicherung:

1. nach dem Dritten Buch Sozialgesetzbuch
   a) Entgeltersatzleistungen (§ 3 Absatz 4)
   b) (weggefallen)
   c) Gründungszuschuss (§ 93) abzüglich der pauschalierten Sozialversicherungsbeiträge
   d) Eingliederungshilfe (§ 418);

1a. (weggefallen)

1b. (weggefallen)

2. nach dem Fünften, Sechsten und Siebten Buch Sozialgesetzbuch (SGB V, SGB VI, SGB VII), dem Zweiten Gesetz über die Krankenversicherung der Landwirte (KVLG – 1989), dem Mutterschutzgesetz (MuSchG), dem Bundeselterngeld- und Elternzeitgesetz (BEEG),
   a) Krankengeld (§§ 44ff. SGB V, §§ 12ff. KVLG – 1989),
   b) Leistungen der gesetzlichen Krankenkasse zur Erstattung des Verdienstausfalls bei Tätigkeit als Haushaltshilfe im Krankheitsfall des Versicherten (§ 38 Abs. 4 SGB V);
   c) Mutterschaftsgeld (§ 24i SGB V, § 19 MuSchG) und Zuschuß zum Mutterschaftsgeld (§ 20 MuSchG), soweit sie das Erziehungsgeld nach dem Bundeserziehungsgeldgesetz oder das nach § 10 des Bundeselterngeld- und Elternzeitgesetzes anrechnungsfreie Elterngeld oder vergleichbare Leistungen der Länder übersteigen,
   d) Verletztengeld (§§ 45 ff. SGB VII);

e) Übergangsgeld (§§ 49 ff. SGB VII, §§ 20 ff. SGB VI);

f) Elterngeld nach dem Bundeselterngeld- und Elternzeitgesetz, soweit es die nach § 10 des Bundeselterngeld- und Elternzeitgesetzes anrechnungsfreien Beträge übersteigt;

3. nach dem Bundesversorgungsgesetz (BVG) und den Gesetzen, die das Bundesversorgungsgesetz für anwendbar erklären,

   a) Versorgungskrankengeld (§ 16 BVG),

   b) Übergangsgeld (§ 26a Abs. 1 BVG),

   c) Unterhaltsbeihilfe, wenn der Berechtigte nicht in einer Rehabilitationseinrichtung untergebracht ist (§ 26a Abs. 5 BVG),

   d) laufende ergänzende Hilfe zum Lebensunterhalt, soweit sie außerhalb von Anstalten, Heimen und gleichartigen Einrichtungen für Angehörige i.S. des § 25 Abs. 3 Nr. 2 des Bundesausbildungsförderungsgesetzes (BAföG) geleistet wird, die mit dem Einkommensbezieher nicht in Haushaltsgemeinschaft leben (§ 27a BVG);

4. nach dem Lastenausgleichsgesetz (LAG), dem Reparationsschädengesetz (RepG) und dem Flüchtlingshilfegesetz (FlüHG) jeweils der halbe Betrag der

   a) Unterhaltshilfe (§§ 261 bis 278a LAG),

   b) Unterhaltsbeihilfe (§ 10 des Vierzehnten Gesetzes zur Änderung des Lastenausgleichsgesetzes),

   c) Beihilfe zum Lebensunterhalt (§§ 301 bis 301b LAG),

   d) Unterhaltshilfe und Unterhaltsbeihilfe (§§ 44, 45 RepG),

   e) Beihilfe zum Lebensunterhalt (§§ 12 bis 15 FlüHG);

5. nach dem Unterhaltssicherungsgesetz, soweit sie nicht zum Ausgleich für den freiwilligen Wehrdienst des Auszubildenden geleistet werden,

   a) Leistungen an Nichtselbständige (§ 6) und an Selbstständige (§ 7),

   b) Reservistendienstleistungsprämie und Zuschläge (§ 10),

   c) Dienstgeld (§ 11),

   d) allgemeine Leistungen (§ 17),

   e) Leistungen an Angehörige, die nicht in einem gemeinsamen Haushalt mit der oder dem freiwilligen Wehrdienst Leistenden leben (§ 22);

6. nach dem Beamtenversorgungsgesetz

   Übergangsgeld (§ 47);

7. nach dem Unterhaltsvorschußgesetz

   Unterhaltsleistung (§§ 1ff.);

8. Anpassungsgeld nach den Richtlinien über die Gewährung von Anpassungsgeld an Arbeitnehmer des Steinkohlenbergbaus vom 13. Dezember 1971 (BAnz. Nr. 233 vom 15. Dezember 1971), zuletzt geändert am 16. Juni 1983 (BAnz. S. 5901);
9. Leistungen aufgrund der Richtlinie über die Gewährung von Beihilfen für Arbeitnehmer der Eisen- und Stahlindustrie, die von Maßnahmen im Sinne des Artikels 56 § 2 Buchstabe b des Montanunionvertrages betroffen werden, vom 25. März 1998 (BAnz. S. 4951);
10. nach dem Soldatenversorgungsgesetz

    Übergangsgeld (§ 37),

    Arbeitslosenbeihilfe (§ 86a Abs. 1);
11. Vorruhestandsgeld nach der Verordnung über die Gewährung von Vorruhestandsgeld vom 8. Februar 1990 (GBl. I Nr. 7 S. 42), die gemäß Anlage II Kapitel VIII Sachgebiet E Abschnitt III Nr. 5 des Einigungsvertrages vom 31. August 1990 und Artikel 4 Nr. 13 der Vereinbarung vom 18. September 1990 in Verbindung mit Artikel 1 des Gesetzes vom 23. September 1990 (BGBl. 1990 II S. 885, 1210, 1243) mit Maßgaben weitergilt.
12. Übergangsleistungen nach § 3 der Berufskrankheiten-Verordnung (BKV) vom 31. Oktober 1997 (BGBl. I S. 2623).

§ 2 Weitere Einnahmen

Als Einnahmen, die zur Deckung des Lebensbedarfs bestimmt sind, gelten auch folgende Leistungen:

1. nach dem Wehrsoldgesetz
   a) Wehrsold (§ 2),
   b) Verpflegung (§ 3),
   c) Unterkunft (§ 4);

   Entsprechendes gilt für gleichartige Leistungen (Geld- und Sachbezüge)
   - nach § 35 des Zivildienstgesetzes, § 59 des Bundesgrenzschutzgesetzes vom 18. August 1972 (BGBl. I S. 1834), das zuletzt durch Artikel 3 des Gesetzes vom 19. Oktober 1994 (BGBl. I S. 2978) geändert worden ist, sowie
   - für Angehörige der Vollzugspolizei und der Berufsfeuerwehr;
2. (weggefallen)
3. Vorruhestandsbezüge und diesen gleichstehende Leistungen, soweit sie steuerfrei sind; hierzu zählt auch das Ausgleichsgeld nach dem Gesetz zur Förderung der Einstellung der landwirtschaftlichen Erwerbstätigkeit (FELEG) vom 21. Februar 1989 (BGBl. I S. 233), soweit es die Summe des nach § 3 Nr. 27 des Einkommensteuergesetzes (EStG) steuerfreien Betrages nicht übersteigt;

4. Aufstockungsbeträge nach dem Altersteilzeitgesetz (§ 3 Abs. 1 Buchstabe a) sowie die Zuschläge, die versicherungsfrei Beschäftigte im Sinne des § 27 Abs. 1 Nr. 1 bis 3 des Dritten Buches Sozialgesetzbuch zur Aufstockung der Bezüge bei Altersteilzeit nach beamtenrechtlichen Vorschriften oder Grundsätzen erhalten.
5. Abfindungen nach § 3 Nr. 9 des Einkommensteuergesetzes;
6. Leistungen, die in Erfüllung einer gesetzlichen Unterhaltspflicht erbracht werden, mit Ausnahme der Leistungen der Eltern des Auszubildenden und seines Ehegatten oder Lebenspartners;
7. Leistungen nach § 9 Abs. 1 des Anspruchs- und Anwartschaftsüberführungsgesetzes.

§ 3 Einnahmen bei Auslandstätigkeit

Als Einnahmen, die zur Deckung des Lebensbedarfs bestimmt sind, gelten ferner

1. die Bezüge der Bediensteten internationaler und zwischenstaatlicher Organisationen und Institutionen sowie Bezüge diplomatischer und konsularischer Vertreter fremder Mächte und der ihnen zugewiesenen Bediensteten, soweit diese von der Steuerpflicht befreit sind;
2. folgende Einnahmen nach dem Bundesbesoldungsgesetz:
   a) Auslandszuschlag nach § 55 Abs. 1 bis 4 mit 10 vom Hundert des Betrages,
   b) Auslandskinderzuschlag nach § 56 Abs. 1 Satz 1 Nr. 1 mit 50 vom Hundert des Betrages,
   c) Auslandskinderzuschlag nach § 56 Abs. 1 Satz 1 Nr. 2 mit 80 vom Hundert des Betrages;

   Entsprechendes gilt für vergleichbare Bezüge von Personen, die im öffentlichen Interesse nach außerhalb des Geltungsbereichs des Bundesausbildungsförderungsgesetzes entsandt, vermittelt oder dort beschäftigt sind.

§ 3a Übergangsvorschrift

Für Bewilligungszeiträume, die vor dem 30. Juni 2003 begonnen haben, sind die Vorschriften dieser Verordnung in ihrer bis zum 21. Mai 2003 geltenden Fassung weiter anzuwenden.

§ 4 Inkrafttreten

[1]Diese Verordnung tritt am 1. Juni 1988 mit der Maßgabe in Kraft, daß sie für alle Bewilligungszeiträume anzuwenden ist, die nach dem 30. Juni 1988 beginnen. [2]Gleichzeitig tritt die Verordnung zur Bezeichnung der als Einkommen geltenden sonstigen Einnahmen nach § 21 Abs. 3 Nr. 4 des Bundesausbildungsförderungsgesetzes vom 21. August 1974 (BGBl. I S. 2078), zuletzt geändert durch Artikel 4 des Gesetzes vom 13. Juli 1981 (BGBl. I S. 625), mit der Maßgabe außer Kraft, daß sie auf Bewilligungszeiträume weiter anzuwenden ist, die vor dem 1. Juli 1988 begonnen haben.

Verordnung über die sozialversicherungsrechtliche Beurteilung von Zuwendungen des Arbeitgebers als Arbeitsentgelt (Sozialversicherungsentgeltverordnung – SvEV)

vom 21. Dezember 2006 (BGBl. I S. 3385), die zuletzt durch Artikel 1 der Verordnung vom 27. November 2023 (BGBl. I Nr. 328) geändert worden ist

Die V wurde als Artikel 1 der V v. 21.12.2006 I 3385 von der Bundesregierung, dem Bundesministerium für Arbeit und Soziales und dem Bundesministerium des Innern im Einvernehmen mit dem Bundesministerium der Finanzen und mit Zustimmung des Bundesrates erlassen. Sie ist gem. Art. 4 Abs. 1 Satz 1 dieser V am 1.1.2007 in Kraft getreten.

§ 1 Dem sozialversicherungspflichtigen Arbeitsentgelt nicht zuzurechnende Zuwendungen

(1) [1]Dem Arbeitsentgelt sind nicht zuzurechnen:

1. einmalige Einnahmen, laufende Zulagen, Zuschläge, Zuschüsse sowie ähnliche Einnahmen, die zusätzlich zu Löhnen oder Gehältern gewährt werden, soweit sie lohnsteuerfrei sind; dies gilt nicht für Sonntags-, Feiertags- und Nachtarbeitszuschläge, soweit das Entgelt, auf dem sie berechnet werden, mehr als 25 Euro für jede Stunde beträgt, und nicht für Vermögensbeteiligungen nach § 19a Absatz 1 Satz 1 des Einkommensteuergesetzes,

2. sonstige Bezüge nach § 40 Abs. 1 Satz 1 Nr. 1 des Einkommensteuergesetzes, die nicht einmalig gezahltes Arbeitsentgelt nach § 23a des Vierten Buches Sozialgesetzbuch sind,

3. Einnahmen nach § 40 Abs. 2 des Einkommensteuergesetzes,

4. Beiträge nach § 40b des Einkommensteuergesetzes in der am 31. Dezember 2004 geltenden Fassung, die zusätzlich zu Löhnen und Gehältern gewährt werden; dies gilt auch für darin enthaltene Beiträge, die aus einer Entgeltumwandlung (§ 1 Abs. 2 Nr. 3 des Betriebsrentengesetzes) stammen,

4a. Zuwendungen nach § 3 Nr. 56 und § 40b des Einkommensteuergesetzes, die zusätzlich zu Löhnen und Gehältern gewährt werden und für die Satz 3 und 4 nichts Abweichendes bestimmen,

5. Beträge nach § 10 des Entgeltfortzahlungsgesetzes,

6. Zuschüsse zum Mutterschaftsgeld nach § 14 des Mutterschutzgesetzes,

7. in den Fällen des § 3 Abs. 3 der vom Arbeitgeber insoweit übernommene Teil des Gesamtsozialversicherungsbeitrags,

8. Zuschüsse des Arbeitgebers zum Kurzarbeitergeld und Saison-Kurzarbeitergeld, soweit sie zusammen mit dem Kurzarbeitergeld 80 Prozent des Unterschiedsbetrages zwischen dem Sollentgelt und dem Ist-Entgelt nach § 106 des Dritten Buches Sozialgesetzbuch nicht übersteigen,
9. steuerfreie Zuwendungen an Pensionskassen, Pensionsfonds oder Direktversicherungen nach § 3 Nr. 63 Satz 1 und 2 sowie § 100 Absatz 6 Satz 1 des Einkommensteuergesetzes im Kalenderjahr bis zur Höhe von insgesamt 4 Prozent der Beitragsbemessungsgrenze in der allgemeinen Rentenversicherung; dies gilt auch für darin enthaltene Beträge, die aus einer Entgeltumwandlung (§ 1 Abs. 2 Nr. 3 des Betriebsrentengesetzes) stammen,
10. Leistungen eines Arbeitgebers oder einer Unterstützungskasse an einen Pensionsfonds zur Übernahme bestehender Versorgungsverpflichtungen oder Versorgungsanwartschaften durch den Pensionsfonds, soweit diese nach § 3 Nr. 66 des Einkommensteuergesetzes steuerfrei sind,
11. steuerlich nicht belastete Zuwendungen des Beschäftigten zugunsten von durch Naturkatastrophen im Inland Geschädigten aus Arbeitsentgelt einschließlich Wertguthaben,
12. Sonderzahlungen nach § 19 Absatz 1 Satz 1 Nummer 3 Satz 2 bis 4 des Einkommensteuergesetzes der Arbeitgeber zur Deckung eines finanziellen Fehlbetrages an die Einrichtungen, für die Satz 3 gilt,
13. Sachprämien nach § 37a des Einkommensteuergesetzes,
14. Zuwendungen nach § 37b Abs. 1 des Einkommensteuergesetzes, soweit die Zuwendungen an Arbeitnehmer eines Dritten erbracht werden und diese Arbeitnehmer nicht Arbeitnehmer eines mit dem Zuwendenden verbundenen Unternehmens sind,
15. vom Arbeitgeber getragene oder übernommene Studiengebühren für ein Studium des Beschäftigten, soweit sie steuerrechtlich kein Arbeitslohn sind.
16. steuerfreie Aufwandsentschädigungen und die in § 3 Nummer 26 und 26a des Einkommensteuergesetzes genannten steuerfreien Einnahmen.

[2]Dem Arbeitsentgelt sind die in Satz 1 Nummer 1 bis 4a, 9 bis 11, 13, 15 und 16 genannten Einnahmen, Zuwendungen und Leistungen nur dann nicht zuzurechnen, soweit diese vom Arbeitgeber oder von einem Dritten mit der Entgeltabrechnung für den jeweiligen Abrechnungszeitraum lohnsteuerfrei belassen oder pauschal besteuert werden. [3]Die Summe der in Satz 1 Nr. 4a genannten Zuwendungen nach § 3 Nr. 56 und § 40b des Einkommensteuergesetzes, die vom Arbeitgeber oder von einem Dritten mit der Entgeltabrechnung für den jeweiligen Abrechnungszeitraum lohnsteuerfrei belassen oder pauschal besteuert werden, höchstens jedoch monatlich 100 Euro, sind bis zur Höhe von 2,5 Prozent des für ihre Bemessung maßgebenden Entgelts dem Arbeitsentgelt zuzurechnen, wenn die Versorgungsregelung mindestens bis zum 31. Dezember 2000 vor der Anwendung etwaiger Nettobegrenzungsregelungen eine allgemein erreichbare Gesamtversorgung von mindestens 75 Prozent des gesamtversorgungsfähigen Entgelts und nach dem Eintritt des Versorgungsfalles eine Anpassung nach Maßgabe der Entwicklung

der Arbeitsentgelte im Bereich der entsprechenden Versorgungsregelung oder gesetzlicher Versorgungsbezüge vorsieht; die dem Arbeitsentgelt zuzurechnenden Beiträge und Zuwendungen vermindern sich um monatlich 13,30 Euro. [4]Satz 3 gilt mit der Maßgabe, dass die Zuwendungen nach § 3 Nr. 56 und § 40b des Einkommensteuergesetzes dem Arbeitsentgelt insoweit zugerechnet werden, als sie in der Summe monatlich 100 Euro übersteigen.

(2) In der gesetzlichen Unfallversicherung und in der Seefahrt sind auch lohnsteuerfreie Zuschläge für Sonntags-, Feiertags- und Nachtarbeit dem Arbeitsentgelt zuzurechnen; dies gilt in der Unfallversicherung nicht für Erwerbseinkommen, das bei einer Hinterbliebenenrente zu berücksichtigen ist.

§ 2 Verpflegung, Unterkunft und Wohnung als Sachbezug

(1) [1]Der Wert der als Sachbezug zur Verfügung gestellten Verpflegung wird auf monatlich 313 Euro festgesetzt. [2]Dieser Wert setzt sich zusammen aus dem Wert für

1. Frühstück von 65 Euro,
2. Mittagessen von 124 Euro und
3. Abendessen von 124 Euro.

(2) [1]Für Verpflegung, die nicht nur dem Beschäftigten, sondern auch seinen nicht bei demselben Arbeitgeber beschäftigten Familienangehörigen zur Verfügung gestellt wird, erhöhen sich die nach Absatz 1 anzusetzenden Werte je Familienangehörigen,

1. der das 18. Lebensjahr vollendet hat, um 100 Prozent,
2. der das 14., aber noch nicht das 18. Lebensjahr vollendet hat, um 80 Prozent,
3. der das 7., aber noch nicht das 14. Lebensjahr vollendet hat, um 40 Prozent und
4. der das 7. Lebensjahr noch nicht vollendet hat, um 30 Prozent.

[2]Bei der Berechnung des Wertes ist das Lebensalter des Familienangehörigen im ersten Entgeltabrechnungszeitraum des Kalenderjahres maßgebend. [3]Sind Ehegatten bei demselben Arbeitgeber beschäftigt, sind die Erhöhungswerte nach Satz 1 für Verpflegung der Kinder beiden Ehegatten je zur Hälfte zuzurechnen.

(3) [1]Der Wert einer als Sachbezug zur Verfügung gestellten Unterkunft wird auf monatlich 278 Euro festgesetzt. [2]Der Wert der Unterkunft nach Satz 1 vermindert sich

1. bei Aufnahme des Beschäftigten in den Haushalt des Arbeitgebers oder bei Unterbringung in einer Gemeinschaftsunterkunft um 15 Prozent,
2. für Jugendliche bis zur Vollendung des 18. Lebensjahres und Auszubildende um 15 Prozent und

3. bei der Belegung
   a) mit zwei Beschäftigten um 40 Prozent,
   b) mit drei Beschäftigten um 50 Prozent und
   c) mit mehr als drei Beschäftigten um 60 Prozent.

[3]Ist es nach Lage des einzelnen Falles unbillig, den Wert einer Unterkunft nach Satz 1 zu bestimmen, kann die Unterkunft mit dem ortsüblichen Mietpreis bewertet werden; Absatz 4 Satz 2 gilt entsprechend.

(4) [1]Für eine als Sachbezug zur Verfügung gestellte Wohnung ist als Wert der ortsübliche Mietpreis unter Berücksichtigung der sich aus der Lage der Wohnung zum Betrieb ergebenden Beeinträchtigungen sowie unter entsprechender Anwendung des § 8 Absatz 2 Satz 12 des Einkommensteuergesetzes anzusetzen. [2]Ist im Einzelfall die Feststellung des ortsüblichen Mietpreises mit außergewöhnlichen Schwierigkeiten verbunden, kann die Wohnung mit 4,89 Euro je Quadratmeter monatlich, bei einfacher Ausstattung (ohne Sammelheizung oder ohne Bad oder Dusche) mit 4,00 Euro je Quadratmeter monatlich bewertet werden. [3]Bestehen gesetzliche Mietpreisbeschränkungen, sind die durch diese Beschränkungen festgelegten Mietpreise als Werte anzusetzen. [4]Dies gilt auch für die vertraglichen Mietpreisbeschränkungen im sozialen Wohnungsbau, die nach den jeweiligen Förderrichtlinien des Landes für den betreffenden Förderjahrgang sowie für die mit Wohnungsfürsorgemitteln aus öffentlichen Haushalten geförderten Wohnungen vorgesehen sind. [5]Für Energie, Wasser und sonstige Nebenkosten ist der übliche Preis am Abgabeort anzusetzen.

(5) Werden Verpflegung, Unterkunft oder Wohnung verbilligt als Sachbezug zur Verfügung gestellt, ist der Unterschiedsbetrag zwischen dem vereinbarten Preis und dem Wert, der sich bei freiem Bezug nach den Absätzen 1 bis 4 ergeben würde, dem Arbeitsentgelt zuzurechnen.

(6) [1]Bei der Berechnung des Wertes für kürzere Zeiträume als einen Monat ist für jeden Tag ein Dreißigstel der Werte nach den Absätzen 1 bis 5 zugrunde zu legen. [2]Die Prozentsätze der Absätze 2 und 3 sind auf den Tageswert nach Satz 1 anzuwenden. [3]Die Berechnungen werden jeweils auf 2 Dezimalstellen durchgeführt; die zweite Dezimalstelle wird um 1 erhöht, wenn sich in der dritten Dezimalstelle eine der Zahlen 5 bis 9 ergibt.

§ 3 Sonstige Sachbezüge

(1) [1]Werden Sachbezüge, die nicht von § 2 erfasst werden, unentgeltlich zur Verfügung gestellt, ist als Wert für diese Sachbezüge der um übliche Preisnachlässe geminderte übliche Endpreis am Abgabeort anzusetzen. [2]Sind auf Grund des § 8 Absatz 2 Satz 10 des Einkommensteuergesetzes Durchschnittswerte festgesetzt worden, sind diese Werte maßgebend. [3]Findet § 8 Absatz 2 Satz 2, 3, 4 oder 5 oder Abs. 3 Satz 1 des Einkommensteuergesetzes Anwendung, sind die dort genannten Werte maßgebend. [4]§ 8 Absatz 2 Satz 11 des Einkommensteuergesetzes gilt entsprechend.

(2) Werden Sachbezüge, die nicht von § 2 erfasst werden, verbilligt zur Verfügung gestellt, ist als Wert für diese Sachbezüge der Unterschiedsbetrag zwischen dem vereinbar-

ten Preis und dem Wert, der sich bei freiem Bezug nach Absatz 1 ergeben würde, dem Arbeitsentgelt zuzurechnen.

(3) [1]Waren und Dienstleistungen, die vom Arbeitgeber nicht überwiegend für den Bedarf seiner Arbeitnehmer hergestellt, vertrieben oder erbracht werden und die nach § 40 Abs. 1 Satz 1 Nr. 1 des Einkommensteuergesetzes pauschal versteuert werden, können mit dem Durchschnittsbetrag der pauschal versteuerten Waren und Dienstleistungen angesetzt werden; dabei kann der Durchschnittsbetrag des Vorjahres angesetzt werden. [2]Besteht das Beschäftigungsverhältnis nur während eines Teils des Kalenderjahres, ist für jeden Tag des Beschäftigungsverhältnisses der dreihundertsechzigste Teil des Durchschnittswertes nach Satz 1 anzusetzen. [3]Satz 1 gilt nur, wenn der Arbeitgeber den von dem Beschäftigten zu tragenden Teil des Gesamtsozialversicherungsbeitrags übernimmt. [4]Die Sätze 1 bis 3 gelten entsprechend für Sachzuwendungen im Wert von nicht mehr als 80 Euro, die der Arbeitnehmer für Verbesserungsvorschläge sowie für Leistungen in der Unfallverhütung und im Arbeitsschutz erhält. [5]Die mit einem Durchschnittswert angesetzten Sachbezüge, die in einem Kalenderjahr gewährt werden, sind insgesamt dem letzten Entgeltabrechnungszeitraum in diesem Kalenderjahr zuzuordnen.

§ 4 (weggefallen)

Allgemeine Verwaltungsvorschrift zur Bestimmung der Formblätter nach § 46 Absatz 3 des Bundesausbildungsförderungsgesetzes (BAföG-FormblattVwV 2020)

vom 18. August 2020 (GMBl. 2020, Seite 742)

Nach Artikel 85 Absatz 2 des Grundgesetzes in Verbindung mit § 46 Absatz 3 des Bundesausbildungsförderungsgesetzes in der Fassung der Bekanntmachung vom 23. Dezember 2014 (BGBl. I S. 2475) erlässt die Bundesregierung folgende Allgemeine Verwaltungsvorschrift:

Artikel 1

(1) Als Formblätter, auf denen die zur Feststellung des Anspruchs auf Leistungen nach dem Bundesausbildungsförderungsgesetz erforderlichen Tatsachen anzugeben sind, werden die anliegenden Formblätter

01 – Antrag auf Ausbildungsförderung,

02 – Bescheinigung nach § 9 BAföG,

03 – Einkommenserklärung,

04 – Kinder der auszubildenden Person,

05 – Leistungsbescheinigung nach § 48 BAföG,

06 – Ausbildung im Ausland (Zusatzblatt),

07 – Aktualisierung des Einkommens,

08 – Antrag auf Vorausleistungund

09 – Folgeantrag auf Ausbildungsförderung

bestimmt.

(2) Als Farbtöne für die Formblätter werden bestimmt: petrol CMYK 90/10/32/30, dunkelrot – CMYK15/100/50/55 und gelb – CMYK 0/40/100/0. Die Farbzuordnungen ergeben sich aus den Formblättern.

(3) Die Auszubildenden können den Besuch der Ausbildungsstätte außer durch das Formblatt 02 – Bescheinigung nach § 9 BAföG auch durch eine von der jeweiligen Ausbildungsstätte maschinell erstellte Bescheinigung nachweisen, die alle im Formblatt 02 – Bescheinigung nach § 9 BAföG für diese Auszubildenden vorgesehenen Angaben enthält.

(4) Die Auszubildenden können den Leistungsnachweis nach § 48 des Gesetzes außer durch das Formblatt 05 – Leistungsbescheinigung nach § 48 BAföG auch durch den Nachweis der individuell erreichten Zahl von ECTS-Leistungspunkten erbringen, wenn die

bei geordnetem Verlauf der Ausbildung bis zum Ende des jeweils erreichten Fachsemesters übliche Zahl an ECTS-Leistungspunkten nicht unterschritten wird.

Artikel 2

(1) Beim Ausdruck elektronisch bereitgestellter Formblätter ist die Wiedergabe farbiger Formblätter in Grauabstufungen zulässig.

(2) Die durch die Formblätter festgelegten Vorgaben sind auch für eine elektronische Antragstellung verbindlich. Unbeschadet des Satzes 1 kann das Bundesministerium für Bildung und Forschung für die Entwicklung, Weiterentwicklung und den Betrieb eines im Rahmen der Umsetzung des Online-Zugangs-Gesetzes (OZG) bereitzustellenden elektronischen Antragsassistenten im Erlasswege Anpassungen durch ergänzende Hilfetexte und Beispiele sowie Ergänzung von Ausfüllhinweisen für die elektronische Antragstellung vornehmen.

Artikel 3

Diese Allgemeine Verwaltungsvorschrift tritt am Tag nach der Verkündung in Kraft. Gleichzeitig treten die Allgemeine Verwaltungsvorschrift zur Bestimmung der Formblätter nach § 46 Absatz 3 des Bundesausbildungsförderungsgesetzes vom 13. April 2016 (GMBl 2016 S. 211) und die mit der Bekanntmachung vom 25. Mai 2018 (GMBl 2018 S. 517) angepassten Formblätter außer Kraft.

Der Bundestag hat zugestimmt.

Berlin, den 18. August 2020

414-42514 (2020)

Stand 2020

Förderungsnummer (falls vorhanden)

BAföG
Mehr für dich

01 – Antrag auf Ausbildungsförderung

nach dem Bundesausbildungsförderungsgesetz (BAföG)

WICHTIGE HINWEISE

Bitte füllen Sie diesen Antrag sorgfältig in Druckschrift aus und kreuzen Sie Zutreffendes an. →

Sie sind nach § 60 Erstes Buch Sozialgesetzbuch (SGB I) verpflichtet, alle Tatsachen anzugeben, die für die Sachaufklärung erforderlich sind, und die verlangten Nachweise vorzulegen. →
Ihre Angaben sind gemäß den Vorschriften des Bundesausbildungsförderungsgesetzes (BAföG) für die Entscheidung über den Antrag notwendig.

Hinweise zu Ihren datenschutzrechtlichen Informationsrechten nach Art. 13 Datenschutz-Grundverordnung (DSGVO) erhalten Sie beim Amt für Ausbildungsförderung oder unter https://www.bafög.de/hinweis.

→ Bitte achten Sie darauf, den Antrag auf Seite 6 zu unterschreiben.

→ + Dieses Symbol auf der linken Seite weist darauf hin, dass Sie Nachweise vorlegen müssen. Entsprechende Erläuterungen finden Sie im Anhang auf Seite 1.

1 +

AUSBILDUNG

Ich beantrage Ausbildungsförderung für den Besuch der/des

Ausbildungsstätte und Ausbildungsort →

Klasse/Fachrichtung

angestrebter Abschluss

→ Liegt die Ausbildungsstätte (auch Praktikum/Praxissemester) im Ausland, sind besondere Ämter für Ausbildungsförderung zuständig (siehe www.bafög.de). In diesen Fällen reichen Sie bitte zusätzlich das Formblatt *06 – Ausbildung im Ausland* (Zusatzblatt) ein.

Es handelt sich um eine Vollzeitausbildung → ja nein

Ich habe bereits früher einen BAföG-Antrag gestellt ja nein

bisheriges Amt für Ausbildungsförderung | bisherige Förderungsnummer

→ An Hochschulen liegt eine Vollzeitausbildung in der Regel vor, wenn im Durchschnitt pro Semester 30 ECTS-Leistungspunkte vergeben werden. Im schulischen Bereich muss die Unterrichtszeit mindestens 20 Zeitstunden pro Woche betragen.

ANGABEN ZU MEINER PERSON

Name

Vorname | Geburtsname

Geburtsort

weiblich männlich divers

Geburtsdatum | Familienstand → | Nur bei Änderung gegenüber der letzten Erklärung | seit

→ Bitte geben Sie an: 1 = ledig; 2 = verheiratet / in eingetragener Lebenspartnerschaft; 3 = dauernd getrennt lebend; 4 = verwitwet; 5 = geschieden/aufgehoben.

2 + eigene Staatsangehörigkeit | Staatsangehörigkeit Ehegatte / eingetr. Lebenspartner

Ich habe eigene Kinder → ja

→ Bitte füllen Sie das Formblatt 04 – Kinder der auszubildenden Person aus.

ANSCHRIFT AM STÄNDIGEN WOHNSITZ

Straße | Hausnummer | Adresszusatz

Land → | Postleitzahl | Ort

→ Verwenden Sie bei einer Anschrift im Ausland nur die für den ausländischen Staat international gebräuchlichen Buchstaben (z. B. NL für Niederlande).

ANSCHRIFT WÄHREND DER AUSBILDUNG →

→ Geben Sie diese Anschrift an, sofern sie Ihnen bereits bekannt ist.

3 + Ich wohne während der Ausbildung, für die ich hier Ausbildungsförderung beantrage, mit meinen Eltern / einem Elternteil in häuslicher Gemeinschaft ja nein

Wenn nein: Mein Wohnraum steht im Eigentum/Miteigentum meiner Eltern / eines Elternteils ja nein

→ Straße | Hausnummer | Adresszusatz

Land → | Postleitzahl | Ort

→ Sofern die Anschrift während der Ausbildung identisch mit dem ständigen Wohnsitz ist, brauchen Sie hier keine Angaben zu machen.

→ Verwenden Sie bei einer Anschrift im Ausland nur die für den ausländischen Staat international gebräuchlichen Buchstaben (z. B. NL für Niederlande).

auszubildende Person

01 – Antrag auf Ausbildungsförderung
Seite 2

BANKVERBINDUNG

IBAN →

Name des Geldinstituts

Sofern dies nicht Ihr eigenes Konto ist: Name, Vorname des Kontoinhabers/der Kontoinhaberin

→ Als Bankverbindung kann nur ein Konto im SEPA-Zahlungsraum angegeben werden. Barauszahlungen sind nicht möglich.

4

KRANKEN- UND PFLEGEVERSICHERUNG

5 Krankenversicherung: Ich bin während der Ausbildung

- gesetzlich familienversichert
- studentisch gesetzlich versichert
- privat versichert
- freiwillig gesetzlich versichert
- anders versichert →

→ Versicherungsverhältnis z. B. aus Arbeits- oder Praktikumsverhältnissen oder als Bezieher/Bezieherin von Waisenrenten oder von Leistungen nach dem Zweiten Buch Sozialgesetzbuch (SGB II).

6 Pflegeversicherung: Ich bin während der Ausbildung selbst beitragspflichtig pflegeversichert

- ja
- nein

Steueridentifikationsnummer →

→ Die Angabe ist nicht notwendig, wenn Sie während des gesamten Bewilligungszeitraums gesetzlich familienversichert sind.

MEINE LEIBLICHEN ELTERN ODER ADOPTIVELTERN

Name des 1. Elternteils →

Vorname

- weiblich
- männlich
- divers

Geburtsdatum | Sterbedatum | Staatsangehörigkeit

Straße | Hausnummer | Adresszusatz

Land → | Postleitzahl | Ort

→ Ist Ihnen die aktuelle Adresse eines Elternteils nicht bekannt, tragen Sie bitte – falls Sie Kenntnis haben – die letzte Ihnen bekannte Adresse des betreffenden Elternteils ein und kennzeichnen dies im Feld Ort durch den Zusatz „zuletzt".

→ Verwenden Sie bei einer Anschrift im Ausland nur die für den ausländischen Staat international gebräuchlichen Buchstaben (z. B. NL für Niederlande).

Name des 2. Elternteils →

Vorname

- weiblich
- männlich
- divers

Geburtsdatum | Sterbedatum | Staatsangehörigkeit

Straße | Hausnummer | Adresszusatz

Land → | Postleitzahl | Ort

→ Ist Ihnen die aktuelle Adresse eines Elternteils nicht bekannt, tragen Sie bitte – falls Sie Kenntnis haben – die letzte Ihnen bekannte Adresse des betreffenden Elternteils ein und kennzeichnen dies im Feld Ort durch den Zusatz „zuletzt".

→ Verwenden Sie bei einer Anschrift im Ausland nur die für den ausländischen Staat international gebräuchlichen Buchstaben (z. B. NL für Niederlande).

Meine Elternteile leben und sind miteinander verheiratet oder in eingetragener Lebenspartnerschaft verbunden

- ja
- ja, aber dauernd getrennt lebend
- nein

MEINE KONTAKTDATEN

Telefon →

→ Diese Angabe ist freiwillig.

E-Mail →

→ Diese Angabe ist freiwillig. Sie können hier auch gesicherte elektronische Zustelladressen angeben (z. B. De-Mail-Adressen).

Der Bescheid sowie sonstige Schreiben sollen übermittelt werden an

- mich (ständiger Wohnsitz)
- mich (Wohnsitz am Ausbildungsort)
- meinen ersten Elternteil
- meinen zweiten Elternteil
- meine/-n Sorgeberechtigte/-n
- die von mir bevollmächtigte Person →

→ Bitte reichen Sie eine entsprechende Vollmacht ein.

auszubildende Person

01 – Antrag auf Ausbildungsförderung
Seite 3

KONKURRIERENDE LEISTUNGEN

7 Ich beziehe während des Zeitraums, für den ich BAföG-Leistungen beantrage, konkurrierende Leistungen oder habe solche beantragt →

→ Bei Bezug einer der hier genannten Leistungen haben Sie keinen Anspruch auf BAföG-Leistungen.

- Anwärterbezüge oder ähnliche Leistungen aus öffentlichen Mitteln
- Leistungen für die berufliche Aus- oder Weiterbildung nach dem SGB II → oder SGB III

→ Leistungen zur Sicherung des Lebensunterhalts nach dem Zweiten Buch Sozialgesetzbuch (SGB II) sind keine Leistungen für die berufliche Weiterbildung nach dem SGB II.

- Leistungen von einem Begabtenförderungswerk →

→ Eine Liste der anzugebenden Begabtenförderungswerke finden Sie online unter: https://www.stipendiumplus.de/deine-werke.html.

- nein, ich beziehe keine der vorstehenden Leistungen

ANGABEN ZUR EINKOMMENSFESTSTELLUNG

Einkommensangaben für den Bewilligungszeitraum → von | bis

→ Der Bewilligungszeitraum (BWZ) ist der Zeitraum, für den die Förderung zu bewilligen ist, er beginnt frühestens ab Antragstellung. Dies ist in der Regel das jeweilige Schul- oder Studienjahr (z. B. 10/2020 bis 09/2021).

Ich habe folgende noch nicht bewilligte Sozialleistungen beantragt (z. B. Waisenrente, Leistungen nach dem Aufstiegsfortbildungsförderungsgesetz [AFBG] oder dem Unterhaltsvorschussgesetz [UhVorschG]) →

→ Bitte geben Sie hier die Art der beantragten Leistung an.

8 Ich zahle geförderte Altersvorsorgebeiträge nach § 82 Einkommensteuergesetz (EStG) (Riester-Rente) → Euro

→ Bitte tragen Sie den Jahresbetrag ein.

9 Im oben genannten Bewilligungszeitraum werde ich voraussichtlich Einnahmen erzielen — ja — nein →

→ **Bei nein:** Weiter mit „Angaben zur Vermögensfeststellung" auf Seite 4.

	Gesamtbetrag im Bewilligungszeitraum	
Bruttoeinnahmen aus bestehenden oder ruhenden Arbeitsverhältnissen, Gelegenheitsarbeiten, Ferien-, Minijobs →	Euro	→ Der Arbeitnehmer-Pauschbetrag für Werbungskosten sowie Steuern und Abzüge für soziale Aufwendungen werden von Amts wegen berücksichtigt.
Darin ist ein Arbeitgeberanteil zu vermögenswirksamen Leistungen enthalten	ja	
Ausbildungs- und Praktikumsvergütung brutto – auch Sachbezüge →	Euro	→ Die Ausbildungs- oder Praktikumsvergütung umfasst z. B. auch Essensgeldzuschuss, Mietzuschuss sowie Sachbezüge, wie z. B. freie Unterkunft und Verpflegung.
Einkünfte aus selbstständiger Arbeit, Gewerbebetrieb, Vermietung und Verpachtung, Land- und Forstwirtschaft	Euro	
Bruttoeinnahmen aus Kapitalvermögen (z. B. Sparzinsen) →	Euro	→ Der Sparer-Pauschbetrag wird von Amts wegen berücksichtigt.
Waisenrente und/oder Waisengeld (einschl. Weihnachtszuwendung), sonstige Renten (z. B. Unfallrenten) →	Euro	→ Das Waisengeld geben Sie bitte in Höhe der tatsächlich zufließenden Beträge, also einschließlich der Weihnachtszuwendung und abzüglich der Steuern an.
Ausbildungsbeihilfen und gleichartige Leistungen sowie Leistungen nach dem AFBG →	Euro	→ Ausbildungsbeihilfen sind z. B. Stipendien (nicht von Begabtenförderungswerken) und Erziehungsbeihilfen nach dem Bundesversorgungsgesetz (BVG).
Unterhaltsleistungen (nicht der Eltern), die für mich bestimmt sind →	Euro	→ Tragen Sie hier Leistungen Ihnen gegenüber unterhaltspflichtiger Personen ein (z. B. dauernd von Ihnen getrennt lebender/geschiedener Ehegatte bzw. nicht mehr verbundener eingetragener Lebenspartner).
Unterhaltsvorschussleistungen nach dem Unterhaltsvorschussgesetz (UhVorschG) →	Euro	→ Bitte geben Sie hier nur die für Sie bestimmten Unterhaltsleistungen an, ohne die für Ihre Kinder bestimmten Beträge.
Weitere Einnahmen (nicht: laufende BAföG-Zahlungen) →	Euro	→ Leistungen zur Sicherung des Lebensunterhalts nach SGB II oder Einnahmen nach der BAföG-Einkommensverordnung, siehe Anhang Seite 2.

auszubildende Person

01 – Antrag auf Ausbildungsförderung
Seite 4

10 ANGABEN ZUR VERMÖGENSFESTSTELLUNG →

→ Guthaben und Schulden sind getrennt anzugeben. Bitte geben Sie nur den Wert des Anteils an, der auf Sie entfällt.

Ich habe bei Antragstellung folgende Vermögenswerte: →

→ Bitte prüfen Sie, ob Dritte auf Ihren Namen Vermögen angelegt haben und geben Sie dessen Wert an.

Bitte beachten Sie auch, dass Vermögenswerte, die kürzlich von Ihnen auf Dritte übertragen wurden, zu Ihrem Vermögen zählen können. Sprechen Sie in diesem Fall Ihr Amt für Ausbildungsförderung an.

	Wert in vollen Euro (wenn nicht vorhanden, bitte „nein" ankreuzen)	
Höhe des Barvermögens (Bargeld)	Euro nein ☐	
Höhe der Bank- und Sparguthaben, einschließlich der Guthaben auf Girokonten und Online-Konten →	Euro nein ☐	→ Online-Konten sind z. B. PayPal, Apple Pay, Google Pay.
Höhe der Bauspar- und Prämiensparguthaben	Euro nein ☐	
Wertpapiere (z. B. Aktien, Pfandbriefe, Schatzanweisungen, Wechsel, Schecks) →	Euro nein ☐	→ Maßgeblich ist der Kurswert zum Zeitpunkt der Antragstellung.
Kraftfahrzeuge →	Euro nein ☐	→ Bitte geben Sie Kraftfahrzeuge (z. B. PKW, Motorrad) mit ihrem Zeitwert an (Netto-Händlereinkaufspreis).
Lebensversicherungen →	Euro nein ☐	→ Bitte geben Sie den aktuellen Rückkaufswert an. Zur Prüfung einer Freistellung legen Sie bitte einen Nachweis über alle bisher in die Lebensversicherung eingezahlten Beträge vor.
Höhe von steuerlich gefördertem Altersvorsorgevermögen („Riester-Rente")	Euro nein ☐	
Grundstücke, Häuser, Eigentumswohnungen (auch Miteigentumsanteile) →	Euro nein ☐	→ Maßgeblich ist der Zeitwert.
Betriebsvermögen (auch Miteigentumsanteile) →	Euro nein ☐	→ Maßgeblich ist der Zeitwert.
Geldforderungen, digitales Vermögen (z. B. Kryptowährungen) und sonstige Rechte →	Euro nein ☐	→ Forderungen und sonstige Rechte sind z. B. Vermächtnisse, Ansprüche auf Lieferung von Waren, ferner Geschäftsanteile, Patentrechte, Verlags- und Urheberrechte.
Sonstige Vermögensgegenstände →	Euro nein ☐	→ Nicht hierzu gehören angemessene Haushaltsgegenstände, die zur Einrichtung der Wohnung, Führung des Haushalts und für das Zusammenleben der Familie bestimmt sind, z. B. Möbel, Geschirr, TV, Computer, Mobiltelefon. Maßgeblich ist der Zeitwert.

11 **Hiervon sollen anrechnungsfrei bleiben:**

Vermögenswerte, deren Verwertung aus rechtlichen Gründen ausgeschlossen ist →	Euro	→ Dies ist z. B. der Fall, wenn ein entsprechendes gesetzliches oder behördliches Veräußerungsverbot (§§ 135, 136 Bürgerliches Gesetzbuch [BGB]) vorliegt. Eine Verwertung ist jedoch nicht durch ein vom Eigentümer vereinbartes rechtsgeschäftliches Veräußerungsverbot (§ 137 BGB) ausgeschlossen.
Übergangsbeihilfen nach den §§ 12 und 13 Soldatenversorgungsgesetz (SVG)	Euro	

12 **Ich habe folgende Schulden und Lasten:** →

→ Es ist stets nur die bei Antragstellung bestehende Restschuld anzugeben.

Hypotheken, Grundschulden	Euro	
Lasten →	Euro	→ Dies sind z. B. Verpflichtungen zu wiederkehrenden Leistungen, Beschränkungen des Eigentums zugunsten Dritter (Nießbrauch, Rentenverpflichtung).
Sonstige Schulden →	Euro	→ Hierzu zählen Kredite, auch Verbindlichkeiten aus Studienkrediten und dem Bildungskreditprogramm des Bundes, nicht jedoch Darlehen nach dem BAföG.

auszubildende Person

01 – Antrag auf Ausbildungsförderung
Seite 5

13 SCHULISCHER UND BERUFLICHER WERDEGANG

Bitte füllen Sie diesen Abschnitt nur bei einem **Erstantrag,** nach einer Unterbrechung der Ausbildung oder bei einem Antrag auf Förderung einer Ausbildung im Ausland aus.

Bitte machen Sie **lückenlose, chronologische** Angaben über

- Ihre bisherigen Ausbildungs- und Studienzeiten (auch **nicht abgeschlossene** Ausbildungen und Praktika),
- Zeiten der Erwerbstätigkeit und ihnen gleichgestellte Zeiten (z. B. Zeiten der Haushaltsführung, wenn Sie als Elternteil mindestens eines Kindes unter 14 Jahren oder eines Kindes, das behindert und auf Hilfe angewiesen ist, dieses Kind im eigenen Haushalt zu versorgen haben, mit Arbeitsunfähigkeit verbundene Krankheiten, Mutterschutzfristen, Erwerbsunfähigkeit, Arbeitslosigkeit, Teilnahme an einer Maßnahme zur medizinischen oder beruflichen Rehabilitation oder an einer Maßnahme der beruflichen Weiterbildung nach dem Dritten Buch Sozialgesetzbuch [SGB III]),
- Freiwillige Dienste (z. B. Wehrdienst, freiwilliges soziales oder ökologisches Jahr, Bundesfreiwilligendienst),

Andere als die oben genannten Zeiten bezeichnen Sie bitte als „Zwischenzeit".

MUSTER

von Monat/Jahr	bis Monat/Jahr	Name und Ort der Ausbildungsstätte, des Arbeitgebers/Leistungsträgers	Schulart/Fachrichtung; Art der Tätigkeit	Erreichter Abschluss bzw. Bruttolohn / Höhe der Leistung monatlich in Euro
08/08	08/14	Realschule, Musterstadt	Realschule	Realschulabschluss
09/14	08/17	Fa. Mustermann & Co., Musterstadt	Berufsausbildung zum Schlosser	Gesellenbrief/Facharbeiterbrief, 15.08.2017
09/17	06/19	Fachoberschule/Berufskolleg, Musterstadt	Technischer Zweig	Fachhochschulreife, 16.06.2019
07/19	03/20	Fa. Müller & Co., Musterhausen	Aushilfstätigkeit	900,– Euro
04/20	06/20	Fachhochschule Musterhausen	BWL, Bachelor	ohne Abschluss
07/20	08/20	Zwischenzeit		
09/20		Fachhochschule, Musterstadt	Elektrotechnik, BA	

auszubildende Person

01 – Antrag auf Ausbildungsförderung
Seite 6

NUR FÜR SCHÜLERINNEN UND SCHÜLER

14 Die elterliche Sorge / das Aufenthaltsbestimmungsrecht ist/war zuerkannt worden durch ein Vormundschafts- oder Familiengericht

nein ja, und zwar

Name, Vorname des/der Sorgeberechtigten

Straße | Hausnummer | Adresszusatz

Land → | Postleitzahl | Ort

→ Verwenden Sie bei einer Anschrift im Ausland nur die für den ausländischen Staat international gebräuchlichen Buchstaben (z. B. NL für Niederlande).

Bitte füllen Sie diesen Bereich nur aus, wenn Sie nicht bei Ihren Eltern / einem Elternteil wohnen und Sie eine der folgenden Schulen besuchen: weiterführende allgemeinbildende Schule (auch Studienkolleg), Fachoberschule, deren Besuch eine abgeschlossene Berufsausbildung nicht voraussetzt, Berufsfachschule oder Fachschule, deren Besuch eine abgeschlossene Berufsausbildung nicht voraussetzt, sofern deren Bildungsgang weniger als zwei Jahre dauert oder nicht zu einem berufsqualifizierenden Abschluss führt.

Von der Wohnung meiner Eltern / meines Elternteils aus ist eine entsprechende zumutbare Ausbildungsstätte nicht erreichbar.

Ich führe einen eigenen Haushalt und bin oder war verheiratet oder in einer eingetragenen Lebenspartnerschaft verbunden.

Ich führe einen eigenen Haushalt und lebe mit mindestens einem Kind zusammen.

sonstiger Grund

ALLGEMEINE INFORMATIONEN

Ausbildungsförderung wird vom Beginn des Monats an geleistet, in dem die Ausbildung aufgenommen wird, frühestens jedoch vom Beginn des Antragsmonats an. Stellen Sie daher den Antrag auf Ausbildungsförderung so früh wie möglich. Bitte reichen Sie den Antrag bei dem für Sie zuständigen Amt für Ausbildungsförderung ein. Hinweise dazu, welches Amt für Sie zuständig ist, finden Sie auf https://www.bafög.de.

Zur Vermeidung unbilliger Härten kann über die üblichen Freibeträge hinaus ein weiterer Teil des Einkommens und des Vermögens anrechnungsfrei bleiben. Bitte reichen Sie hierzu eine Begründung ein und beachten Sie, dass für die Freistellung von Einkommen ein Antrag nur im laufenden Bewilligungszeitraum gestellt gestellt und nur berücksichtigt werden kann, soweit das Einkommen zur Deckung besonderer Kosten der Ausbildung dient.

Neben diesem Formblatt *01 – Antrag auf Ausbildungsförderung* gibt es weitere Formblätter, die gegebenenfalls von Ihnen eingereicht werden müssen (siehe Anhang zu diesem Formblatt, Seite 1). Welche Formblätter auszufüllen sind, entnehmen Sie den jeweiligen Beschreibungen. Alternativ können Sie die Formblattauswahl unter www.bafög.de nutzen.

ABSCHLIESSENDE ERKLÄRUNG

Mir ist bekannt,

- dass falsche oder unvollständige Angaben oder die Unterlassung von Änderungsanzeigen strafrechtlich verfolgt oder als Ordnungswidrigkeit mit einer Geldbuße geahndet werden können und dass zu Unrecht gezahlte Beträge zurückgefordert werden;
- dass ich verpflichtet bin, jede Änderung meiner wirtschaftlichen Lage (z. B. des von mir erzielten Einkommens) sowie der Familien- und Ausbildungsverhältnisse, z. B. Ausbildungsende, -wechsel und -abbruch (auch der Geschwister), unverzüglich dem Amt für Ausbildungsförderung schriftlich mitzuteilen;
- dass die im Rahmen dieses Antrags gemachten Angaben zu meinem Einkommen beim zuständigen Sozialleistungsträger, beim Finanzamt, bei meinem Arbeitgeber oder durch eine Kontenabfrage nach § 93 Abs. 8 Abgabenordnung (AO) beim Bundeszentralamt für Steuern überprüft werden können, wenn die Voraussetzungen vorliegen;
- dass Vermögenswerte auch dann meinem Vermögen zuzurechnen sind, wenn ich diese rechtsmissbräuchlich übertragen habe. Dies ist der Fall, wenn ich in zeitlichem Zusammenhang mit der Aufnahme der förderungsfähigen Ausbildung bzw. der Stellung des Antrags auf Ausbildungsförderung oder während der förderungsfähigen Ausbildung Teile meines Vermögens unentgeltlich oder ohne gleichwertige Gegenleistung an Dritte, insbesondere an meine Eltern oder andere Verwandte, übertragen habe;
- dass die im Rahmen dieses Antrags gemachten Angaben zu meinem Vermögen durch einen Datenabgleich (§ 41 Abs. 4 BAföG i. V. m. § 45d EStG) und durch eine Kontenabfrage nach § 93 Abs. 8 AO beim Bundeszentralamt für Steuern überprüft werden können, wenn die Voraussetzungen vorliegen.

Die Hinweise zum Datenschutz sind beim Amt für Ausbildungsförderung erhältlich oder unter https://www.bafög.de/hinweis einzusehen.
Ich bestätige, dass ich diese Hinweise zur Kenntnis genommen habe.

Ich versichere, dass meine Angaben richtig und vollständig sind und im amtlichen Formblatt keine Änderungen vorgenommen wurden.

Datum, Unterschrift der auszubildenden Person	Datum, Unterschrift der/des gesetzlichen Vertreterin/Vertreters (bei Minderjährigen)*

* Nur erforderlich bei Auszubildenden unter 15 Jahren (immer) und bei minderjährigen Auszubildenden über 15 Jahren, die eine Höhere Fachschule, Akademie oder Hochschule besuchen oder ein Praktikum absolvieren, das mit dem Besuch dieser Ausbildungsstätten im Zusammenhang steht.

Anhang zu 01 – Antrag auf Ausbildungsförderung
Seite 1

BENÖTIGTE BELEGE

Welche Belege Sie einreichen müssen, ergibt sich aus Ihren Angaben im Formblatt *01 – Antrag auf Ausbildungsförderung*. Die nummerierten Symbole finden Sie am linken Rand neben Ihren jeweiligen Angaben. Angaben, die für die Entscheidung über den Antrag auf Ausbildungsförderung nicht erforderlich sind, können von Ihnen geschwärzt werden.

1 + Bitte fügen Sie das Formblatt *02 – Bescheinigung nach § 9 BAföG* oder eine Immatrikulationsbescheinigung der Hochschule bei.

2 + Falls Sie Ausländer-/in sind, fügen Sie bitte gültige Aufenthaltsdokumente in Kopie bei.

3 + Wenn Sie nicht mit Ihren Eltern / einem Elternteil in häuslicher Gemeinschaft leben, fügen Sie bitte folgende Unterlagen in Kopie bei: Wohnungsgeberbescheinigung nach § 19 Bundesmeldegesetz, Meldebescheinigung oder Mietvertrag (nur die Seiten mit Vertragsparteien, Mietadresse, Mietbeginn und -ende, Unterschriften).

4 + Bitte reichen Sie eine Ausweiskopie des Kontoinhabers / der Kontoinhaberin ein.

5 + Wenn Sie nicht gesetzlich familienversichert sind reichen Sie bitte eine Bescheinigung der Krankenkasse über Ihre Krankenversicherung ein.

6 + Sofern nicht bereits in der Bescheinigung über Ihre Krankenversicherung (Beleg 5) enthalten, fügen Sie bitte eine Bescheinigung der Krankenversicherung nach § 257 Abs. 2a Fünftes Buch Sozialgesetzbuch (SGB V) und der Pflegeversicherung nach § 61 Abs. 5 Elftes Buch Sozialgesetzbuch (SGB XI) bei.

7 + Bitte reichen Sie entsprechende Bescheinigungen der betreffenden Stelle ein.

8 + Bitte reichen Sie Kopien des „Riester-Renten-Vertrages" und der Jahresbescheinigung nach § 92 Einkommensteuergesetz (EStG) ein, die Sie Anfang des Jahres von Ihrem Vertragspartner erhalten haben.

9 + Bitte fügen Sie Einkommensbelege (z. B. Gehaltsbescheinigung, Waisenrentenbescheid, Bewilligungsbescheid) in Kopie bei.

10 + Bitte fügen Sie Belege zu jedem Vermögensgegenstand gesondert bei (z. B. Konto- und Depotauszüge; bei Kraftfahrzeugen: Kopie der Zulassungsbescheinigung Teil I mit Angabe des aktuellen Kilometerstandes). Vermögenswerte sollen für einen Zeitpunkt nachgewiesen werden, der nicht mehr als 14 Tage vor dem Zeitpunkt der Antragstellung liegt.

11 + Bitte fügen Sie entsprechende Nachweise in Kopie bei (z. B. Pfändungsbeschluss, Beschlagnahmeanordnung, Bescheid über Übergangsbeihilfe).

12 + Bitte belegen Sie jede Ihrer Angaben gesondert (z. B. durch aktuelle Bescheinigungen von Kreditinstituten/Bausparkassen, notarielle Verträge).

13 + Erreichen die Zeiten der Erwerbstätigkeit und die ihnen gleichgestellten Zeiten drei Jahre, reichen Sie bitte Nachweise in Kopie ein (z. B. Berufsabschlusszeugnisse, Versichertennachweise, Lohnsteuerbescheinigungen, Bescheide über ALG I).

14 + Bitte belegen Sie, wem die elterliche Sorge zuerkannt wurde (gilt nicht, wenn die Eltern miteinander verheiratet sind).

ÜBERSICHT ÜBER DIE BAFÖG-FORMBLÄTTER

01- Antrag auf Ausbildungsförderung
Das Formblatt ist regelmäßig auszufüllen. Es kann bei wiederholter Antragstellung durch Formblatt *09 – Folgeantrag auf Ausbildungsförderung* ersetzt werden (gilt nur für Studierende).

02 – Bescheinigung nach § 9 BAföG
Die Bescheinigung über den Besuch einer Ausbildungsstätte ist von Ihrer Ausbildungsstätte auszufüllen. Studierende können stattdessen eine maschinelle Studienbescheinigung einreichen.

03 – Einkommenserklärung
Die Erklärung ist von Ihren Elternteilen und ggfs. von Ihrem nicht dauernd getrennt lebenden Ehegatten / eingetragenen Lebenspartner abzugeben.

04 – Kinder der auszubildenden Person
Sollten Sie eigene Kinder haben, fügen Sie bitte dieses Formblatt dem 01 – Antrag auf Ausbildungsförderung bei.

05 – Leistungsbescheinigung nach § 48 BAföG
Diese Bescheinigung ist grundsätzlich von allen Auszubildenden an Höheren Fachschulen, Akademien und Hochschulen als anspruchsbegründende Voraussetzung für eine Förderung ab dem 5. Fachsemester einzureichen. Gegebenenfalls kann diese durch eine Studienübersicht mit ECTS-Leistungspunkten ersetzt werden.

06 – Ausbildung im Ausland (Zusatzblatt)
Das Formblatt soll zusammen mit Formblatt *01 – Antrag auf Ausbildungsförderung* vor dem Antritt eines Auslandspraktikums oder einer Auslandsausbildung eingereicht werden.

07 – Aktualisierung des Einkommens
Dieser Antrag kann gestellt werden, wenn das Einkommen der Elternteile / des Ehegatten / eingetragenen Lebenspartners im Bewilligungszeitraum voraussichtlich wesentlich niedriger sein wird als das im Formblatt *03 – Einkommenserklärung* erklärte Einkommen.

08 – Antrag auf Vorausleistung
Wenn Ihre Ausbildung gefährdet ist und Ihre Eltern weder den angerechneten Unterhaltsbetrag noch den Bedarf nach den §§ 12 bis 14a BAföG leisten oder weder den Bedarf leisten noch die erforderlichen Angaben und Nachweise vorlegen, können Sie mit diesem Formblatt einen Antrag auf Vorausleistungen stellen. Bevor Sie den Antrag stellen, nehmen Sie bitte Kontakt mit dem Amt für Ausbildungsförderung auf.

09 – Folgeantrag auf Ausbildungsförderung
Dieses Formblatt dient der vereinfachten Antragstellung für Studierende. Bitte beachten Sie die Hinweise auf diesem Formblatt.

HINWEISE ZUR FARBCODIERUNG

Informationen und Elemente, die der Strukturierung dienen, sind farbig dargestellt. Der farbige Balken links am Rand markiert, wer die Felder auszufüllen hat.

Petrolfarbige Formularbereiche sind von der antragstellenden Person auszufüllen.	Rote Formularbereiche sind von Eltern / Ehepartnern / eingetr. Lebenspartnern auszufüllen.	Gelbe Formularbereiche sind von der Ausbildungsstätte auszufüllen.

Einnahmen nach der BAföG-Einkommensverordnung

Anhang zu 01 – Antrag auf Ausbildungsförderung
Seite 2

Geben Sie bitte die Einnahmen nach der BAföG-Einkommensverordnung an. Die Einkommensverordnung listet Einnahmen auf, die nicht zu versteuern sind, die aber die wirtschaftliche Leistungsfähigkeit des Beziehers erhöhen und deshalb bei der Berechnung des Förderungsanspruchs zu berücksichtigen sind. Wenn Sie über solche Einnahmen verfügen, sind diese anzugeben, sofern sie nachfolgend aufgeführt sind.

Auflistung aller Einnahmen nach der BAföG-Einkommensverordnung:

I. Leistungen der sozialen Sicherung

1. nach dem Dritten Buch Sozialgesetzbuch (SGB III): Entgeltersatzleistungen (§ 3 Abs.4), Gründungszuschuss (§ 93) abzüglich der pauschalisierten Sozialversicherungsbeiträge;
2. nach dem Fünften, Sechsten und Siebten Buch Sozialgesetzbuch (SGB V, SGB VI, SGB VII), dem Zweiten Gesetz über die Krankenversicherung der Landwirte (KVLG-1989), dem Mutterschutzgesetz (MuSchG), dem Bundeselterngeld- und Elternzeitgesetz (BEEG): Krankengeld (§§ 44 ff. SGB V, §§ 12 ff. KVLG 1989), Leistungen der gesetzlichen Krankenkasse zur Erstattung des Verdienstausfalls bei Tätigkeit als Haushaltshilfe im Krankheitsfall des Versicherten (§ 38 Abs. 4 SGB V), Mutterschaftsgeld (§ 24i SGB V, § 19 MuSchG) und Zuschuss zum Mutterschaftsgeld (§ 20 MuSchG), soweit sie das Erziehungsgeld nach dem Bundeserziehungsgeldgesetz oder das nach § 10 BEEG anrechnungsfreie Elterngeld oder vergleichbare Leistungen der Länder übersteigen, Verletztengeld (§§ 45 ff. SGB VII), Übergangsgeld (§§ 49 ff. SGB VII, §§ 20 ff. SGB VI), Elterngeld nach dem BEEG, soweit es die nach § 10 BEEG anrechnungsfreien Beträge übersteigt;
3. nach dem Bundesversorgungsgesetz (BVG) und den Gesetzen, die das BVG für anwendbar erklären: Versorgungskrankengeld (§ 16 BVG), Übergangsgeld (§ 26a Abs. 1 BVG), Unterhaltsbeihilfe, wenn der Berechtigte nicht in einer Rehabilitationseinrichtung untergebracht ist (§ 26a Abs. 5 BVG), laufende ergänzende Hilfe zum Lebensunterhalt, soweit sie außerhalb von Anstalten, Heimen und gleichartigen Einrichtungen für Angehörige im Sinne des § 25 Abs. 3 Nr. 2 des Bundesausbildungsförderungsesetzes (BAföG) geleistet wird, die mit dem Einkommensbezieher nicht in Haushaltsgemeinschaft leben (§ 27a BVG);
4. nach dem Lastenausgleichsgesetz (LAG), dem Reparationsschädengesetz (RepG) und dem Flüchtlingshilfegesetz (FlüHG): jeweils der halbe Betrag der Unterhaltshilfe (§§ 261 bis 278a LAG), Unterhaltsbeihilfe (§ 10 des Vierzehnten Gesetzes zur Änderung des LAG), Beihilfe zum Lebensunterhalt (§§ 301 bis 301b LAG), Unterhaltshilfe und Unterhaltsbeihilfe (§§ 44, 45 RepG), Beihilfe zum Lebensunterhalt (§§ 12 bis 15 FlüHG);
5. nach dem Unterhaltssicherungsgesetz, soweit sie nicht zum Ausgleich für den freiwilligen Wehrdienst des Auszubildenden geleistet werden: Leistungen an Nichtselbstständige (§ 6) und an Selbstständige (§ 7), Reservistendienstleistungsprämie und Zuschläge (§ 10), Dienstgeld (§ 11), allgemeine Leistungen (§ 17), Leistungen an Angehörige, die nicht in einem gemeinsamen Haushalt mit der oder dem freiwilligen Wehrdienst Leistenden leben (§ 22);
6. nach dem Beamtenversorgungsgesetz: das Übergangsgeld (§ 47);
7. nach dem Unterhaltsvorschussgesetz: Unterhaltsleistung (§§ 1 ff.);
8. Anpassungsgeld nach den Richtlinien über die Gewährung von Anpassungsgeld an Arbeitnehmer des Steinkohlenbergbaus vom 13. Dezember 1971 (BAnz. Nr. 233 vom 15. Dezember 1971), zuletzt geändert am 16. Juni 1983 (BAnz. S. 5901);
9. Leistungen aufgrund der Richtlinie über die Gewährung von Beihilfen für Arbeitnehmer der Eisen- und Stahlindustrie, die von Maßnahmen im Sinne des Artikels 56 § 2 Buchstabe b des Montanunionvertrages betroffen werden, vom 25. März 1998 (BAnz. S. 4951);
10. nach dem Soldatenversorgungsgesetz: Übergangsgeld (§ 37), Arbeitslosenbeihilfe (§ 86a Abs. 1);
11. Vorruhestandsgeld nach der Verordnung über die Gewährung von Vorruhestandsgeld vom 8. Februar 1990 (GBl. I Nr. 7 S. 42), die gemäß Anlage II Kapitel VIII Sachgebiet E Abschnitt III Nr. 5 des Einigungsvertrages vom 31. August 1990 und Artikel 4 Nr. 13 der Vereinbarung vom 18. September 1990 in Verbindung mit Artikel 1 des Gesetzes vom 23. September 1990 (BGBl. 1990 II S. 885, 1210, 1243) mit Maßgaben weiter gilt;
12. Übergangsleistungen nach § 3 der Berufskrankheiten-Verordnung (BKV) vom 31. Oktober 1997 (BGBl. I S. 2623).

II. Weitere Einnahmen

1. nach dem Wehrsoldgesetz: Wehrsold (§ 2), Verpflegung (§ 3), Unterkunft (§ 4); Entsprechendes gilt für gleichartige Leistungen (Geld- und Sachbezüge) nach § 35 des Zivildienstgesetzes, § 59 des Bundesgrenzschutzgesetzes (siehe oben unter Ziffer I Nr. 5) sowie für Angehörige der Vollzugspolizei und der Berufsfeuerwehr;
2. Vorruhestandsbezüge und diesen gleichstehende Leistungen, soweit sie steuerfrei sind; hierzu zählt auch das Ausgleichsgeld nach dem Gesetz zur Förderung der Einstellung der landwirtschaftlichen Erwerbstätigkeit (FELEG) vom 21. Februar 1989 (BGBl. I S. 233), soweit es die Summe des nach § 3 Nr. 27 des Einkommensteuergesetzes (EStG) steuerfreien Betrages nicht übersteigt.
3. Aufstockungsbeträge nach dem Altersteilzeitgesetz (§ 3 Abs. 1 Buchstabe a) sowie die Zuschläge, die versicherungsfreie Beschäftigte im Sinne des § 27 Abs. 1 Nr. 1 bis 3 des Dritten Buches Sozialgesetzbuch (SGB III) zur Aufstockung der Bezüge bei Altersteilzeit nach beamtenrechtlichen Vorschriften oder Grundsätzen erhalten;
4. Abfindungen nach § 3 Nr. 9 EStG;
5. Leistungen, die in Erfüllung einer gesetzlichen Unterhaltspflicht erbracht werden, mit Ausnahme der Leistungen der Eltern der/des Auszubildenden und ihres/seines Ehegatten oder Lebenspartners;
6. Leistungen nach § 9 Abs. 1 des Anspruchs- und Anwartschaftsüberführungsgesetzes.

III. Einnahmen bei Auslandstätigkeit

1. Bezüge der Bediensteten internationaler und zwischenstaatlicher Organisationen und Institutionen sowie Bezüge diplomatischer und konsularischer Vertreter fremder Mächte und der ihnen zugewiesenen Bediensteten, soweit diese von der Steuerpflicht befreit sind;
2. nach dem Bundesbesoldungsgesetz: Auslandszuschlag nach § 55 Abs. 1 bis 4 mit 10 vom Hundert des Betrages, Auslandskinderzuschlag nach § 56 Abs. 1 Satz 1 Nr. 1 mit 50 vom Hundert des Betrages, Auslandskinderzuschlag nach § 56 Abs. 1 Satz 1 Nr. 2 mit 80 vom Hundert des Betrages; Entsprechendes gilt für vergleichbare Bezüge von Personen, die im öffentlichen Interesse nach außerhalb des Geltungsbereichs des Bundesausbildungsförderungsgesetzes entsandt, vermittelt oder dort beschäftigt sind.

Stand 2020

Förderungsnummer (falls vorhanden)

BAföG
Mehr für dich

02 – Bescheinigung nach § 9 BAföG

Sofern Sie von Ihrer Ausbildungsstätte eine Immatrikulationsbescheinigung nach § 9 BAföG erhalten haben, gilt sie als Ersatz für dieses Formblatt.

ANGABEN ZUR AUSZUBILDENDEN PERSON

Name

Vorname

Geburtsdatum

Geburtsort

Amt für Ausbildungsförderung, bei dem der Antrag gestellt wird

AUSBILDUNG

Name der Ausbildungsstätte / Praktikumsstelle / des Fernlehrinstituts →

Adresse der Ausbildungsstätte

→ Die Ausbildungsstätten sind gemäß § 47 BAföG verpflichtet, die Bescheinigung auszustellen.

AUSBILDUNGSSTÄTTE (ab hier nur von der Ausbildungsstätte auszufüllen) →

→ Auszufüllen ist jeweils nur der betroffene Bereich A, B, C oder D.

A. SCHULE →

→ Bitte melden Sie auch unentschuldigtes Fernbleiben von mehr als 30 % der Unterrichtszeit im Schulhalbjahr.

Angaben für das Schuljahr 20 /20

Gymnasium, integrierte Gesamtschule, Realschule, Hauptschule

Abendhauptschule

Berufsaufbauschule

Abendrealschule

Abendgymnasium

Kolleg

sonstige Schulart/Ausbildungsstätte

Fachoberschule, deren Besuch

eine abgeschlossene Berufsausbildung nicht voraussetzt

eine abgeschlossene Berufsausbildung voraussetzt

Berufsfachschule, deren Besuch

keinen berufsqualifizierenden Abschluss vermittelt

einen berufsqualifizierenden Abschluss vermittelt

Fachschule, deren Besuch

eine abgeschlossene Berufsausbildung nicht voraussetzt

eine abgeschlossene Berufsausbildung voraussetzt

Fachliche Richtung / Berufsfeld / Bezeichnung des Lehrgangs

Klasse/Jahrgangsstufe

Semester

Bei Besuch der Klasse 12 einer Fachoberschule:
In der besuchten Klasse werden ausschließlich Schülerinnen/Schüler mit abgeschlossener Berufsausbildung unterrichtet — nein — ja

Die Klasse / Die Jahrgangsstufe / Das Semester wird wiederholt — nein — ja, weil das Klassenziel nicht erreicht wurde — ja, freiwillig — ja, auf Empfehlung der Ausbildungsstätte

Beginn der angekreuzten Ausbildung (erster Schultag)

Art des Abschlusses

Voraussichtlicher Zeitpunkt des Abschlusses der Abschlussprüfung an der Ausbildungsstätte

Letzter Schultag bei Ausbildung ohne Abschlussprüfung

Es handelt sich um eine Vollzeitausbildung → — nein — ja

→ Für eine Vollzeitausbildung ist Voraussetzung, dass mindestens 20 Wochenstunden (Zeitstunden) vorgeschriebener Unterricht erteilt werden.

Teile der Ausbildung werden im Ausland durchgeführt — nein — ja, in

Staat — von — bis

Staat — von — bis

auszubildende Person

02 – Bescheinigung nach § 9 BAföG
Seite 2

A. SCHULE AB KLASSE 10 (Fortsetzung)

Bei privaten Ausbildungsstätten:
Zahl der Ferienwerktage im Ausbildungsjahr einschließlich Samstagen — Tage

Bei Internatsunterbringung:
Höhe der monatlichen Heimkosten → — Euro — kostenfreie Monate

→ Heimkosten umfassen die Kosten für Unterkunft und Verpflegung (ohne Schulgeld) sowie pädagogische Betreuung (ohne pflegerische und soziale Betreuungsleistungen).

B. PRAKTIKUMSSTELLE

Fachrichtung des Praktikums | Beginn des Praktikums | Ende des Praktikums

Dieses Praktikum wird im genannten Zeitraum durchgeführt im Zusammenhang mit dem Besuch der

Schulform/Ausbildungsstättenart und Fachrichtung; falls bereits bekannt, Name und Anschrift der Ausbildungsstätte

Höhe der Praktikumsvergütung einschließlich Sonderzuwendungen (brutto, ohne Sachbezüge) — Euro/Monat — insgesamt — Euro

Gewährung von Sachbezügen — nein — ja, und zwar — Art der Sachbezüge

C. HÖHERE FACHSCHULE, AKADEMIE, HOCHSCHULE

Datum der Ersteinschreibung | Beginn des Studiums →

→ Gemeint ist das Studium, für das diese Bescheinigung beantragt wird (erster Vorlesungstag).

Fachrichtung/Fachbereich | Studienziel (Art und Fachrichtung des Abschlusses)

Das WS/SS 20 /20 ist bezogen

auf das 1. Fach, das Fachsemester, — 1. Fach

auf das 2. Fach, das Fachsemester, — 2. Fach und weitere

auf das 3. Fach, das Fachsemester, — Die Immatrikulation erfolgte aufgrund vorläufiger Zulassung

Bei Hochschulen und Akademien, deren Abschlüsse den Hochschulabschlüssen gleichgestellt sind: — Studium in Vollzeit — Studium in Teilzeit — Regelstudienzeit in Semestern

Bei Höheren Fachschulen und anderen Akademien: — tatsächliche Wochenstundenzahl (Zeitstunden) des planmäßigen Unterrichts — Zahl der Ferienwerktage im Ausbildungsjahr (einschließlich Samstagen)

D. FERNLEHRINSTITUT

Bezeichnung des Lehrgangs, angestrebtes Ausbildungsziel

Beginn der Teilnahme am Fernlehrgang — voraussichtlicher Zeitpunkt des Abschlusses

Die auszubildende Person hat in den letzten sechs Monaten erfolgreich am Lehrgang teilgenommen — ja — nein

Die auszubildende Person kann den Lehrgang in längstens zwölf Monaten beenden — ja — nein

Die Teilnahme an dem Lehrgang nimmt die Arbeitskraft der auszubildenden Person voll in Anspruch — ja in den Monaten — nein

Rechtliche Stellung des Fernlehrinstituts — öffentlich-rechtlicher Träger — privater Träger

ABSCHLIESSENDE ERKLÄRUNG

Der unter Buchstabe A aufgeführten Ausbildungsstätte ist bekannt, dass sie verpflichtet ist, das genannte Amt für Ausbildungsförderung unverzüglich zu unterrichten, wenn die auszubildende Person die Ausbildung abbricht bzw. nach Anmeldung bei der Ausbildungsstätte nicht aufnimmt und ein Verstoß gegen diese Verpflichtungen als Ordnungswidrigkeit geahndet werden kann.

Es wird bestätigt, dass die Angaben im folgenden Bereich richtig und vollständig sind — A–D →

→ Bitte zutreffenden Buchstaben A, B, C oder D eintragen

Datum, Unterschrift der Ausbildungsstätte

– Stempel –

Stand 2020

Förderungsnummer (falls vorhanden)

BAföG
Mehr für dich

03 – Einkommenserklärung

von Ehegatten / eingetragenen Lebenspartnern   von Eltern

WICHTIGE HINWEISE

Bitte füllen Sie diese Erklärung sorgfältig in Druckschrift aus und kreuzen Sie Zutreffendes an. → Bitte achten Sie darauf, die Erklärung auf Seite 4 zu unterschreiben.

Diese Erklärung ist von jeder Person gesondert einzureichen.

Sie sind nach § 47 Abs. 4 BAföG i. V m. § 60 Erstes Buch Sozialgesetzbuch (SGB I) verpflichtet, alle Tatsachen anzugeben, die für die Sachaufklärung erforderlich sind, und die verlangten Nachweise → vorzulegen. Ihre Angaben sind gemäß den Vorschriften des Bundesausbildungsförderungsgesetzes (BAföG) für die Entscheidung über den Antrag notwendig.

→ ✚ Dieses Symbol auf der linken Seite weist auf notwendige Nachweise hin. Entsprechende Erläuterungen finden Sie im Anhang auf Seite 1.

Hinweise zu Ihren datenschutzrechtlichen Informationsrechten nach Art. 13 Datenschutz-Grundverordnung (DSGVO) erhalten Sie beim Amt für Ausbildungsförderung oder unter https://www.bafög.de/hinweis.

Diese Erklärung kann dem Amt auch getrennt vom Antrag der auszubildenden Person übersandt werden.

Sollen Angaben über Ihr Einkommen nicht in den Bewilligungsbescheid aufgenommen werden, teilen Sie dies bitte dem Amt für Ausbildungsförderung mit Begründung schriftlich mit.

ANGABEN ZUR AUSZUBILDENDEN PERSON

Name | Vorname

Geburtsdatum | Geburtsort

ANGABEN ZUR ERKLÄRENDEN PERSON

Name | Vorname

Geburtsdatum | Familienstand → | Nur bei Änderung gegenüber der letzten Erklärung | seit

→ Bitte geben Sie an: 1 = ledig; 2 = verheiratet / in eingetragener Lebenspartnerschaft; 3 = dauernd getrennt lebend; 4 = verwitwet; 5 = geschieden/aufgehoben.

Straße | Hausnummer | Adresszusatz

Land → | Postleitzahl | Ort

→ Verwenden Sie bei einer Anschrift im Ausland nur die für den ausländischen Staat international gebräuchlichen Buchstaben (z. B. NL für Niederlande).

Erwerbstätig als | Arbeiterin/ Arbeiter | Angestellte/ Angestellter | Beamtin/ Beamter | Selbständige/ Selbständiger | nicht erwerbstätig seit

Ich befinde mich im Bewilligungszeitraum → in Ausbildung   nein   ja, und zwar

1 ✚ Art der Ausbildung

→ Der Bewilligungszeitraum (BWZ) ist der Zeitraum, für den die Förderung der oben genannten auszubildenden Person beantragt wird, er beginnt frühestens ab Antragstellung. Dies ist in der Regel das jeweilige Schul- oder Studienjahr (z. B. 10/2020 bis 09/2021).

KONTAKT

Telefon →

→ Diese Angabe ist freiwillig.

E-Mail →

→ Diese Angabe ist freiwillig.

ANGABEN ZUR PRÜFUNG VON FREIBETRÄGEN

2 ✚ Ich leiste im Bewilligungszeitraum → Natural- und/oder Barunterhalt an mir gegenüber unterhaltsberechtigte Personen (z. B. geschiedene Ehegattin / geschiedener Ehegatte, dauernd von mir getrennt lebende/-r eingetragene/-r Lebenspartner/-in, zweite Ehegattin / zweiter Ehegatte, Eltern oder andere Verwandte in gerader Linie; hierzu zählen nicht Verwandte in der Seitenlinie wie Geschwister, Onkel, Tante und Schwiegereltern).

3 ✚ Ich beantrage einen Freibetrag/Freibeträge wegen einer anerkannten Behinderung für mich, die antragstellende oder eine andere mir gegenüber unterhaltsberechtigte Person (z. B. geschiedene Ehegattin / geschiedener Ehegatte, dauernd von mir getrennt lebende/-r eingetragene/-r Lebenspartner/-in, zweite Ehegattin / zweiter Ehegatte, Eltern oder andere Verwandte in gerader Linie; hierzu zählen nicht Verwandte in der Seitenlinie wie Geschwister, Onkel, Tante und Schwiegereltern).

→ Der Bewilligungszeitraum (BWZ) ist der Zeitraum, für den die Förderung der oben genannten auszubildenden Person beantragt wird, er beginnt frühestens ab Antragstellung. Dies ist in der Regel das jeweilige Schul- oder Studienjahr (z. B. 10/2020 bis 09/2021).

auszubildende Person	erklärende Person

03 – Einkommenserklärung
Seite 2

ANGABEN ZU DEN KINDERN ➔

➔ Die antragstellende Person ist hier nicht anzugeben.

Bitte machen Sie Angaben zu sonstigen Kindern ➔, die sich in Ausbildung befinden oder in Ihren Haushalt aufgenommen wurden, wenn diese im Bewilligungszeitraum von Ihnen Unterhalt bekommen. Der Bewilligungszeitraum (BWZ) ist der Zeitraum, für den die Förderung der auszubildenden Person beantragt wird. Dies ist in der Regel das jeweilige Schul- oder Studienjahr (z. B. 10/2020 bis 09/2021).

➔ Folgende Kinder bitte angeben: Eheliche, für ehelich erklärte, nichteheliche Kinder und Adoptivkinder sowie in Ihren Haushalt aufgenommene Stiefkinder, Pflegekinder und Enkelkinder.

Name des 1. Kindes | Vorname des 1. Kindes

Geburtsdatum | Wohnung bei den Eltern / einem Elternteil ja nein

Gemeinsames Kind der Eltern der auszubildenden Person bzw. gemeinsames Kind der auszubildenden Person und der Ehegattin / des Ehegatten / der eingetragenen Lebenspartnerin / des eingetragenen Lebenspartners

ja | nein, Kind nur im Verhältnis zur erklärenden Person | Stiefkind, Pflegekind, Enkelkind, sofern in den Haushalt aufgenommen

4 + Art der Einnahmen ➔ | monatliche Einnahmen in Euro

➔ Einnahmen sind z. B. Bruttoausbildungsvergütung, Bruttoeinnahmen aus Arbeitsverhältnissen, aus Gelegenheitsarbeiten, Ferien-, Minijobs sowie Unterhaltsleistungen, sofern sie nicht vom erklärenden Elternteil selbst erbracht werden, und Unterhaltsleistungen nach dem Unterhaltsvorschussgesetz. Kindergeld gilt nicht als Einnahme.

5 + Name der Ausbildungsstätte | Art des Ausbildungsverhältnisses | derzeitige Klasse / derzeitiges Semester

Ausbildungsbeginn | voraussichtliches Ausbildungsende

Ausbildungsmaßnahme zur beruflichen Förderung als Mensch mit einer Behinderung ja nein

---

Name des 2. Kindes | Vorname des 2. Kindes

Geburtsdatum | Wohnung bei den Eltern / einem Elternteil ja nein

Gemeinsames Kind der Eltern der auszubildenden Person bzw. gemeinsames Kind der auszubildenden Person und der Ehegattin / des Ehegatten / der eingetragenen Lebenspartnerin / des eingetragenen Lebenspartners

ja | nein, Kind nur im Verhältnis zur erklärenden Person | Stiefkind, Pflegekind, Enkelkind, soweit in den Haushalt aufgenommen

4 + Art der Einnahmen | monatliche Einnahmen in Euro

5 + Name der Ausbildungsstätte | Art des Ausbildungsverhältnisses | derzeitige Klasse / derzeitiges Semester

Ausbildungsbeginn | voraussichtliches Ausbildungsende

Ausbildungsmaßnahme zur beruflichen Förderung als Mensch mit einer Behinderung ja nein

---

Name des 3. Kindes | Vorname des 3. Kindes

Geburtsdatum | Wohnung bei den Eltern / einem Elternteil ja nein

Gemeinsames Kind der Eltern der auszubildenden Person bzw. gemeinsames Kind der auszubildenden Person und der Ehegattin / des Ehegatten / der eingetragenen Lebenspartnerin / des eingetragenen Lebenspartners

ja | nein, Kind nur im Verhältnis zur erklärenden Person | Stiefkind, Pflegekind, Enkelkind, soweit in den Haushalt aufgenommen

4 + Art der Einnahmen | monatliche Einnahmen in Euro

5 + Name der Ausbildungsstätte | Art des Ausbildungsverhältnisses | derzeitige Klasse / derzeitiges Semester

Ausbildungsbeginn | voraussichtliches Ausbildungsende

Ausbildungsmaßnahme zur beruflichen Förderung als Mensch mit einer Behinderung ja nein

---

Weitere Kinder bitte auf zusätzlichem Blatt angeben.

auszubildende Person	erklärende Person

03 – Einkommenserklärung
Seite 3

ANGABEN ZUR EINKOMMENSFESTSTELLUNG

Für alle nachfolgenden Fragen sind die Verhältnisse im vorletzten Kalenderjahr vor Beginn des Bewilligungszeitraumes → maßgebend. maßgebliches Kalenderjahr →

→ Der Bewilligungszeitraum (BWZ) ist der Zeitraum, für den die Förderung der auszubildenden Person beantragt wird. Dies ist in der Regel das jeweilige Schul- oder Studienjahr (z. B. 10/2020 bis 09/2021).Beginnt der Bewilligungszeitraum z. B. im Jahr 2020, so ist als vorletztes Kalenderjahr das Kalenderjahr 2018 maßgebend. Beginnt der Bewilligungszeitraum z. B. im Jahr 2021, so ist als vorletztes Kalenderjahr das Kalenderjahr 2019 maßgebend.

Allgemeine Angaben

6 Ich beziehe Einkommen als

- rentenversicherungspflichtige/-r Arbeitnehmer/-in oder Person in Ausbildung
- nichtrentenversicherungspflichtige/-r Arbeitnehmer/-in oder Person im Ruhestandsalter, die einen Anspruch auf Alterssicherung aus einer renten- oder nichtrentenversicherungspflichtigen Beschäftigung oder Tätigkeit hat (z. B. Beamtin/Beamter, Beamtin/Beamter im Ruhestand, Altersrentner/-in)
- Nichtarbeitnehmer/-in (z. B. Selbständige/-r) oder auf Antrag von der Versicherungspflicht befreite/-r oder auf Antrag wegen geringfügiger Beschäftigung versicherungsfreie/-r Arbeitnehmer/-in
- Person im Ruhestandsalter, soweit sie nicht erwerbstätig ist, und sonstiger Nichterwerbstätiger

7 Für das maßgebliche Kalenderjahr liegt ein Einkommensteuerbescheid vor — ja / nein

Gegen diesen Einkommensteuerbescheid habe ich ein Einspruchs-/Klageverfahren eingeleitet, das noch nicht abgeschlossen ist — ja / nein

Für das maßgebliche Kalenderjahr wird noch ein Einkommensteuerbescheid ergehen — ja / nein

Die Veranlagung erfolgt/erfolgte durch — Name des Finanzamts

Einnahmen und Einkünfte

8 Einnahmen aus Kapitalvermögen, die nicht bereits im Einkommensteuerbescheid enthalten sind — Jahresbruttobetrag — Euro

9 Einnahmen aus geringfügiger Beschäftigung (Minijob) — Jahresbruttobetrag — Euro

10 Einnahmen und Einkünfte, sofern kein Einkommensteuerbescheid vorliegt → — Jahressumme — Euro

→ Tragen Sie hier bitte Einnahmen aus nichtselbständiger Arbeit, Einkünfte aus selbständiger Arbeit, Gewerbebetrieb, Land- und Forstwirtschaft und/oder Vermietung und Verpachtung ein.

11 Bezogene Renten →

Art der Rente	Rentenbeginn	Jahresbruttobetrag Euro
Art der Rente	Rentenbeginn	Euro
Art der Rente	Rentenbeginn	Euro
Art der Rente	Rentenbeginn	Euro

→ Zu den Renten gehören beispielsweise Altersrenten, Erwerbsminderungsrenten, Hinterbliebenenrenten, Lebensversicherungen auf Rentenbasis, Riester- und Rürup-Renten, Firmen- und Betriebsrenten und Beträge aus Zusatzversorgungskassen sowie Unfallrenten aus einer gesetzlichen oder privaten Unfallversicherung, jeweils einschließlich etwaiger Kinderzuschüsse und Kinderzulagen.

12 Einnahmen, die aufgrund des Auslandstätigkeitserlasses nicht versteuert wurden — Jahressumme — Euro

Wenn Einnahmen im Ausland erzielt wurden →

13 Staat — Steuerbetrag/Währung — Jahresbrutto/Währung

→ Bitte geben Sie ausländische Einnahmen nur an, sofern sie nicht im Einkommensteuerbescheid berücksichtigt sind.

14 Ich erhielt Unterhaltsleistungen von

Name, Vorname — Verwandtschaftsverhältnis — Euro (Jahresbetrag)

15 Ausbildungsbeihilfen sowie Einnahmen nach der BAföG-Einkommensverordnung →

Art der Einnahmen	Jahressumme	Euro
Art der Einnahmen	Jahressumme	Euro
Art der Einnahmen	Jahressumme	Euro
Art der Einnahmen	Jahressumme	Euro
Art der Einnahmen	Jahressumme	Euro

→ Das können z. B. Leistungen nach dem Aufstiegsfortbildungsförderungsgesetz (AFBG), Arbeitslosengeld bei Arbeitslosigkeit und beruflicher Weiterbildung, Nettokrankengeld, Insolvenzgeld, Übergangsgeld, Kurzarbeitergeld, Mutterschaftsgeld, Elterngeld, Aufstockungsbeträge nach dem Altersteilzeitgesetz bzw. vergleichbare Leistungen sein; die BAföG-Einkommensverordnung finden Sie im Anhang auf Seite 2.

Die Angaben zum „Arbeitslosengeld" beziehen sich nur auf Leistungen nach dem SGB III („Arbeitslosengeld I"). Nicht anzugeben sind hier Leistungen nach dem SGB II („Arbeitslosengeld II" / „Hartz IV")

Ich hatte im maßgeblichen Kalenderjahr keine der auf dieser Seite anzugebenden Einnahmen oder Einkünfte.

auszubildende Person	erklärende Person

03 – Einkommenserklärung
Seite 4

ANGABEN ZUR EINKOMMENSFESTSTELLUNG (Fortsetzung)

Abzugsbeträge

vom Arbeitgeber wurden vermögenswirksame Leistungen erbracht ja

16	Angaben zur Kapitalertragssteuer, die nicht im Einkommensteuerbescheid enthalten sind	Jahressumme	Euro
17	Angaben zur Kirchensteuer, die nicht im Einkommensteuerbescheid enthalten sind	Jahressumme	Euro
18	Angaben zur Gewerbesteuer	Jahressumme	Euro
19	Beiträge zur geförderten Altersvorsorge nach § 82 Einkommensteuergesetz (EStG) (Riester-Rente)	Jahressumme	Euro
20	wenn kein Einkommensteuerbescheid vorliegt, Kinderbetreuungskosten (§ 10 Abs.1 Nr. 5 EStG)	Jahressumme	Euro
21	wenn kein Einkommensteuerbescheid vorliegt, gezahlte Lohn- und Kirchensteuer sowie Solidaritätszuschlag	Jahressumme	Euro

ALLGEMEINE INFORMATIONEN

Wenn das aktuelle Einkommen der erklärenden Person voraussichtlich wesentlich niedriger ist als im maßgeblichen Kalenderjahr, kann auf besonderen Antrag der auszubildenden Person von den Einkommensverhältnissen im Bewilligungszeitraum (BWZ) ausgegangen werden. Der Antrag (*07 – Antrag auf Aktualisierung*) muss spätestens bis zum Ende des BWZ gestellt werden.

Zur Vermeidung unbilliger Härten kann auf besonderen Antrag über die üblichen Freibeträge hinaus vom Einkommen der erklärenden Person ein weiterer Teil anrechnungsfrei bleiben. Dieser Antrag muss ebenfalls spätestens bis zum Ende des BWZ gestellt werden.

ABSCHLIESSENDE ERKLÄRUNG

Mir ist bekannt,

- dass ich verpflichtet bin, jede Änderung der Familien- und Ausbildungsverhältnisse, über die ich Erklärungen abgegeben habe, unverzüglich dem Amt für Ausbildungsförderung schriftlich mitzuteilen;
- dass falsche oder unvollständige Angaben oder das Unterlassen von Änderungsanzeigen strafrechtlich verfolgt oder als Ordnungswidrigkeit mit einer Geldbuße geahndet werden können und dass ich verpflichtet bin, Beträge zu ersetzen, die durch vorsätzlich oder fahrlässig falsche oder unvollständige Angaben oder durch Unterlassung einer Änderungsanzeige geleistet wurden, und dass die Leistungen aus öffentlichen Kassen, die zu Unrecht gezahlt wurden, zu verzinsen sind;
- dass die Adressangaben dem Bundesverwaltungsamt für die Rückforderung von BAföG-Darlehen übermittelt werden können, um die Anschrift der Darlehensnehmerin oder des Darlehensnehmers zu ermitteln;
- dass meine Angaben in dieser Erklärung beim zuständigen Sozialleistungsträger, beim Finanzamt und bei meinem Arbeitgeber oder durch eine Kontenabfrage nach § 93 Abs. 8 Abgabenordnung (AO) beim Bundeszentralamt für Steuern überprüft werden können, wenn die Voraussetzungen vorliegen;
- dass das Amt für Ausbildungsförderung von mir Beträge fordern kann, die meinem Kind vorausgeleistet werden, wenn ich den nach dem Bürgerlichen Gesetzbuch (§ 1610 Abs. 2) während der Ausbildung zu zahlenden Unterhaltsbetrag nicht leiste, und dass dies auch für die Vergangenheit möglich ist, soweit Leistungen rückwirkend erbracht werden. Ich weiß, dass diese Forderung die Höhe der Bedarfssätze nach den §§ 12, 13, 13a, 14a und 14b BAföG erreichen kann. Die Höhe der Bedarfssätze kann ich beim Amt für Ausbildungsförderung erfragen.

Die Hinweise zum Datenschutz sind beim Amt für Ausbildungsförderung erhältlich oder unter https://www.bafög.de/hinweis einzusehen.
Ich bestätige, dass ich diese Hinweise zur Kenntnis genommen habe.

Ich versichere, dass meine Angaben richtig und vollständig sind und im amtlichen Formblatt keine Änderungen vorgenommen wurden.

Datum, Unterschrift der erklärenden Person

Anhang zu 03 – Einkommenserklärung
Seite 1

BENÖTIGTE BELEGE

Welche Belege Sie einreichen müssen, erkennen Sie an Ihren Angaben. Die nummerierten Symbole finden Sie am linken Rand neben Ihren jeweiligen Angaben. Angaben, die für die Entscheidung über den Antrag auf Ausbildungsförderung nicht erforderlich sind, können von Ihnen geschwärzt werden.

1 ✚ Bitte legen Sie eine aktuelle Schul-, Studien- oder Ausbildungsbescheinigung bei.

2 ✚ Bitte benennen Sie auf einem gesonderten Blatt die unterhaltsberechtigte Person und das Verwandtschaftsverhältnis zu dieser. Bitte fügen Sie Belege zu den Einnahmen der unterhaltsberechtigten Person im Bewilligungszeitraum in Kopie bei.

3 ✚ Bitte legen Sie den Schwerbehindertenausweis oder einen amtlichen Nachweis über den Grad der Behinderung in Kopie bei.

4 ✚ Legen Sie bitte Belege über die jeweiligen Einnahmen im Bewilligungszeitraum in Kopie bei (z. B. Verdienstbescheinigung, Waisenrentenbescheid, Bewilligungsbescheide).

5 ✚ Bitte legen Sie eine aktuelle Schulbescheinigung (nur erforderlich ab Klasse 10 oder ab dem 15. Lebensjahr), eine Immatrikulationsbescheinigung oder einen Ausbildungsvertrag in Kopie bei.

6 ✚ Soweit Sie auf Antrag von der Versicherungspflicht befreit sind, legen Sie bitte einen entsprechenden Nachweis (z. B. vom Rentenversicherungsträger) bei.

7 ✚ Falls ja: Bitte fügen Sie **alle Seiten** des Einkommensteuerbescheides in Kopie bei.

8 ✚ Bitte legen Sie eine Bescheinigung der Bank / des Anlageinstituts in Kopie bei.

9 ✚ Bitte legen Sie entsprechende Lohnbescheinigungen in Kopie bei.

10 ✚ Bitte belegen Sie Ihre Angaben, indem Sie Folgendes in Kopie einreichen: die Jahressteuerbescheinigung, einen Einkommensnachweis des Arbeitgebers, eine Gewinn-und-Verlust-Rechnung oder die Einkommensteuererklärung.

11 ✚ Bitte legen Sie für jede bezogene Rente z. B. Rentenbescheide und Mitteilungen zu Rentenanpassungen in Kopie bei. Maßgeblich ist der jeweilige Bruttobetrag.

12 ✚ Bitte weisen Sie die Einnahmen durch geeignete Unterlagen nach.

13 ✚ Bitte weisen Sie die Einnahmen durch geeignete Unterlagen (z. B. ausländischer Steuerbescheid, Jahres-Lohnbescheinigung des ausländischen Arbeitgebers) nach. Gegebenenfalls ist eine deutsche Übersetzung erforderlich.

14 ✚ Bitte legen Sie einen Nachweis für die Unterhaltsleistungen (z. B. Unterhaltsbeschluss, Kontoauszug) in Kopie bei.

15 ✚ Bitte belegen Sie die jeweiligen Einnahmen anhand von Kopien der Bewilligungsbescheide, Leistungsnachweise oder Bescheinigungen der auszahlenden Stelle. Falls Sie Krankengeld beziehen, weisen Sie bitte den Nettobetrag nach.

16 ✚ Bitte legen Sie eine Bescheinigung der Bank / des Anlageinstituts in Kopie bei.

17 ✚ Bitte legen Sie den Kirchensteuerbescheid in Kopie bei.

18 ✚ Bitte legen Sie den Gewerbesteuerbescheid der Stadt oder der Gemeinde zur Veranlagung im maßgeblichen Kalenderjahr in Kopie bei (nicht den Bescheid des Finanzamts über den Gewerbesteuermessbetrag).

19 ✚ Bitte legen Sie ausschließlich die Bescheinigung nach § 92 EStG für das maßgebliche Kalenderjahr in Kopie bei, die Sie von Ihrem Vertragspartner erhalten haben.

20 ✚ Bitte erläutern Sie die geltend gemachten Kinderbetreuungskosten und fügen Sie entsprechende Belege in Kopie bei.

21 ✚ Bitte weisen Sie die Zahlungen durch Kopien der entsprechenden Lohnbescheinigungen nach.

Einnahmen nach der BAföG-Einkommensverordnung

Anhang zu 03 - Einkommenserklärung
Seite 2

Geben Sie bitte die Einnahmen nach der BAföG-Einkommensverordnung an. Die Einkommensverordnung listet Einnahmen auf, die nicht zu versteuern sind, die aber die wirtschaftliche Leistungsfähigkeit des Beziehers erhöhen und deshalb bei der Berechnung des Förderungsanspruchs zu berücksichtigen sind. Wenn Sie über solche Einnahmen verfügen, sind diese anzugeben, sofern sie nachfolgend aufgeführt sind.

Auflistung aller Einnahmen nach der BAföG-Einkommensverordnung:

I. Leistungen der sozialen Sicherung

1. nach dem Dritten Buch Sozialgesetzbuch (SGB III): Entgeltersatzleistungen (§ 3 Abs.4), Gründungszuschuss (§ 93) abzüglich der pauschalisierten Sozialversicherungsbeiträge;
2. nach dem Fünften, Sechsten und Siebten Buch Sozialgesetzbuch (SGB V, SGB VI, SGB VII), dem Zweiten Gesetz über die Krankenversicherung der Landwirte (KVLG-1989), dem Mutterschutzgesetz (MuSchG), dem Bundeselterngeld- und Elternzeitgesetz (BEEG): Krankengeld (§§ 44 ff. SGB V, §§ 12 ff. KVLG 1989), Leistungen der gesetzlichen Krankenkasse zur Erstattung des Verdienstausfalls bei Tätigkeit als Haushaltshilfe im Krankheitsfall des Versicherten (§ 38 Abs. 4 SGB V), Mutterschaftsgeld (§ 24i SGB V, § 19 MuSchG) und Zuschuss zum Mutterschaftsgeld (§ 20 MuSchG), soweit sie das Erziehungsgeld nach dem Bundeserziehungsgeldgesetz oder das nach § 10 BEEG anrechnungsfreie Elterngeld oder vergleichbare Leistungen der Länder übersteigen, Verletztengeld (§§ 45 ff. SGB VII), Übergangsgeld (§§ 49 ff. SGB VII, §§ 20 ff. SGB VI), Elterngeld nach dem BEEG, soweit es die nach § 10 BEEG anrechnungsfreien Beträge übersteigt;
3. nach dem Bundesversorgungsgesetz (BVG) und den Gesetzen, die das BVG für anwendbar erklären: Versorgungskrankengeld (§ 16 BVG), Übergangsgeld (§ 26a Abs. 1 BVG), Unterhaltsbeihilfe, wenn der Berechtigte nicht in einer Rehabilitationseinrichtung untergebracht ist (§ 26a Abs. 5 BVG), laufende ergänzende Hilfe zum Lebensunterhalt, soweit sie außerhalb von Anstalten, Heimen und gleichartigen Einrichtungen für Angehörige im Sinne des § 25 Abs. 3 Nr. 2 des Bundesausbildungsförderungsesetzes (BAföG) geleistet wird, die mit dem Einkommensbezieher nicht in Haushaltsgemeinschaft leben (§ 27a BVG);
4. nach dem Lastenausgleichsgesetz (LAG), dem Reparationsschädengesetz (RepG) und dem Flüchtlingshilfegesetz (FlüHG): jeweils der halbe Betrag der Unterhaltshilfe (§§ 261 bis 278a LAG), Unterhaltsbeihilfe (§ 10 des Vierzehnten Gesetzes zur Änderung des LAG), Beihilfe zum Lebensunterhalt (§§ 301 bis 301b LAG), Unterhaltshilfe und Unterhaltsbeihilfe (§§ 44, 45 RepG), Beihilfe zum Lebensunterhalt (§§ 12 bis 15 FlüHG);
5. nach dem Unterhaltssicherungsgesetz, soweit sie nicht zum Ausgleich für den freiwilligen Wehrdienst des Auszubildenden geleistet werden: Leistungen an Nichtselbstständige (§ 6) und an Selbstständige (§ 7), Reservistendienstleistungsprämie und Zuschläge (§ 10), Dienstgeld (§ 11), allgemeine Leistungen (§ 17), Leistungen an Angehörige, die nicht in einem gemeinsamen Haushalt mit der oder dem freiwilligen Wehrdienst Leistenden leben (§ 22);
6. nach dem Beamtenversorgungsgesetz: das Übergangsgeld (§ 47);
7. nach dem Unterhaltsvorschussgesetz: Unterhaltsleistung (§§ 1 ff.);
8. Anpassungsgeld nach den Richtlinien über die Gewährung von Anpassungsgeld an Arbeitnehmer des Steinkohlenbergbaus vom 13. Dezember 1971 (BAnz. Nr. 233 vom 15. Dezember 1971), zuletzt geändert am 16. Juni 1983 (BAnz. S. 5901);
9. Leistungen aufgrund der Richtlinie über die Gewährung von Beihilfen für Arbeitnehmer der Eisen- und Stahlindustrie, die von Maßnahmen im Sinne des Artikels 56 § 2 Buchstabe b des Montanunionvertrages betroffen werden, vom 25. März 1998 (BAnz. S. 4951);
10. nach dem Soldatenversorgungsgesetz: Übergangsgeld (§ 37), Arbeitslosenbeihilfe (§ 86a Abs. 1);
11. Vorruhestandsgeld nach der Verordnung über die Gewährung von Vorruhestandsgeld vom 8. Februar 1990 (GBl. I Nr. 7 S. 42), die gemäß Anlage II Kapitel VIII Sachgebiet E Abschnitt III Nr. 5 des Einigungsvertrages vom 31. August 1990 und Artikel 4 Nr. 13 der Vereinbarung vom 18. September 1990 in Verbindung mit Artikel 1 des Gesetzes vom 23. September 1990 (BGBl. 1990 II S. 885, 1210, 1243) mit Maßgaben weiter gilt;
12. Übergangsleistungen nach § 3 der Berufskrankheiten-Verordnung (BKV) vom 31. Oktober 1997 (BGBl. I S. 2623).

II. Weitere Einnahmen

1. nach dem Wehrsoldgesetz: Wehrsold (§ 2), Verpflegung (§ 3), Unterkunft (§ 4); Entsprechendes gilt für gleichartige Leistungen (Geld- und Sachbezüge) nach § 35 des Zivildienstgesetzes, § 59 des Bundesgrenzschutzgesetzes (siehe oben unter Ziffer I Nr. 5) sowie für Angehörige der Vollzugspolizei und der Berufsfeuerwehr;
2. Vorruhestandsbezüge und diesen gleichstehende Leistungen, soweit sie steuerfrei sind; hierzu zählt auch das Ausgleichsgeld nach dem Gesetz zur Förderung der Einstellung der landwirtschaftlichen Erwerbstätigkeit (FELEG) vom 21. Februar 1989 (BGBl. I S. 233), soweit es die Summe des nach § 3 Nr. 27 des Einkommensteuergesetzes (EStG) steuerfreien Betrages nicht übersteigt.
3. Aufstockungsbeträge nach dem Altersteilzeitgesetz (§ 3 Abs. 1 Buchstabe a) sowie die Zuschläge, die versicherungsfreie Beschäftigte im Sinne des § 27 Abs. 1 Nr. 1 bis 3 des Dritten Buches Sozialgesetzbuch (SGB III) zur Aufstockung der Bezüge bei Altersteilzeit nach beamtenrechtlichen Vorschriften oder Grundsätzen erhalten;
4. Abfindungen nach § 3 Nr. 9 EStG;
5. Leistungen, die in Erfüllung einer gesetzlichen Unterhaltspflicht erbracht werden, mit Ausnahme der Leistungen der Eltern der/des Auszubildenden und ihres/seines Ehegatten oder Lebenspartners;
6. Leistungen nach § 9 Abs. 1 des Anspruchs- und Anwartschaftsüberführungsgesetzes.

III. Einnahmen bei Auslandstätigkeit

1. Bezüge der Bediensteten internationaler und zwischenstaatlicher Organisationen und Institutionen sowie Bezüge diplomatischer und konsularischer Vertreter fremder Mächte und der ihnen zugewiesenen Bediensteten, soweit diese von der Steuerpflicht befreit sind;
2. nach dem Bundesbesoldungsgesetz: Auslandszuschlag nach § 55 Abs. 1 bis 4 mit 10 vom Hundert des Betrages, Auslandskinderzuschlag nach § 56 Abs. 1 Satz 1 Nr. 1 mit 50 vom Hundert des Betrages, Auslandskinderzuschlag nach § 56 Abs. 1 Satz 1 Nr. 2 mit 80 vom Hundert des Betrages; Entsprechendes gilt für vergleichbare Bezüge von Personen, die im öffentlichen Interesse nach außerhalb des Geltungsbereichs des Bundesausbildungsförderungsgesetzes entsandt, vermittelt oder dort beschäftigt sind.

Stand 2020

Förderungsnummer (falls vorhanden)

BAföG
Mehr für dich

04 – Kinder der auszubildenden Person

WICHTIGE HINWEISE

Diese Erklärung ergänzt Formblatt *01 – Antrag auf Ausbildungsförderung* und dient der Feststellung eines zusätzlichen Bedarfs (Kinderbetreuungszuschlag) und der Berücksichtigung zusätzlicher Freibeträge →.

Bitte füllen Sie diese Erklärung sorgfältig in Druckschrift aus und kreuzen Sie Zutreffendes an.

Informationen zu Ihren datenschutzrechtlichen Informationsrechten nach Art. 13 Datenschutz-Grundverordnung (DSGVO) erhalten Sie beim Amt für Ausbildungsförderung oder unter https://www.bafög.de/hinweis.

→ Für Kinder unter vierzehn Jahren, die mit der auszubildenden Person in einem Haushalt leben, wird dem Elternteil ein **Kinderbetreuungszuschlag nach § 14b BAföG** gewährt. Sind beide Elternteile dem Grunde nach BAföG-förderberechtigt, bestimmen sie untereinander den Berechtigten für den Kinderbetreuungszuschlag. Pro Kind kann im Übrigen – unter Anrechnung seines Einkommens – ein zusätzlicher Freibetrag berücksichtigt werden.

ANGABEN ZU MEINER PERSON

Name

Vorname | Geburtsname

Geburtsdatum | Geburtsort

ANGABEN ZU MEINEN KINDERN →

→ Als Kinder werden eigene Kinder und als Kind angenommene Kinder berücksichtigt (nicht Stief- und Pflegekinder).

ohne Stief- und Pflegekinder (weitere Kinder auf gesondertem Blatt angeben)

1 + Name des 1. Kindes | Vorname

Geburtsdatum | wohnt in meinem Haushalt → ja nein

→ Auch wenn das Kind nur zeitweise in Ihrem Haushalt lebt, soll „ja" angekreuzt werden.

Name der Ausbildungsstätte | Art des Ausbildungsverhältnisses

2 + Art der Einnahmen → | monatliche Einnahmen in Euro

→ Einnahmen sind z. B. Bruttoausbildungsvergütung, Bruttoeinnahmen aus Arbeitsverhältnissen, aus Gelegenheitsarbeiten, Ferien-, Minijobs sowie Unterhaltsleistungen, soweit sie nicht vom erklärenden Elternteil selbst erbracht werden, und Unterhaltsleistungen nach dem Unterhaltsvorschussgesetz. Kindergeld gilt nicht als Einnahme.

1 + Name des 2. Kindes | Vorname

Geburtsdatum | wohnt in meinem Haushalt ja nein

Name der Ausbildungsstätte | Art des Ausbildungsverhältnisses

2 + Art der Einnahmen | monatliche Einnahmen in Euro

1 + Name des 3. Kindes | Vorname

Geburtsdatum | wohnt in meinem Haushalt ja nein

Name der Ausbildungsstätte | Art des Ausbildungsverhältnisses

2 + Art der Einnahmen | monatliche Einnahmen in Euro

auszubildende Person

04 – Kinder der auszubildenden Person
Seite 2

KINDERBETREUUNGSZUSCHLAG →

→ Der Kinderbetreuungszuschlag bleibt in der Regel als Einkommen bei Sozialleistungen (z. B. Kindergeld) unberücksichtigt.

Ein Kinderbetreuungszuschlag nach § 14b BAföG soll mir gewährt werden für →

→ Für die Bewilligung des Kinderbetreuungszuschlags nach dem BAföG ist die **Erklärung des anderen anspruchsberechtigten Elternteils** erforderlich, der mit dem genannten Kind / den genannten Kindern in einem gemeinsamen Haushalt lebt.

das 1. Kind das 2. Kind das 3. Kind

ABSCHLIESSENDE ERKLÄRUNG

Mir ist bekannt,

- dass ich verpflichtet bin, jede Änderung in den Familienverhältnissen, über die in dieser Erklärung Angaben gemacht worden sind, unverzüglich dem Amt für Ausbildungsförderung schriftlich mitzuteilen;
- dass falsche oder unvollständige Angaben oder das Unterlassen von Änderungsanzeigen strafrechtlich verfolgt oder als Ordnungswidrigkeit mit einer Geldbuße geahndet werden können und dass zu Unrecht gezahlte Beträge zurückgefordert werden.

Ich versichere, dass meine Angaben richtig und vollständig sind und im amtlichen Formblatt keine Änderungen vorgenommen wurden.

Datum, Unterschrift der auszubildenden Person

BENÖTIGTE BELEGE

Welche Belege Sie einreichen müssen, erkennen Sie an Ihren Angaben.
Die nummerierten Symbole stehen links neben der sich darauf beziehenden Information.

1 ✚ Bitte reichen Sie eine Kopie der Geburtsurkunde des Kindes ein.

2 ✚ Reichen Sie bitte Belege über die jeweiligen Einnahmen im Bewilligungszeitraum in Kopie ein (z. B. Verdienstbescheinigung, Waisenrentenbescheid, Bewilligungsbescheide).

ERKLÄRUNG DES ANDEREN ELTERNTEILS →

→ Diese Erklärung ist nur notwendig, wenn die Eltern (auch zeitweise) in einem gemeinsamen Haushalt leben und ein Kinderbetreuungszuschlag beantragt wird.

Name Vorname

Geburtsdatum

Ich erkläre, dass ich für das Kind / die Kinder

Name des 1. Kindes Vorname

Name des 2. Kindes Vorname

Name des 3. Kindes Vorname

mit dem/denen ich (auch zeitweise) in einem gemeinsamen Haushalt lebe, weder einen Kinderbetreuungszuschlag nach § 14b BAföG beziehe noch geltend gemacht habe und dass ich damit einverstanden bin, dass die auszubildende Person den Kinderbetreuungszuschlag nach dem BAföG für dieses Kind / diese Kinder erhält.

Mir ist bekannt, dass falsche oder unvollständige Angaben strafrechtlich verfolgt oder als Ordnungswidrigkeit mit einer Geldbuße geahndet werden können.

Ich versichere, dass meine Angaben richtig und vollständig sind.

Datum, Unterschrift des anderen Elternteils

Stand 2020

Förderungsnummer (falls vorhanden)

BAföG
Mehr für dich

05 – Leistungsbescheinigung nach § 48 BAföG

Falls in Ihrem Studiengang ECTS-Leistungspunkte vergeben werden, können Sie alternativ zu diesem Formblatt den Leistungsstand anhand Ihrer erreichten Punktzahl nachweisen. Die von der Ausbildungsstätte für den betreffenden Studiengang schriftlich festgelegte übliche Zahl an ECTS-Leistungspunkten darf dabei nicht unterschritten werden. Bei modularisierten Mehrfächerstudiengängen entscheidet die Ausbildungsstätte, ob für die Beurteilung des üblichen Leistungsstands auf die ECTS-Leistungspunkte der einzelnen Fächer oder auf eine Gesamtpunktzahl abgestellt wird.

ANGABEN ZUR AUSZUBILDENDEN PERSON

Name

Vorname

Geburtsdatum

Geburtsort

ANGABEN ZUM STUDIUM

Name der Ausbildungsstätte

Anschrift der Ausbildungsstätte

Diese Leistungsbescheinigung bezieht sich auf:

Fachrichtung/Fachbereich

1. Fach

2. Fach

3. Fach

LEISTUNGSBESCHEINIGUNG DER AUSBILDUNGSSTÄTTE

Zur Erteilung der Leistungsbescheinigung sind die Ausbildungsstätten im Sinne von § 2 Abs. 1 Nr. 5 und 6 BAföG gemäß § 47 BAföG verpflichtet. Für die Beurteilung, welche Leistungen am Ende eines bestimmten Semesters gefordert werden, ist allein die Ausbildungsstätte zuständig.

Die auszubildende Person hat die bei geordnetem Verlauf der Ausbildung bis zum Ende des

Fachsemesters üblichen Leistungen am Datum erbracht nicht erbracht

Bemerkungen →

→ Hier können fehlende Leistungen oder noch nicht bewertete Leistungen eingetragen werden.

Datum, Unterschrift des zuständigen hauptamtlichen Mitglieds des Lehrkörpers der Ausbildungsstätte

– Stempel –

Auszug aus dem Bundesausbildungsförderungsgesetz (BAföG)

§ 9 Eignung

(1) Die Ausbildung wird gefördert, wenn die Leistungen des Auszubildenden erwarten lassen, dass er das angestrebte Ausbildungsziel erreicht.

(2) Dies wird in der Regel angenommen, solange der Auszubildende die Ausbildungsstätte besucht oder an dem Praktikum teilnimmt und bei dem Besuch einer Höheren Fachschule, Akademie oder Hochschule die den jeweiligen Ausbildungs- und Prüfungsordnungen entsprechenden Studienfortschritte erkennen lässt. Hierüber sind die nach § 48 erforderlichen Nachweise zu erbringen.

(3) Bei der Teilnahme an Fernunterrichtslehrgängen wird dies angenommen, wenn der Auszubildende die Bescheinigung nach § 3 Absatz 3 beigebracht hat.

§ 47 Auskunftspflichten

(1) Ausbildungsstätten, Fernlehrinstitute und Prüfungsstellen sind verpflichtet, die nach § 3 Absatz 3, § 15 Absatz 3a sowie den §§ 48 und 49 erforderlichen Bescheinigungen, Bestätigungen und gutachterlichen Stellungnahmen abzugeben. Das jeweils nach Landesrecht zuständige hauptamtliche Mitglied des Lehrkörpers der Ausbildungsstätte stellt die Eignungsbescheinigung nach § 48 Absatz 1 Nummer 2 aus und legt für den Nachweis nach § 48 Absatz 1 Nummer 3 die zum jeweils maßgeblichen Zeitpunkt übliche Zahl an ECTS-Leistungspunkten fest.

§ 48 Mitwirkung von Ausbildungsstätten

(1) Vom fünften Fachsemester an wird Ausbildungsförderung für den Besuch einer Höheren Fachschule, Akademie oder einer Hochschule nur von dem Zeitpunkt an geleistet, in dem der Auszubildende vorgelegt hat

1. ein Zeugnis über eine bestandene Zwischenprüfung, die nach den Ausbildungsbestimmungen erst vom Ende des dritten Fachsemesters an abgeschlossen werden kann und vor dem Ende des vierten Fachsemesters abgeschlossen worden ist,
2. eine nach Beginn des vierten Fachsemesters ausgestellte Bescheinigung der Ausbildungsstätte darüber, dass er die bei geordnetem Verlauf seiner Ausbildung bis zum Ende des jeweils erreichten Fachsemesters üblichen Leistungen erbracht hat, oder
3. einen nach Beginn des vierten Fachsemesters ausgestellten Nachweis über die bis dahin erworbene Anzahl von Leistungspunkten nach dem Europäischen System zur Anrechnung von Studienleistungen (ECTS), wenn die bei geordnetem Verlauf der Ausbildung bis zum Ende des jeweils erreichten Fachsemesters übliche Zahl an ECTS-Leistungspunkten nicht unterschritten wird.

Die Nachweise gelten als zum Ende des vorhergehenden Semesters vorgelegt, wenn sie innerhalb der ersten vier Monate des folgenden Semesters vorgelegt werden und sich aus ihnen ergibt, dass die darin ausgewiesenen Leistungen bereits in dem vorhergehenden Semester erbracht worden sind.

(2) Liegen Tatsachen vor, die voraussichtlich eine spätere Überschreitung der Förderungshöchstdauer nach § 15 Absatz 3 oder eine Verlängerung der Förderungshöchstdauer nach § 15a Absatz 3 rechtfertigen, kann das Amt für Ausbildungsförderung die Vorlage der Bescheinigung zu einem entsprechend späteren Zeitpunkt zulassen.

§ 15 Förderungsdauer

(3) Über die Förderungshöchstdauer hinaus wird für eine angemessene Zeit Ausbildungsförderung geleistet, wenn sie

1. aus schwerwiegenden Gründen,
2. infolge der in häuslicher Umgebung erfolgenden Pflege eines oder einer pflegebedürftigen nahen Angehörigen im Sinne des § 7 Absatz 3 des Pflegezeitgesetzes, der oder die nach den §§ 14 und 15 des Elften Buches Sozialgesetzbuch – Soziale Pflegeversicherung – mindestens in Pflegegrad 3 eingeordnet ist,
3. infolge einer Mitwirkung in gesetzlich oder satzungsmäßig vorgesehenen Gremien und Organen
   a) der Hochschulen und der Akademien im Sinne des § 2 Absatz 1 Satz 1 Nummer 6,
   b) der Selbstverwaltung der Studierenden an Ausbildungsstätten im Sinne des Buchstaben a,
   c) der Studentenwerke und
   d) der Länder,
4. infolge des erstmaligen Nichtbestehens der Abschlussprüfung,
5. infolge einer Behinderung, einer Schwangerschaft oder der Pflege und Erziehung eines Kindes bis zu 14 Jahren

überschritten worden ist.

§ 15a Förderungshöchstdauer

(3) Setzt ein Studiengang Sprachkenntnisse über die Sprachen Deutsch, Englisch, Französisch oder Latein hinaus voraus und werden diese Kenntnisse von dem Auszubildenden während des Besuchs der Hochschule erworben, verlängert sich die Förderungshöchstdauer für jede Sprache um ein Semester. Satz 1 gilt für Auszubildende, die die Hochschulzugangsberechtigung vor dem 1. Oktober 2001 in dem in Artikel 3 des Einigungsvertrages genannten Gebiet erworben haben, mit der Maßgabe, dass auch der Erwerb erforderlicher Lateinkenntnisse während des Besuchs der Hochschule zu einer Verlängerung der Förderungshöchstdauer führt.

Stand 2020

Förderungsnummer (falls vorhanden)

BAföG
Mehr für dich

06 – Ausbildung im Ausland (Zusatzblatt) →

→ Das Formblatt soll zusammen mit *01 – Antrag auf Ausbildungsförderung* vor dem Antritt eines Auslandspraktikums oder einer Auslandsausbildung eingereicht werden. Bei Fortsetzung einer Auslandsausbildung soll dieses Formblatt zusammen mit dem Formblatt *09 – Folgeantrag auf Ausbildungsförderung* eingereicht werden.

WICHTIGE HINWEISE

Bitte füllen Sie dieses Zusatzblatt sorgfältig in Druckschrift aus und kreuzen Sie Zutreffendes an.

Sie sind nach § 60 Erstes Buch Sozialgesetzbuch (SGB I) verpflichtet, alle Tatsachen anzugeben, die für die Sachaufklärung erforderlich sind, und die verlangten Nachweise vorzulegen. Ihre Angaben sind gemäß den Vorschriften des Bundesausbildungsförderungsgesetzes (BAföG) für die Entscheidung über den Antrag notwendig.

Hinweise zu Ihren datenschutzrechtlichen Informationsrechten nach Art. 13 Datenschutz-Grundverordnung (DSGVO) erhalten Sie beim Amt für Ausbildungsförderung oder unter https://www.bafög.de/hinweis.

ANGABEN ZUR AUSZUBILDENDEN PERSON

Name | Vorname

Geburtsdatum | Geburtsort

Straße | Hausnummer | Adresszusatz

Land → | Postleitzahl | Ort

→ Verwenden Sie bei einer Anschrift im Ausland nur die für den ausländischen Staat international gebräuchlichen Buchstaben (z. B. NL für Niederlande).

Bisherige Ausbildungsstätte | Fachrichtung

1 + Ich habe eine Auslandskrankenversicherung abgeschlossen (gilt nur für Studierende) — nein — ja

1 + **Wenn ja: Bitte Bescheinigung Ihrer Krankenversicherung einreichen.**

A. SCHULBESUCH ODER STUDIUM

Name und Art der Ausbildungsstätte im Ausland →

→ Bitte tragen Sie die Art der Ausbildungsstätte in deutscher Sprache so ein, wie sie in dem ausländischen Staat bezeichnet ist.

Anschrift der Ausbildungsstätte im Ausland

Beginn und Ende des Unterrichts-/Vorlesungszeitraums → — von — bis

→ Geben Sie bitte die Zeitspanne genau an. Beachten Sie auch, dass Sie Leistungen für die vorlesungsfreie Zeit bei andauernder Einschreibung in Anspruch nehmen können.

Fachrichtung und angestrebter Abschluss

In dieser Fachrichtung habe ich bei Beginn der Auslandsausbildung insgesamt absolviert → — Schuljahr(e)/Semester, davon — Schuljahr(e)/Semester im Ausland, und zwar in — Staat

→ Bitte geben Sie hier die Ausbildungszeiten an, die vor dem oben bezeichneten Unterrichts-/Vorlesungbeginn gelegen haben.

2 + und habe Auslandsförderung nach dem BAföG erhalten — nein — ja — von — bis

2 + **Wenn ja: Bitte Förderungsbescheid in Kopie einreichen, wenn der Bescheid von einem anderen Amt für Ausbildungsförderung erlassen wurde.**

Ich plane, meine jetzige Ausbildung abzuschließen — an einer ausländischen Ausbildungsstätte, und zwar in — Staat — an einer inländischen Ausbildungsstätte

Nur für Studierende:

Der Auslandsaufenthalt ist Pflichtteil meines inländischen → Studiums — nein — ja — Hochschule

→ Dem inländischen Studium ist ein Studium an einer Hochschule in einem Mitgliedstaat der Europäischen Union oder der Schweiz gleichgestellt.

3 + Studiengebühren im Ausland — Gebührenhöhe — Währung

3 + **Bitte fügen Sie einen Nachweis über die Höhe der Studiengebühren bei.**

auszubildende Person

06 – Ausbildung im Ausland (Zusatzblatt)
Seite 2

B. PRAKTIKUM →

→ Bitte holen Sie die Bescheinigung der Ausbildungsstätte zum Praktikum zur Anerkennung (siehe unten) ein, bevor Sie dieses Zusatzblatt einreichen.

Name der Praktikumsstätte im Ausland

Anschrift der Praktikumsstätte im Ausland, Staat

Zeitraum des Praktikums im Ausland → von | bis

→ Die Förderung beschränkt sich auf die vorgeschriebene Mindestdauer des Praktikums.

Das Praktikum steht im Zusammenhang mit der Ausbildung in der Fachrichtung →

→ Geben Sie bitte die Fachrichtung an, deren Ausbildungsbestimmungen das Praktikum erfordern.

an der Ausbildungsstätte — Bezeichnung

in — Anschrift

In dieser Fachrichtung habe ich bei Beginn dieses Praktikums insgesamt absolviert — Schuljahr(e)/Semester, davon

Schuljahr(e)/Semester im Ausland, und zwar in — Staat

4 und habe Auslandsförderung nach dem BAföG erhalten — nein — ja — von | bis

4 Wenn ja: Bitte Förderungsbescheid in Kopie vorlegen.

AUSBILDUNGSBEIHILFEN

Für die unter A oder B bezeichnete Ausbildung wird von anderer Stelle (z. B. ERASMUS, Hochschule, DAAD) eine Ausbildungsbeihilfe gewährt bzw. wurde von mir beantragt — nein — ja

Betragshöhe — Währung

5 Bewilligende Stelle

5 Wenn ja: Bitte Bewilligungsbescheid in Kopie vorlegen. Falls noch nicht vorhanden, bitte nachreichen.

ALLGEMEINE INFORMATIONEN

Über die Auslandsförderung entscheiden besondere Ämter für Ausbildungsförderung (Anschriften siehe www.bafög.de). Das gilt auch, wenn Sie bereits im Inland oder für die Ausbildung in einem anderen Land Ausbildungsförderung erhalten.

Es wird empfohlen, den Antrag auf Auslandsförderung frühzeitig, möglichst 6 Monate im Voraus, zu stellen.

ABSCHLIESSENDE ERKLÄRUNG

Mir ist bekannt, dass ich verpflichtet bin, jede Änderung von Tatsachen, über die ich hier Erklärungen abgegeben habe, unverzüglich dem Amt für Ausbildungsförderung mitzuteilen. Ich versichere, dass meine Angaben richtig und vollständig sind und im amtlichen Formblatt keine Änderungen vorgenommen worden sind.

Datum, Unterschrift der auszubildenden Person

BESCHEINIGUNG DER AUSBILDUNGSSTÄTTE ZUM PRAKTIKUM →

→ Die Ausbildungsstätten sind nach § 47 BAföG verpflichtet, diese Bescheinigung auszustellen.

Bezeichnung der Praktikumsstelle, Staat

Zeitraum des Praktikums im Ausland — von | bis

Das oben unter B angegebene Praktikum ist vorgeschrieben, noch abzuleisten, inhaltlich geregelt und wird anerkannt → — ja — nein

→ Die Anerkennung bezieht sich auf die zum Zeitpunkt der Ausstellung der Bescheinigung bekannten Umstände.

Die vorgeschriebene Mindestdauer des Praktikums beträgt — Wochen | Monate

Datum, Unterschrift der Ausbildungsstätte

– Stempel –

Stand 2020

Förderungsnummer

BAföG
Mehr für dich

07 – Aktualisierung des Einkommens

Der Antrag auf Aktualisierung nach § 24 Abs. 3 BAföG besteht aus zwei Teilen: →

A. Antrag der auszubildenden Person

B. Erklärung der Einkommen beziehenden Person

→ Der Antrag kann nur bis zum Ablauf des Bewilligungszeitraums gestellt werden (Ausschlussfrist). Für die Entscheidung über diesen Antrag muss auch das Formblatt *03 – Einkommenserklärung* für das vorletzte Kalenderjahr vor Beginn des Bewilligungszeitraums vorliegen.

A. ANTRAG DER AUSZUBILDENDEN PERSON

WICHTIGE HINWEISE

Eine Bewilligung von Ausbildungsförderung nach § 24 Abs. 3 BAföG erfolgt immer unter dem Vorbehalt der Rückforderung, weil das Einkommen erst überprüft werden kann, wenn es endgültig feststeht. Stellt sich bei dieser Überprüfung heraus, dass das Einkommen höher als zunächst angegeben war, trägt die antragstellende Person das Risiko. Unabhängig von einer möglichen Haftung der Person, die die Einkommenserklärung abgibt, hat die antragstellende Person die Rückforderung zu erstatten. **Bitte lassen Sie sich daher vor der Antragstellung im Amt für Ausbildungsförderung beraten.**

Hinweise zu Ihren datenschutzrechtlichen Informationsrechten nach Art. 13 Datenschutz-Grundverordnung (DSGVO) erhalten Sie beim Amt für Ausbildungsförderung oder unter https://www.bafög.de/hinweis.

Bitte füllen Sie diesen Antrag sorgfältig in Druckschrift aus.

ANGABEN ZUR AUSZUBILDENDEN PERSON

Name | Vorname

Geburtsdatum | Geburtsort

ANGABEN ZUR EINKOMMEN BEZIEHENDEN PERSON

Person, für die die Aktualisierung beantragt wird →

→ Bitte beantragen Sie ggf. die Aktualisierung für jede Einkommen beziehende Person gesondert mit diesem Formblatt.

Name | Vorname

Bewilligungszeitraum von | bis

Für den angegebenen Bewilligungszeitraum beantrage ich, dass bei der Anrechnung des Einkommens → der angegebenen Person von den Einkommensverhältnissen im Bewilligungszeitraum ausgegangen wird, weil ihr Einkommen im Bewilligungszeitraum voraussichtlich wesentlich niedriger sein wird als das im Formblatt *03 – Einkommenserklärung* erklärte Einkommen.

→ Der Bewilligungszeitraum betrifft in der Regel zwei Kalenderjahre (Beispiel: Das Schuljahr 2020/2021 berührt die Kalenderjahre 2020 und 2021). Es sind daher die bereits erzielten bzw. die erwarteten Jahreseinkommen beider betroffenen Kalenderjahre vollständig anzugeben.

ABSCHLIESSENDE ERKLÄRUNG

Mir ist bekannt, dass

- ich nach § 60 Erstes Buch Sozialgesetzbuch (SGB I) verpflichtet bin, unaufgefordert alle Änderungen sofort mitzuteilen sowie die für die endgültige Feststellung des Einkommens erforderlichen Unterlagen vorzulegen;
- ich nach Bekanntgabe der positiven Entscheidung über meinen Antrag auf Aktualisierung – auch bei einer Einkommensverbesserung – nicht mehr verlangen kann, dass das Einkommen aus dem vorletzten Kalenderjahr vor Beginn des Bewilligungszeitraums angerechnet wird.

Datum, Unterschrift der auszubildenden Person	Datum, Unterschrift der gesetzlichen Vertreterin/des gesetzlichen Vertreters (bei Minderjährigen)*

*Nur erforderlich bei Auszubildenden unter 15 Jahren (immer) und bei minderjährigen Auszubildenden über 15 Jahren, die eine Höhere Fachschule, Akademie oder Hochschule besuchen oder ein Praktikum absolvieren, das mit dem Besuch dieser Ausbildungsstätten im Zusammenhang steht.

auszubildende Person	erklärende Person

07 – Aktualisierung des Einkommens
Seite 2

B. ERKLÄRUNG DER EINKOMMEN BEZIEHENDEN PERSON

WICHTIGE HINWEISE

Sie sind nach § 47 Abs. 4 BAföG i. V. m. § 60 Erstes Buch Sozialgesetzbuch verpflichtet, alle Tatsachen anzugeben, die für die Sachaufklärung erforderlich sind, und die verlangten Nachweise vorzulegen. → Ihre Angaben sind gemäß den Vorschriften des BAföG für die Entscheidung über den Antrag notwendig.

Hinweise zu Ihren datenschutzrechtlichen Informationsrechten nach Art. 13 Datenschutz-Grundverordnung (DSGVO) erhalten Sie beim Amt für Ausbildungsförderung oder unter https://www.bafög.de/hinweis.

Bitte füllen Sie diese Erklärung sorgfältig in Druckschrift aus und kreuzen Sie Zutreffendes an.

→ Dieses Symbol auf der linken Seite weist auf notwendige Nachweise hin. Entsprechende Erläuterungen finden Sie auf Seite 4.

ALLGEMEINE ANGABEN

Gründe für die Einkommensminderung →

→ Gründe sind z. B. Arbeitslosigkeit, Erwerbsminderung, Ruhestand, Krankheit

Ich beziehe Einkommen als: →

- rentenversicherungspflichtige/-r Arbeitnehmer/-in oder bin in Ausbildung ab — Monat Jahr
- nichtrentenversicherungspflichtige/-r Arbeitnehmer/-in oder Person im Ruhestandsalter, die einen Anspruch auf Alterssicherung aus einer renten- oder nichtrentenversicherungspflichtigen Beschäftigung oder Tätigkeit hat (z. B. Beamter/Beamtin, Beamter/Beamtin im Ruhestand, Altersrentner/-in) ab — Monat Jahr
- Nichtarbeitnehmer/-in (z. B. Selbständige/-r) oder auf Antrag von der Versicherungspflicht befreite/-r oder auf Antrag wegen geringfügiger Beschäftigung versicherungsfreie/-r Arbeitnehmer/-in ab — Monat Jahr
- Person im Ruhestandsalter, soweit nicht erwerbstätig und sonstige/-r Nichterwerbstätige/-r ab — Monat Jahr

→ Es sind Angaben zur Art der Erwerbstätigkeit für alle Kalenderjahre zu machen, die vom Bewilligungszeitraum berührt werden (§ 24 Abs. 4 Satz 2 BAföG). Beispiel: Der Bewilligungszeitraum 10/2020 bis 09/2021 berührt die Kalenderjahre 2020 und 2021. Bei Änderungen in der Art der Erwerbstätigkeit in diesen Jahren sind Mehrfacheintragungen möglich.

1 ANGABEN ZUR EINKOMMENSFESTSTELLUNG →

Ich habe/hatte in den Kalenderjahren, die der Bewilligungszeitraum berührt, folgende jährliche Belastungen (jeweils voller Jahresbetrag)

	01.01. bis 31.12. 1. Jahr	01.01. bis 31.12. 2. Jahr
voraussichtliche Lohn-/Einkommensteuer	Euro	Euro
voraussichtliche Kirchensteuer	Euro	Euro
voraussichtlicher Solidaritätszuschlag	Euro	Euro
voraussichtliche Gewerbesteuer	Euro	Euro
2 Kinderbetreuungskosten nach § 10 Abs. 1 Nr. 5 Einkommensteuergesetz (EStG)	Euro	Euro
3 geförderte Altersvorsorgebeiträge nach § 82 EStG (Beiträge zur „Riester-Rente“)	Euro	Euro

→ Das Amt für Ausbildungsförderung ist nicht verpflichtet, Beträge aus beigefügten Unterlagen zu übernehmen, wenn diese nicht eingetragen wurden, sondern stattdessen lediglich auf die beigefügten Belege verwiesen wird.

auszubildende Person	erklärende Person

07 – Aktualisierung des Einkommens
Seite 3

1

ANGABEN ZUR EINKOMMENSFESTSTELLUNG ➔

Ich habe/hatte in den Kalenderjahren, die der Bewilligungszeitraum berührt, folgende jährliche Einnahmen (jeweils voller Jahresbetrag, einschließlich Einmalzahlungen und künftiger Erhöhungen wie z. B. Tarif- oder Rentenanpassungen)

➔ Das Amt für Ausbildungsförderung ist nicht verpflichtet, Beträge aus beigefügten Unterlagen zu übernehmen, wenn diese nicht eingetragen wurden, sondern stattdessen lediglich auf die beigefügten Belege verwiesen wird.

	01.01. bis 31.12. 1. Jahr	01.01. bis 31.12. 2. Jahr
positive Einkünfte aus Land- und Forstwirtschaft ➔	Euro	Euro
positive Einkünfte aus Gewerbebetrieb ➔	Euro	Euro
positive Einkünfte aus selbstständiger Arbeit ➔	Euro	Euro
positive Einkünfte aus nichtselbstständiger Arbeit ➔ einschließlich Urlaubsgeld und Weihnachtszuwendungen, Versorgungsbezügen, Abfindungen, Einnahmen aus Minijobs	Euro	Euro
Einnahmen, die gemäß Auslandstätigkeitserlass nicht versteuert werden	Euro	Euro
positive Einkünfte aus Kapitalvermögen (z. B. Sparzinsen) ➔	Euro	Euro
positive Einkünfte aus Vermietung und Verpachtung ➔	Euro	Euro
sonstige Einkünfte (ohne Rentenanteile) ➔	Euro	Euro

➔ Einkünfte sind positiv, wenn bei den Einkünften aus Land- und Forstwirtschaft, Gewerbebetrieb und selbstständiger Arbeit ein Gewinn erzielt wurde (§§ 4 bis 7k EStG).

➔ siehe oben

➔ siehe oben

➔ Einkünfte sind positiv, wenn bei den Einkünften aus nichtselbstständiger Arbeit, Kapitalvermögen, Vermietung und Verpachtung sowie bei sonstigen Einkünften im Sinne des EStG die Einnahmen die Werbungskosten übersteigen (§§ 8 bis 9a; § 20 Abs. 9 EStG nach Maßgabe des § 2 Abs. 2 EStG).

➔ siehe oben

➔ siehe oben

➔ siehe oben

Bruttorenten aus gesetzlichen und/oder privaten Rentenversicherungen ➔

Art der Rente	Euro	Euro
Art der Rente	Euro	Euro
Art der Rente	Euro	Euro

➔ Zu den Renten gehören beispielsweise Altersrenten, Erwerbsminderungsrenten, Hinterbliebenenrenten, Lebensversicherungen auf Rentenbasis, Riester- und Rürup-Renten, Firmen- und Betriebsrenten und Beträge aus Zusatzversorgungskassen sowie Unfallrenten aus einer gesetzlichen oder privaten Unfallversicherung, jeweils einschließlich etwaiger Kinderzuschüsse und Kinderzulagen.

Ausbildungsbeihilfen sowie Einnahmen nach der BAföG-Einkommensverordnung ➔

Art der Einnahmen	Euro	Euro
Art der Einnahmen	Euro	Euro
Art der Einnahmen	Euro	Euro
Art der Einnahmen	Euro	Euro

➔ Dies können z. B. Leistungen nach dem Aufstiegsfortbildungsförderungsgesetz (AFBG), Arbeitslosengeld bei Arbeitslosigkeit und beruflicher Weiterbildung, Nettokrankengeld, Insolvenzgeld, Übergangsgeld, Kurzarbeitergeld, Mutterschaftsgeld, Elterngeld, Aufstockungsbeträge nach dem Altersteilzeitgesetz bzw. vergleichbare Leistungen sein; die BAföG-Einkommensverordnung finden Sie im Anhang zu Formblatt *03 – Einkommenserklärung* Seite 2.

Die Angaben zum „Arbeitslosengeld" beziehen sich nur auf Leistungen nach dem SGB III („Arbeitslosengeld I"). Nicht anzugeben sind hier Leistungen nach dem SGB II („Arbeitslosengeld II" / „Hartz IV").

Ich habe keine der auf dieser Seite anzugebenden Einkünfte und Einnahmen und werde diese voraussichtlich auch nicht haben.

auszubildende Person	erklärende Person

07 – Aktualisierung des Einkommens
Seite 4

ABSCHLIESSENDE ERKLÄRUNG DER EINKOMMEN BEZIEHENDEN PERSON

Mir ist bekannt,

- dass ich verpflichtet bin, **jede Änderung** meiner Einkommensverhältnisse, über die ich Erklärungen abgegeben habe, unverzüglich dem Amt für Ausbildungsförderung schriftlich mitzuteilen (z. B. Tarifänderungen, Sonderzahlungen, Abfindungen nach Kündigung, Aufnahme einer Erwerbstätigkeit nach Arbeitslosigkeit etc.);
- dass ich verpflichtet bin, die für die endgültige Feststellung des Einkommens im Bewilligungszeitraum erforderlichen Unterlagen (insbesondere vollständige Steuer- und Rentenbescheide sowie Leistungsbezugsbescheinigungen) unverzüglich und unaufgefordert dem Amt für Ausbildungsförderung vorzulegen;
- dass falsche oder unvollständige Angaben, das Unterlassen von Änderungsanzeigen sowie die nicht unverzügliche und unaufgeforderte Vorlage der für die endgültige Feststellung des Einkommens erforderlichen Unterlagen strafrechtlich verfolgt oder als Ordnungswidrigkeit mit einer Geldbuße geahndet werden können;
- dass ich verpflichtet bin, Beträge zu ersetzen, die durch vorsätzlich oder fahrlässig falsche Angaben oder durch Unterlassung einer Änderungsanzeige geleistet wurden, und dass die Leistungen aus öffentlichen Kassen, die zu Unrecht gezahlt wurden, zu verzinsen sind;
- dass meine Angaben in dieser Erklärung beim zuständigen Sozialleistungsträger, beim Finanzamt oder bei meinem Arbeitgeber oder durch eine Kontenabfrage nach § 93 Abs. 8 Abgabenordnung (AO) beim Bundeszentralamt für Steuern überprüft werden können, wenn die Voraussetzungen vorliegen.

Ich versichere, dass ich die Angaben nach bestem Wissen richtig und vollständig gemacht habe und dass im amtlichen Formblatt keine Änderungen vorgenommen wurden.

Datum, Unterschrift der Einkommen beziehenden Person

BENÖTIGTE BELEGE

Welche Belege Sie einreichen müssen, erkennen Sie an Ihren Angaben. Die nummerierten Symbole finden Sie am linken Rand neben in der Spalte neben Ihren jeweiligen Angaben. Angaben, die für die Entscheidung über den Antrag auf Ausbildungsförderung nicht erforderlich sind, können von Ihnen geschwärzt werden.

1 + Jede auf Seite 1 und 2 angegebene Position muss, soweit möglich, mit Kopien von Belegen für die jeweiligen Jahre nachgewiesen werden (z. B. Gehaltsbescheinigungen, Bewilligungsbescheide über Sozialleistungen, Rentenbescheide, betriebswirtschaftliche Auswertungen).

2 + Bitte erläutern Sie Höhe und Art der geltend gemachten Kinderbetreuungskosten und fügen Sie entsprechende Belege in Kopie bei.

3 + Bitte fügen Sie für das Jahr, welches vor dem genannten Beginn des Bewilligungszeitraums lag, eine Kopie der Bescheinigung nach § 92 EStG bei, die Sie von Ihrem Vertragspartner erhalten haben.

Stand 2020

Förderungsnummer (falls vorhanden)

BAföG
Mehr für dich

08 – Antrag auf Vorausleistung

nach § 36 Bundesausbildungsförderungsgesetz (BAföG) →

→ Dieser Vordruck dient nicht dazu, Abschlags-/Vorschusszahlungen zu beantragen. Der Antrag kann nur bis zum Ablauf des Bewilligungszeitraums gestellt werden (Ausschlussfrist). **Bevor Sie den Antrag stellen, nehmen Sie bitte Kontakt mit dem Amt für Ausbildungsförderung auf.**

WICHTIGE HINWEISE

Bitte füllen Sie diesen Antrag sorgfältig in Druckschrift aus und kreuzen Sie Zutreffendes an.

Sie sind nach § 60 Erstes Buch Sozialgesetzbuch (SGB I) verpflichtet, alle Tatsachen anzugeben, die für die Sachaufklärung erforderlich sind, und die verlangten Nachweise vorzulegen. Ihre Angaben sind gemäß den Vorschriften des Bundesausbildungsförderungsgesetzes (BAföG) für die Entscheidung über den Antrag notwendig.

Hinweise zu Ihren datenschutzrechtlichen Informationsrechten nach Art. 13 Datenschutz-Grundverordnung (DSGVO) erhalten Sie beim Amt für Ausbildungsförderung oder unter https://www.bafög.de/hinweis.

ANGABEN ZU MEINER PERSON

Name | Vorname

Geburtsdatum | Geburtsort

ERKLÄRUNG

Der Antrag auf Vorausleistung bezieht sich auf
- beide Elternteile →
- ein Elternteil, und zwar

Name | Vorname

→ Sind Ihre Eltern nicht miteinander verheiratet oder dauernd getrennt lebend, ist für jedes Elternteil ein gesonderter Antrag auszufüllen.

Bewilligungszeitraum → von | bis

→ Der Bewilligungszeitraum ist der Zeitraum, für den die Förderung beantragt wird oder bewilligt wurde.

Erklärung, wenn ein BAföG-Bescheid vorliegt → Bescheiddatum

→ Wenn für den Bewilligungszeitraum noch kein BAföG-Bescheid ergangen ist, weiter bei „Erklärung, wenn noch kein BAföG-Bescheid vorliegt".

Höhe des angerechneten Unterhaltsbetrages Euro

Davon leisten meine Eltern / leistet mein Elternteil → mir trotz entsprechender Aufforderung den angerechneten Unterhaltsbetrag
- nicht
- nur in Höhe von Euro

→ Bitte ausfüllen bei Gefährdung der Ausbildung durch fehlende Unterhaltsleistungen der Eltern oder eines Elternteils.

Erklärung, wenn noch kein BAföG-Bescheid vorliegt →

→ Bitte ausfüllen bei Gefährdung der Ausbildung durch fehlende Auskünfte und fehlende Unterhaltsleistungen der Eltern oder eines Elternteils.

1 + Ich habe meine Eltern / meinen Elternteil erfolglos aufgefordert, die Auskünfte zu erteilen, die für die Anrechnung des Einkommens erforderlich sind.
- ja
- nein

Meine Eltern leisten / Mein Elternteil leistet mir trotz entsprechender Aufforderung den erforderlichen monatlichen Gesamtunterhaltsbedarf
- nicht
- nur in Höhe von Euro

1 + Wenn ja: Bitte weisen Sie diese Aufforderung nach.

Ergänzende Erklärung

Die Person / Die Personen, auf die sich dieser Antrag bezieht, hat/haben mir Unterhalt durch Sachleistungen → angeboten.
- nein
- ja, und zwar

→ Sachleistungen sind z. B. Unterkunft, Verpflegung, Beiträge zu Versicherungen, Mobilfunkvertrag.

Art der angebotenen Sachleistungen

Von dem Angebot (Unterhaltsbestimmung) habe ich Gebrauch gemacht
- ja
- nein, weil

Gründe

2 + Diese Unterhaltsbestimmung wurde gerichtlich abgeändert
- ja
- nein

2 + Wenn ja: Bitte fügen Sie eine Kopie des Gerichtsbeschlusses bei.

auszubildende Person

08 – Antrag auf Vorausleistung
Seite 2

ANGABEN ZUM BEZUG VON KINDERGELD

Das Kindergeld wird ausgezahlt an ☐ mich ☐ eine andere Person und zwar →

→ z. B. Elternteil, Groß- oder Stiefelternteil

Name | Vorname

Verwandtschaftsverhältnis | Höhe des an mich ausgezahlten/weitergeleiteten Kindergeldes → Euro

→ Wenn das Kindergeld nicht weitergeleitet wird, tragen Sie hier bitte eine „0" ein.

UNTERHALTSLEISTUNGEN

Unterhaltsleistungen erhalte ich von anderen Personen, auf die sich dieser Antrag nicht bezieht ☐ nein ☐ ja, und zwar von ☐ dem anderen Elternteil ☐ anderen Personen →

→ z. B. Groß- oder Stiefelternteil

Geldleistungen (ohne weitergeleitetes Kindergeld) in Höhe von → Euro seit

→ Hier bitte auch Taschengeld angeben.

Ich erhalte Sachleistungen → in Form von ☐ Unterkunft ☐ Frühstück ☐ Mittagessen ☐ Abendessen seit

→ Nicht anzugeben sind Sachleistungen, die nur gelegentlich (z. B. am Wochenende) gewährt werden.

Ich erhalte sonstige Sachleistungen → im Wert von monatlich Euro seit

→ Sonstige Sachleistungen sind u. a. Beiträge zu Versicherungen, Mobilfunkvertrag.

WEITERE ANGABEN

3 Eine Unterhaltsregelung ☐ liegt vor ☐ liegt nicht vor vom

3 **Bitte fügen Sie eine Kopie der Unterhaltsregelung (z. B. Urteil, Beschluss, Vergleich, Jugendamtsurkunde) bei.**

Es besteht ein laufendes Unterhaltsverfahren ☐ nein ☐ ja →

→ Bitte geben Sie den Namen und die Adresse der beauftragen Kanzlei an.

4 Das aktuelle Einkommen meines Ehegatten / meines eingetragenen Lebenspartners beträgt in dem genannten Bewilligungszeitraum Euro

Art des Einkommens

4 **Bitte legen Sie Einkommensnachweise in Kopie vor.**

Angaben, die für die Entscheidung über den Antrag auf Ausbildungsförderung nicht erforderlich sind, können von Ihnen auf den jeweiligen Belegen geschwärzt werden.

ABSCHLIESSENDE ERKLÄRUNG

Mir ist bekannt,

- dass ich verpflichtet bin, jede Änderung meiner wirtschaftlichen Lage sowie der Familienverhältnisse, über die ich in diesem Antrag Erklärungen abgegeben habe, unverzüglich dem Amt für Ausbildungsförderung schriftlich mitzuteilen;
- dass falsche oder unvollständige Angaben oder die Unterlassung von Änderungsanzeigen strafrechtlich verfolgt oder als Ordnungswidrigkeit mit einer Geldbuße geahndet werden können und dass zu Unrecht gezahlte Beträge zurückgefordert werden;
- dass die nach § 36 BAföG vorausgeleisteten Beträge gemäß § 17 Abs. 2 BAföG → im Regelfall zur Hälfte als staatliches Darlehen geleistet werden. Dieser Darlehnsteil wird nur dann gemindert, wenn die unterhaltspflichtige Person / die unterhaltspflichtigen Personen auf die Forderung des Amtes für Ausbildungsförderung nach § 37 BAföG i. V. m. §§ 1601 ff. Bürgerliches Gesetzbuch (BGB) Beträge tatsächlich leistet/leisten. Geleistete Beträge werden je zur Hälfte auf den Zuschussanteil und den Darlehensanteil angerechnet;
- dass mit der Zahlung der Vorausleistungen meine Unterhaltsansprüche bis zu dieser Höhe auf das Land übergehen →. Die Personen, auf die sich dieser Antrag bezieht, werden gegebenenfalls zum Ersatz der Vorausleistungen herangezogen. Dazu muss das Amt für Ausbildungsförderung gegebenenfalls einen Unterhaltsprozess führen.

→ Das gilt nur für den Besuch von Höheren Fachschulen, Akademien und Hochschulen (einschließlich notwendiger Praktika).

→ Aufgrund dieses Anspruchsübergangs können Sie Unterhaltsansprüche für gleiche Zeiträume bis zur Höhe der vorausgeleisteten Beträge von Ihnen nicht mehr in eigenem Namen geltend machen.

Ich versichere, dass meine Angaben richtig und vollständig sind und im amtlichen Formblatt keine Änderungen vorgenommen worden sind.

Datum, Unterschrift der auszubildenden Person

Stand 2020

Förderungsnummer

BAföG
Mehr für dich

09 – Folgeantrag auf Ausbildungsförderung

für Studierende

Zu Ihrer Erleichterung können Sie als Studierende/Studierender für die Weiterförderung dieses Formblatt *09 – Folgeantrag auf Ausbildungsförderung* für Studierende anstelle des Formblatts *01 – Antrag auf Ausbildungsförderung* nutzen, wenn sich die Zuständigkeit des Amts für Ausbildungsförderung nicht ändert. → Sollten Sie die Versicherungen zu Einkommen und Vermögen auf Seite 2 dieses Formblatts nicht abgeben können, ist stattdessen Formblatt *01 – Antrag auf Ausbildungsförderung* zu verwenden.

→ Es darf keine zeitliche Förderlücke zwischen der vorangegangenen und der jetzt beantragten Förderung entstehen.

WICHTIGE HINWEISE

Bitte füllen Sie diesen Antrag sorgfältig in Druckschrift aus und kreuzen Sie Zutreffendes an. →

→ Bitte achten Sie darauf, den Antrag auf Seite 2 zu unterschreiben.

Sie sind nach § 60 Erstes Buch Sozialgesetzbuch (SGB I) verpflichtet, alle Tatsachen anzugeben, die für die Sachaufklärung erforderlich sind, und die verlangten Nachweise vorzulegen. →
Ihre Angaben sind gemäß den Vorschriften des Bundesausbildungsförderungsgesetzes (BAföG) für die Entscheidung über den Antrag notwendig.

→ + Dieses Symbol auf der linken Seite weist auf notwendige Nachweise hin. Entsprechende Erläuterungen finden Sie auf Seite 2.

Hinweise zu Ihren datenschutzrechtlichen Informationsrechten nach Art. 13 Datenschutz-Grundverordnung (DSGVO) erhalten Sie beim Amt für Ausbildungsförderung oder unter https://www.bafög.de/hinweis.

ANGABEN ZU MEINER PERSON

Name | Vorname

Geburtsdatum | Geburtsort

AUSBILDUNG

Ich beantrage Ausbildungsförderung für den Besuch der/des

1 + Ausbildungsstätte und Ausbildungsort

Klasse/Fachrichtung | angestrebter Abschluss

Für den Bewilligungszeitraum von | bis

Es handelt sich um eine Vollzeitausbildung → ☐ ja ☐ nein

→ An Hochschulen liegt eine Vollzeitausbildung in der Regel vor, wenn im Durchschnitt pro Semester 30 ECTS-Leistungspunkte vergeben werden. Im schulischen Bereich muss die Unterrichtszeit mindestens 20 Zeitstunden pro Woche betragen.

ANGABEN ZUR WOHNUNG

Mein ständiger Wohnsitz hat sich geändert ☐ nein ☐ ja, er lautet jetzt

Straße | Hausnummer | Adresszusatz

Land → | Postleitzahl | Ort

→ Verwenden Sie bei einer Anschrift im Ausland nur die für den ausländischen Staat international gebräuchlichen Buchstaben (z. B. NL für Niederlande).

Meine Anschrift während der Ausbildung hat sich geändert ☐ nein ☐ ja, sie lautet jetzt

2 + Straße | Hausnummer | Adresszusatz

Land → | Postleitzahl | Ort

→ Verwenden Sie bei einer Anschrift im Ausland nur die für den ausländischen Staat international gebräuchlichen Buchstaben (z. B. NL für Niederlande).

Ich wohne während der Ausbildung, für die ich hier Ausbildungsförderung beantrage, mit meinen Eltern / einem Elternteil in häuslicher Gemeinschaft ☐ ja ☐ nein

Wenn nein: Mein Wohnraum steht im Eigentum/Miteigentum meiner Eltern / eines Elternteils ☐ ja ☐ nein

auszubildende Person

09 – Folgeantrag auf Ausbildungsförderung
Seite 2

3

ANGABEN ZUR KRANKEN- UND PFLEGEVERSICHERUNG

Meine Kranken- und Pflegeversicherung hat sich seit dem letzten Bewilligungszeitraum geändert — nein — ja, ich bin jetzt →

→ Bitte geben Sie das neue Versicherungsverhältnis an.

Versicherungsverhältnis — Steueridentifikationsnummer →

→ Die Angabe ist nicht notwendig, wenn Sie in der gesetzlichen Krankenversicherung familienversichert sind.

ANGABEN ZU MEINER FAMILIENSITUATION

Familienstand → Nur bei Änderung gegenüber der letzten Erklärung — seit

→ Bitte geben Sie an: 1 = ledig; 2 = verheiratet / in eingetragener Lebenspartnerschaft; 3 = dauernd getrennt lebend; 4 = verwitwet; 5 = geschieden/aufgehoben

Ich habe eigene Kinder → ja

→ Bitte füllen Sie das Formblatt 04 – Kinder der auszubildenden Person aus.

ANGABEN ZUM EINKOMMEN →

Ich versichere, dass sich mein Einkommen in den jeweiligen Einkommensarten gegenüber meinen Angaben für den vorangegangenen Bewilligungszeitraum nicht erhöht hat und voraussichtlich nicht erhöhen wird. Soweit im vorangegangenen Bewilligungszeitraum Einkommen angerechnet wurde, bin ich einverstanden, dass auch für den aktuellen Bewilligungszeitraum eine Anrechnung in gleicher Höhe erfolgt.

→ ACHTUNG: Die Einkommenserklärungen können durch eine Kontenabfrage nach § 93 Abs. 8 Abgabenordnung (AO) beim Bundeszentralamt für Steuern überprüft werden.

ANGABEN ZUM VERMÖGEN →

Ich versichere, dass sich mein Vermögen gegenüber meinen Angaben für den vorangegangenen Bewilligungszeitraum zum Zeitpunkt der jetzigen Antragstellung nicht erhöht hat oder trotz Erhöhung den Freibetrag von 8.200 Euro nicht überschreitet.

Sollten Sie die Versicherung zu Einkommen und Vermögen nicht abgeben können, ist stattdessen Formblatt *01 – Antrag auf Ausbildungsförderung* zu verwenden.

→ ACHTUNG: Die Erklärungen zum Vermögen können durch einen Datenabgleich (§ 41 Abs. 4 BAföG i. V. m. § 45d Einkommensteuergesetz [EStG]) und bei Vorliegen der Voraussetzungen durch eine Kontenabfrage nach § 93 Abs. 8 AO beim Bundeszentralamt für Steuern überprüft werden.

ABSCHLIESSENDE ERKLÄRUNG

Mir ist bekannt,
- dass falsche oder unvollständige Angaben oder die Unterlassung von Änderungsanzeigen strafrechtlich verfolgt oder als Ordnungswidrigkeit mit einer Geldbuße geahndet werden können und dass zu Unrecht gezahlte Beträge zurückgefordert werden;
- dass ich verpflichtet bin, jede Änderung meiner wirtschaftlichen Lage (z. B. des von mir erzielten Einkommens) sowie der Familien- und Ausbildungsverhältnisse, z. B. Ausbildungsende, -wechsel und -abbruch (auch der Geschwister), unverzüglich dem Amt für Ausbildungsförderung schriftlich mitzuteilen;
- dass die im Rahmen dieses Antrags gemachten Angaben zu meinem Einkommen beim zuständigen Sozialleistungsträger, beim Finanzamt, bei meinem Arbeitgeber oder durch eine Kontenabfrage nach § 93 Abs. 8 AO beim Bundeszentralamt für Steuern überprüft werden können, wenn die Voraussetzungen vorliegen;
- dass Vermögenswerte auch dann meinem Vermögen zuzurechnen sind, wenn ich diese rechtsmissbräuchlich übertragen habe. Dies ist der Fall, wenn ich in zeitlichem Zusammenhang mit der Aufnahme der förderungsfähigen Ausbildung bzw. der Stellung des Antrags auf Ausbildungsförderung oder während der förderungsfähigen Ausbildung Teile meines Vermögens unentgeltlich oder ohne gleichwertige Gegenleistung an Dritte, insbesondere an meine Eltern oder andere Verwandte, übertragen habe;
- dass die im Rahmen dieses Antrags gemachten Angaben zu meinem Vermögen durch einen Datenabgleich (§ 41 Abs. 4 BAföG i. V. m. § 45d EStG) und durch eine Kontenabfrage nach § 93 Abs. 8 AO beim Bundeszentralamt für Steuern überprüft werden können, wenn die Voraussetzungen vorliegen.

Die Hinweise zum Datenschutz sind beim Amt für Ausbildungsförderung erhältlich oder unter https://www.bafög.de/hinweis einzusehen.
Ich bestätige, dass ich diese Hinweise zur Kenntnis genommen habe.
Ich versichere, dass meine Angaben richtig und vollständig sind und im amtlichen Formblatt keine Änderungen vorgenommen wurden.

Datum, Unterschrift der auszubildenden Person	Datum, Unterschrift der gesetzlichen Vertreterin / des gesetzlichen Vertreters (bei Minderjährigen)*

* Nur erforderlich bei Auszubildenden unter 15 Jahren (immer) und bei minderjährigen Auszubildenden über 15 Jahren, die eine Höhere Fachschule, Akademie oder Hochschule besuchen oder ein Praktikum absolvieren, das mit dem Besuch dieser Ausbildungsstätten im Zusammenhang steht.

BENÖTIGTE BELEGE

Welche Belege Sie einreichen müssen, erkennen Sie an Ihren Angaben. Die nummerierten Symbole finden Sie am linken Rand neben der sich darauf beziehenden Information. Angaben, die für die Entscheidung über den Antrag auf Ausbildungsförderung nicht erforderlich sind, können von Ihnen geschwärzt werden.

1 Bitte fügen Sie die das Formblatt *02 – Bescheinigung nach § 9 BAföG* oder eine Immatrikulationsbescheinigung der Hochschule bei.

2 Bitte reichen Sie z. B. eine Wohnungsgeberbescheinigung nach § 19 Bundesmeldegesetz in Kopie ein.

3 Bitte reichen Sie bei Veränderungen die Bescheinigungen über die Versicherungsverhältnisse ein.

Verordnung über Zusatzleistungen in Härtefällen nach dem Bundesausbildungsförderungsgesetz (HärteV)

vom 15. Juli 1974 (BGBl. I S. 1449), zuletzt geändert durch Artikel 2 des Gesetzes vom 15. Juli 2022 (BGBl. I S. 1162)

Auf Grund des § 14a des Bundesausbildungsförderungsgesetzes vom 26. August 1971 (Bundesgesetzbl. I S. 1409) und des Gesetzes zur Änderung des Bundesausbildungsförderungsgesetzes und des Arbeitsförderungsgesetzes vom 14. November 1973 (Bundesgesetzbl. I S. 1637), zuletzt geändert durch das Einführungsgesetz zum Strafgesetzbuch vom 2. März 1974 (Bundesgesetzbl. I S. 469), verordnet die Bundesregierung mit Zustimmung des Bundesrates:

§ 1 Schulgeld, Studiengebühren

(1) (weggefallen)

(2) [1]Bei dem Besuch von privaten Schulen, denen ein Tagesheim organisatorisch angegliedert ist (Tagesheimschulen), wird Ausbildungsförderung für die neben dem Schulgeld zu entrichtenden Kosten bis zur Höhe von monatlich 77 Euro geleistet. [2]Falls diese Kosten Aufwendungen für die Verpflegung der Schüler umfassen, werden von dem in Satz 1 genannten Betrag 1 Euro je Verpflegungstag abgesetzt.

§§ 2 bis 5 (weggefallen)

§ 6 Voraussetzungen der Internatsunterbringung

(1) Ausbildungsförderung wird einem Auszubildenden geleistet, dessen Bedarf sich nach § 12 Abs. 2 der nach § 13 Abs. 1 Nr. 1 in Verbindung mit Absatz 2 Nr. 2 des Gesetzes bemißt, zur Deckung der Kosten der Unterbringung in einem Internat oder einer gleichartigen Einrichtung, soweit sie den nach diesen Bestimmungen des Gesetzes maßgeblichen Bedarfssatz übersteigen.

(2) [1]Internat im Sinne des Absatzes 1 ist ein der besuchten Ausbildungsstätte angegliedertes Wohnheim, in dem der Auszubildende außerhalb der Unterrichtszeit pädagogisch betreut wird und in Gemeinschaft mit anderen Auszubildenden Verpflegung und Unterkunft erhält. [2]Einem Internat gleichgestellt ist ein selbständiges, keiner Ausbildungsstätte zugeordnetes Wohnheim, das einem gleichartigen Zweck dient.

(3) Als Internat oder einem Internat gleichgestellt gelten nur Wohnheime, die nach landesrechtlichen Vorschriften der Schulaufsicht oder nach § 45 des Achten Buches Sozialgesetzbuch der Betriebserlaubnispflicht unterliegen.

§ 7 Leistung bei Internatsunterbringung

(1) Kosten der Unterbringung sind die tatsächlich im Bewilligungszeitraum zu entrichtenden Kosten ohne Schulgeld (Heimkosten).

(2) [1]Als Ausbildungsförderung wird der den maßgeblichen Bedarfssatz übersteigende Betrag geleistet, der sich aus der Teilung des Heimkostenbetrages nach Absatz 1 durch die Zahl der Kalendermonate des Bewilligungszeitraums ergibt. [2]Dem so errechneten Monatsbedarf sind 41 Euro als Bedarf für die Ferienzeit, die der Auszubildende nicht im Internat verbringt, hinzuzurechnen.

(3) [1]Heimkosten werden nur berücksichtigt, wenn eine erheblich preisgünstigere Unterbringung in einem zumutbaren Internat (§ 6 Abs. 2 Satz 1) oder Wohnheim (§ 6 Abs. 2 Satz 2) mit im wesentlichen gleichen pädagogischen Leistungen ausgeschlossen ist. [2]Das Amt für Ausbildungsförderung kann die Berücksichtigung der geltend gemachten Aufwendungen nur verweigern, wenn es die Möglichkeit einer erheblich preisgünstigeren Unterbringung bei im wesentlichen gleichen pädagogischen Leistungen nachweist.

§§ 8 und 9 (weggefallen)

§ 10 (weggefallen)

§ 11 Berlin-Klausel

Diese Verordnung gilt nach § 14 des Dritten Überleitungsgesetzes vom 4. Januar 1952 (Bundesgesetzbl. I S. 1) in Verbindung mit § 67 des Bundesausbildungsförderungsgesetzes auch im Land Berlin.

§ 12 Inkrafttreten

Diese Verordnung tritt am 1. Juli 1974 in Kraft.

Verordnung über die örtliche Zuständigkeit für Ausbildungsförderung im Ausland (BAföG-AuslandszuständigkeitsV)

vom 6. Januar 2004 (BGBl. I S. 42), zuletzt geändert durch die Erste Verordnung zur Änderung der Verordnung über die örtliche Zuständigkeit für Ausbildungsförderung im Ausland (1. BAföGZustVÄndV) vom 19. Oktober 2011 (BGBl. I S. 2098)

Auf Grund des § 45 Abs. 4 Satz 2 des Bundesausbildungsförderungsgesetzes in der Fassung der Bekanntmachung vom 6. Juni 1983 (BGBl. I S. 645, 1680), der zuletzt durch Artikel 1 Nr. 12 des Gesetzes vom 7. Mai 1999 (BGBl. I S. 850) geändert worden ist, verordnet das Bundesministerium für Bildung und Forschung:

§ 1 Örtliche Zuständigkeit

(1) Das nach § 45 Abs. 4 des Bundesausbildungsförderungsgesetzes örtlich zuständige Amt für Ausbildungsförderung wird bestimmt für Auszubildende, die eine Ausbildungsstätte besuchen, die gelegen ist

1. in Asien mit Ausnahme von Armenien, Aserbaidschan, Kasachstan, Kirgisistan, Tadschikistan, Turkmenistan und Usbekistan, in Spanien oder der Türkei
   durch das Land Baden-Württemberg[1],
2. in Liechtenstein, Österreich oder der Schweiz
   durch das Land Bayern[2],

---

1 Zuständig im Land Baden-Württemberg ist
– für Spanien das
Studierendenwerk Heidelberg, Amt für Ausbildungsförderung, www.stw.uni-heidelberg.de
– für Asien (mit Ausnahme von Armenien, Aserbaidschan, Kasachstan, Kirgisistan, Tadschikistan, Turkmenistan und Usbekistan) und die Türkei das
Studierendenwerk Tübingen-Hohenheim, Amt für Ausbildungsförderung, www.my-stuwe.de

2 Zuständig im Land Bayern ist
– für Österreich die
Landeshauptstadt München, Referat für Bildung und Sport, Amt für Ausbildungsförderung, www.muenchen.de/afa
– für Liechtenstein und die Schweiz das
Studierendenwerk Augsburg, Amt für Ausbildungsförderung, www.studentenwerk-augsburg.de

3. in Italien, San Marino oder Vatikanstadt
durch das Land Berlin[3],
4. in Afrika oder Ozeanien
durch das Land Brandenburg[4],
5. in Amerika mit Ausnahme der Vereinigten Staaten von Amerika und mit Ausnahme von Kanada
durch das Land Bremen[5],
6. in den Vereinigten Staaten von Amerika
durch das Land Hamburg[6],
7. in Albanien, Bosnien und Herzegowina, Griechenland, Kosovo, Kroatien, Mazedonien, Montenegro, Serbien, Slowenien, Zypern oder Australien
durch das Land Hessen[7],
8. in Schweden
durch das Land Mecklenburg-Vorpommern[8],
9. in Großbritannien oder Irland
durch das Land Niedersachsen[9],
10. in Belgien, Luxemburg oder den Niederlanden
durch das Land Nordrhein-Westfalen[10],
11. in Andorra, Frankreich oder Monaco
durch das Land Rheinland-Pfalz[11],

---

3 Zuständig im Land Berlin ist das
Bezirksamt Charlottenburg-Wilmersdorf von Berlin, Amt für Ausbildungsförderung (Auslandsamt), www.berlin.de/ba-charlottenburg-wilmersdorf/org/buergerdienste/auslands_bafoeg.html

4 Zuständig im Land Brandenburg ist das
Studentenwerk Frankfurt (Oder), Amt für Ausbildungsförderung, www.studentenwerk-frankfurt.de

5 Zuständig im Land Bremen ist das
Studierendenwerk Bremen, Amt für Ausbildungsförderung, www.stw-bremen.de

6 Zuständig im Land Hamburg ist das
Studierendenwerk Hamburg, www.stwhh.de

7 Zuständig im Land Hessen ist das
Studierendenwerk Marburg, Amt für Ausbildungsförderung, www.studentenwerk-marburg.de

8 Zuständig im Land Mecklenburg-Vorpommern ist das
Studierendenwerk Rostock-Wismar, Amt für Ausbildungsförderung, www.stw-rw.de

9 Zuständig im Land Niedersachsen ist die
Region Hannover, Team Ausbildungsförderung, www.bafoeg-region-hannover.de

10 Zuständig im Land Nordrhein-Westfalen ist die
Bezirksregierung Köln, Dezernat 49.4, www.bezreg-koeln.nrw.de

11 Zuständig im Land Rheinland-Pfalz ist die
Kreisverwaltung Mainz-Bingen, Amt für Ausbildungsförderung, www.mainz-bingen.de

12. in Malta oder Portugal
    durch das Saarland[12],
13. in Finnland
    durch das Land Sachsen-Anhalt[13],
14. in Armenien, Aserbaidschan, Bulgarien, Estland, Georgien, Kasachstan, Kirgisistan, Lettland, Litauen, der Moldau, Polen, Rumänien, der Russischen Föderation, der Slowakei, Tadschikistan, Tschechien, Turkmenistan, der Ukraine, Ungarn, Usbekistan oder Weißrussland
    durch das Land Sachsen[14],
15. in Dänemark, Island oder Norwegen
    durch das Land Schleswig-Holstein[15],
16. in Kanada
    durch das Land Thüringen[16].

(2) Wird ein neuer Staat gebildet, so besteht für Auszubildende, die eine auf seinem Gebiet gelegene Ausbildungsstätte besuchen, die örtliche Zuständigkeit des nach Absatz 1 bestimmten Amtes für Ausbildungsförderung fort.

§ 2 Zeitlicher Anwendungsbereich

[1]Diese Verordnung gilt bei Entscheidungen über Bewilligungszeiträume, die nach dem 31. Dezember 2011 beginnen. [2]Für Bewilligungszeiträume, die in der Zeit zwischen dem 31. März 2004 und dem 1. Januar 2012 begonnen haben, gilt diese Verordnung in der bis zum 31. Dezember 2011 geltenden Fassung.

§ 3 Inkrafttreten, Außerkrafttreten

Diese Verordnung tritt am 1. April 2004 in Kraft.

---

12 Zuständig im Land Saarland ist das
Studierendenwerk Saarland, Amt für Ausbildungsförderung, www.stw-saarland.de

13 Zuständig im Land Sachsen-Anhalt ist das
Studentenwerk Halle, Amt für Ausbildungsförderung, www.studentenwerk-halle.de

14 Zuständig im Land Sachsen ist das
Studentenwerk Chemnitz-Zwickau, Amt für Ausbildungsförderung, www.swcz.de

15 Zuständig im Land Schleswig-Holstein ist das
Studentenwerk Schleswig-Holstein, Amt für Ausbildungsförderung, www.studentenwerk.sh

16 Zuständig für das Land Thüringen ist das
Studierendenwerk Thüringen, Amt für Ausbildungsförderung, www.stw-thueringen.de

Verordnung über die Zuschläge zu dem Bedarf nach dem Bundesausbildungsförderungsgesetz bei einer Ausbildung im Ausland (BAföG-AuslandszuschlagsV)

vom 25. Juni 1986 (BGBl. I Seite 935), zuletzt geändert durch Artikel 1 des Gesetzes vom 15. Juli 2022 (BGBl. I S.1162)

Auf Grund des § 13 Abs. 4 des Bundesausbildungsförderungsgesetzes in der Fassung der Bekanntmachung vom 6. Juni 1983 (BGBl. I Seite 645) verordnet die Bundesregierung mit Zustimmung des Bundesrates:

§ 1 Zuschläge zu dem Bedarf

(1) [1]Bei einer Ausbildung im Ausland werden in den Fällen des § 5 Abs. 2 des Gesetzes nach Maßgabe dieser Verordnung folgende Zuschläge zu dem Bedarf geleistet:

1. ein monatlicher Auslandszuschlag, sofern die Ausbildung außerhalb eines Mitgliedstaates der Europäischen Union oder der Schweiz durchgeführt wird und die Kaufkraft der nach dem Gesetz gewährten Leistungen am ausländischen Ausbildungsort unter deren Kaufkraft im Inland liegt (§ 2),
2. die nachweisbar notwendigen Studiengebühren (§ 3),
3. Aufwendungen für Reisen zum Ort der Ausbildung (§ 4),
4. Aufwendungen für die Krankenversicherung (§ 5).

[2]Satz 1 Nr. 3 und 4 gilt entsprechend für Praktika nach § 5 Abs. 5 des Gesetzes.

(2) Zuschläge nach dieser Verordnung werden nicht geleistet, soweit § 12 Abs. 4 des Gesetzes gilt.

§ 2 Höhe des Auslandszuschlags

(1) [1]Der Auslandszuschlag bemisst sich nach dem Prozentsatz, den das Auswärtige Amt zum Kaufkraftausgleich nach § 55 des Bundesbesoldungsgesetzes festsetzt. [2]Bezugsgröße ist der Bedarf nach § 13 Absatz 1 Nummer 2 und Absatz 2 Nummer 2 des Gesetzes.

(2) [1]Für Bewilligungszeiträume, die im ersten Halbjahr eines Jahres beginnen, ist der zum 1. Oktober des Vorjahres festgesetzte Prozentsatz maßgeblich, für Bewilligungszeiträume, die im zweiten Halbjahr eines Jahres beginnen, der zum 1. April desselben Jahres festgesetzte Prozentsatz. [2]Der Prozentsatz gilt jeweils für den gesamten Bewilligungszeitraum.

§ 3 Studiengebühren

(1) Nachweisbar notwendige Studiengebühren werden längstens für die Dauer eines Jahres bis zur Höhe von 5.600 Euro geleistet.

(2) Über den in Absatz 1 genannten Betrag hinaus können Studiengebühren nur geleistet werden, wenn

1. die Ausbildung nur an der gewählten Hochschule durchgeführt werden kann oder
2. im Einzelfall ein besonderes Studienvorhaben des Auszubildenden nur an der gewählten Hochschule durchgeführt werden kann und dies im Hinblick auf die Leistungen des Auszubildenden besonders förderungswürdig ist. Hierüber sind gutachtliche Stellungnahmen von zwei im Inland tätigen Hochschullehrern vorzulegen. Das Amt für Ausbildungsförderung kann in Zweifelsfällen weitere gutachtliche Stellungnahmen einholen.

(3) Der Auszubildende hat nachzuweisen, mit welchem Ergebnis er sich um Erlaß oder Ermäßigung der Studiengebühren bemüht hat.

§ 4 Aufwendungen für Reisen zum Ausbildungsort

(1) [1]Für die Hinreise zum Ausbildungsort sowie für eine Rückreise wird ein Reisekostenzuschlag geleistet. [2]Der Reisekostenzuschlag beträgt jeweils 250 Euro bei einer Reise innerhalb Europas, sonst jeweils 500 Euro.

(2) In besonderen Härtefällen können die notwendigen Aufwendungen für eine weitere Hin- und Rückreise geleistet werden.

§ 5 Aufwendungen für die Krankenversicherung

Zu den Aufwendungen der Krankenversicherung des Auszubildenden wird monatlich ein Zuschlag in Höhe des Betrages nach § 13a Absatz1 Satz 1 des Gesetzes geleistet, wenn der Auszubildende das Bestehen eines Krankenversicherungsschutzes nachweist.

§ 6 Verhältnis zur Härteverordnung

[1]Zur Abgeltung eines besonderen Bedarfs bei einer Ausbildung im Ausland nach § 5 Abs. 2 und 5 des Gesetzes wird Ausbildungsförderung nur nach dieser Verordnung geleistet. [2]Die Verordnung über Zusatzleistungen in Härtefällen nach dem Bundesausbildungsförderungsgesetz vom 15. Juli 1974 (BGBl. I S. 1449), die zuletzt durch Artikel 2 der Verordnung vom 15. Juli 2022 (BGBl. I S. 1162) geändert worden ist, in der jeweils geltenden Fassung findet insoweit keine Anwendung.

§ 7 Anwendungsbestimmungen aus Anlass der Änderungen durch das Zweiundzwanzigste Gesetz zur Änderung des Bundesausbildungsförderungsgesetzes

Für Bewilligungszeiträume, die vor dem 1. August 2008 begonnen haben, sind die §§ 1 bis 6 in der bis zum 31. Juli 2008 geltenden Fassung weiter anzuwenden, § 2 jedoch nicht in den Fällen einer Förderung nach § 5 Abs. 2 Nr. 3 des Gesetzes.

§ 8 Anwendungsbestimmung aus Anlass der Änderungen durch das Dreiundzwanzigste Gesetz zur Änderung des Bundesausbildungsförderungsgesetzes

[1]Für Bewilligungszeiträume, die vor dem 28. Oktober 2010 begonnen haben, ist § 2 bis zum 30. September 2010 in der bis zum 28. Oktober 2010 geltenden Fassung anzuwenden. [2]Für Bewilligungszeiträume, die vor dem 1. Januar 2011 begonnen haben, gilt der Prozentsatz, den das Auswärtige Amt zum Kaufkraftausgleich nach den §§ 7 und 54 des Bundesbesoldungsgesetzes in der Fassung vom 19. Juni 2009 zum 1. April 2010 festgesetzt hat.

Bundesbesoldungsgesetz (BBesG)

in der Fassung der Bekanntmachung vom 19. Juni 2009 (BGBl. I S. 1434), das zuletzt durch Artikel 1 des Gesetzes vom 22. Dezember 2023 (BGBl. 2023 I Nr. 414) geändert worden ist

– Auszug –

Abschnitt 5
Auslandsbesoldung

§ 55 Kaufkraftausgleich

(1) [1]Entspricht bei einer allgemeinen Verwendung im Ausland die Kaufkraft der Besoldung am ausländischen Dienstort nicht der Kaufkraft der Besoldung am Sitz der Bundesregierung, ist der Unterschied durch Zu- oder Abschläge auszugleichen (Kaufkraftausgleich). [2]Beim Mietzuschuss sowie beim Auslandszuschlag für im Inland lebende Kinder wird ein Kaufkraftausgleich nicht vorgenommen.

(2) [1]Das Statistische Bundesamt ermittelt für den einzelnen Dienstort nach einer wissenschaftlichen Berechnungsmethode auf Grund eines Preisvergleichs und des Wechselkurses zwischen den Währungen den Prozentsatz, um den die Lebenshaltungskosten am ausländischen Dienstort höher oder niedriger sind als am Sitz der Bundesregierung (Teuerungsziffer). [2]Die Teuerungsziffern sind vom Statistischen Bundesamt bekannt zu machen.

(3) [1]Der Kaufkraftausgleich wird anhand der Teuerungsziffer festgesetzt. [2]Die Berechnungsgrundlage beträgt 60 Prozent des Grundgehaltes, der Anwärterbezüge, des Familienzuschlags, des Auslandszuschlags sowie der Zulagen und Vergütungen, deren jeweilige besondere Voraussetzungen auch bei Verwendung im Ausland vorliegen. [3]Abweichend hiervon beträgt die Berechnungsgrundlage 100 Prozent bei Anwärtern, die bei einer von ihnen selbst ausgewählten Stelle im Ausland ausgebildet werden.

(4) Die Einzelheiten zur Festsetzung des Kaufkraftausgleichs regelt das Auswärtige Amt im Einvernehmen mit dem Bundesministerium des Innern, für Bau und Heimat und dem Bundesministerium der Finanzen, hinsichtlich der Bundeswehrstandorte im Ausland auch im Einvernehmen mit dem Bundesministerium der Verteidigung, durch allgemeine Verwaltungsvorschrift.

Verordnung über die Einziehung der nach dem Bundesausbildungsförderungsgesetz geleisteten Darlehen (Darlehensverordnung – DarlehensV)

vom 26. Oktober 2022 (BGBl. I S. 1889)

Die V wurde als Artikel 1 der V v. 26.10.2022 I 1889 vom Bundesministerium für Bildung und Forschung beschlossen. Sie ist gem. Art. 2 Satz 1 dieser V am 29.10.2022 in Kraft getreten.

§ 1 Reihenfolge der Tilgung

(1) Zahlungen, die zur Tilgung der gesamten fälligen Schuld nicht ausreichen, werden zunächst auf das Darlehen, dann auf die Kosten und zuletzt auf die Zinsen angerechnet.

(2) Bei mehreren gleichartigen Darlehen ist das ältere vor dem jüngeren zu tilgen.

(3) Vorzeitige Rückzahlungen sind zunächst auf bereits fällig gewordene Beträge anzurechnen. Die Tilgungsreihenfolge nach Satz 1 und den Absätzen 1 und 2 kann nicht abbedungen werden.

§ 2 Geringfügiger Verstoß gegen die Zahlungs- und Mitwirkungspflichten

Ein im Sinne des § 18 Absatz 12 Satz 1 des *Bundessausbildungsförderungsgesetzes* (Gesetz) nur geringfügiger Verstoß gegen die Zahlungs- und Mitwirkungspflichten ist anzunehmen, wenn im maßgeblichen Rückzahlungszeitraum nach § 18 Absatz 3 Satz 1 des Gesetzes

1. höchstens einmal eine Kostenpauschale für die Anschriftenermittlung nach § 12 Absatz 2 Satz 1 wegen Verstoßes gegen die Mitteilungsverpflichtung bei Änderungen der Wohnanschrift und des Familiennamens zu erheben war,
2. kein Bußgeld wegen Verstoßes gegen die Mitteilungsverpflichtung nach § 12 Absatz 1 Nummer 4 bei einer Änderung der nach § 18a des Gesetzes maßgeblichen Familien- und Einkommensverhältnisse bestandskräftig festgesetzt wurde und
3. höchstens für die Dauer von 150 Tagen nach § 18 Absatz 2 Satz 2 und 3 des Gesetzes Zinsen wegen Überschreitung des Zahlungstermins angefallen sind.

§ 3 Nachweise für die Freistellung von der Rückzahlungsverpflichtung

(1) Die für eine Freistellung nach § 18a Absatz 1 des Gesetzes maßgebliche Höhe ihres Einkommens können Darlehensnehmende insbesondere nachweisen durch die Vorlage von

1. Lohn- und Gehaltsbescheinigungen ihres Arbeitgebers im Fall eines Einkommens aus nichtselbständiger Erwerbstätigkeit,
2. Einkommensteuerbescheiden mit ausgewiesenen Gewinneinkünften im Fall eines Einkommens aus selbständiger Erwerbstätigkeit oder
3. Bescheiden über den Bezug staatlicher Transferleistungen, deren Zweckbestimmung einer Anrechnung auf den Bedarf im Sinne von § 21 Absatz 3 Satz 1 Nummer 4 des Gesetzes entgegensteht.

Liegt im Fall von Einkommen aus selbständiger Erwerbstätigkeit kein Einkommensteuerbescheid vor, so können die Einkünfte anhand der Einnahmenüberschussrechnung nach § 4 Absatz 3 des Einkommensteuergesetzes nachgewiesen werden. Es genügt im Regelfall die Vorlage einer Kopie.

(2) Die Nachweispflicht nach § 18a Absatz 3 Satz 3 des Gesetzes gilt nur für Freistellungszeiträume ab dem 1. September 2019.

(3) Soweit eine Vorlage von Unterlagen nicht möglich ist, haben Darlehensnehmende das Vorliegen der für die Feststellung der Voraussetzungen erheblichen Tatsachen des § 18a Absatz 1 des Gesetzes an Eides statt zu versichern.

§ 4 (weggefallen)

§ 5 (weggefallen)

§ 6 Vorzeitige Rückzahlung

(1) Über den Antrag auf Gewährung eines Nachlasses wegen vorzeitiger Rückzahlung der verbleibenden Darlehensschuld entscheidet das Bundesverwaltungsamt nach Maßgabe der folgenden Absätze und der Anlage.

(2) Die für die Höhe des Nachlasses maßgebliche verbleibende Darlehensschuld wird berücksichtigt

1. für Darlehen, die nach § 17 Absatz 2 Satz 1 des Gesetzes in der bis zum 31. Juli 2019 geltenden Fassung geleistet wurden, höchstens bis zu 10 000 Euro,
2. für Darlehen, die nach § 17 Absatz 2 Satz 1 des Gesetzes in der ab dem 1. August 2019 geltenden Fassung geleistet wurden, höchstens bis zu 10 010 Euro.

Für die Bemessung des Nachlasses bleibt der Teil des geleisteten Zahlungsbetrags zur Ablösung der verbleibenden Darlehensschuld unberücksichtigt, der bereits nach § 1 Absatz 3 Satz 2 auf zuvor fällige Beträge angerechnet wurde. Soweit ein Teil einer Rückzahlung, die nach dem 31. März 2020 vorzeitig geleistet wurde, auf Tilgungsraten entfällt, die zu diesem Zeitpunkt lediglich wegen vorausgegangener Freistellung von der Rückzahlungsverpflichtung nach § 18a Absatz 1 des Gesetzes noch nicht fällig waren, sind diese Tilgungsraten für die Bemessung des Nachlasses nicht zu berücksichtigen.

(3) Wird die gesamte verbleibende Darlehensschuld nicht in einer Summe abgelöst, so ist der Nachlass nur für die Ablösung von mindestens 500 Euro zu gewähren. Reichen vorzeitig zurückgezahlte Beträge nicht zur Ablösung der vollen verbleibenden Darlehensschuld aus, sind sie auf die zuletzt fällig werdenden Rückzahlungsraten anzurechnen. Die verbleibende Darlehensschuld verringert sich um den vorzeitig geleisteten Zahlungsbetrag sowie den im Gegenzug gewährten Nachlass nach Maßgabe des § 18 Absatz 13 des Gesetzes.

§ 7 Vergleiche, Veränderungen von Ansprüchen

Der Abschluss von Vergleichen sowie die Stundung, Niederschlagung und der Erlass von Ansprüchen richten sich nach den §§ 58 und 59 der Bundeshaushaltsordnung.

§ 8 Zahlungsrückstand

(1) Nach dem Zahlungstermin werden gesondert erhoben:

1. Zinsen nach § 18 Absatz 2 des Gesetzes ab dem auf den Zahlungstermin folgenden Monat, wobei einem Kalendermonat 30 Tage zugrunde zu legen sind,
2. 5 Euro Mahnkosten.

(2) Die Rechtsfolgen nach Absatz 1 treten unabhängig davon ein, ob dem Darlehensnehmer ein Bescheid nach § 10 zugegangen ist. Abweichend von Satz 1 treten die Rechtsfolgen nicht ein, solange der Bescheid dem Darlehensnehmer aus von ihm nicht zu vertretenden Gründen nicht zugegangen ist.

§ 9 Datenermittlung

(1) Die Ämter für Ausbildungsförderung stellen nach Ablauf eines jeden Kalenderjahres bis zum 31. März dem Bundesverwaltungsamt die für die Zinsberechnung und den Darleheneinzug erforderlichen Daten über

1. die in dem Kalenderjahr geleisteten Darlehen,
2. die in dem Kalenderjahr getroffenen Änderungen über in zurückliegenden Kalenderjahren geleistete Darlehen

auch für die elektronische Datenverarbeitung geeigneten, maschinell lesbaren Datenträgern zur Verfügung.

(2) Abweichend von Absatz 1 können die Ämter für Ausbildungsförderung in Einzelfällen, in denen die maschinelle Datenmitteilung wegen eines unverhältnismäßigen Verwal-

tungsaufwandes nicht vertretbar ist, die Datenmitteilung an das Bundesverwaltungsamt auf den Darlehenserfassungsbögen übermitteln.

(3) (weggefallen)

(4) Werden an einen Auszubildenden innerhalb eines Kalenderjahres von mehreren Ämtern für Ausbildungsförderung Darlehen geleistet, so hat jedes Amt die Höhe des von ihm gezahlten Darlehens dem Bundesverwaltungsamt mitzuteilen.

(5) Die Akten verbleiben bei dem Amt für Ausbildungsförderung, das zuletzt mit einer Entscheidung in der Förderungsangelegenheit befasst war. Sie sind dem Bundesverwaltungsamt auf Anforderung zu überlassen.

(6) (weggefallen)

§ 10 Rückzahlungsbescheid

(1) Unbeschadet der nach § 18 Absatz 4 bis 6 des Gesetzes eintretenden Fälligkeit der Rückzahlungsraten erteilt das Bundesverwaltungsamt den Darlehensnehmenden jeweils einen Rückzahlungsbescheid.

(2) In dem Rückzahlungsbescheid werden festgestellt:

1. der Zeitpunkt des Beginns der Rückzahlung des Darlehens und
2. die Höhe der monatlichen oder vierteljährlichen Raten.

§ 11 Rückzahlungsbedingungen

(1) Die Rückzahlungsraten sind bei monatlicher Zahlungsweise jeweils am Ende des Monats, bei vierteljährlicher Zahlungsweise jeweils am Ende des dritten Monats in einer Summe zu leisten.

(2) Der Rückzahlungsbetrag wird im Auftrag des Bundesverwaltungsamtes von der zuständigen Bundeskasse im Lastschrifteinzugsverfahren von einem laufenden Konto des Darlehensnehmers eingezogen. Kann diesem die Einrichtung eines solchen Kontos nicht zugemutet werden, ist die unbare Zahlung auf ein vom Bundesverwaltungsamt bestimmtes Konto der Bundeskasse zuzulassen. Die Zahlung gilt mit Eingang des Rückzahlungsbetrages bei der Bundeskasse als geleistet.

§ 12 Mitteilungspflichten

(1) Der Darlehensnehmer ist verpflichtet,

1. jede Änderung der Wohnanschrift und des Familiennamens,
2. (weggefallen)
3. (weggefallen)

4. während der Dauer der Freistellung von der Rückzahlungsverpflichtung jede nach der Geltendmachung eintretende Änderung seiner nach § 18a des Gesetzes maßgeblichen Familien- und Einkommensverhältnisse

dem Bundesverwaltungsamt unverzüglich schriftlich oder elektronisch mitzuteilen.

(2) Kommt der Darlehensnehmer seinen Mitteilungspflichten nach Absatz 1 Nummer 1 nicht nach und muss seine Anschrift deshalb ermittelt werden, so hat er für die Ermittlung, sofern nicht höhere Kosten nachgewiesen werden, pauschal 25 Euro zu zahlen. Anschriftenermittlungskosten sollen nicht erhoben werden, wenn der Darlehensnehmer seine Mitteilungspflichten nach Bekanntgabe des Bescheides nach § 18 Absatz 9 des Gesetzes und nach § 10 verletzt und das Darlehenskonto des Darlehensnehmers im Zeitpunkt der Notwendigkeit der Anschriftenermittlung keinen Zahlungsrückstand aufweist. § 8 Absatz 1 Nummer 2 gilt entsprechend.

§ 13 Aufteilung der eingezogenen Beträge

(1) Das Bundesverwaltungsamt hat den Ländern nach Ablauf eines Kalenderjahres eine Aufstellung über die Höhe der eingezogenen Beträge und Zinsen (Darlehens- und Zahlungsrückstandszinsen) sowie über die Aufteilung nach Maßgabe des § 56 Absatz 2 des Gesetzes zu übermitteln. Es hat zum Ende des jeweiligen Kalenderjahres jedem Land eine Abschlagszahlung in Höhe des ihm voraussichtlich zustehenden Betrages zu leisten und bis zum 30. Juni des laufenden Jahres den Restbetrag abzuführen, der ihm nach § 56 Absatz 2 Satz 4 des Gesetzes zusteht.

(2) Kostenerstattungen nach § 8 Absatz 1 Nummer 2 und § 12 Absatz 2 sowie Bußgelder nach § 14 verbleiben in voller Höhe dem Bund.

§ 13a Übergangsvorschrift

Bis zum Ablauf des 31. März 2020 sind die §§ 6 und 8 und die Anlage in der am 31. August 2019 geltenden Fassung weiter anzuwenden.

§ 14 Ordnungswidrigkeiten

Ordnungswidrig im Sinne des § 58 Absatz 1 Nummer 3 des Bundesausbildungsförderungsgesetzes handelt, wer vorsätzlich oder fahrlässig entgegen § 12 Absatz 1 Nummer 4 eine Mitteilung nicht, nicht richtig, nicht vollständig, nicht in der vorgeschriebenen Weise oder nicht rechtzeitig macht.

Anlage (zu § 6 Absatz 1)

(Fundstelle: BGBl. I 2022, 1892 – 1893)

Ablösung des Darlehens bis zu einschließlich	Nachlass in Prozent zur Ablösung des Darlehensbetrages in Spalte 1	
Euro	Nachlass in Prozent	Orientierungswert für den Zahlungsbetrag in Euro
1	2	3
500	5,0	475
1 000	6,0	940
1 500	7,0	1 395
2 000	8,0	1 840
2 500	9,0	2 275
3 000	9,5	2 715
3 500	10,5	3 133
4 000	11,5	3 540
4 500	12,0	3 960
5 000	13,0	4 350
5 500	14,0	4 730
6 000	14,5	5 130
6 500	15,5	5 493
7 000	16,0	5 880
7 500	17,0	6 225
8 000	18,0	6 560
8 500	18,5	6 928
9 000	19,5	7 245
9 500	20,0	7 600
10 000	21,0	7 900
10 500	21,5	8 243
11 000	22,0	8 580
11 500	23,0	8 855
12 000	23,5	9 180

Ablösung des Darlehens bis zu einschließlich	Nachlass in Prozent zur Ablösung des Darlehensbetrages in Spalte 1	
Euro	Nachlass in Prozent	Orientierungswert für den Zahlungsbetrag in Euro
1	2	3
12 500	24,5	9 438
13 000	25,0	9 750
13 500	25,5	10 058
14 000	26,5	10 290
14 500	27,0	10 585
15 000	27,5	10 875
15 500	28,5	11 083
16 000	29,0	11 360
16 500	29,5	11 633
17 000	30,0	11 900
17 500	31,0	12 075
18 000	31,5	12 330
18 500	32,0	12 580
19 000	32,5	12 825
19 500	33,0	13 065
20 000	33,5	13 300
20 500	34,5	13 428
21 000	35,0	13 650
21 500	35,5	13 868
22 000	36,0	14 080
22 500	36,5	14 288
23 000	37,0	14 490
23 500	37,5	14 688
24 000 (und mehr)	38,0	–

Verordnung über den leistungsabhängigen Teilerlaß von Ausbildungsförderungsdarlehen (BAföG-TeilerlaßV)

vom 14. Dezember 1983 (BGBl. I S. 1439, 1575), die zuletzt durch Artikel 72 des Gesetzes vom 29. März 2017 (BGBl. I S. 626) geändert worden ist

Eingangsformel

Auf Grund des § 18b Abs. 1 des Bundesausbildungsförderungsgesetzes in der Fassung der Bekanntmachung vom 6. Juni 1983 (BGBl. I S. 645) verordnet die Bundesregierung mit Zustimmung des Bundesrates:

§ 1 Prüfungsstelle

Prüfungsstelle ist die Behörde, bei Prüfungen im kirchlichen oder privaten Bereich die Einrichtung, die das Gesamtergebnis der Abschlußprüfung in einem in sich selbständigen oder ergänzenden Ausbildungs- oder Studiengang an einer Höheren Fachschule, Akademie oder Hochschule feststellt.

§ 2 Abschlußprüfung

(1) Abschlußprüfung ist diejenige Prüfung, die dazu bestimmt ist, einen Ausbildungs- oder Studiengang abzuschließen. In der einstufigen Juristenausbildung ist Abschlußprüfung die Prüfung, die den gesamten Ausbildungsgang abschließt. Abschlußprüfung ist auch die Juristische Zwischenprüfung nach dem Prüfungsrecht des Landes Bayern.

(2) Abgeschlossen ist die Prüfung nur dann, wenn ihr Bestehen oder Nichtbestehen festgestellt worden ist. Werden in einem festgelegten Prüfungsabschnitt mehrere Kandidaten geprüft, so gilt die Prüfung als zu dem Zeitpunkt abgeschlossen, in dem für alle Kandidaten dieses Abschnitts das Ergebnis festgestellt ist.

(3) Die Wiederholungsprüfung im Falle des Nichtbestehens der Abschlußprüfung ist eine Abschlußprüfung im Sinne dieser Verordnung, nicht dagegen eine Wiederholungsprüfung, die lediglich zum Zwecke der Notenverbesserung durchgeführt wird.

§ 3 Prüfungsabsolvent/Geförderter

(1) Prüfungsabsolvent im Sinne dieser Verordnung ist jeder Auszubildende, der eine Abschlußprüfung im Sinne des § 2 abgeschlossen hat.

(2) Geförderter im Sinne dieser Verordnung ist, wer nach dem 31. Dezember 1983 Darlehensleistungen nach dem Bundesausbildungsförderungsgesetz erhalten hat.

§ 4 Kalenderjahr

Die Abschlußprüfung ist dem Kalenderjahr zuzurechnen, in dem das Gesamtergebnis dieser Prüfung von der Prüfungsstelle festgestellt wird. Dies gilt auch für eine angefochtene Prüfungsentscheidung.

§ 5 Vergleichsgruppen

(1) Die Prüfungsstelle hat, vorbehaltlich des Satzes 2 und der Absätze 2 und 3 für jeden Ausbildungs- oder Studiengang eine Vergleichsgruppe aus allen Prüfungsabsolventen eines Kalenderjahres zu bilden. Sie kann mit Zustimmung einer von dem Land bestimmten Behörde

1. wenn die Abschlußprüfungen vergleichbar sind, für mehrere Ausbildungs- oder Studiengänge eine gemeinsame Vergleichsgruppe oder
2. wenn dies im Hinblick auf die Vergleichbarkeit der Abschlußprüfungen erforderlich ist, für einen Ausbildungs- oder Studiengang mehrere Vergleichsgruppen sowie bei Lehramtsstudiengängen, auch an einzelnen Hochschulen, Vergleichsgruppen für Fachrichtungen oder Fächerkombinationen

bilden

(2) In den Magisterstudiengängen wird eine eigene Vergleichsgruppe gebildet für jedes Fach, in dem nach der jeweiligen Prüfungsordnung die Haus- oder Magisterarbeit angefertigt werden konnte; Absatz 1 Satz 2 ist entsprechend anzuwenden.

(3) Abweichend von Absatz 1 ist in den Fällen des § 18b Abs. 2 Satz 4 und 6 des Gesetzes eine Vergleichsgruppe aus allen Geförderten zu bilden, bei denen das Bestehen oder Nichtbestehen der Abschlußprüfung festgestellt worden ist; Absatz 1 Satz 2 und Absatz 2 sind entsprechend anzuwenden.

§ 6 Bildung der Rangfolge

(1) Die Rangfolge ist grundsätzlich nach der im Zeugnis der Abschlußprüfung ausgewiesenen oder nach der Prüfungsordnung festgesetzten Prüfungsgesamtnote zu bilden. Nur soweit diese Note im Einzelfall nicht ausreicht für die Entscheidung, wer von mehreren Prüfungsabsolventen den ersten 30 vom Hundert zuzurechnen ist, ist nach Absatz 2 oder Absatz 3 zu verfahren. Ist eine Prüfungsgesamtnote weder im Zeugnis der Abschlußprüfung ausgewiesen noch nach der Prüfungsordnung festgesetzt, so ist nach Absatz 3 zu verfahren.

(2) Ist nach der Prüfungsordnung die Prüfungsgesamtnote gerundet, wird die Rangfolge unter Einbeziehung der durch die Rundung weggefallenen, höchstens jedoch zwei Stellen hinter dem Komma gebildet.

(3) In den Fällen des Absatzes 1 Satz 3 ist die Rangfolge wie folgt nach dem rechnerisch zu ermittelnden Gesamtergebnis der zu berücksichtigenden Teilleistungen der Abschlußprüfung zu bilden: Die Ergebnisse der einzelnen Teilleistungen sind zu addieren und

durch die Gesamtzahl der Teilleistungen zu dividieren. Werden einzelne Teilleistungen nach der Prüfungsordnung besonders gewichtet, so sind die Addition und Division unter Berücksichtigung dieser Gewichtung vorzunehmen. Sind im Rahmen der Gesamtbewertung Ergebnisse von Teilleistungen oder das Gesamtergebnis angehoben oder gesenkt worden, so ist dies ebenfalls rechnerisch zu berücksichtigen. Das Gesamtergebnis ist bis auf eine Stelle hinter dem Komma zu errechnen.

(4) Soweit bei der Einordnung nach den Absätzen 2 und 3 nur eine Stelle hinter dem Komma zur Verfügung steht, geht bei Ranggleichheit in der Rangfolge jeweils der Prüfungsabsolvent, der seine Ausbildung in der geringeren Zahl von Fachsemestern abgeschlossen hat, dem Prüfungsabsolventen mit der nächst größeren Zahl von Fachsemestern vor.

§ 7 Besonderheiten bei der Vergleichsgruppen- und Rangfolgenbildung

(1) In Ausbildungs- oder Studiengängen, in denen als Gesamtergebnis der Abschlußprüfung nur das Bestehen festgestellt wird oder in denen eine Abschlußprüfung nicht vorgesehen oder nicht vorgeschrieben ist, und in Fällen, in denen der Auszubildende die Abschlußprüfung an einer außerhalb des Geltungsbereichs des Gesetzes gelegenen Ausbildungsstätte abgelegt hat, (§ 18b Abs. 2 Satz 4 und 6 des Gesetzes), ist diese Verordnung mit der Maßgabe entsprechend anzuwenden, daß bei der Vergleichsgruppen- und Rangfolgenbildung nach den §§ 5 und 6 nur die geförderten Prüfungsabsolventen zu berücksichtigen sind.

(2) Soweit als Gesamtergebnis der Abschlußprüfung nur das Bestehen festgestellt wird (§ 18b Abs. 2 Satz 4 Buchstabe a des Gesetzes), hat die Prüfungsstelle die Rangfolge nach den in dieser Prüfung erbrachten Leistungen mit Zustimmung einer vom Land bestimmten Behörde zu bilden.

(3) In Ausbildungs- oder Studiengängen, in denen eine Abschlußprüfung nicht vorgesehen oder nicht vorgeschrieben ist (§ 18b Abs. 2 Satz 4 Buchstabe b des Gesetzes), wird bei der Rangfolgenbildung die Funktion der Prüfungsstelle von der jeweiligen Ausbildungsstätte wahrgenommen. Bei der Zuordnung kann sich die Ausbildungsstätte von ihr zu berufender Kommission bedienen. Die Bildung der Vergleichsgruppen und die Berufung der Kommissionen bedürfen der Zustimmung einer vom Land bestimmten Behörde.

§ 8 Ranggleichheit

(1) Besteht in der nach den §§ 6 und 7 gebildeten Rangfolge eine Ranggleichheit an der Stelle, bis zu der die ersten 30 vom Hundert der Prüfungsabsolventen oder Geförderten reichen, so gelten alle, die sich an dieser Stelle den gleichen Rang teilen, als zu den ersten 30 vom Hundert gehörig.

(2) Falls 30 vom Hundert der Zahl der Prüfungsabsolventen oder Geförderten keine ganze Zahl ergeben, sind die 30 vom Hundert auf die nächste ganze Zahl aufzurunden.

§ 9 (aufgehoben)

§ 10 Anfechtungswirkungen

Führt die Änderung einer prüfungs- oder förderungsrechtlichen Entscheidung dazu, daß ein Geförderter den für ein Kalenderjahr ermittelten ersten 30 vom Hundert zuzurechnen ist, so wird die Zuordnung anderer Geförderter zu den ersten 30 vom Hundert dadurch nicht berührt.

§ 11 Auskunftspflichten

(1) Die Prüfungsstellen haben alle Prüfungsabsolventen auf die Möglichkeit eines leistungsabhängigen Teilerlasses von Ausbildungsförderungsdarlehen hinzuweisen und darauf hinzuwirken, daß die Geförderten eine schriftliche oder elektronische Erklärung abgeben, mit der sie die zur Vorbereitung der Entscheidung über den Darlehensteilerlaß notwendigen Angaben machen.

(2) In den in § 18b Abs. 2 Satz 4 und 6 des Gesetzes genannten Fällen sind die Prüfungsteilnehmer, die nach dem 31. Dezember 1983 Ausbildungsförderung erhalten haben, verpflichtet, der zuständigen Prüfungsstelle bei der Anmeldung zur Abschlußprüfung hiervon Kenntnis zu geben. Als Nachweis ist dieser Erklärung ein Bewilligungsbescheid oder eine entsprechende Bescheinigung des Amtes für Ausbildungsförderung beizufügen, das zuletzt mit einer Entscheidung über die Förderung befaßt war.

(3) Die Prüfungsstellen haben in den in § 18b Abs. 2 Satz 4 und 6 des Gesetzes genannten Fällen alle Prüfungsteilnehmer im Zusammenhang mit der Meldung zur Abschlußprüfung zu befragen, ob sie nach dem 31. Dezember 1983 Ausbildungsförderung als Darlehen für den Ausbildungsabschnitt, der durch die Prüfung abgeschlossen wird, erhalten haben und auf die Folgen einer Verletzung der Mitteilungspflicht nach Absatz 4 hinzuweisen.

(4) Kommt ein Prüfungsteilnehmer seiner Mitteilungspflicht nach Absatz 2 Satz 1 nicht nach, so ist er auf Dauer von einer ihm günstigen Berücksichtigung als Geförderter ausgeschlossen.

§ 12 Festlegung der Rangfolge

(1) Die Prüfungsstelle ermittelt nach den §§ 6 und 8 dieser Verordnung für jede Vergleichsgruppe die Prüfungsgesamtnote des Prüfungsabsolventen, der als letzter zu den ersten 30 vom Hundert der Vergleichsgruppe gehört (Ecknote). Unter Berücksichtigung der Ecknote ermittelt sie die Prüfungsergebnisse der zu dieser Vergleichsgruppe gehörenden geförderten Prüfungsabsolventen, die die Erklärung nach § 11 Abs. 1 abgegeben haben. Die Prüfungsstelle hat nach § 6 Abs. 2 bis 4 zu verfahren, wenn dies für die Zuordnung der Geförderten zu den ersten 30 vom Hundert aller Prüfungsabsolventen der jeweiligen Vergleichsgruppe notwendig ist.

(2) Abweichend von Absatz 1 ermittelt die Prüfungsstelle in den in § 18b Abs. 2 Satz 4 und 6 des Gesetzes genannten Fällen nach den §§ 7 und 8 für jede Vergleichsgruppe die

Rangfolge der Geförderten und stellt fest, wer zu den ersten 30 vom Hundert der Geförderten gehört.

(3) Sie teilt dem Bundesverwaltungsamt bis Ende April des auf die Feststellung des Gesamtergebnisses der Abschlußprüfung folgenden Kalenderjahres die für die weitere Durchführung des § 18b Abs. 2 des Gesetzes erforderlichen und nach Absatz 1 oder 2 festgestellten Daten auf für die elektronische Datenverarbeitung geeigneten, maschinell lesbaren Datenträgern mit.

(4) Abweichend von Absatz 3 kann die Prüfungsstelle die Daten auf standardisierten Erfassungsbögen übermitteln, wenn die maschinelle Datenmitteilung wegen eines unverhältnismäßigen Verwaltungsaufwandes nicht vertretbar ist.

(5) Über den Darlehensteilerlaß entscheidet das Bundesverwaltungsamt.

§ 13 (aufgehoben)

§ 14 Übergangsregelung

In den Ausbildungsgängen für Ärzte und Apotheker sind, soweit noch nicht alle Teilabschnitte der ärztlichen oder pharmazeutischen Prüfung nach der Approbationsordnung für Ärzte oder der Approbationsordnung für Apotheker in der nach dem 31. Dezember 1983 jeweils geltenden Fassung differenziert bewertet sind, bei der Bildung der Rangfolge nach § 6 die differenziert bewerteten Teilabschnitte zugrundezulegen. Bei der rechnerischen Ermittlung des Gesamtergebnisses ist die Gewichtung zu berücksichtigen, die sich aus den in den Approbationsordnungen für die einzelnen Prüfungsabschnitte zur Gesamtnotenbildung festgesetzten Multiplikations-, Divisions- und Additionswerten ergibt.

§ 15 Berlin-Klausel

Diese Verordnung gilt nach § 14 des Dritten Überleitungsgesetzes in Verbindung mit § 67 des Bundesausbildungsförderungsgesetzes auch im Land Berlin.

§ 16 Inkrafttreten

Diese Verordnung tritt am 1. Januar 1984 mit der Maßgabe in Kraft, daß sie für alle nach dem 31. Dezember 1983 abgeschlossenen Abschlußprüfungen anzuwenden ist.

§ 17 (aufgehoben)

Gesetz zur Schaffung eines nationalen Stipendienprogramms (Stipendienprogramm-Gesetz – StipG)

vom 21. Juli 2010 (BGBl. I S. 957), das zuletzt durch Artikel 74 des Gesetzes vom 29. März 2017 (BGBl. I S. 626) geändert worden ist

Eingangsformel
§ 1 Fördergrundsatz
§ 2 Bewerbung, Auswahl und regelmäßige Eignungs- und Leistungsprüfung
§ 3 Auswahlkriterien
§ 4 Ausschluss von Doppelförderung
§ 5 Umfang der Förderung
§ 6 Bewilligung und Förderungsdauer
§ 7 Verlängerung der Förderungshöchstdauer; Beurlaubung
§ 8 Beendigung
§ 9 Widerruf
§ 10 Mitwirkungspflichten
§ 11 Aufbringung der Mittel
§ 12 Beirat
§ 13 Statistik
§ 14 Verordnungsermächtigung
§ 15 Evaluation
§ 16 Inkrafttreten

Eingangsformel

Der Bundestag hat mit Zustimmung des Bundesrates das folgende Gesetz beschlossen:

§ 1 Fördergrundsatz

(1) An staatlichen oder staatlich anerkannten Hochschulen in Deutschland, mit Ausnahme der Hochschulen in Trägerschaft des Bundes, werden zur Förderung begabter Studierender, die hervorragende Leistungen in Studium oder Beruf erwarten lassen oder bereits erbracht haben, nach Maßgabe dieses Gesetzes Stipendien vergeben.

(2) Nicht förderfähig sind Studierende, die eine Verwaltungsfachhochschule besuchen, sofern sie als Beschäftigte im öffentlichen Dienst Anwärterbezüge oder ähnliche Leistungen aus öffentlichen Mitteln erhalten.

(3) [1]Die Befugnis der Länder, begabte Studierende auf Grund von Landesrecht zu fördern, sowie besondere Förderungsmaßnahmen für bestimmte Fachgebiete oder Personengruppen bleiben unberührt. [2]Die von der Bundesregierung finanzierte Förderung begabter Studierender durch die Begabtenförderungswerke, durch den Deutschen Akademischen Austauschdienst und durch die Stiftung Begabtenförderung berufliche Bildung bleibt unberührt.

§ 2 Bewerbung, Auswahl und regelmäßige Eignungs- und Leistungsprüfung

(1) [1]Die Stipendien werden nach Durchführung eines Auswahlverfahrens durch die Hochschulen auf Antrag des Bewerbers vergeben, wenn die Hochschule ein entsprechendes Auswahlverfahren ausgeschrieben hat. [2]Bewerben kann sich, wer

1. die für das Studium erforderlichen Zugangsvoraussetzungen erfüllt und
2. vor der Aufnahme des Studiums an der jeweiligen Hochschule steht oder bereits dort immatrikuliert ist.

(2) [1]Die Durchführung des Auswahlverfahrens liegt in der Verantwortung der Hochschulen. [2]Die Verfahren sind so zu gestalten, dass

1. die Einhaltung der Auswahlkriterien für die Bewerber und Bewerberinnen nachvollziehbar ist,
2. sie unabhängig von den in § 1 Absatz 3 Satz 2 genannten Einrichtungen durchgeführt werden und
3. eine Einflussnahme der privaten Mittelgeber auf die Auswahl der zu fördernden Studierenden ausgeschlossen ist. Die Hochschulen können Vertreter der privaten Mittelgeber mit beratender Funktion in Auswahlgremien berufen.

(3) Die Hochschulen prüfen regelmäßig, ob Begabung und Leistung des Stipendiaten oder der Stipendiatin eine Fortgewähr des Stipendiums rechtfertigen.

(4) [1]Nach Landesrecht staatlich anerkannte Hochschulen werden mit den Aufgaben der Auswahl und Stipendienvergabe nach diesem Gesetz beliehen. [2]Die Beliehene untersteht der Aufsicht der zuständigen obersten Landesbehörde. [3]Die Beleihung endet mit dem Verlust der staatlichen Anerkennung.

§ 3 Auswahlkriterien

[1]Die Stipendien werden nach Begabung und Leistung vergeben. [2]Neben den bisher erbrachten Leistungen und dem bisherigen persönlichen Werdegang sollen auch gesellschaftliches Engagement, die Bereitschaft, Verantwortung zu übernehmen oder besondere soziale, familiäre oder persönliche Umstände berücksichtigt werden, die sich beispielsweise aus der familiären Herkunft oder einem Migrationshintergrund ergeben.

§ 4 Ausschluss von Doppelförderung

(1) [1]Ein Stipendium nach diesem Gesetz wird nicht vergeben, wenn der oder die Studierende eine begabungs- und leistungsabhängige materielle Förderung durch eine der in § 1 Absatz 3 genannten Maßnahmen oder Einrichtungen oder durch eine sonstige inländische oder ausländische Einrichtung erhält. [2]Dies gilt nicht, wenn die Summe dieser Förderung je Semester, für das die Förderung bewilligt wurde, einen Monatsdurchschnitt von 30 Euro unterschreitet.

(2) [1]Um Doppelförderungen zu vermeiden, führt das Bundesministerium für Bildung und Forschung Stichproben durch. [2]Zu diesem Zweck kann das Bundesministerium für Bildung und Forschung bei den Hochschulen Name, Vorname, Geburtsdatum, Adresse und Hochschulort der Personen erheben, die ein Stipendium nach diesem Gesetz erhalten; es kann diese Daten speichern und mit den Daten der in § 1 Absatz 3 Satz 2 genannten und sonstigen in- und ausländischen Einrichtungen abgleichen. [3]Die Hochschulen sind zur Übermittlung der Daten verpflichtet. [4]Die erhobenen Daten sind nach der Durchführung der Stichprobe zu vernichten.

§ 5 Umfang der Förderung

(1) [1]Die Höhe des Stipendiums beträgt monatlich 300 Euro. [2]Ein höheres Stipendium kann vergeben werden, wenn der nach § 11 Absatz 2 eingeworbene Anteil an privaten Mitteln höher als 150 Euro ist.

(2) Das Stipendium darf weder von einer Gegenleistung für den privaten Mittelgeber noch von einer Arbeitnehmertätigkeit oder einer Absichtserklärung hinsichtlich einer späteren Arbeitnehmertätigkeit abhängig gemacht werden.

(3) [1]Das Stipendium bleibt vorbehaltlich des Satzes 2 bis zur Höhe von 300 Euro als Einkommen bei Sozialleistungen unberücksichtigt. [2]§ 14 des Wohngeldgesetzes und § 21 des Wohnraumförderungsgesetzes sowie entsprechende landesrechtliche Vorschriften bleiben unberührt.

§ 6 Bewilligung und Förderungsdauer

(1) [1]Die Entscheidung über den Antrag erfolgt schriftlich oder elektronisch. [2]Die Bewilligung eines Stipendiums umfasst die Entscheidung über den Bewilligungszeitraum, die Höhe des Stipendiums sowie die Förderungsdauer. [3]Der Bewilligungszeitraum soll mindestens zwei Semester betragen. [4]Die Förderungshöchstdauer richtet sich nach der Regelstudienzeit im jeweiligen Studiengang.

(2) [1]Das Stipendium kann ab dem ersten Hochschulsemester vergeben werden. [2]Innerhalb der Förderungsdauer soll der Bewilligungszeitraum von Amts wegen verlängert werden. [3]Die Bewilligung kann nur erteilt oder verlängert werden, wenn für den Bewilligungszeitraum Mittel nach § 11 Absatz 2 zur Verfügung stehen.

(3) [1]Die Auszahlung setzt voraus, dass der Stipendiat oder die Stipendiatin an der Hochschule immatrikuliert ist, die das Stipendium vergibt. [2]Wechselt der Stipendiat oder die Stipendiatin während des Bewilligungszeitraums die Hochschule, wird das Stipendium entsprechend der bisherigen Bewilligung ein Semester lang fortgezahlt. [3]Maßgeblich ist die Semesterdauer an der Hochschule, die das Stipendium vergeben hat. [4]Die Bewerbung um ein erneutes Stipendium an der neuen Hochschule ist möglich.

(4) Das Stipendium wird auch während der vorlesungsfreien Zeit und, abweichend von Absatz 3, während eines fachrichtungsbezogenen Auslandsaufenthalts gezahlt.

§ 7 Verlängerung der Förderungshöchstdauer; Beurlaubung

(1) Verlängert sich die Studiendauer aus schwerwiegenden Gründen, wie zum Beispiel einer Behinderung, einer Schwangerschaft, der Pflege und Erziehung eines Kindes oder eines fachrichtungsbezogenen Auslandsaufenthalts, so kann die Förderungshöchstdauer auf Antrag verlängert werden.

(2) [1]Während der Zeit einer Beurlaubung vom Studium wird das Stipendium nicht gezahlt. [2]Bei Wiederaufnahme des Studiums im Anschluss an die Beurlaubung wird der Bewilligungszeitraum des Stipendiums auf Anzeige des Stipendiaten oder der Stipendiatin angepasst.

§ 8 Beendigung

[1]Das Stipendium endet mit Ablauf des Monats, in dem der Stipendiat oder die Stipendiatin

1. die Hochschulausbildung erfolgreich beendet hat; dies ist der Fall, wenn das Gesamtergebnis des erfolgreich abgeschlossenen Ausbildungsabschnitts dem Stipendiaten oder der Stipendiatin bekannt gegeben wird, spätestens jedoch mit Ablauf des zweiten Monats nach dem Monat, in dem der letzte Prüfungsteil abgelegt wurde,
2. das Studium abgebrochen hat,
3. die Fachrichtung gewechselt hat oder
4. exmatrikuliert wird.

[2]Wechselt der Stipendiat oder die Stipendiatin während des Bewilligungszeitraums die Hochschule, endet das Stipendium mit Ablauf des Semesters, für welches das Stipendium nach § 6 Absatz 3 oder 4 fortgezahlt wird.

§ 9 Widerruf

[1]Die Bewilligung des Stipendiums soll mit mindestens sechswöchiger Frist zum Ende eines Kalendermonats widerrufen werden, wenn der Stipendiat oder die Stipendiatin der Pflicht nach § 10 Absatz 2 und 3 nicht nachgekommen ist oder entgegen § 4 Absatz 2 eine weitere Förderung erhält oder die Hochschule bei der Prüfung feststellt, dass die Eignungs- und Leistungsvoraussetzungen für das Stipendium nicht mehr fortbestehen. [2]Ein rückwirkender Widerruf der Bewilligung ist insbesondere im Fall der Doppelförderung möglich.

§ 10 Mitwirkungspflichten

(1) Die Bewerberinnen und Bewerber haben die für das Auswahlverfahren notwendigen Mitwirkungspflichten zu erfüllen, insbesondere die zur Prüfung der Eignungs- und Leistungsvoraussetzungen erforderlichen Auskünfte zu erteilen und Nachweise zu erbringen.

(2) Die Stipendiaten und Stipendiatinnen haben alle Änderungen in den Verhältnissen, die für die Bewilligung des Stipendiums erheblich sind, unverzüglich mitzuteilen.

(3) Die Stipendiatinnen und Stipendiaten haben während des Förderzeitraums die von der Hochschule festzulegenden Eignungs- und Leistungsnachweise vorzulegen.

§ 11 Aufbringung der Mittel

(1) Die Stipendien werden aus von den Hochschulen eingeworbenen privaten Mitteln und aus öffentlichen Mitteln finanziert.

(2) [1]Haben die Hochschulen von den privaten Mittelgebern pro Stipendium einen Betrag von mindestens 150 Euro monatlich eingeworben, wird dieser vom Bund pro Stipendium um einen Betrag von 150 Euro aufgestockt. [2]Der Bund trägt sonstige Zweckausgaben der Hochschulen pauschal in Höhe von 7 Prozent der privaten Mittel, die zur Erreichung der jeweiligen Höchstgrenze nach § 11 Absatz 4 Satz 2 je Hochschule höchstens eingeworben werden können.

(3) [1]Die privaten Mittelgeber können für die von ihnen anteilig finanzierten Stipendien eine Zweckbindung für bestimmte Fachrichtungen oder Studiengänge festlegen. [2]Die aufstockenden öffentlichen Mittel folgen dieser privaten Zweckbindung. [3]Bis zu zwei Drittel der von den Hochschulen pro Kalenderjahr neu bewilligten Stipendien können solche sein, die die privaten Mittelgeber mit einer Zweckbindung versehen haben.

(4) [1]Ein Stipendium nach diesem Gesetz können höchstens 8 Prozent der Studierenden einer Hochschule erhalten. [2]Die Erreichung dieser Höchstgrenze erfolgt schrittweise.

§ 12 Beirat

(1) [1]Das Bundesministerium für Bildung und Forschung richtet einen Beirat ein. [2]Dieser berät das Bundesministerium durch Stellungnahmen bei der Anwendung dieses Gesetzes und Prüfung der Weiterentwicklung der gesetzlichen Regelung der Stipendien.

(2) Das Bundesministerium für Bildung und Forschung beruft Vertreter der an der Ausführung des Gesetzes beteiligten Landesbehörden, des deutschen Studentenwerkes e. V., der Hochschulen, der Studierenden, der privaten Mittelgeber und der Wissenschaft, der Arbeitgeber sowie der Arbeitnehmer für jeweils vier Jahre in den Beirat.

§ 13 Statistik

(1) Über die Förderung nach diesem Gesetz wird eine Bundesstatistik geführt.

(2) Die Statistik erfasst jährlich für das vorausgegangene Kalenderjahr für jeden Stipendiaten und jede Stipendiatin folgende Erhebungsmerkmale:

1. von dem Stipendiaten oder der Stipendiatin: Geschlecht, Staatsangehörigkeit, Art des angestrebten Abschlusses, Ausbildungsstätte nach Art und rechtlicher Stellung, Studienfachrichtung, Semesterzahl, Fachsemesterzahl, Zahl der Fördermonate, Bezug von Leistungen nach dem BAföG,

2. von dem privaten Mittelgeber: Rechtsform, Angaben zur Bindung der bereitgestellten Mittel für bestimmte Studiengänge, Gesamtsumme der bereitgestellten Mittel.

(3) Hilfsmerkmale sind Name und Anschrift der die Stipendien vergebenden Stelle.

(4) [1]Für die Durchführung der Statistik besteht Auskunftspflicht. [2]Auskunftspflichtig sind die Hochschulen.

§ 14 Verordnungsermächtigung

(1) Die Bundesregierung wird ermächtigt, durch Rechtsverordnung mit Zustimmung des Bundesrats Vorschriften zu erlassen über

1. Einzelheiten zu den Bewerbungs- und Auswahlverfahren und zu den Maßnahmen der Eignungs- und Leistungsüberprüfung nach § 2,
2. Einzelheiten zu den Auswahlkriterien nach § 3,
3. Einzelheiten zur Durchführung des Datenabgleichs nach § 4 Absatz 2,
4. die Zahlweise,
5. Einzelheiten zum Bewilligungszeitraum, zur Förderungsdauer und zur Förderungshöchstdauer nach § 6,
6. Einzelheiten zu den Mitwirkungspflichten nach § 10,
7. Einzelheiten zur Aufbringung der Mittel,
8. Einzelheiten zu den Aufgaben und zur Zusammensetzung eines Beirats nach § 12,
9. die Bereitstellung von zentraler Information und Beratung,
10. Einzelheiten zu den Erhebungsmerkmalen und zum Meldeverfahren für die Statistik nach § 13.

(2) Das Bundesministerium für Bildung und Forschung wird ermächtigt, im Einvernehmen mit dem Bundesministerium der Finanzen ohne Zustimmung des Bundesrates die Einzelheiten zur Erreichung der Höchstgrenze nach § 11 Absatz 4 in einer Rechtsverordnung festzulegen.

§ 15 Evaluation

[1]Auf der Grundlage der Statistik nach § 13 prüft die Bundesregierung nach Ablauf von vier Jahren, ob an allen Hochschulstandorten ausreichend private Mittel eingeworben werden können oder ob Ausgleichsmaßnahmen zu ergreifen sind. [2]Über das Ergebnis ist dem Deutschen Bundestag und dem Bundesrat zu berichten.

§ 16 Inkrafttreten

Dieses Gesetz tritt am 1. August 2010 in Kraft.

Verordnung zur Durchführung des Stipendienprogramm-Gesetzes (Stipendienprogramm-Verordnung – StipV)

vom 20. Dezember 2010 (BGBl. I S. 2197), die zuletzt durch Art. 2 der Verordnung vom 29. November 2011 (BGBl. I S. 2450) geändert worden ist

Eingangsformel

Auf Grund des § 14 Nummer 1, 2, 7 und 8 des Stipendienprogramm-Gesetzes vom 21. Juli 2010 (BGBl. I S. 957) verordnet die Bundesregierung:

§ 1 Bewerbungs- und Auswahlverfahren

Die Hochschulen schreiben ihre zu vergebenden Stipendien mindestens einmal im Jahr aus. Spätestens mit der Ausschreibung machen die Hochschulen in allgemein zugänglicher Form bekannt

1. die voraussichtliche Zahl und gegebenenfalls die Zweckbindung der zur Verfügung stehenden Stipendien,
2. die Form der Bewerbung und die Stelle, bei der sie einzureichen ist,
3. die von den Bewerbern beizubringenden Unterlagen,
4. den Ablauf des Auswahlverfahrens und
5. die Bewerbungsfristen.

Vorschriften der Hochschulen zur weiteren Ausgestaltung der Bewerbungs- und Auswahlverfahren bleiben unberührt.

§ 2 Auswahlkriterien

(1) Leistung und Begabung im Sinne des § 3 Satz 1 des Gesetzes können insbesondere wie folgt nachgewiesen werden:

1. für Studienanfängerinnen und Studienanfänger durch
   a) die Durchschnittsnote der Hochschulzugangsberechtigung unter besonderer Berücksichtigung der für das gewählte Studienfach relevanten Einzelnoten oder
   b) die besondere Qualifikation, die zum Studium an dieser Hochschule berechtigt,
2. für bereits immatrikulierte Studierende durch die bisher erbrachten Studienleistungen, insbesondere die erreichten ECTS-Punkte oder Ergebnisse einer Zwischenprüfung oder eines Vordiploms, für Studierende eines Master-Studiengangs auch die Abschlussnote des vorausgegangenen Studiums,

(2) Bei der Gesamtbetrachtung des Potenzials der Bewerberin oder des Bewerbers sollen außerdem insbesondere berücksichtigt werden

1. besondere Erfolge, Auszeichnungen und Preise, eine vorangegangene Berufstätigkeit und Praktika,
2. außerschulisches oder außerfachliches Engagement wie eine ehrenamtliche Tätigkeit, gesellschaftliches, soziales, hochschulpolitisches oder politisches Engagement oder die Mitwirkung in Religionsgesellschaften, Verbänden oder Vereinen,
3. besondere persönliche oder familiäre Umstände wie Krankheiten und Behinderungen, die Betreuung eigener Kinder, insbesondere als alleinerziehendes Elternteil, oder pflegebedürftiger naher Angehöriger, die Mitarbeit im familiären Betrieb, studienbegleitende Erwerbstätigkeiten, familiäre Herkunft oder ein Migrationshintergrund.

§ 3 Regelmäßige Begabungs- und Leistungsüberprüfung

Die Hochschulen prüfen mindestens einmal jährlich, ob die Begabung und Leistung der Stipendiatin oder des Stipendiaten eine Fortgewähr des Stipendiums rechtfertigt. Sie legen hierzu im Bewilligungsbescheid den Zeitpunkt und die Art der Nachweise fest, welche die Stipendiatin oder der Stipendiat erbringen muss, um diese Prüfung zu ermöglichen. Besondere persönliche oder familiäre Umstände, unter denen die Leistung erbracht wurde, werden berücksichtigt.

§ 4 (weggefallen)

§ 5 Beirat

(1) Der Beirat besteht aus zwölf Mitgliedern. Das Bundesministerium für Bildung und Forschung beruft:

1. zwei Vertreterinnen oder Vertreter der zuständigen obersten Landesbehörden,
2. zwei Vertreterinnen oder Vertreter der Hochschulen,
3. zwei Vertreterinnen oder Vertreter der Studierenden,
4. zwei Vertreterinnen oder Vertreter der privaten Mittelgeber,
5. je eine Vertreterin oder einen Vertreter der Arbeitgeber und Arbeitnehmer,
6. eine Vertreterin oder einen Vertreter der Wissenschaft sowie
7. eine Vertreterin oder einen Vertreter des Deutschen Studentenwerk e. V.

Die Mitglieder nach Satz 2 Nummer 1 und 3 werden auf Vorschlag des Bundesrates, die Mitglieder nach Nummer 2 auf Vorschlag der Hochschulrektorenkonferenz berufen. Das Bundesministerium für Bildung und Forschung kann ein Mitglied vorzeitig abberufen, wenn sich die Verhältnisse wesentlich verändert haben, die für die Berufung in den Beirat maßgebend waren.

(2) Die Geschäfte des Beirates führt das Bundesministerium für Bildung und Forschung oder eine von diesem beauftragte Stelle. Der Beirat gibt sich eine Geschäftsordnung, die der Zustimmung des Bundesministeriums für Bildung und Forschung bedarf.

§ 6 Inkrafttreten

Diese Verordnung tritt am Tag nach der Verkündung in Kraft.

Verordnung über die Erreichung der Höchstgrenze nach dem Stipendienprogramm-Gesetz (Stipendiengrogramm-Höchstgrenzen-Verordnung – StipHV)

vom 29. November 2011 (BGBl. I S. 2450), die zuletzt durch Artikel 1 der Verordnung vom 29. Juni 2015 (BGBl. I S. 1167) geändert worden ist

§ 1 Jährliche Höchstgrenze

Die Höchstgrenze gemäß § 11 Absatz 4 des Stipendienprogramm-Gesetzes beträgt

1. für das Jahr 2012 bis einschließlich 31. Juli 2013 1 Prozent der Studierenden einer Hochschule,
2. ab dem 1. August 2013 1,5 Prozent der Studierenden einer Hochschule.

§ 2 Verfahren

(1) Das Bundesministerium für Bildung und Forschung teilt den nach Landesrecht zuständigen Landesbehörden rechtzeitig die auf jede ihrer Hochschulen entfallende Zahl der Stipendien mit, die der jährlichen Höchstgrenze nach § 1 entspricht. Auf jede Hochschule entfällt mindestens ein Stipendium.

(2) Hat eine Hochschule nicht genügend private Mittel eingeworben, um die jeweils gültige Höchstgrenze nach § 1 auszuschöpfen, so soll die zuständige Landesbehörde von Amts wegen das frei bleibende Stipendienkontingent innerhalb des Bundeslandes auf andere Hochschulen (Begünstigte) übertragen. Als Begünstigte nach Satz 1 kommen solche Hochschulen in Betracht, die mit den von ihnen eingeworbenen Mitteln mehr Stipendien vergeben können, als ihnen nach der jeweils geltenden Höchstgrenze zustehen. Die Landesbehörde strebt dabei eine Verteilung an, die im Verhältnis zu der Studierendenzahl der begünstigten Hochschulen steht.

(3) Durch die Übertragung frei bleibender Stipendien darf an den begünstigten Hochschulen die Höchstgrenze des § 11 Absatz 4 Satz 1 des Stipendienprogramm-Gesetzes nicht überschritten werden.

Sozialgesetzbuch (SGB) Erstes Buch (I) – Allgemeiner Teil – (Artikel I des Gesetzes vom 11. Dezember 1975, BGBl. I S. 3015)

Zuletzt geändert durch Artikel 2a des Gesetzes vom 22. Dezember 2023 (BGBl. I Nr. 408)

Erster Abschnitt
Aufgaben des Sozialgesetzbuchs und soziale Rechte
§ 1 Aufgaben des Sozialgesetzbuchs
§ 2 Soziale Rechte
§ 3 Bildungs- und Arbeitsförderung
§ 4 Sozialversicherung
§ 5 Soziale Entschädigung
§ 6 Minderung des Familienaufwands
§ 7 Zuschuß für eine angemessene Wohnung
§ 8 Kinder- und Jugendhilfe
§ 9 Sozialhilfe
§ 10 Teilhabe behinderter Menschen

Zweiter Abschnitt
Einweisungsvorschriften

Erster Titel
Allgemeines über Sozialleistungen und Leistungsträger
§ 11 Leistungsarten
§ 12 Leistungsträger
§ 13 Aufklärung
§ 14 Beratung
§ 15 Auskunft
§ 16 Antragstellung
§ 17 Ausführung der Sozialleistungen

Zweiter Titel
Einzelne Sozialleistungen und zuständige Leistungsträger
§ 18 Leistungen der Ausbildungsförderung
§ 19 Leistungen der Arbeitsförderung
§ 19a Leistungen der Grundsicherung für Arbeitsuchende
§ 19b Leistungen bei gleitendem Übergang älterer Arbeitnehmer in den Ruhestand
§ 20
§ 21 Leistungen der gesetzlichen Krankenversicherung
§ 21a Leistungen der sozialen Pflegeversicherung
§ 21b Leistungen bei Schwangerschaftsabbrüchen
§ 22 Leistungen der gesetzlichen Unfallversicherung
§ 23 Leistungen der gesetzlichen Rentenversicherung einschließlich der Alterssicherung der Landwirte

§ 24 Versorgungsleistungen bei Gesundheitsschäden
§ 25 Kindergeld, Kinderzuschlag, Elterngeld und Leistungen für Bildung und Teilhabe
§ 26 Wohngeld
§ 27 Leistungen der Kinder- und Jugendhilfe
§ 28 Leistungen der Sozialhilfe
§ 28a Leistungen der Eingliederungshilfe
§ 29 Leistungen zur Rehabilitation und Teilhabe behinderter Menschen

Dritter Abschnitt
Gemeinsame Vorschriften für alle Sozialleistungsbereiche dieses Gesetzbuchs

Erster Titel
Allgemeine Grundsätze

§ 30 Geltungsbereich
§ 31 Vorbehalt des Gesetzes
§ 32 Verbot nachteiliger Vereinbarungen
§ 33 Ausgestaltung von Rechten und Pflichten
§ 33a Altersabhängige Rechte und Pflichten
§ 33b Lebenspartnerschaften
§ 33c Benachteiligungsverbot
§ 34 Begrenzung von Rechten und Pflichten
§ 35 Sozialgeheimnis
§ 36 Handlungsfähigkeit
§ 36a Elektronische Kommunikation
§ 37 Vorbehalt abweichender Regelungen

Zweiter Titel
Grundsätze des Leistungsrechts

§ 38 Rechtsanspruch
§ 39 Ermessensleistungen
§ 40 Entstehen der Ansprüche
§ 41 Fälligkeit
§ 42 Vorschüsse
§ 43 Vorläufige Leistungen
§ 44 Verzinsung
§ 45 Verjährung
§ 46 Verzicht
§ 47 Auszahlung von Geldleistungen
§ 48 Auszahlung bei Verletzung der Unterhaltspflicht
§ 49 Auszahlung bei Unterbringung
§ 50 Überleitung bei Unterbringung
§ 51 Aufrechnung
§ 52 Verrechnung
§ 53 Übertragung und Verpfändung
§ 54 Pfändung
§ 55 (weggefallen)
§ 56 Sonderrechtsnachfolge

§ 57 Verzicht und Haftung des Sonderrechtsnachfolgers
§ 58 Vererbung
§ 59 Ausschluß der Rechtsnachfolge

Dritter Titel
Mitwirkung des Leistungsberechtigten
§ 60 Angabe von Tatsachen
§ 61 Persönliches Erscheinen
§ 62 Untersuchungen
§ 63 Heilbehandlung
§ 64 Leistungen zur Teilhabe am Arbeitsleben
§ 65 Grenzen der Mitwirkung
§ 65a Aufwendungsersatz
§ 66 Folgen fehlender Mitwirkung
§ 67 Nachholung der Mitwirkung

Vierter Abschnitt
Übergangs- und Schlussvorschriften
§ 68 Besondere Teile dieses Gesetzbuches
§ 69 Stadtstaaten-Klausel
§ 70 Überleitungsvorschrift zum Verjährungsrecht
§ 71 Überleitungsvorschrift zur Übertragung, Verpfändung und Pfändung
§ 72 Übergangsregelung aus Anlass des Gesetzes zur Regelung des Sozialen Entschädigungsrechts

Erster Abschnitt
Aufgaben des Sozialgesetzbuchs und soziale Rechte

§ 1 Aufgaben des Sozialgesetzbuchs

(1) [1]Das Recht des Sozialgesetzbuchs soll zur Verwirklichung sozialer Gerechtigkeit und sozialer Sicherheit Sozialleistungen einschließlich sozialer und erzieherischer Hilfen gestalten. [2]Es soll dazu beitragen, ein menschenwürdiges Dasein zu sichern, gleiche Voraussetzungen für die freie Entfaltung der Persönlichkeit, insbesondere auch für junge Menschen, zu schaffen,die Familie zu schützen und zu fördern,den Erwerb des Lebensunterhalts durch eine frei gewählte Tätigkeit zu ermöglichen undbesondere Belastungen des Lebens, auch durch Hilfe zur Selbsthilfe, abzuwenden oder auszugleichen.

(2) Das Recht des Sozialgesetzbuchs soll auch dazu beitragen, daß die zur Erfüllung der in Absatz 1 genannten Aufgaben erforderlichen sozialen Dienste und Einrichtungen rechtzeitig und ausreichend zur Verfügung stehen.

§ 2 Soziale Rechte

(1) [1]Der Erfüllung der in § 1 genannten Aufgaben dienen die nachfolgenden sozialen Rechte. [2]Aus ihnen können Ansprüche nur insoweit geltend gemacht oder hergeleitet werden, als deren Voraussetzungen und Inhalt durch die Vorschriften der besonderen Teile dieses Gesetzbuchs im einzelnen bestimmt sind.

(2) Die nachfolgenden sozialen Rechte sind bei der Auslegung der Vorschriften dieses Gesetzbuchs und bei der Ausübung von Ermessen zu beachten; dabei ist sicherzustellen, daß die sozialen Rechte möglichst weitgehend verwirklicht werden.

§ 3 Bildungs- und Arbeitsförderung

(1) Wer an einer Ausbildung teilnimmt, die seiner Neigung, Eignung und Leistung entspricht, hat ein Recht auf individuelle Förderung seiner Ausbildung, wenn ihm die hierfür erforderlichen Mittel nicht anderweitig zur Verfügung stehen.

(2) Wer am Arbeitsleben teilnimmt oder teilnehmen will, hat ein Recht auf

1. Beratung bei der Wahl des Bildungswegs und des Berufs,
2. individuelle Förderung seiner beruflichen Weiterbildung,
3. Hilfe zur Erlangung und Erhaltung eines angemessenen Arbeitsplatzes und
4. wirtschaftliche Sicherung bei Arbeitslosigkeit und bei Zahlungsunfähigkeit des Arbeitgebers.

§ 4 Sozialversicherung

(1) Jeder hat im Rahmen dieses Gesetzbuchs ein Recht auf Zugang zur Sozialversicherung.

(2) [1]Wer in der Sozialversicherung versichert ist, hat im Rahmen der gesetzlichen Kranken-, Pflege-, Unfall- und Rentenversicherung einschließlich der Alterssicherung der Landwirte ein Recht auf

1. die notwendigen Maßnahmen zum Schutz, zur Erhaltung, zur Besserung und zur Wiederherstellung der Gesundheit und der Leistungsfähigkeit und
2. wirtschaftliche Sicherung bei Krankheit, Mutterschaft, Minderung der Erwerbsfähigkeit und Alter.

[2]Ein Recht auf wirtschaftliche Sicherung haben auch die Hinterbliebenen eines Versicherten.

§ 5 Soziale Entschädigung

[1]Wer einen Gesundheitsschaden erleidet, für dessen Folgen die staatliche Gemeinschaft in Abgeltung eines besonderen Opfers oder aus anderen Gründen nach des Sozialen Entschädigungsrechts Grundsätzen einsteht, hat ein Recht auf

1. die notwendigen Maßnahmen zur Erhaltung, zur Besserung und zur Wiederherstellung der Gesundheit und der Leistungsfähigkeit und
2. angemessene wirtschaftliche Versorgung.

[2]Ein Recht auf angemessene Leistungen der Sozialen Entschädigung haben auch die Hinterbliebenen einesGeschädigten.

§ 6 Minderung des Familienaufwands

Wer Kindern Unterhalt zu leisten hat oder leistet, hat ein Recht auf Minderung der dadurch entstehenden wirtschaftlichen Belastungen.

§ 7 Zuschuß für eine angemessene Wohnung

Wer für eine angemessene Wohnung Aufwendungen erbringen muß, die ihm nicht zugemutet werden können, hat ein Recht auf Zuschuß zur Miete oder zu vergleichbaren Aufwendungen.

§ 8 Kinder- und Jugendhilfe

[1]Junge Menschen und Personensorgeberechtigte haben im Rahmen dieses Gesetzbuchs ein Recht, Leistungen der öffentlichen Jugendhilfe in Anspruch zu nehmen. [2]Sie sollen die Entwicklung junger Menschen fördern und die Erziehung in der Familie unterstützen und ergänzen.

§ 9 Sozialhilfe

[1]Wer nicht in der Lage ist, aus eigenen Kräften seinen Lebensunterhalt zu bestreiten oder in besonderen Lebenslagen sich selbst zu helfen, und auch von anderer Seite keine ausreichende Hilfe erhält, hat ein Recht auf persönliche und wirtschaftliche Hilfe, die seinem besonderen Bedarf entspricht, ihn zur Selbsthilfe befähigt, die Teilnahme am Leben in der Gemeinschaft ermöglicht und die Führung eines menschenwürdigen Lebens sichert. [2]Hierbei müssen Leistungsberechtigte nach ihren Kräften mitwirken.

§ 10 Teilhabe behinderter Menschen

Menschen, die körperlich, geistig oder seelisch behindert sind oder denen eine solche Behinderung droht, haben unabhängig von der Ursache der Behinderung zur Förderung ihrer Selbstbestimmung und gleichberechtigten Teilhabe ein Recht auf Hilfe, die notwendig ist, um

1. die Behinderung abzuwenden, zu beseitigen, zu mindern, ihre Verschlimmerung zu verhüten oder ihre Folgen zu mildern,
2. Einschränkungen der Erwerbsfähigkeit oder Pflegebedürftigkeit zu vermeiden, zu überwinden, zu mindern oder eine Verschlimmerung zu verhüten sowie den vorzeitigen Bezug von Sozialleistungen zu vermeiden oder laufende Sozialleistungen zu mindern,
3. ihnen einen ihren Neigungen und Fähigkeiten entsprechenden Platz im Arbeitsleben zu sichern,
4. ihre Entwicklung zu fördern und ihre Teilhabe am Leben in der Gesellschaft und eine möglichst selbständige und selbstbestimmte Lebensführung zu ermöglichen oder zu erleichtern sowie
5. Benachteiligungen auf Grund der Behinderung entgegenzuwirken.

Zweiter Abschnitt
Einweisungsvorschriften

Erster Titel
Allgemeines über Sozialleistungen und Leistungsträger

§ 11 Leistungsarten

[1]Gegenstand der sozialen Rechte sind die in diesem Gesetzbuch vorgesehenen Dienst-, Sach- und Geldleistungen (Sozialleistungen). [2]Die persönliche und erzieherische Hilfe gehört zu den Dienstleistungen.

§ 12 Leistungsträger

[1]Zuständig für die Sozialleistungen sind die in den §§ 18 bis 29 genannten Körperschaften, Anstalten und Behörden (Leistungsträger). [2]Die Abgrenzung ihrer Zuständigkeit ergibt sich aus den besonderen Teilen dieses Gesetzbuchs.

§ 13 Aufklärung

Die Leistungsträger, ihre Verbände und die sonstigen in diesem Gesetzbuch genannten öffentlich-rechtlichen Vereinigungen sind verpflichtet, im Rahmen ihrer Zuständigkeit die Bevölkerung über die Rechte und Pflichten nach diesem Gesetzbuch aufzuklären.

§ 14 Beratung

[1]Jeder hat Anspruch auf Beratung über seine Rechte und Pflichten nach diesem Gesetzbuch. [2]Zuständig für die Beratung sind die Leistungsträger, denen gegenüber die Rechte geltend zu machen oder die Pflichten zu erfüllen sind.

§ 15 Auskunft

(1) Die nach Landesrecht zuständigen Stellen, die Träger der gesetzlichen Krankenversicherung und der sozialen Pflegeversicherung sind verpflichtet, über alle sozialen Angelegenheiten nach diesem Gesetzbuch Auskünfte zu erteilen.

(2) Die Auskunftspflicht erstreckt sich auf die Benennung der für die Sozialleistungen zuständigen Leistungsträger sowie auf alle Sach- und Rechtsfragen, die für die Auskunftsuchenden von Bedeutung sein können und zu deren Beantwortung die Auskunftsstelle imstande ist.

(3) Die Auskunftsstellen sind verpflichtet, untereinander und mit den anderen Leistungsträgern mit dem Ziel zusammenzuarbeiten, eine möglichst umfassende Auskunftserteilung durch eine Stelle sicherzustellen.

(4) Die Träger der gesetzlichen Rentenversicherung sollen über Möglichkeiten zum Aufbau einer staatlich geförderten zusätzlichen Altersvorsorge produkt- und anbieterneutral Auskünfte erteilen.

§ 16 Antragstellung

(1) [1]Anträge auf Sozialleistungen sind beim zuständigen Leistungsträger zu stellen. [2]Sie werden auch von allen anderen Leistungsträgern, von allen Gemeinden und bei Personen, die sich im Ausland aufhalten, auch von den amtlichen Vertretungen der Bundesrepublik Deutschland im Ausland entgegengenommen.

(2) [1]Anträge, die bei einem unzuständigen Leistungsträger, bei einer für die Sozialleistung nicht zuständigen Gemeinde oder bei einer amtlichen Vertretung der Bundesrepublik Deutschland im Ausland gestellt werden, sind unverzüglich an den zuständigen Leistungsträger weiterzuleiten. [2]Ist die Sozialleistung von einem Antrag abhängig, gilt der Antrag als zu dem Zeitpunkt gestellt, in dem er bei einer der in Satz 1 genannten Stellen eingegangen ist.

(3) Die Leistungsträger sind verpflichtet, darauf hinzuwirken, daß unverzüglich klare und sachdienliche Anträge gestellt und unvollständige Angaben ergänzt werden.

§ 17 Ausführung der Sozialleistungen

(1) Die Leistungsträger sind verpflichtet, darauf hinzuwirken, daß

1. jeder Berechtigte die ihm zustehenden Sozialleistungen in zeitgemäßer Weise, umfassend und zügig erhält,

2. die zur Ausführung von Sozialleistungen erforderlichen sozialen Dienste und Einrichtungen rechtzeitig und ausreichend zur Verfügung stehen,
3. der Zugang zu den Sozialleistungen möglichst einfach gestaltet wird, insbesondere durch Verwendung allgemein verständlicher Antragsvordrucke und
4. ihre Verwaltungs- und Dienstgebäude frei von Zugangs- und Kommunikationsbarrieren sind und Sozialleistungen in barrierefreien Räumen und Anlagen ausgeführt werden.

(2) [1]Menschen mit Hörbehinderungen und Menschen mit Sprachbehinderungen haben das Recht, bei der Ausführung von Sozialleistungen, insbesondere auch bei ärztlichen Untersuchungen und Behandlungen, in Deutscher Gebärdensprache, mit lautsprachbegleitenden Gebärden oder über andere geeignete Kommunikationshilfen zu kommunizieren. [2]Die für die Sozialleistung zuständigen Leistungsträger sind verpflichtet, die durch die Verwendung der Kommunikationshilfen entstehenden Kosten zu tragen. [3]§ 5 der Kommunikationshilfenverordnung in der jeweils geltenden Fassung gilt entsprechend.

(2a) § 11 des Behindertengleichstellungsgesetzes gilt in seiner jeweils geltenden Fassung bei der Ausführung von Sozialleistungen entsprechend.

(3) [1]In der Zusammenarbeit mit gemeinnützigen und freien Einrichtungen und Organisationen wirken die Leistungsträger darauf hin, daß sich ihre Tätigkeit und die der genannten Einrichtungen und Organisationen zum Wohl der Leistungsempfänger wirksam ergänzen. [2]Sie haben dabei deren Selbständigkeit in Zielsetzung und Durchführung ihrer Aufgaben zu achten. [3]Die Nachprüfung zweckentsprechender Verwendung bei der Inanspruchnahme öffentlicher Mittel bleibt unberührt. [4]Im übrigen ergibt sich ihr Verhältnis zueinander aus den besonderen Teilen dieses Gesetzbuchs; § 97 Abs. 1 Satz 1 bis 4 und Abs. 2 des Zehnten Buches findet keine Anwendung.

Zweiter Titel
Einzelne Sozialleistungen und zuständige Leistungsträger

§ 18 Leistungen der Ausbildungsförderung

(1) Nach dem Recht der Ausbildungsförderung können Zuschüsse und Darlehen für den Lebensunterhalt und die Ausbildung in Anspruch genommen werden.

(2) Zuständig sind die Ämter und die Landesämter für Ausbildungsförderung nach Maßgabe der §§ 39, 40, 40a und 45 des Bundesausbildungsförderungsgesetzes.

§ 19 Leistungen der Arbeitsförderung

(1) Nach dem Recht der Arbeitsförderung können in Anspruch genommen werden:

1. Berufsberatung und Arbeitsmarktberatung,
2. Ausbildungsvermittlung und Arbeitsvermittlung,

3. Leistungen
   a) zur Aktivierung und beruflichen Eingliederung,
   b) zur Berufswahl und Berufsausbildung,
   c) zur beruflichen Weiterbildung,
   d) zur Aufnahme einer Erwerbstätigkeit,
   e) zum Verbleib in Beschäftigung,
   f) der Teilhabe behinderter Menschen am Arbeitsleben,
4. Arbeitslosengeld, Teilarbeitslosengeld, Arbeitslosengeld bei Weiterbildung und Insolvenzgeld.

(2) Zuständig sind die Agenturen für Arbeit und die sonstigen Dienststellen der Bundesagentur für Arbeit.

§ 19a Leistungen der Grundsicherung für Arbeitsuchende

(1) Nach dem Recht der Grundsicherung für Arbeitsuchende können in Anspruch genommen werden

1. Leistungen zur Eingliederung in Arbeit,
2. Leistungen zur Sicherung des Lebensunterhalts.

(2) [1]Zuständig sind die Agenturen für Arbeit und die sonstigen Dienststellen der Bundesagentur für Arbeit, sowie die kreisfreien Städte und Kreise, soweit durch Landesrecht nicht andere Träger bestimmt sind. [2]In den Fällen des § 6a des Zweiten Buches ist abweichend von Satz 1 der zugelassene kommunale Träger zuständig.

§ 19b Leistungen bei gleitendem Übergang älterer Arbeitnehmer in den Ruhestand

(1) Nach dem Recht der Förderung eines gleitenden Übergangs älterer Arbeitnehmer in den Ruhestand können in Anspruch genommen werden:

1. Erstattung der Beiträge zur Höherversicherung in der gesetzlichen Rentenversicherung und der nicht auf das Arbeitsentgelt entfallenden Beiträge zur gesetzlichen Rentenversicherung für ältere Arbeitnehmer, die ihre Arbeitszeit verkürzt haben.
2. Erstattung der Aufstockungsbeträge zum Arbeitsentgelt für die Altersteilzeitarbeit.

(2) Zuständig sind die Agenturen für Arbeit und die sonstigen Dienststellen der Bundesagentur für Arbeit.

§ 20

(weggefallen)

§ 21 Leistungen der gesetzlichen Krankenversicherung

(1) Nach dem Recht der gesetzlichen Krankenversicherung können in Anspruch genommen werden:

1. Leistungen zur Förderung der Gesundheit, zur Verhütung und zur Früherkennung von Krankheiten,
2. bei Krankheit Krankenbehandlung, insbesondere
   a) ärztliche und zahnärztliche Behandlung,
   b) Versorgung mit Arznei-, Verband-, Heil- und Hilfsmitteln,
   c) häusliche Krankenpflege und Haushaltshilfe,
   d) Krankenhausbehandlung,
   e) medizinische und ergänzende Leistungen zur Rehabilitation,
   f) Betriebshilfe für Landwirte,
   g) Krankengeld,
3. bei Schwangerschaft und Mutterschaft ärztliche Betreuung, Hebammenhilfe, stationäre Entbindung, häusliche Pflege, Haushaltshilfe, Betriebshilfe für Landwirte, Mutterschaftsgeld,
4. Hilfe zur Familienplanung und Leistungen bei durch Krankheit erforderlicher Sterilisation und bei nicht rechtswidrigem Schwangerschaftsabbruch.
5. (weggefallen)

(2) Zuständig sind die Orts-, Betriebs- und Innungskrankenkassen, die Sozialversicherung für Landwirtschaft, Forsten und Gartenbau als landwirtschaftliche Krankenkasse, die Deutsche Rentenversicherung Knappschaft-Bahn-See und die Ersatzkassen.

§ 21a Leistungen der sozialen Pflegeversicherung

(1) Nach dem Recht der sozialen Pflegeversicherung können in Anspruch genommen werden:

1. Leistungen bei häuslicher Pflege:
   a) Pflegesachleistung,
   b) Pflegegeld für selbst beschaffte Pflegehilfen,
   c) häusliche Pflege bei Verhinderung der Pflegeperson,
   d) Pflegehilfsmittel und technische Hilfen,

2. teilstationäre Pflege und Kurzzeitpflege,
3. Leistungen für Pflegepersonen, insbesondere
   a) soziale Sicherung und
   b) Pflegekurse,
4. vollstationäre Pflege.

(2) Zuständig sind die bei den Krankenkassen errichteten Pflegekassen.

§ 21b Leistungen bei Schwangerschaftsabbrüchen

(1) Nach dem Fünften Abschnitt des Schwangerschaftskonfliktgesetzes können bei einem nicht rechtswidrigen oder unter den Voraussetzungen des § 218a Abs. 1 des Strafgesetzbuches vorgenommenen Abbruch einer Schwangerschaft Leistungen in Anspruch genommen werden.

(2) Zuständig sind die Orts-, Betriebs- und Innungskrankenkassen, die Sozialversicherung für Landwirtschaft, Forsten und Gartenbau als landwirtschaftliche Krankenkasse, die Deutsche Rentenversicherung Knappschaft-Bahn-See und die Ersatzkassen.

§ 22 Leistungen der gesetzlichen Unfallversicherung

(1) Nach dem Recht der gesetzlichen Unfallversicherung können in Anspruch genommen werden:

1. Maßnahmen zur Verhütung von Arbeitsunfällen, Berufskrankheiten und arbeitsbedingten Gesundheitsgefahren und zur Ersten Hilfe sowie Maßnahmen zur Früherkennung von Berufskrankheiten und arbeitsbedingten Gesundheitsgefahren,
2. Heilbehandlung, Leistungen zur Teilhabe am Arbeitsleben und andere Leistungen zur Erhaltung, Besserung und Wiederherstellung der Erwerbsfähigkeit sowie zur Erleichterung der Verletzungsfolgen einschließlich wirtschaftlicher Hilfen,
3. Renten wegen Minderung der Erwerbsfähigkeit,
4. Renten an Hinterbliebene, Sterbegeld und Beihilfen,
5. Rentenabfindungen,
6. Haushaltshilfe,
7. Betriebshilfe für Landwirte.

(2) Zuständig sind die gewerblichen Berufsgenossenschaften, die Sozialversicherung für Landwirtschaft, Forsten und Gartenbau als landwirtschaftliche Berufsgenossenschaft, die Gemeindeunfallversicherungsverbände, die Feuerwehr-Unfallkassen, die Unfallkassen der Länder und Gemeinden, die gemeinsamen Unfallkassen für den Landes- und kommunalen Bereich und die Unfallversicherung Bund und Bahn.

§ 23 Leistungen der gesetzlichen Rentenversicherung einschließlich der Alterssicherung der Landwirte

(1) Nach dem Recht der gesetzlichen Rentenversicherung einschließlich der Alterssicherung der Landwirte können in Anspruch genommen werden:

1. in der gesetzlichen Rentenversicherung:
   a) Leistungen zur Prävention, Leistungen zur medizinischen Rehabilitation, Leistungen zur Teilhabe am Arbeitsleben, Leistungen zur Nachsorge sowie sonstige Leistungen zur Teilhabe einschließlich wirtschaftlicher Hilfen,
   b) Renten wegen Alters, Renten wegen verminderter Erwerbsfähigkeit und Knappschaftsausgleichsleistung,
   c) Renten wegen Todes,
   d) Witwen- und Witwerrentenabfindungen sowie Beitragserstattungen,
   e) Zuschüsse zu den Aufwendungen für die Krankenversicherung,
   f) Leistungen für Kindererziehung,
2. in der Alterssicherung der Landwirte:
   a) Leistungen zur Prävention, Leistungen zur medizinischen Rehabilitation, Leistungen zur Nachsorge sowie ergänzende und sonstige Leistungen zur Teilhabe einschließlich Betriebs- oder Haushaltshilfe,
   b) Renten wegen Erwerbsminderung und Alters,
   c) Renten wegen Todes,
   d) Beitragszuschüsse,
   e) Betriebs- und Haushaltshilfe oder sonstige Leistungen zur Aufrechterhaltung des Unternehmens der Landwirtschaft.

(2) Zuständig sind

1. in der allgemeinen Rentenversicherung die Regionalträger, die Deutsche Rentenversicherung Bund und die Deutsche Rentenversicherung Knappschaft-Bahn-See,
2. in der knappschaftlichen Rentenversicherung die Deutsche Rentenversicherung Knappschaft-Bahn-See,
3. in der Alterssicherung der Landwirte die Sozialversicherung für Landwirtschaft, Forsten und Gartenbau als landwirtschaftliche Alterskasse.

§ 24 Versorgungsleistungen bei Gesundheitsschäden

(1) Nach dem Recht der sozialen Entschädigung bei Gesundheitsschäden können in Anspruch genommen werden:

1. Heil- und Krankenbehandlung sowie andere Leistungen zur Erhaltung, Besserung und Wiederherstellung der Leistungsfähigkeit einschließlich wirtschaftlicher Hilfen,

2. besondere Hilfen im Einzelfall einschließlich Leistungen zur Teilhabe am Arbeitsleben,
3. Renten wegen anerkannten Schädigungsfolgen,
4. Renten an Hinterbliebene, Bestattungsgeld und Sterbegeld,
5. Kapitalabfindung, insbesondere zur Wohnraumbeschaffung.

(2) [1]Zuständig sind die Versorgungsämter, die Landesversorgungsämter und die orthopädischen Versorgungsstellen. [2]Für die besonderen Hilfen im Einzelfall sind die Kreise und kreisfreien Städte sowie die Hauptfürsorgestellen zuständig. [3]Bei der Durchführung der Heil- und Krankenbehandlung wirken die Träger der gesetzlichen Krankenversicherung mit. [4]Für die Leistungen nach den §§ 80, 81a bis 83a des Soldatenversorgungsgesetzes ist die Bundeswehrverwaltung zuständig.

§ 25 Kindergeld, Kinderzuschlag, Elterngeld und Leistungen für Bildung und Teilhabe

(1) [1]Nach dem Bundeskindergeldgesetz kann nur dann Kindergeld in Anspruch genommen werden, wenn nicht der Familienleistungsausgleich nach § 31 des Einkommensteuergesetzes zur Anwendung kommt. [2]Nach dem Bundeskindergeldgesetz können auch der Kinderzuschlag und Leistungen für Bildung und Teilhabe in Anspruch genommen werden.

(2) Nach dem Recht des Bundeselterngeld- und Elternzeitgesetzes kann Elterngeld in Anspruch genommen werden.

(3) Für die Ausführung des Absatzes 1 sind die nach § 7 des Bundeskindergeldgesetzes bestimmten Stellen und für die Ausführung des Absatzes 2 die nach § 12 des Bundeselterngeld- und Elternzeitgesetzes bestimmten Stellen zuständig.

§ 26 Wohngeld

(1) Nach dem Wohngeldrecht kann als Zuschuß zur Miete oder als Zuschuß zu den Aufwendungen für den eigengenutzten Wohnraum Wohngeld in Anspruch genommen werden.

(2) Zuständig sind die durch Landesrecht bestimmten Behörden.

§ 27 Leistungen der Kinder- und Jugendhilfe

(1) Nach dem Recht der Kinder- und Jugendhilfe können in Anspruch genommen werden:

1. Angebote der Jugendarbeit, der Jugendsozialarbeit und des erzieherischen Jugendschutzes,
2. Angebote zur Förderung der Erziehung in der Familie,

3. Angebote zur Förderung von Kindern in Tageseinrichtungen und in Tagespflege,
4. Hilfe zur Erziehung, Eingliederungshilfe für seelisch behinderte Kinder und Jugendliche sowie Hilfe für junge Volljährige.

(2) Zuständig sind die Kreise und die kreisfreien Städte, nach Maßgabe des Landesrechts auch kreisangehörige Gemeinden; sie arbeiten mit der freien Jugendhilfe zusammen.

§ 28 Leistungen der Sozialhilfe

(1) Nach dem Recht der Sozialhilfe können in Anspruch genommen werden:

1. Hilfe zum Lebensunterhalt,

1a. Grundsicherung im Alter und bei Erwerbsminderung,

2. Hilfen zur Gesundheit,
3. (weggefallen)
4. Hilfe zur Pflege,
5. Hilfe zur Überwindung besonderer sozialer Schwierigkeiten,
6. Hilfe in anderen Lebenslagen

sowie die jeweils gebotene Beratung und Unterstützung.

(2) Zuständig sind die Kreise und kreisfreien Städte, die überörtlichen Träger der Sozialhilfe und für besondere Aufgaben die Gesundheitsämter; sie arbeiten mit den Trägern der freien Wohlfahrtspflege zusammen.

§ 28a Leistungen der Eingliederungshilfe

(1) Nach dem Recht der Eingliederungshilfe können in Anspruch genommen werden:

1. Leistungen zur medizinischen Rehabilitation,
2. Leistungen zur Teilhabe am Arbeitsleben,
3. Leistungen zur Teilhabe an Bildung,
4. Leistungen zur Sozialen Teilhabe.

(2) Zuständig sind die durch Landesrecht bestimmten Behörden.

§ 29 Leistungen zur Rehabilitation und Teilhabe behinderter Menschen

(1) Nach dem Recht der Rehabilitation und Teilhabe behinderter Menschen können in Anspruch genommen werden

1. Leistungen zur medizinischen Rehabilitation, insbesondere
   a) Frühförderung behinderter und von Behinderung bedrohter Kinder,

   b) ärztliche und zahnärztliche Behandlung,
   c) Arznei- und Verbandmittel sowie Heilmittel einschließlich physikalischer, Sprach- und Beschäftigungstherapie,
   d) Körperersatzstücke, orthopädische und andere Hilfsmittel,
   e) Belastungserprobung und Arbeitstherapie,

2. Leistungen zur Teilhabe am Arbeitsleben, insbesondere
   a) Hilfen zum Erhalten oder Erlangen eines Arbeitsplatzes,
   b) Berufsvorbereitung, berufliche Anpassung, Ausbildung und Weiterbildung,
   c) sonstige Hilfen zur Förderung der Teilhabe am Arbeitsleben,

2a. Leistungen zur Teilhabe an Bildung, insbesondere
   a) Hilfen zur Schulbildung, insbesondere im Rahmen der allgemeinen Schulpflicht und zum Besuch weiterführender Schulen einschließlich der Vorbereitung hierzu,
   b) Hilfen zur schulischen Berufsausbildung,
   c) Hilfen zur Hochschulbildung,
   d) Hilfen zur schulischen beruflichen Weiterbildung,

3. Leistungen zur Sozialen Teilhabe, insbesondere
   a) Leistungen für Wohnraum,
   b) Assistenzleistungen,
   c) heilpädagogische Leistungen,
   d) Leistungen zur Betreuung in einer Pflegefamilie,
   e) Leistungen zum Erwerb und Erhalt praktischer Kenntnisse und Fähigkeiten,
   f) Leistungen zur Förderung der Verständigung,
   g) Leistungen zur Mobilität,
   h) Hilfsmittel,

4. unterhaltssichernde und andere ergänzende Leistungen, insbesondere
   a) Krankengeld, Versorgungskrankengeld, Verletztengeld, Übergangsgeld, Ausbildungsgeld oder Unterhaltsbeihilfe,
   b) Beiträge zur gesetzlichen Kranken-, Unfall-, Renten- und Pflegeversicherung sowie zur Bundesagentur für Arbeit,
   c) Reisekosten,
   d) Haushalts- oder Betriebshilfe und Kinderbetreuungskosten,
   e) Rehabilitationssport und Funktionstraining,

5. besondere Leistungen und sonstige Hilfen zur Teilhabe schwerbehinderter Menschen am Leben in der Gesellschaft, insbesondere am Arbeitsleben.

(2) Zuständig sind die in den §§ 19 bis 24, 27 und 28 genannten Leistungsträger und die Integrationsämter.

Dritter Abschnitt Gemeinsame Vorschriften für alle Sozialleistungsbereiche dieses Gesetzbuchs

Erster Titel Allgemeine Grundsätze

§ 30 Geltungsbereich

(1) Die Vorschriften dieses Gesetzbuchs gelten für alle Personen, die ihren Wohnsitz oder gewöhnlichen Aufenthalt in seinem Geltungsbereich haben.

(2) Regelungen des über- und zwischenstaatlichen Rechts bleiben unberührt.

(3) [1]Einen Wohnsitz hat jemand dort, wo er eine Wohnung unter Umständen innehat, die darauf schließen lassen, daß er die Wohnung beibehalten und benutzen wird. [2]Den gewöhnlichen Aufenthalt hat jemand dort, wo er sich unter Umständen aufhält, die erkennen lassen, daß er an diesem Ort oder in diesem Gebiet nicht nur vorübergehend verweilt.

§ 31 Vorbehalt des Gesetzes

Rechte und Pflichten in den Sozialleistungsbereichen dieses Gesetzbuchs dürfen nur begründet, festgestellt, geändert oder aufgehoben werden, soweit ein Gesetz es vorschreibt oder zuläßt.

§ 32 Verbot nachteiliger Vereinbarungen

Privatrechtliche Vereinbarungen, die zum Nachteil des Sozialleistungsberechtigten von Vorschriften dieses Gesetzbuchs abweichen, sind nichtig.

§ 33 Ausgestaltung von Rechten und Pflichten

[1]Ist der Inhalt von Rechten oder Pflichten nach Art oder Umfang nicht im einzelnen bestimmt, sind bei ihrer Ausgestaltung die persönlichen Verhältnisse des Berechtigten oder Verpflichteten, sein Bedarf und seine Leistungsfähigkeit sowie die örtlichen Verhältnisse zu berücksichtigen, soweit Rechtsvorschriften nicht entgegenstehen. [2]Dabei soll den Wünschen des Berechtigten oder Verpflichteten entsprochen werden, soweit sie angemessen sind.

§ 33a Altersabhängige Rechte und Pflichten

(1) Sind Rechte oder Pflichten davon abhängig, daß eine bestimmte Altersgrenze erreicht oder nicht überschritten ist, ist das Geburtsdatum maßgebend, das sich aus der ersten Angabe des Berechtigten oder Verpflichteten oder seiner Angehörigen gegenüber einem Sozialleistungsträger oder, soweit es sich um eine Angabe im Rahmen des Dritten oder Sechsten Abschnitts des Vierten Buches handelt, gegenüber dem Arbeitgeber ergibt.

(2) Von einem nach Absatz 1 maßgebenden Geburtsdatum darf nur abgewichen werden, wenn der zuständige Leistungsträger feststellt, daß

1. ein Schreibfehler vorliegt oder
2. sich aus einer Urkunde, deren Original vor dem Zeitpunkt der Angabe nach Absatz 1 ausgestellt worden ist, ein anderes Geburtsdatum ergibt.

(3) Die Absätze 1 und 2 gelten für Geburtsdaten, die Bestandteil der Versicherungsnummer oder eines anderen in den Sozialleistungsbereichen dieses Gesetzbuchs verwendeten Kennzeichens sind, entsprechend.

§ 33b Lebenspartnerschaften

Lebenspartnerschaften im Sinne dieses Gesetzbuches sind Lebenspartnerschaften nach dem Lebenspartnerschaftsgesetz.

§ 33c Benachteiligungsverbot

[1]Bei der Inanspruchnahme sozialer Rechte darf niemand aus Gründen der Rasse, wegen der ethnischen Herkunft oder einer Behinderung benachteiligt werden. [2]Ansprüche können nur insoweit geltend gemacht oder hergeleitet werden, als deren Voraussetzungen und Inhalt durch die Vorschriften der besonderen Teile dieses Gesetzbuchs im Einzelnen bestimmt sind.

§ 34 Begrenzung von Rechten und Pflichten

(1) Soweit Rechte und Pflichten nach diesem Gesetzbuch ein familienrechtliches Rechtsverhältnis voraussetzen, reicht ein Rechtsverhältnis, das gemäß Internationalem Privatrecht dem Recht eines anderen Staats unterliegt und nach diesem Recht besteht, nur aus, wenn es dem Rechtsverhältnis im Geltungsbereich dieses Gesetzbuchs entspricht.

(2) Ansprüche mehrerer Ehegatten auf Witwenrente oder Witwerrente werden anteilig und endgültig aufgeteilt.

§ 35 Sozialgeheimnis

(1) [1]Jeder hat Anspruch darauf, dass die ihn betreffenden Sozialdaten (§ 67 Absatz 2 Zehntes Buch) von den Leistungsträgern nicht unbefugt verarbeitet werden (Sozialgeheimnis). [2]Die Wahrung des Sozialgeheimnisses umfasst die Verpflichtung, auch innerhalb des Leistungsträgers sicherzustellen, dass die Sozialdaten nur Befugten zugänglich sind oder nur an diese weitergegeben werden. [3]Sozialdaten der Beschäftigten und ihrer Angehörigen dürfen Personen, die Personalentscheidungen treffen oder daran mitwirken können, weder zugänglich sein noch von Zugriffsberechtigten weitergegeben werden. [4]Der Anspruch richtet sich auch gegen die Verbände der Leistungsträger, die Arbeitsgemeinschaften der Leistungsträger und ihrer Verbände, die Datenstelle der Rentenversicherung, die in diesem Gesetzbuch genannten öffentlich-rechtlichen Vereinigungen, Integrationsfachdienste, die Künstlersozialkasse, die Deutsche Post AG, soweit sie mit der Berechnung oder Auszahlung von Sozialleistungen betraut ist, die Behörden der Zollverwaltung, soweit sie Aufgaben nach § 2 des Schwarzarbeitsbekämpfungsgesetzes und § 66 des Zehnten Buches durchführen, die Versicherungsämter und Gemeindebehörden sowie die anerkannten Adoptionsvermittlungsstellen (§ 2 Absatz 3 des Adoptionsvermittlungsgesetzes), soweit sie Aufgaben nach diesem Gesetzbuch wahrnehmen, und die Stellen, die Aufgaben nach § 67c Absatz 3 des Zehnten Buches wahrnehmen. [5]Die Beschäftigten haben auch nach Beendigung ihrer Tätigkeit bei den genannten Stellen das Sozialgeheimnis zu wahren.

(2) [1]Die Vorschriften des Zweiten Kapitels des Zehnten Buches und der übrigen Bücher des Sozialgesetzbuches regeln die Verarbeitung von Sozialdaten abschließend, soweit nicht die Verordnung (EU) 2016/679 des Europäischen Parlaments und des Rates vom 27. April 2016 zum Schutz natürlicher Personen bei der Verarbeitung personenbezogener Daten, zum freien Datenverkehr und zur Aufhebung der Richtlinie 95/46/EG (Datenschutz-Grundverordnung) (ABl. L 119 vom 4.5.2016, S. 1; L 314 vom 22.11.2016, S. 72) unmittelbar gilt. [2]Für die Verarbeitungen von Sozialdaten im Rahmen von nicht in den Anwendungsbereich der Verordnung (EU) 2016/679 fallenden Tätigkeiten finden die Verordnung (EU) 2016/679 und dieses Gesetz entsprechende Anwendung, soweit nicht in diesem oder einem anderen Gesetz Abweichendes geregelt ist.

(2a) Die Verpflichtung zur Wahrung gesetzlicher Geheimhaltungspflichten oder von Berufs- oder besonderen Amtsgeheimnissen, die nicht auf gesetzlichen Vorschriften beruhen, bleibt unberührt.

(3) Soweit eine Übermittlung von Sozialdaten nicht zulässig ist, besteht keine Auskunftspflicht, keine Zeugnispflicht und keine Pflicht zur Vorlegung oder Auslieferung von Schriftstücken, nicht automatisierten Dateisystemen und automatisiert verarbeiteten Sozialdaten.

(4) Betriebs- und Geschäftsgeheimnisse stehen Sozialdaten gleich.

(5) [1]Sozialdaten Verstorbener dürfen nach Maßgabe des Zweiten Kapitels des Zehnten Buches verarbeitet werden. [2]Sie dürfen außerdem verarbeitet werden, wenn schutzwürdige Interessen des Verstorbenen oder seiner Angehörigen dadurch nicht beeinträchtigt werden können.

(6) [1]Die Absätze 1 bis 5 finden neben den in Absatz 1 genannten Stellen auch Anwendung auf solche Verantwortliche oder deren Auftragsverarbeiter,

1. die Sozialdaten im Inland verarbeiten, sofern die Verarbeitung nicht im Rahmen einer Niederlassung in einem anderen Mitgliedstaat der Europäischen Union oder in einem anderen Vertragsstaat des Abkommens über den Europäischen Wirtschaftsraum erfolgt, oder
2. die Sozialdaten im Rahmen der Tätigkeiten einer inländischen Niederlassung verarbeiten.

[2]Sofern die Absätze 1 bis 5 nicht gemäß Satz 1 anzuwenden sind, gelten für den Verantwortlichen oder dessen Auftragsverarbeiter nur die §§ 81 bis 81c des Zehnten Buches.

(7) [1]Bei der Verarbeitung zu Zwecken gemäß Artikel 2 der Verordnung (EU) 2016/679 stehen die Vertragsstaaten des Abkommens über den Europäischen Wirtschaftsraum und die Schweiz den Mitgliedstaaten der Europäischen Union gleich. [2]Andere Staaten gelten insoweit als Drittstaaten.

§ 36 Handlungsfähigkeit

(1) [1]Wer das fünfzehnte Lebensjahr vollendet hat, kann Anträge auf Sozialleistungen stellen und verfolgen sowie Sozialleistungen entgegennehmen. [2]Der Leistungsträger soll den gesetzlichen Vertreter über die Antragstellung und die erbrachten Sozialleistungen unterrichten.

(2) [1]Die Handlungsfähigkeit nach Absatz 1 Satz 1 kann vom gesetzlichen Vertreter durch schriftliche Erklärung gegenüber dem Leistungsträger eingeschränkt werden. [2]Die Rücknahme von Anträgen, der Verzicht auf Sozialleistungen und die Entgegennahme von Darlehen bedürfen der Zustimmung des gesetzlichen Vertreters.

§ 36a Elektronische Kommunikation

(1) Die Übermittlung elektronischer Dokumente ist zulässig, soweit der Empfänger hierfür einen Zugang eröffnet.

(2) [1]Eine durch Rechtsvorschrift angeordnete Schriftform kann, soweit nicht durch Rechtsvorschrift etwas anderes bestimmt ist, durch die elektronische Form ersetzt werden. [2]Der elektronischen Form genügt ein elektronisches Dokument, das mit einer qualifizierten elektronischen Signatur versehen ist. [3]Die Signierung mit einem Pseudonym, das die Identifizierung der Person des Signaturschlüsselinhabers nicht unmittelbar durch die Behörde ermöglicht, ist nicht zulässig.

(2a) Die Schriftform kann auch ersetzt werden

1. durch unmittelbare Abgabe der Erklärung in einem elektronischen Formular, das von der Behörde in einem Eingabegerät oder über öffentlich zugängliche Netze zur Verfügung gestellt wird, wenn
   a) bei einer Eingabe über öffentlich zugängliche Netze ein elektronischer Identitätsnachweis nach § 18 des Personalausweisgesetzes, nach § 12 des eID-Karte-Gesetzes oder nach § 78 Absatz 5 des Aufenthaltsgesetzes erfolgt;
   b) bei der Kommunikation zwischen dem Versicherten und seiner Krankenkasse die Identität mit der elektronischen Gesundheitskarte nach § 291a des Fünften Buches oder mit der digitalen Identität nach § 291 Absatz 8 des Fünften Buches elektronisch nachgewiesen wird;
   c) die Voraussetzungen nach § 9a Absatz 5 des Onlinezugangsgesetzes vorliegen;
2. durch Übermittlung einer von dem Erklärenden elektronisch signierten Erklärung an die Behörde
   a) aus einem besonderen elektronischen Anwaltspostfach nach den §§ 31a und 31b der Bundesrechtsanwaltsordnung oder aus einem entsprechenden, auf gesetzlicher Grundlage errichteten elektronischen Postfach;
   b) aus einem elektronischen Postfach einer Behörde oder einer juristischen Person des öffentlichen Rechts, das nach Durchführung eines Identifizierungsverfahrens nach den Regelungen der auf Grund des § 130a Absatz 2 Satz 2 der Zivilprozessordnung erlassenen Rechtsverordnung eingerichtet wurde;
   c) aus einem elektronischen Postfach einer natürlichen oder juristischen Person oder einer sonstigen Vereinigung, das nach Durchführung eines Identifizierungsverfahrens nach den Regelungen der auf Grund des § 130a Absatz 2 Satz 2 der Zivilprozessordnung erlassenen Rechtsverordnung eingerichtet wurde;
   d) mit der Versandart nach § 5 Absatz 5 des De-Mail-Gesetzes;
3. bei elektronischen Verwaltungsakten oder sonstigen elektronischen Dokumenten der Behörde
   a) indem diese mit dem qualifizierten elektronischen Siegel der Behörde versehen werden;
   b) durch Versendung einer De-Mail-Nachricht nach § 5 Absatz 5 des De-Mail-Gesetzes, bei der die Bestätigung des akkreditierten Diensteanbieters die erlassende Behörde als Nutzer des De-Mail-Kontos erkennen lässt.

(2b) [1]Ermöglicht die Behörde , die unmittelbare Abgabe einer Erklärung in einem elektronischen Formular, das von der Behörde in einem Eingabegerät oder über öffentlich zugängliche Netze zur Verfügung gestellt wird, so hat sie dem Erklärenden vor Abgabe der Erklärung Gelegenheit zu geben, die gesamte Erklärung auf Vollständigkeit und Richtigkeit zu prüfen. [2]Nach der Abgabe ist dem Erklärenden eine Kopie der Erklärung zur Verfügung zu stellen. [3]Die Sätze 1 und 2 gelten nicht für Absatz 2a Nummer 1 Buchstabe c.

(2c) [1]Ist durch Rechtsvorschrift die Verwendung eines bestimmten Formulars vorgeschrieben, das ein Unterschriftsfeld vorsieht, wird allein dadurch nicht die Anordnung der Schriftform bewirkt. [2]Bei einer für die elektronische Versendung an die Behörde bestimmten Fassung des Formulars entfällt das Unterschriftsfeld.

(3) [1]Ist ein der Behörde übermitteltes elektronisches Dokument für sie zur Bearbeitung nicht geeignet, teilt sie dies dem Absender unter Angabe der für sie geltenden technischen Rahmenbedingungen unverzüglich mit. [2]Macht ein Empfänger geltend, er könne das von der Behörde übermittelte elektronische Dokument nicht bearbeiten, übermittelt sie es ihm erneut in einem geeigneten elektronischen Format oder als Schriftstück.

(4) [1]Die Träger der Sozialversicherung einschließlich der Bundesagentur für Arbeit, ihre Verbände und Arbeitsgemeinschaften verwenden unter Beachtung der Grundsätze der Wirtschaftlichkeit und Sparsamkeit im jeweiligen Sozialleistungsbereich Vertrauensdienste, die eine gemeinsame und bundeseinheitliche Kommunikation und Übermittlung der Daten und die Überprüfbarkeit der qualifizierten elektronischen Signatur auf Dauer sicherstellen. [2]Diese Träger sollen über ihren jeweiligen Bereich hinaus Vertrauensdienste im Sinne des Satzes 1 verwenden. [3]Die Sätze 1 und 2 gelten entsprechend für die Leistungserbringer nach dem Fünften und dem Elften Buch und die von ihnen gebildeten Organisationen.

§ 37 Vorbehalt abweichender Regelungen

[1]Das Erste und Zehnte Buch gelten für alle Sozialleistungsbereiche dieses Gesetzbuchs, soweit sich aus den übrigen Büchern nichts Abweichendes ergibt; § 68 bleibt unberührt. [2]Der Vorbehalt gilt nicht für die §§ 1 bis 17 und 31 bis 36. Das Zweite Kapitel des Zehnten Buches geht dessen Erstem Kapitel vor, soweit sich die Ermittlung des Sachverhaltes auf Sozialdaten erstreckt.

Zweiter Titel
Grundsätze des Leistungsrechts

§ 38 Rechtsanspruch

Auf Sozialleistungen besteht ein Anspruch, soweit nicht nach den besonderen Teilen dieses Gesetzbuchs die Leistungsträger ermächtigt sind, bei der Entscheidung über die Leistung nach ihrem Ermessen zu handeln.

§ 39 Ermessensleistungen

(1) [1]Sind die Leistungsträger ermächtigt, bei der Entscheidung über Sozialleistungen nach ihrem Ermessen zu handeln, haben sie ihr Ermessen entsprechend dem Zweck der Ermächtigung auszuüben und die gesetzlichen Grenzen des Ermessens einzuhalten. [2]Auf pflichtgemäße Ausübung des Ermessens besteht ein Anspruch.

(2) Für Ermessensleistungen gelten die Vorschriften über Sozialleistungen, auf die ein Anspruch besteht, entsprechend, soweit sich aus den Vorschriften dieses Gesetzbuchs nichts Abweichendes ergibt.

§ 40 Entstehen der Ansprüche

(1) Ansprüche auf Sozialleistungen entstehen, sobald ihre im Gesetz oder auf Grund eines Gesetzes bestimmten Voraussetzungen vorliegen.

(2) Bei Ermessensleistungen ist der Zeitpunkt maßgebend, in dem die Entscheidung über die Leistung bekanntgegeben wird, es sei denn, daß in der Entscheidung ein anderer Zeitpunkt bestimmt ist.

§ 41 Fälligkeit

Soweit die besonderen Teile dieses Gesetzbuchs keine Regelung enthalten, werden Ansprüche auf Sozialleistungen mit ihrem Entstehen fällig.

§ 42 Vorschüsse

(1) [1]Besteht ein Anspruch auf Geldleistungen dem Grunde nach und ist zur Feststellung seiner Höhe voraussichtlich längere Zeit erforderlich, kann der zuständige Leistungsträger Vorschüsse zahlen, deren Höhe er nach pflichtgemäßem Ermessen bestimmt. [2]Er hat Vorschüsse nach Satz 1 zu zahlen, wenn der Berechtigte es beantragt; die Vorschußzahlung beginnt spätestens nach Ablauf eines Kalendermonats nach Eingang des Antrags.

(2) [1]Die Vorschüsse sind auf die zustehende Leistung anzurechnen. [2]Soweit sie diese übersteigen, sind sie vom Empfänger zu erstatten. [3]§ 50 Abs. 4 des Zehnten Buches gilt entsprechend.

(3) Für die Stundung, Niederschlagung und den Erlaß des Erstattungsanspruchs gilt § 76 Abs. 2 des Vierten Buches entsprechend.

§ 43 Vorläufige Leistungen

(1) [1]Besteht ein Anspruch auf Sozialleistungen und ist zwischen mehreren Leistungsträgern streitig, wer zur Leistung verpflichtet ist, kann der unter ihnen zuerst angegangene Leistungsträger vorläufig Leistungen erbringen, deren Umfang er nach pflichtgemäßen Ermessen bestimmt. [2]Er hat Leistungen nach Satz 1 zu erbringen, wenn der Berechtigte es beantragt; die vorläufigen Leistungen beginnen spätestens nach Ablauf eines Kalendermonats nach Eingang des Antrags.

(2) [1]Für die Leistungen nach Absatz 1 gilt § 42 Abs. 2 und 3 entsprechend. [2]Ein Erstattungsanspruch gegen den Empfänger steht nur dem zur Leistung verpflichteten Leistungsträger zu.

(3) (weggefallen)

§ 44 Verzinsung

(1) Ansprüche auf Geldleistungen sind nach Ablauf eines Kalendermonats nach dem Eintritt ihrer Fälligkeit bis zum Ablauf des Kalendermonats vor der Zahlung mit vier vom Hundert zu verzinsen.

(2) Die Verzinsung beginnt frühestens nach Ablauf von sechs Kalendermonaten nach Eingang des vollständigen Leistungsantrags beim zuständigen Leistungsträger, beim Fehlen eines Antrags nach Ablauf eines Kalendermonats nach der Bekanntgabe der Entscheidung über die Leistung.

(3) [1]Verzinst werden volle Euro-Beträge. [2]Dabei ist der Kalendermonat mit dreißig Tagen zugrunde zu legen.

§ 45 Verjährung

(1) Ansprüche auf Sozialleistungen verjähren in vier Jahren nach Ablauf des Kalenderjahrs, in dem sie entstanden sind.

(2) Für die Hemmung, die Ablaufhemmung, den Neubeginn und die Wirkung der Verjährung gelten die Vorschriften des Bürgerlichen Gesetzbuchs sinngemäß.

(3) [1]Die Verjährung wird auch durch schriftlichen Antrag auf die Sozialleistung oder durch Erhebung eines Widerspruchs gehemmt. [2]Die Hemmung endet sechs Monate nach Bekanntgabe der Entscheidung über den Antrag oder den Widerspruch.

(4) (weggefallen)

§ 46 Verzicht

(1) Auf Ansprüche auf Sozialleistungen kann durch schriftliche Erklärung gegenüber dem Leistungsträger verzichtet werden; der Verzicht kann jederzeit mit Wirkung für die Zukunft widerrufen werden.

(2) Der Verzicht ist unwirksam, soweit durch ihn andere Personen oder Leistungsträger belastet oder Rechtsvorschriften umgangen werden.

§ 47 Auszahlung von Geldleistungen

(1) Soweit die besonderen Teile dieses Gesetzbuchs keine Regelung enthalten, werden Geldleistungen kostenfrei auf das angegebene Konto bei einem Geldinstitut, für das die Verordnung (EU) Nr. 260/2012 des Europäischen Parlaments und des Rates vom 14. März 2012 zur Festlegung der technischen Vorschriften und der Geschäftsanforderungen für Überweisungen und Lastschriften in Euro und zur Änderung der Verordnung (EG) Nr. 924/2009 (ABl. L 94 vom 30.3.2012, S. 22) gilt, überwiesen oder, wenn der Empfänger es verlangt, an seinen Wohnsitz oder gewöhnlichen Aufenthalt innerhalb des Geltungsbereiches dieser Verordnung übermittelt. Werden Geldleistungen an den Wohnsitz oder an den gewöhnlichen Aufenthalt des Empfängers übermittelt, sind die dadurch veranlassten Kosten von den Geldleistungen abzuziehen. Dies gilt nicht, wenn der Empfän-

ger nachweist, dass ihm die Einrichtung eines Kontos bei einem Geldinstitut ohne eigenes Verschulden nicht möglich ist.

(2) Bei Zahlungen außerhalb des Geltungsbereiches der in Absatz 1 genannten Verordnung trägt der Leistungsträger die Kosten bis zu dem von ihm mit der Zahlung beauftragten Geldinstitut.

§ 48 Auszahlung bei Verletzung der Unterhaltspflicht

(1) [1]Laufende Geldleistungen, die der Sicherung des Lebensunterhalts zu dienen bestimmt sind, können in angemessener Höhe an den Ehegatten, den Lebenspartner oder die Kinder des Leistungsberechtigten ausgezahlt werden, wenn er ihnen gegenüber seiner gesetzlichen Unterhaltspflicht nicht nachkommt. [2]Kindergeld, Kinderzuschläge und vergleichbare Rentenbestandteile (Geldleistungen für Kinder) können an Kinder, die bei der Festsetzung der Geldleistungen berücksichtigt werden, bis zur Höhe des Betrages, der sich bei entsprechender Anwendung des § 54 Abs. 5 Satz 2 ergibt, ausgezahlt werden. [3]Für das Kindergeld gilt dies auch dann, wenn der Kindergeldberechtigte mangels Leistungsfähigkeit nicht unterhaltspflichtig ist oder nur Unterhalt in Höhe eines Betrages zu leisten braucht, der geringer ist als das für die Auszahlung in Betracht kommende Kindergeld. [4]Die Auszahlung kann auch an die Person oder Stelle erfolgen, die dem Ehegatten, dem Lebenspartner oder den Kindern Unterhalt gewährt.

(2) Absatz 1 Satz 1, 2 und 4 gilt entsprechend, wenn unter Berücksichtigung von Kindern, denen gegenüber der Leistungsberechtigte nicht kraft Gesetzes unterhaltspflichtig ist, Geldleistungen erbracht werden und der Leistungsberechtigte diese Kinder nicht unterhält.

§ 49 Auszahlung bei Unterbringung

(1) Ist ein Leistungsberechtigter auf Grund richterlicher Anordnung länger als einen Kalendermonat in einer Anstalt oder Einrichtung untergebracht, sind laufende Geldleistungen, die der Sicherung des Lebensunterhalts zu dienen bestimmt sind, an die Unterhaltsberechtigten auszuzahlen, soweit der Leistungsberechtigte kraft Gesetzes unterhaltspflichtig ist und er oder die Unterhaltsberechtigten es beantragen.

(2) Absatz 1 gilt entsprechend, wenn für Kinder, denen gegenüber der Leistungsberechtigte nicht kraft Gesetzes unterhaltspflichtig ist, Geldleistungen erbracht werden.

(3) § 48 Abs. 1 Satz 4 bleibt unberührt.

§ 50 Überleitung bei Unterbringung

(1) Ist der Leistungsberechtigte untergebracht (§ 49 Abs. 1), kann die Stelle, der die Kosten der Unterbringung zur Last fallen, seine Ansprüche auf laufende Geldleistungen, die der Sicherung des Lebensunterhalts zu dienen bestimmt sind, durch schriftliche Anzeige an den zuständigen Leistungsträger auf sich überleiten.

(2) Die Anzeige bewirkt den Anspruchsübergang nur insoweit, als die Leistung nicht an Unterhaltsberechtigte oder die in § 49 Abs. 2 genannten Kinder zu zahlen ist, der Leistungsberechtigte die Kosten der Unterbringung zu erstatten hat und die Leistung auf den für die Erstattung maßgebenden Zeitraum entfällt.

(3) Die Absätze 1 und 2 gelten entsprechend, wenn für ein Kind (§ 56 Abs. 1 Satz 1 Nr. 2, Abs. 2), das untergebracht ist (§ 49 Abs. 1), ein Anspruch auf eine laufende Geldleistung besteht.

§ 51 Aufrechnung

(1) Gegen Ansprüche auf Geldleistungen kann der zuständige Leistungsträger mit Ansprüchen gegen den Berechtigten aufrechnen, soweit die Ansprüche auf Geldleistungen nach § 54 Abs. 2 und 4 pfändbar sind.

(2) Mit Ansprüchen auf Erstattung zu Unrecht erbrachter Sozialleistungen und mit Beitragsansprüchen nach diesem Gesetzbuch kann der zuständige Leistungsträger gegen Ansprüche auf laufende Geldleistungen bis zu deren Hälfte aufrechnen, wenn der Leistungsberechtigte nicht nachweist, dass er dadurch hilfebedürftig im Sinne der Vorschriften des Zwölften Buches über die Hilfe zum Lebensunterhalt oder der Grundsicherung für Arbeitsuchende nach dem Zweiten Buch wird.

§ 52 Verrechnung

Der für eine Geldleistung zuständige Leistungsträger kann mit Ermächtigung eines anderen Leistungsträgers dessen Ansprüche gegen den Berechtigten mit der ihm obliegenden Geldleistung verrechnen, soweit nach § 51 die Aufrechnung zulässig ist.

§ 53 Übertragung und Verpfändung

(1) Ansprüche auf Dienst- und Sachleistungen können weder übertragen noch verpfändet werden.

(2) Ansprüche auf Geldleistungen können übertragen und verpfändet werden

1. zur Erfüllung oder zur Sicherung von Ansprüchen auf Rückzahlung von Darlehen und auf Erstattung von Aufwendungen, die im Vorgriff auf fällig gewordene Sozialleistungen zu einer angemessenen Lebensführung gegeben oder gemacht worden sind oder,
2. wenn der zuständige Leistungsträger feststellt, daß die Übertragung oder Verpfändung im wohlverstandenen Interesse des Berechtigten liegt.

(3) Ansprüche auf laufende Geldleistungen, die der Sicherung des Lebensunterhalts zu dienen bestimmt sind, können in anderen Fällen übertragen und verpfändet werden, soweit sie den für Arbeitseinkommen geltenden unpfändbaren Betrag übersteigen.

(4) Der Leistungsträger ist zur Auszahlung an den neuen Gläubiger nicht vor Ablauf des Monats verpflichtet, der dem Monat folgt, in dem er von der Übertragung oder Verpfändung Kenntnis erlangt hat.

(5) Eine Übertragung oder Verpfändung von Ansprüchen auf Geldleistungen steht einer Aufrechnung oder Verrechnung auch dann nicht entgegen, wenn der Leistungsträger beim Erwerb des Anspruchs von der Übertragung oder Verpfändung Kenntnis hatte.

(6) [1]Soweit bei einer Übertragung oder Verpfändung Geldleistungen zu Unrecht erbracht worden sind, sind sowohl der Leistungsberechtigte als auch der neue Gläubiger als Gesamtschuldner dem Leistungsträger zur Erstattung des entsprechenden Betrages verpflichtet. [2]Der Leistungsträger hat den Erstattungsanspruch durch Verwaltungsakt geltend zu machen.

§ 54 Pfändung

(1) Ansprüche auf Dienst- und Sachleistungen können nicht gepfändet werden.

(2) Ansprüche auf einmalige Geldleistungen können nur gepfändet werden, soweit nach den Umständen des Falles, insbesondere nach den Einkommens- und Vermögensverhältnissen des Leistungsberechtigten, der Art des beizutreibenden Anspruchs sowie der Höhe und der Zweckbestimmung der Geldleistung, die Pfändung der Billigkeit entspricht.

(3) Unpfändbar sind Ansprüche auf

1. Elterngeld bis zur Höhe der nach § 10 des Bundeselterngeld- und Elternzeitgesetzes anrechnungsfreien Beträge sowie dem Erziehungsgeld vergleichbare Leistungen der Länder,
2. Mutterschaftsgeld nach § 19 Absatz 1 des Mutterschutzgesetzes, soweit das Mutterschaftsgeld nicht aus einer Teilzeitbeschäftigung während der Elternzeit herrührt, bis zur Höhe des Elterngeldes nach § 2 des Bundeselterngeld- und Elternzeitgesetzes, soweit es die anrechnungsfreien Beträge nach § 10 des Bundeselterngeld- und Elternzeitgesetzes nicht übersteigt,

2a. Wohngeld, soweit nicht die Pfändung wegen Ansprüchen erfolgt, die Gegenstand der §§ 9 und 10 des Wohngeldgesetzes sind,

3. Geldleistungen, die dafür bestimmt sind, den durch einen Körper- oder Gesundheitsschaden bedingten Mehraufwand auszugleichen.

(4) Im übrigen können Ansprüche auf laufende Geldleistungen wie Arbeitseinkommen gepfändet werden.

(5) [1]Ein Anspruch des Leistungsberechtigten auf Geldleistungen für Kinder (§ 48 Abs. 1 Satz 2) kann nur wegen gesetzlicher Unterhaltsansprüche eines Kindes, das bei der Festsetzung der Geldleistungen berücksichtigt wird, gepfändet werden. [2]Für die Höhe des pfändbaren Betrages bei Kindergeld gilt:

1. Gehört das unterhaltsberechtigte Kind zum Kreis der Kinder, für die dem Leistungsberechtigten Kindergeld gezahlt wird, so ist eine Pfändung bis zu dem Betrag möglich, der bei gleichmäßiger Verteilung des Kindergeldes auf jedes dieser Kinder entfällt. Ist das Kindergeld durch die Berücksichtigung eines weiteren Kindes erhöht, für das einer dritten Person Kindergeld oder dieser oder dem Leistungsberechtigten eine

andere Geldleistung für Kinder zusteht, so bleibt der Erhöhungsbetrag bei der Bestimmung des pfändbaren Betrages des Kindergeldes nach Satz 1 außer Betracht.

2. Der Erhöhungsbetrag (Nummer 1 Satz 2) ist zugunsten jedes bei der Festsetzung des Kindergeldes berücksichtigten unterhaltsberechtigten Kindes zu dem Anteil pfändbar, der sich bei gleichmäßiger Verteilung auf alle Kinder, die bei der Festsetzung des Kindergeldes zugunsten des Leistungsberechtigten berücksichtigt werden, ergibt.

(6) In den Fällen der Absätze 2, 4 und 5 gilt § 53 Abs. 6 entsprechend.

§ 55 (weggefallen)

§ 56 Sonderrechtsnachfolge

(1) [1]Fällige Ansprüche auf laufende Geldleistungen stehen beim Tod des Berechtigten nacheinander

1. dem Ehegatten,

1a. dem Lebenspartner,

2. den Kindern,

3. den Eltern,

4. dem Haushaltsführer

zu, wenn diese mit dem Berechtigten zur Zeit seines Todes in einem gemeinsamen Haushalt gelebt haben oder von ihm wesentlich unterhalten worden sind. [2]Mehreren Personen einer Gruppe stehen die Ansprüche zu gleichen Teilen zu.

(2) Als Kinder im Sinne des Absatzes 1 Satz 1 Nr. 2 gelten auch

1. Stiefkinder und Enkel, die in den Haushalt des Berechtigten aufgenommen sind,
2. Pflegekinder (Personen, die mit dem Berechtigten durch ein auf längere Dauer angelegtes Pflegeverhältnis mit häuslicher Gemeinschaft wie Kinder mit Eltern verbunden sind),
3. Geschwister des Berechtigten, die in seinen Haushalt aufgenommen worden sind.

(3) Als Eltern im Sinne des Absatzes 1 Satz 1 Nr. 3 gelten auch

1. sonstige Verwandte der geraden aufsteigenden Linie,
2. Stiefeltern,
3. Pflegeeltern (Personen, die den Berechtigten als Pflegekind aufgenommen haben).

(4) Haushaltsführer im Sinne des Absatzes 1 Satz 1 Nr. 4 ist derjenige Verwandte oder Verschwägerte, der an Stelle des verstorbenen oder geschiedenen oder an der Führung des Haushalts aus gesundheitlichen Gründen dauernd gehinderten Ehegatten oder Lebenspartners den Haushalt des Berechtigten mindestens ein Jahr lang vor dessen Tod geführt hat und von diesem überwiegend unterhalten worden ist.

§ 57 Verzicht und Haftung des Sonderrechtsnachfolgers

(1) [1]Der nach § 56 Berechtigte kann auf die Sonderrechtsnachfolge innerhalb von sechs Wochen nach ihrer Kenntnis durch schriftliche Erklärung gegenüber dem Leistungsträger verzichten. [2]Verzichtet er innerhalb dieser Frist, gelten die Ansprüche als auf ihn nicht übergegangen. [3]Sie stehen den Personen zu, die ohne den Verzichtenden nach § 56 berechtigt wären.

(2) [1]Soweit Ansprüche auf den Sonderrechtsnachfolger übergegangen sind, haftet er für die nach diesem Gesetzbuch bestehenden Verbindlichkeiten des Verstorbenen gegenüber dem für die Ansprüche zuständigen Leistungsträger. [2]Insoweit entfällt eine Haftung des Erben. [3]Eine Aufrechnung und Verrechnung nach den §§ 51 und 52 ist ohne die dort genannten Beschränkungen der Höhe zulässig.

§ 58 Vererbung

[1]Soweit fällige Ansprüche auf Geldleistungen nicht nach den §§ 56 und 57 einem Sonderrechtsnachfolger zustehen, werden sie nach den Vorschriften des Bürgerlichen Gesetzbuchs vererbt. [2]Der Fiskus als gesetzlicher Erbe kann die Ansprüche nicht geltend machen.

§ 59 Ausschluß der Rechtsnachfolge

[1]Ansprüche auf Dienst- und Sachleistungen erlöschen mit dem Tod des Berechtigten. [2]Ansprüche auf Geldleistungen erlöschen nur, wenn sie im Zeitpunkt des Todes des Berechtigten weder festgestellt sind noch ein Verwaltungsverfahren über sie anhängig ist.

Dritter Titel
Mitwirkung des Leistungsberechtigten

§ 60 Angabe von Tatsachen

(1) [1]Wer Sozialleistungen beantragt oder erhält, hat

1. alle Tatsachen anzugeben, die für die Leistung erheblich sind, und auf Verlangen des zuständigen Leistungsträgers der Erteilung der erforderlichen Auskünfte durch Dritte zuzustimmen,
2. Änderungen in den Verhältnissen, die für die Leistung erheblich sind oder über die im Zusammenhang mit der Leistung Erklärungen abgegeben worden sind, unverzüglich mitzuteilen,
3. Beweismittel zu bezeichnen und auf Verlangen des zuständigen Leistungsträgers Beweisurkunden vorzulegen oder ihrer Vorlage zuzustimmen.

[2]Satz 1 gilt entsprechend für denjenigen, der Leistungen zu erstatten hat.

(2) Soweit für die in Absatz 1 Satz 1 Nr. 1 und 2 genannten Angaben Vordrucke vorgesehen sind, sollen diese benutzt werden.

§ 61 Persönliches Erscheinen

Wer Sozialleistungen beantragt oder erhält, soll auf Verlangen des zuständigen Leistungsträgers zur mündlichen Erörterung des Antrags oder zur Vornahme anderer für die Entscheidung über die Leistung notwendiger Maßnahmen persönlich erscheinen.

§ 62 Untersuchungen

Wer Sozialleistungen beantragt oder erhält, soll sich auf Verlangen des zuständigen Leistungsträgers ärztlichen und psychologischen Untersuchungsmaßnahmen unterziehen, soweit diese für die Entscheidung über die Leistung erforderlich sind.

§ 63 Heilbehandlung

Wer wegen Krankheit oder Behinderung Sozialleistungen beantragt oder erhält, soll sich auf Verlangen des zuständigen Leistungsträgers einer Heilbehandlung unterziehen, wenn zu erwarten ist, daß sie eine Besserung seines Gesundheitszustands herbeiführen oder eine Verschlechterung verhindern wird.

§ 64 Leistungen zur Teilhabe am Arbeitsleben

Wer wegen Minderung der Erwerbsfähigkeit, anerkannten Schädigungsfolgen oder wegen Arbeitslosigkeit Sozialleistungen beantragt oder erhält, soll auf Verlangen des zuständigen Leistungsträgers an Leistungen zur Teilhabe am Arbeitsleben teilnehmen, wenn bei angemessener Berücksichtigung seiner beruflichen Neigung und seiner Leistungsfähigkeit zu erwarten ist, daß sie seine Erwerbs- oder Vermittlungsfähigkeit auf Dauer fördern oder erhalten werden.

§ 65 Grenzen der Mitwirkung

(1) Die Mitwirkungspflichten nach den §§ 60 bis 64 bestehen nicht, soweit

1. ihre Erfüllung nicht in einem angemessenen Verhältnis zu der in Anspruch genommenen Sozialleistung oder ihrer Erstattung steht oder
2. ihre Erfüllung dem Betroffenen aus einem wichtigen Grund nicht zugemutet werden kann oder
3. der Leistungsträger sich durch einen geringeren Aufwand als der Antragsteller oder Leistungsberechtigte die erforderlichen Kenntnisse selbst beschaffen kann.

(2) Behandlungen und Untersuchungen,

1. bei denen im Einzelfall ein Schaden für Leben oder Gesundheit nicht mit hoher Wahrscheinlichkeit ausgeschlossen werden kann,
2. die mit erheblichen Schmerzen verbunden sind oder
3. die einen erheblichen Eingriff in die körperliche Unversehrtheit bedeuten,

können abgelehnt werden.

(3) Angaben, die dem Antragsteller, dem Leistungsberechtigten oder ihnen nahestehende Personen (§ 383 Abs. 1 Nr. 1 bis 3 der Zivilprozeßordnung) die Gefahr zuziehen würde, wegen einer Straftat oder einer Ordnungswidrigkeit verfolgt zu werden, können verweigert werden.

§ 65a Aufwendungsersatz

(1) [1]Wer einem Verlangen des zuständigen Leistungsträgers nach den §§ 61 oder 62 nachkommt, kann auf Antrag Ersatz seiner notwendigen Auslagen und seines Verdienstausfalls in angemessenem Umfang erhalten. [2]Bei einem Verlangen des zuständigen Leistungsträgers nach § 61 sollen Aufwendungen nur in Härtefällen ersetzt werden.

(2) Absatz 1 gilt auch, wenn der zuständige Leistungsträger ein persönliches Erscheinen oder eine Untersuchung nachträglich als notwendig anerkennt.

§ 66 Folgen fehlender Mitwirkung

(1) [1]Kommt derjenige, der eine Sozialleistung beantragt oder erhält, seinen Mitwirkungspflichten nach den §§ 60 bis 62, 65 nicht nach und wird hierdurch die Aufklärung des Sachverhalts erheblich erschwert, kann der Leistungsträger ohne weitere Ermittlungen die Leistung bis zur Nachholung der Mitwirkung ganz oder teilweise versagen oder entziehen, soweit die Voraussetzungen der Leistung nicht nachgewiesen sind. [2]Dies gilt entsprechend, wenn der Antragsteller oder Leistungsberechtigte in anderer Weise absichtlich die Aufklärung des Sachverhalts erheblich erschwert.

(2) Kommt derjenige, der eine Sozialleistung wegen Pflegebedürftigkeit, wegen Arbeitsunfähigkeit, wegen Gefährdung oder Minderung der Erwerbsfähigkeit, anerkannten Schädigungsfolgen oder wegen Arbeitslosigkeit beantragt oder erhält, seinen Mitwirkungspflichten nach den §§ 62 bis 65 nicht nach und ist unter Würdigung aller Umstände mit Wahrscheinlichkeit anzunehmen, daß deshalb die Fähigkeit zur selbständigen Lebensführung, die Arbeits-, Erwerbs- oder Vermittlungsfähigkeit beeinträchtigt oder nicht verbessert wird, kann der Leistungsträger die Leistung bis zur Nachholung der Mitwirkung ganz oder teilweise versagen oder entziehen.

(3) Sozialleistungen dürfen wegen fehlender Mitwirkung nur versagt oder entzogen werden, nachdem der Leistungsberechtigte auf diese Folge schriftlich hingewiesen worden ist und seiner Mitwirkungspflicht nicht innerhalb einer ihm gesetzten angemessenen Frist nachgekommen ist.

§ 67 Nachholung der Mitwirkung

Wird die Mitwirkung nachgeholt und liegen die Leistungsvoraussetzungen vor, kann der Leistungsträger Sozialleistungen, die er nach § 66 versagt oder entzogen hat, nachträglich ganz oder teilweise erbringen.

Vierter Abschnitt
Übergangs- und Schlussvorschriften

§ 68 Besondere Teile dieses Gesetzbuches

Bis zu ihrer Einordnung in dieses Gesetzbuch gelten die nachfolgenden Gesetze mit den zu ihrer Ergänzung und Änderung erlassenen Gesetzen als dessen besondere Teile:

1. das Bundesausbildungsförderungsgesetz,
2. (aufgehoben)
3. die Reichsversicherungsordnung,
4. das Gesetz über die Alterssicherung der Landwirte,
5. (weggefallen)
6. das Zweite Gesetz über die Krankenversicherung der Landwirte,
7. das Bundesversorgungsgesetz, auch soweit andere Gesetze, insbesondere
   a) § 59 Abs. 1 des Bundesgrenzschutzgesetzes,
   b) §§ 4 und 5 des Häftlingshilfegesetzes,
   c) §§ 21 und 22 des Strafrechtlichen Rehabilitierungsgesetzes,
   d) §§ 3 und 4 des Verwaltungsrechtlichen Rehabilitierungsgesetzes,
8. (weggefallen)
9. das Bundeskindergeldgesetz,
10. das Wohngeldgesetz,
11. (weggefallen)
12. das Adoptionsvermittlungsgesetz,
13. (aufgehoben)
14. das Unterhaltsvorschussgesetz,
15. der Erste und Zweite Abschnitt des Bundeselterngeld- und Elternzeitgesetzes,
16. das Altersteilzeitgesetz,
17. der Fünfte Abschnitt des Schwangerschaftskonfliktgesetzes.
18. die §§ 80 bis 83a des Soldatenversorgungsgesetzes, soweit sie die entsprechende Anwendung des Bundesversorgungsgesetzes in der bis zum 31. Dezember 2023 geltenden Fassung vorsehen.

§ 69 Stadtstaaten-Klausel

Die Senate der Länder Berlin, Bremen und Hamburg werden ermächtigt, die Vorschriften dieses Buches über die Zuständigkeit von Behörden dem besonderen Verwaltungsaufbau ihrer Länder anzupassen.

§ 70 Überleitungsvorschrift zum Verjährungsrecht

Artikel 229 § 6 Abs. 1 und 2 des Einführungsgesetzes zum Bürgerlichen Gesetzbuche gilt entsprechend bei der Anwendung des § 45 Abs. 2 und 3 in der seit dem 1. Januar 2002 geltenden Fassung.

§ 71 Überleitungsvorschrift zur Übertragung, Verpfändung und Pfändung

§ 53 Abs. 6 und § 54 Abs. 6 sind nur auf Geldleistungen anzuwenden, soweit diese nach dem 30. März 2005 ganz oder teilweise zu Unrecht erbracht werden.

§ 72 Übergangsregelung aus Anlass des Gesetzes zur Regelung des Sozialen Entschädigungsrechts

Für Personen, die Leistungen nach dem Soldatenversorgungsgesetz in Verbindung mit dem Bundesversorgungsgesetz erhalten, gilt die Vorschrift des § 29 Absatz 1 Nummer 4 Buchstabe a in der bis zum 31. Dezember 2023 geltenden Fassung weiter.

Sozialgesetzbuch (SGB) Zweites Buch (II) – Grundsicherung für Arbeitsuchende – (Artikel 1 des Gesetzes vom 24. Dezember 2003, BGBl. I S. 2954)

in der Fassung der Bekanntmachung vom 13. Mai 2011 (BGBl. I S. 850, 2094), das zuletzt durch Artikel 4 des Gesetzes vom 8. Mai 2024 (BGBl. 2024 I Nr. 152) geändert worden ist

– Auszug –

Kapitel 2 Anspruchsvoraussetzungen

§ 7 Leistungsberechtigte

(Abs. 1–4a nicht abgedruckt)

(5) [1]Auszubildende, deren Ausbildung im Rahmen des Bundesausbildungsförderungsgesetzes dem Grunde nach förderungsfähig ist, haben über die Leistungen nach § 27 hinaus keinen Anspruch auf Leistungen zur Sicherung des Lebensunterhalts. [2]Satz 1 gilt auch für Auszubildende, deren Bedarf sich nach § 61 Absatz 2 und 3, § 62 Absatz 3, § 123 Satz 1 Nummer 2 und 3 sowie § 124 Nummer 2 des Dritten Buches bemisst.

(6) Absatz 5 Satz 1 ist nicht anzuwenden auf Auszubildende,

1. die aufgrund von § 2 Absatz 1a des Bundesausbildungsförderungsgesetzes keinen Anspruch auf Ausbildungsförderung haben,
2. deren Bedarf sich nach den §§ 12, 13 Absatz 1 in Verbindung mit Absatz 2 Nummer 1 oder nach § 13 Absatz 1 Nummer 1 in Verbindung mit Absatz 2 Nummer 2 des Bundesausbildungsförderungsgesetzes bemisst und die Leistungen nach dem Bundesausbildungsförderungsgesetz
   a) erhalten oder nur wegen der Vorschriften zur Berücksichtigung von Einkommen und Vermögen nicht erhalten oder
   b) beantragt haben und über deren Antrag das zuständige Amt für Ausbildungsförderung noch nicht entschieden hat; lehnt das zuständige Amt für Ausbildungsförderung die Leistungen ab, findet Absatz 5 mit Beginn des folgenden Monats Anwendung, oder
3. die eine Abendhauptschule, eine Abendrealschule oder ein Abendgymnasium besuchen, sofern sie aufgrund des § 10 Absatz 3 des Bundesausbildungsförderungsgesetzes keinen Anspruch auf Ausbildungsförderung haben.

§ 11 Zu berücksichtigendes Einkommen

(1) [1]Als Einkommen zu berücksichtigen sind Einnahmen in Geld abzüglich der nach § 11b abzusetzenden Beträge mit Ausnahme der in § 11a genannten Einnahmen sowie Einnahmen, die nach anderen Vorschriften des Bundesrechts nicht als Einkommen im Sinne dieses Buches zu berücksichtigen sind.[2]Dies gilt auch für Einnahmen in Geldeswert, die im Rahmen einer Erwerbstätigkeit, des Bundesfreiwilligendienstes oder eines Jugendfreiwilligendienstes zufließen. [3]Als Einkommen zu berücksichtigen sind auch Zuflüsse aus darlehensweise gewährten Sozialleistungen, soweit sie dem Lebensunterhalt dienen. [4]Der Kinderzuschlag nach § 6a des Bundeskindergeldgesetzes ist als Einkommen dem jeweiligen Kind zuzurechnen. [5]Dies gilt auch für das Kindergeld für zur Bedarfsgemeinschaft gehörende Kinder, soweit es bei dem jeweiligen Kind zur Sicherung des Lebensunterhalts, mit Ausnahme der Bedarfe nach § 28, benötigt wird.

(2) [1] Einnahmen sind für den Monat zu berücksichtigen, in dem sie zufließen. [2]Dies gilt auch für Einnahmen, die an einzelnen Tagen eines Monats aufgrund von kurzzeitigen Beschäftigungsverhältnissen erzielt werden

(3) Würde der Leistungsanspruch durch die Berücksichtigung einer als Nachzahlung zufließenden Einnahme, die nicht für den Monat des Zuflusses erbracht wird, in diesem Monat entfallen, so ist diese Einnahme auf einen Zeitraum von sechs Monaten gleichmäßig aufzuteilen und monatlich ab dem Monat des Zuflusses mit einem entsprechenden monatlichen Teilbetrag zu berücksichtigen.

§ 11a Nicht zu berücksichtigendes Einkommen

(1) Nicht als Einkommen zu berücksichtigen sind

1. Leistungen nach diesem Buch,
2. (weggefallen),
3. die Renten oder Beihilfen, die nach dem Bundesentschädigungsgesetz für Schaden an Leben sowie an Körper oder Gesundheit erbracht werden, bis zur Höhe der vergleichbaren Entschädigungszahlungen nach Kapitel 9 des Vierzehnten Buches,
4. Aufwandspauschalen nach § 1878 des Bürgerlichen Gesetzbuchs kalenderjährlich bis zu dem in § 3 Nummer 26 Satz 1 des Einkommensteuergesetzes genannten Betrag,
5. Aufwandsentschädigungen oder Einnahmen aus nebenberuflichen Tätigkeiten, die nach § 3 Nummer 12, Nummer 26 oder Nummer 26a des Einkommensteuergesetzes steuerfrei sind, soweit diese Einnahmen einen Betrag in Höhe von 3 000 Euro im Kalenderjahr nicht überschreiten,
6. Mutterschaftsgeld nach § 19 des Mutterschutzgesetzes
7. Einmalige Einnahmen aus Erbschaften, Vermächtnissen und Pflichtteilszuwendungen.

(2) Entschädigungen, die wegen eines Schadens, der kein Vermögensschaden ist, nach § 253 Absatz 2 des Bürgerlichen Gesetzbuchs geleistet werden, sind nicht als Einkommen zu berücksichtigen.

(3) [1]Leistungen, die aufgrund öffentlich-rechtlicher Vorschriften zu einem ausdrücklich genannten Zweck erbracht werden, sind nur so weit als Einkommen zu berücksichtigen, als die Leistungen nach diesem Buch im Einzelfall demselben Zweck dienen. [2]Abweichend von Satz 1 sind als Einkommen zu berücksichtigen

1. die Leistungen nach § 39 des Achten Buches, die für den erzieherischen Einsatz erbracht werden,
   a) für das dritte Pflegekind zu 75 Prozent,
   b) für das vierte und jedes weitere Pflegekind vollständig,
2. die Leistungen nach § 23 des Achten Buches.
3. die Leistungen der Ausbildungsförderung nach dem Bundesausbildungsförderungsgesetz sowie vergleichbare Leistungen der Begabtenförderungswerke; § 14b Absatz 2 Satz 1 des Bundesausbildungsförderungsgesetzes bleibt unberührt,
4. die Berufsausbildungsbeihilfe nach dem Dritten Buch mit Ausnahme der Bedarfe nach § 64 Absatz 3 Satz 1 des Dritten Buches sowie
5. Reisekosten zur Teilhabe am Arbeitsleben nach § 127 Absatz 1 Satz 1 des Dritten Buches in Verbindung mit § 73 des Neunten Buches.

(4) Zuwendungen der freien Wohlfahrtspflege sind nicht als Einkommen zu berücksichtigen, soweit sie die Lage der Empfängerinnen und Empfänger nicht so günstig beeinflussen, dass daneben Leistungen nach diesem Buch nicht gerechtfertigt wären.

(5) Zuwendungen, die ein anderer erbringt, ohne hierzu eine rechtliche oder sittliche Pflicht zu haben, sind nicht als Einkommen zu berücksichtigen, soweit

1. ihre Berücksichtigung für die Leistungsberechtigten grob unbillig wäre oder
2. sie die Lage der Leistungsberechtigten nicht so günstig beeinflussen, dass daneben Leistungen nach diesem Buch nicht gerechtfertigt wären.

(6) Überbrückungsgeld nach § 51 des Strafvollzugsgesetzes oder vergleichbare Leistungen nach landesrechtlichen Regelungen sind nicht als Einkommen zu berücksichtigen.

§ 11b Absetzbeträge

(1) [1]Vom Einkommen abzusetzen sind

1. auf das Einkommen entrichtete Steuern,
2. Pflichtbeiträge zur Sozialversicherung einschließlich der Beiträge zur Arbeitsförderung,
3. Beiträge zu öffentlichen oder privaten Versicherungen oder ähnlichen Einrichtungen, soweit diese Beiträge gesetzlich vorgeschrieben oder nach Grund und Höhe angemessen sind; hierzu gehören Beiträge
   a) zur Vorsorge für den Fall der Krankheit und der Pflegebedürftigkeit für Personen, die in der gesetzlichen Krankenversicherung nicht versicherungspflichtig sind,

b) zur Altersvorsorge von Personen, die von der Versicherungspflicht in der gesetzlichen Rentenversicherung befreit sind,

soweit die Beiträge nicht nach § 26 bezuschusst werden,

4. geförderte Altersvorsorgebeiträge nach § 82 des Einkommensteuergesetzes, soweit sie den Mindesteigenbeitrag nach § 86 des Einkommensteuergesetzes nicht überschreiten,
5. die mit der Erzielung des Einkommens verbundenen notwendigen Ausgaben,
6. für Erwerbstätige ferner ein Betrag nach Absatz 3,
7. Aufwendungen zur Erfüllung gesetzlicher Unterhaltsverpflichtungen bis zu dem in einem Unterhaltstitel oder in einer notariell beurkundeten Unterhaltsvereinbarung festgelegten Betrag,
8. bei erwerbsfähigen Leistungsberechtigten, deren Einkommen nach dem Vierten Abschnitt des Bundesausbildungsförderungsgesetzes oder nach § 67 oder § 126 des Dritten Buches bei der Berechnung der Leistungen der Ausbildungsförderung für mindestens ein Kind berücksichtigt wird, der nach den Vorschriften der Ausbildungsförderung berücksichtigte Betrag.

[2]Bei der Verteilung einer einmaligen Einnahme nach § 11 Absatz 3 sind die auf die einmalige Einnahme im Zuflussmonat entfallenden Beträge nach den Nummern 1, 2, 5 und 6 vorweg abzusetzen.

(2) [1]Bei erwerbsfähigen Leistungsberechtigten, die erwerbstätig sind, ist anstelle der Beträge nach Absatz 1 Satz 1 Nummer 3 bis 5 ein Betrag von insgesamt 100 Euro monatlich von dem Einkommen aus Erwerbstätigkeit abzusetzen. [2]Beträgt das monatliche Einkommen aus Erwerbstätigkeit mehr als 400 Euro, gilt Satz 1 nicht, wenn die oder der erwerbsfähige Leistungsberechtigte nachweist, dass die Summe der Beträge nach Absatz 1 Satz 1 Nummer 3 bis 5 den Betrag von 100 Euro übersteigt. [3]Erhält eine leistungsberechtigte Person mindestens aus einer Tätigkeit Bezüge oder Einnahmen, die nach § 3 Nummer 12, 26 oder 26a des Einkommensteuergesetzes steuerfrei sind, gelten die Sätze 1 und 2 mit den Maßgaben, dass jeweils an die Stelle des Betrages von

1. 100 Euro monatlich der Betrag von 200 Euro monatlich, höchstens jedoch der Betrag, der sich aus der Summe von 100 Euro und dem Betrag der steuerfreien Bezüge oder Einnahmen ergibt, und
2. 400 Euro der Betrag, der sich nach Nummer 1 ergibt,

tritt. [4]§ 11a Absatz 3 bleibt unberührt. [5]Von den in § 11a Absatz 3 Satz 2 Nummer 3 bis 5 genannten Leistungen, von dem Ausbildungsgeld nach dem Dritten Buch sowie von dem erhaltenen Unterhaltsbeitrag nach § 10 Absatz 2 des Aufstiegsfortbildungsförderungsgesetzes sind für die Absetzbeträge nach § 11b Absatz 1 Satz 1 Nummer 3 bis 5 mindestens 100 Euro abzusetzen, wenn die Absetzung nicht bereits nach den Sätzen 1 bis 3 erfolgt. [6]Von dem Taschengeld nach § 2 Nummer 4 des Bundesfreiwilligendienstgesetzes oder § 2 Absatz 1 Nummer 4 des Jugendfreiwilligendienstegesetzes ist anstelle der Beträge nach § 11b Absatz 1 Satz 1 Nummer 3 bis 5 ein Betrag von insgesamt 200 Euro monatlich abzusetzen, soweit die Absetzung nicht bereits nach den Sätzen 1 bis 3 erfolgt.

(2a) § 82a des Zwölften Buches gilt entsprechend.

(2b) [1]Abweichend von Absatz 2 Satz 1 ist anstelle der Beträge nach Absatz 1 Satz 1 Nummer 3 bis 5 der Betrag nach § 8 Absatz 1a des Vierten Buches von dem Einkommen aus Erwerbstätigkeit abzusetzen bei erwerbsfähigen Leistungsberechtigten, die das 25. Lebensjahr noch nicht vollendet haben und die

1. eine nach dem Bundesausbildungsförderungsgesetz dem Grunde nach förderungsfähige Ausbildung durchführen,
2. eine nach § 57 Absatz 1 des Dritten Buches dem Grunde nach förderungsfähige Ausbildung, eine nach § 51 des Dritten Buches dem Grunde nach förderungsfähige berufsvorbereitende Bildungsmaßnahme oder eine nach § 54a des Dritten Buches geförderte Einstiegsqualifizierung durchführen,
3. einem Freiwilligendienst nach dem Bundesfreiwilligendienstgesetz oder dem Jugendfreiwilligendienstegesetz nachgehen oder
4. als Schülerinnen und Schüler allgemein- oder berufsbildender Schulen außerhalb der in § 11a Absatz 7 genannten Zeiten erwerbstätig sind; dies gilt nach dem Besuch allgemeinbildender Schulen auch bis zum Ablauf des dritten auf das Ende der Schulausbildung folgenden Monats.

[2]Bei der Anwendung des Satzes 1 Nummer 3 gilt das Taschengeld nach § 2 Nummer 4 des Bundesfreiwilligendienstgesetzes und nach § 2 Absatz 1 Satz 1 Nummer 4 des Jugendfreiwilligendienstegesetzes als Einkommen aus Erwerbstätigkeit. [3]Bei Leistungsberechtigten, die das 25. Lebensjahr vollendet haben, tritt in den Fällen des Satzes 1 Nummer 3 an die Stelle des Betrages nach § 8 Absatz 1a des Vierten Buches der Betrag von 250 Euro monatlich. [4]Sofern die unter Satz 1 Nummer 1 bis 4 genannten Personen die in § 11a Absatz 3 Satz 2 Nummer 3 bis 5 genannten Leistungen, Ausbildungsgeld nach dem Dritten Buch oder einen Unterhaltsbeitrag nach § 10 Absatz 2 des Aufstiegsfortbildungsförderungsgesetzes erhalten, ist von diesen Leistungen für die Absetzbeträge nach Absatz 1 Satz 1 Nummer 3 bis 5 ein Betrag in Höhe von mindestens 100 Euro abzusetzen, wenn die Absetzung nicht bereits nach Satz 1 oder nach Absatz 2 Satz 1 erfolgt ist. [5]Satz 4 gilt auch für Leistungsberechtigte, die das 25. Lebensjahr vollendet haben.

(3) [1]Bei erwerbsfähigen Leistungsberechtigten, die erwerbstätig sind, ist von dem monatlichen Einkommen aus Erwerbstätigkeit ein weiterer Betrag abzusetzen. [2]Dieser beläuft sich

1. für den Teil des monatlichen Einkommens, der 100 Euro übersteigt und nicht mehr als 1 000 Euro beträgt, auf 20 Prozent und
2. für den Teil des monatlichen Einkommens, der 1 000 Euro übersteigt und nicht mehr als 1 200 Euro beträgt, auf 10 Prozent.

[3]Anstelle des Betrages von 1 200 Euro tritt für erwerbsfähige Leistungsberechtigte, die entweder mit mindestens einem minderjährigen Kind in Bedarfsgemeinschaft leben oder die mindestens ein minderjähriges Kind haben, ein Betrag von 1 500 Euro.

§ 12 Zu berücksichtigendes Vermögen

(1) [1]Alle verwertbaren Vermögensgegenstände sind vorbehaltlich des Satzes 2 als Vermögen zu berücksichtigen. [2]Nicht zu berücksichtigen sind

1. angemessener Hausrat; für die Beurteilung der Angemessenheit sind die Lebensumstände während des Bezugs von Bürgergeld maßgebend,
2. ein angemessenes Kraftfahrzeug für jede in der Bedarfsgemeinschaft lebende erwerbsfähige Person; die Angemessenheit wird vermutet, wenn die Antragstellerin oder der Antragsteller dies im Antrag erklärt,
3. für die Altersvorsorge bestimmte Versicherungsverträge; zudem andere Formen der Altersvorsorge, wenn sie nach Bundesrecht ausdrücklich als Altersvorsorge gefördert werden,
4. weitere Vermögensgegenstände, die unabhängig von der Anlageform als für die Altersvorsorge bestimmt bezeichnet werden; hierbei ist für jedes angefangene Jahr einer hauptberuflich selbständigen Tätigkeit, in dem keine Beiträge an die gesetzliche Rentenversicherung, an eine öffentlich-rechtliche Versicherungseinrichtung oder an eine Versorgungseinrichtung einer Berufsgruppe entrichtet wurden, höchstens der Betrag nicht zu berücksichtigen, der sich ergibt, wenn der zum Zeitpunkt der Antragstellung geltende Beitragssatz zur allgemeinen Rentenversicherung nach § 158 des Sechsten Buches mit dem zuletzt festgestellten endgültigen Durchschnittsentgelt gemäß Anlage 1 des Sechsten Buches multipliziert und anschließend auf den nächsten durch 500 teilbaren Betrag aufgerundet wird,
5. ein selbst genutztes Hausgrundstück mit einer Wohnfläche von bis zu 140 Quadratmetern oder eine selbst genutzte Eigentumswohnung von bis zu 130 Quadratmetern; bewohnen mehr als vier Personen das Hausgrundstück beziehungsweise die Eigentumswohnung, erhöht sich die maßgebende Wohnfläche um jeweils 20 Quadratmeter für jede weitere Person; höhere Wohnflächen sind anzuerkennen, sofern die Berücksichtigung als Vermögen eine besondere Härte bedeuten würde,
6. Vermögen, solange es nachweislich zur baldigen Beschaffung oder Erhaltung eines Hausgrundstücks oder einer Eigentumswohnung von angemessener Größe bestimmt ist, und das Hausgrundstück oder die Eigentumswohnung Menschen mit Behinderungen oder pflegebedürftigen Menschen zu Wohnzwecken dient oder dienen soll und dieser Zweck durch den Einsatz oder die Verwertung des Vermögens gefährdet würde sowie
7. Sachen und Rechte, soweit ihre Verwertung für die betroffene Person eine besondere Härte bedeuten würde.

(2) [1]Von dem zu berücksichtigenden Vermögen ist für jede Person in der Bedarfsgemeinschaft ein Betrag in Höhe von 15 000 Euro abzusetzen. [2]Übersteigt das Vermögen einer

Person in der Bedarfsgemeinschaft den Betrag nach Satz 1, sind nicht ausgeschöpfte Freibeträge der anderen Personen in der Bedarfsgemeinschaft auf diese Person zu übertragen.

(3) [1]Für die Berücksichtigung von Vermögen gilt eine Karenzzeit von einem Jahr ab Beginn des Monats, für den erstmals Leistungen nach diesem Buch bezogen werden. [2]Innerhalb dieser Karenzzeit wird Vermögen nur berücksichtigt, wenn es erheblich ist. [3]Wird der Leistungsbezug in der Karenzzeit für mindestens einen Monat unterbrochen, verlängert sich die Karenzzeit um volle Monate ohne Leistungsbezug. [4]Eine neue Karenzzeit beginnt, wenn zuvor mindestens drei Jahre keine Leistungen nach diesem oder dem Zwölften Buch bezogen worden sind.[1]

(4) [1]Vermögen ist im Sinne von Absatz 3 Satz 2 erheblich, wenn es in der Summe 40 000 Euro für die leistungsberechtigte Person sowie 15 000 Euro für jede weitere mit dieser in Bedarfsgemeinschaft lebende Person übersteigt; Absatz 2 Satz 2 gilt entsprechend. [2]Bei der Berechnung des erheblichen Vermögens ist ein selbst genutztes Hausgrundstück oder eine selbst genutzte Eigentumswohnung abweichend von Absatz 1 Satz 2 Nummer 5 nicht zu berücksichtigen. [3]Es wird vermutet, dass kein erhebliches Vermögen vorhanden ist, wenn die Antragstellerin oder der Antragsteller dies im Antrag erklärt. [4]Liegt erhebliches Vermögen vor, sind während der Karenzzeit Beträge nach Satz 1 an Stelle der Freibeträge nach Absatz 2 abzusetzen. [5]Der Erklärung ist eine Selbstauskunft beizufügen; Nachweise zum vorhandenen Vermögen sind nur auf Aufforderung des Jobcenters vorzulegen.

(5) [1]Das Vermögen ist mit seinem Verkehrswert zu berücksichtigen. [2]Für die Bewertung ist der Zeitpunkt maßgebend, in dem der Antrag auf Bewilligung oder erneute Bewilligung der Leistungen der Grundsicherung für Arbeitsuchende gestellt wird, bei späterem Erwerb von Vermögen der Zeitpunkt des Erwerbs.

(6) [1]Ist Bürgergeld unter Berücksichtigung des Einkommens nur für einen Monat zu erbringen, gilt keine Karenzzeit. [2]Es wird vermutet, dass kein zu berücksichtigendes Vermögen vorhanden ist, wenn die Antragstellerin oder der Antragsteller dies im Antrag erklärt. [3]Absatz 4 Satz 5 gilt entsprechend.

Sozialgesetzbuch (SGB) Drittes Buch (III) – Arbeitsförderung – (Artikel 1 des Gesetzes vom 24. März 1997, BGBl. I S. 594)

Zuletzt geändert durch Artikel 2 des Gesetzes vom 19. Juli 2024 (BGBl. 2024 I Nr. 249)

– Auszug –

Drittes Kapitel
Aktive Arbeitsförderung

Dritter Abschnitt
(weggefallen)

Dritter Unterabschnitt
Berufsausbildungsbeihilfe

§ 56 Berufsausbildungsbeihilfe

(1) Auszubildende haben Anspruch auf Berufsausbildungsbeihilfe während einer Berufsausbildung, wenn

1. die Berufsausbildung förderungsfähig ist,
2. sie zum förderungsfähigen Personenkreis gehören und die sonstigen persönlichen Voraussetzungen für eine Förderung erfüllt sind und
3. ihnen die erforderlichen Mittel zur Deckung des Bedarfs für den Lebensunterhalt, die Fahrkosten und die sonstigen Aufwendungen (Gesamtbedarf) nicht anderweitig zur Verfügung stehen.

(2) [1]Auszubildende haben Anspruch auf Berufsausbildungsbeihilfe während einer berufsvorbereitenden Bildungsmaßnahme nach § 51. [2]Teilnehmende an einer Vorphase nach § 74 Absatz 1 Satz 2 haben Anspruch auf Berufsausbildungsbeihilfe wie Auszubildende in einer berufsvorbereitenden Bildungsmaßnahme. [3]Ausländerinnen und Ausländer, die eine Aufenthaltsgestattung nach dem Asylgesetz besitzen, sind in den Fällen der Sätze 1 und 2 nicht zum Bezug von Berufsausbildungsbeihilfe berechtigt.

§ 57 Förderungsfähige Berufsausbildung

(1) Eine Berufsausbildung ist förderungsfähig, wenn sie in einem nach dem Berufsbildungsgesetz, der Handwerksordnung oder dem Seearbeitsgesetz staatlich anerkannten Ausbildungsberuf betrieblich oder außerbetrieblich oder nach Teil 2, auch in Verbindung mit Teil 5, des Pflegeberufegesetzes oder dem Altenpflegegesetz betrieblich durchge-

führt wird und der dafür vorgeschriebene Berufsausbildungsvertrag abgeschlossen worden ist.

(2) [1]Förderungsfähig ist die erste Berufsausbildung. [2]Eine zweite Berufsausbildung kann gefördert werden, wenn zu erwarten ist, dass eine berufliche Eingliederung dauerhaft auf andere Weise nicht erreicht werden kann und durch die zweite Berufsausbildung die berufliche Eingliederung erreicht wird.

(3) Nach der vorzeitigen Lösung eines Berufsausbildungsverhältnisses darf erneut gefördert werden, wenn für die Lösung ein berechtigter Grund bestand.

§ 58 Förderung im Ausland

(1) Eine Berufsausbildung, die teilweise im Ausland durchgeführt wird, ist auch für den im Ausland durchgeführten Teil förderungsfähig, wenn dieser Teil im Verhältnis zur Gesamtdauer der Berufsausbildung angemessen ist und die Dauer von einem Jahr nicht übersteigt.

(2) Eine betriebliche Berufsausbildung, die vollständig im angrenzenden Ausland oder in den übrigen Mitgliedstaaten der Europäischen Union durchgeführt wird, ist förderungsfähig, wenn

1. eine nach Bundes- oder Landesrecht zuständige Stelle bestätigt, dass die Berufsausbildung einer entsprechenden betrieblichen Berufsausbildung gleichwertig ist und
2. die Berufsausbildung im Ausland dem Erreichen des Bildungsziels und der Beschäftigungsfähigkeit besonders dienlich ist.

§ 59 (weggefallen)

§ 60 Förderungsfähiger Personenkreis bei Berufsausbildung

(1) Die oder der Auszubildende ist bei einer Berufsausbildung förderungsberechtigt, wenn sie oder er

1. außerhalb des Haushalts der Eltern oder eines Elternteils wohnt und
2. die Ausbildungsstätte von der Wohnung der Eltern oder eines Elternteils aus nicht in angemessener Zeit erreichen kann.

(2) Absatz 1 Nummer 2 gilt nicht, wenn die oder der Auszubildende

1. 18 Jahre oder älter ist,
2. verheiratet oder in einer Lebenspartnerschaft verbunden ist oder war,
3. mit mindestens einem Kind zusammenlebt oder
4. aus schwerwiegenden sozialen Gründen nicht auf die Wohnung der Eltern oder eines Elternteils verwiesen werden kann.

(3) [1]Ausländerinnen und Ausländer, die eine Aufenthaltsgestattung nach dem Asylgesetz besitzen, sind während einer Berufsausbildung nicht zum Bezug von Berufsausbil-

dungsbeihilfe berechtigt. [2]Geduldete Ausländerinnen und Ausländer sind während einer Berufsausbildung zum Bezug von Berufsausbildungsbeihilfe berechtigt, wenn die Voraussetzungen nach Absatz 1 in Verbindung mit Absatz 2 vorliegen und sie sich seit mindestens 15 Monaten ununterbrochen erlaubt, gestattet oder geduldet im Bundesgebiet aufhalten.

§ 61 Bedarf für den Lebensunterhalt bei Berufsausbildung

(1) Ist die oder der Auszubildende während der Berufsausbildung außerhalb des Haushalts der Eltern oder eines Elternteils untergebracht, wird der jeweils geltende Bedarf nach § 13 Absatz 1 Nummer 1 und Absatz 2 Nummer 2 des Bundesausbildungsförderungsgesetzes zugrunde gelegt.

(2) [1]Ist die oder der Auszubildende mit voller Verpflegung in einem Wohnheim, einem Internat oder in einer anderen sozialpädagogisch begleiteten Wohnform im Sinne des Achten Buches untergebracht, werden abweichend von Absatz 1 als Bedarf für den Lebensunterhalt die im Rahmen der §§ 78a bis 78g des Achten Buches vereinbarten Entgelte für Verpflegung und Unterbringung ohne sozialpädagogische Begleitung zuzüglich 115 Euro monatlich für sonstige Bedürfnisse zugrunde gelegt. [2]Als Bedarf für den Lebensunterhalt von Auszubildenden unter 27 Jahren werden zusätzlich die Entgelte für die sozialpädagogische Begleitung zugrunde gelegt, soweit diese nicht von Dritten erstattet werden. [3]Ist die oder der Auszubildende bereits in einer anderen sozialpädagogisch begleiteten Wohnform untergebracht, werden Leistungen für junge Menschen, die die Voraussetzungen des § 13 Absatz 1 des Achten Buchs erfüllen, vorrangig nach § 13 Absatz 3 des Achten Buches erbracht.

§ 62 Bedarf für den Lebensunterhalt bei berufsvorbereitenden Bildungsmaßnahmen

(1) Ist die oder der Auszubildende während einer berufsvorbereitenden Bildungsmaßnahme im Haushalt der Eltern oder eines Elternteils untergebracht, wird der jeweils geltende Bedarf nach § 12 Absatz 1 Nummer 1 des Bundesausbildungsförderungsgesetzes zugrunde gelegt.

(2) Ist die oder der Auszubildende außerhalb des Haushalts der Eltern oder eines Elternteils untergebracht, wird als Bedarf für den Lebensunterhalt der jeweils geltende Bedarf nach § 12 Absatz 2 Nummer 1 des Bundesausbildungsförderungsgesetzes zugrunde gelegt.

(3) [1]Ist die oder der Auszubildende mit voller Verpflegung in einem Wohnheim oder einem Internat untergebracht, werden abweichend von Absatz 2 als Bedarf für den Lebensunterhalt die im Rahmen der §§ 78a bis 78g des Achten Buches vereinbarten Entgelte für Verpflegung und Unterbringung ohne sozialpädagogische Begleitung zuzüglich 115 Euro monatlich für sonstige Bedürfnisse zugrunde gelegt. [2]Als Bedarf für den Lebensunterhalt von Auszubildenden unter 18 Jahren werden zusätzlich die Entgelte für die sozialpädagogische Begleitung zugrunde gelegt, soweit diese nicht von Dritten erstattet werden.

§ 63 Fahrkosten

(1) [1]Als Bedarf für Fahrkosten werden folgende Kosten der oder des Auszubildenden zugrunde gelegt:

1. Kosten für Fahrten zwischen Unterkunft, Ausbildungsstätte und Berufsschule (Pendelfahrten),
2. bei einer erforderlichen auswärtigen Unterbringung Kosten für die An- und Abreise und für eine monatliche Familienheimfahrt oder anstelle der Familienheimfahrt für eine monatliche Fahrt einer oder eines Angehörigen zum Aufenthaltsort der oder des Auszubildenden.

[2]Eine auswärtige Unterbringung ist erforderlich, wenn die Ausbildungsstätte vom Familienwohnort aus nicht in angemessener Zeit erreicht werden kann.

(2) [1]Abweichend von Absatz 1 Nummer 2 werden bei einer Förderung im Ausland folgende Kosten der oder des Auszubildenden zugrunde gelegt:

1. bei einem Ausbildungsort innerhalb Europas die Kosten für eine Hin- und Rückreise je Ausbildungshalbjahr,
2. bei einem Ausbildungsort außerhalb Europas die Kosten für eine Hin- und Rückreise je Ausbildungsjahr.

[2]In besonderen Härtefällen können die notwendigen Aufwendungen für eine weitere Hin- und Rückreise zugrunde gelegt werden.

(3) [1]Die Fahrkosten werden in Höhe des Betrags zugrunde gelegt, der bei Benutzung des zweckmäßigsten regelmäßig verkehrenden öffentlichen Verkehrsmittels in der niedrigsten Klasse zu zahlen ist; bei Benutzung sonstiger Verkehrsmittel wird für Fahrkosten die Höhe der Wegstreckenentschädigung nach § 5 Absatz 1 des Bundesreisekostengesetzes zugrunde gelegt. [2]Bei nicht geringfügigen Fahrpreiserhöhungen hat auf Antrag eine Anpassung zu erfolgen, wenn der Bewilligungszeitraum noch mindestens zwei weitere Monate andauert. [3]Kosten für Pendelfahrten werden nur bis zur Höhe des Betrags zugrunde gelegt, der nach § 86 insgesamt erbracht werden kann.

§ 64 Sonstige Aufwendungen

(1) Bei einer Berufsausbildung wird als Bedarf für sonstige Aufwendungen eine Pauschale für Kosten der Arbeitskleidung in Höhe von 16 Euro monatlich zugrunde gelegt.

(2) Bei einer berufsvorbereitenden Bildungsmaßnahme werden als Bedarf für sonstige Aufwendungen bei Auszubildenden, deren Schutz im Krankheits- oder Pflegefall nicht anderweitig sichergestellt ist, die Beiträge für eine freiwillige Krankenversicherung ohne Anspruch auf Krankengeld und die Beiträge zur Pflegepflichtversicherung bei einem Träger der gesetzlichen Kranken- und Pflegeversicherung oder, wenn dort im Einzelfall ein Schutz nicht gewährleistet ist, bei einem privaten Krankenversicherungsunternehmen zugrunde gelegt.

(3) [1]Bei einer Berufsausbildung und einer berufsvorbereitenden Bildungsmaßnahme werden als Bedarf für sonstige Aufwendungen die Kosten für die Betreuung der aufsichtsbedürftigen Kinder der oder des Auszubildenden in Höhe von 160 Euro monatlich je Kind zugrunde gelegt. [2]Darüber hinaus können sonstige Kosten anerkannt werden,

1. soweit sie durch die Berufsausbildung oder die Teilnahme an der berufsvorbereitenden Bildungsmaßnahme unvermeidbar entstehen,
2. soweit die Berufsausbildung oder die Teilnahme an der berufsvorbereitenden Bildungsmaßnahme andernfalls gefährdet ist und
3. wenn die Aufwendungen von der oder dem Auszubildenden oder ihren oder seinen Erziehungsberechtigten zu tragen sind.

§ 65 Besonderheiten beim Besuch des Berufsschulunterrichts in Blockform

(1) Für die Zeit des Berufsschulunterrichts in Blockform wird ein Bedarf zugrunde gelegt, der für Zeiten ohne Berufsschulunterricht zugrunde zu legen wäre.

(2) Eine Förderung allein für die Zeit des Berufsschulunterrichts in Blockform ist ausgeschlossen.

§ 66 Anpassung der Bedarfssätze

Für die Anpassung der Bedarfssätze gilt § 35 Satz 1 und 2 des Bundesausbildungsförderungsgesetzes entsprechend.

§ 67 Einkommensanrechnung

(1) Auf den Gesamtbedarf sind die Einkommen der folgenden Personen in der Reihenfolge ihrer Nennung anzurechnen:

1. der oder des Auszubildenden,
2. der Person, mit der die oder der Auszubildende verheiratet oder in einer Lebenspartnerschaft verbunden ist und von der sie oder er nicht dauernd getrennt lebt, und
3. der Eltern der oder des Auszubildenden.

(2) [1]Für die Ermittlung des Einkommens und dessen Anrechnung sowie die Berücksichtigung von Freibeträgen gelten § 11 Absatz 4 sowie die Vorschriften des Vierten Abschnitts des Bundesausbildungsförderungsgesetzes mit den hierzu ergangenen Rechtsverordnungen entsprechend. [2]Abweichend von

1. § 21 Absatz 1 des Bundesausbildungsförderungsgesetzes werden Werbungskosten der oder des Auszubildenden auf Grund der Berufsausbildung nicht berücksichtigt;
2. § 22 Absatz 1 des Bundesausbildungsförderungsgesetzes ist das Einkommen der oder des Auszubildenden maßgebend, das zum Zeitpunkt der Antragstellung absehbar ist; Änderungen bis zum Zeitpunkt der Entscheidung sind zu berücksichtigen;

3. § 23 Absatz 3 des Bundesausbildungsförderungsgesetzes bleiben 85 Euro der Ausbildungsvergütung und abweichend von § 25 Absatz 1 des Bundesausbildungsförderungsgesetzes zusätzlich 901 Euro anrechnungsfrei, wenn die Ausbildungsstätte von der Wohnung der Eltern oder eines Elternteils aus nicht in angemessener Zeit erreicht werden kann;
4. § 23 Absatz 4 Nummer 2 des Bundesausbildungsförderungsgesetzes werden Leistungen Dritter, die zur Aufstockung der Berufsausbildungsbeihilfe erbracht werden, nicht angerechnet.

(3) Bei einer Berufsausbildung im Betrieb der Eltern, der Ehefrau oder des Ehemanns oder der Lebenspartnerin oder des Lebenspartners ist für die Feststellung des Einkommens der oder des Auszubildenden mindestens die tarifliche Bruttoausbildungsvergütung als vereinbart zugrunde zu legen oder, soweit eine tarifliche Regelung nicht besteht, die ortsübliche Bruttoausbildungsvergütung, die in diesem Ausbildungsberuf bei einer Berufsausbildung in einem fremden Betrieb geleistet wird.

(4) [1]Für an berufsvorbereitenden Bildungsmaßnahmen Teilnehmende wird von einer Anrechnung des Einkommens abgesehen. [2]Satz 1 gilt nicht für Einkommen der Teilnehmenden aus einer nach diesem Buch oder vergleichbaren öffentlichen Programmen geförderten Maßnahme.

(5) [1]Das Einkommen der Eltern bleibt außer Betracht, wenn ihr Aufenthaltsort nicht bekannt ist oder sie rechtlich oder tatsächlich gehindert sind, im Inland Unterhalt zu leisten. [2]Das Einkommen ist ferner nicht anzurechnen, soweit ein Unterhaltsanspruch nicht besteht oder dieser verwirkt ist.

§ 68 Vorausleistung von Berufsausbildungsbeihilfe

(1) [1]Macht die oder der Auszubildende glaubhaft, dass ihre oder seine Eltern den nach den Vorschriften dieses Buches angerechneten Unterhaltsbetrag nicht leisten, oder kann das Einkommen der Eltern nicht berechnet werden, weil diese die erforderlichen Auskünfte nicht erteilen oder Urkunden nicht vorlegen, und ist die Berufsausbildung, auch unter Berücksichtigung des Einkommens der Ehefrau oder des Ehemanns oder der Lebenspartnerin oder des Lebenspartners im Bewilligungszeitraum, gefährdet, so wird nach Anhörung der Eltern ohne Anrechnung dieses Betrags Berufsausbildungsbeihilfe geleistet. [2]Von der Anhörung der Eltern kann aus wichtigem Grund abgesehen werden. [3]Eine Anrechnung des weitergeleiteten oder direkt ausgezahlten Kindergeldes auf den vorausgeleisteten Betrag sowie eine Anrechnung überobligatorischer Leistungen eines Elternteils auf den angerechneten Unterhaltsbetrag des anderen Elternteils findet nicht statt.

(2) [1]Ein Anspruch der oder des Auszubildenden auf Unterhaltsleistungen gegen ihre oder seine Eltern geht bis zur Höhe des anzurechnenden Unterhaltsanspruchs zusammen mit dem unterhaltsrechtlichen Auskunftsanspruch mit der Zahlung der Berufsausbildungsbeihilfe auf die Agentur für Arbeit über. [2]Die Agentur für Arbeit hat den Eltern die Förderung anzuzeigen. [3]Der Übergang wird nicht dadurch ausgeschlossen, dass der Anspruch nicht übertragen, nicht verpfändet oder nicht gepfändet werden kann. [4]Ist die

Unterhaltsleistung trotz des Rechtsübergangs mit befreiender Wirkung an die Auszubildende oder den Auszubildenden gezahlt worden, hat die oder der Auszubildende diese insoweit zu erstatten.

(3) Für die Vergangenheit können die Eltern der oder des Auszubildenden nur von dem Zeitpunkt an in Anspruch genommen werden, ab dem

1. die Voraussetzungen des bürgerlichen Rechts vorgelegen haben oder
2. sie bei dem Antrag auf Ausbildungsförderung mitgewirkt haben oder von ihm Kenntnis erhalten haben und darüber belehrt worden sind, unter welchen Voraussetzungen dieses Buch eine Inanspruchnahme von Eltern ermöglicht.

(4) Berufsausbildungsbeihilfe wird nicht vorausgeleistet, soweit die Eltern bereit sind, Unterhalt entsprechend einer nach § 1612 Absatz 2 des Bürgerlichen Gesetzbuchs getroffenen Bestimmung zu leisten.

(5) [1]Die Agentur für Arbeit kann den auf sie übergegangenen Unterhaltsanspruch im Einvernehmen mit der oder dem Unterhaltsberechtigten auf diese oder diesen zur gerichtlichen Geltendmachung rückübertragen und sich den geltend gemachten Unterhaltsanspruch abtreten lassen. [2]Kosten, mit denen die oder der Unterhaltsberechtigte dadurch selbst belastet wird, sind zu übernehmen.

§ 69 Dauer der Förderung

(1) [1]Anspruch auf Berufsausbildungsbeihilfe besteht für die Dauer der Berufsausbildung oder die Dauer der berufsvorbereitenden Bildungsmaßnahme. [2]Über den Anspruch wird bei Berufsausbildung in der Regel für 18 Monate, im Übrigen in der Regel für ein Jahr (Bewilligungszeitraum) entschieden.

(2) Für Fehlzeiten besteht in folgenden Fällen Anspruch auf Berufsausbildungsbeihilfe:

1. bei Krankheit längstens bis zum Ende des dritten auf den Eintritt der Krankheit folgenden Kalendermonats, im Fall einer Berufsausbildung jedoch nur, solange das Berufsausbildungsverhältnis fortbesteht,
2. für Zeiten einer Schwangerschaft oder nach der Entbindung, wenn
   a) bei einer Berufsausbildung die Fehlzeit durch ein Beschäftigungsverbot oder eine Schutzfrist aufgrund der Schwangerschaft oder der Geburt entsteht oder
   b) bei einer berufsvorbereitenden Bildungsmaßnahme die Maßnahme nicht länger als 14 Wochen, im Fall von Früh- oder Mehrlingsgeburten oder, wenn vor Ablauf von acht Wochen nach der Entbindung bei dem Kind eine Behinderung im Sinne von § 2 Absatz 1 des Neunten Buches Sozialgesetzbuch ärztlich festgestellt wird, nicht länger als 18 Wochen (§ 3 des Mutterschutzgesetzes) unterbrochen wird,
3. wenn bei einer Berufsausbildung die oder der Auszubildende aus einem sonstigen Grund der Berufsausbildung fernbleibt und die Ausbildungsvergütung weitergezahlt oder an deren Stelle eine Ersatzleistung erbracht wird oder

4. wenn bei einer berufsvorbereitenden Bildungsmaßnahme ein sonstiger wichtiger Grund für das Fernbleiben der oder des Auszubildenden vorliegt.

§ 70 Berufsausbildungsbeihilfe für Arbeitslose

Arbeitslose, die zu Beginn der berufsvorbereitenden Bildungsmaßnahme anderenfalls Anspruch auf Arbeitslosengeld gehabt hätten, der höher ist als der zugrunde zu legende Bedarf für den Lebensunterhalt, haben Anspruch auf Berufsausbildungsbeihilfe in Höhe des Arbeitslosengeldes. In diesem Fall wird Einkommen, das die oder der Arbeitslose aus einer neben der berufsvorbereitenden Bildungsmaßnahme ausgeübten Beschäftigung oder selbständigen Tätigkeit erzielt, in gleicher Weise angerechnet wie bei der Leistung von Arbeitslosengeld.

§ 71 Auszahlung

Monatliche Förderungsbeträge der Berufsausbildungsbeihilfe, die nicht volle Euro ergeben, sind bei Restbeträgen unter 0,50 Euro abzurunden und im Übrigen aufzurunden. Nicht geleistet werden monatliche Förderungsbeträge unter 10 Euro.

§ 72 Anordnungsermächtigung

Die Bundesagentur wird ermächtigt, durch Anordnung das Nähere über Voraussetzungen, Umfang und Verfahren der Förderung zu bestimmen.

Vierter Unterabschnitt Berufsausbildung

§ 73 Zuschüsse zur Ausbildungsvergütung für Menschen mit Behinderungen und schwerbehinderte Menschen

(1) Arbeitgeber können für die betriebliche Aus- oder Weiterbildung von Menschen mit Behinderungen und schwerbehinderten Menschen im Sinne des § 187 Absatz 1 Nummer 3 Buchstabe e des Neunten Buches durch Zuschüsse zur Ausbildungsvergütung oder zu einer vergleichbaren Vergütung gefördert werden, wenn die Aus- oder Weiterbildung sonst nicht zu erreichen ist.

(2) [1]Die monatlichen Zuschüsse sollen regelmäßig 60 Prozent, bei schwerbehinderten Menschen 80 Prozent der monatlichen Ausbildungsvergütung für das letzte Ausbildungsjahr oder der vergleichbaren Vergütung einschließlich des darauf entfallenden pauschalierten Arbeitgeberanteils am Gesamtsozialversicherungsbeitrag nicht übersteigen. [2]In begründeten Ausnahmefällen können Zuschüsse jeweils bis zur Höhe der Ausbildungsvergütung für das letzte Ausbildungsjahr erbracht werden.

(3) Bei Übernahme schwerbehinderter Menschen in ein Arbeitsverhältnis durch den ausbildenden oder einen anderen Arbeitgeber im Anschluss an eine abgeschlossene Aus- oder Weiterbildung kann ein Eingliederungszuschuss in Höhe von bis zu 70 Prozent des

zu berücksichtigenden Arbeitsentgelts (§ 91) für die Dauer von einem Jahr erbracht werden, sofern während der Aus- oder Weiterbildung Zuschüsse erbracht wurden.

§ 73a Mobilitätszuschuss

(1) Die Agentur für Arbeit kann junge Menschen während des ersten Ausbildungsjahres einer nach § 57 Absatz 1 förderungsfähigen Berufsausbildung mit einem Mobilitätszuschuss fördern, wenn

1. die Ausbildungsstätte vom bisherigen Wohnort der oder des Auszubildenden nicht in angemessener Zeit erreicht werden kann und
2. ein Wechsel des Wohnortes für die Aufnahme der Ausbildung erforderlich ist.

§ 116 Absatz 2 gilt entsprechend.

(2) Die Höhe des Mobilitätszuschusses richtet sich nach den erforderlichen Fahrkosten für zwei monatliche Familienheimfahrten. Für die Höhe der Fahrkosten gilt § 63 Absatz 3 entsprechend.

(3) § 56 Absatz 1 Nummer 3 und § 63 dieses Buches sowie § 73 des Neunten Buches bleiben unberührt.

§ 74 Assistierte Ausbildung

(1) [1]Die Agentur für Arbeit kann förderungsberechtigte junge Menschen und deren Ausbildungsbetriebe während einer betrieblichen Berufsausbildung oder einer Einstiegsqualifizierung (begleitende Phase) durch Maßnahmen der Assistierten Ausbildung fördern. [2]Die Maßnahme kann auch eine vorgeschaltete Phase enthalten, die die Aufnahme einer betrieblichen Berufsausbildung unterstützt (Vorphase).

(2) [1]Ziele der Assistierten Ausbildung sind.

1. die Aufnahme einer Berufsausbildung und
2. die Hinführung auf den Abschluss der betrieblichen Berufsausbildung.

[2]Das Ziel der Assistierten Ausbildung ist auch erreicht, wenn der junge Mensch seine betriebliche Berufsausbildung ohne die Unterstützung fortsetzen und abschließen kann.

(3) [1]Förderungsberechtigt sind junge Menschen, die ohne Unterstützung

1. eine Berufsausbildung nicht aufnehmen oder fortsetzen können oder voraussichtlich Schwierigkeiten haben werden, die Berufsausbildung abzuschließen, oder
2. wegen in ihrer Person liegender Gründe
   a) nach der vorzeitigen Lösung eines betrieblichen Berufsausbildungsverhältnisses eine weitere Berufsausbildung nicht aufnehmen oder
   b) nach Abschluss einer mit Assistierter Ausbildung unterstützten Berufsausbildung ein Arbeitsverhältnis nicht begründen oder festigen können.

[2]Förderungsberechtigt sind auch junge Menschen, die wegen in ihrer Person liegender Gründe während einer Einstiegsqualifizierung zusätzlicher Unterstützung bedürfen. [3]Die Förderungsberechtigung endet im Fall des Satzes 1 Nummer 2 Buchstabe b spätestens sechs Monate nach Begründung eines Arbeitsverhältnisses oder spätestens ein Jahr nach Ende der Berufsausbildung.

(4) [1]Der junge Mensch wird, auch im Betrieb, individuell und kontinuierlich unterstützt und sozialpädagogisch begleitet. [2]Ihm steht beim Träger der Assistierten Ausbildung über die gesamte Laufzeit der Förderung insbesondere eine feste Ausbildungsbegleiterin oder ein fester Ausbildungsbegleiter zur Verfügung.

(5) § 57 Absatz 1 gilt entsprechend.

(6) Mit der Durchführung von Maßnahmen der Assistierten Ausbildung beauftragt die Agentur für Arbeit Träger unter Anwendung des Vergaberechts.

(7) [1]Die Bundesagentur soll bei der Umsetzung der Assistierten Ausbildung mit den Ländern zusammenarbeiten. [2]Durch die Zusammenarbeit sollen unter Berücksichtigung regionaler Besonderheiten Möglichkeiten einer Koordination der Akteure eröffnet und dadurch eine hohe Wirksamkeit der Maßnahme im Ausbildungsmarkt erreicht werden. [3]Die Bundesagentur kann ergänzende Leistungen der Länder berücksichtigen. [4]Das gilt insbesondere für Leistungen der Länder zur Förderung nicht nach Absatz 5 förderungsfähiger Berufsausbildungen.

§ 75 Begleitende Phase der Assistierten Ausbildung

(1) In der begleitenden Phase sind auch junge Menschen förderungsberechtigt, die zusätzlich zu der in § 74 Absatz 3 Satz 1 Nummer 1 genannten Voraussetzung abweichend von § 30 Absatz 1 des Ersten Buches ihren Wohnsitz und ihren gewöhnlichen Aufenthalt außerhalb von Deutschland haben, deren Ausbildungsbetrieb aber in Deutschland liegt.

(2) Die begleitende Phase umfasst

1. sozialpädagogische Begleitung,
2. Maßnahmen zur Stabilisierung des Berufsausbildungsverhältnisses oder der Einstiegsqualifizierung
3. Angebote zum Abbau von Bildungs- und Sprachdefiziten und
4. Angebote zur Vermittlung fachtheoretischer Fertigkeiten, Kenntnissen und Fähigkeiten.

(3) Die Agentur für Arbeit legt die erforderlichen Unterstützungselemente nach Beratung des förderungsberechtigten jungen Menschen in Abstimmung mit dem Träger der Maßnahme im Einzelfall fest. Sie überprüft die Erforderlichkeit regelmäßig in Abstimmung mit dem Träger.

(4) Die individuelle Unterstützung des jungen Menschen ist durch den Träger der Maßnahme mit dem Ausbildungsbetrieb abzustimmen.

(5) In den Fällen des § 74 Absatz 3 Satz 1 Nummer 2 in Verbindung mit Satz 3 kann der junge Mensch in der begleitenden Phase gefördert werden, ohne dass ein betriebliches Berufsausbildungsverhältnis besteht oder eine Einstiegsqualifizierung durchgeführt wird.

(6) Aufgaben des Ausbildungsbetriebes bei der und Verantwortung desselben für die Durchführung der Berufsausbildung oder der Einstiegsqualifizierung bleiben unberührt.

(7) Betriebe, die einen mit Assistierter Ausbildung geförderten jungen Menschen ausbilden, können bei der Durchführung der Berufsausbildung oder der Einstiegsqualifizierung

1. administrativ und organisatorisch sowie
2. zur Stabilisierung des Berufsausbildungsverhältnisses oder der Einstiegsqualifizierung

unterstützt werden.

§ 76 Außerbetriebliche Berufsausbildung

(1) [1]Die Agentur für Arbeit kann förderungsberechtigte junge Menschen durch eine nach § 57 Absatz 1 förderungsfähige Berufsausbildung in einer außerbetrieblichen Einrichtung (außerbetriebliche Berufsausbildung) fördern. [2]Der Anteil betrieblicher Ausbildungsphasen je Ausbildungsjahr muss angemessen sein.

(2) [1]Während der Durchführung einer außerbetrieblichen Berufsausbildung sind alle Möglichkeiten wahrzunehmen, um den Übergang der oder des Auszubildenden in ein betriebliches Berufsausbildungsverhältnis zu unterstützen. [2]Die Agentur für Arbeit zahlt dem Träger, der die außerbetriebliche Berufsausbildung durchführt, für jede vorzeitige und nachhaltige Vermittlung aus einer außerbetrieblichen Berufsausbildung in eine betriebliche Berufsausbildung eine Pauschale in Höhe von 2 000 Euro. [3]Die Vermittlung gilt als vorzeitig, wenn die oder der Auszubildende spätestens zwölf Monate vor dem vertraglichen Ende der außerbetrieblichen Berufsausbildung vermittelt worden ist. [4]Die Vermittlung gilt als nachhaltig, wenn das Berufsausbildungsverhältnis länger als vier Monate fortbesteht. [5]Die Pauschale wird für jede Auszubildende und jeden Auszubildenden nur einmal gezahlt.

(2a) Die Gestaltung des Lehrplans, die Unterrichtsmethode und die Güte der zum Einsatz vorgesehenen Lehr- und Lernmittel müssen eine erfolgreiche Berufsausbildung erwarten lassen.

(3) Ist ein betriebliches oder außerbetriebliches Berufsausbildungsverhältnis vorzeitig gelöst worden, kann die Agentur für Arbeit die Auszubildende oder den Auszubildenden auch durch Fortsetzung der Berufsausbildung in einer außerbetrieblichen Einrichtung fördern.

(4) Wird ein außerbetriebliches Berufsausbildungsverhältnis vorzeitig gelöst, hat der Träger der Maßnahme eine Bescheinigung über bereits erfolgreich absolvierte Teile der Berufsausbildung auszustellen.

(5) Förderungsberechtigt sind junge Menschen,

1. die lernbeeinträchtigt oder sozial benachteiligt sind und wegen in ihrer Person liegender Gründe auch mit ausbildungsfördernden Leistungen nach diesem Buch eine Berufsausbildung in einem Betrieb nicht aufnehmen können oder
2. deren betriebliches oder außerbetriebliches Berufsausbildungsverhältnis vorzeitig gelöst worden ist und deren Eingliederung in betriebliche Berufsausbildung auch mit ausbildungsfördernden Leistungen nach diesem Buch aussichtslos ist, sofern zu erwarten ist, dass sie die Berufsausbildung erfolgreich abschließen können.

(6) [1]Nicht förderungsberechtigt sind

1. Ausländerinnen und Ausländer, die weder in der Bundesrepublik Deutschland Arbeitnehmerinnen, Arbeitnehmer oder Selbständige noch auf Grund des § 2 Absatz 3 des Freizügigkeitsgesetzes/EU freizügigkeitsberechtigt sind, und ihre Familienangehörigen für die ersten drei Monate ihres Aufenthalts,
2. Ausländerinnen und Ausländer,
   a) die kein Aufenthaltsrecht haben oder
   b) deren Aufenthaltsrecht sich allein aus dem Zweck der Arbeitsuche, der Suche nach einem Ausbildungs- oder Studienplatz, der Ausbildung oder des Studiums ergibt,

   und ihre Familienangehörigen,
3. Leistungsberechtigte nach § 1 des Asylbewerberleistungsgesetzes.

[2]Satz 1 Nummer 1 gilt nicht für Ausländerinnen und Ausländer, die sich mit einem Aufenthaltstitel nach Kapitel 2 Abschnitt 5 des Aufenthaltsgesetzes in der Bundesrepublik Deutschland aufhalten. [3]Abweichend von Satz 1 Nummer 2 können Ausländerinnen und Ausländer und ihre Familienangehörigen gefördert werden, wenn sie seit mindestens fünf Jahren ihren gewöhnlichen Aufenthalt im Bundesgebiet haben; dies gilt nicht, wenn der Verlust des Rechts nach § 2 Absatz 1 des Freizügigkeitsgesetzes/EU festgestellt wurde. [4]Die Frist nach Satz 3 beginnt mit der Anmeldung bei der zuständigen Meldebehörde. 5Zeiten des nicht rechtmäßigen Aufenthalts, in denen eine Ausreisepflicht besteht, werden auf Zeiten des gewöhnlichen Aufenthalts nicht angerechnet.

(7) [1]Die Agentur für Arbeit erstattet dem Träger, der die außerbetriebliche Berufsausbildung durchführt, die von diesem an die Auszubildende oder den Auszubildenden zu zahlende Ausbildungsvergütung, jedoch höchstens den Betrag nach § 17 Absatz 2 des Berufsbildungsgesetzes. [2]Wird die Berufsausbildung in Teilzeit durchgeführt, bemisst sich dieser Betrag unter entsprechender Berücksichtigung des § 17 Absatz 5 Satz 3 des Berufsbildungsgesetzes. [3]Der Betrag erhöht sich um den vom Träger zu tragenden Anteil am Gesamtsozialversicherungsbeitrag.

(8) Mit der Durchführung von Maßnahmen der außerbetrieblichen Berufsausbildung beauftragt die Agentur für Arbeit Träger unter Anwendung des Vergaberechts.

§ 76 Außerbetriebliche Berufsausbildung

(1) [1]Die Agentur für Arbeit kann förderungsberechtigte junge Menschen durch eine nach § 57 Absatz 1 förderungsfähige Berufsausbildung in einer außerbetrieblichen Einrichtung (außerbetriebliche Berufsausbildung) fördern. [2]Der Anteil betrieblicher Ausbildungsphasen je Ausbildungsjahr muss angemessen sein.

(2) [1]Während der Durchführung einer außerbetrieblichen Berufsausbildung sind alle Möglichkeiten wahrzunehmen, um den Übergang der oder des Auszubildenden in ein betriebliches Berufsausbildungsverhältnis zu unterstützen. [2]Die Agentur für Arbeit zahlt dem Träger, der die außerbetriebliche Berufsausbildung durchführt, für jede vorzeitige und nachhaltige Vermittlung aus einer außerbetrieblichen Berufsausbildung in eine betriebliche Berufsausbildung eine Pauschale in Höhe von 2 000 Euro. [3]Die Vermittlung gilt als vorzeitig, wenn die oder der Auszubildende spätestens zwölf Monate vor dem vertraglichen Ende der außerbetrieblichen Berufsausbildung vermittelt worden ist. [4]Die Vermittlung gilt als nachhaltig, wenn das Berufsausbildungsverhältnis länger als vier Monate fortbesteht. [5]Die Pauschale wird für jede Auszubildende und jeden Auszubildenden nur einmal gezahlt.

(2a) Die Gestaltung des Lehrplans, die Unterrichtsmethode und die Güte der zum Einsatz vorgesehenen Lehr- und Lernmittel müssen eine erfolgreiche Berufsausbildung erwarten lassen.

(3) Ist ein betriebliches oder außerbetriebliches Berufsausbildungsverhältnis vorzeitig gelöst worden, kann die Agentur für Arbeit die Auszubildende oder den Auszubildenden auch durch Fortsetzung der Berufsausbildung in einer außerbetrieblichen Einrichtung fördern.

(4) Wird ein außerbetriebliches Berufsausbildungsverhältnis vorzeitig gelöst, hat der Träger der Maßnahme eine Bescheinigung über bereits erfolgreich absolvierte Teile der Berufsausbildung auszustellen.

(5) Förderungsberechtigt sind junge Menschen,

1. die lernbeeinträchtigt oder sozial benachteiligt sind und wegen in ihrer Person liegender Gründe auch mit ausbildungsfördernden Leistungen nach diesem Buch eine Berufsausbildung in einem Betrieb nicht aufnehmen können oder
2. deren betriebliches oder außerbetriebliches Berufsausbildungsverhältnis vorzeitig gelöst worden ist und deren Eingliederung in betriebliche Berufsausbildung auch mit ausbildungsfördernden Leistungen nach diesem Buch aussichtslos ist, sofern zu erwarten ist, dass sie die Berufsausbildung erfolgreich abschließen können.

(6) [1]Nicht förderungsberechtigt sind

1. Ausländerinnen und Ausländer, die weder in der Bundesrepublik Deutschland Arbeitnehmerinnen, Arbeitnehmer oder Selbständige noch auf Grund des § 2 Absatz 3 des Freizügigkeitsgesetzes/EU freizügigkeitsberechtigt sind, und ihre Familienangehörigen für die ersten drei Monate ihres Aufenthalts,

2. Ausländerinnen und Ausländer,
   a) die kein Aufenthaltsrecht haben oder
   b) deren Aufenthaltsrecht sich allein aus dem Zweck der Arbeitsuche, der Suche nach einem Ausbildungs- oder Studienplatz, der Ausbildung oder des Studiums ergibt,

   und ihre Familienangehörigen,
3. Leistungsberechtigte nach § 1 des Asylbewerberleistungsgesetzes.

2Satz 1 Nummer 1 gilt nicht für Ausländerinnen und Ausländer, die sich mit einem Aufenthaltstitel nach Kapitel 2 Abschnitt 5 des Aufenthaltsgesetzes in der Bundesrepublik Deutschland aufhalten. 3Abweichend von Satz 1 Nummer 2 können Ausländerinnen und Ausländer und ihre Familienangehörigen gefördert werden, wenn sie seit mindestens fünf Jahren ihren gewöhnlichen Aufenthalt im Bundesgebiet haben; dies gilt nicht, wenn der Verlust des Rechts nach § 2 Absatz 1 des Freizügigkeitsgesetzes/EU festgestellt wurde. 4Die Frist nach Satz 3 beginnt mit der Anmeldung bei der zuständigen Meldebehörde. 5Zeiten des nicht rechtmäßigen Aufenthalts, in denen eine Ausreisepflicht besteht, werden auf Zeiten des gewöhnlichen Aufenthalts nicht angerechnet.

(7) 1Die Agentur für Arbeit erstattet dem Träger, der die außerbetriebliche Berufsausbildung durchführt, die von diesem an die Auszubildende oder den Auszubildenden zu zahlende Ausbildungsvergütung, jedoch höchstens den Betrag nach § 17 Absatz 2 des Berufsbildungsgesetzes. 2Wird die Berufsausbildung in Teilzeit durchgeführt, bemisst sich dieser Betrag unter entsprechender Berücksichtigung des § 17 Absatz 5 Satz 3 des Berufsbildungsgesetzes. 3Der Betrag erhöht sich um den vom Träger zu tragenden Anteil am Gesamtsozialversicherungsbeitrag.

(8) Mit der Durchführung von Maßnahmen der außerbetrieblichen Berufsausbildung beauftragt die Agentur für Arbeit Träger unter Anwendung des Vergaberechts.

§ 76a (weggefallen)

Vierter Abschnitt Berufliche Weiterbildung

§ 81 Grundsatz

(1) 1Arbeitnehmerinnen und Arbeitnehmer können bei beruflicher Weiterbildung durch Übernahme der Weiterbildungskosten gefördert werden, wenn

1. die Weiterbildung notwendig ist, um sie bei Arbeitslosigkeit beruflich einzugliedern oder eine ihnen drohende Arbeitslosigkeit abzuwenden,
2. die Agentur für Arbeit sie vor Beginn der Teilnahme beraten hat und
3. die Maßnahme und der Träger der Maßnahme für die Förderung zugelassen sind.

[2]Als Weiterbildung gilt die Zeit vom ersten Tag bis zum letzten Tag der Maßnahme mit Unterrichtsveranstaltungen, es sei denn, die Maßnahme ist vorzeitig beendet worden.

(1a) Anerkannt wird die Notwendigkeit der Weiterbildung bei arbeitslosen Arbeitnehmerinnen und Arbeitnehmern auch, wenn durch den Erwerb erweiterter beruflicher Kompetenzen die individuelle Beschäftigungsfähigkeit verbessert wird und sie nach Lage und Entwicklung des Arbeitsmarktes zweckmäßig ist.

(2) [1]Der nachträgliche Erwerb eines Berufsabschlusses durch Arbeitnehmerinnen und Arbeitnehmer wird durch Übernahme der Weiterbildungskosten gefördert, wenn die Arbeitnehmerinnen und Arbeitnehmer

1. nicht über einen Berufsabschluss verfügen, für den nach bundes- oder landesrechtlichen Vorschriften eine Ausbildungsdauer von mindestens zwei Jahren festgelegt ist, oder aufgrund einer mehr als vier Jahre ausgeübten Beschäftigung in an- oder ungelernter Tätigkeit eine ihrem Berufsabschluss entsprechende Beschäftigung voraussichtlich nicht mehr ausüben können,
2. für den angestrebten Beruf geeignet sind,
3. voraussichtlich erfolgreich an der Maßnahme teilnehmen werden und
4. mit dem angestrebten Beruf ihre Beschäftigungschancen verbessern.

[2]Arbeitnehmerinnen und Arbeitnehmer ohne Berufsabschluss, die noch nicht drei Jahre beruflich tätig gewesen sind, werden nur gefördert, wenn eine Berufsausbildung oder eine berufsvorbereitende Bildungsmaßnahme aus in ihrer Person liegenden Gründen nicht möglich oder nicht zumutbar ist oder die Weiterbildung in einem Engpassberuf angestrebt wird. [3]Zeiten der Arbeitslosigkeit, der Kindererziehung und der Pflege pflegebedürftiger Personen mit mindestens Pflegegrad 2 stehen Zeiten einer Beschäftigung nach Satz 1 Nummer 1 gleich. [4]Absatz 1 Satz 1 Nummer 2 und 3 und Satz 2 gelten entsprechend.

(3) [1]Arbeitnehmerinnen und Arbeitnehmer werden durch Übernahme der Weiterbildungskosten zum nachträglichen Erwerb des Hauptschulabschlusses oder eines gleichwertigen Schulabschlusses gefördert, wenn

1. sie die Voraussetzungen für die Förderung der beruflichen Weiterbildung nach Absatz 1 erfüllen und
2. zu erwarten ist, dass sie an der Maßnahme erfolgreich teilnehmen werden.

[2]Absatz 2 Satz 2 Nummer 2 gilt entsprechend. [3]Die Leistung wird nur erbracht, soweit sie nicht für den gleichen Zweck durch Dritte erbracht wird. [4]Die Agentur für Arbeit hat darauf hinzuwirken, dass sich die für die allgemeine Schulbildung zuständigen Länder an den Kosten der Maßnahme beteiligen. [5]Leistungen Dritter zur Aufstockung der Leistung bleiben anrechnungsfrei.

(3a) Arbeitnehmerinnen und Arbeitnehmer können zum Erwerb von Grundkompetenzen durch die Übernahme der Weiterbildungskosten gefördert werden, wenn

1. die in Absatz 1 genannten Voraussetzungen für die Förderung der beruflichen Weiterbildung erfüllt sind und
2. der Erwerb der Grundkompetenzen die Grundlage schafft für eine erfolgreiche berufliche Weiterbildung oder allgemein die Beschäftigungsfähigkeit verbessert.

(4) [1]Der Arbeitnehmerin oder dem Arbeitnehmer wird das Vorliegen der Voraussetzungen für eine Förderung bescheinigt (Bildungsgutschein). [2]Der Bildungsgutschein kann zeitlich befristet sowie regional und auf bestimmte Bildungsziele beschränkt werden. [3]Der von der Arbeitnehmerin oder vom Arbeitnehmer ausgewählte Träger hat der Agentur für Arbeit den Bildungsgutschein vor Beginn der Maßnahme vorzulegen. [4]Die Agentur für Arbeit kann auf die Ausstellung eines Bildungsgutscheins bei beschäftigten Arbeitnehmerinnen und Arbeitnehmern verzichten, wenn

1. der Arbeitgeber und die Arbeitnehmerin oder der Arbeitnehmer damit einverstanden sind oder
2. die Arbeitnehmerin oder der Arbeitnehmer oder die Betriebsvertretung das Einverständnis zu der Qualifizierung nach § 82 Absatz 5 Satz 1 Nummer 2 erklärt haben.

§ 82 Förderung beschäftigter Arbeitnehmerinnen und Arbeitnehmer

(1) [1]Arbeitnehmerinnen und Arbeitnehmer können abweichend von § 81 bei beruflicher Weiterbildung im Rahmen eines bestehenden Arbeitsverhältnisses durch volle oder teilweise Übernahme der Weiterbildungskosten gefördert werden, wenn

1. Fertigkeiten, Kenntnisse und Fähigkeiten vermittelt werden, die über ausschließlich arbeitsplatzbezogene kurzfristige Anpassungsfortbildungen hinausgehen,
2. der Erwerb des Berufsabschlusses, für den nach bundes- oder landesrechtlichen Vorschriften eine Ausbildungsdauer von mindestens zwei Jahren festgelegt ist, in der Regel mindestens zwei Jahre zurückliegt,
3. die Arbeitnehmerin oder der Arbeitnehmer in den letzten zwei Jahren vor Antragsstellung nicht an einer nach dieser Vorschrift geförderten beruflichen Weiterbildung teilgenommen hat,
4. die Maßnahme mehr als 120 Stunden dauert und
5. die Maßnahme und der Träger der Maßnahme für die Förderung zugelassen sind.

[2]Ausgeschlossen von der Förderung ist die Teilnahme an Maßnahmen, zu deren Durchführung der Arbeitgeber auf Grund bundes- oder landesrechtlicher Regelungen verpflichtet ist.

(2) [1]Nach Absatz 1 soll nur gefördert werden, wenn sich der Arbeitgeber in angemessenem Umfang an den Lehrgangskosten beteiligt. [2]Angemessen ist die Beteiligung, wenn der Betrieb, dem die Arbeitnehmerin oder der Arbeitnehmer angehört,

1. mindestens 50 und weniger als 500 Beschäftigte hat und der Arbeitgeber 50 Prozent,
2. 500 Beschäftigte oder mehr hat und der Arbeitgeber 75 Prozent

der Lehrgangskosten trägt. [3]Abweichend von Satz 1 soll in Betrieben mit weniger als 50 Beschäftigten von einer Kostenbeteiligung des Arbeitgebers abgesehen werden. [4]Bei Betrieben mit weniger als 500 Beschäftigten soll von einer Kostenbeteiligung des Arbeitgebers abgesehen werden, wenn die Arbeitnehmerin oder der Arbeitnehmer

1. bei Beginn der Teilnahme das 45. Lebensjahr vollendet hat oder
2. schwerbehindert im Sinne des § 2 Absatz 2 des Neunten Buches ist.

(3) [1]Für die berufliche Weiterbildung von Arbeitnehmerinnen und Arbeitnehmern können Arbeitgeber durch Zuschüsse zum Arbeitsentgelt gefördert werden, soweit die Weiterbildung im Rahmen eines bestehenden Arbeitsverhältnisses durchgeführt wird. [2]Die Zuschüsse können für Arbeitnehmerinnen und Arbeitnehmer, bei denen die Voraussetzungen für eine Weiterbildungsförderung wegen eines fehlenden Berufsabschlusses nach § 81 Absatz 2 erfüllt sind, bis zur Höhe des Betrags erbracht werden, der sich als anteiliges Arbeitsentgelt für weiterbildungsbedingte Zeiten ohne Arbeitsleistung errechnet. [3]Dieses umfasst auch den darauf entfallenden pauschalen Arbeitgeberanteil am Gesamtsozialversicherungsbeitrag. [4]Im Übrigen können bei Vorliegen der Voraussetzungen nach Absatz 1 Zuschüsse für Arbeitnehmerinnen und Arbeitnehmer in Betrieben mit

1. weniger als 50 Beschäftigten in Höhe von bis zu 75 Prozent,
2. mindestens 50 und weniger als 500 Beschäftigten in Höhe von 50 Prozent,
3. 500 Beschäftigten oder mehr in Höhe von 25 Prozent

des berücksichtigungsfähigen Arbeitsentgelts nach den Sätzen 2 und 3 erbracht werden.

(4) [1]Bei Vorliegen einer Betriebsvereinbarung über die berufliche Weiterbildung oder eines Tarifvertrages, der betriebsbezogen berufliche Weiterbildung vorsieht, verringert sich die Beteiligung des Arbeitgebers an den Lehrgangskosten nach Absatz 2 unabhängig von der Betriebsgröße um fünf Prozentpunkte. 2Die Zuschüsse zum Arbeitsentgelt nach Absatz 3 Satz 4 können bei Vorliegen der Voraussetzungen nach Satz 1 um fünf Prozentpunkte erhöht werden.

(5) [1]Der Antrag auf Förderung nach Absatz 1 kann auch vom Arbeitgeber gestellt und die Förderleistungen an diesen erbracht werden, wenn

1. der Antrag mehrere Arbeitnehmerinnen oder Arbeitnehmer betrifft, bei denen Vergleichbarkeit hinsichtlich Qualifikation, Bildungsziel oder Weiterbildungsbedarf besteht, und
2. diese Arbeitnehmerinnen oder Arbeitnehmer oder die Betriebsvertretung ihr Einverständnis hierzu erklärt haben.

[2]Bei der Ermessensentscheidung nach den Absätzen 1 bis 4 kann die Agentur für Arbeit die individuellen und betrieblichen Belange pauschalierend für alle betroffenen Arbeitnehmerinnen und Arbeitnehmer einheitlich und maßnahmebezogen berücksichtigen und die Leistungen als Gesamtleistung bewilligen. [3]Der Arbeitgeber hat der Agentur für Arbeit die Weiterleitung der Leistungen für Kosten, die den Arbeitnehmerinnen und Arbeitnehmern sowie dem Träger der Maßnahme unmittelbar entstehen, spätestens drei Monate nach Ende der Maßnahme nachzuweisen. [4]§ 83 Absatz 2 bleibt unberührt.

(6) [1]§ 81 Absatz 4 findet Anwendung. 2Der Bildungsgutschein kann in Förderhöhe und Förderumfang beschränkt werden. 3Bei der Feststellung der Zahl der Beschäftigten sind zu berücksichtigen,

1. Teilzeitbeschäftigte mit einer regelmäßigen wöchentlichen Arbeitszeit von
   a) nicht mehr als zehn Stunden mit 0,25,
   b) nicht mehr als 20 Stunden mit 0,50 und
   c) nicht mehr als 30 Stunden mit 0,75 und
2. im Rahmen der Bestimmung der Betriebsgröße nach den Absätzen 1 bis 3 sämtliche Beschäftigte des Unternehmens, dem der Betrieb angehört, und, falls das Unternehmen einem Konzern angehört, die Zahl der Beschäftigten des Konzerns.

(7) Bei der Ausübung des Ermessens hat die Agentur für Arbeit die unterschiedlichen Betriebsgrößen angemessen zu berücksichtigen.

(8) Die Förderung von Arbeitnehmerinnen und Arbeitnehmern in Maßnahmen, die während des Bezugs von Kurzarbeitergeld beginnen, ist bis zum 31. Juli 2023 ausgeschlossen.

(9) Behinderungsbedingt erforderliche Mehraufwendungen, die im Zusammenhang mit der Teilnahme an einer nach Absatz 1 geförderten Maßnahme entstehen, werden übernommen.

§ 82a Qualifizierungsgeld

(1) Arbeitnehmerinnen und Arbeitnehmer können bei beruflicher Weiterbildung für die Dauer der Maßnahme ein Qualifizierungsgeld von der Agentur für Arbeit erhalten, wenn

1. die betrieblichen Voraussetzungen erfüllt sind,
2. die persönlichen Voraussetzungen erfüllt sind,
3. Fertigkeiten, Kenntnisse und Fähigkeiten vermittelt werden, die über ausschließlich arbeitsplatzbezogene kurzfristige Anpassungsfortbildungen hinausgehen,
4. der Träger der Maßnahme für die Förderung zugelassen ist und
5. die Maßnahme mehr als 120 Stunden dauert und maximal die Dauer einer Vollzeitmaßnahme nach § 180 Absatz 4 umfasst.

(2) Die betrieblichen Voraussetzungen sind erfüllt, wenn

1. strukturwandelbedingte Qualifizierungsbedarfe im Betrieb bestehen und diese mindestens 20 Prozent der Arbeitnehmerinnen und Arbeitnehmer betreffen,
2. der Arbeitgeber die berufliche Weiterbildung finanziert und
3. beim Arbeitgeber durch eine Betriebsvereinbarung oder durch einen Tarifvertrag betriebsbezogene Regelungen getroffen wurden über
   a) das Bestehen des strukturwandelbedingten Qualifizierungsbedarfs,
   b) die damit verbundenen Perspektiven der Arbeitnehmerinnen und Arbeitnehmer für eine nachhaltige Beschäftigung im Betrieb und
   c) die Inanspruchnahme des Qualifizierungsgeldes.

Abweichend von Satz 1 Nummer 1 ist es in Betrieben mit weniger als 250 Arbeitnehmerinnen und Arbeitnehmern ausreichend, wenn mindestens 10 Prozent der Arbeitnehmerinnen und Arbeitnehmer von strukturwandelbedingtem Qualifizierungsbedarf betroffen sind. Die Anzahl der Arbeitnehmerinnen und Arbeitnehmer nach Satz 1 Nummer 1 und Satz 2 ist in dem Betrieb zu ermitteln, für den die Betriebsvereinbarung oder der Tarifvertrag abgeschlossen wurde. Der nach Satz 1 Nummer 1 oder Satz 2 ermittelte Anteil der betroffenen Arbeitnehmerinnen und Arbeitnehmer gilt für die Dauer von drei Jahren ab Antragstellung. Arbeitnehmerinnen und Arbeitnehmer dürfen nicht an den Kosten nach Satz 1 Nummer 2 beteiligt werden; zulässig ist eine Kostenübernahme durch Dritte. Abweichend von Satz 1 Nummer 3 ist in Betrieben mit weniger als zehn Arbeitnehmerinnen und Arbeitnehmern anstelle einer Betriebsvereinbarung oder eines Tarifvertrags eine schriftliche Erklärung des Arbeitgebers ausreichend.

(3) Bei der Ausübung des Ermessens hat die Agentur für Arbeit die Notwendigkeit der strukturwandelbedingten Qualifizierungsbedarfe, die mit der beruflichen Weiterbildung verbundenen Beschäftigungsperspektiven und das Ausmaß der Inanspruchnahme nach § 323 Absatz 3 angemessen zu berücksichtigen.

(4) Die persönlichen Voraussetzungen sind erfüllt, wenn

1. die Weiterbildung im Rahmen eines bestehenden Arbeitsverhältnisses durchgeführt wird,
2. die Arbeitnehmerin oder der Arbeitnehmer in den letzten vier Jahren vor Antragstellung nicht an einer nach dieser Vorschrift geförderten beruflichen Weiterbildung teilgenommen hat und
3. das Arbeitsverhältnis nicht gekündigt oder durch Aufhebungsvertrag aufgelöst ist.

Die persönlichen Voraussetzungen sind auch erfüllt, wenn die Arbeitnehmerin oder der Arbeitnehmer während des Bezugs von Qualifizierungsgeld arbeitsunfähig wird, solange Anspruch auf Fortzahlung des Arbeitsentgelts im Krankheitsfall besteht oder ohne den Arbeitsausfall bestehen würde. § 98 Absatz 3 gilt entsprechend. Die persönlichen Voraussetzungen sind in Zeiten, in denen ein Anspruch der Arbeitnehmerin oder des Arbeitnehmers auf Urlaubsentgelt besteht, nicht erfüllt.

(5) Eine Förderung ist nicht möglich, wenn

1. der Arbeitgeber auf Grund bundes- oder landesrechtlicher Regelungen zur Durchführung der Maßnahme verpflichtet ist oder
2. für die gleiche Maßnahme Leistungen nach § 82 beantragt wurden.

Die §§ 107 und 108 gelten entsprechend, das Qualifizierungsgeld tritt an die Stelle des Kurzarbeitergeldes.

(6) Behinderungsbedingt erforderliche Mehraufwendungen, die im Zusammenhang mit der Teilnahme an einer nach Absatz 1 geförderten Maßnahme entstehen, werden übernommen.

(7) § 318 Absatz 1 findet mit der Maßgabe Anwendung, dass die Pflichten nur für den Arbeitgeber gelten, auch wenn die Maßnahme bei einem Träger durchgeführt wurde oder wird. § 318 Absatz 2 findet keine Anwendung.

§ 82b Höhe und Bemessung des Qualifizierungsgeldes

(1) Das Qualifizierungsgeld beträgt

1. für Arbeitnehmerinnen und Arbeitnehmer, die beim Arbeitslosengeld die Voraussetzungen für den erhöhten Leistungssatz erfüllen würden, 67 Prozent,
2. für die übrigen Arbeitnehmerinnen und Arbeitnehmer 60 Prozent

der durchschnittlich auf den Tag entfallenden Nettoentgeltdifferenz im Referenzzeitraum. Die Nettoentgeltdifferenz entspricht der Differenz zwischen dem pauschalierten Nettoentgelt aus dem beitragspflichtigen Bruttoarbeitsentgelt im Referenzzeitraum (Soll-Entgelt) und dem pauschalierten Nettoentgelt aus einem fiktiven beitragspflichtigen Bruttoarbeitsentgelt, das sich unter Annahme des Entgeltausfalls durch den weiterbildungsbedingten Arbeitsausfall wegen einer Maßnahme im Rahmen von § 82a im Referenzzeitraum ergibt (Ist-Entgelt). Der Referenzzeitraum ist der letzte Entgeltabrechnungszeitraum, welcher spätestens drei Monate vor Anspruchsbeginn abgerechnet wurde.

(2) Erzielt die Arbeitnehmerin oder der Arbeitnehmer aus anderen Gründen als wegen der Teilnahme an einer Maßnahme im Rahmen von § 82a kein Arbeitsentgelt, so ist das Ist-Entgelt um den Betrag zu erhöhen, um den das Arbeitsentgelt aus diesen Gründen gemindert ist. Bei der Berechnung der Nettoentgeltdifferenz nach Absatz 1 bleiben auf Grund von kollektivrechtlichen Beschäftigungssicherungsvereinbarungen durchgeführte vorübergehende Änderungen der vertraglich vereinbarten Arbeitszeit außer Betracht; Satz 1 ist insoweit nicht anzuwenden.

(3) Erzielt die Arbeitnehmerin oder der Arbeitnehmer aus anderen Gründen als wegen der Teilnahme an einer Maßnahme im Rahmen von § 82a kein Arbeitsentgelt, so ist das Ist-Entgelt um den Betrag zu erhöhen, um den das Arbeitsentgelt aus diesen Gründen gemindert ist. Bei der Berechnung der Nettoentgeltdifferenz nach Absatz 1 bleiben auf Grund von kollektivrechtlichen Beschäftigungssicherungsvereinbarungen durchgeführte vorübergehende Änderungen der vertraglich vereinbarten Arbeitszeit außer Betracht; Satz 1 ist insoweit nicht anzuwenden.

(4) Als Arbeitsentgelt ist für Zeiten, in denen die Arbeitnehmerin oder der Arbeitnehmer Kurzarbeitergeld bezogen hat, das Bruttoarbeitsentgelt zugrunde zu legen, das die Arbeitnehmerin oder der Arbeitnehmer ohne den Arbeitsausfall erzielt hätte.

(5) Lässt sich das Soll-Entgelt einer Arbeitnehmerin oder eines Arbeitnehmers in dem Referenzzeitraum nicht hinreichend bestimmt feststellen, so ist als Soll-Entgelt das Arbeitsentgelt maßgebend, das die Arbeitnehmerin oder der Arbeitnehmer in den letzten drei abgerechneten Kalendermonaten vor Beginn des Referenzzeitraumes im Betrieb durchschnittlich erzielt hat, vermindert um Entgelt für Mehrarbeit. Ist eine Berechnung nach Satz 1 nicht möglich, so ist das durchschnittliche Soll-Entgelt einer vergleichbaren Arbeitnehmerin oder eines vergleichbaren Arbeitnehmers zugrunde zu legen.

(6) Soll-Entgelt und Ist-Entgelt sind auf den nächsten durch 20 teilbaren Euro-Betrag zu runden. Mit Ausnahme der Regelungen über den Zeitpunkt der Zuordnung der Lohnsteuerklassen und den Steuerklassenwechsel gilt § 153 für die Berechnung der pauschalierten Nettoentgelte beim Qualifizierungsgeld entsprechend; bei der Berechnung der pauschalierten Nettoentgelte wird die Steuerklasse zugrunde gelegt, die im Referenzzeitraum zuletzt galt. § 317 gilt entsprechend.

§ 82c Anrechnung von Nebeneinkommen und sonstigen Zahlungen des Arbeitgebers

(1) Ist eine Arbeitnehmerin oder ein Arbeitnehmer während einer Zeit erwerbstätig, für die ihr oder ihm Qualifizierungsgeld zusteht, ist das daraus erzielte Einkommen nach Abzug der Steuern, der Sozialversicherungsbeiträge, der Werbungskosten sowie eines Freibetrages in Höhe von 165 Euro in dem Kalendermonat, in dem die Tätigkeit neben der Weiterbildung ausgeübt wird, auf das Qualifizierungsgeld anzurechnen. Handelt es sich um eine selbständige Tätigkeit, eine Tätigkeit als mithelfende Familienangehörige oder mithelfender Familienangehöriger, sind bei der Anrechnung pauschal 30 Prozent der Betriebseinnahmen als Betriebsausgaben abzusetzen, es sei denn, die Arbeitnehmerin oder der Arbeitnehmer weist höhere Betriebsausgaben nach. Die Sätze 1 und 2 gelten nicht für Einkommen aus Erwerbstätigkeiten, die bereits im maßgeblichen Referenzzeitraum ausgeübt wurden.

(2) Leistungen, die eine Bezieherin oder ein Bezieher von Qualifizierungsgeld

1. vom Arbeitgeber wegen der Teilnahme an einer Maßnahme im Rahmen von § 82a erhält oder
2. auf Grund eines bestehenden Arbeitsverhältnisses ohne Ausübung einer Beschäftigung für die Zeit der Teilnahme an einer Maßnahme im Rahmen von § 82a erhält,

werden nicht auf das Qualifizierungsgeld angerechnet, soweit sie zusammen mit dem Qualifizierungsgeld das Soll-Entgelt nicht übersteigen.

§ 83 Weiterbildungskosten

(1) Weiterbildungskosten sind die durch die Weiterbildung unmittelbar entstehenden

1. Lehrgangskosten und Kosten für die Eignungsfeststellung,
2. Fahrkosten,
3. Kosten für auswärtige Unterbringung und Verpflegung,
4. Kosten für die Betreuung von Kindern.

(2) [1]Leistungen können unmittelbar an den Träger der Maßnahme ausgezahlt werden, soweit Kosten bei dem Träger unmittelbar entstehen. [2]Soweit ein Bescheid über die Bewilligung von unmittelbar an den Träger erbrachten Leistungen aufgehoben worden ist, sind diese Leistungen ausschließlich von dem Träger zu erstatten.

§ 84 Lehrgangskosten

(1) Lehrgangskosten sind Lehrgangsgebühren einschließlich

1. der Kosten für erforderliche Lernmittel, notwendige sozialpädagogische Begleitung, Arbeitskleidung und Prüfungsstücke,
2. der Prüfungsgebühren für gesetzlich geregelte oder allgemein anerkannte Zwischen- und Abschlussprüfungen sowie
3. der Kosten für eine notwendige Eignungsfeststellung.

(2) Lehrgangskosten können auch für die Zeit vom Ausscheiden einer Teilnehmerin oder eines Teilnehmers bis zum planmäßigen Ende der Maßnahme übernommen werden, wenn

1. die Teilnehmerin oder der Teilnehmer wegen Arbeitsaufnahme vorzeitig ausgeschieden ist,
2. das Arbeitsverhältnis durch Vermittlung des Trägers der Maßnahme zustande gekommen ist und
3. eine Nachbesetzung des frei gewordenen Platzes in der Maßnahme nicht möglich ist.

§ 85 Fahrkosten

Für Übernahme und Höhe der Fahrkosten gilt § 63 Absatz 1 und 3 entsprechend.

Fünfter Abschnitt
Aufnahme einer Erwerbstätigkeit

Zweiter Unterabschnitt
Selbständige Tätigkeit

§ 93 Gründungszuschuss

(1) Arbeitnehmerinnen und Arbeitnehmer, die durch Aufnahme einer selbständigen, hauptberuflichen Tätigkeit die Arbeitslosigkeit beenden, können zur Sicherung des Lebensunterhalts und zur sozialen Sicherung in der Zeit nach der Existenzgründung einen Gründungszuschuss erhalten.

(2) [1]Ein Gründungszuschuss kann geleistet werden, wenn die Arbeitnehmerin oder der Arbeitnehmer

1. bis zur Aufnahme der selbständigen Tätigkeit einen Anspruch auf Arbeitslosengeld hat, dessen Dauer bei Aufnahme der selbständigen Tätigkeit noch mindestens 150 Tage beträgt und nicht allein auf § 147 Absatz 3 beruht,
2. der Agentur für Arbeit die Tragfähigkeit der Existenzgründung nachweist und
3. ihre oder seine Kenntnisse und Fähigkeiten zur Ausübung der selbständigen Tätigkeit darlegt.

[2]Zum Nachweis der Tragfähigkeit der Existenzgründung ist der Agentur für Arbeit die Stellungnahme einer fachkundigen Stelle vorzulegen; fachkundige Stellen sind insbesondere die Industrie- und Handelskammern, Handwerkskammern, berufsständische Kammern, Fachverbände und Kreditinstitute.

(3) Der Gründungszuschuss wird nicht geleistet, solange Ruhenstatbestände nach den §§ 156 bis 159 vorliegen oder vorgelegen hätten.

(4) Die Förderung ist ausgeschlossen, wenn nach Beendigung einer Förderung der Aufnahme einer selbständigen Tätigkeit nach diesem Buch noch nicht 24 Monate vergangen sind; von dieser Frist kann wegen besonderer in der Person der Arbeitnehmerin oder des Arbeitnehmers liegender Gründe abgesehen werden.

(5) Geförderte Personen, die das für die Regelaltersrente im Sinne des Sechsten Buches erforderliche Lebensjahr vollendet haben, können vom Beginn des folgenden Monats an keinen Gründungszuschuss erhalten.

Sozialgesetzbuch (SGB) Fünftes Buch (V) – Gesetzliche Krankenversicherung – (Artikel 1 des Gesetzes v. 20. Dezember 1988, BGBl. I S. 2477)

vom 20. Dezember 1988 (BGBl. I S. 2477, 2482), das zuletzt durch Artikel 3 des Gesetzes vom 30. Mai 2024 (BGBl. 2024 I Nr. 173) geändert worden ist

– Auszug –

Zweites Kapitel
Versicherter Personenkreis

Erster Abschnitt
Versicherung kraft Gesetzes

§ 5 Versicherungspflicht

(1) Versicherungspflichtig sind

(1.-8. nicht abgedruckt)

9. Studenten, die an staatlichen oder staatlich anerkannten Hochschulen eingeschrieben sind, unabhängig davon, ob sie ihren Wohnsitz oder gewöhnlichen Aufenthalt im Inland haben, wenn für sie auf Grund über- oder zwischenstaatlichen Rechts kein Anspruch auf Sachleistungen besteht, längstens bis zur Vollendung des dreißigsten Lebensjahres; Studenten nach Vollendung des dreißigsten Lebensjahres sind nur versicherungspflichtig, wenn die Art der Ausbildung oder familiäre sowie persönliche Gründe, insbesondere der Erwerb der Zugangsvoraussetzungen in einer Ausbildungsstätte des Zweiten Bildungswegs, die Überschreitung der Altersgrenze rechtfertigen,

10. Personen, die eine in Studien- oder Prüfungsordnungen vorgeschriebene berufspraktische Tätigkeit ohne Arbeitsentgelt verrichten, längstens bis zur Vollendung des 30. Lebensjahres, sowie zu ihrer Berufsausbildung ohne Arbeitsentgelt Beschäftigte; Auszubildende des Zweiten Bildungswegs, die sich in einem förderungsfähigen Teil eines Ausbildungsabschnitts nach dem Bundesausbildungsförderungsgesetz befinden, sind Praktikanten gleichgestellt,

(11.-13. nicht abgedruckt)

(Abs. 2–6 nicht abgedruckt)

(7) [1]Nach Absatz 1 Nr. 9 oder 10 ist nicht versicherungspflichtig, wer nach Absatz 1 Nr. 1 bis 8, 11 bis 12 versicherungspflichtig oder nach § 10 versichert ist, es sei denn, der Ehegatte, der Lebenspartner oder das Kind des Studenten oder Praktikanten ist nicht versichert oder die Versicherungspflicht nach Absatz 1 Nummer 11b besteht über die Alters-

grenze des § 10 Absatz 2 Nummer 3 hinaus. [2]Die Versicherungspflicht nach Absatz 1 Nr. 9 geht der Versicherungspflicht nach Absatz 1 Nr. 10 vor.

(Abs. 8–11 nicht abgedruckt)

§ 6 Versicherungsfreiheit

(1) Versicherungsfrei sind

(1.–2. nicht abgedruckt)

3. Personen, die während der Dauer ihres Studiums als ordentliche Studierende einer Hochschule oder einer der fachlichen Ausbildung dienenden Schule gegen Arbeitsentgelt beschäftigt sind,

(4.–8. sowie Abs. 2–9 nicht abgedruckt)

§ 8 Befreiung von der Versicherungspflicht

(1) [1]Auf Antrag wird von der Versicherungspflicht befreit, wer versicherungspflichtig wird

(1.–4. nicht abgedruckt)

5. durch die Einschreibung als Student oder die berufspraktische Tätigkeit (§ 5 Abs. 1 Nr. 9 oder 10),

(6.–7. nicht abgedruckt)

[2]Das Recht auf Befreiung setzt nicht voraus, dass der Antragsteller erstmals versicherungspflichtig wird.

(2) [1]Der Antrag ist innerhalb von drei Monaten nach Beginn der Versicherungspflicht bei der Krankenkasse zu stellen. [2]Die Befreiung wirkt vom Beginn der Versicherungspflicht an, wenn seit diesem Zeitpunkt noch keine Leistungen in Anspruch genommen wurden, sonst vom Beginn des Kalendermonats an, der auf die Antragstellung folgt. [3]Die Befreiung kann nicht widerrufen werden. [4]Die Befreiung wird nur wirksam, wenn das Mitglied das Bestehen eines anderweitigen Anspruchs auf Absicherung im Krankheitsfall nachweist.

(3) [1]Personen, die am 31. Dezember 2014 von der Versicherungspflicht nach Absatz 1 Nummer 2a befreit waren, bleiben auch für die Dauer der Nachpflegephase nach § 3 Absatz 1 Nummer 1 Buchstabe c des Familienpflegezeitgesetzes in der am 31. Dezember 2014 geltenden Fassung befreit. [2]Bei Anwendung des Absatzes 1 Nummer 3 steht der Freistellung nach § 2 des Familienpflegezeitgesetzes die Nachpflegephase nach § 3 Absatz 1 Nummer 1 Buchstabe c des Familienpflegezeitgesetzes in der am 31. Dezember 2014 geltenden Fassung gleich.

Zweiter Abschnitt
Versicherungsberechtigung

§ 9 Freiwillige Versicherung

(1) [1]Der Versicherung können beitreten

1. Personen, die als Mitglieder aus der Versicherungspflicht ausgeschieden sind und in den letzten fünf Jahren vor dem Ausscheiden mindestens vierundzwanzig Monate oder unmittelbar vor dem Ausscheiden ununterbrochen mindestens zwölf Monate versichert waren; Zeiten der Mitgliedschaft nach § 189 und Zeiten, in denen eine Versicherung allein deshalb bestanden hat, weil Bürgergeld nach § 19 Absatz 1 Satz 1 des Zweiten Buches zu Unrecht bezogen wurde, werden nicht berücksichtigt,
2. Personen, deren Versicherung nach § 10 erlischt oder nur deswegen nicht besteht, weil die Voraussetzungen des § 10 Abs. 3 vorliegen, wenn sie oder der Elternteil, aus dessen Versicherung die Familienversicherung abgeleitet wurde, die in Nummer 1 genannte Vorversicherungszeit erfüllen,
3. Personen, die erstmals eine Beschäftigung im Inland aufnehmen und nach § 6 Absatz 1 Nummer 1 versicherungsfrei sind; Beschäftigungen vor oder während der beruflichen Ausbildung bleiben unberücksichtigt,
4. schwerbehinderte Menschen im Sinne des Neunten Buches, wenn sie, ein Elternteil, ihr Ehegatte oder ihr Lebenspartner in den letzten fünf Jahren vor dem Beitritt mindestens drei Jahre versichert waren, es sei denn, sie konnten wegen ihrer Behinderung diese Voraussetzung nicht erfüllen; die Satzung kann das Recht zum Beitritt von einer Altersgrenze abhängig machen,
5. Arbeitnehmer, deren Mitgliedschaft durch Beschäftigung im Ausland oder bei einer zwischenstaatlichen oder überstaatlichen Organisation endete, wenn sie innerhalb von zwei Monaten nach Rückkehr in das Inland oder nach Beendigung ihrer Tätigkeit bei der zwischenstaatlichen oder überstaatlichen Organisation wieder eine Beschäftigung aufnehmen,
6. innerhalb von drei Monaten nach Aufenthaltnahme im Inland Ausländer mit einer Aufenthaltserlaubnis nach § 18d Absatz 1 des Aufenthaltsgesetzes,
7. innerhalb von sechs Monaten nach ständiger Aufenthaltnahme im Inland oder innerhalb von drei Monaten nach Ende des Bezugs von Bürgergeld nach § 19 Absatz 1 Satz 1 des Zweiten Buches Spätaussiedler sowie deren gemäß § 7 Abs. 2 Satz 1 des Bundesvertriebenengesetzes leistungsberechtigte Ehegatten und Abkömmlinge, die bis zum Verlassen ihres früheren Versicherungsbereichs bei einem dortigen Träger der gesetzlichen Krankenversicherung versichert waren,
8. Personen, die ab dem 31. Dezember 2018 als Soldatinnen oder Soldaten auf Zeit aus dem Dienst ausgeschieden sind.

[2]Für die Berechnung der Vorversicherungszeiten nach Satz 1 Nr. 1 gelten 360 Tage eines Bezugs von Leistungen, die nach § 339 des Dritten Buches berechnet werden, als zwölf Monate.

(2) Der Beitritt ist der Krankenkasse innerhalb von drei Monaten anzuzeigen,

1. im Falle des Absatzes 1 Nr. 1 nach Beendigung der Mitgliedschaft,
2. im Falle des Absatzes 1 Nr. 2 nach Beendigung der Versicherung oder nach Geburt des Kindes,
3. im Falle des Absatzes 1 Satz 1 Nummer 3 nach Aufnahme der Beschäftigung,
4. im Falle des Absatzes 1 Nr. 4 nach Feststellung der Behinderung nach § 68 des Neunten Buches,
5. im Falle des Absatzes 1 Nummer 5 nach Rückkehr in das Inland oder nach Beendigung der Tätigkeit bei der zwischenstaatlichen oder überstaatlichen Organisation,
6. im Falle des Absatzes 1 Satz 1 Nummer 8 nach dem Ausscheiden aus dem Dienst als Soldatin oder Soldat auf Zeit.

(Abs. 3 nicht abgedruckt)

Zweiter Titel Krankengeld

§ 44 Krankengeld

(1) Versicherte haben Anspruch auf Krankengeld, wenn die Krankheit sie arbeitsunfähig macht oder sie auf Kosten der Krankenkasse stationär in einem Krankenhaus, einer Vorsorge- oder Rehabilitationseinrichtung (§ 23 Abs. 4, §§ 24, 40 Abs. 2 und § 41) behandelt werden.

(2) Keinen Anspruch auf Krankengeld haben

1. die nach § 5 Abs. 1 Nr. 2a, 5, 6, 9, 10 oder 13 sowie die nach § 10 Versicherten; dies gilt nicht für die nach § 5 Abs. 1 Nr. 6 Versicherten, wenn sie Anspruch auf Übergangsgeld haben, und für Versicherte nach § 5 Abs. 1 Nr. 13, sofern sie abhängig beschäftigt und nicht nach den §§ 8 und 8a des Vierten Buches geringfügig beschäftigt sind oder sofern sie hauptberuflich selbständig erwerbstätig sind und eine Wahlerklärung nach Nummer 2 abgegeben haben,

(2.–4. und Abs. 3 nicht abgedruckt)

Dritter Abschnitt
Mitgliedschaft und Verfassung

Erster Titel
Mitgliedschaft

§ 186 Beginn der Mitgliedschaft Versicherungspflichtiger

(7) [1]Die Mitgliedschaft versicherungspflichtiger Studenten beginnt mit dem Semester, frühestens mit dem Tag der Einschreibung oder der Rückmeldung an der Hochschule. [2]Bei Hochschulen, in denen das Studienjahr in Trimester eingeteilt ist, tritt an die Stelle des Semesters das Trimester. [3]Für Hochschulen, die keine Semestereinteilung haben, gelten als Semester im Sinne des Satzes 1 die Zeiten vom 1. April bis 30. September und vom 1. Oktober bis 31. März.

(8) [1]Die Mitgliedschaft versicherungspflichtiger Praktikanten beginnt mit dem Tag der Aufnahme der berufspraktischen Tätigkeit. [2]Die Mitgliedschaft von zu ihrer Berufsausbildung ohne Arbeitsentgelt Beschäftigten beginnt mit dem Tag des Eintritts in die Beschäftigung.

(Abs. 1–6 und Abs. 9–11 nicht abgedruckt)

§ 190 Ende der Mitgliedschaft Versicherungspflichtiger

(1) Die Mitgliedschaft Versicherungspflichtiger endet mit dem Tod des Mitglieds.

(Abs. 2–8 nicht abgedruckt)

(9) [1]Die Mitgliedschaft versicherungspflichtiger Studenten endet mit Ablauf des Semesters, für das sie sich zuletzt eingeschrieben oder zurückgemeldet haben, wenn sie

1. bis zum Ablauf oder mit Wirkung zum Ablauf dieses Semesters exmatrikuliert worden sind oder

2. bis zum Ablauf dieses Semesters das 30. Lebensjahr vollendet haben.

[2]Bei Anerkennung von Hinderungsgründen, die eine Überschreitung der Altersgrenze nach Satz 1 Nummer 2 rechtfertigen, endet die Mitgliedschaft mit Ablauf des Verlängerungszeitraums zum Semesterende. [3]Abweichend von Satz 1 Nummer 1 endet im Fall der Exmatrikulation die Mitgliedschaft mit Ablauf des Tages, an dem der Student seinen Wohnsitz oder gewöhnlichen Aufenthalt im Geltungsbereich des Sozialgesetzbuchs aufgegeben hat oder an dem er dauerhaft an seinen Wohnsitz oder Ort des gewöhnlichen Aufenthalts außerhalb des Geltungsbereichs des Sozialgesetzbuchs zurückkehrt. [4]Satz 1 Nummer 1 gilt nicht, wenn sich der Student nach Ablauf des Semesters, in dem oder mit Wirkung zu dessen Ablauf er exmatrikuliert wurde, innerhalb eines Monats an einer staatlichen oder staatlich anerkannten Hochschule einschreibt. [5]§ 186 Absatz 7 Satz 2 und 3 gilt entsprechend.

(10) [1]Die Mitgliedschaft versicherungspflichtiger Praktikanten endet mit dem Tag der Aufgabe der berufspraktischen Tätigkeit oder vor Aufgabe des Praktikums mit Vollendung des 30. Lebensjahres. [2]Die Mitgliedschaft von zu ihrer Berufsausbildung ohne Arbeitsentgelt Beschäftigten endet mit dem Tag der Aufgabe der Beschäftigung.

(Abs. 11 und 11a nicht abgedruckt)

(12) Die Mitgliedschaft der Bezieher von Bürgergeld nach § 19 Absatz 1 Satz 1 des Zweiten Buches und Arbeitslosengeld oder Unterhaltsgeld nach dem Dritten Buch endet mit Ablauf des letzten Tages, für den die Leistung bezogen wird.

(Abs. 13 nicht abgedruckt)

Zweiter Titel Beitragspflichtige Einnahmen der Mitglieder

§ 236 Beitragspflichtige Einnahmen der Studenten und Praktikanten

(1) [1]Für die nach § 5 Abs. 1 Nr. 9 und 10 Versicherungspflichtigen gilt als beitragspflichtige Einnahmen ein Dreißigstel des Betrages, der als monatlicher Bedarf nach § 13 Abs. 1 Nr. 2 und Abs. 2 des Bundesausbildungsförderungsgesetzes für Studenten festgesetzt ist, die nicht bei ihren Eltern wohnen. [2]Änderungen des Bedarfsbetrags sind vom Beginn des auf die Änderung folgenden Semesters an zu berücksichtigen; als Semester gelten die Zeiten vom 1. April bis 30. September und vom 1. Oktober bis 31. März.

(2) [1]§ 226 Abs. 1 Satz 1 Nr. 2 bis 4 und Abs. 2 sowie die §§ 228 bis 231 gelten entsprechend. [2]Die nach § 226 Abs. 1 Satz 1 Nr. 3 und 4 zu bemessenden Beiträge sind nur zu entrichten, soweit sie die nach Absatz 1 zu bemessenden Beiträge übersteigen.

Dritter Titel Beitragssätze, Zusatzbeitrag

§ 241 Allgemeiner Beitragssatz

Der allgemeine Beitragssatz beträgt 14,6 Prozent der beitragspflichtigen Einnahmen der Mitglieder.

§ 245 Beitragssatz für Studenten und Praktikanten

Für die nach § 5 Abs. 1 Nr. 9 und 10 Versicherungspflichtigen gelten als Beitragssatz sieben Zehntel des allgemeinen Beitragssatzes.

Fünfter Titel
Zahlung der Beiträge

§ 254 Beitragszahlung der Studenten

[1]Versicherungspflichtige Studenten haben vor der Einschreibung oder Rückmeldung an der Hochschule die Beiträge für das Semester im voraus an die zuständige Krankenkasse zu zahlen. [2]Der Spitzenverband Bund der Krankenkassen kann andere Zahlungsweisen vorsehen. [3]Weist ein als Student zu Versichernder die Erfüllung der ihm gegenüber der Krankenkasse auf Grund dieses Gesetzbuchs auferlegten Verpflichtungen nicht nach, verweigert die Hochschule die Einschreibung oder die Annahme der Rückmeldung.

Sozialgesetzbuch (SGB) Neuntes Buch (IX) – Rehabilitation und Teilhabe behinderter Menschen

vom 23. Dezember 2016 (BGBl. I S. 3234), zuletzt geändert durch Artikel 6 des Gesetzes vom 22. Dezember 2023 (BGBl. I Nr. 412)

– Auszug –

§ 2 Begriffsbestimmungen

(1) [1]Menschen mit Behinderungen sind Menschen, die körperliche, seelische, geistige oder Sinnesbeeinträchtigungen haben, die sie in Wechselwirkung mit einstellungs- und umweltbedingten Barrieren an der gleichberechtigten Teilhabe an der Gesellschaft mit hoher Wahrscheinlichkeit länger als sechs Monate hindern können. [2]Eine Beeinträchtigung nach Satz 1 liegt vor, wenn der Körper- und Gesundheitszustand von dem für das Lebensalter typischen Zustand abweicht. [3]Menschen sind von Behinderung bedroht, wenn eine Beeinträchtigung nach Satz 1 zu erwarten ist.

(2) Menschen sind im Sinne des Teils 3 schwerbehindert, wenn bei ihnen ein Grad der Behinderung von wenigstens 50 vorliegt und sie ihren Wohnsitz, ihren gewöhnlichen Aufenthalt oder ihre Beschäftigung auf einem Arbeitsplatz im Sinne des § 156 rechtmäßig im Geltungsbereich dieses Gesetzbuches haben.

(3) Schwerbehinderten Menschen gleichgestellt werden sollen Menschen mit Behinderungen mit einem Grad der Behinderung von weniger als 50, aber wenigstens 30, bei denen die übrigen Voraussetzungen des Absatzes 2 vorliegen, wenn sie infolge ihrer Behinderung ohne die Gleichstellung einen geeigneten Arbeitsplatz im Sinne des § 156 nicht erlangen oder nicht behalten können (gleichgestellte behinderte Menschen).

Zehntes Buch Sozialgesetzbuch – Sozialverwaltungsverfahren und Sozialdatenschutz –

Neugefasst durch Bekanntmachung vom 18.1.2001 (BGBl. I S. 130), das zuletzt durch Artikel 7 Absatz 3 des Gesetzes vom 11. April 2024 (BGBl. 2024 I Nr. 119) geändert worden ist

Erstes Kapitel
Verwaltungsverfahren

Erster Abschnitt
Anwendungsbereich, Zuständigkeit, Amtshilfe
§ 1 Anwendungsbereich
§ 2 Örtliche Zuständigkeit
§ 3 Amtshilfepflicht
§ 4 Voraussetzungen und Grenzen der Amtshilfe
§ 5 Auswahl der Behörde
§ 6 Durchführung der Amtshilfe
§ 7 Kosten der Amtshilfe

Zweiter Abschnitt
Allgemeine Vorschriften über das Verwaltungsverfahren

Erster Titel
Verfahrensgrundsätze
§ 8 Begriff des Verwaltungsverfahrens
§ 9 Nichtförmlichkeit des Verwaltungsverfahrens
§ 10 Beteiligungsfähigkeit
§ 11 Vornahme von Verfahrenshandlungen
§ 12 Beteiligte
§ 13 Bevollmächtigte und Beistände
§ 14 Bestellung eines Empfangsbevollmächtigten
§ 15 Bestellung eines Vertreters von Amts wegen
§ 16 Ausgeschlossene Personen
§ 17 Besorgnis der Befangenheit
§ 18 Beginn des Verfahrens
§ 19 Amtssprache
§ 20 Untersuchungsgrundsatz
§ 21 Beweismittel
§ 22 Vernehmung durch das Sozial- oder Verwaltungsgericht
§ 23 Glaubhaftmachung, Versicherung an Eides statt
§ 24 Anhörung Beteiligter
§ 25 Akteneinsicht durch Beteiligte

Zweiter Titel
Fristen, Termine, Wiedereinsetzung
§ 26 Fristen und Termine
§ 27 Wiedereinsetzung in den vorigen Stand
§ 28 Wiederholte Antragstellung

Dritter Titel
Amtliche Beglaubigung
§ 29 Beglaubigung von Dokumenten
§ 30 Beglaubigung von Unterschriften

Dritter Abschnitt
Verwaltungsakt

Erster Titel
Zustandekommen des Verwaltungsaktes
§ 31 Begriff des Verwaltungsaktes
§ 31a Vollständig automatisierter Erlass eines Verwaltungsaktes
§ 32 Nebenbestimmungen zum Verwaltungsakt
§ 33 Bestimmtheit und Form des Verwaltungsaktes
§ 34 Zusicherung
§ 35 Begründung des Verwaltungsaktes
§ 36 Rechtsbehelfsbelehrung
§ 37 Bekanntgabe des Verwaltungsaktes
§ 38 Offenbare Unrichtigkeiten im Verwaltungsakt

Zweiter Titel
Bestandskraft des Verwaltungsaktes
§ 39 Wirksamkeit des Verwaltungsaktes
§ 40 Nichtigkeit des Verwaltungsaktes
§ 41 Heilung von Verfahrens- und Formfehlern
§ 42 Folgen von Verfahrens- und Formfehlern
§ 43 Umdeutung eines fehlerhaften Verwaltungsaktes
§ 44 Rücknahme eines rechtswidrigen nicht begünstigenden Verwaltungsaktes
§ 45 Rücknahme eines rechtswidrigen begünstigenden Verwaltungsaktes
§ 46 Widerruf eines rechtmäßigen nicht begünstigenden Verwaltungsaktes
§ 47 Widerruf eines rechtmäßigen begünstigenden Verwaltungsaktes
§ 48 Aufhebung eines Verwaltungsaktes mit Dauerwirkung bei Änderung der Verhältnisse
§ 49 Rücknahme und Widerruf im Rechtsbehelfsverfahren
§ 50 Erstattung zu Unrecht erbrachter Leistungen
§ 51 Rückgabe von Urkunden und Sachen

Dritter Titel
Verjährungsrechtliche Wirkungen des Verwaltungsaktes
§ 52 Hemmung der Verjährung durch Verwaltungsakt

Vierter Abschnitt
Öffentlich-rechtlicher Vertrag
§ 53 Zulässigkeit des öffentlich-rechtlichen Vertrages
§ 54 Vergleichsvertrag
§ 55 Austauschvertrag
§ 56 Schriftform
§ 57 Zustimmung von Dritten und Behörden
§ 58 Nichtigkeit des öffentlich-rechtlichen Vertrages
§ 59 Anpassung und Kündigung in besonderen Fällen
§ 60 Unterwerfung unter die sofortige Vollstreckung
§ 61 Ergänzende Anwendung von Vorschriften

Fünfter Abschnitt
Rechtsbehelfsverfahren
§ 62 Rechtsbehelfe gegen Verwaltungsakte
§ 63 Erstattung von Kosten im Vorverfahren

Sechster Abschnitt
Kosten, Zustellung und Vollstreckung
§ 64 Kostenfreiheit
§ 65 Zustellung
§ 66 Vollstreckung

Zweites Kapitel
Schutz der Sozialdaten

Erster Abschnitt
Begriffsbestimmungen
§ 67 Begriffsbestimmungen

Zweiter Abschnitt
Verarbeitung von Sozialdaten
§ 67a Erhebung von Sozialdaten
§ 67b Speicherung, Veränderung, Nutzung, Übermittlung, Einschränkung der Verarbeitung und Löschung von Sozialdaten
§ 67c Zweckbindung sowie Speicherung, Veränderung und Nutzung von Sozialdaten zu anderen Zwecken
§ 67d Übermittlungsgrundsätze
§ 67e Erhebung und Übermittlung zur Bekämpfung von Leistungsmissbrauch und illegaler Ausländerbeschäftigung
§ 68 Übermittlung für Aufgaben der Polizeibehörden, der Staatsanwaltschaften, Gerichte und der Behörden der Gefahrenabwehr
§ 69 Übermittlung für die Erfüllung sozialer Aufgaben
§ 70 Übermittlung für die Durchführung des Arbeitsschutzes
§ 71 Übermittlung für die Erfüllung besonderer gesetzlicher Pflichten und Mitteilungsbefugnisse
§ 72 Übermittlung für den Schutz der inneren und äußeren Sicherheit
§ 73 Übermittlung für die Durchführung eines Strafverfahrens

§ 74 Übermittlung bei Verletzung der Unterhaltspflicht und beim Versorgungsausgleich
§ 74a Übermittlung zur Durchsetzung öffentlich-rechtlicher Ansprüche und im Vollstreckungsverfahren
§ 75 Übermittlung von Sozialdaten für die Forschung und Planung
§ 76 Einschränkung der Übermittlungsbefugnis bei besonders schutzwürdigen Sozialdaten
§ 77 Übermittlung ins Ausland und an internationale Organisationen
§ 78 Zweckbindung und Geheimhaltungspflicht eines Dritten, an den Daten übermittelt werden

Dritter Abschnitt
Besondere Datenverarbeitungsarten
§ 79 Einrichtung automatisierter Verfahren auf Abruf
§ 80 Verarbeitung von Sozialdaten im Auftrag

Vierter Abschnitt
Rechte der betroffenen Person, Beauftragte für den Datenschutz und Schlussvorschriften
§ 81 Recht auf Anrufung, Beauftragte für den Datenschutz
§ 81a Gerichtlicher Rechtsschutz
§ 81b Klagen gegen den Verantwortlichen oder Auftragsverarbeiter
§ 81c Antrag auf gerichtliche Entscheidung bei angenommener Europarechtswidrigkeit eines Angemessenheitsbeschlusses der Europäischen Kommission
§ 82 Informationspflichten bei der Erhebung von Sozialdaten bei der betroffenen Person
§ 82a Informationspflichten, wenn Sozialdaten nicht bei der betroffenen Person erhoben wurden
§ 83 Auskunftsrecht der betroffenen Personen
§ 83a Benachrichtigung bei einer Verletzung des Schutzes von Sozialdaten
§ 84 Recht auf Berichtigung, Löschung, Einschränkung der Verarbeitung und Widerspruch
§ 85 Strafvorschriften
§ 85a Bußgeldvorschriften

Drittes Kapitel
Zusammenarbeit der Leistungsträger und ihre Beziehungen zu Dritten

Erster Abschnitt
Zusammenarbeit der Leistungsträger untereinander und mit Dritten

Erster Titel
Allgemeine Vorschriften
§ 86 Zusammenarbeit

Zweiter Titel
Zusammenarbeit der Leistungsträger untereinander
§ 87 Beschleunigung der Zusammenarbeit
§ 88 Auftrag

§ 89 Ausführung des Auftrags
§ 90 Anträge und Widerspruch beim Auftrag
§ 91 Erstattung von Aufwendungen
§ 92 Kündigung des Auftrags
§ 93 Gesetzlicher Auftrag
§ 94 Arbeitsgemeinschaften
§ 95 Zusammenarbeit bei Planung und Forschung
§ 96 Ärztliche Untersuchungen, psychologische Eignungsuntersuchungen

Dritter Titel
Zusammenarbeit der Leistungsträger mit Dritten
§ 97 Durchführung von Aufgaben durch Dritte
§ 98 Auskunftspflicht des Arbeitgebers
§ 99 Auskunftspflicht von Angehörigen, Unterhaltspflichtigen oder sonstigen Personen
§ 100 Auskunftspflicht des Arztes oder Angehörigen eines anderen Heilberufs
§ 101 Auskunftspflicht der Leistungsträger
§ 101a Mitteilungen der Meldebehörden

Zweiter Abschnitt
Erstattungsansprüche der Leistungsträger untereinander
§ 102 Anspruch des vorläufig leistenden Leistungsträgers
§ 103 Anspruch des Leistungsträgers, dessen Leistungsverpflichtung nachträglich entfallen ist
§ 104 Anspruch des nachrangig verpflichteten Leistungsträgers
§ 105 Anspruch des unzuständigen Leistungsträgers
§ 106 Rangfolge bei mehreren Erstattungsberechtigten
§ 107 Erfüllung
§ 108 Erstattung in Geld, Verzinsung
§ 109 Verwaltungskosten und Auslagen
§ 110 Pauschalierung
§ 111 Ausschlussfrist
§ 112 Rückerstattung
§ 113 Verjährung
§ 114 Rechtsweg

Dritter Abschnitt
Erstattungs- und Ersatzansprüche der Leistungsträger gegen Dritte
§ 115 Ansprüche gegen den Arbeitgeber
§ 116 Ansprüche gegen Schadenersatzpflichtige
§ 117 Schadenersatzansprüche mehrerer Leistungsträger
§ 118 Bindung der Gerichte
§ 119 Übergang von Beitragsansprüchen

Viertes Kapitel
Übergangs- und Schlussvorschriften
§ 120 Übergangsregelung

Erstes Kapitel Verwaltungsverfahren

Erster Abschnitt Anwendungsbereich, Zuständigkeit, Amtshilfe

§ 1 Anwendungsbereich

(1) [1]Die Vorschriften dieses Kapitels gelten für die öffentlich-rechtliche Verwaltungstätigkeit der Behörden, die nach diesem Gesetzbuch ausgeübt wird. [2]Für die öffentlich-rechtliche Verwaltungstätigkeit der Behörden der Länder, der Gemeinden und Gemeindeverbände, der sonstigen der Aufsicht des Landes unterstehenden juristischen Personen des öffentlichen Rechts zur Ausführung von besonderen Teilen dieses Gesetzbuches, die nach Inkrafttreten der Vorschriften dieses Kapitels Bestandteil des Sozialgesetzbuches werden, gilt dies nur, soweit diese besonderen Teile mit Zustimmung des Bundesrates die Vorschriften dieses Kapitels für anwendbar erklären. [3]Die Vorschriften gelten nicht für die Verfolgung und Ahndung von Ordnungswidrigkeiten.

(2) Behörde im Sinne dieses Gesetzbuches ist jede Stelle, die Aufgaben der öffentlichen Verwaltung wahrnimmt.

§ 2 Örtliche Zuständigkeit

(1) [1]Sind mehrere Behörden örtlich zuständig, entscheidet die Behörde, die zuerst mit der Sache befasst worden ist, es sei denn, die gemeinsame Aufsichtsbehörde bestimmt, dass eine andere örtlich zuständige Behörde zu entscheiden hat. [2]Diese Aufsichtsbehörde entscheidet ferner über die örtliche Zuständigkeit, wenn sich mehrere Behörden für zuständig oder für unzuständig halten oder wenn die Zuständigkeit aus anderen Gründen zweifelhaft ist. [3]Fehlt eine gemeinsame Aufsichtsbehörde, treffen die Aufsichtsbehörden die Entscheidung gemeinsam.

(2) Ändern sich im Lauf des Verwaltungsverfahrens die die Zuständigkeit begründenden Umstände, kann die bisher zuständige Behörde das Verwaltungsverfahren fortführen, wenn dies unter Wahrung der Interessen der Beteiligten der einfachen und zweckmäßigen Durchführung des Verfahrens dient und die nunmehr zuständige Behörde zustimmt.

(3) [1]Hat die örtliche Zuständigkeit gewechselt, muss die bisher zuständige Behörde die Leistungen noch solange erbringen, bis sie von der nunmehr zuständigen Behörde fortgesetzt werden. [2]Diese hat der bisher zuständigen Behörde die nach dem Zuständigkeitswechsel noch erbrachten Leistungen auf Anforderung zu erstatten. [3]§ 102 Abs. 2 gilt entsprechend.

(4) [1]Bei Gefahr im Verzug ist für unaufschiebbare Maßnahmen jede Behörde örtlich zuständig, in deren Bezirk der Anlass für die Amtshandlung hervortritt. [2]Die nach den besonderen Teilen dieses Gesetzbuchs örtlich zuständige Behörde ist unverzüglich zu unterrichten.

§ 3 Amtshilfepflicht

(1) Jede Behörde leistet anderen Behörden auf Ersuchen ergänzende Hilfe (Amtshilfe).

(2) Amtshilfe liegt nicht vor, wenn

1. Behörden einander innerhalb eines bestehenden Weisungsverhältnisses Hilfe leisten,
2. die Hilfeleistung in Handlungen besteht, die der ersuchten Behörde als eigene Aufgabe obliegen.

§ 4 Voraussetzungen und Grenzen der Amtshilfe

(1) Eine Behörde kann um Amtshilfe insbesondere dann ersuchen, wenn sie

1. aus rechtlichen Gründen die Amtshandlung nicht selbst vornehmen kann,
2. aus tatsächlichen Gründen, besonders weil die zur Vornahme der Amtshandlung erforderlichen Dienstkräfte oder Einrichtungen fehlen, die Amtshandlung nicht selbst vornehmen kann,
3. zur Durchführung ihrer Aufgaben auf die Kenntnis von Tatsachen angewiesen ist, die ihr unbekannt sind und die sie selbst nicht ermitteln kann,
4. zur Durchführung ihrer Aufgaben Urkunden oder sonstige Beweismittel benötigt, die sich im Besitz der ersuchten Behörde befinden,
5. die Amtshandlung nur mit wesentlich größerem Aufwand vornehmen könnte als die ersuchte Behörde.

(2) [1]Die ersuchte Behörde darf Hilfe nicht leisten, wenn

1. sie hierzu aus rechtlichen Gründen nicht in der Lage ist,
2. durch die Hilfeleistung dem Wohl des Bundes oder eines Landes erhebliche Nachteile bereitet würden.

[2]Die ersuchte Behörde ist insbesondere zur Vorlage von Urkunden oder Akten sowie zur Erteilung von Auskünften nicht verpflichtet, wenn die Vorgänge nach einem Gesetz oder ihrem Wesen nach geheim gehalten werden müssen.

(3) Die ersuchte Behörde braucht Hilfe nicht zu leisten, wenn

1. eine andere Behörde die Hilfe wesentlich einfacher oder mit wesentlich geringerem Aufwand leisten kann,
2. sie die Hilfe nur mit unverhältnismäßig großem Aufwand leisten könnte,
3. sie unter Berücksichtigung der Aufgaben der ersuchenden Behörde durch die Hilfeleistung die Erfüllung ihrer eigenen Aufgaben ernstlich gefährden würde.

(4) Die ersuchte Behörde darf die Hilfe nicht deshalb verweigern, weil sie das Ersuchen aus anderen als den in Absatz 3 genannten Gründen oder weil sie die mit der Amtshilfe zu verwirklichende Maßnahme für unzweckmäßig hält.

(5) [1]Hält die ersuchte Behörde sich zur Hilfe nicht für verpflichtet, teilt sie der ersuchenden Behörde ihre Auffassung mit. [2]Besteht diese auf der Amtshilfe, entscheidet über die Verpflichtung zur Amtshilfe die gemeinsame Aufsichtsbehörde oder, sofern eine solche nicht besteht, die für die ersuchte Behörde zuständige Aufsichtsbehörde.

§ 5 Auswahl der Behörde

Kommen für die Amtshilfe mehrere Behörden in Betracht, soll nach Möglichkeit eine Behörde der untersten Verwaltungsstufe des Verwaltungszweiges ersucht werden, dem die ersuchende Behörde angehört.

§ 6 Durchführung der Amtshilfe

(1) Die Zulässigkeit der Maßnahme, die durch die Amtshilfe verwirklicht werden soll, richtet sich nach dem für die ersuchende Behörde, die Durchführung der Amtshilfe nach dem für die ersuchte Behörde geltenden Recht.

(2) [1]Die ersuchende Behörde trägt gegenüber der ersuchten Behörde die Verantwortung für die Rechtmäßigkeit der zu treffenden Maßnahme. [2]Die ersuchte Behörde ist für die Durchführung der Amtshilfe verantwortlich.

§ 7 Kosten der Amtshilfe

(1) [1]Die ersuchende Behörde hat der ersuchten Behörde für die Amtshilfe keine Verwaltungsgebühr zu entrichten. [2]Auslagen hat sie der ersuchten Behörde auf Anforderung zu erstatten, wenn sie im Einzelfall 35 Euro, bei Amtshilfe zwischen Versicherungsträgern 100 Euro übersteigen. [3]Abweichende Vereinbarungen werden dadurch nicht berührt. [4]Leisten Behörden desselben Rechtsträgers einander Amtshilfe, werden die Auslagen nicht erstattet.

(2) Nimmt die ersuchte Behörde zur Durchführung der Amtshilfe eine kostenpflichtige Amtshandlung vor, stehen ihr die von einem Dritten hierfür geschuldeten Kosten (Verwaltungsgebühren, Benutzungsgebühren und Auslagen) zu.

Zweiter Abschnitt
Allgemeine Vorschriften über das Verwaltungsverfahren

Erster Titel
Verfahrensgrundsätze

§ 8 Begriff des Verwaltungsverfahrens

Das Verwaltungsverfahren im Sinne dieses Gesetzbuches ist die nach außen wirkende Tätigkeit der Behörden, die auf die Prüfung der Voraussetzungen, die Vorbereitung und den Erlass eines Verwaltungsaktes oder auf den Abschluss eines öffentlich-rechtlichen Vertrages gerichtet ist; es schließt den Erlass des Verwaltungsaktes oder den Abschluss des öffentlich-rechtlichen Vertrags ein.

§ 9 Nichtförmlichkeit des Verwaltungsverfahrens

[1]Das Verwaltungsverfahren ist an bestimmte Formen nicht gebunden, soweit keine besonderen Rechtsvorschriften für die Form des Verfahrens bestehen. [2]Es ist einfach, zweckmäßig und zügig durchzuführen.

§ 10 Beteiligungsfähigkeit

Fähig, am Verfahren beteiligt zu sein, sind

1. natürliche und juristische Personen,
2. Vereinigungen, soweit ihnen ein Recht zustehen kann,
3. Behörden.

§ 11 Vornahme von Verfahrenshandlungen

(1) Fähig zur Vornahme von Verfahrenshandlungen sind

1. natürliche Personen, die nach bürgerlichem Recht geschäftsfähig sind,
2. natürliche Personen, die nach bürgerlichem Recht in der Geschäftsfähigkeit beschränkt sind, soweit sie für den Gegenstand des Verfahrens durch Vorschriften des bürgerlichen Rechts als geschäftsfähig oder durch Vorschriften des öffentlichen Rechts als handlungsfähig anerkannt sind,
3. juristische Personen und Vereinigungen (§ 10 Nr. 2) durch ihre gesetzlichen Vertreter oder durch besonders Beauftragte,
4. Behörden durch ihre Leiter, deren Vertreter oder Beauftragte.

(2) Betrifft ein Einwilligungsvorbehalt nach § 1825 des Bürgerlichen Gesetzbuches den Gegenstand des Verfahrens, so ist ein geschäftsfähiger Betreuter nur insoweit zur Vornahme von Verfahrenshandlungen fähig, als er nach den Vorschriften des bürgerlichen Rechts ohne Einwilligung des Betreuers handeln kann oder durch Vorschriften des öffentlichen Rechts als handlungsfähig anerkannt ist.

(3) Die §§ 53 und 55 der Zivilprozessordnung gelten entsprechend.

§ 12 Beteiligte

(1) Beteiligte sind

1. Antragsteller und Antragsgegner,
2. diejenigen, an die die Behörde den Verwaltungsakt richten will oder gerichtet hat,
3. diejenigen, mit denen die Behörde einen öffentlich-rechtlichen Vertrag schließen will oder geschlossen hat,
4. diejenigen, die nach Absatz 2 von der Behörde zu dem Verfahren hinzugezogen worden sind.

(2) [1]Die Behörde kann von Amts wegen oder auf Antrag diejenigen, deren rechtliche Interessen durch den Ausgang des Verfahrens berührt werden können, als Beteiligte hinzuziehen. [2]Hat der Ausgang des Verfahrens rechtsgestaltende Wirkung für einen Dritten, ist dieser auf Antrag als Beteiligter zu dem Verfahren hinzuzuziehen; soweit er der Behörde bekannt ist, hat diese ihn von der Einleitung des Verfahrens zu benachrichtigen.

(3) Wer anzuhören ist, ohne dass die Voraussetzungen des Absatzes 1 vorliegen, wird dadurch nicht Beteiligter.

§ 13 Bevollmächtigte und Beistände

(1) [1]Ein Beteiligter kann sich durch einen Bevollmächtigten vertreten lassen. [2]Die Vollmacht ermächtigt zu allen das Verwaltungsverfahren betreffenden Verfahrenshandlungen, sofern sich aus ihrem Inhalt nicht etwas anderes ergibt. [3]Der Bevollmächtigte hat auf Verlangen seine Vollmacht schriftlich nachzuweisen. [4]Ein Widerruf der Vollmacht wird der Behörde gegenüber erst wirksam, wenn er ihr zugeht.

(2) Die Vollmacht wird weder durch den Tod des Vollmachtgebers noch durch eine Veränderung in seiner Handlungsfähigkeit oder seiner gesetzlichen Vertretung aufgehoben; der Bevollmächtigte hat jedoch, wenn er für den Rechtsnachfolger im Verwaltungsverfahren auftritt, dessen Vollmacht auf Verlangen schriftlich beizubringen.

(3) [1]Ist für das Verfahren ein Bevollmächtigter bestellt, muss sich die Behörde an ihn wenden. [2]Sie kann sich an den Beteiligten selbst wenden, soweit er zur Mitwirkung verpflichtet ist. [3]Wendet sich die Behörde an den Beteiligten, muss der Bevollmächtigte verständigt werden. [4]Vorschriften über die Zustellung an Bevollmächtigte bleiben unberührt.

(4) [1]Ein Beteiligter kann zu Verhandlungen und Besprechungen mit einem Beistand erscheinen. [2]Das von dem Beistand Vorgetragene gilt als von dem Beteiligten vorgebracht, soweit dieser nicht unverzüglich widerspricht.

(5) Bevollmächtigte und Beistände sind zurückzuweisen, wenn sie entgegen § 3 des Rechtsdienstleistungsgesetzes Rechtsdienstleistungen erbringen.

(6) [1]Bevollmächtigte und Beistände können vom Vortrag zurückgewiesen werden, wenn sie hierzu ungeeignet sind; vom mündlichen Vortrag können sie nur zurückgewiesen werden, wenn sie zum sachgemäßen Vortrag nicht fähig sind. [2]Nicht zurückgewiesen werden können Personen, die nach § 73 Abs. 2 Satz 1 und 2 Nr. 3 bis 9 des Sozialgerichtsgesetzes zur Vertretung im sozialgerichtlichen Verfahren befugt sind.

(7) [1]Die Zurückweisung nach den Absätzen 5 und 6 ist auch dem Beteiligten, dessen Bevollmächtigter oder Beistand zurückgewiesen wird, schriftlich mitzuteilen. [2]Verfahrenshandlungen des zurückgewiesenen Bevollmächtigten oder Beistandes, die dieser nach der Zurückweisung vornimmt, sind unwirksam.

§ 14 Bestellung eines Empfangsbevollmächtigten

[1]Ein Beteiligter ohne Wohnsitz oder gewöhnlichen Aufenthalt, Sitz oder Geschäftsleitung im Inland hat der Behörde auf Verlangen innerhalb einer angemessenen Frist einen Empfangsbevollmächtigten im Inland zu benennen. [2]Unterlässt er dies, gilt ein an ihn gerichtetes Schriftstück am siebenten Tage nach der Aufgabe zur Post und ein elektronisch übermitteltes Dokument am dritten Tage nach der Absendung als zugegangen. [3]Dies gilt nicht, wenn feststeht, dass das Dokument den Empfänger nicht oder zu einem späteren Zeitpunkt erreicht hat. [4]Auf die Rechtsfolgen der Unterlassung ist der Beteiligte hinzuweisen.

§ 15 Bestellung eines Vertreters von Amts wegen

(1) Ist ein Vertreter nicht vorhanden, hat das Gericht auf Ersuchen der Behörde einen geeigneten Vertreter zu bestellen

1. für einen Beteiligten, dessen Person unbekannt ist,
2. für einen abwesenden Beteiligten, dessen Aufenthalt unbekannt ist oder der an der Besorgung seiner Angelegenheiten verhindert ist,
3. für einen Beteiligten ohne Aufenthalt im Inland, wenn er der Aufforderung der Behörde, einen Vertreter zu bestellen, innerhalb der ihm gesetzten Frist nicht nachgekommen ist,
4. für einen Beteiligten, der infolge einer psychischen Krankheit oder körperlichen, geistigen oder seelischen Behinderung nicht in der Lage ist, in dem Verwaltungsverfahren selbst tätig zu werden.

(2) Für die Bestellung des Vertreters ist in den Fällen des Absatzes 1 Nr. 4 das Betreuungsgericht zuständig, in dessen Bezirk der Beteiligte seinen gewöhnlichen Aufenthalt hat; im Übrigen ist das Betreuungsgericht zuständig, in dessen Bezirk die ersuchende Behörde ihren Sitz hat.Ist der Beteiligte minderjährig, tritt an die Stelle des Betreuungsgerichts das Familiengericht.

(3) [1]Der Vertreter hat gegen den Rechtsträger der Behörde, die um seine Bestellung ersucht hat, Anspruch auf eine angemessene Vergütung und auf die Erstattung seiner baren Auslagen. [2]Die Behörde kann von dem Vertretenen Ersatz ihrer Aufwendungen verlangen. [3]Sie bestimmt die Vergütung und stellt die Auslagen und Aufwendungen fest.

(4) Im Übrigen gelten für die Bestellung und für das Amt des Vertreters in den Fällen des Absatzes 1 Nr. 4 die Vorschriften über die Betreuung, in den übrigen Fällen die Vorschriften über die sonstige Pflegschaft entsprechend.

§ 16 Ausgeschlossene Personen

(1) [1]In einem Verwaltungsverfahren darf für eine Behörde nicht tätig werden,

1. wer selbst Beteiligter ist,
2. wer Angehöriger eines Beteiligten ist,

3. wer einen Beteiligten kraft Gesetzes oder Vollmacht allgemein oder in diesem Verwaltungsverfahren vertritt oder als Beistand zugezogen ist,
4. wer Angehöriger einer Person ist, die einen Beteiligten in diesem Verfahren vertritt,
5. wer bei einem Beteiligten gegen Entgelt beschäftigt ist oder bei ihm als Mitglied des Vorstandes, des Aufsichtsrates oder eines gleichartigen Organs tätig ist; dies gilt nicht für den, dessen Anstellungskörperschaft Beteiligte ist, und nicht für Beschäftigte bei Betriebskrankenkassen,
6. wer außerhalb seiner amtlichen Eigenschaft in der Angelegenheit ein Gutachten abgegeben hat oder sonst tätig geworden ist.

[2]Dem Beteiligten steht gleich, wer durch die Tätigkeit oder durch die Entscheidung einen unmittelbaren Vorteil oder Nachteil erlangen kann. [3]Dies gilt nicht, wenn der Vor- oder Nachteil nur darauf beruht, dass jemand einer Berufs- oder Bevölkerungsgruppe angehört, deren gemeinsame Interessen durch die Angelegenheit berührt werden.

(2) [1]Absatz 1 gilt nicht für Wahlen zu einer ehrenamtlichen Tätigkeit und für die Abberufung von ehrenamtlich Tätigen. [2]Absatz 1 Nr. 3 und 5 gilt auch nicht für das Verwaltungsverfahren auf Grund der Beziehungen zwischen Ärzten, Zahnärzten und Krankenkassen.

(3) Wer nach Absatz 1 ausgeschlossen ist, darf bei Gefahr im Verzug unaufschiebbare Maßnahmen treffen.

(4) [1]Hält sich ein Mitglied eines Ausschusses oder Beirats für ausgeschlossen oder bestehen Zweifel, ob die Voraussetzungen des Absatzes 1 gegeben sind, ist dies dem Ausschuß oder Beirat mitzuteilen. [2]Der Ausschuss oder Beirat entscheidet über den Ausschluss. [3]Der Betroffene darf an dieser Entscheidung nicht mitwirken. [4]Das ausgeschlossene Mitglied darf bei der weiteren Beratung und Beschlussfassung nicht zugegen sein.

(5) [1]Angehörige im Sinne des Absatzes 1 Nr. 2 und 4 sind

1. der Verlobte,
2. der Ehegatte oder Lebenspartner,
3. Verwandte und Verschwägerte gerader Linie,
4. Geschwister,
5. Kinder der Geschwister,
6. Ehegatten oder Lebenspartner der Geschwister und Geschwister der Ehegatten oder Lebenspartner,
7. Geschwister der Eltern,
8. Personen, die durch ein auf längere Dauer angelegtes Pflegeverhältnis mit häuslicher Gemeinschaft wie Eltern und Kind miteinander verbunden sind (Pflegeeltern und Pflegekinder).

[2]Angehörige sind die in Satz 1 aufgeführten Personen auch dann, wenn

1. in den Fällen der Nummern 2, 3 und 6 die die Beziehung begründende Ehe oder Lebenspartnerschaft nicht mehr besteht,
2. in den Fällen der Nummern 3 bis 7 die Verwandtschaft oder Schwägerschaft durch Annahme als Kind erloschen ist,
3. im Fall der Nummer 8 die häusliche Gemeinschaft nicht mehr besteht, sofern die Personen weiterhin wie Eltern und Kind miteinander verbunden sind.

§ 17 Besorgnis der Befangenheit

(1) [1]Liegt ein Grund vor, der geeignet ist, Misstrauen gegen eine unparteiische Amtsausübung zu rechtfertigen, oder wird von einem Beteiligten das Vorliegen eines solchen Grundes behauptet, hat, wer in einem Verwaltungsverfahren für eine Behörde tätig werden soll, den Leiter der Behörde oder den von diesem Beauftragten zu unterrichten und sich auf dessen Anordnung der Mitwirkung zu enthalten. [2]Betrifft die Besorgnis der Befangenheit den Leiter der Behörde, trifft diese Anordnung die Aufsichtsbehörde, sofern sich der Behördenleiter nicht selbst einer Mitwirkung enthält. [3]Bei den Geschäftsführern der Versicherungsträger tritt an die Stelle der Aufsichtsbehörde der Vorstand.

(2) Für Mitglieder eines Ausschusses oder Beirats gilt § 16 Abs. 4 entsprechend.

§ 18 Beginn des Verfahrens

[1]Die Behörde entscheidet nach pflichtgemäßem Ermessen, ob und wann sie ein Verwaltungsverfahren durchführt. [2]Dies gilt nicht, wenn die Behörde auf Grund von Rechtsvorschriften

1. von Amts wegen oder auf Antrag tätig werden muss,
2. nur auf Antrag tätig werden darf und ein Antrag nicht vorliegt.

§ 19 Amtssprache

(1) [1]Die Amtssprache ist deutsch. [2]Menschen mit Hörbehinderungen und Menschen mit Sprachbehinderungen haben das Recht, in Deutscher Gebärdensprache, mit lautsprachbegleitenden Gebärden oder über andere geeignete Kommunikationshilfen zu kommunizieren; Kosten für Kommunikationshilfen sind von der Behörde oder dem für die Sozialleistung zuständigen Leistungsträger zu tragen. [3]§ 5 der Kommunikationshilfenverordnung in der jeweils geltenden Fassung gilt entsprechend.

(1a) § 11 des Behindertengleichstellungsgesetzes gilt in seiner jeweils geltenden Fassung für das Sozialverwaltungsverfahren entsprechend.

(2) [1]Werden bei einer Behörde in einer fremden Sprache Anträge gestellt oder Eingaben, Belege, Urkunden oder sonstige Dokumente vorgelegt, soll die Behörde unverzüglich die Vorlage einer Übersetzung innerhalb einer von ihr zu setzenden angemessenen Frist verlangen, sofern sie nicht in der Lage ist, die Anträge oder Dokumente zu verstehen. [2]In

begründeten Fällen kann die Vorlage einer beglaubigten oder von einem öffentlich bestellten oder beeidigten Dolmetscher oder Übersetzer angefertigten Übersetzung verlangt werden. [3]Wird die verlangte Übersetzung nicht innerhalb der gesetzten Frist vorgelegt, kann die Behörde eine Übersetzung beschaffen und hierfür Ersatz ihrer Aufwendungen in angemessenem Umfang verlangen. [4]Falls die Behörde Dolmetscher oder Übersetzer herangezogen hat, die nicht Kommunikationshilfe im Sinne von Absatz 1 Satz 2 sind, erhalten sie auf Antrag in entsprechender Anwendung des Justizvergütungs- und -entschädigungsgesetzes eine Vergütung; mit Dolmetschern oder Übersetzern kann die Behörde eine Vergütung vereinbaren.

(3) Soll durch eine Anzeige, einen Antrag oder die Abgabe einer Willenserklärung eine Frist in Lauf gesetzt werden, innerhalb deren die Behörde in einer bestimmten Weise tätig werden muss, und gehen diese in einer fremden Sprache ein, beginnt der Lauf der Frist erst mit dem Zeitpunkt, in dem der Behörde eine Übersetzung vorliegt.

(4) [1]Soll durch eine Anzeige, einen Antrag oder eine Willenserklärung, die in fremder Sprache eingehen, zugunsten eines Beteiligten eine Frist gegenüber der Behörde gewahrt, ein öffentlich-rechtlicher Anspruch geltend gemacht oder eine Sozialleistung begehrt werden, gelten die Anzeige, der Antrag oder die Willenserklärung als zum Zeitpunkt des Eingangs bei der Behörde abgegeben, wenn die Behörde in der Lage ist, die Anzeige, den Antrag oder die Willenserklärung zu verstehen, oder wenn innerhalb der gesetzten Frist eine Übersetzung vorgelegt wird. [2]Anderenfalls ist der Zeitpunkt des Eingangs der Übersetzung maßgebend. [3]Auf diese Rechtsfolge ist bei der Fristsetzung hinzuweisen.

§ 20 Untersuchungsgrundsatz

(1) [1]Die Behörde ermittelt den Sachverhalt von Amts wegen. [2]Sie bestimmt Art und Umfang der Ermittlungen; an das Vorbringen und an die Beweisanträge der Beteiligten ist sie nicht gebunden.

(2) Die Behörde hat alle für den Einzelfall bedeutsamen, auch die für die Beteiligten günstigen Umstände zu berücksichtigen.

(3) Die Behörde darf die Entgegennahme von Erklärungen oder Anträgen, die in ihren Zuständigkeitsbereich fallen, nicht deshalb verweigern, weil sie die Erklärung oder den Antrag in der Sache für unzulässig oder unbegründet hält.

§ 21 Beweismittel

(1) [1]Die Behörde bedient sich der Beweismittel, die sie nach pflichtgemäßem Ermessen zur Ermittlung des Sachverhalts für erforderlich hält. [2]Sie kann insbesondere

1. Auskünfte jeder Art, auch elektronisch und als elektronisches Dokument, einholen,
2. Beteiligte anhören, Zeugen und Sachverständige vernehmen oder die schriftliche oder elektronische Äußerung von Beteiligten, Sachverständigen und Zeugen einholen,

3. Urkunden und Akten beiziehen,
4. den Augenschein einnehmen.

[3]Urkunden und Akten können auch in elektronischer Form beigezogen werden, es sei denn, durch Rechtsvorschrift ist etwas anderes bestimmt.

(2) [1]Die Beteiligten sollen bei der Ermittlung des Sachverhalts mitwirken. [2]Sie sollen insbesondere ihnen bekannte Tatsachen und Beweismittel angeben. [3]Eine weitergehende Pflicht, bei der Ermittlung des Sachverhalts mitzuwirken, insbesondere eine Pflicht zum persönlichen Erscheinen oder zur Aussage, besteht nur, soweit sie durch Rechtsvorschrift besonders vorgesehen ist.

(3) [1]Für Zeugen und Sachverständige besteht eine Pflicht zur Aussage oder zur Erstattung von Gutachten, wenn sie durch Rechtsvorschrift vorgesehen ist. [2]Eine solche Pflicht besteht auch dann, wenn die Aussage oder die Erstattung von Gutachten im Rahmen von § 407 der Zivilprozessordnung zur Entscheidung über die Entstehung, Erbringung, Fortsetzung, das Ruhen, die Entziehung oder den Wegfall einer Sozialleistung sowie deren Höhe unabweisbar ist. [3]Die Vorschriften der Zivilprozeßordnung über das Recht, ein Zeugnis oder ein Gutachten zu verweigern, über die Ablehnung von Sachverständigen sowie über die Vernehmung von Angehörigen des öffentlichen Dienstes als Zeugen oder Sachverständige gelten entsprechend. [4]Falls die Behörde Zeugen, Sachverständige und Dritte herangezogen hat, erhalten sie auf Antrag in entsprechender Anwendung des Justizvergütungs- und -entschädigungsgesetzes eine Entschädigung oder Vergütung; mit Sachverständigen kann die Behörde eine Vergütung vereinbaren.

(4) Die Finanzbehörden haben, soweit es im Verfahren nach diesem Gesetzbuch erforderlich ist, Auskunft über die ihnen bekannten Einkommens- oder Vermögensverhältnisse des Antragstellers, Leistungsempfängers, Erstattungspflichtigen, Unterhaltsverpflichteten, Unterhaltsberechtigten oder der zum Haushalt rechnenden Familienmitglieder zu erteilen.

§ 22 Vernehmung durch das Sozial- oder Verwaltungsgericht

(1) [1]Verweigern Zeugen oder Sachverständige in den Fällen des § 21 Abs. 3 ohne Vorliegen eines der in den §§ 376, 383 bis 385 und 408 der Zivilprozessordnung bezeichneten Gründe die Aussage oder die Erstattung des Gutachtens, kann die Behörde je nach dem gegebenen Rechtsweg das für den Wohnsitz oder den Aufenthaltsort des Zeugen oder des Sachverständigen zuständige Sozial- oder Verwaltungsgericht um die Vernehmung ersuchen. [2]Befindet sich der Wohnsitz oder der Aufenthaltsort des Zeugen oder des Sachverständigen nicht am Sitz eines Sozial- oder Verwaltungsgerichts oder einer Zweigstelle eines Sozialgerichts oder einer besonders errichteten Kammer eines Verwaltungsgerichts, kann auch das zuständige Amtsgericht um die Vernehmung ersucht werden. [3]In dem Ersuchen hat die Behörde den Gegenstand der Vernehmung darzulegen sowie die Namen und Anschriften der Beteiligten anzugeben. [4]Das Gericht hat die Beteiligten von den Beweisterminen zu benachrichtigen.

(2) Hält die Behörde mit Rücksicht auf die Bedeutung der Aussage eines Zeugen oder des Gutachtens eines Sachverständigen oder zur Herbeiführung einer wahrheitsgemäßen Aussage die Beeidigung für geboten, kann sie das nach Absatz 1 zuständige Gericht um die eidliche Vernehmung ersuchen.

(3) Das Gericht entscheidet über die Rechtmäßigkeit einer Verweigerung des Zeugnisses, des Gutachtens oder der Eidesleistung.

(4) Ein Ersuchen nach Absatz 1 oder 2 an das Gericht darf nur von dem Behördenleiter, seinem allgemeinen Vertreter oder einem Angehörigen des öffentlichen Dienstes gestellt werden, der die Befähigung zum Richteramt hat.

§ 23 Glaubhaftmachung, Versicherung an Eides statt

(1) [1]Sieht eine Rechtsvorschrift vor, dass für die Feststellung der erheblichen Tatsachen deren Glaubhaftmachung genügt, kann auch die Versicherung an Eides statt zugelassen werden. [2]Eine Tatsache ist dann als glaubhaft anzusehen, wenn ihr Vorliegen nach dem Ergebnis der Ermittlungen, die sich auf sämtliche erreichbaren Beweismittel erstrecken sollen, überwiegend wahrscheinlich ist.

(2) [1]Die Behörde darf bei der Ermittlung des Sachverhalts eine Versicherung an Eides statt nur verlangen und abnehmen, wenn die Abnahme der Versicherung über den betreffenden Gegenstand und in dem betreffenden Verfahren durch Gesetz oder Rechtsverordnung vorgesehen und die Behörde durch Rechtsvorschrift für zuständig erklärt worden ist. [2]Eine Versicherung an Eides statt soll nur gefordert werden, wenn andere Mittel zur Erforschung der Wahrheit nicht vorhanden sind, zu keinem Ergebnis geführt haben oder einen unverhältnismäßigen Aufwand erfordern. [3]Von eidesunfähigen Personen im Sinne des § 393 der Zivilprozessordnung darf eine eidesstattliche Versicherung nicht verlangt werden.

(3) [1]Wird die Versicherung an Eides statt von einer Behörde zur Niederschrift aufgenommen, sind zur Aufnahme nur der Behördenleiter, sein allgemeiner Vertreter sowie Angehörige des öffentlichen Dienstes befugt, welche die Befähigung zum Richteramt haben. [2]Andere Angehörige des öffentlichen Dienstes kann der Behördenleiter oder sein allgemeiner Vertreter hierzu allgemein oder im Einzelfall schriftlich ermächtigen.

(4) Die Versicherung besteht darin, dass der Versichernde die Richtigkeit seiner Erklärung über den betreffenden Gegenstand bestätigt und erklärt: „Ich versichere an Eides statt, dass ich nach bestem Wissen die reine Wahrheit gesagt und nichts verschwiegen habe." Bevollmächtigte und Beistände sind berechtigt, an der Aufnahme der Versicherung an Eides statt teilzunehmen.

(5) [1]Vor der Aufnahme der Versicherung an Eides statt ist der Versichernde über die Bedeutung der eidesstattlichen Versicherung und die strafrechtlichen Folgen einer unrichtigen oder unvollständigen eidesstattlichen Versicherung zu belehren. [2]Die Belehrung ist in der Niederschrift zu vermerken.

(6) [1]Die Niederschrift hat ferner die Namen der anwesenden Personen sowie den Ort und den Tag der Niederschrift zu enthalten. [2]Die Niederschrift ist demjenigen, der die eides-

stattliche Versicherung abgibt, zur Genehmigung vorzulesen oder auf Verlangen zur Durchsicht vorzulegen. [3]Die erteilte Genehmigung ist zu vermerken und von dem Versichernden zu unterschreiben. [4]Die Niederschrift ist sodann von demjenigen, der die Versicherung an Eides statt aufgenommen hat, sowie von dem Schriftführer zu unterschreiben.

§ 24 Anhörung Beteiligter

(1) Bevor ein Verwaltungsakt erlassen wird, der in Rechte eines Beteiligten eingreift, ist diesem Gelegenheit zu geben, sich zu den für die Entscheidung erheblichen Tatsachen zu äußern.

(2) Von der Anhörung kann abgesehen werden, wenn

1. eine sofortige Entscheidung wegen Gefahr im Verzug oder im öffentlichen Interesse notwendig erscheint,
2. durch die Anhörung die Einhaltung einer für die Entscheidung maßgeblichen Frist in Frage gestellt würde,
3. von den tatsächlichen Angaben eines Beteiligten, die dieser in einem Antrag oder einer Erklärung gemacht hat, nicht zu seinen Ungunsten abgewichen werden soll,
4. Allgemeinverfügungen oder gleichartige Verwaltungsakte in größerer Zahl erlassen werden sollen,
5. einkommensabhängige Leistungen den geänderten Verhältnissen angepasst werden sollen,
6. Maßnahmen in der Verwaltungsvollstreckung getroffen werden sollen oder
7. gegen Ansprüche oder mit Ansprüchen von weniger als 70 Euro aufgerechnet oder verrechnet werden soll; Nummer 5 bleibt unberührt.

§ 25 Akteneinsicht durch Beteiligte

(1) [1]Die Behörde hat den Beteiligten Einsicht in die das Verfahren betreffenden Akten zu gestatten, soweit deren Kenntnis zur Geltendmachung oder Verteidigung ihrer rechtlichen Interessen erforderlich ist. [2]Satz 1 gilt bis zum Abschluss des Verwaltungsverfahrens nicht für Entwürfe zu Entscheidungen sowie die Arbeiten zu ihrer unmittelbaren Vorbereitung.

(2) [1]Soweit die Akten Angaben über gesundheitliche Verhältnisse eines Beteiligten enthalten, kann die Behörde statt dessen den Inhalt der Akten dem Beteiligten durch einen Arzt vermitteln lassen. [2]Sie soll den Inhalt der Akten durch einen Arzt vermitteln lassen, soweit zu befürchten ist, dass die Akteneinsicht dem Beteiligten einen unverhältnismäßigen Nachteil, insbesondere an der Gesundheit, zufügen würde. [3]Soweit die Akten Angaben enthalten, die die Entwicklung und Entfaltung der Persönlichkeit des Beteiligten beeinträchtigen können, gelten die Sätze 1 und 2 mit der Maßgabe entsprechend, dass der Inhalt der Akten auch durch einen Bediensteten der Behörde vermittelt werden kann, der

durch Vorbildung sowie Lebens- und Berufserfahrung dazu geeignet und befähigt ist. [4]Das Recht nach Absatz 1 wird nicht beschränkt.

(3) Die Behörde ist zur Gestattung der Akteneinsicht nicht verpflichtet, soweit die Vorgänge wegen der berechtigten Interessen der Beteiligten oder dritter Personen geheim gehalten werden müssen.

(4) [1]Die Akteneinsicht erfolgt bei der Behörde, die die Akten führt. [2]Im Einzelfall kann die Einsicht auch bei einer anderen Behörde oder bei einer diplomatischen oder berufskonsularischen Vertretung der Bundesrepublik Deutschland im Ausland erfolgen; weitere Ausnahmen kann die Behörde, die die Akten führt, gestatten.

(5) [1]Soweit die Akteneinsicht zu gestatten ist, können die Beteiligten Auszüge oder Abschriften selbst fertigen oder sich Ablichtungen durch die Behörde erteilen lassen. [2]Soweit die Akteneinsicht in eine elektronische Akte zu gestatten ist, kann die Behörde Akteneinsicht gewähren, indem sie Unterlagen ganz oder teilweise ausdruckt, elektronische Dokumente auf einem Bildschirm wiedergibt, elektronische Dokumente zur Verfügung stellt oder den elektronischen Zugriff auf den Inhalt der Akte gestattet. [3]Die Behörde kann Ersatz ihrer Aufwendungen in angemessenem Umfang verlangen.

Zweiter Titel
Fristen, Termine, Wiedereinsetzung

§ 26 Fristen und Termine

(1) Für die Berechnung von Fristen und für die Bestimmung von Terminen gelten die §§ 187 bis 193 des Bürgerlichen Gesetzbuches entsprechend, soweit nicht durch die Absätze 2 bis 5 etwas anderes bestimmt ist.

(2) Der Lauf einer Frist, die von einer Behörde gesetzt wird, beginnt mit dem Tag, der auf die Bekanntgabe der Frist folgt, außer wenn dem Betroffenen etwas anderes mitgeteilt wird.

(3) [1]Fällt das Ende einer Frist auf einen Sonntag, einen gesetzlichen Feiertag oder einen Sonnabend, endet die Frist mit dem Ablauf des nächstfolgenden Werktages. [2]Dies gilt nicht, wenn dem Betroffenen unter Hinweis auf diese Vorschrift ein bestimmter Tag als Ende der Frist mitgeteilt worden ist.

(4) Hat eine Behörde Leistungen nur für einen bestimmten Zeitraum zu erbringen, endet dieser Zeitraum auch dann mit dem Ablauf seines letzten Tages, wenn dieser auf einen Sonntag, einen gesetzlichen Feiertag oder einen Sonnabend fällt.

(5) Der von einer Behörde gesetzte Termin ist auch dann einzuhalten, wenn er auf einen Sonntag, gesetzlichen Feiertag oder Sonnabend fällt.

(6) Ist eine Frist nach Stunden bestimmt, werden Sonntage, gesetzliche Feiertage oder Sonnabende mitgerechnet.

(7) [1]Fristen, die von einer Behörde gesetzt sind, können verlängert werden. [2]Sind solche Fristen bereits abgelaufen, können sie rückwirkend verlängert werden, insbesondere wenn es unbillig wäre, die durch den Fristablauf eingetretenen Rechtsfolgen bestehen zu lassen. [3]Die Behörde kann die Verlängerung der Frist nach § 32 mit einer Nebenbestimmung verbinden.

§ 27 Wiedereinsetzung in den vorigen Stand

(1) [1]War jemand ohne Verschulden verhindert, eine gesetzliche Frist einzuhalten, ist ihm auf Antrag Wiedereinsetzung in den vorigen Stand zu gewähren. [2]Das Verschulden eines Vertreters ist dem Vertretenen zuzurechnen.

(2) [1]Der Antrag ist innerhalb von zwei Wochen nach Wegfall des Hindernisses zu stellen. [2]Die Tatsachen zur Begründung des Antrages sind bei der Antragstellung oder im Verfahren über den Antrag glaubhaft zu machen. [3]Innerhalb der Antragsfrist ist die versäumte Handlung nachzuholen. [4]Ist dies geschehen, kann Wiedereinsetzung auch ohne Antrag gewährt werden.

(3) Nach einem Jahr seit dem Ende der versäumten Frist kann die Wiedereinsetzung nicht mehr beantragt oder die versäumte Handlung nicht mehr nachgeholt werden, außer wenn dies vor Ablauf der Jahresfrist infolge höherer Gewalt unmöglich war.

(4) Über den Antrag auf Wiedereinsetzung entscheidet die Behörde, die über die versäumte Handlung zu befinden hat.

(5) Die Wiedereinsetzung ist unzulässig, wenn sich aus einer Rechtsvorschrift ergibt, dass sie ausgeschlossen ist.

§ 28 Wiederholte Antragstellung

(1) [1]Hat ein Leistungsberechtigter von der Stellung eines Antrages auf eine Sozialleistung abgesehen, weil ein Anspruch auf eine andere Sozialleistung geltend gemacht worden ist, und wird diese Leistung versagt oder ist sie zu erstatten, wirkt der nunmehr nachgeholte Antrag bis zu einem Jahr zurück, wenn er innerhalb von sechs Monaten nach Ablauf des Monats gestellt ist, in dem die Ablehnung oder Erstattung der anderen Leistung bindend geworden ist. [2]Satz 1 gilt auch dann, wenn der Antrag auf die zunächst geltend gemachte Sozialleistung zurückgenommen wird.

(2) Absatz 1 gilt auch dann, wenn der rechtzeitige Antrag auf eine andere Leistung aus Unkenntnis über deren Anspruchsvoraussetzung unterlassen wurde und die zweite Leistung gegenüber der ersten Leistung, wenn diese erbracht worden wäre, nachrangig gewesen wäre.

Dritter Titel
Amtliche Beglaubigung

§ 29 Beglaubigung von Dokumenten

(1) [1]Jede Behörde ist befugt, Abschriften von Urkunden, die sie selbst ausgestellt hat, zu beglaubigen. [2]Darüber hinaus sind die von der Bundesregierung durch Rechtsverordnung bestimmten Behörden des Bundes, der bundesunmittelbaren Körperschaften, Anstalten und Stiftungen des öffentlichen Rechts und die nach Landesrecht zuständigen Behörden befugt, Abschriften zu beglaubigen, wenn die Urschrift von einer Behörde ausgestellt ist oder die Abschrift zur Vorlage bei einer Behörde benötigt wird, sofern nicht durch Rechtsvorschrift die Erteilung beglaubigter Abschriften aus amtlichen Registern und Archiven anderen Behörden ausschließlich vorbehalten ist; die Rechtsverordnung bedarf nicht der Zustimmung des Bundesrates.

(2) Abschriften dürfen nicht beglaubigt werden, wenn Umstände zu der Annahme berechtigen, dass der ursprüngliche Inhalt des Schriftstückes, dessen Abschrift beglaubigt werden soll, geändert worden ist, insbesondere wenn dieses Schriftstück Lücken, Durchstreichungen, Einschaltungen, Änderungen, unleserliche Wörter, Zahlen oder Zeichen, Spuren der Beseitigung von Wörtern, Zahlen und Zeichen enthält oder wenn der Zusammenhang eines aus mehreren Blättern bestehenden Schriftstückes aufgehoben ist.

(3) [1]Eine Abschrift wird beglaubigt durch einen Beglaubigungsvermerk, der unter die Abschrift zu setzen ist. [2]Der Vermerk muss enthalten

1. die genaue Bezeichnung des Schriftstückes, dessen Abschrift beglaubigt wird,
2. die Feststellung, dass die beglaubigte Abschrift mit dem vorgelegten Schriftstück übereinstimmt,
3. den Hinweis, dass die beglaubigte Abschrift nur zur Vorlage bei der angegebenen Behörde erteilt wird, wenn die Urschrift nicht von einer Behörde ausgestellt worden ist,
4. den Ort und den Tag der Beglaubigung, die Unterschrift des für die Beglaubigung zuständigen Bediensteten und das Dienstsiegel.

(4) Die Absätze 1 bis 3 gelten entsprechend für die Beglaubigung von

1. Ablichtungen, Lichtdrucken und ähnlichen in technischen Verfahren hergestellten Vervielfältigungen,
2. auf fototechnischem Wege von Schriftstücken hergestellten Negativen, die bei einer Behörde aufbewahrt werden,
3. Ausdrucken elektronischer Dokumente,

4. elektronischen Dokumenten,
   a) die zur Abbildung eines Schriftstücks hergestellt wurden,
   b) die ein anderes technisches Format als das Ausgangsdokument, das verbunden ist mit einer qualifizierten elektronischen Signatur oder einem qualifizierten elektronischen Siegel einer Behörde, erhalten haben.

(5) [1]Der Beglaubigungsvermerk muss zusätzlich zu den Angaben nach Absatz 3 Satz 2 bei der Beglaubigung

1. des Ausdrucks eines elektronischen Dokuments, das mit einer qualifizierten elektronischen Signatur oder einem qualifizierten elektronischen Siegel einer Behörde verbunden ist, die Feststellungen enthalten,,
   a) wen die Signaturprüfung als Inhaber der Signatur oder welche Behörde die Signaturprüfung als Inhaber des Siegels ausweist,
   b) welchen Zeitpunkt die Signaturprüfung für die Anbringung der Signatur oder des Siegels ausweist und
   c) welche Zertifikate mit welchen Daten dieser Signatur oder des Siegels zugrunde lagen;
2. eines elektronischen Dokuments den Namen des für die Beglaubigung zuständigen Bediensteten und die Bezeichnung der Behörde, die die Beglaubigung vornimmt, enthalten; die Unterschrift des für die Beglaubigung zuständigen Bediensteten und das Dienstsiegel nach Absatz 3 Satz 2 Nummer 4 werden durch eine dauerhaft überprüfbare qualifizierte elektronische Signatur oder durch ein dauerhaft überprüfbares qualifiziertes elektronisches Siegel der Behörde ersetzt.t.

[2]Wird ein elektronisches Dokument, das ein anderes technisches Format erhalten hat als das Ausgangsdokument, das mit einer qualifizierten elektronischen Signatur oder einem qualifizierten elektronischen Siegel einer Behörde verbunden ist , nach Satz 1 Nummer 2 beglaubigt, so muss der Beglaubigungsvermerk zusätzlich die Feststellungen nach Satz 1 Nummer 1 für das Ausgangsdokument enthalten.

(6) Die nach Absatz 4 hergestellten Dokumente stehen, sofern sie beglaubigt sind, beglaubigten Abschriften gleich.

(7) Soweit eine Behörde über die technischen Möglichkeiten verfügt, kann sie von Urkunden, die sie selbst ausgestellt hat, auf Verlangen ein elektronisches Dokument nach Absatz 4 Nummer 4 Buchstabe a oder eine elektronische Abschrift fertigen und beglaubigen.

§ 30 Beglaubigung von Unterschriften

(1) [1]Die von der Bundesregierung durch Rechtsverordnung bestimmten Behörden des Bundes, der bundesunmittelbaren Körperschaften, Anstalten und Stiftungen des öffentlichen Rechts und die nach Landesrecht zuständigen Behörden sind befugt, Unterschriften zu beglaubigen, wenn das unterzeichnete Schriftstück zur Vorlage bei einer Behörde

oder bei einer sonstigen Stelle, der auf Grund einer Rechtsvorschrift das unterzeichnete Schriftstück vorzulegen ist, benötigt wird. [2]Dies gilt nicht für

1. Unterschriften ohne zugehörigen Text,
2. Unterschriften, die der öffentlichen Beglaubigung (§ 129 des Bürgerlichen Gesetzbuches) bedürfen.

(2) Eine Unterschrift soll nur beglaubigt werden, wenn sie in Gegenwart des beglaubigenden Bediensteten vollzogen oder anerkannt wird.

(3) [1]Der Beglaubigungsvermerk ist unmittelbar bei der Unterschrift, die beglaubigt werden soll, anzubringen. [2]Er muss enthalten

1. die Bestätigung, dass die Unterschrift echt ist,
2. die genaue Bezeichnung desjenigen, dessen Unterschrift beglaubigt wird, sowie die Angabe, ob sich der für die Beglaubigung zuständige Bedienstete Gewissheit über diese Person verschafft hat und ob die Unterschrift in seiner Gegenwart vollzogen oder anerkannt worden ist,
3. den Hinweis, dass die Beglaubigung nur zur Vorlage bei der angegebenen Behörde oder Stelle bestimmt ist,
4. den Ort und den Tag der Beglaubigung, die Unterschrift des für die Beglaubigung zuständigen Bediensteten und das Dienstsiegel.

(4) Die Absätze 1 bis 3 gelten für die Beglaubigung von Handzeichen entsprechend.

(5) Die Rechtsverordnungen nach den Absätzen 1 und 4 bedürfen nicht der Zustimmung des Bundesrates.

Dritter Abschnitt
Verwaltungsakt

Erster Titel
Zustandekommen des Verwaltungsaktes

§ 31 Begriff des Verwaltungsaktes

[1]Verwaltungsakt ist jede Verfügung, Entscheidung oder andere hoheitliche Maßnahme, die eine Behörde zur Regelung eines Einzelfalles auf dem Gebiet des öffentlichen Rechts trifft und die auf unmittelbare Rechtswirkung nach außen gerichtet ist. [2]Allgemeinverfügung ist ein Verwaltungsakt, der sich an einen nach allgemeinen Merkmalen bestimmten oder bestimmbaren Personenkreis richtet oder die öffentlich-rechtliche Eigenschaft einer Sache oder ihre Benutzung durch die Allgemeinheit betrifft.

§ 31a Vollständig automatisierter Erlass eines Verwaltungsaktes

[1]Ein Verwaltungsakt kann vollständig durch automatische Einrichtungen erlassen werden, sofern kein Anlass besteht, den Einzelfall durch Amtsträger zu bearbeiten. [2]Setzt die Behörde automatische Einrichtungen zum Erlass von Verwaltungsakten ein, muss sie für den Einzelfall bedeutsame tatsächliche Angaben des Beteiligten berücksichtigen, die im automatischen Verfahren nicht ermittelt würden.

§ 32 Nebenbestimmungen zum Verwaltungsakt

(1) Ein Verwaltungsakt, auf den ein Anspruch besteht, darf mit einer Nebenbestimmung nur versehen werden, wenn sie durch Rechtsvorschrift zugelassen ist oder wenn sie sicherstellen soll, dass die gesetzlichen Voraussetzungen des Verwaltungsaktes erfüllt werden.

(2) Unbeschadet des Absatzes 1 darf ein Verwaltungsakt nach pflichtgemäßem Ermessen erlassen werden mit

1. einer Bestimmung, nach der eine Vergünstigung oder Belastung zu einem bestimmten Zeitpunkt beginnt, endet oder für einen bestimmten Zeitraum gilt (Befristung),
2. einer Bestimmung, nach der der Eintritt oder der Wegfall einer Vergünstigung oder einer Belastung von dem ungewissen Eintritt eines zukünftigen Ereignisses abhängt (Bedingung),
3. einem Vorbehalt des Widerrufs

oder verbunden werden mit

4. einer Bestimmung, durch die dem Begünstigten ein Tun, Dulden oder Unterlassen vorgeschrieben wird (Auflage),
5. einem Vorbehalt der nachträglichen Aufnahme, Änderung oder Ergänzung einer Auflage.

(3) Eine Nebenbestimmung darf dem Zweck des Verwaltungsaktes nicht zuwiderlaufen.

§ 33 Bestimmtheit und Form des Verwaltungsaktes

(1) Ein Verwaltungsakt muss inhaltlich hinreichend bestimmt sein.

(2) [1]Ein Verwaltungsakt kann schriftlich, elektronisch, mündlich oder in anderer Weise erlassen werden. [2]Ein mündlicher Verwaltungsakt ist schriftlich oder elektronisch zu bestätigen, wenn hieran ein berechtigtes Interesse besteht und der Betroffene dies unverzüglich verlangt. [3]Ein elektronischer Verwaltungsakt ist unter denselben Voraussetzungen schriftlich zu bestätigen; § 36a Absatz 2 und 2a des Ersten Buches findet insoweit keine Anwendung.

(3) [1]Ein schriftlicher oder elektronischer Verwaltungsakt muss die erlassende Behörde erkennen lassen und die Unterschrift oder die Namenswiedergabe des Behördenleiters, sei-

nes Vertreters oder seines Beauftragten enthalten. [2]Wird für einen Verwaltungsakt, für den durch Rechtsvorschrift die Schriftform angeordnet ist, die elektronische Form verwendet, muss auch das der Signatur zugrunde liegende qualifizierte Zertifikat oder ein zugehöriges qualifiziertes Attributzertifikat die erlassende Behörde erkennen lassen. [3]Im Fall des § 36a Absatz 2a Nummer 3 Buchstabe b des Ersten Buches muss die Bestätigung nach § 5 Absatz 5 des De-Mail-Gesetzes die erlassende Behörde als Nutzer des De-Mail-Kontos erkennen lassen.

(4) Für einen Verwaltungsakt kann für die nach § 36a Absatz 2 des Ersten Buches erforderliche Signatur oder für das nach § 36a Absatz 2a Nummer 3 Buchstabe a des Ersten Buches erforderliche Siegel durch Rechtsvorschrift die dauerhafte Überprüfbarkeit vorgeschrieben werden.

(5) [1]Bei einem Verwaltungsakt, der mit Hilfe automatischer Einrichtungen erlassen wird, können abweichend von Absatz 3 Satz 1 Unterschrift und Namenswiedergabe fehlen; bei einem elektronischen Verwaltungsakt muss auch das der Signatur zugrunde liegende Zertifikat nur die erlassende Behörde erkennen lassen. [2]Zur Inhaltsangabe können Schlüsselzeichen verwendet werden, wenn derjenige, für den der Verwaltungsakt bestimmt ist oder der von ihm betroffen wird, auf Grund der dazu gegebenen Erläuterungen den Inhalt des Verwaltungsaktes eindeutig erkennen kann.

§ 34 Zusicherung

(1) [1]Eine von der zuständigen Behörde erteilte Zusage, einen bestimmten Verwaltungsakt später zu erlassen oder zu unterlassen (Zusicherung), bedarf zu ihrer Wirksamkeit der schriftlichen Form. [2]Ist vor dem Erlass des zugesicherten Verwaltungsaktes die Anhörung Beteiligter oder die Mitwirkung einer anderen Behörde oder eines Ausschusses auf Grund einer Rechtsvorschrift erforderlich, darf die Zusicherung erst nach Anhörung der Beteiligten oder nach Mitwirkung dieser Behörde oder des Ausschusses gegeben werden.

(2) Auf die Unwirksamkeit der Zusicherung finden, unbeschadet des Absatzes 1 Satz 1, § 40, auf die Heilung von Mängeln bei der Anhörung Beteiligter und der Mitwirkung anderer Behörden oder Ausschüsse § 41 Abs. 1 Nr. 3 bis 6 sowie Abs. 2, auf die Rücknahme §§ 44 und 45, auf den Widerruf, unbeschadet des Absatzes 3, §§ 46 und 47 entsprechende Anwendung.

(3) Ändert sich nach Abgabe der Zusicherung die Sach- oder Rechtslage derart, dass die Behörde bei Kenntnis der nachträglich eingetretenen Änderung die Zusicherung nicht gegeben hätte oder aus rechtlichen Gründen nicht hätte geben dürfen, ist die Behörde an die Zusicherung nicht mehr gebunden.

§ 35 Begründung des Verwaltungsaktes

(1) [1]Ein schriftlicher oder elektronischer sowie ein schriftlich oder elektronisch bestätigter Verwaltungsakt ist mit einer Begründung zu versehen. [2]In der Begründung sind die wesentlichen tatsächlichen und rechtlichen Gründe mitzuteilen, die die Behörde zu ihrer Entscheidung bewogen haben. [3]Die Begründung von Ermessensentscheidungen muss

auch die Gesichtspunkte erkennen lassen, von denen die Behörde bei der Ausübung ihres Ermessens ausgegangen ist.

(2) Einer Begründung bedarf es nicht,

1. soweit die Behörde einem Antrag entspricht oder einer Erklärung folgt und der Verwaltungsakt nicht in Rechte eines anderen eingreift,
2. soweit demjenigen, für den der Verwaltungsakt bestimmt ist oder der von ihm betroffen wird, die Auffassung der Behörde über die Sach- und Rechtslage bereits bekannt oder auch ohne Begründung für ihn ohne weiteres erkennbar ist,
3. wenn die Behörde gleichartige Verwaltungsakte in größerer Zahl oder Verwaltungsakte mit Hilfe automatischer Einrichtungen erlässt und die Begründung nach den Umständen des Einzelfalles nicht geboten ist,
4. wenn sich dies aus einer Rechtsvorschrift ergibt,
5. wenn eine Allgemeinverfügung öffentlich bekannt gegeben wird.

(3) In den Fällen des Absatzes 2 Nr. 1 bis 3 ist der Verwaltungsakt schriftlich oder elektronisch zu begründen, wenn der Beteiligte, dem der Verwaltungsakt bekannt gegeben ist, es innerhalb eines Jahres seit Bekanntgabe verlangt.

§ 36 Rechtsbehelfsbelehrung

[1]Erlässt die Behörde einen schriftlichen Verwaltungsakt oder bestätigt sie schriftlich einen Verwaltungsakt, ist der durch ihn beschwerte Beteiligte über den Rechtsbehelf und die Behörde oder das Gericht, bei denen der Rechtsbehelf anzubringen ist, deren Sitz, die einzuhaltende Frist und die Form schriftlich zu belehren. [2]Erlässt die Behörde einen elektronischen Verwaltungsakt oder bestätigt sie elektronisch einen Verwaltungsakt, hat die Rechtsbehelfsbelehrung nach Satz 1 elektronisch zu erfolgen.

§ 37 Bekanntgabe des Verwaltungsaktes

(1) [1]Ein Verwaltungsakt ist demjenigen Beteiligten bekannt zu geben, für den er bestimmt ist oder der von ihm betroffen wird. [2]Ist ein Bevollmächtigter bestellt, kann die Bekanntgabe ihm gegenüber vorgenommen werden.

(2) [1]Ein schriftlicher Verwaltungsakt, der im Inland durch die Post übermittelt wird, gilt am dritten Tag nach der Aufgabe zur Post als bekannt gegeben. [2]Ein Verwaltungsakt, der im Inland oder Ausland elektronisch übermittelt wird, gilt am dritten Tag nach der Absendung als bekannt gegeben. [3]Dies gilt nicht, wenn der Verwaltungsakt nicht oder zu einem späteren Zeitpunkt zugegangen ist; im Zweifel hat die Behörde den Zugang des Verwaltungsaktes und den Zeitpunkt des Zugangs nachzuweisen.

(2a) [1]Mit Einwilligung des Beteiligten können elektronische Verwaltungsakte bekannt gegeben werden, indem sie dem Beteiligten zum Abruf über öffentlich zugängliche Netze bereitgestellt werden. [2]Die Einwilligung kann jederzeit mit Wirkung für die Zukunft widerrufen werden. [3]Die Behörde hat zu gewährleisten, dass der Abruf nur nach Authentifizierung der berechtigten Person möglich ist und der elektronische Verwaltungsakt von ihr gespeichert werden kann. [4]Ein zum Abruf bereitgestellter Verwaltungsakt gilt am dritten Tag nach Absendung der elektronischen Benachrichtigung über die Bereitstellung des Verwaltungsaktes an die abrufberechtigte Person als bekannt gegeben. [5]Im Zweifel hat die Behörde den Zugang der Benachrichtigung nachzuweisen. [6]Kann die Behörde den von der abrufberechtigten Person bestrittenen Zugang der Benachrichtigung nicht nachweisen, gilt der Verwaltungsakt an dem Tag als bekannt gegeben, an dem die abrufberechtigte Person den Verwaltungsakt abgerufen hat. [7]Das Gleiche gilt, wenn die abrufberechtigte Person unwiderlegbar vorträgt, die Benachrichtigung nicht innerhalb von drei Tagen nach der Absendung erhalten zu haben. [8]Die Möglichkeit einer erneuten Bereitstellung zum Abruf oder der Bekanntgabe auf andere Weise bleibt unberührt.

(2b) In Angelegenheiten nach dem Abschnitt 1 des Bundeselterngeld- und Elternzeitgesetzes gilt abweichend von Absatz 2a für die Bekanntgabe von elektronischen Verwaltungsakten § 9 des Onlinezugangsgesetzes.

(3) [1]Ein Verwaltungsakt darf öffentlich bekannt gegeben werden, wenn dies durch Rechtsvorschrift zugelassen ist. [2]Eine Allgemeinverfügung darf auch dann öffentlich bekannt gegeben werden, wenn eine Bekanntgabe an die Beteiligten untunlich ist.

(4) [1]Die öffentliche Bekanntgabe eines schriftlichen oder elektronischen Verwaltungsaktes wird dadurch bewirkt, dass sein verfügender Teil in der jeweils vorgeschriebenen Weise entweder ortsüblich oder in der sonst für amtliche Veröffentlichungen vorgeschriebenen Art bekannt gemacht wird. [2]In der Bekanntmachung ist anzugeben, wo der Verwaltungsakt und seine Begründung eingesehen werden können. [3]Der Verwaltungsakt gilt zwei Wochen nach der Bekanntmachung als bekannt gegeben. [4]In einer Allgemeinverfügung kann ein hiervon abweichender Tag, jedoch frühestens der auf die Bekanntmachung folgende Tag bestimmt werden.

(5) Vorschriften über die Bekanntgabe eines Verwaltungsaktes mittels Zustellung bleiben unberührt.

§ 38 Offenbare Unrichtigkeiten im Verwaltungsakt

[1]Die Behörde kann Schreibfehler, Rechenfehler und ähnliche offenbare Unrichtigkeiten in einem Verwaltungsakt jederzeit berichtigen. [2]Bei berechtigtem Interesse des Beteiligten ist zu berichtigen. [3]Die Behörde ist berechtigt, die Vorlage des Dokumentes zu verlangen, das berichtigt werden soll.

Zweiter Titel
Bestandskraft des Verwaltungsaktes

§ 39 Wirksamkeit des Verwaltungsaktes

(1) [1]Ein Verwaltungsakt wird gegenüber demjenigen, für den er bestimmt ist oder der von ihm betroffen wird, in dem Zeitpunkt wirksam, in dem er ihm bekannt gegeben wird. [2]Der Verwaltungsakt wird mit dem Inhalt wirksam, mit dem er bekannt gegeben wird.

(2) Ein Verwaltungsakt bleibt wirksam, solange und soweit er nicht zurückgenommen, widerrufen, anderweitig aufgehoben oder durch Zeitablauf oder auf andere Weise erledigt ist.

(3) Ein nichtiger Verwaltungsakt ist unwirksam.

§ 40 Nichtigkeit des Verwaltungsaktes

(1) Ein Verwaltungsakt ist nichtig, soweit er an einem besonders schwerwiegenden Fehler leidet und dies bei verständiger Würdigung aller in Betracht kommenden Umstände offensichtlich ist.

(2) Ohne Rücksicht auf das Vorliegen der Voraussetzungen des Absatzes 1 ist ein Verwaltungsakt nichtig,

1. der schriftlich oder elektronisch erlassen worden ist, die erlassende Behörde aber nicht erkennen lässt,
2. der nach einer Rechtsvorschrift nur durch die Aushändigung einer Urkunde erlassen werden kann, aber dieser Form nicht genügt,
3. den aus tatsächlichen Gründen niemand ausführen kann,
4. der die Begehung einer rechtswidrigen Tat verlangt, die einen Straf- oder Bußgeldtatbestand verwirklicht,
5. der gegen die guten Sitten verstößt.

(3) Ein Verwaltungsakt ist nicht schon deshalb nichtig, weil

1. Vorschriften über die örtliche Zuständigkeit nicht eingehalten worden sind,
2. eine nach § 16 Abs. 1 Satz 1 Nr. 2 bis 6 ausgeschlossene Person mitgewirkt hat,
3. ein durch Rechtsvorschrift zur Mitwirkung berufener Ausschuss den für den Erlass des Verwaltungsaktes vorgeschriebenen Beschluss nicht gefasst hat oder nicht beschlussfähig war,
4. die nach einer Rechtsvorschrift erforderliche Mitwirkung einer anderen Behörde unterblieben ist.

(4) Betrifft die Nichtigkeit nur einen Teil des Verwaltungsaktes, ist er im Ganzen nichtig, wenn der nichtige Teil so wesentlich ist, dass die Behörde den Verwaltungsakt ohne den nichtigen Teil nicht erlassen hätte.

(5) Die Behörde kann die Nichtigkeit jederzeit von Amts wegen feststellen; auf Antrag ist sie festzustellen, wenn der Antragsteller hieran ein berechtigtes Interesse hat.

§ 41 Heilung von Verfahrens- und Formfehlern

(1) Eine Verletzung von Verfahrens- oder Formvorschriften, die nicht den Verwaltungsakt nach § 40 nichtig macht, ist unbeachtlich, wenn

1. der für den Erlass des Verwaltungsaktes erforderliche Antrag nachträglich gestellt wird,
2. die erforderliche Begründung nachträglich gegeben wird,
3. die erforderliche Anhörung eines Beteiligten nachgeholt wird,
4. der Beschluss eines Ausschusses, dessen Mitwirkung für den Erlass des Verwaltungsaktes erforderlich ist, nachträglich gefasst wird,
5. die erforderliche Mitwirkung einer anderen Behörde nachgeholt wird,
6. die erforderliche Hinzuziehung eines Beteiligten nachgeholt wird.

(2) Handlungen nach Absatz 1 Nr. 2 bis 6 können bis zur letzten Tatsacheninstanz eines sozial- oder verwaltungsgerichtlichen Verfahrens nachgeholt werden.

(3) [1]Fehlt einem Verwaltungsakt die erforderliche Begründung oder ist die erforderliche Anhörung eines Beteiligten vor Erlass des Verwaltungsaktes unterblieben und ist dadurch die rechtzeitige Anfechtung des Verwaltungsaktes versäumt worden, gilt die Versäumung der Rechtsbehelfsfrist als nicht verschuldet. [2]Das für die Wiedereinsetzungsfrist maßgebende Ereignis tritt im Zeitpunkt der Nachholung der unterlassenen Verfahrenshandlung ein.

§ 42 Folgen von Verfahrens- und Formfehlern

[1]Die Aufhebung eines Verwaltungsaktes, der nicht nach § 40 nichtig ist, kann nicht allein deshalb beansprucht werden, weil er unter Verletzung von Vorschriften über das Verfahren, die Form oder die örtliche Zuständigkeit zustande gekommen ist, wenn offensichtlich ist, dass die Verletzung die Entscheidung in der Sache nicht beeinflusst hat. [2]Satz 1 gilt nicht, wenn die erforderliche Anhörung unterblieben oder nicht wirksam nachgeholt ist.

§ 43 Umdeutung eines fehlerhaften Verwaltungsaktes

(1) Ein fehlerhafter Verwaltungsakt kann in einen anderen Verwaltungsakt umgedeutet werden, wenn er auf das gleiche Ziel gerichtet ist, von der erlassenden Behörde in der geschehenen Verfahrensweise und Form rechtmäßig hätte erlassen werden können und wenn die Voraussetzungen für dessen Erlass erfüllt sind.

(2) [1]Absatz 1 gilt nicht, wenn der Verwaltungsakt, in den der fehlerhafte Verwaltungsakt umzudeuten wäre, der erkennbaren Absicht der erlassenden Behörde widerspräche oder seine Rechtsfolgen für den Betroffenen ungünstiger wären als die des fehlerhaften Verwaltungsaktes. [2]Eine Umdeutung ist ferner unzulässig, wenn der fehlerhafte Verwaltungsakt nicht zurückgenommen werden dürfte.

(3) Eine Entscheidung, die nur als gesetzlich gebundene Entscheidung ergehen kann, kann nicht in eine Ermessensentscheidung umgedeutet werden.

(4) § 24 ist entsprechend anzuwenden.

§ 44 Rücknahme eines rechtswidrigen nicht begünstigenden Verwaltungsaktes

(1) [1]Soweit sich im Einzelfall ergibt, dass bei Erlass eines Verwaltungsaktes das Recht unrichtig angewandt oder von einem Sachverhalt ausgegangen worden ist, der sich als unrichtig erweist, und soweit deshalb Sozialleistungen zu Unrecht nicht erbracht oder Beiträge zu Unrecht erhoben worden sind, ist der Verwaltungsakt, auch nachdem er unanfechtbar geworden ist, mit Wirkung für die Vergangenheit zurückzunehmen. [2]Dies gilt nicht, wenn der Verwaltungsakt auf Angaben beruht, die der Betroffene vorsätzlich in wesentlicher Beziehung unrichtig oder unvollständig gemacht hat.

(2) [1]Im Übrigen ist ein rechtswidriger nicht begünstigender Verwaltungsakt, auch nachdem er unanfechtbar geworden ist, ganz oder teilweise mit Wirkung für die Zukunft zurückzunehmen. [2]Er kann auch für die Vergangenheit zurückgenommen werden.

(3) Über die Rücknahme entscheidet nach Unanfechtbarkeit des Verwaltungsaktes die zuständige Behörde; dies gilt auch dann, wenn der zurückzunehmende Verwaltungsakt von einer anderen Behörde erlassen worden ist.

(4) [1]Ist ein Verwaltungsakt mit Wirkung für die Vergangenheit zurückgenommen worden, werden Sozialleistungen nach den Vorschriften der besonderen Teile dieses Gesetzbuches längstens für einen Zeitraum bis zu vier Jahren vor der Rücknahme erbracht. [2]Dabei wird der Zeitpunkt der Rücknahme von Beginn des Jahres an gerechnet, in dem der Verwaltungsakt zurückgenommen wird. [3]Erfolgt die Rücknahme auf Antrag, tritt bei der Berechnung des Zeitraumes, für den rückwirkend Leistungen zu erbringen sind, anstelle der Rücknahme der Antrag.

§ 45 Rücknahme eines rechtswidrigen begünstigenden Verwaltungsaktes

(1) Soweit ein Verwaltungsakt, der ein Recht oder einen rechtlich erheblichen Vorteil begründet oder bestätigt hat (begünstigender Verwaltungsakt), rechtswidrig ist, darf er, auch nachdem er unanfechtbar geworden ist, nur unter den Einschränkungen der Absätze 2 bis 4 ganz oder teilweise mit Wirkung für die Zukunft oder für die Vergangenheit zurückgenommen werden.

(2) [1]Ein rechtswidriger begünstigender Verwaltungsakt darf nicht zurückgenommen werden, soweit der Begünstigte auf den Bestand des Verwaltungsaktes vertraut hat und sein Vertrauen unter Abwägung mit dem öffentlichen Interesse an einer Rücknahme schutzwürdig ist. [2]Das Vertrauen ist in der Regel schutzwürdig, wenn der Begünstigte erbrachte Leistungen verbraucht oder eine Vermögensdisposition getroffen hat, die er

nicht mehr oder nur unter unzumutbaren Nachteilen rückgängig machen kann. [3]Auf Vertrauen kann sich der Begünstigte nicht berufen, soweit

1. er den Verwaltungsakt durch arglistige Täuschung, Drohung oder Bestechung erwirkt hat,
2. der Verwaltungsakt auf Angaben beruht, die der Begünstigte vorsätzlich oder grob fahrlässig in wesentlicher Beziehung unrichtig oder unvollständig gemacht hat, oder
3. er die Rechtswidrigkeit des Verwaltungsaktes kannte oder infolge grober Fahrlässigkeit nicht kannte; grobe Fahrlässigkeit liegt vor, wenn der Begünstigte die erforderliche Sorgfalt in besonders schwerem Maße verletzt hat.

(3) [1]Ein rechtswidriger begünstigender Verwaltungsakt mit Dauerwirkung kann nach Absatz 2 nur bis zum Ablauf von zwei Jahren nach seiner Bekanntgabe zurückgenommen werden. [2]Satz 1 gilt nicht, wenn Wiederaufnahmegründe entsprechend § 580 der Zivilprozessordnung vorliegen. [3]Bis zum Ablauf von zehn Jahren nach seiner Bekanntgabe kann ein rechtswidriger begünstigender Verwaltungsakt mit Dauerwirkung nach Absatz 2 zurückgenommen werden, wenn

1. die Voraussetzungen des Absatzes 2 Satz 3 Nr. 2 oder 3 gegeben sind oder
2. der Verwaltungsakt mit einem zulässigen Vorbehalt des Widerrufs erlassen wurde.

[4]In den Fällen des Satzes 3 kann ein Verwaltungsakt über eine laufende Geldleistung auch nach Ablauf der Frist von zehn Jahren zurückgenommen werden, wenn diese Geldleistung mindestens bis zum Beginn des Verwaltungsverfahrens über die Rücknahme gezahlt wurde. [5]War die Frist von zehn Jahren am 15. April 1998 bereits abgelaufen, gilt Satz 4 mit der Maßgabe, dass der Verwaltungsakt nur mit Wirkung für die Zukunft aufgehoben wird.

(4) [1]Nur in den Fällen von Absatz 2 Satz 3 und Absatz 3 Satz 2 wird der Verwaltungsakt mit Wirkung für die Vergangenheit zurückgenommen. [2]Die Behörde muss dies innerhalb eines Jahres seit Kenntnis der Tatsachen tun, welche die Rücknahme eines rechtswidrigen begünstigenden Verwaltungsaktes für die Vergangenheit rechtfertigen.

(5) § 44 Abs. 3 gilt entsprechend.

§ 46 Widerruf eines rechtmäßigen nicht begünstigenden Verwaltungsaktes

(1) Ein rechtmäßiger nicht begünstigender Verwaltungsakt kann, auch nachdem er unanfechtbar geworden ist, ganz oder teilweise mit Wirkung für die Zukunft widerrufen werden, außer wenn ein Verwaltungsakt gleichen Inhalts erneut erlassen werden müsste oder aus anderen Gründen ein Widerruf unzulässig ist.

(2) § 44 Abs. 3 gilt entsprechend.

§ 47 Widerruf eines rechtmäßigen begünstigenden Verwaltungsaktes

(1) Ein rechtmäßiger begünstigender Verwaltungsakt darf, auch nachdem er unanfechtbar geworden ist, ganz oder teilweise mit Wirkung für die Zukunft nur widerrufen werden, soweit

1. der Widerruf durch Rechtsvorschrift zugelassen oder im Verwaltungsakt vorbehalten ist,
2. mit dem Verwaltungsakt eine Auflage verbunden ist und der Begünstigte diese nicht oder nicht innerhalb einer ihm gesetzten Frist erfüllt hat.

(2) [1]Ein rechtmäßiger begünstigender Verwaltungsakt, der eine Geld- oder Sachleistung zur Erfüllung eines bestimmten Zweckes zuerkennt oder hierfür Voraussetzung ist, kann, auch nachdem er unanfechtbar geworden ist, ganz oder teilweise auch mit Wirkung für die Vergangenheit widerrufen werden, wenn

1. die Leistung nicht, nicht alsbald nach der Erbringung oder nicht mehr für den in dem Verwaltungsakt bestimmten Zweck verwendet wird,
2. mit dem Verwaltungsakt eine Auflage verbunden ist und der Begünstigte diese nicht oder nicht innerhalb einer ihm gesetzten Frist erfüllt hat.

[2]Der Verwaltungsakt darf mit Wirkung für die Vergangenheit nicht widerrufen werden, soweit der Begünstigte auf den Bestand des Verwaltungsaktes vertraut hat und sein Vertrauen unter Abwägung mit dem öffentlichen Interesse an einem Widerruf schutzwürdig ist. [3]Das Vertrauen ist in der Regel schutzwürdig, wenn der Begünstigte erbrachte Leistungen verbraucht oder eine Vermögensdisposition getroffen hat, die er nicht mehr oder nur unter unzumutbaren Nachteilen rückgängig machen kann. [4]Auf Vertrauen kann sich der Begünstigte nicht berufen, soweit er die Umstände kannte oder infolge grober Fahrlässigkeit nicht kannte, die zum Widerruf des Verwaltungsaktes geführt haben. [5]§ 45 Abs. 4 Satz 2 gilt entsprechend.

(3) § 44 Abs. 3 gilt entsprechend.

§ 48 Aufhebung eines Verwaltungsaktes mit Dauerwirkung bei Änderung der Verhältnisse

(1) [1]Soweit in den tatsächlichen oder rechtlichen Verhältnissen, die beim Erlass eines Verwaltungsaktes mit Dauerwirkung vorgelegen haben, eine wesentliche Änderung eintritt, ist der Verwaltungsakt mit Wirkung für die Zukunft aufzuheben. [2]Der Verwaltungsakt soll mit Wirkung vom Zeitpunkt der Änderung der Verhältnisse aufgehoben werden, soweit

1. die Änderung zugunsten des Betroffenen erfolgt,
2. der Betroffene einer durch Rechtsvorschrift vorgeschriebenen Pflicht zur Mitteilung wesentlicher für ihn nachteiliger Änderungen der Verhältnisse vorsätzlich oder grob fahrlässig nicht nachgekommen ist,

3. nach Antragstellung oder Erlass des Verwaltungsaktes Einkommen oder Vermögen erzielt worden ist, das zum Wegfall oder zur Minderung des Anspruchs geführt haben würde, oder
4. der Betroffene wusste oder nicht wusste, weil er die erforderliche Sorgfalt in besonders schwerem Maße verletzt hat, dass der sich aus dem Verwaltungsakt ergebende Anspruch kraft Gesetzes zum Ruhen gekommen oder ganz oder teilweise weggefallen ist.

[3]Als Zeitpunkt der Änderung der Verhältnisse gilt in Fällen, in denen Einkommen oder Vermögen auf einen zurückliegenden Zeitraum auf Grund der besonderen Teile dieses Gesetzbuches anzurechnen ist, der Beginn des Anrechnungszeitraumes.

(2) Der Verwaltungsakt ist im Einzelfall mit Wirkung für die Zukunft auch dann aufzuheben, wenn der zuständige oberste Gerichtshof des Bundes in ständiger Rechtsprechung nachträglich das Recht anders auslegt als die Behörde bei Erlass des Verwaltungsaktes und sich dieses zugunsten des Berechtigten auswirkt; § 44 bleibt unberührt.

(3) [1]Kann ein rechtswidriger begünstigender Verwaltungsakt nach § 45 nicht zurückgenommen werden und ist eine Änderung nach Absatz 1 oder 2 zugunsten des Betroffenen eingetreten, darf die neu festzustellende Leistung nicht über den Betrag hinausgehen, wie er sich der Höhe nach ohne Berücksichtigung der Bestandskraft ergibt. [2]Satz 1 gilt entsprechend, soweit einem rechtmäßigen begünstigenden Verwaltungsakt ein rechtswidriger begünstigender Verwaltungsakt zugrunde liegt, der nach § 45 nicht zurückgenommen werden kann.

(4) [1]§ 44 Abs. 3 und 4, § 45 Abs. 3 Satz 3 bis 5 und Abs. 4 Satz 2 gelten entsprechend. [2]§ 45 Abs. 4 Satz 2 gilt nicht im Fall des Absatzes 1 Satz 2 Nr. 1.

§ 49 Rücknahme und Widerruf im Rechtsbehelfsverfahren

§ 45 Abs. 1 bis 4, §§ 47 und 48 gelten nicht, wenn ein begünstigender Verwaltungsakt, der von einem Dritten angefochten worden ist, während des Vorverfahrens oder während des sozial- oder verwaltungsgerichtlichen Verfahrens aufgehoben wird, soweit dadurch dem Widerspruch abgeholfen oder der Klage stattgegeben wird.

§ 50 Erstattung zu Unrecht erbrachter Leistungen

(1) [1]Soweit ein Verwaltungsakt aufgehoben worden ist, sind bereits erbrachte Leistungen zu erstatten. [2]Sach- und Dienstleistungen sind in Geld zu erstatten.

(2) [1]Soweit Leistungen ohne Verwaltungsakt zu Unrecht erbracht worden sind, sind sie zu erstatten. [2]§§ 45 und 48 gelten entsprechend.

(2a) [1]Der zu erstattende Betrag ist vom Eintritt der Unwirksamkeit eines Verwaltungsaktes, auf Grund dessen Leistungen zur Förderung von Einrichtungen oder ähnliche Leistungen erbracht worden sind, mit fünf Prozentpunkten über dem Basiszinssatz jährlich zu verzinsen. [2]Von der Geltendmachung des Zinsanspruchs kann insbesondere dann abgesehen werden, wenn der Begünstigte die Umstände, die zur Rücknahme, zum Widerruf oder zur Unwirksamkeit des Verwaltungsaktes geführt haben, nicht zu vertreten hat und den zu erstattenden Betrag innerhalb der von der Behörde festgesetzten Frist leistet. [3]Wird eine Leistung nicht alsbald nach der Auszahlung für den bestimmten Zweck verwendet, können für die Zeit bis zur zweckentsprechenden Verwendung Zinsen nach Satz 1 verlangt werden; Entsprechendes gilt, soweit eine Leistung in Anspruch genommen wird, obwohl andere Mittel anteilig oder vorrangig einzusetzen sind; § 47 Abs. 2 Satz 1 Nr. 1 bleibt unberührt.

(3) [1]Die zu erstattende Leistung ist durch schriftlichen Verwaltungsakt festzusetzen. [2]Die Festsetzung soll, sofern die Leistung auf Grund eines Verwaltungsakts erbracht worden ist, mit der Aufhebung des Verwaltungsaktes verbunden werden.

(4) [1]Der Erstattungsanspruch verjährt in vier Jahren nach Ablauf des Kalenderjahres, in dem der Verwaltungsakt nach Absatz 3 unanfechtbar geworden ist. [2]Für die Hemmung, die Ablaufhemmung, den Neubeginn und die Wirkung der Verjährung gelten die Vorschriften des Bürgerlichen Gesetzbuchs sinngemäß. [3]§ 52 bleibt unberührt.

(5) Die Absätze 1 bis 4 gelten bei Berichtigungen nach § 38 entsprechend.

§ 51 Rückgabe von Urkunden und Sachen

[1]Ist ein Verwaltungsakt unanfechtbar widerrufen oder zurückgenommen oder ist seine Wirksamkeit aus einem anderen Grund nicht oder nicht mehr gegeben, kann die Behörde die auf Grund dieses Verwaltungsaktes erteilten Urkunden oder Sachen, die zum Nachweis der Rechte aus dem Verwaltungsakt oder zu deren Ausübung bestimmt sind, zurückfordern. [2]Der Inhaber und, sofern er nicht der Besitzer ist, auch der Besitzer dieser Urkunden oder Sachen sind zu ihrer Herausgabe verpflichtet. [3]Der Inhaber oder der Besitzer kann jedoch verlangen, dass ihm die Urkunden oder Sachen wieder ausgehändigt werden, nachdem sie von der Behörde als ungültig gekennzeichnet sind; dies gilt nicht bei Sachen, bei denen eine solche Kennzeichnung nicht oder nicht mit der erforderlichen Offensichtlichkeit oder Dauerhaftigkeit möglich ist.

Dritter Titel
Verjährungsrechtliche Wirkungen des Verwaltungsaktes

§ 52 Hemmung der Verjährung durch Verwaltungsakt

(1) [1]Ein Verwaltungsakt, der zur Feststellung oder Durchsetzung des Anspruchs eines öffentlich-rechtlichen Rechtsträgers erlassen wird, hemmt die Verjährung dieses Anspruchs. [2]Die Hemmung endet mit Eintritt der Unanfechtbarkeit des Verwaltungsakts oder sechs Monate nach seiner anderweitigen Erledigung.

(2) Ist ein Verwaltungsakt im Sinne des Absatzes 1 unanfechtbar geworden, beträgt die Verjährungsfrist 30 Jahre.

Vierter Abschnitt
Öffentlich-rechtlicher Vertrag

§ 53 Zulässigkeit des öffentlich-rechtlichen Vertrages

(1) [1]Ein Rechtsverhältnis auf dem Gebiet des öffentlichen Rechts kann durch Vertrag begründet, geändert oder aufgehoben werden (öffentlich-rechtlicher Vertrag), soweit Rechtsvorschriften nicht entgegenstehen. [2]Insbesondere kann die Behörde, anstatt einen Verwaltungsakt zu erlassen, einen öffentlich-rechtlichen Vertrag mit demjenigen schließen, an den sie sonst den Verwaltungsakt richten würde.

(2) Ein öffentlich-rechtlicher Vertrag über Sozialleistungen kann nur geschlossen werden, soweit die Erbringung der Leistungen im Ermessen des Leistungsträgers steht.

§ 54 Vergleichsvertrag

(1) Ein öffentlich-rechtlicher Vertrag im Sinne des § 53 Abs. 1 Satz 2, durch den eine bei verständiger Würdigung des Sachverhalts oder der Rechtslage bestehende Ungewissheit durch gegenseitiges Nachgeben beseitigt wird (Vergleich), kann geschlossen werden, wenn die Behörde den Abschluss des Vergleichs zur Beseitigung der Ungewissheit nach pflichtgemäßem Ermessen für zweckmäßig hält.

(2) § 53 Abs. 2 gilt im Fall des Absatzes 1 nicht.

§ 55 Austauschvertrag

(1) [1]Ein öffentlich-rechtlicher Vertrag im Sinne des § 53 Abs. 1 Satz 2, in dem sich der Vertragspartner der Behörde zu einer Gegenleistung verpflichtet, kann geschlossen werden, wenn die Gegenleistung für einen bestimmten Zweck im Vertrag vereinbart wird und der Behörde zur Erfüllung ihrer öffentlichen Aufgaben dient. [2]Die Gegenleistung muss den gesamten Umständen nach angemessen sein und im sachlichen Zusammenhang mit der vertraglichen Leistung der Behörde stehen.

(2) Besteht auf die Leistung der Behörde ein Anspruch, kann nur eine solche Gegenleistung vereinbart werden, die bei Erlass eines Verwaltungsaktes Inhalt einer Nebenbestimmung nach § 32 sein könnte.

(3) § 53 Abs. 2 gilt in den Fällen der Absätze 1 und 2 nicht.

§ 56 Schriftform

Ein öffentlich-rechtlicher Vertrag ist schriftlich zu schließen, soweit nicht durch Rechtsvorschrift eine andere Form vorgeschrieben ist.

§ 57 Zustimmung von Dritten und Behörden

(1) Ein öffentlich-rechtlicher Vertrag, der in Rechte eines Dritten eingreift, wird erst wirksam, wenn der Dritte schriftlich zustimmt.

(2) Wird anstatt eines Verwaltungsaktes, bei dessen Erlass nach einer Rechtsvorschrift die Genehmigung, die Zustimmung oder das Einvernehmen einer anderen Behörde erforderlich ist, ein Vertrag geschlossen, so wird dieser erst wirksam, nachdem die andere Behörde in der vorgeschriebenen Form mitgewirkt hat.

§ 58 Nichtigkeit des öffentlich-rechtlichen Vertrages

(1) Ein öffentlich-rechtlicher Vertrag ist nichtig, wenn sich die Nichtigkeit aus der entsprechenden Anwendung von Vorschriften des Bürgerlichen Gesetzbuches ergibt.

(2) Ein Vertrag im Sinne des § 53 Abs. 1 Satz 2 ist ferner nichtig, wenn

1. ein Verwaltungsakt mit entsprechendem Inhalt nichtig wäre,
2. ein Verwaltungsakt mit entsprechendem Inhalt nicht nur wegen eines Verfahrens- oder Formfehlers im Sinne des § 42 rechtswidrig wäre und dies den Vertragschließenden bekannt war,
3. die Voraussetzungen zum Abschluss eines Vergleichsvertrages nicht vorlagen und ein Verwaltungsakt mit entsprechendem Inhalt nicht nur wegen eines Verfahrens- oder Formfehlers im Sinne des § 42 rechtswidrig wäre,
4. sich die Behörde eine nach § 55 unzulässige Gegenleistung versprechen lässt.

(3) Betrifft die Nichtigkeit nur einen Teil des Vertrages, so ist er im Ganzen nichtig, wenn nicht anzunehmen ist, dass er auch ohne den nichtigen Teil geschlossen worden wäre.

§ 59 Anpassung und Kündigung in besonderen Fällen

(1) [1]Haben die Verhältnisse, die für die Festsetzung des Vertragsinhalts maßgebend gewesen sind, sich seit Abschluss des Vertrages so wesentlich geändert, dass einer Vertragspartei das Festhalten an der ursprünglichen vertraglichen Regelung nicht zuzumuten ist, so kann diese Vertragspartei eine Anpassung des Vertragsinhalts an die geänderten Verhältnisse verlangen oder, sofern eine Anpassung nicht möglich oder einer Vertragspartei nicht zuzumuten ist, den Vertrag kündigen. [2]Die Behörde kann den Vertrag auch kündigen, um schwere Nachteile für das Gemeinwohl zu verhüten oder zu beseitigen.

(2) [1]Die Kündigung bedarf der Schriftform, soweit nicht durch Rechtsvorschrift eine andere Form vorgeschrieben ist. [2]Sie soll begründet werden.

§ 60 Unterwerfung unter die sofortige Vollstreckung

(1) [1]Jeder Vertragschließende kann sich der sofortigen Vollstreckung aus einem öffentlich-rechtlichen Vertrag im Sinne des § 53 Abs. 1 Satz 2 unterwerfen. [2]Die Behörde muss hierbei von dem Behördenleiter, seinem allgemeinen Vertreter oder einem Angehörigen des öffentlichen Dienstes, der die Befähigung zum Richteramt hat, vertreten werden.

(2) [1]Auf öffentlich-rechtliche Verträge im Sinne des Absatzes 1 Satz 1 ist § 66 entsprechend anzuwenden. [2]Will eine natürliche oder juristische Person des Privatrechts oder eine sonstige Personenvereinigung die Vollstreckung wegen einer Geldforderung betreiben, so ist § 170 Abs. 1 bis 3 der Verwaltungsgerichtsordnung entsprechend anzuwenden. [3]Richtet sich die Vollstreckung wegen der Erzwingung einer Handlung, Duldung oder Unterlassung gegen eine Behörde, ist § 172 der Verwaltungsgerichtsordnung entsprechend anzuwenden.

§ 61 Ergänzende Anwendung von Vorschriften

[1]Soweit sich aus den §§ 53 bis 60 nichts Abweichendes ergibt, gelten die übrigen Vorschriften dieses Gesetzbuches. [2]Ergänzend gelten die Vorschriften des Bürgerlichen Gesetzbuches entsprechend.

Fünfter Abschnitt Rechtsbehelfsverfahren

§ 62 Rechtsbehelfe gegen Verwaltungsakte

Für förmliche Rechtsbehelfe gegen Verwaltungsakte gelten, wenn der Sozialrechtsweg gegeben ist, das Sozialgerichtsgesetz, wenn der Verwaltungsrechtsweg gegeben ist, die Verwaltungsgerichtsordnung und die zu ihrer Ausführung ergangenen Rechtsvorschriften, soweit nicht durch Gesetz etwas anderes bestimmt ist; im Übrigen gelten die Vorschriften dieses Gesetzbuches.

§ 63 Erstattung von Kosten im Vorverfahren

(1) [1]Soweit der Widerspruch erfolgreich ist, hat der Rechtsträger, dessen Behörde den angefochtenen Verwaltungsakt erlassen hat, demjenigen, der Widerspruch erhoben hat, die zur zweckentsprechenden Rechtsverfolgung oder Rechtsverteidigung notwendigen Aufwendungen zu erstatten. [2]Dies gilt auch, wenn der Widerspruch nur deshalb keinen Erfolg hat, weil die Verletzung einer Verfahrens- oder Formvorschrift nach § 41 unbeachtlich ist. [3]Aufwendungen, die durch das Verschulden eines Erstattungsberechtigten entstanden sind, hat dieser selbst zu tragen; das Verschulden eines Vertreters ist dem Vertretenen zuzurechnen.

(2) Die Gebühren und Auslagen eines Rechtsanwalts oder eines sonstigen Bevollmächtigten im Vorverfahren sind erstattungsfähig, wenn die Zuziehung eines Bevollmächtigten notwendig war.

(3) [1]Die Behörde, die die Kostenentscheidung getroffen hat, setzt auf Antrag den Betrag der zu erstattenden Aufwendungen fest; hat ein Ausschuss oder Beirat die Kostenentscheidung getroffen, obliegt die Kostenfestsetzung der Behörde, bei der der Ausschuss oder Beirat gebildet ist. [2]Die Kostenentscheidung bestimmt auch, ob die Zuziehung eines Rechtsanwalts oder eines sonstigen Bevollmächtigten notwendig war.

Sechster Abschnitt
Kosten, Zustellung und Vollstreckung

§ 64 Kostenfreiheit

(1) [1]Für das Verfahren bei den Behörden nach diesem Gesetzbuch werden keine Gebühren und Auslagen erhoben. [2]Abweichend von Satz 1 erhalten die Träger der gesetzlichen Rentenversicherung für jede auf der Grundlage des § 74a Absatz 2 und3 erteilte Auskunft eine Gebühr von 10,20 Euro.

(2) [1]Geschäfte und Verhandlungen, die aus Anlass der Beantragung, Erbringung oder der Erstattung einer Sozialleistung nötig werden, sind kostenfrei. [2]Dies gilt auch für die im Gerichts- und Notarkostengesetz bestimmten Gerichtskosten. [3]Von Beurkundungs- und Beglaubigungskosten sind befreit Urkunden, die

1. in der Sozialversicherung bei den Versicherungsträgern und Versicherungsbehörden erforderlich werden, um die Rechtsverhältnisse zwischen den Versicherungsträgern einerseits und den Arbeitgebern, Versicherten oder ihren Hinterbliebenen andererseits abzuwickeln,
2. im Sozialhilferecht, im Recht der Grundsicherung für Arbeitsuchende sowie im Kinder- und Jugendhilferecht aus Anlass der Beantragung, Erbringung oder Erstattung einer nach dem Zwölften Buch, dem Zweiten oder dem Achten Buch vorgesehenen Leistung benötigt werden,
3. im Schwerbehindertenrecht von der zuständigen Stelle im Zusammenhang mit der Verwendung der Ausgleichsabgabe für erforderlich gehalten werden,
4. im Recht der Sozialen Entschädigung für erforderlich gehalten werden,
5. im Kindergeldrecht für erforderlich gehalten werden.

(3) [1]Absatz 2 Satz 1 gilt auch für gerichtliche Verfahren, auf die das Gesetz über das Verfahren in Familiensachen und in den Angelegenheiten der freiwilligen Gerichtsbarkeit anzuwenden ist. [2]Im Verfahren nach der Zivilprozessordnung, dem Gesetz über das Verfahren in Familiensachen und in den Angelegenheiten der freiwilligen Gerichtsbarkeit sowie im Verfahren vor Gerichten der Sozial- und Finanzgerichtsbarkeit sind die Träger der Eingliederungshilfe, der Sozialhilfe, der Grundsicherung für Arbeitsuchende, der Leistungen nach dem Asylbewerberleistungsgesetz, der Jugendhilfe und der Sozialen Entschädigung, von den Gerichtskosten befreit; § 197a des Sozialgerichtsgesetzes bleibt unberührt.

§ 65 Zustellung

(1) [1]Soweit Zustellungen durch Behörden des Bundes, der bundesunmittelbaren Körperschaften, Anstalten und Stiftungen des öffentlichen Rechts vorgeschrieben sind, gelten die §§ 2 bis 10 des Verwaltungszustellungsgesetzes. [2]§ 5 Abs. 4 des Verwaltungszustellungsgesetzes und § 178 Abs. 1 Nr. 2 der Zivilprozessordnung sind auf die nach § 73 Absatz 2 Satz 2 Nummer 5 bis 9 und Satz 3 des Sozialgerichtsgesetzes als Bevollmächtigte zugelassenen Personen entsprechend anzuwenden. [3]Diese Vorschriften gelten auch, soweit Zustellungen durch die nach Landesrecht zur Durchführung des Vierzehnten Buches zuständigen Stellen vorgeschrieben sind.

(2) Für die übrigen Behörden gelten die jeweiligen landesrechtlichen Vorschriften über das Zustellungsverfahren.

§ 66 Vollstreckung

(1) [1]Für die Vollstreckung zugunsten der Behörden des Bundes, der bundesunmittelbaren Körperschaften, Anstalten und Stiftungen des öffentlichen Rechts gilt das Verwaltungs-Vollstreckungsgesetz. [2]In Angelegenheiten des § 51 des Sozialgerichtsgesetzes ist für die Anordnung der Ersatzzwangshaft das Sozialgericht zuständig. [3]Die oberste Verwaltungsbehörde kann bestimmen, dass die Aufsichtsbehörde nach Anhörung der in Satz 1 genannten Behörden für die Vollstreckung fachlich geeignete Bedienstete als Vollstreckungsbeamte und sonstige hierfür fachlich geeignete Bedienstete dieser Behörde als Vollziehungsbeamte bestellen darf; die fachliche Eignung ist durch einen qualifizierten beruflichen Abschluss, die Teilnahme an einem Lehrgang einschließlich berufspraktischer Tätigkeit oder entsprechende mehrjährige Berufserfahrung nachzuweisen. [4]Die oberste Verwaltungsbehörde kann auch bestimmen, dass die Aufsichtsbehörde nach Anhörung der in Satz 1 genannten Behörden für die Vollstreckung von Ansprüchen auf Gesamtsozialversicherungsbeiträge fachlich geeignete Bedienstete

1. der Verbände der Krankenkassen oder
2. einer bestimmten Krankenkasse

als Vollstreckungsbeamte und sonstige hierfür fachlich geeignete Bedienstete der genannten Verbände und Krankenkassen als Vollziehungsbeamte bestellen darf. [5]Der nach Satz 4 beauftragte Verband der Krankenkassen ist berechtigt, Verwaltungsakte zur Erfüllung der mit der Vollstreckung verbundenen Aufgabe zu erlassen.

(2) Absatz 1 Satz 1 bis 3 gilt auch für die Vollstreckung durch die nach Landesrecht zur Durchführung des Vierzehnten Buches zuständigen Stellen ; das Land bestimmt die Vollstreckungsbehörde.

(3) [1]Für die Vollstreckung zugunsten der übrigen Behörden gelten die jeweiligen landesrechtlichen Vorschriften über das Verwaltungsvollstreckungsverfahren. [2]Für die landesunmittelbaren Körperschaften, Anstalten und Stiftungen des öffentlichen Rechts gilt Absatz 1 Satz 2 bis 5 entsprechend. [3]Abweichend von Satz 1 vollstrecken die nach Landesrecht zuständigen Vollstreckungsbehörden zugunsten der landesunmittelbaren

Krankenkassen, die sich über mehr als ein Bundesland erstrecken, nach den Vorschriften des Verwaltungs-Vollstreckungsgesetzes.

(4) [1]Aus einem Verwaltungsakt kann auch die Zwangsvollstreckung in entsprechender Anwendung der Zivilprozessordnung stattfinden. [2]Der Vollstreckungsschuldner soll vor Beginn der Vollstreckung mit einer Zahlungsfrist von einer Woche gemahnt werden. [3]Die vollstreckbare Ausfertigung erteilt der Behördenleiter, sein allgemeiner Vertreter oder ein anderer auf Antrag eines Leistungsträgers von der Aufsichtsbehörde ermächtigter Angehöriger des öffentlichen Dienstes. [4]Bei den Versicherungsträgern und der Bundesagentur für Arbeit tritt in Satz 3 an die Stelle der Aufsichtsbehörden der Vorstand.

Zweites Kapitel
Schutz der Sozialdaten

Erster Abschnitt
Begriffsbestimmungen

§ 67 Begriffsbestimmungen

(1) Die nachfolgenden Begriffsbestimmungen gelten ergänzend zu Artikel 4 der Verordnung (EU) 2016/679 des Europäischen Parlaments und des Rates vom 27. April 2016 zum Schutz natürlicher Personen bei der Verarbeitung personenbezogener Daten, zum freien Datenverkehr und zur Aufhebung der Richtlinie 95/46/EG (Datenschutz-Grundverordnung) (ABl. L 119 vom 4.5.2016, S. 1; L 314 vom 22.11.2016, S. 72; L 127 vom 23.5.2018, S. 2) in der jeweils geltenden Fassung.

(2) Sozialdaten sind personenbezogene Daten (Artikel 4 Nummer 1 der Verordnung (EU) 2016/679), die von einer in § 35 des Ersten Buches genannten Stelle im Hinblick auf ihre Aufgaben nach diesem Gesetzbuch verarbeitet werden. Betriebs- und Geschäftsgeheimnisse sind alle betriebs- oder geschäftsbezogenen Daten, auch von juristischen Personen, die Geheimnischarakter haben.

(3) Aufgaben nach diesem Gesetzbuch sind, soweit dieses Kapitel angewandt wird, auch

1. Aufgaben auf Grund von Verordnungen, deren Ermächtigungsgrundlage sich im Sozialgesetzbuch befindet,
2. Aufgaben auf Grund von über- und zwischenstaatlichem Recht im Bereich der sozialen Sicherheit,
3. Aufgaben auf Grund von Rechtsvorschriften, die das Erste und das Zehnte Buch für entsprechend anwendbar erklären, und
4. Aufgaben auf Grund des Arbeitssicherheitsgesetzes und Aufgaben, soweit sie den in § 35 des Ersten Buches genannten Stellen durch Gesetz zugewiesen sind. § 8 Absatz 1 Satz 3 des Arbeitssicherheitsgesetzes bleibt unberührt.

(4) Werden Sozialdaten von einem Leistungsträger im Sinne von § 12 des Ersten Buches verarbeitet, ist der Verantwortliche der Leistungsträger. Ist der Leistungsträger eine Gebietskörperschaft, so sind der Verantwortliche die Organisationseinheiten, die eine Aufgabe nach einem der besonderen Teile dieses Gesetzbuches funktional durchführen.

(5) Nicht-öffentliche Stellen sind natürliche und juristische Personen, Gesellschaften und andere Personenvereinigungen des privaten Rechts, soweit sie nicht unter § 81 Absatz 3 fallen.

Zweiter Abschnitt
Verarbeitung von Sozialdaten

§ 67a Erhebung von Sozialdaten

(1) Die Erhebung von Sozialdaten durch die in § 35 des Ersten Buches genannten Stellen ist zulässig, wenn ihre Kenntnis zur Erfüllung einer Aufgabe der erhebenden Stelle nach diesem Gesetzbuch erforderlich ist. Dies gilt auch für die Erhebung der besonderen Kategorien personenbezogener Daten im Sinne des Artikels 9 Absatz 1 der Verordnung (EU) 2016/679. § 22 Absatz 2 des Bundesdatenschutzgesetzes gilt entsprechend.

(2) Sozialdaten sind bei der betroffenen Person zu erheben. Ohne ihre Mitwirkung dürfen sie nur erhoben werden

1. bei den in § 35 des Ersten Buches oder in § 69 Absatz 2 genannten Stellen, wenn
   a) diese zur Übermittlung der Daten an die erhebende Stelle befugt sind,
   b) die Erhebung bei der betroffenen Person einen unverhältnismäßigen Aufwand erfordern würde und
   c) keine Anhaltspunkte dafür bestehen, dass überwiegende schutzwürdige Interessen der betroffenen Person beeinträchtigt werden,
2. bei anderen Personen oder Stellen, wenn
   a) eine Rechtsvorschrift die Erhebung bei ihnen zulässt oder die Übermittlung an die erhebende Stelle ausdrücklich vorschreibt oder
   b)
      aa) die Aufgaben nach diesem Gesetzbuch ihrer Art nach eine Erhebung bei anderen Personen oder Stellen erforderlich machen oder
      bb) die Erhebung bei der betroffenen Person einen unverhältnismäßigen Aufwand erfordern würde

   und keine Anhaltspunkte dafür bestehen, dass überwiegende schutzwürdige Interessen der betroffenen Person beeinträchtigt werden.

§ 67b Speicherung, Veränderung, Nutzung, Übermittlung, Einschränkung der Verarbeitung und Löschung von Sozialdaten

(1) [1]Die Speicherung, Veränderung, Nutzung, Übermittlung, Einschränkung der Verarbeitung und Löschung von Sozialdaten durch die in § 35 des Ersten Buches genannten Stellen ist zulässig, soweit die nachfolgenden Vorschriften oder eine andere Rechtsvorschrift in diesem Gesetzbuch es erlauben oder anordnen. [2]Dies gilt auch für die besonderen Kategorien personenbezogener Daten im Sinne des Artikels 9 Absatz 1 der Verordnung (EU) 2016/679. [3]Die Übermittlung von biometrischen, genetischen oder Gesundheitsdaten ist abweichend von Artikel 9 Absatz 2 Buchstabe b, d bis j der Verordnung (EU) 2016/679 nur zulässig, soweit eine gesetzliche Übermittlungsbefugnis nach den §§ 68 bis 77 oder nach einer anderen Rechtsvorschrift in diesem Gesetzbuch vorliegt. [4]§ 22 Absatz 2 des Bundesdatenschutzgesetzes gilt entsprechend.

(2) [1]Zum Nachweis im Sinne des Artikels 7 Absatz 1 der Verordnung (EU) 2016/679, dass die betroffene Person in die Verarbeitung ihrer personenbezogenen Daten eingewilligt hat, soll die Einwilligung schriftlich oder elektronisch erfolgen. [2]Die Einwilligung zur Verarbeitung von genetischen, biometrischen oder Gesundheitsdaten oder Betriebs- oder Geschäftsgeheimnissen hat schriftlich oder elektronisch zu erfolgen, soweit nicht wegen besonderer Umstände eine andere Form angemessen ist. [3]Wird die Einwilligung der betroffenen Person eingeholt, ist diese auf den Zweck der vorgesehenen Verarbeitung, auf die Folgen der Verweigerung der Einwilligung sowie auf die jederzeitige Widerrufsmöglichkeit gemäß Artikel 7 Absatz 3 der Verordnung (EU) 2016/679 hinzuweisen.

(3) [1]Die Einwilligung zur Verarbeitung personenbezogener Daten zu Forschungszwecken kann für ein bestimmtes Vorhaben oder für bestimmte Bereiche der wissenschaftlichen Forschung erteilt werden. [2]Im Bereich der wissenschaftlichen Forschung liegt ein besonderer Umstand im Sinne des Absatzes 2 Satz 2 auch dann vor, wenn durch die Einholung einer schriftlichen oder elektronischen Einwilligung der Forschungszweck erheblich beeinträchtigt würde. [3]In diesem Fall sind die Gründe, aus denen sich die erhebliche Beeinträchtigung des Forschungszweckes ergibt, schriftlich festzuhalten.

§ 67c Zweckbindung sowie Speicherung, Veränderung und Nutzung von Sozialdaten zu anderen Zwecken

(1) [1]Die Speicherung, Veränderung oder Nutzung von Sozialdaten durch die in § 35 des Ersten Buches genannten Stellen ist zulässig, wenn sie zur Erfüllung der in der Zuständigkeit des Verantwortlichen liegenden gesetzlichen Aufgaben nach diesem Gesetzbuch erforderlich ist und für die Zwecke erfolgt, für die die Daten erhoben worden sind. [2]Ist keine Erhebung vorausgegangen, dürfen die Daten nur für die Zwecke geändert oder genutzt werden, für die sie gespeichert worden sind.

(2) Die nach Absatz 1 gespeicherten Daten dürfen von demselben Verantwortlichen für andere Zwecke nur gespeichert, verändert oder genutzt werden, wenn

1. die Daten für die Erfüllung von Aufgaben nach anderen Rechtsvorschriften dieses Gesetzbuches als diejenigen, für die sie erhoben wurden, erforderlich sind,
2. es zur Durchführung eines bestimmten Vorhabens der wissenschaftlichen Forschung oder Planung im Sozialleistungsbereich erforderlich ist und die Voraussetzungen des § 75 Absatz 1, 2 oder 4a Satz 1 vorliegen.

(3) [1]Eine Speicherung, Veränderung oder Nutzung von Sozialdaten ist zulässig, wenn sie für die Wahrnehmung von Aufsichts-, Kontroll- und Disziplinarbefugnissen, der Rechnungsprüfung oder der Durchführung von Organisationsuntersuchungen für den Verantwortlichen oder für die Wahrung oder Wiederherstellung der Sicherheit und Funktionsfähigkeit eines informationstechnischen Systems durch das Bundesamt für Sicherheit in der Informationstechnik erforderlich ist. [2]Das gilt auch für die Veränderung oder Nutzung zu Ausbildungs- und Prüfungszwecken durch den Verantwortlichen, soweit nicht überwiegende schutzwürdige Interessen der betroffenen Person entgegenstehen.

(4) Sozialdaten, die ausschließlich zu Zwecken der Datenschutzkontrolle, der Datensicherung oder zur Sicherstellung eines ordnungsgemäßen Betriebes einer Datenverarbeitungsanlage gespeichert werden, dürfen nur für diese Zwecke verändert, genutzt und in der Verarbeitung eingeschränkt werden.

(5) [1]Für Zwecke der wissenschaftlichen Forschung oder Planung im Sozialleistungsbereich erhobene oder gespeicherte Sozialdaten dürfen von den in § 35 des Ersten Buches genannten Stellen nur für ein bestimmtes Vorhaben der wissenschaftlichen Forschung im Sozialleistungsbereich oder der Planung im Sozialleistungsbereich verändert oder genutzt werden. [2]Die Sozialdaten sind zu anonymisieren, sobald dies nach dem Forschungs- oder Planungszweck möglich ist. [3]Bis dahin sind die Merkmale gesondert zu speichern, mit denen Einzelangaben über persönliche oder sachliche Verhältnisse einer bestimmten oder bestimmbaren Person zugeordnet werden können. [4]Sie dürfen mit den Einzelangaben nur zusammengeführt werden, soweit der Forschungs- oder Planungszweck dies erfordert.

§ 67d Übermittlungsgrundsätze

(1) Die Verantwortung für die Zulässigkeit der Bekanntgabe von Sozialdaten durch ihre Weitergabe an einen Dritten oder durch die Einsichtnahme oder den Abruf eines Dritten von zur Einsicht oder zum Abruf bereitgehaltenen Daten trägt die übermittelnde Stelle. Erfolgt die Übermittlung auf Ersuchen des Dritten, an den die Daten übermittelt werden, trägt dieser die Verantwortung für die Richtigkeit der Angaben in seinem Ersuchen.

(2) Sind mit Sozialdaten, die übermittelt werden dürfen, weitere personenbezogene Daten der betroffenen Person oder eines Dritten so verbunden, dass eine Trennung nicht oder nur mit unvertretbarem Aufwand möglich ist, so ist die Übermittlung auch dieser Daten nur zulässig, wenn schutzwürdige Interessen der betroffenen Person oder eines

Dritten an deren Geheimhaltung nicht überwiegen; eine Veränderung oder Nutzung dieser Daten ist unzulässig.

(3) Die Übermittlung von Sozialdaten ist auch über Vermittlungsstellen im Rahmen einer Auftragsverarbeitung zulässig.

§ 67e Erhebung und Übermittlung zur Bekämpfung von Leistungsmissbrauch und illegaler Ausländerbeschäftigung

Bei der Prüfung nach § 2 des Schwarzarbeitsbekämpfungsgesetzes oder nach § 28p des Vierten Buches darf bei der überprüften Person zusätzlich erfragt werden,

1. ob und welche Art von Sozialleistungen nach diesem Gesetzbuch oder Leistungen nach dem Asylbewerberleistungsgesetz sie bezieht und von welcher Stelle sie diese Leistungen bezieht,
2. bei welcher Krankenkasse sie versichert oder ob sie als Selbständige tätig ist,
3. ob und welche Art von Beiträgen nach diesem Gesetzbuch sie abführt und
4. ob und welche ausländischen Arbeitnehmerinnen und Arbeitnehmer sie mit einer für ihre Tätigkeit erforderlichen Genehmigung und nicht zu ungünstigeren Arbeitsbedingungen als vergleichbare deutsche Arbeitnehmerinnen und Arbeitnehmer beschäftigt.

Zu Prüfzwecken dürfen die Antworten auf Fragen nach Satz 1 Nummer 1 an den jeweils zuständigen Leistungsträger und nach Satz 1 Nummer 2 bis 4 an die jeweils zuständige Einzugsstelle und die Bundesagentur für Arbeit übermittelt werden. Der Empfänger hat die Prüfung unverzüglich durchzuführen.

§ 68 Übermittlung für Aufgaben der Polizeibehörden, der Staatsanwaltschaften, Gerichte und der Behörden der Gefahrenabwehr

(1) [1]Zur Erfüllung von Aufgaben der Polizeibehörden, der Staatsanwaltschaften und Gerichte, der Behörden der Gefahrenabwehr und der Justizvollzugsanstalten dürfen im Einzelfall auf Ersuchen Name, Vorname, Geburtsdatum, Geburtsort, derzeitige Anschrift der betroffenen Person, ihr derzeitiger oder zukünftiger Aufenthaltsort sowie Namen, Vornamen oder Firma und Anschriften ihrer derzeitigen Arbeitgeber übermittelt werden, soweit kein Grund zu der Annahme besteht, dass dadurch schutzwürdige Interessen der betroffenen Person beeinträchtigt werden, und wenn das Ersuchen nicht länger als sechs Monate zurückliegt. [2]Die ersuchte Stelle ist über § 4 Absatz 3 hinaus zur Übermittlung auch dann nicht verpflichtet, wenn sich die ersuchende Stelle die Angaben auf andere Weise beschaffen kann. [3]Satz 2 findet keine Anwendung, wenn das Amtshilfeersuchen zur Durchführung einer Vollstreckung nach § 66 erforderlich ist.

(1a) Zu dem in § 7 Absatz 3 des Internationalen Familienrechtsverfahrensgesetzes bezeichneten Zweck ist es zulässig, der in dieser Vorschrift bezeichneten Zentralen Behörde auf Ersuchen im Einzelfall den derzeitigen Aufenthalt der betroffenen Person zu übermitteln, soweit kein Grund zur Annahme besteht, dass dadurch schutzwürdige Interessen der betroffenen Person beeinträchtigt werden.

(2) Über das Übermittlungsersuchen entscheidet der Leiter oder die Leiterin der ersuchten Stelle, dessen oder deren allgemeiner Stellvertreter oder allgemeine Stellvertreterin oder eine besonders bevollmächtigte bedienstete Person.

(3) [1]Eine Übermittlung der in Absatz 1 Satz 1 genannten Sozialdaten, von Angaben zur Staats- und Religionsangehörigkeit, früherer Anschriften der betroffenen Personen, von Namen und Anschriften früherer Arbeitgeber der betroffenen Personen sowie von Angaben über an betroffene Personen erbrachte oder demnächst zu erbringende Geldleistungen ist zulässig, soweit sie zur Durchführung einer nach Bundes- oder Landesrecht zulässigen Rasterfahndung erforderlich ist. [2]Die Verantwortung für die Zulässigkeit der Übermittlung trägt abweichend von § 67d Absatz 1 Satz 1 der Dritte, an den die Daten übermittelt werden. [3]Die übermittelnde Stelle prüft nur, ob das Übermittlungsersuchen im Rahmen der Aufgaben des Dritten liegt, an den die Daten übermittelt werden, es sei denn, dass besonderer Anlass zur Prüfung der Zulässigkeit der Übermittlung besteht.

§ 69 Übermittlung für die Erfüllung sozialer Aufgaben

(1) Eine Übermittlung von Sozialdaten ist zulässig, soweit sie erforderlich ist

1. für die Erfüllung der Zwecke, für die sie erhoben worden sind, oder für die Erfüllung einer gesetzlichen Aufgabe der übermittelnden Stelle nach diesem Gesetzbuch oder einer solchen Aufgabe des Dritten, an den die Daten übermittelt werden, wenn er eine in § 35 des Ersten Buches genannte Stelle ist,
2. für die Durchführung eines mit der Erfüllung einer Aufgabe nach Nummer 1 zusammenhängenden gerichtlichen Verfahrens einschließlich eines Strafverfahrens oder
3. für die Richtigstellung unwahrer Tatsachenbehauptungen der betroffenen Person im Zusammenhang mit einem Verfahren über die Erbringung von Sozialleistungen; die Übermittlung bedarf der vorherigen Genehmigung durch die zuständige oberste Bundes- oder Landesbehörde.

(2) Für die Erfüllung einer gesetzlichen oder sich aus einem Tarifvertrag ergebenden Aufgabe sind den in § 35 des Ersten Buches genannten Stellen gleichgestellt

1. die Stellen, die Leistungen nach dem Lastenausgleichsgesetz, dem Bundesentschädigungsgesetz, dem Strafrechtlichen Rehabilitierungsgesetz, dem Beruflichen Rehabilitierungsgesetz, dem Gesetz über die Entschädigung für Strafverfolgungsmaßnahmen, dem Unterhaltssicherungsgesetz, dem Beamtenversorgungsgesetz und den Vorschriften, die auf das Beamtenversorgungsgesetz verweisen, dem Soldatenversorgungsgesetz, dem Anspruchs- und Anwartschaftsüberführungsgesetz und den Vorschriften der Länder über die Gewährung von Blinden- und Pflegegeldleistungen zu erbringen haben,

2. die gemeinsamen Einrichtungen der Tarifvertragsparteien im Sinne des § 4 Absatz 2 des Tarifvertragsgesetzes, die Zusatzversorgungseinrichtungen des öffentlichen Dienstes und die öffentlich-rechtlichen Zusatzversorgungseinrichtungen,
3. die Bezügestellen des öffentlichen Dienstes, soweit sie kindergeldabhängige Leistungen des Besoldungs-, Versorgungs- und Tarifrechts unter Verwendung von personenbezogenen Kindergelddaten festzusetzen haben.

(3) Die Übermittlung von Sozialdaten durch die Bundesagentur für Arbeit an die Krankenkassen ist zulässig, soweit sie erforderlich ist, den Krankenkassen die Feststellung der Arbeitgeber zu ermöglichen, die am Ausgleich der Arbeitgeberaufwendungen nach dem Aufwendungsausgleichsgesetz teilnehmen.

(4) Die Krankenkassen sind befugt, einem Arbeitgeber mitzuteilen, ob die Fortdauer einer Arbeitsunfähigkeit oder eine erneute Arbeitsunfähigkeit eines Arbeitnehmers auf derselben Krankheit beruht; die Übermittlung von Diagnosedaten an den Arbeitgeber ist nicht zulässig.

(5) Die Übermittlung von Sozialdaten ist zulässig für die Erfüllung der gesetzlichen Aufgaben der Rechnungshöfe und der anderen Stellen, auf die § 67c Absatz 3 Satz 1 Anwendung findet.

§ 70 Übermittlung für die Durchführung des Arbeitsschutzes

Eine Übermittlung von Sozialdaten ist zulässig, soweit sie zur Erfüllung der gesetzlichen Aufgaben der für den Arbeitsschutz zuständigen staatlichen Behörden oder der Bergbehörden bei der Durchführung des Arbeitsschutzes erforderlich ist und schutzwürdige Interessen der betroffenen Person nicht beeinträchtigt werden oder das öffentliche Interesse an der Durchführung des Arbeitsschutzes das Geheimhaltungsinteresse der betroffenen Person erheblich überwiegt.

§ 71 Übermittlung für die Erfüllung besonderer gesetzlicher Pflichten und Mitteilungsbefugnisse

(1) Eine Übermittlung von Sozialdaten ist zulässig, soweit sie erforderlich ist für die Erfüllung der gesetzlichen Mitteilungspflichten

1. zur Abwendung geplanter Straftaten nach § 138 des Strafgesetzbuches,
2. zum Schutz der öffentlichen Gesundheit nach § 8 des Infektionsschutzgesetzes,
3. zur Sicherung des Steueraufkommens nach § 22a des Einkommensteuergesetzes und den §§ 93, 97, 105, 111 Absatz 1 und 5, § 116 der Abgabenordnung und § 32b Absatz 3 des Einkommensteuergesetzes, soweit diese Vorschriften unmittelbar anwendbar sind, und zur Mitteilung von Daten der ausländischen Unternehmen, die auf Grund bilateraler Regierungsvereinbarungen über die Beschäftigung von Arbeitnehmern zur Ausführung von Werkverträgen tätig werden, nach § 93a der Abgabenordnung,

4. zur Gewährung und Prüfung des Sonderausgabenabzugs nach § 10 des Einkommensteuergesetzes,
5. zur Überprüfung der Voraussetzungen für die Einziehung der Ausgleichszahlungen und für die Leistung von Wohngeld nach § 33 des Wohngeldgesetzes,
6. zur Bekämpfung von Schwarzarbeit und illegaler Beschäftigung nach dem Schwarzarbeitsbekämpfungsgesetz,
7. zur Mitteilung in das Gewerbezentralregister und das Wettbewerbsregister einzutragender Tatsachen an die Registerbehörde,
8. zur Erfüllung der Aufgaben der statistischen Ämter der Länder und des Statistischen Bundesamtes gemäß § 3 Absatz 1 des Statistikregistergesetzes zum Aufbau und zur Führung des Statistikregisters,
9. zur Aktualisierung des Betriebsregisters nach § 97 Absatz 5 des Agrarstatistikgesetzes,
10. zur Erfüllung der Aufgaben der Deutschen Rentenversicherung Bund als zentraler Stelle nach § 22a und § 91 Absatz 1 Satz 1 des Einkommensteuergesetzes,
11. zur Erfüllung der Aufgaben der Deutschen Rentenversicherung Knappschaft-Bahn-See, soweit sie bei geringfügig Beschäftigten Aufgaben nach dem Einkommensteuergesetz durchführt,
12. zur Erfüllung der Aufgaben des Statistischen Bundesamtes nach § 5a Absatz 1 in Verbindung mit Absatz 3 des Bundesstatistikgesetzes sowie nach § 7 des Registerzensuserprobungsgesetzes zum Zwecke der Entwicklung von Verfahren für die zuverlässige Zuordnung von Personendatensätzen aus ihren Datenbeständen und von Verfahren der Qualitätssicherung eines Registerzensus,
13. nach § 69a des Erneuerbare-Energien-Gesetzes zur Berechnung der Bruttowertschöpfung im Verfahren zur Begrenzung der EEG-Umlage,
14. nach § 6 Absatz 3 des Wohnungslosenberichterstattungsgesetzes für die Erhebung über wohnungslose Personen,
15. nach § 4 des Sozialdienstleister-Einsatzgesetzes für die Feststellung des nachträglichen Erstattungsanspruchs oder
16. nach § 5 Absatz 1 des Rentenübersichtsgesetzes zur Erfüllung der Aufgaben der Zentralen Stelle für die Digitale Rentenübersicht.

Erklärungspflichten als Drittschuldner, welche das Vollstreckungsrecht vorsieht, werden durch Bestimmungen dieses Gesetzbuches nicht berührt. Eine Übermittlung von Sozialdaten ist zulässig, soweit sie erforderlich ist für die Erfüllung der gesetzlichen Pflichten zur Sicherung und Nutzung von Archivgut des Bundes nach § 1 Nummer 8 und 9, § 3 Absatz 4, nach den §§ 5 bis 7 sowie nach den §§ 10 bis 13 des Bundesarchivgesetzes oder nach entsprechenden gesetzlichen Vorschriften der Länder, die die Schutzfristen dieses Gesetzes nicht unterschreiten. Eine Übermittlung von Sozialdaten ist auch zulässig, soweit sie erforderlich ist, Meldebehörden nach § 6 Absatz 2 des Bundesmeldegesetzes über konkrete Anhaltspunkte für die Unrichtigkeit oder Unvollständigkeit von diesen auf Grund Melderechts übermittelter Daten zu unterrichten. Zur Überprüfung des Anspruchs auf Kindergeld ist die Übermittlung von Sozialdaten gemäß § 68 Absatz 7 des Einkommensteuergesetzes an die Familienkassen zulässig. Eine Übermittlung von Sozialdaten ist auch zulässig, soweit sie zum Schutz des Kindeswohls nach § 4 Absatz 1 und 5 des Gesetzes zur Kooperation und Information im Kinderschutz erforderlich ist..

(2) Eine Übermittlung von Sozialdaten eines Ausländers ist auch zulässig, soweit sie erforderlich ist

1. im Einzelfall auf Ersuchen der mit der Ausführung des Aufenthaltsgesetzes betrauten Behörden nach § 87 Absatz 1 des Aufenthaltsgesetzes mit der Maßgabe, dass über die Angaben nach § 68 hinaus nur mitgeteilt werden können
   a) für die Entscheidung über den Aufenthalt des Ausländers oder eines Familienangehörigen des Ausländers Daten über die Gewährung oder Nichtgewährung von Leistungen, Daten über frühere und bestehende Versicherungen und das Nichtbestehen einer Versicherung,
   b) für die Entscheidung über den Aufenthalt oder über die ausländerrechtliche Zulassung oder Beschränkung einer Erwerbstätigkeit des Ausländers Daten über die Zustimmung nach § 4a Absatz 2 Satz 1, § 16a Absatz 1 Satz 1 und § 18 Absatz 2 Nummer 2 des Aufenthaltsgesetzes,
   c) für eine Entscheidung über den Aufenthalt des Ausländers Angaben darüber, ob die in § 54 Absatz 2 Nummer 4 des Aufenthaltsgesetzes bezeichneten Voraussetzungen vorliegen, und
   d) durch die Jugendämter für die Entscheidung über den weiteren Aufenthalt oder die Beendigung des Aufenthalts eines Ausländers, bei dem ein Ausweisungsgrund nach den §§ 53 bis 56 des Aufenthaltsgesetzes vorliegt, Angaben über das zu erwartende soziale Verhalten,
2. für die Erfüllung der in § 87 Absatz 2 des Aufenthaltsgesetzes bezeichneten Mitteilungspflichten,
3. für die Erfüllung der in § 99 Absatz 1 Nummer 14 Buchstabe d, f und j des Aufenthaltsgesetzes bezeichneten Mitteilungspflichten, wenn die Mitteilung die Erteilung, den Widerruf oder Beschränkungen der Zustimmung nach § 4 Absatz 2 Satz 1, § 16a Absatz 1 Satz 1 und § 18 Absatz 2 Nummer 2 des Aufenthaltsgesetzes oder eines Versicherungsschutzes oder die Gewährung von Leistungen zur Sicherung des Lebensunterhalts nach dem Zweiten Buch betrifft,
4. für die Erfüllung der in § 6 Absatz 1 Nummer 8 in Verbindung mit Absatz 2 Nummer 6 des Gesetzes über das Ausländerzentralregister bezeichneten Mitteilungspflichten,

5. für die Erfüllung der in § 32 Absatz 1 Satz 1 und 2 des Staatsangehörigkeitsgesetzes bezeichneten Mitteilungspflichten oder
6. für die Erfüllung der nach § 8 Absatz 1c des Asylgesetzes bezeichneten Mitteilungspflichten der Träger der Grundsicherung für Arbeitsuchende.

Daten über die Gesundheit eines Ausländers dürfen nur übermittelt werden,

1. wenn der Ausländer die öffentliche Gesundheit gefährdet und besondere Schutzmaßnahmen zum Ausschluss der Gefährdung nicht möglich sind oder von dem Ausländer nicht eingehalten werden oder
2. soweit sie für die Feststellung erforderlich sind, ob die Voraussetzungen des § 54 Absatz 2 Nummer 4 des Aufenthaltsgesetzes vorliegen.

(2a) Eine Übermittlung personenbezogener Daten eines Leistungsberechtigten nach § 1 des Asylbewerberleistungsgesetzes ist zulässig, soweit sie für die Durchführung des Asylbewerberleistungsgesetzes erforderlich ist.

(3) Eine Übermittlung von Sozialdaten ist auch zulässig, soweit es nach pflichtgemäßem Ermessen eines Leistungsträgers erforderlich ist, dem Betreuungsgericht die Bestellung eines Betreuers oder eine andere Maßnahme in Betreuungssachen zu ermöglichen. § 7 des Betreuungsbehördengesetzes gilt entsprechend.

(4) Eine Übermittlung von Sozialdaten ist außerdem zulässig, soweit sie im Einzelfall für die rechtmäßige Erfüllung der in der Zuständigkeit der Zentralstelle für Finanztransaktionsuntersuchungen liegenden Aufgaben nach § 28 Absatz 1 Satz 2 Nummer 2 des Geldwäschegesetzes erforderlich ist. Die Übermittlung ist auf Angaben über Name, Vorname sowie früher geführte Namen, Geburtsdatum, Geburtsort, derzeitige und frühere Anschriften der betroffenen Person sowie Namen und Anschriften seiner derzeitigen und früheren Arbeitgeber beschränkt.

§ 72 Übermittlung für den Schutz der inneren und äußeren Sicherheit

(1) [1]Eine Übermittlung von Sozialdaten ist zulässig, soweit sie im Einzelfall für die rechtmäßige Erfüllung der in der Zuständigkeit der Behörden für Verfassungsschutz, des Bundesnachrichtendienstes, des Militärischen Abschirmdienstes und des Bundeskriminalamtes liegenden Aufgaben erforderlich ist. [2]Die Übermittlung ist auf Angaben über Name und Vorname sowie früher geführte Namen, Geburtsdatum, Geburtsort, derzeitige und frühere Anschriften der betroffenen Person sowie Namen und Anschriften ihrer derzeitigen und früheren Arbeitgeber beschränkt.

(2) [1]Über die Erforderlichkeit des Übermittlungsersuchens entscheidet eine von dem Leiter oder der Leiterin der ersuchenden Stelle bestimmte beauftragte Person, die die Befähigung zum Richteramt haben soll. [2]Wenn eine oberste Bundes- oder Landesbehörde für die Aufsicht über die ersuchende Stelle zuständig ist, ist sie über die gestellten Übermittlungsersuchen zu unterrichten. [3]Bei der ersuchten Stelle entscheidet über das Übermitt-

lungsersuchen der Behördenleiter oder die Behördenleiterin oder dessen oder deren allgemeiner Stellvertreter oder allgemeine Stellvertreterin.

§ 73 Übermittlung für die Durchführung eines Strafverfahrens

(1) Eine Übermittlung von Sozialdaten ist zulässig, soweit sie zur Durchführung eines Strafverfahrens wegen eines Verbrechens oder wegen einer sonstigen Straftat von erheblicher Bedeutung erforderlich ist.

(2) Eine Übermittlung von Sozialdaten zur Durchführung eines Strafverfahrens wegen einer anderen Straftat ist zulässig, soweit die Übermittlung auf die in § 72 Absatz 1 Satz 2 genannten Angaben und die Angaben über erbrachte oder demnächst zu erbringende Geldleistungen beschränkt ist.

(3) Die Übermittlung nach den Absätzen 1 und 2 ordnet der Richter oder die Richterin an.

§ 74 Übermittlung bei Verletzung der Unterhaltspflicht und beim Versorgungsausgleich

(1) Eine Übermittlung von Sozialdaten ist zulässig, soweit sie erforderlich ist

1. für die Durchführung
   a) eines gerichtlichen Verfahrens oder eines Vollstreckungsverfahrens wegen eines gesetzlichen oder vertraglichen Unterhaltsanspruchs oder eines an seine Stelle getretenen Ersatzanspruchs oder
   b) eines Verfahrens über den Versorgungsausgleich nach § 220 des Gesetzes über das Verfahren in Familiensachen und in den Angelegenheiten der freiwilligen Gerichtsbarkeit oder
2. für die Geltendmachung
   a) eines gesetzlichen oder vertraglichen Unterhaltsanspruchs außerhalb eines Verfahrens nach Nummer 1 Buchstabe a, soweit die betroffene Person nach den Vorschriften des bürgerlichen Rechts, insbesondere nach § 1605 oder nach § 1361 Absatz 4 Satz 4, § 1580 Satz 2, § 1615a oder § 1615l Absatz 3 Satz 1 in Verbindung mit § 1605 des Bürgerlichen Gesetzbuchs, zur Auskunft verpflichtet ist, oder
   b) eines Ausgleichsanspruchs im Rahmen des Versorgungsausgleichs außerhalb eines Verfahrens nach Nummer 1 Buchstabe b, soweit die betroffene Person nach § 4 Absatz 1 des Versorgungsausgleichsgesetzes zur Auskunft verpflichtet ist, oder
3. für die Anwendung der Öffnungsklausel des § 22 Nummer 1 Satz 3 Buchstabe a Doppelbuchstabe bb Satz 2 des Einkommensteuergesetzes auf eine im Versorgungsausgleich auf die ausgleichsberechtigte Person übertragene Rentenanwartschaft, soweit die ausgleichspflichtige Person nach § 22 Nummer 1 Satz 3 Buchstabe a Doppelbuchstabe bb Satz 2 des Einkommensteuergesetzes in Verbindung mit § 4 Absatz 1 des Versorgungsausgleichsgesetzes zur Auskunft verpflichtet ist.

In den Fällen des Satzes 1 Nummer 2 und 3 ist eine Übermittlung nur zulässig, wenn die auskunftspflichtige Person ihre Pflicht, nachdem sie unter Hinweis auf die in diesem Buch enthaltene Übermittlungsbefugnis der in § 35 des Ersten Buches genannten Stellen gemahnt wurde, innerhalb angemessener Frist nicht oder nicht vollständig erfüllt hat. Diese Stellen dürfen die Anschrift der auskunftspflichtigen Person zum Zwecke der Mahnung übermitteln.

(2) Eine Übermittlung von Sozialdaten durch die Träger der gesetzlichen Rentenversicherung und durch die Träger der Grundsicherung für Arbeitsuchende ist auch zulässig, soweit sie für die Erfüllung der nach § 5 des Auslandsunterhaltsgesetzes der zentralen Behörde (§ 4 des Auslandsunterhaltsgesetzes) obliegenden Aufgaben und zur Erreichung der in den §§ 16 und 17 des Auslandsunterhaltsgesetzes bezeichneten Zwecke erforderlich ist.

§ 74a Übermittlung zur Durchsetzung öffentlich-rechtlicher Ansprüche und im Vollstreckungsverfahren

(1) Zur Durchsetzung von öffentlich-rechtlichen Ansprüchen dürfen im Einzelfall auf Ersuchen Name, Vorname, Geburtsdatum, Geburtsort, derzeitige Anschrift der betroffenen Person, ihr derzeitiger oder zukünftiger Aufenthaltsort sowie Namen, Vornamen oder Firma und Anschriften ihrer derzeitigen Arbeitgeber übermittelt werden, soweit kein Grund zu der Annahme besteht, dass dadurch schutzwürdige Interessen der betroffenen Person beeinträchtigt werden, und wenn das Ersuchen nicht länger als sechs Monate zurückliegt. Die ersuchte Stelle ist über § 4 Absatz 3 hinaus zur Übermittlung auch dann nicht verpflichtet, wenn sich die ersuchende Stelle die Angaben auf andere Weise beschaffen kann. Satz 2 findet keine Anwendung, wenn das Amtshilfeersuchen zur Durchführung einer Vollstreckung nach § 66 erforderlich ist.

(2) Zur Durchführung eines Vollstreckungsverfahrens dürfen die Träger der gesetzlichen Rentenversicherung im Einzelfall auf Ersuchen des Gerichtsvollziehers die derzeitige Anschrift der betroffenen Person, ihren derzeitigen oder zukünftigen Aufenthaltsort sowie Namen, Vornamen oder Firma und Anschriften ihrer derzeitigen Arbeitgeber übermitteln, soweit kein Grund zu der Annahme besteht, dass dadurch schutzwürdige Interessen der betroffenen Person beeinträchtigt werden, und das Ersuchen nicht länger als sechs Monate zurückliegt. Die Träger der gesetzlichen Rentenversicherung sind über § 4 Absatz 3 hinaus zur Übermittlung auch dann nicht verpflichtet, wenn sich die ersuchende Stelle die Angaben auf andere Weise beschaffen kann. Die Übermittlung ist nur zulässig, wenn

1. die Ladung zu dem Termin zur Abgabe der Vermögensauskunft an den Schuldner nicht zustellbar ist und

   a) die Anschrift, unter der die Zustellung ausgeführt werden sollte, mit der Anschrift übereinstimmt, die von einer der in § 755 Absatz 1 und 2 der Zivilprozessordnung genannten Stellen innerhalb von drei Monaten vor oder nach dem Zustellungsversuch mitgeteilt wurde, oder

b) die Meldebehörde nach dem Zustellungsversuch die Auskunft erteilt, dass ihr keine derzeitige Anschrift des Schuldners bekannt ist, oder

c) die Meldebehörde innerhalb von drei Monaten vor Erteilung des Vollstreckungsauftrags die Auskunft erteilt hat, dass ihr keine derzeitige Anschrift des Schuldners bekannt ist,

2. der Schuldner seiner Pflicht zur Abgabe der Vermögensauskunft in dem dem Ersuchen zugrundeliegenden Vollstreckungsverfahren nicht nachkommt,
3. bei einer Vollstreckung in die in der Vermögensauskunft aufgeführten Vermögensgegenstände eine vollständige Befriedigung des Gläubigers voraussichtlich nicht zu erwarten ist oder
4. die Anschrift oder der derzeitige oder zukünftige Aufenthaltsort des Schuldners trotz Anfrage bei der Meldebehörde nicht bekannt ist.

Der Gerichtsvollzieher hat in seinem Ersuchen zu bestätigen, dass diese Voraussetzungen vorliegen. Das Ersuchen und die Auskunft sind elektronisch zu übermitteln.

(3) Ersucht ein Insolvenzgericht nach § 98 Absatz 1a der Insolvenzordnung die Träger der gesetzlichen Rentenversicherung um Übermittlung des Namens und der Vornamen oder der Firma sowie der Anschrift der derzeitigen Arbeitgeber der betroffenen Person, so dürfen die Träger der gesetzlichen Rentenversicherung diese Daten vorbehaltlich der Sätze 2 bis 4 im Einzelfall übermitteln, wenn versicherungspflichtige Beschäftigungsverhältnisse der betroffenen Person vorliegen. Eine Übermittlung nach Satz 1 ist nur dann zulässig, wenn.

1. eine Aufforderung zur Auskunftserteilung nach § 97 Absatz 1 der Insolvenzordnung nicht zustellbar ist und

   a) die Anschrift, unter der die Zustellung ausgeführt werden sollte, mit der Anschrift übereinstimmt, die von einer der in § 755 Absatz 1 und 2 der Zivilprozessordnung genannten Stellen innerhalb von drei Monaten vor oder nach dem Zustellungsversuch mitgeteilt wurde, oder

   b) die Meldebehörde nach dem Zustellungsversuch die Auskunft erteilt, dass ihr keine derzeitige Anschrift des Schuldners bekannt ist, oder

   c) die Meldebehörde innerhalb von drei Monaten vor der Aufforderung zur Auskunftserteilung die Auskunft erteilt hat, dass ihr keine derzeitige Anschrift des Schuldners bekannt ist;

2. der Schuldner seiner Auskunftspflicht nach § 97 der Insolvenzordnung nicht nachkommt oder
3. dies aus anderen Gründen zur Erreichung der Zwecke des Insolvenzverfahrens erforderlich erscheint.

Die Träger der gesetzlichen Rentenversicherung sind zur Übermittlung nicht verpflichtet, wenn sich das Insolvenzgericht die Angaben auf andere Weise beschaffen kann oder wenn Grund zu der Annahme besteht, dass durch die Übermittlung schutzwürdige Interessen der betroffenen Person beeinträchtigt werden; § 4 Absatz 3 bleibt unberührt. Das Insolvenzgericht hat in seinem Ersuchen zu bestätigen, dass die Voraussetzungen des Satzes 2 vorliegen. Das Ersuchen und die Auskunft sind elektronisch zu übermitteln.

§ 75 Übermittlung von Sozialdaten für die Forschung und Planung

(1) [1]Eine Übermittlung von Sozialdaten ist zulässig, soweit sie erforderlich ist für ein bestimmtes Vorhaben

1. der wissenschaftlichen Forschung im Sozialleistungsbereich oder der wissenschaftlichen Arbeitsmarkt- und Berufsforschung oder
2. der Planung im Sozialleistungsbereich durch eine öffentliche Stelle im Rahmen ihrer Aufgaben

und schutzwürdige Interessen der betroffenen Person nicht beeinträchtigt werden oder das öffentliche Interesse an der Forschung oder Planung das Geheimhaltungsinteresse der betroffenen Person erheblich überwiegt. [2]Eine Übermittlung ohne Einwilligung der betroffenen Person ist nicht zulässig, soweit es zumutbar ist, ihre Einwilligung einzuholen. [3]Angaben über den Namen und Vornamen, die Anschrift, die Telefonnummer sowie die für die Einleitung eines Vorhabens nach Satz 1 zwingend erforderlichen Strukturmerkmale der betroffenen Person können für Befragungen auch ohne Einwilligungen übermittelt werden. [4]Der nach Absatz 4 Satz 1 zuständigen Behörde ist ein Datenschutzkonzept vorzulegen.

(2) Ergibt sich aus dem Vorhaben nach Absatz 1 Satz 1 eine Forschungsfrage, die in einem inhaltlichen Zusammenhang mit diesem steht, können hierzu auf Antrag die Frist nach Absatz 4 Satz 5 Nummer 4 zur Verarbeitung der erforderlichen Sozialdaten verlängert oder eine neue Frist festgelegt und weitere erforderliche Sozialdaten übermittelt werden.

(3) [1]Soweit nach Absatz 1 oder 2 besondere Kategorien von Daten im Sinne von Artikel 9 Absatz 1 der Verordnung (EU) 2016/679 an einen Dritten übermittelt oder nach Absatz 4a von einem Dritten verarbeitet werden, sieht dieser bei der Verarbeitung angemessene und spezifische Maßnahmen zur Wahrung der Interessen der betroffenen Person gemäß § 22 Absatz 2 Satz 2 des Bundesdatenschutzgesetzes vor. [2]Ergänzend zu den dort genannten Maßnahmen sind die besonderen Kategorien von Daten im Sinne des Artikels 9 Absatz 1 der Verordnung (EU) 2016/679 zu anonymisieren, sobald dies nach dem Forschungszweck möglich ist.

(4) [1]Die Übermittlung nach Absatz 1 und die weitere Verarbeitung, einschließlich einer Verarbeitung von Sozialdaten mit weiteren Daten, sowie die Übermittlung nach Absatz 2 bedürfen der vorherigen Genehmigung durch die oberste Bundes- oder Landesbehörde, die für den Bereich, aus dem die Daten herrühren, zuständig ist. [2]Die oberste Bundesbehörde kann das Genehmigungsverfahren bei Anträgen von Versicherungsträgern nach § 1 Absatz 1 Satz 1 des Vierten Buches oder von deren Verbänden auf das Bundesversicherungsamt übertragen. [3]Eine Übermittlung von Sozialdaten an eine nicht-öffentliche

Stelle und eine weitere Verarbeitung durch diese nach Absatz 2 darf nur genehmigt werden, wenn sich die nicht-öffentliche Stelle gegenüber der Genehmigungsbehörde verpflichtet hat, die Daten nur für den vorgesehenen Zweck zu verarbeiten. [4]Die Genehmigung darf im Hinblick auf die Wahrung des Sozialgeheimnisses nur versagt werden, wenn die Voraussetzungen des Absatzes 1, 2 oder 4a nicht vorliegen. [5]Sie muss

1. den Dritten, an den die Daten übermittelt werden,
2. die Art der zu übermittelnden Sozialdaten und den Kreis der betroffenen Personen,
3. die wissenschaftliche Forschung oder die Planung, zu der die übermittelten Sozialdaten verarbeitet werden dürfen, und
4. den Tag, bis zu dem die übermittelten Sozialdaten verarbeitet werden dürfen,

genau bezeichnen und steht auch ohne besonderen Hinweis unter dem Vorbehalt der nachträglichen Aufnahme, Änderung oder Ergänzung einer Auflage. [6]Nach Ablauf der Frist nach Satz 5 Nummer 4 können die verarbeiteten Daten bis zu zehn Jahre lang gespeichert werden, um eine Nachprüfung der Forschungsergebnisse auf der Grundlage der ursprünglichen Datenbasis sowie eine Verarbeitung für weitere Forschungsvorhaben nach Absatz 2 zu ermöglichen.

(4a) [1]Ergänzend zur Übermittlung von Sozialdaten zu einem bestimmten Forschungsvorhaben nach Absatz 1 Satz 1 kann die Verarbeitung dieser Sozialdaten auch für noch nicht bestimmte, aber inhaltlich zusammenhängende Forschungsvorhaben des gleichen Forschungsbereiches beantragt werden. [2]Die Genehmigung ist unter den Voraussetzungen des Absatzes 4 zu erteilen, wenn sich der Datenempfänger gegenüber der genehmigenden Stelle verpflichtet, auch bei künftigen Forschungsvorhaben im Forschungsbereich die Genehmigungsvoraussetzungen einzuhalten. [3]Die nach Absatz 4 Satz 1 zuständige Behörde kann vom Antragsteller die Vorlage einer unabhängigen Begutachtung des Datenschutzkonzeptes verlangen. [4]Der Antragsteller ist verpflichtet, der nach Absatz 4 Satz 1 zuständigen Behörde jedes innerhalb des genehmigten Forschungsbereiches vorgesehene Forschungsvorhaben vor dessen Beginn anzuzeigen und dabei die Erfüllung der Genehmigungsvoraussetzungen darzulegen. [5]Mit dem Forschungsvorhaben darf acht Wochen nach Eingang der Anzeige bei der Genehmigungsbehörde begonnen werden, sofern nicht die Genehmigungsbehörde vor Ablauf der Frist mitteilt, dass für das angezeigte Vorhaben ein gesondertes Genehmigungsverfahren erforderlich ist.

(5) Wird die Verarbeitung von Sozialdaten nicht-öffentlichen Stellen genehmigt, hat die genehmigende Stelle durch Auflagen sicherzustellen, dass die der Genehmigung durch Absatz 1, 2 und 4a gesetzten Grenzen beachtet werden.

(6) Ist der Dritte, an den Sozialdaten übermittelt werden, eine nicht-öffentliche Stelle, unterliegt dieser der Aufsicht der gemäß § 40 Absatz 1 des Bundesdatenschutzgesetzes zuständigen Behörde.

§ 76 Einschränkung der Übermittlungsbefugnis bei besonders schutzwürdigen Sozialdaten

(1) Die Übermittlung von Sozialdaten, die einer in § 35 des Ersten Buches genannten Stelle von einem Arzt oder einer Ärztin oder einer anderen in § 203 Absatz 1 und 4 des Strafgesetzbuches genannten Person zugänglich gemacht worden sind, ist nur unter den Voraussetzungen zulässig, unter denen diese Person selbst übermittlungsbefugt wäre.

(2) Absatz 1 gilt nicht

1. im Rahmen des § 69 Absatz 1 Nummer 1 und 2 für Sozialdaten, die im Zusammenhang mit einer Begutachtung wegen der Erbringung von Sozialleistungen oder wegen der Ausstellung einer Bescheinigung übermittelt worden sind, es sei denn, dass die betroffene Person der Übermittlung widerspricht; die betroffene Person ist von dem Verantwortlichen zu Beginn des Verwaltungsverfahrens in allgemeiner Form schriftlich oder elektronisch auf das Widerspruchsrecht hinzuweisen,

1a. im Rahmen der Geltendmachung und Durchsetzung sowie Abwehr eines Erstattungs- oder Ersatzanspruchs,

2. im Rahmen des § 69 Absatz 4 und 5 und des § 71 Absatz 1 Satz 3,

3. im Rahmen des § 94 Absatz 2 Satz 2 des Elften Buches.

(3) Ein Widerspruchsrecht besteht nicht in den Fällen des § 275 Absatz 1 bis 3 und 3b, des § 275c Absatz 1 und des § 275d Absatz 1 des Fünften Buches, soweit die Daten durch Personen nach Absatz 1 übermittelt werden.

§ 77 Übermittlung ins Ausland und an internationale Organisationen

(1) [1]Die Übermittlung von Sozialdaten an Personen oder Stellen in anderen Mitgliedstaaten der Europäischen Union sowie in diesen nach § 35 Absatz 7 des Ersten Buches gleichgestellten Staaten ist zulässig, soweit

1. dies für die Erfüllung einer gesetzlichen Aufgabe der in § 35 des Ersten Buches genannten übermittelnden Stelle nach diesem Gesetzbuch oder zur Erfüllung einer solchen Aufgabe von ausländischen Stellen erforderlich ist, soweit diese Aufgaben wahrnehmen, die denen der in § 35 des Ersten Buches genannten Stellen entsprechen,
2. die Voraussetzungen des § 69 Absatz 1 Nummer 2 oder Nummer 3 oder des § 70 oder einer Übermittlungsvorschrift nach dem Dritten Buch oder dem Arbeitnehmerüberlassungsgesetz vorliegen und die Aufgaben der ausländischen Stelle den in diesen Vorschriften genannten entsprechen,
3. die Voraussetzungen des § 74 vorliegen und die gerichtlich geltend gemachten Ansprüche oder die Rechte des Empfängers den in dieser Vorschrift genannten entsprechen oder
4. die Voraussetzungen des § 73 vorliegen; für die Anordnung einer Übermittlung nach § 73 ist ein inländisches Gericht zuständig.

[2]Die Übermittlung von Sozialdaten unterbleibt, soweit sie zu den in Artikel 6 des Vertrages über die Europäische Union enthaltenen Grundsätzen in Widerspruch stünde.

(2) Absatz 1 gilt entsprechend für die Übermittlung an Personen oder Stellen in einem Drittstaat sowie an internationale Organisationen, wenn deren angemessenes Datenschutzniveau durch Angemessenheitsbeschluss gemäß Artikel 45 der Verordnung (EU) 2016/679 festgestellt wurde.

(3) [1]Liegt kein Angemessenheitsbeschluss vor, ist eine Übermittlung von Sozialdaten an Personen oder Stellen in einem Drittstaat oder an internationale Organisationen abweichend von Artikel 46 Absatz 2 Buchstabe a und Artikel 49 Absatz 1 Unterabsatz 1 Buchstabe g der Verordnung (EU) 2016/679 unzulässig. [2]Eine Übermittlung aus wichtigen Gründen des öffentlichen Interesses nach Artikel 49 Absatz 1 Unterabsatz 1 Buchstabe d und Absatz 4 der Verordnung (EU) 2016/679 liegt nur vor, wenn

1. die Übermittlung in Anwendung zwischenstaatlicher Übereinkommen auf dem Gebiet der sozialen Sicherheit erfolgt, oder
2. soweit die Voraussetzungen des § 69 Absatz 1 Nummer 1 und 2 oder des § 70 vorliegen

und soweit die betroffene Person kein schutzwürdiges Interesse an dem Ausschluss der Übermittlung hat.

(4) Die Stelle, an die die Sozialdaten übermittelt werden, ist auf den Zweck hinzuweisen, zu dessen Erfüllung die Sozialdaten übermittelt werden.

§ 78 Zweckbindung und Geheimhaltungspflicht eines Dritten, an den Daten übermittelt werden

(1) [1]Personen oder Stellen, die nicht in § 35 des Ersten Buches genannt und denen Sozialdaten übermittelt worden sind, dürfen diese nur zu dem Zweck verarbeiten, zu dem sie ihnen befugt übermittelt worden sind. [2]Eine Übermittlung von Sozialdaten nach den §§ 68 bis 77 oder nach einer anderen Rechtsvorschrift in diesem Gesetzbuch an eine nicht-öffentliche Stelle auf deren Ersuchen hin ist nur zulässig, wenn diese sich gegenüber der übermittelnden Stelle verpflichtet hat, die Daten nur für den Zweck zu verarbeiten, zu dem sie ihr übermittelt werden. [3]Die Dritten haben die Daten in demselben Umfang geheim zu halten wie die in § 35 des Ersten Buches genannten Stellen. [4]Sind Sozialdaten an Gerichte oder Staatsanwaltschaften übermittelt worden, dürfen diese gerichtliche Entscheidungen, die Sozialdaten enthalten, weiter übermitteln, wenn eine in § 35 des Ersten Buches genannte Stelle zur Übermittlung an den weiteren Dritten befugt wäre. [5]Abweichend von Satz 4 ist eine Übermittlung nach § 115 des Bundesbeamtengesetzes und nach Vorschriften, die auf diese Vorschrift verweisen, zulässig. [6]Sind Sozialdaten an Polizeibehörden, Staatsanwaltschaften, Gerichte oder Behörden der Gefahrenabwehr übermittelt worden, dürfen diese die Daten unabhängig vom Zweck der Übermittlung sowohl für Zwecke der Gefahrenabwehr als auch für Zwecke der Strafverfolgung und der Strafvollstreckung speichern, verändern, nutzen, übermitteln, in der Verarbeitung einschränken oder löschen.

(2) Werden Daten an eine nicht-öffentliche Stelle übermittelt, so sind die dort beschäftigten Personen, welche diese Daten speichern, verändern, nutzen, übermitteln, in der Verarbeitung einschränken oder löschen, von dieser Stelle vor, spätestens bei der Übermittlung auf die Einhaltung der Pflichten nach Absatz 1 hinzuweisen.

(3) [1]Ergibt sich im Rahmen eines Vollstreckungsverfahrens nach § 66 die Notwendigkeit, dass eine Strafanzeige zum Schutz des Vollstreckungsbeamten erforderlich ist, so dürfen die zum Zweck der Vollstreckung übermittelten Sozialdaten auch zum Zweck der Strafverfolgung gespeichert, verändert, genutzt, übermittelt, in der Verarbeitung eingeschränkt oder gelöscht werden, soweit dies erforderlich ist. [2]Das Gleiche gilt auch für die Klärung von Fragen im Rahmen eines Disziplinarverfahrens.

(4) Sind Sozialdaten an Gerichte oder Staatsanwaltschaften für die Durchführung eines Straf- oder Bußgeldverfahrens übermittelt worden, so dürfen sie nach Maßgabe der §§ 476, 487 Absatz 4 der Strafprozessordnung und der §§ 49b und 49c Absatz 1 des Gesetzes über Ordnungswidrigkeiten für Zwecke der wissenschaftlichen Forschung gespeichert, verändert, genutzt, übermittelt, in der Verarbeitung eingeschränkt oder gelöscht werden.

(5) Behörden der Zollverwaltung dürfen Sozialdaten, die ihnen zum Zweck der Vollstreckung übermittelt worden sind, auch zum Zweck der Vollstreckung öffentlich-rechtlicher Ansprüche anderer Stellen als der in § 35 des Ersten Buches genannten Stellen verarbeiten.

Dritter Abschnitt
Besondere Datenverarbeitungsarten

§ 79 Einrichtung automatisierter Verfahren auf Abruf

(1) Die Einrichtung eines automatisierten Verfahrens, das die Übermittlung von Sozialdaten durch Abruf ermöglicht, ist zwischen den in § 35 des Ersten Buches genannten Stellen sowie mit der Deutschen Rentenversicherung Bund als zentraler Stelle zur Erfüllung ihrer Aufgaben nach § 91 Absatz 1 Satz 1 des Einkommensteuergesetzes und der Deutschen Rentenversicherung Knappschaft-Bahn-See, soweit sie bei geringfügig Beschäftigten Aufgaben nach dem Einkommensteuergesetz durchführt, zulässig, soweit dieses Verfahren unter Berücksichtigung der schutzwürdigen Interessen der betroffenen Personen wegen der Vielzahl der Übermittlungen oder wegen ihrer besonderen Eilbedürftigkeit angemessen ist und wenn die jeweiligen Rechts- oder Fachaufsichtsbehörden die Teilnahme der unter ihrer Aufsicht stehenden Stellen genehmigt haben. Das Gleiche gilt gegenüber den in § 69 Absatz 2 und 3 genannten Stellen.

(1a) Die Einrichtung eines automatisierten Verfahrens auf Abruf für ein Dateisystem der Sozialversicherung für Landwirtschaft, Forsten und Gartenbau ist nur gegenüber den Trägern der gesetzlichen Rentenversicherung, der Deutschen Rentenversicherung Bund als zentraler Stelle zur Erfüllung ihrer Aufgaben nach § 91 Absatz 1 Satz 1 des Einkommensteuergesetzes, den Krankenkassen, der Bundesagentur für Arbeit und der Deutschen

Post AG, soweit sie mit der Berechnung oder Auszahlung von Sozialleistungen betraut ist, zulässig; dabei dürfen auch Vermittlungsstellen eingeschaltet werden.

(2) Die beteiligten Stellen haben zu gewährleisten, dass die Zulässigkeit des Verfahrens auf Abruf kontrolliert werden kann. Hierzu haben sie schriftlich oder elektronisch festzulegen:

1. Anlass und Zweck des Verfahrens auf Abruf,
2. Dritte, an die übermittelt wird,
3. Art der zu übermittelnden Daten,
4. nach Artikel 32 der Verordnung (EU) 2016/679 erforderliche technische und organisatorische Maßnahmen.

(3) Über die Einrichtung von Verfahren auf Abruf ist in Fällen, in denen die in § 35 des Ersten Buches genannten Stellen beteiligt sind, die der Kontrolle des oder der Bundesbeauftragten für den Datenschutz und die Informationsfreiheit (Bundesbeauftragte) unterliegen, dieser oder diese, sonst die nach Landesrecht für die Kontrolle des Datenschutzes zuständige Stelle rechtzeitig vorher unter Mitteilung der Festlegungen nach Absatz 2 zu unterrichten.

(4) Die Verantwortung für die Zulässigkeit des einzelnen Abrufs trägt der Dritte, an den übermittelt wird. Die speichernde Stelle prüft die Zulässigkeit der Abrufe nur, wenn dazu Anlass besteht. Sie hat mindestens bei jedem zehnten Abruf den Zeitpunkt, die abgerufenen Daten sowie Angaben zur Feststellung des Verfahrens und des für den Abruf Verantwortlichen zu protokollieren; die protokollierten Daten sind spätestens nach sechs Monaten zu löschen. Wird ein Gesamtbestand von Sozialdaten abgerufen oder übermittelt (Stapelverarbeitung), so bezieht sich die Gewährleistung der Feststellung und Überprüfung nur auf die Zulässigkeit des Abrufes oder der Übermittlung des Gesamtbestandes.

(5) Die Absätze 1 bis 4 gelten nicht für den Abruf aus Dateisystemen, die mit Einwilligung der betroffenen Personen angelegt werden und die jedermann, sei es ohne oder nach besonderer Zulassung, zur Benutzung offenstehen.

§ 80 Verarbeitung von Sozialdaten im Auftrag

(1) [1]Die Erteilung eines Auftrags im Sinne des Artikels 28 der Verordnung (EU) 2016/679 zur Verarbeitung von Sozialdaten ist nur zulässig, wenn der Verantwortliche seiner Rechts- oder Fachaufsichtsbehörde rechtzeitig vor der Auftragserteilung

1. den Auftragsverarbeiter, die bei diesem vorhandenen technischen und organisatorischen Maßnahmen und ergänzenden Weisungen,
2. die Art der Daten, die im Auftrag verarbeitet werden sollen, und den Kreis der betroffenen Personen,
3. die Aufgabe, zu deren Erfüllung die Verarbeitung der Daten im Auftrag erfolgen soll, sowie
4. den Abschluss von etwaigen Unterauftragsverhältnissen

schriftlich oder elektronisch anzeigt. [2]Soll eine öffentliche Stelle mit der Verarbeitung von Sozialdaten beauftragt werden, hat diese rechtzeitig vor der Auftragserteilung die beabsichtigte Beauftragung ihrer Rechts- oder Fachaufsichtsbehörde schriftlich oder elektronisch anzuzeigen.

(2) Der Auftrag zur Verarbeitung von Sozialdaten darf nur erteilt werden, wenn die Verarbeitung im Inland, in einem anderen Mitgliedstaat der Europäischen Union, in einem diesem nach § 35 Absatz 7 des Ersten Buches gleichgestellten Staat, oder, sofern ein Angemessenheitsbeschluss gemäß Artikel 45 der Verordnung (EU) 2016/679 vorliegt, in einem Drittstaat oder in einer internationalen Organisation erfolgt.

(3) [1]Die Erteilung eines Auftrags zur Verarbeitung von Sozialdaten durch nicht-öffentliche Stellen ist nur zulässig, wenn

1. beim Verantwortlichen sonst Störungen im Betriebsablauf auftreten können oder
2. die übertragenen Arbeiten beim Auftragsverarbeiter erheblich kostengünstiger besorgt werden können.

[2]Dies gilt nicht, wenn Dienstleister in der Informationstechnik, deren absolute Mehrheit der Anteile oder deren absolute Mehrheit der Stimmen dem Bund oder den Ländern zusteht, mit vorheriger Genehmigung der obersten Dienstbehörde des Verantwortlichen beauftragt werden.

(4) [1]Ist der Auftragsverarbeiter eine in § 35 des Ersten Buches genannte Stelle, gelten neben den §§ 85 und 85a die §§ 9, 13, 14 und 16 des Bundesdatenschutzgesetzes. [2]Bei den in § 35 des Ersten Buches genannten Stellen, die nicht solche des Bundes sind, tritt anstelle des oder der Bundesbeauftragten insoweit die nach Landesrecht für die Kontrolle des Datenschutzes zuständige Stelle. [3]Ist der Auftragsverarbeiter eine nicht-öffentliche Stelle, unterliegt dieser der Aufsicht der gemäß § 40 des Bundesdatenschutzgesetzes zuständigen Behörde.

(5) [1]Absatz 3 gilt nicht bei Verträgen über die Prüfung oder Wartung automatisierter Verfahren oder von Datenverarbeitungsanlagen durch andere Stellen im Auftrag, bei denen ein Zugriff auf Sozialdaten nicht ausgeschlossen werden kann. [2]Die Verträge sind bei zu erwartenden oder bereits eingetretenen Störungen im Betriebsablauf unverzüglich der Rechts- oder Fachaufsichtsbehörde mitzuteilen.

Vierter Abschnitt
Rechte der betroffenen Person, Beauftragte für den Datenschutz und Schlussvorschriften

§ 81 Recht auf Anrufung, Beauftragte für den Datenschutz

(1) Ist eine betroffene Person der Ansicht, bei der Verarbeitung ihrer Sozialdaten in ihren Rechten verletzt worden zu sein, kann sie sich

1. an den Bundesbeauftragten oder die Bundesbeauftragte wenden, wenn sie eine Verletzung ihrer Rechte durch eine in § 35 des Ersten Buches genannte Stelle des Bundes bei der Wahrnehmung von Aufgaben nach diesem Gesetzbuch behauptet,
2. an die nach Landesrecht für die Kontrolle des Datenschutzes zuständige Stelle wenden, wenn sie die Verletzung ihrer Rechte durch eine andere in § 35 des Ersten Buches genannte Stelle bei der Wahrnehmung von Aufgaben nach diesem Gesetzbuch behauptet.

(2) Bei der Wahrnehmung von Aufgaben nach diesem Gesetzbuch gelten für die in § 35 des Ersten Buches genannten Stellen die §§ 14 bis 16 des Bundesdatenschutzgesetzes. Bei öffentlichen Stellen der Länder, die unter § 35 des Ersten Buches fallen, tritt an die Stelle des oder der Bundesbeauftragten die nach Landesrecht für die Kontrolle des Datenschutzes zuständige Stelle.

(3) Verbände und Arbeitsgemeinschaften der in § 35 des Ersten Buches genannten Stellen oder ihrer Verbände gelten, soweit sie Aufgaben nach diesem Gesetzbuch wahrnehmen und an ihnen Stellen des Bundes beteiligt sind, unbeschadet ihrer Rechtsform als öffentliche Stellen des Bundes, wenn sie über den Bereich eines Landes hinaus tätig werden, anderenfalls als öffentliche Stellen der Länder. Sonstige Einrichtungen der in § 35 des Ersten Buches genannten Stellen oder ihrer Verbände gelten als öffentliche Stellen des Bundes, wenn die absolute Mehrheit der Anteile oder der Stimmen einer oder mehrerer öffentlicher Stellen dem Bund zusteht, anderenfalls als öffentliche Stellen der Länder. Die Datenstelle der Rentenversicherung nach § 145 Absatz 1 des Sechsten Buches gilt als öffentliche Stelle des Bundes.

(4) Auf die in § 35 des Ersten Buches genannten Stellen, die Vermittlungsstellen nach § 67d Absatz 3 und die Auftragsverarbeiter sind die §§ 5 bis 7 des Bundesdatenschutzgesetzes entsprechend anzuwenden. In räumlich getrennten Organisationseinheiten ist sicherzustellen, dass der oder die Beauftragte für den Datenschutz bei der Erfüllung seiner oder ihrer Aufgaben unterstützt wird. Die Sätze 1 und 2 gelten nicht für öffentliche Stellen der Länder mit Ausnahme der Sozialversicherungsträger und ihrer Verbände. Absatz 2 Satz 2 gilt entsprechend.

§ 81a Gerichtlicher Rechtsschutz

(1) Für Streitigkeiten zwischen einer natürlichen oder juristischen Person und dem oder der Bundesbeauftragten oder der nach Landesrecht für die Kontrolle des Datenschutzes zuständigen Stelle gemäß Artikel 78 Absatz 1 und 2 der Verordnung (EU) 2016/679 aufgrund der Verarbeitung von Sozialdaten im Zusammenhang mit einer Angelegenheit nach § 51 Absatz 1 und 2 des Sozialgerichtsgesetzes ist der Rechtsweg zu den Gerichten der Sozialgerichtsbarkeit eröffnet. Für die übrigen Streitigkeiten gemäß Artikel 78 Absatz 1 und 2 der Verordnung (EU) 2016/679 aufgrund der Verarbeitung von Sozialdaten gilt § 20 des Bundesdatenschutzgesetzes, soweit die Streitigkeiten nicht durch Bundesgesetz einer anderen Gerichtsbarkeit ausdrücklich zugewiesen sind. Satz 1 gilt nicht für Bußgeldverfahren.

(2) Das Sozialgerichtsgesetz ist nach Maßgabe der Absätze 3 bis 7 anzuwenden.

(3) Abweichend von den Vorschriften über die örtliche Zuständigkeit der Sozialgerichte nach § 57 des Sozialgerichtsgesetzes ist für die Verfahren nach Absatz 1 Satz 1 das Sozialgericht örtlich zuständig, in dessen Bezirk der oder die Bundesbeauftragte oder die nach Landesrecht für die Kontrolle des Datenschutzes zuständige Stelle seinen oder ihren Sitz hat, wenn eine Körperschaft oder Anstalt des öffentlichen Rechts oder in Angelegenheiten des sozialen Entschädigungsrechts oder des Schwerbehindertenrechts ein Land klagt.

(4) In den Verfahren nach Absatz 1 Satz 1 sind der oder die Bundesbeauftragte sowie die nach Landesrecht für die Kontrolle des Datenschutzes zuständige Stelle beteiligungsfähig.

(5) Beteiligte eines Verfahrens nach Absatz 1 Satz 1 sind

1. die natürliche oder juristische Person als Klägerin oder Antragstellerin und
2. der oder die Bundesbeauftragte oder die nach Landesrecht für die Kontrolle des Datenschutzes zuständige Stelle als Beklagter oder Beklagte oder als Antragsgegner oder Antragsgegnerin.

§ 69 Nummer 3 des Sozialgerichtsgesetzes bleibt unberührt.

(6) Ein Vorverfahren findet nicht statt.

(7) Der oder die Bundesbeauftragte oder die nach Landesrecht für die Kontrolle des Datenschutzes zuständige Stelle darf gegenüber einer Behörde oder deren Rechtsträger nicht die sofortige Vollziehung (§ 86a Absatz 2 Nummer 5 des Sozialgerichtsgesetzes) anordnen.

§ 81b Klagen gegen den Verantwortlichen oder Auftragsverarbeiter

(1) Für Klagen der betroffenen Person gegen einen Verantwortlichen oder einen Auftragsverarbeiter wegen eines Verstoßes gegen datenschutzrechtliche Bestimmungen im

Anwendungsbereich der Verordnung (EU) 2016/679 oder der darin enthaltenen Rechte der betroffenen Person bei der Verarbeitung von Sozialdaten im Zusammenhang mit einer Angelegenheit nach § 51 Absatz 1 und 2 des Sozialgerichtsgesetzes ist der Rechtsweg zu den Gerichten der Sozialgerichtsbarkeit eröffnet.

(2) Ergänzend zu § 57 Absatz 3 des Sozialgerichtsgesetzes ist für Klagen nach Absatz 1 das Sozialgericht örtlich zuständig, in dessen Bezirk sich eine Niederlassung des Verantwortlichen oder Auftragsverarbeiters befindet.

(3) Hat der Verantwortliche oder Auftragsverarbeiter einen Vertreter nach Artikel 27 Absatz 1 der Verordnung (EU) 2016/679 benannt, gilt dieser auch als bevollmächtigt, Zustellungen in sozialgerichtlichen Verfahren nach Absatz 1 entgegenzunehmen. § 63 Absatz 3 des Sozialgerichtsgesetzes bleibt unberührt.

§ 81c Antrag auf gerichtliche Entscheidung bei angenommener Europarechtswidrigkeit eines Angemessenheitsbeschlusses der Europäischen Kommission

Hält der oder die Bundesbeauftragte oder eine nach Landesrecht für die Kontrolle des Datenschutzes zuständige Stelle einen Angemessenheitsbeschluss der Europäischen Kommission, auf dessen Gültigkeit es bei der Entscheidung über die Beschwerde einer betroffenen Person hinsichtlich der Verarbeitung von Sozialdaten ankommt, für europarechtswidrig, so gilt § 21 des Bundesdatenschutzgesetzes.

§ 82 Informationspflichten bei der Erhebung von Sozialdaten bei der betroffenen Person

(1) Die Pflicht zur Information der betroffenen Person gemäß Artikel 13 Absatz 1 Buchstabe e der Verordnung (EU) 2016/679 über Kategorien von Empfängern besteht ergänzend zu der in Artikel 13 Absatz 4 der Verordnung (EU) 2016/679 genannten Ausnahme nur, soweit

1. sie nach den Umständen des Einzelfalles nicht mit der Nutzung oder der Übermittlung von Sozialdaten an diese Kategorien von Empfängern rechnen muss,
2. es sich nicht um Speicherung, Veränderung, Nutzung, Übermittlung, Einschränkung der Verarbeitung oder Löschung von Sozialdaten innerhalb einer in § 35 des Ersten Buches genannten Stelle oder einer Organisationseinheit im Sinne von § 67 Absatz 4 Satz 2 handelt oder
3. es sich nicht um eine Kategorie von in § 35 des Ersten Buches genannten Stellen oder von Organisationseinheiten im Sinne von § 67 Absatz 4 Satz 2 handelt, die auf Grund eines Gesetzes zur engen Zusammenarbeit verpflichtet sind.

(2) Die Pflicht zur Information der betroffenen Person gemäß Artikel 13 Absatz 3 der Verordnung (EU) 2016/679 besteht ergänzend zu der in Artikel 13 Absatz 4 der Verordnung

(EU) 2016/679 genannten Ausnahme dann nicht, wenn die Erteilung der Information über die beabsichtigte Weiterverarbeitung

1. die ordnungsgemäße Erfüllung der in der Zuständigkeit des Verantwortlichen liegenden Aufgaben im Sinne des Artikels 23 Absatz 1 Buchstabe a bis e der Verordnung (EU) 2016/679 gefährden würde und die Interessen des Verantwortlichen an der Nichterteilung der Information die Interessen der betroffenen Person überwiegen,
2. die öffentliche Sicherheit oder Ordnung gefährden oder sonst dem Wohl des Bundes oder eines Landes Nachteile bereiten würde und die Interessen des Verantwortlichen an der Nichterteilung der Information die Interessen der betroffenen Person überwiegen oder
3. eine vertrauliche Übermittlung von Daten an öffentliche Stellen gefährden würde.

(3) Unterbleibt eine Information der betroffenen Person nach Maßgabe des Absatzes 2, ergreift der Verantwortliche geeignete Maßnahmen zum Schutz der berechtigten Interessen der betroffenen Person, einschließlich der Bereitstellung der in Artikel 13 Absatz 1 und 2 der Verordnung (EU) 2016/679 genannten Informationen für die Öffentlichkeit in präziser, transparenter, verständlicher und leicht zugänglicher Form in einer klaren und einfachen Sprache. Der Verantwortliche hält schriftlich fest, aus welchen Gründen er von einer Information abgesehen hat. Die Sätze 1 und 2 finden in den Fällen des Absatzes 2 Nummer 3 keine Anwendung.

(4) Unterbleibt die Benachrichtigung in den Fällen des Absatzes 2 wegen eines vorübergehenden Hinderungsgrundes, kommt der Verantwortliche der Informationspflicht unter Berücksichtigung der spezifischen Umstände der Verarbeitung innerhalb einer angemessenen Frist nach Fortfall des Hinderungsgrundes, spätestens jedoch innerhalb von zwei Wochen, nach.

(5) Bezieht sich die Informationserteilung auf die Übermittlung von Sozialdaten durch öffentliche Stellen an die Staatsanwaltschaften und Gerichte im Bereich der Strafverfolgung, an Polizeibehörden, Verfassungsschutzbehörden, den Bundesnachrichtendienst und den Militärischen Abschirmdienst, ist sie nur mit Zustimmung dieser Stelle zulässig.

§ 82a Informationspflichten, wenn Sozialdaten nicht bei der betroffenen Person erhoben wurden

(1) Die Pflicht einer in § 35 des Ersten Buches genannten Stelle zur Information der betroffenen Person gemäß Artikel 14 Absatz 1, 2 und 4 der Verordnung (EU) 2016/679 besteht ergänzend zu den in Artikel 14 Absatz 5 der Verordnung (EU) 2016/679 genannten Ausnahmen nicht,

1. soweit die Erteilung der Information
   a) die ordnungsgemäße Erfüllung der in der Zuständigkeit des Verantwortlichen liegenden Aufgaben gefährden würde oder
   b) die öffentliche Sicherheit oder Ordnung gefährden oder sonst dem Wohle des Bundes oder eines Landes Nachteile bereiten würde, oder

2. soweit die Daten oder die Tatsache ihrer Speicherung nach einer Rechtsvorschrift oder ihrem Wesen nach, insbesondere wegen der überwiegenden berechtigten Interessen eines Dritten geheim gehalten werden müssen

und deswegen das Interesse der betroffenen Person an der Informationserteilung zurücktreten muss.

(2) Werden Sozialdaten bei einer nicht-öffentlichen Stelle erhoben, so ist diese auf die Rechtsvorschrift, die zur Auskunft verpflichtet, sonst auf die Freiwilligkeit hinzuweisen.

(3) Unterbleibt eine Information der betroffenen Person nach Maßgabe des Absatzes 1, ergreift der Verantwortliche geeignete Maßnahmen zum Schutz der berechtigten Interessen der betroffenen Person, einschließlich der Bereitstellung der in Artikel 14 Absatz 1 und 2 der Verordnung (EU) 2016/679 genannten Informationen für die Öffentlichkeit in präziser, transparenter, verständlicher und leicht zugänglicher Form in einer klaren und einfachen Sprache. Der Verantwortliche hält schriftlich fest, aus welchen Gründen er von einer Information abgesehen hat.

(4) In Bezug auf die Pflicht zur Information nach Artikel 14 Absatz 1 Buchstabe e der Verordnung (EU) 2016/679 gilt § 82 Absatz 1 entsprechend.

(5) Bezieht sich die Informationserteilung auf die Übermittlung von Sozialdaten durch öffentliche Stellen an Staatsanwaltschaften und Gerichte im Bereich der Strafverfolgung, an Polizeibehörden, Verfassungsschutzbehörden, den Bundesnachrichtendienst und den Militärischen Abschirmdienst, ist sie nur mit Zustimmung dieser Stellen zulässig.

§ 83 Auskunftsrecht der betroffenen Personen

(1) Das Recht auf Auskunft der betroffenen Person gemäß Artikel 15 der Verordnung (EU) 2016/679 besteht nicht, soweit

1. die betroffene Person nach § 82a Absatz 1, 4 und 5 nicht zu informieren ist oder
2. die Sozialdaten
   a) nur deshalb gespeichert sind, weil sie auf Grund gesetzlicher oder satzungsmäßiger Aufbewahrungsvorschriften nicht gelöscht werden dürfen, oder
   b) ausschließlich zu Zwecken der Datensicherung oder der Datenschutzkontrolle dienen

   und die Auskunftserteilung einen unverhältnismäßigen Aufwand erfordern würde sowie eine Verarbeitung zu anderen Zwecken durch geeignete technische und organisatorische Maßnahmen ausgeschlossen ist.

(2) Die betroffene Person soll in dem Antrag auf Auskunft gemäß Artikel 15 der Verordnung (EU) 2016/679 die Art der Sozialdaten, über die Auskunft erteilt werden soll, näher bezeichnen. Sind die Sozialdaten nicht automatisiert oder nicht in nicht automatisierten Dateisystemen gespeichert, wird die Auskunft nur erteilt, soweit die betroffene Person Angaben macht, die das Auffinden der Daten ermöglichen, und der für die Erteilung der Auskunft erforderliche Aufwand nicht außer Verhältnis zu dem von der betroffenen Per-

son geltend gemachten Informationsinteresse steht. Soweit Artikel 15 und 12 Absatz 3 der Verordnung (EU) 2016/679 keine Regelungen enthalten, bestimmt der Verantwortliche das Verfahren, insbesondere die Form der Auskunftserteilung, nach pflichtgemäßem Ermessen. § 25 Absatz 2 gilt entsprechend.

(3) Die Gründe der Auskunftsverweigerung sind zu dokumentieren. Die Ablehnung der Auskunftserteilung bedarf keiner Begründung, soweit durch die Mitteilung der tatsächlichen und rechtlichen Gründe, auf die die Entscheidung gestützt wird, der mit der Auskunftsverweigerung verfolgte Zweck gefährdet würde. In diesem Fall ist die betroffene Person darauf hinzuweisen, dass sie sich, wenn die in § 35 des Ersten Buches genannten Stellen der Kontrolle des oder der Bundesbeauftragten unterliegen, an diesen oder diese, sonst an die nach Landesrecht für die Kontrolle des Datenschutzes zuständige Stelle wenden kann.

(4) Wird einer betroffenen Person keine Auskunft erteilt, so kann, soweit es sich um in § 35 des Ersten Buches genannte Stellen handelt, die der Kontrolle des oder der Bundesbeauftragten unterliegen, diese, sonst die nach Landesrecht für die Kontrolle des Datenschutzes zuständige Stelle, auf Verlangen der betroffenen Person prüfen, ob die Ablehnung der Auskunftserteilung rechtmäßig war.

(5) Bezieht sich die Informationserteilung auf die Übermittlung von Sozialdaten durch öffentliche Stellen an Staatsanwaltschaften und Gerichte im Bereich der Strafverfolgung, an Polizeibehörden, Verfassungsschutzbehörden, den Bundesnachrichtendienst und den Militärischen Abschirmdienst, ist sie nur mit Zustimmung dieser Stellen zulässig.

§ 83a Benachrichtigung bei einer Verletzung des Schutzes von Sozialdaten

Ergänzend zu den Meldepflichten gemäß den Artikeln 33 und 34 der Verordnung (EU) 2016/679 meldet die in § 35 des Ersten Buches genannte Stelle die Verletzung des Schutzes von Sozialdaten auch der Rechts- oder Fachaufsichtsbehörde.

§ 84 Recht auf Berichtigung, Löschung, Einschränkung der Verarbeitung und Widerspruch

(1) Ist eine Löschung von Sozialdaten im Fall nicht automatisierter Datenverarbeitung wegen der besonderen Art der Speicherung nicht oder nur mit unverhältnismäßig hohem Aufwand möglich und ist das Interesse der betroffenen Person an der Löschung als gering anzusehen, besteht das Recht der betroffenen Person auf und die Pflicht des Verantwortlichen zur Löschung von Sozialdaten gemäß Artikel 17 Absatz 1 der Verordnung (EU) 2016/679 ergänzend zu den in Artikel 17 Absatz 3 der Verordnung (EU) 2016/679 genannten Ausnahmen nicht. In diesem Fall tritt an die Stelle einer Löschung die Einschränkung der Verarbeitung gemäß Artikel 18 der Verordnung (EU) 2016/679. Die Sätze 1 und 2 finden keine Anwendung, wenn die Sozialdaten unrechtmäßig verarbeitet wurden.

(2) Wird die Richtigkeit von Sozialdaten von der betroffenen Person bestritten und lässt sich weder die Richtigkeit noch die Unrichtigkeit der Daten feststellen, gilt ergänzend zu

Artikel 18 Absatz 1 Buchstabe a der Verordnung (EU) 2016/679, dass dies keine Einschränkung der Verarbeitung bewirkt, soweit es um die Erfüllung sozialer Aufgaben geht; die ungeklärte Sachlage ist in geeigneter Weise festzuhalten. Die bestrittenen Daten dürfen nur mit einem Hinweis hierauf verarbeitet werden.

(3) Ergänzend zu Artikel 18 Absatz 1 Buchstabe b und c der Verordnung (EU) 2016/679 gilt Absatz 1 Satz 1 und 2 entsprechend im Fall des Artikels 17 Absatz 1 Buchstabe a und d der Verordnung (EU) 2016/679, solange und soweit der Verantwortliche Grund zu der Annahme hat, dass durch eine Löschung schutzwürdige Interessen der betroffenen Person beeinträchtigt würden. Der Verantwortliche unterrichtet die betroffene Person über die Einschränkung der Verarbeitung, sofern sich die Unterrichtung nicht als unmöglich erweist oder einen unverhältnismäßigen Aufwand erfordern würde.

(4) Sind Sozialdaten für die Zwecke, für die sie erhoben oder auf sonstige Weise verarbeitet wurden, nicht mehr notwendig, gilt ergänzend zu Artikel 17 Absatz 3 Buchstabe b der Verordnung (EU) 2016/679 Absatz 1 entsprechend, wenn einer Löschung satzungsmäßige oder vertragliche Aufbewahrungsfristen entgegenstehen.

(5) Das Recht auf Widerspruch gemäß Artikel 21 Absatz 1 der Verordnung (EU) 2016/679 gegenüber einer öffentlichen Stelle besteht nicht, soweit an der Verarbeitung ein zwingendes öffentliches Interesse besteht, das die Interessen der betroffenen Person überwiegt, oder eine Rechtsvorschrift zur Verarbeitung von Sozialdaten verpflichtet.

(6) § 71 Absatz 1 Satz 3 bleibt unberührt.

§ 85 Strafvorschriften

(1) Für Sozialdaten gelten die Strafvorschriften des § 42 Absatz 1 und 2 des Bundesdatenschutzgesetzes entsprechend.

(2) Die Tat wird nur auf Antrag verfolgt. Antragsberechtigt sind die betroffene Person, der Verantwortliche, der oder die Bundesbeauftragte oder die nach Landesrecht für die Kontrolle des Datenschutzes zuständige Stelle.

(3) Eine Meldung nach § 83a oder nach Artikel 33 der Verordnung (EU) 2016/679 oder eine Benachrichtigung nach Artikel 34 Absatz 1 der Verordnung (EU) 2016/679 dürfen in einem Strafverfahren gegen die melde- oder benachrichtigungspflichtige Person oder gegen einen ihrer in § 52 Absatz 1 der Strafprozessordnung bezeichneten Angehörigen nur mit Zustimmung der melde- oder benachrichtigungspflichtigen Person verwendet werden.

§ 85a Bußgeldvorschriften

(1) Für Sozialdaten gilt § 41 des Bundesdatenschutzgesetzes entsprechend.

(2) Eine Meldung nach § 83a oder nach Artikel 33 der Verordnung (EU) 2016/679 oder eine Benachrichtigung nach Artikel 34 Absatz 1 der Verordnung (EU) 2016/679 dürfen in einem Verfahren nach dem Gesetz über Ordnungswidrigkeiten gegen die melde- oder benachrichtigungspflichtige Person oder einen ihrer in § 52 Absatz 1 der Strafprozess-

ordnung bezeichneten Angehörigen nur mit Zustimmung der melde- oder benachrichtigungspflichtigen Person verwendet werden.

(3) Gegen Behörden und sonstige öffentliche Stellen werden keine Geldbußen verhängt.

Drittes Kapitel
Zusammenarbeit der Leistungsträger und ihre Beziehungen zu Dritten

Erster Abschnitt
Zusammenarbeit der Leistungsträger untereinander und mit Dritten

Erster Titel
Allgemeine Vorschriften

§ 86 Zusammenarbeit

Die Leistungsträger, ihre Verbände und die in diesem Gesetzbuch genannten öffentlich-rechtlichen Vereinigungen sind verpflichtet, bei der Erfüllung ihrer Aufgaben nach diesem Gesetzbuch eng zusammenzuarbeiten.

Zweiter Titel
Zusammenarbeit der Leistungsträger untereinander

§ 87 Beschleunigung der Zusammenarbeit

(1) [1]Ersucht ein Leistungsträger einen anderen Leistungsträger um Verrechnung mit einer Nachzahlung und kann er die Höhe des zu verrechnenden Anspruchs noch nicht bestimmen, ist der ersuchte Leistungsträger dagegen bereits in der Lage, die Nachzahlung zu erbringen, ist die Nachzahlung spätestens innerhalb von zwei Monaten nach Zugang des Verrechnungsersuchens zu leisten. [2]Soweit die Nachzahlung nach Auffassung der beteiligten Leistungsträger die Ansprüche der ersuchenden Leistungsträger übersteigt, ist sie unverzüglich auszuzahlen.

(2) [1]Ist ein Anspruch auf eine Geldleistung auf einen anderen Leistungsträger übergegangen und ist der Anspruchsübergang sowohl diesem als auch dem verpflichteten Leistungsträger bekannt, hat der verpflichtete Leistungsträger die Geldleistung nach Ablauf von zwei Monaten seit dem Zeitpunkt, in dem die Auszahlung frühestens möglich ist, an den Berechtigten auszuzahlen, soweit ihm bis zu diesem Zeitpunkt nicht bekannt ist, in welcher Höhe der Anspruch dem anderen Leistungsträger zusteht. [2]Die Auszahlung hat gegenüber dem anderen Leistungsträger befreiende Wirkung. [3]Absatz 1 Satz 2 gilt entsprechend.

§ 88 Auftrag

(1) [1]Ein Leistungsträger (Auftraggeber) kann ihm obliegende Aufgaben durch einen anderen Leistungsträger oder seinen Verband (Beauftragter) mit dessen Zustimmung wahrnehmen lassen, wenn dies

1. wegen des sachlichen Zusammenhangs der Aufgaben vom Auftraggeber und Beauftragten,
2. zur Durchführung der Aufgaben und
3. im wohlverstandenen Interesse der Betroffenen

zweckmäßig ist. [2]Satz 1 gilt nicht im Recht der Ausbildungsförderung, des Kindergelds, der Unterhaltsvorschüsse und Unterhaltsausfallleistungen, im Wohngeldrecht sowie im Recht der Jugendhilfe und der Sozialhilfe.

(2) [1]Der Auftrag kann für Einzelfälle sowie für gleichartige Fälle erteilt werden. [2]Ein wesentlicher Teil des gesamten Aufgabenbereichs muss beim Auftraggeber verbleiben.

(3) [1]Verbände dürfen Verwaltungsakte nur erlassen, soweit sie hierzu durch Gesetz oder auf Grund eines Gesetzes berechtigt sind. [2]Darf der Verband Verwaltungsakte erlassen, ist die Berechtigung in der für die amtlichen Veröffentlichungen des Verbands sowie der Mitglieder vorgeschriebenen Weise bekannt zu machen.

(4) Der Auftraggeber hat einen Auftrag für gleichartige Fälle in der für seine amtlichen Veröffentlichungen vorgeschriebenen Weise bekanntzumachen.

§ 89 Ausführung des Auftrags

(1) Verwaltungsakte, die der Beauftragte zur Ausführung des Auftrags erlässt, ergehen im Namen des Auftraggebers.

(2) Durch den Auftrag wird der Auftraggeber nicht von seiner Verantwortung gegenüber dem Betroffenen entbunden.

(3) Der Beauftragte hat dem Auftraggeber die erforderlichen Mitteilungen zu machen, auf Verlangen über die Ausführung des Auftrags Auskunft zu erteilen und nach der Ausführung des Auftrags Rechenschaft abzulegen.

(4) Der Auftraggeber ist berechtigt, die Ausführung des Auftrags jederzeit zu prüfen.

(5) Der Auftraggeber ist berechtigt, den Beauftragten an seine Auffassung zu binden.

§ 90 Anträge und Widerspruch beim Auftrag

[1]Der Beteiligte kann auch beim Beauftragten Anträge stellen. [2]Erhebt der Beteiligte gegen eine Entscheidung des Beauftragten Widerspruch und hilft der Beauftragte diesem nicht ab, erlässt den Widerspruchsbescheid die für den Auftraggeber zuständige Widerspruchsstelle.

§ 91 Erstattung von Aufwendungen

(1) [1]Erbringt ein Beauftragter Sozialleistungen für einen Auftraggeber, ist dieser zur Erstattung verpflichtet. [2]Sach- und Dienstleistungen sind in Geld zu erstatten. [3]Eine Erstattungspflicht besteht nicht, soweit Sozialleistungen zu Unrecht erbracht worden sind und den Beauftragten hierfür ein Verschulden trifft.

(2) [1]Die bei der Ausführung des Auftrags entstehenden Kosten sind zu erstatten. [2]Absatz 1 Satz 3 gilt entsprechend.

(3) Für die zur Ausführung des Auftrags erforderlichen Aufwendungen hat der Auftraggeber dem Beauftragten auf Verlangen einen angemessenen Vorschuss zu zahlen.

(4) Abweichende Vereinbarungen, insbesondere über pauschalierte Erstattungen, sind zulässig.

§ 92 Kündigung des Auftrags

[1]Der Auftraggeber oder der Beauftragte kann den Auftrag kündigen. [2]Die Kündigung darf nur zu einem Zeitpunkt erfolgen, der es ermöglicht, dass der Auftraggeber für die Erledigung der Aufgabe auf andere Weise rechtzeitig Vorsorge treffen und der Beauftragte sich auf den Wegfall des Auftrags in angemessener Zeit einstellen kann. [3]Liegt ein wichtiger Grund vor, kann mit sofortiger Wirkung gekündigt werden. [4]§ 88 Abs. 4 gilt entsprechend.

§ 93 Gesetzlicher Auftrag

Handelt ein Leistungsträger auf Grund gesetzlichen Auftrags für einen anderen, gelten § 89 Abs. 3 und 5 sowie § 91 Abs. 1 und 3 entsprechend.

§ 94 Arbeitsgemeinschaften

(1) Die Arbeitsgemeinschaft für Krebsbekämpfung der Träger der gesetzlichen Kranken- und Rentenversicherung im Lande Nordrhein-Westfalen, die Rheinische Arbeitsgemeinschaft zur Rehabilitation Suchtkranker, die Westfälische Arbeitsgemeinschaft zur Rehabilitation Suchtkranker, die Arbeitsgemeinschaft zur Rehabilitation Suchtkranker im Lande Hessen sowie die Arbeitsgemeinschaft für Heimdialyse im Lande Hessen sind berechtigt, Verwaltungsakte zu erlassen zur Erfüllung der Aufgaben, die ihnen am 1. Juli 1981 übertragen waren.

(1a) [1]Träger der Sozialversicherung, Verbände von Trägern der Sozialversicherung und die Bundesagentur für Arbeit einschließlich der in § 19a Abs. 2 des Ersten Buches genannten anderen Leistungsträger können insbesondere zur gegenseitigen Unterrichtung, Abstimmung, Koordinierung und Förderung der engen Zusammenarbeit im Rahmen der ihnen gesetzlich übertragenen Aufgaben Arbeitsgemeinschaften bilden. [2]Eine nach Satz 1 gebildete Arbeitsgemeinschaft kann eine weitere Arbeitsgemeinschaft bilden oder einer weiteren Arbeitsgemeinschaft beitreten, die sich ihrerseits an einer weiteren Arbeitsgemeinschaft beteiligen können. [3]Weitere Beteiligungsebenen sind unzulässig.

[4]Die Aufsichtsbehörde ist vor der Bildung von Arbeitsgemeinschaften und dem Beitritt zu ihnen sowie vor ihrer Auflösung und einem Austritt so rechtzeitig und umfassend zu unterrichten, dass ihr ausreichend Zeit zur Prüfung bleibt. [5]Die Aufsichtsbehörde kann auf eine Unterrichtung verzichten.

(2) [1]Können nach diesem Gesetzbuch Arbeitsgemeinschaften gebildet werden, unterliegen diese staatlicher Aufsicht, die sich auf die Beachtung von Gesetz und sonstigem Recht erstreckt, das für die Arbeitsgemeinschaften, die Leistungsträger und ihre Verbände maßgebend ist; die §§ 85, 88 bis 90a des Vierten Buches gelten entsprechend. [2]Ist der Spitzenverband Bund der Krankenkassen oder die Bundesagentur für Arbeit Mitglied einer Arbeitsgemeinschaft, führt das zuständige Bundesministerium in Abstimmung mit den für die übrigen Mitglieder zuständigen Aufsichtsbehörden die Aufsicht. [3]Beabsichtigt eine Aufsichtsbehörde, von den Aufsichtsmitteln nach § 89 des Vierten Buches Gebrauch zu machen, unterrichtet sie die Aufsichtsbehörden, die die Aufsicht über die Mitglieder der betroffenen Arbeitsgemeinschaft führen, und setzt eine angemessene Frist zur Stellungnahme.

(2a) [1]Ein räumlicher Zuständigkeitsbereich im Sinne von § 90 des Vierten Buches ist gegeben, wenn eine Arbeitsgemeinschaft unmittelbar sozialrechtliche Leistungen an Versicherte erbringt oder sonstige Aufgaben nach dem Sozialgesetzbuch im Außenverhältnis wahrnimmt. [2]Fehlt ein Zuständigkeitsbereich im Sinne von § 90 des Vierten Buches, führen die Aufsicht die für die Sozialversicherung zuständigen obersten Verwaltungsbehörden oder die von der Landesregierung durch Rechtsverordnung bestimmten Behörden des Landes, in dem die Arbeitsgemeinschaften ihren Sitz haben; die Landesregierungen können diese Ermächtigung durch Rechtsverordnung auf die obersten Landesbehörden übertragen. [3]Abweichend von Satz 2 führt das Bundesamt für Soziale Sicherung die Aufsicht, wenn die absolute Mehrheit der Anteile oder der Stimmen in der Arbeitsgemeinschaft Trägern zusteht, die unter Bundesaufsicht stehen.

(3) Soweit erforderlich, stellt eine Arbeitsgemeinschaft unter entsprechender Anwendung von § 67 des Vierten Buches einen Haushaltsplan auf.

(4) § 88 Abs. 1 Satz 1 und Abs. 2 gilt entsprechend.

§ 95 Zusammenarbeit bei Planung und Forschung

(1) [1]Die in § 86 genannten Stellen sollen

1. Planungen, die auch für die Willensbildung und Durchführung von Aufgaben der anderen von Bedeutung sind, im Benehmen miteinander abstimmen sowie
2. gemeinsame örtliche und überörtliche Pläne in ihrem Aufgabenbereich über soziale Dienste und Einrichtungen, insbesondere deren Bereitstellung und Inanspruchnahme, anstreben.

[2]Die jeweiligen Gebietskörperschaften sowie die gemeinnützigen und freien Einrichtungen und Organisationen sollen insbesondere hinsichtlich der Bedarfsermittlung beteiligt werden.

(2) Die in § 86 genannten Stellen sollen Forschungsvorhaben über den gleichen Gegenstand aufeinander abstimmen.

§ 96 Ärztliche Untersuchungen, psychologische Eignungsuntersuchungen

(1) [1]Veranlasst ein Leistungsträger eine ärztliche Untersuchungsmaßnahme oder eine psychologische Eignungsuntersuchungsmaßnahme, um festzustellen, ob die Voraussetzungen für eine Sozialleistung vorliegen, sollen die Untersuchungen in der Art und Weise vorgenommen und deren Ergebnisse so festgehalten werden, dass sie auch bei der Prüfung der Voraussetzungen anderer Sozialleistungen verwendet werden können. [2]Der Umfang der Untersuchungsmaßnahme richtet sich nach der Aufgabe, die der Leistungsträger, der die Untersuchung veranlasst hat, zu erfüllen hat. [3]Die Untersuchungsbefunde sollen bei der Feststellung, ob die Voraussetzungen einer anderen Sozialleistung vorliegen, verwertet werden.

(2) [1]Durch Vereinbarungen haben die Leistungsträger sicherzustellen, dass Untersuchungen unterbleiben, soweit bereits verwertbare Untersuchungsergebnisse vorliegen. [2]Für den Einzelfall sowie nach Möglichkeit für eine Vielzahl von Fällen haben die Leistungsträger zu vereinbaren, dass bei der Begutachtung der Voraussetzungen von Sozialleistungen die Untersuchungen nach einheitlichen und vergleichbaren Grundlagen, Maßstäben und Verfahren vorgenommen und die Ergebnisse der Untersuchungen festgehalten werden. [3]Sie können darüber hinaus vereinbaren, dass sich der Umfang der Untersuchungsmaßnahme nach den Aufgaben der beteiligten Leistungsträger richtet; soweit die Untersuchungsmaßnahme hierdurch erweitert ist, ist die Zustimmung des Betroffenen erforderlich.

(3) Die Bildung einer Zentraldatei mehrerer Leistungsträger für Daten der ärztlich untersuchten Leistungsempfänger ist nicht zulässig.

Dritter Titel
Zusammenarbeit der Leistungsträger mit Dritten

§ 97 Durchführung von Aufgaben durch Dritte

(1) [1]Kann ein Leistungsträger, ein Verband von Leistungsträgern oder eine Arbeitsgemeinschaft von einem Dritten Aufgaben wahrnehmen lassen, muss sichergestellt sein, dass der Dritte die Gewähr für eine sachgerechte, die Rechte und Interessen des Betroffenen wahrende Erfüllung der Aufgaben bietet. [2]Soweit Aufgaben aus dem Bereich der Sozialversicherung von einem Dritten, an dem ein Leistungsträger, ein Verband oder eine Arbeitsgemeinschaft unmittelbar oder mittelbar beteiligt ist, wahrgenommen werden sollen, hat der Leistungsträger, der Verband oder die Arbeitsgemeinschaft den Dritten zu verpflichten, dem Auftraggeber auf Verlangen alle Unterlagen vorzulegen und über alle Tatsachen Auskunft zu erteilen, die zur Ausübung des Aufsichtsrechts über die Auftraggeber auf Grund pflichtgemäßer Prüfung der Aufsichtsbehörde des Auftraggebers erforderlich sind. [3]Die Aufsichtsbehörde ist durch den Leistungsträger, den Verband oder die

Arbeitsgemeinschaft so rechtzeitig und umfassend zu unterrichten, dass ihr vor der Aufgabenübertragung oder einer Änderung ausreichend Zeit zur Prüfung bleibt. [4]Die Aufsichtsbehörde kann auf eine Unterrichtung verzichten. [5]Die Sätze 3 und 4 gelten nicht für die Bundesagentur für Arbeit.

(2) § 89 Abs. 3 bis 5, § 91 Abs. 1 bis 3 sowie § 92 gelten entsprechend.

§ 98 Auskunftspflicht des Arbeitgebers

(1) [1]Soweit es in der Sozialversicherung einschließlich der Arbeitslosenversicherung im Einzelfall für die Erbringung von Sozialleistungen erforderlich ist, hat der Arbeitgeber auf Verlangen dem Leistungsträger oder der zuständigen Einzugsstelle Auskunft über die Art und Dauer der Beschäftigung, den Beschäftigungsort und das Arbeitsentgelt zu erteilen. [2]Wegen der Entrichtung von Beiträgen hat der Arbeitgeber auf Verlangen über alle Tatsachen Auskunft zu erteilen, die für die Erhebung der Beiträge notwendig sind. [3]Der Arbeitgeber hat auf Verlangen die Geschäftsbücher, Listen oder andere Unterlagen, aus denen die Angaben über die Beschäftigung hervorgehen, während der Betriebszeit nach seiner Wahl den in Satz 1 bezeichneten Stellen entweder in deren oder in seinen eigenen Geschäftsräumen zur Einsicht vorzulegen. [4]Das Wahlrecht nach Satz 3 entfällt, wenn besondere Gründe eine Prüfung in den Geschäftsräumen des Arbeitgebers gerechtfertigt erscheinen lassen. [5]Satz 4 gilt nicht gegenüber Arbeitgebern des öffentlichen Dienstes. [6]Die Sätze 2 bis 5 gelten auch für Stellen im Sinne des § 28p Abs. 6 des Vierten Buches.

(1a) Soweit die Träger der Rentenversicherung nach § 28p des Vierten Buches prüfberechtigt sind, bestehen die Verpflichtungen nach Absatz 1 Satz 3 bis 6 gegenüber den Einzugsstellen wegen der Entrichtung des Gesamtsozialversicherungsbeitrags nicht; die Verpflichtung nach Absatz 1 Satz 2 besteht gegenüber den Einzugsstellen nur im Einzelfall.

(2) [1]Wird die Auskunft wegen der Erbringung von Sozialleistungen verlangt, gilt § 65 Abs. 1 des Ersten Buches entsprechend. [2]Auskünfte auf Fragen, deren Beantwortung dem Arbeitgeber selbst oder einer ihm nahe stehenden Person (§ 383 Abs. 1 Nr. 1 bis 3 der Zivilprozessordnung) die Gefahr zuziehen würde, wegen einer Straftat oder einer Ordnungswidrigkeit verfolgt zu werden, können verweigert werden; dem Arbeitgeber stehen die in Absatz 1 Satz 6 genannten Stellen gleich.

(3) Hinsichtlich des Absatzes 1 Satz 2 und 3 sowie des Absatzes 2 stehen einem Arbeitgeber die Personen gleich, die wie ein Arbeitgeber Beiträge für eine kraft Gesetzes versicherte Person zu entrichten haben.

(4) Das Bundesministerium für Arbeit und Soziales kann durch Rechtsverordnung mit Zustimmung des Bundesrates das Nähere über die Durchführung der in Absatz 1 genannten Mitwirkung bestimmen.

(5) [1]Ordnungswidrig handelt, wer vorsätzlich oder leichtfertig

1. entgegen Absatz 1 Satz 1 oder
2. entgegen Absatz 1 Satz 2 oder Satz 3, jeweils auch in Verbindung mit Absatz 1 Satz 6 oder Absatz 3,

eine Auskunft nicht, nicht richtig, nicht vollständig oder nicht rechtzeitig erteilt oder eine Unterlage nicht, nicht richtig, nicht vollständig oder nicht rechtzeitig vorlegt. [2]Die Ordnungswidrigkeit kann mit einer Geldbuße bis zu fünftausend Euro geahndet werden. [3]Die Sätze 1 und 2 gelten nicht für die Leistungsträger, wenn sie wie ein Arbeitgeber Beiträge für eine kraft Gesetzes versicherte Person zu entrichten haben.

§ 99 Auskunftspflicht von Angehörigen, Unterhaltspflichtigen oder sonstigen Personen

[1]Ist nach dem Recht der Sozialversicherung einschließlich der Arbeitslosenversicherung oder dem sozialen Entschädigungsrecht

1. das Einkommen oder das Vermögen von Angehörigen des Leistungsempfängers oder sonstiger Personen bei einer Sozialleistung oder ihrer Erstattung zu berücksichtigen oder
2. die Sozialleistung oder ihre Erstattung von der Höhe eines Unterhaltsanspruchs abhängig, der dem Leistungsempfänger gegen einen Unterhaltspflichtigen zusteht,

gelten für diese Personen § 60 Abs. 1 Nr. 1 und 3 sowie § 65 Abs. 1 des Ersten Buches entsprechend. [2]Das Gleiche gilt für den in Satz 1 genannten Anwendungsbereich in den Fällen, in denen Unterhaltspflichtige, Angehörige, der frühere Ehegatte, der frühere Lebenspartner oder Erben zum Ersatz der Aufwendungen des Leistungsträgers herangezogen werden. [3]Auskünfte auf Fragen, deren Beantwortung einem nach Satz 1 oder Satz 2 Auskunftspflichtigen oder einer ihm nahe stehenden Person (§ 383 Abs. 1 Nr. 1 bis 3 der Zivilprozessordnung) die Gefahr zuziehen würde, wegen einer Straftat oder einer Ordnungswidrigkeit verfolgt zu werden, können verweigert werden.

§ 100 Auskunftspflicht des Arztes oder Angehörigen eines anderen Heilberufs

(1) [1]Der Arzt oder Angehörige eines anderen Heilberufs ist verpflichtet, dem Leistungsträger im Einzelfall auf Verlangen Auskunft zu erteilen, soweit es für die Durchführung von dessen Aufgaben nach diesem Gesetzbuch erforderlich und

1. es gesetzlich zugelassen ist oder
2. der Betroffene im Einzelfall eingewilligt hat.

[2]Die Einwilligung soll zum Nachweis im Sinne des Artikels 7 Absatz 1 der Verordnung (EU) 2016/679, dass die betroffene Person in die Verarbeitung ihrer personenbezogenen Daten eingewilligt hat, schriftlich oder elektronisch erfolgen. [3]Die Sätze 1 und 2 gelten entsprechend für Krankenhäuser sowie für Vorsorge- oder Rehabilitationseinrichtungen.

(2) Auskünfte auf Fragen, deren Beantwortung dem Arzt, dem Angehörigen eines anderen Heilberufs oder ihnen nahe stehenden Personen (§ 383 Abs. 1 Nr. 1 bis 3 der Zivilprozessordnung) die Gefahr zuziehen würde, wegen einer Straftat oder einer Ordnungswidrigkeit verfolgt zu werden, können verweigert werden.

§ 101 Auskunftspflicht der Leistungsträger

[1]Die Leistungsträger haben auf Verlangen eines behandelnden Arztes Untersuchungsbefunde, die für die Behandlung von Bedeutung sein können, mitzuteilen, sofern der Betroffene im Einzelfall in die Mitteilung eingewilligt hat. [2]§ 100 Abs. 1 Satz 2 gilt entsprechend.

§ 101a Mitteilungen der Meldebehörden

(1) Die Datenstelle der Rentenversicherung übermittelt die Mitteilungen aller Sterbefälle und Anschriftenänderungen und jede Änderung des Vor- und des Familiennamens unter den Voraussetzungen von § 196 Absatz 2 des Sechsten Buches und bei einer Eheschließung eines Einwohners das Datum dieser Eheschließung unter den Voraussetzungen von § 196 Absatz 2a des Sechsten Buches unverzüglich an die Deutsche Post AG.

(2) Die Mitteilungen, die von der Datenstelle der Rentenversicherung an die Deutsche Post AG übermittelt werden, dürfen von der Deutschen Post AG

1. nur dazu verwendet werden, um laufende Geldleistungen der Leistungsträger, der in § 69 Abs. 2 genannten Stellen sowie ausländischer Leistungsträger mit laufenden Geldleistungen in die Bundesrepublik Deutschland einzustellen oder deren Einstellung zu veranlassen sowie um Anschriften von Empfängern laufender Geldleistungen der Leistungsträger und der in § 69 Abs. 2 genannten Stellen zu berichtigen oder deren Berichtigung zu veranlassen, und darüber hinaus
2. nur weiter übermittelt werden, um den Trägern der Unfallversicherung, der Sozialversicherung für Landwirtschaft, Forsten und Gartenbau und den in § 69 Abs. 2 genannten Zusatzversorgungseinrichtungen eine Aktualisierung ihrer Versichertenbestände oder Mitgliederbestände zu ermöglichen; dies gilt auch für die Übermittlung der Mitteilungen an berufsständische Versorgungseinrichtungen, soweit diese nach Landesrecht oder Satzungsrecht zur Erhebung dieser Daten befugt sind.

(3) Die Verwendung und Übermittlung der Mitteilungen erfolgt

1. in der allgemeinen Rentenversicherung im Rahmen des gesetzlichen Auftrags der Deutschen Post AG nach § 119 Abs. 1 Satz 1 des Sechsten Buches,
2. im Übrigen im Rahmen eines öffentlich-rechtlichen oder privatrechtlichen Vertrages der Deutschen Post AG mit den Leistungsträgern, den berufsständischen Versorgungseinrichtungen oder den in § 69 Abs. 2 genannten Stellen.

Zweiter Abschnitt Erstattungsansprüche der Leistungsträger untereinander

§ 102 Anspruch des vorläufig leistenden Leistungsträgers

(1) Hat ein Leistungsträger auf Grund gesetzlicher Vorschriften vorläufig Sozialleistungen erbracht, ist der zur Leistung verpflichtete Leistungsträger erstattungspflichtig.

(2) Der Umfang des Erstattungsanspruchs richtet sich nach den für den vorleistenden Leistungsträger geltenden Rechtsvorschriften.

§ 103 Anspruch des Leistungsträgers, dessen Leistungsverpflichtung nachträglich entfallen ist

(1) Hat ein Leistungsträger Sozialleistungen erbracht und ist der Anspruch auf diese nachträglich ganz oder teilweise entfallen, ist der für die entsprechende Leistung zuständige Leistungsträger erstattungspflichtig, soweit dieser nicht bereits selbst geleistet hat, bevor er von der Leistung des anderen Leistungsträgers Kenntnis erlangt hat.

(2) Der Umfang des Erstattungsanspruchs richtet sich nach den für den zuständigen Leistungsträger geltenden Rechtsvorschriften.

(3) Die Absätze 1 und 2 gelten gegenüber den Trägern der Eingliederungshilfe, der Sozialhilfe, der Sozialen Entschädigung, soweit diese Besondere Leistungen im Einzelfall erbringen, und der Jugendhilfe nur von dem Zeitpunkt ab, von dem ihnen bekannt war, dass die Voraussetzungen für ihre Leistungspflicht vorlagen.

§ 104 Anspruch des nachrangig verpflichteten Leistungsträgers

(1) [1]Hat ein nachrangig verpflichteter Leistungsträger Sozialleistungen erbracht, ohne dass die Voraussetzungen von § 103 Abs. 1 vorliegen, ist der Leistungsträger erstattungspflichtig, gegen den der Berechtigte vorrangig einen Anspruch hat oder hatte, soweit der Leistungsträger nicht bereits selbst geleistet hat, bevor er von der Leistung des anderen Leistungsträgers Kenntnis erlangt hat. [2]Nachrangig verpflichtet ist ein Leistungsträger, soweit dieser bei rechtzeitiger Erfüllung der Leistungsverpflichtung eines anderen Leistungsträgers selbst nicht zur Leistung verpflichtet gewesen wäre. [3]Ein Erstattungsanspruch besteht nicht, soweit der nachrangige Leistungsträger seine Leistungen auch bei Leistung des vorrangig verpflichteten Leistungsträgers hätte erbringen müssen. [4]Satz 1 gilt entsprechend, wenn von den Trägern der Eingliederungshilfe, der Sozialhilfe, der Sozialen Entschädigung, soweit diese Besondere Leistungen im Einzelfall erbringen, und der Jugendhilfe Aufwendungsersatz geltend gemacht oder ein Kostenbeitrag erhoben werden kann; Satz 3 gilt in diesen Fällen nicht.

(2) Absatz 1 gilt auch dann, wenn von einem nachrangig verpflichteten Leistungsträger für einen Angehörigen Sozialleistungen erbracht worden sind und ein anderer mit Rücksicht auf diesen Angehörigen einen Anspruch auf Sozialleistungen, auch auf besonders bezeichnete Leistungsteile, gegenüber einem vorrangig verpflichteten Leistungsträger hat oder hatte.

(3) Der Umfang des Erstattungsanspruchs richtet sich nach den für den vorrangig verpflichteten Leistungsträger geltenden Rechtsvorschriften.

(4) Sind mehrere Leistungsträger vorrangig verpflichtet, kann der Leistungsträger, der die Sozialleistung erbracht hat, Erstattung nur von dem Leistungsträger verlangen, für den er nach § 107 Abs. 2 mit befreiender Wirkung geleistet hat.

§ 105 Anspruch des unzuständigen Leistungsträgers

(1) [1]Hat ein unzuständiger Leistungsträger Sozialleistungen erbracht, ohne dass die Voraussetzungen von § 102 Abs. 1 vorliegen, ist der zuständige oder zuständig gewesene Leistungsträger erstattungspflichtig, soweit dieser nicht bereits selbst geleistet hat, bevor er von der Leistung des anderen Leistungsträgers Kenntnis erlangt hat. [2]§ 104 Abs. 2 gilt entsprechend.

(2) Der Umfang des Erstattungsanspruchs richtet sich nach den für den zuständigen Leistungsträger geltenden Rechtsvorschriften.

(3) Die Absätze 1 und 2 gelten gegenüber den Trägern der Eingliederungshilfe, der Sozialhilfe, der Sozialen Entschädigung, soweit diese Besondere Leistungen im Einzelfall erbringen, und der Jugendhilfe nur von dem Zeitpunkt ab, von dem ihnen bekannt war, dass die Voraussetzungen für ihre Leistungspflicht vorlagen.

§ 106 Rangfolge bei mehreren Erstattungsberechtigten

(1) [1]Ist ein Leistungsträger mehreren Leistungsträgern zur Erstattung verpflichtet, sind die Ansprüche in folgender Rangfolge zu befriedigen:

[2]1. (weggefallen)

2. der Anspruch des vorläufig leistenden Leistungsträgers nach § 102,

3. der Anspruch des Leistungsträgers, dessen Leistungsverpflichtung nachträglich entfallen ist, nach § 103,

4. der Anspruch des nachrangig verpflichteten Leistungsträgers nach § 104,

5. der Anspruch des unzuständigen Leistungsträgers nach § 105.

(2) [1]Treffen ranggleiche Ansprüche von Leistungsträgern zusammen, sind diese anteilsmäßig zu befriedigen. [2]Machen mehrere Leistungsträger Ansprüche nach § 104 geltend, ist zuerst derjenige zu befriedigen, der im Verhältnis der nachrangigen Leistungsträger untereinander einen Erstattungsanspruch nach § 104 hätte.

(3) Der Erstattungspflichtige muss insgesamt nicht mehr erstatten, als er nach den für ihn geltenden Erstattungsvorschriften einzeln zu erbringen hätte.

§ 107 Erfüllung

(1) Soweit ein Erstattungsanspruch besteht, gilt der Anspruch des Berechtigten gegen den zur Leistung verpflichteten Leistungsträger als erfüllt.

(2) [1]Hat der Berechtigte Ansprüche gegen mehrere Leistungsträger, gilt der Anspruch als erfüllt, den der Träger, der die Sozialleistung erbracht hat, bestimmt. [2]Die Bestimmung ist dem Berechtigten gegenüber unverzüglich vorzunehmen und den übrigen Leistungsträgern mitzuteilen.

§ 108 Erstattung in Geld, Verzinsung

(1) Sach- und Dienstleistungen sind in Geld zu erstatten.

(2) [1]Ein Erstattungsanspruch der Träger der Eingliederungshilfe, der Sozialhilfe, der Sozialen Entschädigung, soweit diese Besondere Leistungen im Einzelfall erbringen, und der Jugendhilfe ist von anderen Leistungsträgern

1. für die Dauer des Erstattungszeitraumes und
2. für den Zeitraum nach Ablauf eines Kalendermonats nach Eingang des vollständigen, den gesamten Erstattungszeitraum umfassenden Erstattungsantrages beim zuständigen Erstattungsverpflichteten bis zum Ablauf des Kalendermonats vor der Zahlung

auf Antrag mit vier vom Hundert zu verzinsen. [2]Die Verzinsung beginnt frühestens nach Ablauf von sechs Kalendermonaten nach Eingang des vollständigen Leistungsantrages des Leistungsberechtigten beim zuständigen Leistungsträger, beim Fehlen eines Antrages nach Ablauf eines Kalendermonats nach Bekanntgabe der Entscheidung über die Leistung. [3]§ 44 Abs. 3 des Ersten Buches findet Anwendung; § 16 des Ersten Buches gilt nicht.

§ 109 Verwaltungskosten und Auslagen

[1]Verwaltungskosten sind nicht zu erstatten. [2]Auslagen sind auf Anforderung zu erstatten, wenn sie im Einzelfall 200 Euro übersteigen. [3]Die Bundesregierung kann durch Rechtsverordnung mit Zustimmung des Bundesrates den in Satz 2 genannten Betrag entsprechend der jährlichen Steigerung der monatlichen Bezugsgröße nach § 18 des Vierten Buches anheben und dabei auf zehn Euro nach unten oder oben runden.

§ 110 Pauschalierung

[1]Die Leistungsträger haben ihre Erstattungsansprüche pauschal abzugelten, soweit dies zweckmäßig ist. [2]Beträgt im Einzelfall ein Erstattungsanspruch voraussichtlich weniger als 50 Euro, erfolgt keine Erstattung. [3]Die Leistungsträger können abweichend von Satz 2 höhere Beträge vereinbaren. [4]Die Bundesregierung kann durch Rechtsverordnung mit Zustimmung des Bundesrates den in Satz 2 genannten Betrag entsprechend der jährli-

chen Steigerung der monatlichen Bezugsgröße nach § 18 des Vierten Buches anheben und dabei auf zehn Euro nach unten oder oben runden.

§ 111 Ausschlussfrist

[1]Der Anspruch auf Erstattung ist ausgeschlossen, wenn der Erstattungsberechtigte ihn nicht spätestens zwölf Monate nach Ablauf des letzten Tages, für den die Leistung erbracht wurde, geltend macht. [2]Der Lauf der Frist beginnt frühestens mit dem Zeitpunkt, zu dem der erstattungsberechtigte Leistungsträger von der Entscheidung des erstattungspflichtigen Leistungsträgers über seine Leistungspflicht Kenntnis erlangt hat.

§ 112 Rückerstattung

Soweit eine Erstattung zu Unrecht erfolgt ist, sind die gezahlten Beträge zurückzuerstatten.

§ 113 Verjährung

(1) [1]Erstattungsansprüche verjähren in vier Jahren nach Ablauf des Kalenderjahres, in dem der erstattungsberechtigte Leistungsträger von der Entscheidung des erstattungspflichtigen Leistungsträgers über dessen Leistungspflicht Kenntnis erlangt hat. [2]Rückerstattungsansprüche verjähren in vier Jahren nach Ablauf des Kalenderjahres, in dem die Erstattung zu Unrecht erfolgt ist.

(2) Für die Hemmung, die Ablaufhemmung, den Neubeginn und die Wirkung der Verjährung gelten die Vorschriften des Bürgerlichen Gesetzbuchs sinngemäß.

§ 114 Rechtsweg

[1]Für den Erstattungsanspruch ist derselbe Rechtsweg wie für den Anspruch auf die Sozialleistung gegeben. [2]Maßgebend ist im Fall des § 102 der Anspruch gegen den vorleistenden Leistungsträger und im Fall der §§ 103 bis 105 der Anspruch gegen den erstattungspflichtigen Leistungsträger.

Dritter Abschnitt
Erstattungs- und Ersatzansprüche der Leistungsträger gegen Dritte

§ 115 Ansprüche gegen den Arbeitgeber

(1) Soweit der Arbeitgeber den Anspruch des Arbeitnehmers auf Arbeitsentgelt nicht erfüllt und deshalb ein Leistungsträger Sozialleistungen erbracht hat, geht der Anspruch des Arbeitnehmers gegen den Arbeitgeber auf den Leistungsträger bis zur Höhe der erbrachten Sozialleistungen über.

(2) Der Übergang wird nicht dadurch ausgeschlossen, dass der Anspruch nicht übertragen, verpfändet oder gepfändet werden kann.

(3) An Stelle der Ansprüche des Arbeitnehmers auf Sachbezüge tritt im Fall des Absatzes 1 der Anspruch auf Geld; die Höhe bestimmt sich nach den nach § 17 Absatz 1 Satz 1 Nummer 4 des Vierten Buches festgelegten Werten der Sachbezüge.

§ 116 Ansprüche gegen Schadenersatzpflichtige

(1) [1]Ein auf anderen gesetzlichen Vorschriften beruhender Anspruch auf Ersatz eines Schadens geht auf den Versicherungsträger oder Träger der Eingliederungshilfe oder der Sozialhilfe über, soweit dieser auf Grund des Schadensereignisses Sozialleistungen zu erbringen hat, die der Behebung eines Schadens der gleichen Art dienen und sich auf denselben Zeitraum wie der vom Schädiger zu leistende Schadensersatz beziehen. [2]Dazu gehören auch

1. die Beiträge, die von Sozialleistungen zu zahlen sind, und
2. die Beiträge zur Krankenversicherung, die für die Dauer des Anspruchs auf Krankengeld unbeschadet des § 224 Abs. 1 des Fünften Buches zu zahlen wären.

(2) Ist der Anspruch auf Ersatz eines Schadens durch Gesetz der Höhe nach begrenzt, geht er auf den Versicherungsträger oder Träger der Eingliederungshilfe oder der Sozialhilfe über, soweit er nicht zum Ausgleich des Schadens des Geschädigten oder seiner Hinterbliebenen erforderlich ist.

(3) [1]Ist der Anspruch auf Ersatz eines Schadens durch ein mitwirkendes Verschulden oder eine mitwirkende Verantwortlichkeit des Geschädigten begrenzt, geht auf den Versicherungsträger oder Träger der Sozialhilfe von dem nach Absatz 1 bei unbegrenzter Haftung übergehenden Ersatzanspruch der Anteil über, welcher dem Vomhundertsatz entspricht, für den der Schädiger ersatzpflichtig ist. [2]Dies gilt auch, wenn der Ersatzanspruch durch Gesetz der Höhe nach begrenzt ist. [3]Der Anspruchsübergang ist ausgeschlossen, soweit der Geschädigte oder seine Hinterbliebenen dadurch hilfebedürftig im Sinne der Vorschriften des Zwölften Buches werden.

(4) Stehen der Durchsetzung der Ansprüche auf Ersatz eines Schadens tatsächliche Hindernisse entgegen, hat die Durchsetzung der Ansprüche des Geschädigten und seiner Hinterbliebenen Vorrang vor den übergegangenen Ansprüchen nach Absatz 1.

(5) Hat ein Versicherungsträger oder Träger der Eingliederungshilfe oder der Sozialhilfe auf Grund des Schadensereignisses dem Geschädigten oder seinen Hinterbliebenen keine höheren Sozialleistungen zu erbringen als vor diesem Ereignis, geht in den Fällen des Absatzes 3 Satz 1 und 2 der Schadenersatzanspruch nur insoweit über, als der geschuldete Schadenersatz nicht zur vollen Deckung des eigenen Schadens des Geschädigten oder seiner Hinterbliebenen erforderlich ist.

(6) [1]Ein nach Absatz 1 übergegangener Ersatzanspruch kann bei nicht vorsätzlichen Schädigungen durch eine Person, die im Zeitpunkt des Schadensereignisses mit dem Geschädigten oder seinen Hinterbliebenen in häuslicher Gemeinschaft lebt, nicht geltend gemacht werden. [2]Ein Ersatzanspruch nach Absatz 1 kann auch dann nicht geltend gemacht werden, wenn der Schädiger mit dem Geschädigten oder einem Hinterbliebenen nach Eintritt des Schadensereignisses die Ehe geschlossen oder eine Lebenspartnerschaft

begründet hat und in häuslicher Gemeinschaft lebt. [3]Abweichend von den Sätzen 1 und 2 kann ein Ersatzanspruch bis zur Höhe der zur Verfügung stehenden Versicherungssumme geltend gemacht werden, wenn der Schaden bei dem Betrieb eines Fahrzeugs entstanden ist, für das Versicherungsschutz nach § 1 des Pflichtversicherungsgesetzes oder § 3 des Auslandsfahrzeug-Pflichtversicherungsgesetzes besteht. [4]Der Ersatzanspruch kann in den Fällen des Satzes 3 gegen den Schädiger in voller Höhe geltend gemacht werden, wenn er den Versicherungsfall vorsätzlich verursacht hat.

(7) [1]Haben der Geschädigte oder seine Hinterbliebenen von dem zum Schadenersatz Verpflichteten auf einen übergegangenen Anspruch mit befreiender Wirkung gegenüber dem Versicherungsträger oder Träger der Eingliederungshilfe oder der Sozialhilfe Leistungen erhalten, haben sie insoweit dem Versicherungsträger oder Träger der Eingliederungshilfe oder der Sozialhilfe die erbrachten Leistungen zu erstatten. [2]Haben die Leistungen gegenüber dem Versicherungsträger oder Träger der Sozialhilfe keine befreiende Wirkung, haften der zum Schadenersatz Verpflichtete und der Geschädigte oder dessen Hinterbliebene dem Versicherungsträger oder Träger der Sozialhilfe als Gesamtschuldner.

(8) Weist der Versicherungsträger oder Träger der Sozialhilfe nicht höhere Leistungen nach, sind vorbehaltlich der Absätze 2 und 3 je Schadensfall für nicht stationäre ärztliche Behandlung und Versorgung mit Arznei- und Verbandmitteln 5 vom Hundert der monatlichen Bezugsgröße nach § 18 des Vierten Buches zu ersetzen.

(9) Die Vereinbarung einer Pauschalierung der Ersatzansprüche ist zulässig.

(10) Die Bundesagentur für Arbeit und die Träger der Grundsicherung für Arbeitsuchende nach dem Zweiten Buch gelten als Versicherungsträger im Sinne dieser Vorschrift.

§ 117 Schadenersatzansprüche mehrerer Leistungsträger

[1]Haben im Einzelfall mehrere Leistungsträger Sozialleistungen erbracht und ist in den Fällen des § 116 Abs. 2 und 3 der übergegangene Anspruch auf Ersatz des Schadens begrenzt, sind die Leistungsträger Gesamtgläubiger. [2]Untereinander sind sie im Verhältnis der von ihnen erbrachten Sozialleistungen zum Ausgleich verpflichtet. [3]Soweit jedoch eine Sozialleistung allein von einem Leistungsträger erbracht ist, steht der Ersatzanspruch im Innenverhältnis nur diesem zu. [4]Die Leistungsträger können ein anderes Ausgleichsverhältnis vereinbaren.

§ 118 Bindung der Gerichte

Hat ein Gericht über einen nach § 116 übergegangenen Anspruch zu entscheiden, ist es an eine unanfechtbare Entscheidung gebunden, dass und in welchem Umfang der Leistungsträger zur Leistung verpflichtet ist.

§ 119 Übergang von Beitragsansprüchen

(1) [1]Soweit der Schadenersatzanspruch eines Versicherten den Anspruch auf Ersatz von Beiträgen zur Rentenversicherung umfasst, geht dieser auf den Versicherungsträger über, wenn der Geschädigte im Zeitpunkt des Schadensereignisses bereits Pflichtbeitragszeiten nachweist oder danach pflichtversichert wird; dies gilt nicht, soweit

1. der Arbeitgeber das Arbeitsentgelt fortzahlt oder sonstige der Beitragspflicht unterliegende Leistungen erbringt oder
2. der Anspruch auf Ersatz von Beiträgen nach § 116 übergegangen ist.

[2]Für den Anspruch auf Ersatz von Beiträgen zur Rentenversicherung gilt § 116 Abs. 3 Satz 1 und 2 entsprechend, soweit die Beiträge auf den Unterschiedsbetrag zwischen dem bei unbegrenzter Haftung zu ersetzenden Arbeitsentgelt oder Arbeitseinkommen und der bei Bezug von Sozialleistungen beitragspflichtigen Einnahme entfallen.

(2) [1]Der Versicherungsträger, auf den ein Teil des Anspruchs auf Ersatz von Beiträgen zur Rentenversicherung nach § 116 übergeht, übermittelt den von ihm festgestellten Sachverhalt dem Träger der Rentenversicherung auf einem einheitlichen Meldevordruck. [2]Das Nähere über den Inhalt des Meldevordrucks und das Mitteilungsverfahren bestimmen die Spitzenverbände der Sozialversicherungsträger.

(3) [1]Die eingegangenen Beiträge oder Beitragsanteile gelten in der Rentenversicherung als Pflichtbeiträge. [2]Durch den Übergang des Anspruchs auf Ersatz von Beiträgen darf der Versicherte nicht schlechter gestellt werden, als er ohne den Schadenersatzanspruch gestanden hätte.

(4) [1]Die Vereinbarung der Abfindung von Ansprüchen auf Ersatz von Beiträgen zur Rentenversicherung mit einem ihrem Kapitalwert entsprechenden Betrag ist im Einzelfall zulässig. [2]Im Fall des Absatzes 1 Satz 1 Nr. 1 gelten für die Mitwirkungspflichten des Geschädigten die §§ 60, 61, 65 Abs. 1 und 3 sowie § 65a des Ersten Buches entsprechend.

Viertes Kapitel
Übergangs- und Schlussvorschriften

§ 120 Übergangsregelung

(1) [1]Die §§ 116 bis 119 sind nur auf Schadensereignisse nach dem 30. Juni 1983 anzuwenden; für frühere Schadensereignisse gilt das bis 30. Juni 1983 geltende Recht weiter. [2]Ist das Schadensereignis nach dem 30. Juni 1983 eingetreten, sind § 116 Abs. 1 Satz 2 und § 119 Abs. 1, 3 und 4 in der ab 1. Januar 2001 geltenden Fassung auf einen Sachverhalt auch dann anzuwenden, wenn der Sachverhalt bereits vor diesem Zeitpunkt bestanden hat und darüber noch nicht abschließend entschieden ist. [3]§ 116 Absatz 6 ist nur auf Schadensereignisse nach dem 31. Dezember 2020 anzuwenden; für frühere Schadensereignisse gilt das bis 31. Dezember 2020 geltende Recht weiter.

(2) § 111 Satz 2 und § 113 Abs. 1 Satz 1 sind in der vom 1. Januar 2001 an geltenden Fassung auf die Erstattungsverfahren anzuwenden, die am 1. Juni 2000 noch nicht abschließend entschieden waren.

(3) Eine Rückerstattung ist in den am 1. Januar 2001 bereits abschließend entschiedenen Fällen ausgeschlossen, wenn die Erstattung nach § 111 Satz 2 in der ab 1. Januar 2001 geltenden Fassung zu Recht erfolgt ist.

(4) (weggefallen)

(5) Artikel 229 § 6 Abs. 1 bis 4 des Einführungsgesetzes zum Bürgerlichen Gesetzbuche gilt entsprechend bei der Anwendung des § 50 Abs. 4 Satz 2 und der §§ 52 und 113 Abs. 2 in der seit dem 1. Januar 2002 geltenden Fassung.

(6) § 66 Abs. 1 Satz 3 bis 5, Abs. 2 und 3 Satz 2 in der ab dem 30. März 2005 geltenden Fassung gilt nur für Bestellungen zu Vollstreckungs- und Vollziehungsbeamten ab dem 30. März 2005.

(7) § 94 Absatz 1a Satz 3 findet nur Anwendung auf die Bildung von oder den Beitritt zu Arbeitsgemeinschaften, wenn die Bildung oder der Beitritt nach dem 30. Juni 2020 erfolgt; die am 30. Juni 2020 bereits bestehenden Arbeitsgemeinschaften dürfen weitergeführt werden.

(8) Für Personen, die Leistungen nach dem Soldatenversorgungsgesetz in Verbindung mit dem Bundesversorgungsgesetz , erhalten, gelten § 64 Absatz 2 Satz 3 Nummer 2 und Absatz 3 Satz 2, § 65 Absatz 1 Satz 3, § 66 Absatz 2, § 88 Absatz 1 Satz 2, § 103 Absatz 3, § 104 Absatz 1 Satz 4, § 105 Absatz 3 und § 108 Absatz 2 Satz 1 in der bis zum 31. Dezember 2023 geltenden Fassung weiter.

Sozialgesetzbuch (SGB) – Elftes Buch (XI) – Soziale Pflegeversicherung (Artikel 1 des Gesetzes vom 26. Mai 1994, BGBl. I S. 1014)

vom 26. Mai 1994 (BGBl. I S. 1014, 1015), das zuletzt durch Artikel 4 des Gesetzes vom 30. Mai 2024 (BGBl. 2024 I Nr. 173) geändert worden ist

– Auszug –

Erstes Kapitel
Allgemeine Vorschriften

§ 1 Soziale Pflegeversicherung

(1) Zur sozialen Absicherung des Risikos der Pflegebedürftigkeit wird als neuer eigenständiger Zweig der Sozialversicherung eine soziale Pflegeversicherung geschaffen.

(2) [1]In den Schutz der sozialen Pflegeversicherung sind kraft Gesetzes alle einbezogen, die in der gesetzlichen Krankenversicherung versichert sind. [2]Wer gegen Krankheit bei einem privaten Krankenversicherungsunternehmen versichert ist, muß eine private Pflegeversicherung abschließen.

(3) Träger der sozialen Pflegeversicherung sind die Pflegekassen; ihre Aufgaben werden von den Krankenkassen (§ 4 des Fünften Buches) wahrgenommen.

(4) Die Pflegeversicherung hat die Aufgabe, Pflegebedürftigen Hilfe zu leisten, die wegen der Schwere der Pflegebedürftigkeit auf solidarische Unterstützung angewiesen sind.

(5) In der Pflegeversicherung sollen geschlechtsspezifische Unterschiede bezüglich der Pflegebedürftigkeit von Männern und Frauen und ihrer Bedarfe an Leistungen berücksichtigt und den Bedürfnissen nach einer kultursensiblen Pflege nach Möglichkeit Rechnung getragen werden.

(6) [1]Die Ausgaben der Pflegeversicherung werden durch Beiträge der Mitglieder und der Arbeitgeber finanziert. [2]Die Beiträge richten sich nach den beitragspflichtigen Einnahmen der Mitglieder. [3]Für versicherte Familienangehörige und eingetragene Lebenspartner (Lebenspartner) werden Beiträge nicht erhoben.

Drittes Kapitel Versicherungspflichtiger Personenkreis

§ 20 Versicherungspflicht in der sozialen Pflegeversicherung für Mitglieder der gesetzlichen Krankenversicherung

(1) [1]Versicherungspflichtig in der sozialen Pflegeversicherung sind die versicherungspflichtigen Mitglieder der gesetzlichen Krankenversicherung. [2]Dies sind:

(Nr. 1–8. nicht abgedruckt)

9. Studenten, die an staatlichen oder staatlich anerkannten Hochschulen eingeschrieben sind, soweit sie nach § 5 Abs. 1 Nr. 9 des Fünften Buches der Krankenversicherungspflicht unterliegen,
10. Personen, die zu ihrer Berufsausbildung ohne Arbeitsentgelt beschäftigt sind oder die eine Fachschule oder Berufsfachschule besuchen oder eine in Studien- oder Prüfungsordnungen vorgeschriebene berufspraktische Tätigkeit ohne Arbeitsentgelt verrichten (Praktikanten), längstens bis zur Vollendung des 30. Lebensjahres; Auszubildende des Zweiten Bildungsweges, die sich in einem nach dem Bundesausbildungsförderungsgesetz förderungsfähigen Teil eines Ausbildungsabschnittes befinden, sind Praktikanten gleichgestellt,

(Nr. 11–12 nicht abgedruckt)

(Abs. 2 und 2a nicht abgedruckt)

(3) Freiwillige Mitglieder der gesetzlichen Krankenversicherung sind versicherungspflichtig in der sozialen Pflegeversicherung.

(Abs. 4 nicht abgedruckt)

§ 22 Befreiung von der Versicherungspflicht

(1) [1]Personen, die nach § 20 Abs. 3 in der sozialen Pflegeversicherung versicherungspflichtig sind, können auf Antrag von der Versicherungspflicht befreit werden, wenn sie nachweisen, daß sie bei einem privaten Versicherungsunternehmen gegen Pflegebedürftigkeit versichert sind und für sich und ihre Angehörigen oder Lebenspartner, die bei Versicherungspflicht nach § 25 versichert wären, Leistungen beanspruchen können, die nach Art und Umfang den Leistungen des Vierten Kapitels gleichwertig sind. [2]Die befreiten Personen sind verpflichtet, den Versicherungsvertrag aufrechtzuerhalten, solange sie krankenversichert sind. [3]Personen, die bei Pflegebedürftigkeit Beihilfeleistungen erhalten, sind zum Abschluß einer entsprechenden anteiligen Versicherung im Sinne des Satzes 1 verpflichtet.

(2) [1]Der Antrag kann nur innerhalb von drei Monaten nach Beginn der Versicherungspflicht bei der Pflegekasse gestellt werden. [2]Die Befreiung wirkt vom Beginn der Versicherungspflicht an, wenn seit diesem Zeitpunkt noch keine Leistungen in Anspruch genommen wurden, sonst vom Beginn des Kalendermonats an, der auf die Antragstellung folgt. [3]Die Befreiung kann nicht widerrufen werden.

§ 23 Versicherungspflicht für Versicherte der privaten Krankenversicherungsunternehmen

(1) [1]Personen, die gegen das Risiko Krankheit bei einem privaten Krankenversicherungsunternehmen mit Anspruch auf allgemeine Krankenhausleistungen oder im Rahmen von Versicherungsverträgen, die der Versicherungspflicht nach § 193 Abs. 3 des Versicherungsvertragsgesetzes genügen, versichert sind, sind vorbehaltlich des Absatzes 2 verpflichtet, bei diesem Unternehmen zur Absicherung des Risikos der Pflegebedürftigkeit einen Versicherungsvertrag abzuschließen und aufrechtzuerhalten. [2]Der Vertrag muß ab dem Zeitpunkt des Eintritts der Versicherungspflicht für sie selbst und ihre Angehörigen oder Lebenspartner, für die in der sozialen Pflegeversicherung nach § 25 eine Familienversicherung bestünde, Vertragsleistungen vorsehen, die nach Art und Umfang den Leistungen des Vierten Kapitels gleichwertig sind. [3]Dabei tritt an die Stelle der Sachleistungen eine der Höhe nach gleiche Kostenerstattung.

(2) [1]Der Vertrag nach Absatz 1 kann auch bei einem anderen privaten Versicherungsunternehmen abgeschlossen werden. [2]Das Wahlrecht ist innerhalb von sechs Monaten auszuüben. [3]Die Frist beginnt mit dem Eintritt der individuellen Versicherungspflicht. [4]Das Recht zur Kündigung des Vertrages wird durch den Ablauf der Frist nicht berührt; bei fortbestehender Versicherungspflicht nach Absatz 1 wird eine Kündigung des Vertrages jedoch erst wirksam, wenn der Versicherungsnehmer nachweist, dass die versicherte Person bei einem neuen Versicherer ohne Unterbrechung versichert ist.

(Abs. 3–6 nicht abgedruckt)

§ 25 Familienversicherung

(1) [1]Versichert sind der Ehegatte, der Lebenspartner und die Kinder von Mitgliedern sowie die Kinder von familienversicherten Kindern, wenn diese Familienangehörigen

1. ihren Wohnsitz oder gewöhnlichen Aufenthalt im Inland haben,
2. nicht nach § 20 Abs. 1 Nr. 1 bis 8 oder 11 oder nach § 20 Abs. 3 versicherungspflichtig sind,
3. nicht nach § 22 von der Versicherungspflicht befreit oder nach § 23 in der privaten Pflegeversicherung pflichtversichert sind,
4. nicht hauptberuflich selbständig erwerbstätig sind und
5. kein Gesamteinkommen haben, das regelmäßig im Monat ein Siebtel der monatlichen Bezugsgröße nach § 18 des Vierten Buches, überschreitet; bei Abfindungen, Entschädigungen oder ähnlichen Leistungen (Entlassungsentschädigungen), die we-

gen der Beendigung eines Arbeitsverhältnisses in Form nicht monatlich wiederkehrender Leistungen gezahlt werden, wird das zuletzt erzielte monatliche Arbeitsentgelt für die der Auszahlung der Entlassungsentschädigung folgenden Monate bis zu dem Monat berücksichtigt, in dem im Fall der Fortzahlung des Arbeitsentgelts die Höhe der gezahlten Entlassungsentschädigung erreicht worden wäre; bei Renten wird der Zahlbetrag ohne den auf Entgeltpunkte für Kindererziehungszeiten entfallenden Teil berücksichtigt; für Familienangehörige, die eine geringfügige Beschäftigung nach § 8 Absatz 1 Nummer 1 oder § 8a des Vierten Buches in Verbindung mit § 8 Absatz 1 Nummer 1 des Vierten Buches ausüben, ist ein regelmäßiges monatliches Gesamteinkommen bis zur Geringfügigkeitsgrenze zulässig.

[2]§ 7 Abs. 1 Satz 3 und 4 und Abs. 2 des Zweiten Gesetzes über die Krankenversicherung der Landwirte sowie § 10 Absatz 1 Satz 2 und 3 des Fünften Buches gelten entsprechend.

(2) [1]Kinder sind versichert:

1. bis zur Vollendung des 18. Lebensjahres,
2. bis zur Vollendung des 23. Lebensjahres, wenn sie nicht erwerbstätig sind,
3. bis zur Vollendung des 25. Lebensjahres, wenn sie sich in Schul- oder Berufsausbildung befinden oder ein freiwilliges soziales Jahr oder ein freiwilliges ökologisches Jahr im Sinne des Jugendfreiwilligendienstegesetzes leisten; wird die Schul- oder Berufsausbildung durch Erfüllung einer gesetzlichen Dienstpflicht des Kindes unterbrochen oder verzögert, besteht die Versicherung auch für einen der Dauer dieses Dienstes entsprechenden Zeitraum über das 25. Lebensjahr hinaus; dies gilt auch bei einer Unterbrechung durch den freiwilligen Wehrdienst nach § 58b des Soldatengesetzes, einen Freiwilligendienst nach dem Bundesfreiwilligendienstgesetz, dem Jugendfreiwilligendienstegesetz oder einen vergleichbaren anerkannten Freiwilligendienst oder durch eine Tätigkeit als Entwicklungshelfer im Sinne des § 1 Absatz 1 des Entwicklungshelfer-Gesetzes für die Dauer von höchstens zwölf Monaten; wird als Berufsausbildung ein Studium an einer staatlichen oder staatlich anerkannten Hochschule abgeschlossen, besteht die Versicherung bis zum Ablauf des Semesters fort, längstens bis zur Vollendung des 25. Lebensjahres; § 186 Absatz 7 Satz 2 und 3 des Fünften Buches gilt entsprechend,
4. ohne Altersgrenze, wenn sie wegen körperlicher, geistiger oder seelischer Behinderung (§ 2 Abs. 1 des Neunten Buches) außerstande sind, sich selbst zu unterhalten; Voraussetzung ist, daß die Behinderung (§ 2 Abs. 1 des Neunten Buches) zu einem Zeitpunkt vorlag, in dem das Kind nach Nummer 1, 2 oder 3 versichert war.

[2]§ 10 Abs. 4 und 5 des Fünften Buches gilt entsprechend.

(3) Kinder sind nicht versichert, wenn der mit den Kindern verwandte Ehegatte oder Lebenspartner des Mitglieds nach § 22 von der Versicherungspflicht befreit oder nach § 23 in der privaten Pflegeversicherung pflichtversichert ist und sein Gesamteinkommen regelmäßig im Monat ein Zwölftel der Jahresarbeitsentgeltgrenze nach dem Fünften Buch übersteigt und regelmäßig höher als das Gesamteinkommen des Mitglieds ist; bei Renten wird der Zahlbetrag berücksichtigt.

(4) [1]Die Versicherung nach Absatz 2 Nr. 1, 2 und 3 bleibt bei Personen, die auf Grund gesetzlicher Pflicht Wehrdienst oder Zivildienst oder die Dienstleistungen oder Übungen nach dem Vierten Abschnitt des Soldatengesetzes leisten, für die Dauer des Dienstes bestehen. [2]Dies gilt auch für Personen in einem Wehrdienstverhältnis besonderer Art nach § 6 des Einsatz-Weiterverwendungsgesetzes.

§ 26 Weiterversicherung

(1) [1]Personen, die aus der Versicherungspflicht nach § 20 oder § 21 ausgeschieden sind und in den letzten fünf Jahren vor dem Ausscheiden mindestens 24 Monate oder unmittelbar vor dem Ausscheiden mindestens zwölf Monate versichert waren, können sich auf Antrag in der sozialen Pflegeversicherung weiterversichern, sofern für sie keine Versicherungspflicht nach § 23 Abs. 1 eintritt. [2]Dies gilt auch für Personen, deren Familienversicherung nach § 25 erlischt oder nur deswegen nicht besteht, weil die Voraussetzungen des § 25 Abs. 3 vorliegen. [3]Der Antrag ist in den Fällen des Satzes 1 innerhalb von drei Monaten nach Beendigung der Mitgliedschaft, in den Fällen des Satzes 2 nach Beendigung der Familienversicherung oder nach Geburt des Kindes bei der zuständigen Pflegekasse zu stellen.

(2) [1]Personen, die wegen der Verlegung ihres Wohnsitzes oder gewöhnlichen Aufenthaltes ins Ausland aus der Versicherungspflicht ausscheiden, können sich auf Antrag weiterversichern. [2]Der Antrag ist bis spätestens einen Monat nach Ausscheiden aus der Versicherungspflicht bei der Pflegekasse zu stellen, bei der die Versicherung zuletzt bestand. [3]Die Weiterversicherung erstreckt sich auch auf die nach § 25 versicherten Familienangehörigen oder Lebenspartner, die gemeinsam mit dem Mitglied ihren Wohnsitz oder gewöhnlichen Aufenthalt in das Ausland verlegen. [4]Für Familienangehörige oder Lebenspartner, die im Inland verbleiben, endet die Familienversicherung nach § 25 mit dem Tag, an dem das Mitglied seinen Wohnsitz oder gewöhnlichen Aufenthalt ins Ausland verlegt.

Dritter Abschnitt
Leistungen

Erster Titel
Leistungen bei häuslicher Pflege

§ 37 Pflegegeld für selbst beschaffte Pflegehilfen

(1) [1]Pflegebedürftige der Pflegegrade 2 bis 5 können anstelle der häuslichen Pflegehilfe ein Pflegegeld beantragen. [2]Der Anspruch setzt voraus, dass der Pflegebedürftige mit dem Pflegegeld dessen Umfang entsprechend die erforderlichen körperbezogenen Pflegemaßnahmen und pflegerischen Betreuungsmaßnahmen sowie Hilfen bei der Haushaltsführung in geeigneter Weise selbst sicherstellt. [3]Das Pflegegeld beträgt je Kalendermonat

1. 332 Euro für Pflegebedürftige des Pflegegrades 2,
2. 573 Euro für Pflegebedürftige des Pflegegrades 3,

3. 765 Euro für Pflegebedürftige des Pflegegrades 4,
4. 947 Euro für Pflegebedürftige des Pflegegrades 5.

(Abs. 2-9 nicht abgedruckt)

Sechstes Kapitel
Finanzierung

Erster Abschnitt
Beiträge

§ 59 Beitragstragung bei anderen Mitgliedern

(1) [1]Für die nach § 20 Abs. 1 Satz 2 Nr. 2 bis 12 versicherten Mitglieder der sozialen Pflegeversicherung, die in der gesetzlichen Krankenversicherung pflichtversichert sind, gelten für die Tragung der Beiträge die § 250 Abs. 1 und 3 und § 251 des Fünften Buches sowie § 48 des Zweiten Gesetzes über die Krankenversicherung der Landwirte entsprechend; die Beiträge aus der Rente der gesetzlichen Rentenversicherung sind von dem Mitglied allein zu tragen. [2]Bei Beziehern einer Rente nach dem Gesetz über die Alterssicherung der Landwirte, die nach § 20 Abs. 1 Satz 2 Nr. 3 versichert sind, und bei Beziehern von Produktionsaufgaberente oder Ausgleichsgeld, die nach § 14 Abs. 4 des Gesetzes zur Förderung der Einstellung der landwirtschaftlichen Erwerbstätigkeit versichert sind, werden die Beiträge aus diesen Leistungen von den Beziehern der Leistung allein getragen.

(Abs. 2–5 nicht abgedruckt)

Zehntes Kapitel
Private Pflegeversicherung

§ 110 Regelungen für die private Pflegeversicherung

(1) Um sicherzustellen, daß die Belange der Personen, die nach § 23 zum Abschluß eines Pflegeversicherungsvertrages bei einem privaten Krankenversicherungsunternehmen verpflichtet sind, ausreichend gewahrt werden und daß die Verträge auf Dauer erfüllbar bleiben, ohne die Interessen der Versicherten anderer Tarife zu vernachlässigen, werden die im Geltungsbereich dieses Gesetzes zum Betrieb der Pflegeversicherung befugten privaten Krankenversicherungsunternehmen verpflichtet,

1. mit allen in § 22 und § 23 Abs. 1, 3 und 4 genannten versicherungspflichtigen Personen auf Antrag einen Versicherungsvertrag abzuschließen, der einen Versicherungsschutz in dem in § 23 Abs. 1 und 3 festgelegten Umfang vorsieht (Kontrahierungszwang); dies gilt auch für das nach § 23 Abs. 2 gewählte Versicherungsunternehmen,

2. in den Verträgen, die Versicherungspflichtige in dem nach § 23 Abs. 1 und 3 vorgeschriebenen Umfang abschließen,

(a)–e) nicht abgedruckt)

f) die beitragsfreie Mitversicherung der Kinder des Versicherungsnehmers unter denselben Voraussetzungen, wie in § 25 festgelegt,

(g) nicht abgedruckt

(Abs. 2–5 nicht abgedruckt)

Sozialgesetzbuch (SGB) Zwölftes Buch (XII) – Sozialhilfe – (Artikel 1 des Gesetzes vom 27.Dezember 2003, BGBl. I S. 3022)

Zuletzt geändert durch Artikel 7 des Gesetzes vom 8. Mai 2024 (BGBl. 2024 I Nr. 152)

– Auszug –

Zweites Kapitel
Leistungen der Sozialhilfe

Zweiter Abschnitt
Anspruch auf Leistungen

§ 22 Sonderregelungen für Auszubildende

(1) [1]Auszubildende, deren Ausbildung im Rahmen des Bundesausbildungsförderungsgesetzes oder der §§ 51, 57 und 58 des Dritten Buches dem Grunde nach förderungsfähig ist, haben keinen Anspruch auf Leistungen nach dem Dritten und Vierten Kapitel. [2]In besonderen Härtefällen können Leistungen nach dem Dritten oder Vierten Kapitel als Beihilfe oder Darlehen gewährt werden.

(2) Absatz 1 findet keine Anwendung auf Auszubildende,

1. die auf Grund von § 2 Abs. 1a des Bundesausbildungsförderungsgesetzes keinen Anspruch auf Ausbildungsförderung oder auf Grund von § 60 Absatz 1 und 2 des Dritten Buches keinen Anspruch auf Berufsausbildungsbeihilfe haben,
2. deren Bedarf sich nach § 12 Abs. 1 Nr. 1 des Bundesausbildungsförderungsgesetzes oder nach § 62 Absatz 1 des Dritten Buches bemisst oder
3. die eine Abendhauptschule, eine Abendrealschule oder ein Abendgymnasium besuchen, sofern sie aufgrund von § 10 Abs. 3 des Bundesausbildungsförderungsgesetzes keinen Anspruch auf Ausbildungsförderung haben.

Drittes Kapitel
Hilfe zum Lebensunterhalt

Dritter Abschnitt
Bildung und Teilhabe

§ 34 Bedarfe für Bildung und Teilhabe

(1) [1]Bedarfe für Bildung nach den Absätzen 2 bis 6 von Schülerinnen und Schülern, die eine allgemein- oder berufsbildende Schule besuchen, sowie Bedarfe von Kindern und Jugendlichen für Teilhabe am sozialen und kulturellen Leben in der Gemeinschaft nach Absatz 7 werden neben den maßgebenden Regelbedarfsstufen gesondert berücksichtigt. [2]Leistungen hierfür werden nach den Maßgaben des § 34a gesondert erbracht.

(2) [1]Bedarfe werden bei Schülerinnen und Schülern in Höhe der tatsächlichen Aufwendungen anerkannt für

1. Schulausflüge und
2. mehrtägige Klassenfahrten im Rahmen der schulrechtlichen Bestimmungen.

[2]Für Kinder, die eine Tageseinrichtung besuchen oder für die Kindertagespflege geleistet wird, gilt Satz 1 entsprechend.

(3) [1]Bedarfe für die Ausstattung mit persönlichem Schulbedarf werden bei Schülerinnen und Schülern für den Monat, in dem der erste Schultag eines Schuljahres liegt, in Höhe von 100 Euro und für den Monat, in dem das zweite Schulhalbjahr eines Schuljahres beginnt, in Höhe von 50 Euro anerkannt. [2]Abweichend von Satz 1 ist Schülerinnen und Schülern für die Ausstattung mit persönlichem Schulbedarf ein Bedarf anzuerkennen

1. in Höhe von 100 Euro für das erste Schulhalbjahr, wenn die erstmalige Aufnahme innerhalb des Schuljahres nach dem Monat erfolgt, in dem das erste Schulhalbjahr beginnt, aber vor Beginn des Monats, in dem das zweite Schulhalbjahr beginnt,
2. in Höhe des Betrags für das erste und das zweite Schulhalbjahr, wenn die erstmalige Aufnahme innerhalb des Schuljahres in oder nach dem Monat erfolgt, in dem das zweite Schulhalbjahr beginnt,
3. in Höhe von 50 Euro, wenn der Schulbesuch nach dem Monat, in dem das Schuljahr begonnen hat, unterbrochen wird und die Wiederaufnahme nach dem Monat erfolgt, in dem das zweite Schulhalbjahr beginnt.

(3a) [1]Der nach Absatz 3 anzuerkennende Teilbetrag für ein erstes Schulhalbjahr eines Schuljahres wird kalenderjährlich mit den in der maßgeblichen Regelbedarfsstufen-Fortschreibungsverordnung nach den §§ 28a und 40 Nummer 1 bestimmten Prozentsätzen fortgeschrieben; der fortgeschriebene Wert ist bis unter 0,50 Euro auf den nächsten vollen Euro abzurunden und ab 0,50 Euro auf den nächsten vollen Euro aufzurunden (Anlage). [2]Der Teilbetrag für das zweite Schulhalbjahr eines Schuljahres nach Absatz 3 beträgt 50 Prozent des sich nach Satz 1 für das jeweilige Kalenderjahr ergebenden Teilbetrags (Anlage). [3]Liegen die Ergebnisse einer bundesweiten neuen Einkommens- und Verbrauchsstichprobe vor, ist der Teilbetrag nach Satz 1 durch Bundesgesetz um den Betrag zu erhöhen, der sich aus der prozentualen Erhöhung der Regelbedarfsstufe 1 nach § 28 für das jeweilige Kalenderjahr durch Bundesgesetz ergibt, das Ergebnis ist entsprechend Satz 1 zweiter Teilsatz zu runden und die Anlage zu ergänzen. [4]Aus dem sich nach Satz 3 ergebenden Teilbetrag für das erste Schulhalbjahr ist der Teilbetrag für das zweite Schulhalbjahr des jeweiligen Kalenderjahres entsprechend Satz 2 durch Bundesgesetz zu bestimmen und die Anlage um den sich ergebenden Betrag zu ergänzen.

(4) [1]Bei Schülerinnen und Schülern, die für den Besuch der nächstgelegenen Schule des gewählten Bildungsgangs auf Schülerbeförderung angewiesen sind, werden die dafür erforderlichen tatsächlichen Aufwendungen berücksichtigt, soweit sie nicht von Dritten übernommen werden. [2]Als nächstgelegene Schule des gewählten Bildungsgangs gilt auch eine Schule, die aufgrund ihres Profils gewählt wurde, soweit aus diesem Profil eine besondere inhaltliche oder organisatorische Ausgestaltung des Unterrichts folgt; dies sind insbesondere Schulen mit naturwissenschaftlichem, musischem, sportlichem oder sprachlichem Profil sowie bilinguale Schulen, und Schulen mit ganztägiger Ausrichtung.

(5) [1]Für Schülerinnen und Schüler wird eine schulische Angebote ergänzende angemessene Lernförderung berücksichtigt, soweit diese geeignet und zusätzlich erforderlich ist, um die nach den schulrechtlichen Bestimmungen festgelegten wesentlichen Lernziele zu erreichen. [2]Auf eine bestehende Versetzungsgefährdung kommt es dabei nicht an.

(6) [1]Bei Teilnahme an einer gemeinschaftlichen Mittagsverpflegung werden die entstehenden **Aufwendungen** berücksichtigt für

1. Schülerinnen und Schüler und
2. Kinder, die eine Tageseinrichtung besuchen oder für die Kindertagespflege geleistet wird.

[2]Für Schülerinnen und Schüler gilt dies unter der Voraussetzung, dass die Mittagsverpflegung in schulischer Verantwortung angeboten wird oder durch einen Kooperationsvertrag zwischen Schule und Tageseinrichtung vereinbart ist. [3]In den Fällen des Satzes 2 ist für die Ermittlung des monatlichen Bedarfs die Anzahl der Schultage in dem Land zugrunde zu legen, in dem der Schulbesuch stattfindet.

(7) [1]Für die Teilhabe am sozialen und kulturellen Leben in der Gemeinschaft werden pauschal 15 Euro monatlich berücksichtigt, sofern bei Leistungsberechtigten, die das 18. Lebensjahr noch nicht vollendet haben, tatsächliche Aufwendungen entstehen im Zusammenhang mit der Teilnahme an

1. Aktivitäten in den Bereichen Sport, Spiel, Kultur und Geselligkeit,
2. Unterricht in künstlerischen Fächern (zum Beispiel Musikunterricht) und vergleichbare angeleitete Aktivitäten der kulturellen Bildung und
3. Freizeiten.

[2]Neben der Berücksichtigung von Bedarfen nach Satz 1 können auch weitere tatsächliche Aufwendungen berücksichtigt werden, wenn sie im Zusammenhang mit der Teilnahme

an Aktivitäten nach Satz 1 Nummer 1 bis 3 entstehen und es den Leistungsberechtigten im Einzelfall nicht zugemutet werden kann, diese aus den Leistungen nach Satz 1 und aus dem Regelbedarf zu bestreiten.

§ 34a Erbringung der Leistungen für Bildung und Teilhabe

(1) [1]Leistungen zur Deckung der Bedarfe nach § 34 Absatz 2 und 4 bis 7 werden auf Antrag erbracht; gesonderte Anträge sind nur für Leistungen nach § 34 Absatz 5 erforderlich. [2]Einer nachfragenden Person werden, auch wenn keine Regelsätze zu gewähren sind, für Bedarfe nach § 34 Leistungen erbracht, wenn sie diese nicht aus eigenen Kräften und Mitteln vollständig decken kann. [3]Die Leistungen zur Deckung der Bedarfe nach § 34 Absatz 7 bleiben bei der Erbringung von Leistungen nach Teil 2 des Neunten Buches unberücksichtigt.

(2) [1]Leistungen zur Deckung der Bedarfe nach § 34 Absatz 2 und 5 bis 7 werden erbracht durch

1. Sach- und Dienstleistungen, insbesondere in Form von personalisierten Gutscheinen,
2. Direktzahlungen an Anbieter von Leistungen zur Deckung dieser Bedarfe (Anbieter) oder
3. Geldleistungen.

[2]Die nach § 34c Absatz 1 zuständigen Träger der Sozialhilfe bestimmen, in welcher Form sie die Leistungen erbringen. [3]Die Leistungen zur Deckung der Bedarfe nach § 34 Absatz 3 und 4 werden jeweils durch Geldleistungen erbracht. [4]Die nach § 34c Absatz 1 zuständigen Träger der Sozialhilfe können mit Anbietern pauschal abrechnen.

(3) [1]Werden die Bedarfe durch Gutscheine gedeckt, gelten die Leistungen mit Ausgabe des jeweiligen Gutscheins als erbracht. [2]Die nach § 34c Absatz 1 zuständigen Träger der Sozialhilfe gewährleisten, dass Gutscheine bei geeigneten vorhandenen Anbietern oder zur Wahrnehmung ihrer eigenen Angebote eingelöst werden können. [3]Gutscheine können für den gesamten Bewilligungszeitraum im Voraus ausgegeben werden. [4]Die Gültigkeit von Gutscheinen ist angemessen zu befristen. [5]Im Fall des Verlustes soll ein Gutschein erneut in dem Umfang ausgestellt werden, in dem er noch nicht in Anspruch genommen wurde.

(4) [1]Werden die Bedarfe durch Direktzahlungen an Anbieter gedeckt, gelten die Leistungen mit der Zahlung als erbracht. [2]Eine Direktzahlung ist für den gesamten Bewilligungszeitraum im Voraus möglich.

(5) [1]Werden die Leistungen für Bedarfe nach § 34 Absatz 2 und 5 bis 7 durch Geldleistungen erbracht, erfolgt dies

1. monatlich in Höhe der im Bewilligungszeitraum bestehenden Bedarfe oder
2. nachträglich durch Erstattung verauslagter Beträge.

(6) [1]Im Einzelfall kann der nach § 34c Absatz 1 zuständige Träger der Sozialhilfe einen Nachweis über eine zweckentsprechende Verwendung der Leistung verlangen. [2]Soweit der Nachweis nicht geführt wird, soll die Bewilligungsentscheidung widerrufen werden.

(7) [1]Abweichend von den Absätzen 2 bis 5 können Leistungen nach § 34 Absatz 2 Satz 1 Nummer 1 gesammelt für Schülerinnen und Schüler an eine Schule ausgezahlt werden, wenn die Schule

1. dies bei dem nach § 34c Absatz 1 zuständigen Träger der Sozialhilfe beantragt,
2. die Leistungen für die leistungsberechtigten Schülerinnen und Schüler verauslagt und
3. sich die Leistungsberechtigung von den Leistungsberechtigten nachweisen lässt.

[2]Der nach § 34c Absatz 1 zuständige Träger der Sozialhilfe kann mit der Schule vereinbaren, dass monatliche oder schulhalbjährliche Abschlagszahlungen geleistet werden.

Neuntes Kapitel
Hilfe in anderen Lebenslagen

§ 73 Hilfe in sonstigen Lebenslagen

[1]Leistungen können auch in sonstigen Lebenslagen erbracht werden, wenn sie den Einsatz öffentlicher Mittel rechtfertigen. [2]Geldleistungen können als Beihilfe oder als Darlehen erbracht werden.

Elftes Kapitel
Einsatz des Einkommens und des Vermögens

Zweiter Abschnitt
Einkommensgrenzen für die Leistungen nach dem Fünften bis Neunten Kapitel

§ 85 Einkommensgrenze

(1) Bei der Hilfe nach dem Fünften bis Neunten Kapitel ist der nachfragenden Person und ihrem nicht getrennt lebenden Ehegatten oder Lebenspartner die Aufbringung der Mittel nicht zuzumuten, wenn während der Dauer des Bedarfs ihr monatliches Einkommen zusammen eine Einkommensgrenze nicht übersteigt, die sich ergibt aus

1. einem Grundbetrag in Höhe des Zweifachen der Regelbedarfsstufe 1 nach der Anlage zu § 28,
2. den Aufwendungen für die Unterkunft, soweit diese den der Besonderheit des Einzelfalles angemessenen Umfang nicht übersteigen und
3. einem Familienzuschlag in Höhe des auf volle Euro aufgerundeten Betrages von 70 vom Hundert der Regelbedarfsstufe 1 nach der Anlage zu § 28 für den nicht getrennt

lebenden Ehegatten oder Lebenspartner und für jede Person, die von der nachfragenden Person, ihrem nicht getrennt lebenden Ehegatten oder Lebenspartner überwiegend unterhalten worden ist oder für die sie nach der Entscheidung über die Erbringung der Sozialhilfe unterhaltspflichtig werden.

(2) [1]Ist die nachfragende Person minderjährig und unverheiratet, so ist ihr und ihren Eltern die Aufbringung der Mittel nicht zuzumuten, wenn während der Dauer des Bedarfs das monatliche Einkommen der nachfragenden Person und ihrer Eltern zusammen eine Einkommensgrenze nicht übersteigt, die sich ergibt aus

1. einem Grundbetrag in Höhe des Zweifachen der Regelbedarfsstufe 1 nach der Anlage zu § 28,
2. den Aufwendungen für die Unterkunft, soweit diese den der Besonderheit des Einzelfalles angemessenen Umfang nicht übersteigen und
3. einem Familienzuschlag in Höhe des auf volle Euro aufgerundeten Betrages von 70 vom Hundert der Regelbedarfsstufe 1 nach der Anlage zu § 28 für einen Elternteil, wenn die Eltern zusammenleben, sowie für die nachfragende Person und für jede Person, die von den Eltern oder der nachfragenden Person überwiegend unterhalten worden ist oder für die sie nach der Entscheidung über die Erbringung der Sozialhilfe unterhaltspflichtig werden.

[2]Leben die Eltern nicht zusammen, richtet sich die Einkommensgrenze nach dem Elternteil, bei dem die nachfragende Person lebt. [3]Lebt sie bei keinem Elternteil, bestimmt sich die Einkommensgrenze nach Absatz 1.

(3) [1]Die Regelbedarfsstufe 1 nach der Anlage zu § 28 bestimmt sich nach dem Ort, an dem der Leistungsberechtigte die Leistung erhält. [2]Bei der Leistung in einer Einrichtung sowie bei Unterbringung in einer anderen Familie oder bei den in § 107 genannten anderen Personen bestimmt er sich nach dem gewöhnlichen Aufenthalt des Leistungsberechtigten oder, wenn im Falle des Absatzes 2 auch das Einkommen seiner Eltern oder eines Elternteils maßgebend ist, nach deren gewöhnlichem Aufenthalt. [3]Ist ein gewöhnlicher Aufenthalt im Inland nicht vorhanden oder nicht zu ermitteln, ist Satz 1 anzuwenden.

Dritter Abschnitt
Vermögen

§ 90 Einzusetzendes Vermögen

(1) Einzusetzen ist das gesamte verwertbare Vermögen.

(2) Die Sozialhilfe darf nicht abhängig gemacht werden vom Einsatz oder von der Verwertung

1. eines Vermögens, das aus öffentlichen Mitteln zum Aufbau oder zur Sicherung einer Lebensgrundlage oder zur Gründung eines Hausstandes erbracht wird,
2. eines nach § 10a oder Abschnitt XI des Einkommensteuergesetzes geförderten Altersvorsorgevermögens im Sinne des § 92 des Einkommensteuergesetzes; dies gilt

auch für das in der Auszahlungsphase insgesamt zur Verfügung stehende Kapital, soweit die Auszahlung als monatliche oder als sonstige regelmäßige Leistung im Sinne von § 82 Absatz 5 Satz 3 erfolgt; für diese Auszahlungen ist § 82 Absatz 4 und 5 anzuwenden,

3. eines sonstigen Vermögens, solange es nachweislich zur baldigen Beschaffung oder Erhaltung eines Hausgrundstücks im Sinne der Nummer 8 bestimmt ist, soweit dieses Wohnzwecken von Menschen mit einer wesentlichen Behinderung oder einer drohenden wesentlichen Behinderung (§ 99 Absatz 1 und 2 des Neunten Buches) oder von blinden Menschen (§ 72) oder pflegebedürftigen Menschen (§ 61) dient oder dienen soll und dieser Zweck durch den Einsatz oder die Verwertung des Vermögens gefährdet würde,
4. eines angemessenen Hausrats; dabei sind die bisherigen Lebensverhältnisse der nachfragenden Person zu berücksichtigen,
5. von Gegenständen, die zur Aufnahme oder Fortsetzung der Berufsausbildung oder der Erwerbstätigkeit unentbehrlich sind,
6. von Familien- und Erbstücken, deren Veräußerung für die nachfragende Person oder ihre Familie eine besondere Härte bedeuten würde,
7. von Gegenständen, die zur Befriedigung geistiger, insbesondere wissenschaftlicher oder künstlerischer Bedürfnisse dienen und deren Besitz nicht Luxus ist,
8. eines angemessenen Hausgrundstücks, das von der nachfragenden Person oder einer anderen in den § 19 Abs. 1 bis 3 genannten Person allein oder zusammen mit Angehörigen ganz oder teilweise bewohnt wird und nach ihrem Tod von ihren Angehörigen bewohnt werden soll. Die Angemessenheit bestimmt sich nach der Zahl der Bewohner, dem Wohnbedarf (zum Beispiel behinderter, blinder oder pflegebedürftiger Menschen), der Grundstücksgröße, der Hausgröße, dem Zuschnitt und der Ausstattung des Wohngebäudes sowie dem Wert des Grundstücks einschließlich des Wohngebäudes,
9. kleinerer Barbeträge oder sonstiger Geldwerte; dabei ist eine besondere Notlage der nachfragenden Person zu berücksichtigen.
10. eines angemessenen Kraftfahrzeuges.

(3) [1]Die Sozialhilfe darf ferner nicht vom Einsatz oder von der Verwertung eines Vermögens abhängig gemacht werden, soweit dies für den, der das Vermögen einzusetzen hat, und für seine unterhaltsberechtigten Angehörigen eine Härte bedeuten würde. [2]Dies ist bei der Leistung nach dem Fünften bis Neunten Kapitel insbesondere der Fall, soweit eine angemessene Lebensführung oder die Aufrechterhaltung einer angemessenen Alterssicherung wesentlich erschwert würde.

Fünfter Abschnitt
Verpflichtungen anderer

§ 95 Feststellung der Sozialleistungen

[1]Der erstattungsberechtigte Träger der Sozialhilfe kann die Feststellung einer Sozialleistung betreiben sowie Rechtsmittel einlegen. [2]Der Ablauf der Fristen, die ohne sein Verschulden verstrichen sind, wirkt nicht gegen ihn. [3]Satz 2 gilt nicht für die Verfahrensfristen, soweit der Träger der Sozialhilfe das Verfahren selbst betreibt.

Sozialgesetzbuch Vierzehntes Buch – Soziale Entschädigung – (Vierzehntes Buch Sozialgesetzbuch – SGB XIV)

Vom 12. Dezember 2019 (BGBl. I S. 2652), das zuletzt durch Artikel 1 der Verordnung vom 17. Juni 2024 (BGBl. 2024 I Nr. 195) geändert worden ist

Kapitel 1
Allgemeine Vorschriften

§ 1 Aufgabe und Anwendungsbereich der Sozialen Entschädigung

(1) Die Soziale Entschädigung unterstützt Menschen, die durch ein schädigendes Ereignis, für das die staatliche Gemeinschaft eine besondere Verantwortung trägt, eine gesundheitliche Schädigung erlitten haben, bei der Bewältigung der dadurch entstandenen Folgen.

(2) Schädigende Ereignisse sind:

1. Gewalttaten nach Kapitel 2 Abschnitt 2 Unterabschnitt 1,
2. Kriegsauswirkungen beider Weltkriege nach Kapitel 2 Abschnitt 2 Unterabschnitt 2 sowie
3. Ereignisse im Zusammenhang mit der Ableistung des Zivildienstes nach Kapitel 2 Abschnitt 2 Unterabschnitt 3 sowie
4. Schutzimpfungen oder andere Maßnahmen der spezifischen Prophylaxe nach Kapitel 2 Abschnitt 2 Unterabschnitt 4,

die eine gesundheitliche Schädigung verursacht haben.

(3) Das schädigende Ereignis kann ein zeitlich begrenztes, ein wiederkehrendes oder ein über längere Zeit einwirkendes Ereignis sein.

§ 2 Berechtigte der Sozialen Entschädigung

(1) Berechtigte sind Geschädigte sowie deren Angehörige, Hinterbliebene und Nahestehende.

(2) Geschädigte sind Personen, die durch ein schädigendes Ereignis nach diesem Buch unmittelbar eine gesundheitliche Schädigung erlitten haben.

(3) Angehörige sind Ehegatten sowie Kinder und Eltern von Geschädigten. Als Kinder gelten auch in den Haushalt Geschädigter aufgenommene Stiefkinder sowie Pflegekinder im Sinne des § 2 Absatz 1 Satz 1 Nummer 2 des Bundeskindergeldgesetzes.

(4) Hinterbliebene sind

1. Witwen, Witwer und Waisen,
2. Eltern sowie
3. Betreuungsunterhaltsberechtigte

einer an den Folgen einer Schädigung verstorbenen Person. Als Waisen gelten auch in den Haushalt der an den Folgen einer Schädigung verstorbenen Person aufgenommene Stiefkinder sowie Pflegekinder im Sinne des § 2 Absatz 1 Satz 1 Nummer 2 des Bundeskindergeldgesetzes.

(5) Nahestehende sind Geschwister sowie Personen, die mit Geschädigten eine Lebensgemeinschaft führen, die der Ehe ähnlich ist.

§ 3 Aufgabe und Anwendungsbereich der Sozialen Entschädigung

Die Soziale Entschädigung umfasst:

1. Leistungen des Fallmanagements und Leistungen in einer Traumaambulanz als Schnelle Hilfen nach Kapitel 4,
2. die Krankenbehandlung der Sozialen Entschädigung nach Kapitel 5,
3. Leistungen zur Teilhabe nach Kapitel 6,
4. Leistungen bei Pflegebedürftigkeit nach Kapitel 7,
5. Leistungen bei Blindheit nach Kapitel 8,
6. Entschädigungszahlungen nach Kapitel 9,
7. den Berufsschadensausgleich nach Kapitel 10,
8. Besondere Leistungen im Einzelfall nach Kapitel 11,
9. Leistungen bei Überführung und Bestattung nach Kapitel 12,
10. den Ausgleich in Härtefällen nach Kapitel 13,
11. Leistungen bei Wohnsitz oder gewöhnlichem Aufenthalt im Ausland nach Kapitel 14 sowie
12. Leistungen nach den Vorschriften zu Besitzständen nach Kapitel 23.

Kapitel 2
Anspruch auf Leistungen der Sozialen Entschädigung

Abschnitt 1
Allgemeine Voraussetzungen

§ 4 Anspruch auf Leistungen für Geschädigte

(1) Geschädigte haben Anspruch auf Leistungen der Sozialen Entschädigung wegen der anerkannten gesundheitlichen und der wirtschaftlichen Folgen einer gesundheitlichen Schädigung, die ursächlich auf ein schädigendes Ereignis zurückzuführen ist. Das Vorliegen der in Satz 1 genannten Anspruchsvoraussetzungen ist auf Antrag festzustellen.

(2) Ein Anspruch entsprechend Absatz 1 besteht auch bei gesundheitlichen Schädigungen, die

1. herbeigeführt worden sind durch einen Unfall von Geschädigten
   a) auf einem Hin- oder Rückweg, der notwendig ist, um Leistungen nach diesem Buch in Anspruch zu nehmen,
   b) bei Inanspruchnahme der ihnen nach diesem Buch zustehenden Leistungen oder
   c) bei der unverzüglichen Erstattung einer Strafanzeige oder auf dem Hin- oder Rückweg hiervon,
2. eine Person bei einem Unfall im Sinne von Nummer 1 bei der notwendigen Begleitung einer geschädigten Person erleidet.

(3) Ein Anspruch entsprechend Absatz 1 besteht auch bei Beschädigung oder Verlust eines im oder am Körper getragenen Hilfsmittels.

(4) Zur Anerkennung einer Gesundheitsstörung als Schädigungsfolge genügt die Wahrscheinlichkeit des ursächlichen Zusammenhangs. Sie ist gegeben, wenn nach dem aktuellen Stand der medizinischen Wissenschaft mehr für als gegen einen ursächlichen Zusammenhang spricht.

(5) Bei psychischen Gesundheitsstörungen wird die Wahrscheinlichkeit des ursächlichen Zusammenhangs im Einzelfall vermutet, wenn diejenigen medizinischen Tatsachen vorliegen, die nach den Erfahrungen der medizinischen Wissenschaft geeignet sind, einen Ursachenzusammenhang zwischen einem nach Art und Schwere geeigneten schädigenden Ereignis und der gesundheitlichen Schädigung und der Schädigungsfolge zu begründen und diese Vermutung nicht durch einen anderen Kausalverlauf widerlegt wird.

(6) Wenn die zur Anerkennung einer Gesundheitsstörung als Schädigungsfolge erforderliche Wahrscheinlichkeit nur deshalb nicht gegeben ist, weil über die Ursache der Gesundheitsstörung in der medizinischen Wissenschaft Ungewissheit besteht, kann mit Zustimmung des Bundesministeriums für Arbeit und Soziales die Gesundheitsstörung als Schädigungsfolge anerkannt werden. In den Fällen nach Kapitel 2 Abschnitt 2 Unterabschnitt 4 tritt an die Stelle der Zustimmung des Bundesministeriums für Arbeit und Sozia-

les die Zustimmung der zuständigen obersten Landesbehörde. Die Zustimmung kann allgemein erteilt werden.

§ 5 Grad der Schädigungsfolgen, Verordnungsermächtigung

(1) Der Grad der Schädigungsfolgen ist nach den allgemeinen Auswirkungen der körperlichen, seelischen, geistigen oder Sinnesbeeinträchtigungen, die durch die als Schädigungsfolge anerkannten Gesundheitsstörungen bedingt sind, in allen Lebensbereichen zu beurteilen. Er ist nach Zehnergraden von zehn bis 100 zu bemessen. Ein bis zu fünf Grad geringerer Grad der Schädigungsfolgen wird vom höheren Zehnergrad mit umfasst. Vorübergehende Gesundheitsstörungen sind nicht zu berücksichtigen. Als vorübergehend gilt ein Zeitraum von bis zu sechs Monaten. Bei geschädigten Kindern und Jugendlichen ist der Grad der Schädigungsfolgen nach dem Grad zu bemessen, der sich bei Erwachsenen mit gleicher Gesundheitsstörung ergibt, soweit damit keine Schlechterstellung der Kinder und Jugendlichen verbunden ist.

(2) Das Bundesministerium für Arbeit und Soziales wird ermächtigt, durch Rechtsverordnung mit Zustimmung des Bundesrates

1. die Grundsätze aufzustellen, die für die Bewertung des Grades der Schädigungsfolgen im Sinne des Absatzes 1 maßgebend sind,
2. die Grundsätze aufzustellen, die für die Anerkennung einer Gesundheitsstörung als Schädigungsfolge nach § 4 Absatz 4 bis 6 maßgebend sind sowie
3. das Verfahren für die Aufstellung und Fortentwicklung der in Nummer 1 und 2 genannten Grundsätze zu regeln.

§ 6 Anspruch auf Leistungen für Angehörige, Hinterbliebene und Nahestehende

(1) Angehörige, Hinterbliebene und Nahestehende erhalten Schnelle Hilfen nach Maßgabe der Vorschriften des Kapitels 4 sowie besondere psychotherapeutische Leistungen nach § 43 Absatz 2 Nummer 1 in Verbindung mit § 43 Absatz 4.

(2) Hinterbliebene erhalten darüber hinaus Leistungen zur Teilhabe am Arbeitsleben nach § 63 Absatz 3, Entschädigungszahlungen an Hinterbliebene nach Kapitel 9 Abschnitt 2, Leistungen zum Lebensunterhalt nach § 93 Absatz 1 Satz 2 und die Leistung zur Förderung einer Ausbildung nach § 94.

§ 7 Anspruch auf Leistungen für Ausländerinnen und Ausländer

Ausländerinnen und Ausländer haben dieselben Ansprüche wie Deutsche.

§ 8 Konkurrenz von Ansprüchen

(1) Berechtigte haben wegen eines schädigenden Ereignisses nach diesem Buch gegen den Bund oder die Länder nur die auf diesem Buch beruhenden Ansprüche. Jedoch finden die Vorschriften der beamtenrechtlichen Unfallfürsorge in der jeweils geltenden Fassung Anwendung. Trifft ein Entschädigungsanspruch aufgrund eines schädigenden Ereignisses nach Kapitel 2 Abschnitt 2 Unterabschnitt 1 mit einem Schadensersatzanspruch aufgrund fahrlässiger Amtspflichtverletzung zusammen, so wird der Anspruch nach § 839 Absatz 1 des Bürgerlichen Gesetzbuchs nicht dadurch ausgeschlossen, dass die Voraussetzungen für den Entschädigungsanspruch bestehen.

(2) Treffen Ansprüche aus mehreren schädigenden Ereignissen nach § 1 Absatz 2 zusammen, so ist ein einheitlicher Grad der Schädigungsfolgen festzusetzen. Dies gilt auch, wenn Ansprüche aus diesem Gesetz mit Ansprüchen aus anderen Gesetzen, die eine entsprechende Anwendung dieses Gesetzes vorsehen, zusammentreffen.

(3) Ansprüche nach dem Siebten Buch, nach dem Soldatenversorgungsgesetz oder nach der beamtenrechtlichen Unfallfürsorge gehen den Ansprüchen nach diesem Buch vor, soweit beide Ansprüche auf derselben Ursache beruhen. Der Anspruch auf Leistungen nach diesem Buch ruht in Höhe der Versorgung aus der gesetzlichen Unfallversicherung oder nach dem Soldatenversorgungsgesetz und in Höhe des Unterschiedsbetrags zwischen einer Versorgung nach allgemeinen beamtenrechtlichen Bestimmungen und aus der beamtenrechtlichen Unfallfürsorge, soweit beide Ansprüche auf derselben Ursache beruhen.

§ 9 Ausschluss der Pfändbarkeit von Ansprüchen

Ansprüche auf Entschädigungszahlungen nach Kapitel 9 und die Geldleistung nach § 144 können nicht gepfändet werden.

§ 10 Antragserfordernis

(1) Leistungen der Sozialen Entschädigung werden auf Antrag erbracht, soweit dieses Buch nichts Abweichendes regelt.

(2) Von Amts wegen werden Besondere Leistungen im Einzelfall nach Kapitel 11 erbracht. Hiervon ausgenommen ist die Leistung nach § 94.

(3) Von Amts wegen können erbracht werden:

1. Leistungen der Krankenbehandlung nach Kapitel 5,
2. Leistungen zur Teilhabe am Arbeitsleben nach § 63,
3. Leistungen zur Teilhabe an Bildung nach § 65 und
4. Leistungen zur Sozialen Teilhabe nach § 66.

(4) Sind Geschädigte gesetzlich krankenversichert, gelten Anträge auf Leistungen nach Kapitel 5 zugleich als Anträge auf die entsprechenden Leistungen ihrer Krankenkasse,

Anträge auf Leistungen ihrer Krankenkasse zugleich als Anträge auf die entsprechenden Leistungen nach Kapitel 5.

(5) Für Leistungen der Traumaambulanz genügt es, wenn unverzüglich nach der zweiten Sitzung ein Antrag gestellt wird. Bei Kontaktaufnahme des Fallmanagements mit möglicherweise berechtigten Personen genügt es, wenn nach der Kontaktaufnahme ein Antrag gestellt wird.

(6) Der Antrag auf Leistungen der Sozialen Entschädigung als Opfer einer Gewalttat nach Abschnitt 2 Unterabschnitt 1 kann auch gestellt werden über eine Unterstützungsbehörde eines anderen Mitgliedstaates der Europäischen Union im Sinne des Artikels 3 Absatz 1 der Richtlinie 2004/80/EG des Rates vom 29. April 2004 zur Entschädigung der Opfer von Straftaten (ABl. L 261 vom 6.8.2004, S. 15).

§ 11 Beginn der Leistungserbringung, Kostenregelung für die erste Inanspruchnahme Schneller Hilfen

(1) Leistungen, die auf Antrag erbracht werden, sind ab dem Monat zu erbringen, in dem die Voraussetzungen für die Inanspruchnahme vorliegen, frühestens ab dem Monat, in dem der Antrag auf diese Leistungen gestellt wird.

(2) Abweichend von Absatz 1 sind für Zeiträume vor der Antragstellung Leistungen zu erbringen, wenn der Antrag innerhalb eines Jahres nach dem schädigenden Ereignis gestellt war. War die anspruchsberechtigte Person ohne ihr Verschulden an der Antragstellung verhindert, so verlängert sich diese Frist um den Zeitraum der Verhinderung.

(3) Leistungen, die von Amts wegen erbracht werden, sind frühestens ab dem Monat zu erbringen, in dem der zuständigen Behörde die der Leistung zugrundeliegenden Tatsachen bekannt geworden sind.

(4) Leistungen der Schnellen Hilfen werden für Zeiträume vor der Antragstellung nicht erbracht. Dies gilt nicht für die Inanspruchnahme der ersten beiden Sitzungen in der Traumaambulanz sowie die Kontaktaufnahme des Fallmanagements mit möglicherweise berechtigten Personen.

(5) Die Kosten für die ersten beiden Sitzungen in der Traumaambulanz sowie die erste Kontaktaufnahme durch das Fallmanagement werden auch dann getragen, wenn Ansprüche nach diesem Buch nicht bestehen, auch nicht im Erleichterten Verfahren nach § 115.

§ 12 Übernahme der Aufwendungen für Dolmetscherinnen und Dolmetscher, Übersetzerinnen und Übersetzer sowie Kommunikationshilfen

(1) Bei der Ausführung von Leistungen nach diesem Buch und im Verwaltungsverfahren werden notwendige Aufwendungen für Dolmetscherinnen und Dolmetscher sowie Übersetzerinnen und Übersetzer von dem Träger der Sozialen Entschädigung getragen,

wenn eine berechtigte oder antragstellende Person ihren gewöhnlichen Aufenthalt seit weniger als fünf Jahren im Geltungsbereich dieses Buches hat. Für Leistungen in einer Traumaambulanz und psychotherapeutische Leistungen nach Kapitel 5 beträgt diese Frist zehn Jahre.

(2) Hat eine antragstellende oder berechtigte Person ihren gewöhnlichen Aufenthalt im Ausland, werden notwendige Aufwendungen für Übersetzerinnen und Übersetzer bei der Antragstellung nach diesem Buch von dem Träger der Sozialen Entschädigung getragen.

(3) Bei der Ausführung von Leistungen nach diesem Buch und im Verwaltungsverfahren werden notwendige Aufwendungen für Kommunikationshilfen nach Maßgabe des § 9 des Behindertengleichstellungsgesetzes in Verbindung mit der Kommunikationshilfenverordnung übernommen.

Abschnitt 2 Entschädigungstatbestände

Unterabschnitt 1 Gewalttaten

§ 13 Opfer von Gewalttaten

(1) Als Opfer einer Gewalttat erhält bei Vorliegen der Voraussetzungen nach § 4 Absatz 1 Leistungen der Sozialen Entschädigung, wer im Inland oder auf einem deutschen Schiff oder in einem deutschen Luftfahrzeug eine gesundheitliche Schädigung erlitten hat durch

1. einen vorsätzlichen, rechtswidrigen, unmittelbar gegen ihre oder seine Person gerichteten tätlichen Angriff (körperliche Gewalttat) oder durch dessen rechtmäßige Abwehr oder
2. ein sonstiges vorsätzliches, rechtswidriges, unmittelbar gegen die freie Willensentscheidung einer Person gerichtetes schwerwiegendes Verhalten (psychische Gewalttat).

(2) Ein Verhalten im Sinne von Absatz 1 Nummer 2 ist in der Regel schwerwiegend, wenn es den Tatbestand des sexuellen Missbrauchs (§§ 174 bis 176d des Strafgesetzbuchs), des sexuellen Übergriffs, der sexuellen Nötigung, der Vergewaltigung (§§ 177 und 178 des Strafgesetzbuchs), des Menschenhandels (§§ 232 bis 233a des Strafgesetzbuchs), der Nachstellung (§ 238 Absatz 2 und 3 des Strafgesetzbuchs), der Geiselnahme (§ 239b des Strafgesetzbuchs) oder der räuberischen Erpressung (§ 255 des Strafgesetzbuchs) erfüllt oder von mindestens vergleichbarer Schwere ist.

§ 14 Gleichstellungen

(1) Einer Gewalttat stehen gleich:

1. die vorsätzliche Beibringung von Gift,
2. das Fehlgehen der Gewalttat, so dass sie eine andere Person trifft als die Person, gegen die sie gerichtet war,
3. ein Angriff in der irrtümlichen Annahme des Vorliegens eines Rechtfertigungsgrundes,
4. die wenigstens fahrlässige Herbeiführung einer Gefahr für Leib und Leben eines anderen durch ein mit gemeingefährlichen Mitteln begangenes Verbrechen,
5. die erhebliche Vernachlässigung von Kindern und
6. die Herstellung, Verbreitung und öffentliche Zugänglichmachung von Kinderpornografie nach § 184b Absatz 1 Satz 1 Nummer 1, 3 und 4 des Strafgesetzbuchs.

(2) Den Opfern von Gewalttaten stehen Personen gleich, die in Folge des Miterlebens der Tat oder des Auffindens des Opfers eine gesundheitliche Schädigung erlitten haben. Den Opfern von Gewalttaten stehen weiterhin Personen gleich, die durch die Überbringung der Nachricht vom Tode oder der schwerwiegenden Verletzung des Opfers eine gesundheitliche Schädigung erlitten haben, wenn zwischen diesen Personen und dem Opfer im Sinne des § 13 oder des Absatzes 1 eine enge emotionale Beziehung besteht. Eine solche Beziehung besteht in der Regel mit Angehörigen und Nahestehenden.

§ 15 Anspruch auf Leistungen bei Gewalttaten im Ausland

Personen, die durch ein schädigendes Ereignis nach den §§ 13 und 14 im Ausland eine gesundheitliche Schädigung erleiden, erhalten wegen der gesundheitlichen und wirtschaftlichen Folgen auf Antrag Leistungen nach Maßgabe des § 102, wenn sie

1. ihren gewöhnlichen und rechtmäßigen Aufenthalt im Geltungsbereich dieses Gesetzes haben und
2. sich zum Tatzeitpunkt für einen vorübergehenden Zeitraum von längstens sechs Monaten außerhalb des Geltungsbereichs dieses Gesetzes aufgehalten haben.

Die Frist nach Satz 1 Nummer 2 verlängert sich auf ein Jahr, wenn der Auslandsaufenthalt dem Besuch einer Schule, Hochschule, der Berufsausbildung oder der Leistung eines freiwilligen Dienstes im Sinne des § 32 Absatz 4 Satz 1 Nummer 2 Buchstabe d des Einkommensteuergesetzes dient.

§ 16 Ausschluss von Ansprüchen und Leistungen

(1) Von Ansprüchen nach diesem Buch ist ausgeschlossen, wer das schädigende Ereignis in vorwerfbarer Weise verursacht hat.

(2) Leistungen sind so zu erbringen, dass sie nicht der Person wirtschaftlich zugutekommen, die das schädigende Ereignis verursacht hat.

§ 17 Versagung von Leistungen

(1) Leistungen sind zu versagen, wenn es aus in dem eigenen Verhalten der Antragstellerin oder des Antragstellers liegenden Gründen unbillig wäre, Leistungen der Sozialen Entschädigung zu erbringen.

(2) Leistungen können ganz oder teilweise versagt werden, wenn Geschädigte es unterlassen haben, das ihnen Mögliche und Zumutbare zur Aufklärung des Sachverhalts und zur Verfolgung der Täterin oder des Täters beizutragen.

§ 18 Ansprüche bei Gebrauch eines Kraftfahrzeugs

Wird eine Gewalttat im Sinne des § 13 durch den Gebrauch eines Kraftfahrzeugs oder eines Anhängers verübt, werden Leistungen nach diesem Buch erbracht.

§ 19 Ausschluss von Ansprüchen und Leistungen für Angehörige, Hinterbliebene und Nahestehende, Konkurrenzen

(1) Angehörige, Hinterbliebene und Nahestehende sind von Ansprüchen nach diesem Buch ausgeschlossen, wenn die Voraussetzungen des § 16 in der eigenen Person oder in der Person der oder des Geschädigten vorliegen.

(2) § 18 gilt entsprechend.

§ 20 Versagung von Leistungen für Angehörige, Hinterbliebene und Nahestehende

(1) Leistungen für Angehörige, Hinterbliebene und Nahestehende sind zu versagen, wenn die Voraussetzungen des § 17 Absatz 1 in der eigenen Person oder in der Person der oder des Geschädigten vorliegen.

(2) Leistungen für Angehörige, Hinterbliebene und Nahestehende können ganz oder teilweise versagt werden, wenn die Voraussetzungen des § 17 Absatz 2 in der eigenen Person oder in der Person der oder des Geschädigten vorliegen.

Unterabschnitt 2
Kriegsauswirkungen beider Weltkriege

§ 21 Opfer von Kriegsauswirkungen beider Weltkriege

Wer im Inland durch Auswirkungen kriegerischer Vorgänge im Zusammenhang mit einem der beiden Weltkriege, die einen kriegseigentümlichen Gefahrenbereich hinterlassen haben, eine gesundheitliche Schädigung erlitten hat, erhält bei Vorliegen der Voraussetzungen nach § 4 Absatz 1 Leistungen der Sozialen Entschädigung.

§ 22 Versagung, Entziehung und Minderung der Leistung

(1) Leistungen der Sozialen Entschädigung sind zu versagen, wenn Geschädigte während der Herrschaft des Nationalsozialismus gegen die Grundsätze der Menschlichkeit oder Rechtsstaatlichkeit verstoßen haben. Anhaltspunkte, die eine besonders intensive Überprüfung erforderlich machen, ob Geschädigte durch ihr individuelles Verhalten gegen Grundsätze der Menschlichkeit oder Rechtsstaatlichkeit verstoßen haben, können sich insbesondere aus einer freiwilligen Mitgliedschaft in der SS ergeben.

(2) Leistungen sind mit Wirkung für die Zukunft ganz oder teilweise zu entziehen, wenn ein Versagungsgrund im Sinne des Absatzes 1 vorliegt und das Vertrauen der Geschädigten auf eine fortwährende Erbringung der Leistungen im Einzelfall auch angesichts der Schwere der begangenen Verstöße nicht überwiegend schutzbedürftig ist.

(3) Soweit in den Fällen des Absatzes 2 die sofortige Entziehung oder Minderung der Leistungen zu unbilligen Härten führt, soll die Entziehung oder Minderung nach einer angemessenen Übergangsfrist erfolgen.

(4) Die Absätze 1 bis 3 gelten entsprechend für Leistungen aus Ansprüchen, die sich von Geschädigten im Sinne von Absatz 1 ableiten.

Unterabschnitt 3
Ereignisse im Zusammenhang mit der Ableistung des Zivildienstes

§ 23 Geschädigte durch Ereignisse im Zusammenhang mit der Ableistung des Zivildienstes

(1) Wer im Zusammenhang mit der Ableistung eines Zivildienstes eine gesundheitliche Schädigung durch eine Tätigkeit, einen Unfall, einen Angriff auf seine Person oder in sonstiger Weise erlitten hat (Zivildienstgeschädigter), erhält bei Vorliegen der Voraussetzungen nach § 4 Absatz 1 Leistungen der Sozialen Entschädigung.

(2) Ein Zusammenhang mit der Ableistung des Zivildienstes besteht auch bei gesundheitlichen Schädigungen, die herbeigeführt worden sind

1. auf dem unmittelbaren Weg von und zu der Dienststelle,
2. auf dem unmittelbaren Hin- oder Rückweg bei Antritt und Beendigung des Zivildienstes,
3. auf einem vom unmittelbaren Weg abweichenden Weg, um
   a) ein Kind, das mit dem Dienstleistenden in einem Haushalt lebt, wegen des Zivildienstes fremder Obhut anzuvertrauen oder
   b) mit anderen Dienstleistenden oder Berufstätigen oder in der gesetzlichen Unfallversicherung versicherten Personen gemeinsam ein Fahrzeug zu benutzen,

4. auf dem Weg von und nach der ständigen Familienwohnung, wenn der Dienstleistende wegen der Entfernung seiner Familienwohnung vom Dienstort oder wegen der Pflicht zum Wohnen in einer dienstlichen Unterkunft am Dienstort oder in dessen Nähe eine Unterkunft hat.

(3) Ein Zusammenhang mit der Ableistung des Zivildienstes besteht auch bei gesundheitlichen Schädigungen, die im Zusammenhang mit der Behandlung oder dem Bezug von Leistungen für eine Zivildienstschädigung herbeigeführt worden sind.

Unterabschnitt 4 Schutzimpfungen oder andere Maßnahmen der spezifischen Prophylaxe

§ 24 Geschädigte durch Schutzimpfungen oder andere Maßnahmen der spezifischen Prophylaxe

Wer durch eine Schutzimpfung nach § 2 Nummer 9 des Infektionsschutzgesetzes oder durch eine andere Maßnahme der spezifischen Prophylaxe nach § 2 Nummer 10 des Infektionsschutzgesetzes,

1. die von einer zuständigen Landesbehörde nach § 20 Absatz 3 des Infektionsschutzgesetzes öffentlich empfohlen und in ihrem Bereich vorgenommen wurde,
2. die auf Grundlage eines Anspruchs nach einer Rechtsverordnung nach § 20i Absatz 3 des Fünften Buches vorgenommen wurde oder, im Fall einer Schutzimpfung, gegenüber einer Person, die in der privaten Krankenversicherung versichert ist, in einem dem Anspruch nach einer Rechtsverordnung nach § 20i Absatz 3 des Fünften Buches entsprechenden Umfang vorgenommen wurde,
3. die von Gesundheitsämtern nach § 20 Absatz 5 des Infektionsschutzgesetzes unentgeltlich durchgeführt wurde oder
4. die auf Grund einer Rechtsverordnung nach § 20 Absatz 6 oder 7 des Infektionsschutzgesetzes angeordnet wurde oder sonst auf Grund eines Gesetzes vorgeschrieben war,

eine gesundheitliche Schädigung erlitten hat, die über das übliche Ausmaß einer Reaktion auf eine Schutzimpfung oder andere Maßnahme der spezifischen Prophylaxe hinausgeht, erhält bei Vorliegen der Voraussetzungen nach § 4 Absatz 1 Leistungen der Sozialen Entschädigung. Dies gilt auch, wenn die Schutzimpfung mit vermehrungsfähigen Erregern durchgeführt und eine andere als die geimpfte Person geschädigt wurde.

Kapitel 3
Leistungsgrundsätze

§ 25 Voraussetzungen

Leistungen der Sozialen Entschädigung werden für schädigungsbedingte Bedarfe erbracht.

§ 26 Leistungsformen

(1) Leistungen der Sozialen Entschädigung werden erbracht in Form von Dienstleistungen, Sachleistungen und Geldleistungen.

(2) Geldleistungen werden erbracht als Einmalzahlung oder als laufende Zahlungen.

(3) Auf Antrag werden bei Vorliegen der Voraussetzungen nach § 29 des Neunten Buches durch ein Persönliches Budget folgende Leistungen erbracht:

1. Krankenbehandlung der Sozialen Entschädigung nach Kapitel 5,
2. Leistungen zur Teilhabe nach Kapitel 6,
3. Leistungen bei Pflegebedürftigkeit nach Kapitel 7 sowie
4. Leistungen zur Weiterführung des Haushalts nach § 95.

§ 27 Vorrang von Leistungen zur Teilhabe

Leistungen zur medizinischen Rehabilitation und zur Teilhabe am Arbeitsleben, die erfolgversprechend und zumutbar sind, haben Vorrang vor dem Berufsschadensausgleich nach Kapitel 10. Im Übrigen gelten die Regelungen des § 9 des Neunten Buches.

§ 28 Verhältnis zu Leistungen anderer Träger

(1) Die Leistungen nach diesem Buch wegen eines schädigenden Ereignisses nach § 1 Absatz 2 gehen Leistungen anderer Träger, insbesondere anderer Sozialleistungsträger vor.

(2) Entschädigungszahlungen nach Kapitel 9 und die Einmalzahlungen nach § 102 Absatz 4 und 5 werden nicht als Einkommen oder Vermögen auf andere Sozialleistungen oder auf Leistungen nach dem Asylbewerberleistungsgesetz angerechnet.

(3) Leistungsansprüche aus privaten Sicherungs- oder Versorgungssystemen sind auf Leistungen nach diesem Buch nicht anzurechnen.

(4) Die Absätze 1 bis 3 gelten, soweit dieses Buch nichts Abweichendes bestimmt.

Kapitel 11
Besondere Leistungen im Einzelfall

§ 92 Anspruch und Umfang

(1) Geschädigte erhalten Besondere Leistungen im Einzelfall, soweit und solange sie nicht oder nicht ausreichend in der Lage sind, den jeweiligen Bedarf aus ihrem Einkommen und Vermögen zu decken, und dieses Unvermögen durch die Schädigungsfolgen entstanden ist.

(2) Für den Einsatz von Einkommen und Vermögen gilt Kapitel 16.

(3) Ein Zusammenhang zwischen den Schädigungsfolgen und dem Unvermögen, den jeweils anzuerkennenden Bedarf aus dem eigenen Einkommen und Vermögen zu decken, wird vermutet, sofern nicht das Gegenteil offenkundig oder nachgewiesen ist. Der Zusammenhang ist stets anzunehmen bei minderjährigen Geschädigten sowie Geschädigten, die Entschädigungszahlungen bei einem Grad der Schädigungsfolgen von 100 und einen Berufsschadensausgleich nach Kapitel 10 oder die Leistungen bei Pflegebedürftigkeit nach Kapitel 7 erhalten.

(4) Besondere Leistungen im Einzelfall sind:

1. Leistungen zum Lebensunterhalt nach § 93,
2. die Leistung zur Förderung einer Ausbildung nach § 94,
3. Leistungen zur Weiterführung des Haushalts nach § 95 sowie
4. Leistungen in sonstigen Lebenslagen nach § 96.

(5) Besondere Leistungen im Einzelfall können als Darlehen erbracht werden, wenn dies unter Berücksichtigung der Ziele der Sozialen Entschädigung nach den Umständen des Einzelfalls zur Deckung des festgestellten Bedarfs geboten erscheint und die Voraussetzungen für eine Beihilfe nicht oder nicht in voller Höhe vorliegen.

(6) Hinterbliebene erhalten Leistungen nach Absatz 4 Nummer 1 und 2, soweit und solange sie nicht oder nicht ausreichend in der Lage sind, den jeweiligen Bedarf aus ihrem Einkommen und Vermögen zu decken, und dieses Unvermögen durch den Tod der oder des Geschädigten entstanden ist. Ein Zusammenhang zwischen dem Tod der oder des Geschädigten und diesem Unvermögen wird vermutet, sofern nicht das Gegenteil offenkundig oder nachgewiesen ist. Der Zusammenhang ist stets anzunehmen bei Hinterbliebenen, die voll erwerbsgemindert im Sinne des Sechsten Buches sind.

(7) § 26 des Zwölften Buches gilt entsprechend.

§ 93 Leistungen zum Lebensunterhalt

(1) Geschädigte erhalten Leistungen zum Lebensunterhalt. Hinterbliebene erhalten Leistungen nach Satz 1 für einen Zeitraum von bis zu fünf Jahren nach dem Tod der oder des Geschädigten. Die Vorschriften des Dritten und Vierten Kapitels des Zwölften Buches gel-

ten entsprechend unter Berücksichtigung der besonderen Lage der Geschädigten und Hinterbliebenen. Leistungen zum Lebensunterhalt werden nur erbracht, soweit der Lebensunterhalt nicht aus den übrigen Leistungen nach diesem Gesetz bestritten werden kann.

(2) Sind für Geschädigte und Waisen Leistungen zum Lebensunterhalt während der Erbringung von Leistungen nach dem Achten Buch erforderlich, erbringt diese der Träger der Sozialen Entschädigung nach Maßgabe des Absatzes 1, soweit nicht der Träger der öffentlichen Jugendhilfe Leistungen nach § 39 des Achten Buches erbringt.

(3) Ansprüche nach dem Bundesausbildungsförderungsgesetz gehen Ansprüchen nach diesem Buch vor. Soweit für Geschädigte weitere Leistungen zum Lebensunterhalt während der Erbringung von Leistungen zur Ausbildungsförderung nach dem Bundesausbildungsförderungsgesetz erforderlich sind, erbringt diese der Träger der Sozialen Entschädigung nach Maßgabe des Absatzes 1.

(4) Der Anspruch auf Leistungen zum Lebensunterhalt kann nicht abgetreten, übertragen, verpfändet oder gepfändet werden.

§ 94 Leistung zur Förderung einer Ausbildung

(1) Soweit bei Geschädigten und Waisen die Förderung einer Ausbildung nach dem Bundesausbildungsförderungsgesetz als Darlehen schädigungsbedingt erfolgt, übernimmt der Träger der Sozialen Entschädigung auf Antrag die Rückzahlung des Darlehens.

(2) Bei Waisen wird unterstellt, dass der Bedarf schädigungsbedingt ist, wenn

1. der Tod eines Elternteils während der Ausbildung eintritt oder
2. die Ausbildung innerhalb von fünf Jahren nach dem Tod eines Elternteils beginnt.

Im Fall des Satzes 1 Nummer 1 gelten die Darlehensleistungen ab dem Zeitpunkt des Todes als schädigungsbedingt.

(3) Der Antrag ist für nach § 17 Absatz 2 oder 3 des Bundesausbildungsförderungsgesetzes geleistete Darlehen spätestens drei Monate nach Bekanntgabe des Bescheids des Bundesverwaltungsamtes nach § 18 Absatz 9 des Bundesausbildungsförderungsgesetzes zu stellen. Für nach § 17 Absatz 3 des Bundesausbildungsförderungsgesetzes in der bis zum 31. Juli 2019 anzuwendenden Fassung geleistete Darlehen ist der Antrag spätestens drei Monate nach Zugang der Mitteilung der Kreditanstalt für Wiederaufbau nach § 18c Absatz 8 des Bundesausbildungsförderungsgesetzes zu stellen. Dem Antrag ist der Bescheid nach Satz 1 beziehungsweise die Mitteilung nach Satz 2 beizufügen. Der Antrag kann in den Fällen des Satzes 1 bereits vor der Bekanntgabe des Bescheides und in den Fällen des Satzes 3 bereits vor dem Zugang der Mitteilung gestellt werden. Sofern in den Fällen des Satzes 1 der Bescheid im Zeitpunkt der Antragstellung noch nicht vorliegt, ist dieser unverzüglich nach dessen Bekanntgabe nachzureichen. Sofern in den Fällen des Satzes 2 die Mitteilung im Zeitpunkt der Antragstellung noch nicht vorliegt, ist diese unverzüglich nach ihrem Zugang nachzureichen.

(4) Der Träger der Sozialen Entschädigung teilt den Eingang eines Antrags nach Absatz 3 Satz 1 oder 2 für ein nach § 17 Absatz 2 oder 3 des Bundesausbildungsförderungsgesetzes geleistetes Darlehen dem Bundesverwaltungsamt und für ein nach § 17 Absatz 3 des Bundesausbildungsförderungsgesetzes in der bis zum 31. Juli 2019 anzuwendenden Fassung geleistetes Darlehen der Kreditanstalt für Wiederaufbau zur Freistellung der antragstellenden Person von der Verpflichtung zur Darlehensrückzahlung nach dem Bundesausbildungsförderungsgesetz unverzüglich mit. Zudem teilt er der in Satz 1 genannten zuständigen Stelle unverzüglich seine darauf ergangene Entscheidung mit, sobald diese unanfechtbar geworden ist. Die Mitteilung nach Satz 2 erfolgt bei vollständiger Ablehnung oder einer Entscheidung, die Rückzahlung des Darlehens in einer bestimmten Teilhöhe zu übernehmen, zur Beendigung der Freistellung; bei vollständiger Übernahme erfolgt sie ausschließlich für die weitere Darlehensverwaltung. Die Mitteilungen nach den Sätzen 1 und 2 ergehen jeweils unter Angabe des Namens der antragstellenden Person und der Amt-Förderungsnummer.

(5) Der Träger der Sozialen Entschädigung zahlt die von ihm zu übernehmende Darlehensschuld nach Kenntnis von der Unanfechtbarkeit des Bescheides nach Absatz 3 Satz 1 und nach Unanfechtbarkeit seiner Entscheidung über die teilweise oder vollständige Übernahme der Darlehensschuld in einer Summe an das Bundesverwaltungsamt zurück. § 18 Absatz 10 des Bundesausbildungsförderungsgesetzes findet keine Anwendung. Nach Kenntnis vom Zugang der Mitteilung nach Absatz 3 Satz 2 zahlt der Träger der Sozialen Entschädigung die von ihm zu übernehmende Darlehensschuld einschließlich der Zinsen nach § 18c Absatz 2 Satz 1 des Bundesausbildungsförderungsgesetzes binnen drei Monaten in einer Summe an die Kreditanstalt für Wiederaufbau zurück.

§ 95 Leistungen zur Weiterführung des Haushalts

(1) Geschädigte mit eigenem Haushalt erhalten Leistungen zur Weiterführung des Haushalts, wenn weder sie selbst noch, falls sie mit anderen Haushaltsangehörigen zusammenleben, die anderen Haushaltsangehörigen den Haushalt führen können und die Weiterführung des Haushalts geboten ist. Die Leistungen sollen in der Regel nur vorübergehend erbracht werden. Leistungen sind unbefristet zu erbringen, wenn

1. durch die Leistungen die Unterbringung in einer stationären Einrichtung vermieden oder aufgeschoben werden kann oder
2. unwahrscheinlich ist, dass die fehlende Fähigkeit, den Haushalt zu führen, behoben werden kann.

(2) Die Leistungen umfassen die persönliche Betreuung von Haushaltsangehörigen sowie die sonstige zur Weiterführung des Haushalts erforderliche Tätigkeit.

(3) Geschädigten im Sinne des Absatzes 1 sind die angemessenen Aufwendungen für eine haushaltsführende Person zu erstatten. Es können auch angemessene Beihilfen geleistet sowie Beiträge der haushaltsführenden Person für eine angemessene Alterssicherung übernommen werden, wenn diese nicht anderweitig sichergestellt ist. Ist neben oder anstelle der Weiterführung des Haushalts die Heranziehung einer besonderen Per-

son zur Haushaltsführung erforderlich oder eine Beratung oder zeitweilige Entlastung der haushaltsführenden Person geboten, sind die angemessenen Kosten zu übernehmen.

(4) Die Leistungen können auch durch Übernahme der angemessenen Kosten für eine vorübergehende anderweitige Unterbringung von Haushaltsangehörigen erbracht werden, wenn diese Unterbringung in besonderen Fällen neben oder statt der Weiterführung des Haushalts geboten ist.

§ 96 Leistungen in sonstigen Lebenslagen

Geschädigte können Leistungen auch in sonstigen Lebenslagen erhalten, wenn diese den Einsatz öffentlicher Mittel unter Berücksichtigung der Ziele der Sozialen Entschädigung rechtfertigen.

§ 97 Wunsch- und Wahlrecht

Bei der Entscheidung über die Besonderen Leistungen im Einzelfall und bei der Ausführung dieser Leistungen wird den berechtigten Wünschen der Berechtigten entsprochen. Dabei sind Art und Schwere der Schädigung, Gesundheitszustand und Lebensalter besonders zu berücksichtigen. Im Übrigen gilt § 8 des Neunten Buches entsprechend.

§ 98 Besonderheiten der Leistungsbemessung

Art, Ausmaß und Dauer der Besonderen Leistungen im Einzelfall richten sich nach der Besonderheit des Einzelfalls sowie der Art des Bedarfes.

Kapitel 16
Einsatz von Einkommen und Vermögen

§ 105 Grundsätze

(1) Die Vorschriften dieses Kapitels gelten für die Besonderen Leistungen im Einzelfall nach Kapitel 11 mit Ausnahme der Leistung zur Förderung einer Ausbildung nach § 94

(2) Für den Begriff und den Einsatz von Einkommen und Vermögen sowie die Verpflichtungen anderer gelten das Elfte Kapitel des Zwölften Buches sowie die hierzu erlassenen Verordnungen entsprechend, soweit in den folgenden Vorschriften nichts Abweichendes geregelt ist.

(3) Einkommen und Vermögen sind nicht einzusetzen bei ausschließlich schädigungsbedingtem Bedarf.

(4) Leistungen der Sozialen Entschädigung dürfen nicht von dem Einsatz von Einkommen oder dem Einsatz oder der Verwertung von Vermögen abhängig gemacht werden, soweit dies im Einzelfall bei Berücksichtigung der besonderen Lage derjenigen Person, die Einkommen oder Vermögen einzusetzen oder zu verwerten hat, oder für ihre unterhaltsberechtigten Angehörigen unbillig wäre.

Gesetz über die Versorgung der Opfer des Krieges (BVG)

in der Fassung der Bekanntmachung vom 22. Januar 1982 (BGBl. I S. 21), das zuletzt durch Artikel 1 der Verordnung vom 28. Juni 2022 (BGBl. I S. 1012 (Nr. 22)) geändert worden ist

Hinweis: Das SGB XIV gilt für Anträge, die ab dem 1. Januar 2024 gestellt werden. Soweit eine betroffene Person bereits vor dem 1. Januar 2024 Leistungen nach dem BVG erhalten hat, kann die betroffene Person wählen, ob sie in das neue Recht des SGB XIV wechselt oder im Rahmen des Besitzstandsschutzes weiterhin Leistungen nach dem „alten" BVG erhalten möchte.

– Auszug –

Beschädigtenrente

§ 31

(1) Beschädigte erhalten eine monatliche Grundrente bei einem Grad der Schädigungsfolgen

von 30	in Höhe von 164 Euro,
von 40	in Höhe von 223 Euro,
von 50	in Höhe von 298 Euro,
von 60	in Höhe von 379 Euro,
von 70	in Höhe von 526 Euro,
von 80	in Höhe von 635 Euro,
von 90	in Höhe von 763 Euro,
von 100	in Höhe von 854 Euro.

[2]Die monatliche Grundrente erhöht sich für Schwerbeschädigte, die das 65. Lebensjahr vollendet haben, bei einem Grad der Schädigungsfolgen

von 50 und 60	um 34 Euro,
von 70 und 80	um 41 Euro,
von mindestens 90	um 51 Euro.

(2) Schwerbeschädigung liegt vor, wenn ein Grad der Schädigungsfolgen von mindestens 50 festgestellt ist.

(3) [1]Beschädigte, bei denen Blindheit als Folge einer Schädigung anerkannt ist, erhalten stets die Rente nach einem Grad der Schädigungsfolgen von 100. Beschädigte mit Anspruch auf eine Pflegezulage gelten stets als Schwerbeschädigte. [2]Sie erhalten mindestens eine Versorgung nach einem Grad der Schädigungsfolgen von 50.

(4) [1]Beschädigte mit einem Grad der Schädigungsfolgen von 100, die durch die anerkannten Schädigungsfolgen gesundheitlich außergewöhnlich betroffen sind, erhalten eine monatliche Schwerstbeschädigtenzulage, die in folgenden Stufen gewährt wird:

Stufe I	99 Euro,
Stufe II	203 Euro,
Stufe III	303 Euro,
Stufe IV	406 Euro,
Stufe V	505 Euro,
Stufe VI	609 Euro.

[2]Die Bundesregierung wird ermächtigt, mit Zustimmung des Bundesrates durch Rechtsverordnung den Personenkreis, der durch seine Schädigungsfolgen außergewöhnlich betroffen ist, sowie seine Einordnung in die Stufen I bis VI näher zu bestimmen.

Hinterbliebenenrente

§ 40

Die Witwe oder der hinterbliebene Lebenspartner erhält eine Grundrente von 514 Euro monatlich.

§ 43

Der Witwer erhält Versorgung wie eine Witwe.

§ 46

Die Grundrente beträgt monatlich

bei Halbwaisen	224 Euro,
bei Vollwaisen	393 Euro.

Ruhen des Anspruchs auf Versorgung

§ 65

(1) [1]Der Anspruch auf Versorgungsbezüge ruht, wenn beide Ansprüche auf derselben Ursache beruhen

1. in Höhe der Bezüge aus der gesetzlichen Unfallversicherung,
2. in Höhe des Unterschieds zwischen einer Versorgung nach allgemeinen beamtenrechtlichen Bestimmungen und aus der beamtenrechtlichen Unfallfürsorge.

[2]Kinderzulagen zur Verletztenrente aus der gesetzlichen Unfallversicherung bleiben mit dem Betrag unberücksichtigt, in dessen Höhe ohne die Kinderzulage von anderen Leistungsträgern Kindergeld oder entsprechende Leistungen zu zahlen wären.

(2) Der Anspruch auf die Grundrente (§ 31) ruht in Höhe der neben Dienstbezügen gewährten Leistungen aus der beamtenrechtlichen Unfallfürsorge, wenn beide Ansprüche auf derselben Ursache beruhen.

(3) Der Anspruch auf Heilbehandlung (§ 10 Abs. 1) und auf den Pauschbetrag als Ersatz für Kleider- und Wäscheverschleiß (§ 15) ruht insoweit, als

1. aus derselben Ursache Ansprüche auf entsprechende Leistungen aus der gesetzlichen Unfallversicherung oder nach den beamtenrechtlichen Vorschriften über die Unfallfürsorge bestehen;
2. Ansprüche auf entsprechende Leistungen nach den Vorschriften über die Heilfürsorge für Angehörige der Bundespolizei und für Soldaten (§ 69a, § 70 Abs. 2 Bundesbesoldungsgesetz und § 1 Abs. 1 Wehrsoldgesetz) und nach den landesrechtlichen Vorschriften für Polizeivollzugsbeamte der Länder bestehen.

(4) [1]In dem in Artikel 3 des Einigungsvertrages genannten Gebiet führen auch andere Ansprüche, die auf gleicher Ursache beruhen, zu einem Ruhen des Anspruchs auf Versorgungsbezüge. [2]Dies gilt bei der Kriegsbeschädigtenrente, dem Pflegegeld, dem Blindengeld und dem Sonderpflegegeld sowie bei der von einer Kriegsbeschädigtenrente abgeleiteten Hinterbliebenenrente nach dem Rentenangleichungsgesetz vom 28. Juni 1990 (GBl. I Nr. 38 S. 495) für den Betrag, der vom Träger der Rentenversicherung allein auf Grund der Kriegsbeschädigung gezahlt wird.

(5) [1]Das Ruhen wird mit dem Zeitpunkt wirksam, in dem seine Voraussetzungen eingetreten sind. [2]Die Zahlung von Versorgungsbezügen wird mit Ablauf des Monats eingestellt oder gemindert, in dem das Ruhen wirksam wird, und wieder aufgenommen oder erhöht mit Beginn des Monats, in dem das Ruhen endet.

Gesetz zur Förderung der beruflichen Aufstiegsfortbildung (Aufstiegsfortbildungsförderungsgesetz – AFBG)

In der Fassung der Bekanntmachung vom 12. August 2020 (BGBl. I S. 1936), das zuletzt durch Artikel 15 des Gesetzes vom 17. Juli 2023 (BGBl. I Nr. 191) geändert worden ist

Erster Abschnitt
Förderungsfähige Maßnahmen
§ 1 Ziel der Förderung
§ 2 Anforderungen an förderfähige Maßnahmen beruflicher Aufstiegsfortbildungen
§ 2a Anforderungen an Träger der Maßnahmen
§ 3 Ausschluss der Förderung
§ 4 Fernunterrichtslehrgänge
§ 4a Mediengestützte Lehrgänge
§ 5 Fortbildung im In- und Ausland
§ 6 Förderfähige Fortbildung, Fortbildungsplan
§ 7 Kündigung, Abbruch, Unterbrechung und Wiederholung

Zweiter Abschnitt
Persönliche Voraussetzungen
§ 8 Staatsangehörigkeit
§ 9 Vorqualifikation der Teilnehmer und Teilnehmerinnen
§ 9a Regelmäßige Teilnahme; Teilnahmenachweis

Dritter Abschnitt
Leistungen
§ 10 Umfang der Förderung
§ 11 Förderungsdauer
§ 12 Förderungsart
§ 13 Darlehensbedingungen
§ 13a Einkommensabhängige Rückzahlung
§ 13b Erlass und Stundung
§ 14 Kreditanstalt für Wiederaufbau
§ 15 Aufrechnung
§ 16 Rückzahlungspflicht

Vierter Abschnitt
Einkommens- und Vermögensanrechnung
§ 17 Einkommens- und Vermögensanrechnung
§ 17a Freibeträge vom Vermögen

Fünfter Abschnitt
Organisation
§ 18 Übergegangene Darlehensforderungen

Sechster Abschnitt
Verfahren
§ 19 Antrag
§ 19a Örtliche Zuständigkeit
§ 19b (weggefallen)
§ 20 Mitteilungspflicht
§ 21 Auskunftspflichten
§ 22 Ersatzpflicht des Ehegatten oder Lebenspartners
§ 23 Bescheid
§ 24 Zahlweise
§ 25 Änderung des Bescheides
§ 26 Rechtsweg
§ 27 Statistik
§ 27a Anwendung des Sozialgesetzbuches

Siebter Abschnitt
Aufbringung der Mittel
§ 28 Aufbringung der Mittel

Achter Abschnitt
Bußgeld-, Übergangs- und Schlussvorschriften
§ 29 Bußgeldvorschriften
§ 30 Übergangsvorschriften

Erster Abschnitt
Förderungsfähige Maßnahmen

§ 1 Ziel der Förderung

Ziel der individuellen Förderung nach diesem Gesetz ist es, Teilnehmerinnen und Teilnehmer an Maßnahmen der beruflichen Aufstiegsfortbildung durch Beiträge zu den Kosten der Maßnahme und zum Lebensunterhalt finanziell zu unterstützen. Leistungen zum Lebensunterhalt werden gewährt, soweit die dafür erforderlichen Mittel anderweitig nicht zur Verfügung stehen.

§ 2 Anforderungen an förderfähige Maßnahmen beruflicher Aufstiegsfortbildungen

(1) Förderfähig ist die Teilnahme an Fortbildungsmaßnahmen öffentlicher und privater Träger, die in einer fachlichen Richtung gezielt auf folgende Fortbildungsziele vorbereiten:

1. Fortbildungsabschlüsse zu öffentlich-rechtlich geregelten Prüfungen auf der Grundlage
   a) der §§ 53 bis 53d und 54 des Berufsbildungsgesetzes,
   b) der §§ 42 bis 42d, 42f, 45 und 51a der Handwerksordnung oder

   c) der nach § 122 Absatz 2 bis 4 der Handwerksordnung weiter anzuwendenden Prüfungsregelungen,
2. gleichwertige Fortbildungsabschlüsse nach bundes- oder landesrechtlichen Regelungen oder
3. gleichwertige Fortbildungsabschlüsse an anerkannten Ergänzungsschulen auf der Grundlage staatlich genehmigter Prüfungsordnungen.

Liegen keine bundes- oder landesrechtlichen Regelungen vor, ist auch die Teilnahme an Fortbildungsmaßnahmen förderfähig, die auf gleichwertige Fortbildungsabschlüsse nach den Weiterbildungsempfehlungen der Deutschen Krankenhausgesellschaft vorbereiten.

(2) Maßnahmen, deren Durchführung nicht öffentlich-rechtlichen Vorschriften unterliegt, müssen nach der Dauer der Maßnahme, der Gestaltung des Lehrplans, den Unterrichtsmethoden, der Ausbildung und Berufserfahrung der Lehrkräfte und den Lehrgangsbedingungen eine erfolgreiche berufliche Fortbildung erwarten lassen. Dies wird in der Regel angenommen, sofern keine Umstände vorliegen, die der Eignung der Maßnahme zur Vorbereitung auf die Abschlussprüfung nach Absatz 1 entgegenstehen.

(3) Maßnahmen sind förderfähig

1. in Vollzeitform, wenn
   a) sie mindestens 400 Unterrichtsstunden umfassen (Mindestdauer),
   b) sie innerhalb von 36 Kalendermonaten abgeschlossen werden (maximaler Vollzeit-Zeitrahmen) und
   c) in der Regel in jeder Woche an vier Werktagen mindestens 25 Unterrichtsstunden stattfinden (Vollzeit-Fortbildungsdichte);
2. in Teilzeitform, wenn
   a) sie mindestens 400 Unterrichtsstunden umfassen (Mindestdauer),
   b) sie innerhalb von 48 Kalendermonaten abgeschlossen werden (maximaler Teilzeit-Zeitrahmen) und
   c) im Durchschnitt mindestens 18 Unterrichtsstunden je Monat stattfinden (Teilzeit-Fortbildungsdichte).

Abweichend von Satz 1 Nummer 2 Buchstabe a und b sind Maßnahmen, die auf Fortbildungsabschlüsse zu öffentlich-rechtlich geregelten Prüfungen auf Grundlage des § 53b des Berufsbildungsgesetzes oder des § 42b der Handwerksordnung sowie auf gleichwertige Fortbildungsabschlüsse vorbereiten, in Teilzeitform förderfähig, wenn sie mindestens 200 Unterrichtsstunden umfassen und innerhalb von 36 Kalendermonaten abgeschlossen werden.

(4) Jeweils 45 Minuten einer Lehrveranstaltung gelten als Unterrichtsstunde. Förderfähige Unterrichtsstunden sind physische und virtuelle Präsenzlehrveranstaltungen, deren Inhalte in der Prüfungsregelung verbindlich vorgegeben sind. In förderfähigen Unterrichtsstunden müssen die nach den Fortbildungsregelungen und Lehrplänen vorgesehe-

nen beruflichen Fertigkeiten, Kenntnisse und Fähigkeiten durch hierzu qualifizierte Lehrkräfte planmäßig geordnet vermittelt werden. Förderfähig ist nur die für das Erreichen des jeweiligen Fortbildungsziels angemessene Anzahl von Unterrichtsstunden. Zusätzlich werden die im Lehrplan des Bildungsträgers verbindlich vorgesehenen Klausurenkurse und Prüfungssimulationen mit bis zu 10 Prozent der nach diesem Gesetz förderfähigen Gesamtstunden der Unterrichtsstunden, höchstens aber 50 Stunden, als förderfähig anerkannt.

(5) Die Maßnahmen können aus mehreren selbstständigen Abschnitten (Maßnahmeabschnitte) bestehen. Ein Maßnahmeabschnitt liegt insbesondere dann vor, wenn er auf eine eigenständige Prüfung vorbereitet oder mit seinem Ende eine verbindliche Versetzungsentscheidung erfolgt. Besteht eine Maßnahme aus mehreren Maßnahmeabschnitten, müssen innerhalb des jeweiligen maximalen Zeitrahmens alle Maßnahmeabschnitte der Lehrgangskonzeption abgeschlossen sein. § 11 Absatz 2 gilt entsprechend. Die Fortbildungsdichte wird für jeden Maßnahmeabschnitt gesondert bestimmt.

(6) Bei vollzeitschulischen Maßnahmen, die mindestens zwei Fachschuljahre umfassen, ist die Vollzeit-Fortbildungsdichte auch dann erreicht, wenn in 70 Prozent der Wochen eines Maßnahmeabschnitts an vier Werktagen mindestens 25 Unterrichtsstunden stattfinden. Ferienwochen zusammenhängender Ferienabschnitte mit mindestens zwei Ferientagen bleiben bei vollzeitschulischen Maßnahmen außer Betracht.

(7) Individuelle Verkürzungen der Maßnahme durch Anrechnung bereits absolvierter Aus- oder Fortbildungen bleiben außer Betracht.

(8) Die Absätze 3 bis 7 gelten auch für den von dem Teilnehmer oder der Teilnehmerin gewählten Lehrgangsablauf.

§ 2a Anforderungen an Träger der Maßnahmen

Der Träger muss für die Durchführung der Fortbildungsmaßnahme geeignet sein. Die Eignung liegt vor, wenn es sich um einen öffentlichen Träger oder eine Einrichtung handelt, die unter staatlicher Aufsicht steht oder staatlich anerkannt ist, oder durch ein Zertifikat nachgewiesen wird, dass der Träger oder die Einrichtung

1. nach der Akkreditierungs- und Zulassungsverordnung Arbeitsförderung vom 2. April 2012 (BGBl. I S. 504) anerkannt worden ist oder
2. ein System zur Sicherung der Qualität anwendet und

auch im Übrigen keine Umstände vorliegen, die der Eignung des Trägers oder der Einrichtung entgegenstehen.

§ 3 Ausschluss der Förderung

Die Teilnahme an einer Maßnahme wird nach diesem Gesetz nicht gefördert, wenn

1. für den beantragten Bewilligungszeitraum bereits Leistungen nach dem Bundesausbildungsförderungsgesetz bewilligt worden sind, es sei denn, der Teilnehmer oder die Teilnehmerin hat für den Bewilligungszeitraum noch keine Leistungen nach dem

Bundesausbildungsförderungsgesetz erhalten und hat für diesen Bewilligungszeitraum auf Leistungen nach dem Bundesausbildungsförderungsgesetz verzichtet,

2. für sie Arbeitslosengeld bei beruflicher Weiterbildung nach dem Dritten Buch Sozialgesetzbuch oder nach § 6 Absatz 1 des Beruflichen Rehabilitierungsgesetzes geleistet wird,
3. Arbeitslosengeld bei Arbeitslosigkeit nach dem Dritten Buch Sozialgesetzbuch geleistet wird und es sich um eine Maßnahme in Vollzeitform handelt,
4. ein Gründungszuschuss nach den §§ 93 und 94 des Dritten Buches Sozialgesetzbuch geleistet wird und es sich um eine Maßnahme in Vollzeitform handelt,
5. Leistungen zur Rehabilitation nach den für einen Rehabilitationsträger im Sinne des Neunten Buches Sozialgesetzbuch geltenden Vorschriften erbracht werden oder
6. Qualifizierungsgeld nach dem Dritten Buch Sozialgesetzbuch geleistet wird.

Der Anspruch auf Förderung nach diesem Gesetz ist auf die Leistungen zum Lebensunterhalt beschränkt, wenn die Kosten der Maßnahme nach dem Dritten Buch Sozialgesetzbuch für Personen ohne Vorbeschäftigungszeit übernommen werden.

§ 4 Fernunterrichtslehrgänge

Förderung als Teilzeitmaßnahme wird für die Teilnahme an einem Fernunterrichtslehrgang geleistet, wenn der Lehrgang nach § 12 des Fernunterrichtsschutzgesetzes zugelassen ist oder, ohne unter die Bestimmungen des Fernunterrichtsschutzgesetzes zu fallen, von einem öffentlich-rechtlichen Träger veranstaltet wird und die Voraussetzungen des § 2 erfüllt werden. Die Mindestdauer nach § 2 Absatz 3 und die Förderungshöchstdauer nach § 11 Absatz 1 und 2 sind nach der Anzahl der durchschnittlich für die Bearbeitung der Fernlehrbriefe benötigten Zeitstunden und der Anzahl der für Präsenzphasen vorgesehenen Unterrichtsstunden zu bemessen.

§ 4a Mediengestützte Lehrgänge

(1) Eine Maßnahme, die teilweise unter Einsatz mediengestützter Kommunikation durchgeführt wird und die nicht als Fernunterricht nach § 12 des Fernunterrichtsschutzgesetzes zulassungspflichtig ist, wird gefördert, wenn sie durch Präsenzunterricht ergänzt wird und regelmäßige Leistungskontrollen durchgeführt werden.

(2) Zu mediengestützter Kommunikation zählen Unterrichtsformen, die auf einer Online-Lernplattform durchgeführt werden und bei denen der Lernprozess von der Lehrkraft aktiv gesteuert und der Lernfortschritt regelmäßig von ihr kontrolliert wird.

(3) Die Mindestdauer nach § 2 Absatz 3 und die Förderungshöchstdauer nach § 11 Absatz 1 und 2 bemessen sich bei diesen Maßnahmen nach der Anzahl der Unterrichtsstunden, die für den Präsenzunterricht vorgesehen sind, zuzüglich der Anzahl der Stunden, die für die mediengestützte Kommunikation vorgesehen sind.

§ 5 Fortbildung im In- und Ausland

(1) Förderfähig ist vorbehaltlich des Absatzes 2 die Teilnahme an Maßnahmen, die im Inland durchgeführt werden.

(2) Die Teilnahme an Maßnahmen, die vollständig oder teilweise in anderen Mitgliedstaaten der Europäischen Union durchgeführt werden, wird gefördert, wenn sie auf der Grundlage von Vereinbarungen der in den jeweiligen Mitgliedstaaten für die Fortbildungsprüfungen zuständigen Stellen durchgeführt wird.

§ 6 Förderfähige Fortbildung, Fortbildungsplan

(1) Förderung wird für die gezielte Vorbereitung auf Fortbildungsziele im Sinne von § 2 Absatz 1 und für die Teilnahme an Maßnahmen im Sinne dieses Gesetzes geleistet.

(2) Wurde bereits ein Fortbildungsziel im Sinne von § 2 Absatz 1 gefördert, so wird die Vorbereitung auf ein weiteres Fortbildungsziel im Sinne von § 2 Absatz 1 gefördert, wenn das angestrebte Fortbildungsziel auf dem bereits erreichten Fortbildungsziel aufbaut. Dies ist insbesondere dann gegeben, wenn ein Fortbildungsziel auf der nächsten Fortbildungsstufe im Sinne des § 53a des Berufsbildungsgesetzes oder des § 42a der Handwerksordnung angestrebt wird.

(3) Abweichend von Absatz 2 kann die Vorbereitung auf ein weiteres Fortbildungsziel auch dann gefördert werden, wenn besondere Umstände des Einzelfalls dies rechtfertigen. Besondere Umstände sind insbesondere dann gegeben, wenn ein wichtiger Grund der Ausübung desjenigen Berufs entgegensteht, zu dem die zuletzt nach diesem Gesetz geförderte Fortbildung qualifiziert hat, oder wenn das weitere Fortbildungsziel für die Berufsausübung in fachlicher Hinsicht erforderlich ist.

(4) Besteht eine Maßnahme aus mehreren Maßnahmeabschnitten, so sind diese im ersten Förderantrag in einem Fortbildungsplan anzugeben. In den Fällen des Satzes 1 umfasst die Förderung vorbehaltlich des § 2 Absatz 3 alle Maßnahmeabschnitte, die als Teile der im Fortbildungsplan genannten Fortbildungsprüfung anerkannt werden. Es können auch Maßnahmeabschnitte, die mit einer eigenständigen Fortbildungsprüfung abschließen, gefördert werden, wenn sie zugleich zur Befreiung von einem oder mehreren Teilen der im Fortbildungsplan genannten Fortbildungsprüfung eines übergeordneten Fortbildungsziels führen.

(5) Die Teilnahme an einem Maßnahmeabschnitt, der von dem Fortbildungsplan abweicht, wird nur gefördert, wenn der Maßnahmeabschnitt

1. inhaltlich einem im Fortbildungsplan angegebenen Maßnahmeabschnitt entspricht oder
2. einen im Fortbildungsplan angegebenen Maßnahmeabschnitt, der nicht mehr angeboten wird, weitgehend ersetzt

und die geänderte Gesamtmaßnahme weiterhin die Fördervoraussetzungen des § 2 Absatz 3 erfüllt und die Förderungshöchstdauer nach § 11 Absatz 1 und 2 nicht überschritten wird.

§ 7 Kündigung, Abbruch, Unterbrechung und Wiederholung

(1) Abweichend von § 11 Absatz 3 Satz 2 endet die Förderung, wenn die Maßnahme vor dem Ablauf der vertraglichen Dauer vom Teilnehmer oder der Teilnehmerin abgebrochen oder vom Träger gekündigt wurde.

(2) Wird nach einem Abbruch aus wichtigem Grund oder nach einer Kündigung des Trägers, die der Teilnehmer oder die Teilnehmerin nicht zu vertreten hat, eine Maßnahme mit demselben Fortbildungsziel unverzüglich nach Wegfall des wichtigen Grundes oder der Beendigung der Maßnahme infolge der Kündigung wieder aufgenommen, wird der Teilnehmer oder die Teilnehmerin hierfür erneut gefördert.

(3) Förderung für eine Maßnahme, die auf ein anderes Fortbildungsziel vorbereitet, wird geleistet, wenn für die Aufgabe des früheren Fortbildungsziels ein wichtiger Grund maßgebend war.

(3a) Nach Unterbrechung einer Maßnahme wegen Krankheit, Schwangerschaft oder aus anderem wichtigen Grund wird die Förderung bei Wiederaufnahme fortgesetzt. Während der Unterbrechungsphase besteht vorbehaltlich Absatz 4 Satz 1 kein Anspruch auf Förderung.

(4) Solange die Teilnahme an der Maßnahme wegen Krankheit oder Schwangerschaft unterbrochen wird, wird die Förderung bei Krankheit bis zu drei Monate und bei Schwangerschaft bis zu vier Monate weitergeleistet. Solange die Fortsetzung einer Maßnahme durch von dem Teilnehmer oder der Teilnehmerin nicht zu vertretende Wartezeiten, die acht Wochen überschreiten, nicht möglich ist, gilt die Maßnahme als unterbrochen.

(4a) Der Abbruch oder die Unterbrechung einer Maßnahme aus wichtigem Grund bedürfen der ausdrücklichen Erklärung. Die Erklärung wirkt nur insoweit auf einen vor dem Eingang bei der zuständigen Behörde liegenden Zeitpunkt zurück, wie sie ohne schuldhaftes Zögern erfolgt ist.

(5) Die Wiederholung einer gesamten Maßnahme wird nur einmal gefördert, wenn

1. die besonderen Umstände des Einzelfalles dies rechtfertigen und
2. eine zumutbare Möglichkeit nicht besteht, Fortbildungsstoff im Rahmen einer Verlängerung der Förderungshöchstdauer nach § 11 Absatz 2 Satz 1 nachzuholen.

(6) In den Fällen der Absätze 2 und 5 sollen bereits absolvierte Maßnahmeabschnitte berücksichtigt werden.

(7) Die Absätze 1, 2, 4, 4a und 5 gelten für Maßnahmeabschnitte entsprechend.

(8) Wechselt der Teilnehmer oder die Teilnehmerin unter Beibehaltung des früheren Fortbildungsziels die Fortbildungsstätte, so gelten die Absätze 5 bis 7 entsprechend.

Zweiter Abschnitt
Persönliche Voraussetzungen

§ 8 Staatsangehörigkeit

(1) Förderung wird geleistet

1. Deutschen im Sinne des Grundgesetzes,
2. Unionsbürgern, die ein Recht auf Daueraufenthalt im Sinne des Freizügigkeitsgesetzes/EU besitzen, sowie anderen Ausländern, die eine Niederlassungserlaubnis oder eine Erlaubnis zum Daueraufenthalt nach dem Aufenthaltsgesetz besitzen,
3. Ehegatten, Lebenspartnern und Kindern von Unionsbürgern, die unter den Voraussetzungen des § 3 Absatz 1 und 3 des Freizügigkeitsgesetzes/EU gemeinschaftsrechtlich freizügigkeitsberechtigt sind oder denen diese Rechte als Kinder nur deshalb nicht zustehen, weil sie 21 Jahre oder älter sind und von ihren Eltern oder deren Ehegatten oder Lebenspartnern keinen Unterhalt erhalten,
4. Unionsbürgern, die Ehegatte, Lebenspartner oder Kind eines Deutschen oder einer Deutschen sind, unter den Voraussetzungen des § 2 Absatz 2 des Freizügigkeitsgesetzes/EU freizügigkeitsberechtigt sind und ihren ständigen Wohnsitz im Inland haben,
5. Unionsbürgern, die vor dem Beginn der Fortbildung im Inland in einem Beschäftigungsverhältnis gestanden haben, dessen Gegenstand mit dem der Fortbildung in inhaltlichem Zusammenhang steht,
6. Staatsangehörigen eines anderen Vertragsstaates des Abkommens über den Europäischen Wirtschaftsraum unter den Voraussetzungen der Nummern 2 bis 5,
7. Ausländern, die ihren gewöhnlichen Aufenthalt im Inland haben und die außerhalb des Bundesgebiets als Flüchtlinge im Sinne des Abkommens über die Rechtsstellung der Flüchtlinge vom 28. Juli 1951 (BGBl. 1953 II S. 559) anerkannt und im Gebiet der Bundesrepublik Deutschland nicht nur vorübergehend zum Aufenthalt berechtigt sind,
8. heimatlosen Ausländern im Sinne des Gesetzes über die Rechtsstellung heimatloser Ausländer im Bundesgebiet in der im Bundesgesetzblatt Teil III, Gliederungsnummer 243-1, veröffentlichten bereinigten Fassung, zuletzt geändert durch Artikel 7 des Gesetzes vom 30. Juli 2004 (BGBl. I S. 1950).

(2) Anderen Ausländern wird Förderung geleistet, wenn sie ihren ständigen Wohnsitz im Inland haben und

1. eine Aufenthaltserlaubnis nach den §§ 22, 23 Absatz 1, 2 oder 4, den §§ 23a, 25 Absatz 1 oder 2, den §§ 25a, 25b, 28, 37, 38 Absatz 1 Nummer 2, §§ 104a, 104c oder als Ehegatte, Lebenspartner oder Kind eines Ausländers mit Niederlassungserlaubnis eine Aufenthaltserlaubnis nach § 30 oder den §§ 32 bis 34 des Aufenthaltsgesetzes besitzen,

2. eine Aufenthaltserlaubnis nach § 25 Absatz 3, 4 Satz 2 oder Absatz 5, § 31 des Aufenthaltsgesetzes oder als Ehegatte, Lebenspartner oder Kind eines Ausländers mit Aufenthaltserlaubnis eine Aufenthaltserlaubnis nach § 30, den §§ 32 bis 34 oder § 36a des Aufenthaltsgesetzes besitzen und sich seit mindestens 15 Monaten in Deutschland ununterbrochen rechtmäßig, gestattet oder geduldet aufhalten.

(2a) Geduldeten Ausländern (§ 60a des Aufenthaltsgesetzes), die ihren ständigen Wohnsitz im Inland haben, wird Förderung geleistet, wenn sie sich seit mindestens 15 Monaten ununterbrochen rechtmäßig, gestattet oder geduldet im Bundesgebiet aufhalten.

(3) Im Übrigen wird Ausländern Förderung geleistet, wenn sie selbst sich vor Beginn der Maßnahme insgesamt drei Jahre im Inland

1. aufgehalten haben und
2. rechtmäßig erwerbstätig waren.

Als Erwerbstätigkeit gilt auch die Zeit in einem Berufsausbildungsverhältnis in einem nach dem Berufsbildungsgesetz und der Handwerksordnung anerkannten Ausbildungsberuf oder einem vergleichbaren Berufsausbildungsverhältnis.

(4) Teilnehmer, die nach Absatz 1 oder 2 als Ehegatten oder Lebenspartner persönlich förderungsberechtigt sind, verlieren den Anspruch auf Förderung nicht dadurch, dass sie dauernd getrennt leben oder die Ehe oder Lebenspartnerschaft aufgelöst worden ist, wenn sie sich weiterhin rechtmäßig in Deutschland aufhalten.

(5) Rechts- und Verwaltungsvorschriften, nach denen anderen Ausländern Förderung zu leisten ist, bleiben unberührt.

§ 9 Vorqualifikation der Teilnehmer und Teilnehmerinnen

(1) Der Teilnehmer oder die Teilnehmerin muss vor Beginn der Maßnahme über die nach der jeweiligen Fortbildungsordnung für die Prüfungszulassung erforderliche berufliche Vorqualifikation verfügen.

(2) Förderung wird auch geleistet, wenn ein Abschluss, der für die Zulassung zur Prüfung nach der jeweiligen Fortbildungsordnung erforderlich ist, im Rahmen eines strukturierten, von der zuständigen Prüfstelle anerkannten Programmes bis zum letzten Unterrichtstag einer im Übrigen förderfähigen Maßnahme erworben werden soll. Besteht die Maßnahme aus mehreren Maßnahmeabschnitten, muss der Abschluss bis zum letzten Unterrichtstag des ersten Maßnahmeabschnitts erworben werden. Es genügt bei mehreren Maßnahmeabschnitten der Erwerb vor Beginn des zweiten Maßnahmeabschnitts, wenn der erforderliche Abschluss durch die Prüfung über den ersten Maßnahmeabschnitt erworben wird. Ein Abschluss im Sinne des Satzes 1 ist:

1. ein Abschluss in einem nach § 4 des Berufsbildungsgesetzes oder nach § 25 der Handwerksordnung anerkannten Ausbildungsberuf oder in einem vergleichbaren bundes- oder landesrechtlich geregelten Beruf oder
2. ein Fortbildungsabschluss im Sinne des § 2 Absatz 1.

Die Förderung wird hinsichtlich des nach Satz 1 zu erwerbenden Abschlusses unter dem Vorbehalt der Einstellung und Rückforderung geleistet. Vor dem Erwerb eines für die Prüfungszulassung erforderlichen Abschlusses nach Satz 4 Nummer 1 ist eine Förderung mit einem Unterhaltsbeitrag nach § 10 Absatz 2 ausgeschlossen.

(3) Förderung wird auch geleistet, wenn die Berufspraxis, die für die Prüfungszulassung zusätzlich zu einem Abschluss erforderlich ist, noch bis zum letzten Unterrichtstag der Maßnahme erworben werden kann und die konkrete Möglichkeit hierzu nachgewiesen wird.

(4) Förderung wird auch geleistet, wenn der Teilnehmer oder die Teilnehmerin bei Antragstellung als höchsten Hochschulabschluss bereits über einen Bachelorabschluss oder einen diesem vergleichbaren Hochschulabschluss verfügt. Förderung wird nicht geleistet, wenn der Teilnehmer oder die Teilnehmerin bereits einen staatlichen oder staatlich anerkannten höheren Hochschulabschluss als die in Satz 1 genannten oder einen nach dem Hochschulrecht der Länder als gleichwertig anerkannten sonstigen Abschluss erworben hat. Die Förderung endet mit Ablauf des Monats des Erwerbs eines höheren Hochschulabschlusses, wenn dieser vor dem letzten Unterrichtstag der Fortbildungsmaßnahme erworben wird.

(5) Bereits erworbene privatrechtlich zertifizierte Fortbildungsabschlüsse stehen einer Förderung nicht entgegen.

§ 9a Regelmäßige Teilnahme; Teilnahmenachweis

(1) Der Teilnehmer oder die Teilnehmerin hat regelmäßig an der geförderten Maßnahme teilzunehmen. Die Leistungen des Teilnehmers oder der Teilnehmerin müssen erwarten lassen, dass er oder sie die Maßnahme erfolgreich abschließt. Dies wird in der Regel angenommen, solange er oder sie die Maßnahme zügig und ohne Unterbrechung absolviert und er oder sie sich um einen erfolgreichen Abschluss bemüht. Eine regelmäßige Teilnahme liegt vor, wenn die Teilnahme an 70 Prozent der Präsenzstunden und bei Fernunterrichtslehrgängen (§ 4) oder bei mediengestützten Lehrgängen (§ 4a) an 70 Prozent der Leistungskontrollen nachgewiesen wird. Die Förderung wird hinsichtlich der regelmäßigen Teilnahme an der Maßnahme unter dem Vorbehalt der Einstellung und Rückforderung geleistet.

(2) Der Teilnehmer oder die Teilnehmerin hat sechs Monate nach Beginn, zum Ende und bei Abbruch der Maßnahme einen Nachweis des Bildungsträgers über die regelmäßige Teilnahme vorzulegen. Bei längeren Maßnahmen, bei Maßnahmen mit mehreren Maßnahmeabschnitten oder in besonderen Fällen können darüber hinaus weitere Teilnahmenachweise gefordert werden.

(3) Der Teilnehmer oder die Teilnehmerin hat bei Fernunterrichtslehrgängen (§ 4) oder bei mediengestützten Lehrgängen (§ 4a) die regelmäßige Teilnahme am Präsenzunterricht und die regelmäßige Bearbeitung der bei solchen Maßnahmen regelmäßig durchzuführenden Leistungskontrollen nachzuweisen.

Dritter Abschnitt
Leistungen

§ 10 Umfang der Förderung

(1) Während der Teilnahme an einer Maßnahme wird ein Beitrag zu den Kosten der Lehrveranstaltung (Maßnahmebeitrag) geleistet. Soweit für denselben Zweck Leistungen aus öffentlichen Mitteln, vom Arbeitgeber oder von Fördereinrichtungen bezogen werden, wird der Maßnahmebeitrag nach den um diese Leistungen geminderten Kosten bemessen.

(2) Bei Maßnahmen in Vollzeitform im Sinne des § 2 Absatz 3 Satz 1 Nummer 1 wird darüber hinaus ein Beitrag zur Deckung des Unterhaltsbedarfs (Unterhaltsbeitrag) geleistet. Als monatlicher Unterhaltsbedarf gilt für einen Teilnehmer oder eine Teilnehmerin der Bedarfssatz nach § 13 Absatz 1 Nummer 1 und Absatz 2 Nummer 2 und § 13a des Bundesausbildungsförderungsgesetzes. Der Unterhaltsbedarf erhöht sich für den Teilnehmer oder die Teilnehmerin um 60 Euro, für den jeweiligen Ehegatten oder Lebenspartner um 235 Euro und für jedes Kind, für das er oder sie einen Anspruch auf Kindergeld nach dem Einkommensteuergesetz oder dem Bundeskindergeldgesetz hat, um 235 Euro. Auf den Unterhaltsbedarf sind Einkommen und Vermögen des Antragstellers oder der Antragstellerin und Einkommen des jeweiligen Ehegatten oder Lebenspartners in dieser Reihenfolge anzurechnen.

(3) Alleinerziehende, die in einem Haushalt mit Kindern, die das vierzehnte Lebensjahr noch nicht vollendet haben, oder mit behinderten Kindern leben, erhalten bei Voll- und Teilzeitmaßnahmen bis zum Ablauf des Monats, in dem planmäßig der letzte Unterricht abgehalten wird, einen Kinderbetreuungszuschlag in Höhe von 150 Euro für jeden Monat je Kind.

§ 11 Förderungsdauer

(1) Eine Teilnahme an Maßnahmen in Vollzeitform wird bis zur Dauer von 24 Kalendermonaten, in Teilzeitform nach § 2 Absatz 3 Satz 1 Nummer 2 bis zur Dauer von 48 Kalendermonaten und in Teilzeitform nach § 2 Absatz 3 Satz 2 bis zur Dauer von 36 Kalendermonaten gefördert (Förderungshöchstdauer).

(2) Abweichend von Absatz 1 wird die Förderungshöchstdauer angemessen verlängert, sofern

1. dies gerechtfertigt ist durch
   a) eine Schwangerschaft,
   b) die Erziehung und Pflege eines Kindes bis zur Vollendung des vierzehnten Lebensjahres,
   c) die Betreuung eines behinderten Kindes,
   d) eine Behinderung oder schwere Krankheit des Teilnehmers oder der Teilnehmerin,

e) die Pflege eines oder einer pflegebedürftigen nahen Angehörigen nach § 7 Absatz 3 des Pflegezeitgesetzes, der oder die nach den §§ 14 und 15 des Elften Buches Sozialgesetzbuch mindestens in den Pflegegrad 3 eingestuft ist,

2. andere besondere Umstände des Einzelfalles dies rechtfertigen oder
3. die längere Dauer der Vorbereitung auf das Fortbildungsziel rechtlich vorgeschrieben ist.

In den Fällen der Nummern 1 und 2 darf die Förderungshöchstdauer längstens um zwölf Kalendermonate verlängert werden.

(3) Der Unterhaltsbeitrag und der Kinderbetreuungszuschlag werden von Beginn des Monats an geleistet, in dem mit dem Unterricht tatsächlich begonnen wird, frühestens jedoch vom Beginn des Antragsmonats an. Diese Leistungen enden mit Ablauf des Monats, in dem planmäßig der letzte Unterricht abgehalten wird; für Teilnehmer und Teilnehmerinnen, die sich nachweislich und unverzüglich zur Prüfung angemeldet haben, werden diese Leistungen auf Antrag bis zum Ablauf des Monats gewährt, in dem der letzte Prüfungstag liegt, jedoch höchstens für drei weitere Monate (Prüfungsvorbereitungsphase).

(4) Liegt bei Maßnahmen in Vollzeitform zwischen zwei Maßnahmeabschnitten nur ein Monat, so gilt der neue Abschnitt als bereits zu Beginn dieses Monats aufgenommen.

§ 12 Förderungsart

(1) Der Maßnahmebeitrag nach § 10 Absatz 1 besteht aus einem Anspruch auf

1. Förderung der Lehrgangs- und Prüfungsgebühren bis zu einem Gesamtbetrag von 15 000 Euro und
2. Förderung der Erstellung der fachpraktischen Arbeit in der Meisterprüfung des Handwerks sowie vergleichbarer Arbeiten in anderen Wirtschaftsbereichen bis zur Hälfte der notwendigen dem Teilnehmer oder der Teilnehmerin entstandenen Materialkosten, höchstens jedoch bis zu einem Gesamtbetrag von 2 000 Euro.

Der Maßnahmebeitrag nach Satz 1 wird in Höhe von 50 Prozent als Zuschuss geleistet. Darüber hinaus besteht der Maßnahmebeitrag vorbehaltlich Absatz 4 aus einem Anspruch auf Abschluss eines Darlehensvertrags mit der Kreditanstalt für Wiederaufbau nach Maßgabe des § 13.

(2) Der Unterhaltsbeitrag nach § 10 Absatz 2 Satz 1 einschließlich der in § 10 Absatz 2 Satz 3 genannten Erhöhungsbeträge wird ebenso wie der Kinderbetreuungszuschlag nach § 10 Absatz 3 in voller Höhe als Zuschuss geleistet. Die Zuschüsse nach Satz 1 werden bis zum Ablauf desjenigen Monats gewährt, in dem planmäßig der letzte Unterrichtstag abgehalten wird.

(3) Während der Prüfungsvorbereitungsphase nach § 11 Absatz 3 Satz 2 zweiter Halbsatz besteht für den Unterhaltsbeitrag einschließlich der Erhöhungsbeträge sowie für den Kinderbetreuungszuschlag vorbehaltlich Absatz 4 ein Anspruch auf Abschluss eines Darlehensvertrags mit der Kreditanstalt für Wiederaufbau nach Maßgabe des § 13.

(4) Der Teilnehmer oder die Teilnehmerin kann den Abschluss eines Darlehensvertrags innerhalb von drei Monaten verlangen. Die Frist beginnt mit dem auf die Bekanntgabe des Bescheids folgenden Monat.

§ 13 Darlehensbedingungen

(1) Die Kreditanstalt für Wiederaufbau hat auf Verlangen des Antragstellers oder der Antragstellerin mit diesem oder dieser einen privatrechtlichen Vertrag über ein Darlehen in der im Bescheid angegebenen Höhe zu schließen. Der Darlehensvertrag kann auch über einen von dem Antragsteller oder der Antragstellerin bestimmten geringeren, durch Hundert teilbaren Betrag geschlossen werden. Soweit das im Bescheid angegebene Darlehen geändert wird, wird der Vertrag entsprechend angepasst. Im Falle einer Änderung zugunsten des Antragstellers oder der Antragstellerin gilt dies nur, soweit dieser oder diese es verlangt. Zu Unrecht gezahlte Darlehensbeträge sind unverzüglich an die Kreditanstalt für Wiederaufbau zurückzuzahlen. Der Darlehensvertrag muss die in den Absätzen 2 bis 7 und § 13b Absatz 1 bis 3 genannten Bedingungen enthalten.

(2) Das Darlehen nach Absatz 1 ist zu verzinsen. Als Zinssatz gilt jeweils für sechs Monate – vorbehaltlich des Gleichbleibens der Rechtslage – der European Interbank Offered Rate (EURIBOR) für die Geldbeschaffung von ersten Adressaten in den Teilnehmerstaaten der Europäischen Währungsunion mit einer Laufzeit von sechs Monaten nach dem Stand vom 1. April und 1. Oktober, zuzüglich eines Verwaltungskostenaufschlags in Höhe von 1 vom Hundert. Fallen die in Satz 2 genannten Stichtage nicht auf einen Tag, an dem ein EURIBOR-Satz ermittelt wird, so gilt der nächste festgelegte EURIBOR-Satz. Ab dem Beginn der Rückzahlungspflicht nach Absatz 5 ist auf Verlangen des Darlehensnehmers oder der Darlehensnehmerin zum 1. April oder 1. Oktober eines Jahres für die restliche Laufzeit des Darlehens, längstens für zehn Jahre, ein Festzins zu vereinbaren. Die Festzinsvereinbarung muss einen Monat im Voraus verlangt werden. Im Falle des Satzes 4 gilt – vorbehaltlich des Gleichbleibens der Rechtslage – der Zinssatz für Bankschuldverschreibungen mit einer der Dauer der Zinsfestschreibung entsprechenden Laufzeit, zuzüglich eines Verwaltungskostenaufschlags in Höhe von bis zu 1 vom Hundert. Ab Beginn der Rückzahlungspflicht nach Absatz 5 erhöhen sich die Zinssätze nach den Sätzen 2 und 6 um einen Risikozuschlag in Höhe von bis zu 0,7 vom Hundert.

(3) Das Darlehen ist während der Dauer der Maßnahme und einer anschließenden Karenzzeit von zwei Jahren, längstens jedoch während eines Zeitraums von sechs Jahren, für den Darlehensnehmer oder die Darlehensnehmerin zins- und tilgungsfrei.

(4) Das Darlehen nach § 12 Absatz 1 ist mit Ausnahme der Kosten für die Prüfungsgebühr bis zu der im Bescheid angegebenen Höhe, in der Regel höchstens bis zu einem Betrag von 4 000 Euro unbar in einem Betrag zu zahlen. Die Erstattung der Prüfungsgebühr erfolgt nach Maßgabe des § 24 Absatz 1 Satz 4. Über die Auszahlung höherer Darlehen trifft die Kreditanstalt für Wiederaufbau mit dem Darlehensnehmer oder der Darlehensnehmerin eine Vereinbarung unter Berücksichtigung der Fälligkeit der Lehrgangsgebühren.

(5) Das Darlehen ist nach Ablauf der Karenzzeit innerhalb von zehn Jahren – vorbehaltlich des Gleichbleibens der Rechtslage – in monatlichen Raten von grundsätzlich mindestens 128 Euro zurückzuzahlen. Die Kreditanstalt für Wiederaufbau kann die Zahlung für jeweils drei aufeinanderfolgende Monate in einem Betrag geltend machen, es sei denn, der Darlehensnehmer oder die Darlehensnehmerin verlangt eine monatliche Ratenzahlung. Die Rückzahlungsraten sind bei monatlicher Zahlungsweise jeweils am Ende des Monats, bei vierteljährlicher Zahlungsweise jeweils am Ende des dritten Monats zu leisten. Der Rückzahlungsbetrag wird von der Kreditanstalt für Wiederaufbau im Lastschrifteinzugsverfahren eingezogen. Das Darlehen kann auch in Teilbeträgen vorzeitig zurückgezahlt werden.

(6) 30 Tage vor dem Beginn der Rückzahlung teilt die Kreditanstalt für Wiederaufbau dem Darlehensnehmer oder der Darlehensnehmerin – unbeschadet der Fälligkeit der ersten Rückzahlungsrate nach Absatz 3 – die Höhe der Darlehensschuld, die zu diesem Zeitpunkt geltende Zinsregelung, die Höhe der monatlichen Rückzahlungsrate und den Tilgungszeitraum mit.

(7) Mit dem Tod des Darlehensnehmers oder der Darlehensnehmerin erlischt die verbliebene Darlehensschuld einschließlich etwaiger Kosten und Zinsen.

(8) Mit der Eröffnung des gerichtlichen Insolvenzverfahrens über das Vermögen einer natürlichen Person oder nach der Abweisung des Antrags auf Eröffnung des Insolvenzverfahrens mangels Masse werden die Darlehensrestschuld und Zinsschuld zur sofortigen Rückzahlung fällig. Die Absätze 3, 5 und 6 sowie § 13b finden keine Anwendung.

§ 13a Einkommensabhängige Rückzahlung

Von der Verpflichtung zur Rückzahlung ist der Darlehensnehmer oder die Darlehensnehmerin auf seinen oder ihren Antrag durch die Kreditanstalt für Wiederaufbau freizustellen, soweit das Einkommen monatlich den Betrag nach § 18a Absatz 1 und 2 des Bundesausbildungsförderungsgesetzes nicht übersteigt. Sofern der übersteigende Betrag geringer ist als die monatlich zurückzuzahlende Mindestrate von 128 Euro, ist die Rückzahlungsrate auf den übersteigenden Betrag zu reduzieren. Die Freistellung ist in diesen Fällen auf die Differenz zwischen dem übersteigenden Betrag und der Mindestrate beschränkt. § 18a Absatz 3 und 4 des Bundesausbildungsförderungsgesetzes ist entsprechend anzuwenden. Eine Freistellung von der Verpflichtung zur Rückzahlung kann für längstens fünf Jahre erfolgen.

§ 13b Erlass und Stundung

(1) Hat der Darlehensnehmer oder die Darlehensnehmerin die Fortbildungsprüfung bestanden, werden ihm oder ihr gegen Vorlage des Prüfungszeugnisses 50 Prozent des zu diesem Zeitpunkt noch nicht fällig gewordenen Darlehens für die Lehrgangs- und Prüfungsgebühren nach § 12 Absatz 1 Satz 1 Nummer 1 erlassen.

(2) Hat der Darlehensnehmer oder die Darlehensnehmerin innerhalb von drei Jahren nach Beendigung der Maßnahme im Inland ein Unternehmen oder eine freiberufliche Existenz gegründet oder übernommen oder einen bestehenden Gewerbebetrieb erwei-

tert und trägt er oder sie dafür überwiegend die unternehmerische Verantwortung, so wird auf Antrag und gegen Vorlage der erforderlichen Nachweise das bis zu diesem Zeitpunkt noch nicht fällig gewordene, auf die Lehrgangs- und Prüfungsgebühren entfallende Restdarlehen nach § 12 Absatz 1 Satz 1 Nummer 1 in voller Höhe erlassen, wenn er oder sie

1. die Fortbildungsprüfung bestanden hat und
2. das Unternehmen, die freiberufliche Existenz oder den erweiterten Gewerbebetrieb mit der Absicht, dieses Unternehmen, diese Existenz oder diesen Gewerbebetrieb als Haupterwerb zu betreiben, mindestens drei Jahre führt.

Darlehensraten und Zinsen, die in den ersten drei Jahren nach der Existenzgründung fällig sind, werden auf Antrag des Darlehensnehmers oder der Darlehensnehmerin gestundet. Wenn die Voraussetzungen für einen Erlass nach Satz 1 nach Ablauf der drei Jahre nicht vorliegen, sind die gestundeten Darlehensraten und die auf sie angefallenen vereinbarten Zinsen zurückzuzahlen.

(3) Für jeden Monat, für den der Darlehensnehmer oder die Darlehensnehmerin glaubhaft macht, dass

1. sein oder ihr Einkommen den Betrag nach § 18a Absatz 1 des Bundesausbildungsförderungsgesetzes nicht übersteigt und
2. er oder sie
   a) ein Kind, das das vierzehnte Lebensjahr noch nicht vollendet hat, erzieht oder
   b) ein behindertes Kind betreut oder
   c) einen pflegebedürftigen nahen Angehörigen oder eine pflegebedürftige nahe Angehörige nach § 7 Absatz 3 des Pflegezeitgesetzes, der oder die nach den §§ 14 und 15 des Elften Buches Sozialgesetzbuch mindestens in den Pflegegrad 3 eingestuft ist, pflegt,

werden auf Antrag die Darlehensrate und die Zinsen nach § 13 Absatz 5 längstens für einen Zeitraum von zwölf Monaten gestundet. Der Darlehensnehmer oder die Darlehensnehmerin ist verpflichtet, während der Dauer der Stundung jede nach dem Zeitpunkt der Antragstellung eintretende Änderung der Verhältnisse nach Satz 1 Nummer 1 und 2 der Kreditanstalt für Wiederaufbau schriftlich oder elektronisch mitzuteilen. Kommt der Darlehensnehmer oder die Darlehensnehmerin dieser Verpflichtung nicht nach, gerät er oder sie mit jeder zu Unrecht gestundeten Rate auch ohne Mahnung in Verzug. Nach Ablauf des Stundungszeitraums werden auf Antrag die gestundeten Raten erlassen, soweit der Darlehensnehmer oder die Darlehensnehmerin nachweist, dass zum Zeitpunkt der Antragstellung die Voraussetzungen des Satzes 1 Nummer 1 und 2 noch gegeben sind. Kind des Darlehensnehmers oder der Darlehensnehmerin ist ein Kind, für das er oder sie einen Anspruch auf Kindergeld nach dem Einkommensteuergesetz oder dem Bundeskindergeldgesetz hat, soweit das Kind das vierzehnte Lebensjahr noch nicht vollendet hat, sowie Kinder im Sinne des § 32 Absatz 4 Nummer 3 des Einkommensteuergesetzes oder des § 2 Absatz 2 Nummer 3 des Bundeskindergeldgesetzes.

(4) Über den Antrag des Darlehensnehmers oder der Darlehensnehmerin auf Stundung und Erlass entscheidet in den Fällen der Absätze 1 bis 3 die Kreditanstalt für Wiederaufbau.

§ 14 Kreditanstalt für Wiederaufbau

(1) Bis zum Ende des vierten Jahres nach Beginn der Darlehensrückzahlung wird der Kreditanstalt für Wiederaufbau auf Verlangen die Darlehens- und Zinsschuld eines Darlehensnehmers oder einer Darlehensnehmerin erstattet, von dem oder von der eine termingerechte Zahlung nicht zu erwarten ist. Dies ist insbesondere der Fall, wenn

1. der Darlehensnehmer oder die Darlehensnehmerin die Rückzahlungsrate für sechs aufeinanderfolgende Monate nicht geleistet hat oder für diesen Zeitraum mit einem Betrag in Höhe des Vierfachen der monatlichen Rückzahlungsrate im Rückstand ist,
2. der Darlehensvertrag von der Kreditanstalt für Wiederaufbau entsprechend den geltenden Bestimmungen wirksam gekündigt worden ist,
3. die Rückzahlung des Darlehens infolge der Erwerbs- oder Arbeitsunfähigkeit oder einer Erkrankung des Darlehensnehmers oder der Darlehensnehmerin von mehr als einem Jahr Dauer nachhaltig erschwert oder unmöglich geworden ist,
4. der Darlehensnehmer oder die Darlehensnehmerin zahlungsunfähig geworden ist oder Hilfe zum Lebensunterhalt nach dem Zwölften Buch Sozialgesetzbuch oder Leistungen zur Sicherung des Lebensunterhalts nach dem Zweiten Buch Sozialgesetzbuch erhält oder
5. der Aufenthalt des Darlehensnehmers oder der Darlehensnehmerin seit mehr als sechs Monaten nicht ermittelt werden konnte.

Mit der Zahlung nach Satz 1 geht der Anspruch aus dem Darlehensvertrag auf den Bund über.

(2) Der Kreditanstalt für Wiederaufbau werden jeweils zum 30. März, 30. Juni, 30. September und 30. Dezember eines Jahres erstattet:

1. Zinsen, von deren Zahlung der Darlehensnehmer oder die Darlehensnehmerin nach § 13 Absatz 3 freigestellt ist,
2. Beträge, die sie nach § 13b erlassen hat,
3. Beträge, die ihr nach Absatz 1 zu erstatten sind,
4. Zinsen für die nach § 13b gestundeten Rückzahlungsraten in Höhe des nach § 13 Absatz 2 Satz 2 geltenden EURIBOR-Satzes,
5. Darlehensforderungen, die wegen des Todes des Darlehensnehmers oder der Darlehensnehmerin nach § 13 Absatz 7 erloschen sind.

Wird ein Darlehen mit einem festen Zinssatz nach § 13 Absatz 5 Satz 5 vorzeitig zurückgezahlt, erhält die Kreditanstalt für Wiederaufbau eine Vorfälligkeitsentschädigung in Höhe des ihr entstandenen Wiederanlageschadens.

(3) Für die Verwaltung und Einziehung der Darlehen nach § 18 erhält die Kreditanstalt für Wiederaufbau neben den notwendigen Kosten der Rechtsverfolgung jeweils für zwölf Monate eine Verwaltungskostenpauschale in Höhe von 2,5 vom Hundert des Restdarlehens, höchstens jedoch 128 Euro.

§ 15 Aufrechnung

Mit einem Anspruch auf Erstattung von Zuschüssen kann gegen den Anspruch auf entsprechende Leistungen in voller Höhe aufgerechnet werden.

§ 16 Rückzahlungspflicht

(1) Haben die Voraussetzungen für die Leistung des Unterhaltsbeitrages an keinem Tag des Kalendermonats vorgelegen, für den er gezahlt worden ist, so ist außer in den Fällen der §§ 44 bis 50 des Zehnten Buches Sozialgesetzbuch insoweit der Bewilligungsbescheid aufzuheben und der Unterhaltsbeitrag zu erstatten, als der Teilnehmer oder die Teilnehmerin, der jeweilige Ehegatte oder Lebenspartner Einkommen erzielt hat, das bei der Bewilligung nicht berücksichtigt worden ist; Regelanpassungen gesetzlicher Renten und Versorgungsbezüge bleiben hierbei außer Betracht.

(2) Soweit Leistungen nach diesem Gesetz unter dem Vorbehalt der Rückforderung gewährt wurden und der entsprechende Vorbehalt greift, ist der Bewilligungsbescheid insoweit aufzuheben und der Teilnehmer oder die Teilnehmerin hat die erhaltenen Leistungen insoweit zu erstatten.

(3) Weist der Teilnehmer oder die Teilnehmerin in einem Nachweis des Bildungsträgers nicht die regelmäßige Teilnahme an der Maßnahme nach und kann die regelmäßige Teilnahme bis zum Ende der Maßnahme nicht mehr erreicht werden, so ist der Bewilligungsbescheid aufzuheben und der Teilnehmer oder die Teilnehmerin hat die erhaltenen Leistungen zu erstatten. Hat der Teilnehmer oder die Teilnehmerin die Maßnahme aus wichtigem Grund abgebrochen und bis zum Abbruch regelmäßig an der Maßnahme teilgenommen, so ist der Bewilligungsbescheid nur in dem Umfang aufzuheben und der Teilnehmer oder die Teilnehmerin hat den Maßnahmebeitrag nur in dem Umfang zu erstatten, in dem die Lehrgangs- und Prüfungsgebühren noch nicht fällig geworden sind.

(4) Weist der Teilnehmer oder die Teilnehmerin nach sechs Monaten oder in einem weiteren Nachweis des Bildungsträgers nach § 9a Absatz 2 Satz 2 während der Maßnahme nicht die regelmäßige Teilnahme nach, kann diese aber bis zum Ende der Maßnahme noch erreicht werden, erfolgt die Aufhebung des Bewilligungsbescheides insgesamt erst, wenn auch in einem weiteren Teilnahmenachweis des Bildungsträgers die regelmäßige Teilnahme nicht erreicht wird. Die zuständige Behörde weist den Teilnehmer oder die Teilnehmerin in Textform auf den nächsten Vorlagezeitpunkt und die Folge eines erneut nicht erfolgreichen Teilnahmenachweises hin.

(5) Besteht eine Vollzeitmaßnahme aus mehreren Maßnahmeabschnitten und wird der Bewilligungsbescheid insgesamt aufgehoben, ist der Unterhaltsbeitrag nur für die Maßnahmeabschnitte zu erstatten, an denen der Teilnehmer oder die Teilnehmerin nicht regelmäßig teilgenommen hat.

Vierter Abschnitt Einkommens- und Vermögensanrechnung

§ 17 Einkommens- und Vermögensanrechnung

(1) Für die Anrechnung des Einkommens und des Vermögens nach § 10 Absatz 2 gelten – mit Ausnahme des § 29 des Bundesausbildungsförderungsgesetzes und der Ermächtigungen zum Erlass von Rechtsverordnungen in § 21 Absatz 3 Satz 1 Nummer 4 des Bundesausbildungsförderungsgesetzes – in der jeweils anzuwendenden Fassung die Abschnitte IV und V des Bundesausbildungsförderungsgesetzes und die Verordnung zur Bezeichnung der als Einkommen geltenden sonstigen Einnahmen nach § 21 Absatz 3 Satz 1 Nummer 4 des Bundesausbildungsförderungsgesetzes mit der Maßgabe entsprechend, dass an die Stelle des Amtes für Ausbildungsförderung die für dieses Gesetz zuständige Behörde tritt und dass in den Fällen des § 24 Absatz 2 und 3 des Bundesausbildungsförderungsgesetzes über den Antrag ohne Vorbehalt der Rückforderung entschieden wird. § 11 Absatz 4 des Bundesausbildungsförderungsgesetzes ist entsprechend anzuwenden.

(2) Als Ehegatte oder Lebenspartner im Sinne dieses Gesetzes gilt der nicht dauerhaft getrennt lebende Ehegatte oder Lebenspartner, sofern dieses Gesetz nichts anderes bestimmt.

§ 17a Freibeträge vom Vermögen

(1) Von dem Vermögen bleiben anrechnungsfrei

1. für den Teilnehmer oder die Teilnehmerin selbst 45 000 Euro,
2. für den jeweiligen Ehegatten oder Lebenspartner 2 300 Euro,
3. für jedes Kind des Teilnehmers oder der Teilnehmerin 2 300 Euro.

(2) Zur Vermeidung unbilliger Härten kann ein weiterer Teil des Vermögens anrechnungsfrei bleiben.

Fünfter Abschnitt Organisation

§ 18 Übergegangene Darlehensforderungen

Die nach § 14 Absatz 1 auf den Bund übergegangenen Darlehensforderungen werden von der Kreditanstalt für Wiederaufbau verwaltet und eingezogen.

Sechster Abschnitt Verfahren

§ 19 Antrag

(1) [1]Über die Förderungsleistung einschließlich der Höhe der Darlehenssumme entscheidet die zuständige Behörde auf schriftlichen oder elektronischen Antrag. [2]Maßnahmebeitrag und Unterhaltsbeitrag müssen spätestens bis zum Ende der Maßnahme, bei mehreren in sich selbstständigen Abschnitten bis zum Ende des jeweiligen Maßnahmeabschnittes beantragt werden.

(2) Soweit für die Erhebung der für Entscheidungen nach diesem Gesetz erforderlichen Tatsachen Vordrucke vorgesehen sind, sind diese zu benutzen.

§ 19a Örtliche Zuständigkeit

Für die Entscheidung über die Förderungsleistungen ist die von den Ländern für die Durchführung dieses Gesetzes bestimmte Behörde des Bezirks zuständig, in dem der Teilnehmer oder die Teilnehmerin bei Antragstellung seinen oder ihren ständigen Wohnsitz hat. Hat der Teilnehmer oder die Teilnehmerin im Inland keinen ständigen Wohnsitz, so ist die Behörde zuständig, in deren Bezirk die Fortbildungsstätte liegt.

§ 19b (weggefallen)

§ 20 Mitteilungspflicht

Die Kreditanstalt für Wiederaufbau unterrichtet die zuständige Behörde über den Abschluss eines Darlehensvertrages nach § 13 Absatz 1. Die zuständige Behörde unterrichtet in diesen Fällen die Kreditanstalt für Wiederaufbau über Änderungen des Bescheids, die zu einer Verringerung der Leistungen nach diesem Gesetz führen.

§ 21 Auskunftspflichten

(1) Die Träger der Maßnahmen sind verpflichtet, den zuständigen Behörden auf Verlangen alle Auskünfte zu erteilen und Urkunden vorzulegen sowie die Besichtigung der Fortbildungsstätte zu gestatten, soweit die Durchführung dieses Gesetzes es erfordert. Sie sind verpflichtet, für die Förderung relevante Veränderungen ihres Geschäftsbetriebs und der Maßnahme, das Einstellen eines Lehrgangs, den Nichtantritt, die vorzeitige Beendigung, die nicht regelmäßige Teilnahme, den Abbruch der Maßnahme durch den Teilnehmer oder die Teilnehmerin oder eine Kündigung der Maßnahme vor Ablauf der vertraglichen Dauer nach § 7 Absatz 1 den zuständigen Behörden unverzüglich mitzuteilen, sobald ihnen diese Umstände bekannt werden.

(2) § 60 Absatz 1 Satz 1 und Absatz 2 des Ersten Buches Sozialgesetzbuch gilt entsprechend für denjenigen oder diejenige, der oder die Leistungen zu erstatten hat und den jeweiligen Ehegatten oder Lebenspartner des Antragstellers oder der Antragstellerin.

(3) Öffentliche und nicht öffentliche Stellen dürfen personenbezogene Daten, die zur Durchführung dieses Gesetzes erforderlich sind, den für die Durchführung dieses Gesetzes zuständigen Behörden auf deren Verlangen übermitteln, soweit hierdurch schutzwürdige Belange der betroffenen Person oder der betroffenen Personen nicht beeinträchtigt werden oder das öffentliche Interesse das Geheimhaltungsinteresse der betroffenen Person oder der betroffenen Personen überwiegt. Die Übermittlung unterbleibt, wenn dem besondere gesetzliche Verwendungsregelungen entgegenstehen.

(4) Soweit dies zur Durchführung dieses Gesetzes erforderlich ist, hat

1. der jeweilige Arbeitgeber auf Verlangen dem Teilnehmer oder der Teilnehmerin und dem jeweiligen Ehegatten oder Lebenspartner sowie der zuständigen Behörde eine Bescheinigung über den Arbeitslohn und den als Lohnsteuerabzugsmerkmal mitgeteilten Freibetrag auszustellen,
2. die jeweilige Zusatzversorgungseinrichtung des öffentlichen Dienstes oder öffentlich-rechtliche Zusatzversorgungseinrichtung auf Verlangen der zuständigen Behörde Auskünfte über die von ihr geleistete Alters- und Hinterbliebenenversorgung des Teilnehmers oder der Teilnehmerin und des jeweiligen Ehegatten oder Lebenspartners zu erteilen.

(5) Die zuständige Behörde kann den in den Absätzen 1 bis 3 bezeichneten Institutionen und Personen eine angemessene Frist zur Erteilung von Auskünften und Vorlage von Urkunden setzen.

§ 22 Ersatzpflicht des Ehegatten oder Lebenspartners

Hat der Ehegatte oder Lebenspartner des Teilnehmers oder der Teilnehmerin die Leistung von Förderung an diesen oder diese dadurch herbeigeführt, dass er oder sie vorsätzlich oder grob fahrlässig falsche oder unvollständige Angaben gemacht oder eine Anzeige nach § 21 Absatz 2 unterlassen hat, so hat er oder sie den zu Unrecht geleisteten Förderungsbetrag zu ersetzen. Der Betrag ist vom Zeitpunkt der zu Unrecht erfolgten Leistung an mit 3 vom Hundert über dem Basiszinssatz nach § 247 des Bürgerlichen Gesetzbuchs für das Jahr zu verzinsen.

§ 23 Bescheid

(1) Entscheidungen nach diesem Gesetz sind dem Antragsteller oder der Antragstellerin schriftlich oder elektronisch mitzuteilen (Bescheid). In dem Bescheid über den ersten Förderantrag für eine Maßnahme wird dem Grunde nach über die Förderung der Maßnahme einschließlich aller Maßnahmeabschnitte des nach § 6 Absatz 4 Satz 1 vorzulegenden Fortbildungsplans entschieden und der maximale Zeitrahmen nach § 2 Absatz 3 festgesetzt.

(2) In dem Bescheid sind anzugeben:

1. die Höhe des Zuschussanteils zum Maßnahmebeitrag nach § 12 Absatz 1 Satz 2,
2. die Höhe des Maßnahmedarlehens nach § 12 Absatz 1 Satz 1 und 3,

3. die Dauer der Zins- und Tilgungsfreiheit nach § 13 Absatz 3,
4. die Frist nach § 12 Absatz 4, bis zu der der Abschluss eines Darlehensvertrags verlangt werden kann,
5. das Ende der Förderungshöchstdauer nach § 11 und
6. der Zeitpunkt zur Vorlage des Teilnahmenachweises sowie die Rechtsfolgen der Nichtvorlage und der nicht regelmäßigen Teilnahme nach § 9a.

Bei Maßnahmen in Vollzeitform sind zusätzlich anzugeben:

1. die Höhe des Unterhaltsbeitrages nach § 12 Absatz 2 Satz 1,
2. die Höhe des Erhöhungsbetrages für Kinder nach § 10 Absatz 2 Satz 3,
3. die Höhe des Einkommens des Teilnehmers oder der Teilnehmerin, des jeweiligen Ehegatten oder Lebenspartners sowie die Höhe des Vermögens des Teilnehmers oder der Teilnehmerin nach § 17,
4. die Höhe der bei der Ermittlung des Einkommens berücksichtigten Steuern und Abzüge zur Abgeltung der Aufwendungen für die soziale Sicherung nach § 17,
5. die Höhe der gewährten Freibeträge nach den §§ 17 und 17a,
6. die Höhe der auf den Bedarf angerechneten Beträge vom Einkommen und Vermögen des Teilnehmers oder der Teilnehmerin sowie vom Einkommen des jeweiligen Ehegatten oder Lebenspartners nach § 10 Absatz 2 Satz 4 und § 17.

Bei Alleinerziehenden ist zusätzlich der Zuschuss für den Kinderbetreuungszuschlag nach § 10 Absatz 3 anzugeben.
Bei Gewährung einer Förderung für die Prüfungsvorbereitungsphase ist zusätzlich anzugeben:

1. die Höhe des Unterhaltsdarlehens sowie
2. bei Alleinerziehenden die Höhe des Darlehens für den Kinderbetreuungszuschlag nach § 12 Absatz 3.

(3) Besteht eine Maßnahme aus mehreren Maßnahmeabschnitten, kann die Förderung auf einen oder mehrere Maßnahmeabschnitte beschränkt werden (Bewilligungszeitraum). Auch in diesem Fall erfolgt die Förderung nach § 9a Absatz 1 Satz 5 unter dem Vorbehalt der regelmäßigen Teilnahme an der Maßnahme einschließlich aller Maßnahmeabschnitte des nach § 6 Absatz 4 Satz 1 vorzulegenden Fortbildungsplans.

(4) Auf Antrag hat die zuständige Behörde vorab zu entscheiden, ob für die Teilnahme an einer Maßnahme nach fachlicher Richtung, Fortbildungsziel, zeitlicher und inhaltlicher Gestaltung und Art des Trägers dem Grunde nach die Förderungsvoraussetzungen vorliegen. Die zuständige Behörde ist an die Entscheidung nicht mehr gebunden, wenn mit der Maßnahme nicht binnen eines Jahres nach Antragstellung begonnen wird.

§ 24 Zahlweise

(1) Der Zuschuss für den Unterhaltsbeitrag nach § 12 Absatz 2 und der Zuschuss für die Kinderbetreuung nach § 10 Absatz 3 und § 12 Absatz 2 sind unbar monatlich im Voraus zu zahlen. Der Zuschussanteil zum Maßnahmebeitrag nach § 12 Absatz 1 Satz 2 kann bis zu der im Bescheid angegebenen Höhe, höchstens bis zu einem Betrag von 5 000 Euro, in einem Betrag gezahlt werden. Die nach § 19 zuständige Stelle kann unter Berücksichtigung der Fälligkeit der Lehrgangsgebühren die Auszahlung eines höheren Betrages bewilligen. Der Maßnahmebeitrag für die Prüfungsgebühr und der Förderbetrag für die Erstellung der fachpraktischen Arbeit nach § 12 Absatz 1 Satz 1 Nummer 2 werden erst bei Fälligkeit und gegen Vorlage der Rechnungen oder des Gebührenbescheids bis zu zwei Jahren nach Ende der Maßnahme ausgezahlt. Die Auszahlung der Bankdarlehen erfolgt nach Maßgabe des § 13 durch die Kreditanstalt für Wiederaufbau.

(2) Der monatliche Zuschuss für den Unterhaltsbeitrag und der Zuschuss für die Kinderbetreuung nach § 10 Absatz 3 und § 12 Absatz 2 werden bei Restbeträgen bis zu 0,49 Euro auf volle Euro abgerundet und bei Restbeträgen ab 0,50 Euro auf volle Euro aufgerundet.

(3) Monatliche Zuschussbeträge unter 10 Euro werden nicht geleistet.

(4) Können bei der erstmaligen Antragstellung für einen Bewilligungszeitraum die Feststellungen, die für eine Entscheidung über einen vollständigen Antrag erforderlich sind, nicht innerhalb von sechs Kalenderwochen getroffen werden oder können Zahlungen nicht innerhalb von zehn Kalenderwochen geleistet werden, so werden unter dem Vorbehalt der Rückforderung geleistet:

1. der Zuschuss für den voraussichtlichen Unterhaltsbeitrag für vier Monate und
2. der Zuschuss zum Maßnahmebeitrag, soweit der Teilnehmer oder die Teilnehmerin die Fälligkeit der Kosten der Lehrveranstaltung nachweist.

§ 25 Änderung des Bescheides

Ändert sich ein für die Leistung der Förderung maßgeblicher Umstand, so wird der Bescheid geändert

1. zugunsten des Teilnehmers oder der Teilnehmerin vom Beginn des Monats, in dem die Änderung eingetreten ist, rückwirkend jedoch höchstens für die drei Monate vor dem Monat, in dem sie der zuständigen Behörde mitgeteilt wurde,
2. zuungunsten des Teilnehmers oder der Teilnehmerin vom Beginn des Monats, der auf den Eintritt der Änderung folgt,

wenn diese Änderung zu einer Erhöhung oder Minderung des Unterhaltsbeitrages oder des Maßnahmebeitrags um wenigstens 10 Euro führt. Nicht als Änderung im Sinne des Satzes 1 gelten Regelanpassungen gesetzlicher Renten und Versorgungsbezüge. § 48 des Zehnten Buches Sozialgesetzbuch findet keine Anwendung; Erstattungen richten sich nach § 50 des Zehnten Buches Sozialgesetzbuch. Abweichend von Satz 1 wird der Bescheid vom Beginn des Bewilligungszeitraums geändert, wenn in den Fällen des § 22

Absatz 2 und des § 24 Absatz 3 des Bundesausbildungsförderungsgesetzes eine Änderung des Einkommens des Teilnehmers oder der Teilnehmerin, des jeweiligen Ehegatten oder Lebenspartners oder in den Fällen des § 25 Absatz 6 des Bundesausbildungsförderungsgesetzes eine Änderung des Freibetrags eingetreten ist.

§ 26 Rechtsweg

Für öffentlich-rechtliche Streitigkeiten nach diesem Gesetz ist der Verwaltungsrechtsweg, für Streitigkeiten aus dem Darlehensvertrag der ordentliche Rechtsweg gegeben.

§ 27 Statistik

(1) Über die Förderung nach diesem Gesetz werden eine halbjährliche und eine jährliche Bundesstatistik durchgeführt.

(2) Die Statistik erfasst zur Mitte des Jahres für das vorausgegangene Kalenderhalbjahr und jährlich für das vorausgegangene Kalenderjahr die Zahl der Geförderten (Erst- und Folgegeförderte), der Anträge und Bewilligungen (Erst- und Folgebewilligungen), der Ablehnungen, der Abbrüche und Unterbrechungen, der bewilligten und ausgezahlten Darlehen sowie Zahl und Höhe der nach § 13a gewährten Freistellungen und der nach § 13b gewährten Darlehenserlasse und Stundungen und für jeden Geförderten folgende Erhebungsmerkmale:

1. von dem Teilnehmer oder der Teilnehmerin: Geschlecht, Geburtsjahr, Staatsangehörigkeit, Art des ersten berufsqualifizierenden Ausbildungsabschlusses und der beruflichen Vorqualifikation, vorhandene Hochschulabschlüsse, Fortbildungsziel und Fortbildungsstufe, Fortbildungsstätte nach Art und rechtlicher Stellung, Monat und Jahr des Beginns und des Endes der Förderungshöchstdauer, Art, Höhe und Zusammensetzung des Maßnahmebeitrages nach § 12 Absatz 1,
2. von dem Teilnehmer oder der Teilnehmerin an Maßnahmen in Vollzeitform zusätzlich: Familienstand, Unterhaltsberechtigtenverhältnis der Kinder, Höhe und Zusammensetzung des monatlichen Gesamtbedarfs des Teilnehmers oder der Teilnehmerin, auf den Bedarf anzurechnende Beträge vom Einkommen und Vermögen des Teilnehmers oder der Teilnehmerin, Monat und Jahr des Beginns und Endes des Bewilligungszeitraums sowie Art, Zusammensetzung und Höhe des Unterhaltsbeitrages während der Maßnahme nach § 12 Absatz 2 sowie während der Prüfungsvorbereitungsphase nach § 12 Absatz 3, gegliedert nach Monaten, Höhe und Zusammensetzung des Einkommens nach § 21 und den Freibetrag nach § 23 Absatz 1 Satz 2 sowie, wenn eine Vermögensanrechnung erfolgt, die Höhe des Vermögens nach § 27 und des Härtefreibetrages nach § 29 Absatz 3 des Bundesausbildungsförderungsgesetzes,
3. von alleinerziehenden Teilnehmern und Teilnehmerinnen zusätzlich: Art, Höhe und Zusammensetzung des Kinderbetreuungszuschlags,
4. von dem jeweiligen Ehegatten oder Lebenspartner des Teilnehmers oder der Teilnehmerin an Maßnahmen in Vollzeitform: Höhe und Zusammensetzung des Einkommens und des Freibetrags vom Einkommen und der vom Einkommen auf den Bedarf des Teilnehmers oder der Teilnehmerin anzurechnende Betrag.

(3) Hilfsmerkmale sind Name und Anschrift der zuständigen Behörden.

(4) Für die Durchführung der Statistik besteht Auskunftspflicht. Auskunftspflichtig sind die zuständigen Behörden und die Kreditanstalt für Wiederaufbau.

§ 27a Anwendung des Sozialgesetzbuches

Soweit dieses Gesetz keine abweichenden Regelungen enthält, sind die §§ 1 bis 3, 11 bis 17, 30 bis 67 des Ersten Buches Sozialgesetzbuch und das Zehnte Buch Sozialgesetzbuch anzuwenden.

Siebter Abschnitt Aufbringung der Mittel

§ 28 Aufbringung der Mittel

(1) Die Ausgaben nach diesem Gesetz, einschließlich der Erstattung an die Kreditanstalt für Wiederaufbau nach § 14 Absatz 2, werden vom Bund zu 78 vom Hundert und von den Ländern zu 22 vom Hundert getragen.

(2) Die Kreditanstalt für Wiederaufbau führt 22 vom Hundert des von ihr nach § 18 für den Bund eingezogenen Darlehensbetrages an das Land ab, in dem der Darlehensnehmer oder die Darlehensnehmerin seinen oder ihren Wohnsitz hat.

Achter Abschnitt Bußgeld-, Übergangs- und Schlussvorschriften

§ 29 Bußgeldvorschriften

(1) Ordnungswidrig handelt, wer vorsätzlich oder fahrlässig

1. entgegen § 21 Absatz 1 eine Auskunft nicht, nicht richtig, nicht vollständig oder nicht rechtzeitig erteilt, eine Urkunde nicht, nicht richtig, nicht vollständig oder nicht rechtzeitig vorlegt oder eine Mitteilung nicht, nicht richtig, nicht vollständig oder nicht rechtzeitig macht oder
2. entgegen § 60 Absatz 1 Satz 1 des Ersten Buches Sozialgesetzbuch, auch in Verbindung mit § 21 Absatz 2, eine Angabe oder eine Änderungsmitteilung nicht, nicht richtig, nicht vollständig oder nicht rechtzeitig macht oder eine Beweisurkunde nicht, nicht richtig, nicht vollständig oder nicht rechtzeitig vorlegt.

(2) Die Ordnungswidrigkeit kann mit einer Geldbuße bis zu dreitausend Euro geahndet werden.

§ 30 Übergangsvorschriften

(1) Für Maßnahmen der beruflichen Aufstiegsfortbildung, die bis zum Ablauf des 31. Juli 2020 abgeschlossen worden sind, sind die Vorschriften dieses Gesetzes in der bis zum Ablauf des 31. Juli 2020 geltenden Fassung weiterhin anzuwenden.

(2) Für Maßnahmen der beruflichen Aufstiegsfortbildung, die vor dem 31. Juli 2020 begonnen, aber noch nicht abgeschlossen worden sind, sind die Vorschriften dieses Gesetzes in der bis zum Ablauf des 31. Juli 2020 geltenden Fassung mit Ausnahme der §§ 10, 12 und 17a weiterhin anzuwenden.

(3) § 2 Absatz 1 in der bis zum Ablauf des 31. Juli 2020 geltenden Fassung ist auf Fortbildungsabschlüsse zu öffentlich-rechtlich geregelten Prüfungen auf Grundlage

1. der §§ 53 und 54 des Berufsbildungsgesetzes in der bis zum Ablauf des 31. Dezember 2019 geltenden Fassung sowie
2. der §§ 42 und 42a der Handwerksordnung in der bis zum Ablauf des 31. Dezember 2019 geltenden Fassung

solange anzuwenden, bis für den jeweiligen Fortbildungsabschluss neue Prüfungsregelungen auf der Grundlage der §§ 53 bis 53d oder 54 des Berufsbildungsgesetzes in der ab dem 1. Januar 2020 geltenden Fassung sowie der §§ 42 bis 42d oder 42f der Handwerksordnung in der ab dem 1. Januar 2020 geltenden Fassung erlassen worden sind.

(4) Für Stundungs- und Erlassanträge, die ab dem 1. August 2020 bei der Kreditanstalt für Wiederaufbau eingehen, ist § 13b in der ab dem 1. August 2020 geltenden Fassung anzuwenden.

Einkommensteuergesetz (EStG)

in der Fassung der Bekanntmachung vom 8. Oktober 2009 (BGBl. I S. 3366, 3862), das zuletzt durch Artikel 6 des Gesetzes vom 27. März 2024 (BGBl. 2024 I Nr. 108) geändert worden ist

– Auszug –

II. Einkommen

1. Sachliche Voraussetzungen für die Besteuerung

§ 2 Umfang der Besteuerung, Begriffsbestimmungen

(1) [1]Der Einkommensteuer unterliegen

1. Einkünfte aus Land- und Forstwirtschaft,
2. Einkünfte aus Gewerbebetrieb,
3. Einkünfte aus selbständiger Arbeit,
4. Einkünfte aus nichtselbständiger Arbeit,
5. Einkünfte aus Kapitalvermögen,
6. Einkünfte aus Vermietung und Verpachtung,
7. sonstige Einkünfte im Sinne des § 22,

die der Steuerpflichtige während seiner unbeschränkten Einkommensteuerpflicht oder als inländische Einkünfte während seiner beschränkten Einkommensteuerpflicht erzielt. [2]Zu welcher Einkunftsart die Einkünfte im einzelnen Fall gehören, bestimmt sich nach den §§ 13 bis 24.

(2) [1]Einkünfte sind

1. bei Land- und Forstwirtschaft, Gewerbebetrieb und selbständiger Arbeit der Gewinn (§§ 4 bis 7k und 13a),
2. bei den anderen Einkunftsarten der Überschuss der Einnahmen über die Werbungskosten (§§ 8 bis 9a).

[2]Bei Einkünften aus Kapitalvermögen tritt § 20 Absatz 9 vorbehaltlich der Regelung in § 32d Absatz 2 an die Stelle der §§ 9 und 9a.

(3) Die Summe der Einkünfte, vermindert um den Altersentlastungsbetrag, den Entlastungsbetrag für Alleinerziehende und den Abzug nach § 13 Absatz 3, ist der Gesamtbetrag der Einkünfte.

(4) Der Gesamtbetrag der Einkünfte, vermindert um die Sonderausgaben und die außergewöhnlichen Belastungen, ist das Einkommen.

(5) [1]Das Einkommen, vermindert um die Freibeträge nach § 32 Absatz 6 und um die sonstigen vom Einkommen abzuziehenden Beträge, ist das zu versteuernde Einkommen; dieses bildet die Bemessungsgrundlage für die tarifliche Einkommensteuer. [2]Knüpfen andere Gesetze an den Begriff des zu versteuernden Einkommens an, ist für deren Zweck das Einkommen in allen Fällen des § 32 um die Freibeträge nach § 32 Absatz 6 zu vermindern.

(5a) [1]Knüpfen außersteuerliche Rechtsnormen an die in den vorstehenden Absätzen definierten Begriffe (Einkünfte, Summe der Einkünfte, Gesamtbetrag der Einkünfte, Einkommen, zu versteuerndes Einkommen) an, erhöhen sich für deren Zwecke diese Größen um die nach § 32d Absatz 1 und nach § 43 Absatz 5 zu besteuernden Beträge sowie um die nach § 3 Nummer 40 steuerfreien Beträge und mindern sich um die nach § 3c Absatz 2 nicht abziehbaren Beträge. [2]Knüpfen außersteuerliche Rechtsnormen an die in den Absätzen 1 bis 3 genannten Begriffe (Einkünfte, Summe der Einkünfte, Gesamtbetrag der Einkünfte) an, mindern sich für deren Zwecke diese Größen um die nach § 10 Absatz 1 Nummer 5 abziehbaren Kinderbetreuungskosten.

(Abs. 5b nicht abgedruckt)

(6) [1]Die tarifliche Einkommensteuer, vermindert um den Unterschiedsbetrag nach § 32c Absatz 1 Satz 2, die anzurechnenden ausländischen Steuern und die Steuerermäßigungen, vermehrt um die Steuer nach § 32d Absatz 3 und 4, die Steuer nach § 34c Absatz 5 und den Zuschlag nach § 3 Absatz 4 Satz 2 des Forstschäden-Ausgleichsgesetzes in der Fassung der Bekanntmachung vom 26. August 1985 (BGBl. I S. 1756), das zuletzt durch Artikel 412 der Verordnung vom 31. August 2015 (BGBl. I S. 1474) geändert worden ist, in der jeweils geltenden Fassung, ist die festzusetzende Einkommensteuer. [2]Wurde der Gesamtbetrag der Einkünfte in den Fällen des § 10a Absatz 2 um Sonderausgaben nach § 10a Absatz 1 gemindert, ist für die Ermittlung der festzusetzenden Einkommensteuer der Anspruch auf Zulage nach Abschnitt XI der tariflichen Einkommensteuer hinzuzurechnen; bei der Ermittlung der dem Steuerpflichtigen zustehenden Zulage bleibt die Erhöhung der Grundzulage nach § 84 Satz 2 außer Betracht. [3]Wird das Einkommen in den Fällen des § 31 um die Freibeträge nach § 32 Absatz 6 gemindert, ist der Anspruch auf Kindergeld nach Abschnitt X der tariflichen Einkommensteuer hinzuzurechnen; nicht jedoch für Kalendermonate, in denen durch Bescheid der Familienkasse ein Anspruch auf Kindergeld festgesetzt, aber wegen § 70 Absatz 1 Satz 2 nicht ausgezahlt wurde.

(7) [1] Die Einkommensteuer ist eine Jahressteuer. [2]Die Grundlagen für ihre Festsetzung sind jeweils für ein Kalenderjahr zu ermitteln. [3]Besteht während eines Kalenderjahres sowohl unbeschränkte als auch beschränkte Einkommensteuerpflicht, so sind die während der beschränkten Einkommensteuerpflicht erzielten inländischen Einkünfte in eine Veranlagung zur unbeschränkten Einkommensteuerpflicht einzubeziehen.

(8) Die Regelungen dieses Gesetzes zu Ehegatten und Ehen sind auch auf Lebenspartner und Lebenspartnerschaften anzuwenden.

§ 2a Negative Einkünfte mit Bezug zu Drittstaaten

(1) [1]Negative Einkünfte

1. aus einer in einem Drittstaat belegenen land- und forstwirtschaftlichen Betriebsstätte,
2. aus einer in einem Drittstaat belegenen gewerblichen Betriebsstätte,
3. a) aus dem Ansatz des niedrigeren Teilwerts eines zu einem Betriebsvermögen gehörenden Anteils an einer Drittstaaten-Körperschaft oder
   b) aus der Veräußerung oder Entnahme eines zu einem Betriebsvermögen gehörenden Anteils an einer Drittstaaten-Körperschaft oder aus der Auflösung oder Herabsetzung des Kapitals einer Drittstaaten-Körperschaft,
4. in den Fällen des § 17 bei einem Anteil an einer Drittstaaten-Kapitalgesellschaft,
5. aus der Beteiligung an einem Handelsgewerbe als stiller Gesellschafter und aus partiarischen Darlehen, wenn der Schuldner Wohnsitz, Sitz oder Geschäftsleitung in einem Drittstaat hat,
6. a) aus der Vermietung oder der Verpachtung von unbeweglichem Vermögen oder von Sachinbegriffen, wenn diese in einem Drittstaat belegen sind, oder
   b) aus der entgeltlichen Überlassung von Schiffen, sofern der Überlassende nicht nachweist, dass diese ausschließlich oder fast ausschließlich in einem anderen Staat als einem Drittstaat eingesetzt worden sind, es sei denn, es handelt sich um Handelsschiffe, die
      aa) von einem Vercharterer ausgerüstet überlassen oder
      bb) an in einem anderen als in einem Drittstaat ansässige Ausrüster, die die Voraussetzungen des § 510 Absatz 1 des Handelsgesetzbuchs erfüllen, überlassen oder
      cc) insgesamt nur vorübergehend an in einem Drittstaat ansässige Ausrüster, die die Voraussetzungen des § 510 Absatz 1 des Handelsgesetzbuchs erfüllen, überlassen

   worden sind, oder
   c) aus dem Ansatz des niedrigeren Teilwerts oder der Übertragung eines zu einem Betriebsvermögen gehörenden Wirtschaftsguts im Sinne der Buchstaben a und b,
7. a) aus dem Ansatz des niedrigeren Teilwerts, der Veräußerung oder Entnahme eines zu einem Betriebsvermögen gehörenden Anteils an
   b) aus der Auflösung oder Herabsetzung des Kapitals,
   c) in den Fällen des § 17 bei einem Anteil an

   einer Körperschaft mit Sitz oder Geschäftsleitung in einem anderen Staat als einem Drittstaat, soweit die negativen Einkünfte auf einen der in den Nummern 1 bis 6 genannten Tatbestände zurückzuführen sind, dürfen nur mit positiven Einkünften der jeweils selben Art und, mit Ausnahme der Fälle der Nummer 6 Buchstabe b, aus demselben Staat, in den Fällen der Nummer 7 auf Grund von Tatbeständen der jeweils selben Art aus demselben Staat, ausgeglichen werden; sie dürfen auch nicht nach § 10d abgezogen werden. [2]Den negativen Einkünften sind Gewinnminderungen gleichgestellt. [3]Soweit die negativen Einkünfte nicht nach Satz 1 ausgeglichen werden können, mindern sie die positiven Einkünfte der jeweils selben Art, die der Steuerpflichtige in den folgenden Veranlagungszeiträumen aus demselben Staat, in den Fällen der Nummer 7 auf Grund von Tatbeständen der jeweils selben Art aus demselben Staat, erzielt. [4]Die Minderung ist nur insoweit zulässig, als die negativen Einkünfte in den vorangegangenen Veranlagungszeiträumen nicht berücksichtigt werden konnten (verbleibende negative Einkünfte). [5]Die am Schluss eines Veranlagungszeitraums verbleibenden negativen Einkünfte sind gesondert festzustellen; § 10d Absatz 4 gilt sinngemäß.

(2) [1]Absatz 1 Satz 1 Nummer 2 ist nicht anzuwenden, wenn der Steuerpflichtige nachweist, dass die negativen Einkünfte aus einer gewerblichen Betriebsstätte in einem Drittstaat stammen, die ausschließlich oder fast ausschließlich die Herstellung oder Lieferung von Waren, außer Waffen, die Gewinnung von Bodenschätzen sowie die Bewirkung gewerblicher Leistungen zum Gegenstand hat, soweit diese nicht in der Errichtung oder dem Betrieb von Anlagen, die dem Fremdenverkehr dienen, oder in der Vermietung oder der Verpachtung von Wirtschaftsgütern einschließlich der Überlassung von Rechten, Plänen, Mustern, Verfahren, Erfahrungen und Kenntnissen bestehen; das unmittelbare Halten einer Beteiligung von mindestens einem Viertel am Nennkapital einer Kapitalgesellschaft, die ausschließlich oder fast ausschließlich die vorgenannten Tätigkeiten zum Gegenstand hat, sowie die mit dem Halten der Beteiligung in Zusammenhang stehende Finanzierung gilt als Bewirkung gewerblicher Leistungen, wenn die Kapitalgesellschaft weder ihre Geschäftsleitung noch ihren Sitz im Inland hat. [2]Absatz 1 Satz 1 Nummer 3 und 4 ist nicht anzuwenden, wenn der Steuerpflichtige nachweist, dass die in Satz 1 genannten Voraussetzungen bei der Körperschaft entweder seit ihrer Gründung oder während der letzten fünf Jahre vor und in dem Veranlagungszeitraum vorgelegen haben, in dem die negativen Einkünfte bezogen werden.

(2a) [1]Bei der Anwendung der Absätze 1 und 2 sind

1. als Drittstaaten die Staaten anzusehen, die nicht Mitgliedstaaten der Europäischen Union sind;
2. Drittstaaten-Körperschaften und Drittstaaten-Kapitalgesellschaften solche, die weder ihre Geschäftsleitung noch ihren Sitz in einem Mitgliedstaat der Europäischen Union haben.

[2]Bei Anwendung des Satzes 1 sind den Mitgliedstaaten der Europäischen Union die Staaten gleichgestellt, auf die das Abkommen über den Europäischen Wirtschaftsraum anwendbar ist, sofern zwischen der Bundesrepublik Deutschland und dem anderen Staat auf Grund der Amtshilferichtlinie gemäß § 2 Absatz 2 des EU-Amtshilfegesetzes oder einer vergleichbaren zwei- oder mehrseitigen Vereinbarung Auskünfte erteilt werden, die erforderlich sind, um die Besteuerung durchzuführen.

2. Steuerfreie Einnahmen

§ 3

Steuerfrei sind

a) Leistungen aus einer Krankenversicherung, aus einer Pflegeversicherung und aus der gesetzlichen Unfallversicherung,

b) Sachleistungen und Kinderzuschüsse aus den gesetzlichen Rentenversicherungen einschließlich der Sachleistungen nach dem Gesetz über die Alterssicherung der Landwirte,

c) Übergangsgeld nach dem Sechsten Buch Sozialgesetzbuch und Geldleistungen nach den §§ 10, 36 bis 39 des Gesetzes über die Alterssicherung der Landwirte,

d) das Mutterschaftsgeld nach dem Mutterschutzgesetz, der Reichsversicherungsordnung und dem Gesetz über die Krankenversicherung der Landwirte, die Sonderunterstützung für im Familienhaushalt beschäftigte Frauen, der Zuschuss zum Mutterschaftsgeld nach dem Mutterschutzgesetz sowie der Zuschuss bei Beschäftigungsverboten für die Zeit vor oder nach einer Entbindung sowie für den Entbindungstag während einer Elternzeit nach beamtenrechtlichen Vorschriften;

a) das Arbeitslosengeld, das Teilarbeitslosengeld, das Kurzarbeitergeld, der Zuschuss zum Arbeitsentgelt, das Übergangsgeld, der Gründungszuschuss, das Qualifizierungsgeld nach dem Dritten Buch Sozialgesetzbuch sowie die übrigen Leistungen nach dem Dritten Buch Sozialgesetzbuch und den entsprechenden Programmen des Bundes und der Länder, soweit sie Arbeitnehmern oder Arbeitsuchenden oder zur Förderung der Aus- oder Weiterbildung oder Existenzgründung der Empfänger gewährt werden,

b) das Insolvenzgeld, Leistungen auf Grund der in § 169 und § 175 Absatz 2 des Dritten Buches Sozialgesetzbuch genannten Ansprüche sowie Zahlungen des Arbeitgebers an einen Sozialleistungsträger auf Grund des gesetzlichen Forderungsübergangs nach § 115 Absatz 1 des Zehnten Buches Sozialgesetzbuch, wenn ein Insolvenzereignis nach § 165 Absatz 1 Satz 2 auch in Verbindung mit Satz 3 des Dritten Buches Sozialgesetzbuch vorliegt,

c) die Arbeitslosenbeihilfe nach dem Soldatenversorgungsgesetz,

d) Leistungen zur Sicherung des Lebensunterhalts und zur Eingliederung in Arbeit nach dem Zweiten Buch Sozialgesetzbuch,

e) mit den in den Nummern 1 bis 2 Buchstabe d und Nummer 67 Buchstabe b genannten Leistungen vergleichbare Leistungen ausländischer Rechtsträger, die ihren Sitz in einem Mitgliedstaat der Europäischen Union, in einem Staat, auf den das Abkommen über den Europäischen Wirtschaftsraum Anwendung findet oder in der Schweiz haben;

a) Rentenabfindungen nach § 107 des Sechsten Buches Sozialgesetzbuch, nach § 21 des Beamtenversorgungsgesetzes, nach § 9 Absatz 1 Nummer 3 des Altersgeldgesetzes oder entsprechendem Landesrecht und nach § 43 des Soldatenversorgungsgesetzes in Verbindung mit § 21 des Beamtenversorgungsgesetzes,

b) Beitragserstattungen an den Versicherten nach den §§ 210 und 286d des Sechsten Buches Sozialgesetzbuch sowie nach den §§ 204, 205 und 207 des Sechsten Buches Sozialgesetzbuch, Beitragserstattungen nach den §§ 75 und 117 des Gesetzes über die Alterssicherung der Landwirte und nach § 26 des Vierten Buches Sozialgesetzbuch,

c) Leistungen aus berufsständischen Versorgungseinrichtungen, die den Leistungen nach den Buchstaben a und b entsprechen,

d) Kapitalabfindungen und Ausgleichszahlungen nach § 48 des Beamtenversorgungsgesetzes oder entsprechendem Landesrecht und nach den §§ 28 bis 35 und 38 des Soldatenversorgungsgesetzes;

4. bei Angehörigen der Bundeswehr, der Bundespolizei, der Zollverwaltung, der Bereitschaftspolizei der Länder, der Vollzugspolizei und der Berufsfeuerwehr der Länder und Gemeinden und bei Vollzugsbeamten der Kriminalpolizei des Bundes, der Länder und Gemeinden

   a) der Geldwert der ihnen aus Dienstbeständen überlassenen Dienstkleidung,

   b) Einkleidungsbeihilfen und Abnutzungsentschädigungen für die Dienstkleidung der zum Tragen oder Bereithalten von Dienstkleidung Verpflichteten und für dienstlich notwendige Kleidungsstücke der Vollzugsbeamten der Kriminalpolizei sowie der Angehörigen der Zollverwaltung,

   c) im Einsatz gewährte Verpflegung oder Verpflegungszuschüsse,

   d) der Geldwert der auf Grund gesetzlicher Vorschriften gewährten Heilfürsorge;

   a) die Geld- und Sachbezüge, die Wehrpflichtige während des Wehrdienstes nach § 4 des Wehrpflichtgesetzes erhalten,

   b) die Geld- und Sachbezüge, die Zivildienstleistende nach § 35 des Zivildienstgesetzes erhalten,

   c) dieHeilfürsorge, die Soldaten nach § 16 des Wehrsoldgesetzes und Zivildienstleistende nach § 35 des Zivildienstgesetzes erhalten,

   d) das an Personen, die einen in § 32 Absatz 4 Satz 1 Nummer 2 Buchstabe d genannten Freiwilligendienst leisten, gezahlte Taschengeld oder eine vergleichbare Geldleistung;

   e) Leistungen nach § 5 des Wehrsoldgesetzes;

6. Bezüge, die auf Grund gesetzlicher Vorschriften aus öffentlichen Mitteln versorgungshalber an Wehrdienstbeschädigte, im Freiwilligen Wehrdienst Beschädigte, Zivildienstbeschädigte und im Bundesfreiwilligendienst Beschädigte oder ihre Hin-

terbliebenen, Kriegsbeschädigte, Kriegshinterbliebene und ihnen gleichgestellte Personen gezahlt werden, soweit es sich nicht um Bezüge handelt, die auf Grund der Dienstzeit gewährt werden. [2]Gleichgestellte im Sinne des Satzes 1 sind auch Personen, die Anspruch auf Leistungen nach dem Bundesversorgungsgesetz oder auf Unfallfürsorgeleistungen nach dem Soldatenversorgungsgesetz, Beamtenversorgungsgesetz oder vergleichbarem Landesrecht haben;

7. Ausgleichsleistungen nach dem Lastenausgleichsgesetz, Leistungen nach dem Flüchtlingshilfegesetz, dem Bundesvertriebenengesetz, dem Reparationsschädengesetz, dem Vertriebenenzuwendungsgesetz, dem NS-Verfolgtenentschädigungsgesetz sowie Leistungen nach dem Entschädigungsgesetz und nach dem Ausgleichsleistungsgesetz, soweit sie nicht Kapitalerträge im Sinne des § 20 Absatz 1 Nummer 7 und Absatz 2 sind;

8. Geldrenten, Kapitalentschädigungen und Leistungen im Heilverfahren, die auf Grund gesetzlicher Vorschriften zur Wiedergutmachung nationalsozialistischen Unrechts gewährt werden. [2]Die Steuerpflicht von Bezügen aus einem aus Wiedergutmachungsgründen neu begründeten oder wieder begründeten Dienstverhältnis sowie von Bezügen aus einem früheren Dienstverhältnis, die aus Wiedergutmachungsgründen neu gewährt oder wieder gewährt werden, bleibt unberührt;

8a. (nicht abgedruckt)

9. Erstattungen nach § 23 Absatz 2 Satz 1 Nummer 3 und 4 sowie nach § 39 Absatz 4 Satz 2 des Achten Buches Sozialgesetzbuch;

10. Einnahmen einer Gastfamilie für die Aufnahme eines Menschen mit Behinderung oder von Behinderung bedrohten Menschen nach § 2 Absatz 1 des Neunten Buches Sozialgesetzbuch zur Pflege, Betreuung, Unterbringung und Verpflegung, die auf Leistungen eines Leistungsträgers nach dem Sozialgesetzbuch beruhen. [2]Für Einnahmen im Sinne des Satzes 1, die nicht auf Leistungen eines Leistungsträgers nach dem Sozialgesetzbuch beruhen, gilt Entsprechendes bis zur Höhe der Leistungen nach dem Zwölften Buch Sozialgesetzbuch. [3]Überschreiten die auf Grund der in Satz 1 bezeichneten Tätigkeit bezogenen Einnahmen der Gastfamilie den steuerfreien Betrag, dürfen die mit der Tätigkeit in unmittelbarem wirtschaftlichen Zusammenhang stehenden Ausgaben abweichend von § 3c nur insoweit als Betriebsausgaben abgezogen werden, als sie den Betrag der steuerfreien Einnahmen übersteigen;

11. Bezüge aus öffentlichen Mitteln oder aus Mitteln einer öffentlichen Stiftung, die wegen Hilfsbedürftigkeit oder als Beihilfe zu dem Zweck bewilligt werden, die Erziehung oder Ausbildung, die Wissenschaft oder Kunst unmittelbar zu fördern. [2]Darunter fallen nicht Kinderzuschläge und Kinderbeihilfen, die auf Grund der Besoldungsgesetze, besonderer Tarife oder ähnlicher Vorschriften gewährt werden. [3]Voraussetzung für die Steuerfreiheit ist, dass der Empfänger mit den Bezügen nicht zu einer bestimmten wissenschaftlichen oder künstlerischen Gegenleistung oder zu einer bestimmten Arbeitnehmertätigkeit verpflichtet wird. [4]Den Bezügen aus öffentlichen Mitteln wegen Hilfsbedürftigkeit gleichgestellt sind Beitragsermä-

ßigungen und Prämienrückzahlungen eines Trägers der gesetzlichen Krankenversicherung für nicht in Anspruch genommene Beihilfeleistungen;

11a. zusätzlich zum ohnehin geschuldeten Arbeitslohn vom Arbeitgeber in der Zeit vom 1. März 2020 bis zum 31. März 2022 auf Grund der Corona-Krise an seine Arbeitnehmer in Form von Zuschüssen und Sachbezügen gewährte Beihilfen und Unterstützungen bis zu einem Betrag von 1 500 Euro;

11b. zusätzlich zum ohnehin geschuldeten Arbeitslohn vom Arbeitgeber in der Zeit vom 18. November 2021 bis zum 31. Dezember 2022 an seine Arbeitnehmer zur Anerkennung besonderer Leistungen während der Corona-Krise gewährte Leistungen bis zu einem Betrag von 4 500 Euro.[2]Voraussetzung für die Steuerbefreiung ist, dass die Arbeitnehmer in Einrichtungen im Sinne des § 23 Absatz 3 Satz 1 Nummer 1 bis 4, 8, 11 oder Nummer 12 des Infektionsschutzgesetzes oder § 36 Absatz 1 Nummer 2 oder Nummer 7 des Infektionsschutzgesetzes tätig sind; maßgeblich ist jeweils die am 22. Juni 2022 gültige Fassung des Infektionsschutzgesetzes.[3]Die Steuerbefreiung gilt entsprechend für Personen, die in den in Satz 2 genannten Einrichtungen im Rahmen einer Arbeitnehmerüberlassung oder im Rahmen eines Werk- oder Dienstleistungs-vertrags eingesetzt werden.[4]Nummer 11a findet auf die Leistungen im Sinne der Sätze 1 bis 3 keine Anwendung.[5]Abweichend von Satz 1 gilt die Steuerbefreiung für Leistungen nach § 150c des Elften Buches Sozialgesetzbuch in der Fassung des Gesetzes zur Stärkung des Schutzes der Bevölkerung und insbesondere vulnerabler Personengruppen vor COVID-19 vom 16. September 2022 (BGBl. I S. 1454) auch dann, wenn sie in der Zeit bis zum 31. Mai 2023 gewährt werden;

12. aus einer Bundeskasse oder Landeskasse gezahlte Bezüge, die zum einen

    a) in einem Bundesgesetz oder Landesgesetz,

    b) auf Grundlage einer bundesgesetzlichen oder landesgesetzlichen Ermächtigung beruhenden Bestimmung oder

    c) von der Bundesregierung oder einer Landesregierung

    als Aufwandsentschädigung festgesetzt sind und die zum anderen jeweils auch als Aufwandsentschädigung im Haushaltsplan ausgewiesen werden. [2]Das Gleiche gilt für andere Bezüge, die als Aufwandsentschädigung aus öffentlichen Kassen an öffentliche Dienste leistende Personen gezahlt werden, soweit nicht festgestellt wird, dass sie für Verdienstausfall oder Zeitverlust gewährt werden oder den Aufwand, der dem Empfänger erwächst, offenbar übersteigen;

13. die aus öffentlichen Kassen gezahlten Reisekostenvergütungen, Umzugskostenvergütungen und Trennungsgelder. [2]Die als Reisekostenvergütungen gezahlten Vergütungen für Verpflegung sind nur insoweit steuerfrei, als sie die Pauschbeträge nach § 9 Absatz 4a nicht übersteigen; Trennungsgelder sind nur insoweit steuerfrei, als sie die nach § 9 Absatz 1 Satz 3 Nummer 5 und Absatz 4a abziehbaren Aufwendungen nicht übersteigen;

14. Zuschüsse eines Trägers der gesetzlichen Rentenversicherung zu den Aufwendungen eines Rentners für seine Krankenversicherung und von dem gesetzlichen Rentenversicherungsträger getragene Anteile (§ 249a des Fünften Buches Sozialgesetzbuch) an den Beiträgen für die gesetzliche Krankenversicherung;

15. Zuschüsse des Arbeitgebers, die zusätzlich zum ohnehin geschuldeten Arbeitslohn zu den Aufwendungen des Arbeitnehmers für Fahrten mit öffentlichen Verkehrsmitteln im Linienverkehr (ohne Luftverkehr) zwischen Wohnung und erster Tätigkeitsstätte und nach § 9 Absatz 1 Satz 3 Nummer 4a Satz 3 sowie für Fahrten im öffentlichen Personennahverkehr gezahlt werden. [2]Das Gleiche gilt für die unentgeltliche oder verbilligte Nutzung öffentlicher Verkehrsmittel im Linienverkehr (ohne Luftverkehr) für Fahrten zwischen Wohnung und erster Tätigkeitsstätte und nach § 9 Absatz 1 Satz 3 Nummer 4a Satz 3 sowie für Fahrten im öffentlichen Personennahverkehr, die der Arbeitnehmer auf Grund seines Dienstverhältnisses zusätzlich zum ohnehin geschuldeten Arbeitslohn in Anspruch nehmen kann. [3]Die nach den Sätzen 1 und 2 steuerfreien Leistungen mindern den nach § 9 Absatz 1 Satz 3 Nummer 4 Satz 2 abziehbaren Betrag;

16. die Vergütungen, die Arbeitnehmer außerhalb des öffentlichen Dienstes von ihrem Arbeitgeber zur Erstattung von Reisekosten, Umzugskosten oder Mehraufwendungen bei doppelter Haushaltsführung erhalten, soweit sie die nach § 9 als Werbungskosten abziehbaren Aufwendungen nicht übersteigen;

17. Zuschüsse zum Beitrag nach § 32 des Gesetzes über die Alterssicherung der Landwirte;

18. das Aufgeld für ein an die Bank für Vertriebene und Geschädigte (Lastenausgleichsbank) zugunsten des Ausgleichsfonds (§ 5 des Lastenausgleichsgesetzes) gegebenes Darlehen, wenn das Darlehen nach § 7f des Gesetzes in der Fassung der Bekanntmachung vom 15. September 1953 (BGBl. I S. 1355) im Jahr der Hingabe als Betriebsausgabe abzugsfähig war;

19. Weiterbildungsleistungen des Arbeitgebers oder auf dessen Veranlassung von einem Dritten

    a) für Maßnahmen nach § 82 Absatz 1 und 2 und § 82a des Dritten Buches Sozialgesetzbuch oder

    b) die der Verbesserung der Beschäftigungsfähigkeit des Arbeitnehmers dienen.

    [2]Steuerfrei sind auch Beratungsleistungen des Arbeitgebers oder auf dessen Veranlassung von einem Dritten zur beruflichen Neuorientierung bei Beendigung des Dienstverhältnisses.3Die Leistungen im Sinne der Sätze 1 und 2 dürfen keinen überwiegenden Belohnungscharakter haben;

20. die aus öffentlichen Mitteln des Bundespräsidenten aus sittlichen oder sozialen Gründen gewährten Zuwendungen an besonders verdiente Personen oder ihre Hinterbliebenen;

21. (weggefallen)

22. (weggefallen)

23. Leistungen nach
    a) dem Häftlingshilfegesetz,
    b) dem Strafrechtlichen Rehabilitierungsgesetz,
    c) dem Verwaltungsrechtlichen Rehabilitierungsgesetz,
    d) dem Beruflichen Rehabilitierungsgesetz,
    e) dem Gesetz zur strafrechtlichen Rehabilitierung der nach dem 8. Mai 1945 wegen einvernehmlicher homosexueller Handlungen verurteilten Personen und
    f) dem Gesetz zur Rehabilitierung der wegen einvernehmlicher homosexueller Handlungen, wegen ihrer homosexuellen Orientierung oder wegen ihrer geschlechtlichen Identität dienstrechtlich benachteiligten Soldatinnen und Soldaten;
24. Leistungen, die auf Grund des Bundeskindergeldgesetzes gewährt werden;
25. Entschädigungen nach dem Infektionsschutzgesetz vom 20. Juli 2000 (BGBl. I S. 1045);
26. Einnahmen aus nebenberuflichen Tätigkeiten als Übungsleiter, Ausbilder, Erzieher, Betreuer oder vergleichbaren nebenberuflichen Tätigkeiten, aus nebenberuflichen künstlerischen Tätigkeiten oder der nebenberuflichen Pflege alter, kranker Menschen oder Menschen mit Behinderung im Dienst oder im Auftrag einer juristischen Person des öffentlichen Rechts, die in einem Mitgliedstaat der Europäischen Union, in einem Staat, auf den das Abkommen über den Europäischen Wirtschaftsraum Anwendung findet, oder in der Schweiz belegen ist, oder einer unter § 5 Absatz 1 Nummer 9 des Körperschaftsteuergesetzes fallenden Einrichtung zur Förderung gemeinnütziger, mildtätiger und kirchlicher Zwecke (§§ 52 bis 54 der Abgabenordnung) bis zur Höhe von insgesamt 3 000 Euro im Jahr. [2]Überschreiten die Einnahmen für die in Satz 1 bezeichneten Tätigkeiten den steuerfreien Betrag, dürfen die mit den nebenberuflichen Tätigkeiten in unmittelbarem wirtschaftlichen Zusammenhang stehenden Ausgaben abweichend von § 3c nur insoweit als Betriebsausgaben oder Werbungskosten abgezogen werden, als sie den Betrag der steuerfreien Einnahmen übersteigen;

26a. (nicht abgedruckt)

26b. Aufwandsentschädigungen nach § 1835a des Bürgerlichen Gesetzbuchs, soweit sie zusammen mit den steuerfreien Einnahmen im Sinne der Nummer 26 den Freibetrag nach Nummer 26 Satz 1 nicht überschreiten. [2]Nummer 26 Satz 2 gilt entsprechend;

27. der Grundbetrag der Produktionsaufgaberente und das Ausgleichsgeld nach dem Gesetz zur Förderung der Einstellung der landwirtschaftlichen Erwerbstätigkeit bis zum Höchstbetrag von 18 407 Euro;
28. die Aufstockungsbeträge im Sinne des § 3 Absatz 1 Nummer 1 Buchstabe a sowie die Beiträge und Aufwendungen im Sinne des § 3 Absatz 1 Nummer 1 Buchstabe b

und des § 4 Absatz 2 des Altersteilzeitgesetzes, die Zuschläge, die versicherungsfrei Beschäftigte im Sinne des § 27 Absatz 1 Nummer 1 bis 3 des Dritten Buches Sozialgesetzbuch zur Aufstockung der Bezüge bei Altersteilzeit nach beamtenrechtlichen Vorschriften oder Grundsätzen erhalten sowie die Zahlungen des Arbeitgebers zur Übernahme der Beiträge im Sinne des § 187a des Sechsten Buches Sozialgesetzbuch, soweit sie 50 Prozent der Beiträge nicht übersteigen;

28a. Zuschüsse des Arbeitgebers zum Kurzarbeitergeld und Saison-Kurzarbeitergeld, soweit sie zusammen mit dem Kurzarbeitergeld 80 Prozent des Unterschiedsbetrags zwischen dem Soll-Entgelt und dem Ist-Entgelt nach § 106 des Dritten Buches Sozialgesetzbuch nicht übersteigen und sie für Lohnzahlungszeiträume, die nach dem 29. Februar 2020 beginnen und vor dem 1. Juli 2022 enden, geleistet werden;

29. das Gehalt und die Bezüge,

    a) die die diplomatischen Vertreter ausländischer Staaten, die ihnen zugewiesenen Beamten und die in ihren Diensten stehenden Personen erhalten. [2]Dies gilt nicht für deutsche Staatsangehörige oder für im Inland ständig ansässige Personen;

    b) der Berufskonsuln, der Konsulatsangehörigen und ihres Personals, soweit sie Angehörige des Entsendestaates sind. [2]Dies gilt nicht für Personen, die im Inland ständig ansässig sind oder außerhalb ihres Amtes oder Dienstes einen Beruf, ein Gewerbe oder eine andere gewinnbringende Tätigkeit ausüben;

30. Entschädigungen für die betriebliche Benutzung von Werkzeugen eines Arbeitnehmers (Werkzeuggeld), soweit sie die entsprechenden Aufwendungen des Arbeitnehmers nicht offensichtlich übersteigen;

31. die typische Berufskleidung, die der Arbeitgeber seinem Arbeitnehmer unentgeltlich oder verbilligt überlässt; dasselbe gilt für eine Barablösung eines nicht nur einzelvertraglichen Anspruchs auf Gestellung von typischer Berufskleidung, wenn die Barablösung betrieblich veranlasst ist und die entsprechenden Aufwendungen des Arbeitnehmers nicht offensichtlich übersteigt;

32. die unentgeltliche oder verbilligte Sammelbeförderung eines Arbeitnehmers zwischen Wohnung und erster Tätigkeitsstätte sowie bei Fahrten nach § 9 Absatz 1 Satz 3 Nummer 4a Satz 3 mit einem vom Arbeitgeber gestellten Beförderungsmittel, soweit die Sammelbeförderung für den betrieblichen Einsatz des Arbeitnehmers notwendig ist;

33. zusätzlich zum ohnehin geschuldeten Arbeitslohn erbrachte Leistungen des Arbeitgebers zur Unterbringung und Betreuung von nicht schulpflichtigen Kindern der Arbeitnehmer in Kindergärten oder vergleichbaren Einrichtungen;

34. zusätzlich zum ohnehin geschuldeten Arbeitslohn erbrachte Leistungen des Arbeitgebers zur Verhinderung und Verminderung von Krankheitsrisiken und zur Förderung der Gesundheit in Betrieben, die hinsichtlich Qualität, Zweckbindung, Zielgerichtetheit und Zertifizierung den Anforderungen der §§ 20 und 20b des Fünften Buches Sozialgesetzbuch genügen, soweit sie 600 Euro im Kalenderjahr nicht übersteigen;

34a. zusätzlich zum ohnehin geschuldeten Arbeitslohn erbrachte Leistungen des Arbeitgebers

a) an ein Dienstleistungsunternehmen, das den Arbeitnehmer hinsichtlich der Betreuung von Kindern oder pflegebedürftigen Angehörigen berät oder hierfür Betreuungspersonen vermittelt sowie

b) zur kurzfristigen Betreuung von Kindern im Sinne des § 32 Absatz 1, die das 14. Lebensjahr noch nicht vollendet haben oder die wegen einer vor Vollendung des 25. Lebensjahres eingetretenen körperlichen, geistigen oder seelischen Behinderung außerstande sind, sich selbst zu unterhalten oder pflegebedürftigen Angehörigen des Arbeitnehmers, wenn die Betreuung aus zwingenden und beruflich veranlassten Gründen notwendig ist, auch wenn sie im privaten Haushalt des Arbeitnehmers stattfindet, soweit die Leistungen 600 Euro im Kalenderjahr nicht übersteigen;

35. die Einnahmen der bei der Deutsche Post AG, Deutsche Postbank AG oder Deutsche Telekom AG beschäftigten Beamten, soweit die Einnahmen ohne Neuordnung des Postwesens und der Telekommunikation nach den Nummern 11 bis 13 und 64 steuerfrei wären;

36. Einnahmen für Leistungen zu körperbezogenen Pflegemaßnahmen, pflegerischen Betreuungsmaßnahmen oder Hilfen bei der Haushaltsführung bis zur Höhe des Pflegegeldes nach § 37 des Elften Buches Sozialgesetzbuch, mindestens aber bis zur Höhe des Entlastungsbetrages nach § 45b Absatz 1 Satz 1 des Elften Buches Sozialgesetzbuch, wenn diese Leistungen von Angehörigen des Pflegebedürftigen oder von anderen Personen, die damit eine sittliche Pflicht im Sinne des § 33 Absatz 2 gegenüber dem Pflegebedürftigen erfüllen, erbracht werden. [2]Entsprechendes gilt, wenn der Pflegebedürftige vergleichbare Leistungen aus privaten Versicherungsverträgen nach den Vorgaben des Elften Buches Sozialgesetzbuch oder nach den Beihilfevorschriften für häusliche Pflege erhält;

37. zusätzlich zum ohnehin geschuldeten Arbeitslohn vom Arbeitgeber gewährte Vorteile für die Überlassung eines betrieblichen Fahrrads, das kein Kraftfahrzeug im Sinne des § 6 Absatz 1 Nummer 4 Satz 2 ist;

38. Sachprämien, die der Steuerpflichtige für die persönliche Inanspruchnahme von Dienstleistungen von Unternehmen unentgeltlich erhält, die diese zum Zwecke der Kundenbindung im allgemeinen Geschäftsverkehr in einem jedermann zugänglichen planmäßigen Verfahren gewähren, soweit der Wert der Prämien 1 080 Euro im Kalenderjahr nicht übersteigt;

39. *(nicht abgedruckt)*

40. 40 Prozent

a) der Betriebsvermögensmehrungen oder Einnahmen aus der Veräußerung oder der Entnahme von Anteilen an Körperschaften, Personenvereinigungen und Vermögensmassen, deren Leistungen beim Empfänger zu Einnahmen im Sinne des § 20 Absatz 1 Nummer 1 und 9 gehören, oder an einer Organgesellschaft im Sinne des § 14 oder § 17 des Körperschaftsteuergesetzes, oder aus deren Auflösung oder Herabsetzung von deren Nennkapital oder aus dem Ansatz eines solchen Wirtschaftsguts mit dem Wert, der sich nach § 6 Absatz 1 Nummer 2 Satz 3 ergibt, soweit sie zu den Einkünften aus Land- und Forstwirtschaft, aus Gewerbebetrieb oder aus selbständiger Arbeit gehören. [2]Dies gilt nicht, soweit der Ansatz des niedrigeren Teilwerts in vollem Umfang zu einer Gewinnminderung geführt hat und soweit diese Gewinnminderung nicht durch Ansatz eines Werts, der sich nach § 6 Absatz 1 Nummer 2 Satz 3 ergibt, ausgeglichen worden ist. [3]Satz 1 gilt außer für Betriebsvermögensmehrungen aus dem Ansatz mit dem Wert, der sich nach § 6 Absatz 1 Nummer 2 Satz 3 ergibt, ebenfalls nicht, soweit Abzüge nach § 6b oder ähnliche Abzüge voll steuerwirksam vorgenommen worden sind,

b) des Veräußerungspreises im Sinne des § 16 Absatz 2, soweit er auf die Veräußerung von Anteilen an Körperschaften, Personenvereinigungen und Vermögensmassen entfällt, deren Leistungen beim Empfänger zu Einnahmen im Sinne des § 20 Absatz 1 Nummer 1 und 9 gehören, oder an einer Organgesellschaft im Sinne des § 14 oder § 17 des Körperschaftsteuergesetzes. [2]Satz 1 ist in den Fällen des § 16 Absatz 3 entsprechend anzuwenden. [3]Buchstabe a Satz 3 gilt entsprechend,

c) des Veräußerungspreises oder des gemeinen Werts im Sinne des § 17 Absatz 2. [2]Satz 1 ist in den Fällen des § 17 Absatz 4 entsprechend anzuwenden,

d) der Bezüge im Sinne des § 20 Absatz 1 Nummer 1 und der Einnahmen im Sinne des § 20 Absatz 1 Nummer 9. [2]Dies gilt nur, soweit sie das Einkommen der leistenden Körperschaft nicht gemindert haben. [3]Sofern die Bezüge in einem anderen Staat auf Grund einer vom deutschen Recht abweichenden steuerlichen Zurechnung einer anderen Person zugerechnet werden, gilt Satz 1 nur, soweit das Einkommen der anderen Person oder ihr nahestehender Personen nicht niedriger ist als bei einer dem deutschen Recht entsprechenden Zurechnung. [4]Satz 1 Buchstabe d Satz 2 gilt nicht, soweit eine verdeckte Gewinnausschüttung das Einkommen einer dem Steuerpflichtigen nahe stehenden Person erhöht hat und § 32a des Körperschaftsteuergesetzes auf die Veranlagung dieser nahe stehenden Person keine Anwendung findet,

e) der Bezüge im Sinne des § 20 Absatz 1 Nummer 2,

f) der besonderen Entgelte oder Vorteile im Sinne des § 20 Absatz 3, die neben den in § 20 Absatz 1 Nummer 1 und Absatz 2 Satz 1 Nummer 2 Buchstabe a bezeichneten Einnahmen oder an deren Stelle gewährt werden,

g) des Gewinns aus der Veräußerung von Dividendenscheinen und sonstigen Ansprüchen im Sinne des § 20 Absatz 2 Satz 1 Nummer 2 Buchstabe a,

h) des Gewinns aus der Abtretung von Dividendenansprüchen oder sonstigen Ansprüchen im Sinne des § 20 Absatz 2 Satz 1 Nummer 2 Buchstabe a in Verbindung mit § 20 Absatz 2 Satz 2,

i) der Bezüge im Sinne des § 22 Nummer 1 Satz 2, soweit diese von einer nicht von der Körperschaftsteuer befreiten Körperschaft, Personenvereinigung oder Vermögensmasse stammen.

[2]Dies gilt für Satz 1 Buchstabe d bis h nur in Verbindung mit § 20 Absatz 8. [3]Satz 1 Buchstabe a, b und d bis h ist nicht anzuwenden auf Anteile, die bei Kreditinstituten, Finanzdienstleistungsinstituten und Wertpapierinstituten dem Handelsbestand im Sinne des § 340e Absatz 3 des Handelsgesetzbuchs zuzuordnen sind; Gleiches gilt für Anteile, die bei Finanzunternehmen im Sinne des Kreditwesengesetzes, an denen Kreditinstitute, Finanzdienstleistungsinstitute oder Wertpapierinstitute unmittelbar oder mittelbar zu mehr als 50 Prozent beteiligt sind, zum Zeitpunkt des Zugangs zum Betriebsvermögen als Umlaufvermögen auszuweisen sind. [4]Satz 1 ist nicht anzuwenden bei Anteilen an Unterstützungskassen;

40a. 40 Prozent der Vergütungen im Sinne des § 18 Absatz 1 Nummer 4;

41. (weggefallen)

42. die Zuwendungen, die auf Grund des Fulbright-Abkommens gezahlt werden;

43. der Ehrensold für Künstler sowie Zuwendungen aus Mitteln der Deutschen Künstlerhilfe, wenn es sich um Bezüge aus öffentlichen Mitteln handelt, die wegen der Bedürftigkeit des Künstlers gezahlt werden;

44. Stipendien, die aus öffentlichen Mitteln oder von zwischenstaatlichen oder überstaatlichen Einrichtungen, denen die Bundesrepublik Deutschland als Mitglied angehört, zur Förderung der Forschung oder zur Förderung der wissenschaftlichen oder künstlerischen Ausbildung oder Fortbildung gewährt werden. [2]Das Gleiche gilt für Stipendien, die zu den in Satz 1 bezeichneten Zwecken von einer Einrichtung, die von einer Körperschaft des öffentlichen Rechts errichtet ist oder verwaltet wird, oder von einer Körperschaft, Personenvereinigung oder Vermögensmasse im Sinne des § 5 Absatz 1 Nummer 9 des Körperschaftsteuergesetzes gegeben werden. [3]Voraussetzung für die Steuerfreiheit ist, dass

a) die Stipendien einen für die Erfüllung der Forschungsaufgabe oder für die Bestreitung des Lebensunterhalts und die Deckung des Ausbildungsbedarfs erforderlichen Betrag nicht übersteigen und nach den von dem Geber erlassenen Richtlinien vergeben werden,

b) der Empfänger im Zusammenhang mit dem Stipendium nicht zu einer bestimmten wissenschaftlichen oder künstlerischen Gegenleistung oder zu einer bestimmten Arbeitnehmertätigkeit verpflichtet ist;

45. die Vorteile des Arbeitnehmers aus der privaten Nutzung von betrieblichen Datenverarbeitungsgeräten und Telekommunikationsgeräten sowie deren Zubehör, aus zur privaten Nutzung überlassenen System- und Anwendungsprogrammen, die der Arbeitgeber auch in seinem Betrieb einsetzt, und aus den im Zusammenhang mit diesen Zuwendungen erbrachten Dienstleistungen. [2]Satz 1 gilt entsprechend für Steuerpflichtige, denen die Vorteile im Rahmen einer Tätigkeit zugewendet wer-

den, für die sie eine Aufwandsentschädigung im Sinne des § 3 Nummer 12 erhalten;

46. zusätzlich zum ohnehin geschuldeten Arbeitslohn vom Arbeitgeber gewährte Vorteile für das elektrische Aufladen eines Elektrofahrzeugs oder Hybridelektrofahrzeugs im Sinne des § 6 Absatz 1 Nummer 4 Satz 2 zweiter Halbsatz an einer ortsfesten betrieblichen Einrichtung des Arbeitgebers oder eines verbundenen Unternehmens (§ 15 des Aktiengesetzes) und für die zur privaten Nutzung überlassene betriebliche Ladevorrichtung;

47. Leistungen nach § 14a Absatz 4 und § 14b des Arbeitsplatzschutzgesetzes;

48. Leistungen nach dem Unterhaltssicherungsgesetz mit Ausnahme der Leistungen nach § 8 des Unterhaltssicherungsgesetzes;

49. (weggefallen)

50. die Beträge, die der Arbeitnehmer vom Arbeitgeber erhält, um sie für ihn auszugeben (durchlaufende Gelder), und die Beträge, durch die Auslagen des Arbeitnehmers für den Arbeitgeber ersetzt werden (Auslagenersatz);

51. Trinkgelder, die anlässlich einer Arbeitsleistung dem Arbeitnehmer von Dritten freiwillig und ohne dass ein Rechtsanspruch auf sie besteht, zusätzlich zu dem Betrag gegeben werden, der für diese Arbeitsleistung zu zahlen ist;

52.–57. (nicht abgedruckt)

58. das Wohngeld nach dem Wohngeldgesetz, die sonstigen Leistungen aus öffentlichen Haushalten oder Zweckvermögen zur Senkung der Miete oder Belastung im Sinne des § 11 Absatz 2 Nummer 4 des Wohngeldgesetzes sowie öffentliche Zuschüsse zur Deckung laufender Aufwendungen und Zinsvorteile bei Darlehen, die aus öffentlichen Haushalten gewährt werden, für eine zu eigenen Wohnzwecken genutzte Wohnung im eigenen Haus oder eine zu eigenen Wohnzwecken genutzte Eigentumswohnung, soweit die Zuschüsse und Zinsvorteile die Vorteile aus einer entsprechenden Förderung mit öffentlichen Mitteln nach dem Zweiten Wohnungsbaugesetz, dem Wohnraumförderungsgesetz oder einem Landesgesetz zur Wohnraumförderung nicht überschreiten, der Zuschuss für die Wohneigentumsbildung in innerstädtischen Altbauquartieren nach den Regelungen zum Stadtumbau Ost in den Verwaltungsvereinbarungen über die Gewährung von Finanzhilfen des Bundes an die Länder nach Artikel 104a Absatz 4 des Grundgesetzes zur Förderung städtebaulicher Maßnahmen;

59. die Zusatzförderung nach § 88e des Zweiten Wohnungsbaugesetzes und nach § 51f des Wohnungsbaugesetzes für das Saarland und Geldleistungen, die ein Mieter zum Zwecke der Wohnkostenentlastung nach dem Wohnraumförderungsgesetz oder einem Landesgesetz zur Wohnraumförderung erhält, soweit die Einkünfte dem Mieter zuzurechnen sind, und die Vorteile aus einer mietweisen Wohnungsüberlassung im Zusammenhang mit einem Arbeitsverhältnis, soweit sie die Vorteile aus einer entsprechenden Förderung nach dem Zweiten Wohnungsbauge-

setz, nach dem Wohnraumförderungsgesetz oder einem Landesgesetz zur Wohnraumförderung nicht überschreiten;

60. das Anpassungsgeld für Arbeitnehmer der Braunkohlekraftwerke und -tagebaue sowie Steinkohlekraftwerke, die aus Anlass einer Stilllegungsmaßnahme ihren Arbeitsplatz verloren haben;

61. Leistungen nach § 4 Absatz 1 Nummer 2, § 7 Absatz 3, §§ 9, 10 Absatz 1, §§ 13, 15 des Entwicklungshelfer-Gesetzes;

62.–65. (nicht abgedruckt)

66. Leistungen eines Arbeitgebers oder einer Unterstützungskasse an einen Pensionsfonds zur Übernahme bestehender Versorgungsverpflichtungen oder Versorgungsanwartschaften durch den Pensionsfonds, wenn ein Antrag nach § 4d Absatz 3 oder § 4e Absatz 3 gestellt worden ist;

   a) das Erziehungsgeld nach dem Bundeserziehungsgeldgesetz und vergleichbare Leistungen der Länder,

   b) das Elterngeld nach dem Bundeselterngeld- und Elternzeitgesetz und vergleichbare Leistungen der Länder,

   c) Leistungen für Kindererziehung an Mütter der Geburtsjahrgänge vor 1921 nach den §§ 294 bis 299 des Sechsten Buches Sozialgesetzbuch sowie

   d) Zuschläge, die nach den §§ 50a bis 50e des Beamtenversorgungsgesetzes oder nach den §§ 70 bis 74 des Soldatenversorgungsgesetzes oder nach vergleichbaren Regelungen der Länder für ein vor dem 1. Januar 2015 geborenes Kind oder für eine vor dem 1. Januar 2015 begonnene Zeit der Pflege einer pflegebedürftigen Person zu gewähren sind; im Falle des Zusammentreffens von Zeiten für mehrere Kinder nach § 50b des Beamtenversorgungsgesetzes oder § 71 des Soldatenversorgungsgesetzes oder nach vergleichbaren Regelungen der Länder gilt dies, wenn eines der Kinder vor dem 1. Januar 2015 geboren ist;

68. die Hilfen nach dem Gesetz über die Hilfe für durch Anti-D-Immunprophylaxe mit dem Hepatitis-C-Virus infizierte Personen vom 2. August 2000 (BGBl. I S. 1270);

69. die von der Stiftung „Humanitäre Hilfe für durch Blutprodukte HIV-infizierte Personen" nach dem HIV-Hilfegesetz vom 24. Juli 1995 (BGBl. I S. 972) gewährten Leistungen;

70. *(nicht abgedruckt)*

71. der aus einer öffentlichen Kasse gezahlte Zuschuss

a) für den Erwerb eines Anteils an einer Kapitalgesellschaft in Höhe von 20 Prozent der Anschaffungskosten, höchstens jedoch 100 000 Euro. Voraussetzung ist, dass

aa) der Anteil an der Kapitalgesellschaft länger als drei Jahre gehalten wird,

bb) die Kapitalgesellschaft, deren Anteil erworben wird,

aaa) nicht älter ist als sieben Jahre, wobei das Datum der Eintragung der Gesellschaft in das Handelsregister maßgeblich ist,

bbb) weniger als 50 Mitarbeiter (Vollzeitäquivalente) hat,

ccc) einen Jahresumsatz oder eine Jahresbilanzsumme von höchstens 10 Millionen Euro hat und

ddd) nicht an einem regulierten Markt notiert ist und keine solche Notierung vorbereitet,

cc) der Zuschussempfänger das 18. Lebensjahr vollendet hat oder eine GmbH oder Unternehmergesellschaft ist, bei der mindestens ein Gesellschafter das 18. Lebensjahr vollendet hat und

dd) für den Erwerb des Anteils kein Fremdkapital eingesetzt wird. Wird der Anteil von einer GmbH oder Unternehmergesellschaft im Sinne von Doppelbuchstabe cc erworben, gehören auch solche Darlehen zum Fremdkapital, die der GmbH oder Unternehmergesellschaft von ihren Anteilseignern gewährt werden und die von der GmbH oder Unternehmergesellschaft zum Erwerb des Anteils eingesetzt werden.

b) anlässlich der Veräußerung eines Anteils an einer Kapitalgesellschaft im Sinne von Buchstabe a in Höhe von 25 Prozent des Veräußerungsgewinns, wenn

aa) der Veräußerer eine natürliche Person ist,

bb) bei Erwerb des veräußerten Anteils bereits ein Zuschuss im Sinne von Buchstabe a gezahlt und nicht zurückgefordert wurde,

cc) der veräußerte Anteil frühestens drei Jahre (Mindesthaltedauer) und spätestens zehn Jahre (Höchsthaltedauer) nach Anteilserwerb veräußert wurde,

dd) der Veräußerungsgewinn nach Satz 2 mindestens 2 000 Euro beträgt und

ee) der Zuschuss auf 80 Prozent der Anschaffungskosten begrenzt ist.

Veräußerungsgewinn im Sinne von Satz 1 ist der Betrag, um den der Veräußerungspreis die Anschaffungskosten einschließlich eines gezahlten Agios übersteigt. [2]Erwerbsneben- und Veräußerungskosten sind nicht zu berücksichtigen.

§ 3a Sanierungserträge

(1) [1]Betriebsvermögensmehrungen oder Betriebseinnahmen aus einem Schuldenerlass zum Zwecke einer unternehmensbezogenen Sanierung im Sinne des Absatzes 2 (Sanierungsertrag) sind steuerfrei. [2]Sind Betriebsvermögensmehrungen oder Betriebseinnahmen aus einem Schuldenerlass nach Satz 1 steuerfrei, sind steuerliche Wahlrechte in dem Jahr, in dem ein Sanierungsertrag erzielt wird (Sanierungsjahr) und im Folgejahr im zu sanierenden Unternehmen gewinnmindernd auszuüben. [3]Insbesondere ist der niedrigere Teilwert, der nach § 6 Absatz 1 Nummer 1 Satz 2 und Nummer 2 Satz 2 angesetzt werden kann, im Sanierungsjahr und im Folgejahr anzusetzen.

(2) Eine unternehmensbezogene Sanierung liegt vor, wenn der Steuerpflichtige für den Zeitpunkt des Schuldenerlasses die Sanierungsbedürftigkeit und die Sanierungsfähigkeit des Unternehmens, die Sanierungseignung des betrieblich begründeten Schuldenerlasses und die Sanierungsabsicht der Gläubiger nachweist.

(3) [1]Nicht abziehbare Beträge im Sinne des § 3c Absatz 4, die in Veranlagungszeiträumen vor dem Sanierungsjahr und im Sanierungsjahr anzusetzen sind, mindern den Sanierungsertrag. [2]Dieser Betrag mindert nacheinander

1. den auf Grund einer Verpflichtungsübertragung im Sinne des § 4f Absatz 1 Satz 1 in den dem Wirtschaftsjahr der Übertragung nachfolgenden 14 Jahren verteilt abziehbaren Aufwand des zu sanierenden Unternehmens, es sei denn, der Aufwand ist gemäß § 4f Absatz 1 Satz 7 auf einen Rechtsnachfolger übergegangen, der die Verpflichtung übernommen hat und insoweit der Regelung des § 5 Absatz 7 unterliegt. [2]Entsprechendes gilt in Fällen des § 4f Absatz 2;
2. den nach § 15a ausgleichsfähigen oder verrechenbaren Verlust des Unternehmers (Mitunternehmers) des zu sanierenden Unternehmens des Sanierungsjahrs;
3. den zum Ende des dem Sanierungsjahr vorangegangenen Wirtschaftsjahrs nach § 15a festgestellten verrechenbaren Verlust des Unternehmers (Mitunternehmers) des zu sanierenden Unternehmens;
4. den nach § 15b ausgleichsfähigen oder verrechenbaren Verlust derselben Einkunftsquelle des Unternehmers (Mitunternehmers) des Sanierungsjahrs; bei der Verlustermittlung bleibt der Sanierungsertrag unberücksichtigt;
5. den zum Ende des dem Sanierungsjahr vorangegangenen Jahrs nach § 15b festgestellten verrechenbaren Verlust derselben Einkunftsquelle des Unternehmers (Mitunternehmers);
6. den nach § 15 Absatz 4 ausgleichsfähigen oder nicht abziehbaren Verlust des zu sanierenden Unternehmens des Sanierungsjahrs;
7. den zum Ende des dem Sanierungsjahr vorangegangenen Jahrs nach § 15 Absatz 4 festgestellten in Verbindung mit § 10d Absatz 4 verbleibenden Verlustvortrag, soweit er auf das zu sanierende Unternehmen entfällt;
8. den Verlust des Sanierungsjahrs des zu sanierenden Unternehmens;

9. den ausgleichsfähigen Verlust aus allen Einkunftsarten des Veranlagungszeitraums, in dem das Sanierungsjahr endet;
10. im Sanierungsjahr ungeachtet des § 10d Absatz 2 den nach § 10d Absatz 4 zum Ende des Vorjahrs gesondert festgestellten Verlustvortrag;
11. in der nachfolgenden Reihenfolge den zum Ende des Vorjahrs festgestellten und den im Sanierungsjahr entstehenden verrechenbaren Verlust oder die negativen Einkünfte
    a) nach § 15a,
    b) nach § 15b anderer Einkunftsquellen,
    c) nach § 15 Absatz 4 anderer Betriebe und Mitunternehmeranteile,
    d) nach § 2a,
    e) nach § 2b,
    f) nach § 23 Absatz 3 Satz 7 und 8,
    g) nach sonstigen Vorschriften;
12. ungeachtet der Beträge des § 10d Absatz 1 Satz 1 die negativen Einkünfte nach § 10d Absatz 1 Satz 1 des Folgejahrs und die negativen Einkünfte nach § 10d Absatz 1 Satz 2 des zweiten Folgejahrs.[2]Ein Verlustrücktrag nach § 10d Absatz 1 Satz 1 und 2 ist nur möglich, soweit die Beträge nach § 10d Absatz 1 Satz 1 und 2 durch den verbleibenden Sanierungsertrag im Sinne des Satzes 4 nicht überschritten werden;
13. den zum Ende des Vorjahrs festgestellten und den im Sanierungsjahr entstehenden
    a) Zinsvortrag nach § 4h Absatz 1 Satz 5,
    b) EBITDA-Vortrag nach § 4h Absatz 1 Satz 3.2Die Minderung des EBITDA-Vortrags des Sanierungsjahrs und der EBITDA-Vorträge aus vorangegangenen Wirtschaftsjahren erfolgt in ihrer zeitlichen Reihenfolge.

[3]Übersteigt der geminderte Sanierungsertrag nach Satz 1 die nach Satz 2 mindernden Beträge, mindern sich insoweit nach Maßgabe des Satzes 2 auch der verteilt abziehbare Aufwand, Verluste, negative Einkünfte, Zinsvorträge oder EBITDA-Vorträge einer dem Steuerpflichtigen nahestehenden Person, wenn diese die erlassenen Schulden innerhalb eines Zeitraums von fünf Jahren vor dem Schuldenerlass auf das zu sanierende Unternehmen übertragen hat und soweit der entsprechende verteilt abziehbare Aufwand, die Verluste, negativen Einkünfte, Zinsvorträge oder EBITDA-Vorträge zum Ablauf des Wirtschaftsjahrs der Übertragung bereits entstanden waren. [4]Der sich nach den Sätzen 2 und 3 ergebende Betrag ist der verbleibende Sanierungsertrag. [5]Die nach den Sätzen 2 und 3 mindernden Beträge bleiben endgültig außer Ansatz und nehmen an den entsprechenden Feststellungen der verrechenbaren Verluste, verbleibenden Verlustvorträge und sonstigen Feststellungen nicht teil.

(3a) Bei Zusammenveranlagung sind auch die laufenden Beträge und Verlustvorträge des anderen Ehegatten einzubeziehen.

(4) [1]Sind Einkünfte aus Land- und Forstwirtschaft, Gewerbebetrieb oder selbständiger Arbeit nach § 180 Absatz 1 Satz 1 Nummer 2 Buchstabe a oder b der Abgabenordnung gesondert festzustellen, ist auch die Höhe des Sanierungsertrags nach Absatz 1 Satz 1 sowie die Höhe der nach Absatz 3 Satz 2 Nummer 1 bis 6 und 13 mindernden Beträge gesondert festzustellen. [2]Zuständig für die gesonderte Feststellung nach Satz 1 ist das Finanzamt, das für die gesonderte Feststellung nach § 180 Absatz 1 Satz 1 Nummer 2 der Abgabenordnung zuständig ist. [3]Wurden verrechenbare Verluste und Verlustvorträge ohne Berücksichtigung des Absatzes 3 Satz 2 bereits festgestellt oder ändern sich die nach Absatz 3 Satz 2 mindernden Beträge, ist der entsprechende Feststellungsbescheid insoweit zu ändern. [4]Das gilt auch dann, wenn der Feststellungsbescheid bereits bestandskräftig geworden ist; die Feststellungsfrist endet insoweit nicht, bevor die Festsetzungsfrist des Einkommensteuerbescheids oder Körperschaftsteuerbescheids für das Sanierungsjahr abgelaufen ist.

(5) [1]Erträge aus einer nach den §§ 286 ff. der Insolvenzordnung erteilten Restschuldbefreiung, einem Schuldenerlass auf Grund eines außergerichtlichen Schuldenbereinigungsplans zur Vermeidung eines Verbraucherinsolvenzverfahrens nach den §§ 304 ff. der Insolvenzordnung oder auf Grund eines Schuldenbereinigungsplans, dem in einem Verbraucherinsolvenzverfahren zugestimmt wurde oder wenn diese Zustimmung durch das Gericht ersetzt wurde, sind, soweit es sich um Betriebsvermögensmehrungen oder Betriebseinnahmen handelt, ebenfalls steuerfrei, auch wenn die Voraussetzungen einer unternehmensbezogenen Sanierung im Sinne des Absatzes 2 nicht vorliegen. [2]Absatz 3 gilt entsprechend.

§ 3b Steuerfreiheit von Zuschlägen für Sonntags-, Feiertags- oder Nachtarbeit

(1) Steuerfrei sind Zuschläge, die für tatsächlich geleistete Sonntags-, Feiertags- oder Nachtarbeit neben dem Grundlohn gezahlt werden, soweit sie

1. für Nachtarbeit 25 Prozent,
2. vorbehaltlich der Nummern 3 und 4 für Sonntagsarbeit 50 Prozent,
3. vorbehaltlich der Nummer 4 für Arbeit am 31. Dezember ab 14 Uhr und an den gesetzlichen Feiertagen 125 Prozent,
4. für Arbeit am 24. Dezember ab 14 Uhr, am 25. und 26. Dezember sowie am 1. Mai 150 Prozent

des Grundlohns nicht übersteigen.

(2) [1]Grundlohn ist der laufende Arbeitslohn, der dem Arbeitnehmer bei der für ihn maßgebenden regelmäßigen Arbeitszeit für den jeweiligen Lohnzahlungszeitraum zusteht; er ist in einen Stundenlohn umzurechnen und mit höchstens 50 Euro anzusetzen. [2]Nachtarbeit ist die Arbeit in der Zeit von 20 Uhr bis 6 Uhr. [3]Sonntagsarbeit und Feiertagsarbeit ist die Arbeit in der Zeit von 0 Uhr bis 24 Uhr des jeweiligen Tages. [4]Die gesetzlichen Feiertage werden durch die am Ort der Arbeitsstätte geltenden Vorschriften bestimmt.

(3) Wenn die Nachtarbeit vor 0 Uhr aufgenommen wird, gilt abweichend von den Absätzen 1 und 2 Folgendes:

1. Für Nachtarbeit in der Zeit von 0 Uhr bis 4 Uhr erhöht sich der Zuschlagssatz auf 40 Prozent,
2. als Sonntagsarbeit und Feiertagsarbeit gilt auch die Arbeit in der Zeit von 0 Uhr bis 4 Uhr des auf den Sonntag oder Feiertag folgenden Tages.

§ 3c Anteilige Abzüge

(1) Ausgaben dürfen, soweit sie mit steuerfreien Einnahmen in unmittelbarem wirtschaftlichen Zusammenhang stehen, nicht als Betriebsausgaben oder Werbungskosten abgezogen werden; Absatz 2 bleibt unberührt.

(2) [1]Betriebsvermögensminderungen, Betriebsausgaben, Veräußerungskosten oder Werbungskosten, die mit den dem § 3 Nummer 40 zugrunde liegenden Betriebsvermögensmehrungen oder Einnahmen oder mit Vergütungen nach § 3 Nummer 40a in wirtschaftlichem Zusammenhang stehen, dürfen unabhängig davon, in welchem Veranlagungszeitraum die Betriebsvermögensmehrungen oder Einnahmen anfallen, bei der Ermittlung der Einkünfte nur zu 60 Prozent abgezogen werden; Entsprechendes gilt, wenn bei der Ermittlung der Einkünfte der Wert des Betriebsvermögens oder des Anteils am Betriebsvermögen oder die Anschaffungs- oder Herstellungskosten oder der an deren Stelle tretende Wert mindernd zu berücksichtigen sind. [2]Satz 1 ist auch für Betriebsvermögensminderungen oder Betriebsausgaben im Zusammenhang mit einer Darlehensforderung oder aus der Inanspruchnahme von Sicherheiten anzuwenden, die für ein Darlehen hingegeben wurden, wenn das Darlehen oder die Sicherheit von einem Steuerpflichtigen gewährt wird, der zu mehr als einem Viertel unmittelbar oder mittelbar am Grund- oder Stammkapital der Körperschaft, der das Darlehen gewährt wurde, beteiligt ist oder war. [3]Satz 2 ist insoweit nicht anzuwenden, als nachgewiesen wird, dass auch ein fremder Dritter das Darlehen bei sonst gleichen Umständen gewährt oder noch nicht zurückgefordert hätte; dabei sind nur die eigenen Sicherungsmittel der Körperschaft zu berücksichtigen. [4]Die Sätze 2 und 3 gelten entsprechend für Forderungen aus Rechtshandlungen, die einer Darlehensgewährung wirtschaftlich vergleichbar sind. [5]Gewinne aus dem Ansatz des nach § 6 Absatz 1 Nummer 2 Satz 3 maßgeblichen Werts bleiben bei der Ermittlung der Einkünfte außer Ansatz, soweit auf die vorangegangene Teilwertabschreibung Satz 2 angewendet worden ist. [6]Satz 1 ist außerdem ungeachtet eines wirtschaftlichen Zusammenhangs mit den dem § 3 Nummer 40 zugrunde liegenden Betriebsvermögensmehrungen oder Einnahmen oder mit Vergütungen nach § 3 Nummer 40a auch auf Betriebsvermögensminderungen, Betriebsausgaben oder Veräußerungskosten eines Gesellschafters einer Körperschaft anzuwenden, soweit diese mit einer im Gesellschaftsverhältnis veranlassten unentgeltlichen Überlassung von Wirtschaftsgütern an diese Körperschaft oder bei einer teilentgeltlichen Überlassung von Wirtschaftsgütern mit dem unentgeltlichen Teil in Zusammenhang stehen und der Steuerpflichtige zu mehr als einem Viertel unmittelbar oder mittelbar am Grund-oder Stammkapital dieser Körperschaft beteiligt ist oder war. [7]Für die Anwendung des Satzes 1 ist die Absicht zur Erzielung von Betriebsvermögensmehrungen oder Einnahmen im Sinne des § 3 Nummer 40 oder von

Vergütungen im Sinne des § 3 Nummer 40a ausreichend. [8]Satz 1 gilt auch für Wertminderungen des Anteils an einer Organgesellschaft, die nicht auf Gewinnausschüttungen zurückzuführen sind. [9]§ 8b Absatz 10 des Körperschaftsteuergesetzes gilt sinngemäß.

(Abs. 3 und 4 nicht abgedruckt)

3. Gewinn

§ 4 Gewinnbegriff im Allgemeinen

(1) [1]Gewinn ist der Unterschiedsbetrag zwischen dem Betriebsvermögen am Schluss des Wirtschaftsjahres und dem Betriebsvermögen am Schluss des vorangegangenen Wirtschaftsjahres, vermehrt um den Wert der Entnahmen und vermindert um den Wert der Einlagen. [2]Entnahmen sind alle Wirtschaftsgüter (Barentnahmen, Waren, Erzeugnisse, Nutzungen und Leistungen), die der Steuerpflichtige dem Betrieb für sich, für seinen Haushalt oder für andere betriebsfremde Zwecke im Laufe des Wirtschaftsjahres entnommen hat. [3]Einer Entnahme für betriebsfremde Zwecke steht der Ausschluss oder die Beschränkung des Besteuerungsrechts der Bundesrepublik Deutschland hinsichtlich des Gewinns aus der Veräußerung oder der Nutzung eines Wirtschaftsguts gleich; dies gilt auf Antrag auch in den Fällen, in denen die Beschränkung des Besteuerungsrechts der Bundesrepublik Deutschland hinsichtlich des Gewinns aus der Veräußerung eines Wirtschaftsguts entfällt und in einem anderen Staat eine Besteuerung auf Grund des Ausschlusses oder der Beschränkung des Besteuerungsrechts dieses Staates hinsichtlich des Gewinns aus der Veräußerung des Wirtschaftsguts erfolgt. [4]Ein Ausschluss oder eine Beschränkung des Besteuerungsrechts hinsichtlich des Gewinns aus der Veräußerung eines Wirtschaftsguts liegt insbesondere vor, wenn ein bisher einer inländischen Betriebsstätte des Steuerpflichtigen zuzuordnendes Wirtschaftsgut einer ausländischen Betriebsstätte zuzuordnen ist. [5]Satz 3 gilt nicht für Anteile an einer Europäischen Gesellschaft oder Europäischen Genossenschaft in den Fällen

1. einer Sitzverlegung der Europäischen Gesellschaft nach Artikel 8 der Verordnung (EG) Nr. 2157/2001 des Rates vom 8. Oktober 2001 über das Statut der Europäischen Gesellschaft (SE) (ABl. EG Nr. L 294 S. 1), zuletzt geändert durch die Verordnung (EG) Nr. 885/2004 des Rates vom 26. April 2004 (ABl. EU Nr. L 168 S. 1), und
2. einer Sitzverlegung der Europäischen Genossenschaft nach Artikel 7 der Verordnung (EG) Nr. 1435/2003 des Rates vom 22. Juli 2003 über das Statut der Europäischen Genossenschaft (SCE) (ABl. EU Nr. L 207 S. 1).

[6]Ein Wirtschaftsgut wird nicht dadurch entnommen, dass der Steuerpflichtige zur Gewinnermittlung nach § 13a übergeht. [7]Eine Änderung der Nutzung eines Wirtschaftsguts, die bei Gewinnermittlung nach Satz 1 keine Entnahme ist, ist auch bei Gewinnermittlung nach § 13a keine Entnahme. [8]Einlagen sind alle Wirtschaftsgüter (Bareinzahlungen und sonstige Wirtschaftsgüter), die der Steuerpflichtige dem Betrieb im Laufe des Wirtschaftsjahres zugeführt hat; einer Einlage steht die Begründung des Besteuerungsrechts der Bundesrepublik Deutschland hinsichtlich des Gewinns aus der Veräußerung eines Wirtschaftsguts gleich. [9]In den Fällen des Satzes 3 zweiter Halbsatz gilt das Wirtschaftsgut als unmittelbar nach der Entnahme wieder eingelegt. [10]Bei der Ermittlung des

Gewinns sind die Vorschriften über die Betriebsausgaben, über die Bewertung und über die Absetzung für Abnutzung oder Substanzverringerung zu befolgen.

(2) [1]Der Steuerpflichtige darf die Vermögensübersicht (Bilanz) auch nach ihrer Einreichung beim Finanzamt ändern, soweit sie den Grundsätzen ordnungsmäßiger Buchführung unter Befolgung der Vorschriften dieses Gesetzes nicht entspricht; diese Änderung ist nicht zulässig, wenn die Vermögensübersicht (Bilanz) einer Steuerfestsetzung zugrunde liegt, die nicht mehr aufgehoben oder geändert werden kann. [2]Darüber hinaus ist eine Änderung der Vermögensübersicht (Bilanz) nur zulässig, wenn sie in einem engen zeitlichen und sachlichen Zusammenhang mit einer Änderung nach Satz 1 steht und soweit die Auswirkung der Änderung nach Satz 1 auf den Gewinn reicht.

(3) [1]Steuerpflichtige, die nicht auf Grund gesetzlicher Vorschriften verpflichtet sind, Bücher zu führen und regelmäßig Abschlüsse zu machen, und die auch keine Bücher führen und keine Abschlüsse machen, können als Gewinn den Überschuss der Betriebseinnahmen über die Betriebsausgaben ansetzen. [2]Hierbei scheiden Betriebseinnahmen und Betriebsausgaben aus, die im Namen und für Rechnung eines anderen vereinnahmt und verausgabt werden (durchlaufende Posten). [3]Die Vorschriften über die Bewertungsfreiheit für geringwertige Wirtschaftsgüter (§ 6 Absatz 2), die Bildung eines Sammelpostens (§ 6 Absatz 2a) und über die Absetzung für Abnutzung oder Substanzverringerung sind zu befolgen. [4]Die Anschaffungs- oder Herstellungskosten für nicht abnutzbare Wirtschaftsgüter des Anlagevermögens, für Anteile an Kapitalgesellschaften, für Wertpapiere und vergleichbare nicht verbriefte Forderungen und Rechte, für Grund und Boden sowie Gebäude des Umlaufvermögens sind erst im Zeitpunkt des Zuflusses des Veräußerungserlöses oder bei Entnahme im Zeitpunkt der Entnahme als Betriebsausgaben zu berücksichtigen. [5]Die Wirtschaftsgüter des Anlagevermögens und Wirtschaftsgüter des Umlaufvermögens im Sinne des Satzes 4 sind unter Angabe des Tages der Anschaffung oder Herstellung und der Anschaffungs- oder Herstellungskosten oder des an deren Stelle getretenen Werts in besondere, laufend zu führende Verzeichnisse aufzunehmen.

(4) Betriebsausgaben sind die Aufwendungen, die durch den Betrieb veranlasst sind.

(4a) [1]Schuldzinsen sind nach Maßgabe der Sätze 2 bis 4 nicht abziehbar, wenn Überentnahmen getätigt worden sind. [2]Eine Überentnahme ist der Betrag, um den die Entnahmen die Summe des Gewinns und der Einlagen des Wirtschaftsjahres übersteigen. [3]Die nicht abziehbaren Schuldzinsen werden typisiert mit 6 Prozent der Überentnahme des Wirtschaftsjahres zuzüglich der Überentnahmen vorangegangener Wirtschaftsjahre und abzüglich der Beträge, um die in den vorangegangenen Wirtschaftsjahren der Gewinn und die Einlagen die Entnahmen überstiegen haben (Unterentnahmen), ermittelt; bei der Ermittlung der Überentnahme ist vom Gewinn ohne Berücksichtigung der nach Maßgabe dieses Absatzes nicht abziehbaren Schuldzinsen auszugehen. [4]Der sich dabei ergebende Betrag, höchstens jedoch der um 2 050 Euro verminderte Betrag der im Wirtschaftsjahr angefallenen Schuldzinsen, ist dem Gewinn hinzuzurechnen. [5]Der Abzug von Schuldzinsen für Darlehen zur Finanzierung von Anschaffungs- oder Herstellungskosten von Wirtschaftsgütern des Anlagevermögens bleibt unberührt. [6]Die Sätze 1 bis 5 sind bei Gewinnermittlung nach § 4 Absatz 3 sinngemäß anzuwenden; hierzu sind Entnahmen und Einlagen gesondert aufzuzeichnen.

(5) [1]Die folgenden Betriebsausgaben dürfen den Gewinn nicht mindern:

1. Aufwendungen für Geschenke an Personen, die nicht Arbeitnehmer des Steuerpflichtigen sind. [2]Satz 1 gilt nicht, wenn die Anschaffungs- oder Herstellungskosten der dem Empfänger im Wirtschaftsjahr zugewendeten Gegenstände insgesamt 50 Euro nicht übersteigen;

2. Aufwendungen für die Bewirtung von Personen aus geschäftlichem Anlass, soweit sie 70 Prozent der Aufwendungen übersteigen, die nach der allgemeinen Verkehrsauffassung als angemessen anzusehen und deren Höhe und betriebliche Veranlassung nachgewiesen sind. [2]Zum Nachweis der Höhe und der betrieblichen Veranlassung der Aufwendungen hat der Steuerpflichtige schriftlich die folgenden Angaben zu machen: Ort, Tag, Teilnehmer und Anlass der Bewirtung sowie Höhe der Aufwendungen. [3]Hat die Bewirtung in einer Gaststätte stattgefunden, so genügen Angaben zu dem Anlass und den Teilnehmern der Bewirtung; die Rechnung über die Bewirtung ist beizufügen;

3. Aufwendungen für Einrichtungen des Steuerpflichtigen, soweit sie der Bewirtung, Beherbergung oder Unterhaltung von Personen, die nicht Arbeitnehmer des Steuerpflichtigen sind, dienen (Gästehäuser) und sich außerhalb des Orts eines Betriebs des Steuerpflichtigen befinden;

4. Aufwendungen für Jagd oder Fischerei, für Segeljachten oder Motorjachten sowie für ähnliche Zwecke und für die hiermit zusammenhängenden Bewirtungen;

5. Mehraufwendungen für die Verpflegung des Steuerpflichtigen. [2]Wird der Steuerpflichtige vorübergehend von seiner Wohnung und dem Mittelpunkt seiner dauerhaft angelegten betrieblichen Tätigkeit entfernt betrieblich tätig, sind die Mehraufwendungen für Verpflegung nach Maßgabe des § 9 Absatz 4a abziehbar;

6. Aufwendungen für die Wege des Steuerpflichtigen zwischen Wohnung und Betriebsstätte und für Familienheimfahrten, soweit in den folgenden Sätzen nichts anderes bestimmt ist. [2]Zur Abgeltung dieser Aufwendungen ist § 9 Absatz 1 Satz 3 Nummer 4 Satz 2 bis 6 und Nummer 5 Satz 5 bis 7 und Absatz 2 entsprechend anzuwenden. [3]Bei der Nutzung eines Kraftfahrzeugs dürfen die Aufwendungen in Höhe des positiven Unterschiedsbetrags zwischen 0,03 Prozent des inländischen Listenpreises im Sinne des § 6 Absatz 1 Nummer 4 Satz 2 des Kraftfahrzeugs im Zeitpunkt der Erstzulassung je Kalendermonat für jeden Entfernungskilometer und dem sich nach § 9 Absatz 1 Satz 3 Nummer 4 Satz 2 bis 6 oder Absatz 2 ergebenden Betrag sowie Aufwendungen für Familienheimfahrten in Höhe des positiven Unterschiedsbetrags zwischen 0,002 Prozent des inländischen Listenpreises im Sinne des § 6 Absatz 1 Nummer 4 Satz 2 für jeden Entfernungskilometer und dem sich nach § 9 Absatz 1 Satz 3 Nummer 5 Satz 5 bis 7 oder Absatz 2 ergebenden Betrag den Gewinn nicht mindern; ermittelt der Steuerpflichtige die private Nutzung des Kraftfahrzeugs nach § 6 Absatz 1 Nummer 4 Satz 1 oder Satz 3, treten an die Stelle des mit 0,03 oder 0,002 Prozent des inländischen Listenpreises ermittelten Betrags für Fahrten zwischen Wohnung und Betriebsstätte und für Familienheimfahrten die auf diese Fahrten entfallenden tatsächlichen Aufwendungen; § 6 Absatz 1 Nummer 4 Satz 3

zweiter Halbsatz gilt sinngemäß. [4]§ 9 Absatz 1 Satz 3 Nummer 4 Satz 8 und Nummer 5 Satz 9 gilt entsprechend;

6a. die Mehraufwendungen für eine betrieblich veranlasste doppelte Haushaltsführung, soweit sie die nach § 9 Absatz 1 Satz 3 Nummer 5 Satz 1 bis 4 abziehbaren Beträge und die Mehraufwendungen für betrieblich veranlasste Übernachtungen, soweit sie die nach § 9 Absatz 1 Satz 3 Nummer 5a abziehbaren Beträge übersteigen;

6b. Aufwendungen für ein häusliches Arbeitszimmer sowie die Kosten der Ausstattung. [2]Dies gilt nicht, wenn für die betriebliche oder berufliche Tätigkeit kein anderer Arbeitsplatz zur Verfügung steht. [3]In diesem Fall wird die Höhe der abziehbaren Aufwendungen auf 1 250 Euro begrenzt; die Beschränkung der Höhe nach gilt nicht, wenn das Arbeitszimmer den Mittelpunkt der gesamten betrieblichen und beruflichen Betätigung bildet. [4]Liegt kein häusliches Arbeitszimmer vor oder wird auf einen Abzug der Aufwendungen für ein häusliches Arbeitszimmer nach den Sätzen 2 und 3 verzichtet, kann der Steuerpflichtige für jeden Kalendertag, an dem er seine betriebliche oder berufliche Tätigkeit ausschließlich in der häuslichen Wohnung ausübt und keine außerhalb der häuslichen Wohnung belegene Betätigungsstätte aufsucht, für seine gesamte betriebliche und berufliche Betätigung einen Betrag von 5 Euro abziehen, höchstens 600 Euro im Wirtschafts- oder Kalenderjahr;

7. andere als die in den Nummern 1 bis 6 und 6b bezeichneten Aufwendungen, die die Lebensführung des Steuerpflichtigen oder anderer Personen berühren, soweit sie nach allgemeiner Verkehrsauffassung als unangemessen anzusehen sind;

8. Geldbußen, Ordnungsgelder und Verwarnungsgelder, dievon einem Gericht oder einer Behörde im Geltungsbereich dieses Gesetzes oder von einem Mitgliedsstaat oder von Organen der Europäischen Union festgesetzt wurden sowie damit zusammenhängende Aufwendungen. [2]Dasselbe gilt für Leistungen zur Erfüllung von Auflagen oder Weisungen, die in einem berufsgerichtlichen Verfahren erteilt werden, soweit die Auflagen oder Weisungen nicht lediglich der Wiedergutmachung des durch die Tat verursachten Schadens dienen. [3]Die Rückzahlung von Ausgaben im Sinne der Sätze 1 und 2 darf den Gewinn nicht erhöhen. [4]Das Abzugsverbot für Geldbußen gilt nicht, soweit der wirtschaftliche Vorteil, der durch den Gesetzesverstoß erlangt wurde, abgeschöpft worden ist, wenn die Steuern vom Einkommen und Ertrag, die auf den wirtschaftlichen Vorteil entfallen, nicht abgezogen worden sind; Satz 3 ist insoweit nicht anzuwenden;

8a. Zinsen auf hinterzogene Steuern nach § 235 der Abgabenordnung und Zinsen nach § 233a der Abgabenordnung und Zinsen nach § 233a der Abgabenordnung, soweit diese nach § 235 Absatz 4 der Abgabenordnung auf die Hinterziehungszinsen angerechnet werden;

9. Ausgleichszahlungen, die in den Fällen der §§ 14 und 17 des Körperschaftsteuergesetzes an außenstehende Anteilseigner geleistet werden;

10. die Zuwendung von Vorteilen sowie damit zusammenhängende Aufwendungen, wenn die Zuwendung der Vorteile eine rechtswidrige Handlung darstellt, die den Tatbestand eines Strafgesetzes oder eines Gesetzes verwirklicht, das die Ahndung

mit einer Geldbuße zulässt. [2]Gerichte, Staatsanwaltschaften oder Verwaltungsbehörden haben Tatsachen, die sie dienstlich erfahren und die den Verdacht einer Tat im Sinne des Satzes 1 begründen, der Finanzbehörde für Zwecke des Besteuerungsverfahrens und zur Verfolgung von Steuerstraftaten und Steuerordnungswidrigkeiten mitzuteilen. [3]Die Finanzbehörde teilt Tatsachen, die den Verdacht einer Straftat oder einer Ordnungswidrigkeit im Sinne des Satzes 1 begründen, der Staatsanwaltschaft oder der Verwaltungsbehörde mit. [4]Diese unterrichten die Finanzbehörde von dem Ausgang des Verfahrens und den zugrundeliegenden Tatsachen;

11. Aufwendungen, die mit unmittelbaren oder mittelbaren Zuwendungen von nicht einlagefähigen Vorteilen an natürliche oder juristische Personen oder Personengesellschaften zur Verwendung in Betrieben in tatsächlichem oder wirtschaftlichem Zusammenhang stehen, deren Gewinn nach § 5a Absatz 1 ermittelt wird;
12. Zuschläge nach § 162 Absatz 4 der Abgabenordnung;
13. Jahresbeiträge nach § 12 Absatz 2 des Restrukturierungsfondsgesetzes.

[2]Das Abzugsverbot gilt nicht, soweit die in den Nummern 2 bis 4 bezeichneten Zwecke Gegenstand einer mit Gewinnabsicht ausgeübten Betätigung des Steuerpflichtigen sind. [3]§ 12 Nummer 1 bleibt unberührt.

(5a) (weggefallen)

(5b) Die Gewerbesteuer und die darauf entfallenden Nebenleistungen sind keine Betriebsausgaben.

(6) Aufwendungen zur Förderung staatspolitischer Zwecke (§ 10b Absatz 2) sind keine Betriebsausgaben.

(7) [1]Aufwendungen im Sinne des Absatzes 5 Satz 1 Nummer 1 bis 4, 6b und 7 sind einzeln und getrennt von den sonstigen Betriebsausgaben aufzuzeichnen. [2]Soweit diese Aufwendungen nicht bereits nach Absatz 5 vom Abzug ausgeschlossen sind, dürfen sie bei der Gewinnermittlung nur berücksichtigt werden, wenn sie nach Satz 1 besonders aufgezeichnet sind.

(8) Für Erhaltungsaufwand bei Gebäuden in Sanierungsgebieten und städtebaulichen Entwicklungsbereichen sowie bei Baudenkmalen gelten die §§ 11a und 11b entsprechend.

(9) [1]Aufwendungen des Steuerpflichtigen für seine Berufsausbildung oder für sein Studium sind nur dann Betriebsausgaben, wenn der Steuerpflichtige zuvor bereits eine Erstausbildung (Berufsausbildung oder Studium) abgeschlossen hat. [2]§ 9 Absatz 6 Satz 2 bis 5 gilt entsprechend.

(10) § 9 Absatz 1 Satz 3 Nummer 5b ist entsprechend anzuwenden.

§ 4a Gewinnermittlungszeitraum, Wirtschaftsjahr

(1) [1]Bei Land- und Forstwirten und bei Gewerbetreibenden ist der Gewinn nach dem Wirtschaftsjahr zu ermitteln. [2]Wirtschaftsjahr ist

1. bei Land- und Forstwirten der Zeitraum vom 1. Juli bis zum 30. Juni. [2]Durch Rechtsverordnung kann für einzelne Gruppen von Land- und Forstwirten ein anderer Zeitraum bestimmt werden, wenn das aus wirtschaftlichen Gründen erforderlich ist;
2. bei Gewerbetreibenden, deren Firma im Handelsregister eingetragen ist, der Zeitraum, für den sie regelmäßig Abschlüsse machen. [2]Die Umstellung des Wirtschaftsjahres auf einen vom Kalenderjahr abweichenden Zeitraum ist steuerlich nur wirksam, wenn sie im Einvernehmen mit dem Finanzamt vorgenommen wird;
3. bei anderen Gewerbetreibenden das Kalenderjahr. [2]Sind sie gleichzeitig buchführende Land- und Forstwirte, so können sie mit Zustimmung des Finanzamts den nach Nummer 1 maßgebenden Zeitraum als Wirtschaftsjahr für den Gewerbebetrieb bestimmen, wenn sie für den Gewerbebetrieb Bücher führen und für diesen Zeitraum regelmäßig Abschlüsse machen.

(2) Bei Land- und Forstwirten und bei Gewerbetreibenden, deren Wirtschaftsjahr vom Kalenderjahr abweicht, ist der Gewinn aus Land- und Forstwirtschaft oder aus Gewerbebetrieb bei der Ermittlung des Einkommens in folgender Weise zu berücksichtigen:

1. Bei Land- und Forstwirten ist der Gewinn des Wirtschaftsjahres auf das Kalenderjahr, in dem das Wirtschaftsjahr beginnt, und auf das Kalenderjahr, in dem das Wirtschaftsjahr endet, entsprechend dem zeitlichen Anteil aufzuteilen. [2]Bei der Aufteilung sind Veräußerungsgewinne im Sinne des § 14 auszuscheiden und dem Gewinn des Kalenderjahres hinzuzurechnen, in dem sie entstanden sind;
2. bei Gewerbetreibenden gilt der Gewinn des Wirtschaftsjahres als in dem Kalenderjahr bezogen, in dem das Wirtschaftsjahr endet.

§ 4b Direktversicherung

[1]Der Versicherungsanspruch aus einer Direktversicherung, die von einem Steuerpflichtigen aus betrieblichem Anlass abgeschlossen wird, ist dem Betriebsvermögen des Steuerpflichtigen nicht zuzurechnen, soweit am Schluss des Wirtschaftsjahres hinsichtlich der Leistungen des Versicherers die Person, auf deren Leben die Lebensversicherung abgeschlossen ist, oder ihre Hinterbliebenen bezugsberechtigt sind. [2]Das gilt auch, wenn der Steuerpflichtige die Ansprüche aus dem Versicherungsvertrag abgetreten oder beliehen hat, sofern er sich der bezugsberechtigten Person gegenüber schriftlich verpflichtet, sie bei Eintritt des Versicherungsfalls so zu stellen, als ob die Abtretung oder Beleihung nicht erfolgt wäre.

§ 4c Zuwendungen an Pensionskassen

(1) [1]Zuwendungen an eine Pensionskasse dürfen von dem Unternehmen, das die Zuwendungen leistet (Trägerunternehmen), als Betriebsausgaben abgezogen werden, soweit sie auf einer in der Satzung oder im Geschäftsplan der Kasse festgelegten Verpflichtung oder auf einer Anordnung der Versicherungsaufsichtsbehörde beruhen oder der Abdeckung von Fehlbeträgen bei der Kasse dienen. [2]Soweit die allgemeinen Versicherungsbedingungen und die fachlichen Geschäftsunterlagen im Sinne des § 219 Absatz 3 Nummer 1 Buchstabe b des Versicherungsaufsichtsgesetzes nicht zum Geschäftsplan gehören, gelten diese als Teil des Geschäftsplans.

(2) Zuwendungen im Sinne des Absatzes 1 dürfen als Betriebsausgaben nicht abgezogen werden, soweit die Leistungen der Kasse, wenn sie vom Trägerunternehmen unmittelbar erbracht würden, bei diesem nicht betrieblich veranlasst wären.

§ 4d Zuwendungen an Unterstützungskassen

(1) [1]Zuwendungen an eine Unterstützungskasse dürfen von dem Unternehmen, das die Zuwendungen leistet (Trägerunternehmen), als Betriebsausgaben abgezogen werden, soweit die Leistungen der Kasse, wenn sie vom Trägerunternehmen unmittelbar erbracht würden, bei diesem betrieblich veranlasst wären und sie die folgenden Beträge nicht übersteigen:

1. bei Unterstützungskassen, die lebenslänglich laufende Leistungen gewähren:
   a) das Deckungskapital für die laufenden Leistungen nach der dem Gesetz als Anlage 1 beigefügten Tabelle. [2]Leistungsempfänger ist jeder ehemalige Arbeitnehmer des Trägerunternehmens, der von der Unterstützungskasse Leistungen erhält; soweit die Kasse Hinterbliebenenversorgung gewährt, ist Leistungsempfänger der Hinterbliebene eines ehemaligen Arbeitnehmers des Trägerunternehmens, der von der Kasse Leistungen erhält. [3]Dem ehemaligen Arbeitnehmer stehen andere Personen gleich, denen Leistungen der Alters-, Invaliditäts- oder Hinterbliebenenversorgung aus Anlass ihrer ehemaligen Tätigkeit für das Trägerunternehmen zugesagt worden sind;
   b) in jedem Wirtschaftsjahr für jeden Leistungsanwärter,
      aa) wenn die Kasse nur Invaliditätsversorgung oder nur Hinterbliebenenversorgung gewährt, jeweils 6 Prozent,
      bb) wenn die Kasse Altersversorgung mit oder ohne Einschluss von Invaliditätsversorgung oder Hinterbliebenenversorgung gewährt, 25 Prozent

      der jährlichen Versorgungsleistungen, die der Leistungsanwärter oder, wenn nur Hinterbliebenenversorgung gewährt wird, dessen Hinterbliebene nach den Verhältnissen am Schluss des Wirtschaftsjahres der Zuwendung im letzten Zeitpunkt der Anwartschaft, spätestens zum Zeitpunkt des Erreichens der Regelaltersgrenze der gesetzlichen Rentenversicherung erhalten können. [2]Leistungsanwärter ist jeder Arbeitnehmer oder ehemalige Arbeitnehmer des Trägerunternehmens, der von der Unterstützungskasse schriftlich zugesagte Leistungen erhalten kann und am Schluss des Wirtschaftsjahres, in dem die Zuwendung erfolgt.

aa) bei erstmals nach dem 31. Dezember 2017 zugesagten Leistungen das 23. Lebensjahr vollendet hat,

bb) bei erstmals nach dem 31.Dezember 2008 und vor dem 1. Januar 2018 zugesagten Leistungen das 27. Lebensjahr vollendet hat oder

cc) bei erstmals vor dem 1.Januar 2009 zugesagten Leistungen das 28. Lebensjahr vollendet hat;

soweit die Kasse nur Hinterbliebenenversorgung gewährt, gilt als Leistungsanwärter jeder Arbeitnehmer oder ehemalige Arbeitnehmer des Trägerunternehmens, der am Schluss des Wirtschaftsjahres, in dem die Zuwendung erfolgt, das nach dem ersten Halbsatz maßgebende Lebensjahr vollendet hat und dessen Hinterbliebene die Hinterbliebenenversorgung erhalten können. [3]Das Trägerunternehmen kann bei der Berechnung nach Satz 1 statt des dort maßgebenden Betrags den Durchschnittsbetrag der von der Kasse im Wirtschaftsjahr an Leistungsempfänger im Sinne des Buchstabens a Satz 2 gewährten Leistungen zugrunde legen. [4]In diesem Fall sind Leistungsanwärter im Sinne des Satzes 2 nur die Arbeitnehmer oder ehemaligen Arbeitnehmer des Trägerunternehmens, die am Schluss des Wirtschaftsjahres, in dem die Zuwendung erfolgt, das 50. Lebensjahr vollendet haben. [5]Dem Arbeitnehmer oder ehemaligen Arbeitnehmer als Leistungsanwärter stehen andere Personen gleich, denen schriftlich Leistungen der Alters-, Invaliditäts- oder Hinterbliebenenversorgung aus Anlass ihrer Tätigkeit für das Trägerunternehmen zugesagt worden sind

c) den Betrag des Beitrages, den die Kasse an einen Versicherer zahlt, soweit sie sich die Mittel für ihre Versorgungsleistungen, die der Leistungsanwärter oder Leistungsempfänger nach den Verhältnissen am Schluss des Wirtschaftsjahres der Zuwendung erhalten kann, durch Abschluss einer Versicherung verschafft. [2]Bei Versicherungen für einen Leistungsanwärter ist der Abzug des Beitrages nur zulässig, wenn der Leistungsanwärter die in Buchstabe b Satz 2 und 5 genannten Voraussetzungen erfüllt, die Versicherung für die Dauer bis zu dem Zeitpunkt abgeschlossen ist, für den erstmals Leistungen der Altersversorgung vorgesehen sind, mindestens jedoch bis zu dem Zeitpunkt, an dem der Leistungsanwärter das 55. Lebensjahr vollendet hat, und während dieser Zeit jährlich Beiträge gezahlt werden, die der Höhe nach gleich bleiben oder steigen. [3]Das Gleiche gilt für Leistungsanwärter, die das nach Buchstabe b Satz 2 jeweils maßgebende Lebensjahr noch nicht vollendet haben, für Leistungen der Invaliditäts- oder Hinterbliebenenversorgung, für Leistungen der Altersversorgung unter der Voraussetzung, dass die Leistungsanwartschaft bereits unverfallbar ist. [4]Ein Abzug ist ausgeschlossen, wenn die Ansprüche aus der Versicherung der Sicherung eines Darlehens dienen. [5]Liegen die Voraussetzungen der Sätze 1 bis 4 vor, sind die Zuwendungen nach den Buchstaben a und b in dem Verhältnis zu vermindern, in dem die Leistungen der Kasse durch die Versicherung gedeckt sind;

d) den Betrag, den die Kasse einem Leistungsanwärter im Sinne des Buchstabens b Satz 2 und 5 vor Eintritt des Versorgungsfalls als Abfindung für künftige Versorgungsleistungen gewährt, den Übertragungswert nach § 4 Absatz 5 des Betriebsrentengesetzes oder den Betrag, den sie an einen anderen Versorgungsträger zahlt, der eine ihr obliegende Versorgungsverpflichtung übernommen hat.

[2]Zuwendungen dürfen nicht als Betriebsausgaben abgezogen werden, wenn das Vermögen der Kasse ohne Berücksichtigung künftiger Versorgungsleistungen am Schluss des Wirtschaftsjahres das zulässige Kassenvermögen übersteigt. [3]Bei der Ermittlung des Vermögens der Kasse ist am Schluss des Wirtschaftsjahres vorhandener Grundbesitz mit 200 Prozent der Einheitswerte anzusetzen, die zu dem Feststellungszeitpunkt maßgebend sind, der dem Schluss des Wirtschaftsjahres folgt; Ansprüche aus einer Versicherung sind mit dem Wert des geschäftsplanmäßigen Deckungskapitals zuzüglich der Guthaben aus Beitragsrückerstattung am Schluss des Wirtschaftsjahres anzusetzen, und das übrige Vermögen ist mit dem gemeinen Wert am Schluss des Wirtschaftsjahres zu bewerten. [4]Zulässiges Kassenvermögen ist die Summe aus dem Deckungskapital für alle am Schluss des Wirtschaftsjahres laufenden Leistungen nach der dem Gesetz als Anlage 1 beigefügten Tabelle für Leistungsempfänger im Sinne des Satzes 1 Buchstabe a und dem Achtfachen der nach Satz 1 Buchstabe b abzugsfähigen Zuwendungen. [5]Soweit sich die Kasse die Mittel für ihre Leistungen durch Abschluss einer Versicherung verschafft, ist, wenn die Voraussetzungen für den Abzug des Beitrages nach Satz 1 Buchstabe c erfüllt sind, zulässiges Kassenvermögen der Wert des geschäftsplanmäßigen Deckungskapitals aus der Versicherung am Schluss des Wirtschaftsjahres; in diesem Fall ist das zulässige Kassenvermögen nach Satz 4 in dem Verhältnis zu vermindern, in dem die Leistungen der Kasse durch die Versicherung gedeckt sind. [6]Soweit die Berechnung des Deckungskapitals nicht zum Geschäftsplan gehört, tritt an die Stelle des geschäftsplanmäßigen Deckungskapitals der nach § 169 Absatz 3 und 4 des Versicherungsvertragsgesetzes berechnete Wert, beim zulässigen Kassenvermögen ohne Berücksichtigung des Guthabens aus Beitragsrückerstattung. [7]Gewährt eine Unterstützungskasse anstelle von lebenslänglich laufenden Leistungen eine einmalige Kapitalleistung, so gelten 10 Prozent der Kapitalleistung als Jahresbetrag einer lebenslänglich laufenden Leistung;

2. bei Kassen, die keine lebenslänglich laufenden Leistungen gewähren, für jedes Wirtschaftsjahr 0,2 Prozent der Lohn- und Gehaltssumme des Trägerunternehmens, mindestens jedoch den Betrag der von der Kasse in einem Wirtschaftsjahr erbrachten Leistungen, soweit dieser Betrag höher ist als die in den vorangegangenen fünf Wirtschaftsjahren vorgenommenen Zuwendungen abzüglich der in dem gleichen Zeitraum erbrachten Leistungen. [2]Diese Zuwendungen dürfen nicht als Betriebsausgaben abgezogen werden, wenn das Vermögen der Kasse am Schluss des Wirtschaftsjahres das zulässige Kassenvermögen übersteigt. [3]Als zulässiges Kassenvermögen kann 1 Prozent der durchschnittlichen Lohn- und Gehaltssumme der letzten drei Jahre angesetzt werden. [4]Hat die Kasse bereits 10 Wirtschaftsjahre bestanden, darf das zulässige Kassenvermögen zusätzlich die Summe der in den letzten zehn Wirtschaftsjahren gewährten Leistungen nicht übersteigen. [5]Für die Bewertung des Vermögens der Kasse gilt Nummer 1 Satz 3 entsprechend. [6]Bei der Berechnung der Lohn- und Ge-

haltssumme des Trägerunternehmens sind Löhne und Gehälter von Personen, die von der Kasse keine nicht lebenslänglich laufenden Leistungen erhalten können, auszuscheiden.

[2]Gewährt eine Kasse lebenslänglich laufende und nicht lebenslänglich laufende Leistungen, so gilt Satz 1 Nummer 1 und 2 nebeneinander. [3]Leistet ein Trägerunternehmen Zuwendungen an mehrere Unterstützungskassen, so sind diese Kassen bei der Anwendung der Nummern 1 und 2 als Einheit zu behandeln.

(2) [1]Zuwendungen im Sinne des Absatzes 1 sind von dem Trägerunternehmen in dem Wirtschaftsjahr als Betriebsausgaben abzuziehen, in dem sie geleistet werden. [2]Zuwendungen, die bis zum Ablauf eines Monats nach Aufstellung oder Feststellung der Bilanz des Trägerunternehmens für den Schluss eines Wirtschaftsjahres geleistet werden, können von dem Trägerunternehmen noch für das abgelaufene Wirtschaftsjahr durch eine Rückstellung gewinnmindernd berücksichtigt werden. [3]Übersteigen die in einem Wirtschaftsjahr geleisteten Zuwendungen die nach Absatz 1 abzugsfähigen Beträge, so können die übersteigenden Beträge im Wege der Rechnungsabgrenzung auf die folgenden drei Wirtschaftsjahre vorgetragen und im Rahmen der für diese Wirtschaftsjahre abzugsfähigen Beträge als Betriebsausgaben behandelt werden. [4]§ 5 Absatz 1 Satz 2 ist nicht anzuwenden.

(3) [1]Abweichend von Absatz 1 Satz 1 Nummer 1 Satz 1 Buchstabe d und Absatz 2 können auf Antrag die insgesamt erforderlichen Zuwendungen an die Unterstützungskasse für den Betrag, den die Kasse an einen Pensionsfonds zahlt, der eine ihr obliegende Versorgungsverpflichtung ganz oder teilweise übernommen hat, nicht im Wirtschaftsjahr der Zuwendung, sondern erst in den dem Wirtschaftsjahr der Zuwendung folgenden zehn Wirtschaftsjahren gleichmäßig verteilt als Betriebsausgaben abgezogen werden. [2]Der Antrag ist unwiderruflich; der jeweilige Rechtsnachfolger ist an den Antrag gebunden.

§ 4e Beiträge an Pensionsfonds

(1) Beiträge an einen Pensionsfonds im Sinne des § 236 des Versicherungsaufsichtsgesetzes dürfen von dem Unternehmen, das die Beiträge leistet (Trägerunternehmen), als Betriebsausgaben abgezogen werden, soweit sie auf einer festgelegten Verpflichtung beruhen oder der Abdeckung von Fehlbeträgen bei dem Fonds dienen.

(2) Beiträge im Sinne des Absatzes 1 dürfen als Betriebsausgaben nicht abgezogen werden, soweit die Leistungen des Fonds, wenn sie vom Trägerunternehmen unmittelbar erbracht würden, bei diesem nicht betrieblich veranlasst wären.

(3) [1]Der Steuerpflichtige kann auf Antrag die insgesamt erforderlichen Leistungen an einen Pensionsfonds zur teilweisen oder vollständigen Übernahme einer bestehenden Versorgungsverpflichtung oder Versorgungsanwartschaft durch den Pensionsfonds erst in den dem Wirtschaftsjahr der Übertragung folgenden zehn Wirtschaftsjahren gleichmäßig verteilt als Betriebsausgaben abziehen. [2]Der Antrag ist unwiderruflich; der jeweilige Rechtsnachfolger ist an den Antrag gebunden. [3]Ist eine Pensionsrückstellung nach § 6a gewinnerhöhend aufzulösen, ist Satz 1 mit der Maßgabe anzuwenden, dass die

Leistungen an den Pensionsfonds im Wirtschaftsjahr der Übertragung in Höhe der aufgelösten Rückstellung als Betriebsausgaben abgezogen werden können; der die aufgelöste Rückstellung übersteigende Betrag ist in den dem Wirtschaftsjahr der Übertragung folgenden zehn Wirtschaftsjahren gleichmäßig verteilt als Betriebsausgaben abzuziehen. [4]Satz 3 gilt entsprechend, wenn es im Zuge der Leistungen des Arbeitgebers an den Pensionsfonds zu Vermögensübertragungen einer Unterstützungskasse an den Arbeitgeber kommt.

§ 4f Verpflichtungsübernahmen, Schuldbeitritte und Erfüllungsübernahmen

(1) [1]Werden Verpflichtungen übertragen, die beim ursprünglich Verpflichteten Ansatzverboten, -beschränkungen oder Bewertungsvorbehalten unterlegen haben, ist der sich aus diesem Vorgang ergebende Aufwand im Wirtschaftsjahr der Schuldübernahme und den nachfolgenden 14 Jahren gleichmäßig verteilt als Betriebsausgabe abziehbar. [2]Ist auf Grund der Übertragung einer Verpflichtung ein Passivposten gewinnerhöhend aufzulösen, ist Satz 1 mit der Maßgabe anzuwenden, dass der sich ergebende Aufwand im Wirtschaftsjahr der Schuldübernahme in Höhe des aufgelösten Passivpostens als Betriebsausgabe abzuziehen ist; der den aufgelösten Passivposten übersteigende Betrag ist in dem Wirtschaftsjahr der Schuldübernahme und den nachfolgenden 14 Wirtschaftsjahren gleichmäßig verteilt als Betriebsausgabe abzuziehen. [3]Eine Verteilung des sich ergebenden Aufwands unterbleibt, wenn die Schuldübernahme im Rahmen einer Veräußerung oder Aufgabe des ganzen Betriebes oder des gesamten Mitunternehmeranteils im Sinne der §§ 14, 16 Absatz 1, 3 und 3a sowie des § 18 Absatz 3 erfolgt; dies gilt auch, wenn ein Arbeitnehmer unter Mitnahme seiner erworbenen Pensionsansprüche zu einem neuen Arbeitgeber wechselt oder wenn der Betrieb am Schluss des vorangehenden Wirtschaftsjahres die Gewinngrenze des § 7g Absatz 1 Satz 2 Nummer 1 nicht überschreitet. [4]Erfolgt die Schuldübernahme in dem Fall einer Teilbetriebsveräußerung oder -aufgabe im Sinne der §§ 14, 16 Absatz 1, 3 und 3a sowie des § 18 Absatz 3, ist ein Veräußerungs- oder Aufgabeverlust um den Aufwand im Sinne des Satzes 1 zu vermindern, soweit dieser den Verlust begründet oder erhöht hat. [5]Entsprechendes gilt für den einen aufgelösten Passivposten übersteigenden Betrag im Sinne des Satzes 2. [6]Für den hinzugerechneten Aufwand gelten Satz 2 zweiter Halbsatz und Satz 3 entsprechend. [7]Der jeweilige Rechtsnachfolger des ursprünglichen Verpflichteten ist an die Aufwandsverteilung nach den Sätzen 1 bis 6 gebunden.

(2) Wurde für Verpflichtungen im Sinne des Absatzes 1 ein Schuldbeitritt oder eine Erfüllungsübernahme mit ganzer oder teilweiser Schuldfreistellung vereinbart, gilt für die vom Freistellungsberechtigten an den Freistellungsverpflichteten erbrachten Leistungen Absatz 1 Satz 1, 2 und 7 entsprechend.

§ 4g Bildung eines Ausgleichspostens bei Entnahme nach § 4 Absatz 1 Satz 3

(1) [1]Der Steuerpflichtige kann in Höhe des Unterschiedsbetrags zwischen dem Buchwert und dem nach § 6 Absatz 1 Nummer 4 Satz 1 zweiter Halbsatz anzusetzenden Wert eines Wirtschaftsguts auf Antrag einen Ausgleichsposten bilden, soweit das Besteuerungsrecht der Bundesrepublik Deutschland hinsichtlich des Gewinns aus der Veräußerung des Wirtschaftsguts zugunsten eines Staates im Sinne des § 36 Absatz 5 Satz 1 beschränkt oder ausgeschlossen wird (§ 4 Absatz 1 Satz 3). [2]Der Ausgleichsposten ist für jedes Wirtschaftsgut getrennt auszuweisen. [3]Der Antrag ist unwiderruflich. [4]Die Vorschriften des Umwandlungssteuergesetzes bleiben unberührt.

(2) [1]Der Ausgleichsposten ist im Wirtschaftsjahr der Bildung und in den vier folgenden Wirtschaftsjahren zu jeweils einem Fünftel gewinnerhöhend aufzulösen. [2]Er ist in vollem Umfang gewinnerhöhend aufzulösen, wenn ein Ereignis im Sinne des § 36 Absatz 5 Satz 4 eintritt oder wenn ein künftiger Steueranspruch aus der Auflösung des Ausgleichspostens gemäß Satz 1 gefährdet erscheint und der Steuerpflichtige dem Verlangen der zuständigen Finanzbehörde auf Leistung einer Sicherheit nicht nachkommt.

(3) (weggefallen)

(4) [1]Die Absätze 1 und 2 finden entsprechende Anwendung bei der Ermittlung des Überschusses der Betriebseinnahmen über die Betriebsausgaben gemäß § 4 Absatz 3. [2]Wirtschaftsgüter, für die ein Ausgleichsposten nach Absatz 1 gebildet worden ist, sind in ein laufend zu führendes Verzeichnis aufzunehmen. [3]Der Steuerpflichtige hat darüber hinaus Aufzeichnungen zu führen, aus denen die Bildung und Auflösung der Ausgleichsposten hervorgeht. [4]Die Aufzeichnungen nach den Sätzen 2 und 3 sind der Steuererklärung beizufügen.

(5) [1]Der Steuerpflichtige ist verpflichtet, der zuständigen Finanzbehörde die Entnahme oder ein Ereignis im Sinne des Absatzes 2 unverzüglich anzuzeigen. [2]Kommt der Steuerpflichtige dieser Anzeigepflicht, seinen Aufzeichnungspflichten nach Absatz 4 oder seinen sonstigen Mitwirkungspflichten im Sinne des § 90 der Abgabenordnung nicht nach, ist der Ausgleichsposten dieses Wirtschaftsguts gewinnerhöhend aufzulösen.[3]§ 36 Absatz 5 Satz 8 gilt entsprechend.

(6) Absatz 2 Satz 2 ist mit der Maßgabe anzuwenden, dass allein der Austritt des Vereinigten Königreichs Großbritannien und Nordirland aus der Europäischen Union nicht dazu führt, dass ein als entnommen geltendes Wirtschaftsgut als aus der Besteuerungshoheit der Mitgliedstaaten der Europäischen Union ausgeschieden gilt.

§ 4h Betriebsausgabenabzug für Zinsaufwendungen (Zinsschranke)

(1) [1]Zinsaufwendungen eines Betriebs sind abziehbar in Höhe des Zinsertrags, darüber hinaus nur bis zur Höhe des verrechenbaren EBITDA.[2]Das verrechenbare EBITDA ist 30 Prozent des um die Zinsaufwendungen und um die nach § 6 Absatz 2 Satz 1 abzuzie-

henden, nach § 6 Absatz 2a Satz 2 gewinnmindernd aufzulösenden und nach § 7 abgesetzten Beträge erhöhten und um die Zinserträge verminderten maßgeblichen Gewinns.[3]Soweit das verrechenbare EBITDA die um die Zinserträge geminderten Zinsaufwendungen des Betriebs (Nettozinsaufwendungen) übersteigt, ist es in die folgenden fünf Wirtschaftsjahre vorzutragen (EBITDA-Vortrag); ein EBITDA-Vortrag entsteht nicht in Wirtschaftsjahren, in denen die Zinsaufwendungen die Zinserträge nicht übersteigen oder Absatz 2 die Anwendung von Satz 1 ausschließt.[4]Zinsaufwendungen, die nach Satz 1 nicht abgezogen werden können, sind bis zur Höhe der EBITDA-Vorträge aus vorangegangenen Wirtschaftsjahren abziehbar und mindern die EBITDA-Vorträge in ihrer zeitlichen Reihenfolge.[5]Danach verbleibende nicht abziehbare Zinsaufwendungen sind in die folgenden Wirtschaftsjahre vorzutragen (Zinsvortrag).6Sie erhöhen die Zinsaufwendungen dieser Wirtschaftsjahre, nicht aber den maßgeblichen Gewinn.[7]Absatz 2 findet keine Anwendung, soweit Zinsaufwendungen aufgrund eines Zinsvortrags erhöht wurden.

(2) [1]Absatz 1 Satz 1 ist nicht anzuwenden, wenn

a) die Nettozinsaufwendungen des Betriebs , weniger als drei Millionen Euro betragen,

b) der Steuerpflichtige keiner Person im Sinne des § 1 Absatz 2 (gegebenenfalls in Verbindung mit § 1 Absatz 1 Satz 2) des Außensteuergesetzes nahesteht und über keine Betriebsstätte außerhalb des Staates verfügt, in dem sich sein Wohnsitz, gewöhnlicher Aufenthalt, Sitz oder seine Geschäftsleitung befindet, oder

c) der Betrieb zu einem Konzern gehört und seine Eigenkapitalquote am Schluss des vorangegangenen Abschlussstichtages gleich hoch oder höher ist als die des Konzerns (Eigenkapitalvergleich). [2]Ein Unterschreiten der Eigenkapitalquote des Konzerns um bis zu zwei Prozentpunkte ist unschädlich.

[3]Eigenkapitalquote ist das Verhältnis des Eigenkapitals zur Bilanzsumme; sie bemisst sich nach dem Konzernabschluss, der den Betrieb umfasst, und ist für den Betrieb auf der Grundlage des Jahresabschlusses oder Einzelabschlusses zu ermitteln. [4]Wahlrechte sind im Konzernabschluss und im Jahresabschluss oder Einzelabschluss einheitlich auszuüben; bei gesellschaftsrechtlichen Kündigungsrechten ist insoweit mindestens das Eigenkapital anzusetzen, das sich nach den Vorschriften des Handelsgesetzbuchs ergeben würde. [5]Bei der Ermittlung der Eigenkapitalquote des Betriebs ist das Eigenkapital um einen im Konzernabschluss enthaltenen Firmenwert, soweit er auf den Betrieb entfällt, zu erhöhen sowie um das Eigenkapital, das keine Stimmrechte vermittelt – mit Ausnahme von Vorzugsaktien –, die Anteile an anderen Konzerngesellschaften und um Einlagen der letzten sechs Monate vor dem maßgeblichen Abschlussstichtag, soweit ihnen Entnahmen oder Ausschüttungen innerhalb der ersten sechs Monate nach dem maßgeblichen Abschlussstichtag gegenüberstehen, zu kürzen. [6]Die Bilanzsumme ist um Kapitalforderungen zu kürzen, die nicht im Konzernabschluss ausgewiesen sind und denen Verbindlichkeiten im Sinne des Absatzes 3 in mindestens gleicher Höhe gegenüberstehen. [7]Sonderbetriebsvermögen ist dem Be-

trieb der Mitunternehmerschaft zuzuordnen, soweit es im Konzernvermögen enthalten ist.

[8]Die für den Eigenkapitalvergleich maßgeblichen Abschlüsse sind einheitlich nach den International Financial Reporting Standards (IFRS) zu erstellen. [9]Hiervon abweichend können Abschlüsse nach dem Handelsrecht eines Mitgliedstaats der Europäischen Union verwendet werden, wenn kein Konzernabschluss nach den IFRS zu erstellen und offen zu legen ist und für keines der letzten fünf Wirtschaftsjahre ein Konzernabschluss nach den IFRS erstellt wurde; nach den Generally Accepted Accounting Principles der Vereinigten Staaten von Amerika (US-GAAP) aufzustellende und offen zu legende Abschlüsse sind zu verwenden, wenn kein Konzernabschluss nach den IFRS oder dem Handelsrecht eines Mitgliedstaats der Europäischen Union zu erstellen und offen zu legen ist. [10]Der Konzernabschluss muss den Anforderungen an die handelsrechtliche Konzernrechnungslegung genügen oder die Voraussetzungen erfüllen, unter denen ein Abschluss nach den §§ 291 und 292 des Handelsgesetzbuchs befreiende Wirkung hätte. [11]Wurde der Jahresabschluss oder Einzelabschluss nicht nach denselben Rechnungslegungsstandards wie der Konzernabschluss aufgestellt, ist die Eigenkapitalquote des Betriebs in einer Überleitungsrechnung nach den für den Konzernabschluss geltenden Rechnungslegungsstandards zu ermitteln. [12]Die Überleitungsrechnung ist einer prüferischen Durchsicht zu unterziehen. [13]Auf Verlangen der Finanzbehörde ist der Abschluss oder die Überleitungsrechnung des Betriebs durch einen Abschlussprüfer zu prüfen, der die Voraussetzungen des § 319 des Handelsgesetzbuchs erfüllt.

[14]Ist ein dem Eigenkapitalvergleich zugrunde gelegter Abschluss unrichtig und führt der zutreffende Abschluss zu einer Erhöhung der nach Absatz 1 nicht abziehbaren Zinsaufwendungen, ist ein Zuschlag entsprechend § 162 Absatz 4 Satz 1 und 2 der Abgabenordnung festzusetzen. [15]Bemessungsgrundlage für den Zuschlag sind die nach Absatz 1 nicht abziehbaren Zinsaufwendungen. [16]§ 162 Absatz 4 Satz 4 bis 6 der Abgabenordnung gilt sinngemäß.

[2]Ist eine Gesellschaft, bei der der Gesellschafter als Mitunternehmer anzusehen ist, unmittelbar oder mittelbar einer Körperschaft nachgeordnet, gilt für die Gesellschaft § 8a Absatz 3 des Körperschaftsteuergesetzes entsprechend.[3]An die Stelle des Steuerpflichtigen tritt für Zwecke des Satzes 1 Buchstabe b bei Personengesellschaften oder Mitunternehmerschaften die Personengesellschaft oder Mitunternehmerschaft.

(3) [1]Maßgeblicher Gewinn ist der nach den Vorschriften dieses Gesetzes mit Ausnahme des Absatzes 1 ermittelte steuerpflichtige Gewinn.[2]Zinsaufwendungen sind Vergütungen für Fremdkapital, wirtschaftlich gleichwertige Aufwendungen und sonstige Aufwendungen im Zusammenhang mit der Beschaffung von Fremdkapital im Sinne des Artikels 2 Absatz 1 der Richtlinie (EU) 2016/1164 des Rates vom 12. Juli 2016 mit Vorschriften zur Bekämpfung von Steuervermeidungspraktiken mit unmittelbaren Auswirkungen auf das Funktionieren des Binnenmarkts (ABl. L 193 vom 19.7.2016, S. 1), die den maßgeblichen Gewinn gemindert haben.[3]Zinserträge sind Erträge aus Kapitalforderungen jeder Art und wirtschaftlich gleichwertige Erträge im Zusammenhang mit Kapitalforderungen, die den maßgeblichen Gewinn erhöht haben.[4].Ein Betrieb gehört zu einem Konzern, wenn er nach dem für die Anwendung des Absatzes 2 Satz 1 Buchstabe c zugrunde gelegten

Rechnungslegungsstandard mit einem oder mehreren anderen Betrieben konsolidiert wird.

(4) [1]Der EBITDA-Vortrag und der Zinsvortrag sind gesondert festzustellen. [2]Zuständig ist das für die gesonderte Feststellung des Gewinns und Verlusts der Gesellschaft zuständige Finanzamt, im Übrigen das für die Besteuerung zuständige Finanzamt. [3]§ 10d Absatz 4 gilt sinngemäß. [4]Feststellungsbescheide sind zu erlassen, aufzuheben oder zu ändern, soweit sich die nach Satz 1 festzustellenden Beträge ändern.

(5) [1]Bei Aufgabe oder Übertragung des Betriebs gehen ein nicht verbrauchter EBITDA-Vortrag und ein nicht verbrauchter Zinsvortrag unter. [2]Scheidet ein Mitunternehmer aus einer Gesellschaft aus, gehen der EBITDA-Vortrag und der Zinsvortrag anteilig mit der Quote unter, mit der der ausgeschiedene Gesellschafter an der Gesellschaft beteiligt war. [3]§ 8c des Körperschaftsteuergesetzes ist auf den Zinsvortrag einer Gesellschaft entsprechend anzuwenden, soweit an dieser unmittelbar oder mittelbar eine Körperschaft als Mitunternehmer beteiligt ist. [4]Bei Aufgabe oder Übertragung eines Teilbetriebs gehen ein nicht verbrauchter EBITDA-Vortrag und ein nicht verbrauchter Zinsvortrag anteilig unter; § 15 Absatz 3 des Umwandlungssteuergesetzes gilt entsprechend.

(6) [1]Zinsaufwendungen oder Zinserträge aus Darlehen, die zur Finanzierung langfristiger öffentlicher Infrastrukturprojekte verwendet und auf Grund von allgemeinen Förderbedingungen vergeben werden, stellen keine Zinsaufwendungen oder Zinserträge im Sinne des Absatzes 3 Satz 2 und 3 dar, sofern es sich um mittelbar oder unmittelbar aus öffentlichen Haushalten gewährte Mittel der Europäischen Union, von Bund, Ländern, Gemeinden oder Mittel anderer öffentlich-rechtlicher Körperschaften oder einer nach § 5 Absatz 1 Nummer 2, 17 oder 18 des Körperschaftsteuergesetzes steuerbefreiten Einrichtung handelt.[2]Satz 1 gilt nur, sofern sämtliche geschaffenen Vermögenswerte in einem Mitgliedstaat der Europäischen Union belegen sind, der Projektbetreiber in einem Mitgliedstaat der Europäischen Union ansässig ist und die Einkünfte aus dem Infrastrukturprojekt in einem Mitgliedstaat der Europäischen Union der Besteuerung unterliegen.[3]Bei der Ermittlung des verrechenbaren EBITDA im Sinne des Absatzes 1 Satz 2 bleiben Aufwendungen und Erträge, die auf das Infrastrukturprojekt im Sinne des Satzes 1 entfallen, außer Ansatz.

4. Überschuss der Einnahmen über die Werbungskosten

§ 8 Einnahmen

(1) Einnahmen sind alle Güter, die in Geld oder Geldeswert bestehen und dem Steuerpflichtigen im Rahmen einer der Einkunftsarten des § 2 Absatz 1 Satz 1 Nummer 4 bis 7 zufließen. [2]Zu den Einnahmen in Geld gehören auch zweckgebundene Geldleistungen, nachträgliche Kostenerstattungen, Geldsurrogate und andere Vorteile, die auf einen Geldbetrag lauten. [3]Satz 2 gilt nicht bei Gutscheinen und Geldkarten, die ausschließlich zum Bezug von Waren oder Dienstleistungen berechtigen und die Kriterien des § 2 Absatz 1 Nummer 10 des Zahlungsdiensteaufsichtsgesetzes erfüllen

(2) [1]Einnahmen, die nicht in Geld bestehen (Wohnung, Kost, Waren, Dienstleistungen und sonstige Sachbezüge), sind mit den um übliche Preisnachlässe geminderten üblichen Endpreisen am Abgabeort anzusetzen. [2]Für die private Nutzung eines betrieblichen Kraftfahrzeugs zu privaten Fahrten gilt § 6 Absatz 1 Nummer 4 Satz 2 entsprechend. [3]Kann das Kraftfahrzeug auch für Fahrten zwischen Wohnung und erster Tätigkeitsstätte sowie Fahrten nach § 9 Absatz 1 Satz 3 Nummer 4a Satz 3 genutzt werden, erhöht sich der Wert in Satz 2 für jeden Kalendermonat um 0,03 Prozent des Listenpreises im Sinne des § 6 Absatz 1 Nummer 4 Satz 2 für jeden Kilometer der Entfernung zwischen Wohnung und erster Tätigkeitsstätte sowie der Fahrten nach § 9 Absatz 1 Satz 3 Nummer 4a Satz 3. [4]Der Wert nach den Sätzen 2 und 3 kann mit dem auf die private Nutzung und die Nutzung zu Fahrten zwischen Wohnung und erster Tätigkeitsstätte sowie Fahrten nach § 9 Absatz 1 Satz 3 Nummer 4a Satz 3 entfallenden Teil der gesamten Kraftfahrzeugaufwendungen angesetzt werden, wenn die durch das Kraftfahrzeug insgesamt entstehenden Aufwendungen durch Belege und das Verhältnis der privaten Fahrten und der Fahrten zwischen Wohnung und erster Tätigkeitsstätte sowie Fahrten nach § 9 Absatz 1 Satz 3 Nummer 4a Satz 3 zu den übrigen Fahrten durch ein ordnungsgemäßes Fahrtenbuch nachgewiesen werden; § 6 Absatz 1 Nummer 4 Satz 3 zweiter Halbsatz gilt entsprechend. [5]Die Nutzung des Kraftfahrzeugs zu einer Familienheimfahrt im Rahmen einer doppelten Haushaltsführung ist mit 0,002 Prozent des Listenpreises im Sinne des § 6 Absatz 1 Nummer 4 Satz 2 für jeden Kilometer der Entfernung zwischen dem Ort des eigenen Hausstands und dem Beschäftigungsort anzusetzen; dies gilt nicht, wenn für diese Fahrt ein Abzug von Werbungskosten nach § 9 Absatz 1 Satz 3 Nummer 5 Satz 5 und 6 in Betracht käme; Satz 4 ist sinngemäß anzuwenden. [6]Bei Arbeitnehmern, für deren Sachbezüge durch Rechtsverordnung nach § 17 Absatz 1 Satz 1 Nummer 4 des Vierten Buches Sozialgesetzbuch Werte bestimmt worden sind, sind diese Werte maßgebend. [7]Die Werte nach Satz 6 sind auch bei Steuerpflichtigen anzusetzen, die nicht der gesetzlichen Rentenversicherungspflicht unterliegen. [8]Wird dem Arbeitnehmer während einer beruflichen Tätigkeit außerhalb seiner Wohnung und ersten Tätigkeitsstätte oder im Rahmen einer beruflich veranlassten doppelten Haushaltsführung vom Arbeitgeber oder auf dessen Veranlassung von einem Dritten eine Mahlzeit zur Verfügung gestellt, ist diese Mahlzeit mit dem Wert nach Satz 6 (maßgebender amtlicher Sachbezugswert nach der Sozialversicherungsentgeltverordnung) anzusetzen, wenn der Preis für die Mahlzeit 60 Euro nicht übersteigt. [9]Der Ansatz einer nach Satz 8 bewerteten Mahlzeit unterbleibt, wenn beim Arbeitnehmer für ihm entstehende Mehraufwendungen für Verpflegung ein Werbungskostenabzug nach § 9 Absatz 4a Satz 1 bis 7 in Betracht käme. [10]Die oberste Finanzbehörde eines Landes kann mit Zustimmung des Bundesministeriums der Finanzen für weitere Sachbezüge der Arbeitnehmer Durchschnittswerte festsetzen. [11]Sachbezüge, die nach Satz 1 zu bewerten sind, bleiben außer Ansatz, wenn die sich nach Anrechnung der vom Steuerpflichtigen gezahlten Entgelte ergebenden Vorteile insgesamt 50 Euro im Kalendermonat nicht übersteigen; die nach Absatz 1 Satz 3 nicht zu den Einnahmen in Geld gehörenden Gutscheine und Geldkarten bleiben nur dann außer Ansatz, wenn sie zusätzlich zum ohnehin geschuldeten Arbeitslohn gewährt werden. [12]Der Ansatz eines Sachbezugs für eine dem Arbeitnehmer vom Arbeitgeber, auf dessen Veranlassung von einem verbundenen Unternehmen (§ 15 des Aktiengesetzes) oder bei einer juristischen Person des öffentlichen Rechts als Arbeitgeber auf dessen Veranlassung von einem ent-

sprechend verbundenen Unternehmen zu eigenen Wohnzwecken überlassene Wohnung unterbleibt, soweit das vom Arbeitnehmer gezahlte Entgelt mindestens zwei Drittel des ortsüblichen Mietwerts und dieser nicht mehr als 25 Euro je Quadratmeter ohne umlagefähige Kosten im Sinne der Verordnung über die Aufstellung von Betriebskosten beträgt.

(3) [1]Erhält ein Arbeitnehmer auf Grund seines Dienstverhältnisses Waren oder Dienstleistungen, die vom Arbeitgeber nicht überwiegend für den Bedarf seiner Arbeitnehmer hergestellt, vertrieben oder erbracht werden und deren Bezug nicht nach § 40 pauschal versteuert wird, so gelten als deren Werte abweichend von Absatz 2 die um 4 Prozent geminderten Endpreise, zu denen der Arbeitgeber oder der dem Abgabeort nächstansässige Abnehmer die Waren oder Dienstleistungen fremden Letztverbrauchern im allgemeinen Geschäftsverkehr anbietet. [2]Die sich nach Abzug der vom Arbeitnehmer gezahlten Entgelte ergebenden Vorteile sind steuerfrei, soweit sie aus dem Dienstverhältnis insgesamt 1 080 Euro im Kalenderjahr nicht übersteigen.

(4) [1]Im Sinne dieses Gesetzes werden Leistungen des Arbeitgebers oder auf seine Veranlassung eines Dritten (Sachbezüge oder Zuschüsse) für eine Beschäftigung nur dann zusätzlich zum ohnehin geschuldeten Arbeitslohn erbracht, wenn

1. die Leistungen nicht auf den Anspruch auf Arbeitslohn angerechnet,
2. der Anspruch auf Arbeitslohn nicht zugunsten der Leistung herabgesetzt,
3. die verwendungs- oder zweckgebundene Leistung nicht anstelle einer bereits vereinbarten künftigen Erhöhung des Arbeitslohns gewährt und
4. bei Wegfall der Leistung der Arbeitslohn nicht erhöht

wird.[2]Unter den Voraussetzungen des Satzes 1 ist von einer zusätzlich zum ohnehin geschuldeten Arbeitslohn erbrachten Leistung auch dann auszugehen, wenn der Arbeitnehmer arbeitsvertraglich oder auf Grund einer anderen arbeits- oder dienstrechtlichen Rechtsgrundlage (wie Einzelvertrag, Betriebsvereinbarung, Tarifvertrag, Gesetz) einen Anspruch auf diese hat.

§ 9 Werbungskosten

(1) [1]Werbungskosten sind Aufwendungen zur Erwerbung, Sicherung und Erhaltung der Einnahmen. [2]Sie sind bei der Einkunftsart abzuziehen, bei der sie erwachsen sind. [3]Werbungskosten sind auch

1. Schuldzinsen und auf besonderen Verpflichtungsgründen beruhende Renten und dauernde Lasten, soweit sie mit einer Einkunftsart in wirtschaftlichem Zusammenhang stehen. [2]Bei Leibrenten kann nur der Anteil abgezogen werden, der sich nach § 22 Nummer 1 Satz 3 Buchstabe a Doppelbuchstabe bb ergibt;
2. Steuern vom Grundbesitz, sonstige öffentliche Abgaben und Versicherungsbeiträge, soweit solche Ausgaben sich auf Gebäude oder auf Gegenstände beziehen, die dem Steuerpflichtigen zur Einnahmeerzielung dienen;

3. Beiträge zu Berufsständen und sonstigen Berufsverbänden, deren Zweck nicht auf einen wirtschaftlichen Geschäftsbetrieb gerichtet ist;

4. Aufwendungen des Arbeitnehmers für die Wege zwischen Wohnung und erster Tätigkeitsstätte im Sinne des Absatzes 4. [2]Zur Abgeltung dieser Aufwendungen ist für jeden Arbeitstag, an dem der Arbeitnehmer die erste Tätigkeitsstätte aufsucht eine Entfernungspauschale für jeden vollen Kilometer der Entfernung zwischen Wohnung und erster Tätigkeitsstätte von 0,30 Euro anzusetzen, höchstens jedoch 4 500 Euro im Kalenderjahr; ein höherer Betrag als 4 500 Euro ist anzusetzen, soweit der Arbeitnehmer einen eigenen oder ihm zur Nutzung überlassenen Kraftwagen benutzt. [3]Die Entfernungspauschale gilt nicht für Flugstrecken und Strecken mit steuerfreier Sammelbeförderung nach § 3 Nummer 32. [4]Für die Bestimmung der Entfernung ist die kürzeste Straßenverbindung zwischen Wohnung und erster Tätigkeitsstätte maßgebend; eine andere als die kürzeste Straßenverbindung kann zugrunde gelegt werden, wenn diese offensichtlich verkehrsgünstiger ist und vom Arbeitnehmer regelmäßig für die Wege zwischen Wohnung und erster Tätigkeitsstätte benutzt wird. [5]Nach § 8 Absatz 2 Satz 11 oder Absatz 3 steuerfreie Sachbezüge für Fahrten zwischen Wohnung und erster Tätigkeitsstätte mindern den nach Satz 2 abziehbaren Betrag; ist der Arbeitgeber selbst der Verkehrsträger, ist der Preis anzusetzen, den ein dritter Arbeitgeber an den Verkehrsträger zu entrichten hätte. [6]Hat ein Arbeitnehmer mehrere Wohnungen, so sind die Wege von einer Wohnung, die nicht der ersten Tätigkeitsstätte am nächsten liegt, nur zu berücksichtigen, wenn sie den Mittelpunkt der Lebensinteressen des Arbeitnehmers bildet und nicht nur gelegentlich aufgesucht wird. [7]Nach § 3 Nummer 37 steuerfreie Sachbezüge mindern den nach Satz 2 abziehbaren Betrag nicht; § 3c Absatz 1 ist nicht anzuwenden. [8]Zur Abgeltung der Aufwendungen im Sinne des Satzes 1 ist für die Veranlagungszeiträume 2021 bis 2026 abweichend von Satz 2 für jeden Arbeitstag, an dem der Arbeitnehmer die erste Tätigkeitsstätte aufsucht, eine Entfernungspauschale für jeden vollen Kilometer der ersten 20 Kilometer der Entfernung zwischen Wohnung und erster Tätigkeitsstätte von 0,30 Euro und für jeden weiteren vollen Kilometer

   a) von 0,35 Euro für 2021

   b) von 0,38 Euro für 2022 bis 2026

   anzusetzen, höchstens 4 500 Euro im Kalenderjahr; ein höherer Betrag als 4 500 Euro ist anzusetzen, soweit der Arbeitnehmer einen eigenen oder ihm zur Nutzung überlassenen Kraftwagen benutzt.

4a. Aufwendungen des Arbeitnehmers für beruflich veranlasste Fahrten, die nicht Fahrten zwischen Wohnung und erster Tätigkeitsstätte im Sinne des Absatzes 4 sowie keine Familienheimfahrten sind. [2]Anstelle der tatsächlichen Aufwendungen, die dem Arbeitnehmer durch die persönliche Benutzung eines Beförderungsmittels entstehen, können die Fahrtkosten mit den pauschalen Kilometersätzen angesetzt werden, die für das jeweils benutzte Beförderungsmittel (Fahrzeug) als höchste Wegstreckenentschädigung nach dem Bundesreisekostengesetz festgesetzt sind. [3]Hat ein Arbeitnehmer keine erste Tätigkeitsstätte (§ 9 Absatz 4) und hat er nach den dienst- oder arbeitsrechtlichen Festlegungen sowie den diese ausfüllenden Absprachen und Weisungen zur Aufnahme seiner beruflichen Tätigkeit dauerhaft denselben Ort oder dasselbe weiträumige Tätigkeitsgebiet typischerweise arbeitstäglich aufzusuchen, gilt Absatz 1 Satz 3 Nummer 4 und Absatz 2 für die Fahrten von der Wohnung zu diesem Ort oder dem zur Wohnung nächstgelegenen Zugang zum Tätigkeitsgebiet entsprechend. [4]Für die Fahrten innerhalb des weiträumigen Tätigkeitsgebietes gelten die Sätze 1 und 2 entsprechend.

5. notwendige Mehraufwendungen, die einem Arbeitnehmer wegen einer beruflich veranlassten doppelten Haushaltsführung entstehen. [2]Eine doppelte Haushaltsführung liegt nur vor, wenn der Arbeitnehmer außerhalb des Ortes seiner ersten Tätigkeitsstätte einen eigenen Hausstand unterhält und auch am Ort der ersten Tätigkeitsstätte wohnt. [3]Das Vorliegen eines eigenen Hausstandes setzt das Innehaben einer Wohnung sowie eine finanzielle Beteiligung an den Kosten der Lebensführung voraus. [4]Als Unterkunftskosten für eine doppelte Haushaltsführung können im Inland die tatsächlichen Aufwendungen für die Nutzung der Unterkunft angesetzt werden, höchstens 1 000 Euro im Monat. [5]Aufwendungen für die Wege vom Ort der ersten Tätigkeitsstätte zum Ort des eigenen Hausstandes und zurück (Familienheimfahrt) können jeweils nur für eine Familienheimfahrt wöchentlich abgezogen werden. [6]Zur Abgeltung der Aufwendungen für eine Familienheimfahrt ist eine Entfernungspauschale von 0,30 Euro für jeden vollen Kilometer der Entfernung zwischen dem Ort des eigenen Hausstandes und dem Ort der ersten Tätigkeitsstätte anzusetzen. [7]Nummer 4 Satz 3 bis 5 ist entsprechend anzuwenden. [8]Aufwendungen für Familienheimfahrten mit einem dem Steuerpflichtigen im Rahmen einer Einkunftsart überlassenen Kraftfahrzeug werden nicht berücksichtigt. [9]Zur Abgeltung der Aufwendungen für eine Familienheimfahrt ist für die Veranlagungszeiträume 2021 bis 2026 abweichend von Satz 6 eine Entfernungspauschale für jeden vollen Kilometer der ersten 20 Kilometer der Entfernung zwischen dem Ort des eigenen Hausstandes und dem Ort der ersten Tätigkeitsstätte von 0,30 Euro und für jeden weiteren vollen Kilometer

   a) von 0,35 Euro für 2021

   b) von 0,38 Euro für 2022 bis 2026

   anzusetzen

5a. notwendige Mehraufwendungen eines Arbeitnehmers für beruflich veranlasste Übernachtungen an einer Tätigkeitsstätte, die nicht erste Tätigkeitsstätte ist. [2]Übernachtungskosten sind die tatsächlichen Aufwendungen für die persönliche Inanspruchnahme einer Unterkunft zur Übernachtung. [3]Soweit höhere Übernachtungskosten anfallen, weil der Arbeitnehmer eine Unterkunft gemeinsam mit Personen nutzt, die in keinem Dienstverhältnis zum selben Arbeitgeber stehen, sind nur diejenigen Aufwendungen anzusetzen, die bei alleiniger Nutzung durch den Arbeitnehmer angefallen wären. [4]Nach Ablauf von 48 Monaten einer längerfristigen beruflichen Tätigkeit an derselben Tätigkeitsstätte, die nicht erste Tätigkeitsstätte ist, können Unterkunftskosten nur noch bis zur Höhe des Betrags nach Nummer 5 angesetzt werden. [5]Eine Unterbrechung dieser beruflichen Tätigkeit an derselben Tätigkeitsstätte führt zu einem Neubeginn, wenn die Unterbrechung mindestens sechs Monate dauert.

5b. notwendige Mehraufwendungen, die einem Arbeitnehmer während seiner auswärtigen beruflichen Tätigkeit auf einem Kraftfahrzeug des Arbeitgebers oder eines vom Arbeitgeber beauftragten Dritten im Zusammenhang mit einer Übernachtung in dem Kraftfahrzeug für Kalendertage entstehen, an denen der Arbeitnehmer eine Verpflegungspauschale nach Absatz 4a Satz 3 Nummer 1 und 2 sowie Satz 5 zur Nummer 1 und 2 beanspruchen könnte. [2]Anstelle der tatsächlichen Aufwendungen, die dem Arbeitnehmer im Zusammenhang mit einer Übernachtung in dem Kraftfahrzeug entstehen, kann im Kalenderjahr einheitlich eine Pauschale von 9 Euro für jeden Kalendertag berücksichtigt werden, an dem der Arbeitnehmer eine Verpflegungspauschale nach Absatz 4a Satz 3 Nummer 1 und 2 sowie Satz 5 zur Nummer 1 und 2 beanspruchen könnte,

6. Aufwendungen für Arbeitsmittel, zum Beispiel für Werkzeuge und typische Berufskleidung. [2]Nummer 7 bleibt unberührt;

7. Absetzungen für Abnutzung und für Substanzverringerung, Sonderabschreibungen nach § 7b und erhöhte Absetzungen. [2]§ 6 Absatz 2 Satz 1 bis 3 ist in Fällen der Anschaffung oder Herstellung von Wirtschaftsgütern entsprechend anzuwenden.

(2) [1]Durch die Entfernungspauschalen sind sämtliche Aufwendungen abgegolten, die durch die Wege zwischen Wohnung und erster Tätigkeitsstätte im Sinne des Absatzes 4 und durch die Familienheimfahrten veranlasst sind. [2]Aufwendungen für die Benutzung öffentlicher Verkehrsmittel können angesetzt werden, soweit sie den im Kalenderjahr insgesamt als Entfernungspauschale abziehbaren Betrag übersteigen. [3]Menschen mit Behinderung,

1. deren Grad der Behinderung mindestens 70 beträgt,
2. deren Grad der Behinderung weniger als 70, aber mindestens 50 beträgt und die in ihrer Bewegungsfähigkeit im Straßenverkehr erheblich beeinträchtigt sind,

können anstelle der Entfernungspauschalen die tatsächlichen Aufwendungen für die Wege zwischen Wohnung und erster Tätigkeitsstätte und für Familienheimfahrten ansetzen. [4]Die Voraussetzungen der Nummern 1 und 2 sind durch amtliche Unterlagen nachzuweisen.

(3) Absatz 1 Satz 3 Nummer 4 bis 5a sowie die Absätze 2 und 4a gelten bei den Einkunftsarten im Sinne des § 2 Absatz 1 Satz 1 Nummer 5 bis 7 entsprechend.

(4) [1]Erste Tätigkeitsstätte ist die ortsfeste betriebliche Einrichtung des Arbeitgebers, eines verbundenen Unternehmens (§ 15 des Aktiengesetzes) oder eines vom Arbeitgeber bestimmten Dritten, der der Arbeitnehmer dauerhaft zugeordnet ist. [2]Die Zuordnung im Sinne des Satzes 1 wird durch die dienst- oder arbeitsrechtlichen Festlegungen sowie die diese ausfüllenden Absprachen und Weisungen bestimmt. [3]Von einer dauerhaften Zuordnung ist insbesondere auszugehen, wenn der Arbeitnehmer unbefristet, für die Dauer des Dienstverhältnisses oder über einen Zeitraum von 48 Monaten hinaus an einer solchen Tätigkeitsstätte tätig werden soll. [4]Fehlt eine solche dienst- oder arbeitsrechtliche

Festlegung auf eine Tätigkeitsstätte oder ist sie nicht eindeutig, ist erste Tätigkeitsstätte die betriebliche Einrichtung, an der der Arbeitnehmer dauerhaft

1. typischerweise arbeitstäglich tätig werden soll oder
2. je Arbeitswoche zwei volle Arbeitstage oder mindestens ein Drittel seiner vereinbarten regelmäßigen Arbeitszeit tätig werden soll.

[5]Je Dienstverhältnis hat der Arbeitnehmer höchstens eine erste Tätigkeitsstätte. [6]Liegen die Voraussetzungen der Sätze 1 bis 4 für mehrere Tätigkeitsstätten vor, ist diejenige Tätigkeitsstätte erste Tätigkeitsstätte, die der Arbeitgeber bestimmt. [7]Fehlt es an dieser Bestimmung oder ist sie nicht eindeutig, ist die der Wohnung örtlich am nächsten liegende Tätigkeitsstätte die erste Tätigkeitsstätte. [8]Als erste Tätigkeitsstätte gilt auch eine Bildungseinrichtung, die außerhalb eines Dienstverhältnisses zum Zwecke eines Vollzeitstudiums oder einer vollzeitigen Bildungsmaßnahme aufgesucht wird; die Regelungen für Arbeitnehmer nach Absatz 1 Satz 3 Nummer 4 und 5 sowie Absatz 4a sind entsprechend anzuwenden.

(4a) [1]Mehraufwendungen des Arbeitnehmers für die Verpflegung sind nur nach Maßgabe der folgenden Sätze als Werbungskosten abziehbar. [2]Wird der Arbeitnehmer außerhalb seiner Wohnung und ersten Tätigkeitsstätte beruflich tätig (auswärtige berufliche Tätigkeit), ist zur Abgeltung der ihm tatsächlich entstandenen, beruflich veranlassten Mehraufwendungen eine Verpflegungspauschale anzusetzen. [3]Diese beträgt

1. 28 Euro für jeden Kalendertag, an dem der Arbeitnehmer 24 Stunden von seiner Wohnung und ersten Tätigkeitsstätte abwesend ist,
2. jeweils 14 Euro für den An- und Abreisetag, wenn der Arbeitnehmer an diesem, einem anschließenden oder vorhergehenden Tag außerhalb seiner Wohnung übernachtet,
3. 14 Euro für den Kalendertag, an dem der Arbeitnehmer ohne Übernachtung außerhalb seiner Wohnung mehr als 8 Stunden von seiner Wohnung und der ersten Tätigkeitsstätte abwesend ist; beginnt die auswärtige berufliche Tätigkeit an einem Kalendertag und endet am nachfolgenden Kalendertag ohne Übernachtung, werden 14 Euro für den Kalendertag gewährt, an dem der Arbeitnehmer den überwiegenden Teil der insgesamt mehr als 8 Stunden von seiner Wohnung und der ersten Tätigkeitsstätte abwesend ist.

[4]Hat der Arbeitnehmer keine erste Tätigkeitsstätte, gelten die Sätze 2 und 3 entsprechend; Wohnung im Sinne der Sätze 2 und 3 ist der Hausstand, der den Mittelpunkt der Lebensinteressen des Arbeitnehmers bildet sowie eine Unterkunft am Ort der ersten Tätigkeitsstätte im Rahmen der doppelten Haushaltsführung. [5]Bei einer Tätigkeit im Ausland treten an die Stelle der Pauschbeträge nach Satz 3 länderweise unterschiedliche Pauschbeträge, die für die Fälle der Nummer 1 mit 120 sowie der Nummern 2 und 3 mit 80 Prozent der Auslandstagegelder nach dem Bundesreisekostengesetz vom Bundesministerium der Finanzen im Einvernehmen mit den obersten Finanzbehörden der Länder aufgerundet auf volle Euro festgesetzt werden; dabei bestimmt sich der Pauschbetrag nach dem Ort, den der Arbeitnehmer vor 24 Uhr Ortszeit zuletzt erreicht, oder, wenn die-

ser Ort im Inland liegt, nach dem letzten Tätigkeitsort im Ausland. [6]Der Abzug der Verpflegungspauschalen ist auf die ersten drei Monate einer längerfristigen beruflichen Tätigkeit an derselben Tätigkeitsstätte beschränkt. [7]Eine Unterbrechung der beruflichen Tätigkeit an derselben Tätigkeitsstätte führt zu einem Neubeginn, wenn sie mindestens vier Wochen dauert. [8]Wird dem Arbeitnehmer anlässlich oder während einer Tätigkeit außerhalb seiner ersten Tätigkeitsstätte vom Arbeitgeber oder auf dessen Veranlassung von einem Dritten eine Mahlzeit zur Verfügung gestellt, sind die nach den Sätzen 3 und 5 ermittelten Verpflegungspauschalen zu kürzen:

1. für Frühstück um 20 Prozent,
2. für Mittag- und Abendessen um jeweils 40 Prozent,

der nach Satz 3 Nummer 1 gegebenenfalls in Verbindung mit Satz 5 maßgebenden Verpflegungspauschale für einen vollen Kalendertag; die Kürzung darf die ermittelte Verpflegungspauschale nicht übersteigen. [9]Satz 8 gilt auch, wenn Reisekostenvergütungen wegen der zur Verfügung gestellten Mahlzeiten einbehalten oder gekürzt werden oder die Mahlzeiten nach § 40 Absatz 2 Satz 1 Nummer 1a pauschal besteuert werden. [10]Hat der Arbeitnehmer für die Mahlzeit ein Entgelt gezahlt, mindert dieser Betrag den Kürzungsbetrag nach Satz 8. [11]Erhält der Arbeitnehmer steuerfreie Erstattungen für Verpflegung, ist ein Werbungskostenabzug insoweit ausgeschlossen. [12]Die Verpflegungspauschalen nach den Sätzen 3 und 5, die Dreimonatsfrist nach den Sätzen 6 und 7 sowie die Kürzungsregelungen nach den Sätzen 8 bis 10 gelten entsprechend auch für den Abzug von Mehraufwendungen für Verpflegung, die bei einer beruflich veranlassten doppelten Haushaltsführung entstehen, soweit der Arbeitnehmer vom eigenen Hausstand im Sinne des § 9 Absatz 1 Satz 3 Nummer 5 abwesend ist; dabei ist für jeden Kalendertag innerhalb der Dreimonatsfrist, an dem gleichzeitig eine Tätigkeit im Sinne des Satzes 2 oder des Satzes 4 ausgeübt wird, nur der jeweils höchste in Betracht kommende Pauschbetrag abziehbar. [13]Die Dauer einer Tätigkeit im Sinne des Satzes 2 an dem Tätigkeitsort, an dem die doppelte Haushaltsführung begründet wurde, ist auf die Dreimonatsfrist anzurechnen, wenn sie ihr unmittelbar vorausgegangen ist.

(5) [1]§ 4 Absatz 5 Satz 1 Nummer 1 bis 4, 6b bis 8a, 10, 12 und Absatz 6 gilt sinngemäß. [2]Die §§ 4j, 4k und 6 Absatz 1 Nummer 1a und § 6e gelten entsprechend.

(6) [1]Aufwendungen des Steuerpflichtigen für seine Berufsausbildung oder für sein Studium sind nur dann Werbungskosten, wenn der Steuerpflichtige zuvor bereits eine Erstausbildung (Berufsausbildung oder Studium) abgeschlossen hat oder wenn die Berufsausbildung oder das Studium im Rahmen eines Dienstverhältnisses stattfindet. [2]Eine Berufsausbildung als Erstausbildung nach Satz 1 liegt vor, wenn eine geordnete Ausbildung mit einer Mindestdauer von 12 Monaten bei vollzeitiger Ausbildung und mit einer Abschlussprüfung durchgeführt wird. [3]Eine geordnete Ausbildung liegt vor, wenn sie auf der Grundlage von Rechts- oder Verwaltungsvorschriften oder internen Vorschriften eines Bildungsträgers durchgeführt wird. [4]Ist eine Abschlussprüfung nach dem Ausbildungsplan nicht vorgesehen, gilt die Ausbildung mit der tatsächlichen planmäßigen Beendigung als abgeschlossen. [5]Eine Berufsausbildung als Erstausbildung hat auch abgeschlossen, wer die Abschlussprüfung einer durch Rechts- oder Verwaltungsvorschriften

geregelten Berufsausbildung mit einer Mindestdauer von 12 Monaten bestanden hat, ohne dass er zuvor die entsprechende Berufsausbildung durchlaufen hat.

§ 9a Pauschbeträge für Werbungskosten

[1]Für Werbungskosten sind bei der Ermittlung der Einkünfte die folgenden Pauschbeträge abzuziehen, wenn nicht höhere Werbungskosten nachgewiesen werden:

a) von den Einnahmen aus nichtselbständiger Arbeit vorbehaltlich Buchstabe b:

ein Arbeitnehmer-Pauschbetrag von 1 230 Euro;

b) von den Einnahmen aus nichtselbständiger Arbeit, soweit es sich um Versorgungsbezüge im Sinne des § 19 Absatz 2 handelt:

ein Pauschbetrag von 102 Euro;

2. (weggefallen)

3. von den Einnahmen im Sinne des § 22 Nummer 1, 1a und 5:

ein Pauschbetrag von insgesamt 102 Euro.

[2]Der Pauschbetrag nach Satz 1 Nummer 1 Buchstabe b darf nur bis zur Höhe der um den Versorgungsfreibetrag einschließlich des Zuschlags zum Versorgungsfreibetrag (§ 19 Absatz 2) geminderten Einnahmen, die Pauschbeträge nach Satz 1 Nummer 1 Buchstabe a und Nummer 3 dürfen nur bis zur Höhe der Einnahmen abgezogen werden.

5. Sonderausgaben

§ 10

(1) Sonderausgaben sind die folgenden Aufwendungen, wenn sie weder Betriebsausgaben noch Werbungskosten sind oder wie Betriebsausgaben oder Werbungskosten behandelt werden:

1. (weggefallen)

1a. (weggefallen)

1b. (weggefallen)

(2.–4. nicht abgedruckt)

5. zwei Drittel der Aufwendungen, höchstens 4 000 Euro je Kind, für Dienstleistungen zur Betreuung eines zum Haushalt des Steuerpflichtigen gehörenden Kindes im Sinne des § 32 Absatz 1, welches das 14. Lebensjahr noch nicht vollendet hat oder wegen einer vor Vollendung des 25. Lebensjahres eingetretenen körperlichen, geistigen oder seelischen Behinderung außerstande ist, sich selbst zu unterhalten. [2]Dies gilt nicht für Aufwendungen für Unterricht, die Vermittlung besonderer Fähigkeiten sowie für sportliche und andere Freizeitbetätigungen. [3]Ist das zu betreuende Kind nicht nach § 1 Absatz 1 oder Absatz 2 unbeschränkt einkommensteuerpflichtig, ist der in Satz 1 genannte Betrag zu kürzen, soweit es nach den Verhältnissen im Wohn-

sitzstaat des Kindes notwendig und angemessen ist. [4]Voraussetzung für den Abzug der Aufwendungen nach Satz 1 ist, dass der Steuerpflichtige für die Aufwendungen eine Rechnung erhalten hat und die Zahlung auf das Konto des Erbringers der Leistung erfolgt ist;

6. (weggefallen)

7. Aufwendungen für die eigene Berufsausbildung bis zu 6 000 Euro im Kalenderjahr. [2]Bei Ehegatten, die die Voraussetzungen des § 26 Absatz 1 Satz 1 erfüllen, gilt Satz 1 für jeden Ehegatten. [3]Zu den Aufwendungen im Sinne des Satzes 1 gehören auch Aufwendungen für eine auswärtige Unterbringung. [4]§ 4 Absatz 5 Satz 1 Nummer 6b sowie § 9 Absatz 1 Satz 3 Nummer 4 und 5, Absatz 2, 4 Satz 8 und Absatz 4a sind bei der Ermittlung der Aufwendungen anzuwenden.

(8.–9. nicht abgedruckt)

(Abs. 1a–3 nicht abgedruckt)

(4) [1]Erste Tätigkeitsstätte ist die ortsfeste betriebliche Einrichtung des Arbeitgebers, eines verbundenen Unternehmens (§ 15 des Aktiengesetzes) oder eines vom Arbeitgeber bestimmten Dritten, der der Arbeitnehmer dauerhaft zugeordnet ist. [2]Die Zuordnung im Sinne des Satzes 1 wird durch die dienst- oder arbeitsrechtlichen Festlegungen sowie die diese ausfüllenden Absprachen und Weisungen bestimmt. [3]Von einer dauerhaften Zuordnung ist insbesondere auszugehen, wenn der Arbeitnehmer unbefristet, für die Dauer des Dienstverhältnisses oder über einen Zeitraum von 48 Monaten hinaus an einer solchen Tätigkeitsstätte tätig werden soll. [4]Fehlt eine solche dienst- oder arbeitsrechtliche Festlegung auf eine Tätigkeitsstätte oder ist sie nicht eindeutig, ist erste Tätigkeitsstätte die betriebliche Einrichtung, an der der Arbeitnehmer dauerhaft

1. typischerweise arbeitstäglich tätig werden soll oder
2. je Arbeitswoche zwei volle Arbeitstage oder mindestens ein Drittel seiner vereinbarten regelmäßigen Arbeitszeit tätig werden soll.

[5]Je Dienstverhältnis hat der Arbeitnehmer höchstens eine erste Tätigkeitsstätte. [6]Liegen die Voraussetzungen der Sätze 1 bis 4 für mehrere Tätigkeitsstätten vor, ist diejenige Tätigkeitsstätte erste Tätigkeitsstätte, die der Arbeitgeber bestimmt. [7]Fehlt es an dieser Bestimmung oder ist sie nicht eindeutig, ist die der Wohnung örtlich am nächsten liegende Tätigkeitsstätte die erste Tätigkeitsstätte. [8]Als erste Tätigkeitsstätte gilt auch eine Bildungseinrichtung, die außerhalb eines Dienstverhältnisses zum Zwecke eines Vollzeitstudiums oder einer vollzeitigen Bildungsmaßnahme aufgesucht wird; die Regelungen für Arbeitnehmer nach Absatz 1 Satz 3 Nummer 4 und 5 sowie Absatz 4a sind entsprechend anzuwenden.

(Abs. 4a nicht abgedruckt)

(4b) [1]Erhält der Steuerpflichtige für die von ihm für einen anderen Veranlagungszeitraum geleisteten Aufwendungen im Sinne des Satzes 2 einen steuerfreien Zuschuss, ist dieser den erstatteten Aufwendungen gleichzustellen. [2]Übersteigen bei den Sonderausgaben nach Absatz 1 Nummer 2 bis 3a die im Veranlagungszeitraum erstatteten Aufwendungen die geleisteten Aufwendungen (Erstattungsüberhang), ist der Erstattungsüberhang mit anderen im Rahmen der jeweiligen Nummer anzusetzenden Aufwendungen zu verrechnen. [3]Ein verbleibender Betrag des sich bei den Aufwendungen nach Absatz 1 Nummer 3 und 4 ergebenden Erstattungsüberhangs ist dem Gesamtbetrag der Einkünfte hinzuzurechnen. [4]Behörden im Sinne des § 6 Absatz 1 der Abgabenordnung und andere öffentliche Stellen, die einem Steuerpflichtigen für die von ihm geleisteten Beiträge im Sinne des Absatzes 1 Nummer 2, 3 und 3a steuerfreie Zuschüsse gewähren oder Vorsorgeaufwendungen im Sinne dieser Vorschrift erstatten (übermittelnde Stelle), haben der zentralen Stelle jährlich die zur Gewährung und Prüfung des Sonderausgabenabzugs nach § 10 erforderlichen Daten nach amtlich vorgeschriebenem Datensatz durch Datenfernübertragung zu übermitteln. [5]Ein Steuerbescheid ist zu ändern, soweit Daten nach Satz 4 vorliegen und sich hierdurch oder durch eine Korrektur oder Stornierung der entsprechenden Daten eine Änderung der festgesetzten Steuer ergibt. [6]§ 22a Absatz 2 sowie § 150 Absatz 6 der Abgabenordnung gelten entsprechend.

(Abs. 5 und 6 nicht abgedruckt)

8. Die einzelnen Einkunftsarten

d) Nichtselbständige Arbeit (§ 2 Absatz 1 Satz 1 Nummer 4)

§ 19

(1) [1]Zu den Einkünften aus nichtselbständiger Arbeit gehören

1. Gehälter, Löhne, Gratifikationen, Tantiemen und andere Bezüge und Vorteile für eine Beschäftigung im öffentlichen oder privaten Dienst;

1a. Zuwendungen des Arbeitgebers an seinen Arbeitnehmer und dessen Begleitpersonen anlässlich von Veranstaltungen auf betrieblicher Ebene mit gesellschaftlichem Charakter (Betriebsveranstaltung). [2]Zuwendungen im Sinne des Satzes 1 sind alle Aufwendungen des Arbeitgebers einschließlich Umsatzsteuer unabhängig davon, ob sie einzelnen Arbeitnehmern individuell zurechenbar sind oder ob es sich um einen rechnerischen Anteil an den Kosten der Betriebsveranstaltung handelt, die der Arbeitgeber gegenüber Dritten für den äußeren Rahmen der Betriebsveranstaltung aufwendet. [3]Soweit solche Zuwendungen den Betrag von 110 Euro je Betriebsveranstaltung und teilnehmenden Arbeitnehmer nicht übersteigen, gehören sie nicht zu den Einkünften aus nichtselbständiger Arbeit, wenn die Teilnahme an der Betriebsveranstaltung allen Angehörigen des Betriebs oder eines Betriebsteils offensteht. [4]Satz 3 gilt für bis zu zwei Betriebsveranstaltungen jährlich. [5]Die Zuwendungen im Sinne des Satzes 1 sind abweichend von § 8 Absatz 2 mit den anteilig auf den Arbeitnehmer und dessen Begleitpersonen entfallenden Aufwendungen des Arbeitgebers im Sinne des Satzes 2 anzusetzen;

2. Wartegelder, Ruhegelder, Witwen- und Waisengelder und andere Bezüge und Vorteile aus früheren Dienstleistungen, auch soweit sie von Arbeitgebern ausgleichs-

pflichtiger Personen an ausgleichsberechtigte Personen infolge einer nach § 10 oder § 14 des Versorgungsausgleichsgesetzes durchgeführten Teilung geleistet werden;

3. laufende Beiträge und laufende Zuwendungen des Arbeitgebers aus einem bestehenden Dienstverhältnis an einen Pensionsfonds, eine Pensionskasse oder für eine Direktversicherung für eine betriebliche Altersversorgung. [2]Zu den Einkünften aus nichtselbständiger Arbeit gehören auch Sonderzahlungen, die der Arbeitgeber neben den laufenden Beiträgen und Zuwendungen an eine solche Versorgungseinrichtung leistet, mit Ausnahme der Zahlungen des Arbeitgebers

   a) zur erstmaligen Bereitstellung der Kapitalausstattung zur Erfüllung der Solvabilitätskapitalanforderung nach den §§ 89, 213, 234 g oder 238 des Versicherungsaufsichtsgesetzes,

   b) zur Wiederherstellung einer angemessenen Kapitalausstattung nach unvorhersehbaren Verlusten oder zur Finanzierung der Verstärkung der Rechnungsgrundlagen auf Grund einer unvorhersehbaren und nicht nur vorübergehenden Änderung der Verhältnisse, wobei die Sonderzahlungen nicht zu einer Absenkung des laufenden Beitrags führen oder durch die Absenkung des laufenden Beitrags Sonderzahlungen ausgelöst werden dürfen,

   c) in der Rentenbezugszeit nach § 236 Absatz 2 des Versicherungsaufsichtsgesetzes oder

   d) in Form von Sanierungsgeldern;

   Sonderzahlungen des Arbeitgebers sind insbesondere Zahlungen an eine Pensionskasse anlässlich

   a) seines Ausscheidens aus einer nicht im Wege der Kapitaldeckung finanzierten betrieblichen Altersversorgung oder

   b) des Wechsels von einer nicht im Wege der Kapitaldeckung zu einer anderen nicht im Wege der Kapitaldeckung finanzierten betrieblichen Altersversorgung.

   [3]Von Sonderzahlungen im Sinne des Satzes 2 zweiter Halbsatz Buchstabe b ist bei laufenden und wiederkehrenden Zahlungen entsprechend dem periodischen Bedarf nur auszugehen, soweit die Bemessung der Zahlungsverpflichtungen des Arbeitgebers in das Versorgungssystem nach dem Wechsel die Bemessung der Zahlungsverpflichtung zum Zeitpunkt des Wechsels übersteigt. [4]Sanierungsgelder sind Sonderzahlungen des Arbeitgebers an eine Pensionskasse anlässlich der Systemumstellung einer nicht im Wege der Kapitaldeckung finanzierten betrieblichen Altersversorgung auf der Finanzierungs- oder Leistungsseite, die der Finanzierung der zum Zeitpunkt der Umstellung bestehenden Versorgungsverpflichtungen oder Versorgungsanwartschaften dienen; bei laufenden und wiederkehrenden Zahlungen entsprechend dem periodischen Bedarf ist nur von Sanierungsgeldern auszugehen, soweit die Bemessung der Zahlungsverpflichtungen des Arbeitgebers in das Versorgungssystem nach der Systemumstellung die Bemessung der Zahlungsverpflichtung zum Zeitpunkt der Systemumstellung übersteigt.

[2]Es ist gleichgültig, ob es sich um laufende oder um einmalige Bezüge handelt und ob ein Rechtsanspruch auf sie besteht.

(2) [1]Von Versorgungsbezügen bleiben ein nach einem Prozentsatz ermittelter, auf einen Höchstbetrag begrenzter Betrag (Versorgungsfreibetrag) und ein Zuschlag zum Versorgungsfreibetrag steuerfrei. [2]Versorgungsbezüge sind

1. das Ruhegehalt, Witwen- oder Waisengeld, der Unterhaltsbeitrag oder ein gleichartiger Bezug
   a) auf Grund beamtenrechtlicher oder entsprechender gesetzlicher Vorschriften,
   b) nach beamtenrechtlichen Grundsätzen von Körperschaften, Anstalten oder Stiftungen des öffentlichen Rechts oder öffentlich-rechtlichen Verbänden von Körperschaften

   oder
2. in anderen Fällen Bezüge und Vorteile aus früheren Dienstleistungen wegen Erreichens einer Altersgrenze, verminderter Erwerbsfähigkeit oder Hinterbliebenenbezüge; Bezüge wegen Erreichens einer Altersgrenze gelten erst dann als Versorgungsbezüge, wenn der Steuerpflichtige das 63. Lebensjahr oder, wenn er schwerbehindert ist, das 60. Lebensjahr vollendet hat.

[3]Der maßgebende Prozentsatz, der Höchstbetrag des Versorgungsfreibetrags und der Zuschlag zum Versorgungsfreibetrag sind der nachstehenden Tabelle zu entnehmen:

Jahr des Versorgungsbeginns	Versorgungsfreibetrag		Zuschlag zum Versorgungsfreibetrag in Euro
	in % der Versorgungsbezüge	Höchstbetrag in Euro	
bis 2005	40,0	3 000	900
ab 2006	38,4	2 880	864
2007	36,8	2 760	828
2008	35,2	2 640	792
2009	33,6	2 520	756
2010	32,0	2 400	720
2011	30,4	2 280	684
2012	28,8	2 160	648
2013	27,2	2 040	612
2014	25,6	1 920	576
2015	24,0	1 800	540
2016	22,4	1 680	504

Jahr des Versorgungsbeginns	Versorgungsfreibetrag		Zuschlag zum Versorgungsfreibetrag in Euro
	in % der Versorgungsbezüge	Höchstbetrag in Euro	
2017	20,8	1 560	468
2018	19,2	1 440	432
2019	17,6	1 320	396
2020	16,0	1 200	360
2021	15,2	1 140	342
2022	14,4	1 080	324
2023	14,0	1 050	315
2024	13,2	1 020	306
2025	13,2	990	297
2026	12,8	960	288
2027	12,4	930	279
2028	12,0	900	270
2029	11,6	870	261
2030	11,2	840	252
2031	10,8	810	243
2032	10,4	780	234
2033	10,0	750	225
2034	9,6	720	216
2035	9,2	690	207
2036	8,8	660	198
2037	8,4	630	189
2038	8,0	600	180
2039	7,6	570	171
2040	7,2	540	162
2041	6,8	510	153
2042	6,4	480	144
2043	6,0	450	135

Jahr des Versorgungsbeginns	Versorgungsfreibetrag		Zuschlag zum Versorgungsfreibetrag in Euro
	in % der Versorgungsbezüge	Höchstbetrag in Euro	
2044	5,6	420	126
2045	5,2	390	117
2046	4,8	360	108
2047	4,4	330	99
2048	4,0	300	90
2049	3,6	270	81
2050	3,2	240	72
2051	2,8	210	63
2052	2,4	180	54
2053	2,0	150	45
2054	1,6	120	36
2055	1,2	90	27
2056	0,8	60	18
2057	0,4	30	9
2058	0,0	0	0

[4]Bemessungsgrundlage für den Versorgungsfreibetrag ist

a) bei Versorgungsbeginn vor 2005

das Zwölffache des Versorgungsbezugs für Januar 2005,

b) bei Versorgungsbeginn ab 2005

das Zwölffache des Versorgungsbezugs für den ersten vollen Monat,

jeweils zuzüglich voraussichtlicher Sonderzahlungen im Kalenderjahr, auf die zu diesem Zeitpunkt ein Rechtsanspruch besteht. [5]Der Zuschlag zum Versorgungsfreibetrag darf nur bis zur Höhe der um den Versorgungsfreibetrag geminderten Bemessungsgrundlage berücksichtigt werden. [6]Bei mehreren Versorgungsbezügen mit unterschiedlichem Bezugsbeginn bestimmen sich der insgesamt berücksichtigungsfähige Höchstbetrag des Versorgungsfreibetrags und der Zuschlag zum Versorgungsfreibetrag nach dem Jahr des Beginns des ersten Versorgungsbezugs. [7]Folgt ein Hinterbliebenenbezug einem Versorgungsbezug, bestimmen sich der Prozentsatz, der Höchstbetrag des Versorgungsfreibetrags und der Zuschlag zum Versorgungsfreibetrag für den Hinterbliebenenbezug nach dem Jahr des Beginns des Versorgungsbezugs. [8]Der nach den Sätzen 3 bis 7 berechnete Versorgungsfreibetrag und Zuschlag zum Versorgungsfreibetrag gelten für die gesamte

Laufzeit des Versorgungsbezugs. [9]Regelmäßige Anpassungen des Versorgungsbezugs führen nicht zu einer Neuberechnung. [10]Abweichend hiervon sind der Versorgungsfreibetrag und der Zuschlag zum Versorgungsfreibetrag neu zu berechnen, wenn sich der Versorgungsbezug wegen Anwendung von Anrechnungs-, Ruhens-, Erhöhungs- oder Kürzungsregelungen erhöht oder vermindert. [11]In diesen Fällen sind die Sätze 3 bis 7 mit dem geänderten Versorgungsbezug als Bemessungsgrundlage im Sinne des Satzes 4 anzuwenden; im Kalenderjahr der Änderung sind der höchste Versorgungsfreibetrag und Zuschlag zum Versorgungsfreibetrag maßgebend. [12]Für jeden vollen Kalendermonat, für den keine Versorgungsbezüge gezahlt werden, ermäßigen sich der Versorgungsfreibetrag und der Zuschlag zum Versorgungsfreibetrag in diesem Kalenderjahr um je ein Zwölftel.

e) Kapitalvermögen (§ 2 Absatz 1 Satz 1 Nummer 5)

§ 20 [Kapitalvermögen]

(1) Zu den Einkünften aus Kapitalvermögen gehören

1. Gewinnanteile (Dividenden), und sonstige Bezüge aus Aktien, Genussrechten, mit denen das Recht am Gewinn und Liquidationserlös einer Kapitalgesellschaft verbunden ist, aus Anteilen an Gesellschaften mit beschränkter Haftung, an Genossenschaften sowie an einer optierenden Gesellschaft im Sinne des § 1a des Körperschaftsteuergesetzes .[2]Zu den sonstigen Bezügen gehören auch verdeckte Gewinnausschüttungen.[3]Die Bezüge gehören nicht zu den Einnahmen, soweit sie aus Ausschüttungen einer Körperschaft stammen, für die Beträge aus dem steuerlichen Einlagekonto im Sinne des § 27 des Körperschaftsteuergesetzes als verwendet gelten.[4]Als sonstige Bezüge gelten auch Einnahmen, die anstelle der Bezüge im Sinne des Satzes 1 von einem anderen als dem Anteilseigner nach Absatz 5 bezogen werden, wenn die Aktien mit Dividendenberechtigung erworben, aber ohne Dividendenanspruch geliefert werden;
2. Bezüge, die nach der Auflösung einer Körperschaft oder Personenvereinigung im Sinne der Nummer 1 anfallen und die nicht in der Rückzahlung von Nennkapital bestehen; Nummer 1 Satz 3 gilt entsprechend. [2]Gleiches gilt für Bezüge, die auf Grund einer Kapitalherabsetzung oder nach der Auflösung einer unbeschränkt steuerpflichtigen Körperschaft oder Personenvereinigung im Sinne der Nummer 1 anfallen und die als Gewinnausschüttung im Sinne des § 28 Absatz 2 Satz 2 und 4 des Körperschaftsteuergesetzes gelten;
3. Investmenterträge nach § 16 des Investmentsteuergesetzes;

3a. Spezial-Investmenterträge nach § 34 des Investmentsteuergesetzes;

4. Einnahmen aus der Beteiligung an einem Handelsgewerbe als stiller Gesellschafter und aus partiarischen Darlehen, es sei denn, dass der Gesellschafter oder Darlehensgeber als Mitunternehmer anzusehen ist. [2]Auf Anteile des stillen Gesellschafters am Verlust des Betriebes sind § 15 Absatz 4 Satz 6 bis 8 und § 15a sinngemäß anzuwenden;

5. Zinsen aus Hypotheken und Grundschulden und Renten aus Rentenschulden. [2]Bei Tilgungshypotheken und Tilgungsgrundschulden ist nur der Teil der Zahlungen anzusetzen, der als Zins auf den jeweiligen Kapitalrest entfällt;

6. der Unterschiedsbetrag zwischen der Versicherungsleistung und der Summe der auf sie entrichteten Beiträge (Erträge) im Erlebensfall oder bei Rückkauf des Vertrags bei Rentenversicherungen mit Kapitalwahlrecht, soweit nicht die lebenslange Rentenzahlung gewählt und erbracht wird, und bei Kapitalversicherungen mit Sparanteil, wenn der Vertrag nach dem 31. Dezember 2004 abgeschlossen worden ist. [2]Wird die Versicherungsleistung nach Vollendung des 60. Lebensjahres des Steuerpflichtigen und nach Ablauf von zwölf Jahren seit dem Vertragsabschluss ausgezahlt, ist die Hälfte des Unterschiedsbetrags anzusetzen. [3]Bei entgeltlichem Erwerb des Anspruchs auf die Versicherungsleistung treten die Anschaffungskosten an die Stelle der vor dem Erwerb entrichteten Beiträge. [4]Die Sätze 1 bis 3 sind auf Erträge aus fondsgebundenen Lebensversicherungen, auf Erträge im Erlebensfall bei Rentenversicherungen ohne Kapitalwahlrecht, soweit keine lebenslange Rentenzahlung vereinbart und erbracht wird, und auf Erträge bei Rückkauf des Vertrages bei Rentenversicherungen ohne Kapitalwahlrecht entsprechend anzuwenden. [5]Ist in einem Versicherungsvertrag eine gesonderte Verwaltung von speziell für diesen Vertrag zusammengestellten Kapitalanlagen vereinbart, die nicht auf öffentlich vertriebene Investmentfondsanteile oder Anlagen, die die Entwicklung eines veröffentlichten Indexes abbilden, beschränkt ist, und kann der wirtschaftlich Berechtigte unmittelbar oder mittelbar über die Veräußerung der Vermögensgegenstände und die Wiederanlage der Erlöse bestimmen (vermögensverwaltender Versicherungsvertrag), sind die dem Versicherungsunternehmen zufließenden Erträge dem wirtschaftlich Berechtigten aus dem Versicherungsvertrag zuzurechnen; Sätze 1 bis 4 sind nicht anzuwenden. [6]Satz 2 ist nicht anzuwenden, wenn

   a) in einem Kapitallebensversicherungsvertrag mit vereinbarter laufender Beitragszahlung in mindestens gleichbleibender Höhe bis zum Zeitpunkt des Erlebensfalls die vereinbarte Leistung bei Eintritt des versicherten Risikos weniger als 50 Prozent der Summe der für die gesamte Vertragsdauer zu zahlenden Beiträge beträgt und

   b) bei einem Kapitallebensversicherungsvertrag die vereinbarte Leistung bei Eintritt des versicherten Risikos das Deckungskapital oder den Zeitwert der Versicherung spätestens fünf Jahre nach Vertragsabschluss nicht um mindestens 10 Prozent des Deckungskapitals, des Zeitwerts oder der Summe der gezahlten Beiträge übersteigt. [2]Dieser Prozentsatz darf bis zum Ende der Vertragslaufzeit in jährlich gleichen Schritten auf Null sinken.

   [7]Hat der Steuerpflichtige Ansprüche aus einem von einer anderen Person abgeschlossenen Vertrag entgeltlich erworben, gehört zu den Einkünften aus Kapitalvermögen auch der Unterschiedsbetrag zwischen der Versicherungsleistung bei Eintritt eines versicherten Risikos und den Aufwendungen für den Erwerb und Erhalt des Versicherungsanspruches; insoweit findet Satz 2 keine Anwendung. [8]Satz 7 gilt nicht, wenn die versicherte Person den Versicherungsanspruch von einem Dritten er-

wirbt oder aus anderen Rechtsverhältnissen entstandene Abfindungs- und Ausgleichsansprüche arbeitsrechtlicher, erbrechtlicher oder familienrechtlicher Art durch Übertragung von Ansprüchen aus Versicherungsverträgen erfüllt werden. [9]Bei fondsgebundenen Lebensversicherungen sind 15 Prozent des Unterschiedsbetrages steuerfrei oder dürfen nicht bei der Ermittlung der Einkünfte abgezogen werden, soweit der Unterschiedsbetrag aus Investmenterträgen stammt;

7. Erträge aus sonstigen Kapitalforderungen jeder Art, wenn die Rückzahlung des Kapitalvermögens oder ein Entgelt für die Überlassung des Kapitalvermögens zur Nutzung zugesagt oder geleistet worden ist, auch wenn die Höhe der Rückzahlung oder des Entgelts von einem ungewissen Ereignis abhängt. [2]Dies gilt unabhängig von der Bezeichnung und der zivilrechtlichen Ausgestaltung der Kapitalanlage. [3]Erstattungszinsen im Sinne des § 233a der Abgabenordnung sind Erträge im Sinne des Satzes 1;
8. Diskontbeträge von Wechseln und Anweisungen einschließlich der Schatzwechsel;
9. Einnahmen aus Leistungen einer nicht von der Körperschaftsteuer befreiten Körperschaft, Personenvereinigung oder Vermögensmasse im Sinne des § 1 Absatz 1 Nummer 3 bis 5 des Körperschaftsteuergesetzes, die Gewinnausschüttungen im Sinne der Nummer 1 wirtschaftlich vergleichbar sind, soweit sie nicht bereits zu den Einnahmen im Sinne der Nummer 1 gehören; Nummer 1 Satz 2, 3 und Nummer 2 gelten entsprechend. [2]Satz 1 ist auf Leistungen von vergleichbaren Körperschaften, Personenvereinigungen oder Vermögensmassen, die weder Sitz noch Geschäftsleitung im Inland haben, entsprechend anzuwenden;
   a) Leistungen eines nicht von der Körperschaftsteuer befreiten Betriebs gewerblicher Art im Sinne des § 4 des Körperschaftsteuergesetzes mit eigener Rechtspersönlichkeit, die zu mit Gewinnausschüttungen im Sinne der Nummer 1 Satz 1 wirtschaftlich vergleichbaren Einnahmen führen; Nummer 1 Satz 2, 3 und Nummer 2 gelten entsprechend;
   b) der nicht den Rücklagen zugeführte Gewinn und verdeckte Gewinnausschüttungen eines nicht von der Körperschaftsteuer befreiten Betriebs gewerblicher Art im Sinne des § 4 des Körperschaftsteuergesetzes ohne eigene Rechtspersönlichkeit, der den Gewinn durch Betriebsvermögensvergleich ermittelt oder Umsätze einschließlich der steuerfreien Umsätze, ausgenommen die Umsätze nach § 4 Nummer 8 bis 10 des Umsatzsteuergesetzes, von mehr als 350 000 Euro im Kalenderjahr oder einen Gewinn von mehr als 30 000 Euro im Wirtschaftsjahr hat, sowie der Gewinn im Sinne des § 22 Absatz 4 des Umwandlungssteuergesetzes. [2]Die Auflösung der Rücklagen zu Zwecken außerhalb des Betriebs gewerblicher Art führt zu einem Gewinn im Sinne des Satzes 1; in Fällen der Einbringung nach dem Sechsten und des Formwechsels nach dem Achten Teil des Umwandlungssteuergesetzes gelten die Rücklagen als aufgelöst. [3]Bei dem Geschäft der Veranstaltung von Werbesendungen der inländischen öffentlich-rechtlichen Rundfunkanstalten gelten drei Viertel des Einkommens im Sinne des § 8 Absatz 1 Satz 3 des Körperschaftsteuergesetzes als Gewinn im Sinne des Satzes 1. [4]Die Sätze 1 und 2 sind bei wirtschaftlichen Geschäftsbetrieben der von der Körperschaftsteuer befreiten Körperschaften, Personenvereinigungen oder Vermögensmassen ent-

sprechend anzuwenden. [5]Nummer 1 Satz 3 gilt entsprechend. [6]Satz 1 in der am 12. Dezember 2006 geltenden Fassung ist für Anteile, die einbringungsgeboren im Sinne des § 21 des Umwandlungssteuergesetzes in der am 12. Dezember 2006 geltenden Fassung sind, weiter anzuwenden;

11. Stillhalterprämien, die für die Einräumung von Optionen vereinnahmt werden; schließt der Stillhalter ein Glattstellungsgeschäft ab, mindern sich die Einnahmen aus den Stillhalterprämien um die im Glattstellungsgeschäft gezahlten Prämien.

(2) [1]Zu den Einkünften aus Kapitalvermögen gehören auch

1. der Gewinn aus der Veräußerung von Anteilen an einer Körperschaft im Sinne des Absatzes 1 Nummer 1. [2]Anteile an einer Körperschaft sind auch Genussrechte im Sinne des Absatzes 1 Nummer 1, den Anteilen im Sinne des Absatzes 1 Nummer 1 ähnliche Beteiligungen und Anwartschaften auf Anteile im Sinne des Absatzes 1 Nummer 1;

2. der Gewinn aus der Veräußerung

   a) von Dividendenscheinen und sonstigen Ansprüchen durch den Inhaber des Stammrechts, wenn die dazugehörigen Aktien oder sonstigen Anteile nicht mitveräußert werden. [2]Soweit eine Besteuerung nach Satz 1 erfolgt ist, tritt diese insoweit an die Stelle der Besteuerung nach Absatz 1;

   b) von Zinsscheinen und Zinsforderungen durch den Inhaber oder ehemaligen Inhaber der Schuldverschreibung, wenn die dazugehörigen Schuldverschreibungen nicht mitveräußert werden. [2]Entsprechendes gilt für die Einlösung von Zinsscheinen und Zinsforderungen durch den ehemaligen Inhaber der Schuldverschreibung.

   [2]Satz 1 gilt sinngemäß für die Einnahmen aus der Abtretung von Dividenden- oder Zinsansprüchen oder sonstigen Ansprüchen im Sinne des Satzes 1, wenn die dazugehörigen Anteilsrechte oder Schuldverschreibungen nicht in einzelnen Wertpapieren verbrieft sind. [3]Satz 2 gilt auch bei der Abtretung von Zinsansprüchen aus Schuldbuchforderungen, die in ein öffentliches Schuldbuch eingetragen sind;

3. der Gewinn

   a) bei Termingeschäften, durch die der Steuerpflichtige einen Differenzausgleich oder einen durch den Wert einer veränderlichen Bezugsgröße bestimmten Geldbetrag oder Vorteil erlangt;

   b) aus der Veräußerung eines als Termingeschäft ausgestalteten Finanzinstruments;

4. der Gewinn aus der Veräußerung von Wirtschaftsgütern, die Erträge im Sinne des Absatzes 1 Nummer 4 erzielen;

5. der Gewinn aus der Übertragung von Rechten im Sinne des Absatzes 1 Nummer 5;

6. der Gewinn aus der Veräußerung von Ansprüchen auf eine Versicherungsleistung im Sinne des Absatzes 1 Nummer 6. [2]Das Versicherungsunternehmen hat nach Kenntniserlangung von einer Veräußerung unverzüglich Mitteilung an das für den Steuer-

pflichtigen zuständige Finanzamt zu machen und auf Verlangen des Steuerpflichtigen eine Bescheinigung über die Höhe der entrichteten Beiträge im Zeitpunkt der Veräußerung zu erteilen;

7. der Gewinn aus der Veräußerung von sonstigen Kapitalforderungen jeder Art im Sinne des Absatzes 1 Nummer 7;

8. der Gewinn aus der Übertragung oder Aufgabe einer die Einnahmen im Sinne des Absatzes 1 Nummer 9 vermittelnden Rechtsposition.

[2]Als Veräußerung im Sinne des Satzes 1 gilt auch die Einlösung, Rückzahlung, Abtretung oder verdeckte Einlage in eine Kapitalgesellschaft; in den Fällen von Satz 1 Nummer 4 gilt auch die Vereinnahmung eines Auseinandersetzungsguthabens als Veräußerung. [3]Die Anschaffung oder Veräußerung einer unmittelbaren oder mittelbaren Beteiligung an einer Personengesellschaft gilt als Anschaffung oder Veräußerung der anteiligen Wirtschaftsgüter. [4]Wird ein Zinsschein oder eine Zinsforderung vom Stammrecht abgetrennt, gilt dies als Veräußerung der Schuldverschreibung und als Anschaffung der durch die Trennung entstandenen Wirtschaftsgüter. [5]Eine Trennung gilt als vollzogen, wenn dem Inhaber der Schuldverschreibung die Wertpapierkennnummern für die durch die Trennung entstandenen Wirtschaftsgüter zugehen.

(3) Zu den Einkünften aus Kapitalvermögen gehören auch besondere Entgelte oder Vorteile, die neben den in den Absätzen 1 und 2 bezeichneten Einnahmen oder an deren Stelle gewährt werden.

(3a) [1]Korrekturen im Sinne des § 43a Absatz 3 Satz 7 sind erst zu dem dort genannten Zeitpunkt zu berücksichtigen. [2]Weist der Steuerpflichtige durch eine Bescheinigung der auszahlenden Stelle nach, dass sie die Korrektur nicht vorgenommen hat und auch nicht vornehmen wird, kann der Steuerpflichtige die Korrektur nach § 32d Absatz 4 und 6 geltend machen.

(4) [1]Gewinn im Sinne des Absatzes 2 ist der Unterschied zwischen den Einnahmen aus der Veräußerung nach Abzug der Aufwendungen, die im unmittelbaren sachlichen Zusammenhang mit dem Veräußerungsgeschäft stehen, und den Anschaffungskosten; bei nicht in Euro getätigten Geschäften sind die Einnahmen im Zeitpunkt der Veräußerung und die Anschaffungskosten im Zeitpunkt der Anschaffung in Euro umzurechnen. [2]In den Fällen der verdeckten Einlage tritt an die Stelle der Einnahmen aus der Veräußerung der Wirtschaftsgüter ihr gemeiner Wert; der Gewinn ist für das Kalenderjahr der verdeckten Einlage anzusetzen. [3]Ist ein Wirtschaftsgut im Sinne des Absatzes 2 in das Privatvermögen durch Entnahme oder Betriebsaufgabe überführt worden, tritt an die Stelle der Anschaffungskosten der nach § 6 Absatz 1 Nummer 4 oder § 16 Absatz 3 angesetzte Wert. [4]In den Fällen des Absatzes 2 Satz 1 Nummer 6 gelten die entrichteten Beiträge im Sinne des Absatzes 1 Nummer 6 Satz 1 als Anschaffungskosten; ist ein entgeltlicher Erwerb vorausgegangen, gelten auch die nach dem Erwerb entrichteten Beiträge als Anschaffungskosten. [5]Gewinn bei einem Termingeschäft ist der Differenzausgleich oder der durch den Wert einer veränderlichen Bezugsgröße bestimmte Geldbetrag oder Vorteil abzüglich der Aufwendungen, die im unmittelbaren sachlichen Zusammenhang mit dem Termingeschäft stehen. [6]Bei unentgeltlichem Erwerb sind dem Einzelrechtsnachfolger für

Zwecke dieser Vorschrift die Anschaffung, die Überführung des Wirtschaftsguts in das Privatvermögen, der Erwerb eines Rechts aus Termingeschäften oder die Beiträge im Sinne des Absatzes 1 Nummer 6 Satz 1 durch den Rechtsvorgänger zuzurechnen. [7]Bei vertretbaren Wertpapieren, die einem Verwahrer zur Sammelverwahrung im Sinne des § 5 des Depotgesetzes in der Fassung der Bekanntmachung vom 11. Januar 1995 (BGBl. I S. 34), das zuletzt durch Artikel 4 des Gesetzes vom 5. April 2004 (BGBl. I S. 502) geändert worden ist, in der jeweils geltenden Fassung anvertraut worden sind, ist zu unterstellen, dass die zuerst angeschafften Wertpapiere zuerst veräußert wurden. [8]Ist ein Zinsschein oder eine Zinsforderung vom Stammrecht abgetrennt worden, gilt als Veräußerungserlös der Schuldverschreibung deren gemeiner Wert zum Zeitpunkt der Trennung. [9]Für die Ermittlung der Anschaffungskosten ist der Wert nach Satz 8 entsprechend dem gemeinen Wert der neuen Wirtschaftsgüter aufzuteilen.

(4a) [1]Werden Anteile an einer Körperschaft, Vermögensmasse oder Personenvereinigung gegen Anteile an einer anderen Körperschaft, Vermögensmasse oder Personenvereinigung getauscht und wird der Tausch auf Grund gesellschaftsrechtlicher Maßnahmen vollzogen, die von den beteiligten Unternehmen ausgehen, treten abweichend von Absatz 2 Satz 1 und den §§ 13 und 21 des Umwandlungssteuergesetzes die übernommenen Anteile steuerlich an die Stelle der bisherigen Anteile, wenn das Recht der Bundesrepublik Deutschland hinsichtlich der Besteuerung des Gewinns aus der Veräußerung der erhaltenen Anteile nicht ausgeschlossen oder beschränkt ist oder die Mitgliedstaaten der Europäischen Union bei einer Verschmelzung Artikel 8 der Richtlinie 2009/133/EG des Rates vom 19. Oktober 2009 über das gemeinsame Steuersystem für Fusionen, Spaltungen, Abspaltungen, die Einbringung von Unternehmensteilen und den Austausch von Anteilen, die Gesellschaften verschiedener Mitgliedstaaten betreffen, sowie für die Verlegung des Sitzes einer Europäischen Gesellschaft oder einer Europäischen Genossenschaft von einem Mitgliedstaat in einen anderen Mitgliedstaat (ABl. L 310 vom 25.11.2009, S. 34) in der jeweils geltenden Fassung anzuwenden haben; in diesem Fall ist der Gewinn aus einer späteren Veräußerung der erworbenen Anteile ungeachtet der Bestimmungen eines Abkommens zur Vermeidung der Doppelbesteuerung in der gleichen Art und Weise zu besteuern, wie die Veräußerung der Anteile an der übertragenden Körperschaft zu besteuern wäre, und § 15 Absatz 1a Satz 2 entsprechend anzuwenden.[2]Erhält der Steuerpflichtige in den Fällen des Satzes 1 zusätzlich zu den Anteilen eine Gegenleistung, gilt diese als Ertrag im Sinne des Absatzes 1 Nummer 1.[3]Besitzt bei sonstigen Kapitalforderungen im Sinne des Absatzes 1 Nummer 7 der Inhaber das Recht, bei Fälligkeit anstelle der Zahlung eines Geldbetrags vom Emittenten die Lieferung von Wertpapieren im Sinne des Absatzes 1 Nummer 1 zu verlangen oder besitzt der Emittent das Recht, bei Fälligkeit dem Inhaber anstelle der Zahlung eines Geldbetrags solche Wertpapiere anzudienen und macht der Inhaber der Forderung oder der Emittent von diesem Recht Gebrauch, ist abweichend von Absatz 4 Satz 1 das Entgelt für den Erwerb der Forderung als Veräußerungspreis der Forderung und als Anschaffungskosten der erhaltenen Wertpapiere anzusetzen; Satz 2 gilt entsprechend.[4]Werden Bezugsrechte veräußert oder ausgeübt, die nach § 186 des Aktiengesetzes, § 55 des Gesetzes betreffend die Gesellschaften mit beschränkter Haftung oder eines vergleichbaren ausländischen Rechts einen Anspruch auf Abschluss eines Zeichnungsvertrags begründen, wird der Teil der Anschaffungskosten der Altanteile, der auf das Bezugsrecht entfällt, bei der Ermittlung des Gewinns nach Absatz 4 Satz 1 mit 0 Euro angesetzt.[5]Werden einem Steuerpflichtigen von einer Körperschaft, Personenvereinigung oder Vermögensmasse, die weder Geschäftsleitung noch Sitz im Inland hat, Anteile zugeteilt, ohne dass der Steuerpflichtige eine Gegenleistung zu erbringen hat, sind sowohl der Ertrag als auch die Anschaffungskosten der erhaltenen Anteile mit 0 Euro anzusetzen, wenn die Voraussetzungen der Sätze 3, 4 und 7 nicht vorliegen ; die Anschaffungskosten der die Zuteilung begründenden Anteile bleiben unverändert .[6]Soweit es auf die steuerliche Wirksamkeit einer Kapitalmaßnahme im Sinne der vorstehenden Sätze 1 bis 5 ankommt, ist auf den Zeitpunkt der Einbuchung in das Depot des Steuerpflichtigen abzustellen.[7]Geht Vermögen einer Körperschaft durch Abspaltung auf andere Körperschaften über, gelten abweichend von Satz 5 und § 15 des Umwandlungssteuergesetzes die Sätze 1 und 2 entsprechend..

(5) [1]Einkünfte aus Kapitalvermögen im Sinne des Absatzes 1 Nummer 1 und 2 erzielt der Anteilseigner. [2]Anteilseigner ist derjenige, dem nach § 39 der Abgabenordnung die Anteile an dem Kapitalvermögen im Sinne des Absatzes 1 Nummer 1 im Zeitpunkt des Gewinnverteilungsbeschlusses zuzurechnen sind. [3]Sind einem Nießbraucher oder Pfandgläubiger die Einnahmen im Sinne des Absatzes 1 Nummer 1 oder 2 zuzurechnen, gilt er als Anteilseigner.

(6) [1]Verluste aus Kapitalvermögen dürfen nicht mit Einkünften aus anderen Einkunftsarten ausgeglichen werden; sie dürfen auch nicht nach § 10d abgezogen werden.[2]Die Verluste mindern jedoch die Einkünfte, die der Steuerpflichtige in den folgenden Veranlagungszeiträumen aus Kapitalvermögen erzielt.[3]§ 10d Absatz 4 ist sinngemäß anzuwenden; im Fall von zusammenveranlagten Ehegatten erfolgt ein gemeinsamer Verlustausgleich vor der Verlustfeststellung.[4]Verluste aus Kapitalvermögen im Sinne des Absatzes 2 Satz 1 Nummer 1 Satz 1, die aus der Veräußerung von Aktien entstehen, dürfen nur mit Gewinnen aus Kapitalvermögen im Sinne des Absatzes 2 Satz 1 Nummer 1 Satz 1, die aus der Veräußerung von Aktien entstehen, ausgeglichen werden; die Sätze 2 und 3 gelten sinngemäß.[5]Verluste aus Kapitalvermögen im Sinne des Absatzes 2 Satz 1 Nummer 3 dürfen nur in Höhe von 20 000 Euro mit Gewinnen im Sinne des Absatzes 2 Satz 1 Nummer 3 und mit Einkünften im Sinne des § 20 Absatz 1 Nummer 11 ausgeglichen werden; die Sätze 2 und 3 gelten sinngemäß mit der Maßgabe, dass nicht verrechnete Verluste je Folgejahr nur bis zur Höhe von 20 000 Euro mit Gewinnen im Sinne des Absatzes 2 Satz 1 Nummer 3 und mit Einkünften im Sinne des § 20 Absatz 1 Nummer 11 verrechnet werden dürfen.[6]Verluste aus Kapitalvermögen aus der ganzen oder teilweisen Uneinbringlichkeit einer Kapitalforderung, aus der Ausbuchung wertloser Wirtschaftsgüter im Sinne des Absatzes 1, aus der Übertragung wertloser Wirtschaftsgüter im Sinne des Absatzes 1 auf einen Dritten oder aus einem sonstigen Ausfall von Wirtschaftsgütern im Sinne des Absatzes 1 dürfen nur in Höhe von 20 000 Euro mit Einkünften aus Kapitalvermögen ausgeglichen werden; die Sätze 2 und 3 gelten sinngemäß mit der Maßgabe, dass nicht verrechnete Verluste je Folgejahr nur bis zur Höhe von 20 000 Euro mit Einkünften aus Kapitalvermögen verrechnet werden dürfen.[7]Verluste aus Kapitalvermögen, die der Kapitalertragsteuer unterliegen, dürfen nur verrechnet werden oder mindern die Einkünfte, die der Steuerpflichtige in den folgenden Veranlagungszeiträumen aus Kapitalvermögen erzielt, wenn eine Bescheinigung im Sinne des § 43a Absatz 3 Satz 4 vorliegt.

(7) [1]§ 15b ist sinngemäß anzuwenden. [2]Ein vorgefertigtes Konzept im Sinne des § 15b Absatz 2 Satz 2 liegt auch vor, wenn die positiven Einkünfte nicht der tariflichen Einkommensteuer unterliegen.

(8) [1]Soweit Einkünfte der in den Absätzen 1, 2 und 3 bezeichneten Art zu den Einkünften aus Land- und Forstwirtschaft, aus Gewerbebetrieb, aus selbständiger Arbeit oder aus Vermietung und Verpachtung gehören, sind sie diesen Einkünften zuzurechnen. [2]Absatz 4a findet insoweit keine Anwendung.

(9) [1]Bei der Ermittlung der Einkünfte aus Kapitalvermögen ist als Werbungskosten ein Betrag von 1 000 Euro abzuziehen (Sparer-Pauschbetrag); der Abzug der tatsächlichen Werbungskosten ist ausgeschlossen.[2]Ehegatten, die zusammen veranlagt werden, wird ein gemeinsamer Sparer-Pauschbetrag von 2 000 Euro gewährt.[3]Der gemeinsame Sparer-Pauschbetrag ist bei der Einkunftsermittlung bei jedem Ehegatten je zur Hälfte abzuziehen; sind die Kapitalerträge eines Ehegatten niedriger als 1 000 Euro, so ist der anteilige Sparer-Pauschbetrag insoweit, als er die Kapitalerträge dieses Ehegatten übersteigt, bei dem anderen Ehegatten abzuziehen.[4]Der Sparer-Pauschbetrag und der gemeinsame Sparer-Pauschbetrag dürfen nicht höher sein als die nach Maßgabe des Absatzes 6 verrechneten Kapitalerträg

g) Sonstige Einkünfte (§ 2 Absatz 1 Satz 1 Nummer 7)

§ 22 Arten der sonstigen Einkünfte

Sonstige Einkünfte sind

1. Einkünfte aus wiederkehrenden Bezügen, soweit sie nicht zu den in § 2 Absatz 1 Nummer 1 bis 6 bezeichneten Einkunftsarten gehören; § 15b ist sinngemäß anzuwenden. [2]Werden die Bezüge freiwillig oder auf Grund einer freiwillig begründeten Rechtspflicht oder einer gesetzlich unterhaltsberechtigten Person gewährt, so sind sie nicht dem Empfänger zuzurechnen; dem Empfänger sind dagegen zuzurechnen

   a) Bezüge, die von einer Körperschaft, Personenvereinigung oder Vermögensmasse außerhalb der Erfüllung steuerbegünstigter Zwecke im Sinne der §§ 52 bis 54 der Abgabenordnung gewährt werden, und

   b) Bezüge im Sinne des § 1 der Verordnung über die Steuerbegünstigung von Stiftungen, die an die Stelle von Familienfideikommissen getreten sind, in der im Bundesgesetzblatt Teil III, Gliederungsnummer 611-4-3, veröffentlichten bereinigten Fassung.

   [3]Zu den in Satz 1 bezeichneten Einkünften gehören auch

   a) Leibrenten und andere Leistungen,

      aa) die aus den gesetzlichen Rentenversicherungen, der landwirtschaftlichen Alterskasse, den berufsständischen Versorgungseinrichtungen und aus Rentenversicherungen im Sinne des § 10 Absatz 1 Nummer 2 Buchstabe b erbracht werden, soweit sie jeweils der Besteuerung unterliegen. [2]Bemessungsgrundlage für den der Besteuerung unterliegenden Anteil ist der

Jahresbetrag der Rente. [3]Der der Besteuerung unterliegende Anteil ist nach dem Jahr des Rentenbeginns und dem in diesem Jahr maßgebenden Prozentsatz aus der nachstehenden Tabelle zu entnehmen:

Jahr des Rentenbeginns	Besteuerungsanteil in %	Jahr des Rentenbeginns	Besteuerungsanteil in %
bis 2005	50,0	2032	87,0
ab 2006	52,0	2033	87,5
2007	54,0	2034	88,0
2008	56,0	2035	88,5
2009	58,0	2036	89,0
2010	60,0	2037	89,5
2011	62,0	2038	90,0
2012	64,0	2039	90,5
2013	66,0	2040	91,0
2014	68,0	2041	91,5
2015	70,0	2042	92,0
2016	72,0	2043	92,5
2017	74,0	2044	93,0
2018	76,0	2045	93,5
2019	78,0	2046	94,0
2020	80,0	2047	94,5
2021	81,0	2048	95,0
2022	82,0	2049	95,5
2023	82,5	2050	96,0
2024	83,0	2051	96,5
2025	83,5	2052	97,0
2026	84,0	2053	97,5
2027	84,5	2054	98,0
2028	85,0	2055	98,5
2029	85,5	2056	99,0
2030	86,0	2057	99,5
2031	86,5	2058	100,0

[4]Der Unterschiedsbetrag zwischen dem Jahresbetrag der Rente und dem der Besteuerung unterliegenden Anteil der Rente ist der steuerfreie Teil der Rente. [5]Dieser gilt ab dem Jahr, das dem Jahr des Rentenbeginns folgt, für die gesamte Laufzeit des Rentenbezugs. [6]Abweichend hiervon ist der steuerfreie Teil der Rente bei einer Veränderung des Jahresbetrags der Rente in dem Verhältnis anzupassen, in dem der veränderte Jahresbetrag der Rente zum Jahresbetrag der Rente steht, der der Ermittlung des steuerfreien Teils der Rente zugrunde liegt. [7]Regelmäßige Anpassungen des Jahresbetrags der Rente führen nicht zu einer Neuberechnung und bleiben bei einer Neuberechnung außer Betracht. [8]Folgen nach dem 31. Dezember 2004 Renten aus derselben Versicherung einander nach, gilt für die spätere Rente Satz 3 mit der Maßgabe, dass sich der Prozentsatz nach dem Jahr richtet, das sich ergibt, wenn die Laufzeit der vorhergehenden Renten von dem Jahr des Beginns der späteren Rente abgezogen wird; der Prozentsatz kann jedoch nicht niedriger bemessen werden als der für das Jahr 2005. [9]Verstirbt der Rentenempfänger, ist ihm die Rente für den Sterbemonat noch zuzurechnen;

bb) die nicht solche im Sinne des Doppelbuchstaben aa sind und bei denen in den einzelnen Bezügen Einkünfte aus Erträgen des Rentenrechts enthalten sind. [2]Dies gilt auf Antrag auch für Leibrenten und andere Leistungen, soweit diese auf bis zum 31. Dezember 2004 geleisteten Beiträgen beruhen, welche oberhalb des Betrags des Höchstbeitrags zur gesetzlichen Rentenversicherung gezahlt wurden; der Steuerpflichtige muss nachweisen, dass der Betrag des Höchstbeitrags mindestens zehn Jahre überschritten wurde; soweit hiervon im Versorgungsausgleich übertragene Rentenanwartschaften betroffen sind, gilt § 4 Absatz 1 und 2 des Versorgungsausgleichsgesetzes entsprechend. [3]Als Ertrag des Rentenrechts gilt für die gesamte Dauer des Rentenbezugs der Unterschiedsbetrag zwischen dem Jahresbetrag der Rente und dem Betrag, der sich bei gleichmäßiger Verteilung des Kapitalwerts der Rente auf ihre voraussichtliche Laufzeit ergibt; dabei ist der Kapitalwert nach dieser Laufzeit zu berechnen. [4]Der Ertrag des Rentenrechts (Ertragsanteil) ist aus der nachstehenden Tabelle zu entnehmen:

Bei Beginn der Rente vollendetes Lebensjahr des Rentenberechtigten	Ertragsanteil in %
0 bis 1	59
2 bis 3	58
4 bis 5	57
6 bis 8	56
9 bis 10	55
11 bis 12	54
13 bis 14	53

Bei Beginn der Rente vollendetes Lebensjahr des Rentenberechtigten	Ertragsanteil in %
15 bis 16	52
17 bis 18	51
19 bis 20	50
21 bis 22	49
23 bis 24	48
25 bis 26	47
27	46
28 bis 29	45
30 bis 31	44
32	43
33 bis 34	42
35	41
36 bis 37	40
38	39
39 bis 40	38
41	37
42	36
43 bis 44	35
45	34
46 bis 47	33
48	32
49	31
50	30
51 bis 52	29
53	28
54	27
55 bis 56	26
57	25

Bei Beginn der Rente vollendetes Lebensjahr des Rentenberechtigten	Ertragsanteil in %
58	24
59	23
60 bis 61	22
62	21
63	20
64	19
65 bis 66	18
67	17
68	16
69 bis 70	15
71	14
72 bis 73	13
74	12
75	11
76 bis 77	10
78 bis 79	9
80	8
81 bis 82	7
83 bis 84	6
85 bis 87	5
88 bis 91	4
92 bis 93	3
94 bis 96	2
ab 97	1

[5]Die Ermittlung des Ertrags aus Leibrenten, die vor dem 1. Januar 1955 zu laufen begonnen haben, und aus Renten, deren Dauer von der Lebenszeit mehrerer Personen oder einer anderen Person als des Rentenberechtigten abhängt, sowie aus Leibrenten, die auf eine bestimmte Zeit beschränkt sind, wird durch eine Rechtsverordnung bestimmt.[6]Doppelbuchstabe aa Satz 9 gilt entsprechend;

b) Einkünfte aus Zuschüssen und sonstigen Vorteilen, die als wiederkehrende Bezüge gewährt werden;

1a. Einkünfte aus Leistungen und Zahlungen nach § 10 Absatz 1a, soweit für diese die Voraussetzungen für den Sonderausgabenabzug beim Leistungs- oder Zahlungsverpflichteten nach § 10 Absatz 1a erfüllt sind;

1b. (weggefallen)

1c. (weggefallen)

2. Einkünfte aus privaten Veräußerungsgeschäften im Sinne des § 23;

3. Einkünfte aus Leistungen, soweit sie weder zu anderen Einkunftsarten (§ 2 Absatz 1 Satz 1 Nummer 1 bis 6) noch zu den Einkünften im Sinne der Nummern 1, 1a, 2 oder 4 gehören, z. B. Einkünfte aus gelegentlichen Vermittlungen und aus der Vermietung beweglicher Gegenstände. [2]Solche Einkünfte sind nicht einkommensteuerpflichtig, wenn sie weniger als 256 Euro im Kalenderjahr betragen haben. [3]Übersteigen die Werbungskosten die Einnahmen, so darf der übersteigende Betrag bei Ermittlung des Einkommens nicht ausgeglichen werden; er darf auch nicht nach § 10d abgezogen werden. [4]Die Verluste mindern jedoch nach Maßgabe des § 10d die Einkünfte, die der Steuerpflichtige in dem unmittelbar vorangegangenen Veranlagungszeitraum oder in den folgenden Veranlagungszeiträumen aus Leistungen im Sinne des Satzes 1 erzielt hat oder erzielt; § 10d Absatz 4 gilt entsprechend;

4. Entschädigungen, Amtszulagen, Zuschüsse zu Kranken- und Pflegeversicherungsbeiträgen, Übergangsgelder, Überbrückungsgelder, Sterbegelder, Versorgungsabfindungen, Versorgungsbezüge, die auf Grund des Abgeordnetengesetzes oder des Europaabgeordnetengesetzes, sowie vergleichbare Bezüge, die auf Grund der entsprechenden Gesetze der Länder gezahlt werden, und die Entschädigungen, das Übergangsgeld, das Ruhegehalt und die Hinterbliebenenversorgung, die auf Grund des Abgeordnetenstatuts des Europäischen Parlaments von der Europäischen Union gezahlt werden. [2]Werden zur Abgeltung des durch das Mandat veranlassten Aufwandes Aufwandsentschädigungen gezahlt, so dürfen die durch das Mandat veranlassten Aufwendungen nicht als Werbungskosten abgezogen werden. [3]Wahlkampfkosten zur Erlangung eines Mandats im Bundestag, im Europäischen Parlament oder im Parlament eines Landes dürfen nicht als Werbungskosten abgezogen werden. [4]Es gelten entsprechend

   a) für Nachversicherungsbeiträge auf Grund gesetzlicher Verpflichtung nach den Abgeordnetengesetzen im Sinne des Satzes 1 und für Zuschüsse zu Kranken- und Pflegeversicherungsbeiträgen § 3 Nummer 62,

   b) für Versorgungsbezüge § 19 Absatz 2 nur bezüglich des Versorgungsfreibetrags; beim Zusammentreffen mit Versorgungsbezügen im Sinne des § 19 Absatz 2 Satz 2 bleibt jedoch insgesamt höchstens ein Betrag in Höhe des Versorgungsfreibetrags nach § 19 Absatz 2 Satz 3 im Veranlagungszeitraum steuerfrei,

   c) für das Übergangsgeld, das in einer Summe gezahlt wird, und für die Versorgungsabfindung § 34 Absatz 1,

d) für die Gemeinschaftssteuer, die auf die Entschädigungen, das Übergangsgeld, das Ruhegehalt und die Hinterbliebenenversorgung auf Grund des Abgeordnetenstatuts des Europäischen Parlaments von der Europäischen Union erhoben wird, § 34c Absatz 1; dabei sind die im ersten Halbsatz genannten Einkünfte für die entsprechende Anwendung des § 34c Absatz 1 wie ausländische Einkünfte und die Gemeinschaftssteuer wie eine der deutschen Einkommensteuer entsprechende ausländische Steuer zu behandeln;

5. Leistungen aus Altersvorsorgeverträgen, Pensionsfonds, Pensionskassen und Direktversicherungen. [2]Soweit die Leistungen nicht auf Beiträgen, auf die § 3 Nummer 63, 63a, § 10a, Abschnitt XI oder Abschnitt XII angewendet wurden, nicht auf Zulagen im Sinne des Abschnitts XI, nicht auf Zahlungen im Sinne des § 92a Absatz 2 Satz 4 Nummer 1 und des § 92a Absatz 3 Satz 9 Nummer 2, nicht auf steuerfreien Leistungen nach § 3 Nummer 66 und nicht auf Ansprüchen beruhen, die durch steuerfreie Zuwendungen nach § 3 Nummer 56 oder die durch die nach § 3 Nummer 55b Satz 1 oder § 3 Nummer 55c steuerfreie Leistung aus einem neu begründeten Anrecht erworben wurden,

   a) ist bei lebenslangen Renten sowie bei Berufsunfähigkeits-, Erwerbsminderungs- und Hinterbliebenenrenten Nummer 1 Satz 3 Buchstabe a entsprechend anzuwenden,

   b) ist bei Leistungen aus Versicherungsverträgen, Pensionsfonds, Pensionskassen und Direktversicherungen, die nicht solche nach Buchstabe a sind, § 20 Absatz 1 Nummer 6 in der jeweils für den Vertrag geltenden Fassung entsprechend anzuwenden,

   c) unterliegt bei anderen Leistungen der Unterschiedsbetrag zwischen der Leistung und der Summe der auf sie entrichteten Beiträge der Besteuerung; § 20 Absatz 1 Nummer 6 Satz 2 gilt entsprechend.

   [3]In den Fällen des § 93 Absatz 1 Satz 1 und 2 gilt das ausgezahlte geförderte Altersvorsorgevermögen nach Abzug der Zulagen im Sinne des Abschnitts XI als Leistung im Sinne des Satzes 2. [4]Als Leistung im Sinne des Satzes 1 gilt auch der Verminderungsbetrag nach § 92a Absatz 2 Satz 5 und der Auflösungsbetrag nach § 92a Absatz 3 Satz 5. [5]Der Auflösungsbetrag nach § 92a Absatz 2 Satz 6 wird zu 70 Prozent als Leistung nach Satz 1 erfasst. [6]Tritt nach dem Beginn der Auszahlungsphase zu Lebzeiten des Zulageberechtigten der Fall des § 92a Absatz 3 Satz 1 ein, dann ist

   a) innerhalb eines Zeitraums bis zum zehnten Jahr nach dem Beginn der Auszahlungsphase das Eineinhalbfache,

   b) innerhalb eines Zeitraums zwischen dem zehnten und 20. Jahr nach dem Beginn der Auszahlungsphase das Einfache

   des nach Satz 5 noch nicht erfassten Auflösungsbetrags als Leistung nach Satz 1 zu erfassen; § 92a Absatz 3 Satz 9 gilt entsprechend mit der Maßgabe, dass als noch nicht zurückgeführter Betrag im Wohnförderkonto der noch nicht erfasste Auflösungsbetrag gilt.[7]Bei erstmaligem Bezug von Leistungen, in den Fällen des § 93 Absatz 1 sowie bei Änderung der im Kalenderjahr auszuzahlenden Leistung hat der Anbieter (§ 80) nach Ablauf des Kalenderjahres dem Steuerpflichtigen nach amtlich vorgeschriebenem Muster den Betrag der im abgelaufenen Kalenderjahr zugeflossenen Leistungen im Sinne der Sätze 1 bis 3 je gesondert mitzuteilen; mit Einverständnis des Steuerpflichtigen kann die Mitteilung elektronisch bereitgestellt werden.[8]Werden dem Steuerpflichtigen Abschluss- und Vertriebskosten eines Altersvorsorgevertrages erstattet, gilt der Erstattungsbetrag als Leistung im Sinne des Satzes 1.[9]In den Fällen des § 3 Nummer 55a richtet sich die Zuordnung zu Satz 1 oder Satz 2 bei der ausgleichsberechtigten Person danach, wie eine nur auf die Ehezeit bezogene Zuordnung der sich aus dem übertragenen Anrecht ergebenden Leistung zu Satz 1 oder Satz 2 bei der ausgleichspflichtigen Person im Zeitpunkt der Übertragung ohne die Teilung vorzunehmen gewesen wäre.[10]Dies gilt sinngemäß in den Fällen des § 3 Nummer 55 und 55e.[11]Wird eine Versorgungsverpflichtung nach § 3 Nummer 66 auf einen Pensionsfonds übertragen und hat der Steuerpflichtige bereits vor dieser Übertragung Leistungen auf Grund dieser Versorgungsverpflichtung erhalten, so sind insoweit auf die Leistungen aus dem Pensionsfonds im Sinne des Satzes 1 die Beträge nach § 9a Satz 1 Nummer 1 und § 19 Absatz 2 entsprechend anzuwenden; § 9a Satz 1 Nummer 3 ist nicht anzuwenden.[12]Wird auf Grund einer internen Teilung nach § 10 des Versorgungsausgleichsgesetzes oder einer externen Teilung nach § 14 des Versorgungsausgleichsgesetzes ein Anrecht zugunsten der ausgleichsberechtigten Person begründet, so gilt dieser Vertrag insoweit zu dem gleichen Zeitpunkt als abgeschlossen wie der Vertrag der ausgleichspflichtigen Person, wenn die aus dem Vertrag der ausgleichspflichtigen Person ausgezahlten Leistungen zu einer Besteuerung nach Satz 2 führen.[13]Für Leistungen aus Altersvorsorgeverträgen nach § 93 Absatz 3 ist § 34 Absatz 1 entsprechend anzuwenden.[14]Soweit Begünstigungen, die mit denen in Satz 2 vergleichbar sind, bei der deutschen Besteuerung gewährt wurden, gelten die darauf beruhenden Leistungen ebenfalls als Leistung nach Satz 1.[15]§ 20 Absatz 1 Nummer 6 Satz 9 in der ab dem 27. Juli 2016 geltenden Fassung findet , keine Anwendung.[16]Nummer 1 Satz 3 Buchstabe a Doppelbuchstabe aa Satz 9 gilt entsprechend.

h) Gemeinsame Vorschriften

§ 24a Altersentlastungsbetrag

[1]Der Altersentlastungsbetrag ist bis zu einem Höchstbetrag im Kalenderjahr ein nach einem Prozentsatz ermittelter Betrag des Arbeitslohns und der positiven Summe der Einkünfte, die nicht solche aus nichtselbständiger Arbeit sind. [2]Bei der Bemessung des Betrags bleiben außer Betracht:

1. Versorgungsbezüge im Sinne des § 19 Absatz 2;
2. Einkünfte aus Leibrenten im Sinne des § 22 Nummer 1 Satz 3 Buchstabe a;
3. Einkünfte im Sinne des § 22 Nummer 4 Satz 4 Buchstabe b;

4. Einkünfte im Sinne des § 22 Nummer 5 Satz 1, soweit § 22 Nummer 5 Satz 11 anzuwenden ist;

5. Einkünfte im Sinne des § 22 Nummer 5 Satz 2 Buchstabe a.

[3]Der Altersentlastungsbetrag wird einem Steuerpflichtigen gewährt, der vor dem Beginn des Kalenderjahres, in dem er sein Einkommen bezogen hat, das 64. Lebensjahr vollendet hatte. [4]Im Fall der Zusammenveranlagung von Ehegatten zur Einkommensteuer sind die Sätze 1 bis 3 für jeden Ehegatten gesondert anzuwenden. [5]Der maßgebende Prozentsatz und der Höchstbetrag des Altersentlastungsbetrags sind der nachstehenden Tabelle zu entnehmen:

Das auf die Vollendung des 64. Lebensjahres folgende Kalenderjahr	Altersentlastungsbetrag	
	in % der Einkünfte	Höchstbetrag in Euro
2005	40,0	1 900
2006	38,4	1 824
2007	36,8	1 748
2008	35,2	1 672
2009	33,6	1 596
2010	32,0	1 520
2011	30,4	1 444
2012	28,8	1 368
2013	27,2	1 292
2014	25,6	1 216
2015	24,0	1 140
2016	22,4	1 064
2017	20,8	988
2018	19,2	912
2019	17,6	836
2020	16,0	760
2021	15,2	722
2022	14,4	684
2023	14,0	665
2024	13,6	646

Das auf die Vollendung des 64. Lebensjahres folgende Kalenderjahr	Altersentlastungsbetrag	
	in % der Einkünfte	Höchstbetrag in Euro
2025	13,2	627
2026	12,8	608
2027	12,4	589
2028	12,0	570
2029	11,6	551
2030	11,2	532
2031	10,8	513
2032	10,4	494
2033	10,0	475
2034	9,6	456
2035	9,2	437
2036	8,8	418
2037	8,4	399
2038	8,0	380
2039	7,6	361
2040	7,2	342
2041	6,8	323
2042	6,4	304
2043	6,0	285
2044	5,6	266
2045	5,2	247
2046	4,8	228
2047	4,4	209
2048	4,0	190
2049	3,6	171
2050	3,2	152
2051	2,8	133

Das auf die Vollendung des 64. Lebensjahres folgende Kalenderjahr	Altersentlastungsbetrag	
	in % der Einkünfte	Höchstbetrag in Euro
2052	2,4	114
2053	2,0	95
2054	1,6	76
2055	1,2	57
2056	0,8	38
2057	0,4	19
2058	0,0	0

§ 24b Entlastungsbetrag für Alleinerziehende

(1) [1]Allein stehende Steuerpflichtige können einen Entlastungsbetrag von der Summe der Einkünfte abziehen, wenn zu ihrem Haushalt mindestens ein Kind gehört, für das ihnen ein Freibetrag nach § 32 Absatz 6 oder Kindergeld zusteht. [2]Die Zugehörigkeit zum Haushalt ist anzunehmen, wenn das Kind in der Wohnung des allein stehenden Steuerpflichtigen gemeldet ist. [3]Ist das Kind bei mehreren Steuerpflichtigen gemeldet, steht der Entlastungsbetrag nach Satz 1 demjenigen Alleinstehenden zu, der die Voraussetzungen auf Auszahlung des Kindergeldes nach § 64 Absatz 2 Satz 1 erfüllt oder erfüllen würde in Fällen, in denen nur ein Anspruch auf einen Freibetrag nach § 32 Absatz 6 besteht. [4]Voraussetzung für die Berücksichtigung ist die Identifizierung des Kindes durch die an dieses Kind vergebene Identifikationsnummer (§ 139b der Abgabenordnung). [5]Ist das Kind nicht nach einem Steuergesetz steuerpflichtig (§ 139a Absatz 2 der Abgabenordnung), ist es in anderer geeigneter Weise zu identifizieren. [6]Die nachträgliche Vergabe der Identifikationsnummer wirkt auf Monate zurück, in denen die Voraussetzungen der Sätze 1 bis 3 vorliegen.

(2) [1]Gehört zum Haushalt des allein stehenden Steuerpflichtigen ein Kind im Sinne des Absatzes 1, beträgt der Entlastungsbetrag im Kalenderjahr 4 260 Euro. [2]Für jedes weitere Kind im Sinne des Absatzes 1 erhöht sich der Betrag nach Satz 1 um 240 Euro je weiterem Kind.

(3) [1]Allein stehend im Sinne des Absatzes 1 sind Steuerpflichtige, die nicht die Voraussetzungen für die Anwendung des Splitting-Verfahrens (§ 26 Absatz 1) erfüllen oder verwitwet sind und keine Haushaltsgemeinschaft mit einer anderen volljährigen Person bilden, es sei denn, für diese steht ihnen ein Freibetrag nach § 32 Absatz 6 oder Kindergeld zu oder es handelt sich um ein Kind im Sinne des § 63 Absatz 1 Satz 1, das einen Dienst nach § 32 Absatz 5 Satz 1 Nummer 1 und 2 leistet oder eine Tätigkeit nach § 32 Absatz 5 Satz 1 Nummer 3 ausübt. [2]Ist die andere Person mit Haupt- oder Nebenwohnsitz in der Wohnung des Steuerpflichtigen gemeldet, wird vermutet, dass sie mit dem Steuerpflich-

tigen gemeinsam wirtschaftet (Haushaltsgemeinschaft). [3]Diese Vermutung ist widerlegbar, es sei denn, der Steuerpflichtige und die andere Person leben in einer eheähnlichen oder lebenspartnerschaftsähnlichen Gemeinschaft.

(4) Für jeden vollen Kalendermonat, in dem die Voraussetzungen des Absatzes 1 nicht vorgelegen haben, ermäßigt sich der Entlastungsbetrag nach Absatz 2 um ein Zwölftel.

III. Veranlagung

§ 25 Veranlagungszeitraum, Steuererklärungspflicht

(1) Die Einkommensteuer wird nach Ablauf des Kalenderjahres (Veranlagungszeitraum) nach dem Einkommen veranlagt, das der Steuerpflichtige in diesem Veranlagungszeitraum bezogen hat, soweit nicht nach § 43 Absatz 5 und § 46 eine Veranlagung unterbleibt.

(Abs. 2–4 nicht abgedruckt)

IV. Tarif

§ 31 Familienleistungsausgleich

[1]Die steuerliche Freistellung eines Einkommensbetrags in Höhe des Existenzminimums eines Kindes einschließlich der Bedarfe für Betreuung und Erziehung oder Ausbildung wird im gesamten Veranlagungszeitraum entweder durch die Freibeträge nach § 32 Absatz 6 oder durch Kindergeld nach Abschnitt X bewirkt. [2]Soweit das Kindergeld dafür nicht erforderlich ist, dient es der Förderung der Familie. [3]Im laufenden Kalenderjahr wird Kindergeld als Steuervergütung monatlich gezahlt. [4]Bewirkt der Anspruch auf Kindergeld für den gesamten Veranlagungszeitraum die nach Satz 1 gebotene steuerliche Freistellung nicht vollständig und werden deshalb bei der Veranlagung zur Einkommensteuer die Freibeträge nach § 32 Absatz 6 vom Einkommen abgezogen, erhöht sich die unter Abzug dieser Freibeträge ermittelte tarifliche Einkommensteuer um den Anspruch auf Kindergeld für den gesamten Veranlagungszeitraum; bei nicht zusammenveranlagten Eltern wird der Kindergeldanspruch im Umfang des Kinderfreibetrags angesetzt.[5]Bei der Prüfung der Steuerfreistellung und der Hinzurechnung nach Satz 4 bleibt der Anspruch auf Kindergeld für Kalendermonate unberücksichtigt, in denen durch Bescheid der Familienkasse ein Anspruch auf Kindergeld festgesetzt, aber wegen § 70 Absatz 1 Satz 2 nicht ausgezahlt wurde. [6]Satz 4 gilt entsprechend für mit dem Kindergeld vergleichbare Leistungen nach § 65. [7]Besteht nach ausländischem Recht Anspruch auf Leistungen für Kinder, wird dieser insoweit nicht berücksichtigt, als er das inländische Kindergeld übersteigt.

§ 32 Kinder, Freibeträge für Kinder

(1) Kinder sind

1. im ersten Grad mit dem Steuerpflichtigen verwandte Kinder,
2. Pflegekinder (Personen, mit denen der Steuerpflichtige durch ein familienähnliches, auf längere Dauer berechnetes Band verbunden ist, sofern er sie nicht zu Erwerbszwecken in seinen Haushalt aufgenommen hat und das Obhuts- und Pflegeverhältnis zu den Eltern nicht mehr besteht).

(2) [1]Besteht bei einem angenommenen Kind das Kindschaftsverhältnis zu den leiblichen Eltern weiter, ist es vorrangig als angenommenes Kind zu berücksichtigen. [2]Ist ein im ersten Grad mit dem Steuerpflichtigen verwandtes Kind zugleich ein Pflegekind, ist es vorrangig als Pflegekind zu berücksichtigen.

(3) Ein Kind wird in dem Kalendermonat, in dem es lebend geboren wurde, und in jedem folgenden Kalendermonat, zu dessen Beginn es das 18. Lebensjahr noch nicht vollendet hat, berücksichtigt.

(4) [1]Ein Kind, das das 18. Lebensjahr vollendet hat, wird berücksichtigt, wenn es

1. noch nicht das 21. Lebensjahr vollendet hat, nicht in einem Beschäftigungsverhältnis steht und bei einer Agentur für Arbeit im Inland als Arbeitsuchender gemeldet ist oder
2. noch nicht das 25. Lebensjahr vollendet hat und
   a) für einen Beruf ausgebildet wird oder
   b) sich in einer Übergangszeit von höchstens vier Monaten befindet, die zwischen zwei Ausbildungsabschnitten oder zwischen einem Ausbildungsabschnitt und der Ableistung des gesetzlichen Wehr- oder Zivildienstes, einer vom Wehr- oder Zivildienst befreienden Tätigkeit als Entwicklungshelfer oder als Dienstleistender im Ausland nach § 14b des Zivildienstgesetzes oder der Ableistung des freiwilligen Wehrdienstes nach § 58b des Soldatengesetzes oder der Ableistung eines freiwilligen Dienstes im Sinne des Buchstaben d liegt, oder
   c) eine Berufsausbildung mangels Ausbildungsplatzes nicht beginnen oder fortsetzen kann oder
   d) ein freiwilliges soziales Jahr oder ein freiwilliges ökologisches Jahr im Sinne des Jugendfreiwilligendienstegesetzes oder eine Freiwilligenaktivität im Rahmen des Europäischen Solidaritätskorps im Sinne der Verordnung (EU) Nr. 2018/1475 des Europäischen Parlaments und des Rates vom 2. Oktober 2018 zur Festlegung des rechtlichen Rahmens des Europäischen Solidaritätskorps sowie zur Änderung, der Verordnung (EU) Nr. 1288/2013 und der Verordnung (EU) Nr. 1293/2013 sowie des Beschlusses Nr. 1313/2013/EU (ABl. L 250 vom 4.10.2018, S. 1) oder einen anderen Dienst im Ausland im Sinne von § 5 des Bundesfreiwilligendienstgesetzes oder einen entwicklungspolitischen Freiwilligendienst „weltwärts" im Sinne der Förderleitlinie des Bundesministeriums für wirtschaftliche Zusammenarbeit und Entwicklung vom 1. Januar 2016 oder einen Freiwilligendienst aller Generationen im Sinne

von § 2 Absatz 1a des Siebten Buches Sozialgesetzbuch oder einen Internationalen Jugendfreiwilligendienst im Sinne der Richtlinie des Bundesministeriums für Familie, Senioren, Frauen und Jugend vom 25. Mai 2018 (GMBl S. 545) oder einen Bundesfreiwilligendienst im Sinne des Bundesfreiwilligendienstgesetzes leistet oder

3. wegen körperlicher, geistiger oder seelischer Behinderung außerstande ist, sich selbst zu unterhalten; Voraussetzung ist, dass die Behinderung vor Vollendung des 25. Lebensjahres eingetreten ist.

[2]Nach Abschluss einer erstmaligen Berufsausbildung oder eines Erststudiums wird ein Kind in den Fällen des Satzes 1 Nummer 2 nur berücksichtigt, wenn das Kind keiner Erwerbstätigkeit nachgeht. [3]Eine Erwerbstätigkeit mit bis zu 20 Stunden regelmäßiger wöchentlicher Arbeitszeit, ein Ausbildungsdienstverhältnis oder ein geringfügiges Beschäftigungsverhältnis im Sinne der §§ 8 und 8a des Vierten Buches Sozialgesetzbuch sind unschädlich.

(5) [1]In den Fällen des Absatzes 4 Satz 1 Nummer 1 oder Nummer 2 Buchstabe a und b wird ein Kind, das

1. den gesetzlichen Grundwehrdienst oder Zivildienst geleistet hat, oder
2. sich anstelle des gesetzlichen Grundwehrdienstes freiwillig für die Dauer von nicht mehr als drei Jahren zum Wehrdienst verpflichtet hat, oder
3. eine vom gesetzlichen Grundwehrdienst oder Zivildienst befreiende Tätigkeit als Entwicklungshelfer im Sinne des § 1 Absatz 1 des Entwicklungshelfer-Gesetzes ausgeübt hat,

für einen der Dauer dieser Dienste oder der Tätigkeit entsprechenden Zeitraum, höchstens für die Dauer des inländischen gesetzlichen Grundwehrdienstes oder bei anerkannten Kriegsdienstverweigerern für die Dauer des inländischen gesetzlichen Zivildienstes über das 21. oder 25. Lebensjahr hinaus berücksichtigt. [2]Wird der gesetzliche Grundwehrdienst oder Zivildienst in einem Mitgliedstaat der Europäischen Union oder einem Staat, auf den das Abkommen über den Europäischen Wirtschaftsraum Anwendung findet, geleistet, so ist die Dauer dieses Dienstes maßgebend. [3]Absatz 4 Satz 2 und 3 gilt entsprechend.

(6) [1]Bei der Veranlagung zur Einkommensteuer wird für jedes zu berücksichtigende Kind des Steuerpflichtigen ein Freibetrag von 3 192 Euro für das sächliche Existenzminimum des Kindes (Kinderfreibetrag) sowie ein Freibetrag von 1 464 Euro für den Betreuungs- und Erziehungs- oder Ausbildungsbedarf des Kindes vom Einkommen abgezogen. [2]Bei Ehegatten, die nach den §§ 26, 26b zusammen zur Einkommensteuer veranlagt werden, verdoppeln sich die Beträge nach Satz 1, wenn das Kind zu beiden Ehegatten in einem Kindschaftsverhältnis steht. [3]Die Beträge nach Satz 2 stehen dem Steuerpflichtigen auch dann zu, wenn

1. der andere Elternteil verstorben oder nicht unbeschränkt einkommensteuerpflichtig ist oder
2. der Steuerpflichtige allein das Kind angenommen hat oder das Kind nur zu ihm in einem Pflegekindschaftsverhältnis steht.

[4]Für ein nicht nach § 1 Absatz 1 oder 2 unbeschränkt einkommensteuerpflichtiges Kind können die Beträge nach den Sätzen 1 bis 3 nur abgezogen werden, soweit sie nach den Verhältnissen seines Wohnsitzstaates notwendig und angemessen sind. [5]Für jeden Kalendermonat, in dem die Voraussetzungen für einen Freibetrag nach den Sätzen 1 bis 4 nicht vorliegen, ermäßigen sich die dort genannten Beträge um ein Zwölftel. [6]Abweichend von Satz 1 wird bei einem unbeschränkt einkommensteuerpflichtigen Elternpaar, bei dem die Voraussetzungen des § 26 Absatz 1 Satz 1 nicht vorliegen, auf Antrag eines Elternteils der dem anderen Elternteil zustehende Kinderfreibetrag auf ihn übertragen, wenn er, nicht jedoch der andere Elternteil, seiner Unterhaltspflicht gegenüber dem Kind für das Kalenderjahr im Wesentlichen nachkommt oder der andere Elternteil mangels Leistungsfähigkeit nicht unterhaltspflichtig ist; die Übertragung des Kinderfreibetrags führt stets auch zur Übertragung des Freibetrags für den Betreuungs- und Erziehungs- oder Ausbildungsbedarf.[7]Eine Übertragung nach Satz 6 scheidet für Zeiträume aus, für die Unterhaltsleistungen nach dem Unterhaltsvorschussgesetz gezahlt werden. [8]Bei minderjährigen Kindern wird der dem Elternteil, in dessen Wohnung das Kind nicht gemeldet ist, zustehende Freibetrag für den Betreuungs- und Erziehungs- oder Ausbildungsbedarf auf Antrag des anderen Elternteils auf diesen übertragen, wenn bei dem Elternpaar die Voraussetzungen des § 26 Absatz 1 Satz 1 nicht vorliegen. [9]Eine Übertragung nach Satz 8 scheidet aus, wenn der Übertragung widersprochen wird, weil der Elternteil, bei dem das Kind nicht gemeldet ist, Kinderbetreuungskosten trägt oder das Kind regelmäßig in einem nicht unwesentlichen Umfang betreut. [10]Die den Eltern nach den Sätzen 1 bis 9 zustehenden Freibeträge können auf Antrag auch auf einen Stiefelternteil oder Großelternteil übertragen werden, wenn dieser das Kind in seinen Haushalt aufgenommen hat oder dieser einer Unterhaltspflicht gegenüber dem Kind unterliegt. [11]Die Übertragung nach Satz 10 kann auch mit Zustimmung des berechtigten Elternteils erfolgen, die nur für künftige Kalenderjahre widerrufen werden kann.[12]Voraussetzung für die Berücksichtigung des Kinderfreibetrags sowie des Freibetrags für den Betreuungs- und Erziehungs- oder Ausbildungsbedarf des Kindes ist die Identifizierung des Kindes durch die an dieses Kind vergebene Identifikationsnummer (§ 139b der Abgabenordnung).[13]Ist das Kind nicht nach einem Steuergesetz steuerpflichtig (§ 139a Absatz 2 der Abgabenordnung), ist es in anderer geeigneter Weise zu identifizieren.[14]Die nachträgliche Identifizierung oder nachträgliche Vergabe der Identifikationsnummer wirkt auf Monate zurück, in denen die übrigen Voraussetzungen für die Gewährung des Kinderfreibetrags sowie des Freibetrags für den Betreuungs- und Erziehungs- oder Ausbildungsbedarf des Kindes vorliegen.

§ 32a Einkommensteuertarif

(Abs. 1–4 nicht abgedruckt)

(5) Bei Ehegatten, die nach den §§ 26, 26b zusammen zur Einkommensteuer veranlagt werden, beträgt die tarifliche Einkommensteuer vorbehaltlich der §§ 32b, 32d, 34, 34a, 34b und 34c das Zweifache des Steuerbetrags, der sich für die Hälfte ihres gemeinsam zu versteuernden Einkommens nach Absatz 1 ergibt (Splitting-Verfahren).

(6) [1]Das Verfahren nach Absatz 5 ist auch anzuwenden zur Berechnung der tariflichen Einkommensteuer für das zu versteuernde Einkommen

1. bei einem verwitweten Steuerpflichtigen für den Veranlagungszeitraum, der dem Kalenderjahr folgt, in dem der Ehegatte verstorben ist, wenn der Steuerpflichtige und sein verstorbener Ehegatte im Zeitpunkt seines Todes die Voraussetzungen des § 26 Absatz 1 Satz 1 erfüllt haben,
2. bei einem Steuerpflichtigen, dessen Ehe in dem Kalenderjahr, in dem er sein Einkommen bezogen hat, aufgelöst worden ist, wenn in diesem Kalenderjahr
   a) der Steuerpflichtige und sein bisheriger Ehegatte die Voraussetzungen des § 26 Absatz 1 Satz 1 erfüllt haben,
   b) der bisherige Ehegatte wieder geheiratet hat und
   c) der bisherige Ehegatte und dessen neuer Ehegatte ebenfalls die Voraussetzungen des § 26 Absatz 1 Satz 1 erfüllen.

[2]Voraussetzung für die Anwendung des Satzes 1 ist, dass der Steuerpflichtige nicht nach den §§ 26, 26a einzeln zur Einkommensteuer veranlagt wird.

§ 33 Außergewöhnliche Belastungen

(1) Erwachsen einem Steuerpflichtigen zwangsläufig größere Aufwendungen als der überwiegenden Mehrzahl der Steuerpflichtigen gleicher Einkommensverhältnisse, gleicher Vermögensverhältnisse und gleichen Familienstands (außergewöhnliche Belastung), so wird auf Antrag die Einkommensteuer dadurch ermäßigt, dass der Teil der Aufwendungen, der die dem Steuerpflichtigen zumutbare Belastung (Absatz 3) übersteigt, vom Gesamtbetrag der Einkünfte abgezogen wird.

(2) [1]Aufwendungen erwachsen dem Steuerpflichtigen zwangsläufig, wenn er sich ihnen aus rechtlichen, tatsächlichen oder sittlichen Gründen nicht entziehen kann und soweit die Aufwendungen den Umständen nach notwendig sind und einen angemessenen Betrag nicht übersteigen. [2]Aufwendungen, die zu den Betriebsausgaben, Werbungskosten oder Sonderausgaben gehören, bleiben dabei außer Betracht; das gilt für Aufwendungen im Sinne des § 10 Absatz 1 Nummer 7 und 9 nur insoweit, als sie als Sonderausgaben abgezogen werden können. [3]Aufwendungen, die durch Diätverpflegung entstehen, können nicht als außergewöhnliche Belastung berücksichtigt werden. [4]Aufwendungen für die Führung eines Rechtsstreits (Prozesskosten) sind vom Abzug ausgeschlossen, es sei denn, es handelt sich um Aufwendungen ohne die der Steuerpflichtige Gefahr liefe,

seine Existenzgrundlage zu verlieren und seine lebensnotwendigen Bedürfnisse in dem üblichen Rahmen nicht mehr befriedigen zu können.

(2a) [1]Abweichend von Absatz 1 wird für Aufwendungen für durch eine Behinderung veranlasste Fahrten nur eine Pauschale gewährt (behinderungsbedingte Fahrtkostenpauschale). [2]Die Pauschale erhalten:

1. Menschen mit einem Grad der Behinderung von mindestens 80 oder mit einem Grad der Behinderung von mindestens 70 und dem Merkzeichen „G",
2. Menschen mit dem Merkzeichen „aG", mit dem Merkzeichen „Bl", mit dem Merkzeichen „TBl" oder mit dem Merkzeichen „H".

[3]Bei Erfüllung der Anspruchsvoraussetzungen nach Satz 2 Nummer 1 beträgt die Pauschale 900 Euro.[4]Bei Erfüllung der Anspruchsvoraussetzungen nach Satz 2 Nummer 2 beträgt die Pauschale 4 500 Euro.[5]In diesem Fall kann die Pauschale nach Satz 3 nicht zusätzlich in Anspruch genommen werden.[6]Über die Fahrtkostenpauschale nach Satz 1 hinaus sind keine weiteren behinderungsbedingten Fahrtkosten als außergewöhnliche Belastung nach Absatz 1 berücksichtigungsfähig.[7]Die Pauschale ist bei der Ermittlung des Teils der Aufwendungen im Sinne des Absatzes 1, der die zumutbare Belastung übersteigt, einzubeziehen.[8]Sie kann auch gewährt werden, wenn ein Behinderten-Pauschbetrag nach § 33b Absatz 5 übertragen wurde.[9]§ 33b Absatz 5 ist entsprechend anzuwenden.

(3) [1]Die zumutbare Belastung beträgt

bei einem Gesamtbetrag der Einkünfte	bis 15 340 EUR	über 15 340 EUR bis 51 130 EUR	über 51 130 EUR
1. bei Steuerpflichtigen, die keine Kinder haben und bei denen die Einkommensteuer			
a) nach § 32a Absatz 1,	5	6	7
b) nach § 32a Absatz 5 oder 6 (Splitting-Verfahren) zu berechnen ist;	4	5	6
2. bei Steuerpflichtigen mit			
a) einem Kind oder zwei Kindern,	2	3	4
b) drei oder mehr Kindern	1	1	2
	Prozent des Gesamtbetrags der Einkünfte.		

[2]Als Kinder des Steuerpflichtigen zählen die, für die er Anspruch auf einen Freibetrag nach § 32 Absatz 6 oder auf Kindergeld hat.

(4) Die Bundesregierung wird ermächtigt, durch Rechtsverordnung mit Zustimmung des Bundesrates die Einzelheiten des Nachweises von Aufwendungen nach Absatz 1 und der Anspruchsvoraussetzungen nach Absatz 2a zu bestimmen.

§ 33a Außergewöhnliche Belastung in besonderen Fällen

(1) [1]Erwachsen einem Steuerpflichtigen Aufwendungen für den Unterhalt und eine etwaige Berufsausbildung einer dem Steuerpflichtigen oder seinem Ehegatten gegenüber gesetzlich unterhaltsberechtigten Person, so wird auf Antrag die Einkommensteuer dadurch ermäßigt, dass die Aufwendungen bis zu 9 984 Euro im Kalenderjahr vom Gesamtbetrag der Einkünfte abgezogen werden. [2]Der Höchstbetrag nach Satz 1 erhöht sich um den Betrag der im jeweiligen Veranlagungszeitraum nach § 10 Absatz 1 Nummer 3 für die Absicherung der unterhaltsberechtigten Person aufgewandten Beiträge; dies gilt nicht für Kranken- und Pflegeversicherungsbeiträge, die bereits nach § 10 Absatz 1 Nummer 3 Satz 1 anzusetzen sind. [3]Der gesetzlich unterhaltsberechtigten Person gleichgestellt ist eine Person, wenn bei ihr zum Unterhalt bestimmte inländische öffentliche Mittel mit Rücksicht auf die Unterhaltsleistungen des Steuerpflichtigen gekürzt werden. [4]Voraussetzung ist, dass weder der Steuerpflichtige noch eine andere Person Anspruch auf einen Freibetrag nach § 32 Absatz 6 oder auf Kindergeld für die unterhaltene Person hat und die unterhaltene Person kein oder nur ein geringes Vermögen besitzt; ein angemessenes Hausgrundstück im Sinne von § 90 Absatz 2 Nummer 8 des Zwölften Buches Sozialgesetzbuch bleibt unberücksichtigt. [5]Hat die unterhaltene Person andere Einkünfte oder Bezüge, so vermindert sich die Summe der nach Satz 1 und Satz 2 ermittelten Beträge um den Betrag, um den diese Einkünfte und Bezüge den Betrag von 624 Euro im Kalenderjahr übersteigen, sowie um die von der unterhaltenen Person als Ausbildungshilfe aus öffentlichen Mitteln oder von Förderungseinrichtungen, die hierfür öffentliche Mittel erhalten, bezogenen Zuschüsse; zu den Bezügen gehören auch steuerfreie Gewinne nach den §§ 14, 16 Absatz 4, § 17 Absatz 3 und § 18 Absatz 3, die nach § 19 Absatz 2 steuerfrei bleibenden Einkünfte sowie Sonderabschreibungen und erhöhte Absetzungen, soweit sie die höchstmöglichen Absetzungen für Abnutzung nach § 7 übersteigen. [6]Ist die unterhaltene Person nicht unbeschränkt einkommensteuerpflichtig, so können die Aufwendungen nur abgezogen werden, soweit sie nach den Verhältnissen des Wohnsitzstaates der unterhaltenen Person notwendig und angemessen sind, höchstens jedoch der Betrag, der sich nach den Sätzen 1 bis 5 ergibt; ob der Steuerpflichtige zum Unterhalt gesetzlich verpflichtet ist, ist nach inländischen Maßstäben zu beurteilen. [7]Werden die Aufwendungen für eine unterhaltene Person von mehreren Steuerpflichtigen getragen, so wird bei jedem der Teil des sich hiernach ergebenden Betrags abgezogen, der seinem Anteil am Gesamtbetrag der Leistungen entspricht. [8]Nicht auf Euro lautende Beträge sind entsprechend dem für Ende September des Jahres vor dem Veranlagungszeitraum von der Europäischen Zentralbank bekannt gegebenen Referenzkurs umzurechnen. [9]Voraussetzung für den Abzug der Aufwendungen ist die Angabe der erteilten Identifikationsnummer (§ 139b der Abgabenordnung) der unterhaltenen Person in der Steuererklärung des Unterhaltsleistenden, wenn die unterhaltene Person der un-

beschränkten oder beschränkten Steuerpflicht unterliegt. [10]Die unterhaltene Person ist für diese Zwecke verpflichtet, dem Unterhaltsleistenden ihre erteilte Identifikationsnummer (§ 139b der Abgabenordnung) mitzuteilen. [11]Kommt die unterhaltene Person dieser Verpflichtung nicht nach, ist der Unterhaltsleistende berechtigt, bei der für ihn zuständigen Finanzbehörde die Identifikationsnummer der unterhaltenen Person zu erfragen.

(2) [1]Zur Abgeltung des Sonderbedarfs eines sich in Berufsausbildung befindenden, auswärtig untergebrachten, volljährigen Kindes, für das Anspruch auf einen Freibetrag nach § 32 Absatz 6 oder Kindergeld besteht, kann der Steuerpflichtige einen Freibetrag in Höhe von 1 200 Euro je Kalenderjahr vom Gesamtbetrag der Einkünfte abziehen. [2]Für ein nicht unbeschränkt einkommensteuerpflichtiges Kind mindert sich der vorstehende Betrag nach Maßgabe des Absatzes 1 Satz 6. [3]Erfüllen mehrere Steuerpflichtige für dasselbe Kind die Voraussetzungen nach Satz 1, so kann der Freibetrag insgesamt nur einmal abgezogen werden. [4]Jedem Elternteil steht grundsätzlich die Hälfte des Abzugsbetrags nach den Sätzen 1 und 2 zu. [5]Auf gemeinsamen Antrag der Eltern ist eine andere Aufteilung möglich.

(3) [1]Für jeden vollen Kalendermonat, in dem die in den Absätzen 1 und 2 bezeichneten Voraussetzungen nicht vorgelegen haben, ermäßigen sich die dort bezeichneten Beträge um je ein Zwölftel. [2]Eigene Einkünfte und Bezüge der nach Absatz 1 unterhaltenen Person, die auf diese Kalendermonate entfallen, vermindern den nach Satz 1 ermäßigten Höchstbetrag nicht. [3]Als Ausbildungshilfe bezogene Zuschüsse der nach Absatz 1 unterhaltenen Person mindern nur den zeitanteiligen Höchstbetrag der Kalendermonate, für die sie bestimmt sind.

(4) In den Fällen der Absätze 1 und 2 kann wegen der in diesen Vorschriften bezeichneten Aufwendungen der Steuerpflichtige eine Steuerermäßigung nach § 33 nicht in Anspruch nehmen.

§ 33b Pauschbeträge für Menschen mit Behinderungen, Hinterbliebene und Pflegepersonen

(1) [1]Wegen der Aufwendungen für die Hilfe bei den gewöhnlichen und regelmäßig wiederkehrenden Verrichtungen des täglichen Lebens, für die Pflege sowie für einen erhöhten Wäschebedarf können Menschen mit Behinderungen unter den Voraussetzungen des Absatzes 2 anstelle einer Steuerermäßigung nach § 33 einen Pauschbetrag nach Absatz 3 geltend machen (Behinderten-Pauschbetrag). [2]Das Wahlrecht kann für die genannten Aufwendungen im jeweiligen Veranlagungszeitraum nur einheitlich ausgeübt werden.

(2) Einen Pauschbetrag erhalten Menschen, deren Grad der Behinderung auf mindestens 20 festgestellt ist, sowie Menschen, die hilflos im Sinne des Absatzes 3 Satz 4 sind.

(3) [1]Die Höhe des Pauschbetrags nach Satz 2 richtet sich nach dem dauernden Grad der Behinderung. [2]Als Pauschbetrag werden gewährt bei einem Grad der Behinderung von mindestens:

20	384 Euro,
30	620 Euro,
40	860 Euro,
50	1 140 Euro,
60	1.140 Euro,
70	1 780 Euro,
80	2.120 Euro,
90	2 460 Euro,
100	2 840 Euro.

[3]Menschen, die hilflos im Sinne des Satzes 4 sind, Blinde und Taubblinde erhalten einen Pauschbetrag von 7 400 Euro; in diesem Fall kann der Pauschbetrag nach Satz 2 nicht zusätzlich in Anspruch genommen werden. [4]Hilflos ist eine Person, wenn sie für eine Reihe von häufig und regelmäßig wiederkehrenden Verrichtungen zur Sicherung ihrer persönlichen Existenz im Ablauf eines jeden Tages fremder Hilfe dauernd bedarf. [5]Diese Voraussetzungen sind auch erfüllt, wenn die Hilfe in Form einer Überwachung oder einer Anleitung zu den in Satz 4 genannten Verrichtungen erforderlich ist oder wenn die Hilfe zwar nicht dauernd geleistet werden muss, jedoch eine ständige Bereitschaft zur Hilfeleistung erforderlich ist.

(4) [1]Personen, denen laufende Hinterbliebenenbezüge bewilligt worden sind, erhalten auf Antrag einen Pauschbetrag von 370 Euro (Hinterbliebenen-Pauschbetrag), wenn die Hinterbliebenenbezüge geleistet werden

1. nach dem Vierzehnten Buch Sozialgesetzbuch oder einem anderen Gesetz, das die Vorschriften des Vierzehnten Buches Sozialgesetzbuch über Hinterbliebenenbezüge für entsprechend anwendbar erklärt, oder
2. nach den Vorschriften über die gesetzliche Unfallversicherung oder
3. nach den beamtenrechtlichen Vorschriften an Hinterbliebene eines an den Folgen eines Dienstunfalls verstorbenen Beamten oder
4. nach den Vorschriften des Bundesentschädigungsgesetzes über die Entschädigung für Schäden an Leben, Körper oder Gesundheit.

[2]Der Pauschbetrag wird auch dann gewährt, wenn das Recht auf die Bezüge ruht oder der Anspruch auf die Bezüge durch Zahlung eines Kapitals abgefunden worden ist.

(5) [1]Steht der Behinderten-Pauschbetrag oder der Hinterbliebenen-Pauschbetrag einem Kind zu, für das der Steuerpflichtige Anspruch auf einen Freibetrag nach § 32 Absatz 6 oder auf Kindergeld hat, so wird der Pauschbetrag auf Antrag auf den Steuerpflichtigen übertragen, wenn ihn das Kind nicht in Anspruch nimmt. [2]Dabei ist der Pauschbetrag grundsätzlich auf beide Elternteile je zur Hälfte aufzuteilen, es sei denn, der Kinderfreibetrag wurde auf den anderen Elternteil übertragen. [3]Auf gemeinsamen Antrag der Eltern

ist eine andere Aufteilung möglich. [4]In diesen Fällen besteht für Aufwendungen, für die der Behinderten-Pauschbetrag gilt, kein Anspruch auf eine Steuerermäßigung nach § 33. [5]Voraussetzung für die Übertragung nach Satz 1 ist die Angabe der erteilten Identifikationsnummer (§ 139b der Abgabenordnung) des Kindes in der Einkommensteuererklärung des Steuerpflichtigen.

(6) [1]Wegen der außergewöhnlichen Belastungen, die einem Steuerpflichtigen durch die Pflege einer Person erwachsen, kann er anstelle einer Steuerermäßigung nach § 33 einen Pauschbetrag geltend machen (Pflege-Pauschbetrag), wenn er dafür keine Einnahmen im Kalenderjahr erhält und der Steuerpflichtige die Pflege entweder in seiner Wohnung oder in der Wohnung des Pflegebedürftigen persönlich durchführt und diese Wohnung in einem Mitgliedstaat der Europäischen Union oder in einem Staat gelegen ist, auf den das Abkommen über den Europäischen Wirtschaftsraum anzuwenden ist.2Zu den Einnahmen nach Satz 1 zählt unabhängig von der Verwendung nicht das von den Eltern eines Kindes mit Behinderungen für dieses Kind empfangene Pflegegeld.3Als Pflege-Pauschbetrag wird gewährt:

1. bei Pflegegrad	600 Euro,
2. bei Pflegegrad 3	1 100 Euro,
3 bei Pflegegrad 4 oder 5	1 800 Euro.

[4]Ein Pflege-Pauschbetrag nach Satz 3 Nummer 3 wird auch gewährt, wenn die gepflegte Person hilflos im Sinne des § 33b Absatz 3 Satz 4 ist. [5]Bei erstmaliger Feststellung, Änderung oder Wegfall des Pflegegrads im Laufe des Kalenderjahres ist der Pflege-Pauschbetrag nach dem höchsten Grad zu gewähren, der im Kalenderjahr festgestellt war. [6]Gleiches gilt, wenn die Person die Voraussetzungen nach Satz 4 erfüllt. [7]Sind die Voraussetzungen nach Satz 4 erfüllt, kann der Pauschbetrag nach Satz 3 Nummer 1 und 2 nicht zusätzlich in Anspruch genommen werden. [8]Voraussetzung für die Gewährung des Pflege-Pauschbetrags ist die Angabe der erteilten Identifikationsnummer (§ 139b der Abgabenordnung) der gepflegten Person in der Einkommensteuererklärung des Steuerpflichtigen. [9]Wird ein Pflegebedürftiger von mehreren Steuerpflichtigen im Veranlagungszeitraum gepflegt, wird der Pflege-Pauschbetrag nach der Zahl der Pflegepersonen, bei denen die Voraussetzungen der Sätze 1 bis 4 vorliegen, geteilt.

(7) Die Bundesregierung wird ermächtigt, durch Rechtsverordnung mit Zustimmung des Bundesrates zu bestimmen, wie nachzuweisen ist, dass die Voraussetzungen für die Inanspruchnahme der Pauschbeträge vorliegen.

(8) Die Vorschrift des § 33b Absatz 6 ist ab Ende des Kalenderjahres 2026 zu evaluieren.

VI. Steuererhebung

3. Steuerabzug vom Kapitalertrag (Kapitalertragsteuer)

§ 45d Mitteilungen an das Bundeszentralamt für Steuern

(1) [1]Wer nach § 44 Absatz 1 dieses Gesetzes und nach § 7 des Investmentsteuergesetzes zum Steuerabzug verpflichtet ist, hat dem Bundeszentralamt für Steuern nach Maßgabe des § 93c der Abgabenordnung neben den in § 93c Absatz 1 der Abgabenordnung genannten Angaben folgende Daten zu übermitteln:

1. bei den Kapitalerträgen, für die ein Freistellungsauftrag erteilt worden ist,
   a) die Kapitalerträge, bei denen vom Steuerabzug Abstand genommen worden ist oder bei denen Kapitalertragsteuer auf Grund des Freistellungsauftrags gemäß § 44b Absatz 6 Satz 4 dieses Gesetzes oder gemäß § 7 Absatz 5 Satz 1 des Investmentsteuergesetzes erstattet wurde,
   b) die Kapitalerträge, bei denen die Erstattung von Kapitalertragsteuer beim Bundeszentralamt für Steuern beantragt worden ist,
2. die Kapitalerträge, bei denen auf Grund einer Nichtveranlagungs-Bescheinigung einer natürlichen Person nach § 44a Absatz 2 Satz 1 Nummer 2 vom Steuerabzug Abstand genommen oder eine Erstattung vorgenommen wurde.

[2]Bei einem gemeinsamen Freistellungsauftrag sind die Daten beider Ehegatten zu übermitteln. [3]§ 72a Absatz 4, § 93c Absatz 1 Nummer 3 und § 203a der Abgabenordnung finden keine Anwendung.

(2) [1]Das Bundeszentralamt für Steuern darf den Sozialleistungsträgern die Daten nach Absatz 1 mitteilen, soweit dies zur Überprüfung des bei der Sozialleistung zu berücksichtigenden Einkommens oder Vermögens erforderlich ist oder die betroffene Person zustimmt. [2]Für Zwecke des Satzes 1 ist das Bundeszentralamt für Steuern berechtigt, die ihm von den Sozialleistungsträgern übermittelten Daten mit den vorhandenen Daten nach Absatz 1 im Wege des automatisierten Datenabgleichs zu überprüfen und das Ergebnis den Sozialleistungsträgern mitzuteilen.

(3) [1]Ein inländischer Versicherungsvermittler im Sinne des § 59 Absatz 1 des Versicherungsvertragsgesetzes hat das Zustandekommen eines Vertrages im Sinne des § 20 Absatz 1 Nummer 6 zwischen einer im Inland ansässigen Person und einem Versicherungsunternehmen mit Sitz und Geschäftsleitung im Ausland nach Maßgabe des § 93c der Abgabenordnung dem Bundeszentralamt für Steuern mitzuteilen. [2]Dies gilt nicht, wenn das Versicherungsunternehmen eine Niederlassung im Inland hat oder das Versicherungsunternehmen dem Bundeszentralamt für Steuern bis zu diesem Zeitpunkt das Zustandekommen eines Vertrages angezeigt und den Versicherungsvermittler hierüber in Kenntnis gesetzt hat. [3]Neben den in § 93c Absatz 1 der Abgabenordnung genannten Daten sind folgende Daten zu übermitteln:

1. Name und Anschrift des Versicherungsunternehmens sowie Vertragsnummer oder sonstige Kennzeichnung des Vertrages,

2. Laufzeit und garantierte Versicherungssumme oder Beitragssumme für die gesamte Laufzeit,
3. Angabe, ob es sich um einen konventionellen, einen fondsgebundenen oder einen vermögensverwaltenden Versicherungsvertrag handelt.

[4]Ist mitteilungspflichtige Stelle nach Satz 1 das ausländische Versicherungsunternehmen und verfügt dieses weder über ein Identifikationsmerkmal nach den §§ 139a bis 139c der Abgabenordnung noch über eine Steuernummer oder ein sonstiges Ordnungsmerkmal, so kann abweichend von § 93c Absatz 1 Nummer 2 Buchstabe a der Abgabenordnung auf diese Angaben verzichtet werden. [5]Der Versicherungsnehmer gilt als Steuerpflichtiger im Sinne des § 93c Absatz 1 Nummer 2 Buchstabe c der Abgabenordnung. [6]§ 72a Absatz 4 und § 203a der Abgabenordnung finden keine Anwendung.

4. Veranlagung von Steuerpflichtigen mit steuerabzugspflichtigen Einkünften

§ 46 Veranlagung bei Bezug von Einkünften aus nichtselbständiger Arbeit

(1) (weggefallen)

(2) Besteht das Einkommen ganz oder teilweise aus Einkünften aus nichtselbständiger Arbeit, von denen ein Steuerabzug vorgenommen worden ist, so wird eine Veranlagung nur durchgeführt,

(Nr. 1–7 nicht abgedruckt)

8. wenn die Veranlagung beantragt wird, insbesondere zur Anrechnung von Lohnsteuer auf die Einkommensteuer. [2]Der Antrag ist durch Abgabe einer Einkommensteuererklärung zu stellen.
9. wenn ein Antrag im Sinne der Nummer 8 gestellt wird und daneben beantragt wird, als unbeschränkt Steuerpflichtiger im Sinne des § 1 Absatz 3 behandelt zu werden; die Zuständigkeit liegt beim lohnsteuerlichen Betriebsstättenfinanzamt des Arbeitgebers.

(Abs. 3–5 nicht abgedruckt)

X. Kindergeld

§ 62 Anspruchsberechtigte

(1) [1]Für Kinder im Sinne des § 63 hat Anspruch auf Kindergeld nach diesem Gesetz, wer

1. im Inland einen Wohnsitz oder seinen gewöhnlichen Aufenthalt hat oder
2. ohne Wohnsitz oder gewöhnlichen Aufenthalt im Inland
   a) nach § 1 Absatz 2 unbeschränkt einkommensteuerpflichtig ist oder
   b) nach § 1 Absatz 3 als unbeschränkt einkommensteuerpflichtig behandelt wird.

[2]Voraussetzung für den Anspruch nach Satz 1 ist, dass der Berechtigte durch die an ihn vergebene Identifikationsnummer (§ 139b der Abgabenordnung) identifiziert wird. [3]Die nachträgliche Vergabe der Identifikationsnummer wirkt auf Monate zurück, in denen die Voraussetzungen des Satzes 1 vorliegen.

(1a) [1]Begründet ein Staatsangehöriger eines anderen Mitgliedstaates der Europäischen Union oder eines Staates, auf den das Abkommen über den Europäischen Wirtschaftsraum Anwendung findet, im Inland einen Wohnsitz oder gewöhnlichen Aufenthalt, so hat er für die ersten drei Monate ab Begründung des Wohnsitzes oder des gewöhnlichen Aufenthalts keinen Anspruch auf Kindergeld.[2]Dies gilt nicht, wenn er nachweist, dass er inländische Einkünfte im Sinne des § 2 Absatz 1 Satz 1 Nummer 1 bis 4 mit Ausnahme von Einkünften nach § 19 Absatz 1 Satz 1 Nummer 2 erzielt.[3]Nach Ablauf des in Satz 1 genannten Zeitraums hat er Anspruch auf Kindergeld, es sei denn, die Voraussetzungen des § 2 Absatz 2 oder Absatz 3 des Freizügigkeitsgesetzes/EU liegen nicht vor oder es sind nur die Voraussetzungen des § 2 Absatz 2 Nummer 1a des Freizügigkeitsgesetzes/EU erfüllt, ohne dass vorher eine andere der in § 2 Absatz 2 des Freizügigkeitsgesetzes/EU genannten Voraussetzungen erfüllt war.[4]Die Prüfung, ob die Voraussetzungen für einen Anspruch auf Kindergeld gemäß Satz 2 vorliegen oder gemäß Satz 3 nicht gegeben sind, führt die Familienkasse in eigener Zuständigkeit durch.[5]Lehnt die Familienkasse eine Kindergeldfestsetzung in diesem Fall ab, hat sie ihre Entscheidung der zuständigen Ausländerbehörde mitzuteilen.[6]Wurde das Vorliegen der Anspruchsvoraussetzungen durch die Verwendung gefälschter oder verfälschter Dokumente oder durch Vorspiegelung falscher Tatsachen vorgetäuscht, hat die Familienkasse die zuständige Ausländerbehörde unverzüglich zu unterrichten.

(2) Ein nicht freizügigkeitsberechtigter Ausländer erhält Kindergeld nur, wenn er

1. eine Niederlassungserlaubnis oder eine Erlaubnis zum Daueraufenthalt-EU besitzt,
2. eine Blaue Karte EU, eine ICT-Karte, eine Mobiler-ICT-Karte oder eine Aufenthaltserlaubnis besitzt, die für einen Zeitraum von mindestens sechs Monaten zur Ausübung einer Erwerbstätigkeit berechtigen oder berechtigt haben oder diese erlauben, es sei denn, die Aufenthaltserlaubnis wurde
   a) nach § 16e des Aufenthaltsgesetzes zu Ausbildungszwecken, nach § 19c Absatz 1 des Aufenthaltsgesetzes zum Zweck der Beschäftigung als Au-Pair oder zum Zweck der Saisonbeschäftigung, nach § 19e des Aufenthaltsgesetzes zum Zweck

der Teilnahme an einem Europäischen Freiwilligendienst oder nach § 20 Absatz 1 und 2 des Aufenthaltsgesetzes zur Arbeitsplatzsuche erteilt,

b) nach § 16b des Aufenthaltsgesetzes zum Zweck eines Studiums, nach § 16d des Aufenthaltsgesetzes für Maßnahmen zur Anerkennung ausländischer Berufsqualifikationen oder nach § 20 Absatz 3 des Aufenthaltsgesetzes zur Arbeitsplatzsuche erteilt und er ist weder erwerbstätig noch nimmt er Elternzeit nach § 15 des Bundeselterngeld- und Elternzeitgesetzes oder laufende Geldleistungen nach dem Dritten Buch Sozialgesetzbuch in Anspruch,

c) nach § 23 Absatz 1 des Aufenthaltsgesetzes wegen eines Krieges in seinem Heimatland oder nach den § 23a oder § 25 Absatz 3 bis 5 des Aufenthaltsgesetzes erteilt,

3. eine in Nummer 2 Buchstabe c genannte Aufenthaltserlaubnis besitzt und, im Bundesgebiet berechtigt erwerbstätig ist oder Elternzeit nach § 15 des Bundeselterngeld- und Elternzeitgesetzes oder laufende Geldleistungen nach dem Dritten Buch Sozialgesetzbuch in Anspruch nimmt,
4. eine in Nummer 2 Buchstabe c genannte Aufenthaltserlaubnis besitzt und sich seit mindestens 15 Monaten erlaubt, gestattet oder geduldet im Bundesgebiet aufhält oder
5. eine Beschäftigungsduldung gemäß § 60d in Verbindung mit § 60a Absatz 2 Satz 3 des Aufenthaltsgesetzes besitzt.

§ 63 Kinder

(1) [1]Als Kinder werden berücksichtigt

1. Kinder im Sinne des § 32 Absatz 1,
2. vom Berechtigten in seinen Haushalt aufgenommene Kinder seines Ehegatten,
3. vom Berechtigten in seinen Haushalt aufgenommene Enkel.

[2]§ 32 Absatz 3 bis 5 gilt entsprechend. [3]Voraussetzung für die Berücksichtigung ist die Identifizierung des Kindes durch die an dieses Kind vergebene Identifikationsnummer (§ 139b der Abgabenordnung). [4]Ist das Kind nicht nach einem Steuergesetz steuerpflichtig (§ 139a Absatz 2 der Abgabenordnung), ist es in anderer geeigneter Weise zu identifizieren. [5]Die nachträgliche Identifizierung oder nachträgliche Vergabe der Identifikationsnummer wirkt auf Monate zurück, in denen die Voraussetzungen der Sätze 1 bis 4 vorliegen. [6]Kinder, die weder einen Wohnsitz noch ihren gewöhnlichen Aufenthalt im Inland, in einem Mitgliedstaat der Europäischen Union oder in einem Staat, auf den das Abkommen über den Europäischen Wirtschaftsraum Anwendung findet, haben, werden nicht berücksichtigt, es sei denn, sie leben im Haushalt eines Berechtigten im Sinne des § 62 Absatz 1 Satz 1 Nummer 2 Buchstabe a. [7]Kinder im Sinne von § 2 Absatz 4 Satz 2 des Bundeskindergeldgesetzes werden nicht berücksichtigt.

(2) Die Bundesregierung wird ermächtigt, durch Rechtsverordnung, die nicht der Zustimmung des Bundesrates bedarf, zu bestimmen, dass einem Berechtigten, der im Inland er-

werbstätig ist oder sonst seine hauptsächlichen Einkünfte erzielt, für seine in Absatz 1 Satz 3 erster Halbsatz bezeichneten Kinder Kindergeld ganz oder teilweise zu leisten ist, soweit dies mit Rücksicht auf die durchschnittlichen Lebenshaltungskosten für Kinder in deren Wohnsitzstaat und auf die dort gewährten dem Kindergeld vergleichbaren Leistungen geboten ist.

§ 64 Zusammentreffen mehrerer Ansprüche

(1) Für jedes Kind wird nur einem Berechtigten Kindergeld gezahlt.

(2) [1]Bei mehreren Berechtigten wird das Kindergeld demjenigen gezahlt, der das Kind in seinen Haushalt aufgenommen hat. [2]Ist ein Kind in den gemeinsamen Haushalt von Eltern, einem Elternteil und dessen Ehegatten, Pflegeeltern oder Großeltern aufgenommen worden, so bestimmen diese untereinander den Berechtigten. [3]Wird eine Bestimmung nicht getroffen, so bestimmt das Familiengericht auf Antrag den Berechtigten. [4]Den Antrag kann stellen, wer ein berechtigtes Interesse an der Zahlung des Kindergeldes hat. [5]Lebt ein Kind im gemeinsamen Haushalt von Eltern und Großeltern, so wird das Kindergeld vorrangig einem Elternteil gezahlt; es wird an einen Großelternteil gezahlt, wenn der Elternteil gegenüber der zuständigen Stelle auf seinen Vorrang schriftlich verzichtet hat.

(3) [1]Ist das Kind nicht in den Haushalt eines Berechtigten aufgenommen, so erhält das Kindergeld derjenige, der dem Kind eine Unterhaltsrente zahlt. [2]Zahlen mehrere Berechtigte dem Kind Unterhaltsrenten, so erhält das Kindergeld derjenige, der dem Kind die höchste Unterhaltsrente zahlt. [3]Werden gleich hohe Unterhaltsrenten gezahlt oder zahlt keiner der Berechtigten dem Kind Unterhalt, so bestimmen die Berechtigten untereinander, wer das Kindergeld erhalten soll. [4]Wird eine Bestimmung nicht getroffen, so gilt Absatz 2 Satz 3 und 4 entsprechend.

§ 65 Andere Leistungen für Kinder

(1) [1]Kindergeld wird nicht für ein Kind gezahlt, für das eine der folgenden Leistungen zu zahlen ist oder bei entsprechender Antragstellung zu zahlen wäre:

1. Kinderzulagen aus der gesetzlichen Unfallversicherung oder Kinderzuschüsse aus den gesetzlichen Rentenversicherungen,
2. Leistungen für Kinder, die im Ausland gewährt werden und dem Kindergeld oder einer der unter Nummer 1 genannten Leistungen vergleichbar sind,
3. Leistungen für Kinder, die von einer zwischen- oder überstaatlichen Einrichtung gewährt werden und dem Kindergeld vergleichbar sind.

[2]Soweit es für die Anwendung von Vorschriften dieses Gesetzes auf den Erhalt von Kindergeld ankommt, stehen die Leistungen nach Satz 1 dem Kindergeld gleich. [3]Steht ein Berechtigter in einem Versicherungspflichtverhältnis zur Bundesagentur für Arbeit nach § 24 des Dritten Buches Sozialgesetzbuch oder ist er versicherungsfrei nach § 28 Absatz 1 Nummer 1 des Dritten Buches Sozialgesetzbuch oder steht er im Inland in einem öffentlich-rechtlichen Dienst- oder Amtsverhältnis, so wird sein Anspruch auf Kindergeld für ein

Kind nicht nach Satz 1 Nummer 3 mit Rücksicht darauf ausgeschlossen, dass sein Ehegatte als Beamter, Ruhestandsbeamter oder sonstiger Bediensteter der Europäischen Union für das Kind Anspruch auf Kinderzulage hat.

(2) Ist in den Fällen des Absatzes 1 Satz 1 Nummer 1 der Bruttobetrag der anderen Leistung niedriger als das Kindergeld nach § 66, wird Kindergeld in Höhe des Unterschiedsbetrags gezahlt, wenn er mindestens 5 Euro beträgt.

§ 66 Höhe des Kindergeldes, Zahlungszeitraum

(1) Das Kindergeld beträgt monatlich für jedes Kind 250 Euro.

(2) Das Kindergeld wird monatlich vom Beginn des Monats an gezahlt, in dem die Anspruchsvoraussetzungen erfüllt sind, bis zum Ende des Monats, in dem die Anspruchsvoraussetzungen wegfallen.

(3) (weggefallen)

§ 74 Zahlung des Kindergeldes in Sonderfällen

(1) [1]Das für ein Kind festgesetzte Kindergeld nach § 66 Absatz 1 kann an das Kind ausgezahlt werden, wenn der Kindergeldberechtigte ihm gegenüber seiner gesetzlichen Unterhaltspflicht nicht nachkommt. [2]Kindergeld kann an Kinder, die bei der Festsetzung des Kindergeldes berücksichtigt werden, bis zur Höhe des Betrags, der sich bei entsprechender Anwendung des § 76 ergibt, ausgezahlt werden. [3]Dies gilt auch, wenn der Kindergeldberechtigte mangels Leistungsfähigkeit nicht unterhaltspflichtig ist oder nur Unterhalt in Höhe eines Betrags zu leisten braucht, der geringer ist als das für die Auszahlung in Betracht kommende Kindergeld. [4]Die Auszahlung kann auch an die Person oder Stelle erfolgen, die dem Kind Unterhalt gewährt.

(2) Für Erstattungsansprüche der Träger von Sozialleistungen gegen die Familienkasse gelten die §§ 102 bis 109 und 111 bis 113 des Zehnten Buches Sozialgesetzbuch entsprechend.

§ 76 Pfändung

[1]Der Anspruch auf Kindergeld kann nur wegen gesetzlicher Unterhaltsansprüche eines Kindes, das bei der Festsetzung des Kindergeldes berücksichtigt wird, gepfändet werden. [2]Für die Höhe des pfändbaren Betrags gilt:

1. [1]Gehört das unterhaltsberechtigte Kind zum Kreis der Kinder, für die dem Leistungsberechtigten Kindergeld gezahlt wird, so ist eine Pfändung bis zu dem Betrag möglich, der bei gleichmäßiger Verteilung des Kindergeldes auf jedes dieser Kinder entfällt. [2]Ist das Kindergeld durch die Berücksichtigung eines weiteren Kindes erhöht, für das einer dritten Person Kindergeld oder dieser oder dem Leistungsberechtigten eine andere Geldleistung für Kinder zusteht, so bleibt der Erhöhungsbetrag bei der Bestimmung des pfändbaren Betrags des Kindergeldes nach Satz 1 außer Betracht;

2. der Erhöhungsbetrag nach Nummer 1 Satz 2 ist zugunsten jedes bei der Festsetzung des Kindergeldes berücksichtigten unterhaltsberechtigten Kindes zu dem Anteil pfändbar, der sich bei gleichmäßiger Verteilung auf alle Kinder, die bei der Festsetzung des Kindergeldes zugunsten des Leistungsberechtigten berücksichtigt werden, ergibt.

Abgabenordnung (AO)

in der Fassung der Bekanntmachung vom 1. Oktober 2002 (BGBl. I S. 3866; 2003 I S. 61), zuletzt geändert durch Artikel 14 des Gesetzes vom 27. März 2024 (BGBl. 2024 I Nr. 108)

– Auszug –

Dritter Teil Allgemeine Verfahrensvorschriften

Erster Abschnitt Verfahrensgrundsätze

3. Unterabschnitt Besteuerungsgrundsätze, Beweismittel

II. Beweis durch Auskünfte und Sachverständigengutachten

§ 93 Auskunftspflicht der Beteiligten und anderer Personen

(1) [1]Die Beteiligten und andere Personen haben der Finanzbehörde die zur Feststellung eines für die Besteuerung erheblichen Sachverhalts erforderlichen Auskünfte zu erteilen. [2]Dies gilt auch für nicht rechtsfähige Vereinigungen, Vermögensmassen, Behörden und Betriebe gewerblicher Art der Körperschaften des öffentlichen Rechts. [3]Andere Personen als die Beteiligten sollen erst dann zur Auskunft angehalten werden, wenn die Sachverhaltsaufklärung durch die Beteiligten nicht zum Ziel führt oder keinen Erfolg verspricht.

(1a) [1]Die Finanzbehörde darf an andere Personen als die Beteiligten Auskunftsersuchen über eine ihr noch unbekannte Anzahl von Sachverhalten mit dem Grunde nach bestimmbaren, ihr noch nicht bekannten Personen stellen (Sammelauskunftsersuchen). [2]Voraussetzung für ein Sammelauskunftsersuchen ist, dass ein hinreichender Anlass für die Ermittlungen besteht und andere zumutbare Maßnahmen zur Sachverhaltsaufklärung keinen Erfolg versprechen. [3]Absatz 1 Satz 3 ist nicht anzuwenden.

(2) [1]In dem Auskunftsersuchen ist anzugeben, worüber Auskünfte erteilt werden sollen und ob die Auskunft für die Besteuerung des Auskunftspflichtigen oder für die Besteuerung anderer Personen angefordert wird. [2]Auskunftsersuchen haben auf Verlangen des Auskunftspflichtigen schriftlich zu ergehen.

(3) [1]Die Auskünfte sind wahrheitsgemäß nach bestem Wissen und Gewissen zu erteilen. [2]Auskunftspflichtige, die nicht aus dem Gedächtnis Auskunft geben können, haben Bücher, Aufzeichnungen, Geschäftspapiere und andere Urkunden, die ihnen zur Verfügung stehen, einzusehen und, soweit nötig, Aufzeichnungen daraus zu entnehmen.

(4) [1]Der Auskunftspflichtige kann die Auskunft schriftlich, elektronisch, mündlich oder fernmündlich erteilen. [2]Die Finanzbehörde kann verlangen, dass der Auskunftspflichtige schriftlich Auskunft erteilt, wenn dies sachdienlich ist.

(5) [1]Die Finanzbehörde kann anordnen, dass der Auskunftspflichtige eine mündliche Auskunft an Amtsstelle erteilt. [2]Hierzu ist sie insbesondere dann befugt, wenn trotz Aufforderung eine schriftliche Auskunft nicht erteilt worden ist oder eine schriftliche Auskunft nicht zu einer Klärung des Sachverhalts geführt hat. [3]Absatz 2 Satz 1 gilt entsprechend.

(6) [1]Auf Antrag des Auskunftspflichtigen ist über die mündliche Auskunft an Amtsstelle eine Niederschrift aufzunehmen. [2]Die Niederschrift soll den Namen der anwesenden Personen, den Ort, den Tag und den wesentlichen Inhalt der Auskunft enthalten. [3]Sie soll von dem Amtsträger, dem die mündliche Auskunft erteilt wird, und dem Auskunftspflichtigen unterschrieben werden. [4]Den Beteiligten ist eine Abschrift der Niederschrift zu überlassen.

(7) [1]Ein automatisierter Abruf von Kontoinformationen nach § 93b ist nur zulässig, soweit

1. der Steuerpflichtige eine Steuerfestsetzung nach § 32d Abs. 6 des Einkommensteuergesetzes beantragt oder
2. (weggefallen)

und der Abruf in diesen Fällen zur Festsetzung der Einkommensteuer erforderlich ist oder er erforderlich ist

3. zur Feststellung von Einkünften nach den §§ 20 und 23 Abs. 1 des Einkommensteuergesetzes in Veranlagungszeiträumen bis einschließlich des Jahres 2008 oder
4. zur Erhebung von bundesgesetzlich geregelten Steuern oder Rückforderungsansprüchen bundesgesetzlich geregelter Steuererstattungen und Steuervergütungen oder

4a. zur Ermittlung, in welchen Fällen ein inländischer Steuerpflichtiger im Sinne des § 138 Absatz 2 Satz 1 Verfügungsberechtigter oder wirtschaftlich Berechtigter im Sinne des Geldwäschegesetzes eines Kontos oder Depots einer natürlichen Person, Personengesellschaft, Körperschaft, Personenvereinigung oder Vermögensmasse mit Wohnsitz, gewöhnlichem Aufenthalt, Sitz, Hauptniederlassung oder Geschäftsleitung außerhalb des Geltungsbereichs dieses Gesetzes ist, oder

4b. zur Ermittlung der Besteuerungsgrundlagen in den Fällen des § 208 Absatz 1 Satz 1 Nummer 3 oder

4c. zur Durchführung der Amtshilfe für andere Mitgliedstaaten der Europäischen Union nach § 3a des EU-Amtshilfegesetzes oder

4d. zur Verifizierung der Kontoverbindung des Zuwendungsempfängers nach § 60b Absatz 2 Nummer 10, wenn dieser eine Änderung oder Ergänzung von Kontoverbindungen nach § 60b Absatz 5 beantragt,

oder

5. der Steuerpflichtige zustimmt.

[2]In diesen Fällen darf die Finanzbehörde oder in den Fällen des § 1 Abs. 2 die Gemeinde das Bundeszentralamt für Steuern ersuchen, bei den Kreditinstituten einzelne Daten aus den nach § 93b Absatz 1 und 1a zu führenden Dateisystemen abzurufen; in den Fällen des Satzes 1 Nummer 1 bis 4b darf ein Abrufersuchen nur dann erfolgen, wenn ein Auskunftsersuchen an den Steuerpflichtigen nicht zum Ziel geführt hat oder keinen Erfolg verspricht.

(8) [1]Das Bundeszentralamt für Steuern erteilt auf Ersuchen Auskunft über die in § 93b Absatz 1 und 1a bezeichneten Daten, ausgenommen die Identifikationsnummer nach § 139b,

1. den für die Verwaltung
   a) der Grundsicherung für Arbeitsuchende nach dem Zweiten Buch Sozialgesetzbuch,
   b) der Sozialhilfe nach dem Zwölften Buch Sozialgesetzbuch,
   c) der Ausbildungsförderung nach dem Bundesausbildungsförderungsgesetz,
   d) der Aufstiegsfortbildungsförderung nach dem Aufstiegsfortbildungsförderungsgesetz und
   e) des Wohngeldes nach dem Wohngeldgesetz und
   f) der Leistungen nach dem Asylbewerberleistungsgesetz und
   g) des Zuschlags an Entgeltpunkten für langjährige Versicherung nach dem Sechsten Buch Sozialgesetzbuch

   zuständigen Behörden, soweit dies zur Überprüfung des Vorliegens der Anspruchsvoraussetzungen erforderlich ist und ein vorheriges Auskunftsersuchen an die betroffene Person nicht zum Ziel geführt hat oder keinen Erfolg verspricht;
2. den Polizeivollzugsbehörden des Bundes und der Länder, soweit dies zur Abwehr einer erheblichen Gefahr für die öffentliche Sicherheit erforderlich ist, und
3. den Verfassungsschutzbehörden der Länder, soweit dies für ihre Aufgabenerfüllung erforderlich ist und durch Landesgesetz ausdrücklich zugelassen ist.

[2]Die für die Vollstreckung nach dem Verwaltungs-Vollstreckungsgesetz und nach den Verwaltungsvollstreckungsgesetzen der Länder zuständigen Behörden dürfen zur Durchführung der Vollstreckung das Bundeszentralamt für Steuern ersuchen, bei den Kreditinstituten die in § 93b Absatz 1 und 1a bezeichneten Daten, ausgenommen die Identifikationsnummer nach § 139b abzurufen, wenn

1. die Ladung zu dem Termin zur Abgabe der Vermögensauskunft an den Vollstreckungsschuldner nicht zustellbar ist und
   a) die Anschrift, unter der die Zustellung ausgeführt werden sollte, mit der Anschrift übereinstimmt, die von einer der in § 755 Absatz 1 und 2 der Zivilprozessordnung genannten Stellen innerhalb von drei Monaten vor oder nach dem Zustellungsversuch mitgeteilt wurde, oder
   b) die Meldebehörde nach dem Zustellungsversuch die Auskunft erteilt, dass ihr keine derzeitige Anschrift des Vollstreckungsschuldners bekannt ist, oder
   c) die Meldebehörde innerhalb von drei Monaten vor Erlass der Vollstreckungsanordnung die Auskunft erteilt hat, dass ihr keine derzeitige Anschrift des Vollstreckungsschuldners bekannt ist;
2. der Vollstreckungsschuldner seiner Pflicht zur Abgabe der Vermögensauskunft in dem dem Ersuchen zugrundeliegenden Vollstreckungsverfahren nicht nachkommt oder
3. bei einer Vollstreckung in die in der Vermögensauskunft aufgeführten Vermögensgegenstände eine vollständige Befriedigung der Forderung nicht zu erwarten ist.

[3]Für andere Zwecke ist ein Abrufersuchen an das Bundeszentralamt für Steuern hinsichtlich der in § 93b Absatz 1 und 1a bezeichneten Daten, ausgenommen die Identifikationsnummer nach § 139b, nur zulässig, soweit dies durch ein Bundesgesetz ausdrücklich zugelassen ist.

(8a) [1]Kontenabrufersuchen an das Bundeszentralamt für Steuern sind nach amtlich vorgeschriebenem Datensatz über die amtlich bestimmten Schnittstellen zu übermitteln; § 87a Absatz 6 und § 87b Absatz 1 und 2 gelten entsprechend. [2]Das Bundeszentralamt für Steuern kann Ausnahmen von der elektronischen Übermittlung zulassen. [3]Das Bundeszentralamt für Steuern soll der ersuchenden Stelle die Ergebnisse des Kontenabrufs elektronisch übermitteln; § 87a Absatz 7 und 8 gilt entsprechend.

(9) [1]Vor einem Abrufersuchen nach Absatz 7 oder Absatz 8 ist die betroffene Person auf die Möglichkeit eines Kontenabrufs hinzuweisen; dies kann auch durch ausdrücklichen Hinweis in amtlichen Vordrucken und Merkblättern geschehen. [2]Nach Durchführung eines Kontenabrufs ist die betroffene Person vom Ersuchenden über die Durchführung zu benachrichtigen. [3]Ein Hinweis nach Satz 1 erster Halbsatz und eine Benachrichtigung nach Satz 2 unterbleiben, soweit die Voraussetzungen des § 32b Absatz 1 vorliegen oder die Information der betroffenen Person gesetzlich ausgeschlossen ist. [4]§ 32c Absatz 5 ist entsprechend anzuwenden. [5]In den Fällen des Absatzes 8 gilt Satz 4 entsprechend, soweit gesetzlich nichts anderes bestimmt ist. [6]Die Sätze 1 und 2 sind nicht anzuwenden in den Fällen des Absatzes 8 Satz 1 Nummer 2 oder 3 oder soweit dies bundesgesetzlich ausdrücklich bestimmt ist.

(10) Ein Abrufersuchen nach Absatz 7 oder Absatz 8 und dessen Ergebnis sind vom Ersuchenden zu dokumentieren.

§ 93a Allgemeine Mitteilungspflicht

(1) [1]Zur Sicherung der Besteuerung nach § 85 kann die Bundesregierung durch Rechtsverordnung mit Zustimmung des Bundesrates Behörden und andere öffentliche Stellen einschließlich öffentlich-rechtlicher Rundfunkanstalten (§ 6 Absatz 1 bis 1c) verpflichten,

1. den Finanzbehörden Folgendes mitzuteilen:
   a) den Empfänger gewährter Leistungen sowie den Rechtsgrund, die Höhe, den Zeitpunkt dieser Leistungen und bei unbarer Auszahlung die Bankverbindung, auf die die Leistung erbracht wurde
   b) Verwaltungsakte, die für die betroffene Person die Versagung oder Einschränkung einer steuerlichen Vergünstigung zur Folge haben oder die der betroffenen Person steuerpflichtige Einnahmen ermöglichen,
   c) vergebene Subventionen und ähnliche Förderungsmaßnahmen sowie
   d) Anhaltspunkte für Schwarzarbeit, unerlaubte Arbeitnehmerüberlassung oder unerlaubte Ausländerbeschäftigung;
   e) die Adressaten und die Höhe von im Verfahren nach § 335 des Handelsgesetzbuchs festgesetzten Ordnungsgeldern;
2. den Empfänger im Sinne der Nummer 1 Buchstabe a über die Summe der jährlichen Leistungen sowie über die Auffassung der Finanzbehörden zu den daraus entstehenden Steuerpflichten zu unterrichten.

[2]In der Rechtsverordnung kann auch bestimmt werden, inwieweit die Mitteilungen nach Maßgabe des § 93c zu übermitteln sind oder übermittelt werden können; in diesem Fall ist § 72a Absatz 4 nicht anzuwenden. [3]Die Verpflichtung der Behörden, anderer öffentlicher Stellen und der öffentlich-rechtlichen Rundfunkanstalten zu Mitteilungen, Auskünften, Anzeigen und zur Amtshilfe auf Grund anderer Vorschriften bleibt unberührt.

(2) [1]Schuldenverwaltungen, Kreditinstitute, Betriebe gewerblicher Art von juristischen Personen des öffentlichen Rechts im Sinne des Körperschaftsteuergesetzes, öffentliche Beteiligungsunternehmen ohne Hoheitsbefugnisse, Berufskammern und Versicherungsunternehmen sind von der Mitteilungspflicht ausgenommen. [2]Dies gilt nicht, soweit die in Satz 1 genannten Stellen Aufgaben der öffentlichen Verwaltung wahrnehmen.

(3) [1]In der Rechtsverordnung sind die mitteilenden Stellen, die Verpflichtung zur Unterrichtung der betroffenen Person, die mitzuteilenden Angaben und die für die Entgegennahme der Mitteilungen zuständigen Finanzbehörden näher zu bestimmen sowie der Umfang, der Zeitpunkt und das Verfahren der Mitteilung zu regeln. [2]In der Rechtsverordnung können Ausnahmen von der Mitteilungspflicht, insbesondere für Fälle geringer steuerlicher Bedeutung, zugelassen werden.

(4) [1]Ist die mitteilungspflichtige Stelle nach der Mitteilungsverordnung verpflichtet, in der Mitteilung die Identifikationsnummer nach § 139b oder ein anderes steuerliches Ordnungsmerkmal

1. des Empfängers der gewährten Leistung im Sinne des Absatzes 1 Satz 1 Nummer 1 Buchstabe a,
2. des Inhaltsadressaten des Verwaltungsakts im Sinne des Absatzes 1 Satz 1 Nummer 1 Buchstabe b oder e,
3. des Empfängers der vergebenen Subvention im Sinne des Absatzes 1 Satz 1 Nummer 1 Buchstabe c oder
4. der betroffenen Personen im Sinne des Absatzes 1 Satz 1 Nummer 1 Buchstabe d

anzugeben, haben die Mitwirkungspflichtigen (§ 90) nach den Nummern 1 bis 4 der mitteilungspflichtigen Stelle diese Daten zu übermitteln. [2]Wird der Mitwirkungspflicht nach Satz 1 nicht innerhalb von zwei Wochen nach Aufforderung durch die mitteilungspflichtige Stelle entsprochen und weder die Identifikationsnummer noch ein anderes steuerliches Ordnungsmerkmal übermittelt, hat die mitteilungspflichtige Stelle die Möglichkeit, die Identifikationsnummer der betroffenen Mitwirkungspflichtigen nach Satz 1 Nummer 1 bis 4 nach amtlich vorgeschriebenem Datensatz beim Bundeszentralamt für Steuern abzufragen. [3]Die Abfrage ist mindestens zwei Wochen vor dem Zeitpunkt zu stellen, zu dem die Mitteilung nach der Mitteilungsverordnung zu übermitteln ist. [4]In der Abfrage dürfen nur die in § 139b Absatz 3 genannten Daten der betroffenen Mitwirkungspflichtigen nach Satz 1 Nummer 1 bis 4 angegeben werden. [5]Das Bundeszentralamt für Steuern entspricht dem Ersuchen, wenn die übermittelten Daten den beim Bundeszentralamt für Steuern hinterlegten Daten entsprechen.

§ 93b Automatisierter Abruf von Kontoinformationen

(1) Kreditinstitute haben das nach § 24c Absatz 1 des Kreditwesengesetzes zu führende Dateisystem auch für Abrufe nach § 93 Absatz 7 und 8 zu führen.

(1a) [1]Kreditinstitute haben für Kontenabrufersuchen nach § 93 Absatz 7 oder 8 zusätzlich zu den in § 24c Absatz 1 des Kreditwesengesetzes bezeichneten Daten für jeden Verfügungsberechtigten und jeden wirtschaftlich Berechtigten im Sinne des Geldwäschegesetzes auch die Adressen sowie die in § 154 Absatz 2a bezeichneten Daten zu speichern. [2]§ 154 Absatz 2d und Artikel 97 § 26 Absatz 5 Nummer 3 und 4 des Einführungsgesetzes zur Abgabenordnung bleiben unberührt.

(2) [1]Das Bundeszentralamt für Steuern darf in den Fällen des § 93 Absatz 7 und 8 auf Ersuchen bei den Kreditinstituten einzelne Daten aus den nach den Absätzen 1 und 1a zu führenden Dateisystemen im automatisierten Verfahren abrufen und sie an den Ersuchenden übermitteln. [2]Die Identifikationsnummer nach § 139b eines Verfügungsberechtigten oder eines wirtschaftlich Berechtigten darf das Bundeszentralamt für Steuern nur Finanzbehörden mitteilen.

(3) Die Verantwortung für die Zulässigkeit des Datenabrufs und der Datenübermittlung trägt der Ersuchende.

(4) § 24c Abs. 1 Satz 2 bis 6, Abs. 4 bis 8 des Kreditwesengesetzes gilt entsprechend.

§ 164 Steuerfestsetzung unter Vorbehalt der Nachprüfung

(1) [1]Die Steuern können, solange der Steuerfall nicht abschließend geprüft ist, allgemein oder im Einzelfall unter dem Vorbehalt der Nachprüfung festgesetzt werden, ohne dass dies einer Begründung bedarf. [2]Die Festsetzung einer Vorauszahlung ist stets eine Steuerfestsetzung unter Vorbehalt der Nachprüfung.

(Abs. 2–4 nicht abgedruckt)

§ 165 Vorläufige Steuerfestsetzung, Aussetzung der Steuerfestsetzung

(1) [1]Soweit ungewiss ist, ob die Voraussetzungen für die Entstehung einer Steuer eingetreten sind, kann sie vorläufig festgesetzt werden. [2]Diese Regelung ist auch anzuwenden, wenn

1. ungewiss ist, ob und wann Verträge mit anderen Staaten über die Besteuerung (§ 2), die sich zugunsten des Steuerpflichtigen auswirken, für die Steuerfestsetzung wirksam werden,
2. das Bundesverfassungsgericht die Unvereinbarkeit eines Steuergesetzes mit dem Grundgesetz festgestellt hat und der Gesetzgeber zu einer Neuregelung verpflichtet ist,

2a. sich auf Grund einer Entscheidung des Gerichtshofes der Europäischen Union ein Bedarf für eine gesetzliche Neuregelung ergeben kann,

3. die Vereinbarkeit eines Steuergesetzes mit höherrangigem Recht Gegenstand eines Verfahrens bei dem Gerichtshof der Europäischen Union, dem Bundesverfassungsgericht oder einem obersten Bundesgericht ist oder
4. die Auslegung eines Steuergesetzes Gegenstand eines Verfahrens bei dem Bundesfinanzhof ist.

[3]Umfang und Grund der Vorläufigkeit sind anzugeben. [4]Unter den Voraussetzungen der Sätze 1 oder 2 kann die Steuerfestsetzung auch gegen oder ohne Sicherheitsleistung ausgesetzt werden.

(Abs. 2–3 nicht abgedruckt)

Wohngeldgesetz (WoGG)

vom 24. September 2008 (BGBl. I S. 1856), das zuletzt durch Artikel 17 des Gesetzes vom 22. Dezember 2023 (BGBl. 2023 I Nr. 408) geändert worden ist

– Auszug –

Teil 2 Berechnung und Höhe des Wohngeldes

Kapitel 2 Haushaltsmitglieder

§ 5 Haushaltsmitglieder

(1) [1]Haushaltsmitglied ist die wohngeldberechtigte Person, wenn der Wohnraum, für den sie Wohngeld beantragt, der Mittelpunkt ihrer Lebensbeziehungen ist. [2]Haushaltsmitglied ist auch, wer

1. als Ehegatte eines Haushaltsmitgliedes von diesem nicht dauernd getrennt lebt,
2. als Lebenspartner oder Lebenspartnerin eines Haushaltsmitgliedes von diesem nicht dauernd getrennt lebt,
3. mit einem Haushaltsmitglied so zusammenlebt, dass nach verständiger Würdigung der wechselseitige Wille anzunehmen ist, Verantwortung füreinander zu tragen und füreinander einzustehen,
4. mit einem Haushaltsmitglied in gerader Linie oder zweiten oder dritten Grades in der Seitenlinie verwandt oder verschwägert ist,
5. ohne Rücksicht auf das Alter Pflegekind eines Haushaltsmitgliedes ist,
6. Pflegemutter oder Pflegevater eines Haushaltsmitgliedes ist

und mit der wohngeldberechtigten Person den, Wohnraum, für den Wohngeld beantragt wird, gemeinsam bewohnt, wenn dieser Wohnraum der jeweilige Mittelpunkt der Lebensbeziehungen ist.

(2) Ein wechselseitiger Wille, Verantwortung füreinander zu tragen und füreinander einzustehen, wird vermutet, wenn mindestens eine der Voraussetzungen nach den Nummern 1 bis 4 des § 7 Abs. 3a des Zweiten Buches Sozialgesetzbuch erfüllt ist.

(3) Ausländische Personen sind nur Haushaltsmitglieder nach Absatz 1 Satz 2, wenn sie die Voraussetzungen der Wohngeldberechtigung nach § 3 Abs. 5 erfüllen.

(4) [1]Betreuen nicht nur vorübergehend getrennt lebende Eltern ein Kind oder mehrere Kinder zu annähernd gleichen Teilen, ist jedes dieser Kinder bei beiden Elternteilen Haushaltsmitglied. [2]Gleiches gilt bei einer Aufteilung der Betreuung bis zu einem Verhältnis von mindestens einem Drittel zu zwei Dritteln je Kind. [3]Betreuen die Eltern mindestens

zwei dieser Kinder nicht in einem Verhältnis nach Satz 1 oder 2, ist bei dem Elternteil mit dem geringeren Betreuungsanteil nur das jüngste dieser Kinder Haushaltsmitglied. [4]Für Pflegekinder und Pflegeeltern gelten die Sätze 1 bis 3 entsprechend.

§ 6 Zu berücksichtigende Haushaltsmitglieder

(1) Bei der Berechnung des Wohngeldes sind vorbehaltlich des Absatzes 2 und der §§ 7 und 8 sämtliche Haushaltsmitglieder zu berücksichtigen (zu berücksichtigende Haushaltsmitglieder).

(2) [1]Stirbt ein zu berücksichtigendes Haushaltsmitglied, ist dies für die Dauer von zwölf Monaten nach dem Sterbemonat ohne Einfluss auf die bisher maßgebende Anzahl der zu berücksichtigenden Haushaltsmitglieder. [2]Satz 1 ist nicht mehr anzuwenden, wenn nach dem Todesfall

1. die Wohnung aufgegeben wird,
2. die Zahl der zu berücksichtigenden Haushaltsmitglieder sich mindestens auf den Stand vor dem Todesfall erhöht oder
3. der auf den Verstorbenen entfallende Anteil der Kosten der Unterkunft in einer Leistung nach § 7 Abs. 1 mindestens teilweise berücksichtigt wird.

§ 7 Ausschluss vom Wohngeld

(1) [1]Vom Wohngeld ausgeschlossen sind Empfänger und Empfängerinnen von

1. Arbeitslosengeld II und Sozialgeld nach dem Zweiten Buch Sozialgesetzbuch, auch in den Fällen des § 25 des Zweiten Buches Sozialgesetzbuch,
2. Leistungen für Auszubildene nach § 27 Absatz 3 des Zweiten Buches Sozialgesetzbuch, die als Zuschuss erbracht werden,
3. Übergangsgeld in Höhe des Betrages des Arbeitslosengeldes II nach § 21 Abs. 4 Satz 1 des Sechsten Buches Sozialgesetzbuch,
4. Verletztengeld in Höhe des Betrages des Arbeitslosengeldes II nach § 47 Abs. 2 des Siebten Buches Sozialgesetzbuch,
5. Grundsicherung im Alter und bei Erwerbsminderung nach dem Zwölften Buch Sozialgesetzbuch,
6. Hilfe zum Lebensunterhalt nach dem Zwölften Buch Sozialgesetzbuch,
   a) Leistungen zum Lebensunterhalt oder
   b) anderen Leistungen in einer stationären Einrichtung, die den Lebensunterhalt umfassen,
7. nach dem Vierzehnten Buch Sozialgesetzbuch oder nach einem Gesetz, das dieses für anwendbar erklärt,

8. Leistungen in besonderen Fällen und Grundleistungen nach dem Asylbewerberleistungsgesetz oder
9. Leistungen nach dem Achten Buch Sozialgesetzbuch in Haushalten, zu denen ausschließlich Personen gehören, die diese Leistungen empfangen,

wenn bei deren Berechnung Kosten der Unterkunft berücksichtigt worden sind (Leistungen). [2]Der Ausschluss besteht in den Fällen des Satzes 1 Nr. 3 und 4, wenn bei der Berechnung des Arbeitslosengeldes II Kosten der Unterkunft berücksichtigt worden sind. [3]Der Ausschluss besteht nicht, wenn

1. die Leistungen nach den Sätzen 1 und 2 ausschließlich als Darlehen gewährt werden oder
2. durch Wohngeld die Hilfebedürftigkeit im Sinne des § 9 des Zweiten Buches Sozialgesetzbuch, des § 19 Abs. 1 und 2 des Zwölften Buches Sozialgesetzbuch oder des § 93 des Vierzehnten Buches Sozialgesetzbuch vermieden oder beseitigt werden kann und
   a) die Leistungen nach Satz 1 Nr. 1 bis 7 während der Dauer des Verwaltungsverfahrens zur Feststellung von Grund und Höhe dieser Leistungen noch nicht erbracht worden sind oder
   b) der zuständige Träger eine der in Satz 1 Nr. 1 bis 7 genannten Leistungen als nachrangig verpflichteter Leistungsträger nach § 104 des Zehnten Buches Sozialgesetzbuch erbringt.

(2) Ausgeschlossen sind auch Haushaltsmitglieder, die keine Empfänger der in Absatz 1 Satz 1 genannten Leistungen sind und

1. die in § 7 Absatz 3 des Zweiten Buches Sozialgesetzbuch, auch in den Fällen des Übergangs- oder Verletztengeldes nach Absatz 1 Satz 1 Nummer 3 und 4 genannt und deren Einkommen und Vermögen bei der Ermittlung der Leistungen eines anderen Haushaltsmitglieds nach Absatz 1 Satz 1 Nummer 1, 3 oder 4 berücksichtigt worden sind,
2. deren Einkommen und Vermögen nach § 43 Absatz 1 Satz 2 des Zwölften Buches Sozialgesetzbuch bei der Ermittlung der Leistung eines anderen Haushaltsmitglieds nach Absatz 1 Satz 1 Nummer 5 berücksichtigt worden sind,
3. deren Einkommen und Vermögen nach § 27 Absatz 2 Satz 2 oder 3 des Zwölften Buches Sozialgesetzbuch bei der Ermittlung der Leistung eines anderen Haushaltsmitglieds nach Absatz 1 Satz 1 Nummer 6 berücksichtigt worden sind,
4. deren Einkommen und Vermögen nach § 93 des Vierzehnten Buches Sozialgesetzbuch in Verbindung mit § 27 Absatz 2 Satz 2 oder 3 des Zwölften Buches Sozialgesetzbuch bei der Ermittlung der Leistung eines anderen Haushaltsmitglieds nach Absatz 1 Satz 1 Nummer 7 berücksichtigt worden sind, oder
5. deren Einkommen und Vermögen nach § 7 Absatz 1 des Asylbewerberleistungsgesetzes bei der Ermittlung der Leistung eines anderen Haushaltsmitglieds nach Absatz 1 Satz 1 Nummer 8 berücksichtigt worden sind.

genannt und bei der gemeinsamen Ermittlung ihres Bedarfs oder nach § 43 Abs. 1 des Zwölften Buches Sozialgesetzbuch bei der Ermittlung der Leistung nach Absatz 1 Satz 1 Nr. 5 berücksichtigt worden sind. [2]Der Ausschluss besteht nicht, wenn

1. die Leistungen nach Absatz 1 Satz 1 und 2 ausschließlich als Darlehen gewährt werden oder
2. die Voraussetzungen des Absatzes 1 Satz 3 Nr. 2 vorliegen.

(3) Ausgeschlossen sind auch Haushaltsmitglieder, deren Leistungen nach Absatz 1 auf Grund einer Sanktion vollständig weggefallen sind.

§ 8 Dauer des Ausschlusses vom Wohngeld und Verzicht auf Leistungen

(1) [1]Der Ausschluss vom Wohngeld besteht vorbehaltlich des § 7 Abs. 1 Satz 3 Nr. 2 und Abs. 2 Satz 2 Nr. 2 für die Dauer des Verwaltungsverfahrens zur Feststellung von Grund und Höhe der Leistungen nach § 7 Abs. 1. [2]Der Ausschluss besteht vorbehaltlich des § 7 Abs. 1 Satz 3 Nr. 2 und Abs. 2 Satz 2 Nr. 2

1. nach der Antragstellung auf eine Leistung nach § 7 Abs. 1 ab dem Ersten
   a) des Monats, für den der Antrag gestellt worden ist, oder
   b) des nächsten Monats, wenn die Leistung nach § 7 Abs. 1 nicht vom Ersten eines Monats an beantragt wird,
2. nach der Bewilligung einer Leistung nach § 7 Abs. 1 ab dem Ersten
   a) des Monats, für den die Leistung nach § 7 Abs. 1 bewilligt wird, oder
   b) des nächsten Monats, wenn die Leistung nach § 7 Abs. 1 nicht vom Ersten eines Monats an bewilligt wird,
3. bis zum Letzten
   a) des Monats, wenn die Leistung nach § 7 Abs. 1 bis zum Letzten eines Monats bewilligt wird, oder
   b) des Vormonats, wenn die Leistung nach § 7 Abs. 1 nicht bis zum Letzten eines Monats bewilligt wird.

[3]Der Ausschluss gilt für den Zeitraum als nicht erfolgt, für den

1. der Antrag auf eine Leistung nach § 7 Absatz 1 zurückgenommen wird,
2. die Leistung nach § 7 Absatz 1 abgelehnt, versagt, entzogen oder ausschließlich als Darlehen gewährt wird,
3. der Bewilligungsbescheid über eine Leistung nach § 7 Absatz 1 zurückgenommen oder aufgehoben wird,
4. der Anspruch auf eine Leistung nach § 7 Absatz 1 nachträglich im Sinne des § 103 Absatz 1 des Zehnten Buches Sozialgesetzbuch ganz entfallen ist oder nach § 104 Ab-

satz 1 oder 2 des Zehnten Buches Sozialgesetzbuch oder nach § 40a des Zweiten Buches Sozialgesetzbuch nachrangig ist oder

5. die Leistung nach § 7 Absatz 1 nachträglich durch den Übergang eines Anspruchs in vollem Umfang erstattet wird.

(2) Verzichten Haushaltsmitglieder auf die Leistungen nach § 7 Abs. 1, um Wohngeld zu beantragen, gilt ihr Ausschluss vom Zeitpunkt der Wirkung des Verzichts an als nicht erfolgt; § 46 Abs. 2 des Ersten Buches Sozialgesetzbuch ist in diesem Fall nicht anzuwenden.

Teil 3 Nichtbestehen des Wohngeldanspruchs

§ 20 Gesetzeskonkurrenz

(1) (weggefallen)

(2) [1]Es besteht kein Wohngeldanspruch, wenn allen Haushaltsmitgliedern eine der folgenden Leistungen dem Grunde nach zusteht oder im Fall ihres Antrages dem Grunde nach zustünde:

1. Leistungen zur Förderung der Ausbildung nach dem Bundesausbildungsförderungsgesetz,
2. Leistungen nach den §§ 56, 116 Absatz 3 oder 4 oder § 122 des Dritten Buches Sozialgesetzbuch oder
3. Leistungen zur Sicherung des Lebensunterhaltes während des ausbildungsbegleitenden Praktikums oder der betrieblichen Berufsausbildung bei Teilnahme am Sonderprogramm Förderung der beruflichen Mobilität von ausbildungsinteressierten Jugendlichen und arbeitslosen jungen Fachkräften aus Europa.

[2]Satz 1 gilt auch, wenn dem Grunde nach Förderungsberechtigte der Höhe nach keinen Anspruch auf Förderung haben. [3]Satz 1 gilt nicht, wenn die Leistungen ausschließlich als Darlehen gewährt werden. [4]Ist Wohngeld für einen Zeitraum bewilligt, in den der Beginn der Ausbildung fällt, ist das Wohngeld bis zum Ablauf des Bewilligungszeitraums in gleicher Höhe weiterzuleisten; § 27 Abs. 2 und § 28 bleiben unberührt.

§ 21 Sonstige Gründe

Ein Wohngeldanspruch besteht nicht,

1. wenn das Wohngeld weniger als 10 Euro monatlich betragen würde,
2. wenn alle Haushaltsmitglieder nach den §§ 7 und 8 Abs. 1 vom Wohngeld ausgeschlossen sind oder
3. soweit die Inanspruchnahme missbräuchlich wäre, insbesondere wegen erheblichen Vermögens.

Allgemeine Verwaltungsvorschrift zur Neuregelung der Allgemeinen Verwaltungsvorschrift zur Durchführung des Wohngeldgesetzes (Wohngeld-Verwaltungsvorschrift – WoGVwV) vom 28. Juni 2017

– Auszug –

Zu § 20 Absatz 2

20.21 Wohngeld für Auszubildende und Studierende

(1) Es kommt ein Wohngeldanspruch in Betracht, wenn einem oder mehreren Haushaltsmitgliedern

1. ein Anspruch auf Ausbildungsförderung nach dem BAföG,
2. ein Anspruch nach den §§ 56, 116 Absatz 3 oder § 122 SGB III oder
3. Leistungen zur Sicherung des Lebensunterhaltes während des ausbildungsbegleitenden Praktikums oder der betrieblichen Berufsausbildung bei Teilnahme am Sonderprogramm Förderung der beruflichen Mobilität von ausbildungsinteressierten Jugendlichen und arbeitslosen jungen Fachkräften aus Europa (MobiPro-EU)

dem Grunde nach nicht zusteht. Das ist der Fall, wenn ein Studium oder eine Ausbildung schon bei abstrakter Betrachtung nach dem jeweiligen Gesetz nicht förderfähig ist oder in der Person der Antragstellerin oder des Antragstellers liegende Gründe bestehen, die eine jeweilige Förderung ausschließen (es sei denn, der Ausschluss erfolgt der Höhe nach). Demnach kann insbesondere ein Wohngeldanspruch bestehen, wenn

1. eine nach dem BAföG oder dem SGB III förderungsfähige Ausbildung nicht vorliegt (§§ 2 und 3 BAföG, § 56 SGB III),
2. eine Ausbildung die Arbeitskraft des Auszubildenden im Allgemeinen nicht voll in Anspruch nimmt (förmliche Teilzeitausbildung) und daher nach § 2 Absatz 5 BAföG nicht gefördert werden kann,
3. ausländische Personen die persönlichen Fördervoraussetzungen des § 8 BAföG oder des § 59 SGB III nicht erfüllen; ist danach das WoGG grundsätzlich anwendbar, ist zusätzlich § 3 Absatz 5 WoGG zu beachten,
4. die Altersgrenze für die Ausbildungsförderung nach § 10 Absatz 3 BAföG überschritten ist,
5. der Abbruch der Ausbildung oder der Wechsel der Fachrichtung ohne wichtigen oder unabweisbaren Grund erfolgt sind (§ 7 Absatz 3 BAföG),
6. die Voraussetzungen für die Förderung einer weiteren Ausbildung nach § 7 Absatz 2 BAföG oder nach § 57 Absatz 2 SGB III nicht erfüllt sind,

7. die Förderungshöchstdauer überschritten ist (§ 15 Absatz 2 in Verbindung mit § 15a BAföG) und die Voraussetzungen für eine weitere Förderung nach § 15 Absatz 3 BAföG oder eine Studienabschlussförderung nach § 15 Absatz 3a BAföG dem Grunde nach nicht gegeben sind,
8. die Ausbildung im Sinne des § 58 SGB III nicht förderungsfähig ist, weil sie vollständig oder teilweise im Ausland durchgeführt wird, und die Voraussetzungen des § 58 SGB III nicht erfüllt sind, die auszubildende Person aber im Geltungsbereich des WoGG wohnt (Grenzgänger),
9. Schülerinnen und Schülern, die nach dem BAföG nicht gefördert werden können, dem Grunde nach Leistungen der Ausbildungsförderung nach Landesvorschriften zustehen,
10. Auszubildende in einer beruflichen Ausbildung in Betrieben oder überbetrieblichen Ausbildungsstätten, die nicht zum Personenkreis der Rehabilitanden gehören, aufgrund des § 60 SGB III keinen Anspruch auf Berufsausbildungsbeihilfe haben,
11. Auszubildende von den Begabtenförderungswerken (vgl. Nummer 14.21.27b) Leistungen erhalten (§ 2 Absatz 6 Nummer 2 BAföG),
12. Auszubildende von der Ausbildungsförderung ausgeschlossen sind, weil sie die nach § 48 Absatz 1 BAföG erforderlichen Leistungsnachweise nicht erbracht haben,
13. Auszubildende, die auf Grund des § 2 Absatz 1a BAföG nicht nach dem BAföG gefördert werden können,
14. der Zeitrahmen der Studienabschlussförderung (§ 15 Absatz 3a BAföG) überschritten ist,
15. ein Mensch mit Behinderungen während
    a) einer beruflichen Ausbildung oder Bildungsmaßnahme einschließlich einer Grundausbildung oder
    b) einer Maßnahme im Eingangsverfahren oder Berufsbildungsbereich einer Werkstatt für behinderte Menschen

    einen Anspruch auf Ausbildungsgeld nicht hat, weil ein Übergangsgeld erbracht werden kann (§ 119 SGB III),
16. Auszubildende als Beschäftigte im öffentlichen Dienst Anwärterbezüge oder ähnliche Leistungen aus öffentlichen Mitteln erhalten (§ 2 Absatz 6 Nummer 3 BAföG).

Liegt keiner der in Satz 1 genannten Fälle vor, besteht nicht etwa deshalb ein Wohngeldanspruch, weil die oder der Auszubildende keinen Antrag auf Ausbildungsförderung gestellt hat.

Gesetz zum Elterngeld und zur Elternzeit (Bundeselterngeld- und Elternzeitgesetz – BEEG)

Neugefasst durch Bekanntmachung vom 27. Januar 2015 (BGBl I S. 33), das zuletzt durch Artikel 7 des Gesetzes vom 27. März 2024 (BGBl. 2024 I Nr. 107) geändert worden ist

– Auszug –

Abschnitt 1 Elterngeld

§ 2 Höhe des Elterngeldes

(1) [1]Elterngeld wird in Höhe von 67 Prozent des Einkommens aus Erwerbstätigkeit vor der Geburt des Kindes gewährt. [2]Es wird bis zu einem Höchstbetrag von 1 800 Euro monatlich für volle Lebensmonate gezahlt, in denen die berechtigte Person kein Einkommen aus Erwerbstätigkeit hat. [3]Das Einkommen aus Erwerbstätigkeit errechnet sich nach Maßgabe der §§ 2c bis 2f aus der um die Abzüge für Steuern und Sozialabgaben verminderten Summe der positiven Einkünfte aus

1. nichtselbständiger Arbeit nach § 2 Absatz 1 Satz 1 Nummer 4 des Einkommensteuergesetzes sowie
2. Land- und Forstwirtschaft, Gewerbebetrieb und selbständiger Arbeit nach § 2 Absatz 1 Satz 1 Nummer 1 bis 3 des Einkommensteuergesetzes,

die im Inland zu versteuern sind und die die berechtigte Person durchschnittlich monatlich im Bemessungszeitraum nach § 2b oder in Lebensmonaten der Bezugszeit nach § 2 Absatz 3 hat.

(2) [1]In den Fällen, in denen das Einkommen aus Erwerbstätigkeit vor der Geburt geringer als 1 000 Euro war, erhöht sich der Prozentsatz von 67 Prozent um 0,1 Prozentpunkte für je 2 Euro, um die dieses Einkommen den Betrag von 1 000 Euro unterschreitet, auf bis zu 100 Prozent. [2]In den Fällen, in denen das Einkommen aus Erwerbstätigkeit vor der Geburt höher als 1 200 Euro war, sinkt der Prozentsatz von 67 Prozent um 0,1 Prozentpunkte für je 2 Euro, um die dieses Einkommen den Betrag von 1 200 Euro überschreitet, auf bis zu 65 Prozent.

(3) [1]Für Lebensmonate nach der Geburt des Kindes, in denen die berechtigte Person ein Einkommen aus Erwerbstätigkeit hat, das durchschnittlich geringer ist als das Einkommen aus Erwerbstätigkeit vor der Geburt, wird Elterngeld in Höhe des nach Absatz 1 oder 2 maßgeblichen Prozentsatzes des Unterschiedsbetrages dieser Einkommen aus Erwerbstätigkeit gezahlt. [2]Als Einkommen aus Erwerbstätigkeit vor der Geburt ist dabei höchstens der Betrag von 2 770 Euro anzusetzen. [3]Der Unterschiedsbetrag nach Satz 1 ist für das Einkommen aus Erwerbstätigkeit in Lebensmonaten, in denen die berechtigte Person

Basiselterngeld in Anspruch nimmt, und in Lebensmonaten, in denen sie Elterngeld Plus im Sinne des § 4a Absatz 2 in Anspruch nimmt, getrennt zu berechnen.

(4) [1]Elterngeld wird mindestens in Höhe von 300 Euro gezahlt. [2]Dies gilt auch, wenn die berechtigte Person vor der Geburt des Kindes kein Einkommen aus Erwerbstätigkeit hat.

Abschnitt 3
Verfahren und Organisation

§ 10 Verhältnis zu anderen Sozialleistungen

(1) Das Elterngeld, und vergleichbare Leistungen der Länder sowie die nach § 3 auf die Leistung angerechneten Einnahmen oder Leistungen bleiben bei Sozialleistungen, deren Zahlung von anderen Einkommen abhängig ist, bis zu einer Höhe von insgesamt 300 Euro im Monat als Einkommen unberücksichtigt.

(2) Das Elterngeld, und vergleichbare Leistungen der Länder sowie die nach § 3 auf die Leistung angerechneten Einnahmen oder Leistungen dürfen bis zu einer Höhe von insgesamt 300 Euro nicht dafür herangezogen werden, um auf Rechtsvorschriften beruhende Leistungen anderer, auf die kein Anspruch besteht, zu versagen.

(3) Soweit die berechtigte Person Elterngeld Plus bezieht, bleibt das Elterngeld nur bis zur Hälfte des Anrechnungsfreibetrags, der nach Abzug der anderen nach Absatz 1 nicht zu berücksichtigenden Einnahmen für das Elterngeld verbleibt, als Einkommen unberücksichtigt und darf nur bis zu dieser Höhe nicht dafür herangezogen werden, um auf Rechtsvorschriften beruhende Leistungen anderer, auf die kein Anspruch besteht, zu versagen.

(4) Die nach den Absätzen 1 bis 3 nicht zu berücksichtigenden oder nicht heranzuziehenden Beträge vervielfachen sich bei Mehrlingsgeburten mit der Zahl der geborenen Kinder.

(5) [1]Die Absätze 1 bis 4 gelten nicht bei Leistungen nach dem Zweiten Buch Sozialgesetzbuch, dem Zwölften Buch Sozialgesetzbuch, § 6a des Bundeskindergeldgesetzes und dem Asylbewerberleistungsgesetz. [2]Bei den in Satz 1 bezeichneten Leistungen bleiben das Elterngeld und vergleichbare Leistungen der Länder sowie die nach § 3 auf das Elterngeld angerechneten Einnahmen in Höhe des nach § 2 Absatz 1 berücksichtigten Einkommens aus Erwerbstätigkeit vor der Geburt bis zu 300 Euro im Monat als Einkommen unberücksichtigt. [3]Soweit die berechtigte Person Elterngeld Plus bezieht, verringern sich die Beträge nach Satz 2 um die Hälfte. [4] Abweichend von Satz 2 bleibt Mutterschaftsgeld gemäß § 19 des Mutterschutzgesetzes in voller Höhe unberücksichtigt.

(6) Die Absätze 1 bis 4 gelten entsprechend, soweit für eine Sozialleistung ein Kostenbeitrag erhoben werden kann, der einkommensabhängig ist.

Gesetz über den Aufenthalt, die Erwerbstätigkeit und die Integration von Ausländern im Bundesgebiet (AufenthG)

in der Fassung der Bekanntmachung vom 25. Februar 2008 (BGBl I S. 162), das zuletzt durch Artikel 3 des Gesetzes vom 8. Mai 2024 (BGBl. 2024 I Nr. 152) geändert worden ist

– Auszug –

Kapitel 1 Allgemeine Bestimmungen

§ 1 Zweck des Gesetzes; Anwendungsbereich

(Abs. 1 nicht abgedruckt)

(2) Dieses Gesetz findet keine Anwendung auf Ausländer,

1. deren Rechtsstellung von dem Gesetz über die allgemeine Freizügigkeit von Unionsbürgern geregelt ist, soweit nicht durch Gesetz etwas anderes bestimmt ist,
2. die nach Maßgabe der §§ 18 bis 20 des Gerichtsverfassungsgesetzes nicht der deutschen Gerichtsbarkeit unterliegen,
3. soweit sie nach Maßgabe völkerrechtlicher Verträge für den diplomatischen und konsularischen Verkehr und für die Tätigkeit internationaler Organisationen und Einrichtungen von Einwanderungsbeschränkungen, von der Verpflichtung, ihren Aufenthalt der Ausländerbehörde anzuzeigen und dem Erfordernis eines Aufenthaltstitels befreit sind und wenn Gegenseitigkeit besteht, sofern die Befreiungen davon abhängig gemacht werden können.

§ 2 Begriffsbestimmungen

(1) Ausländer ist jeder, der nicht Deutscher im Sinne des Artikels 116 Abs. 1 des Grundgesetzes ist.

(2) Erwerbstätigkeit ist die selbständige Tätigkeit, die Beschäftigung im Sinne von § 7 des Vierten Buches Sozialgesetzbuch und die Tätigkeit als Beamter.

(3) [1]Der Lebensunterhalt eines Ausländers ist gesichert, wenn er ihn einschließlich ausreichenden Krankenversicherungsschutzes ohne Inanspruchnahme öffentlicher Mittel bestreiten kann. [2]Nicht als Inanspruchnahme öffentlicher Mittel gilt der Bezug von:

1. Kindergeld,
2. Kinderzuschlag,
3. Erziehungsgeld,

4. Elterngeld,
5. Leistungen der Ausbildungsförderung nach dem Dritten Buch Sozialgesetzbuch, dem Bundesausbildungsförderungsgesetz und dem Aufstiegsfortbildungsförderungsgesetz,
6. öffentlichen Mitteln, die auf Beitragsleistungen beruhen oder die gewährt werden, um den Aufenthalt im Bundesgebiet zu ermöglichen und
7. Leistungen nach dem Unterhaltsvorschussgesetz.

[3]Ist der Ausländer in einer gesetzlichen Krankenversicherung krankenversichert, hat er ausreichenden Krankenversicherungsschutz. [4]Bei der Erteilung oder Verlängerung einer Aufenthaltserlaubnis zum Familiennachzug werden Beiträge der Familienangehörigen zum Haushaltseinkommen berücksichtigt. [5]Der Lebensunterhalt gilt für die Erteilung einer Aufenthaltserlaubnis nach den §§ 16a bis 16c, 16e sowie 16f mit Ausnahme der Teilnehmer an Sprachkursen, die nicht der Studienvorbereitung dienen, als gesichert, wenn der Ausländer über monatliche Mittel in Höhe des monatlichen Bedarfs, der nach den §§ 13 und 13a Abs. 1 des Bundesausbildungsförderungsgesetzes bestimmt wird, verfügt. [6]Der Lebensunterhalt gilt für die Erteilung einer Aufenthaltserlaubnis nach den §§ 16d, 16f Absatz 1 für Teilnehmer an Sprachkursen, die nicht der Studienvorbereitung dienen, sowie § 17 als gesichert, wenn Mittel entsprechend Satz 5 zuzüglich eines Aufschlages um 10 Prozent zur Verfügung stehen. [7]Das Bundesministerium des Innern, für Bau und Heimat gibt die Mindestbeträge nach Satz 5 für jedes Kalenderjahr jeweils bis zum 31. August des Vorjahres im Bundesanzeiger bekannt.

(4) [1]Als ausreichender Wohnraum wird nicht mehr gefordert, als für die Unterbringung eines Wohnungssuchenden in einer öffentlich geförderten Sozialmietwohnung genügt. [2]Der Wohnraum ist nicht ausreichend, wenn er den auch für Deutsche geltenden Rechtsvorschriften hinsichtlich Beschaffenheit und Belegung nicht genügt. [3]Kinder bis zur Vollendung des zweiten Lebensjahres werden bei der Berechnung des für die Familienunterbringung ausreichenden Wohnraumes nicht mitgezählt.

(Abs. 5–15 nicht abgedruckt)

Kapitel 2
Einreise und Aufenthalt im Bundesgebiet

Abschnitt 1
Allgemeines

§ 3 Passpflicht

(1) [1]Ausländer dürfen nur in das Bundesgebiet einreisen oder sich darin aufhalten, wenn sie einen anerkannten und gültigen Pass oder Passersatz besitzen, sofern sie von der Passpflicht nicht durch Rechtsverordnung befreit sind. [2]Für den Aufenthalt im Bundesgebiet erfüllen sie die Passpflicht auch durch den Besitz eines Ausweisersatzes (§ 48 Abs. 2).

(2) Das Bundesministerium des Innern, für Bau und Heimat oder die von ihm bestimmte Stelle kann in begründeten Einzelfällen vor der Einreise des Ausländers für den Grenzübertritt und einen anschließenden Aufenthalt von bis zu sechs Monaten Ausnahmen von der Passpflicht zulassen.

§ 4 Erfordernis eines Aufenthaltstitels

(1) [1]Ausländer bedürfen für die Einreise und den Aufenthalt im Bundesgebiet eines Aufenthaltstitels, sofern nicht durch Recht der Europäischen Union oder durch Rechtsverordnung etwas anderes bestimmt ist oder auf Grund des Abkommens vom 12. September 1963 zur Gründung einer Assoziation zwischen der Europäischen Wirtschaftsgemeinschaft und der Türkei (BGBl. 1964 II S. 509) (Assoziationsabkommen EWG/Türkei) ein Aufenthaltsrecht besteht. [2]Die Aufenthaltstitel werden erteilt als

1. Visum im Sinne des § 6 Absatz 1 Nummer 1 und Absatz 3,
2. Aufenthaltserlaubnis (§ 7),

2a. Blaue Karte EU (§ 18g),

2b. ICT-Karte (§ 19),

2c. Mobiler-ICT-Karte (§ 19b),

3. Niederlassungserlaubnis (§ 9) oder
4. Erlaubnis zum Daueraufenthalt – EU (§ 9a).

[3]Die für die Aufenthaltserlaubnis geltenden Rechtsvorschriften werden auch auf die Blaue Karte EU, die ICT-Karte und die Mobiler-ICT-Karte angewandt, sofern durch Gesetz oder Rechtsverordnung nichts anderes bestimmt ist.

(Abs. 2–5 nicht abgedruckt)

§ 5 Allgemeine Erteilungsvoraussetzungen

(1) Die Erteilung eines Aufenthaltstitels setzt in der Regel voraus, dass

1. der Lebensunterhalt gesichert ist,

1a. die Identität und, falls er nicht zur Rückkehr in einen anderen Staat berechtigt ist, die Staatsangehörigkeit des Ausländers geklärt ist,

2. kein Ausweisungsinteresse besteht,
3. soweit kein Anspruch auf Erteilung eines Aufenthaltstitels besteht, der Aufenthalt des Ausländers nicht aus einem sonstigen Grund Interessen der Bundesrepublik Deutschland beeinträchtigt oder gefährdet und
4. die Passpflicht nach § 3 erfüllt wird.

(Abs. 2–4 nicht abgedruckt)

§ 7 Aufenthaltserlaubnis

(1) [1]Die Aufenthaltserlaubnis ist ein befristeter Aufenthaltstitel. [2]Sie wird zu den in den nachfolgenden Abschnitten genannten Aufenthaltszwecken erteilt. [3]In begründeten Fällen kann eine Aufenthaltserlaubnis auch für einen von diesem Gesetz nicht vorgesehenen Aufenthaltszweck erteilt werden.[4]Die Aufenthaltserlaubnis nach Satz 3 berechtigt nicht zur Erwerbstätigkeit; sie kann nach § 4a Absatz 1 erlaubt werden.

(2) [1]Die Aufenthaltserlaubnis ist unter Berücksichtigung des beabsichtigten Aufenthaltszwecks zu befristen. [2]Ist eine für die Erteilung, die Verlängerung oder die Bestimmung der Geltungsdauer wesentliche Voraussetzung entfallen, so kann die Frist auch nachträglich verkürzt werden.

§ 9 Niederlassungserlaubnis

(1) [1]Die Niederlassungserlaubnis ist ein unbefristeter Aufenthaltstitel. [2]Sie kann nur in den durch dieses Gesetz ausdrücklich zugelassenen Fällen mit einer Nebenbestimmung versehen werden. [3]§ 47 bleibt unberührt.

(Abs. 2–4 nicht abgedruckt)

§ 9a Erlaubnis zum Daueraufenthalt – EU

(1) [1]Die Erlaubnis zum Daueraufenthalt – EU ist ein unbefristeter Aufenthaltstitel. [2]§ 9 Abs. 1 Satz 2 und 3 gilt entsprechend. [3]Soweit dieses Gesetz nichts anderes regelt, ist die Erlaubnis zum Daueraufenthalt – EU der Niederlassungserlaubnis gleichgestellt.

(2) [1]Einem Ausländer ist eine Erlaubnis zum Daueraufenthalt – EU nach Artikel 2 Buchstabe b der Richtlinie 2003/109/EG zu erteilen, wenn

1. er sich seit fünf Jahren mit Aufenthaltstitel im Bundesgebiet aufhält,
2. sein Lebensunterhalt und derjenige seiner Angehörigen, denen er Unterhalt zu leisten hat, durch feste und regelmäßige Einkünfte gesichert ist,
3. er über ausreichende Kenntnisse der deutschen Sprache verfügt,
4. er über Grundkenntnisse der Rechts- und Gesellschaftsordnung und der Lebensverhältnisse im Bundesgebiet verfügt,
5. Gründe der öffentlichen Sicherheit oder Ordnung unter Berücksichtigung der Schwere oder der Art des Verstoßes gegen die öffentliche Sicherheit oder Ordnung oder der vom Ausländer ausgehenden Gefahr unter Berücksichtigung der Dauer des bisherigen Aufenthalts und dem Bestehen von Bindungen im Bundesgebiet nicht entgegenstehen und
6. er über ausreichenden Wohnraum für sich und seine mit ihm in familiärer Gemeinschaft lebenden Familienangehörigen verfügt.

[2]Für Satz 1 Nr. 3 und 4 gilt § 9 Abs. 2 Satz 2 bis 5 entsprechend.

(3) Absatz 2 ist nicht anzuwenden, wenn der Ausländer

1. einen Aufenthaltstitel nach Abschnitt 5 besitzt, der nicht auf Grund des § 23 Abs. 2 erteilt wurde, oder eine vergleichbare Rechtsstellung in einem anderen Mitgliedstaat der Europäischen Union innehat und weder in der Bundesrepublik Deutschland noch in einem anderen Mitgliedstaat der Europäischen Union als international Schutzberechtigter anerkannt ist; Gleiches gilt, wenn er einen solchen Titel oder eine solche Rechtsstellung beantragt hat und über den Antrag noch nicht abschließend entschieden worden ist,
2. in einem Mitgliedstaat der Europäischen Union einen Antrag auf Anerkennung als international Schutzberechtigter gestellt oder vorübergehenden Schutz im Sinne des § 24 beantragt hat und über seinen Antrag noch nicht abschließend entschieden worden ist,
3. in einem anderen Mitgliedstaat der Europäischen Union eine Rechtsstellung besitzt, die der in § 1 Abs. 2 Nr. 2 beschriebenen entspricht,
4. sich mit einer Aufenthaltserlaubnis nach § 16a oder § 16b oder
5. sich zu einem sonstigen seiner Natur nach vorübergehenden Zweck im Bundesgebiet aufhält, insbesondere
   a) auf Grund einer Aufenthaltserlaubnis nach § 19c, wenn die Befristung der Zustimmung der Bundesagentur für Arbeit auf einer Verordnung nach § 42 Abs. 1 bestimmten Höchstbeschäftigungsdauer beruht,
   b) wenn die Verlängerung seiner Aufenthaltserlaubnis nach § 8 Abs. 2 ausgeschlossen wurde oder
   c) wenn seine Aufenthaltserlaubnis der Herstellung oder Wahrung der familiären Lebensgemeinschaft mit einem Ausländer dient, der sich selbst nur zu einem seiner Natur nach vorübergehenden Zweck im Bundesgebiet aufhält, und bei einer Aufhebung der Lebensgemeinschaft kein eigenständiges Aufenthaltsrecht entstehen würde.

Abschnitt 3
Aufenthalt zum Zweck der Ausbildung

§ 16 Grundsatz des Aufenthalts zum Zweck der Ausbildung

[1]Der Zugang von Ausländern zur Ausbildung dient der allgemeinen Bildung und der internationalen Verständigung ebenso wie der Sicherung des Bedarfs des deutschen Arbeitsmarktes an Fachkräften. Neben der Stärkung der wissenschaftlichen Beziehungen Deutschlands in der Welt trägt er auch zu internationaler Entwicklung bei. Die Ausgestaltung erfolgt so, dass die Interessen der öffentlichen Sicherheit beachtet werden.

§ 16a Berufsausbildung; berufliche Weiterbildung

(1) [1]Eine Aufenthaltserlaubnis zum Zweck der betrieblichen Aus- und Weiterbildung soll erteilt werden, wenn die Bundesagentur für Arbeit nach § 39 zugestimmt hat oder durch die Beschäftigungsverordnung oder zwischenstaatliche Vereinbarung bestimmt ist, dass die Aus- und Weiterbildung ohne Zustimmung der Bundesagentur für Arbeit zulässig ist. [2]Während des Aufenthalts nach Satz 1 darf eine Aufenthaltserlaubnis nicht für Beschäftigungen, nach § 19c Absatz 1 in Verbindung mit einer Regelung der Beschäftigungsverordnung für vorübergehende Beschäftigungen erteilt werden. [3]§ 9 findet keine Anwendung, es sei denn, der Ausländer war vor Erteilung der Aufenthaltserlaubnis nach Satz 1 im Besitz einer Aufenthaltserlaubnis nach den §§ 18a oder 18b. [4]Der Aufenthaltszweck der betrieblichen qualifizierten Berufsausbildung nach Satz 1 umfasst auch den Besuch eines Deutschsprachkurses zur Vorbereitung auf die Berufsausbildung, insbesondere den Besuch eines berufsbezogenen Deutschsprachkurses nach der Deutschsprachförderverordnung.

(2) [1]Eine Aufenthaltserlaubnis zum Zweck der schulischen Berufsausbildung soll erteilt werden, wenn sie nach bundes- oder landesrechtlichen Regelungen zu einem staatlich anerkannten Berufsabschluss führt und sich der Bildungsgang nicht überwiegend an Staatsangehörige eines Staates richtet. [2]Bilaterale oder multilaterale Vereinbarungen der Länder mit öffentlichen Stellen in einem anderen Staat über den Besuch inländischer Schulen durch ausländische Schüler bleiben unberührt. [3]Aufenthaltserlaubnisse zur Teilnahme am Schulbesuch können auf Grund solcher Vereinbarungen nur erteilt werden, wenn die für das Aufenthaltsrecht zuständige oberste Landesbehörde der Vereinbarung zugestimmt hat. [4]Absatz 1 Satz 2 und 3 gilt entsprechend.

(3) [1]Die Aufenthaltserlaubnis berechtigt nur zur Ausübung einer vom Zweck nach Absatz 1 oder Absatz 2 unabhängigen Beschäftigung von bis zu 20 Stunden je Woche. [2]Bei einer qualifizierten Berufsausbildung wird ein Nachweis über ausreichende deutsche Sprachkenntnisse verlangt, wenn die für die konkrete qualifizierte Berufsausbildung erforderlichen Sprachkenntnisse weder durch die Bildungseinrichtung geprüft worden sind noch durch einen vorbereitenden Deutschsprachkurs erworben werden sollen.

(4) Bevor, die Aufenthaltserlaubnis zum Zweck einer qualifizierten Berufsausbildung aus Gründen, die der Ausländer nicht zu vertreten hat, zurückgenommen, widerrufen oder gemäß § 7 Absatz, 2 Satz 2 nachträglich verkürzt wird, ist dem Ausländer für die Dauer von bis zu sechs Monaten die Möglichkeit zu geben, einen anderen Ausbildungsplatz zu suchen.

§ 16b Studium

(1) [1]Einem Ausländer wird zum Zweck des Vollzeitstudiums an einer staatlichen Hochschule, an einer staatlich anerkannten Hochschule oder an einer vergleichbaren Bildungseinrichtung eine Aufenthaltserlaubnis erteilt, wenn er von der Bildungseinrichtung zugelassen worden ist. [2]Der Aufenthaltszweck des Studiums umfasst auch studienvorbereitende Maßnahmen und das Absolvieren eines Pflichtpraktikums. [3]Studienvorbereitende Maßnahmen sind

1. der Besuch eines studienvorbereitenden Sprachkurses, wenn der Ausländer zu einem Vollzeitstudium zugelassen worden ist und die Zulassung an den Besuch eines studienvorbereitenden Sprachkurses gebunden ist, und
2. der Besuch eines Studienkollegs oder einer vergleichbaren Einrichtung, wenn die Annahme zu, einem Studienkolleg oder einer vergleichbaren Einrichtung nachgewiesen ist.

[4]Ein Nachweis über die für den konkreten Studiengang erforderlichen Kenntnisse der Ausbildungssprache wird nur verlangt, wenn diese Sprachkenntnisse weder bei der Zulassungsentscheidung geprüft worden sind noch durch die studienvorbereitende Maßnahme erworben werden sollen.

(2) [1]Die Geltungsdauer der Aufenthaltserlaubnis beträgt bei Ersterteilung und Verlängerung in der Regel zwei Jahre und soll eine Mindestdauer von einem Jahr nicht unterschreiten. [2]Sie beträgt mindestens zwei Jahre, wenn der Ausländer an einem Unions- oder multilateralen Programm mit Mobilitätsmaßnahmen teilnimmt oder wenn für ihn eine Vereinbarung zwischen zwei oder mehr Hochschuleinrichtungen gilt. [3]Dauert das Studium weniger als zwei Jahre, so wird die Aufenthaltserlaubnis nur für die Dauer des Studiums erteilt. [4]Die Aufenthaltserlaubnis wird verlängert, wenn der Aufenthaltszweck noch nicht erreicht ist und in einem angemessenen Zeitraum noch erreicht werden kann. [5]Zur Beurteilung der Frage, ob der Aufenthaltszweck noch erreicht werden kann, kann die aufnehmende Bildungseinrichtung beteiligt werden.

(3) [1]Die Aufenthaltserlaubnis berechtigt nach Maßgabe der folgenden Sätze nur zur Ausübung von Beschäftigungen , die insgesamt bis zu 140 Arbeitstage im Jahr nicht überschreiten dürfen (Arbeitstagekonto). [2]Studentische, Nebentätigkeiten werden nicht angerechnet. [3]Teilzeitbeschäftigungen werden jeweils in der für den Ausländer günstigsten Weise wie folgt angerechnet:

1. Die Beschäftigungen können für jeden Tag, an dem die Arbeitszeit bis zu vier Stunden beträgt, als halber Arbeitstag, ansonsten als voller Arbeitstag auf das Arbeitstagekonto angerechnet werden oder
2. die Beschäftigungen können je Kalenderwoche
   a) während der Vorlesungszeit, wenn sie bis zu 20 Stunden je Kalenderwoche ausgeübt werden, und
   b) außerhalb der Vorlesungszeit
3. unabhängig von der Verteilung der Arbeitszeit als zweieinhalb Arbeitstage auf das Arbeitstagekonto angerechnet werden. [4]Die Günstigkeitsprüfung nach Satz 3 erfolgt derart, dass einzeln für jede Kalenderwoche bestimmt wird, ob eine Anrechnung der ausgeübten Tätigkeit nach Satz 3 Nummer 1 oder Nummer 2 erfolgt.

(4) [1]Während des Aufenthalts nach Absatz 1 darf eine Aufenthaltserlaubnis nicht für Beschäftigungen, nach § 19c Absatz 1 in Verbindung mit einer Regelung der Beschäftigungsverordnung für vorübergehende Beschäftigungen erteilt werden. [2]§ 9 findet keine Anwendung.

(5) [1]Einem Ausländer kann eine Aufenthaltserlaubnis erteilt werden, wenn

1. er von einer staatlichen Hochschule, einer staatlich anerkannten Hochschule oder einer vergleichbaren Bildungseinrichtung
   a) zum Zweck des Vollzeitstudiums zugelassen worden ist und die Zulassung mit einer Bedingung verbunden ist, die nicht auf den Besuch einer studienvorbereitenden Maßnahme gerichtet ist,
   b) zum Zweck des Vollzeitstudiums zugelassen worden ist und, die Zulassung mit der Bedingung des Besuchs eines Studienkollegs oder einer vergleichbaren Einrichtung verbunden ist, der Ausländer aber den Nachweis über die Annahme zu einem Studienkolleg oder einer vergleichbaren Einrichtung nach Absatz 1 Satz 3 Nummer 2 nicht erbringen kann oder
   c) zum Zweck des Teilzeitstudiums zugelassen worden ist,
2. er zur Teilnahme an einem studienvorbereitenden Sprachkurs angenommen worden ist, ohne dass eine Zulassung zum Zweck eines Studiums an einer staatlichen Hochschule, einer staatlich anerkannten Hochschule oder einer vergleichbaren Bildungseinrichtung vorliegt, oder
3. ihm die Zusage eines Betriebs für das Absolvieren eines studienvorbereitenden Praktikums vorliegt.

[2]In den Fällen des Satzes 1 Nummer 1 sind, Absatz 1 Satz 2 bis 4 und die Absätze 2 bis 4 entsprechend anzuwenden. [3]In den Fällen des Satzes 1 Nummer 2 und 3 sind die Absätze 2 bis 4 entsprechend anzuwenden; die Aufenthaltserlaubnis berechtigt darüber hinaus zur Ausübung des Praktikums nach Satz 1 Nummer 3.

(6) Bevor die Aufenthaltserlaubnis nach Absatz 1 oder Absatz 5 aus Gründen, die der Ausländer nicht zu vertreten hat, zurückgenommen, widerrufen oder gemäß § 7 Absatz 2 Satz 2 nachträglich verkürzt wird, ist dem Ausländer für bis zu neun Monate die Möglichkeit zu geben, die Zulassung bei einer anderen Bildungseinrichtung zu beantragen.

(7) [1]Einem Ausländer, der in einem anderen Mitgliedstaat der Europäischen Union international Schutzberechtigter ist, soll eine Aufenthaltserlaubnis zum Zweck des Studiums erteilt werden, wenn der Ausländer in einem anderen Mitgliedstaat der Europäischen Union seit mindestens zwei Jahren ein Studium betrieben hat und die Voraussetzungen des, § 16c Absatz 1 Satz 1 Nummer 2 und 3 vorliegen. [2]Die Aufenthaltserlaubnis wird für die Dauer des Studienteils, der in Deutschland durchgeführt wird, erteilt. [3]Absatz 3 gilt entsprechend. [4]§ 9 findet keine Anwendung.

(8) Die Absätze 1 bis 4 und 6 dienen der Umsetzung der Richtlinie (EU) 2016/801 des Europäischen Parlaments und des Rates vom 11. Mai 2016 über die Bedingungen für die Einreise und den Aufenthalt von Drittstaatsangehörigen zu Forschungs- oder Studienzwecken, zur Absolvierung eines Praktikums, zur Teilnahme an einem Freiwilligendienst, Schüleraustauschprogrammen oder Bildungsvorhaben und zur Ausübung einer Au-pair-Tätigkeit (ABl. L132 vom 21.5.2016, S. 21).

§ 16c Mobilität im Rahmen des Studiums

(1) [1]Für einen Aufenthalt zum Zweck des Studiums, der 360 Tage nicht überschreitet, bedarf ein Ausländer abweichend von § 4 Absatz 1 keines Aufenthaltstitels, wenn die aufnehmende Bildungseinrichtung im Bundesgebiet dem Bundesamt für Migration und Flüchtlinge und der zuständigen Behörde des anderen Mitgliedstaates mitgeteilt hat, dass der Ausländer beabsichtigt, einen Teil seines Studiums im Bundesgebiet durchzuführen, und dem Bundesamt für Migration und Flüchtlinge mit der Mitteilung vorlegt:

1. den Nachweis, dass der Ausländer einen von einem anderen Mitgliedstaat der Europäischen Union für die Dauer des geplanten Aufenthalts gültigen Aufenthaltstitel zum Zweck des Studiums besitzt, der in den Anwendungsbereich der Richtlinie (EU) 2016/801 fällt,
2. den Nachweis, dass der Ausländer einen Teil seines Studiums an einer Bildungseinrichtung im Bundesgebiet durchführen möchte, weil er an einem Unions- oder multilateralen Programm mit Mobilitätsmaßnahmen teilnimmt oder für ihn eine Vereinbarung zwischen zwei oder mehr Hochschulen gilt,
3. den Nachweis, dass der Ausländer von der aufnehmenden Bildungseinrichtung zugelassen wurde,
4. die Kopie eines anerkannten und gültigen Passes oder Passersatzes des Ausländers und
5. den Nachweis, dass der Lebensunterhalt des Ausländers gesichert ist.

[2]Die aufnehmende Bildungseinrichtung hat die Mitteilung zu dem Zeitpunkt zu machen, zu dem der Ausländer in einem anderen Mitgliedstaat der Europäischen Union den Antrag auf Erteilung eines Aufenthaltstitels im Anwendungsbereich der Richtlinie (EU) 2016/801 stellt. [3]Ist der aufnehmenden Bildungseinrichtung zu diesem Zeitpunkt die Absicht des Ausländers, einen Teil des Studiums im Bundesgebiet durchzuführen, noch nicht bekannt, so hat sie die Mitteilung zu dem Zeitpunkt zu machen, zu dem ihr die Absicht bekannt wird. [4]Bei der Erteilung des Aufenthaltstitels nach Satz 1 Nummer 1 durch einen Staat, der nicht Schengen-Staat ist, und bei der Einreise über einen Staat, der nicht Schengen-Staat ist, hat der Ausländer eine Kopie der Mitteilung mitzuführen und den zuständigen Behörden auf deren Verlangen vorzulegen.

(2) [1]Erfolgt die Mitteilung zu dem in Absatz 1 Satz 2 genannten Zeitpunkt und wurden die Einreise und der Aufenthalt nicht nach § 19f Absatz 5 abgelehnt, so darf der Ausländer jederzeit innerhalb der Gültigkeitsdauer des in Absatz 1 Satz 1 Nummer 1 genannten Aufenthaltstitels des anderen Mitgliedstaates in das Bundesgebiet einreisen und sich dort zum Zweck des Studiums aufhalten. [2]Erfolgt die Mitteilung zu dem in Absatz 1 Satz 3 genannten Zeitpunkt und wurden die Einreise und der Aufenthalt nicht nach § 19f Absatz 5 abgelehnt, so darf der Ausländer in das Bundesgebiet einreisen und sich dort zum Zweck des Studiums aufhalten. [3]Während des Aufenthalts nach Absatz 1 findet § 16b Absatz 3 mit der Maßgabe Anwendung, dass der Ausländer bei einer kürzeren Aufenthaltsdauer als 360 Tage nur für die Zahl der entsprechend anteilig gekürzten zulässigen Arbeitstage des Arbeitstagekontos , zur Beschäftigung berechtigt ist.

(3) [1]Werden die Einreise und der Aufenthalt nach § 19f Absatz 5 abgelehnt, so hat der Ausländer das Studium unverzüglich einzustellen. [2]Die bis dahin nach Absatz 1 Satz 1 bestehende Befreiung vom Erfordernis eines Aufenthaltstitels entfällt.

(4) Sofern innerhalb von 30 Tagen nach Zugang der in Absatz 1 Satz 1 genannten Mitteilung keine Ablehnung der Einreise und des Aufenthalts des Ausländers nach § 19f Absatz 4 erfolgt, ist dem Ausländer durch das Bundesamt für Migration und Flüchtlinge eine Bescheinigung über die Berechtigung zur Einreise und zum Aufenthalt zum Zweck des Studiums im Rahmen der kurzfristigen Mobilität auszustellen.

(5) [1]Nach der Ablehnung gemäß § 19f Absatz 5 oder der Ausstellung der Bescheinigung im Sinne von Absatz 4 durch das Bundesamt für Migration und Flüchtlinge ist die Ausländerbehörde gemäß § 71 Absatz 1 für weitere aufenthaltsrechtliche Maßnahmen und Entscheidungen zuständig. [2]Der Ausländer und die aufnehmende Bildungseinrichtung sind verpflichtet, der Ausländerbehörde Änderungen in Bezug auf die in Absatz 1 genannten Voraussetzungen anzuzeigen.

§ 16d Maßnahmen zur Anerkennung ausländischer Berufsqualifikationen

(1) [1]Einem Ausländer soll zum Zweck der Anerkennung seiner im Ausland erworbenen Berufsqualifikation eine Aufenthaltserlaubnis für die Durchführung einer Qualifizierungsmaßnahme einschließlich sich daran anschließender Prüfungen erteilt werden, wenn von einer nach den Regelungen des Bundes oder der Länder für die berufliche Anerkennung zuständigen Stelle festgestellt wurde, dass Anpassungs- oder Ausgleichsmaßnahmen oder weitere Qualifikationen

1. für die Feststellung der Gleichwertigkeit der Berufsqualifikation mit einer inländischen Berufsqualifikation oder
2. in einem im Inland reglementierten Beruf für die Erteilung der Berufsausübungserlaubnis

erforderlich sind. [2]Die Erteilung der Aufenthaltserlaubnis setzt voraus, dass

1. der Ausländer über der Qualifizierungsmaßnahme entsprechende deutsche Sprachkenntnisse, in der Regel mindestens über hinreichende deutsche Sprachkenntnisse, verfügt,
2. die Qualifizierungsmaßnahme geeignet ist, dem Ausländer die Anerkennung der Berufsqualifikation oder den Berufszugang zu ermöglichen, und
3. bei einer überwiegend betrieblichen Qualifizierungsmaßnahme die Bundesagentur für Arbeit nach § 39 zugestimmt hat oder durch die Beschäftigungsverordnung oder zwischenstaatliche Vereinbarung bestimmt ist, dass die Teilnahme an der Qualifizierungsmaßnahme ohne Zustimmung der Bundesagentur für Arbeit zulässig ist.

[3]Die Aufenthaltserlaubnis wird für bis zu 24 Monate erteilt und um längstens zwölf Monate bis zu einer Höchstaufenthaltsdauer von drei Jahren verlängert. [4]Sie berechtigt nur

zur Ausübung einer von der Qualifizierungsmaßnahme unabhängigen Beschäftigung bis zu 20 Stunden je Woche.

(2) [1]Die Aufenthaltserlaubnis nach Absatz 1 berechtigt zusätzlich zur Ausübung einer zeitlich nicht eingeschränkten Beschäftigung, deren Anforderungen in einem Zusammenhang mit den in der späteren Beschäftigung verlangten berufsfachlichen Kenntnissen stehen, wenn die Bundesagentur für Arbeit nach § 39 zugestimmt hat oder durch die Beschäftigungsverordnung bestimmt ist, dass die Beschäftigung ohne Zustimmung der Bundesagentur für Arbeit zulässig ist. [2]§ 18 Absatz 2 Nummer 3 gilt entsprechend.

(3) [1]Einem Ausländer soll zur Durchführung eines Verfahrens zur Anerkennung seiner im Ausland erworbenen Berufsqualifikation mit begleitender Ausübung einer qualifizierten Beschäftigung eine Aufenthaltserlaubnis erteilt werden, wenn

1. der Ausländer
   a) über eine ausländische Berufsqualifikation verfügt, die von dem Staat, in dem sie erworben wurde, staatlich anerkannt ist und deren Erlangung eine Ausbildungsdauer von mindestens zwei Jahren vorausgesetzt hat, oder
   b) einen ausländischen Hochschulabschluss besitzt, der von dem Staat, in dem er erworben wurde, staatlich anerkannt ist, und
2. ein konkretes Arbeitsplatzangebot vorliegt,
3. sich aus einer zwischen dem Ausländer und dem Arbeitgeber zu schließenden Vereinbarung ergibt, dass
   a) sich der Ausländer verpflichtet, spätestens nach der Einreise bei der im Inland nach den Regelungen des Bundes oder der Länder für die berufliche Anerkennung zuständigen Stelle unverzüglich das Verfahren zur Anerkennung seiner im Ausland erworbenen Berufsqualifikation einzuleiten und
   b) sich der Arbeitgeber gegenüber dem Ausländer verpflichtet, ihm die Wahrnehmung, der von der zuständigen Stelle zur Anerkennung seiner Berufsqualifikation geforderten Qualifizierungsmaßnahmen im Rahmen des Arbeitsverhältnisses zu ermöglichen,
4. der Arbeitgeber für eine Ausbildung oder Nachqualifizierung geeignet ist,
5. der Ausländer über die der angestrebten Tätigkeit entsprechenden, mindestens jedoch über hinreichende deutsche Sprachkenntnisse verfügt und
6. **die** Bundesagentur für Arbeit nach § 39 zugestimmt hat oder durch die Beschäftigungsverordnung oder zwischenstaatliche Vereinbarung bestimmt ist, dass die Beschäftigung ohne Zustimmung der Bundesagentur für Arbeit zulässig ist.

[2]Von dem Erfordernis einer qualifizierten Beschäftigung nach Satz 1 ist abzusehen, wenn zur Ausübung dieser Beschäftigung eine Berufsausübungserlaubnis erforderlich wäre und

1. der Arbeitgeber tarifgebunden ist oder es sich um einen kirchlichen Arbeitgeber handelt, der an Regelungen paritätisch besetzter Kommissionen gebunden ist, die auf der Grundlage kirchlichen Rechts Arbeitsbedingungen festlegen,
2. der Arbeitgeber den Ausländer zu den bei ihm geltenden tariflichen oder den auf der Grundlage kirchlichen Rechts festgelegten Arbeitsbedingungen beschäftigt und
3. die Einstufung und das Entgelt einer Beschäftigung entsprechen, deren Anforderungen auf eine berufliche Tätigkeit im angestrebten Zielberuf hinführen.

[3]Von dem Erfordernis einer qualifizierten Beschäftigung nach Satz 1 ist ebenfalls abzusehen, wenn zur Ausübung dieser Beschäftigung eine Berufsausübungserlaubnis erforderlich wäre und

1. der Arbeitgeber eine nach § 72 des Elften Buches Sozialgesetzbuch zugelassene Pflegeeinrichtung ist und
2. die Einstufung und das Entgelt einer Beschäftigung entsprechen, deren Anforderungen auf eine berufliche Tätigkeit im angestrebten Zielberuf hinführen.

[4]Der Ausländer ist verpflichtet, sich das Vorliegen der Voraussetzungen nach Satz 1 Nummer 1 Buchstabe a oder b von einer fachkundigen inländischen Stelle bestätigen zu lassen. [5]Die Aufenthaltserlaubnis wird bei erstmaliger Erteilung für die Dauer der Zustimmung der Bundesagentur für Arbeit, höchstens jedoch für ein Jahr erteilt und bis zu einer Höchstaufenthaltsdauer von drei Jahren verlängert. [6]Nach zeitlichem Ablauf des Höchstzeitraumes der Aufenthaltserlaubnis darf keine Aufenthaltserlaubnis nach den §§ 16d und 19c Absatz 1 in Verbindung mit einer Regelung der Beschäftigungsverordnung für vorübergehende Beschäftigungen erteilt werden. [7]§ 9 findet keine Anwendung. [8]Die Aufenthaltserlaubnis berechtigt nur zur Ausübung der Beschäftigung nach Satz 1, 2 oder Satz 3 Nummer 2 sowie zu einer Nebenbeschäftigung von bis zu 20 Stunden je Woche.

(4) [1]Einem Ausländer soll zum Zweck der Anerkennung seiner im Ausland erworbenen Berufsqualifikation eine Aufenthaltserlaubnis für ein Jahr erteilt und um jeweils ein Jahr bis zu einer Höchstaufenthaltsdauer von drei Jahren verlängert werden, wenn der Ausländer auf Grund einer Absprache der Bundesagentur für Arbeit mit der Arbeitsverwaltung des Herkunftslandes

1. über das Verfahren, die Auswahl, die Vermittlung und die Durchführung des Verfahrens zur Feststellung der Gleichwertigkeit der ausländischen Berufsqualifikation und zur Erteilung der Berufsausübungserlaubnis bei durch Bundes- oder Landesgesetz reglementierten Berufen im Gesundheits- und Pflegebereich oder
2. über das Verfahren, die Auswahl, die Vermittlung und die Durchführung des Verfahrens zur Feststellung der Gleichwertigkeit der ausländischen Berufsqualifikation und, soweit erforderlich, zur Erteilung der Berufsausübungserlaubnis für sonstige ausgewählte Berufsqualifikationen unter Berücksichtigung der Angemessenheit der Ausbildungsstrukturen des Herkunftslandes

in eine Beschäftigung vermittelt worden ist und die Bundesagentur für Arbeit nach § 39 zugestimmt hat oder durch die Beschäftigungsverordnung oder zwischenstaatliche Vereinbarung bestimmt ist, dass die Erteilung der Aufenthaltserlaubnis ohne Zustimmung der Bundesagentur für Arbeit zulässig ist. [2]Voraussetzung ist zudem, dass der Ausländer über die in der Absprache festgelegten deutschen Sprachkenntnisse, in der Regel mindestens hinreichende deutsche Sprachkenntnisse, verfügt. [3]Die Aufenthaltserlaubnis berechtigt nur zur Ausübung einer von der anzuerkennenden Berufsqualifikation unabhängigen Beschäftigung bis zu 20 Stunden je Woche.

(5) [1]Einem Ausländer kann zum Ablegen von Prüfungen zur Anerkennung seiner ausländischen Berufsqualifikation eine Aufenthaltserlaubnis erteilt werden, wenn er über deutsche Sprachkenntnisse, die der abzulegenden Prüfung entsprechen, in der Regel jedoch mindestens über hinreichende deutsche Sprachkenntnisse, verfügt, sofern diese nicht durch die Prüfung nachgewiesen werden sollen. [2]Die Aufenthaltserlaubnis berechtigt nicht zur Ausübung einer Erwerbstätigkeit

(6) [1]Einem Ausländer soll zum Zweck der Feststellung seiner maßgeblichen beruflichen Fertigkeiten, Kenntnisse und Fähigkeiten, die zur Feststellung der Gleichwertigkeit seiner im Ausland erworbenen Berufsqualifikation erforderlich sind (Qualifikationsanalyse) und die ihn zu einer qualifizierten Beschäftigung befähigen, eine Aufenthaltserlaubnis von bis zu sechs Monaten erteilt werden. [2]Die Erteilung der Aufenthaltserlaubnis setzt voraus, dass

1. die zuständige Stelle entschieden hat, dass die gesetzlichen Voraussetzungen für ein sonstiges Verfahren zur Feststellung der Gleichwertigkeit der ausländischen Berufsqualifikation vorliegen und die Durchführung einer Qualifikationsanalyse zugesagt wurde,
2. der Ausländer über deutsche Sprachkenntnisse, die der abzulegenden Qualifikationsanalyse entsprechen, in der Regel jedoch mindestens über hinreichende deutsche Sprachkenntnisse verfügt.

[3]Absatz 1 Satz 4 und Absatz 2 gelten entsprechend. [4]Stellt die zuständige Stelle nach Durchführung des Verfahrens fest, dass Anpassungs- oder Ausgleichsmaßnahmen erforderlich sind, kann der Aufenthalt nach Absatz 1 oder Absatz 3 fortgesetzt werden, sofern die dort jeweils festgelegten Voraussetzungen erfüllt sind. [5]Eine Anrechnung der Dauer des Aufenthalts nach Satz 1 auf die in Absatz 1 oder Absatz 3 genannte Höchstaufenthaltsdauer erfolgt nicht.

§ 16e Studienbezogenes Praktikum EU

(1) Einem Ausländer wird eine Aufenthaltserlaubnis zum Zweck eines Praktikums nach der Richtlinie (EU) 2016/801 erteilt, wenn die Bundesagentur für Arbeit nach § 39 zugestimmt hat oder durch die Beschäftigungsverordnung oder durch zwischenstaatliche Vereinbarung bestimmt ist, dass das Praktikum ohne Zustimmung der Bundesagentur für Arbeit zulässig ist, und

1. das Praktikum dazu dient, dass sich der Ausländer Wissen, praktische Kenntnisse und Erfahrungen in einem beruflichen Umfeld aneignet,

2. der Ausländer eine Vereinbarung mit einer aufnehmenden Einrichtung über die Teilnahme an einem Praktikum vorlegt, die theoretische und praktische Schulungsmaßnahmen vorsieht, und Folgendes enthält:
   a) eine Beschreibung des Programms für das Praktikum einschließlich des Bildungsziels oder der Lernkomponenten,
   b) die Angabe der Dauer des Praktikums,
   c) die Bedingungen der Tätigkeit und der Betreuung des Ausländers,
   d) die Arbeitszeiten des Ausländers und
   e) das Rechtsverhältnis zwischen dem Ausländer und der aufnehmenden Einrichtung,
3. der Ausländer nachweist, dass er in den letzten zwei Jahren vor der Antragstellung einen Hochschulabschluss erlangt hat, oder nachweist, dass er ein Studium absolviert, das zu einem Hochschulabschluss führt,
4. das Praktikum fachlich und im Niveau dem in Nummer 3 genannten Hochschulabschluss oder Studium entspricht und
5. die aufnehmende Einrichtung sich schriftlich zur Übernahme der Kosten verpflichtet hat, die öffentlichen Stellen bis zu sechs Monate nach der Beendigung der Praktikumsvereinbarung entstehen für
   a) den Lebensunterhalt des Ausländers während eines unerlaubten Aufenthalts im Bundesgebiet und
   b) eine Abschiebung des Ausländers.

(2) Die Aufenthaltserlaubnis wird für die vereinbarte Dauer des Praktikums, höchstens jedoch für sechs Monate erteilt.

§ 16f Sprachkurse und Schulbesuch

(1) [1]Einem Ausländer kann eine Aufenthaltserlaubnis zur Teilnahme an Sprachkursen, die nicht der Studienvorbereitung dienen, oder zur Teilnahme an einem Schüleraustausch erteilt werden. [2]Eine Aufenthaltserlaubnis zur Teilnahme an einem Schüleraustausch kann auch erteilt werden, wenn kein unmittelbarer Austausch erfolgt.

(2) Einem Ausländer soll eine Aufenthaltserlaubnis zum Zweck des Schulbesuchs in der Regel ab der neunten Klassenstufe erteilt werden, wenn in der Schulklasse eine Zusammensetzung aus Schülern verschiedener Staatsangehörigkeiten gewährleistet ist und es sich handelt

1. um eine öffentliche oder staatlich anerkannte Schule mit internationaler Ausrichtung oder
2. um eine Schule, die nicht oder nicht überwiegend aus öffentlichen Mitteln finanziert wird und die Schüler auf internationale Abschlüsse, Abschlüsse anderer Staaten oder staatlich anerkannte Abschlüsse vorbereitet.

(3) [1]Während eines Aufenthalts zum Schulbesuch nach Absatz 2 soll in der Regel eine Aufenthaltserlaubnis zu einem anderen Aufenthaltszweck nur in Fällen eines gesetzlichen Anspruchs erteilt werden. [2]Im Anschluss an einen Aufenthalt zur Teilnahme an einem Schüleraustausch darf eine Aufenthaltserlaubnis für einen anderen Zweck nur in den Fällen eines gesetzlichen Anspruchs erteilt werden. [3]§ 9 findet keine Anwendung. [4]Die Aufenthaltserlaubnis nach Absatz 1 zur Teilnahme an einem Sprachkurs berechtigt nur zur Ausübung einer Beschäftigung von bis zu 20 Stunden je Woche. [5]Die Aufenthaltserlaubnis nach Absatz 1 zur Teilnahme an einem Schüleraustausch und die Aufenthaltserlaubnis nach Absatz 2 berechtigen nicht zur Ausübung einer Erwerbstätigkeit.

(4) [1]Bilaterale oder multilaterale Vereinbarungen der Länder mit öffentlichen Stellen in einem anderen Staat über den Besuch inländischer Schulen durch ausländische Schüler bleiben unberührt. [2]Aufenthaltserlaubnisse zur Teilnahme am Schulbesuch können auf Grund solcher Vereinbarungen nur erteilt werden, wenn die für das Aufenthaltsrecht zuständige oberste Landesbehörde der Vereinbarung zugestimmt hat.

§ 16g Aufenthaltserlaubnis zur Berufsausbildung für ausreisepflichtige Ausländer

(1) [1]Einem Ausländer ist eine Aufenthaltserlaubnis zu erteilen, wenn er in Deutschland

1. als Asylbewerber eine
   a) qualifizierte Berufsausbildung in einem staatlich anerkannten oder vergleichbar geregelten Ausbildungsberuf aufgenommen hat oder
   b) qualifizierte Berufsausbildung in einem staatlich anerkannten oder vergleichbar geregelten Ausbildungsberuf aufgenommen hat oder

   und nach Ablehnung des Asylantrags diese Berufsausbildung fortsetzen möchte oder
2. im Besitz einer Duldung nach § 60a ist und eine in Nummer 1 genannte Berufsausbildung aufnimmt.

[2]In Fällen offensichtlichen Missbrauchs kann die Aufenthaltserlaubnis versagt werden.

(2) Die Aufenthaltserlaubnis nach Absatz 1 wird nicht erteilt, wenn

1. ein Ausschlussgrund nach § 60a Absatz 6 vorliegt,
2. im Fall von Absatz 1 Satz 1 Nummer 2 der Ausländer bei Antragstellung noch nicht drei Monate im Besitz einer Duldung ist,
3. die Identität nicht geklärt ist
   a) bei Einreise in das Bundesgebiet bis zum 31. Dezember 2016 bis zur Beantragung der Aufenthaltserlaubnis oder
   b) bei Einreise in das Bundesgebiet ab dem 1. Januar 2017 und vor dem 1. Januar 2020 bis zur Beantragung der Aufenthaltserlaubnis, spätestens jedoch bis zum 30. Juni 2020 oder

c) bei Einreise in das Bundesgebiet nach dem 31. Dezember 2019 innerhalb der ersten sechs Monate nach der Einreise;

die Frist gilt als gewahrt, wenn der Ausländer innerhalb der in den Buchstaben a bis c genannten Frist alle erforderlichen und ihm zumutbaren Maßnahmen für die Identitätsklärung ergriffen hat und die Identität erst nach dieser Frist geklärt werden kann, ohne dass der Ausländer dies zu vertreten hat,

4. ein Ausschlussgrund nach § 19d Absatz 1 Nummer 6 oder 7 vorliegt, oder gegen den Ausländer eine Ausweisungsverfügung oder eine Abschiebungsanordnung nach § 58a besteht oder

5. im Fall von Absatz 1 Satz 1 Nummer 2 zum Zeitpunkt der Antragstellung konkrete Maßnahmen zur Aufenthaltsbeendigung, die in einem hinreichenden sachlichen und zeitlichen Zusammenhang zur Aufenthaltsbeendigung stehen, bevorstehen; diese konkreten Maßnahmen zur Aufenthaltsbeendigung stehen bevor, wenn

   a) eine ärztliche Untersuchung zur Feststellung der Reisefähigkeit veranlasst wurde,

   b) der Ausländer einen Antrag zur Förderung einer freiwilligen Ausreise mit staatlichen Mitteln gestellt hat,

   c) die Buchung von Transportmitteln für die Abschiebung eingeleitet wurde,

   d) vergleichbar konkrete Vorbereitungsmaßnahmen zur Abschiebung des Ausländers eingeleitet wurden, es sei denn, es ist von vornherein absehbar, dass diese nicht zum Erfolg führen, oder

   e) ein Verfahren zur Bestimmung des zuständigen Mitgliedstaates gemäß Artikel 20 Absatz 1 der Verordnung (EU) Nr. 604/2013 des Europäischen Parlaments und des Rates vom 26. Juni 2013 (Abl. L 180 vom 29.6.2019, S. 31) eingeleitet wurde.

(3) [1]Der Antrag auf Erteilung der Aufenthaltserlaubnis nach Absatz 1 kann frühestens sieben Monate vor Beginn der Berufsausbildung gestellt werden. [2]Die Aufenthaltserlaubnis nach Absatz 1 Satz 1 Nummer 2 wird frühestens sechs Monate vor Beginn der Berufsausbildung erteilt. [3]Sie wird erteilt, wenn zum Zeitpunkt der Antragstellung auf Erteilung der Aufenthaltserlaubnis nach Absatz 1

1. die Eintragung des Ausbildungsvertrages in das Verzeichnis der Berufsausbildungsverhältnisse bei der zuständigen Stelle bereits beantragt wurde,

2. die Eintragung des Ausbildungsvertrages in das Verzeichnis der Berufsausbildungsverhältnisse bei der zuständigen Stelle erfolgt ist,

3. soweit eine solche Eintragung nicht erforderlich ist, der Ausbildungsvertrag mit einer Bildungseinrichtung geschlossen wurde oder

4. die Zustimmung einer staatlichen oder staatlich anerkannten Bildungseinrichtung zu dem Ausbildungsvertrag vorliegt.

[4]Die Aufenthaltserlaubnis nach Absatz 1 wird für die im Ausbildungsvertrag bestimmte Dauer der Berufsausbildung erteilt.

(3a) Die Aufenthaltserlaubnis nach Absatz 1 berechtigt für die Dauer der Berufsausbildung nach Absatz 1 nur zur Ausübung einer vom Zweck nach Absatz 1 unabhängigen Beschäftigung von bis zu 20 Stunden je Woche.

(4) [1]Wird die Ausbildung vorzeitig beendet oder abgebrochen, ist die Bildungseinrichtung verpflichtet, dies unverzüglich, in der Regel innerhalb von zwei Wochen, der zuständigen Ausländerbehörde schriftlich oder elektronisch mitzuteilen. [2]In der Mitteilung sind neben den mitzuteilenden Tatsachen und dem Zeitpunkt ihres Eintritts die Namen, Vornamen und die Staatsangehörigkeit des Ausländers anzugeben.

(5) [1]Wird das Ausbildungsverhältnis vorzeitig beendet oder abgebrochen, wird die Aufenthaltserlaubnis nach Absatz 1 einmalig um sechs Monate zum Zweck der Suche nach einem weiteren Ausbildungsplatz zur Aufnahme einer Berufsausbildung nach Absatz 1 verlängert. [2]Die Aufenthaltserlaubnis nach Absatz 1 wird für sechs Monate zum Zweck der Suche nach einer der erworbenen beruflichen Qualifikation entsprechenden Beschäftigung verlängert, wenn nach erfolgreichem Abschluss der Berufsausbildung, für die die Aufenthaltserlaubnis nach Absatz 1 erteilt wurde, eine Weiterbeschäftigung im Ausbildungsbetrieb nicht erfolgt; die zur Ausbildungs- oder Arbeitsplatzsuche erteilte Aufenthaltserlaubnis nach Satz 1 oder 2 darf für diesen Zweck nicht verlängert werden.

(6) Eine Aufenthaltserlaubnis nach Absatz 1 Satz 1 kann unbeachtlich des Absatzes 2 Nummer 3 erteilt werden, wenn der Ausländer die erforderlichen und für ihn zumutbaren Maßnahmen für die Identitätsklärung getroffen hat.

(7) Die Aufenthaltserlaubnis nach Absatz 1 oder nach Absatz 5 wird widerrufen, wenn ein Ausschlussgrund nach Absatz 2 Nummer 4 eintritt oder die Ausbildung vorzeitig beendet oder abgebrochen wird.

(8) [1]Nach erfolgreichem Abschluss dieser Berufsausbildung ist für eine der erworbenen beruflichen Qualifikation entsprechenden Beschäftigung mit Zustimmung der Bundesagentur für Arbeit eine Aufenthaltserlaubnis für die Dauer von zwei Jahren zu erteilen, wenn die Voraussetzungen des § 19d Absatz 1 Nummer 2, 3, 6 und 7 vorliegen. [2]Die Aufenthaltserlaubnis berechtigt nach Ausübung einer zweijährigen der beruflichen Qualifikation entsprechenden Beschäftigung zu jeder Beschäftigung.

(9) Eine Aufenthaltserlaubnis nach Absatz 8 wird widerrufen, wenn das der Erteilung der Aufenthaltserlaubnis zugrundeliegende Arbeitsverhältnis aus Gründen, die in der Person des Ausländers liegen, aufgelöst wird oder ein Ausschlussgrund nach Absatz 2 Nummer 4 eintritt.

(10) [1]Die Aufenthaltserlaubnis wird abweichend von § 5 Absatz 2 und § 10 Absatz 3 Satz 1 erteilt. [2]§ 5 Absatz 1 Nummer 1a findet keine Anwendung. [3]Solange der Ausländer Leistungen der Ausbildungsförderung nach dem Dritten Buch Sozialgesetzbuch bezieht, schließt die Inanspruchnahme öffentlicher Leistungen zur Sicherstellung des eigenen Lebensunterhalts die Erteilung der Aufenthaltserlaubnis nicht aus. [4]Die Aufenthaltserlaubnis nach Absatz 1 in Verbindung mit Absatz 5 wird abweichend von § 5 Absatz 1 Nummer 1 erteilt.[5]Von § 3 kann in den Fällen des Absatzes 6 abgesehen werden.

§ 17 Suche eines Ausbildungs- oder Studienplatzes

(1) [1]Einem Ausländer kann zum Zweck der Suche nach einem Ausbildungsplatz zur Durchführung einer qualifizierten Berufsausbildung eine Aufenthaltserlaubnis erteilt werden, wenn

1. er das 35. Lebensjahr noch nicht vollendet hat,
2. der Lebensunterhalt gesichert ist,
3. er über einen Abschluss einer deutschen Auslandsschule oder über einen Schulabschluss verfügt, der zum Hochschulzugang im Bundesgebiet oder in dem Staat berechtigt, in dem der Schulabschluss erworben wurde, und
4. er über ausreichende deutsche Sprachkenntnisse verfügt.

[2]Die Aufenthaltserlaubnis wird für bis zu neun Monate erteilt. [3]Sie kann erneut nur erteilt werden, wenn sich der Ausländer nach seiner Ausreise mindestens so lange im Ausland aufgehalten hat, wie er sich zuvor auf der Grundlage einer Aufenthaltserlaubnis nach Satz 1 im Bundesgebiet aufgehalten hat.

(2) [1]Einem Ausländer kann zum Zweck der Studienbewerbung eine Aufenthaltserlaubnis erteilt werden, wenn

1. er über die schulischen und sprachlichen Voraussetzungen zur Aufnahme eines Studiums verfügt oder diese innerhalb der Aufenthaltsdauer nach Satz 2 erworben werden sollen, und
2. der Lebensunterhalt gesichert ist.

[2]Die Aufenthaltserlaubnis wird für bis zu neun Monate erteilt.

(3) [1]Die Aufenthaltserlaubnis nach den Absätzen 1 und 2 berechtigt nur zur Ausübung einer Beschäftigung von bis zu 20 Stunden je Woche und zur Ausübung von Probebeschäftigungen von bis zu insgesamt zwei Wochen. [2]Während des Aufenthalts nach den Absätzen 1 und 2 soll in der Regel eine Aufenthaltserlaubnis zu einem anderen Aufenthaltszweck nur nach den §§ 16a, 16b, oder 19c Absatz 2 oder in Fällen eines gesetzlichen Anspruchs erteilt werden.

Abschnitt 4
Aufenthalt zum Zweck der Erwerbstätigkeit

§ 18b Fachkräfte mit akademischer Ausbildung

Einer Fachkraft mit akademischer Ausbildung wird eine Aufenthaltserlaubnis zur Ausübung jeder qualifizierten Beschäftigung erteilt.

§ 19 ICT-Karte für unternehmensintern transferierte Arbeitnehmer

(1) [1]Eine ICT-Karte ist ein Aufenthaltstitel zum Zweck eines unternehmensinternen Transfers eines Ausländers. [2]Ein unternehmensinterner Transfer ist die vorübergehende Abordnung eines Ausländers

1. in eine inländische Niederlassung des Unternehmens, dem der Ausländer angehört, wenn das Unternehmen seinen Sitz außerhalb der Europäischen Union hat, oder
2. in eine inländische Niederlassung eines anderen Unternehmens der Unternehmensgruppe, zu der auch dasjenige Unternehmen mit Sitz außerhalb der Europäischen Union gehört, dem der Ausländer angehört.

(2) [1]Einem Ausländer wird die ICT-Karte erteilt, wenn

1. er in der aufnehmenden Niederlassung als Führungskraft oder Spezialist tätig wird,
2. er dem Unternehmen oder der Unternehmensgruppe unmittelbar vor Beginn des unternehmensinternen Transfers seit mindestens sechs Monaten und für die Zeit des Transfers ununterbrochen angehört,
3. der unternehmensinterne Transfer mehr als 90 Tage dauert,
4. der Ausländer einen für die Dauer des unternehmensinternen Transfers gültigen Arbeitsvertrag und erforderlichenfalls ein Abordnungsschreiben vorweist, worin enthalten sind:
   a) Einzelheiten zu Ort, Art, Entgelt und zu sonstigen Arbeitsbedingungen für die Dauer des unternehmensinternen Transfers sowie
   b) der Nachweis, dass der Ausländer nach Beendigung des unternehmensinternen Transfers in eine außerhalb der Europäischen Union ansässige Niederlassung des gleichen Unternehmens oder der gleichen Unternehmensgruppe zurückkehren kann, und
5. er seine berufliche Qualifikation nachweist.

[2]Führungskraft im Sinne dieses Gesetzes ist eine in einer Schlüsselposition beschäftigte Person, die in erster Linie die aufnehmende Niederlassung leitet und die hauptsächlich unter der allgemeinen Aufsicht des Leitungsorgans oder der Anteilseigner oder gleichwertiger Personen steht oder von ihnen allgemeine Weisungen erhält. [3]Diese Position schließt die Leitung der aufnehmenden Niederlassung oder einer Abteilung oder Unterabteilung der aufnehmenden Niederlassung, die Überwachung und Kontrolle der Arbeit des sonstigen Aufsicht führenden Personals und der Fach- und Führungskräfte sowie die Befugnis zur Empfehlung einer Anstellung, Entlassung oder sonstigen personellen Maßnahme ein. [4]Spezialist im Sinne dieses Gesetzes ist, wer über unerlässliche Spezialkenntnisse über die Tätigkeitsbereiche, die Verfahren oder die Verwaltung der aufnehmenden Niederlassung, ein hohes Qualifikationsniveau sowie angemessene Berufserfahrung verfügt.

(3) [1]Die ICT-Karte wird einem Ausländer auch erteilt, wenn

1. er als Trainee im Rahmen eines unternehmensinternen Transfers tätig wird und
2. die in Absatz 2 Satz 1 Nummer 2 bis 4 genannten Voraussetzungen vorliegen.

[2]Trainee im Sinne dieses Gesetzes ist, wer über einen Hochschulabschluss verfügt, ein Traineeprogramm absolviert, das der beruflichen Entwicklung oder der Fortbildung in Bezug auf Geschäftstechniken und -methoden dient, und entlohnt wird.

(4) [1]Die ICT-Karte wird erteilt

1. bei Führungskräften und bei Spezialisten für, die Dauer des Transfers, höchstens jedoch für drei Jahre und
2. bei Trainees für die Dauer des Transfers, höchstens jedoch für ein Jahr.

[2]Durch eine Verlängerung der ICT-Karte dürfen die in Satz 1 genannten Höchstfristen nicht überschritten werden.

(5) Die ICT-Karte wird nicht erteilt, wenn der Ausländer

1. auf Grund von Übereinkommen zwischen der Europäischen Union und ihren Mitgliedstaaten einerseits und Drittstaaten andererseits ein Recht auf freien Personenverkehr genießt, das dem der Unionsbürger gleichwertig ist,
2. in einem Unternehmen mit Sitz in einem dieser Drittstaaten beschäftigt ist oder
3. im Rahmen seines Studiums ein Praktikum absolviert.

(6) Die ICT-Karte wird darüber hinaus nicht erteilt, wenn

1. die aufnehmende Niederlassung hauptsächlich zu dem Zweck gegründet wurde, die Einreise von unternehmensintern transferierten Arbeitnehmern zu erleichtern,
2. sich der Ausländer im Rahmen der Möglichkeiten der Einreise und des Aufenthalts in mehreren Mitgliedstaaten der Europäischen Union zu Zwecken des unternehmensinternen Transfers im Rahmen des Transfers länger in einem anderen Mitgliedstaat aufhalten wird als im Bundesgebiet oder
3. der Antrag vor Ablauf von sechs Monaten seit dem Ende des letzten Aufenthalts des Ausländers zum Zweck des unternehmensinternen Transfers im Bundesgebiet gestellt wird.

(7) Diese Vorschrift dient der Umsetzung der Richtlinie 2014/66/EU des Europäischen Parlaments und des Rates vom 15. Mai 2014 über die Bedingungen für die Einreise und den Aufenthalt von Drittstaatsangehörigen im Rahmen eines unternehmensinternen Transfers (ABl. L 157 vom 27.5.2014, S.1).

§ 19a Kurzfristige Mobilität für unternehmensintern transferierte Arbeitnehmer

(Abs. 1–5 nicht abgedruckt)

§ 21 Selbständige Tätigkeit

(1) [1]Einem Ausländer kann eine Aufenthaltserlaubnis zur Ausübung einer selbständigen Tätigkeit erteilt werden, wenn

1. ein wirtschaftliches Interesse oder ein regionales Bedürfnis besteht,
2. die Tätigkeit positive Auswirkungen auf die Wirtschaft erwarten lässt und
3. die Finanzierung der Umsetzung durch Eigenkapital oder durch eine Kreditzusage gesichert ist.

[2]Die Beurteilung der Voraussetzungen nach Satz 1 richtet sich insbesondere nach der Tragfähigkeit der zu Grunde liegenden Geschäftsidee, den unternehmerischen Erfahrungen des Ausländers, der Höhe des Kapitaleinsatzes, den Auswirkungen auf die Beschäftigungs- und Ausbildungssituation und dem Beitrag für Innovation und Forschung. [3]Bei der Prüfung sind die für den Ort der geplanten Tätigkeit fachkundigen Körperschaften, die zuständigen Gewerbebehörden, die öffentlich-rechtlichen Berufsvertretungen und die für die Berufszulassung zuständigen Behörden zu beteiligen.

(2) Eine Aufenthaltserlaubnis zur Ausübung einer selbständigen Tätigkeit kann auch erteilt werden, wenn völkerrechtliche Vergünstigungen auf der Grundlage der Gegenseitigkeit bestehen.

(2a) [1]Einem Ausländer, der sein Studium an einer staatlichen oder staatlich anerkannten Hochschule oder vergleichbaren Ausbildungseinrichtung im Bundesgebiet erfolgreich abgeschlossen hat oder der als Forscher oder Wissenschaftler eine Aufenthaltserlaubnis nach den §§18b, 18d oder § 19c Absatz 1 besitzt, soll eine Aufenthaltserlaubnis zur Ausübung einer selbständigen Tätigkeit abweichend von Absatz 1 erteilt werden. [2]Die beabsichtigte selbständige Tätigkeit muss einen Zusammenhang mit den in der Hochschulausbildung erworbenen Kenntnissen oder der Tätigkeit als Forscher oder Wissenschaftler erkennen lassen.

(2b) [1]Einem Ausländer kann eine Aufenthaltserlaubnis für einen Aufenthalt zur Gründung eines Unternehmens erteilt werden, wenn

1. er eine Fachkraft ist und
2. ihm zur Vorbereitung der Gründung eines Unternehmens ein den Lebensunterhalt sicherndes Stipendium einer deutschen Wirtschaftsorganisation oder einer deutschen öffentlichen Stelle aus öffentlichen Mitteln gewährt wird.

[2]Die Aufenthaltserlaubnis wird für die Dauer des gewährten Stipendiums erteilt, höchstens jedoch für 18 Monate.

(3) Ausländern, die älter sind als 45 Jahre, soll die Aufenthaltserlaubnis nur erteilt werden, wenn sie über eine angemessene Altersversorgung verfügen.

(4) [1]Die Aufenthaltserlaubnis wird auf längstens drei Jahre befristet. [2]Nach drei Jahren kann abweichend von § 9 Abs. 2 eine Niederlassungserlaubnis erteilt werden, wenn der Ausländer seit drei Jahren selbständig ist und die gegenwärtig ausgeübte Tätigkeit insbesondere auf Grund ihres Erfolgs und ihrer Dauer eine weitere nachhaltige Entwicklung der Geschäftstätigkeit erwarten lässt sowie der Lebensunterhalt des Ausländers und seiner mit ihm in familiärer Gemeinschaft lebenden Angehörigen, denen er Unterhalt zu leisten hat, durch ausreichende Einkünfte gesichert ist und die Voraussetzung des § 9 Absatz 2 Satz 1 Nummer 4 vorliegt.

(5) [1]Einem Ausländer kann eine Aufenthaltserlaubnis zur Ausübung einer freiberuflichen Tätigkeit abweichend von Absatz 1 erteilt werden. [2]Eine erforderliche Erlaubnis zur Ausübung des freien Berufes muss erteilt worden oder ihre Erteilung zugesagt sein. [3]Absatz 1 Satz 3 ist entsprechend anzuwenden. [4]Absatz 4 ist nicht anzuwenden.

(6) Einem Ausländer, dem eine Aufenthaltserlaubnis zu einem anderen Zweck erteilt wird oder erteilt worden ist, kann unter Beibehaltung dieses Aufenthaltszwecks die Ausübung einer selbständigen Tätigkeit erlaubt werden, wenn die nach sonstigen Vorschriften erforderlichen Erlaubnisse erteilt wurden oder ihre Erteilung zugesagt ist.

Abschnitt 5
Aufenthalt aus völkerrechtlichen, humanitären oder politischen Gründen

§ 22 Aufnahme aus dem Ausland

Einem Ausländer kann für die Aufnahme aus dem Ausland aus völkerrechtlichen oder dringenden humanitären Gründen eine Aufenthaltserlaubnis erteilt werden. Eine Aufenthaltserlaubnis ist zu erteilen, wenn das Bundesministerium des Innern, für Bau und Heimat oder die von ihm bestimmte Stelle zur Wahrung politischer Interessen der Bundesrepublik Deutschland die Aufnahme erklärt hat. Im Falle des Satzes 2 berechtigt die Aufenthaltserlaubnis zur Ausübung einer Erwerbstätigkeit.

§ 23 Aufenthaltsgewährung durch die obersten Landesbehörden; Aufnahme bei besonders gelagerten politischen Interessen; Neuansiedlung von Schutzsuchenden

(1) [1]Die oberste Landesbehörde kann aus völkerrechtlichen oder humanitären Gründen oder zur Wahrung politischer Interessen der Bundesrepublik Deutschland anordnen, dass Ausländern aus bestimmten Staaten oder in sonstiger Weise bestimmten Ausländergruppen eine Aufenthaltserlaubnis erteilt wird. [2]Die Anordnung kann unter der Maßgabe erfolgen, dass eine Verpflichtungserklärung nach § 68 abgegeben wird. [3]Zur Wahrung der Bundeseinheitlichkeit bedarf die Anordnung des Einvernehmens mit dem Bundesminis-

terium des Innern für Bau und Heimat. [4]Die Aufenthaltserlaubnis berechtigt nicht zur Erwerbstätigkeit; die Anordnung kann vorsehen, dass die zu erteilende Aufenthaltserlaubnis die Erwerbstätigkeit erlaubt oder diese nach § 4a Absatz 1 erlaubt werden kann.

(2) [1]Das Bundesministerium des Innern, für Bau und Heimat kann zur Wahrung besonders gelagerter politischer Interessen der Bundesrepublik Deutschland im Benehmen mit den obersten Landesbehörden anordnen, dass das Bundesamt für Migration und Flüchtlinge Ausländern aus bestimmten Staaten oder in sonstiger Weise bestimmten Ausländergruppen eine Aufnahmezusage erteilt. [2]Ein Vorverfahren nach § 68 der Verwaltungsgerichtsordnung findet nicht statt. [3]Den betroffenen Ausländern ist entsprechend der Aufnahmezusage eine Aufenthaltserlaubnis oder Niederlassungserlaubnis zu erteilen. [4]Die Niederlassungserlaubnis kann mit einer wohnsitzbeschränkenden Auflage versehen werden.

(3) Die Anordnung kann vorsehen, dass § 24 ganz oder teilweise entsprechende Anwendung findet.

(4) [1]Das Bundesministerium des Innern, für Bau und Heimat kann im Rahmen der Neuansiedlung von Schutzsuchenden im Benehmen mit den obersten Landesbehörden anordnen, dass das Bundesamt für Migration und Flüchtlinge bestimmten, für eine Neuansiedlung ausgewählten Schutzsuchenden (Resettlement-Flüchtlinge) eine Aufnahmezusage erteilt. [2]Absatz 2 Satz 2 bis 4 und § 24 Absatz 3 bis 5 gelten entsprechend.

§ 23a Aufenthaltsgewährung in Härtefällen

(1) [1]Die oberste Landesbehörde darf anordnen, dass einem Ausländer, der vollziehbar ausreisepflichtig ist, abweichend von den in diesem Gesetz festgelegten Erteilungs- und Verlängerungsvoraussetzungen für einen Aufenthaltstitel sowie von den §§ 10 und 11 eine Aufenthaltserlaubnis erteilt wird, wenn eine von der Landesregierung durch Rechtsverordnung eingerichtete Härtefallkommission darum ersucht (Härtefallersuchen). [2]Die Anordnung kann im Einzelfall unter Berücksichtigung des Umstandes erfolgen, ob der Lebensunterhalt des Ausländers gesichert ist oder eine Verpflichtungserklärung nach § 68 abgegeben wird. [3]Die Annahme eines Härtefalls ist in der Regel ausgeschlossen, wenn der Ausländer Straftaten von erheblichem Gewicht begangen hat oder wenn ein Rückführungstermin bereits konkret feststeht. [4]Die Befugnis zur Aufenthaltsgewährung steht ausschließlich im öffentlichen Interesse und begründet keine eigenen Rechte des Ausländers.

(2) [1]Die Landesregierungen werden ermächtigt, durch Rechtsverordnung eine Härtefallkommission nach Absatz 1 einzurichten, das Verfahren, Ausschlussgründe und qualifizierte Anforderungen an eine Verpflichtungserklärung nach Absatz 1 Satz 2 einschließlich vom Verpflichtungsgeber zu erfüllender Voraussetzungen zu bestimmen sowie die Anordnungsbefugnis nach Absatz 1 Satz 1 auf andere Stellen zu übertragen. [2]Die Härtefallkommissionen werden ausschließlich im Wege der Selbstbefassung tätig. [3]Dritte können nicht verlangen, dass eine Härtefallkommission sich mit einem bestimmten Einzelfall befasst oder eine bestimmte Entscheidung trifft. [4]Die Entscheidung für ein Härtefallersuchen setzt voraus, dass nach den Feststellungen der Härtefallkommission dringende

humanitäre oder persönliche Gründe die weitere Anwesenheit des Ausländers im Bundesgebiet rechtfertigen.

(3) [1]Verzieht ein sozialhilfebedürftiger Ausländer, dem eine Aufenthaltserlaubnis nach Absatz 1 erteilt wurde, in den Zuständigkeitsbereich eines anderen Leistungsträgers, ist der Träger der Sozialhilfe, in dessen Zuständigkeitsbereich eine Ausländerbehörde die Aufenthaltserlaubnis erteilt hat, längstens für die Dauer von drei Jahren ab Erteilung der Aufenthaltserlaubnis dem nunmehr zuständigen örtlichen Träger der Sozialhilfe zur Kostenerstattung verpflichtet. [2]Dies gilt entsprechend für die in § 6 Abs. 1 Satz 1 Nr. 2 des Zweiten Buches Sozialgesetzbuch genannten Leistungen zur Sicherung des Lebensunterhalts.

§ 25 Aufenthalt aus humanitären Gründen

(1) [1]Einem Ausländer ist eine Aufenthaltserlaubnis zu erteilen, wenn er als Asylberechtigter anerkannt ist. [2]Dies gilt nicht, wenn der Ausländer auf Grund eines besonders schwerwiegenden Ausweisungsinteresses nach § 54 Absatz 1 ausgewiesen worden ist. [3]Bis zur Erteilung der Aufenthaltserlaubnis gilt der Aufenthalt als erlaubt.

(2) [1]Einem Ausländer ist eine Aufenthaltserlaubnis zu erteilen, wenn das Bundesamt für Migration und Flüchtlinge die Flüchtlingseigenschaft im Sinne des § 3 Absatz 1 des Asylgesetzes oder subsidiären Schutz im Sinne des § 4 Absatz 1 des Asylgesetzes zuerkannt hat. [2]Absatz 1 Satz 2 bis 3 gilt entsprechend.

(3) [1]Einem Ausländer soll eine Aufenthaltserlaubnis erteilt werden, wenn ein Abschiebungsverbot nach § 60 Absatz 5 oder 7 vorliegt. [2]Die Aufenthaltserlaubnis wird nicht erteilt, wenn die Ausreise in einen anderen Staat möglich und zumutbar ist oder der Ausländer wiederholt oder gröblich gegen entsprechende Mitwirkungspflichten verstößt. [3]Sie wird ferner nicht erteilt, wenn schwerwiegende Gründe die Annahme rechtfertigen, dass der Ausländer

1. ein Verbrechen gegen den Frieden, ein Kriegsverbrechen oder ein Verbrechen gegen die Menschlichkeit im Sinne der internationalen Vertragswerke begangen hat, die ausgearbeitet worden sind, um Bestimmungen bezüglich dieser Verbrechen festzulegen,
2. eine Straftat von erheblicher Bedeutung begangen hat,
3. sich Handlungen zuschulden kommen ließ, die den Zielen und Grundsätzen der Vereinten Nationen, wie sie in der Präambel und den Artikeln 1 und 2 der Charta der Vereinten Nationen verankert sind, zuwiderlaufen, oder
4. eine Gefahr für die Allgemeinheit oder eine Gefahr für die Sicherheit der Bundesrepublik Deutschland darstellt.

(4) [1]Einem nicht vollziehbar ausreisepflichtigen Ausländer kann für einen vorübergehenden Aufenthalt eine Aufenthaltserlaubnis erteilt werden, solange dringende humanitäre oder persönliche Gründe oder erhebliche öffentliche Interessen seine vorübergehende weitere Anwesenheit im Bundesgebiet erfordern. [2]Eine Aufenthaltserlaubnis kann ab-

weichend von § 8 Abs. 1 und 2 verlängert werden, wenn auf Grund besonderer Umstände des Einzelfalls das Verlassen des Bundesgebiets für den Ausländer eine außergewöhnliche Härte bedeuten würde. [3]Die Aufenthaltserlaubnis berechtigt nicht zur Ausübung einer Erwerbstätigkeit; sie kann nach § 4a Absatz 1 erlaubt werden.

(4a) [1]Einem Ausländer, der Opfer einer Straftat nach den §§ 232 bis § 233a des Strafgesetzbuches wurde, soll, auch wenn er vollziehbar ausreisepflichtig ist, für einen Aufenthalt eine Aufenthaltserlaubnis erteilt werden. [2]Die Aufenthaltserlaubnis darf nur erteilt werden, wenn

1. seine Anwesenheit im Bundesgebiet für ein Strafverfahren wegen dieser Straftat von der Staatsanwaltschaft oder dem Strafgericht für sachgerecht erachtet wird, weil ohne seine Angaben die Erforschung des Sachverhalts erschwert wäre,
2. er jede Verbindung zu den Personen, die beschuldigt werden, die Straftat begangen zu haben, abgebrochen hat und
3. er seine Bereitschaft erklärt hat, in dem Strafverfahren wegen der Straftat als Zeuge auszusagen.

[1]Nach Beendigung des Strafverfahrens soll die Aufenthaltserlaubnis verlängert werden, wenn humanitäre oder persönliche Gründe oder öffentliche Interessen die weitere Anwesenheit des Ausländers im Bundesgebiet erfordern. [2]Die Aufenthaltserlaubnis berechtigt nicht zur Ausübung einer Erwerbstätigkeit; sie kann nach § 4a Absatz 1 erlaubt werden.

(4b) [1]Einem Ausländer, der Opfer einer Straftat nach § 10 Absatz 1 oder § 11 Absatz 1 Nummer 3 des Schwarzarbeitsbekämpfungsgesetzes oder nach § 15a des Arbeitnehmerüberlassungsgesetzes wurde, kann, auch wenn er vollziehbar ausreisepflichtig ist, für einen vorübergehenden Aufenthalt eine Aufenthaltserlaubnis erteilt werden. [2]Die Aufenthaltserlaubnis darf nur erteilt werden, wenn

1. die vorübergehende Anwesenheit des Ausländers im Bundesgebiet für ein Strafverfahren wegen dieser Straftat von der Staatsanwaltschaft oder dem Strafgericht für sachgerecht erachtet wird, weil ohne seine Angaben die Erforschung des Sachverhalts erschwert wäre, und
2. der Ausländer seine Bereitschaft erklärt hat, in dem Strafverfahren wegen der Straftat als Zeuge auszusagen.

[3]Die Aufenthaltserlaubnis kann verlängert werden, wenn dem Ausländer von Seiten des Arbeitgebers die zustehende Vergütung noch nicht vollständig geleistet wurde und es für den Ausländer eine besondere Härte darstellen würde, seinen Vergütungsanspruch aus dem Ausland zu verfolgen. [4]Die Aufenthaltserlaubnis berechtigt nicht zur Ausübung einer Erwerbstätigkeit; sie kann nach § 4a Absatz 1 erlaubt werden.

(5) [1]Einem Ausländer, der vollziehbar ausreisepflichtig ist, kann eine Aufenthaltserlaubnis erteilt werden, wenn seine Ausreise aus rechtlichen oder tatsächlichen Gründen unmöglich ist und mit dem Wegfall der Ausreisehindernisse in absehbarer Zeit nicht zu rechnen ist. [2]Die Aufenthaltserlaubnis soll erteilt werden, wenn die Abschiebung seit 18 Mo-

naten ausgesetzt ist. [3]Eine Aufenthaltserlaubnis darf nur erteilt werden, wenn der Ausländer unverschuldet an der Ausreise gehindert ist. [4]Ein Verschulden des Ausländers liegt insbesondere vor, wenn er falsche Angaben macht oder über seine Identität oder Staatsangehörigkeit täuscht oder zumutbare Anforderungen zur Beseitigung der Ausreisehindernisse nicht erfüllt.

§ 26 Dauer des Aufenthalts

(1) [1]Die Aufenthaltserlaubnis nach diesem Abschnitt kann für jeweils längstens drei Jahre erteilt und verlängert werden, in den Fällen des § 25 Abs. 4 Satz 1 und Abs. 5 jedoch für längstens sechs Monate, solange sich der Ausländer noch nicht mindestens 18 Monate rechtmäßig im Bundesgebiet aufgehalten hat. [2]In den Fällen , des § 25 Absatz 1 Satz 1 und Absatz 2 Satz 1 wird die Aufenthaltserlaubnis für drei Jahre erteilt. [3]Ausländern, die die Voraussetzungen des § 25 Absatz 3 erfüllen, wird die Aufenthaltserlaubnis für mindestens ein Jahr erteilt. [4]Die Aufenthaltserlaubnisse nach § 25 Absatz 4a Satz 1 und Absatz 4b werden jeweils für ein Jahr, Aufenthaltserlaubnisse nach § 25 Absatz 4a Satz 3 jeweils für zwei Jahre erteilt und verlängert; in begründeten Einzelfällen ist eine längere Geltungsdauer zulässig.

(2) Die Aufenthaltserlaubnis darf nicht verlängert werden, wenn das Ausreisehindernis oder die sonstigen einer Aufenthaltsbeendigung entgegenstehenden Gründe entfallen sind.

(3) [1]Einem Ausländer, der eine Aufenthaltserlaubnis nach § 25 Absatz 1 oder 2 Satz 1 erste Alternative besitzt, ist eine Niederlassungserlaubnis zu erteilen, wenn

1. er die Aufenthaltserlaubnis seit fünf Jahren besitzt, wobei die Aufenthaltszeit des der Erteilung der Aufenthaltserlaubnis vorangegangenen Asylverfahrens abweichend von § 55 Absatz 3 des Asylgesetzes auf die für die Erteilung der Niederlassungserlaubnis erforderliche Zeit des Besitzes einer Aufenthaltserlaubnis angerechnet wird,
2. das Bundesamt für Migration und Flüchtlinge nicht nach § 73 Absatz 2a des Asylgesetzes mitgeteilt hat, dass die Voraussetzungen für den Widerruf oder die Rücknahme vorliegen; ist der Erteilung der Aufenthaltserlaubnis eine Entscheidung des Bundesamtes vorausgegangen, die im Jahr 2015, 2016 oder 2017 unanfechtbar geworden ist, muss das Bundesamt mitgeteilt haben, dass die Voraussetzungen für den Widerruf oder die Rücknahme nicht vorliegen,
3. sein Lebensunterhalt überwiegend gesichert ist,
4. er über hinreichende Kenntnisse der deutschen Sprache verfügt und
5. die Voraussetzungen des § 9 Absatz 2 Satz 1 Nummer 4 bis 6, 8 und 9 vorliegen.

[2]§ 9 Absatz 2 Satz 2 bis 6, § 9 Absatz 3 Satz 1 und § 9 Absatz 4 finden entsprechend Anwendung; von der Voraussetzung in Satz 1 Nummer 3 wird auch abgesehen, wenn der Ausländer die Regelaltersgrenze nach § 35 Satz 2 oder § 235 Absatz 2 des Sechsten Buches Sozialgesetzbuch erreicht hat. [3]Abweichend von Satz 1 und 2 ist einem Ausländer, der eine Aufenthaltserlaubnis nach § 25 Absatz 1 oder 2 Satz 1 erste Alternative besitzt, eine Niederlassungserlaubnis zu erteilen, wenn

1. er die Aufenthaltserlaubnis seit drei Jahren besitzt, wobei die Aufenthaltszeit des der Erteilung der Aufenthaltserlaubnis vorangegangenen Asylverfahrens abweichend von § 55 Absatz 3 des Asylgesetzes auf die für die Erteilung der Niederlassungserlaubnis erforderliche Zeit des Besitzes einer Aufenthaltserlaubnis angerechnet wird,
2. das Bundesamt für Migration und Flüchtlinge nicht nach § 73 Absatz 2a des Asylgesetzes mitgeteilt hat, dass die Voraussetzungen für den Widerruf oder die Rücknahme vorliegen; ist der Erteilung der Aufenthaltserlaubnis eine Entscheidung des Bundesamtes vorausgegangen, die im Jahr 2015, 2016 oder 2017 unanfechtbar geworden ist, muss das Bundesamt mitgeteilt haben, dass die Voraussetzungen für den Widerruf oder die Rücknahme nicht vorliegen,
3. er die deutsche Sprache beherrscht,
4. sein Lebensunterhalt weit überwiegend gesichert ist und
5. die Voraussetzungen des § 9 Absatz 2 Satz 1 Nummer 4 bis 6, 8 und 9 vorliegen.

[4]In den Fällen des Satzes 3 finden § 9 Absatz 3 Satz 1 und § 9 Absatz 4 entsprechend Anwendung. [5]Für Kinder, die vor Vollendung des 18. Lebensjahres nach Deutschland eingereist sind, kann § 35 entsprechend angewandt werden. [6]Die Sätze 1 bis 5 gelten auch für einen Ausländer, der eine Aufenthaltserlaubnis nach § 23 Absatz 4 besitzt, es sei denn, es liegen die Voraussetzungen für eine Rücknahme vor.

(4) [1]Im Übrigen kann einem Ausländer, der eine Aufenthaltserlaubnis nach diesem Abschnitt besitzt, eine Niederlassungserlaubnis erteilt werden, wenn die in § 9 Abs. 2 Satz 1 bezeichneten Voraussetzungen vorliegen. [2]§ 9 Abs. 2 Satz 2 bis 6 gilt entsprechend. [3]Die Aufenthaltszeit des der Erteilung der Aufenthaltserlaubnis vorangegangenen Asylverfahrens wird abweichend von § 55 Abs. 3 des Asylgesetzes auf die Frist angerechnet. [4]Für Kinder, die vor Vollendung des 18. Lebensjahres nach Deutschland eingereist sind, kann § 35 entsprechend angewandt werden.

Abschnitt 6
Aufenthalt aus familiären Gründen

§ 28 Familiennachzug zu Deutschen

(1) [1]Die Aufenthaltserlaubnis ist dem ausländischen

1. Ehegatten eines Deutschen,
2. minderjährigen ledigen Kind eines Deutschen,
3. Elternteil eines minderjährigen ledigen Deutschen zur Ausübung der Personensorge

zu erteilen, wenn der Deutsche seinen gewöhnlichen Aufenthalt im Bundesgebiet hat. [2]Sie ist abweichend von § 5 Abs. 1 Nr. 1 in den Fällen des Satzes 1 Nr. 2 und 3 zu erteilen. [3]Sie soll in der Regel abweichend von § 5 Abs. 1 Nr. 1 in den Fällen des Satzes 1 Nr. 1 erteilt werden. [4]Sie kann abweichend von § 5 Abs. 1 Nr. 1 dem nicht personensorgeberechtigten Elternteil eines minderjährigen ledigen Deutschen erteilt werden, wenn die familiäre Gemeinschaft schon im Bundesgebiet gelebt wird. [5]§ 30 Abs. 1 Satz 1 Nr. 1 und 2, Satz 3 und Abs. 2 Satz 1 ist in den Fällen des Satzes 1 Nr. 1 entsprechend anzuwenden.

(2) [1]Dem Ausländer ist in der Regel eine Niederlassungserlaubnis zu erteilen, wenn er drei Jahre im Besitz einer Aufenthaltserlaubnis ist, die familiäre Lebensgemeinschaft mit dem Deutschen im Bundesgebiet fortbesteht, kein Ausweisungsinteresse besteht und er über ausreichende Kenntnisse der deutschen Sprache verfügt. [2]§ 9 Absatz 2 Satz 2 bis 5 gilt entsprechend. [3]Im Übrigen wird die Aufenthaltserlaubnis verlängert, solange die familiäre Lebensgemeinschaft fortbesteht.

(3) [1]Die §§ 31 und 34 finden mit der Maßgabe Anwendung, dass an die Stelle des Aufenthaltstitels des Ausländers der gewöhnliche Aufenthalt des Deutschen im Bundesgebiet tritt. [2]Die einem Elternteil eines minderjährigen ledigen Deutschen zur Ausübung der Personensorge erteilte Aufenthaltserlaubnis ist auch nach Eintritt der Volljährigkeit des Kindes zu verlängern, solange das Kind mit ihm in familiärer Lebensgemeinschaft lebt und das Kind sich in einer Ausbildung befindet, die zu einem anerkannten schulischen oder beruflichen Bildungsabschluss oder Hochschulabschluss führt.

(4) Auf sonstige Familienangehörige findet § 36 entsprechende Anwendung.

(5) (weggefallen)

§ 30 Ehegattennachzug

(1) [1]Dem Ehegatten eines Ausländers ist eine Aufenthaltserlaubnis zu erteilen, wenn

1. beide Ehegatten das 18. Lebensjahr vollendet haben,
2. der Ehegatte sich zumindest auf einfache Art in deutscher Sprache verständigen kann und
3. der Ausländer
   a) eine Niederlassungserlaubnis besitzt,
   b) eine Erlaubnis zum Daueraufenthalt – EU besitzt,
   c) eine Aufenthaltserlaubnis nach den §§ 18d, 18f, oder § 25 Absatz 1 oder Absatz 2 Satz 1 erste Alternative besitzt,
   d) seit zwei Jahren eine Aufenthaltserlaubnis besitzt und die Aufenthaltserlaubnis nicht mit einer Nebenbestimmung nach § 8 Absatz 2 versehen oder die spätere Erteilung einer Niederlassungserlaubnis nicht auf Grund einer Rechtsnorm ausgeschlossen ist; dies gilt nicht für eine Aufenthaltserlaubnis nach § 25 Absatz 2 Satz 1 zweite Alternative,
   e) eine Aufenthaltserlaubnis nach § 7 Absatz 1 Satz 3 oder nach den Abschnitten 3, 4, 5 oder 6 oder § 37 oder § 38 besitzt, die Ehe bei deren Erteilung bereits bestand und die Dauer seines Aufenthalts im Bundesgebiet voraussichtlich über ein Jahr betragen wird; dies gilt nicht für eine Aufenthaltserlaubnis nach § 25 Absatz 2 Satz 1 zweite Alternative,

f) eine Aufenthaltserlaubnis nach § 38a besitzt und die eheliche Lebensgemeinschaft bereits in dem Mitgliedstaat der Europäischen Union bestand, in dem der Ausländer die Rechtsstellung eines langfristig Aufenthaltsberechtigten innehat, oder

g) eine Blaue Karte EU, eine ICT-Karte oder eine Mobiler-ICT-Karte besitzt.

[2]Satz 1 Nummer 1 und 2 ist für die Erteilung der Aufenthaltserlaubnis unbeachtlich, wenn die Voraussetzungen des Satzes 1 Nummer 3 Buchstabe f vorliegen. [3]Satz 1 Nummer 2 ist für die Erteilung der Aufenthaltserlaubnis unbeachtlich, wenn

1. der Ausländer, der einen Aufenthaltstitel nach § 23 Absatz 4, § 25 Absatz 1 oder 2, § 26 Absatz 3 oder nach Erteilung einer Aufenthaltserlaubnis nach § 25 Absatz 2 Satz 1 zweite Alternative eine Niederlassungserlaubnis nach § 26 Absatz 4 besitzt und die Ehe bereits bestand, als der Ausländer seinen Lebensmittelpunkt in das Bundesgebiet verlegt hat,

2. der Ehegatte wegen einer körperlichen, geistigen oder seelischen Krankheit oder Behinderung nicht in der Lage ist, einfache Kenntnisse der deutschen Sprache nachzuweisen,

3. bei dem Ehegatten ein erkennbar geringer Integrationsbedarf im Sinne einer nach § 43 Absatz 4 erlassenen Rechtsverordnung besteht oder dieser aus anderen Gründen nach der Einreise keinen Anspruch nach § 44 auf Teilnahme am Integrationskurs hätte,

4. der Ausländer wegen seiner Staatsangehörigkeit auch für einen Aufenthalt, der kein Kurzaufenthalt ist, visumfrei in das Bundesgebiet einreisen und sich darin aufhalten darf,

5. der Ausländer im Besitz einer Blauen Karte EU, einer ICT-Karte oder einer Mobiler-ICT-Karte oder eines Aufenthaltstitels nach den §§ 18a, 18b, 18c Absatz 3, den §§ 18d, 18f, 19c Absatz 1 für eine Beschäftigung als leitender Angestellter, als Führungskraft, als Unternehmensspezialist, als Wissenschaftler, als Gastwissenschaftler, als Ingenieur oder Techniker im Forschungsteam eines Gastwissenschaftlers oder als Lehrkraft, § 19c Absatz 2 oder 4 Satz 1 oder § 21 ist,

6. es dem Ehegatten auf Grund besonderer Umstände des Einzelfalles nicht möglich oder nicht zumutbar ist, vor der Einreise Bemühungen zum Erwerb einfacher Kenntnisse der deutschen Sprache zu unternehmen, oder

7. [1]Die Aufenthaltserlaubnis nach diesem Abschnitt kann für jeweils längstens drei Jahre erteilt und verlängert werden, in den Fällen des § 25 Abs. 4 Satz 1 und Abs. 5 jedoch für längstens sechs Monate, solange sich der Ausländer noch nicht mindestens 18 Monate rechtmäßig im Bundesgebiet aufgehalten hat. 2In den Fällen , des § 25 Absatz 1 Satz 1 und Absatz 2 Satz 1 wird die Aufenthaltserlaubnis für drei Jahre erteilt. 3. Ausländern, die die Voraussetzungen des § 25 Absatz 3 erfüllen, wird die Aufenthaltserlaubnis für mindestens ein Jahr erteilt. [4]Die Aufenthaltserlaubnisse nach § 25 Absatz 4a Satz 1 und Absatz 4b werden jeweils für ein Jahr, Aufenthaltserlaubnisse nach § 25 Absatz 4a Satz 3 jeweils für zwei Jahre erteilt und verlängert; in begründeten Einzelfällen ist eine längere Geltungsdauer zulässig.

(2) [1]Die Aufenthaltserlaubnis kann zur Vermeidung einer besonderen Härte abweichend von Absatz 1 Satz 1 Nr. 1 erteilt werden. [2]Besitzt der Ausländer eine Aufenthaltserlaubnis, kann von den anderen Voraussetzungen des Absatzes 1 Satz 1 Nr. 3 Buchstabe e abgesehen werden; Gleiches gilt, wenn der Ausländer ein nationales Visum besitzt.

(3) Die Aufenthaltserlaubnis kann abweichend von § 5 Abs. 1 Nr. 1 und § 29 Abs. 1 Nr. 2 verlängert werden, solange die eheliche Lebensgemeinschaft fortbesteht.

(4) Ist ein Ausländer gleichzeitig mit mehreren Ehegatten verheiratet und lebt er gemeinsam mit einem Ehegatten im Bundesgebiet, wird keinem weiteren Ehegatten eine Aufenthaltserlaubnis nach Absatz 1 oder Absatz 3 erteilt.

(5) [1]Hält sich der Ausländer gemäß § 18e berechtigt im Bundesgebiet auf, so bedarf der Ehegatte keines Aufenthaltstitels, wenn nachgewiesen wird, dass sich der Ehegatte in dem anderen Mitgliedstaat der Europäischen Union rechtmäßig als Angehöriger des Ausländers aufgehalten hat. [2]Die Voraussetzungen nach § 18e Absatz 1 Satz 1 Nummer 1, 3 und 4 und Absatz 6 Satz 1 und die Ablehnungsgründe nach § 19f gelten für den Ehegatten entsprechend.

§ 31 Eigenständiges Aufenthaltsrecht der Ehegatten

(1) [1]Die Aufenthaltserlaubnis des Ehegatten wird im Falle der Aufhebung der ehelichen Lebensgemeinschaft als eigenständiges, vom Zweck des Familiennachzugs unabhängiges Aufenthaltsrecht für ein Jahr verlängert, wenn

1. die eheliche Lebensgemeinschaft seit mindestens drei Jahren rechtmäßig im Bundesgebiet bestanden hat oder
2. der Ausländer gestorben ist, während die eheliche Lebensgemeinschaft im Bundesgebiet bestand

und der Ausländer bis dahin im Besitz einer Aufenthaltserlaubnis, Niederlassungserlaubnis oder Erlaubnis zum Daueraufenthalt – EU war, es sei denn, er konnte die Verlängerung aus von ihm nicht zu vertretenden Gründen nicht rechtzeitig beantragen. [2]Satz 1 ist nicht anzuwenden, wenn die Aufenthaltserlaubnis des Ausländers nicht verlängert oder dem Ausländer keine Niederlassungserlaubnis oder Erlaubnis zum Daueraufenthalt – EU erteilt werden darf, weil dies durch eine Rechtsnorm wegen des Zwecks des Aufenthalts oder durch eine Nebenbestimmung zur Aufenthaltserlaubnis nach § 8 Abs. 2 ausgeschlossen ist.

(1a) Ist der Ausländer im Besitz einer Blauen Karte EU, gilt Absatz 1 für den Ehegatten des Ausländers mit der Maßgabe, dass der in Absatz 1 Satz 1 Nummer 1 genannte Zeitraum auch als erfüllt gilt, wenn die eheliche Lebensgemeinschaft seit mindestens zwei Jahren rechtmäßig im Bundesgebiet und zuvor bereits mindestens ein Jahr in einem anderen Mitgliedstaat der Europäischen Union bestanden hat.

(2) [1]Von der Voraussetzung des dreijährigen rechtmäßigen Bestandes der ehelichen Lebensgemeinschaft im Bundesgebiet nach Absatz 1 Satz 1 Nummer 1 oder des zweijährigen rechtmäßigen Bestandes im Bundesgebiet nach Absatz 1a ist abzusehen, soweit es

zur Vermeidung einer besonderen Härte erforderlich ist, dem Ehegatten den weiteren Aufenthalt zu ermöglichen, es sei denn, für den Ausländer ist die Verlängerung der Aufenthaltserlaubnis ausgeschlossen. [2]Eine besondere Härte liegt insbesondere vor, wenn die Ehe nach deutschem Recht wegen Minderjährigkeit des Ehegatten im Zeitpunkt der Eheschließung unwirksam ist oder aufgehoben worden ist, wenn dem Ehegatten wegen der aus der Auflösung der ehelichen Lebensgemeinschaft erwachsenden Rückkehrverpflichtung eine erhebliche Beeinträchtigung seiner schutzwürdigen Belange droht oder wenn dem Ehegatten wegen der Beeinträchtigung seiner schutzwürdigen Belange das weitere Festhalten an der ehelichen Lebensgemeinschaft unzumutbar ist; dies ist insbesondere anzunehmen, wenn der Ehegatte Opfer häuslicher Gewalt ist. [3]Zu den schutzwürdigen Belangen zählt auch das Wohl eines mit dem Ehegatten in familiärer Lebensgemeinschaft lebenden Kindes. [4]Zur Vermeidung von Missbrauch kann die Verlängerung der Aufenthaltserlaubnis versagt werden, wenn der Ehegatte aus einem von ihm zu vertretenden Grund auf Leistungen nach dem Zweiten oder Zwölften Buch Sozialgesetzbuch angewiesen ist.

(3) Wenn der Lebensunterhalt des Ehegatten nach Aufhebung der ehelichen Lebensgemeinschaft durch Unterhaltsleistungen aus eigenen Mitteln des Ausländers gesichert ist und dieser eine Niederlassungserlaubnis oder eine Erlaubnis zum Daueraufenthalt – EU besitzt, ist dem Ehegatten abweichend von § 9 Abs. 2 Satz 1 Nr. 3, 5 und 6 ebenfalls eine Niederlassungserlaubnis zu erteilen.

(4) [1]Die Inanspruchnahme von Leistungen nach dem Zweiten oder Zwölften Buch Sozialgesetzbuch steht der Verlängerung der Aufenthaltserlaubnis unbeschadet des Absatzes 2 Satz 4 nicht entgegen. [2]Danach kann die Aufenthaltserlaubnis verlängert werden, solange die Voraussetzungen für die Erteilung der Niederlassungserlaubnis oder Erlaubnis zum Daueraufenthalt – EU nicht vorliegen.

§ 32 Kindernachzug

(1) Dem minderjährigen ledigen Kind eines Ausländers ist eine Aufenthaltserlaubnis zu erteilen, wenn beide Eltern oder der allein personensorgeberechtigte Elternteil einen der folgenden Aufenthaltstitel besitzt:

1. Aufenthaltserlaubnis nach § 7 Absatz 1 Satz 3 oder nach Abschnitt 3 oder 4,
2. Aufenthaltserlaubnis nach § 25 Absatz 1 oder Absatz 2 Satz 1 erste Alternative,
3. Aufenthaltserlaubnis nach § 28, § 30, § 31, § 36 oder § 36a,
4. Aufenthaltserlaubnis nach den übrigen Vorschriften mit Ausnahme einer Aufenthaltserlaubnis nach § 25 Absatz 2 Satz 1 zweite Alternative,
5. Blaue Karte EU, ICT-Karte, Mobiler-ICT-Karte,
6. Niederlassungserlaubnis oder
7. Erlaubnis zum Daueraufenthalt – EU.

(2) [1]Hat das minderjährige ledige Kind bereits das 16. Lebensjahr vollendet und verlegt es seinen Lebensmittelpunkt nicht zusammen mit seinen Eltern oder dem allein perso-

nensorgeberechtigten Elternteil in das Bundesgebiet, gilt Absatz 1 nur, wenn es die deutsche Sprache beherrscht oder gewährleistet erscheint, dass es sich auf Grund seiner bisherigen Ausbildung und Lebensverhältnisse in die Lebensverhältnisse in der Bundesrepublik Deutschland einfügen kann. [2]Satz 1 gilt nicht, wenn

1. der Ausländer eine Aufenthaltserlaubnis nach § 23 Absatz 4, § 25 Absatz 1 oder 2, eine Niederlassungserlaubnis nach § 26 Absatz 3 oder nach Erteilung einer Aufenthaltserlaubnis nach § 25 Absatz 2 Satz 1 zweite Alternative eine Niederlassungserlaubnis nach § 26 Absatz 4 besitzt oder
2. der Ausländer oder sein mit ihm in familiärer Lebensgemeinschaft lebender Ehegatte eine Niederlassungserlaubnis nach § 18c Absatz 3, eine Blaue Karte EU, eine ICT-Karte oder eine Mobiler-ICT-Karte oder eine Aufenthaltserlaubnis nach § 18d oder § 18f besitzt.

(3) Bei gemeinsamem Sorgerecht soll eine Aufenthaltserlaubnis nach den Absätzen 1 und 2 auch zum Nachzug zu nur einem sorgeberechtigten Elternteil erteilt werden, wenn der andere Elternteil sein Einverständnis mit dem Aufenthalt des Kindes im Bundesgebiet erklärt hat oder eine entsprechende rechtsverbindliche Entscheidung einer zuständigen Stelle vorliegt.

(4) [1]Im Übrigen kann dem minderjährigen ledigen Kind eines Ausländers eine Aufenthaltserlaubnis erteilt werden, wenn es auf Grund der Umstände des Einzelfalls zur Vermeidung einer besonderen Härte erforderlich ist. [2]Hierbei sind das Kindeswohl und die familiäre Situation zu berücksichtigen. [3]Für minderjährige ledige Kinder von Ausländern, die eine Aufenthaltserlaubnis nach § 25 Absatz 2 Satz 1 zweite Alternative besitzen, gilt § 36a.

(5) [1]Hält sich der Ausländer gemäß § 18e berechtigt im Bundesgebiet auf, so bedarf das minderjährige ledige Kind keines Aufenthaltstitels, wenn nachgewiesen wird, dass sich das Kind in dem anderen Mitgliedstaat der Europäischen Union rechtmäßig als Angehöriger des Ausländers aufgehalten hat. [2]Die Voraussetzungen nach § 18e Absatz 1 Satz 1 Nummer 1, 3 und 4 und Absatz 6 Satz 1 und die Ablehnungsgründe nach § 19f gelten für das minderjährige Kind entsprechend.

§ 33 Geburt eines Kindes im Bundesgebiet

[1]Einem Kind, das im Bundesgebiet geboren wird, kann abweichend von den §§ 5 und 29 Abs. 1 Nr. 2 von Amts wegen eine Aufenthaltserlaubnis erteilt werden, wenn ein Elternteil eine Aufenthaltserlaubnis, eine Niederlassungserlaubnis oder eine Erlaubnis zum Daueraufenthalt – EU besitzt. [2]Wenn zum Zeitpunkt der Geburt beide Elternteile oder der allein personensorgeberechtigte Elternteil eine Aufenthaltserlaubnis, eine Niederlassungserlaubnis oder eine Erlaubnis zum Daueraufenthalt – EU besitzen, wird dem im Bundesgebiet geborenen Kind die Aufenthaltserlaubnis von Amts wegen erteilt. [3]Der Aufenthalt eines im Bundesgebiet geborenen Kindes, dessen Mutter oder Vater zum Zeitpunkt der Geburt im Besitz eines Visums ist oder sich visumfrei aufhalten darf, gilt bis zum Ablauf des Visums oder des rechtmäßigen visumfreien Aufenthalts als erlaubt.

§ 34 Aufenthaltsrecht der Kinder

(1) Die einem Kind erteilte Aufenthaltserlaubnis ist abweichend von § 5 Abs. 1 Nr. 1 und § 29 Abs. 1 Nr. 2 zu verlängern, solange ein personensorgeberechtigter Elternteil eine Aufenthaltserlaubnis, Niederlassungserlaubnis oder eine Erlaubnis zum Daueraufenthalt – EU besitzt und das Kind mit ihm in familiärer Lebensgemeinschaft lebt oder das Kind im Falle seiner Ausreise ein Wiederkehrrecht gemäß § 37 hätte.

(2) [1]Mit Eintritt der Volljährigkeit wird die einem Kind erteilte Aufenthaltserlaubnis zu einem eigenständigen, vom Familiennachzug unabhängigen Aufenthaltsrecht. [2]Das Gleiche gilt bei Erteilung einer Niederlassungserlaubnis und der Erlaubnis zum Daueraufenthalt – EU oder wenn die Aufenthaltserlaubnis in entsprechender Anwendung des § 37 verlängert wird.

(3) Die Aufenthaltserlaubnis kann verlängert werden, solange die Voraussetzungen für die Erteilung der Niederlassungserlaubnis und der Erlaubnis zum Daueraufenthalt – EU noch nicht vorliegen.

§ 35 Eigenständiges, unbefristetes Aufenthaltsrecht der Kinder

(1) [1]Einem minderjährigen Ausländer, der eine Aufenthaltserlaubnis nach diesem Abschnitt besitzt, ist abweichend von § 9 Abs. 2 eine Niederlassungserlaubnis zu erteilen, wenn er im Zeitpunkt der Vollendung seines 16. Lebensjahres seit fünf Jahren im Besitz der Aufenthaltserlaubnis ist. [2]Das Gleiche gilt, wenn

1. der Ausländer volljährig und seit fünf Jahren im Besitz der Aufenthaltserlaubnis ist,
2. er über ausreichende Kenntnisse der deutschen Sprache verfügt und
3. sein Lebensunterhalt gesichert ist oder er sich in einer Ausbildung befindet, die zu einem anerkannten schulischen oder beruflichen Bildungsabschluss oder einem Hochschulabschluss führt.

(Abs. 2–4 nicht abgedruckt)

Abschnitt 7
Besondere Aufenthaltsrechte

§ 37 Recht auf Wiederkehr

(1) [1]Einem Ausländer, der als Minderjähriger rechtmäßig seinen gewöhnlichen Aufenthalt im Bundesgebiet hatte, ist eine Aufenthaltserlaubnis zu erteilen, wenn

1. der Ausländer sich vor seiner Ausreise acht Jahre rechtmäßig im Bundesgebiet aufgehalten und sechs Jahre im Bundesgebiet eine Schule besucht hat,
2. sein Lebensunterhalt aus eigener Erwerbstätigkeit oder durch eine Unterhaltsverpflichtung gesichert ist, die ein Dritter für die Dauer von fünf Jahren übernommen hat, und

3. der Antrag auf Erteilung der Aufenthaltserlaubnis nach Vollendung des 15. und vor Vollendung des 21. Lebensjahres sowie vor Ablauf von fünf Jahren seit der Ausreise gestellt wird.

[2]Die Aufenthaltserlaubnis berechtigt zur Ausübung einer Erwerbstätigkeit.

(2) [1]Zur Vermeidung einer besonderen Härte kann von den in Absatz 1 Satz 1 Nr. 1 und 3 bezeichneten Voraussetzungen abgewichen werden. [2]Von den in Absatz 1 Satz 1 Nr. 1 bezeichneten Voraussetzungen kann abgesehen werden, wenn der Ausländer im Bundesgebiet einen anerkannten Schulabschluss erworben hat.

(2a) [1]Von den in Absatz 1 Satz 1 Nummer 1 bis 3 bezeichneten Voraussetzungen kann abgewichen werden, wenn der Ausländer rechtswidrig mit Gewalt oder Drohung mit einem empfindlichen Übel zur Eingehung der Ehe genötigt und von der Rückkehr nach Deutschland abgehalten wurde, er den Antrag auf Erteilung einer Aufenthaltserlaubnis innerhalb von drei Monaten nach Wegfall der Zwangslage, spätestens jedoch vor Ablauf von fünf Jahren seit der Ausreise, stellt, und gewährleistet erscheint, dass er sich aufgrund seiner bisherigen Ausbildung und Lebensverhältnisse in die Lebensverhältnisse der Bundesrepublik Deutschland einfügen kann. [2]Erfüllt der Ausländer die Voraussetzungen des Absatzes 1 Satz 1 Nummer 1, soll ihm eine Aufenthaltserlaubnis erteilt werden, wenn er rechtswidrig mit Gewalt oder Drohung mit einem empfindlichen Übel zur Eingehung der Ehe genötigt und von der Rückkehr nach Deutschland abgehalten wurde und er den Antrag auf Erteilung einer Aufenthaltserlaubnis innerhalb von drei Monaten nach Wegfall der Zwangslage, spätestens jedoch vor Ablauf von zehn Jahren seit der Ausreise, stellt. [3]Absatz 2 bleibt unberührt.

(3) Die Erteilung der Aufenthaltserlaubnis kann versagt werden,

1. wenn der Ausländer ausgewiesen worden war oder ausgewiesen werden konnte, als er das Bundesgebiet verließ,
2. wenn ein Ausweisungsinteresse besteht oder
3. solange der Ausländer minderjährig und seine persönliche Betreuung im Bundesgebiet nicht gewährleistet ist.

(4) Der Verlängerung der Aufenthaltserlaubnis steht nicht entgegen, dass der Lebensunterhalt nicht mehr aus eigener Erwerbstätigkeit gesichert oder die Unterhaltsverpflichtung wegen Ablaufs der fünf Jahre entfallen ist.

(5) Einem Ausländer, der von einem Träger im Bundesgebiet Rente bezieht, wird in der Regel eine Aufenthaltserlaubnis erteilt, wenn er sich vor seiner Ausreise mindestens acht Jahre rechtmäßig im Bundesgebiet aufgehalten hat.

§ 38 Aufenthaltstitel für ehemalige Deutsche

(1) [1]Einem ehemaligen Deutschen ist

1. eine Niederlassungserlaubnis zu erteilen, wenn er bei Verlust der deutschen Staatsangehörigkeit seit fünf Jahren als Deutscher seinen gewöhnlichen Aufenthalt im Bundesgebiet hatte,

2. eine Aufenthaltserlaubnis zu erteilen, wenn er bei Verlust der deutschen Staatsangehörigkeit seit mindestens einem Jahr seinen gewöhnlichen Aufenthalt im Bundesgebiet hatte.

[2]Der Antrag auf Erteilung eines Aufenthaltstitels nach Satz 1 ist innerhalb von sechs Monaten nach Kenntnis vom Verlust der deutschen Staatsangehörigkeit zu stellen. [3]§ 81 Abs. 3 gilt entsprechend.

(2) Einem ehemaligen Deutschen, der seinen gewöhnlichen Aufenthalt im Ausland hat, kann eine Aufenthaltserlaubnis erteilt werden, wenn er über ausreichende Kenntnisse der deutschen Sprache verfügt.

(3) In besonderen Fällen kann der Aufenthaltstitel nach Absatz 1 oder 2 abweichend von § 5 erteilt werden.

(4) Die Ausübung einer Erwerbstätigkeit ist innerhalb der Antragsfrist des Absatzes 1 Satz 2 und im Falle der Antragstellung bis zur Entscheidung der Ausländerbehörde über den Antrag erlaubt.

(5) Die Absätze 1 bis 4 finden entsprechende Anwendung auf einen Ausländer, der aus einem nicht von ihm zu vertretenden Grund bisher von deutschen Stellen als Deutscher behandelt wurde.

Kapitel 5
Beendigung des Aufenthalts

Abschnitt 2
Durchsetzung der Ausreisepflicht

§ 60a Vorübergehende Aussetzung der Abschiebung (Duldung)

(1) [1]Die oberste Landesbehörde kann aus völkerrechtlichen oder humanitären Gründen oder zur Wahrung politischer Interessen der Bundesrepublik Deutschland anordnen, dass die Abschiebung von Ausländern aus bestimmten Staaten oder von in sonstiger Weise bestimmten Ausländergruppen allgemein oder in bestimmte Staaten für längstens drei Monate ausgesetzt wird. [2]Für einen Zeitraum von länger als sechs Monaten gilt § 23 Abs. 1.

(2) [1]Die Abschiebung eines Ausländers ist auszusetzen, solange die Abschiebung aus tatsächlichen oder rechtlichen Gründen unmöglich ist und keine Aufenthaltserlaubnis erteilt wird. [2]Die Abschiebung eines Ausländers ist auch auszusetzen, wenn seine vorübergehende Anwesenheit im Bundesgebiet für ein Strafverfahren wegen eines Verbrechens von der Staatsanwaltschaft oder dem Strafgericht für sachgerecht erachtet wird, weil ohne seine Angaben die Erforschung des Sachverhalts erschwert wäre. [3]Einem Ausländer kann eine Duldung erteilt werden, wenn dringende humanitäre oder persönliche Gründe oder erhebliche öffentliche Interessen seine vorübergehende weitere Anwesenheit im

Bundesgebiet erfordern. [4]Soweit die Beurkundung der Anerkennung einer Vaterschaft oder der Zustimmung der Mutter für die Durchführung eines Verfahrens nach § 85a ausgesetzt wird, wird die Abschiebung des ausländischen Anerkennenden, der ausländischen Mutter oder des ausländischen Kindes ausgesetzt, solange das Verfahren nach § 85a nicht durch vollziehbare Entscheidung abgeschlossen ist.

(2a) [1]Die Abschiebung eines Ausländers wird für eine Woche ausgesetzt, wenn seine Zurückschiebung oder Abschiebung gescheitert ist, Abschiebungshaft nicht angeordnet wird und die Bundesrepublik Deutschland auf Grund einer Rechtsvorschrift, insbesondere des Artikels 6 Abs. 1 der Richtlinie 2003/110/EG des Rates vom 25. November 2003 über die Unterstützung bei der Durchbeförderung im Rahmen von Rückführungsmaßnahmen auf dem Luftweg (ABl. EU Nr. L 321 S. 26), zu seiner Rückübernahme verpflichtet ist. [2]Die Aussetzung darf nicht nach Satz 1 verlängert werden. [3]Die Einreise des Ausländers ist zuzulassen.

(2b) Solange ein Ausländer, der eine Aufenthaltserlaubnis nach § 25a Absatz 1 besitzt, minderjährig ist, soll die Abschiebung seiner Eltern oder eines allein personensorgeberechtigten Elternteils sowie der minderjährigen Kinder, die mit den Eltern oder dem allein personensorgeberechtigten Elternteil in familiärer Lebensgemeinschaft leben, ausgesetzt werden.

(2c) [1]Es wird vermutet, dass der Abschiebung gesundheitliche Gründe nicht entgegenstehen. [2]Der Ausländer muss eine Erkrankung, die die Abschiebung beeinträchtigen kann, durch eine qualifizierte ärztliche Bescheinigung glaubhaft machen. [3]Diese ärztliche Bescheinigung soll insbesondere die tatsächlichen Umstände, auf deren Grundlage eine fachliche Beurteilung erfolgt ist, die Methode der Tatsachenerhebung, die fachlich-medizinische Beurteilung des Krankheitsbildes (Diagnose), den Schweregrad der Erkrankung, den lateinischen Namen oder die Klassifizierung der Erkrankung nach ICD 10 sowie die Folgen, die sich nach ärztlicher Beurteilung aus der krankheitsbedingten Situation voraussichtlich ergeben, enthalten. [4]Zur Behandlung der Erkrankung erforderliche Medikamente müssen mit der Angabe ihrer Wirkstoffe und diese mit ihrer international gebräuchlichen Bezeichnung aufgeführt sein.

(2d) [1]Der Ausländer ist verpflichtet, der zuständigen Behörde die ärztliche Bescheinigung nach Absatz 2c unverzüglich vorzulegen. [2]Verletzt der Ausländer die Pflicht zur unverzüglichen Vorlage einer solchen ärztlichen Bescheinigung, darf die zuständige Behörde das Vorbringen des Ausländers zu seiner Erkrankung nicht berücksichtigen, es sei denn, der Ausländer war unverschuldet an der Einholung einer solchen Bescheinigung gehindert oder es liegen anderweitig tatsächliche Anhaltspunkte für das Vorliegen einer lebensbedrohlichen oder schwerwiegenden Erkrankung, die sich durch die Abschiebung wesentlich verschlechtern würde, vor. [3]Legt der Ausländer eine Bescheinigung vor und ordnet die Behörde daraufhin eine ärztliche Untersuchung an, ist die Behörde berechtigt, die vorgetragene Erkrankung nicht zu berücksichtigen, wenn der Ausländer der Anordnung ohne zureichenden Grund nicht Folge leistet. [4]Der Ausländer ist auf die Verpflichtungen und auf die Rechtsfolgen einer Verletzung dieser Verpflichtungen nach diesem Absatz hinzuweisen.

(3) Die Ausreisepflicht eines Ausländers, dessen Abschiebung ausgesetzt ist, bleibt unberührt.

(4) Über die Aussetzung der Abschiebung ist dem Ausländer eine Bescheinigung auszustellen.

(5) [1]Die Aussetzung der Abschiebung erlischt mit der Ausreise des Ausländers. [2]Sie wird widerrufen, wenn die der Abschiebung entgegenstehenden Gründe entfallen. [3]Der Ausländer wird unverzüglich nach dem Erlöschen ohne erneute Androhung und Fristsetzung abgeschoben, es sei denn, die Aussetzung wird erneuert.

(5a) [1]Ist die Abschiebung eines Ausländers mit Kindern im Alter von unter zwölf Jahren länger als ein Jahr ausgesetzt, so ist die nach dem Widerruf im Sinne des Absatzes 5 Satz 2 vorgesehene Abschiebung mindestens einen Monat im Voraus anzukündigen; die Ankündigung ist zu wiederholen, wenn die Aussetzung für mehr als ein Jahr erneuert wurde. [2]Satz 1 findet keine Anwendung, wenn der Ausländer die der Abschiebung entgegenstehenden Gründe durch vorsätzlich falsche Angaben oder durch eigene Täuschung über seine Identität oder Staatsangehörigkeit selbst herbeiführt oder zumutbare Anforderungen an die Mitwirkung bei der Beseitigung von Ausreisehindernissen nicht erfüllt.

(5b) [1]Einem Ausländer, der eine Duldung besitzt, soll die Ausübung einer Erwerbstätigkeit erlaubt werden, wenn die Bundesagentur für Arbeit zugestimmt hat oder durch Rechtsverordnung bestimmt ist, dass die Ausübung der Beschäftigung ohne Zustimmung der Bundesagentur für Arbeit zulässig ist. [2]Satz 1 gilt nicht, wenn zum Zeitpunkt der Beantragung der Erlaubnis zur Ausübung einer Erwerbstätigkeit konkrete Maßnahmen zur Aufenthaltsbeendigung bevorstehen, die in einem hinreichenden sachlichen und zeitlichen Zusammenhang zur Aufenthaltsbeendigung stehen; diese konkreten Maßnahmen zur Aufenthaltsbeendigung stehen bevor, wenn

1. eine ärztliche Untersuchung zur Feststellung der Reisefähigkeit veranlasst wurde,
2. der Ausländer einen Antrag zur Förderung mit staatlichen Mitteln einer freiwilligen Ausreise gestellt hat,
3. die Buchung von Transportmitteln für die Abschiebung eingeleitet wurde,
4. vergleichbar konkrete Vorbereitungsmaßnahmen zur Abschiebung des Ausländers eingeleitet wurden, es sei denn, es ist von vornherein absehbar, dass diese nicht zum Erfolg führen, oder
5. ein Verfahren zur Bestimmung des zuständigen Mitgliedstaates gemäß Artikel 20 Absatz 1 der Verordnung (EU) Nr. 604/2013 eingeleitet wurde.

(6) [1]Im Übrigen darf dem Ausländer, der eine Duldung besitzt, die Ausübung einer Erwerbstätigkeit nicht erlaubt werden, wenn

1. er sich in das Inland begeben hat, um Leistungen nach dem Asylbewerberleistungsgesetz zu erlangen,
2. aufenthaltsbeendende Maßnahmen bei ihm aus Gründen, die er selbst zu vertreten hat, nicht vollzogen werden können oder

3. er Staatsangehöriger eines sicheren Herkunftsstaates nach § 29a des Asylgesetzes ist und sein nach dem 31. August 2015 gestellter Asylantrag abgelehnt oder zurückgenommen wurde, es sei denn, die Rücknahme erfolgte auf Grund einer Beratung nach § 24 Absatz 1 des Asylgesetzes beim Bundesamt für Migration und Flüchtlinge, oder ein Asylantrag nicht gestellt wurde.

[2]Zu vertreten hat ein Ausländer die Gründe nach Satz 1 Nummer 2 insbesondere, wenn er das Abschiebungshindernis durch eigene Täuschung über seine Identität oder Staatsangehörigkeit oder durch eigene falsche Angaben selbst herbeiführt. [3]Satz 1 Nummer 3 gilt bei unbegleiteten minderjährigen Ausländern nicht für die Rücknahme des Asylantrags oder den Verzicht auf die Antragstellung, wenn die Rücknahme oder der Verzicht auf das Stellen eines Asylantrags im Interesse des Kindeswohls erfolgte. [4]Abweichend von den Sätzen 1 bis 3 ist einem Ausländer, der als Asylberechtigter anerkannt ist, der im Bundesgebiet die Rechtsstellung eines ausländischen Flüchtlings oder eines subsidiär Schutzberechtigten genießt, die Erwerbstätigkeit erlaubt.

Kapitel 6
Haftung und Gebühren

§ 68 Haftung für Lebensunterhalt

(1) [1]Wer sich der Ausländerbehörde oder einer Auslandsvertretung gegenüber verpflichtet hat, die Kosten für den Lebensunterhalt eines Ausländers zu tragen, hat für einen Zeitraum von fünf Jahren sämtliche öffentlichen Mittel zu erstatten, die für den Lebensunterhalt des Ausländers einschließlich der Versorgung mit Wohnraum sowie der Versorgung im Krankheitsfalle und bei Pflegebedürftigkeit aufgewendet werden, auch soweit die Aufwendungen auf einem gesetzlichen Anspruch des Ausländers beruhen. [2]Aufwendungen, die auf einer Beitragsleistung beruhen, sind nicht zu erstatten. [3]Der Zeitraum nach Satz 1 beginnt mit der durch die Verpflichtungserklärung ermöglichten Einreise des Ausländers. [4]Die Verpflichtungserklärung erlischt vor Ablauf des Zeitraums von fünf Jahren ab Einreise des Ausländers nicht durch Erteilung eines Aufenthaltstitels nach Abschnitt 5 des Kapitels 2 oder durch Anerkennung nach § 3 oder § 4 des Asylgesetzes.

(2) [1]Die Verpflichtung nach Absatz 1 Satz 1 bedarf der Schriftform. [2]Sie ist nach Maßgabe des Verwaltungsvollstreckungsgesetzes vollstreckbar. [3]Der Erstattungsanspruch steht der öffentlichen Stelle zu, die die öffentlichen Mittel aufgewendet hat.

(3) Die Auslandsvertretung unterrichtet unverzüglich die Ausländerbehörde über eine Verpflichtung nach Absatz 1 Satz 1.

(4) [1]Die Ausländerbehörde unterrichtet, wenn sie Kenntnis von der Aufwendung nach Absatz 1 zu erstattender öffentlicher Mittel erlangt, unverzüglich die öffentliche Stelle, der der Erstattungsanspruch zusteht, über die Verpflichtung nach Absatz 1 Satz 1 und erteilt ihr alle für die Geltendmachung und Durchsetzung des Erstattungsanspruchs erforderlichen Auskünfte. [2]Der Empfänger darf die Daten nur zum Zweck der Erstattung der für den Ausländer aufgewendeten öffentlichen Mittel sowie der Versagung weiterer Leistungen verarbeiten.

Kapitel 7
Verfahrensvorschriften

Abschnitt 1
Zuständigkeiten

§ 71 Zuständigkeit

(1) [1]Für aufenthalts- und passrechtliche Maßnahmen und Entscheidungen nach diesem Gesetz und nach ausländerrechtlichen Bestimmungen in anderen Gesetzen sind die Ausländerbehörden zuständig. [2]Die Landesregierung oder die von ihr bestimmte Stelle kann bestimmen, dass für einzelne Aufgaben nur eine oder mehrere bestimmte Ausländerbehörden zuständig sind. [3]Nach Satz 2 kann durch die zuständigen Stellen der betroffenen Länder auch geregelt werden, dass den Ausländerbehörden eines Landes für die Bezirke von Ausländerbehörden verschiedener Länder Aufgaben zugeordnet werden. [4]Für die Vollziehung von Abschiebungen ist in den Ländern jeweils eine zentral zuständige Stelle zu bestimmen. [5]Die Länder sollen jeweils mindestens eine zentrale Ausländerbehörde einrichten, die bei Visumanträgen nach § 6 zu Zwecken nach den §§ 16a, 16d, 17 Absatz 1, den §§ 18a, 18b, 18c Absatz 3, den §§ 18d, 18f, 18g, 19, 19b, 19c, 20 und 20a sowie bei Visumanträgen des Ehegatten oder der minderjährigen ledigen Kinder zum Zweck des Familiennachzugs, die in zeitlichem Zusammenhang gestellt werden, die zuständige Ausländerbehörde ist.

(Abs. 2–6 nicht abgedruckt)

Abschnitt 3
Verwaltungsverfahren

§ 79 Entscheidung über den Aufenthalt

(1) [1]Über den Aufenthalt von Ausländern wird auf der Grundlage der im Bundesgebiet bekannten Umstände und zugänglichen Erkenntnisse entschieden. [2]Über das Vorliegen der Voraussetzungen des § 60 Absatz 5 und 7 entscheidet die Ausländerbehörde auf der Grundlage der ihr vorliegenden und im Bundesgebiet zugänglichen Erkenntnisse und, soweit es im Einzelfall erforderlich ist, der den Behörden des Bundes außerhalb des Bundesgebiets zugänglichen Erkenntnisse.

(Abs. 2 und 3 nicht abgedruckt)

(4) Beantragt ein Ausländer, gegen den wegen des Verdachts einer Straftat ermittelt wird, die Erteilung oder Verlängerung einer Beschäftigungsduldung, ist die Entscheidung über die Beschäftigungsduldung bis zum Abschluss des Verfahrens, im Falle einer gerichtlichen Entscheidung bis zu deren Rechtskraft, auszusetzen, es sei denn, über die Beschäftigungsduldung kann ohne Rücksicht auf den Ausgang des Verfahrens entschieden werden.

(5) Beantragt ein Ausländer, gegen den wegen einer Straftat öffentliche Klage erhoben wurde, die Erteilung einer Ausbildungsduldung, ist die Entscheidung über die Ausbildungsduldung bis zum Abschluss des Verfahrens, im Falle einer gerichtlichen Entscheidung bis zu deren Rechtskraft, auszusetzen, es sei denn, über die Ausbildungsduldung kann ohne Rücksicht auf den Ausgang des Verfahrens entschieden werden.

Gesetz über die allgemeine Freizügigkeit von Unionsbürgern (Freizügigkeitsgesetz/EU – FreizügG/EU)

vom 30. Juli 2004 (BGBl. I S. 1950, 1986), zuletzt geändert durch Artikel 4 des Gesetzes vom 21. Februar 2024 (BGBl 2024 I Nr. 54)

§ 1 Anwendungsbereich; Begriffsbestimmungen
§ 2 Recht auf Einreise und Aufenthalt
§ 3 Familienangehörige
§ 4 Nicht erwerbstätige Freizügigkeitsberechtigte
§ 4a Daueraufenthaltsrecht
§ 5 Aufenthaltskarten, Bescheinigung über das Daueraufenthaltsrecht
§ 5a Vorlage von Dokumenten
§ 6 Verlust des Rechts auf Einreise und Aufenthalt
§ 7 Ausreisepflicht
§ 8 Ausweispflicht
§ 9 Strafvorschriften
§ 10 Bußgeldvorschriften
§ 11 Anwendung des allgemeinen Aufenthaltsrechts; Ausnahmen von der Anwendung dieses Gesetzes
§ 11a Verordnungsermächtigung
§ 12 Staatsangehörige der EWR-Staaten
§ 13 Staatsangehörige der Beitrittsstaaten
§ 14 Bestimmungen zum Verwaltungsverfahren
§ 15 Übergangsregelung
§ 16 Rechtsstellung britischer Staatsangehöriger und ihrer Familienangehörigen

§ 1 Anwendungsbereich; Begriffsbestimmungen

(1) Dieses Gesetz regelt die Einreise und den Aufenthalt von

1. Unionsbürgern,
2. Staatsangehörigen der EWR-Staaten, die nicht Unionsbürger sind,
3. Staatsangehörigen des Vereinigten Königreichs Großbritannien und Nordirland nach dessen Austritt aus der Europäischen Union, denen nach dem Austrittsabkommen Rechte zur Einreise und zum Aufenthalt gewährt werden,
4. Familienangehörigen der in den Nummern 1 bis 3 genannten Personen,
5. nahestehenden Personen der in den Nummern 1 bis 3 genannten Personen sowie
6. Familienangehörigen und nahestehenden Personen von Deutschen, die von ihrem Recht auf Freizügigkeit nach Artikel 21 des Vertrages über die Arbeitsweise der Europäischen Union nachhaltig Gebrauch gemacht haben.

(2) Im Sinne dieses Gesetzes

1. sind Unionsbürger Staatsangehörige anderer Mitgliedstaaten der Europäischen Union, die nicht Deutsche sind,
2. ist Lebenspartner einer Person
   a) ein Lebenspartner im Sinne des Lebenspartnerschaftsgesetzes sowie
   b) eine Person, die auf der Grundlage der Rechtsvorschriften eines Mitgliedstaates der Europäischen Union oder eines EWR-Staates eine eingetragene Partnerschaft eingegangen ist,
3. sind Familienangehörige einer Person
   a) der Ehegatte,
   b) der Lebenspartner,
   c) die Verwandten in gerader absteigender Linie der Person oder des Ehegatten oder des Lebenspartners, die das 21. Lebensjahr noch nicht vollendet haben oder denen von diesen Unterhalt gewährt wird, und
   d) die Verwandten in gerader aufsteigender Linie der Person oder des Ehegatten oder des Lebenspartners, denen von diesen Unterhalt gewährt wird,
4. sind nahestehende Personen einer Person
   a) Verwandte im Sinne des § 1589 des Bürgerlichen Gesetzbuchs und die Verwandten des Ehegatten oder des Lebenspartners, die nicht Familienangehörige der Person im Sinne der Nummer 3 sind,
   b) ledige Kinder, die das 18. Lebensjahr noch nicht vollendet haben, unter Vormundschaft von oder in einem Pflegekindverhältnis zu der Person stehen und keine Familienangehörigen im Sinne von Nummer 3 Buchstabe c sind, sowie
   c) eine Lebensgefährtin oder ein Lebensgefährte, mit der oder dem die Person eine glaubhaft dargelegte, auf Dauer angelegte Gemeinschaft eingegangen ist, die keine weitere Lebensgemeinschaft gleicher Art zulässt, wenn die Personen beide weder verheiratet noch Lebenspartner einer Lebenspartnerschaft im Sinne der Nummer 2 sind,
5. ist das Austrittsabkommen das Abkommen über den Austritt des Vereinigten Königreichs Großbritannien und Nordirland aus der Europäischen Union und der Europäischen Atomgemeinschaft (ABl. L 29 vom 31.1.2020, S. 7) und
6. sind britische Staatsangehörige die in Artikel 2 Buchstabe d des Austrittsabkommens genannten Personen.

§ 2 Recht auf Einreise und Aufenthalt

(1) Freizügigkeitsberechtigte Unionsbürger und ihre Familienangehörigen haben das Recht auf Einreise und Aufenthalt nach Maßgabe dieses Gesetzes.

(2) Unionsrechtlich freizügigkeitsberechtigt sind:

1. Unionsbürger, die sich als Arbeitnehmer oder zur Berufsausbildung aufhalten wollen,

1a. Unionsbürger, die sich zur Arbeitsuche aufhalten, für bis zu sechs Monate und darüber hinaus nur, solange sie nachweisen können, dass sie weiterhin Arbeit suchen und begründete Aussicht haben, eingestellt zu werden,

2. Unionsbürger, wenn sie zur Ausübung einer selbständigen Erwerbstätigkeit berechtigt sind (niedergelassene selbständige Erwerbstätige),

3. Unionsbürger, die, ohne sich niederzulassen, als selbständige Erwerbstätige Dienstleistungen im Sinne des Artikels 57 des Vertrages über die Arbeitsweise der Europäischen Union erbringen wollen (Erbringer von Dienstleistungen), wenn sie zur Erbringung der Dienstleistung berechtigt sind,

4. Unionsbürger als Empfänger von Dienstleistungen,

5. nicht erwerbstätige Unionsbürger unter den Voraussetzungen des § 4,

6. Familienangehörige unter den Voraussetzungen der §§ 3 und 4,

7. Unionsbürger und ihre Familienangehörigen, die ein Daueraufenthaltsrecht erworben haben.

(3) [1]Das Recht nach Absatz 1 bleibt für Arbeitnehmer und selbständig Erwerbstätige unberührt bei

1. vorübergehender Erwerbsminderung infolge Krankheit oder Unfall,

2. unfreiwilliger durch die zuständige Agentur für Arbeit bestätigter Arbeitslosigkeit oder Einstellung einer selbständigen Tätigkeit infolge von Umständen, auf die der Selbständige keinen Einfluss hatte, nach mehr als einem Jahr Tätigkeit,

3. Aufnahme einer Berufsausbildung, wenn zwischen der Ausbildung und der früheren Erwerbstätigkeit ein Zusammenhang besteht; der Zusammenhang ist nicht erforderlich, wenn der Unionsbürger seinen Arbeitsplatz unfreiwillig verloren hat.

[2]Bei unfreiwilliger durch die zuständige Agentur für Arbeit bestätigter Arbeitslosigkeit nach weniger als einem Jahr Beschäftigung bleibt das Recht aus Absatz 1 während der Dauer von sechs Monaten unberührt.

(4) [1]Das Nichtbestehen des Rechts nach Absatz 1 kann festgestellt werden, wenn feststeht, dass die betreffende Person das Vorliegen einer Voraussetzung für dieses Recht durch die Verwendung von gefälschten oder verfälschten Dokumenten oder durch Vorspiegelung falscher Tatsachen vorgetäuscht hat. [2]Das Nichtbestehen des Rechts nach Absatz 1 kann bei einem Familienangehörigen, der nicht Unionsbürger ist, außerdem fest-

gestellt werden, wenn feststeht, dass er dem Unionsbürger nicht zur Herstellung oder Wahrung der familiären Lebensgemeinschaft nachzieht oder ihn nicht zu diesem Zweck begleitet. [3]Einem Familienangehörigen, der nicht Unionsbürger ist, kann in diesen Fällen die Erteilung der Aufenthaltskarte oder des Visums versagt werden oder seine Aufenthaltskarte kann eingezogen werden. [4]Entscheidungen nach den Sätzen 1 bis 3 bedürfen der Schriftform. 5Die Sätze 1, 2 und 4 sind auf nahestehende Personen, denen ein Recht zur Einreise und zum Aufenthalt im Bundesgebiet nach § 3a Absatz 1 verliehen worden ist, entsprechend anzuwenden.

§ 3 Familienangehörige

(1) [1]Familienangehörige der in § 2 Abs. 2 Nr. 1 bis 5 genannten Unionsbürger haben das Recht nach § 2 Abs. 1, wenn sie den Unionsbürger begleiten oder ihm nachziehen. [2]Für Familienangehörige der in § 2 Abs. 2 Nr. 5 genannten Unionsbürger gilt dies nach Maßgabe des § 4.

(2) Familienangehörige, die nicht Unionsbürger sind, behalten beim Tod des Unionsbürgers ein Aufenthaltsrecht, wenn sie die Voraussetzungen des § 2 Abs. 2 Nr. 1 bis 3 oder Nr. 5 erfüllen und sich vor dem Tod des Unionsbürgers mindestens ein Jahr als seine Familienangehörigen im Bundesgebiet aufgehalten haben.

(3) Die Kinder eines freizügigkeitsberechtigten Unionsbürgers und der Elternteil, der die elterliche Sorge für die Kinder tatsächlich ausübt, behalten auch nach dem Tod oder Wegzug des Unionsbürgers, von dem sie ihr Aufenthaltsrecht ableiten, bis zum Abschluss einer Ausbildung ihr Aufenthaltsrecht, wenn sich die Kinder im Bundesgebiet aufhalten und eine Ausbildungseinrichtung besuchen.

(4) Ehegatten oder Lebenspartner, die nicht Unionsbürger sind, behalten bei Scheidung oder Aufhebung der Ehe oder Aufhebung der Lebenspartnerschaft ein Aufenthaltsrecht, wenn sie die für Unionsbürger geltenden Voraussetzungen des § 2 Abs. 2 Nr. 1 bis 3 oder Nr. 5 erfüllen und wenn

1. die Ehe oder die Lebenspartnerschaft bis zur Einleitung des gerichtlichen Scheidungs- oder Aufhebungsverfahrens mindestens drei Jahre bestanden hat, davon mindestens ein Jahr im Bundesgebiet,
2. ihnen durch Vereinbarung der Ehegatten oder der Lebenspartner oder durch gerichtliche Entscheidung die elterliche Sorge für die Kinder des Unionsbürgers übertragen wurde,
3. es zur Vermeidung einer besonderen Härte erforderlich ist, insbesondere weil dem Ehegatten oder dem Lebenspartner wegen der Beeinträchtigung seiner schutzwürdigen Belange ein Festhalten an der Ehe oder der Lebenspartnerschaft nicht zugemutet werden konnte, oder
4. ihnen durch Vereinbarung der Ehegatten oder der Lebenspartner oder durch gerichtliche Entscheidung das Recht zum persönlichen Umgang mit dem minderjährigen Kind nur im Bundesgebiet eingeräumt wurde.

§ 4 Nicht erwerbstätige Freizügigkeitsberechtigte

[1]Nicht erwerbstätige Unionsbürger und ihre Familienangehörigen, die den Unionsbürger begleiten oder ihm nachziehen, haben das Recht nach § 2 Abs. 1, wenn sie über ausreichenden Krankenversicherungsschutz und ausreichende Existenzmittel verfügen. [2]Hält sich der Unionsbürger als Student im Bundesgebiet auf, haben dieses Recht nur sein Ehegatte, Lebenspartner und seine Kinder, denen Unterhalt gewährt wird.

§ 4a Daueraufenthaltsrecht

(1) [1]Unionsbürger, die sich seit fünf Jahren ständig rechtmäßig im Bundesgebiet aufgehalten haben, haben unabhängig vom weiteren Vorliegen der Voraussetzungen des § 2 Abs. 2 das Recht auf Einreise und Aufenthalt (Daueraufenthaltsrecht). [2]Ihre Familienangehörigen und nahestehenden Personen, die Inhaber eines Rechts nach § 3a Absatz 1 sind, die nicht Unionsbürger sind, haben dieses Recht, wenn sie sich seit fünf Jahren mit dem Unionsbürger ständig rechtmäßig im Bundesgebiet aufgehalten haben.

(2) [1]Abweichend von Absatz 1 haben Unionsbürger nach § 2 Abs. 2 Nr. 1 bis 3 vor Ablauf von fünf Jahren das Daueraufenthaltsrecht, wenn sie

1. sich mindestens drei Jahre ständig im Bundesgebiet aufgehalten und mindestens während der letzten zwölf Monate im Bundesgebiet eine Erwerbstätigkeit ausgeübt haben und
   a) zum Zeitpunkt des Ausscheidens aus dem Erwerbsleben das 65. Lebensjahr erreicht haben oder
   b) ihre Beschäftigung im Rahmen einer Vorruhestandsregelung beenden oder
2. ihre Erwerbstätigkeit infolge einer vollen Erwerbsminderung aufgeben,
   a) die durch einen Arbeitsunfall oder eine Berufskrankheit eingetreten ist und einen Anspruch auf eine Rente gegenüber einem Leistungsträger im Bundesgebiet begründet oder
   b) nachdem sie sich zuvor mindestens zwei Jahre ständig im Bundesgebiet aufgehalten haben oder
3. drei Jahre ständig im Bundesgebiet erwerbstätig waren und anschließend in einem anderen Mitgliedstaat der Europäischen Union erwerbstätig sind, ihren Wohnsitz im Bundesgebiet beibehalten und mindestens einmal in der Woche dorthin zurückkehren; für den Erwerb des Rechts nach den Nummern 1 und 2 gelten die Zeiten der Erwerbstätigkeit in einem anderen Mitgliedstaat der Europäischen Union als Zeiten der Erwerbstätigkeit im Bundesgebiet.

[2]Soweit der Ehegatte oder der Lebenspartner des Unionsbürgers Deutscher nach Artikel 116 des Grundgesetzes ist oder diese Rechtsstellung durch Eheschließung mit dem Unionsbürger bis zum 31. März 1953 verloren hat, entfallen in Satz 1 Nr. 1 und 2 die Voraussetzungen der Aufenthaltsdauer und der Dauer der Erwerbstätigkeit.

(3) Familienangehörige und nahestehende Personen eines verstorbenen Unionsbürgers nach § 2 Abs. 2 Nr. 1 bis 3, die im Zeitpunkt seines Todes bei ihm ihren ständigen Aufenthalt hatten, haben das Daueraufenthaltsrecht, wenn

1. der Unionsbürger sich im Zeitpunkt seines Todes seit mindestens zwei Jahren im Bundesgebiet ständig aufgehalten hat,
2. der Unionsbürger infolge eines Arbeitsunfalls oder einer Berufskrankheit gestorben ist oder
3. der überlebende Ehegatte oder Lebenspartner des Unionsbürgers Deutscher nach Artikel 116 des Grundgesetzes ist oder diese Rechtsstellung durch Eheschließung mit dem Unionsbürger vor dem 31. März 1953 verloren hat.

(4) Die Familienangehörigen und die nahestehenden Personen eines Unionsbürgers, der das Daueraufenthaltsrecht nach Absatz 2 erworben hat, haben ebenfalls das Daueraufenthaltsrecht, wenn sie bei dem Unionsbürger ihren ständigen Aufenthalt haben.

(5) Familienangehörige nach § 3 Absatz 2 bis 4 und nahestehende Personen nach §3a Absatz 3 erwerben das Daueraufenthaltsrecht, wenn sie sich fünf Jahre ständig rechtmäßig im Bundesgebiet aufhalten.

(6) Der ständige Aufenthalt wird nicht berührt durch

1. Abwesenheiten bis zu insgesamt sechs Monaten im Jahr oder
2. Abwesenheit zur Ableistung des Wehrdienstes oder eines Ersatzdienstes sowie
3. eine einmalige Abwesenheit von bis zu zwölf aufeinander folgenden Monaten aus wichtigem Grund, insbesondere auf Grund einer Schwangerschaft und Entbindung, schweren Krankheit, eines Studiums, einer Berufsausbildung oder einer beruflichen Entsendung.

(7) Eine Abwesenheit aus einem seiner Natur nach nicht nur vorübergehenden Grund von mehr als zwei aufeinander folgenden Jahren führt zum Verlust des Daueraufenthaltsrechts.

§ 5 Aufenthaltskarten, Bescheinigung über das Daueraufenthaltsrecht

(1) [1]Freizügigkeitsberechtigten Familienangehörigen, die nicht Unionsbürger sind, wird von Amts wegen innerhalb von sechs Monaten, nachdem sie die erforderlichen Angaben gemacht haben, eine Aufenthaltskarte für Familienangehörige von Unionsbürgern ausgestellt, die fünf Jahre gültig sein soll. [2]Eine Bescheinigung darüber, dass die erforderlichen Angaben gemacht worden sind, erhält der Familienangehörige unverzüglich.

(2) [1]Die zuständige Ausländerbehörde kann verlangen, dass die Voraussetzungen des Rechts nach § 2 Abs. 1 drei Monate nach der Einreise glaubhaft gemacht werden. [2]Für die Glaubhaftmachung erforderliche Angaben und Nachweise können von der zuständigen Meldebehörde bei der meldebehördlichen Anmeldung entgegengenommen werden. [3]Diese leitet die Angaben und Nachweise an die zuständige Ausländerbehörde wei-

ter. [4]Eine darüber hinausgehende Verarbeitung oder Nutzung durch die Meldebehörde erfolgt nicht.

(3) Das Vorliegen oder der Fortbestand der Voraussetzungen des Rechts nach § 2 Absatz 1 kann aus besonderem Anlass überprüft werden.

(4) [1]Voraussetzungen des Rechts nach § 2 Abs. 1 innerhalb von fünf Jahren nach Begründung des ständigen rechtmäßigen Aufenthalts im Bundesgebiet entfallen oder liegen diese nicht vor, kann der Verlust des Rechts nach § 2 Abs. 1 festgestellt und bei Familienangehörigen, die nicht Unionsbürger sind, die Aufenthaltskarte eingezogen werden. [2]§ 4a Abs. 6 gilt entsprechend.

(5) [1]Auf Antrag wird Unionsbürgern unverzüglich ihr Daueraufenthaltsrecht bescheinigt. [2]Ihren daueraufenthaltsberechtigten Familienangehörigen, die nicht Unionsbürger sind, wird innerhalb von sechs Monaten nach Antragstellung eine Daueraufenthaltskarte ausgestellt.

(6) Für den Verlust des Daueraufenthaltsrechts nach § 4a Abs. 7 gilt Absatz 4 Satz 1 entsprechend.

(7) [1]Bei Verleihung des Rechts nach § 3a Absatz 1 stellt die zuständige Behörde eine Aufenthaltskarte für nahestehende Personen, die nicht Unionsbürger sind, aus, die fünf Jahre gültig sein soll. [2]Die Inhaber des Rechts dürfen eine Erwerbstätigkeit ausüben. [3]Absatz 5 Satz 2 findet entsprechende Anwendung.

§ 5a Vorlage von Dokumenten

(1) [1]Die zuständige Behörde darf in den Fällen des § 5 Absatz 2 von einem Unionsbürger den gültigen Personalausweis oder Reisepass und im Fall des

1. § 2 Abs. 2 Nr. 1 eine Einstellungsbestätigung oder eine Beschäftigungsbescheinigung des Arbeitgebers,
2. § 2 Abs. 2 Nr. 2 einen Nachweis über seine selbständige Tätigkeit,
3. § 2 Abs. 2 Nr. 5 einen Nachweis über ausreichenden Krankenversicherungsschutz und ausreichende Existenzmittel

verlangen. [2]Ein nicht erwerbstätiger Unionsbürger im Sinne des § 2 Abs. 2 Nr. 5, der eine Bescheinigung vorlegt, dass er im Bundesgebiet eine Hochschule oder andere Ausbildungseinrichtung besucht, muss die Voraussetzungen nach Satz 1 Nr. 3 nur glaubhaft machen.

(2) Die zuständige Behörde darf von Familienangehörigen in den Fällen des § 5 Absatz 2 oder für die Ausstellung der Aufenthaltskarte einen anerkannten oder sonst zugelassenen gültigen Pass oder Passersatz und zusätzlich Folgendes verlangen:

1. einen Nachweis über das Bestehen der familiären Beziehung, bei Verwandten in absteigender und aufsteigender Linie einen urkundlichen Nachweis über Voraussetzungen des § 1 Absatz 2 Nummer 3

2. eine Meldebestätigung des Unionsbürgers, den die Familienangehörigen begleiten oder dem sie nachziehen.

(3) Die zuständige Behörde verlangt in den Fällen des § 3a für die Ausstellung der Aufenthaltskarte über die in Absatz 2 genannten Nachweise hinaus

1. ein durch die zuständige Behörde des Ursprungs- oder Herkunftslands ausgestelltes Dokument, aus dem hervorgeht,
   a) in Fällen nach § 3a Absatz 1 Nummer 1 Buchstabe a, dass und seit wann die nahestehende Person vom Unionsbürger Unterhalt bezieht,
   b) in Fällen nach § 3a Absatz 1 Nummer 1 Buchstabe b, dass und wie lange die nahestehende Person mit dem Unionsbürger in häuslicher Gemeinschaft gelebt hat,
2. in Fällen nach § 3a Absatz 1 Nummer 1 Buchstabe c den Nachweis schwerwiegender gesundheitlicher Gründe, die die persönliche Pflege der nahestehenden Person durch den Unionsbürger zwingend erforderlich machen,
3 .in Fällen nach § 3a Absatz 1 Nummer 2 den urkundlichen Nachweis des Bestehens der Vormundschaft oder des Pflegekindverhältnisses sowie einen Nachweis der Abhängigkeit der nahestehenden Person vom Unionsbürger und
4. in den Fällen nach § 3a Absatz 1 Nummer 3 den Nachweis über die Umstände für das Bestehen einer dauerhaften Beziehung nach § 1 Absatz 2 Nummer 4 Buchstabe c zwischen dem Unionsbürger und der nahestehenden Person.

§ 6 Verlust des Rechts auf Einreise und Aufenthalt

(1) [1]Der Verlust des Rechts nach § 2 Abs. 1 kann unbeschadet des § 2 Absatz 7 und des § 5 Absatz 4 nur aus Gründen der öffentlichen Ordnung, Sicherheit oder Gesundheit (Artikel 45 Absatz 3, Artikel 52 Absatz 1 des Vertrages über die Arbeitsweise der Europäischen Union) festgestellt und die Bescheinigung über das Daueraufenthaltsrecht oder die Aufenthaltskarte oder Daueraufenthaltskarte eingezogen werden. [2]Aus den in Satz 1 genannten Gründen kann auch die Einreise verweigert werden. [3]Die Feststellung aus Gründen der öffentlichen Gesundheit kann nur erfolgen, wenn es sich um Krankheiten mit epidemischem Potenzial im Sinne der einschlägigen Rechtsinstrumente der Weltgesundheitsorganisation und sonstige übertragbare, durch Infektionserreger oder Parasiten verursachte Krankheiten handelt, sofern gegen diese Krankheiten Maßnahmen im Bundesgebiet getroffen werden. [4]Krankheiten, die nach Ablauf einer Frist von drei Monaten ab dem Zeitpunkt der Einreise auftreten, stellen keinen Grund für eine Feststellung nach Satz 1 dar.

(2) [1]Die Tatsache einer strafrechtlichen Verurteilung genügt für sich allein nicht, um die in Absatz 1 genannten Entscheidungen oder Maßnahmen zu begründen. [2]Es dürfen nur im Bundeszentralregister noch nicht getilgte strafrechtliche Verurteilungen und diese nur insoweit berücksichtigt werden, als die ihnen zu Grunde liegenden Umstände ein persönliches Verhalten erkennen lassen, das eine gegenwärtige Gefährdung der öffentlichen Ordnung darstellt. [3]Es muss eine tatsächliche und hinreichend schwere Gefährdung vorliegen, die ein Grundinteresse der Gesellschaft berührt.

(3) Bei der Entscheidung nach Absatz 1 sind insbesondere die Dauer des Aufenthalts des Betroffenen in Deutschland, sein Alter, sein Gesundheitszustand, seine familiäre und wirtschaftliche Lage, seine soziale und kulturelle Integration in Deutschland und das Ausmaß seiner Bindungen zum Herkunftsstaat zu berücksichtigen.

(4) Eine Feststellung nach Absatz 1 darf nach Erwerb des Daueraufenthaltsrechts nur aus schwerwiegenden Gründen getroffen werden.

(5) [1]Eine Feststellung nach Absatz 1 darf bei Unionsbürgern und ihren Familienangehörigen, die ihren Aufenthalt in den letzten zehn Jahren im Bundesgebiet hatten, und bei Minderjährigen nur aus zwingenden Gründen der öffentlichen Sicherheit getroffen werden. [2]Für Minderjährige gilt dies nicht, wenn der Verlust des Aufenthaltsrechts zum Wohl des Kindes notwendig ist. [3]Zwingende Gründe der öffentlichen Sicherheit können nur dann vorliegen, wenn der Betroffene wegen einer oder mehrerer vorsätzlicher Straftaten rechtskräftig zu einer Freiheits- oder Jugendstrafe von mindestens fünf Jahren verurteilt oder bei der letzten rechtskräftigen Verurteilung Sicherungsverwahrung angeordnet wurde, wenn die Sicherheit der Bundesrepublik Deutschland betroffen ist oder wenn vom Betroffenen eine terroristische Gefahr ausgeht.

(6) Die Entscheidungen oder Maßnahmen, die den Verlust des Aufenthaltsrechts oder des Daueraufenthaltsrechts betreffen, dürfen nicht zu wirtschaftlichen Zwecken getroffen werden.

(7) Wird der Pass, Personalausweis oder sonstige Passersatz ungültig, so kann dies die Aufenthaltsbeendigung nicht begründen.

(8) [1]Vor der Feststellung nach Absatz 1 soll der Betroffene angehört werden. [2]Die Feststellung bedarf der Schriftform.

(9) [1]Die Absätze 1 bis 8 finden auf Personen, die ein Recht zur Einreise und zum Aufenthalt im Bundesgebiet nach § 3a Absatz 1 haben, entsprechende Anwendung.

§ 7 Ausreisepflicht

(1) [1]Unionsbürger oder ihre Familienangehörigen sind ausreisepflichtig, wenn die Ausländerbehörde festgestellt hat, dass das Recht auf Einreise und Aufenthalt nicht besteht. [2]In dem Bescheid soll die Abschiebung angedroht und eine Ausreisefrist gesetzt werden. [3]Außer in dringenden Fällen muss die Frist mindestens einen Monat betragen. [4]Wird ein Antrag nach § 80 Abs. 5 der Verwaltungsgerichtsordnung gestellt, darf die Abschiebung nicht erfolgen, bevor über den Antrag entschieden wurde.

(2) [1]Personen, die ihr Recht nach § 2 Absatz 1 oder ihr Recht nach § 3a Absatz 1 nach § 6 Absatz 1 verloren haben, soll untersagt werden, erneut in das Bundesgebiet einzureisen und sich darin aufzuhalten. [2]Personen, bei denen das Nichtbestehen des Freizügigkeitsrechts nach § 2 Absatz 4 festgestellt worden ist, kann untersagt werden, erneut in das Bundesgebiet einzureisen und sich darin aufzuhalten. [3]Personen nach Satz 2 soll untersagt werden, erneut in das Bundesgebiet einzureisen und sich darin aufzuhalten, wenn ein besonders schwerer Fall, insbesondere ein wiederholtes Vortäuschen des Vor-

liegens der Voraussetzungen des Rechts auf Einreise und Aufenthalt, vorliegt oder wenn der Aufenthalt dieser Personen die öffentliche Ordnung und Sicherheit der Bundesrepublik Deutschland in erheblicher Weise beeinträchtigt. 4Bei einer Entscheidung nach den Sätzen 1 bis 3 ist § 6 Absatz 3, 6 und 8 entsprechend anzuwenden. 5Das Verbot nach den Sätzen 1 bis 3 wird von Amts wegen befristet. 6Die Frist ist unter Berücksichtigung der Umstände des Einzelfalles auf Grund der auf Tatsachen gestützten Annahme der künftig von einem Aufenthalt der Person innerhalb der Europäischen Union und der Schengen-Staaten ausgehenden Gefahren für die öffentliche Ordnung und Sicherheit festzusetzen und darf fünf Jahre nur in den Fällen des § 6 Absatz 1 überschreiten. 7Die Frist beginnt mit der Ausreise. 8Ein nach angemessener Frist oder nach drei Jahren gestellter Antrag auf Aufhebung oder auf Verkürzung der festgesetzten Frist ist innerhalb von sechs Monaten zu bescheiden

§ 8 Ausweispflicht

(1) Die Personen, deren Einreise und Aufenthalt nach § 1 Absatz 1 durch dieses Gesetz geregelt ist, sind verpflichtet,

1. bei der Einreise in das oder der Ausreise aus dem Bundesgebiet einen Pass oder anerkannten Passersatz
   a) mit sich zu führen und
   b) einem zuständigen Beamten auf Verlangen zur Prüfung vorzulegen,
2. für die Dauer des Aufenthalts im Bundesgebiet den erforderlichen Pass oder Passersatz zu besitzen,
3. den Pass oder Passersatz sowie die Aufenthaltskarte, die Bescheinigung des Daueraufenthalts und die Daueraufenthaltskarte den mit der Ausführung dieses Gesetzes betrauten Behörden auf Verlangen vorzulegen, auszuhändigen und vorübergehend zu überlassen, soweit dies zur Durchführung oder Sicherung von Maßnahmen nach diesem Gesetz erforderlich ist.

(1a) Die Personen, deren Einreise und Aufenthalt nach § 1 Absatz 1 durch dieses Gesetz geregelt ist, sind verpflichtet, die in Absatz 1 Nummer 3 genannten Dokumente auf Verlangen einer zur Überprüfung der Identität befugten Behörde vorzulegen und es ihr zu ermöglichen, das Gesicht mit dem Lichtbild im Dokument abzugleichen.

(2) 1Die mit dem Vollzug dieses Gesetzes betrauten Behörden dürfen unter den Voraussetzungen des Absatzes 1 Nr. 3 die auf dem elektronischen Speicher- und Verarbeitungsmedium eines Dokumentes nach Absatz 1 gespeicherten biometrischen und sonstigen Daten auslesen, die benötigten biometrischen Daten beim Inhaber des Dokumentes erheben und die biometrischen Daten miteinander vergleichen. 2Biometrische Daten nach Satz 1 sind nur die Fingerabdrücke, das Lichtbild und die Irisbilder. 3Die Polizeivollzugsbehörden, die Zollverwaltung und die Meldebehörden sind befugt, Maßnahmen nach Satz 1 zu treffen, soweit sie die Echtheit des Dokumentes oder die Identität des Inhabers überprüfen dürfen. 4Die nach den Sätzen 1 und 3 erhobenen Daten sind unverzüglich

nach Beendigung der Prüfung der Echtheit des Dokumentes oder der Identität des Inhabers zu löschen.

§ 9 Strafvorschriften

(1) Mit Freiheitsstrafe bis zu drei Jahren oder mit Geldstrafe wird bestraft, wer unrichtige oder unvollständige Angaben macht oder benutzt, um für sich oder einen anderen eine Aufenthaltskarte, eine Daueraufenthaltskarte, eine Bescheinigung über das Daueraufenthaltsrecht, ein Aufenthaltsdokument-GB oder ein Aufenthaltsdokument für Grenzgänger-GB zu beschaffen oder eine so beschaffte Urkunde wissentlich zur Täuschung im Rechtsverkehr gebraucht.

(2) Mit Freiheitsstrafe bis zu einem Jahr oder mit Geldstrafe wird bestraft, wer entgegen § 7 Abs. 2 Satz 1 in das Bundesgebiet einreist oder sich darin aufhält.

(3) Gegenstände, auf die sich eine Straftat nach Absatz 1 bezieht, können eingezogen werden.

§ 10 Bußgeldvorschriften

(1) Ordnungswidrig handelt, wer

1. entgegen § 8 Absatz 1 Nummer 1 Buchstabe b oder Nummer 3 ein dort genanntes Dokument nicht oder nicht rechtzeitig vorlegt oder
2. entgegen § 8 Absatz 1a ein dort genanntes Dokument nicht oder nicht rechtzeitig vorlegt oder einen Abgleich mit dem Lichtbild nicht oder nicht rechtzeitig ermöglicht.

(2) Ordnungswidrig handelt, wer vorsätzlich oder leichtfertig entgegen § 8 Abs. 1 Nr. 2 einen Pass oder Passersatz nicht besitzt.

(3) Ordnungswidrig handelt, wer vorsätzlich oder fahrlässig entgegen § 8 Abs. 1 Nr. 1 Buchstabe a einen Pass oder Passersatz nicht mit sich führt.

(4) Die Ordnungswidrigkeit kann in den Fällen der Absätze 1 und 3 mit einer Geldbuße bis zu dreitausend Euro, in den übrigen Fällen mit einer Geldbuße bis zu tausend Euro geahndet werden.

(5) Verwaltungsbehörde im Sinne des § 36 Abs. 1 Nr. 1 des Gesetzes über Ordnungswidrigkeiten ist in den Fällen der Absätze 1 und 3 die in der Rechtsverordnung nach § 58 Abs. 1 des Bundespolizeigesetzes bestimmte Bundespolizeibehörde.

§ 11 Anwendung des allgemeinen Aufenthaltsrechts; Ausnahmen von der Anwendung dieses Gesetzes

(1) Auf die Personen, deren Einreise und Aufenthalt nach § 1 Absatz 1 durch dieses Gesetz geregelt ist, finden § 3 Absatz 2, § 11 Absatz 8, die §§ 13, 14 Absatz 2, § 44 Absatz 4, die §§ 45a, 46 Absatz 2, § 50 Absatz 3 bis 6, § 59 Absatz 1 Satz 6 und 7, die §§ 69, 71 Absatz **2 und** 3 Nummer 2 erste Alternative, die §§ 73, 74 Absatz 2, § 77 Ab-

satz 1, die §§ 80, 82 Absatz 5, die §§ 85 bis 88, 90, 91, 95 Absatz 1 Nummer 4 und 8, Absatz 2 Nummer 2, Absatz 4, die §§ 96, 97, 98 Absatz 2 Nummer 2, Absatz 2a, 3 Nummer 3, Absatz 4 und 5 sowie § 99 des Aufenthaltsgesetzes entsprechende Anwendung.

(2) § 73 des Aufenthaltsgesetzes ist nur zur Feststellung von Gründen gemäß § 6 Absatz 1, hiervon abweichend in den Fällen des Absatzes 8 Satz 1 und des Absatzes 12 Satz 2 ohne Einschränkung anzuwenden.

(3) [1]§ 78 des Aufenthaltsgesetzes ist für die Ausstellung von Aufenthaltskarten, Daueraufenthaltskarten, Aufenthaltsdokumenten-GB und Aufenthaltsdokumenten für Grenzgänger-GB entsprechend anzuwenden. [2]Auf die Angaben nach § 78 Absatz 1 Satz 3 Nummer 10 und 11 des Aufenthaltsgesetzes wird verzichtet, soweit zum Zeitpunkt der Veranlassung der Ausstellung ein anerkannter und gültiger ausländischer Pass vorhanden ist. [3]Sie tragen die nach Maßgabe der nach den §§ 11a und 99 Absatz 1 Nummer 13a Satz 1 des Aufenthaltsgesetzes erlassenen Rechtsverordnung festgelegten Bezeichnungen. [4]In der Zone für das automatische Lesen wird anstelle der Abkürzungen nach § 78 Absatz 2 Satz 2 Nummer 1 des Aufenthaltsgesetzes in Aufenthaltskarten und Daueraufenthaltskarten die Abkürzung „AF" und in Aufenthaltsdokumenten-GB und Aufenthaltsdokumenten für Grenzgänger-GB die Abkürzung „AR" verwendet.

(4) [1]Eine Fiktionsbescheinigung nach § 81 Absatz 5 des Aufenthaltsgesetzes ist auf Antrag auszustellen, wenn nach diesem Gesetz von Amts wegen eine Aufenthaltskarte, ein Aufenthaltsdokument-GB oder ein Aufenthaltsdokument für Grenzgänger-GB auszustellen ist und ein Dokument mit elektronischem Speicher- und Verarbeitungsmedium noch nicht zur Überlassung an den Inhaber bereitsteht. [2]In Fällen, in denen ein Recht auf Einreise und Aufenthalt nach diesem Gesetz nur auf Antrag besteht, findet § 81 des Aufenthaltsgesetzes entsprechende Anwendung.

(5) § 5 Absatz 1, 2 und 4, § 6 Absatz 3 Satz 2 und 3, § 7 Absatz 2 Satz 2 und § 82 Absatz 1 und 2 des Aufenthaltsgesetzes sowie § 82 Absatz 3 des Aufenthaltsgesetzes, soweit er sich auf § 82 Absatz 1 des Aufenthaltsgesetzes bezieht, sind in den Fällen des § 3a entsprechend anzuwenden.

(6) § 82 Absatz 4 des Aufenthaltsgesetzes ist in den Fällen des Absatzes 8 Satz 1 und des Absatzes 12 Satz 2 entsprechend anzuwenden.

(7) [1]Die Mitteilungspflichten nach § 87 Absatz 2 Satz 1 Nummer 1 bis 3 des Aufenthaltsgesetzes bestehen insoweit entsprechend, als die dort genannten Umstände auch für die Feststellung nach § 2 Absatz 7, § 5 Absatz 4 und § 6 Absatz 1 entscheidungserheblich sein können. [2]Sie bestehen in den Fällen des Absatzes 8 Satz 1 und des Absatzes 12 Satz 2 ohne diese Einschränkung.

(8) [1]Auf den Aufenthalt von Personen, die

1. sich selbst als Familienangehörige im Bundesgebiet aufgehalten haben und nach § 3 Absatz 2 nach dem Tod eines Unionsbürgers ein Aufenthaltsrecht behalten,
2. nicht Unionsbürger sind, sich selbst als Ehegatten oder Lebenspartner im Bundesgebiet aufgehalten haben, und die nach der Scheidung oder Aufhebung der Ehe oder

Aufhebung der Lebenspartnerschaft nach § 3 Absatz 4 ein Aufenthaltsrecht behalten, und

3. sich als nahestehende Personen eines verstorbenen Unionsbürgers auf Grund eines Rechts zur Einreise und zum Aufenthalt im Bundesgebiet nach § 3a Absatz 3 in Verbindung mit § 3 Absatz 2 im Bundesgebiet aufgehalten haben,

sind die §§ 6 und 7 nicht anzuwenden. [2]Insoweit findet das Aufenthaltsgesetz entsprechende Anwendung. [3]Die Regelungen des Aufenthaltsgesetzes zum Familiennachzug zu Inhabern von Aufenthaltserlaubnissen aus familiären Gründen sind auf den Familiennachzug zu den in Satz 1 Nummer 1 und 2 genannten Personen sowie auf den Familiennachzug zu solchen nahestehenden Personen eines Unionsbürgers, denen ein Recht auf Einreise und Aufenthalt im Bundesgebiet nach § 3a verliehen wurde, entsprechend anzuwenden.

(9) [1]§ 3 Absatz 1 ist für den Aufenthalt von Familienangehörigen von Personen nicht anzuwenden, die selbst Familienangehörige oder nahestehende Personen und nicht Unionsbürger sind und nach § 4a Absatz 1 Satz 2 ein Daueraufenthaltsrecht haben. [2]Insoweit sind die Vorschriften des Aufenthaltsgesetzes zum Familiennachzug zu Inhabern einer Erlaubnis zum Daueraufenthalt – EU entsprechend anzuwenden.

(10) [1]Sofern Familienangehörige von Personen, die ein in § 16 Absatz 1 und 2 genanntes Recht zum Aufenthalt in der Bundesrepublik Deutschland ausüben, kein Recht zum Aufenthalt in der Bundesrepublik Deutschland haben, das nach dem Austrittsabkommen geregelt ist, finden die Vorschriften des Aufenthaltsgesetzes zum Familiennachzug entsprechende Anwendung. [2]Dabei werden gleichgestellt

1. Inhaber eines Daueraufenthaltsrechts nach Artikel 15 des Austrittsabkommens den Inhabern einer Erlaubnis zum Daueraufenthalt – EU,

2. Inhaber eines anderen Aufenthaltsrechts nach dem Austrittsabkommen, die britische Staatsangehörige sind, den Inhabern einer Blauen Karte EU und

3. Inhaber eines anderen Aufenthaltsrechts nach dem Austrittsabkommen, die weder britische Staatsangehörige noch Unionsbürger sind, den Inhabern einer Aufenthaltserlaubnis aus familiären Gründen.

(11) § 3a und die übrigen Bestimmungen dieses Gesetzes und des Aufenthaltsgesetzes, die in Fällen des § 3a dieses Gesetzes gelten, sind auf nahestehende Personen britischer Staatsangehöriger entsprechend anzuwenden, wenn die britischen Staatsangehörigen ein in § 16 Absatz 1 genanntes Aufenthaltsrecht im Bundesgebiet ausüben und wenn und solange die Voraussetzungen des Artikels 10 Absatz 2, 3 oder 4 des Austrittsabkommens erfüllt sind.

(12) [1]Die §§ 6 und 7 finden nach Maßgabe des Artikels 20 Absatz 1 des Austrittsabkommens entsprechende Anwendung, wenn ein Verhalten, auf Grund dessen eine Beendigung des Aufenthalts eines Inhabers eines Rechts nach § 16 erfolgt oder durchgesetzt wird, vor dem Ende des Übergangszeitraums stattgefunden hat. [2]Im Übrigen findet hinsichtlich der Beendigung des Aufenthalts von Inhabern eines Rechts nach § 16 das Auf-

enthaltsgesetz Anwendung. [3]§ 52 des Verwaltungsverfahrensgesetzes findet entsprechende Anwendung.

(13) § 88a Absatz 1 Satz 1, 3 und 4 des Aufenthaltsgesetzes findet entsprechende Anwendung, soweit die Übermittlung von teilnehmerbezogenen Daten im Rahmen der Durchführung von Integrationskursen nach § 44 Absatz 4 des Aufenthaltsgesetzes, zur Überwachung einer Eingliederungsvereinbarung nach dem Zweiten Buch Sozialgesetzbuch oder zur Durchführung des Einbürgerungsverfahrens erforderlich ist.

(14) [1]Das Aufenthaltsgesetz findet auch dann Anwendung, wenn es eine günstigere Rechtsstellung vermittelt als dieses Gesetz. [2]Hat die Ausländerbehörde das Nichtbestehen oder den Verlust des Rechts nach § 2 Absatz 1 festgestellt, findet das Aufenthaltsgesetz Anwendung, sofern dieses Gesetz keine besonderen Regelungen trifft.

(15) [1]Zeiten des rechtmäßigen Aufenthalts nach diesem Gesetz unter fünf Jahren entsprechen den Zeiten des Besitzes einer Aufenthaltserlaubnis. [2]Zeiten des rechtmäßigen Aufenthalts nach diesem Gesetz über fünf Jahren entsprechen dem Besitz einer Niederlassungserlaubnis.

§ 11a Verordnungsermächtigung

Das Bundesministerium des Innern, für Bau und Heimat wird ermächtigt, durch Rechtsverordnung mit Zustimmung des Bundesrates die Einzelheiten der Ausstellung von Aufenthaltskarten nach § 5 Absatz 1 Satz 1 und Absatz 7 Satz 1, Daueraufenthaltskarten nach § 5 Absatz 5 Satz 2, Aufenthaltsdokumenten-GB nach § 16 Absatz 2 Satz 1 und Aufenthaltsdokumenten für Grenzgänger-GB nach § 16 Absatz 3 entsprechend § 99 Absatz 1 Nummer 13a Satz 1 des Aufenthaltsgesetzes sowie Einzelheiten des Prüfverfahrens entsprechend § 34 Nummer 4 des Personalausweisgesetzes und Einzelheiten zum elektronischen Identitätsnachweis entsprechend § 34 Nummer 5 bis 7 des Personalausweisgesetzes festzulegen.

§ 12 Staatsangehörige der EWR-Staaten

Die nach diesem Gesetz für Unionsbürger, Familienangehörige von Unionsbürgern und nahestehende Personen von Unionsbürgern geltenden Regelungen finden jeweils auch für Staatsangehörige der EWR-Staaten, die nicht Unionsbürger sind, und für ihre Familienangehörigen und ihre nahestehenden Personen Anwendung.

§ 13 Staatsangehörige der Beitrittsstaaten

Soweit nach Maßgabe des Beitrittsvertrages eines Mitgliedstaates zur Europäischen Union abweichende Regelungen anzuwenden sind, findet dieses Gesetz Anwendung, wenn die Beschäftigung durch die Bundesagentur für Arbeit nach § 284 Absatz 1 des Dritten Buches Sozialgesetzbuch genehmigt wurde.

§ 14 Bestimmungen zum Verwaltungsverfahren

[1]Von den in § 11 Abs. 1 in Verbindung mit § 87 Absatz 1, 2 Satz 1 und 2, Absatz 4 Satz 1, 3 und 5, §§ 90, 91 Abs. 1 und 2, § 99 Abs. 1 und 2 des Aufenthaltsgesetzes getroffenen Regelungen des Verwaltungsverfahrens kann durch Landesrecht nicht abgewichen werden. [2]Dies gilt nicht im Hinblick auf Verfahren im Zusammenhang mit Aufenthaltsrechten nach § 3a und mit den in den §§ 12a und 16 geregelten Aufenthaltsrechten.

§ 15 Übergangsregelung

Eine vor dem 28. August 2007 ausgestellte Aufenthaltserlaubnis-EU gilt als Aufenthaltskarte für Familienangehörige eines Unionsbürgers fort.

§ 16 Rechtsstellung britischer Staatsangehöriger und ihrer Familienangehörigen

(1) [1]Das in Teil Zwei Titel II Kapitel 1 des Austrittsabkommens vorgesehene Recht auf Einreise und Aufenthalt im Bundesgebiet kann ausgeübt werden, ohne dass es hierfür eines Antrages bedarf. [2]Dieses Recht ist ein Aufenthaltsrecht im Sinne des Artikels 18 Absatz 4 des Austrittsabkommens.

(2) [1]Denjenigen,

1. die das Recht nach Absatz 1 ausüben oder
2. die das nach Artikel 24 Absatz 2, auch in Verbindung mit Artikel 25 Absatz 2, des Austrittsabkommens bestehende Recht ausüben, im Bundesgebiet zu wohnen,

wird von Amts wegen ein Aufenthaltsdokument im Sinne des Artikels 18 Absatz 4 des Austrittsabkommens (Aufenthaltsdokument-GB) ausgestellt. [2]Sie haben ihren Aufenthalt spätestens innerhalb von sechs Monaten nach dem Ende des Übergangszeitraums im Sinne des Teils Vier des Austrittsabkommens bei der zuständigen Ausländerbehörde anzuzeigen, wenn sie nicht bereits Inhaber einer Aufenthaltskarte oder Daueraufenthaltskarte sind. [3]Die Vorschriften des Artikels 18 Absatz 1 Unterabsatz 2 Buchstabe b Satz 2 Buchstabe c sowie i bis n des Austrittsabkommens finden entsprechende Anwendung.

(3) Britische Staatsangehörige, die nach Teil Zwei Titel II Kapitel 2 des Austrittsabkommens Rechte als Grenzgänger haben, sind verpflichtet, ein Dokument (Aufenthaltsdokument für Grenzgänger-GB) zu beantragen, mit dem diese Rechte bescheinigt werden.

(4) § 2 Absatz 4, § 2a Absatz 2 und 4 sowie § 5 Absatz 3 und 4 finden entsprechende Anwendung.

(5) Für die Anwendung anderer Gesetze als des Aufenthaltsgesetzes und dieses Gesetzes stehen Aufenthaltsrechte, auf die in den Absätzen 1 und 2 Bezug genommen wird, dem Freizügigkeitsrecht nach § 2 gleich, sofern im Austrittsabkommen oder durch Gesetz nichts Abweichendes bestimmt ist.

(6) [1]Aufenthaltskarten und Daueraufenthaltskarten werden eingezogen, sobald der Inhaber infolge des Austritts des Vereinigten Königreichs Großbritannien und Nordirland aus der Europäischen Union kein Recht nach § 2 Absatz 1 mehr besitzt. [2]Sie verlieren ab dem 1. Januar 2022 auf jeden Fall ihre Gültigkeit.

Hochschulrahmengesetz (HRG)

in der Fassung der Bekanntmachung vom 19. Januar 1999 (BGBl. I S. 18), zuletzt geändert durch Artikel 1 des Gesetzes vom 15. November 2019 (BGBl. I S. 1622)

– Auszug –

§ 10 Studiengänge

(1) [1]Die Studiengänge führen in der Regel zu einem berufsqualifizierenden Abschluß. [2]Als berufsqualifizierend im Sinne dieses Gesetzes gilt auch der Abschluß eines Studiengangs, durch den die fachliche Eignung für einen beruflichen Vorbereitungsdienst oder eine berufliche Einführung vermittelt wird. [3]Soweit bereits das jeweilige Studienziel eine berufspraktische Tätigkeit erfordert, ist sie mit den übrigen Teilen des Studiums inhaltlich und zeitlich abzustimmen und nach Möglichkeit in den Studiengang einzuordnen.

(2) [1]In den Prüfungsordnungen sind die Studienzeiten vorzusehen, in denen ein berufsqualifizierender Abschluß erworben werden kann (Regelstudienzeit). [2]Die Regelstudienzeit schließt Zeiten einer in den Studiengang eingeordneten berufspraktischen Tätigkeit, praktische Studiensemester und Prüfungszeiten ein. [3]Die Regelstudienzeit ist maßgebend für die Gestaltung der Studiengänge durch die Hochschule, für die Sicherstellung des Lehrangebots, für die Gestaltung des Prüfungsverfahrens sowie für die Ermittlung und Festsetzung der Ausbildungskapazitäten (§ 29 Abs. 1) und die Berechnung von Studentenzahlen bei der Hochschulplanung.

§ 18 Hochschulgrade

(1) [1]Auf Grund der Hochschulprüfung, mit der ein berufsqualifizierender Abschluss erworben wird, kann die Hochschule einen Diplomgrad mit Angabe der Fachrichtung verleihen. [2]Auf Grund der Hochschulprüfung an Fachhochschulen oder in Fachhochschulstudiengängen anderer Hochschulen wird der Diplomgrad mit dem Zusatz „Fachhochschule" („FH") verliehen. [3]Die Hochschule kann einen Diplomgrad auch auf Grund einer staatlichen Prüfung oder einer kirchlichen Prüfung, mit der ein Hochschulstudium abgeschlossen wird, verleihen. [4]Das Landesrecht kann vorsehen, daß eine Hochschule für den berufsqualifizierenden Abschluß eines Studiums einen Magistergrad verleiht; dies gilt, unbeschadet des § 19, nicht für den Abschluß in einem Fachhochschulstudiengang. [5]Nach näherer Bestimmung des Landesrechts kann eine Hochschule für den berufsqualifizierenden Abschluß eines Studiums auf Grund einer Vereinbarung mit einer ausländischen Hochschule andere als die in den Sätzen 1, 2 und 4 genannten Grade verleihen. [6]Ein Grad nach Satz 5 kann auch zusätzlich zu einem der in den Sätzen 1, 2 und 4 genannten Grade verliehen werden.

(2) [1]Im übrigen bestimmt das Landesrecht, welche Hochschulgrade verliehen werden. [2]Es kann vorsehen, daß die Kunsthochschulen für den berufsqualifizierenden Abschluß eines Studiums andere als die in Absatz 1 genannten Grade verleihen.

§ 19 Bachelor- und Masterstudiengänge

(1) Die Hochschulen können Studiengänge einrichten, die zu einem Bachelor- oder Bakkalaureusgrad und zu einem Master- oder Magistergrad führen.

(2) [1]Auf Grund von Prüfungen, mit denen ein erster berufsqualifizierender Abschluß erworben wird, kann die Hochschule einen Bachelor- oder Bakkalaureusgrad verleihen. [2]Die Regelstudienzeit beträgt mindestens drei und höchstens vier Jahre.

(3) [1]Auf Grund von Prüfungen, mit denen ein weiterer berufsqualifizierender Abschluß erworben wird, kann die Hochschule einen Master- oder Magistergrad verleihen. [2]Die Regelstudienzeit beträgt mindestens ein Jahr und höchstens zwei Jahre.

(4) Bei konsekutiven Studiengängen, die zu Graden nach den Absätzen 2 und 3 führen, beträgt die Gesamtregelstudienzeit höchstens fünf Jahre.

(5) § 11 Satz 2 gilt entsprechend.

(6) Den Urkunden über die Verleihung der akademischen Grade fügen die Hochschulen auf Antrag eine englischsprachige Übersetzung bei.

Bürgerliches Gesetzbuch (BGB)

in der Fassung der Bekanntmachung vom 2. Januar 2002 (BGBl. I S. 42, 2909; 2003 I S. 738), das zuletzt durch Artikel 1 des Gesetzes vom 11. Juni 2024 (BGBl. 2024 I Nr. 185) geändert worden ist

– Auszug –

Buch 1
Allgemeiner Teil

Abschnitt 2
Sachen und Tiere

§ 90 Begriff der Sache

Sachen im Sinne des Gesetzes sind nur körperliche Gegenstände.

Abschnitt 3
Rechtsgeschäfte

Titel 2
Willenserklärung

§ 134 Gesetzliches Verbot

Ein Rechtsgeschäft, das gegen ein gesetzliches Verbot verstößt, ist nichtig, wenn sich nicht aus dem Gesetz ein anderes ergibt.

§ 135 Gesetzliches Veräußerungsverbot

(1) [1]Verstößt die Verfügung über einen Gegenstand gegen ein gesetzliches Veräußerungsverbot, das nur den Schutz bestimmter Personen bezweckt, so ist sie nur diesen Personen gegenüber unwirksam. [2]Der rechtsgeschäftlichen Verfügung steht eine Verfügung gleich, die im Wege der Zwangsvollstreckung oder der Arrestvollziehung erfolgt.

(2) Die Vorschriften zugunsten derjenigen, welche Rechte von einem Nichtberechtigten herleiten, finden entsprechende Anwendung.

§ 136 Behördliches Veräußerungsverbot

Ein Veräußerungsverbot, das von einem Gericht oder von einer anderen Behörde innerhalb ihrer Zuständigkeit erlassen wird, steht einem gesetzlichen Veräußerungsverbot der in § 135 bezeichneten Art gleich.

Buch 2
Recht der Schuldverhältnisse

Abschnitt 7
Mehrheit von Schuldnern und Gläubigern

§ 421 Gesamtschuldner

[1]Schulden mehrere eine Leistung in der Weise, dass jeder die ganze Leistung zu bewirken verpflichtet, der Gläubiger aber die Leistung nur einmal zu fordern berechtigt ist (Gesamtschuldner), so kann der Gläubiger die Leistung nach seinem Belieben von jedem der Schuldner ganz oder zu einem Teil fordern. [2]Bis zur Bewirkung der ganzen Leistung bleiben sämtliche Schuldner verpflichtet.

§ 422 Wirkung der Erfüllung

(1) [1]Die Erfüllung durch einen Gesamtschuldner wirkt auch für die übrigen Schuldner. [2]Das Gleiche gilt von der Leistung an Erfüllungs statt, der Hinterlegung und der Aufrechnung.

(2) Eine Forderung, die einem Gesamtschuldner zusteht, kann nicht von den übrigen Schuldnern aufgerechnet werden.

§ 423 Wirkung des Erlasses

Ein zwischen dem Gläubiger und einem Gesamtschuldner vereinbarter Erlass wirkt auch für die übrigen Schuldner, wenn die Vertragschließenden das ganze Schuldverhältnis aufheben wollten.

§ 424 Wirkung des Gläubigerverzugs

Der Verzug des Gläubigers gegenüber einem Gesamtschuldner wirkt auch für die übrigen Schuldner.

§ 425 Wirkung anderer Tatsachen

(1) Andere als die in den §§ 422 bis 424 bezeichneten Tatsachen wirken, soweit sich nicht aus dem Schuldverhältnis ein anderes ergibt, nur für und gegen den Gesamtschuldner, in dessen Person sie eintreten.

(2) Dies gilt insbesondere von der Kündigung, dem Verzug, dem Verschulden, von der Unmöglichkeit der Leistung in der Person eines Gesamtschuldners, von der Verjährung, deren Neubeginn, Hemmung und Ablaufhemmung, von der Vereinigung der Forderung mit der Schuld und von dem rechtskräftigen Urteil.

§ 426 Ausgleichungspflicht, Forderungsübergang

(1) [1]Die Gesamtschuldner sind im Verhältnis zueinander zu gleichen Anteilen verpflichtet, soweit nicht ein anderes bestimmt ist. [2]Kann von einem Gesamtschuldner der auf ihn entfallende Beitrag nicht erlangt werden, so ist der Ausfall von den übrigen zur Ausgleichung verpflichteten Schuldnern zu tragen.

(2) [1]Soweit ein Gesamtschuldner den Gläubiger befriedigt und von den übrigen Schuldnern Ausgleichung verlangen kann, geht die Forderung des Gläubigers gegen die übrigen Schuldner auf ihn über. [2]Der Übergang kann nicht zum Nachteil des Gläubigers geltend gemacht werden.

Abschnitt 8
Einzelne Schuldverhältnisse

Titel 3
Darlehensvertrag; Finanzierungshilfen und Ratenlieferungsverträge zwischen einem Unternehmer und einem Verbraucher

Untertitel 1
Darlehensvertrag

Kapitel 1
Allgemeine Vorschriften

§ 488 Vertragstypische Pflichten beim Darlehensvertrag

(1) [1]Durch den Darlehensvertrag wird der Darlehensgeber verpflichtet, dem Darlehensnehmer einen Geldbetrag in der vereinbarten Höhe zur Verfügung zu stellen. [2]Der Darlehensnehmer ist verpflichtet, einen geschuldeten Zins zu zahlen und bei Fälligkeit das zur Verfügung gestellte Darlehen zurückzuzahlen.

(2) Die vereinbarten Zinsen sind, soweit nicht ein anderes bestimmt ist, nach dem Ablauf je eines Jahres und, wenn das Darlehen vor dem Ablauf eines Jahres zurückzuzahlen ist, bei der Rückzahlung zu entrichten.

(3) [1]Ist für die Rückzahlung des Darlehens eine Zeit nicht bestimmt, so hängt die Fälligkeit davon ab, dass der Darlehensgeber oder der Darlehensnehmer kündigt. [2]Die Kündigungsfrist beträgt drei Monate. [3]Sind Zinsen nicht geschuldet, so ist der Darlehensnehmer auch ohne Kündigung zur Rückzahlung berechtigt.

§ 489 Ordentliches Kündigungsrecht des Darlehensnehmers

(1) Der Darlehensnehmer kann einen Darlehensvertrag mit gebundenem Sollzinssatz ganz oder teilweise kündigen,

1. wenn die Sollzinsbindung vor der für die Rückzahlung bestimmten Zeit endet und keine neue Vereinbarung über den Sollzinssatz getroffen ist, unter Einhaltung einer Kündigungsfrist von einem Monat frühestens für den Ablauf des Tages, an dem die Sollzinsbindung endet; ist eine Anpassung des Sollzinssatzes in bestimmten Zeiträumen bis zu einem Jahr vereinbart, so kann der Darlehensnehmer jeweils nur für den Ablauf des Tages, an dem die Sollzinsbindung endet, kündigen;
2. in jedem Fall nach Ablauf von zehn Jahren nach dem vollständigen Empfang unter Einhaltung einer Kündigungsfrist von sechs Monaten; wird nach dem Empfang des Darlehens eine neue Vereinbarung über die Zeit der Rückzahlung oder den Sollzinssatz getroffen, so tritt der Zeitpunkt dieser Vereinbarung an die Stelle des Zeitpunkts des Empfangs.

(2) Der Darlehensnehmer kann einen Darlehensvertrag mit veränderlichem Zinssatz jederzeit unter Einhaltung einer Kündigungsfrist von drei Monaten kündigen.

(3) Eine Kündigung des Darlehensnehmers gilt als nicht erfolgt, wenn er den geschuldeten Betrag nicht binnen zwei Wochen nach Wirksamwerden der Kündigung zurückzahlt.

(4) [1]Das Kündigungsrecht des Darlehensnehmers nach den Absätzen 1 und 2 kann nicht durch Vertrag ausgeschlossen oder erschwert werden. [2]Dies gilt nicht bei Darlehen an den Bund, ein Sondervermögen des Bundes, ein Land, eine Gemeinde, einen Gemeindeverband, die Europäischen Gemeinschaften oder ausländische Gebietskörperschaften.

(5) [1]Sollzinssatz ist der gebundene oder veränderliche periodische Prozentsatz, der pro Jahr auf das in Anspruch genommene Darlehen angewendet wird. [2]Der Sollzinssatz ist gebunden, wenn für die gesamte Vertragslaufzeit ein Sollzinssatz oder mehrere Sollzinssätze vereinbart sind, die als feststehende Prozentzahl ausgedrückt werden. [3]Ist für die gesamte Vertragslaufzeit keine Sollzinsbindung vereinbart, gilt der Sollzinssatz nur für diejenigen Zeiträume als gebunden, für die er durch eine feste Prozentzahl bestimmt ist.

§ 490 Außerordentliches Kündigungsrecht

(1) Wenn in den Vermögensverhältnissen des Darlehensnehmers oder in der Werthaltigkeit einer für das Darlehen gestellten Sicherheit eine wesentliche Verschlechterung eintritt oder einzutreten droht, durch die die Rückzahlung des Darlehens, auch unter Verwertung der Sicherheit, gefährdet wird, kann der Darlehensgeber den Darlehensvertrag vor Auszahlung des Darlehens im Zweifel stets, nach Auszahlung nur in der Regel fristlos kündigen.

(2) [1]Der Darlehensnehmer kann einen Darlehensvertrag, bei dem der Sollzinssatz gebunden und das Darlehen durch ein Grund- oder Schiffspfandrecht gesichert ist, unter Einhaltung der Fristen des § 488 Abs. 3 Satz 2 vorzeitig kündigen, wenn seine berechtigten Interessen dies gebieten und seit dem vollständigen Empfang des Darlehens sechs Mo-

nate abgelaufen sind. [2]Ein solches Interesse liegt insbesondere vor, wenn der Darlehensnehmer ein Bedürfnis nach einer anderweitigen Verwertung der zur Sicherung des Darlehens beliehenen Sache hat. [3]Der Darlehensnehmer hat dem Darlehensgeber denjenigen Schaden zu ersetzen, der diesem aus der vorzeitigen Kündigung entsteht (Vorfälligkeitsentschädigung).

(3) Die Vorschriften der §§ 313 und 314 bleiben unberührt.

Kapitel 2 Besondere Vorschriften für Verbraucherdarlehensverträge

§ 491 Verbraucherdarlehensvertrag

(1) [1]Die Vorschriften dieses Kapitels gelten für Verbraucherdarlehensverträge, soweit nichts anderes bestimmt ist. [2]Verbraucherdarlehensverträge sind Allgemein-Verbraucherdarlehensverträge und Immobiliar-Verbraucherdarlehensverträge.

(2) [1]Allgemein-Verbraucherdarlehensverträge sind entgeltliche Darlehensverträge zwischen einem Unternehmer als Darlehensgeber und einem Verbraucher als Darlehensnehmer. [2]Keine Allgemein-Verbraucherdarlehensverträge sind Verträge,

1. bei denen der Nettodarlehensbetrag (Artikel 247 § 3 Abs. 2 des Einführungsgesetzes zum Bürgerlichen Gesetzbuche) weniger als 200 Euro beträgt,
2. bei denen sich die Haftung des Darlehensnehmers auf eine dem Darlehensgeber zum Pfand übergebene Sache beschränkt,
3. bei denen der Darlehensnehmer das Darlehen binnen drei Monaten zurückzuzahlen hat und nur geringe Kosten vereinbart sind,
4. die von Arbeitgebern mit ihren Arbeitnehmern als Nebenleistung zum Arbeitsvertrag zu einem niedrigeren als dem marktüblichen effektiven Jahreszins (§ 16 der Preisangabenverordnung) abgeschlossen werden und anderen Personen nicht angeboten werden,
5. die nur mit einem begrenzten Personenkreis auf Grund von Rechtsvorschriften in öffentlichem Interesse abgeschlossen werden, wenn im Vertrag für den Darlehensnehmer günstigere als marktübliche Bedingungen und höchstens der marktübliche Sollzinssatz vereinbart sind,
6. bei denen es sich um Immobiliar-Verbraucherdarlehensverträge oder Immobilienverzehrkreditverträge gemäß Absatz 3 handelt.

(3) [1]Immobiliar-Verbraucherdarlehensverträge sind entgeltliche Darlehensverträge zwischen einem Unternehmer als Darlehensgeber und einem Verbraucher als Darlehensnehmer, die

1. durch ein Grundpfandrecht oder eine Reallast besichert sind oder
2. für den Erwerb oder die Erhaltung des Eigentumsrechts an Grundstücken, an bestehenden oder zu errichtenden Gebäuden oder für den Erwerb oder die Erhaltung von grundstücksgleichen Rechten bestimmt sind.

[2]Keine Immobiliar-Verbraucherdarlehensverträge sind Verträge gemäß Absatz 2 Satz 2 Nummer 4. [3]Auf Immobiliar-Verbraucherdarlehensverträge gemäß Absatz 2 Satz 2 Nummer 5 ist nur § 491a Absatz 4 anwendbar. [4]Keine Immobiliar-Verbraucherdarlehensverträge sind Immobilienverzehrkreditverträge, bei denen der Kreditgeber

1. pauschale oder regelmäßige Zahlungen leistet oder andere Formen der Kreditauszahlung vornimmt und im Gegenzug nur einen Betrag aus dem künftigen Erlös des Verkaufs einer Wohnimmobilie erhält oder ein Recht an einer Wohnimmobilie erwirbt und
2. erst nach dem Tod des Verbrauchers eine Rückzahlung fordert, außer der Verbraucher verstößt gegen die Vertragsbestimmungen, was dem Kreditgeber erlaubt, den Vertrag zu kündigen.

(4) § 358 Abs. 2 und 4 sowie die §§ 491a bis 495 und 505a bis 505e sind nicht auf Darlehensverträge anzuwenden, die in ein nach den Vorschriften der Zivilprozessordnung errichtetes gerichtliches Protokoll aufgenommen oder durch einen gerichtlichen Beschluss über das Zustandekommen und den Inhalt eines zwischen den Parteien geschlossenen Vergleichs festgestellt sind, wenn in das Protokoll oder den Beschluss der Sollzinssatz, die bei Abschluss des Vertrags in Rechnung gestellten Kosten des Darlehens sowie die Voraussetzungen aufgenommen worden sind, unter denen der Sollzinssatz oder die Kosten angepasst werden können.

§ 491a Vorvertragliche Informationspflichten bei Verbraucherdarlehensverträgen

(1) Der Darlehensgeber ist verpflichtet, den Darlehensnehmer nach Maßgabe des Artikels 247 des Einführungsgesetzes zum Bürgerlichen Gesetzbuche zu informieren.

(2) [1]Der Darlehensnehmer kann vom Darlehensgeber einen Entwurf des Verbraucherdarlehensvertrags verlangen. [2]Dies gilt nicht, solange der Darlehensgeber zum Vertragsabschluss nicht bereit ist. [3]Unterbreitet der Darlehensgeber bei einem Immobiliar-Verbraucherdarlehensvertrag dem Darlehensnehmer ein Angebot oder einen bindenden Vorschlag für bestimmte Vertragsbestimmungen, so muss er dem Darlehensnehmer anbieten, einen Vertragsentwurf auszuhändigen oder zu übermitteln; besteht kein Widerrufsrecht nach § 495, ist der Darlehensgeber dazu verpflichtet, dem Darlehensnehmer einen Vertragsentwurf auszuhändigen oder zu übermitteln.

(3) [1]Der Darlehensgeber ist verpflichtet, dem Darlehensnehmer vor Abschluss eines Verbraucherdarlehensvertrags angemessene Erläuterungen zu geben, damit der Darlehensnehmer in die Lage versetzt wird, zu beurteilen, ob der Vertrag dem von ihm verfolgten Zweck und seinen Vermögensverhältnissen gerecht wird. [2]Hierzu sind gegebenenfalls die vorvertraglichen Informationen gemäß Absatz 1, die Hauptmerkmale der vom Darlehensgeber angebotenen Verträge sowie ihre vertragstypischen Auswirkungen auf den Darlehensnehmer, einschließlich der Folgen bei Zahlungsverzug, zu erläutern. [3]Werden mit einem Immobiliar-Verbraucherdarlehensvertrag Finanzprodukte oder -dienstleistungen im Paket angeboten, so muss dem Darlehensnehmer erläutert werden, ob sie gesondert gekündigt werden können und welche Folgen die Kündigung hat.

(4) [1]Bei einem Immobiliar-Verbraucherdarlehensvertrag entsprechend § 491 Absatz 2 Satz 2 Nummer 5 ist der Darlehensgeber verpflichtet, den Darlehensnehmer rechtzeitig vor Abgabe von dessen Vertragserklärung auf einem dauerhaften Datenträger über die Merkmale gemäß den Abschnitten 3, 4 und 13 des in Artikel 247 § 1 Absatz 2 Satz 2 des Einführungsgesetzes zum Bürgerlichen Gesetzbuche genannten Musters zu informieren. [2]Artikel 247 § 1 Absatz 2 Satz 6 des Einführungsgesetzes zum Bürgerlichen Gesetzbuche findet Anwendung.

§ 492 Schriftform, Vertragsinhalt

(1) [1]Verbraucherdarlehensverträge sind, soweit nicht eine strengere Form vorgeschrieben ist, schriftlich abzuschließen. [2]Der Schriftform ist genügt, wenn Antrag und Annahme durch die Vertragsparteien jeweils getrennt schriftlich erklärt werden. [3]Die Erklärung des Darlehensgebers bedarf keiner Unterzeichnung, wenn sie mit Hilfe einer automatischen Einrichtung erstellt wird.

(2) Der Vertrag muss die für den Verbraucherdarlehensvertrag vorgeschriebenen Angaben nach Artikel 247 §§ 6 bis 13 des Einführungsgesetzes zum Bürgerlichen Gesetzbuche enthalten.

(3) [1]Nach Vertragsschluss stellt der Darlehensgeber dem Darlehensnehmer eine Abschrift des Vertrags zur Verfügung. [2]Ist ein Zeitpunkt für die Rückzahlung des Darlehens bestimmt, kann der Darlehensnehmer vom Darlehensgeber jederzeit einen Tilgungsplan nach Artikel 247 § 14 des Einführungsgesetzes zum Bürgerlichen Gesetzbuche verlangen.

(4) [1]Die Absätze 1 und 2 gelten auch für die Vollmacht, die ein Darlehensnehmer zum Abschluss eines Verbraucherdarlehensvertrags erteilt. [2]Satz 1 gilt nicht für die Prozessvollmacht und eine Vollmacht, die notariell beurkundet ist.

(5) Erklärungen des Darlehensgebers, die dem Darlehensnehmer gegenüber nach Vertragsabschluss abzugeben sind, müssen auf einem dauerhaften Datenträger erfolgen.

(6) [1]Enthält der Vertrag die Angaben nach Absatz 2 nicht oder nicht vollständig, können sie nach wirksamem Vertragsschluss oder in den Fällen des § 494 Absatz 2 Satz 1 nach Gültigwerden des Vertrags auf einem dauerhaften Datenträger nachgeholt werden. [2]Hat das Fehlen von Angaben nach Absatz 2 zu Änderungen der Vertragsbedingungen gemäß

§ 494 Absatz 2 Satz 2 bis Absatz 6 geführt, kann die Nachholung der Angaben nur dadurch erfolgen, dass der Darlehensnehmer die nach § 494 Absatz 7 erforderliche Abschrift des Vertrags erhält. [3]In den sonstigen Fällen muss der Darlehensnehmer spätestens im Zeitpunkt der Nachholung der Angaben eine der in § 356b Absatz 1 genannten Unterlagen erhalten. [4]Mit der Nachholung der Angaben nach Absatz 2 ist der Darlehensnehmer auf einem dauerhaften Datenträger darauf hinzuweisen, dass die Widerrufsfrist von einem Monat nach Erhalt der nachgeholten Angaben beginnt.

(7) Die Vereinbarung eines veränderlichen Sollzinssatzes, der sich nach einem Index oder Referenzzinssatz richtet, ist nur wirksam, wenn der Index oder Referenzzinssatz objektiv, eindeutig bestimmt und für Darlehensgeber und Darlehensnehmer verfügbar und überprüfbar ist.

§ 492a Kopplungsgeschäfte bei Immobiliar-Verbraucherdarlehensverträgen

(1) [1]Der Darlehensgeber darf den Abschluss eines Immobiliar-Verbraucherdarlehenvertrags unbeschadet des § 492b nicht davon abhängig machen, dass der Darlehensnehmer oder ein Dritter weitere Finanzprodukte oder -dienstleistungen erwirbt (Kopplungsgeschäft). [2]Ist der Darlehensgeber zum Abschluss des Immobiliar-Verbraucherdarlehensvertrags bereit, ohne dass der Verbraucher weitere Finanzprodukte oder -dienstleistungen erwirbt, liegt ein Kopplungsgeschäft auch dann nicht vor, wenn die Bedingungen für den Immobiliar-Verbraucherdarlehensvertrag von denen abweichen, zu denen er zusammen mit den weiteren Finanzprodukten oder -dienstleistungen angeboten wird.

(2) Soweit ein Kopplungsgeschäft unzulässig ist, sind die mit dem Immobiliar-Verbraucherdarlehensvertrag gekoppelten Geschäfte nichtig; die Wirksamkeit des Immobiliar-Verbraucherdarlehensvertrags bleibt davon unberührt.

§ 492b Zulässige Kopplungsgeschäfte

(1) Ein Kopplungsgeschäft ist zulässig, wenn der Darlehensgeber den Abschluss eines Immobiliar-Verbraucherdarlehensvertrags davon abhängig macht, dass der Darlehensnehmer, ein Familienangehöriger des Darlehensnehmers oder beide zusammen

1. ein Zahlungs- oder ein Sparkonto eröffnen, dessen einziger Zweck die Ansammlung von Kapital ist, um
   a) das Immobiliar-Verbraucherdarlehen zurückzuzahlen oder zu bedienen,
   b) die erforderlichen Mittel für die Gewährung des Darlehens bereitzustellen oder
   c) als zusätzliche Sicherheit für den Darlehensgeber für den Fall eines Zahlungsausfalls zu dienen;

2. ein Anlageprodukt oder ein privates Rentenprodukt erwerben oder behalten, das
   a) in erster Linie als Ruhestandseinkommen dient und
   b) bei Zahlungsausfall als zusätzliche Sicherheit für den Darlehensgeber dient oder das der Ansammlung von Kapital dient, um damit das Immobiliar-Verbraucherdarlehen zurückzuzahlen oder zu bedienen oder um damit die erforderlichen Mittel für die Gewährung des Darlehens bereitzustellen;
3. einen weiteren Darlehensvertrag abschließen, bei dem das zurückzuzahlende Kapital auf einem vertraglich festgelegten Prozentsatz des Werts der Immobilie beruht, die diese zum Zeitpunkt der Rückzahlung oder Rückzahlungen des Kapitals (Darlehensvertrag mit Wertbeteiligung) hat.

(2) Ein Kopplungsgeschäft ist zulässig, wenn der Darlehensgeber den Abschluss eines Immobiliar-Verbraucherdarlehensvertrags davon abhängig macht, dass der Darlehensnehmer im Zusammenhang mit dem Immobiliar-Verbraucherdarlehensvertrag eine einschlägige Versicherung abschließt und dem Darlehensnehmer gestattet ist, diese Versicherung auch bei einem anderen als bei dem vom Darlehensgeber bevorzugten Anbieter abzuschließen.

(3) Ein Kopplungsgeschäft ist zulässig, wenn die für den Darlehensgeber zuständige Aufsichtsbehörde die weiteren Finanzprodukte oder -dienstleistungen sowie deren Kopplung mit dem Immobiliar-Verbraucherdarlehensvertrag nach § 18a Absatz 8a des Kreditwesengesetzes genehmigt hat.

§ 493 Informationen während des Vertragsverhältnisses

(1) [1]Ist in einem Verbraucherdarlehensvertrag der Sollzinssatz gebunden und endet die Sollzinsbindung vor der für die Rückzahlung bestimmten Zeit, unterrichtet der Darlehensgeber den Darlehensnehmer spätestens drei Monate vor Ende der Sollzinsbindung darüber, ob er zu einer neuen Sollzinsbindungsabrede bereit ist. [2]Erklärt sich der Darlehensgeber hierzu bereit, muss die Unterrichtung den zum Zeitpunkt der Unterrichtung vom Darlehensgeber angebotenen Sollzinssatz enthalten.

(2) [1]Der Darlehensgeber unterrichtet den Darlehensnehmer spätestens drei Monate vor Beendigung eines Verbraucherdarlehensvertrags darüber, ob er zur Fortführung des Darlehensverhältnisses bereit ist. [2]Erklärt sich der Darlehensgeber zur Fortführung bereit, muss die Unterrichtung die zum Zeitpunkt der Unterrichtung gültigen Pflichtangaben gemäß § 491a Abs. 1 enthalten.

(3) [1]Die Anpassung des Sollzinssatzes eines Verbraucherdarlehensvertrags mit veränderlichem Sollzinssatz wird erst wirksam, nachdem der Darlehensgeber den Darlehensnehmer über die Einzelheiten unterrichtet hat, die sich aus Artikel 247 § 15 des Einführungsgesetzes zum Bürgerlichen Gesetzbuche ergeben. [2]Abweichende Vereinbarungen über die Wirksamkeit sind im Rahmen des Artikels 247 § 15 Absatz 2 und 3 des Einführungsgesetzes zum Bürgerlichen Gesetzbuche zulässig.

(4) [1]Bei einem Vertrag über ein Immobiliar-Verbraucherdarlehen in Fremdwährung gemäß § 503 Absatz 1 Satz 1, auch in Verbindung mit Satz 3, hat der Darlehensgeber den

Darlehensnehmer unverzüglich zu informieren, wenn der Wert des noch zu zahlenden Restbetrags oder der Wert der regelmäßigen Raten in der Landeswährung des Darlehensnehmers um mehr als 20 Prozent gegenüber dem Wert steigt, der bei Zugrundelegung des Wechselkurses bei Vertragsabschluss gegeben wäre. [2]Die Information

1. ist auf einem dauerhaften Datenträger zu übermitteln,
2. hat die Angabe über die Veränderung des Restbetrags in der Landeswährung des Darlehensnehmers zu enthalten,
3. hat den Hinweis auf die Möglichkeit einer Währungsumstellung aufgrund des § 503 und die hierfür geltenden Bedingungen und gegebenenfalls die Erläuterung weiterer Möglichkeiten zur Begrenzung des Wechselkursrisikos zu enthalten und
4. ist so lange in regelmäßigen Abständen zu erteilen, bis die Differenz von 20 Prozent wieder unterschritten wird.

[3]Die Sätze 1 und 2 sind entsprechend anzuwenden, wenn ein Immobiliar-Verbraucherdarlehensvertrag in der Währung des Mitgliedstaats der Europäischen Union, in dem der Darlehensnehmer bei Vertragsschluss seinen Wohnsitz hat, geschlossen wurde und der Darlehensnehmer zum Zeitpunkt der maßgeblichen Kreditwürdigkeitsprüfung in einer anderen Währung überwiegend sein Einkommen bezieht oder Vermögenswerte hält, aus denen das Darlehen zurückgezahlt werden soll.

(5) [1]Wenn der Darlehensnehmer eines Immobiliar-Verbraucherdarlehensvertrags dem Darlehensgeber mitteilt, dass er eine vorzeitige Rückzahlung des Darlehens beabsichtigt, ist der Darlehensgeber verpflichtet, ihm unverzüglich die für die Prüfung dieser Möglichkeit erforderlichen Informationen auf einem dauerhaften Datenträger zu übermitteln. [2]Diese Informationen müssen insbesondere folgende Angaben enthalten:

1. Auskunft über die Zulässigkeit der vorzeitigen Rückzahlung,
2. im Fall der Zulässigkeit die Höhe des zurückzuzahlenden Betrags und
3. gegebenenfalls die Höhe einer Vorfälligkeitsentschädigung.

[3]Soweit sich die Informationen auf Annahmen stützen, müssen diese nachvollziehbar und sachlich gerechtfertigt sein und als solche dem Darlehensnehmer gegenüber offengelegt werden.

(6) Wurden Forderungen aus dem Darlehensvertrag abgetreten, treffen die Pflichten aus den Absätzen 1 bis 5 auch den neuen Gläubiger, wenn nicht der bisherige Darlehensgeber mit dem neuen Gläubiger vereinbart hat, dass im Verhältnis zum Darlehensnehmer weiterhin allein der bisherige Darlehensgeber auftritt.

(7) Der Darlehensgeber übermittelt dem Darlehensnehmer vor der Änderung der Bestimmungen des Verbraucherdarlehensvertrags die folgenden Informationen:

1. Eine klare Beschreibung
   a) der vorgeschlagenen Änderungen,
   b) soweit zutreffend, der Notwendigkeit der Zustimmung des Darlehensnehmers zu den Änderungen nach Buchstabe a und
   c) soweit zutreffend, der gesetzlich eingeführten Änderungen, die den Änderungen nach Buchstabe a zugrunde liegen,
2. den zeitlichen Rahmen, der für die Umsetzung der Änderungen nach Nummer 1 Buchstabe a vorgesehen ist, und
3. die Möglichkeiten, die dem Darlehensnehmer zur Verfügung stehen, um gegen die Änderungen nach Nummer 1 Buchstabe a Beschwerde einzulegen, die Frist für die Einlegung der Beschwerde sowie die Bezeichnung und Anschrift der zuständigen Behörde, bei der die Beschwerde eingereicht werden kann.

§ 492 Absatz 5 ist nicht anzuwenden.

§ 494 Rechtsfolgen von Formmängeln

(1) Der Verbraucherdarlehensvertrag und die auf Abschluss eines solchen Vertrags vom Verbraucher erteilte Vollmacht sind nichtig, wenn die Schriftform insgesamt nicht eingehalten ist oder wenn eine der in Artikel 247 §§ 6 und 10 bis 13 des Einführungsgesetzes zum Bürgerlichen Gesetzbuche für den Verbraucherdarlehensvertrag vorgeschriebenen Angaben fehlt.

(2) [1]Ungeachtet eines Mangels nach Absatz 1 wird der Verbraucherdarlehensvertrag gültig, soweit der Darlehensnehmer das Darlehen empfängt oder in Anspruch nimmt. [2]Jedoch ermäßigt sich der dem Verbraucherdarlehensvertrag zugrunde gelegte Sollzinssatz auf den gesetzlichen Zinssatz, wenn die Angabe des Sollzinssatzes, des effektiven Jahreszinses oder des Gesamtbetrags fehlt.

(3) Ist der effektive Jahreszins zu niedrig angegeben, so vermindert sich der dem Verbraucherdarlehensvertrag zugrunde gelegte Sollzinssatz um den Prozentsatz, um den der effektive Jahreszins zu niedrig angegeben ist.

(4) [1]Nicht angegebene Kosten werden vom Darlehensnehmer nicht geschuldet. [2]Ist im Vertrag nicht angegeben, unter welchen Voraussetzungen Kosten oder Zinsen angepasst werden können, so entfällt die Möglichkeit, diese zum Nachteil des Darlehensnehmers anzupassen.

(5) Wurden Teilzahlungen vereinbart, ist deren Höhe vom Darlehensgeber unter Berücksichtigung der verminderten Zinsen oder Kosten neu zu berechnen.

(6) [1]Fehlen im Vertrag Angaben zur Laufzeit oder zum Kündigungsrecht, ist der Darlehensnehmer jederzeit zur Kündigung berechtigt. [2]Fehlen Angaben zu Sicherheiten, so

können Sicherheiten nicht gefordert werden; dies gilt nicht bei Allgemein-Verbraucherdarlehensverträgen, wenn der Nettodarlehensbetrag 75 000 Euro übersteigt. [3]Fehlen Angaben zum Umwandlungsrecht bei Immobiliar-Verbraucherdarlehen in Fremdwährung, so kann das Umwandlungsrecht jederzeit ausgeübt werden.

(7) Der Darlehensgeber stellt dem Darlehensnehmer eine Abschrift des Vertrags zur Verfügung, in der die Vertragsänderungen berücksichtigt sind, die sich aus den Absätzen 2 bis 6 ergeben.

§ 495 Widerrufsrecht; Bedenkzeit

(1) Dem Darlehensnehmer steht bei einem Verbraucherdarlehensvertrag ein Widerrufsrecht nach § 355 zu.

(2) Ein Widerrufsrecht besteht nicht bei Darlehensverträgen,

1. die einen Darlehensvertrag, zu dessen Kündigung der Darlehensgeber wegen Zahlungsverzugs des Darlehensnehmers berechtigt ist, durch Rückzahlungsvereinbarungen ergänzen oder ersetzen, wenn dadurch ein gerichtliches Verfahren vermieden wird und wenn der Gesamtbetrag (Artikel 247 § 3 des Einführungsgesetzes zum Bürgerlichen Gesetzbuche) geringer ist als die Restschuld des ursprünglichen Vertrags,
2. die notariell zu beurkunden sind, wenn der Notar bestätigt, dass die Rechte des Darlehensnehmers aus den §§ 491a und 492 gewahrt sind, oder
3. die § 504 Abs. 2 oder § 505 entsprechen.

(3) [1]Bei Immobiliar-Verbraucherdarlehensverträgen ist dem Darlehensnehmer in den Fällen des Absatzes 2 vor Vertragsschluss eine Bedenkzeit von zumindest sieben Tagen einzuräumen. [2]Während des Laufs der Frist ist der Darlehensgeber an sein Angebot gebunden. [3]Die Bedenkzeit beginnt mit der Aushändigung des Vertragsangebots an den Darlehensnehmer.

§ 496 Einwendungsverzicht, Wechsel- und Scheckverbot

(1) Eine Vereinbarung, durch die der Darlehensnehmer auf das Recht verzichtet, Einwendungen, die ihm gegenüber dem Darlehensgeber zustehen, gemäß § 404 einem Abtretungsgläubiger entgegenzusetzen oder eine ihm gegen den Darlehensgeber zustehende Forderung gemäß § 406 auch dem Abtretungsgläubiger gegenüber aufzurechnen, ist unwirksam.

(2) [1]Wird eine Forderung des Darlehensgebers aus einem Verbraucherdarlehensvertrag an einen Dritten abgetreten oder findet in der Person des Darlehensgebers ein Wechsel statt, ist der Darlehensnehmer unverzüglich darüber sowie über die Kontaktdaten des neuen Gläubigers nach Artikel 246b § 1 Absatz 1 Nummer 1, 3 und 4 des Einführungsgesetzes zum Bürgerlichen Gesetzbuche zu unterrichten. [2]Die Unterrichtung ist bei Abtretungen entbehrlich, wenn der bisherige Darlehensgeber mit dem neuen Gläubiger vereinbart hat, dass im Verhältnis zum Darlehensnehmer weiterhin allein der bisherige

Darlehensgeber auftritt. [3]Fallen die Voraussetzungen des Satzes 2 fort, ist die Unterrichtung unverzüglich nachzuholen.

(3) [1]Der Darlehensnehmer darf nicht verpflichtet werden, für die Ansprüche des Darlehensgebers aus dem Verbraucherdarlehensvertrag eine Wechselverbindlichkeit einzugehen. [2]Der Darlehensgeber darf vom Darlehensnehmer zur Sicherung seiner Ansprüche aus dem Verbraucherdarlehensvertrag einen Scheck nicht entgegennehmen. [3]Der Darlehensnehmer kann vom Darlehensgeber jederzeit die Herausgabe eines Wechsels oder Schecks, der entgegen Satz 1 oder 2 begeben worden ist, verlangen. [4]Der Darlehensgeber haftet für jeden Schaden, der dem Darlehensnehmer aus einer solchen Wechsel- oder Scheckbegebung entsteht.

§ 497 Verzug des Darlehensnehmers

(1) [1]Soweit der Darlehensnehmer mit Zahlungen, die er auf Grund des Verbraucherdarlehensvertrags schuldet, in Verzug kommt, hat er den geschuldeten Betrag nach § 288 Abs. 1 zu verzinsen. [2]Im Einzelfall kann der Darlehensgeber einen höheren oder der Darlehensnehmer einen niedrigeren Schaden nachweisen.

(2) [1]Die nach Eintritt des Verzugs anfallenden Zinsen sind auf einem gesonderten Konto zu verbuchen und dürfen nicht in ein Kontokorrent mit dem geschuldeten Betrag oder anderen Forderungen des Darlehensgebers eingestellt werden. [2]Hinsichtlich dieser Zinsen gilt § 289 Satz 2 mit der Maßgabe, dass der Darlehensgeber Schadensersatz nur bis zur Höhe des gesetzlichen Zinssatzes (§ 246) verlangen kann.

(3) [1]Zahlungen des Darlehensnehmers, die zur Tilgung der gesamten fälligen Schuld nicht ausreichen, werden abweichend von § 367 Abs. 1 zunächst auf die Kosten der Rechtsverfolgung, dann auf den übrigen geschuldeten Betrag (Absatz 1) und zuletzt auf die Zinsen (Absatz 2) angerechnet. [2]Der Darlehensgeber darf Teilzahlungen nicht zurückweisen. [3]Die Verjährung der Ansprüche auf Darlehensrückzahlung und Zinsen ist vom Eintritt des Verzugs nach Absatz 1 an bis zu ihrer Feststellung in einer in § 197 Abs. 1 Nr. 3 bis 5 bezeichneten Art gehemmt, jedoch nicht länger als zehn Jahre von ihrer Entstehung an. [4]Auf die Ansprüche auf Zinsen findet § 197 Abs. 2 keine Anwendung. [5]Die Sätze 1 bis 4 finden keine Anwendung, soweit Zahlungen auf Vollstreckungstitel geleistet werden, deren Hauptforderung auf Zinsen lautet.

(4) [1]Bei Immobiliar-Verbraucherdarlehensverträgen beträgt der Verzugszinssatz abweichend von Absatz 1 für das Jahr 2,5 Prozentpunkte über dem Basiszinssatz. [2]Die Absätze 2 und 3 Satz 1, 2, 4 und 5 sind auf Immobiliar-Verbraucherdarlehensverträge nicht anzuwenden.

§ 498 Gesamtfälligstellung bei Teilzahlungsdarlehen

(1) [1]Der Darlehensgeber kann den Verbraucherdarlehensvertrag bei einem Darlehen, das in Teilzahlungen zu tilgen ist, wegen Zahlungsverzugs des Darlehensnehmers nur dann kündigen, wenn

1. der Darlehensnehmer
   a) mit mindestens zwei aufeinander folgenden Teilzahlungen ganz oder teilweise in Verzug ist,
   b) bei einer Vertragslaufzeit bis zu drei Jahren mit mindestens 10 Prozent oder bei einer Vertragslaufzeit von mehr als drei Jahren mit mindestens 5 Prozent des Nennbetrags des Darlehens in Verzug ist und
2. der Darlehensgeber dem Darlehensnehmer erfolglos eine zweiwöchige Frist zur Zahlung des rückständigen Betrags mit der Erklärung gesetzt hat, dass er bei Nichtzahlung innerhalb der Frist die gesamte Restschuld verlange.

[2]Der Darlehensgeber soll dem Darlehensnehmer spätestens mit der Fristsetzung ein Gespräch über die Möglichkeiten einer einverständlichen Regelung anbieten.

(2) Bei einem Immobiliar-Verbraucherdarlehensvertrag muss der Darlehensnehmer abweichend von Absatz 1 Satz 1 Nummer 1 Buchstabe b mit mindestens 2,5 Prozent des Nennbetrags des Darlehens in Verzug sein.

§ 499 Kündigungsrecht des Darlehensgebers; Leistungsverweigerung

(1) In einem Allgemein-Verbraucherdarlehensvertrag ist eine Vereinbarung über ein Kündigungsrecht des Darlehensgebers unwirksam, wenn eine bestimmte Vertragslaufzeit vereinbart wurde oder die Kündigungsfrist zwei Monate unterschreitet.

(2) [1]Der Darlehensgeber ist bei entsprechender Vereinbarung berechtigt, die Auszahlung eines Allgemein-Verbraucherdarlehens, bei dem eine Zeit für die Rückzahlung nicht bestimmt ist, aus einem sachlichen Grund zu verweigern. [2]Beabsichtigt der Darlehensgeber dieses Recht auszuüben, hat er dies dem Darlehensnehmer unverzüglich mitzuteilen und ihn über die Gründe möglichst vor, spätestens jedoch unverzüglich nach der Rechtsausübung zu unterrichten. [3]Die Unterrichtung über die Gründe unterbleibt, soweit hierdurch die öffentliche Sicherheit oder Ordnung gefährdet würde.

(3) [1]Der Darlehensgeber kann einen Verbraucherdarlehensvertrag nicht allein deshalb kündigen, auf andere Weise beenden oder seine Änderung verlangen, weil die vom Darlehensnehmer vor Vertragsschluss gemachten Angaben unvollständig waren oder weil die Kreditwürdigkeitsprüfung des Darlehensnehmers nicht ordnungsgemäß durchgeführt wurde. [2]Satz 1 findet keine Anwendung, soweit der Mangel der Kreditwürdigkeitsprüfung darauf beruht, dass der Darlehensnehmer dem Darlehensgeber für die Kreditwürdigkeitsprüfung relevante Informationen wissentlich vorenthalten oder diese gefälscht hat.

§ 500 Kündigungsrecht des Darlehensnehmers; vorzeitige Rückzahlung

(1) [1]Der Darlehensnehmer kann einen Allgemein-Verbraucherdarlehensvertrag, bei dem eine Zeit für die Rückzahlung nicht bestimmt ist, ganz oder teilweise kündigen, ohne eine Frist einzuhalten. [2]Eine Vereinbarung über eine Kündigungsfrist von mehr als einem Monat ist unwirksam.

(2) [1]Der Darlehensnehmer kann seine Verbindlichkeiten aus einem Verbraucherdarlehensvertrag jederzeit ganz oder teilweise vorzeitig erfüllen. [2]Abweichend von Satz 1 kann der Darlehensnehmer eines Immobiliar-Verbraucherdarlehensvertrags, für den ein gebundener Sollzinssatz vereinbart wurde, seine Verbindlichkeiten im Zeitraum der Sollzinsbindung nur dann ganz oder teilweise vorzeitig erfüllen, wenn hierfür ein berechtigtes Interesse des Darlehensnehmers besteht.

§ 501 Kostenermäßigung bei vorzeitiger Rückzahlung und bei Kündigung

(1) Soweit der Darlehensnehmer seine Verbindlichkeiten aus einem Verbraucherdarlehensvertrag nach § 500 Absatz 2 vorzeitig erfüllt, ermäßigen sich die Gesamtkosten des Kredits um die Zinsen und die Kosten entsprechend der verbleibenden Laufzeit des Vertrags.

(2) Soweit die Restschuld eines Verbraucherdarlehens vor der vereinbarten Zeit durch Kündigung fällig wird, ermäßigen sich die Gesamtkosten des Kredits um die Zinsen und die sonstigen laufzeitabhängigen Kosten, die bei gestaffelter Berechnung auf die Zeit nach der Fälligkeit entfallen.

§ 502 Vorfälligkeitsentschädigung

(1) [1]Der Darlehensgeber kann im Fall der vorzeitigen Rückzahlung eine angemessene Vorfälligkeitsentschädigung für den unmittelbar mit der vorzeitigen Rückzahlung zusammenhängenden Schaden verlangen, wenn der Darlehensnehmer zum Zeitpunkt der Rückzahlung Zinsen zu einem gebundenen Sollzinssatz schuldet. [2]Bei Allgemein-Verbraucherdarlehensverträgen gilt Satz 1 nur, wenn der gebundene Sollzinssatz bei Vertragsabschluss vereinbart wurde.

(2) Der Anspruch auf Vorfälligkeitsentschädigung ist ausgeschlossen, wenn

1. die Rückzahlung aus den Mitteln einer Versicherung bewirkt wird, die auf Grund einer entsprechenden Verpflichtung im Darlehensvertrag abgeschlossen wurde, um die Rückzahlung zu sichern, oder
2. im Vertrag die Angaben über die Laufzeit des Vertrags, das Kündigungsrecht des Darlehensnehmers oder die Berechnung der Vorfälligkeitsentschädigung unzureichend sind.

(3) Bei Allgemein-Verbraucherdarlehensverträgen darf die Vorfälligkeitsentschädigung folgende Beträge jeweils nicht überschreiten:

1. 1 Prozent des vorzeitig zurückgezahlten Betrags oder, wenn der Zeitraum zwischen der vorzeitigen und der vereinbarten Rückzahlung ein Jahr nicht überschreitet, 0,5 Prozent des vorzeitig zurückgezahlten Betrags,
2. den Betrag der Sollzinsen, den der Darlehensnehmer in dem Zeitraum zwischen der vorzeitigen und der vereinbarten Rückzahlung entrichtet hätte.

§ 503 Umwandlung bei Immobiliar-Verbraucherdarlehen in Fremdwährung

(1) [1]Bei einem nicht auf die Währung des Mitgliedstaats der Europäischen Union, in dem der Darlehensnehmer bei Vertragsschluss seinen Wohnsitz hat (Landeswährung des Darlehensnehmers), geschlossenen Immobiliar-Verbraucherdarlehensvertrag (Immobiliar-Verbraucherdarlehensvertrag in Fremdwährung) kann der Darlehensnehmer die Umwandlung des Darlehens in die Landeswährung des Darlehensnehmers verlangen. [2]Das Recht auf Umwandlung besteht dann, wenn der Wert des ausstehenden Restbetrags oder der Wert der regelmäßigen Raten in der Landeswährung des Darlehensnehmers auf Grund der Änderung des Wechselkurses um mehr als 20 Prozent über dem Wert liegt, der bei Zugrundelegung des Wechselkurses bei Vertragsabschluss gegeben wäre. [3]Im Darlehensvertrag kann abweichend von Satz 1 vereinbart werden, dass die Landeswährung des Darlehensnehmers ausschließlich oder ergänzend die Währung ist, in der er zum Zeitpunkt der maßgeblichen Kreditwürdigkeitsprüfung überwiegend sein Einkommen bezieht oder Vermögenswerte hält, aus denen das Darlehen zurückgezahlt werden soll.

(2) [1]Die Umstellung des Darlehens hat zu dem Wechselkurs zu erfolgen, der dem am Tag des Antrags auf Umstellung geltenden Marktwechselkurs entspricht. [2]Satz 1 gilt nur, wenn im Darlehensvertrag nicht etwas anderes vereinbart wurde.

§ 504 Eingeräumte Überziehungsmöglichkeit

(1) [1]Ist ein Verbraucherdarlehen in der Weise gewährt, dass der Darlehensgeber in einem Vertragsverhältnis über ein laufendes Konto dem Darlehensnehmer das Recht einräumt, sein Konto in bestimmter Höhe zu überziehen (Überziehungsmöglichkeit), hat der Darlehensgeber den Darlehensnehmer in regelmäßigen Zeitabständen über die Angaben zu unterrichten, die sich aus Artikel 247 § 16 des Einführungsgesetzes zum Bürgerlichen Gesetzbuche ergeben. [2]Ein Anspruch auf Vorfälligkeitsentschädigung aus § 502 ist ausgeschlossen. [3]§ 493 Abs. 3 ist nur bei einer Erhöhung des Sollzinssatzes anzuwenden und gilt entsprechend bei einer Erhöhung der vereinbarten sonstigen Kosten. [4]§ 499 Abs. 1 ist nicht anzuwenden.

(2) [1]Ist in einer Überziehungsmöglichkeit in Form des Allgemein-Verbraucherdarlehensvertrags vereinbart, dass nach der Auszahlung die Laufzeit höchstens drei Monate beträgt oder der Darlehensgeber kündigen kann, ohne eine Frist einzuhalten, sind § 491a Abs. 3, § 493 Absatz 7, die §§ 495, 499 Abs. 2 und § 500 Abs. 1 Satz 2 nicht anzuwen-

den. [2]§ 492 Abs. 1 ist nicht anzuwenden, wenn außer den Sollzinsen keine weiteren laufenden Kosten vereinbart sind, die Sollzinsen nicht in kürzeren Zeiträumen als drei Monaten fällig werden und der Darlehensgeber dem Darlehensnehmer den Vertragsinhalt spätestens unverzüglich nach Vertragsabschluss auf einem dauerhaften Datenträger mitteilt.

§ 504a Beratungspflicht bei Inanspruchnahme der Überziehungsmöglichkeit

(1) [1]Der Darlehensgeber hat dem Darlehensnehmer eine Beratung gemäß Absatz 2 anzubieten, wenn der Darlehensnehmer eine ihm eingeräumte Überziehungsmöglichkeit ununterbrochen über einen Zeitraum von sechs Monaten und durchschnittlich in Höhe eines Betrags in Anspruch genommen hat, der 75 Prozent des vereinbarten Höchstbetrags übersteigt. [2]Wenn der Rechnungsabschluss für das laufende Konto vierteljährlich erfolgt, ist der maßgebliche Zeitpunkt für das Vorliegen der Voraussetzungen nach Satz 1 der jeweilige Rechnungsabschluss. [3]Das Beratungsangebot ist dem Darlehensnehmer in Textform auf dem Kommunikationsweg zu unterbreiten, der für den Kontakt mit dem Darlehensnehmer üblicherweise genutzt wird. [4]Das Beratungsangebot ist zu dokumentieren.

(2) [1]Nimmt der Darlehensnehmer das Angebot an, ist eine Beratung zu möglichen kostengünstigen Alternativen zur Inanspruchnahme der Überziehungsmöglichkeit und zu möglichen Konsequenzen einer weiteren Überziehung des laufenden Kontos durchzuführen sowie gegebenenfalls auf geeignete Beratungseinrichtungen hinzuweisen. [2]Die Beratung hat in Form eines persönlichen Gesprächs zu erfolgen. [3]Für dieses können auch Fernkommunikationsmittel genutzt werden. [4]Der Ort und die Zeit des Beratungsgesprächs sind zu dokumentieren.

(3) [1]Nimmt der Darlehensnehmer das Beratungsangebot nicht an oder wird ein Vertrag über ein geeignetes kostengünstigeres Finanzprodukt nicht geschlossen, hat der Darlehensgeber das Beratungsangebot bei erneutem Vorliegen der Voraussetzungen nach Absatz 1 zu wiederholen. [2]Dies gilt nicht, wenn der Darlehensnehmer ausdrücklich erklärt, keine weiteren entsprechenden Beratungsangebote erhalten zu wollen.

§ 505 Geduldete Überziehung

(1) [1]Vereinbart ein Unternehmer in einem Vertrag mit einem Verbraucher über ein laufendes Konto ohne eingeräumte Überziehungsmöglichkeit ein Entgelt für den Fall, dass er eine Überziehung des Kontos duldet, müssen in diesem Vertrag die Angaben nach Artikel 247 § 17 Abs. 1 des Einführungsgesetzes zum Bürgerlichen Gesetzbuche in Textform enthalten sein und dem Verbraucher in regelmäßigen Zeitabständen auf einem dauerhaften Datenträger mitgeteilt werden. [2]Satz 1 gilt entsprechend, wenn ein Darlehensgeber mit einem Darlehensnehmer in einem Vertrag über ein laufendes Konto mit eingeräumter Überziehungsmöglichkeit ein Entgelt für den Fall vereinbart, dass er eine Überziehung des Kontos über die vertraglich bestimmte Höhe hinaus duldet.

(2) [1]Kommt es im Fall des Absatzes 1 zu einer erheblichen Überziehung von mehr als einem Monat, unterrichtet der Darlehensgeber den Darlehensnehmer unverzüglich auf

einem dauerhaften Datenträger über die sich aus Artikel 247 § 17 Abs. 2 des Einführungsgesetzes zum Bürgerlichen Gesetzbuche ergebenden Einzelheiten. [2]Wenn es im Fall des Absatzes 1 zu einer ununterbrochenen Überziehung von mehr als drei Monaten gekommen ist und der durchschnittliche Überziehungsbetrag die Hälfte des durchschnittlichen monatlichen Geldeingangs innerhalb der letzten drei Monate auf diesem Konto übersteigt, so gilt § 504a entsprechend. [3]Wenn der Rechnungsabschluss für das laufende Konto vierteljährlich erfolgt, ist der maßgebliche Zeitpunkt für das Vorliegen der Voraussetzungen nach Satz 1 der jeweilige Rechnungsabschluss.

(3) Verstößt der Unternehmer gegen Absatz 1 oder Absatz 2, kann der Darlehensgeber über die Rückzahlung des Darlehens hinaus Kosten und Zinsen nicht verlangen.

(4) Die §§ 491a bis 496 und 499 bis 502 sind auf Allgemein-Verbraucherdarlehensverträge, die unter den in Absatz 1 genannten Voraussetzungen zustande kommen, nicht anzuwenden.

§ 505a Pflicht zur Kreditwürdigkeitsprüfung bei Verbraucherdarlehensverträgen

(1) [1]Der Darlehensgeber hat vor dem Abschluss eines Verbraucherdarlehensvertrags die Kreditwürdigkeit des Darlehensnehmers zu prüfen. [2]Der Darlehensgeber darf den Verbraucherdarlehensvertrag nur abschließen, wenn aus der Kreditwürdigkeitsprüfung hervorgeht, dass bei einem Allgemein-Verbraucherdarlehensvertrag keine erheblichen Zweifel daran bestehen und dass es bei einem Immobiliar-Verbraucherdarlehensvertrag wahrscheinlich ist, dass der Darlehensnehmer seinen Verpflichtungen, die im Zusammenhang mit dem Darlehensvertrag stehen, vertragsgemäß nachkommen wird.

(2) Wird der Nettodarlehensbetrag nach Abschluss des Darlehensvertrags deutlich erhöht, so ist die Kreditwürdigkeit auf aktualisierter Grundlage neu zu prüfen, es sei denn, der Erhöhungsbetrag des Nettodarlehens wurde bereits in die ursprüngliche Kreditwürdigkeitsprüfung einbezogen.

(3) [1]Bei Immobiliar-Verbraucherdarlehensverträgen, die

1. im Anschluss an einen zwischen den Vertragsparteien abgeschlossenen Darlehensvertrag ein neues Kapitalnutzungsrecht zur Erreichung des von dem Darlehensnehmer mit dem vorangegangenen Darlehensvertrag verfolgten Zweckes einräumen oder
2. einen anderen Darlehensvertrag zwischen den Vertragsparteien zur Vermeidung von Kündigungen wegen Zahlungsverzugs des Darlehensnehmers oder zur Vermeidung von Zwangsvollstreckungsmaßnahmen gegen den Darlehensnehmer ersetzen oder ergänzen,

bedarf es einer erneuten Kreditwürdigkeitsprüfung nur unter den Voraussetzungen des Absatzes 2. [2]Ist danach keine Kreditwürdigkeitsprüfung erforderlich, darf der Darlehensgeber den neuen Immobiliar-Verbraucherdarlehensvertrag nicht abschließen, wenn ihm bereits bekannt ist, dass der Darlehensnehmer seinen Verpflichtungen, die im Zusammenhang mit diesem Darlehensvertrag stehen, dauerhaft nicht nachkommen kann. [3]Bei Verstößen gilt § 505d entsprechend.

§ 505b Grundlage der Kreditwürdigkeitsprüfung bei Verbraucherdarlehensverträgen

(1) Bei Allgemein-Verbraucherdarlehensverträgen können Grundlage für die Kreditwürdigkeitsprüfung Auskünfte des Darlehensnehmers und erforderlichenfalls Auskünfte von Stellen sein, die geschäftsmäßig personenbezogene Daten, die zur Bewertung der Kreditwürdigkeit von Verbrauchern genutzt werden dürfen, zum Zweck der Übermittlung erheben, speichern, verändern oder nutzen.

(2) [1]Bei Immobiliar-Verbraucherdarlehensverträgen hat der Darlehensgeber die Kreditwürdigkeit des Darlehensnehmers auf der Grundlage notwendiger, ausreichender und angemessener Informationen zu Einkommen, Ausgaben sowie anderen finanziellen und wirtschaftlichen Umständen des Darlehensnehmers eingehend zu prüfen. [2]Dabei hat der Darlehensgeber die Faktoren angemessen zu berücksichtigen, die für die Einschätzung relevant sind, ob der Darlehensnehmer seinen Verpflichtungen aus dem Darlehensvertrag voraussichtlich nachkommen kann. [3]Die Kreditwürdigkeitsprüfung darf sich nicht hauptsächlich darauf stützen, dass der Wert der Wohnimmobilie den Darlehensbetrag übersteigt, oder auf die Annahme, dass der Wert der Wohnimmobilie zunimmt, es sei denn, der Darlehensvertrag dient zum Bau oder zur Renovierung der Wohnimmobilie.

(3) [1]Der Darlehensgeber ermittelt die gemäß Absatz 2 erforderlichen Informationen aus einschlägigen internen oder externen Quellen, wozu auch Auskünfte des Darlehensnehmers gehören. [2]Der Darlehensgeber berücksichtigt auch die Auskünfte, die einem Darlehensvermittler erteilt wurden. [3]Der Darlehensgeber ist verpflichtet, die Informationen in angemessener Weise zu überprüfen, soweit erforderlich auch durch Einsichtnahme in unabhängig nachprüfbare Unterlagen.

(4) Bei Immobiliar-Verbraucherdarlehensverträgen ist der Darlehensgeber verpflichtet, die Verfahren und Angaben, auf die sich die Kreditwürdigkeitsprüfung stützt, festzulegen, zu dokumentieren und die Dokumentation aufzubewahren.

(5) Die Bestimmungen zum Schutz personenbezogener Daten bleiben unberührt.

§ 505c Weitere Pflichten bei grundpfandrechtlich oder durch Reallast besicherten Immobiliar-Verbraucherdarlehensverträgen

Darlehensgeber, die grundpfandrechtlich oder durch Reallast besicherte Immobiliar-Verbraucherdarlehen vergeben, haben

1. bei der Bewertung von Wohnimmobilien zuverlässige Standards anzuwenden und
2. sicherzustellen, dass interne und externe Gutachter, die Immobilienbewertungen für sie vornehmen, fachlich kompetent und so unabhängig vom Darlehensvergabeprozess sind, dass sie eine objektive Bewertung vornehmen können, und
3. Bewertungen für Immobilien, die als Sicherheit für Immobiliar-Verbraucherdarlehen dienen, auf einem dauerhaften Datenträger zu dokumentieren und aufzubewahren.

§ 505d Verstoß gegen die Pflicht zur Kreditwürdigkeitsprüfung

(1) [1]Hat der Darlehensgeber gegen die Pflicht zur Kreditwürdigkeitsprüfung verstoßen, so ermäßigt sich

1. ein im Darlehensvertrag vereinbarter gebundener Sollzins auf den marktüblichen Zinssatz am Kapitalmarkt für Anlagen in Hypothekenpfandbriefe und öffentliche Pfandbriefe, deren Laufzeit derjenigen der Sollzinsbindung entspricht und
2. ein im Darlehensvertrag vereinbarter veränderlicher Sollzins auf den marktüblichen Zinssatz, zu dem europäische Banken einander Anleihen in Euro mit einer Laufzeit von drei Monaten gewähren.

[2]Maßgeblicher Zeitpunkt für die Bestimmung des marktüblichen Zinssatzes gemäß Satz 1 ist der Zeitpunkt des Vertragsschlusses sowie gegebenenfalls jeweils der Zeitpunkt vertraglich vereinbarter Zinsanpassungen. [3]Der Darlehensnehmer kann den Darlehensvertrag jederzeit fristlos kündigen; ein Anspruch auf eine Vorfälligkeitsentschädigung besteht nicht. [4]Der Darlehensgeber stellt dem Darlehensnehmer eine Abschrift des Vertrags zur Verfügung, in der die Vertragsänderungen berücksichtigt sind, die sich aus den Sätzen 1 bis 3 ergeben. [5]Die Sätze 1 bis 4 finden keine Anwendung, wenn bei einer ordnungsgemäßen Kreditwürdigkeitsprüfung der Darlehensvertrag hätte geschlossen werden dürfen.

(2) Kann der Darlehensnehmer Pflichten, die im Zusammenhang mit dem Darlehensvertrag stehen, nicht vertragsgemäß erfüllen, so kann der Darlehensgeber keine Ansprüche wegen Pflichtverletzung geltend machen, wenn die Pflichtverletzung auf einem Umstand beruht, der bei ordnungsgemäßer Kreditwürdigkeitsprüfung dazu geführt hätte, dass der Darlehensvertrag nicht hätte geschlossen werden dürfen.

(3) Die Absätze 1 und 2 finden keine Anwendung, soweit der Mangel der Kreditwürdigkeitsprüfung darauf beruht, dass der Darlehensnehmer dem Darlehensgeber vorsätzlich oder grob fahrlässig Informationen im Sinne des § 505b Absatz 1 bis 3 unrichtig erteilt oder vorenthalten hat.

Buch 4
Familienrecht

Abschnitt 1
Bürgerliche Ehe

Titel 5
Wirkungen der Ehe im Allgemeinen

§ 1360 Verpflichtung zum Familienunterhalt

[1]Die Ehegatten sind einander verpflichtet, durch ihre Arbeit und mit ihrem Vermögen die Familie angemessen zu unterhalten. [2]Ist einem Ehegatten die Haushaltsführung überlassen, so erfüllt er seine Verpflichtung, durch Arbeit zum Unterhalt der Familie beizutragen, in der Regel durch die Führung des Haushalts.

§ 1360a Umfang der Unterhaltspflicht

(1) Der angemessene Unterhalt der Familie umfasst alles, was nach den Verhältnissen der Ehegatten erforderlich ist, um die Kosten des Haushalts zu bestreiten und die persönlichen Bedürfnisse der Ehegatten und den Lebensbedarf der gemeinsamen unterhaltsberechtigten Kinder zu befriedigen.

(2) [1]Der Unterhalt ist in der Weise zu leisten, die durch die eheliche Lebensgemeinschaft geboten ist. [2]Die Ehegatten sind einander verpflichtet, die zum gemeinsamen Unterhalt der Familie erforderlichen Mittel für einen angemessenen Zeitraum im Voraus zur Verfügung zu stellen.

(3) Die für die Unterhaltspflicht der Verwandten geltenden Vorschriften der §§ 1613 bis 1615 sind entsprechend anzuwenden.

(4) [1]Ist ein Ehegatte nicht in der Lage, die Kosten eines Rechtsstreits zu tragen, der eine persönliche Angelegenheit betrifft, so ist der andere Ehegatte verpflichtet, ihm diese Kosten vorzuschießen, soweit dies der Billigkeit entspricht. [2]Das Gleiche gilt für die Kosten der Verteidigung in einem Strafverfahren, das gegen einen Ehegatten gerichtet ist.

§ 1360b Zuvielleistung

Leistet ein Ehegatte zum Unterhalt der Familie einen höheren Beitrag als ihm obliegt, so ist im Zweifel anzunehmen, dass er nicht beabsichtigt, von dem anderen Ehegatten Ersatz zu verlangen.

§ 1361 Unterhalt bei Getrenntleben

(1) [1]Leben die Ehegatten getrennt, so kann ein Ehegatte von dem anderen den nach den Lebensverhältnissen und den Erwerbs- und Vermögensverhältnissen der Ehegatten angemessenen Unterhalt verlangen; für Aufwendungen infolge eines Körper- oder Gesundheitsschadens gilt § 1610a. [2]Ist zwischen den getrennt lebenden Ehegatten ein Scheidungsverfahren rechtshängig, so gehören zum Unterhalt vom Eintritt der Rechtshängigkeit an auch die Kosten einer angemessenen Versicherung für den Fall des Alters sowie der verminderten Erwerbsfähigkeit.

(2) Der nicht erwerbstätige Ehegatte kann nur dann darauf verwiesen werden, seinen Unterhalt durch eine Erwerbstätigkeit selbst zu verdienen, wenn dies von ihm nach seinen persönlichen Verhältnissen, insbesondere wegen einer früheren Erwerbstätigkeit unter Berücksichtigung der Dauer der Ehe, und nach den wirtschaftlichen Verhältnissen beider Ehegatten erwartet werden kann.

(3) Die Vorschrift des § 1579 Nr. 2 bis 8 über die Beschränkung oder Versagung des Unterhalts wegen grober Unbilligkeit ist entsprechend anzuwenden.

(4) [1]Der laufende Unterhalt ist durch Zahlung einer Geldrente zu gewähren. [2]Die Rente ist monatlich im Voraus zu zahlen. [3]Der Verpflichtete schuldet den vollen Monatsbetrag auch dann, wenn der Berechtigte im Laufe des Monats stirbt. [4]§ 1360a Abs. 3, 4 und die §§ 1360b, 1605 sind entsprechend anzuwenden.

Titel 7
Scheidung der Ehe

Untertitel 2
Unterhalt des geschiedenen Ehegatten

Kapitel 2
Unterhaltsberechtigung

§ 1575 Ausbildung, Fortbildung oder Umschulung

(1) [1]Ein geschiedener Ehegatte, der in Erwartung der Ehe oder während der Ehe eine Schul- oder Berufsausbildung nicht aufgenommen oder abgebrochen hat, kann von dem anderen Ehegatten Unterhalt verlangen, wenn er diese oder eine entsprechende Ausbildung sobald wie möglich aufnimmt, um eine angemessene Erwerbstätigkeit, die den Unterhalt nachhaltig sichert, zu erlangen und der erfolgreiche Abschluss der Ausbildung zu erwarten ist. [2]Der Anspruch besteht längstens für die Zeit, in der eine solche Ausbildung im Allgemeinen abgeschlossen wird; dabei sind ehebedingte Verzögerungen der Ausbildung zu berücksichtigen.

(2) Entsprechendes gilt, wenn sich der geschiedene Ehegatte fortbilden oder umschulen lässt, um Nachteile auszugleichen, die durch die Ehe eingetreten sind.

(3) Verlangt der geschiedene Ehegatte nach Beendigung der Ausbildung, Fortbildung oder Umschulung Unterhalt nach § 1573, so bleibt bei der Bestimmung der ihm angemessenen Erwerbstätigkeit (§ 1574 Abs. 2) der erreichte höhere Ausbildungsstand außer Betracht.

Abschnitt 2
Verwandtschaft

Titel 3
Unterhaltspflicht

Untertitel 1
Allgemeine Vorschriften

§ 1601 Unterhaltsverpflichtete

Verwandte in gerader Linie sind verpflichtet, einander Unterhalt zu gewähren.

§ 1602 Bedürftigkeit

(1) Unterhaltsberechtigt ist nur, wer außerstande ist, sich selbst zu unterhalten.

(2) Ein minderjähriges Kind kann von seinen Eltern, auch wenn es Vermögen hat, die Gewährung des Unterhalts insoweit verlangen, als die Einkünfte seines Vermögens und der Ertrag seiner Arbeit zum Unterhalt nicht ausreichen.

§ 1603 Leistungsfähigkeit

(1) Unterhaltspflichtig ist nicht, wer bei Berücksichtigung seiner sonstigen Verpflichtungen außerstande ist, ohne Gefährdung seines angemessenen Unterhalts den Unterhalt zu gewähren.

(2) [1]Befinden sich Eltern in dieser Lage, so sind sie ihren minderjährigen Kindern gegenüber verpflichtet, alle verfügbaren Mittel zu ihrem und der Kinder Unterhalt gleichmäßig zu verwenden. [2]Den minderjährigen Kindern stehen volljährige unverheiratete Kinder bis zur Vollendung des 21. Lebensjahres gleich, solange sie im Haushalt der Eltern oder eines Elternteils leben und sich in der allgemeinen Schulausbildung befinden. [3]Diese Verpflichtung tritt nicht ein, wenn ein anderer unterhaltspflichtiger Verwandter vorhanden ist; sie tritt auch nicht ein gegenüber einem Kind, dessen Unterhalt aus dem Stamme seines Vermögens bestritten werden kann.

§ 1604 Einfluss des Güterstands

[1]Lebt der Unterhaltspflichtige in Gütergemeinschaft, bestimmt sich seine Unterhaltspflicht Verwandten gegenüber so, als ob das Gesamtgut ihm gehörte. [2]Haben beide in Gütergemeinschaft lebende Personen bedürftige Verwandte, ist der Unterhalt aus dem

Gesamtgut so zu gewähren, als ob die Bedürftigen zu beiden Unterhaltspflichtigen in dem Verwandtschaftsverhältnis stünden, auf dem die Unterhaltspflicht des Verpflichteten beruht.

§ 1605 Auskunftspflicht

(1) [1]Verwandte in gerader Linie sind einander verpflichtet, auf Verlangen über ihre Einkünfte und ihr Vermögen Auskunft zu erteilen, soweit dies zur Feststellung eines Unterhaltsanspruchs oder einer Unterhaltsverpflichtung erforderlich ist. [2]Über die Höhe der Einkünfte sind auf Verlangen Belege, insbesondere Bescheinigungen des Arbeitgebers, vorzulegen. [3]Die §§ 260, 261 sind entsprechend anzuwenden.

(2) Vor Ablauf von zwei Jahren kann Auskunft erneut nur verlangt werden, wenn glaubhaft gemacht wird, dass der zur Auskunft Verpflichtete später wesentlich höhere Einkünfte oder weiteres Vermögen erworben hat.

§ 1606 Rangverhältnisse mehrerer Pflichtiger

(1) Die Abkömmlinge sind vor den Verwandten der aufsteigenden Linie unterhaltspflichtig.

(2) Unter den Abkömmlingen und unter den Verwandten der aufsteigenden Linie haften die näheren vor den entfernteren.

(3) [1]Mehrere gleich nahe Verwandte haften anteilig nach ihren Erwerbs- und Vermögensverhältnissen. [2]Der Elternteil, der ein minderjähriges Kind betreut, erfüllt seine Verpflichtung, zum Unterhalt des Kindes beizutragen, in der Regel durch die Pflege und die Erziehung des Kindes.

§ 1607 Ersatzhaftung und gesetzlicher Forderungsübergang

(1) Soweit ein Verwandter auf Grund des § 1603 nicht unterhaltspflichtig ist, hat der nach ihm haftende Verwandte den Unterhalt zu gewähren.

(2) [1]Das Gleiche gilt, wenn die Rechtsverfolgung gegen einen Verwandten im Inland ausgeschlossen oder erheblich erschwert ist. [2]Der Anspruch gegen einen solchen Verwandten geht, soweit ein anderer nach Absatz 1 verpflichteter Verwandter den Unterhalt gewährt, auf diesen über.

(3) [1]Der Unterhaltsanspruch eines Kindes gegen einen Elternteil geht, soweit unter den Voraussetzungen des Absatzes 2 Satz 1 anstelle des Elternteils ein anderer, nicht unterhaltspflichtiger Verwandter oder der Ehegatte des anderen Elternteils Unterhalt leistet, auf diesen über. [2]Satz 1 gilt entsprechend, wenn dem Kind ein Dritter als Vater Unterhalt gewährt.

(4) Der Übergang des Unterhaltsanspruchs kann nicht zum Nachteil des Unterhaltsberechtigten geltend gemacht werden.

§ 1608 Haftung des Ehegatten oder Lebenspartners

(1) [1]Der Ehegatte des Bedürftigen haftet vor dessen Verwandten. [2]Soweit jedoch der Ehegatte bei Berücksichtigung seiner sonstigen Verpflichtungen außerstande ist, ohne Gefährdung seines angemessenen Unterhalts den Unterhalt zu gewähren, haften die Verwandten vor dem Ehegatten. [3]§ 1607 Abs. 2 und 4 gilt entsprechend. [4]Der Lebenspartner des Bedürftigen haftet in gleicher Weise wie ein Ehegatte.

(2) (weggefallen)

§ 1609 Rangfolge mehrerer Unterhaltsberechtigter

Sind mehrere Unterhaltsberechtigte vorhanden und ist der Unterhaltspflichtige außerstande, allen Unterhalt zu gewähren, gilt folgende Rangfolge:

1. minderjährige Kinder und Kinder im Sinne des § 1603 Abs. 2 Satz 2,
2. Elternteile, die wegen der Betreuung eines Kindes unterhaltsberechtigt sind oder im Fall einer Scheidung wären, sowie Ehegatten und geschiedene Ehegatten bei einer Ehe von langer Dauer; bei der Feststellung einer Ehe von langer Dauer sind auch Nachteile im Sinne des § 1578b Abs. 1 Satz 2 und 3 zu berücksichtigen,
3. Ehegatten und geschiedene Ehegatten, die nicht unter Nummer 2 fallen,
4. Kinder, die nicht unter Nummer 1 fallen,
5. Enkelkinder und weitere Abkömmlinge,
6. Eltern,
7. weitere Verwandte der aufsteigenden Linie; unter ihnen gehen die Näheren den Entfernteren vor.

§ 1610 Maß des Unterhalts

(1) Das Maß des zu gewährenden Unterhalts bestimmt sich nach der Lebensstellung des Bedürftigen (angemessener Unterhalt).

(2) Der Unterhalt umfasst den gesamten Lebensbedarf einschließlich der Kosten einer angemessenen Vorbildung zu einem Beruf, bei einer der Erziehung bedürftigen Person auch die Kosten der Erziehung.

§ 1610a Deckungsvermutung bei schadensbedingten Mehraufwendungen

Werden für Aufwendungen infolge eines Körper- oder Gesundheitsschadens Sozialleistungen in Anspruch genommen, wird bei der Feststellung eines Unterhaltsanspruchs vermutet, dass die Kosten der Aufwendungen nicht geringer sind als die Höhe dieser Sozialleistungen.

§ 1611 Beschränkung oder Wegfall der Verpflichtung

(1) [1]Ist der Unterhaltsberechtigte durch sein sittliches Verschulden bedürftig geworden, hat er seine eigene Unterhaltspflicht gegenüber dem Unterhaltspflichtigen gröblich vernachlässigt oder sich vorsätzlich einer schweren Verfehlung gegen den Unterhaltspflichtigen oder einen nahen Angehörigen des Unterhaltspflichtigen schuldig gemacht, so braucht der Verpflichtete nur einen Beitrag zum Unterhalt in der Höhe zu leisten, die der Billigkeit entspricht. [2]Die Verpflichtung fällt ganz weg, wenn die Inanspruchnahme des Verpflichteten grob unbillig wäre.

(2) Die Vorschriften des Absatzes 1 sind auf die Unterhaltspflicht von Eltern gegenüber ihren minderjährigen Kindern nicht anzuwenden.

(3) Der Bedürftige kann wegen einer nach diesen Vorschriften eintretenden Beschränkung seines Anspruchs nicht andere Unterhaltspflichtige in Anspruch nehmen.

§ 1612 Art der Unterhaltsgewährung

(1) [1]Der Unterhalt ist durch Entrichtung einer Geldrente zu gewähren. [2]Der Verpflichtete kann verlangen, dass ihm die Gewährung des Unterhalts in anderer Art gestattet wird, wenn besondere Gründe es rechtfertigen.

(2) [1]Haben Eltern einem unverheirateten Kind Unterhalt zu gewähren, können sie bestimmen, in welcher Art und für welche Zeit im Voraus der Unterhalt gewährt werden soll, sofern auf die Belange des Kindes die gebotene Rücksicht genommen wird. [2]Ist das Kind minderjährig, kann ein Elternteil, dem die Sorge für die Person des Kindes nicht zusteht, eine Bestimmung nur für die Zeit treffen, in der das Kind in seinen Haushalt aufgenommen ist.

(3) [1]Eine Geldrente ist monatlich im Voraus zu zahlen. [2]Der Verpflichtete schuldet den vollen Monatsbetrag auch dann, wenn der Berechtigte im Laufe des Monats stirbt.

§ 1612a Mindestunterhalt minderjähriger Kinder; Verordnungsermächtigung

(1) [1]Ein minderjähriges Kind kann von einem Elternteil, mit dem es nicht in einem Haushalt lebt, den Unterhalt als Prozentsatz des jeweiligen Mindestunterhalts verlangen. [2]Der Mindestunterhalt richtet sich nach dem steuerfrei zu stellenden sächlichen Existenzminimum des minderjährigen Kindes. [3]Er beträgt monatlich entsprechend dem Alter des Kindes

1. für die Zeit bis zur Vollendung des sechsten Lebensjahrs (erste Altersstufe) 87 Prozent,
2. für die Zeit vom siebten bis zur Vollendung des zwölften Lebensjahrs (zweite Altersstufe) 100 Prozent und
3. für die Zeit vom 13. Lebensjahr an (dritte Altersstufe) 117 Prozent

des steuerfrei zu stellenden sächlichen Existenzminimums des minderjährigen Kindes.

(2) [1]Der Prozentsatz ist auf eine Dezimalstelle zu begrenzen; jede weitere sich ergebende Dezimalstelle wird nicht berücksichtigt. [2]Der sich bei der Berechnung des Unterhalts ergebende Betrag ist auf volle Euro aufzurunden.

(3) Der Unterhalt einer höheren Altersstufe ist ab dem Beginn des Monats maßgebend, in dem das Kind das betreffende Lebensjahr vollendet.

(4) Das Bundesministerium der Justiz und für Verbraucherschutz hat den Mindestunterhalt erstmals zum 1. Januar 2016 und dann alle zwei Jahre durch Rechtsverordnung, die nicht der Zustimmung des Bundesrates bedarf, festzulegen.

(5) (weggefallen)

§ 1612b Deckung des Barbedarfs durch Kindergeld

(1) [1]Das auf das Kind entfallende Kindergeld ist zur Deckung seines Barbedarfs zu verwenden:

1. zur Hälfte, wenn ein Elternteil seine Unterhaltspflicht durch Betreuung des Kindes erfüllt (§ 1606 Abs. 3 Satz 2);
2. in allen anderen Fällen in voller Höhe.

[2]In diesem Umfang mindert es den Barbedarf des Kindes.

(2) Ist das Kindergeld wegen der Berücksichtigung eines nicht gemeinschaftlichen Kindes erhöht, ist es im Umfang der Erhöhung nicht bedarfsmindernd zu berücksichtigen.

§ 1612c Anrechnung anderer kindbezogener Leistungen

§ 1612b gilt entsprechend für regelmäßig wiederkehrende kindbezogene Leistungen, soweit sie den Anspruch auf Kindergeld ausschließen.

§ 1613 Unterhalt für die Vergangenheit

(1) [1]Für die Vergangenheit kann der Berechtigte Erfüllung oder Schadensersatz wegen Nichterfüllung nur von dem Zeitpunkt an fordern, zu welchem der Verpflichtete zum Zwecke der Geltendmachung des Unterhaltsanspruchs aufgefordert worden ist, über seine Einkünfte und sein Vermögen Auskunft zu erteilen, zu welchem der Verpflichtete in Verzug gekommen oder der Unterhaltsanspruch rechtshängig geworden ist. [2]Der Unterhalt wird ab dem Ersten des Monats, in den die bezeichneten Ereignisse fallen, geschuldet, wenn der Unterhaltsanspruch dem Grunde nach zu diesem Zeitpunkt bestanden hat.

(2) Der Berechtigte kann für die Vergangenheit ohne die Einschränkung des Absatzes 1 Erfüllung verlangen

1. wegen eines unregelmäßigen außergewöhnlich hohen Bedarfs (Sonderbedarf); nach Ablauf eines Jahres seit seiner Entstehung kann dieser Anspruch nur geltend gemacht werden, wenn vorher der Verpflichtete in Verzug gekommen oder der Anspruch rechtshängig geworden ist;

2. für den Zeitraum, in dem er
   a) aus rechtlichen Gründen oder
   b) aus tatsächlichen Gründen, die in den Verantwortungsbereich des Unterhaltspflichtigen fallen,

   an der Geltendmachung des Unterhaltsanspruchs gehindert war.

(3) [1]In den Fällen des Absatzes 2 Nr. 2 kann Erfüllung nicht, nur in Teilbeträgen oder erst zu einem späteren Zeitpunkt verlangt werden, soweit die volle oder die sofortige Erfüllung für den Verpflichteten eine unbillige Härte bedeuten würde. [2]Dies gilt auch, soweit ein Dritter vom Verpflichteten Ersatz verlangt, weil er anstelle des Verpflichteten Unterhalt gewährt hat.

§ 1614 Verzicht auf den Unterhaltsanspruch; Vorausleistung

(1) Für die Zukunft kann auf den Unterhalt nicht verzichtet werden.

(2) Durch eine Vorausleistung wird der Verpflichtete bei erneuter Bedürftigkeit des Berechtigten nur für den im § 760 Abs. 2 bestimmten Zeitabschnitt oder, wenn er selbst den Zeitabschnitt zu bestimmen hatte, für einen den Umständen nach angemessenen Zeitabschnitt befreit.

§ 1615 Erlöschen des Unterhaltsanspruchs

(1) Der Unterhaltsanspruch erlischt mit dem Tode des Berechtigten oder des Verpflichteten, soweit er nicht auf Erfüllung oder Schadensersatz wegen Nichterfüllung für die Vergangenheit oder auf solche im Voraus zu bewirkende Leistungen gerichtet ist, die zur Zeit des Todes des Berechtigten oder des Verpflichteten fällig sind.

(2) Im Falle des Todes des Berechtigten hat der Verpflichtete die Kosten der Beerdigung zu tragen, soweit ihre Bezahlung nicht von dem Erben zu erlangen ist.

Untertitel 2
Besondere Vorschriften für das Kind und seine nicht miteinander verheirateten Eltern

§ 1615a Anwendbare Vorschriften

Besteht für ein Kind keine Vaterschaft nach § 1592 Nr. 1, § 1593 und haben die Eltern das Kind auch nicht während ihrer Ehe gezeugt oder nach seiner Geburt die Ehe miteinander geschlossen, gelten die allgemeinen Vorschriften, soweit sich nichts anderes aus den folgenden Vorschriften ergibt.

§§ 1615b bis 1615k (weggefallen)

§ 1615l Unterhaltsanspruch von Mutter und Vater aus Anlass der Geburt

(1) [1]Der Vater hat der Mutter für die Dauer von sechs Wochen vor und acht Wochen nach der Geburt des Kindes Unterhalt zu gewähren. [2]Dies gilt auch hinsichtlich der Kosten, die infolge der Schwangerschaft oder der Entbindung außerhalb dieses Zeitraums entstehen.

(2) [1]Soweit die Mutter einer Erwerbstätigkeit nicht nachgeht, weil sie infolge der Schwangerschaft oder einer durch die Schwangerschaft oder die Entbindung verursachten Krankheit dazu außerstande ist, ist der Vater verpflichtet, ihr über die in Absatz 1 Satz 1 bezeichnete Zeit hinaus Unterhalt zu gewähren. [2]Das Gleiche gilt, soweit von der Mutter wegen der Pflege oder Erziehung des Kindes eine Erwerbstätigkeit nicht erwartet werden kann. [3]Die Unterhaltspflicht beginnt frühestens vier Monate vor der Geburt und besteht für mindestens drei Jahre nach der Geburt. [4]Sie verlängert sich, solange und soweit dies der Billigkeit entspricht. [5]Dabei sind insbesondere die Belange des Kindes und die bestehenden Möglichkeiten der Kinderbetreuung zu berücksichtigen.

(3) [1]Die Vorschriften über die Unterhaltspflicht zwischen Verwandten sind entsprechend anzuwenden. [2]Die Verpflichtung des Vaters geht der Verpflichtung der Verwandten der Mutter vor. [3]§ 1613 Abs. 2 gilt entsprechend. [4]Der Anspruch erlischt nicht mit dem Tode des Vaters.

(4) [1]Wenn der Vater das Kind betreut, steht ihm der Anspruch nach Absatz 2 Satz 2 gegen die Mutter zu. [2]In diesem Falle gilt Absatz 3 entsprechend.

§ 1615m Beerdigungskosten für die Mutter

Stirbt die Mutter infolge der Schwangerschaft oder der Entbindung, so hat der Vater die Kosten der Beerdigung zu tragen, soweit ihre Bezahlung nicht von dem Erben der Mutter zu erlangen ist.

§ 1615n Kein Erlöschen bei Tod des Vaters oder Totgeburt

[1]Die Ansprüche nach den §§ 1615l, 1615m bestehen auch dann, wenn der Vater vor der Geburt des Kindes gestorben oder wenn das Kind tot geboren ist. [2]Bei einer Fehlgeburt gelten die Vorschriften der §§ 1615l, 1615m sinngemäß.

Titel 5
Elterliche Sorge

§ 1626 Elterliche Sorge, Grundsätze

(1) [1]Die Eltern haben die Pflicht und das Recht, für das minderjährige Kind zu sorgen (elterliche Sorge). [2]Die elterliche Sorge umfasst die Sorge für die Person des Kindes (Personensorge) und das Vermögen des Kindes (Vermögenssorge).

(2) [1]Bei der Pflege und Erziehung berücksichtigen die Eltern die wachsende Fähigkeit und das wachsende Bedürfnis des Kindes zu selbständigem verantwortungsbewusstem Handeln. [2]Sie besprechen mit dem Kind, soweit es nach dessen Entwicklungsstand angezeigt ist, Fragen der elterlichen Sorge und streben Einvernehmen an.

(3) [1]Zum Wohl des Kindes gehört in der Regel der Umgang mit beiden Elternteilen. [2]Gleiches gilt für den Umgang mit anderen Personen, zu denen das Kind Bindungen besitzt, wenn ihre Aufrechterhaltung für seine Entwicklung förderlich ist.

§ 1626a Elterliche Sorge nicht miteinander verheirateter Eltern; Sorgeerklärungen

(1) Sind die Eltern bei der Geburt des Kindes nicht miteinander verheiratet, so steht ihnen die elterliche Sorge gemeinsam zu,

1. wenn sie erklären, dass sie die Sorge gemeinsam übernehmen wollen (Sorgeerklärungen),
2. wenn sie einander heiraten oder
3. soweit ihnen das Familiengericht die elterliche Sorge gemeinsam überträgt.

(2) [1]Das Familiengericht überträgt gemäß Absatz 1 Nummer 3 auf Antrag eines Elternteils die elterliche Sorge oder einen Teil der elterlichen Sorge beiden Eltern gemeinsam, wenn die Übertragung dem Kindeswohl nicht widerspricht. [2]Trägt der andere Elternteil keine Gründe vor, die der Übertragung der gemeinsamen elterlichen Sorge entgegenstehen können, und sind solche Gründe auch sonst nicht ersichtlich, wird vermutet, dass die gemeinsame elterliche Sorge dem Kindeswohl nicht widerspricht.

(3) Im Übrigen hat die Mutter die elterliche Sorge.

§ 1627 Ausübung der elterlichen Sorge

[1]Die Eltern haben die elterliche Sorge in eigener Verantwortung und in gegenseitigem Einvernehmen zum Wohl des Kindes auszuüben. [2]Bei Meinungsverschiedenheiten müssen sie versuchen, sich zu einigen.

§ 1628 Gerichtliche Entscheidung bei Meinungsverschiedenheiten der Eltern

[1]Können sich die Eltern in einer einzelnen Angelegenheit oder in einer bestimmten Art von Angelegenheiten der elterlichen Sorge, deren Regelung für das Kind von erheblicher Bedeutung ist, nicht einigen, so kann das Familiengericht auf Antrag eines Elternteils die Entscheidung einem Elternteil übertragen. [2]Die Übertragung kann mit Beschränkungen oder mit Auflagen verbunden werden.

§ 1629 Vertretung des Kindes

(1) [1]Die elterliche Sorge umfasst die Vertretung des Kindes. [2]Die Eltern vertreten das Kind gemeinschaftlich; ist eine Willenserklärung gegenüber dem Kind abzugeben, so genügt die Abgabe gegenüber einem Elternteil. [3]Ein Elternteil vertritt das Kind allein, soweit er die elterliche Sorge allein ausübt oder ihm die Entscheidung nach § 1628 übertragen ist. [4]Bei Gefahr im Verzug ist jeder Elternteil dazu berechtigt, alle Rechtshandlungen vorzunehmen, die zum Wohl des Kindes notwendig sind; der andere Elternteil ist unverzüglich zu unterrichten.

(2) [1]Der Vater und die Mutter können das Kind insoweit nicht vertreten, als nach § 1795 ein Vormund von der Vertretung des Kindes ausgeschlossen ist. [2]Steht die elterliche Sorge für ein Kind den Eltern gemeinsam zu, so kann der Elternteil, in dessen Obhut sich das Kind befindet, Unterhaltsansprüche des Kindes gegen den anderen Elternteil geltend machen. [3]Das Familiengericht kann dem Vater und der Mutter nach § 1796 die Vertretung entziehen; dies gilt nicht für die Feststellung der Vaterschaft.

(2a) Der Vater und die Mutter können das Kind in einem gerichtlichen Verfahren nach § 1598a Abs. 2 nicht vertreten.

(3) [1]Sind die Eltern des Kindes miteinander verheiratet oder besteht zwischen ihnen eine Lebenspartnerschaft, so kann ein Elternteil Unterhaltsansprüche des Kindes gegen den anderen Elternteil nur im eigenen Namen geltend machen, solange

1. die Eltern getrennt leben oder
2. eine Ehesache oder eine Lebenspartnerschaftssache im Sinne von § 269 Absatz 1 Nummer 1 oder 2 des Gesetzes über das Verfahren in Familiensachen und in den Angelegenheiten der freiwilligen Gerichtsbarkeit zwischen ihnen anhängig ist.

[2]Eine von einem Elternteil erwirkte gerichtliche Entscheidung und ein zwischen den Eltern geschlossener gerichtlicher Vergleich wirken auch für und gegen das Kind.

§ 1629a Beschränkung der Minderjährigenhaftung

(1) [1]Die Haftung für Verbindlichkeiten, die die Eltern im Rahmen ihrer gesetzlichen Vertretungsmacht oder sonstige vertretungsberechtigte Personen im Rahmen ihrer Vertretungsmacht durch Rechtsgeschäft oder eine sonstige Handlung mit Wirkung für das Kind begründet haben, oder die auf Grund eines während der Minderjährigkeit erfolgten Er-

werbs von Todes wegen entstanden sind, beschränkt sich auf den Bestand des bei Eintritt der Volljährigkeit vorhandenen Vermögens des Kindes; dasselbe gilt für Verbindlichkeiten aus Rechtsgeschäften, die der Minderjährige gemäß §§ 107, 108 oder § 111 mit Zustimmung seiner Eltern vorgenommen hat oder für Verbindlichkeiten aus Rechtsgeschäften, zu denen die Eltern die Genehmigung des Familiengerichts erhalten haben. [2]Beruft sich der volljährig Gewordene auf die Beschränkung der Haftung, so finden die für die Haftung des Erben geltenden Vorschriften der §§ 1990, 1991 entsprechende Anwendung.

(2) Absatz 1 gilt nicht für Verbindlichkeiten aus dem selbständigen Betrieb eines Erwerbsgeschäfts, soweit der Minderjährige hierzu nach § 112 ermächtigt war, und für Verbindlichkeiten aus Rechtsgeschäften, die allein der Befriedigung seiner persönlichen Bedürfnisse dienten.

(3) Die Rechte der Gläubiger gegen Mitschuldner und Mithaftende sowie deren Rechte aus einer für die Forderung bestellten Sicherheit oder aus einer deren Bestellung sichernden Vormerkung werden von Absatz 1 nicht berührt.

(4) [1]Hat das volljährig gewordene Mitglied einer Erbengemeinschaft oder Gesellschaft nicht binnen drei Monaten nach Eintritt der Volljährigkeit die Auseinandersetzung des Nachlasses verlangt oder die Kündigung der Gesellschaft erklärt, ist im Zweifel anzunehmen, dass die aus einem solchen Verhältnis herrührende Verbindlichkeit nach dem Eintritt der Volljährigkeit entstanden ist; Entsprechendes gilt für den volljährig gewordenen Inhaber eines Handelsgeschäfts, der dieses nicht binnen drei Monaten nach Eintritt der Volljährigkeit einstellt. [2]Unter den in Satz 1 bezeichneten Voraussetzungen wird ferner vermutet, dass das gegenwärtige Vermögen des volljährig Gewordenen bereits bei Eintritt der Volljährigkeit vorhanden war.

§ 1630 Elterliche Sorge bei Pflegerbestellung oder Familienpflege

(1) Die elterliche Sorge erstreckt sich nicht auf Angelegenheiten des Kindes, für die ein Pfleger bestellt ist.

(2) Steht die Personensorge oder die Vermögenssorge einem Pfleger zu, so entscheidet das Familiengericht, falls sich die Eltern und der Pfleger in einer Angelegenheit nicht einigen können, die sowohl die Person als auch das Vermögen des Kindes betrifft.

(3) [1]Geben die Eltern das Kind für längere Zeit in Familienpflege, so kann das Familiengericht auf Antrag der Eltern oder der Pflegeperson Angelegenheiten der elterlichen Sorge auf die Pflegeperson übertragen. [2]Für die Übertragung auf Antrag der Pflegeperson ist die Zustimmung der Eltern erforderlich. [3]Im Umfang der Übertragung hat die Pflegeperson die Rechte und Pflichten eines Pflegers.

Verwaltungsgerichtsordnung (VwGO)

in der Fassung der Bekanntmachung vom 19. März 1991 (BGBl. I S. 686), zuletzt geändert durch Artikel 11 des Gesetzes vom 22. Dezember 2023 (BGBl. I Nr. 409)

– Auszug –

Teil II Verfahren

7. Abschnitt Allgemeine Verfahrensvorschriften

§ 58

(Abs. 1 nicht abgedruckt)

(2) [1]Ist die Belehrung unterblieben oder unrichtig erteilt, so ist die Einlegung des Rechtsbehelfs nur innerhalb eines Jahres seit Zustellung, Eröffnung oder Verkündung zulässig, außer wenn die Einlegung vor Ablauf der Jahresfrist infolge höherer Gewalt unmöglich war oder eine schriftliche oder elektronische Belehrung dahin erfolgt ist, daß ein Rechtsbehelf nicht gegeben sei. [2]§ 60 Abs. 2 gilt für den Fall höherer Gewalt entsprechend.

8. Abschnitt Besondere Vorschriften für Anfechtungs- und Verpflichtungsklagen

§ 68

(1) [1]Vor Erhebung der Anfechtungsklage sind Rechtmäßigkeit und Zweckmäßigkeit des Verwaltungsakts in einem Vorverfahren nachzuprüfen. [2]Einer solchen Nachprüfung bedarf es nicht, wenn ein Gesetz dies bestimmt oder wenn

1. der Verwaltungsakt von einer obersten Bundesbehörde oder von einer obersten Landesbehörde erlassen worden ist, außer wenn ein Gesetz die Nachprüfung vorschreibt, oder
2. der Abhilfebescheid oder der Widerspruchsbescheid erstmalig eine Beschwer enthält.

(2) Für die Verpflichtungsklage gilt Absatz 1 entsprechend, wenn der Antrag auf Vornahme des Verwaltungsakts abgelehnt worden ist.

§ 69

Das Vorverfahren beginnt mit der Erhebung des Widerspruchs.

§ 70

(1) [1]Der Widerspruch ist innerhalb eines Monats, nachdem der Verwaltungsakt dem Beschwerten bekanntgegeben worden ist, schriftlich, in elektronischer Form nach § 3a Absatz 2 des Verwaltungsverfahrensgesetzes, schriftformersetzend nach § 3a Absatz 3 des Verwaltungsverfahrensgesetzes und § 9a Absatz 5 des Onlinezugangsgesetzes oder zur Niederschrift bei der Behörde zu erheben, die den Verwaltungsakt erlassen hat. [2]Die Frist wird auch durch Einlegung bei der Behörde, die den Widerspruchsbescheid zu erlassen hat, gewahrt.

(2) §§ 58 und 60 Abs. 1 bis 4 gelten entsprechend.

§ 71 Anhörung

Ist die Aufhebung oder Änderung eines Verwaltungsakts im Widerspruchsverfahren erstmalig mit einer Beschwer verbunden, soll der Betroffene vor Erlass des Abhilfebescheids oder des Widerspruchsbescheids gehört werden.

§ 72

Hält die Behörde den Widerspruch für begründet, so hilft sie ihm ab und entscheidet über die Kosten.

§ 73

(1) [1]Hilft die Behörde dem Widerspruch nicht ab, so ergeht ein Widerspruchsbescheid. [2]Diesen erläßt

1. die nächsthöhere Behörde, soweit nicht durch Gesetz eine andere höhere Behörde bestimmt wird,
2. wenn die nächsthöhere Behörde eine oberste Bundes- oder oberste Landesbehörde ist, die Behörde, die den Verwaltungsakt erlassen hat,
3. in Selbstverwaltungsangelegenheiten die Selbstverwaltungsbehörde, soweit nicht durch Gesetz anderes bestimmt wird.

[3]Abweichend von Satz 2 Nr. 1 kann durch Gesetz bestimmt werden, dass die Behörde, die den Verwaltungsakt erlassen hat, auch für die Entscheidung über den Widerspruch zuständig ist.

(2) [1]Vorschriften, nach denen im Vorverfahren des Absatzes 1 Ausschüsse oder Beiräte an die Stelle einer Behörde treten, bleiben unberührt. [2]Die Ausschüsse oder Beiräte können abweichend von Absatz 1 Nr. 1 auch bei der Behörde gebildet werden, die den Verwaltungsakt erlassen hat.

(3) [1]Der Widerspruchsbescheid ist zu begründen, mit einer Rechtsmittelbelehrung zu versehen und zuzustellen. [2]Zugestellt wird von Amts wegen nach den Vorschriften des Verwaltungszustellungsgesetzes. [3]Der Widerspruchsbescheid bestimmt auch, wer die Kosten trägt.

Verwaltungs-Vollstreckungsgesetz (VwVG)

in der im Bundesgesetzblatt Teil III, Gliederungsnummer 201-4, veröffentlichten bereinigten Fassung, das zuletzt durch Artikel 5 Absatz 1 des Gesetzes vom 10. August 2021 (BGBl. I S. 3436) geändert worden ist

Erster Abschnitt
Vollstreckung wegen Geldforderungen
§ 1 Vollstreckbare Geldforderungen
§ 2 Vollstreckungsschuldner
§ 3 Vollstreckungsanordnung
§ 4 Vollstreckungsbehörden
§ 5 Anzuwendende Vollstreckungsvorschriften
§ 5a Ermittlung des Aufenthaltsorts des Vollstreckungsschuldners
§ 5b Auskunftsrechte der Vollstreckungsbehörde

Zweiter Abschnitt
Erzwingung von Handlungen, Duldungen oder Unterlassungen
§ 6 Zulässigkeit des Verwaltungszwanges
§ 7 Vollzugsbehörden
§ 8 Örtliche Zuständigkeit
§ 9 Zwangsmittel
§ 10 Ersatzvornahme
§ 11 Zwangsgeld
§ 12 Unmittelbarer Zwang
§ 13 Androhung der Zwangsmittel
§ 14 Festsetzung der Zwangsmittel
§ 15 Anwendung der Zwangsmittel
§ 16 Ersatzzwangshaft
§ 17 Vollzug gegen Behörden
§ 18 Rechtsmittel

Dritter Abschnitt
Kosten
§ 19 Kosten
§ 19a Vollstreckungspauschale, Verordnungsermächtigung

Vierter Abschnitt
Übergangs- und Schlußvorschriften
§ 20 Außerkrafttreten früherer Bestimmungen
§ 21 (weggefallen)
§ 22 Inkrafttreten

Erster Abschnitt
Vollstreckung wegen Geldforderungen

§ 1 Vollstreckbare Geldforderungen

(1) Die öffentlich-rechtlichen Geldforderungen des Bundes und der bundesunmittelbaren juristischen Personen des öffentlichen Rechts werden nach den Bestimmungen dieses Gesetzes im Verwaltungswege vollstreckt.

(2) Ausgenommen sind solche öffentlich-rechtlichen Geldforderungen, die im Wege des Parteistreites vor den Verwaltungsgerichten verfolgt werden oder für die ein anderer Rechtsweg als der Verwaltungsrechtsweg begründet ist.

(3) Die Vorschriften der Abgabenordnung des Sozialversicherungsrechts einschließlich der Arbeitslosenversicherung und des Justizbeitreibungsgesetzes bleiben unberührt.

§ 2 Vollstreckungsschuldner

(1) Als Vollstreckungsschuldner kann in Anspruch genommen werden,

a) wer eine Leistung als Selbstschuldner schuldet;

b) wer für die Leistung, die ein anderer schuldet, persönlich haftet.

(2) Wer zur Duldung der Zwangsvollstreckung verpflichtet ist, wird dem Vollstreckungsschuldner gleichgestellt, soweit die Duldungspflicht reicht.

§ 3 Vollstreckungsanordnung

(1) Die Vollstreckung wird gegen den Vollstreckungsschuldner durch Vollstreckungsanordnung eingeleitet; eines vollstreckbaren Titels bedarf es nicht.

(2) Voraussetzungen für die Einleitung der Vollstreckung sind:

a) der Leistungsbescheid, durch den der Schuldner zur Leistung aufgefordert worden ist;

b) die Fälligkeit der Leistung;

c) der Ablauf einer Frist von einer Woche seit Bekanntgabe des Leistungsbescheides oder, wenn die Leistung erst danach fällig wird, der Ablauf einer Frist von einer Woche nach Eintritt der Fälligkeit.

(3) Vor Anordnung der Vollstreckung soll der Schuldner ferner mit einer Zahlungsfrist von einer weiteren Woche besonders gemahnt werden.

(4) Die Vollstreckungsanordnung wird von der Behörde erlassen, die den Anspruch geltend machen darf.

§ 4 Vollstreckungsbehörden

Vollstreckungsbehörden sind:

a) die von einer obersten Bundesbehörde im Einvernehmen mit dem Bundesminister des Innern, für Bau und Heimat bestimmten Behörden des betreffenden Verwaltungszweiges;

b) die Vollstreckungsbehörden der Bundesfinanzverwaltung, wenn eine Bestimmung nach Buchstabe a nicht getroffen worden ist.

§ 5 Anzuwendende Vollstreckungsvorschriften

(1) Das Verwaltungszwangsverfahren und der Vollstreckungsschutz richten sich im Falle des § 4 nach den Vorschriften der Abgabenordnung (§§ 77, 249 bis 258, 260, 262 bis 267, 281 bis 317, 318 Abs. 1 bis 4, §§ 319 bis 327).

(2) Wird die Vollstreckung im Wege der Amtshilfe von Organen der Länder vorgenommen, so ist sie nach landesrechtlichen Bestimmungen durchzuführen.

§ 5a Ermittlung des Aufenthaltsorts des Vollstreckungsschuldners

(1) Ist der Wohnsitz oder der gewöhnliche Aufenthaltsort des Vollstreckungsschuldners nicht durch Anfrage bei der Meldebehörde zu ermitteln, so darf die Vollstreckungsbehörde folgende Angaben erheben:

1. beim Ausländerzentralregister die Angaben zur aktenführenden Ausländerbehörde und die Angaben zum Zuzug oder Fortzug des Vollstreckungsschuldners und bei der Ausländerbehörde, die nach der Auskunft aus dem Ausländerzentralregister aktenführend ist, den Aufenthaltsort des Vollstreckungsschuldners,
2. bei den Trägern der gesetzlichen Rentenversicherung und bei einer berufsständischen Versorgungseinrichtung im Sinne des § 6 Absatz 1 Satz 1 Nummer 1 des Sechsten Buches Sozialgesetzbuch die dort bekannte derzeitige Anschrift und den derzeitigen oder zukünftigen Aufenthaltsort des Vollstreckungsschuldners sowie
3. beim Kraftfahrt-Bundesamt die Halterdaten nach § 35 Absatz 4c Nummer 2 des Straßenverkehrsgesetzes.

(2) Die Vollstreckungsbehörde darf die gegenwärtigen Anschriften, den Ort der Hauptniederlassung oder den Sitz des Vollstreckungsschuldners erheben

1. durch Einsicht in das Handels-, Genossenschafts-, Gesellschafts-, Partnerschafts-, Unternehmens- oder Vereinsregister oder
2. durch Einholung der Anschrift bei den nach Landesrecht für die Durchführung der Aufgaben nach § 14 Absatz 1 der Gewerbeordnung zuständigen Behörden.

(3) Nach Absatz 1 Nummer 2 und Absatz 2 erhobene Daten, die innerhalb der letzten drei Monate bei der Vollstreckungsbehörde eingegangen sind, dürfen von der Vollstreckungsbehörde auch einer weiteren Vollstreckungsbehörde übermittelt werden, wenn die Voraussetzungen für die Datenerhebung auch bei der weiteren Vollstreckungsbehörde vorliegen.

(4) [1]Ist der Vollstreckungsschuldner Unionsbürger, so darf die Vollstreckungsbehörde die Daten nach Absatz 1 Nummer 1 nur erheben, wenn ihr tatsächliche Anhaltspunkte für die Vermutung vorliegen, dass bei der betroffenen Person das Nichtbestehen oder der Verlust des Freizügigkeitsrechts festgestellt worden ist. [2]Eine Übermittlung der Daten nach Absatz 1 Nummer 1 an die Vollstreckungsbehörde ist ausgeschlossen, wenn der Vollstreckungsschuldner ein Unionsbürger ist, für den eine Feststellung des Nichtbestehens oder des Verlusts des Freizügigkeitsrechts nicht vorliegt. [3]Die Erhebung nach Absatz 1 Nummer 2 bei einer berufsständischen Versorgungseinrichtung darf die Vollstreckungsbehörde nur durchführen, wenn tatsächliche Anhaltspunkte nahelegen, dass der Vollstreckungsschuldner Mitglied dieser berufsständischen Versorgungseinrichtung ist.

§ 5b Auskunftsrechte der Vollstreckungsbehörde

(1) [1]Die Vollstreckungsbehörde darf vorbehaltlich der Sätze 2 und 3 folgende Maßnahmen durchführen:

1. Erhebung des Namens und der Vornamen oder der Firma sowie der Anschrift der derzeitigen Arbeitgeber des Vollstreckungsschuldners bei den Trägern der gesetzlichen Rentenversicherung und bei einer berufsständischen Versorgungseinrichtung im Sinne des § 6 Absatz 1 Satz 1 Nummer 1 des Sechsten Buches Sozialgesetzbuch;
2. Erhebung der Fahrzeug- und Halterdaten, nach § 33 Absatz 1 des Straßenverkehrsgesetzes beim Kraftfahrt-Bundesamt zu einem Fahrzeug, als dessen Halter der Vollstreckungsschuldner eingetragen ist.

[2]Maßnahmen nach Satz 1 sind nur zulässig, wenn

1. die Ladung zu dem Termin zur Abgabe der Vermögensauskunft an den Vollstreckungsschuldner nicht zustellbar ist und
   a) die Anschrift, unter der die Zustellung ausgeführt werden sollte, mit der Anschrift übereinstimmt, die von einer der in § 755 Absatz 1 und 2 der Zivilprozessordnung genannten Stellen innerhalb von drei Monaten vor oder, nach dem Zustellungsversuch mitgeteilt wurde, oder
   b) die Meldebehörde nach dem Zustellungsversuch die Auskunft erteilt, dass ihr keine derzeitige Anschrift des Vollstreckungsschuldners bekannt ist, oder
   c) die Meldebehörde innerhalb von drei Monaten vor Erlass der Vollstreckungsanordnung die Auskunft erteilt hat, dass ihr keine derzeitige Anschrift des Vollstreckungsschuldners bekannt ist;

2. der Vollstreckungsschuldner seiner Pflicht zur Abgabe der Vermögensauskunft in dem der Maßnahme nach Satz 1 zugrundeliegenden Vollstreckungsverfahren nicht nachkommt oder
3. bei einer Vollstreckung in die in der Vermögensauskunft aufgeführten Vermögensgegenstände eine vollständige Befriedigung der Forderung, nicht zu erwarten ist.

[3]Die Erhebung nach Satz 1 Nummer 1 bei einer berufsständischen Versorgungseinrichtung ist zusätzlich zu den Voraussetzungen des Satzes 2 nur zulässig, wenn tatsächliche Anhaltspunkte nahelegen, dass der Vollstreckungsschuldner Mitglied dieser berufsständischen Versorgungseinrichtung ist.

(2) Nach Absatz 1 erhobene Daten, die innerhalb der letzten drei Monate bei der Vollstreckungsbehörde eingegangen sind, dürfen von der Vollstreckungsbehörde auch einer weiteren Vollstreckungsbehörde übermittelt werden, wenn die Voraussetzungen für die Datenerhebung auch bei der weiteren Vollstreckungsbehörde vorliegen.

Zweiter Abschnitt
Erzwingung von Handlungen, Duldungen oder Unterlassungen

§ 6 Zulässigkeit des Verwaltungszwanges

(1) Der Verwaltungsakt, der auf die Herausgabe einer Sache oder auf die Vornahme einer Handlung oder auf Duldung oder Unterlassung gerichtet ist, kann mit den Zwangsmitteln nach § 9 durchgesetzt werden, wenn er unanfechtbar ist oder wenn sein sofortiger Vollzug angeordnet oder wenn dem Rechtsmittel keine aufschiebende Wirkung beigelegt ist.

(2) Der Verwaltungszwang kann ohne vorausgehenden Verwaltungsakt angewendet werden, wenn der sofortige Vollzug zur Verhinderung einer rechtswidrigen Tat die einen Straf- oder Bußgeldtatbestand verwirklicht, oder zur Abwendung einer drohenden Gefahr notwendig ist und die Behörde hierbei innerhalb ihrer gesetzlichen Befugnisse handelt.

§ 7 Vollzugsbehörden

(1) Ein Verwaltungsakt wird von der Behörde vollzogen, die ihn erlassen hat; sie vollzieht auch Beschwerdeentscheidungen.

(2) Die Behörde der unteren Verwaltungsstufe kann für den Einzelfall oder allgemein mit dem Vollzug beauftragt werden.

§ 8 Örtliche Zuständigkeit

Muß eine Zwangsmaßnahme außerhalb des Bezirks der Vollzugsbehörde ausgeführt werden, so hat die entsprechende Bundesbehörde des Bezirks, in dem sie ausgeführt werden soll, auf Ersuchen der Vollzugsbehörde den Verwaltungszwang durchzuführen.

§ 9 Zwangsmittel

(1) Zwangsmittel sind:

a) Ersatzvornahme (§ 10),

b) Zwangsgeld (§ 11),

c) unmittelbarer Zwang (§ 12).

(2) [1]Das Zwangsmittel muß in einem angemessenen Verhältnis zu seinem Zweck stehen. [2]Dabei ist das Zwangsmittel möglichst so zu bestimmen, daß der Betroffene und die Allgemeinheit am wenigsten beeinträchtigt werden.

§ 10 Ersatzvornahme

Wird die Verpflichtung, eine Handlung vorzunehmen, deren Vornahme durch einen anderen möglich ist (vertretbare Handlung), nicht erfüllt, so kann die Vollzugsbehörde einen anderen mit der Vornahme der Handlung auf Kosten des Pflichtigen beauftragen.

§ 11 Zwangsgeld

(1) [1]Kann eine Handlung durch einen anderen nicht vorgenommen werden und hängt sie nur vom Willen des Pflichtigen ab, so kann der Pflichtige zur Vornahme der Handlung durch ein Zwangsgeld angehalten werden. [2]Bei vertretbaren Handlungen kann es verhängt werden, wenn die Ersatzvornahme untunlich ist, besonders, wenn der Pflichtige außerstande ist, die Kosten zu tragen, die aus der Ausführung durch einen anderen entstehen.

(2) Das Zwangsgeld ist auch zulässig, wenn der Pflichtige der Verpflichtung zuwiderhandelt, eine Handlung zu dulden oder zu unterlassen.

(3) Die Höhe des Zwangsgeldes beträgt bis zu 25 000 Euro.

§ 12 Unmittelbarer Zwang

Führt die Ersatzvornahme oder das Zwangsgeld nicht zum Ziel oder sind sie untunlich, so kann die Vollzugsbehörde den Pflichtigen zur Handlung, Duldung oder Unterlassung zwingen oder die Handlung selbst vornehmen.

§ 13 Androhung der Zwangsmittel

(1) [1]Die Zwangsmittel müssen, wenn sie nicht sofort angewendet werden können (§ 6 Abs. 2), schriftlich angedroht werden. [2]Hierbei ist für die Erfüllung der Verpflichtung eine Frist zu bestimmen, innerhalb der der Vollzug dem Pflichtigen billigerweise zugemutet werden kann.

(2) [1]Die Androhung kann mit dem Verwaltungsakt verbunden werden, durch den die Handlung, Duldung oder Unterlassung aufgegeben wird. [2]Sie soll mit ihm verbunden werden, wenn der sofortige Vollzug angeordnet oder den Rechtsmitteln keine aufschiebende Wirkung beigelegt ist.

(3) [1]Die Androhung muß sich auf ein bestimmtes Zwangsmittel beziehen. [2]Unzulässig ist die gleichzeitige Androhung mehrerer Zwangsmittel und die Androhung, mit der sich die Vollzugsbehörde die Wahl zwischen mehreren Zwangsmitteln vorbehält.

(4) [1]Soll die Handlung auf Kosten des Pflichtigen (Ersatzvornahme) ausgeführt werden, so ist in der Androhung der Kostenbetrag vorläufig zu veranschlagen. [2]Das Recht auf Nachforderung bleibt unberührt, wenn die Ersatzvornahme einen höheren Kostenaufwand verursacht.

(5) Der Betrag des Zwangsgeldes ist in bestimmter Höhe anzudrohen.

(6) [1]Die Zwangsmittel können auch neben einer Strafe oder Geldbuße angedroht und so oft wiederholt und hierbei jeweils erhöht oder gewechselt werden, bis die Verpflichtung erfüllt ist. [2]Eine neue Androhung ist erst dann zulässig, wenn das zunächst angedrohte Zwangsmittel erfolglos ist.

(7) [1]Die Androhung ist zuzustellen. [2]Dies gilt auch dann, wenn sie mit dem zugrunde liegenden Verwaltungsakt verbunden ist und für ihn keine Zustellung vorgeschrieben ist.

§ 14 Festsetzung der Zwangsmittel

Wird die Verpflichtung innerhalb der Frist, die in der Androhung bestimmt ist, nicht erfüllt, so setzt die Vollzugsbehörde das Zwangsmittel fest. Bei sofortigem Vollzug (§ 6 Abs. 2) fällt die Festsetzung weg.

§ 15 Anwendung der Zwangsmittel

(1) Das Zwangsmittel wird der Festsetzung gemäß angewendet.

(2) [1]Leistet der Pflichtige bei der Ersatzvornahme oder bei unmittelbarem Zwang Widerstand, so kann dieser mit Gewalt gebrochen werden. [2]Die Polizei hat auf Verlangen der Vollzugsbehörde Amtshilfe zu leisten.

(3) Der Vollzug ist einzustellen, sobald sein Zweck erreicht ist.

§ 16 Ersatzzwangshaft

(1) [1]Ist das Zwangsgeld uneinbringlich, so kann das Verwaltungsgericht auf Antrag der Vollzugsbehörde nach Anhörung des Pflichtigen durch Beschluß Ersatzzwangshaft anordnen, wenn bei Androhung des Zwangsgeldes hierauf hingewiesen worden ist. [2]Das Grundrecht des Artikels 2 Abs. 2 Satz 2 des Grundgesetzes wird insoweit eingeschränkt.

(2) Die Ersatzzwangshaft beträgt mindestens einen Tag, höchstens zwei Wochen.

(3) Die Ersatzzwangshaft ist auf Antrag der Vollzugsbehörde von der Justizverwaltung nach den Bestimmungen der §§ 802g, 802h und 802j Abs. 2 der Zivilprozeßordnung zu vollstrecken.

§ 17 Vollzug gegen Behörden

Gegen Behörden und juristische Personen des öffentlichen Rechts sind Zwangsmittel unzulässig, soweit nicht etwas anderes bestimmt ist.

§ 18 Rechtsmittel

(1) [1]Gegen die Androhung eines Zwangsmittels sind die Rechtsmittel gegeben, die gegen den Verwaltungsakt zulässig sind, dessen Durchsetzung erzwungen werden soll. [2]Ist die Androhung mit dem zugrunde liegenden Verwaltungsakt verbunden, so erstreckt sich das Rechtsmittel zugleich auf den Verwaltungsakt, soweit er nicht bereits Gegenstand eines Rechtsmittel- oder gerichtlichen Verfahrens ist. [3]Ist die Androhung nicht mit dem zugrunde liegenden Verwaltungsakt verbunden und ist dieser unanfechtbar geworden, so kann die Androhung nur insoweit angefochten werden, als eine Rechtsverletzung durch die Androhung selbst behauptet wird.

(2) Wird ein Zwangsmittel ohne vorausgehenden Verwaltungsakt angewendet (§ 6 Abs. 2), so sind hiergegen die Rechtsmittel zulässig, die gegen Verwaltungsakte allgemein gegeben sind.

Dritter Abschnitt
Kosten

§ 19 Kosten

(1) [1]Für Amtshandlungen nach diesem Gesetz werden Kosten (Gebühren und Auslagen) gemäß § 337 Abs. 1, §§ 338 bis 346 der Abgabenordnung erhoben. [2]Für die Gewährung einer Entschädigung an Auskunftspflichtige, Sachverständige und Treuhänder gelten §§ 107 und 318 Abs. 5 der Abgabenordnung.

(2) [1]Für die Mahnung nach § 3 Abs. 3 wird eine Mahngebühr erhoben. [2]Sie beträgt ein halbes Prozent des Mahnbetrages, mindestens jedoch 5 Euro und höchstens 150 Euro. [3]Die Mahngebühr wird auf volle Euro aufgerundet.

(3) Soweit die Bundespolizei nach diesem Gesetz tätig wird, werden Gebühren und Auslagen nach dem Bundesgebührengesetz erhoben.

§ 19a Vollstreckungspauschale, Verordnungsermächtigung

(1) [1]Bundesunmittelbare Körperschaften und Anstalten des öffentlichen Rechts, die den Vollstreckungsbehörden der Bundesfinanzverwaltung nach § 4 Buchstabe b Vollstreckungsanordnungen übermitteln, sind verpflichtet, für jede ab dem 1. Juli 2014 übermittelte Vollstreckungsanordnung einen Pauschalbetrag für bei den Vollstreckungsschuldnern uneinbringliche Gebühren und Auslagen (Vollstreckungspauschale) zu zahlen. [2]Dies gilt nicht für Vollstreckungsanordnungen wegen Geldforderungen nach dem Bundeskindergeldgesetz.

(2) Die Vollstreckungspauschale bemisst sich nach dem Gesamtbetrag der im Berechnungszeitraum auf Grund von Vollstreckungsanordnungen der juristischen Personen nach Absatz 1 festgesetzten Gebühren und Auslagen, die bei den Vollstreckungsschuldnern nicht beigetrieben werden konnten, geteilt durch die Anzahl aller in diesem Zeitraum von diesen Anordnungsbehörden übermittelten Vollstreckungsanordnungen.

(3) Das Bundesministerium der Finanzen wird ermächtigt, im Einvernehmen mit dem Bundesministerium für Arbeit und Soziales und dem Bundesministerium für Gesundheit durch Rechtsverordnung, die nicht der Zustimmung des Bundesrates bedarf, die Höhe der Vollstreckungspauschale zu bestimmen sowie den Berechnungszeitraum, die Entstehung und die Fälligkeit der Vollstreckungspauschale, den Abrechnungszeitraum, das Abrechnungsverfahren und die abrechnende Stelle zu regeln.

(4) Die Höhe der Vollstreckungspauschale ist durch das Bundesministerium der Finanzen nach Maßgabe des Absatzes 2 alle drei Jahre zu überprüfen und durch Rechtsverordnung nach Absatz 3 anzupassen, wenn die nach Maßgabe des Absatzes 2 berechnete Vollstreckungspauschale um mehr als 20 Prozent von der Vollstreckungspauschale in der geltenden Fassung abweicht.

(5) Die juristischen Personen nach Absatz 1 sind nicht berechtigt, den Vollstreckungsschuldner mit der Vollstreckungspauschale zu belasten.

Vierter Abschnitt
Übergangs- und Schlußvorschriften

§ 20 Außerkrafttreten früherer Bestimmungen

Soweit die Vollstreckung in Bundesgesetzen abweichend von diesem Gesetz geregelt ist, sind für Bundesbehörden und bundesunmittelbare juristische Personen des öffentlichen Rechts die Bestimmungen dieses Gesetzes anzuwenden; § 1 Abs. 3 bleibt unberührt.

§ 21 (weggefallen)

§ 22 Inkrafttreten

Dieses Gesetz tritt am 1. Mai 1953 in Kraft.

Grundgesetz für die Bundesrepublik Deutschland (GG)

in der im Bundesgesetzblatt Teil III, Gliederungsnummer 100-1, veröffentlichten bereinigten Fassung, zuletzt geändert durch Artikel 1 des Gesetzes vom 19. Dezember 2022 (BGBl. I S. 2478)

– Auszug –

VII. Die Gesetzgebung des Bundes

Art. 72

(1) Im Bereich der konkurrierenden Gesetzgebung haben die Länder die Befugnis zur Gesetzgebung, solange und soweit der Bund von seiner Gesetzgebungszuständigkeit nicht durch Gesetz Gebrauch gemacht hat.

(2) Auf den Gebieten des Artikels 74 Abs. 1 Nr. 4, 7, 11, 13, 15, 19a, 20, 22, 25 und 26 hat der Bund das Gesetzgebungsrecht, wenn und soweit die Herstellung gleichwertiger Lebensverhältnisse im Bundesgebiet oder die Wahrung der Rechts- oder Wirtschaftseinheit im gesamtstaatlichen Interesse eine bundesgesetzliche Regelung erforderlich macht.

(3) [1]Hat der Bund von seiner Gesetzgebungszuständigkeit Gebrauch gemacht, können die Länder durch Gesetz hiervon abweichende Regelungen treffen über:

1. das Jagdwesen (ohne das Recht der Jagdscheine);
2. den Naturschutz und die Landschaftspflege (ohne die allgemeinen Grundsätze des Naturschutzes, das Recht des Artenschutzes oder des Meeresnaturschutzes);
3. die Bodenverteilung;
4. die Raumordnung;
5. den Wasserhaushalt (ohne stoff- oder anlagenbezogene Regelungen);
6. die Hochschulzulassung und die Hochschulabschlüsse.
7. die Grundsteuer

[2]Bundesgesetze auf diesen Gebieten treten frühestens sechs Monate nach ihrer Verkündung in Kraft, soweit nicht mit Zustimmung des Bundesrates anderes bestimmt ist. [3]Auf den Gebieten des Satzes 1 geht im Verhältnis von Bundes- und Landesrecht das jeweils spätere Gesetz vor.

(4) Durch Bundesgesetz kann bestimmt werden, daß eine bundesgesetzliche Regelung, für die eine Erforderlichkeit im Sinne des Absatzes 2 nicht mehr besteht, durch Landesrecht ersetzt werden kann.

Art. 74

(1) Die konkurrierende Gesetzgebung erstreckt sich auf folgende Gebiete:

(1.–12. nicht abgedruckt)

13. die Regelung der Ausbildungsbeihilfen und die Förderung der wissenschaftlichen Forschung;

(14.–33. nicht abgedruckt)

(Abs. 2 nicht abgedruckt)

VIII. Die Ausführung der Bundesgesetze und die Bundesverwaltung

Art. 85

(1) [1]Führen die Länder die Bundesgesetze im Auftrage des Bundes aus, so bleibt die Einrichtung der Behörden Angelegenheit der Länder, soweit nicht Bundesgesetze mit Zustimmung des Bundesrates etwas anderes bestimmen. [2]Durch Bundesgesetz dürfen Gemeinden und Gemeindeverbänden Aufgaben nicht übertragen werden.

(2) [1]Die Bundesregierung kann mit Zustimmung des Bundesrates allgemeine Verwaltungsvorschriften erlassen. [2]Sie kann die einheitliche Ausbildung der Beamten und Angestellten regeln. [3]Die Leiter der Mittelbehörden sind mit ihrem Einvernehmen zu bestellen.

(3) [1]Die Landesbehörden unterstehen den Weisungen der zuständigen obersten Bundesbehörden. [2]Die Weisungen sind, außer wenn die Bundesregierung es für dringlich erachtet, an die obersten Landesbehörden zu richten. [3]Der Vollzug der Weisung ist durch die obersten Landesbehörden sicherzustellen.

(4) [1]Die Bundesaufsicht erstreckt sich auf Gesetzmäßigkeit und Zweckmäßigkeit der Ausführung. [2]Die Bundesregierung kann zu diesem Zwecke Bericht und Vorlage der Akten verlangen und Beauftragte zu allen Behörden entsenden.

X. Das Finanzwesen

Art. 104a

(1) Der Bund und die Länder tragen gesondert die Ausgaben, die sich aus der Wahrnehmung ihrer Aufgaben ergeben, soweit dieses Grundgesetz nichts anderes bestimmt.

(2) Handeln die Länder im Auftrage des Bundes, trägt der Bund die sich daraus ergebenden Ausgaben.

(3) [1]Bundesgesetze, die Geldleistungen gewähren und von den Ländern ausgeführt werden, können bestimmen, daß die Geldleistungen ganz oder zum Teil vom Bund getragen werden. [2]Bestimmt das Gesetz, daß der Bund die Hälfte der Ausgaben oder mehr trägt, wird es im Auftrage des Bundes durchgeführt. [3]Bei der Gewährung von Leistungen für

Unterkunft und Heizung auf dem Gebiet der Grundsicherung für Arbeitsuchende wird das Gesetz im Auftrage des Bundes ausgeführt, wenn der Bund drei Viertel der Ausgaben oder mehr trägt.

(4) Bundesgesetze, die Pflichten der Länder zur Erbringung von Geldleistungen, geldwerten Sachleistungen oder vergleichbaren Dienstleistungen gegenüber Dritten begründen und von den Ländern als eigene Angelegenheit oder nach Absatz 3 Satz 2 im Auftrag des Bundes ausgeführt werden, bedürfen der Zustimmung des Bundesrates, wenn daraus entstehende Ausgaben von den Ländern zu tragen sind.

(5) [1]Der Bund und die Länder tragen die bei ihren Behörden entstehenden Verwaltungsausgaben und haften im Verhältnis zueinander für eine ordnungsmäßige Verwaltung. [2]Das Nähere bestimmt ein Bundesgesetz, das der Zustimmung des Bundesrates bedarf.

(Abs. 6 nicht abgedruckt)

XI. Übergangs- und Schlußbestimmungen

Art. 116

(1) Deutscher im Sinne dieses Grundgesetzes ist vorbehaltlich anderweitiger gesetzlicher Regelung, wer die deutsche Staatsangehörigkeit besitzt oder als Flüchtling oder Vertriebener deutscher Volkszugehörigkeit oder als dessen Ehegatte oder Abkömmling in dem Gebiete des Deutschen Reiches nach dem Stande vom 31. Dezember 1937 Aufnahme gefunden hat.

(2) [1]Frühere deutsche Staatsangehörige, denen zwischen dem 30. Januar 1933 und dem 8. Mai 1945 die Staatsangehörigkeit aus politischen, rassischen oder religiösen Gründen entzogen worden ist, und ihre Abkömmlinge sind auf Antrag wieder einzubürgern. [2]Sie gelten als nicht ausgebürgert, sofern sie nach dem 8. Mai 1945 ihren Wohnsitz in Deutschland genommen haben und nicht einen entgegengesetzten Willen zum Ausdruck gebracht haben.

Gesetz über Ordnungswidrigkeiten (OWiG)

in der Fassung der Bekanntmachung vom 19. Februar 1987 (BGBl. I S. 602), das zuletzt durch Artikel 5 des Gesetzes vom 14. März 2023 (BGBl. I Nr. 73) geändert worden ist

– Auszug –

Dritter Abschnitt
Geldbuße

§ 17 Höhe der Geldbuße

(1) Die Geldbuße beträgt mindestens fünf Euro und, wenn das Gesetz nichts anderes bestimmt, höchstens eintausend Euro.

(2) Droht das Gesetz für vorsätzliches und fahrlässiges Handeln Geldbuße an, ohne im Höchstmaß zu unterscheiden, so kann fahrlässiges Handeln im Höchstmaß nur mit der Hälfte des angedrohten Höchstbetrages der Geldbuße geahndet werden.

(3) [1]Grundlage für die Zumessung der Geldbuße sind die Bedeutung der Ordnungswidrigkeit und der Vorwurf, der den Täter trifft. [2]Auch die wirtschaftlichen Verhältnisse des Täters kommen in Betracht; bei geringfügigen Ordnungswidrigkeiten bleiben sie jedoch in der Regel unberücksichtigt.

(4) [1]Die Geldbuße soll den wirtschaftlichen Vorteil, den der Täter aus der Ordnungswidrigkeit gezogen hat, übersteigen. [2]Reicht das gesetzliche Höchstmaß hierzu nicht aus, so kann es überschritten werden.

Siebenter Abschnitt
Verjährung

§ 31 Verfolgungsverjährung

(1) [1]Durch die Verjährung werden die Verfolgung von Ordnungswidrigkeiten und die Anordnung von Nebenfolgen ausgeschlossen. [2]§ 27 Abs. 2 Satz 1 Nr. 1 bleibt unberührt.

(2) Die Verfolgung von Ordnungswidrigkeiten verjährt, wenn das Gesetz nichts anderes bestimmt,

1. in drei Jahren bei Ordnungswidrigkeiten, die mit Geldbuße im Höchstmaß von mehr als fünfzehntausend Euro bedroht sind,
2. in zwei Jahren bei Ordnungswidrigkeiten, die mit Geldbuße im Höchstmaß von mehr als zweitausendfünfhundert bis zu fünfzehntausend Euro bedroht sind,
3. in einem Jahr bei Ordnungswidrigkeiten, die mit Geldbuße im Höchstmaß von mehr als eintausend bis zu zweitausendfünfhundert Euro bedroht sind,
4. in sechs Monaten bei den übrigen Ordnungswidrigkeiten.

(3) [1]Die Verjährung beginnt, sobald die Handlung beendet ist. [2]Tritt ein zum Tatbestand gehörender Erfolg erst später ein, so beginnt die Verjährung mit diesem Zeitpunkt.

§ 32 Ruhen der Verfolgungsverjährung

(1) [1]Die Verjährung ruht, solange nach dem Gesetz die Verfolgung nicht begonnen oder nicht fortgesetzt werden kann. [2]Dies gilt nicht, wenn die Handlung nur deshalb nicht verfolgt werden kann, weil Antrag oder Ermächtigung fehlen.

(2) Ist vor Ablauf der Verjährungsfrist ein Urteil des ersten Rechtszuges oder ein Beschluß nach § 72 ergangen, so läuft die Verjährungsfrist nicht vor dem Zeitpunkt ab, in dem das Verfahren rechtskräftig abgeschlossen ist.

§ 33 Unterbrechung der Verfolgungsverjährung

(1) [1]Die Verjährung wird unterbrochen durch

1. die erste Vernehmung des Betroffenen, die Bekanntgabe, daß gegen ihn das Ermittlungsverfahren eingeleitet ist, oder die Anordnung dieser Vernehmung oder Bekanntgabe,
2. jede richterliche Vernehmung des Betroffenen oder eines Zeugen oder die Anordnung dieser Vernehmung,
3. jede Beauftragung eines Sachverständigen durch die Verfolgungsbehörde oder den Richter, wenn vorher der Betroffene vernommen oder ihm die Einleitung des Ermittlungsverfahrens bekanntgegeben worden ist,
4. jede Beschlagnahme- oder Durchsuchungsanordnung der Verfolgungsbehörde oder des Richters und richterliche Entscheidungen, welche diese aufrechterhalten,
5. die vorläufige Einstellung des Verfahrens wegen Abwesenheit des Betroffenen durch die Verfolgungsbehörde oder den Richter sowie jede Anordnung der Verfolgungsbehörde oder des Richters, die nach einer solchen Einstellung des Verfahrens zur Ermittlung des Aufenthalts des Betroffenen oder zur Sicherung von Beweisen ergeht,
6. jedes Ersuchen der Verfolgungsbehörde oder des Richters, eine Untersuchungshandlung im Ausland vorzunehmen,
7. die gesetzlich bestimmte Anhörung einer anderen Behörde durch die Verfolgungsbehörde vor Abschluß der Ermittlungen,
8. die Abgabe der Sache durch die Staatsanwaltschaft an die Verwaltungsbehörde nach § 43,
9. den Erlaß des Bußgeldbescheides, sofern er binnen zwei Wochen zugestellt wird, ansonsten durch die Zustellung,
10. den Eingang der Akten beim Amtsgericht gemäß § 69 Abs. 3 Satz 1 und Abs. 5 Satz 2 und die Zurückverweisung der Sache an die Verwaltungsbehörde nach § 69 Abs. 5 Satz 1,

11. jede Anberaumung einer Hauptverhandlung,
12. den Hinweis auf die Möglichkeit, ohne Hauptverhandlung zu entscheiden (§ 72 Abs. 1 Satz 2),
13. die Erhebung der öffentlichen Klage,
14. die Eröffnung des Hauptverfahrens,
15. den Strafbefehl oder eine andere dem Urteil entsprechende Entscheidung.

[2]Im selbständigen Verfahren wegen der Anordnung einer Nebenfolge oder der Festsetzung einer Geldbuße gegen eine juristische Person oder Personenvereinigung wird die Verjährung durch die dem Satz 1 entsprechenden Handlungen zur Durchführung des selbständigen Verfahrens unterbrochen.

(2) [1]Die Verjährung ist bei einer schriftlichen Anordnung oder Entscheidung in dem Zeitpunkt unterbrochen, in dem die Anordnung oder Entscheidung abgefasst wird. [2]Ist das Dokument nicht alsbald nach der Abfassung in den Geschäftsgang gelangt, so ist der Zeitpunkt maßgebend, in dem es tatsächlich in den Geschäftsgang gegeben worden ist.

(3) [1]Nach jeder Unterbrechung beginnt die Verjährung von neuem. [2]Die Verfolgung ist jedoch spätestens verjährt, wenn seit dem in § 31 Abs. 3 bezeichneten Zeitpunkt das Doppelte der gesetzlichen Verjährungsfrist, mindestens jedoch zwei Jahre verstrichen sind. [3]Wird jemandem in einem bei Gericht anhängigen Verfahren eine Handlung zur Last gelegt, die gleichzeitig Straftat und Ordnungswidrigkeit ist, so gilt als gesetzliche Verjährungsfrist im Sinne des Satzes 2 die Frist, die sich aus der Strafdrohung ergibt. [4]§ 32 bleibt unberührt.

(4) [1]Die Unterbrechung wirkt nur gegenüber demjenigen, auf den sich die Handlung bezieht. [2]Die Unterbrechung tritt in den Fällen des Absatzes 1 Satz 1 Nr. 1 bis 7, 11 und 13 bis 15 auch dann ein, wenn die Handlung auf die Verfolgung der Tat als Straftat gerichtet ist.

§ 34 Vollstreckungsverjährung

(1) Eine rechtskräftig festgesetzte Geldbuße darf nach Ablauf der Verjährungsfrist nicht mehr vollstreckt werden.

(2) Die Verjährungsfrist beträgt

1. fünf Jahre bei einer Geldbuße von mehr als eintausend Euro,
2. drei Jahre bei einer Geldbuße bis zu eintausend Euro.

(3) Die Verjährung beginnt mit der Rechtskraft der Entscheidung.

(4) Die Verjährung ruht, solange

1. nach dem Gesetz die Vollstreckung nicht begonnen oder nicht fortgesetzt werden kann,
2. die Vollstreckung ausgesetzt ist oder
3. eine Zahlungserleichterung bewilligt ist.

(5) [1]Die Absätze 1 bis 4 gelten entsprechend für Nebenfolgen, die zu einer Geldzahlung verpflichten. [2]Ist eine solche Nebenfolge neben einer Geldbuße angeordnet, so verjährt die Vollstreckung der einen Rechtsfolge nicht früher als die der anderen.

Erster Abschnitt
Zuständigkeit zur Verfolgung und Ahndung von Ordnungswidrigkeiten

§ 35 Verfolgung und Ahndung durch die Verwaltungsbehörde

(1) Für die Verfolgung von Ordnungswidrigkeiten ist die Verwaltungsbehörde zuständig, soweit nicht hierzu nach diesem Gesetz die Staatsanwaltschaft oder an ihrer Stelle für einzelne Verfolgungshandlungen der Richter berufen ist.

(2) Die Verwaltungsbehörde ist auch für die Ahndung von Ordnungswidrigkeiten zuständig, soweit nicht hierzu nach diesem Gesetz das Gericht berufen ist.

§ 36 Sachliche Zuständigkeit der Verwaltungsbehörde

(1) Sachlich zuständig ist

1. die Verwaltungsbehörde, die durch Gesetz bestimmt wird,
2. mangels einer solchen Bestimmung
   a) die fachlich zuständige oberste Landesbehörde oder
   b) das fachlich zuständige Bundesministerium, soweit das Gesetz von Bundesbehörden ausgeführt wird.

(2) [1]Die Landesregierung kann die Zuständigkeit nach Absatz 1 Nr. 2 Buchstabe a durch Rechtsverordnung auf eine andere Behörde oder sonstige Stelle übertragen. [2]Die Landesregierung kann die Ermächtigung auf die oberste Landesbehörde übertragen.

(3) Das nach Absatz 1 Nr. 2 Buchstabe b zuständige Bundesministerium kann seine Zuständigkeit durch Rechtsverordnung, die nicht der Zustimmung des Bundesrates bedarf, auf eine andere Behörde oder sonstige Stelle übertragen.

§ 37 Örtliche Zuständigkeit der Verwaltungsbehörde

(1) Örtlich zuständig ist die Verwaltungsbehörde, in deren Bezirk

1. die Ordnungswidrigkeit begangen oder entdeckt worden ist oder
2. der Betroffene zur Zeit der Einleitung des Bußgeldverfahrens seinen Wohnsitz hat.

(2) Ändert sich der Wohnsitz des Betroffenen nach Einleitung des Bußgeldverfahrens, so ist auch die Verwaltungsbehörde örtlich zuständig, in deren Bezirk der neue Wohnsitz liegt.

(3) Hat der Betroffene im räumlichen Geltungsbereich dieses Gesetzes keinen Wohnsitz, so wird die Zuständigkeit auch durch den gewöhnlichen Aufenthaltsort bestimmt.

(4) [1]Ist die Ordnungswidrigkeit auf einem Schiff, das berechtigt ist, die Bundesflagge zu führen, außerhalb des räumlichen Geltungsbereichs dieses Gesetzes begangen worden, so ist auch die Verwaltungsbehörde örtlich zuständig, in deren Bezirk der Heimathafen oder der Hafen im räumlichen Geltungsbereich dieses Gesetzes liegt, den das Schiff nach der Tat zuerst erreicht. [2]Satz 1 gilt entsprechend für Luftfahrzeuge, die berechtigt sind, das Staatszugehörigkeitszeichen der Bundesrepublik Deutschland zu führen.

§ 38 Zusammenhängende Ordnungswidrigkeiten

[1]Bei zusammenhängenden Ordnungswidrigkeiten, die einzeln nach § 37 zur Zuständigkeit verschiedener Verwaltungsbehörden gehören würden, ist jede dieser Verwaltungsbehörden zuständig. [2]Zwischen mehreren Ordnungswidrigkeiten besteht ein Zusammenhang, wenn jemand mehrerer Ordnungswidrigkeiten beschuldigt wird oder wenn hinsichtlich derselben Tat mehrere Personen einer Ordnungswidrigkeit beschuldigt werden.

§ 39 Mehrfache Zuständigkeit

(1) [1]Sind nach den §§ 36 bis 38 mehrere Verwaltungsbehörden zuständig, so gebührt der Vorzug der Verwaltungsbehörde, die wegen der Tat den Betroffenen zuerst vernommen hat, ihn durch die Polizei zuerst hat vernehmen lassen oder der die Akten von der Polizei nach der Vernehmung des Betroffenen zuerst übersandt worden sind. [2]Diese Verwaltungsbehörde kann in den Fällen des § 38 das Verfahren wegen der zusammenhängenden Tat wieder abtrennen.

(2) [1]In den Fällen des Absatzes 1 Satz 1 kann die Verfolgung und Ahndung jedoch einer anderen der zuständigen Verwaltungsbehörden durch eine Vereinbarung dieser Verwaltungsbehörden übertragen werden, wenn dies zur Beschleunigung oder Vereinfachung des Verfahrens oder aus anderen Gründen sachdienlich erscheint. [2]Sind mehrere Verwaltungsbehörden sachlich zuständig, so soll die Verwaltungsbehörde, der nach Absatz 1 Satz 1 der Vorzug gebührt, die anderen sachlich zuständigen Verwaltungsbehörden spätestens vor dem Abschluß der Ermittlungen hören.

(3) Kommt eine Vereinbarung nach Absatz 2 Satz 1 nicht zustande, so entscheidet auf Antrag einer der beteiligten Verwaltungsbehörden

1. die gemeinsame nächsthöhere Verwaltungsbehörde,
2. wenn eine gemeinsame höhere Verwaltungsbehörde fehlt, das nach § 68 zuständige gemeinsame Gericht und,
3. wenn nach § 68 verschiedene Gerichte zuständig wären, das für diese Gerichte gemeinsame obere Gericht.

(4) In den Fällen der Absätze 2 und 3 kann die Übertragung in gleicher Weise wieder aufgehoben werden.

§ 40 Verfolgung durch die Staatsanwaltschaft

Im Strafverfahren ist die Staatsanwaltschaft für die Verfolgung der Tat auch unter dem rechtlichen Gesichtspunkt einer Ordnungswidrigkeit zuständig, soweit ein Gesetz nichts anderes bestimmt.

§ 41 Abgabe an die Staatsanwaltschaft

(1) Die Verwaltungsbehörde gibt die Sache an die Staatsanwaltschaft ab, wenn Anhaltspunkte dafür vorhanden sind, daß die Tat eine Straftat ist.

(2) Sieht die Staatsanwaltschaft davon ab, ein Strafverfahren einzuleiten, so gibt sie die Sache an die Verwaltungsbehörde zurück.

Strafgesetzbuch (StGB)

in der Fassung der Bekanntmachung vom 13. November 1998 (BGBl I S. 3322), das zuletzt durch Artikel 1 des Gesetzes vom 24. Juni 2024 (BGBl. 2024 I Nr. 213) geändert worden ist

– Auszug –

Zwölfter Abschnitt
Straftaten gegen den Personenstand, die Ehe und die Familie

§ 170 Verletzung der Unterhaltspflicht

(1) Wer sich einer gesetzlichen Unterhaltspflicht entzieht, so daß der Lebensbedarf des Unterhaltsberechtigten gefährdet ist oder ohne die Hilfe anderer gefährdet wäre, wird mit Freiheitsstrafe bis zu drei Jahren oder mit Geldstrafe bestraft.

(2) Wer einer Schwangeren zum Unterhalt verpflichtet ist und ihr diesen Unterhalt in verwerflicher Weise vorenthält und dadurch den Schwangerschaftsabbruch bewirkt, wird mit Freiheitsstrafe bis zu fünf Jahren oder mit Geldstrafe bestraft.

Zweiundzwanzigster Abschnitt
Betrug und Untreue

§ 263 Betrug

(1) Wer in der Absicht, sich oder einem Dritten einen rechtswidrigen Vermögensvorteil zu verschaffen, das Vermögen eines anderen dadurch beschädigt, daß er durch Vorspiegelung falscher oder durch Entstellung oder Unterdrückung wahrer Tatsachen einen Irrtum erregt oder unterhält, wird mit Freiheitsstrafe bis zu fünf Jahren oder mit Geldstrafe bestraft.

(2) Der Versuch ist strafbar.

(3) [1]In besonders schweren Fällen ist die Strafe Freiheitsstrafe von sechs Monaten bis zu zehn Jahren. [2]Ein besonders schwerer Fall liegt in der Regel vor, wenn der Täter

1. gewerbsmäßig oder als Mitglied einer Bande handelt, die sich zur fortgesetzten Begehung von Urkundenfälschung oder Betrug verbunden hat,
2. einen Vermögensverlust großen Ausmaßes herbeiführt oder in der Absicht handelt, durch die fortgesetzte Begehung von Betrug eine große Zahl von Menschen in die Gefahr des Verlustes von Vermögenswerten zu bringen,
3. eine andere Person in wirtschaftliche Not bringt,

4. seine Befugnisse oder seine Stellung als Amtsträger oder Europäischer Amtsträger mißbraucht oder
5. einen Versicherungsfall vortäuscht, nachdem er oder ein anderer zu diesem Zweck eine Sache von bedeutendem Wert in Brand gesetzt oder durch eine Brandlegung ganz oder teilweise zerstört oder ein Schiff zum Sinken oder Stranden gebracht hat.

(4) § 243 Abs. 2 sowie die §§ 247 und 248a gelten entsprechend.

(5) Mit Freiheitsstrafe von einem Jahr bis zu zehn Jahren, in minder schweren Fällen mit Freiheitsstrafe von sechs Monaten bis zu fünf Jahren wird bestraft, wer den Betrug als Mitglied einer Bande, die sich zur fortgesetzten Begehung von Straftaten nach den §§ 263 bis 264 oder 267 bis 269 verbunden hat, gewerbsmäßig begeht.

(6) Das Gericht kann Führungsaufsicht anordnen (§ 68 Abs. 1).

(7) (weggefallen)

Dreiundzwanzigster Abschnitt Urkundenfälschung

§ 267 Urkundenfälschung

(1) Wer zur Täuschung im Rechtsverkehr eine unechte Urkunde herstellt, eine echte Urkunde verfälscht oder eine unechte oder verfälschte Urkunde gebraucht, wird mit Freiheitsstrafe bis zu fünf Jahren oder mit Geldstrafe bestraft.

(2) Der Versuch ist strafbar.

(3) [1]In besonders schweren Fällen ist die Strafe Freiheitsstrafe von sechs Monaten bis zu zehn Jahren. [2]Ein besonders schwerer Fall liegt in der Regel vor, wenn der Täter

1. gewerbsmäßig oder als Mitglied einer Bande handelt, die sich zur fortgesetzten Begehung von Betrug oder Urkundenfälschung verbunden hat,
2. einen Vermögensverlust großen Ausmaßes herbeiführt,
3. durch eine große Zahl von unechten oder verfälschten Urkunden die Sicherheit des Rechtsverkehrs erheblich gefährdet oder
4. seine Befugnisse oder seine Stellung als Amtsträger oder Europäischer Amtsträger oder Europäischer Amtsträger mißbraucht.

(4) Mit Freiheitsstrafe von einem Jahr bis zu zehn Jahren, in minder schweren Fällen mit Freiheitsstrafe von sechs Monaten bis zu fünf Jahren wird bestraft, wer die Urkundenfälschung als Mitglied einer Bande, die sich zur fortgesetzten Begehung von Straftaten nach den §§ 263 bis 264 oder 267 bis 269 verbunden hat, gewerbsmäßig begeht.

Stichwortverzeichnis

Die fett gedruckten Zahlen bezeichnen die Ordnungsnummer der jeweiligen Norm, z.B. **1** = BAföG.

(Praktiker/innen ist aufgefallen, dass manchmal nicht Stichworte, sondern „Werte in Zahlen" gesucht werden. Deshalb sind hier wichtige vorangestellt.)

1 Monat **1** §§ 15b Abs. 2, 51 Abs. 1
1 Jahr Bewilligungszeitraum **1** § 50 Abs. 3
1 Jahr Bindung an Vorabbescheid **1** § 46 Abs. 5 Satz 3
1 Jahr Kenntnis **10** § 45 Abs. 4
2 Monate **1** §§ 50 Abs. 4, 15b Abs. 2a
2 Monate Vorausleistung rückwirkend **1** VwV Tz 36.1.17
2 Semester unbeachtlich **1** §§ 5a, 7 Abs. 3
2 Jahre alter Steuerbescheid **1** §§ 24 Abs. 1, 15 Abs. 3a
2. Bildungsweg **1** § 7 Abs. 2 Nr. 4
3 Tage Unterbrechung Schule **1** VwV Tz 20.2.2
3 Semester **1** §§ 7 Abs. 3, 16 Abs. 2
3. Ausbildung **1** VwV Tz 7.2.18
3 Monate krank **1** § 15 Abs. 2a
3 Jahre **1** VwV Tz 10.3.4
4 Monate für Vorlage Leistungsnachweis **1** § 48 Abs. 1 Satz 2
4 Semester Universität-Zugang **1** Erl. zu § 7, Nr. 14
4 Jahre Steuerbescheid wirksam **1** VwV Tz 24.2.1
4 Jahre Titel **1** VwV Tz 36.4.1
4 Jahre Anfechtbarkeit **15** § 44
5/6 Jahre **1** § 11 Abs. 3
6 % Zinsen **1** §§ 37, 47a; Stundung siehe jeweilige LandeshaushaltsO
6 Tage Unterbrechung Hochschule **1** VwV Tz 20.2.2
6 Wochen Bearbeitungszeit **1** § 51 Abs. 2
10 €-Auszahlungs-Bagatellgrenze **1** § 51 Abs. 4
12/15 Monate **1** VwV Tz 50.3.3
14 Tage **1** VwV Tz 28.2.1
20 h/Woche **1** VwV Tz 2.5.2
30 ECTS-Leistungspunkte **1** VwV Tz 2.5.2
40h/Woche **1** VwV Tz 2.5.3
140 € Pauschalbetrag **1** VwV Tz 21.1.32
300 € Freibetrag Stipendien **1** § 21 Abs. 1 Satz 1 Nr. 2
10.010 € Darlehensrückzahlungs-Deckelung **1** § 18 Abs. 13

Abfindung **1** VwV Tz 21.1.43, **2** § 2 Nr. 5
Abschlussförderung
– „Hilfe zum Studienabschluss" **1** § 15 Abs. 5
Adoption **1** VwV Tz 25.5.1
Akteneinsicht **15** § 25
Alter **1** § 10, § 11 Abs. 3
– maßgebliches Geburtsdatum **10** § 33a
Altersentlastungsbetrag **20** § 24a
Altersgrenze (BAföG) **1** § 10
Altersvorsorge **1** VwV Tz 21.1.33, Tz 27.2.2

Ämter für Ausbildungsförderung **1** § 40
Amtsermittlungsgrundsatz **15** § 20
Amtshilfepflicht **15** § 3
Amtssprache **15** § 19
Anhörung **15** § 24
– im Vorausleistungsverfahren **1** § 36
Anpassung der Bedarfssätze und Freibeträge **1** § 35
Anrechnung Ausbildungszeiten **1** VwV Tz 7.1.4, Tz 15a.2.1
Antrag auf konkrete Berechnung Geschwistereinkommen **1** VwV Tz 21.1.32
Antrag auf Leistungen nach dem AFBG **19** § 19
Antrag auf Leistungen nach dem BAföG **1** § 46, **4**
Antragsrücknahme **1** Erl. zu § 15 1, **10** § 46
Aufenthaltsgesetz **24**
Aufklärungspflicht **10** § 13
Aufrechnung **1** § 19, 10 § 51
Aufstiegsfortbildungsförderungsgesetz (AFBG) **19**
Ausbildung
– Aufnahme und Beendigung **1** § 15b
– Erstausbildung und weitere Ausbildung **1** § 7
– im Ausland **1** §§ 5, 5a, 6 , 12 Abs. 4, 13 Abs. 4, 15a Absatz 1, 15b Abs. 2a, 16, VwV Tz 7.3.19
– im Inland **1** § 4
– Wechsel/Abbruch der Ausbildung **1** § 7 Abs. 3
Ausbildungsstätten (BAföG) **1** § 2
Ausbildungsstätten (sonstige)
– Ausbildungsförderung für Medizinalfachberufe und für Pflegeberufe **1a** § 1
– Ausbildungsstätten, an denen Schulversuche durchgeführt werden **1f** § 1
– Ausbildungsstätten für Kirchenberufe **1d** § 1
– Ausbildungsstätten für Psychotherapie**1e** § 1
– Institute zur Ausbildung von Fach- und Sportlehrern **1c** § 1
– Trainerakademie Köln e.V.**1g** § 1
Ausbildungsvergütung **1** § 23 Abs. 3
Auskunftspflicht **1** §§ 47, 58, **10** §§ 15, 60, **15** §§ 98 ff., **19** § 21, **21** § 93, **27** § 1605
Auslandsförderung **1** § 5
Auslandszuschlag **1** § 13, 7
Auslandszuständigkeit **6**
Außergewöhnliche Belastung **1** § 23 Abs. 5, 25 Abs. 6
Auszahlung **1** § 51
– von Geldleistungen **10** § 47
Auto **1** VwV Tz 27.2.5

Bachelor- und Masterstudiengänge **1** § 7 Abs. 1a, **26** § 19
Bankdarlehen **1** § 18c
Bausparvertrag **1** VwV Tz 20.3.4
Bedarf
– für Praktikanten **1** § 14
– für Schüler **1** § 12
– für Studierende **1** § 13
– Zuschläge bei Ausbildung im Ausland **7** §§ 1 ff.
Befangenheit **15** § 17
Beglaubigung **15** §§ 29 f.

Behinderung (sozialrechtliche Definition) **14** § 2
Beirat für Ausbildungsförderung **1** § 44
Beitragssatz zur gesetzlichen Krankenversicherung **13** §§ 241 ff.
Belehrungspflicht Eltern **1** § 37 Abs. 4 Nr.2
Beratungsanspruch **1** § 41 Abs. 3, **10** § 14
Berechnungsanspruch der Auszubildenden **1** VwV Tz. 21.1.32, 23.2.5, 25.3.12
Berechnungsfehler nur zugunsten Auszubildenden **1** VwV Tz 20.1.4, Erl. 20.16
Bescheid
- AFBG**19** § 23
- Änderung **1** § 53, **19** § 23
- BAföG **1** § 50
Betreuungsgeld: Nichtanrechnung auf BAföG **23** § 10
Betrug **32** § 263
Beurlaubung **1** VwV Tz 15.2.4
Bewilligungszeitraum **1** § 50 Abs. 3 und 4
Brexit **1** § 66b
Bußgeldvorschriften **1** § 58, **15** § 85, **18** § 29

Darlehen **1** §§ 18 ff., **18** § 13
„Darlehensdeckelung" **1** § 18 Abs. 13
Darlehenseinziehung **8**
Darlehensvertrag **27** §§ 488 ff.
Datenabgleich zum Vermögen der Auszubildenden **1** § 41 Abs. 4
Datenschutz **15** § 67a ff.
Deutsches Studentenwerk **1** § 44 Abs. 2
„Deutschlandstipendium" **9**
Doktorand **1** VwV Tz 7.2.4
Doppelte Haushaltsführung **1** VwV Tz 23.3.1
Duales Studium **1** VwV Tz 7.1.10, Tz 23.3.1

Eignung **1** § 9, **18** § 9
Einkommen
- Begriff **1** § 21
- Berechnungszeitraum für Einkommen des Auszubildenden **1** § 22
- Berechnungszeitraum für Einkommen von Eltern, Ehegatten, Lebenspartnern **1** § 24
Einkommens- und Vermögensanrechnung (AFBG) **19** § 17
Einkommensverordnung **2**
Einnahmen **20** § 8
Elterliche Sorge **27** § 1626 ff.
Elterngeld: Anrechnung auf BAföG **2** § 1 Nr. 2f, **23** § 10
Elternunabhängige Förderung **1** § 11 Abs. 3
Ermittlungsgrundsatz **15** § 20
Ersatzpflicht von Eltern/Ehegatten **1** § 47a
EURIBOR **1** § 18c Abs. 3

Fachlehrer **1c**
Fach(richtungs)wechsel **1** § 7 Abs. 3
Familienleistungsausgleich **20** § 31
Familienunterhalt **25** §§ 1360 ff.
Fehlen/Fernbleiben **1** VwV Tz 15.3.6
Fernunterricht **1** § 3
Fiktionsbescheinigung **1** § 61
Flexibilitätssemester **1** § 15 Abs. 4
„Förderung über die Förderungshöchstdauer hinaus" **1** § 15 Abs. 3

Förderungsarten
- nach dem AFBG **19** § 12
- nach dem BAföG **1** § 17

Förderungsdauer **1** § 15
- Beginn/Ende **1** § 15b
- Förderungshöchstdauer **1** § 15a
- im Ausland **1** § 16

Freibeträge
- der Eltern, Ehegatten, Lebenspartnern **1** § 25
- des Auszubildenden **1** § 23, § 29

Freizügigkeitsgesetz/EU **25**

Gewinn **20** § 4
Gewinnermittlungszeitraum **20** § 4a
Gremientätigkeit **1** § 15 Abs. 3 Nr. 3

Härtefälle **1** § 14a, **5**
Härtefreibeträge **1** § 23 Abs. 5, § 25 Abs. 6, § 29 Abs. 3
Halbgeschwister **1** VwV Tz 11.4.2, Tz 25.3.4
Hochschulgrad **26** § 18

Kapitalrente **1** VwV Tz 28.3.1
Kaufkraftausgleich **7a** § 55
Kinder
- Kinderbetreuungszuschlag **1** § 14b
- Kinderfreibeträge **1** § 23, § 25, § 29, **20** § 32
- Kindergeld **10** § 25, **20** §§ 62 ff., **27** § 1612b
- Vertretung des Kindes **27** § 1629

Kirchenberufe **1d**
Kranken- und Pflegeversicherungszuschlag **1** § 13a
Krankengeld **13** § 44
Krankheit **1** § 15 Abs. 2a und 3

Landesämter für Ausbildungsförderung **1** § 40a
Leistungsnachweis **1** § 48

Master-/Magisterstudiengang **1** § 7 Abs. 1a
Medizinalfachberufe/Pflegeberufe **1a**
„Meister-BAföG" **19**
Meisterschüler **1** VwV Tz 7.1.10
Mietzuschlag **1** § 12 Abs. 2, § 13 Abs. 2
Mitwirkungspflichten **10** §§ 60 ff.
Monatsweise Einkommen/Freibetrag **1** VwV Tz 25.3.8
Öffentlich-rechtlicher Vertrag **15** §§ 53 ff.

Notfallmechanismus **1** § 59

Ordnungswidrigkeiten **1** § 58

Pflege naher Angehöriger **1** § 15 Abs. 3 Nr. 2
Pflegeberufe **1a**
Pflegekinder **1** § 25 Abs. 5
Promotion **1** VwV Tz 7.2.4, Tz 7.1.11

Rechtsweg **1** § 54
Rechenfehler **1** VwV Tz 20.1.4, Erl. 20.16
Rechtsanwaltskosten **15** § 63
Rückzahlung **8**
- einkommensabhängige Rückzahlung **1** § 18a
- monatliche Ratenhöhe **1** § 18
- vorzeitige Rückzahlung (Teilerlass) **8** § 6

Rundung **1** § 51 Abs. 3

Sache (Begriff) **27** § 90
Schwangerschaft **1** § 15 Abs. 2a und 3
Sozialdaten **15** §§ 80 ff.
Sozialgeheimnis **10** § 35
Sozialversicherungsentgeltverordnung **3**
Staatsangehörigkeit **1** § 8, **18** § 8, **30** Art. 116
Staatsanwaltschaft
– Abgabe an die Staatsanwaltschaft **31** § 41
Statistik **1** § 55
Stiefgeschwister **1** VwV Tz 11.4.2
Stiftung **1** § 21 Abs. 3, Nr. 1, 2 und 4, VwV Tz 2.6.4
Stipendium **1** §§ 2 Abs. 4, 21 Abs. 3, 23 Abs. 4, VwV Tz 21.4.9 j
Studiengänge **26** § 10
Studiengebühren
– für Auslandsausbildung **7** § 1, § 3
Studienstarthilfe **1** §§ 56, 56a, 56b

Teilerlass
– wegen guter Leistungen **1** § 18b
– wegen schnellem Studium **1** § 18b
– wegen vorzeitiger Rückzahlung **8** § 4
Teilzeitstudium **1** VwV Tz 2.5.2, Erl. 5 zu § 2, § 15 Abs. 2 Satz 2
Tod **1** § 18 Abs. 11

Überbrückung **1** §§ 15 Abs. 2a, 15b Abs. 2a, 50 Abs. 5
Umfang der Ausbildungsförderung **1** § 11
Unberücksichtigte Ausbildungszeiten **1** § 5a
Unbillige Härte **1** §§ 23 Abs. 5, 25 Abs. 6, 29 Abs. 3
Unfallrente **1** VwV Tz 21.4.6a
Unterhalt
– Anrechnung von Leistungen **2** § 2
– aus Anlass der Geburt **27** § 1615l
– Ehegattenunterhalt **27** § 1575
– Familienunterhalt **27** §§ 1360 ff.
– Kindesunterhalt **27** §§ 1601 ff.
– Verletzung der Unterhaltspflicht (Strafbarkeit) **32** § 170
Untersuchungsgrundsatz **15** § 20
Urkundenfälschung **32** § 267
Urlaubssemester **1** VwV Tz 15.2.4, Tz 9.2.2

Verjährung
– Hemmung der Verjährung **15** § 52
– von Erstattungsansprüchen **15** § 113
– von Ordnungswidrigkeiten **31** §§ 31 ff.
– von Sozialleistungsansprüchen **10** § 45
Vermögen
– Begriff **1** § 27
– im Zusammenhang mit dem AFBG **19** §§ 17 f.
– Umfang der Vermögensanrechnung **1** § 26
– Vermögensfreibeträge **1** § 29
– Wertbestimmung des Vermögens **1** § 28
Vermögenswirksame Leistungen **1** VwV Tz 21.4.8
Verletztenrente **1** VwV Tz 21.4.6a
Verwaltungsakt
– Begriff **15** § 31

- formale Anforderungen **15** §§ 33 ff.
- Nebenbestimmungen **15** § 32
- Nichtigkeit **15** § 40
- Rücknahme eines rechtwidrigen begünstigenden Verwaltungsaktes **15** § 45
- Rücknahme eines rechtwidrigen nicht begünstigenden Verwaltungsaktes **15** § 44
- Verfahrens- und Formfehler **15** §§ 41 ff.
- Widerruf eines rechtmäßigen begünstigenden Verwaltungsaktes **15** § 47
- Widerruf eines rechtmäßigen nicht begünstigenden Verwaltungsaktes **15** § 46

Verzicht **10** § 46 Werbungskosten **1** § 21 Abs. 2a, VwV Tz 23.3.1
Vorabbescheid **1** § 46 Abs. 5
Vorausleistung von Ausbildungsförderung **1** § 36
Vorkurse **1b**
Vorschuss **1** § 51 Abs. 2

Werbungskosten **20** §§ 9 f.
Widerspruchsverfahren **28** §§ 68 ff. (bundeslandspezifisch), **15** § 62
Wohngeld **22**
Wohnkostenpauschale **1** §§ 12 Abs. 2, 13 Abs. 2
Wunschstudium **1** VwV Tz 7.3.12

Zahlungsmodus **1** § 51
Zeitpunkt Einkommen **1** § 24 Abs. 1, VwV Tz 21.2.8
Zeitpunkt Vorausleistung **1** VwV Tz 36.1.7
Zinsen bei BAföG-Bankdarlehen **1** § 18c Abs. 2-4
Zuflussprinzip **20** § 11